Guttentagsche Sammlung
Nr. 4 Deutscher Reichsgesetze Nr. 4
Kommentare und erläuterte Textausgaben

Handelsgesetzbuch

(ohne Seerecht)

Mit Erläuterungen

von

Dr. Ernst Heymann
Geh. Justizrat, ord. Professor an der Universität Berlin

unter Mitarbeit von

Hans-Wilhelm Kötter
Rechtsanwalt in Berlin

Berlin 1940

Walter de Gruyter & Co.

vormals G. J. Göschen'sche Verlagshandlung — J. Guttentag, Verlagsbuchhandlung — Georg Reimer — Karl J. Trübner — Veit & Comp.

Archiv-Nr. 21 1 004.

Vorwort

Das vorliegende Buch tritt nach längerer Pause an die Stelle des in dieser Sammlung durch 5 Jahrzehnte erschienenen Handkommentars, dessen letzte (17.) Auflage ich selbst 1926 gegenüber der vorangegangenen Auflage von 1920 völlig umgearbeitet hatte. Jetzt handelt es sich aber nicht mehr um eine Neuauflage, sondern um ein vollständig neues Buch. Der in den letzten zwanzig Jahren erwachsene und einschneidend fortentwickelte Stoff, den ich unabhängig von früheren Darbietungen gesammelt habe, litt eine bloße Neuauflage nicht mehr.

Die Handausgabe will durch möglichst vollständige Mitteilung der Rechtsprechung und Gesetzgebung zum Handelsgesetzbuch in knappster Form unmittelbar der Praxis in Rechtspflege und Wirtschaft dienen. Zugleich will sie aber auch dem Studierenden den Weg zum Studium der wertvollen Leitentscheidungen unserer Hohen Gerichte, namentlich des Reichsgerichts, weisen. Die nötige systematische Einführung habe ich in meinem Handelsrecht mit Wertpapier- und Seerecht, Berlin 1938, gegeben, das schon seit 1936 auch in den von Reichsminister Lammers und Staatssekretär Pfundtner herausgegebenen großen Sammelwerken „Verwaltungsakademie" und „Grundlagen, Aufbau und Wirtschaftsordnung des nationalsozialistischen Staates" erschienen ist. Das Aktienrecht ist in der vorliegenden Handausgabe nicht mitbehandelt, da es jetzt durch ein besonderes Gesetz neu geordnet ist, das in dieser Sammlung durch Frh. v. Godin und H. Wilhelmi eingehend erläutert wird (Berlin 1937).

Bei der Sammlung und Sichtung des riesigen, hier aufs stärkste zusammengedrängten Stoffs haben mich im Laufe der Jahre zahlreiche jüngere Freunde unterstützt, denen ich auch hier den besten Dank aussprechen möchte. Hervorheben möchte ich dabei besonders meine früheren Assistenten: den leider allzufrüh verstorbenen Landgerichtsrat Dr. K.-A. Crisolli, ferner

Reichswirtschaftsgerichtsrat Dr. V. Friese, Ober-Regierungsrat im Reichsjustizministerium Ernst Geßler, Rechtsanwalt Dr. R. Mauve, Regierungsrat und Stellvertreter des Wiener Treuhänders der Arbeit Dr. Anton Riedler, Referendar Otto Richter, vor allem aber Rechtsanwalt Hans-Wilhelm Kötter, der wegen seiner hingebenden Mitarbeit und engen Verbundenheit mit dem Werk als Mitverfasser genannt ist.

Für jede Berichtigung und Ergänzung werden wir herzlich dankbar sein. Möge das Buch an seinem Teil dem Neubau unseres Rechts in Rechtsprechung und Gesetzgebung zu dienen vermögen.

Berlin, den 1. Oktober 1939.

Ernst Heymann

Inhaltsübersicht

Handelsgesetzbuch

Anhang

Abkürzungen der zitierten Gesetze, Materialien und Entscheidungssammlungen

AbzG. = Abzahlungsgesetz.
ADHGB. = Allgemeines Deutsches Handelsgesetzbuch.
ADSpB. = Allgemeine Deutsche Spediteurbedingungen.
AGG. = Arbeitsgerichtsgesetz.
AktGes. = Aktiengesetz.
AngVG. = Angestelltenversicherungsgesetz.
AOG. = Gesetz zur Ordnung der nationalen Arbeit.
AufwG. = Aufwertungsgesetz.
BayrZ. = Zeitschrift für Rechtspflege in Bayern.
BGB. = Bürgerliches Gesetzbuch.
Begr. = Begründung zum Entw. eines Ges. zur Änderung der §§ 74, 75 und des § 76 Abs. 1 des HGB. Aktenstück Nr. 575. Verh. des RT. 13. Legislaturp. I. Session S. 725ff.
BinnSchG. = Gesetz betr. die privatrechtlichen Verhältnisse der Binnenschiffahrt.
BörsG. = Börsengesetz.
Bolze = Die Praxis des Reichsgerichts, herausg. v. Bolze.
D. = Denkschrift zu dem Entwurf eines Handelsgesetzbuchs und eines Einführungsgesetzes. Drucks. des RT. 9. Legislaturp. IV. Session 1895—1897. Zu Nr. 632.
DepG. = Gesetz über die Verwahrung und Anschaffung von Wertpapieren.
DJ. = Deutsche Justiz.
DJZ. = Deutsche Juristenzeitung.
DR. = Deutsches Recht, vereinigt mit juristischer Wochenschrift.
DRA. = Deutscher Reichsanzeiger.
EGBGB. = Einführungsgesetz z. BGB.
EGHGB. = Einführungsgesetz z. HGB.
EinkStG. = Einkommensteuergesetz.
EVO. = Eisenbahnverkehrsordnung.
FGG. = Gesetz über die Angelegenheiten der freiwilligen Gerichtsbarkeit.
GBO. = Grundbuchordnung.
GenG. = Gesetz betr. die Erwerbs- und Wirtschaftsgenossenschaften.
GewO. = Gewerbeordnung.
GmbHG. = Gesetz betr. die Gesellschaften mit beschränkter Haftung.
Gruch. = Beiträge zur Erläuterung des deutschen Rechts, begr. v. Gruchot.
GRUR. = Gewerblicher Rechtsschutz und Urheberrecht.
GS. = Preußische Gesetzsammlung.
GVG. = Gerichtsverfassungsgesetz.
HansGZ. = Hanseatische Gerichtszeitung.
HansRGZ. = Hanseatische Rechts- und Gerichtszeitung.
HansRZ. = Hanseatische Rechtszeitschrift.
HGB. = Handelsgesetzbuch.
HRR. = Höchstrichterliche Rechtsprechung.
JFG. = Jahrbuch f. Entscheidungen der freiwilligen Gerichtsbarkeit.
JMBl. = Preußisches Justizministerialblatt.
JW. = Juristische Wochenschrift.
KB. = Bericht der XVIII. Kommission über den Entw. des HGB. usw. Nr. 735 der Drucks. des RT. Session 1895—1897.

KomB. = Bericht der 12. Kommission über den Entw. eines Gesetzes zur Änderung der §§ 74, 75 Nr. 1387 Drucks. des RT. I. Session 1912—1914.
KGJ. = Jahrbuch der Entscheidungen des Kammergerichts usw.
KO. = Konkursordnung.
LZ. = Leipziger Zeitschrift usw.
LuftverkG. = Luftverkehrsgesetz.
MSchR. = Monatsschrift für Handelsrecht usw.
MuW. = Markenschutz und Wettbewerb.
OLG. = Die Rechtsprechung der Oberlandesgerichte.
OLSchV. = Verordnung über Orderlagerscheine.
OVG. = Entscheidungen des preußischen Oberverwaltungsgerichts.
PABl. = Postamtsblatt.
Pfundtner-Neubert = Das neue deutsche Reichsrecht usw., herausg. v. Pfundtner und Neubert.
R. = Das Recht, begr. v. Soergel, jetzt Beilage z. DJ.
RAG. = Entscheidungen des Reichsarbeitsgerichts.
RAO. = Reichsabgabenordnung.
RFH. = Entscheidungen des Reichsfinanzhofs.
RFinBl. = Reichsfinanzblatt.
RGBl. = Reichsgesetzblatt.
RGSt. = Entscheidungen des Reichsgerichts in Strafsachen.
RGZ. = Entscheidungen des Reichsgerichts in Zivilsachen.
RJA. = Entscheidungen in Angelegenheiten der freiw. Gerichtsbarkeit usw. zusammengestellt im Reichsjustizamt.
RMBl. = Reichsministerialblatt.
ROHG. = Entscheidungen des Reichsoberhandelsgerichts.
RVO. = Reichsversicherungsordnung.
ScheckG. = Scheckgesetz.
SeuffA. = Seufferts Archiv f. Entscheidungen der obersten Gerichte usw.
StGB. = Strafgesetzbuch.
UWG. = Gesetz gegen den unlauteren Wettbewerb.
VAG. = Gesetz über die Beaufsichtigung der privaten Versicherungsunternehmungen usw. (Priv. VersUG.).
VerglO. = Vergleichsordnung.
VVG. = Gesetz über den Versicherungsvertrag.
Warn. = Die Rechtsprechung des Reichsgerichts auf dem Gebiet des Zivilrechts, herausg. v. Warneyer.
WeimRV. = Weimarer Reichsverfassung von 1919.
WG. = Wechselgesetz.
WO. = (alte) Wechselordnung.
WZG. = Warenzeichengesetz.
ZVG. = Gesetz über die Zwangsversteigerung und die Zwangsverwaltung.
ZPO. = Zivilprozeßordnung.

In den Anmerkungen ohne weiteren Zusatz angeführte Paragraphen beziehen sich auf das HGB.

Handelsgesetzbuch

Vom 10. Mai 1897 (RGBl. S. 219)
in der am 1. Oktober 1939 geltenden Fassung*)

Erstes Buch
Handelsstand
Erster Abschnitt
Kaufleute

Kaufmann kraft Gewerbebetriebs. Grundhandelsgeschäfte

§ 1[1a]. Kaufmann[1] im Sinne dieses Gesetzbuchs[2] ist, wer ein Handelsgewerbe betreibt[3, 4, 5, 6].

Als Handelsgewerbe gilt jeder Gewerbebetrieb[7, 8], der eine der nachstehend bezeichneten Arten von Geschäften[9] zum Gegenstande hat:

1. **die Anschaffung und Weiterveräußerung von beweglichen Sachen (Waren) oder Wertpapieren, ohne Unterschied, ob die Waren unverändert oder nach einer Bearbeitung oder Verarbeitung weiter veräußert werden[10];**
2. **die Übernahme der Bearbeitung oder Verarbeitung von Waren für andere, sofern der Betrieb über den Umfang des Handwerks hinausgeht[11];**
3. **die Übernahme von Versicherungen gegen Prämie[12];**
4. **die Bankier- und Geldwechslergeschäfte[13];**
5. **die Übernahme der Beförderung von Gütern oder Reisenden zur See, die Geschäfte der Frachtführer oder der zur Beförderung von Personen zu Lande oder auf Binnengewässern bestimmten Anstalten sowie die Geschäfte der Schleppschiffahrtsunternehmer[14];**
6. **die Geschäfte der Kommissionäre, der Spediteure oder der Lagerhalter[15];**
7. **die Geschäfte der Handlungsagenten oder der Handelsmäkler[16];**
8. **die Verlagsgeschäfte sowie die sonstigen Geschäfte des Buch- oder Kunsthandels[17];**

---

*) Das Handelsgesetzbuch ist mit Ausnahme des sechsten und siebenten Abschnitts des ersten Buchs auch im Lande Österreich und im Sudetenland eingeführt. Über Einzelheiten vgl. Anh. XII, XIII u. XIV (VV. v. 14. 10. u. 24. 12. 38 [RGBl. I 1428, 1999] u. v. 28. 2. 39 [RGBl. I 391]).

9. die Geschäfte der Druckereien, sofern ihr Betrieb über den Umfang des Handwerks hinausgeht[18].

1a. Zu § 1 Abs. 2 Nr. 7 s. Art. 6 Nr. 1 der 4. EinfV. betr. Österreich (Anh. XIII).

1. Kaufmann kraft des tatsächlichen Gewerbebetriebs, auch ohne Eintragung; anders nach §§ 2 und 3 Abs. 2. Über sog. Scheinkaufleute sowie über Vertrauensschutz Gutgläubiger vgl. Anm. 3 zu § 5 und Anm. 1 zu § 15.

2. Aber auch im Sinne z. B. des § 196 Nr. 1 BGB. (RGZ. 60, 74), von dem die Ansprüche der „Scheinkaufleute" — vgl. Anm. 1 — nicht erfaßt werden (RGZ. 89, 163; JW. 31, 2699). Ebenso für andere Gesetze (z. B. § 53 BörsG., §§ 1 Abs. 2, 15 Abs. 3, 17, 31 DepGes. v. 4. 2. 37 [RGBl. I 171], § 8 AbzG., § 101 GVG.), auch — grundsätzlich — solche des Gewerbe-, Steuer- und Strafrechts (vgl. JW. 26, 2374), wenn nicht im Einzelfall etwas anderes erhellt.

3. Kaufmann ist derjenige, in dessen Namen das Gewerbe betrieben wird, gleichgültig mit wessen Kapital oder für wessen Rechnung (RGZ. 37, 61; RJA. 2, 231; 12, 43). Kein Kaufmann daher: Handlungsgehilfe (JW. 02, 424), Prokurist, Vorstand einer AktG. (Gruch. 34, 1213; RGSt. 47, 40), Geschäftsführer einer GmbH., Konkursverwalter (in bezug auf den Betrieb des Gemeinschuldners), Testamentsvollstrecker usw. Wohl hingegen: Pächter oder Nießbraucher eines Handelsgeschäfts, die es im eigenen Namen betreiben (RJA. 11, 37; vgl. § 22 Abs. 2); Treuhänder, wenn der Betrieb auf ihren Namen nicht nur zum Schein oder zu Umgehungszwecken (Konzessionserlangung!) erfolgt (RGZ. 3, 120; 37, 61; 99, 158; DJZ. 15, 819). Über Scheininhaberschaft bei Eheleuten: OLG. 17, 193; BayrZ. 23, 151. Vgl. noch **RGZ. 84, 304 u. JW. 39, 293.**

4. Kaufmann kann auch ein Minderjähriger oder eine Ehefrau sein. — Beim Minderjährigen ist Ermächtigung zum Geschäftsbetrieb durch den Gewalthaber und Genehmigung des Vormundschaftsgerichts Voraussetzung der Kaufmannseigenschaft (RGSt. 26, 93; 36, 357; 45, 5), wenn der Minderjährige das Unternehmen selbst betreibt (§§ 112, 1643, 1821, 1822 BGB.; vgl. dazu § 1651 BGB., § 52 ZPO.; selten!). Regelmäßig führt der Gewalthaber den Betrieb des Minderjährigen in dessen Namen. Zum Beginn und zur Auflösung ist vormundschaftsgerichtliche Genehmigung nötig (§§ 1645, 1823 BGB.); bei ihrem Fehlen trotzdem Registereintragung und Wirksamkeit der Einzelgeschäfte (RJA. 1, 105). Ohne vormundschaftsgerichtliche Genehmigung sind unwirksam: entgeltlicher Erwerb oder Veräußerung eines Erwerbsgeschäfts und Eingehung einer Erwerbsgesellschaft (nach RGZ. 44, 142 auch Beteiligung an einer GmbH. — str.) im Namen Minderjähriger (§§ 1643, 1822 Nr. 3 BGB.; RGZ. 115, 176), gültig jedoch auch hier die einzelnen Betriebsgeschäfte (OLG. 30, 150); vgl. auch Anm. 1 zu §§ 105, 161, 335 und RGZ. 125, 380. — Bei Ehefrauen ist Zustimmung des Ehemannes zum Geschäftsbetrieb keine Voraussetzung für Eintragung im Handelsregister. Das u. U. bestehende Recht des Mannes, den Geschäftsbetrieb zu untersagen (§ 1354 BGB., dazu RGZ. 84, 47), ist ohne Wirkung nach außen; anders bei Kündigung des Mannes nach § 1358 BGB., wenn sich die Frau zu einer von ihr in Person zu bewirkenden Leistung verpflichtet hat, z. B. Mäkler- oder Agententätigkeit, auch bei Eingehung einer o. HG. Vgl. DJZ. 25, 195. Der Geschäftsgewinn (aus der Zeit nach Eheschließung — JW. 08, 484) ist bei gesetzlichem Güterstand Vorbehaltsgut (§ 1367 BGB.), nicht dagegen das Erwerbsgeschäft selbst, das grundsätzlich eingebrachtes Gut ist (RGZ. 87, 102; 127, 115). Daher: Geschäftsveräußerung ohne Zustimmung des Mannes unwirksam, ebenso Verfügungen über die Geschäftssubstanz überhaupt, wirksam hingegen betriebszugehörige (§§ 343, 344) Geschäfte und Rechtsstreitigkeiten bei Einwilligung des Mannes in den selbständigen Geschäftsbetrieb als solchen, der es gleichsteht, wenn der Mann den Betrieb wissentlich duldet. Der Mann kann die Einwilligung widerrufen oder Einspruch gegen den Betrieb erheben, mit Wirkung gegenüber Dritten aber nur durch Mitteilung an diese oder Eintragung im Güterrechtsregister (darüber §§ 1558 f. BGB.; Art. 4 EGHGB.). Vgl. zu allem §§ 1405, 1435, 1452, 1462, 1519, 1549 BGB. und Anm. 1 zu § 8. Zwangsvollstreckung in das eingebrachte Gut einer Handelsfrau erfolgt ohne Duldungstitel gegen den Mann (§ 741 ZPO.), außer bei rechtzeitiger Eintragung eines Einspruchs oder Einwilligungswiderrufs im Güterrechtsregister; sonst nur Widerspruchsklage des Mannes möglich, §§ 774, 771 ZPO.; vgl. JW. 31, 1345. Gewahrsam des Mannes ist kein Hindernis der Vollstreckung (OLG. 25, 197; str.). — Über inländischen Geschäftsbetrieb ausländischer Ehefrauen vgl. § 11a GewO. (Art. 36 EGBGB.).

5. Gesellschafter einer o. HG. sind als solche (JW. 09, 695) Kaufleute (ROHG. 3, 434; 14, 209 u. 282), auch in der Liquidation (ROHG. 23, 144); ebenso persönlich haftende Gesellschafter einer KG. (RGSt. 34, 379); ob auch die Komplementare bei der KG. a. A. (bejahend JW. 18, 240) ist zweifelhaft. Über den Kommanditisten Anm. 2 zu § 161. Kein Kaufmann ist der stille Gesellschafter (§ 335), ebenso nicht der Aktionär oder der Gesellschafter einer GmbH., nach h. M. auch dann nicht, wenn er alle Anteilsrechte an der juristischen Person innehat. Vgl. RGZ. 85, 381.

Auch juristische Personen können Kaufleute sein, und zwar außer denen des eigentlichen Handelsrechts (AktG., KG. a. A., GmbH., eingetr. Genossenschaften; vgl. § 6 m. Anm.; sog. Formkaufleute) rechtsfähige Vereine kraft staatlicher Verleihung (§ 22 BGB.), Stiftungen (§ 80 BGB.), Kolonialgesellschaften u. dgl., aber auch der eingetragene Verein des BGB., obwohl er keinen wirtschaftlichen Zweck verfolgen darf, dann, wenn er — z. B. zur Erreichung des Vereinszwecks (OLG. 41, 189, auch DJZ. 28, 180) — tatsächlich nach erfolgter Eintragung nebenher ein Gewerbe betreibt. Vgl. § 33. — Juristische Personen des öffentlichen Rechts sind bei Betrieb eines Handelsgewerbes (bejaht bei öffentlichen Sparkassen — vgl. Anm. 7 —, verneint beim Reichsknappschaftsverein [JW. 29, 1141]) grundsätzlich ebenfalls Kaufleute. Vgl. jedoch über sie, insbesondere Reichsbahn, Reichsbank und Reichspost, § 36 Anm. 1.

Nichtrechtsfähige Vereine (und Gesellschaften des BGB.) werden durch Betrieb eines HGewerbes des § 1 unter einheitlicher Firma zu einer o. HG., was für die gesetzlichen Gesamthandgemeinschaften des bürgerlichen Rechts (Miterben- und Gütergemeinschaften) nur im Fall besonderer Vereinbarung zutrifft. Eine Reederei ist, auch wenn sie Geschäfte des § 1 Nr. 5 betreibt, als solche nicht Kaufmann, nur ihre einzelnen Mitglieder.

6. Die Kaufmannseigenschaft reicht nicht weiter als der Betrieb, welcher sie begründet. Sie ergreift nicht ein gleichzeitig betriebenes Nichthandelsgewerbe (vgl. allerdings § 344 Abs. 1), und sie endet bei Betriebseinstellung. Kein Untergang der Kaufmannseigenschaft bei Firmenlöschung oder Liquidationsbeginn vor Betriebseinstellung: vgl. HRR. 30, 1482 u. DJZ. 26, 68; ebenso nicht bei Konkurs, solange der Verwalter das Geschäft fortbetreibt. Vgl. auch § 2 Anm. 7 a. E., ferner § 32 u. Anm. 3 dazu.

7. Ein Gewerbebetrieb (Betrieb als dauernde Erwerbsquelle) setzt

Gewinnabsicht voraus; vgl. D. 11; RGZ. 37, 297; 38, 18. Nicht genügt: Anschaffung oder Herstellung zu eigenem Gebrauch oder zu Schenkungszwecken (RGZ. 32, 298; 39, 331); Ein- und Verkauf von Lebensmitteln durch Kommunalverband zwecks Versorgung seiner Einwohner (JW. 17, 374); Betrieb eines Konsumvereins, der auf die Mitglieder beschränkt ist, trotz Dividendenverteilung (RJA. 2, 19). Dagegen sind Vereine und Gesellschaften, die planmäßig unter Nichtmitgliedern Warenumsatz erstreben, Kaufleute (OLG. 12, 413; RJA. 11, 200). — Eine gewisse Dauer muß der Gewinnabsicht innewohnen (HRR. 28, 237), was sich aber u. U. aus einem einzelnen Geschäft ergeben kann (RGZ. 10, 102). Die Absicht braucht nicht tatsächlich voll verwirklicht zu sein, insbesondere kann sie bei einzelnen Geschäften fehlen (RGZ. 33, 105; OLG. 9, 18), auch schon in Vorbereitungshandlungen zum Ausdruck kommen (RGZ. 10, 102, 125; RGSt. 27, 227); unter Umständen (bei Gelegenheit einer Sportveranstaltung z. B.) kann sie auch von vornherein auf kürzere Dauer beschränkt sein. Einzelne Geschäfte genügen aber nicht beim Fehlen eines einheitlichen, planmäßigen Erwerbswillens (ROHG. 3, 407; 9, 436; 14, 118; RGZ. 38, 18; 66, 51; RGSt. 46, 102; 47, 298; HRR. 28, 237). — Nicht nötig ist Gewinn als Endzweck anzustreben; die Absicht, Gewinn zu machen, reicht auch dann aus, wenn der Gewinn gemeinnützigen oder wohltätigen Zwecken dienen soll (OLG. 9, 241). Daher sind Sparkassen (über sie auch unten Anm. 13 Abs. 3 a. E.) Kaufleute, auch wenn der von ihnen planmäßig erzielte Überschuß für gemeinnützige kommunale Zwecke bestimmt ist (RJA. 2, 23; KGJ. 33 A 109; RGZ. 115, 311 [318]; 116, 227 u. 247; LZ. 1928, 56; SeuffA. 83, 226; HRR. 28, 438; OLG. 46, 72, auch RFH. 17, 179); ebenso Vereine mit religiösem Zweck, die zu dessen Verwirklichung planmäßig Gewinn bei Unternehmen wirtschaftlicher Art erstreben (str.; vgl. OLG. 9, 17; RJA. 4, 203).

In welcher Art das Gewerbe betrieben wird, ist grundsätzlich gleichgültig. Nicht nötig ist Betrieb im Hauptberuf. Über Hausgewerbe vgl. RGZ. 74, 387. Kein Gewerbe im Sinne des Handelsrechts betreiben Künstler, Ärzte (außer bei selbständigem Betrieb einer nicht überwiegend für die persönliche ärztliche Berufsausübung erforderlichen Heilanstalt), Rechtsanwälte und Patentanwälte; vgl. § 2 Anm. 1. — Die regelmäßige Vornahme nichtiger Geschäfte (Wucher, unerlaubte Differenzgeschäfte, Schmuggel, Hehlerei) ist nach h. M. keine (?) ausreichende Grundlage für die Annahme eines HGewerbes; doch beeinträchtigen einzelne solcher Geschäfte nicht die Wirkungen eines sonst auf gültige Geschäfte gerichteten Betriebs.

Der Gewerbebetrieb muß nach außen hin erkennbar sein, wenn auch nicht für jedermann, so doch zumindest für die Beteiligten (ROHG. 3, 407; 22, 303; JW. 94, 14; 99, 282, str.); es genügt z. B. die beabsichtigte planmäßige Dauerspekulation in Effekten, die nur der vermittelnde Bankier erkennt.

Vgl. ferner § 2 Anm. 1 u. § 7 Anm. 1.

8. Der Inhaber des Gewerbebetriebs ist nach ständiger Rechtsprechung Träger eines nach § 823 Abs. 1 BGB. geschützten Rechtes, und zwar eines Persönlichkeitsrechtes auf Ausübung seiner Unternehmertätigkeit. Eine zum Schadensersatz verpflichtende Verletzung dieses Rechtes liegt nach neuerer Rspr. nicht nur dann vor, wenn sich ein Eingriff unmittelbar gegen den Bestand des Gewerbebetriebs richtet (Verhinderung der tatsächlichen Betriebsdurchführung; Verneinung seiner rechtlichen Zulässigkeit; Maßnahmen, die auf Schließung oder unmittelbare Beschränkung, z. B. Abspenstigmachen von Gefolgschaftsmitgliedern, gerichtet sind), sondern auch wenn der Unternehmer sonst in seiner gewerblichen Tätigkeit beeinträchtigt wird. So RGZ. 158, 377; MuW. 35, 26; 38, 341.

Soweit solche Beeinträchtigungen zu Wettbewerbszwecken erfolgen, schützt dagegen außerdem das UWG. (Ges. gegen den unlauteren Wettbewerb v. 7. 6. 09 [RGBl. 499]). Der Schutz des Unternehmens durch Unterlassungsanspruch nach bürgerlichem Recht (vgl. dazu JW. 39, 486 -- Auskunftspflicht des Störers!) ist nach richtiger Ansicht auch dann gegeben, wenn strafrechtlicher Schutz möglich ist (vgl. RGZ. 116, 151; JW. 20, 443; abw. RGZ. 70, 217 u. zahlreiche weitere Entscheidungen). — Pfändbar ist das Unternehmen als Ganzes bzw. das Recht daran nach h. M. nicht.

9. Sog. Grundhandelsgeschäfte, deren gewerbsmäßiger Betrieb schon ohne Registereintragung zum Kaufmann macht (sog. Mußkaufmann). Die Aufzählung ist erschöpfend (RJA. 2, 229). Im Gegensatz zum ADHGB. gibt es heute (§§ 343ff.) keine sog. absoluten Handelsgeschäfte mehr: Geschäfte eines Nichtkaufmanns sind auf seiner Seite niemals HGeschäfte, obwohl vielfach (§ 345) dem HRecht unterworfen.

10. Nr. 1 umschreibt den alten Hauptfall des Handelsgewerbes.

Die Sachen müssen angeschafft, d. h. auf Grund entgeltlichen Geschäfts unter Lebenden zu Eigentum (darüber RGZ. 52, 323) erworben werden (RGZ. 31, 18; 42, 13; 56, 431). Nicht genügen Leihe, Nießbrauch, Pacht- oder Verwahrungsbesitz usw., auch nicht (JW. 27, 1700) Anfall kraft Abdeckereiprivilegs. Erforderlich ist vielmehr: Kauf, Werklieferung, Tausch, Annahme an Zahlungs Statt u. dgl. Selbsterzeugung (Urproduktion) ist keine Anschaffung, auch dann nicht, wenn sie nur in Ausübung eines Pachtrechts erfolgt; daher kein HGewerbe nach Nr. 1: Ziegelei- oder Steinbruchbetrieb (RGZ. 6, 9; 50, 157; RGSt. 27, 263), Molkereibetrieb ohne Verarbeitung angekaufter Milch (LZ. 16, 619; RGSt. 26, 37). Anschaffung liegt auch nicht in der Übernahme von Aktien durch Zeichner oder Gründer (RGZ. 31, 17; 45, 99; JW. 98, 80). — Bewegliche Sachen müssen angeschafft werden, wobei aber der Zeitpunkt des Eigentumsübergangs maßgeblich ist; daher fällt hierher z. B. Erwerb von Früchten auf dem Halm (JW. 94, 144; 00, 529). — Erforderlich ist, daß die Sachen weiterveräußert werden sollen; Vermietung genügt nicht (ROHG. 23, 400). Und zwar müssen sie als bewegliche Sachen weiterveräußert werden. Die Verbindung beweglicher Sachen mit Grundstücken scheidet daher aus; Bauhandwerker betreiben kein HGewerbe nach Nr. 1. RGSt. 28, 60; 33, 421; 52, 292; OLG. 41, 189. — Anschaffung und Weiterveräußerung müssen durch Spekulationsabsicht miteinander verbunden sein, d. h. es muß entweder Anschaffung zwecks künftiger Veräußerung erfolgen (Spekulation à la hausse) oder aber eine Ware veräußert werden, die mit Rücksicht hierauf erst anzuschaffen ist (Spekulation à la baisse). — Der Begriff der Ware ist weit zu fassen. Ihm unterfallen — von Wertpapieren abgesehen — alle üblichen Gegenstände des Kaufverkehrs. Geld als Zahlungsmittel ist keine Ware, daher im internationalen Handel auch nicht „effektiv" zu zahlende Münzen fremder Währung; insofern sind auch Valutaschulden echte Geldschulden. Vgl. JW. 21, 22. Zu den Waren zählen jedoch u. a. auch Lotterielose, Zeitungen und Heilmittel; vgl. für Lotteriekollekteure ROHG. 23, 213 gegenüber OLG. 12, 435 u. JW. 1935, 1359[25], über Zeitungsunternehmen PrOVG. 85, 239 u. über Apotheker RGSt. 24, 426; KGJ. 3, 9. Elektrischer Strom ist (nach RGZ. 67, 232) ebenfalls Ware, wenngleich seine Lieferung mangels vorgängiger „Anschaffung" (Urerzeugung!) nicht zum Kaufmann nach Nr. 1 macht.

Der Warenumsatz darf, damit Nr. 1 Platz greift, nicht nur Nebensache und Nebenabsicht sein. Zutatenlieferung und Nebenleistungen sonstiger Art

(Zimmervermieter und [grundsätzlich] Gasthöfe verabfolgen — im Gegensatz zu Schank- und Speisewirten — lediglich nebenher Speisen und Getränke; KGJ. 31 A 139) sind keine Grundhandelsgeschäfte.

Wertpapiere — nach D. 10 nur, soweit sie (auch lediglich im Einzelfall) als Gegenstände des Handelsverkehrs in Betracht kommen, d. h. allgemein bloß Inhaber- und Orderpapiere; vgl. RGZ. 16, 84; 40, 134; 67, 90. In Papieren, bei denen zur Rechtsübertragung Zession nötig ist (Rektapapieren), kann sich aber ebenfalls Handel entwickeln; dann erscheinen auch sie warengleich und fallen unter Nr. 1. RGZ. 106, 159. Kuxe einer neueren Gewerkschaft sind Wertpapiere, RGZ. 54, 351; 74, 163. — Vgl. § 369 Anm. 6.

Handelsbeschränkungen namentlich in bezug auf Wertpapiere brachte die Kapitalfluchtgesetzgebung der Nachkriegszeit. Vgl. zunächst das Kapitalfluchtgesetz v. 24. 12. 20 (RGBl. 1921, 33) u. Ges. über Depot- und Depositengeschäfte v. 26. 6. 25 (RGBl. I 89) sowie über dessen Geltungsdauer Ges. v. 24. 12. 27 (RGBl. I 512). Späterhin: V. d. RPräs. gegen die Kapital- und Steuerflucht v. 18. 7. 31 (RGBl. I 373), im wesentlichen aufgehoben durch die VV. d. RPräs. v. 1. u. 23. 8. 36 (RGBl. I 421/5 u. 449/52). Danach: V. d. RPräs. zur Sicherung von Wirtschaft u. Finanzen u. zum Schutze des inneren Friedens v. 8. 12. 31 (RGBl. I 699) 7. Teil, Kap. III, 2. Abschn. Vgl. ferner Ges. über den Verrat der deutschen Volkswirtschaft v. 12. 6. 33 (RGBl. I 360 — „Volksverratsgesetz") mit DurchfVV. v. 28. 6., 30. 9. u. 21. 11. 33 (RGBl. I 413, 697 u. 984) sowie V. v. 26. 8. 33 (RGBl. I 596) und neuerdings Ges. gegen Wirtschaftssabotage v. 1. 12. 36 (RGBl. I 999). Eng verwandt damit ist die Devisengesetzgebung. Frühere Rechtsquellen: V. v. 8. 2. 17 (RGBl. 105), danach V. d. RPräs. v. 1. 8. 31 (RGBl. I 421). Gegenwärtig gilt das Ges. über die Devisenbewirtschaftung v. 12. 12. 38 (RGBl. I 1733) nebst V. zur Devisenbewirtschaftung (Richtlinien für die Devisenbewirtschaftung — abgekürzt: „Ri") v. 22. 12. 38 (RGBl. I 1851) (dazu vgl. auch die laufenden Runderlasse der Reichsstelle für Devisenbewirtschaftung). Zu dieser Materie noch: Ges. über Zahlungsverbindlichkeiten gegenüber dem Ausland v. 9. 6. 33 (RGBl. I 349), i. d. Fass. d. V. v. 23. 2. 35 (RGBl. I 278), Ges. z. Regelung d. Kapitalfälligkeiten gegenüber dem Auslande v. 27. 5. 37 (RGBl. I 600), Ges. über die Errichtung einer Deutschen Verrechnungskasse v. 16. 10. 34 (RGBl. I 997) mit DurchfV. v. 13. 8. 38 (RGBl. I 1047), ferner Ges. über Ein- und Ausfuhrverbote v. 25. 3. 39 (RGBl. I 578) mit DurchfV. v. 27. 3. 39 (RGBl. I 589). Über sonstige HBeschränkungen vgl. noch Ges. z. Schutze des Einzelhandels v. 12. 5. 33 (RGBl. I 262) i. d. F. der Ges. v. 15. 7. 33 (RGBl. I 493), 27. 6. u. 13. 12. 34 (RGBl. I 523, 1241), m. Änd. durch Ges. v. 9. 5. 35 (RGBl. I 589), ferner V. über Handelsbeschränkungen v. 13. 7. 23 (RGBl. I 706) i. d. F. d. V. v. 26. 6. 24 (RGBl. I 661) u. der Ges. v. 19. 7. 26 (RGBl. I 413), 5. 7. 27 (RGBl. I 134) u. 23. 3. 34 (RGBl. I 213), geändert durch Ges. v. 19. 12. 35 (RGBl. I 1516), weiterhin auch V. d. RPräs. z. Schutze d. Wirtschaft v. 9. 3. 32, III. Teil — Einheitspreisgeschäfte — (RGBl. I 121, 125) i. d. F. d. V. d. RPräs. über Wirtschaft u. Finanzen v. 23. 12. 32, I. Teil — Einheitspreisgeschäfte — Art. I (RGBl. I 571) u. d. Ges. z. Schutze des Einzelhandels v. 12. 5. 33 (RGBl. I 62) m. V. v. 24. 7. 39 (RGBl. I 1320), ferner das Ges. über Preisnachlässe (Rabattgesetz) v. 25. 11. 33 (RGBl. I 1011) m. DurchfV. v. 21. 2. 34 (RGBl. I 120) u. v. 19. 2. 35 (RGBl. I 208), namentlich aber das Ges. z. Durchführung des Vierjahresplanes — Bestellung eines Reichskommissars für die Preisbildung — v. 29. 10. 36 (RGBl. I 927), die V. über das Verbot der Preiserhöhungen v. 26. 11. 36 (RGBl. I 955) u. zahlreiche EinzelVV. Vgl. noch unten Anm. 13 Abs. 2.

11. Bei Nr. 2 (Lohnfabrikanten) ist überhandwerksmäßiger Betriebsumfang erforderlich. Vgl. über diese Unterscheidung Anm. 2 zu § 4. — Im Gegensatz zu Kauf, Tausch und Werklieferungsvertrag (Nr. 1) kommen hier als Einzelgeschäfte Werk- und auch Dienstverträge in Frage, bei denen also der Kunde die Gegenstände der Verarbeitung stellt. Zutatenlieferung schließt aber Nr. 2 nicht aus; vgl. ROHG. 7, 240; RGSt. 28, 58 und oben Anm. 9 Abs. 3. — Nicht unter Nr. 2 fällt die Übernahme von Arbeiten an Grundstücken; Baugewerbetreibende sind daher auch nach Nr. 2 keine Kaufleute; vgl. R. 32 Nr. 17; ebensowenig Gartenarchitekten (RGZ. 129, 403).

Vornahme einer Substanzveränderung ist nicht erforderlich. Einwirkungsabsicht hinsichtlich der Gebrauchsfähigkeit genügt; RGSt. 22, 271. — Bloßes Vermieten von Maschinen reicht jedoch nicht aus, auch nicht bei Stellung von Bedienungspersonal (Nebenleistung!); vgl. RJA. 2, 229; die Grenze ist flüssig. — Hauptfälle: große Wäschereien (HRR. 31 Nr. 517), Reinigungsanstalten, Färbereien, auch Filmkopieranstalten, die das verwendete Rohfilmmaterial vom Besteller erhalten.

12. Nr. 3. Prämienversicherung, auch die Rückversicherung, gleichgültig für welches Risiko; Handelsgewerbe ist daher auch die Lebensversicherung gegen Prämie, nicht aber Versicherung auf Gegenseitigkeit (RGZ. 14, 238), und zwar (mangels Gewerbebetriebs!) auch nicht nach § 2. KGJ. 24 A 212; JW. 26, 2374. Auf die dem Ges. über die Beaufsichtigung der privaten Versicherungsunternehmungen und Bausparkassen v. 6. 6. 31 (RGBl. I 315), der Neufassung des vielfach geänderten PrivVersUG. v. 12. 5. 01 („VAG."), unterstehenden Versicherungsvereine auf Gegenseitigkeit (§§ 15ff. VAG.) findet aber grundsätzlich das Kaufmannsrecht des HGB. (Buch 1 — mit Ausnahme der §§ 1 bis 7 — und Buch 3) Anwendung (§ 16 VAG.); ihre Angelegenheiten sind Handelssachen i. S. des GVG. und des FGG. Gewerbe- und steuerrechtlich sind sie aber keine Kaufleute; RJA. 3, 121, auch nicht i. S. des AufwGes.; JW. 26, 2374. Schlechthin Kaufleute — nach Nr. 3 — sind sie jedoch, wenn sie auch Prämienversicherung betreiben; vgl. § 21 Abs. 2 VAG. (RGZ. 28, 313; Recht 23 Nr. 1363). — Der Versicherungsvertrag ist geregelt durch Ges. v. 30. 5. 08 (RGBl. 263 — „VVG."). Über Aufwertung von Versicherungsansprüchen vgl. AufwGes. v. 16. 7. 25 (RGBl. I 128), Abschn. 8, und V. v. 22. 5. 26 (RGBl. I 249).

13. Nr. 4. Über Bankiergeschäfte vgl. ROHG. 24, 34; RJA. 2, 175; KGJ. 33 A 114; RGSt. 57, 361; Gutachten d. RFH. 1 B 43. Hierher gehören: gewerbsmäßige Geldaufnahme (Depositengeschäft) und korrespondierende Hergabe von Geldern (Wechseldiskont, bankmäßige Kreditgewährung — vgl. RGZ. 76, 272 —, Beteiligung an Gründungen und Anleihen — sog. Effekten-, Emissions- und Finanzierungsgeschäfte — usw.), nicht das bloße Geldverleihgeschäft, und zwar ohne Rücksicht auf seine Bezeichnung; vgl. BankA. 11, 155 und 276. Es genügt schon der gewerbsmäßige Betrieb eines der genannten Geschäfte mit typischer Aktiv- und Passivbeteiligung.

Durch das RGes. über das Kreditwesen v. 5. 12. 34 (RGBl. I 1203) i. d. F. der Ges. v. 13. 12. 35 (RGBl. I 1456) u. 4. 9. 38 (RGBl. I 1151), neueste Fassung v. 25. 9. 39 (RGBl. I 1955), m. DurchfVV. ist Genehmigungspflicht bzw. Erlaubnisentziehungsmöglichkeit für Kreditinstitute (mit Ausnahme gewisser öffentlich-rechtlicher) eingeführt worden und die Bezeichnung als „Bank" oder „Bankier" den bestehenden bzw. zugelassenen Unternehmen vorbehalten (§ 10 a. a. O.).

Von Nr. 4 ausgenommen sind gewerbliche Pfandleiher und Pfandleihanstalten (Art. 94 EGBGB., §§ 34, 38 GewO.; vgl. ROHG. 24, 34; RJA.

4, 157; sie können aber unter § 2 fallen. — Über Sparkassen s. oben Anm. 7 u. Ges. über Spar- u. Girokassen, kommunale Kreditinstitute u. Giroverbände sowie Girozentralen v. 13. 12. 34 (RGBl. I 1242). — Über die Deutsche Reichsbank vgl. nunmehr Ges. über die Deutsche Reichsbank v. 15. 6. 39 (RGBl. I 1015), durch welches das mehrfach, zuletzt durch Ges. v. 10. 2. 37 (RGBl. II 47), geänderte BankGes. v. 30. 8. 24 (RGBl. II 235) aufgehoben wurde, auch die Anm. zu § 36.

Dem Bankier ist die sog. passive Scheckfähigkeit vorbehalten. Artt. 3, 54 ScheckGes.

14. Nr. 5. Vgl. §§ 425ff., 453ff., ferner Ges. über die Beförderung von Personen zu Lande v. 4. 12. 34/6. 12. 37 (RGBl. I 1319). Jeder Gütertransport, ferner jeder Seetransport und — zu Lande und auf Binnengewässern — jeder anstaltsmäßige Personentransport sind danach Grundhandelsgewerbe. Der Anstaltsbegriff setzt Großbetrieb voraus, nicht notwendig Fahrplanmäßigkeit. — Schleppschiffahrt ist dem Güterfrachtgeschäft gleichzustellen, also Grundhandelsgewerbe auch bei Kleinbetrieb; RGZ. 6, 99; 10, 167; LZ. 07, 825. Sie wird in Nr. 5 erwähnt, weil (mangels Besitzübertragung am Gegenstand der Beförderung!) kein Frachtvertrag vorliegt. Ebenfalls kein Frachtvertrag bei Müllabfuhr (Beförderungsziel nicht wesentlich!), vgl. OLG. 9, 237; hier nur § 2 möglich. Vgl. dazu auch Anm. 2. — Analog dem Seetransport wird man den Lufttransport behandeln müssen (Gefahrähnlichkeit!).

15. Nr. 6. Vgl. §§ 383ff., 407ff., 416ff., ferner die V. über Orderlagerscheine v. 16. 12. 31 (RGBl. I 763 — „OLSchV.", s. Anh. X). — Bei der Abgrenzung und Begriffseinordnung ist nicht das Innenverhältnis zum Kommittenten, sondern das Auftreten nach außen (Handeln im eigenen Namen) maßgebend; JW. 34, 3078.

16. Nr. 7. §§ 84ff., 93ff. Darunter fallen auch Kursmakler der Börse (OLG. 8, 245) und „Generalagenten" einer Versicherungsgesellschaft, KGJ. 22 A 75, nicht aber Grundstücks- und Hypothekenvermittler (nur § 2 möglich!).

17. Nr. 8. Auch Zeitungsverlag (ROHG. 14, 23), auch gewerbsmäßiger Selbstverlag (RGZ. 5, 67). Mietbüchereien hingegen unterfallen als solche nicht dem Buchhandel; s. oben Anm. 10 Abs. 2 a. E.; vgl. über sie § 2 Anm. 2. Über Inseratenbüros s. ebenda u. § 406 Anm. 2 (Warn. 29, 144). Handel mit Zeitungen fällt schon unter Nr. 1; vgl. oben Anm. 10 und PrOVG. 85, 239.

18. Nr. 9. Auch Photokopieranstalten; vgl. RJA. 6, 51; nicht gewöhnliche Photographen (SeuffA. 60, 72).

Kaufmann kraft Gewerbebetriebs und Eintragung

§ 2. Ein gewerbliches[1] Unternehmen[2], das nach Art und Umfang einen in kaufmännischer Weise eingerichteten Geschäftsbetrieb[3] erfordert[4], gilt, auch wenn die Voraussetzungen des § 1 Abs. 2 nicht vorliegen[5], als Handelsgewerbe im Sinne dieses Gesetzbuchs[6], sofern die Firma des Unternehmers in das Handelsregister eingetragen[7] worden ist. Der Unternehmer ist verpflichtet[8], die Eintragung nach den für die Eintragung kaufmännischer Firmen geltenden Vorschriften herbeizuführen.

1. Ausübung von Kunst (RGZ. 75, 52) und Wissenschaft ist kein Gewerbebetrieb (D. 11), ebensowenig die Berufstätigkeit des Rechtsanwalts, grundsätzlich auch nicht die ärztliche Tätigkeit, einschließlich der zahn- und tierärztlichen

vgl. dazu § 1 RÄrzteO. v. 13. 12. 35 und entspr. § 1 RTierärzteO. v. 3. 4. 36). Über die Abgrenzung der Fälle, in denen ein Arzt trotzdem Kaufmann ist: RGZ. 66, 148; 68, 188; 70, 339; 94, 109, auch 155, 239; RJA. 2, 24; JW. 15, 696; OLG. 8, 89; vgl. § 1 Anm. 7.

2. Gleich welcher Art, außer einem landwirtschaftlichen (darüber vgl. § 3). — Handwerksbetriebe fallen nie unter § 2; vgl. Anm. 3 u. § 4 Anm. 2.

3. Kaufmännische Einrichtung hat ein Betrieb nach der Lebensauffassung regelmäßig dann, wenn Handelsbücher geführt werden, kaufmännische Korrespondenz, Kassenführung, Bankverbindung bestehen, eine ständige Firma verwandt und kaufmännisches Personal beschäftigt wird (vgl. D. 8).

4. Ob der Betrieb tatsächlich kaufmännisch eingerichtet ist, ist gleichgültig; entscheidend ist vielmehr eine vom normalen Standpunkt eines Unternehmers zu beurteilende Notwendigkeit, die auf Art und Umfang Rücksicht nimmt. Vgl. RJA. 1, 192; 2, 227; KGJ. 31 A 143; auch Anm. 3 zu § 4. Diese Notwendigkeit fehlt z. B. beim Buchmachergewerbe; vgl. JW. 33, 1032 u. 1039 gegen JW. 31, 2835 (str.).

5. § 2 erfaßt Gewerbebetriebe, bei denen keine der in § 1 aufgestellten Voraussetzungen zutrifft (sog. Sollkaufmann), vor allem die Gewerbe der Urproduktion: Ziegelei-, Steinbruch- und Salinenbetriebe (vgl. § 1 Anm. 10 Abs. 2), ferner Bergbauunternehmen, soweit sie juristische Personen sind — vgl. Art. 5 EGHGB. —, Tiefbohrgeschäfte (RGZ. 60, 80 u. JW. 04, 475) usw.; Geschäfte über Grundstücke bzw. Arbeiten an ihnen (Händler, Parzellierer, Bauunternehmer, Vermittler usw. RGZ. 70, 30; RJA. 1, 189; OLG. 7, 145; 9, 238 u. 24, 110; KGJ. 26 A 209; HRR. 32, 250), endlich Gewerbe, in denen der Unternehmer andere als Verkäuferleistungen, abgesehen von § 1 Nr. 2—9, umsetzt: sämtliche Vermietungsgewerbe, z. B. Mietbüchereien, Badeanstalten, Pferde-, Frack-, Kostüm- und Masken-„verleihinstitute" (einschließlich der Theater- und Lichtspieltheaterbetriebe — bei denen ein Werkvertrag mit mietähnlichen Modalitäten vorliegt — vgl. KGJ. 26 A 212; OLG. 8, 249; JW. 30, 1415; 36, 1549[25]), Geldgeschäfte, die nicht Bankiergeschäfte (§ 1 Nr. 4) sind (z. B. der Pfandleiher und mancher Sparkassen), sodann die Geschäfte der Auskunft- und Inseratenbüros (JW. 06, 256; Warn. 29, 144). Über Inseratenbüros s. auch § 406 Anm. 2, über Gasthausbetriebe KGJ. 31 A 139.

6. Vgl. § 1 Anm. 2.

7. Abweichend von § 1 ist bei § 2 Eintragung der Firma ins Handelsregister Voraussetzung der Kaufmannseigenschaft. — Wird das Gewerbe von einer Gesellschaft betrieben, so wird diese auch erst mit der Eintragung eine o. HG. (vgl. § 123, insbes. Abs. 2, auch OLG. 43, 275 [1c]). — Untergang der Kaufmannseigenschaft entsprechend erst mit Firmenlöschung (und zwar auch, im Gegensatz zu § 1, bei früherer Betriebseinstellung — RGZ. 65, 16; vgl. Anm. 6 zu § 1), auch (wieder anders als bei § 1) durch irrtümliche Löschung.

8. Vgl. § 14, anderseits § 36 u. Art. 5 EGHGB. (s. oben Anm. 5).

Kaufmann bei land- oder forstwirtschaftlichem Nebengewerbe

§ 3. Auf den Betrieb der Land- und Forstwirtschaft finden die Vorschriften der §§ 1, 2 keine Anwendung[1].

Ist mit dem Betriebe der Land- oder Forstwirtschaft ein Unternehmen verbunden, das nur ein Nebengewerbe des land- oder forstwirtschaftlichen Betriebs darstellt[2], so findet auf dieses

der § 2 mit der Maßgabe Anwendung[3], daß der Unternehmer berechtigt, aber nicht verpflichtet ist, die Eintragung in das Handelsregister herbeizuführen; werden in dem Nebengewerbe Geschäfte der im § 1 bezeichneten Art geschlossen, so gilt der Betrieb dessenungeachtet nur dann als Handelsgewerbe, wenn der Unternehmer von der Befugnis, seine Firma gemäß § 2 in das Handelsregister eintragen zu lassen, Gebrauch gemacht hat[4]. Ist die Eintragung erfolgt, so findet eine Löschung der Firma nur nach den allgemeinen Vorschriften statt, welche für die Löschung kaufmännischer Firmen gelten[5].

1. Betrieb der Land- oder Forstwirtschaft selbst ist kein Handelsgewerbe, der Bauer oder Landwirt (vgl. § 11 RErbhGes.) als solcher niemals Kaufmann. Dies kann er nur auf Grund eines Nebengewerbes werden; er ist es auch dann (ohne Eintragung — vgl. § 1 Anm. 1) noch nicht, selbst wenn das Nebengewerbe an sich unter § 1 fällt. Vgl. Anm. 4. — Handels- und Landschaftsgärtnerei ist nach dem Zwecke der Bestimmung nicht als Landwirtschaft im Sinne des § 3 zu behandeln (RG. 129, 403; RJMin. in DJust. 1936, 359).

2. Liegt kein Nebengewerbe, sondern ein von der Land- oder Forstwirtschaft unabhängiges Gewerbe vor, so gelten §§ 1, 2 uneingeschränkt (Eintragungspflicht usw.). Vgl. RGZ. 130, 233 (selbständiges [Wein-] Kommissionsgeschäft eines Weingutbesitzers). — Über den Begriff des Nebengewerbes vgl. RJA. 2, 134 (Abhängigkeit und Unterordnung gegenüber der Land- oder Forstwirtschaft als dem Hauptgewerbe erforderlich!). Besondere Teilhaberschaft eines Dritten ausschließlich am Nebengewerbe steht nicht entgegen. RJA. 3, 74. Die Leistungen des Nebenbetriebes müssen aber überwiegend auf Bodenerträge des Hauptbetriebs zurückgehen oder sonst auf diesem (z. B. Nebenbeschäftigung des ständigen Personals) beruhen. Vgl. RJA. 4, 149. Hauptfälle: Branntweinbrennerei, Brauerei, Ziegelei, Sand- und Kiesgruben, Handelsgärtnerei u. ä. in Angliederung an einen landwirtschaftlichen Hauptbetrieb. RJA. 2, 134; OLG. 6, 233 u. 7, 380; KGJ. 22 A 88. Selbständigkeit oder Abhängigkeit entscheidet sich im Zweifel nach der Anschauung des Verkehrs.

3. Es kommt danach stets darauf an, ob der Betrieb des Nebengewerbes nach Art und Umfang kaufmännische Einrichtung (§ 2) erfordert (JW. 02, 138).

4. Also immer nur Kaufmannseigenschaft durch (freiwillige) Eintragung der Firma in das HReg.

5. Nur die Eintragung, nicht die Löschung steht im Belieben des Unternehmers; über diese gilt also das zu § 1 Anm. 6 u. § 2 Anm. 7 a. E. Gesagte. Bei Fortführung der Firma durch Erwerber (z. B. auch Erben) des Gesamtbetriebes kein beliebiges Aufgeben der Kaufmannseigenschaft betr. des Nebengewerbes; bei Nichterwerbung der Firma besteht erneut freie Wahl für den Geschäftserwerber.

Minderkaufleute[1]

§ 4[1a]. Die Vorschriften über die Firmen[2], die Handelsbücher[3] und die Prokura[4] finden auf Handwerker[5] sowie auf Personen, deren Gewerbebetrieb nicht über den Umfang des Kleingewerbes hinausgeht[6], keine Anwendung[7].

Durch eine Vereinigung zum Betrieb eines Gewerbes, auf welches die bezeichneten Vorschriften keine Anwendung finden, kann eine offene Handelsgesellschaft oder eine Kommanditgesellschaft nicht begründet werden[8]**.**

Die Landesregierungen sind befugt, Bestimmungen zu erlassen, durch welche die Grenze des Kleingewerbes auf der Grundlage der nach dem Geschäftsumfange bemessenen Steuerpflicht oder in Ermangelung einer solchen Besteuerung nach anderen Merkmalen näher festgesetzt wird[9]**.**

1a. Zu § 4 s. Art. 6 Nr. 2 der 4. EinfV. betr. Österreich und Art. 6 Nr. 1 der 3. EinfV. betr. Sudetenland (Anh. XIII, XIV).

1. Minderkaufleute im Gegensatz zu den übrigen (sog. Vollkaufleuten). Ihre Sonderstellung beruht auf der Einfachheit (Handwerker!) oder Geringfügigkeit (Kleingewerbetreibende!) ihrer Geschäfte. Sie fallen alle unter § 1; vgl. unten Anm. 5 u. 6. — Beurteilung ist für jeden einheitlichen Betrieb gesondert, aber für diesen ungeteilt vorzunehmen; vgl. JW. 26, 2930.

2. §§ 17—37.

3. §§ 38—47. 4. §§ 48—53.

5. Und zwar auf alle Handwerker (soweit sie überhaupt Kaufleute sind) ohne Rücksicht auf den Umfang ihres Betriebs und etwaige Notwendigkeit kaufmännischer Einrichtung. RJA. 4, 102; 9, 109; KGJ. 35 A 142; R. 36, 8426.

Handwerk steht im Gegensatz zur industriellen Fabrikation. Die Unterscheidung bereitet oft Schwierigkeiten. Hauptkriterien der Industrie: Maschinenbenutzung, kaufmännische Organisation, bloße Leitung (nicht manuelle Mitarbeit) des Unternehmers, Serienherstellung, spekulative Weiterveräußerung; jedes für sich allein zur Annahme oder Verneinung der Handwerkereigenschaft aber nicht ausreichend. Vgl. RGSt. 24, 80 u. 357; 25, 4; 31, 178; RGZ. 57, 388; 66, 7; KGJ. 27 A 60; RJA. 4, 104; 9, 111; JFG. 9, 101; DJZ. 32, 172. Bedeutsam aber außerdem die geltenden allgemeinen wirtschaftlichen Anschauungen und der herkömmliche Begriff des Handwerks. JW. 30, 415 (= JFG. 6, 173). Letzten Endes maßgeblich: das auf dauernde Ausdehnung des Betriebs gerichtete spekulative Gepräge, aus dem die einzelnen Merkmale sich ergeben. — Nicht entscheidend ist Eintragung in die Handwerksrolle nach § 104o GO., die aber u. U. unterstützende Bedeutung haben kann; vgl. HandwV. v. 18. 1. 36 (RGBl. I 15) mit V. v. 22. 1. 36 (RGBl. I 42) für Registerpraxis, sowie KG. i. HRR. 36, 990. Vgl. auch RAG. 3, 244.

Nur sog. Warenhandwerker sind (nach § 1 Abs. 2 Nr. 1) überhaupt Kaufleute; die andern sind also (vgl. § 1 Abs. 2 Nr. 2 u. 9, auch § 1 Abs. 2 Nr. 3—8 u. § 2) nicht einmal Minderkaufleute. Vgl. LZ. 13, 699.

Einzelne nebenher getätigte — nicht handwerkliche — Handelsgeschäfte machen Handwerker nicht zu Vollkaufleuten, RGSt. 21, 209; 34, 102; JW. 26, 604; ein nicht-handwerksmäßiger Nebenbetrieb ist grundsätzlich für sich allein zu betrachten (vgl. oben Anm. 1) und macht für seinen Bereich zum Vollkaufmann, wenn er über den Umfang des Kleingewerbes hinausgeht, JW. 36, 1682[19]. Bei einheitlichem Betrieb von größerem Umfang ist der Inhaber dann Vollkaufmann, wenn die handwerksmäßige Tätigkeit zurücktritt und Spekulationsabsicht vorherrscht. Vgl. RGSt. 31, 180 (Handel mit Schlachtvieh).

6. Auch für das Kleingewerbe fehlen feste Grenzen. Vgl. unten Anm. 9.

Betreiben Kleingewerbeinhaber Geschäfte, die nicht unter § 1 fallen (kleine Kraftdroschkenunternehmer, kleine Lichtspieltheaterbesitzer usw.), so sind sie überhaupt nicht Kaufleute, da bei ihnen stets die Voraussetzungen des § 2 fehlen.

§ 2 liefert den Maßstab für die Einordnung; das Geschäft darf hier keine kaufmännische Einrichtung erfordern. Vgl. RGSt. 34, 103; 35, 289; JW. 06, 691; 07, 55; 32, 1020; 36, 1684; HRR. 37, 857; RJA. 2, 131; 15, 130; KGJ. 27 A 58; 49 A 94; anders JW. 08, 343; RJA. 12, 52. Bei der Beurteilung ist jedoch der Betrieb in seiner Gesamtheit zu würdigen. Vgl. auch Anm. 4 zu § 2. „Umfang" ist nicht der bloße Umsatz; vgl. JW. 34, 990; 36, 1696[31]; JFG. 14, 89; HRR. 37, 857; vgl. auch HRR. 38, 1345. Über Einbeziehung von Entwicklungsmöglichkeiten des Geschäfts OLG. 7, 146; grundsätzlich ist — vorübergehende Schwankungen ausgenommen — der jeweilige Umfang maßgebend; RGSt. 33, 191; JW. 08, 149; 16, 764; KGJ. 31 A 147; 33 A 116; OLG. 3, 404; über Besonderheiten bei Handelsgesellschaften RJA. 11, 42, auch unten Anm. 8 u. Anm. 2 Abs. 1 zu § 105.

7. Für Minderkaufleute gelten nicht die §§ 17—53 ferner nicht die §§ 348—350 (vgl. § 351); außerdem nicht § 8 AbzG. v. 16. 5. 94, praktisch auch nicht das DepG., da ihnen nicht „im Betriebe ihres Handelsgewerbes" Wertpapiere unverschlossen zur Verwahrung anvertraut werden, vgl. § 1 Abs. 2 DepG. Endlich fehlt ihnen die Börsentermingeschäftsfähigkeit (§ 53 Abs. 1 S. 2 BörsGes., vgl. auch JMinBl. 08, 351) und grundsätzlich die an die HReg.-Eintragung geknüpfte Fähigkeit zum Handelsrichter (§ 109 GVG.).

Die Firma und damit die Eintragung in das Handelsregister (vgl. §§ 29—31) ist den Vollkaufleuten vorbehalten. Minderkaufleute, die einen von ihrem bürgerlichen Namen abweichenden Handelsnamen führen oder sonst in kaufmännischer Weise firmieren (vgl. Anm. 1 zu § 17), können nach der — zu weit gehenden — h. M. (KGJ. 31 A 144, 150; 35 A 145; 38 A 148; JW. 37, 889; RJA. 9, 33 u. 153; JFG. 7, 153) gem. § 37 Abs. 1 zur Unterlassung angehalten werden. — Die Eintragung eines Minderkaufmanns im HReg. (mag sie von Anfang an unrichtig gewesen oder es später — durch Herabsinken eines vollkaufmännischen Betriebs — geworden sein; vgl. KGJ. 31 A 147) ist von Amts wegen zu löschen. (Vgl. Anm. 3 Abs. 2 zu § 37; § 142 FGG.) Geschäfte unter der unbefugten Firma sind ohne Rücksicht auf deren Eintragung gültig, RGZ. 17, 75. Solange die Eintragung besteht, gilt § 5. — Sog. Etablissements-(Geschäfts-)bezeichnungen darf aber auch der Minderkaufmann führen (KGJ. 42 A 161), desgl. natürlich Warenzeichen und Telegrammadresse. Darüber hinaus wird man Dritten gegenüber auch den vom bürgerlichen Namen abweichenden Handelsnamen des Minderkaufmanns im Rahmen des Verkehrsüblichen (z. B. Fortführung des Geschäfts durch den Schwiegersohn unter dem Namen des Schwiegervaters, durch den Sohn unter Benutzung des Vornamens seines Vaters) analog § 12 BGB. (wie ein Pseudonym) schützen müssen — dazu (angenähert) JW. 34, 984. Vgl. auch § 37 Abs. 2, § 16 UWG., § 24 WZG. — Klagen und verklagt werden kann der Minderkaufmann nur unter seinem bürgerlichen Namen. Auch § 30 gilt ihm gegenüber nicht, aber in entsprechenden Fällen u. U. § 12 BGB., § 16 UWG. usw. — Über Geschäftsfortführung bei Minderkaufleuten vgl. Anm. 5 zu § 25.

Handelsbücher braucht ein Minderkaufmann nicht zu führen; ebensowenig besteht Inventar- und Bilanzverpflichtung. Wenn Bücher trotzdem geführt werden, gilt für sie grundsätzlich § 45 nicht (JW. 03, 421), ebensowenig §§ 239 Nr. 4, 240 Nr. 3 KO. (a. M. RGSt. 42, 284). — Steuerrechtliche Buchführungspflicht bleibt aber unberührt.

Wird „Prokura" von einem Minderkaufmann erteilt, so ist diese Erteilung als solche nichtig, aber meist — als dem Willen des Kaufmanns entsprechend (§ 140 BGB.!) — in die Erteilung einer Handlungsvollmacht umzudeuten. (Vgl. § 54 Abs. 1, aber auch Abs. 2!)

8. Wohl aber eine stille Gesellschaft.

Für Minderkaufmannsgesellschaften, die also nach §§ 705 ff. BGB. zu beurteilen sind, gilt grundsätzlich auch das in Anm. 7 Gesagte. Vgl. insbes. KGJ. 33 A 114, auch DR. 39, 238. Sie sind als solche überhaupt nicht Kaufmann. — Hat jedoch einmal — kraft vollkaufmännischen Gewerbebetriebs — eine o. HG. oder KG. bestanden, so erlischt sie nicht deshalb, weil der Umfang des Betriebs auf den des Kleingewerbes herabsinkt, RJA. 11, 42; JW. 28, 2644[4] (str.). Vgl. §§ 131, 145, 157. Anders aber RGZ. 155, 83. — Gebraucht eine Gesellschaft von Minderkaufleuten (von vornherein unzulässigerweise) eine kaufmännische Gesellschaftsfirma, so wird darin die Bevollmächtigung des geschäftsführenden Gesellschafters, sowie dessen Handeln im Namen der übrigen Gesellschafter zu finden sein (RGZ. 47, 227). Vgl. § 6 Abs. 2.

9. Von der Befugnis ist kein Gebrauch gemacht worden.

Vermutung aus der Firmeneintragung

§ 5. Ist eine Firma im Handelsregister eingetragen[1], so kann gegenüber demjenigen, welcher sich auf die Eintragung beruft[2], nicht geltend gemacht werden[3], daß das unter der Firma betriebene Gewerbe[4] kein Handelsgewerbe sei oder daß es zu den im § 4 Abs. 1 bezeichneten Betrieben gehöre[5].

1. Eintragung, nicht auch Bekanntmachung erforderlich, ebensowenig ein Eintragungsantrag.

2. Auch wenn dies der Eingetragene selbst ist; auch die Gesellschafter einer eingetragenen Gesellschaft untereinander (RGZ. 50, 154). — Berücksichtigung nur auf Vorschützen, nicht von Amts wegen.

3. Ohne Rücksicht auf guten oder schlechten Glauben. Weitergehender Gutglaubensschutz ist daneben anerkannt; vgl. § 15 Anm. 1, zu eng jedoch JW. 37, 3057[57]. Zu berücksichtigen auch § 826 BGB.

4. Die Vermutung des § 5 setzt voraus, daß in dem Zeitpunkt, für den die Eintragung geltend gemacht wird, irgendein Gewerbe (nicht nur eine andere Tätigkeit, z. B. ärztliche!) wirklich betrieben wird. Vgl. RGZ. 157, 372.

5. Auf Grund der Firmeneintragung unwiderlegliche Vermutung der Vollkaufmannseigenschaft, allerdings nur soweit diese — wie regelmäßig; vgl. aber Anm. 4 zu § 1 — von der Beschaffenheit des Gewerbes (nicht jedoch z. B. von der Zustimmung des elterlichen Gewalthabers bei minderjährigen Gewerbetreibenden) abhängt.

Die Vermutung ist unwiderleglich. Sie gilt aber nur im Privatrechtsverkehr (einschließlich des materiellen Prozeßrechts). Strafrichter (DJZ. 06, 263; RGZ. 93, 240) und Registerrichter (RJA. 12, 46) würdigen frei. Vgl. auch § 37 Anm. 3 insbes. Abs. 2. Auch die öffentlich-rechtliche Beurteilung des Betriebs wird durch die Eintragung nicht berührt; so DJZ. 03, 107 für Handelskammerbeiträge. Hinsichtlich der Börsentermingeschäftsfähigkeit vgl. § 53 Abs. 1 BörsGes. (Firmeneintragung genügt außer bei Minderkaufleuten!) und dazu Anm. 7 Abs. 1 zu § 4.

Die Vermutung gilt (bestehenden Gewerbebetrieb — vgl. Anm. 4 — vorausgesetzt) für die Dauer der Eintragung (D. 18, 19).

Handelsgesellschaften

§ 6. Die in betreff der Kaufleute gegebenen Vorschriften finden auch auf die Handelsgesellschaften[1] Anwendung.

Die Rechte und Pflichten eines Vereins, dem das Gesetz ohne Rücksicht auf den Gegenstand des Unternehmens die Eigenschaft eines Kaufmanns beilegt[2], werden durch die Vorschrift des § 4 Abs. 1 nicht berührt[3].

1. Von Handelsgesellschaften regelt das Gesetz im 2. Buch die o. HG. u. KG. Hinzukommen AktG. u. KG. a. A. (§§ 3 u. 219 Abs. 3 AktGes.) u. GmbH. (§ 13 GmbHGes.). — Nach § 17 Abs. 2 GenGes. gelten auch eingetr. Genossenschaften (ohne „Handelsgesellschaften" zu sein) als Kaufleute. — Über Versicherungsvereine auf Gegenseitigkeit (V.a.G.) vgl. Anm. 12 zu § 1.

2. Sog. Formkaufleute; vgl. Anm. 5 Abs. 2 zu § 1.

3. Alle Handelsgesellschaften (und die eingetr. Genossenschaften) sind Vollkaufleute: bei der o. HG. u. KG. schreibt § 4 Abs. 2 vollkaufmännischen Betrieb vor, für die Formkaufleute (die juristischen Personen des Handelsrechts) ist es hier bestimmt, auch bei minderkaufmännischem Betrieb. Anders bei eingetragenen Vereinen des BGB. Über Reedereien vgl. Anm. 5 a. E. zu § 1. — Wegen ausländischer Gesellschaften § 13 b; Art. 7 EGBGB.

Verhältnis des Handelsgesetzbuchs zum öffentlichen Recht

§ 7. Durch die Vorschriften des öffentlichen Rechtes, nach welchen die Befugnis zum Gewerbebetrieb ausgeschlossen oder von gewissen Voraussetzungen abhängig gemacht ist[1], wird die Anwendung der die Kaufleute betreffenden Vorschriften dieses Gesetzbuchs nicht berührt[2].

1. Gleich welcher Art (D. 19, vgl. Anm. 10 Abs. 5 zu § 1); auch persönliche Beschränkungen (Beamte, Wehrmachtangehörige u. dgl.), vgl. RGSt. 47, 298 (für Notare); auch Beschränkungen durch zeitliche Begrenzung (Konzessionsdauer, Befähigungsnachweis); insbesondere die Beschränkungen für Einzelhandelsgeschäfte (Ges. z. Schutze d. Einzelhandels v. 12. 5. 33 [vgl. Anm. 10 Abs. 5 a. E. zu § 1]), Kreditinstitute (RGes. über das Kreditwesen v. 5. 12. 34 [vgl. Anm. 13 Abs. 2 zu § 1]), Bereitung und Absatz landwirtschaftlicher Produkte (RGes. v. 13. 9. 33 [RGBl. I 626]), gewisse Verkehrsunternehmungen (RGes. v. 6. 12. 37 [RGBl. I 1319]), Zeitungen und Zeitschriften (RGes. v. 4. 10. 33 [RGBl. I 713]) auch die Anordnung auf Grund der V. über die Anmeldung des Vermögens von Juden v. 28. 4. 38 (RGBl. I 415) — dazu DR. 39, 716[17] — und die V. z. Ausschaltung der Juden aus dem deutschen Wirtschaftsleben (§ 1) v. 12. 11. 38 (RGBl. I 1580). — Vgl. ferner Ges. z. Vorbereitung des organischen Aufbaus der deutschen Wirtschaft v. 27. 2. 34 (RGBl. I 185) mit DurchfVV.

2. Der durch den Betrieb eines Gewerbes einer öffentlichen HBeschränkung Zuwiderhandelnde ist also trotzdem Kaufmann, kann sich der strengeren Haftung nicht entziehen und ist im HReg. einzutragen; vgl. dazu JW. 38, 2750, ferner Anm. zu DR. 39, 716[17], aber auch AktGes. §§ 29 Abs. 2 Nr. 5, 155 Abs. 3 Nr. 4, 219 Abs. 3 u. GmbHG. § 8 Nr. 4; der Registerrichter wird sonst nur ausnahmsweise bei offen-

sichtlicher Verletzung gesetzlicher Bestimmungen Eintragungsanträge zurückweisen können; vgl. § 37 Anm. 3 Abs. 2. — Über die Folgen der überwiegenden Vornahme verbotener Geschäfte Anm. 7 Abs. 2 a. E. zu § 1. — Für grundsätzliche Ablehnung der gesamten Vorschrift neuerdings AG. Hamburg JW. 36, 1226[21].

Zweiter Abschnitt
Handelsregister

Registerbehörde

§ 8. Das Handelsregister[1] wird von den Gerichten[2] geführt[3].

1. Das Handelsregister (vgl. dazu auch §§ 125ff. FGG.) ist zur Aufnahme bestimmter, vom Gesetz erschöpfend aufgezählter Tatsacheneintragungen bestimmt. (Vgl. RGZ. 85, 141; 132, 140; RJA. 9, 159; JW. 34, 1730; 39, 104; dazu JFG. 10, 142 u. OLG. 43, 201 über besondere Fälle.)

Es zerfällt nunmehr einheitlich in die Abteilung A für Einzelfirmen, offene HG. und KG., ferner juristische Personen, die gem. §§ 33, 36 eingetragen werden, und die Abteilung B für die juristischen Personen des Handelsrechts, soweit sie nicht im Genossenschaftsregister eingetragen werden (§ 3 Allg. Verf. v. 12. 8. 37 — RMBl. 515, s. Anh. II).

Die Eintragungen sind jedermann zugänglich. Vgl. § 9.

Die Wirkung der Eintragungen hängt teilweise (vgl. aber z. B. §§ 2 u. 5) von hinzutretender Bekanntmachung (über sie: §§ 10, 11) ab; vgl. insbes. § 15. Sie sind immer rechtsbekundend (deklaratorisch), in einigen Fällen darüber hinaus rechtserzeugend (konstitutiv). Vgl. §§ 2, 3 Abs. 2, ferner §§ 34 Abs. 1, 148 Abs. 3, 156, 177, 219 Abs. 3 AktGes., auch §§ 30, 123, 240 Abs. 4, 247 Abs. 6, 248 Abs. 2, 249 Abs. 2, 250 Abs. 2, 251 Abs. 2, 252 Abs. 2 AktGes. §§ 11, 54, 81 GmbHG.; § 53 BörsG. (dazu JW. 29, 2115). Bei § 5 liegt sog. heilende Wirkung vor; vgl. Anm. 5 zu § 5. Infolge eines besonderen Gutglaubensschutzes wirken die Eintragungen vielfach rechtsbestärkend (darüber § 15). Die Eintragung ist eine öffentliche Urkunde und hat als solche die Vermutung ihrer Gesetzmäßigkeit für sich (RGZ. 41, 22; h. M.), insbesondere darüber, daß ihr die erforderliche Anmeldeerklärung (§§ 12ff.) zugrundeliege (vgl. ZPO. §§ 415ff.). Dagegen besteht hinsichtlich des Inhalts der Eintragung höchstens eine tatsächliche Vermutung nach Maßgabe der richterlichen Prüfungspflicht; darüber unten Anm. 3 Abs. 3 (str.). Jedoch kann sich mit ihnen ein Vertrauensschutz verbinden; vgl. Anm. 1 zu § 15.

Vormerkungen werden im HReg. nicht eingetragen (ROHG. 6, 140), ebenso keine Widersprüche.

Nicht eingetragen werden Verhältnisse des ehelichen Güterrechts; für diese besteht das Güterrechtsregister (§§ 1558ff. BGB.). Vgl. aber Art. 4 EGHGB.

2. Die Führung des Registers erfolgt beim örtlichen Amtsgericht (§ 125 FGG.) als Registergericht. Über das Verfahren unten Anm. 3.

Andere Stellen sind lediglich zur Unterstützung und Mitwirkung berufen. — So haben in Preußen nach § 3 AGHGB. v. 24. 9. 99 Gerichte, Staatsanwaltschaft, Verwaltungsbehörden und Notare Anzeige über fehlerhafte oder unterlassene Anmeldungen zu machen, die Steuerbehörden wenigstens über gewerbesteuerliche Vorgänge Auskunft zu erteilen. — Ferner: Pflicht der Organe des Handelsstandes zur Unterstützung des RegGer. bei Verhütung unrichtiger Eintragungen, Registerberichtigung und Vervollständigung, sowie (neu!) auch beim Einschreiten gegen unzulässigen Firmengebrauch (§ 126 FGG. i. d. F. d. Ges. v. 10. 8. 37 — RGBl. I 897), vornehmlich der Industrie- und Handelskammern (über sie V. v. 20. 8. 34 [RGBl. I 790] sowie preuß. Ges. über die Industrie- und Handelskammern v. 24. 2. 70 i. d. F. d. Ges. v. 28. 12. 33 [GS. 1934 S. 6], mit der Maßgabe des § 4 d. V. v. 20. 8. 34 [RGBl. I 790]), aber auch sonstiger Behörden des neuen ständischen Aufbaus (z. B. Wirtschaftsgruppen, Fachgruppen, Reichsschrifttumskammer, Reichsfilmkammer), des Reichskommissars für das Kreditwesen (bei Banken), § 10 RKrGes., nicht jedoch der Handwerkskammern (§§ 103 ff. GewO. u. § 2 RGes. v. 29. 11. 33 [RGBl. I 1015]; vgl. RJA. 7, 195) vermittels Anhörung, Anregungen und, insoweit eine Unterstützungspflicht besteht, auch eines selbständigen Antrags- und Beschwerderechts (vgl. § 126 FGG. u. dazu DR. 39, 321 [Beschwerderecht nur, wo Antragsrecht bestand, jedoch ohne Rücksicht auf eigene Antragstellung], ferner noch zu den früheren engeren Vorschriften: RJA. 4, 207; 17, 97; JFG. 6, 225. Kein Beschwerderecht des Finanzamts bei Weigerung des RegR., gegen die Firma eines Steuerberaters vorzugehen; JW. 34, 3074.

Das Registergericht hat außer der Führung des HReg. noch einige verwandte Befugnisse, die ihm durch Gesetz besonders und ausdrücklich (vgl. RJA. 14, 151) übertragen sind; dahin gehören: Ernennung und Abberufung von Abwicklern (§§ 146 Abs. 2, 147, 161, 338 Abs. 3; §§ 206 Abs. 2, 214 Abs. 4 AktGes.); Regelung der Verwahrung von Geschäftspapieren aufgelöster Gesellschaften (§§ 157, 161 Abs. 2; § 214 Abs. 2 AktGes.); Auskunftsanordnung (§§ 166 Abs. 3, 338 Abs. 3); Revisorenbestellung (§§ 25 Abs. 3, 136 Abs. 3 AktGes.); Aktionärermächtigungen (§ 106 Abs. 4 AktGes.); Prozeßvertreterernennung (§ 122 Abs. 2 AktGes.).

3. Das Verfahren betr. das HRegister ist durch §§ 125—146, 1—34 FGG. u. die auf Grund § 125 Abs. 3 FFG. (i. d. F. d. Ges. v. 10. 8. 37 — RGBl. I 900) erlassene Allg. Verf. d. RJM. v. 12. 8. 37 (RMBl. 515) geregelt. Bis zur Allg. Verf. v. 12. 8. 37 galt im einzelnen Landesrecht (in Preußen die vielfach geänderte und ergänzte Allg. Verf. v. 7. 11. 99). — Über Gebühren: KostenO. v. 25. 11. 35, §§ 72, 74 (RGBl. I 1371).

Die Eintragungen und Löschungen im HRegister erfolgen regelmäßig auf Antrag („Anmeldung" vgl. § 12); ausnahmsweise von Amts wegen (vgl. §§ 141 ff. FGG., §§ 31 Abs. 2, 32, 148 Abs. 2 (§ 207 Abs. 3 AktG.).

Bei Prüfung der Anmeldungen durch das RegGer. ist (str.) danach zu unterscheiden, ob die beantragte Eintragung rechtserzeugende oder nur rechtsbekundende Wirkung hat. Im letzteren Falle beschränkt sie sich auf die Form der Anmeldung und die allgemeine Gesetzmäßigkeit ihres Inhalts, sowie auf Antragsbefugnis und Geschäftsfähigkeit des Anmeldenden, andernfalls ist auch die Wahrheit der angemeldeten Tatsachen zu prüfen. Vgl. aber auch §§ 13 Abs. 3, 13c Abs. 2. Alle Eintragungen haben die Vermutung ihrer Gesetzmäßigkeit für sich, RGZ. 41, 22; vgl. oben Anm. 1. Im Falle berechtigter Bedenken des Richters gegen die Wahrheit der Angaben besteht zur Vermeidung eines Mißbrauchs des Registers auch bei Anmeldung zu bloß rechtsbekundenden Eintragungen weitergehende Prüfungs- und Ermittlungspflicht (vgl. RGZ. 37, 61; RJA. 4, 28; 6, 185; 11, 195, 223; 13, 230; 14, 158; JW. 27, 1703; LZ. 28, 498). Über Prüfungsrecht bei Eintragung auf Grund einstw. Verfügung vgl. OLG. 42, 208; KGJ. 53 A 91 (nur Eintragbarkeit, nicht Rechtmäßigkeit der einstw. Vfg. nachprüfbar!). Verletzungen der Rechte Dritter sind (abgesehen von §§ 30, 37) nicht zu beachten (RJA. 6, 185; 11, 114; 12, 43; 17, 86; OLG. 42, 220). — Behebung von Mängeln der Anmeldungen durch formlose Vorverhandlungen und Auflagen, auch durch sinnentsprechende Umdeutung (z. B. Beschwerde gegen Eintragung in Antrag auf Einleitung eines Verfahrens nach § 142 FGG. RJA. 17, 110, vgl. unten a. E. d. Anm.) möglich.

Beschwerde und weitere Beschwerde gegen die Verfügungen des RegGer. gemäß §§ 19, 28, 30, 199 FGG. (Zu vergleichen V. über die Zuständigkeit der Oberlandesgerichte in Angelegenheiten der freiwilligen Gerichtsbarkeit usw. v. 23. 3. 36 [RGBl. I 251]) mit Änderung d. V. v. 11. 7. 38 [RGBl. I 903].) Berechtigt ist der durch die Verfügung in seiner Rechtsstellung Beeinträchtigte (§ 20 FGG. — weit auszulegen; vgl. RJA. 5, 173; 7, 194; 9, 255; KGJ. 25 A 88; OLG. 12, 203), ein Notar nur, wenn er den Antrag gestellt oder sonst erkennbar Vollmacht hat (RJA. 17, 78), nicht aber ein Mitbewerber aus bloßem Konkurrenzinteresse (z. B. im Falle des § 18 Abs. 2) oder Gläubiger (KGJ. 33 A 140; RJA. 10, 21); sonst nur noch die Organe des Handelsstandes nach § 126 FGG. (vgl. dazu oben Anm. 2 Abs. 2 a. E. u. OLG. 12, 201; 16, 188; RJA. 7, 122, 126; JFG. 14, 488). — Mit der Beschwerde kann nicht die Löschung einer Eintragung verfolgt werden; eine solche Beschwerde ist unzulässig (KGJ. 41 A 102; RJA. 13, 42 u. 220), die Löschung nur gemäß § 142 FGG. möglich. Entsprechende Umdeutung der unzulässigen Beschwerde wird aber mit Recht zugelassen; RJA. 17, 110. Über Rückgängigmachung einer versehentlichen Löschung im Beschwerdeverfahren vgl. JFG. 16, 71.

Öffentlichkeit des Registers

§ 9. Die Einsicht des Handelsregisters sowie der zum Handelsregister eingereichten Schriftstücke[1] ist jedem gestattet[2].

Von den Eintragungen kann eine Abschrift gefordert werden[3]; das gleiche gilt in Ansehung der zum Handelsregister eingereichten Schriftstücke, sofern ein berechtigtes Interesse glaubhaft gemacht wird[4]. Die Abschrift ist auf Verlangen zu beglaubigen[5].

Der Nachweis, wer der Inhaber einer in das Handelsregister eingetragenen Firma eines Einzelkaufmanns ist, kann Behörden gegenüber durch ein Zeugnis des Gerichts über die Eintragung geführt werden. Das gleiche gilt von dem Nachweis der Befugnis zur Vertretung eines Einzelkaufmanns oder einer Handelsgesellschaft[6].

Das Gericht hat auf Verlangen eine Bescheinigung darüber zu erteilen, daß bezüglich des Gegenstandes einer Eintragung weitere Eintragungen nicht vorhanden sind oder daß eine bestimmte Eintragung nicht erfolgt ist[7].

1. Einsicht in das HReg. sowie außerdem in die Anlagen der Anmeldungen und in die kraft ausdrücklicher Vorschrift (z. B. §§ 143 Abs. 2, 162 Abs. 2 AktGes.) einzureichenden Schriftstücke (gem. § 8 Abs. 2 Allg. Verf. v. 12. 8. 37 in einem besonderen Aktenband zusammenzufassen), auch in die auf die Eintragungen bezüglichen Protokolle des Registergerichts (RJA. 2, 70); nicht aber gehört hierher der übrige Akteninhalt (vgl. OLG. 2, 396); für ihn gilt § 34 FGG. (berechtigtes Interesse; vgl. für den Aktionär RJA. 16, 98).

2. Ohne Glaubhaftmachung eines Interesses (vgl. JFG. 9, 94), gebührenfrei (§ 83 KostenO.), aber nur während der Dienststunden an Gerichtsstelle (§ 10 Allg. Verf. v. 12. 8. 37).

Ein Recht anderer Behörden auf Auskunft besteht nebenher; vgl. z. B. § 1652 RVO., §§ 177ff. RAbgO. und dazu RJA. 4, 100.

Auch für die Einsicht in das HReg. gilt jedoch das Ges. über d. Einsicht in öffentl. Bücher u. Register v. 30. 9. 36 (RGBl. I 853), nach welchem die Einsicht allgemein oder im Einzelfall aus Gründen der öffentlichen Sicherheit versagt oder beschränkt werden kann.

3. Abschriften der Eintragungen sowie bei rechtlichem Interesse der in Anm. 1 genannten Schriftstücke; gegen Zahlung der Schreibgebühren (§ 138 Nr. 1 KostenO.), sonst ebenso unbeschränkt wie die Einsichtnahme. Auch Ergänzung eines früheren Auszuges kann verlangt werden (JW. 34, 1731). Über die Form der Abschriften § 30 Abs. 1 u. 3 Allg. Verf. v. 12. 8. 37 (RMBl. 515).

4. Vgl. § 34 FGG. — Anerkannt ist das Interesse des Aktionärs an den von der AktG. eingereichten Schriftstücken, insbes. den GV.-Protokollen; RJA. 16, 98.

5. Form: § 30 Abs. 2 u. 4 Allg. Verf. v. 12. 8. 37. Gebühren: § 82 KostenO.

6. Zeugnisse und Bescheinigungen nach Abs. 3 u. 4 (im Gegensatz zur Abschrift, dem Registerauszug). Abs. 3 ist eingefügt durch Ges. v. 20. 7. 33 (RGBl. I 520) in Nachbildung und Erweiterung des § 32 GBO.

Positive Zeugnisse des Registergerichts (Abs. 3) sind (im Gegensatz zu den Negativattesten des Abs. 4) nicht unbeschränkt zulässig (vgl. D. 23), nämlich allgemein nur über die Vertretungsbefugnis und außerdem bei Firmen eines Einzelkaufmanns (d. h. bei Firmen, deren Träger bei Zeugniserteilung ein Einzelkaufmann ist) über die Inhaberschaft. Insoweit aber besteht auch Beweiskraft Behörden gegenüber insbesondere im Prozeß, und zwar (weitergehend als grundsätzlich für das HReg. an sich — vgl. Anm. 3 zu § 8) für den Inhalt dieser Eintragungen. Gegenbeweis ist natürlich möglich. Ebenso unterliegt die Dauer der Tauglichkeit des Zeugnisses als Beweismittel freier Würdigung der Behörden, insbesondere des Prozeßrichters. Vgl. dazu auch unten Anm. 7. Form: § 31 Allg. Verf. v. 12. 8. 37. Gebühren: § 82 KostenO.

7. Negativbescheinigungen sind danach allgemein über Eintragungen und für jede einzelne mögliche Eintragung zulässig. Form: § 31 Allg. Verf. v. 12. 8. 37. Über Dauer der Beweiskraft (angemessene Zeit — freie Würdigung! — über den Ausstellungstag hinaus) vgl. RJA. 1, 77; OLG. 8, 313. Gebühren: § 82 KostenO.

Bekanntmachungen[1]

§ 10. Das Gericht hat die Eintragungen in das Handelsregister durch den Deutschen Reichsanzeiger und durch mindestens ein anderes Blatt bekanntzumachen[2]. Soweit nicht das Gesetz ein anderes vorschreibt[3], werden die Eintragungen ihrem ganzen Inhalte nach veröffentlicht[4].

Mit dem Ablaufe des Tages, an welchem das letzte der die Bekanntmachung enthaltenden Blätter erschienen ist, gilt die Bekanntmachung als erfolgt[5].

1. Die Einschränkungen, welche die V. v. 14. 2. 24 (RGBl. I 119) vorsah, sind bis auf eine (vgl. Anm. 1 zu § 11) durch V. v. 20. 6. 25 (RGBl. I 88) und 28. 3. 27 (RGBl. I 89) wieder weggefallen; vgl. dazu Anm. 3 zu § 15.

2. In jedem Blatte nur einmalige Bekanntmachung (D. 24). — Außerdem (instruktionelle und verzichtbare!) Bekanntmachung an den Antragsteller nach §§ 130 Abs. 2, 16 Abs. 2 u. 3 FGG. Über weitere Mitteilungen (Industrie- und Handelskammer!) vgl. § 37 Allg. Verf. v. 12. 8. 37, ferner § 131 FGG. (Hauptregister!).

3. §§ 162 Abs. 2, 175. Vgl. auch §§ 32, 34 Abs. 5 (Ausschluß der Bekanntmachung für den Konkursvermerk); anderseits §§ 33, 35 Abs. 4, 37 Abs. 4, 157, 163 AktGes. (Bekanntmachung der — nicht einzutragenden! — Gründungs- und Emissionskautelen bei der AktG.).

4. Genau, mit Datum (§ 33 Abs. 2 Allg. Verf. v. 12. 8. 37); nicht nötig: wörtliche Übereinstimmung (vgl. § 27 S. 2 Allg. Verf.); vorgeschrieben ist knappe und leicht verständliche Fassung (§ 33 Abs. 1 Allg. Verf.). Bei Auslassungen und Ungenauigkeiten ist die Bekanntmachung unwirksam. (Ein Zuviel schadet nichts.) Alsdann Haftung des Registerrichters nach § 839 BGB. Aber auch Prüfungspflicht des Kaufmanns, in dessen Angelegenheiten die Bekanntmachung erfolgt (vgl. RGZ. 131, 14; Warn. 38, 86).

5. Meist zugleich der Eintritt der Wirksamkeit der Eintragung; vgl. aber auch §§ 2, 3, 30, 123 sowie z. B. §§ 34 Abs. 1, 157, 177 AktGes. Nach § 32 Allg. Verf. v. 12. 8. 37 ist die Veröffentlichung der Eintragung unverzüglich zu veranlassen.

Bekanntmachungsblätter

§ 11[1a]. Das Gericht hat jährlich im Dezember[1] die Blätter zu bezeichnen[2], in denen während des nächsten Jahres[3] die im § 10 vorgesehenen Veröffentlichungen erfolgen sollen[4].

Wird das Handelsregister bei einem Gerichte von mehreren Richtern geführt und einigen sich diese über die Bezeichnung der Blätter nicht, so wird die Bestimmung von dem im Rechtszug vorgeordneten Landgerichte getroffen; ist bei diesem Landgericht eine Kammer für Handelssachen gebildet, so tritt diese an die Stelle der Zivilkammer[5].

1a. Zu § 11 Abs. 2 s. Art. 6 Nr. 3 der 4. EinfV. betr. Österreich (Anh. XIII).

1. Und zwar bis zum 6. Dezember jedes Jahres; § 11 Abs. 1 Allg. Verf. v. 12. 8. 37.

2. Keine Beschwerde (RJA. 7, 37). Kein Zwang der Justizverwaltung bei der Auswahl (RGZ. 58, 4; 140, 428), wohl aber Vorschrift der vorherigen gutachtlichen Anhörung der Industrie- u. Handelskammer; § 11 Abs. 2 S. 1 Allg. Verf. Bekanntmachung der Blätter unterbleibt gemäß § 9 d. V. v. 14. 2. 24 (RGBl. I 119) [die im übrigen durch V. v. 20. 6. 25 (RGBl. I 88) u. 28. 3. 27 (RGBl. I 89) aufgehoben ist; vgl. Anm. 1 zu § 10]. Die Bezeichnung geschieht durch einwöchigen Aushang an der Gerichtstafel und Anzeige an die Industrie- u. Handelskammer und an die Handwerkskammer; § 11 Abs. 2 S. 2 Allg. Verf.

3. Außer beim Aufhören des Erscheinens eines bezeichneten Blattes bleibt das Gericht an die Bezeichnung gebunden.

4. Vgl. dazu Ges. über die Neubezeichnung von Blättern für öffentliche Bekanntmachungen v. 15. 6. 33 (RGBl. I 371).

5. Abs. 2 hinzugefügt durch Ges. v. 11. 2. 25 (RGBl. I 9).

Anmeldung und Zeichnung

§ 12. Die Anmeldungen zur Eintragung in das Handelsregister[1] sowie die zur Aufbewahrung bei dem Gerichte bestimmten Zeichnungen von Unterschriften[2] sind persönlich[3] bei dem Gerichte zu bewirken[4] oder in öffentlich beglaubigter Form einzureichen[5].

Die gleiche Form ist für eine Vollmacht zur Anmeldung[3] erforderlich. Rechtsnachfolger[6] eines Beteiligten haben die Rechtsnachfolge soweit tunlich durch öffentliche Urkunden nachzuweisen.

1. Die Form der Anmeldungen, nicht wer und was anmeldungspflichtig ist, bestimmt § 12. Keine Anmeldung i. S. des § 12 ist der Antrag, ein Urteil auf Anmeldung [durch Eintragung!] zu vollstrecken (§ 894 ZPO.). Vgl. KGJ. 41 A 100.

Über materielle Prüfung der Anmeldungen vgl. § 8 Anm. 3 Abs. 3.

2. Sie können (arg. Abs. 2!) nicht durch Bevollmächtigte vollzogen werden. Vgl. unten Anm. 5 Abs. 1 a. E.

3. Anmeldung ist auch durch Bevollmächtigte möglich (vgl. Anm. 2), außer bei gewissen Anmeldungen, die Organen juristischer Personen obliegen: vgl. RJA. 4, 31 u. 5, 176, zu §§ 195, 280, 284, 289, 291 — jetzt §§ 28, 151, 155, 162, 176, 180 AktGes. Die Vollmacht muß aber stets Spezialvollmacht sein (str.); nicht genügt Handlungsvollmacht als solche (RJA. 9, 41), nicht einmal Prokura (KGJ. 47, 242). Bei Anmeldung durch Organe juristischer Personen genügt, wenn das Gesetz nicht ausdrücklich Anmeldung durch sämtliche Mitglieder des Organs vorschreibt (z. B. § 33, § 28 AktGes.), die zur Vertretung erforderliche Anzahl (vgl. D. 155) und, wo eine unechte Gesamtvertretung (darüber vgl. Anm. 6 Abs. 2 zu § 48) besteht, auch diese; vgl. RGZ. 134, 303; JW. 33, 1466; 37, 890; JFG. 18, 196. Entsprechend auch bei den anderen Handelsgesellschaften (vgl. § 108).

Meldet der Kaufmann selbst an, so kann er dabei eine von seinem bürgerlichen Namen verschiedene Firma gebrauchen; KGJ. 52 A 88. Vgl. Anm. 4 zu § 17.

Nach §§ 129, 124 FGG. sind die beurkundenden Notare ohne besondere Vollmacht ermächtigt, die Eintragung zu beantragen, Beschwerde und — ohne Anwalt — weitere Beschwerde einzulegen. Vgl. Anm. 3 a. E. zu § 8 und ferner RJA. 1, 153; 17, 78 u. 110; OLG. 1, 266 u. 319.

4. Bei dem Registergericht, zu Protokoll des Richters oder des Urkundsbeamten der Geschäftsstelle (vgl. § 128 FGG. u. § 24 Abs. 1 Allg. Verf. v. 12. 8. 37). Ob ein Rechtshilfeersuchen von einem andern RegGer. abgelehnt werden kann, ist bestr. (dafür RGZ. 58, 94 gegen OLG. 14, 138 u. JW. 10, 717), aber nur bei Vorliegen besonderer Gründe anzunehmen.

5. Formlose Einreichung ausreichend (D. 25), öffentl. Beglaubigung aber für die eingereichten Anmeldungserklärungen und Zeichnungen vorgeschrieben; dazu § 129 BGB., Art. 141 EGBGB., §§ 167, 183, 184, 191, 200 FGG. Die Form wird bei der Anmeldung (nicht bei der Zeichnung) durch einen formgültigen Prozeßvergleich (KGJ. 34 A 121), auch durch eine beglaubigte Abschrift der (beglaubigten) Anmeldungserklärung (JFG. 2, 173) gewahrt.

Bei Zeichnungen (§§ 29, 35, 53 Abs. 2, 108 Abs. 2, 148 Abs. 3, §§ 29 Abs. 3, 73 Abs. 3, 207 Abs. 4, 225 Nr. 1 AktGes.) muß bei der Abgabe zu Protokoll (Anm. 4) die eigenhändige Vollziehung beurkundet werden (RGZ. 54, 168 str.).

Widerruf einer Anmeldung bedarf keiner Form. Seine Zurücknahme wirkt als neue Anmeldung und bedarf daher der Form des § 12 Abs. 1 (OLG. 43, 299).

6. Bei Rechtsnachfolge, welche die Anmeldungs- oder Zeichnungspflicht ergreift (Gesamt- oder Einzelnachfolge), ist Nachweis durch öffentliche Urkunden (z. B. Erbschein, nicht bloße Beglaubigung) nötig, wenn dies „tunlich", d. h. möglich und zumutbar erscheint. (Freies Ermessen des Gerichts; u. U. andere Beweismittel!).

Bei Geschäftsveräußerung ist sowohl der Veräußerer als auch der Erwerber anmeldungspflichtig; vgl. § 31 Abs. 1 u. OLG. 41, 192. S. auch Anm. 3 zu § 31.

Errichtung einer Zweigniederlassung

§ 13[1]. **Die Errichtung einer Zweigniederlassung[2] ist von einem Einzelkaufmann oder einer juristischen Person beim Gericht der Hauptniederlassung, von einer Handelsgesellschaft beim Gericht des Sitzes der Gesellschaft[3] zur Eintragung in das Handelsregister des Gerichts der Zweigniederlassung anzumelden[4]. Das Gericht der Hauptniederlassung oder des Sitzes hat die Anmeldung unverzüglich mit einer beglaubigten Abschrift seiner Eintragungen, soweit sie nicht ausschließlich die Verhältnisse anderer Niederlassungen betreffen, an das Gericht der Zweigniederlassung weiterzugeben[5].**

Die gesetzlich vorgeschriebenen Unterschriften sind zur Aufbewahrung beim Gericht der Zweigniederlassung zu zeichnen; für die Unterschriften der Prokuristen gilt dies nur, soweit die Prokura nicht ausschließlich auf den Betrieb einer anderen Niederlassung beschränkt ist.

Das Gericht der Zweigniederlassung hat zu prüfen, ob die Zweigniederlassung errichtet und § 30 beachtet ist[6]. Ist dies der Fall, so hat es die Zweigniederlassung einzutragen und dabei die ihm mitgeteilten Tatsachen nicht zu prüfen, soweit sie im Handelsregister der Hauptniederlassung oder des Sitzes eingetragen sind[6]. Die Eintragung hat auch den Ort der Zweigniederlassung zu enthalten; ist der Firma für die Zweigniederlassung ein Zusatz beigefügt[7], so ist auch dieser einzutragen[8].

Die Eintragung der Zweigniederlassung ist von Amts wegen dem Gericht der Hauptniederlassung oder des Sitzes mitzuteilen und in dessen Register zu vermerken; ist der Firma für die Zweigniederlassung ein Zusatz beigefügt, so ist auch dieser zu vermerken[9]. Der Vermerk wird nicht veröffentlicht[9].

Die vorstehenden Vorschriften gelten sinngemäß für die Aufhebung einer Zweigniederlassung[10].

1. §§ 13—13c sind gem. Art. 1 des Ges. v. 10. 8. 37 (RGBl. I 897 — „über die Eintragung von Handelsniederlassungen und das Verfahren in Handelsregistersachen") nach dem Vorbild der §§ 35ff. AktGes. an die Stelle des ursprünglichen § 13 getreten. Dieser legte der registerrechtlichen Behandlung der Zweigniederlassungen ein der jetzigen Regelung entgegengesetztes Prinzip zugrunde: Anmeldungen und Zeichnungen zum Handelsregister einer Zweigniederlassung sowie die Eintragungen darin wurden grundsätzlich so behandelt, wie wenn die Zweigniederlassung selbständig Kaufmann wäre. § 13 a. F. hatte folgenden Wortlaut:

Soweit nicht in diesem Gesetzbuch ein anderes vorgeschrieben ist, sind die Eintragungen in das Handelsregister und die hierzu erforderlichen Anmeldungen und Zeichnungen von Unterschriften sowie die sonst vorgeschriebenen Einreichungen zum Handelsregister bei jedem Registergericht, in dessen Bezirke der Inhaber der Firma eine Zweigniederlassung besitzt, in gleicher Weise wie bei dem Gerichte der Hauptniederlassung zu bewirken.

Eine Eintragung bei dem Gerichte der Zweigniederlassung findet nicht statt, bevor nachgewiesen ist, daß die Eintragung bei dem Gerichte der Hauptniederlassung geschehen ist.

Diese Vorschriften kommen auch zur Anwendung, wenn sich die Hauptniederlassung im Auslande befindet. Soweit nicht das ausländische Recht eine Abweichung erforderlich macht, haben die Anmeldungen, Zeichnungen und Eintragungen bei dem Gerichte der Zweigniederlassung in gleicher Weise zu geschehen, wie wenn sich die Hauptniederlassung im Inlande befände.

Demgegenüber wird in der jetzigen Regelung (vgl. auch §§ 35—37 AktGes.) grundsätzlich nur eine Zentralanmeldung bewirkt (vgl. DR. 39, 1453) und die Eintragung für die Zweigniederlassungen von Amts wegen durch Vermittlung des Hauptregisters herbeigeführt, wobei nur die besonderen tatsächlichen Voraussetzungen der Zweigniederlassung (einschl. der örtlich begrenzten Firmenzulässigkeit) vom Registergericht der Zweigniederlassung geprüft werden. Aus diesem Grundsatz ergeben sich folgerichtig die teilweise sehr ins Einzelne (Zahl der einzureichenden Schriftstücke, Art und Inhalt der Bekanntmachungen usw.) gehenden Vorschriften der Gesetzesnovelle. Auch die Unterscheidung zwischen Errichtung bzw. Aufhebung von Zweigniederlassungen und Anmeldung bezüglich bestehender Zweigniederlassungen (§ 13 u. § 13a) ist nur eine zwangsläufige Konsequenz aus dem erwähnten Grundsatz. Im übrigen entspricht § 13b dem § 13 Abs. 3 a. F.; mangels eines inländischen Hauptregisters verbleibt es beim Dezentralisationsprinzip. § 13c enthält hingegen eine durch die registerliche Neuregelung für Zweigniederlassungen nicht bedingte neue allgemeine Vorschrift, die in § 38 AktGes. ihr Vorbild hatte.

Über die Ordnungsstrafgewalt vgl. Anm. 3 zu § 14.

2. Eine Zweigniederlassung ist ein von der Hauptniederlassung abgezweigtes abhängiges Unternehmen. Erforderlich: einerseits räumlich gesonderte Niederlassung mit besonderem Mittelpunkt und einer gewissen Selbständigkeit (nicht nur in bezug auf untergeordnete Fragen) und mit Dauerabsicht der geschäftlichen Handlungsweise und anderseits wirtschaftliche und rechtliche Abhängigkeit. Organisatorisch muß die Zweigniederlassung auch bei Wegfall der

Hauptniederlassung noch als möglich zu denken sein. Vgl. ROHG. 14, 401; 17, 313; RGZ. 38, 263; 50, 429; JW. 02, 162; KGJ. 22 A 91; RJA. 4, 159; 5, 56; LZ. 11, 935; DJZ. 34, 1000 (RFH.); JFG. 13, 62; OLG. 11, 375; 14, 302; 45, 97. Bloße Annahme- oder Fabrikationsstellen, technische Büros, bloße Verkaufsstellen mit vorgeschriebenen Einheitspreisen, regelmäßig auch Versicherungsagenturen, ferner Eisenbahnstationen sind daher keine Zweigniederlassungen; RGZ. 2, 391; 44, 362; OLG. 30, 389. Umgekehrt ist die Zweigniederlassung nicht selbständiger Rechtsträger (RGZ. 107, 45; 108, 267; a. M. RFH. i. DJZ. 34, 1000); soweit der Kaufmann aber unter seiner Firma Rechte erwerben kann, kann er es auch unter der Firma der Zweigniederlassung; vgl. RGZ. 62, 8. — Über Verkehr der Zweigniederlassungen untereinander RGZ. 108, 210.

3. „Gericht des Sitzes der Gesellschaft" ist aus dem Sprachgebrauch des AktGes. übernommen; der Ausdruck bedeutet aber keine sachliche Verschiedenheit gegenüber dem „Gericht der Hauptniederlassung"; vgl. dazu OLG. 42, 214.

4. Wie die Anmeldung zu bewirken ist, richtet sich grundsätzlich nach § 12; vgl. die Anm. dazu. § 13 verlangt heute bei Errichtung der Zweigniederlassung von HGesellschaften nicht mehr die qualifizierte Form der Anmeldung durch sämtliche Gesellschafter, die für die Anmeldung der Gesellschaft als solcher (§ 108) vorgeschrieben ist; vgl. ebenso § 33 Abs. 3, hingegen noch § 35 Abs. 2 GmbHGes.

5. Soweit sich die Zweigniederlassung im Bezirk des Hauptregistergerichts befindet (wobei sie ebenso einen Firmenzusatz führen kann wie auswärtige Zweigniederlassungen!, vgl. unten Anm. 7 u. JFG. 6, 175 [KG., unter Aufgabe der früheren Meinung — vgl. KGJ. 39 A 117; RJA. 14, 118]), trägt dieses natürlich selbst ein, u. zw. auf einem besonderen Registerblatt; vgl. § 13 Abs. 4 Allg. Verf. v. 12. 8. 37 (RMinBl. 515).

6. Eine wesentliche Änderung gegenüber der früheren Regelung bedeutet die Beschränkung der Prüfungspflicht (und des Prüfungsrechts!) des RegR. der Zweigniederlassung. Dieser prüft jetzt nur noch, ob tatsächlich eine Zweigniederlassung im Rechtssinn besteht (vgl. oben Anm. 2!) und ob ihre Firma sich von den am Ort der Zweigniederlassung bestehenden Firmen hinreichend deutlich unterscheidet oder ein Unterscheidungszusatz erforderlich ist (§ 30 Abs. 3); JFG. 20, 137.

7. Ein Firmenzusatz für die Zweigniederlassung ist nach § 18 Abs. 2 S. 2 zulässig, soweit er der Unterscheidung der Zweigniederlassung vom Hauptgeschäft dient; vgl. RJA. 11, 22; 12, 127; LZ. 13, 491; R. 26, 806; 28, 1858; JFG. 8, 146; 13, 62; 14, 488 u. (z. T. weitergehend) HRR. 30, 1823; JW. 37, 1268. Vorgeschrieben ist ein derartiger Zusatz nur unter dem Gesichtspunkt des § 30; vgl. oben Anm. 6 a. E.

8. Nur im HReg. der Zweigniederlassung; vgl. aber Abs. 4.

9. Vgl. §§ 40 Nr. 2, 43 Nr. 2 Allg. Verf. — Der Vermerk hat keine Bedeutung für die Wirkung der eingetragenen Tatsachen. Diese tritt vielmehr — bei rechtsbegündeten Eintragungen — mit der Eintragung in das HReg. der Zweigniederlassung ein; ebenso beruht die Publizitätswirkung (§ 15) auf der Eintragung u. Bekanntmachung durch das Gericht der Zweigniederlassung; für die Bekanntmachung gilt hier § 10.

10. Im Falle der Aufhebung einer Zweigniederlassung kann eine Prüfungspflicht für das Gericht der Zweigniederlassung sich nur auf deren tatsächliche Aufhebung erstrecken, JFG. 20, 138. Im übrigen gilt für Anmeldung, Eintragung, Vermerk im Hauptregister und Bekanntmachung alles in den Anm. 4—9 Gesagte entsprechend.

Anmeldungen bei Bestehen eingetragener Zweigniederlassungen[1]

§ 13a[1]**. Ist eine Zweigniederlassung in das Handelsregister eingetragen**[1]**, so sind alle Anmeldungen, die die Hauptniederlassung oder die Niederlassung am Sitz der Gesellschaft**[2] **oder die eingetragenen Zweigniederlassungen betreffen, beim Gericht der Hauptniederlassung oder des Sitzes zu bewirken**[1]**; es sind so viel Stücke einzureichen, wie Niederlassungen bestehen**[3]**.**

Das Gericht der Hauptniederlassung oder des Sitzes hat in der Bekanntmachung seiner Eintragung im Deutschen Reichsanzeiger anzugeben, daß die gleiche Eintragung für die Zweigniederlassungen bei den namentlich zu bezeichnenden Gerichten erfolgen wird[4]**; ist der Firma für eine Zweigniederlassung ein Zusatz beigefügt, so ist auch dieser anzugeben**[5]**.**

Das Gericht der Hauptniederlassung oder des Sitzes hat sodann seine Eintragung unter der Angabe der Nummer des Deutschen Reichsanzeigers, in der sie bekanntgemacht ist, von Amts wegen den Gerichten der Zweigniederlassungen mitzuteilen; der Mitteilung ist ein Stück der Anmeldung beizufügen. Die Gerichte der Zweigniederlassungen haben die Eintragung ohne Nachprüfung in ihr Handelsregister zu übernehmen[6]**. In der Bekanntmachung der Eintragung im Register der Zweigniederlassung ist anzugeben, daß die Eintragung im Handelsregister des Gerichts der Hauptniederlassung oder des Sitzes erfolgt und in welcher Nummer des Deutschen Reichsanzeigers sie bekanntgemacht ist**[4]**. Im Deutschen Reichsanzeiger wird die Eintragung im Handelsregister der Zweigniederlassung nicht bekanntgemacht**[4]**.**

Betrifft die Anmeldung ausschließlich die Verhältnisse einzelner Niederlassungen, so sind außer dem für das Gericht der Hauptniederlassung oder des Sitzes bestimmten Stück nur so viel Stücke einzureichen, wie Zweigniederlassungen betroffen sind[7]**. Das Gericht der Hauptniederlassung oder des Sitzes teilt seine Eintragung nur den Gerichten der Zweigniederlassungen mit, deren Verhältnisse sie betrifft**[7]**. Die Eintragung im Register der Hauptniederlassung oder des Sitzes wird nur im Deutschen Reichsanzeiger bekanntgemacht**[7]**.**

Absätze 1, 3 und 4 gelten sinngemäß für die Einreichung von Schriftstücken und die Zeichnung von Unterschriften[8]**.**

1. Vgl. Anm. 1 zu § 13.
2. Vgl. Anm. 3 zu § 13.

3. Vgl. aber auch Abs. 4 S. 1 u. Abs. 5; die Bestimmung müßte wohl lauten: „Der Anmeldung sind so viele weitere Stücke beizufügen, wie Niederlassungen außer der Hauptniederlassung von ihr betroffen werden."

4. Während sich die Bekanntmachung der bei Errichtung oder Aufhebung einer Zweigniederlassung im HReg. der Zweigniederlassung erfolgenden Eintragungen nach § 10 richtet (vgl. Anm. 9 zu § 13), gilt für die Bekanntmachung anderer auf Zweigniederlassungen bezüglicher Eintragungen eine Ausnahme: hier macht stets das Gericht des Hauptregisters die Eintragung im Deutschen Reichsanzeiger und stets das Gericht der Zweigniederlassung in seinem örtlichen Blatt bekannt, und wenn sich die Eintragung ausschließlich auf einzelne Zweigniederlassungen bezieht, bewendet es hierbei (Abs. 4 S. 3), während sonst noch die Bekanntmachung im örtlichen Blatt des Hauptregistergerichts hinzutritt (vgl. § 10); die Eintragung im Register der Zweigniederlassung wird aber nie im Reichsanzeiger bekanntgemacht. Die Regelung ist dadurch begründet, daß hier jegliche Prüfung des Gerichts der Zweigniederlassung entfällt, vgl. unten Anm. 6. — Über die Bekanntmachungswirkung vgl. § 15 Abs. 3.

5. Vgl. dazu Anm. 7 zu § 13 sowie § 13 Abs. 3 S. 2 Halbs. 2, Abs. 4 S. 1 Halbs. 2 u. S. 2.

6. Eine Prüfungspflicht des Gerichts der Zweigniederlassung besteht, soweit es sich nicht um Errichtung oder Aufhebung der Zweigniederlassung handelt (vgl. dazu Anm. 6 u. 10 zu § 13), überhaupt nicht. Zweifelhaft erscheint dies, wenn die Eintragung bei der schon bestehenden Zweigniederlassung eine Firmenänderung betrifft. § 13 Abs. 3 S. 1 sieht insoweit für den Fall der Errichtung eine Teilprüfung durch das Gericht der Zweigniederlassung vor. Angesichts der für die Bekanntmachung getroffenen Regelung (vgl. oben Anm. 4) wird angenommen werden müssen, daß über die Zulässigkeit einer Firmenänderung bei der Zweigniederlassung auch hinsichtlich der Beobachtung des § 30 das Gericht des Hauptregisters entscheidet. (Dieses wird vor seiner Entscheidung das Gericht der Zweigniederlassung hören müssen!) Vgl. hierzu aber auch Anm. 3 Abs. 3 zu § 37.

7. Nicht nur, wenn die Hauptniederlassung oder sämtliche Zweigniederlassungen, sondern auch, wenn lediglich einzelne Zweigniederlassungen oder sogar nur eine einzige von einer Anmeldung betroffen werden, prüft das Hauptregistergericht ausschließlich. Auch die Bekanntmachung im Reichsanzeiger wird von ihm veranlaßt, die örtliche jedoch nur, wenn eine betroffene Zweigniederlassung zugleich im Bezirk des Hauptregistergerichts gelegen ist. Vgl. auch oben Anm. 4.

Inländische Zweigniederlassungen ausländischer Kaufleute und Handelsgesellschaften

§ 13b[1]. Befindet sich die Hauptniederlassung eines Einzelkaufmanns oder einer juristischen Person oder der Sitz einer Handelsgesellschaft im Ausland, so haben alle eine inländische Zweigniederlassung betreffenden Anmeldungen, Zeichnungen, Einreichungen und Eintragungen bei dem Gericht zu erfolgen, in dessen Bezirk die Zweigniederlassung besteht[2].

Die Eintragung der Errichtung der Zweigniederlassung hat auch den Ort der Zweigniederlassung zu enthalten; ist der Firma

für die Zweigniederlassung ein Zusatz beigefügt, so ist auch dieser einzutragen[3].

Im übrigen[4] gelten für die Anmeldungen, Zeichnungen, Einreichungen, Eintragungen und Bekanntmachungen, soweit nicht das ausländische Recht Abweichungen nötig macht[4], sinngemäß die Vorschriften für Hauptniederlassungen oder Niederlassungen am Sitz der Gesellschaft[2].

1. Vgl. Anm. 1 zu § 13. 2. Jede inländische Zweigniederlassung eines ausländischen Unternehmens wird wie eine Hauptniederlassung behandelt. Insoweit beläßt es die Novelle vom 10. 8. 37 sachlich bei dem bisherigen Rechtszustand; vgl. § 13 Abs. 3 a. F. (unter Anm. 1 zu § 13).

3. Abs. 2 Halbs. 2 dürfte sich bei den Zweigniederlassungen ausländischer Unternehmungen von selbst verstehen, da im Inland eine Firma ohne den Zusatz gar nicht besteht. Über die international-privatrechtliche Frage, nach welchem Recht hier die Zulässigkeit der Firma zu beurteilen ist, vgl. namentlich KGJ. 42, 159 (Verbot täuschender Zusätze — § 18 Abs. 2 — verbindlich!); allgemein wird dafür folgendes gelten müssen: soweit es sich um die Zulässigkeit von Zusätzen bei der Zweigniederlassungsfirma handelt, gilt ausschließlich deutsches Recht, im übrigen richtet sich die Form der Firma nach dem Recht des Staates der Hauptniederlassung (vgl. Art. 7 EGBGB.), jedoch begrenzt durch die Grundsätze des „ordre public" (Art. 30 EGBGB.), die Frage der Verletzung von Rechten Dritter (§ 37 Abs. 2!) hingegen nach deutschem Recht.

4. Eintragungspflicht besteht in demselben Umfange wie wenn die Zweigniederlassung eine deutsche Hauptniederlassung wäre. Wer i. S. des § 14 zur Anmeldung gezwungen werden kann, kann aber nicht allein auf Grund der an sich maßgeblichen Vorschriften des ausländischen Rechts über Inhaberschaft bzw. gesetzl. Vertretung beurteilt werden; es muß vielmehr zulässig sein, die Leiter inländischer Zweigniederlassungen auch dann zur Bewirkung der Anmeldungen anzuhalten, wenn sie an sich weder Firmeninhaber noch gesetzl. Vertreter sind.

Verlegung der Hauptniederlassung oder des Gesellschaftssitzes ins Inland[1]

§ 13c[1]. Wird die Hauptniederlassung eines Einzelkaufmanns oder einer juristischen Person oder der Sitz einer Handelsgesellschaft im Inland verlegt[1], so ist die Verlegung beim Gericht der bisherigen Hauptniederlassung oder des bisherigen Sitzes der Gesellschaft anzumelden[2]. Dieses hat unverzüglich von Amts wegen die Sitzverlegung dem Gericht der neuen Hauptniederlassung oder des neuen Sitzes mitzuteilen[3]. Der Mitteilung sind die Eintragungen für die bisherige Hauptniederlassung oder den bisherigen Sitz sowie die bei dem bisher zuständigen Gericht aufbewahrten Urkunden beizufügen[3].

Das Gericht der neuen Hauptniederlassung oder des neuen Sitzes hat zu prüfen, ob die Hauptniederlassung oder der Sitz

ordnungsgemäß verlegt und § 30 beachtet ist[4]. Ist dies der Fall, so hat es die Verlegung einzutragen und dabei die ihm mitgeteilten Eintragungen ohne weitere Nachprüfung in sein Handelsregister zu übernehmen[4]. Die Eintragung ist dem Gericht der bisherigen Hauptniederlassung oder des bisherigen Sitzes mitzuteilen[3]. Dieses hat die erforderlichen Eintragungen von Amts wegen vorzunehmen[3].

1. Vgl. Anm. 1 zu § 13, auch § 38 AktGes.

2. Die Anmeldungspflicht als solche ergab sich hier ohnehin immer schon aus § 31 Abs. 1. Dessen Bezugnahme auf § 29 konnte aber die Auffassung rechtfertigen, daß die Anmeldung beim Gericht des neuen Ortes bzw. Sitzes zu bewirken sei. Dem steht jetzt Abs. 1 S. 1 entgegen.

3. Vgl. dazu § 20 Allg. Verf. v. 12. 8. 37.

4. Recht und Pflicht des RegGerichts der neuen Niederlassung zur Prüfung ist nach dem Muster der für das Gericht der Zweigniederlassung getroffenen Regelung (§ 13 Abs. 3 S. 1, 2) weitgehend eingeschränkt. Sachlich schon für den früheren Rechtszustand ähnlich: KGJ. 44, 152; OLG. 46, 248; JW. 33, 134.

Ordnungsstrafen

§ 14[1a]. Wer verpflichtet ist[1], eine Anmeldung, eine Zeichnung der Unterschrift oder eine Einreichung von Schriftstücken zum Handelsregister vorzunehmen[2], ist hierzu von dem Registergerichte[3] durch Ordnungsstrafen[4] anzuhalten[5]. Die einzelne Strafe darf den Betrag von dreihundert Mark nicht übersteigen[6].

1a. Zu § 14 s. Art. 6 Nr. 4 der 4. EinfV. betr. Österreich (Anh. XIII).

1. Eine Anmeldepflicht trifft nur natürliche Personen; OLG. 4, 463; 7, 346; 12, 410; RJA. 4, 32; 6, 130 (h. M., str. u. zweifelhaft), in Angelegenheiten juristischer Personen also deren anmeldepflichtige gesetzliche Vertreter; JFG. 10, 86. Keine Ordnungsstrafe gegen Bevollmächtigte; RJA. 9, 41. Ebenso nicht gegen Erben wegen Löschung einer Firma, die schon zu Lebzeiten des Erblassers untergegangen war, JW. 26, 1675.

2. Derartige Verpflichtungen (die nicht Schutzgesetze i. S. des § 823 Abs. 2 BGB. sind; JW. 10, 232) bestehen nach §§ 1, 2, 13, 29 [Firma], § 31 [Änderung und Verlegung], §§ 33, 34 [Besonderh. f. jur. Personen], § 53 [Prokura], §§ 106, 107, 125, 143, 144, 148, 150, 157 [o. HG.], § 162 [KomG.], §§ 73, 85, 155, 162, 168, 176, 180, 204, 207, 214, 239, 258, 261, 272, 284 AktGes., §§ 7, 12, 57, 58, 80 GmbHGes.

Nicht gehört hierher die Verpflichtung, einer sonstigen Anordnung des Reg.Gerichts oder dem allgemeinen Gebot zur Angabe richtiger Personalien in der Firma Folge zu leisten (OLG. 5, 274; 7, 342; KGJ. 29 A 213), wohl jedoch die Pflicht des AktG.-Vorstands nach § 91 AktGes. (Einreichung von Belegblättern); RJA. 16, 77.

3. Die Ordnungsstrafgewalt steht demjenigen Gericht zu, bei welchem die Anmeldung, Zeichnung oder Einreichung zu erfolgen hat, im Falle der §§ 13, 13a daher nur dem Gericht der Hauptniederlassung bzw. des Sitzes; vgl. JFG. 20, 134.

4. Sie sind Zwangsmittel, sog. Beugestrafen. Daher: Exkulpation möglich;

keine Straffestsetzung nach — wenn auch verspäteter — Erfüllung (RJA. 11, 44); diese kann auch noch mit der Beschwerde erfolgreich geltend gemacht werden. RJA. 13, 36; 15, 33.

5. Ausnahmen: § 175, §§ 303 Abs. 2, 304 AktGes. — Verfahren gemäß §§ 132—139 FGG. Dritte, insbesondere die Industrie- und Handelskammer, können es anregen; vgl. KGJ. 33 A 142. Strafandrohung unter Setzung einer Frist für Erfüllung oder Einspruch; hiergegen keine Beschwerde (JFG. 5, 108); bei Fristversäumung (Wiedereinsetzung möglich! § 137 FGG.) Straffestsetzung mit erneuter Androhung usw. (Strafmilderung u. U. möglich, § 135 Abs. 2 S. 2 FGG.).

6. Vgl. jetzt V. v. 12. 12. 24 Art. 2 Abs. 2 (RGBl. I 775): 1—1000 RM.

Publizitätswirkung des Handelsregisters[1]

§ 15. Solange eine in das Handelsregister einzutragende Tatsache[2] nicht eingetragen und bekanntgemacht[3] ist, kann sie von demjenigen, in dessen Angelegenheiten sie einzutragen war, einem Dritten[4] nicht entgegengesetzt werden[5], es sei denn, daß sie diesem bekannt war[6].

Ist die Tatsache eingetragen und bekanntgemacht worden, so muß ein Dritter sie gegen sich gelten lassen, es sei denn, daß er sie weder kannte noch kennen mußte[7].

Für den Geschäftsverkehr mit einer in das Handelsregister eingetragenen[8] Zweigniederlassung ist im Sinne dieser Vorschriften die Eintragung und Bekanntmachung durch das Gericht der Zweigniederlassung entscheidend[9].

1. Grundsatz des § 15: Nichteintragung und (Anm. 3) Nichtbekanntmachung eintragungspflichtiger Tatsachen wirkt zugunsten nichtwissender Dritter gegen den Eintragungspflichtigen; Eintragung und Bekanntmachung solcher Tatsachen wirkt zugunsten des Eintragungspflichtigen gegen, praktisch gesehen, jeden Dritten; vgl. lediglich unten Anm. 7. — Eintragung unrichtiger Tatsachen an sich ist nicht besonders geregelt, vgl. RGZ. 119, 64; 128, 158; (anders als nach § 892 BGB., daher kein sog. „positiver öffentlicher Glaube" des HReg.). Wenn der Kaufmann solche Eintragungen indessen hindern oder beseitigen konnte (vgl. dazu Anm. 4 a. E. zu § 10) und dies unterließ, muß er sie redlichen Dritten gegenüber aus dem Gesichtspunkt des Vertrauensschutzes gleich anderen handelsüblichen Kundgebungen gelten lassen (st. Rspr., die als Gewohnheitsrecht gelten kann; vgl. ROHG. 13, 375; 15, 17; RGZ. 40, 146; 50, 429; 66, 415; 142, 105; und dazu 89, 163; sowie Gruch. 57, 1028 [Duldung einer scheinbaren Zweigniederlassung]; auch der Fall RGZ. 125, 228 wäre von hier aus zu lösen gewesen). S. auch JW. 37, 3057 (Vortäuschung einer HReg.-Eintragung). — § 15 ist ausgeschlossen im Falle des § 32. (Vgl. § 32 S. 4.)

2. „Einzutragende" Tatsachen: Änderung und Erlöschen der Firma, Erteilung und Erlöschen der Prokura, Übergang des Geschäfts auf einen andern Inhaber (RGZ. 66, 417; 149, 25), Nichtübernahme der Passiven durch einen Geschäftserwerber (OLG. 43, 276), Ausschluß eines Gesellschafters von der Vertretung, Auflösung einer Gesellschaft usw. Die Tatsache muß aber wenigstens eintragungsfähig sein (noch enger: RGZ. 78, 363), nicht z. B. vertragsmäßige Geschäftsführungsbefugnis (OLG. 43, 274 Anm.).

Veränderungen sind auch dann einzutragen, wenn die Tatsache, auf welche sie sich beziehen, nicht eingetragen war; vgl. RLHG. 23, 227; RGZ. 15, 35; 19, 197; 65, 413; 127, 98; 128, 180.

3. Aber nur, soweit dies gesetzlich vorgeschrieben ist; vgl. RGZ. 78, 363. Unter der Herrschaft der V. v. 14. 2. 24 (vgl. über sie Anm. 1 zu § 10) war § 15 in seiner Wirkung geändert, insbesondere war, soweit die Bekanntmachung danach zu unterbleiben hatte, allein die Eintragung maßgebend. (Zu beachten für die damals erfolgten Eintragungen!)

4. Dritter in diesem Sinne ist nach RGZ. 78, 361 auch der Konkursverwalter des Eintragungspflichtigen: nicht aber der Aktionär der eintragungspflichtigen AktG. RGZ. 120, 369, nicht Eintragungspflichtige (z. B. Gesellschafter einer o. HG.) untereinander, nicht der Prokurist des Eintragungspflichtigen nach Widerruf der Prokura. Vgl. RGZ. 140, 135.

5. Dies gilt nur bei rechtsgeschäftlichem und prozessualem Verkehr; vgl. §§ 68, 1435 BGB. (RGZ. 93, 238), überhaupt dann nicht, wenn Kenntnis der Eintragung den Dritten nicht hätte beeinflussen können (str.; vgl. D. 29).

6. Beweislast des Eintragungspflichtigen; es genügt aber (im Sinne des Beweises nach dem ersten Anschein) der Nachweis, daß der Dritte die normale Ursache oder Folge der eintragungspflichtigen Tatsache (wenn auch nicht diese selbst) gekannt habe, RLHG. 19, 18; RGZ. 70, 272. Vgl. freilich auch RGZ. 144, 199.

7. Bekanntmachungswirkung. Ausnahme: § 25 Abs. 2, wo die Kenntnis nur dann die Eintragung und Bekanntmachung ersetzt, wenn sie auf Mitteilung des Erwerbers oder Veräußerers beruht; vgl. Anm. 11 zu § 25.

Im übrigen schadet dem Dritten schon fahrlässige Unkenntnis (anders als nach Abs. 1). Da das Register jedem zugänglich ist, besteht allgemeine Erkundigungspflicht. Dem Dritten liegt der Entschuldigungsbeweis ob, der nur in Ausnahmefällen gelingen kann (z. B. bei zeitweiliger Unmöglichkeit der Registereinsicht und der Übermittlung des Reichsanzeigers).

8. Ist die Zweigniederlassung nicht eingetragen, so gilt keine Besonderheit.

9. So auch im Falle des § 25 Abs. 2 hinsichtlich der in der Zweigniederlassung begründeten Schulden; JW. 31, 3076. Anders bei rechtserzeugender Wirkung der Eintragung; dann ist die erste Eintragung maßgeblich.

Eintragung auf Prozeßentscheidung

§ 16. Ist durch eine rechtskräftige oder vollstreckbare Entscheidung des Prozeßgerichts[1] die Verpflichtung zur Mitwirkung[2] bei einer Anmeldung zum Handelsregister oder ein Rechtsverhältnis, bezüglich dessen eine Eintragung zu erfolgen hat, gegen einen von mehreren bei der Vornahme der Anmeldung Beteiligten festgestellt[3], so genügt zur Eintragung die Anmeldung der übrigen Beteiligten[4]. Wird die Entscheidung, auf Grund deren die Eintragung erfolgt ist, aufgehoben, so ist dies auf Antrag eines der Beteiligten in das Handelsregister einzutragen.

Ist durch eine rechtskräftige oder vollstreckbare Entscheidung des Prozeßgerichts die Vornahme einer Eintragung für unzu-

lässig erklärt[5], so darf die Eintragung nicht gegen den Widerspruch[6] desjenigen[7] erfolgen[8], welcher die Entscheidung erwirkt hat.

1. Urteile oder einstweilige Verfügungen (D. 30 u. RJA. 9, 248); nicht andere Schuldtitel, die keine Entscheidung enthalten, vgl. KGJ. 34 A 121.

2. Es muß sich um Anmeldepflicht mehrerer Personen handeln, die nicht alle ihre Mitwirkung verweigern; andernfalls nur § 894 ZPO. oder § 14 möglich; vgl. D. 31 u. RJA. 10, 253.

3. Kein Feststellungsurteil nach § 256 ZPO. nötig; vgl. oben Anm. 1. — Die Rechtmäßigkeit der Entscheidung ist der Prüfung des Registerrichters entzogen; wohl aber prüft er die Eintragungsfähigkeit OLG. 42, 208 (Anm. 1b); KGJ. 53 A 91, d. h. bei einstweiligen Verfügungen auch, ob die Folgen ihrer Eintragung nicht endgültigen Charakter tragen würden; vgl. LZ. 08, 595 (Unzulässigkeit einer Firmenlöschung auf Grund einstw. Verfügung).

Ob die Monatsfrist des § 929 ZPO. bis zur Eintragung noch nicht verstrichen ist, bedarf der Prüfung nur bei rechtsbegründenden Eintragungen; RJA. 9, 248. Eintragung auf Grund einstw. Verf. ist als solche im Register kenntlich zu machen.

4. Nicht durch Ersuchen des Prozeßgerichts ersetzbar; KGJ. 33 A 122.

5. Z. B. bei Verbot einer Firma auf Unterlassungsklage, Aufhebung eines Hauptversammlungsbeschlusses auf Nichtigkeits- oder Anfechtungsklage hin. (Vgl. § 37 Abs. 2 u. §§ 200, 201 Abs. 1 AktGes.)

6. Formloser Antrag beim Registergericht.

7. Nicht nötig (im Gegensatz zu Abs. 1), daß dies ein bei der Anmeldung Beteiligter ist (D. 31).

8. Nicht ist etwa auch umgekehrt eine Eintragung schon geboten, wenn eine Prozeßentscheidung einen Widerspruch gegen sie für unbegründet erklärt hat (D. 31).

Dritter Abschnitt
Handelsfirma

Begriff und prozessuale Bedeutung der Firma

§ 17. Die Firma[1] eines Kaufmanns ist der Name[2], unter dem er im Handel seine Geschäfte betreibt[3] und die Unterschrift[4] abgibt.

Ein Kaufmann kann unter seiner Firma klagen und verklagt werden[5].

1. Die Firma ist ein mit dem Gewerbebetrieb verbundenes und mit ihm übertragbares Persönlichkeitsrecht des Unternehmers. Sie ist nicht Gegenstand der Zwangsvollstreckung, gehört daher nicht zur Konkursmasse (RGZ. 9, 106; 74, 38, str.) und unterliegt folglich auch — bei Übertragung — nicht der Gläubigeranfechtung (RGZ. 70, 226); bei Konkurs, in dem der Verwalter das Geschäft fortführt, besteht freilich auch kein unbeschränktes Verfügungsrecht des Gemeinschuldners über die Firma (JW. 33, 179). Die Firma steht (vgl. § 4) nur Vollkaufleuten zu. Über ihren Inhalt: §§ 18ff. Führung der Firma ist Pflicht (vgl. § 29; Ausnahme: § 36). — Wegen der am 1. 1. 1900 eingetragenen Firmen vgl. Art. 22 EGHGB. u. dazu JFG. 14, 475 (Änderung der Gesetzesauslegung macht eine Jahrzehnte hindurch unbeanstandete Firma alten Rechts nicht unzulässig!).

Das Firmenrecht entsteht bei tatsächlichem Gebrauch der Firma ohne weiteres mit der Kaufmannseigenschaft. Vgl. ROHG. 10, 289; RGZ. 14, 19. Über Erlöschen der Firma vgl. § 31 Anm. 4.

2. Ob ein Name als Firma anzusehen ist, sagt i. Zw. die Verkehrsanschauung; nicht schon bei Gebrauch abgekürzter Vornamen oder eines auch sonst angewandten Decknamens (RJA. 10, 136 u. JW. 34, 984), wohl aber bei Verbindung mehrerer Namen durch das Zeichen „&" (= und) (KGJ. 31 A 143, a. A. OLG. 11, 380). Besitzt der Wortlaut einer Geschäftsbezeichnung keinen Firmencharakter, so ist maßgebend, ob sie zur Unterzeichnung verwandt wird; JW. 34, 3072.

Gebrauch einer firmenmäßigen Bezeichnung im gewerblichen Verkehr durch Minder- oder Nichtkaufleute ist grundsätzlich unzulässig; vgl. dazu § 4 Anm. 7 Abs. 2, auch SeuffA. 84, 49.

Ein sog. Etablissementsname (nicht in die Firma aufgenommene Geschäftsbezeichnung) richtet sich nicht nach Firmenrecht (KGJ. 42, 161; RGZ. 88, 421); er kann daher auch von Minderkaufleuten geführt (vgl. § 4 Anm. 7 Abs. 2) und ohne den Gewerbebetrieb verändert werden; Schutz nur nach § 24 WZG. u. § 16 UWG. — Eine Telegrammadresse ist firmenrechtlich geschützt, wenn sie Firmenabkürzung ist, sonst nur Namensschutz analog § 12 BGB. (bei Verkehrsgeltung auch Schutz nach § 16 UWG.); vgl. RGZ. 102, 89; JW. 24, 1371; 25, 1289; OLG. 43, 120. Ihr Übergang richtet sich gewöhnlich nach dem der Firma; vgl. § 22 Anm. 7 ff. Gegenüber andern Namensrechten (§ 12 BGB.) unterliegen Etablissementsbezeichnung und Telegrammadresse aber stets den gleichen Beschränkungen wie die Firma (RGZ. 88, 424; vgl. § 37 Abs. 2). Ein Bildzeichen kann nicht Bestandteil der Firma sein; JW. 30, 1742.

Über die Firma des Pächters und Nießbrauchers vgl. § 22 Abs. 2.

Die Firma ist nur ein Name des Kaufmanns, kein besonderes Rechtssubjekt. Sie bewirkt beim Einzelkaufmann auch keine Haftungsbeschränkung, auch nicht bei Vorhandensein mehrerer Firmen desselben Inhabers (vgl. unten Anm. 3); ROHG. 11, 151; 15, 176; 20, 36 (außer bei [möglicher!] vertragsmäßiger Beschränkung gegenüber Einzelnem; JW. 29, 3056). Über entsprechende Behandlung im Prozeß vgl. unten Anm. 5.

3. Für jeden einheitlichen Betrieb (darüber JW. 36, 1680[18]) ist eine besondere Firma (und nur eine einzige) möglich; vgl. RJA. 9, 23; JW. 26, 1326; 29, 3056; für die o. HG. RGZ. 85, 399; 99, 159; bei der AG. vgl. OLG. 41, 193; LZ. 32, 316.

Die unter der Firma abgeschlossenen Geschäfte wirken im Rahmen des § 15 (und des ihn erweiternden Gewohnheitsrechts; vgl. Anm. 1 zu § 15) für und gegen den (eingetragenen) Inhaber; vgl. ROHG. 17, 239; RGZ. 30, 77; 66, 415.

Im Grundbuch genügt grundsätzlich nur der Personenname des Einzelkaufmanns; vgl. Reichsgrundbuchverfügung v. 8. 8. 35 § 15 (jedoch § 124). Aber Firmeneintrag ist selbst dann nicht nichtig, wenn er nach Landesrecht als unzulässig galt (Preußen KGJ. 26 A 135; 37 A 227 zu § 4 Allg. Vfg. v. 20. 11. 99); berechtigt ist, wer z. Zt. der Grundbucheintragung Firmeninhaber war (vgl. RGZ. 72, 38); doch bei Geschäftsveräußerung Auflassung.

4. Firmenunterschrift erfüllt die Schriftform des § 126 BGB.; ROHG. 10, 410; RGZ. 30, 77, auch bei Anmeldung zum HReg.: LZ. 29, 1483. Zur wirksamen Verpflichtung genügt es, daß der sich Verpflichtende die Bezeichnung, mit der er unterschreibt, tatsächlich führt (sei es auch im Widerspruch zu gesetzlichen Bestimmungen). Auch bei abweichender Unterzeichnung kann regelmäßig eine gültige Verpflichtung entstehen. Über (zulässigen) Firmengebrauch

in abgekürzter Form vgl. RGZ. 56, 417; 64, 66; 90, 88; 119, 198; JFG. 14, 291. Bei Wechseln muß aber unbedingte Identität gewährleistet sein; grundsätzlich ist hier Firmenangabe (Art. 1 Nr. 3, 6 u. 8 WG.) unter Wahrung der gesetzlichen Vorschriften zu verlangen; vgl. RGZ. 14, 17. In steigendem Maße werden auch hier geringfügige Abweichungen u. Weglassungen, ja verkehrsübliche Abkürzungen (nicht jedoch Initialen — wie z. B. „KdW.") zugelassen; vgl. ROHG. 3, 271; 12, 172, 243; 14, 172, 202; 20, 262; RGZ. 70, 209; 119, 198; JW. 02, 636; 29, 1226; Warn. 14, 391. Auch läßt man Stempeldruck mit handschriftlicher Namensvollziehung zu; vgl. RGZ. 47, 165; 75, 1; 118, 168. Über die Form der Firmenunterschrift (einer o. HG.) als grundbuchliche Eintragungsunterlage s. DR. 39, 718[18].

5. Prozeß-Partei im Firmenprozeß ist der Inhaber des Handelsgeschäfts, und zwar derjenige zur Zeit der Rechtshängigkeit; die Firmenangabe genügt zwar regelmäßig zur Parteibezeichnung (§§ 130 Nr. 1, 253 Abs. 1 Nr. 1, 313 Abs. 1 Nr. 1, 518 Abs. 4, 553 Abs. 2, 690 Nr. 1 ZPO.); Prüfung und zusätzliche Bezeichnung der Person des Inhabers steht dem Gericht aber jederzeit frei; vgl. JW. 96, 146; 02, 636; 32, 3637; RGZ. 6, 99; 15, 145; 41, 407; 54, 15; 66, 416; 86, 63; 157, 375; HRR. 32 Nr. 1237; OLG. 4, 202; 5, 82; 13, 111. Vgl. ferner (Urteilsberichtigung) JW. 05, 729; 11, 101; Gruch. 55, 1066 (gegen JW. 01, 484 u. Gruch. 46, 1080). Bei einer Parteivernehmung (§§ 445 ff. ZPO.) ist stets die physische Person zu bezeichnen, die vernommen werden soll. Vgl. — für das frühere Eidesrecht — JW. 02, 74 u. ROHG. 14, 305. — Bei Tod des Firmeninhabers nach Rechtshängigkeit: §§ 239, 246 ZPO., bei Geschäftsveräußerung: § 265 ZPO. (im Passivprozeß der Firma Klageänderung nötig, damit der Erwerber Partei wird); über Rechtskraft und Zwangsvollstreckung vgl. OLG. 7, 147. Über Besonderheiten im Prozeß einer o. HG. vgl. Anm. 2 Abs. 2 zu § 124. — Im „Firmenkonkurs" ist im Zweifel der eingetragene Inhaber Gemeinschuldner; RGSt. 49, 321.

Einzelfirma. Firmenzusätze[1]

§ 18. Ein Kaufmann, der sein Geschäft ohne Gesellschafter oder nur mit einem stillen Gesellschafter betreibt, hat[2] seinen Familiennamen[3] mit mindestens einem ausgeschriebenen Vornamen[4] als Firma[5] zu führen.

Der Firma darf kein Zusatz beigefügt werden, der ein Gesellschaftsverhältnis andeutet[6] oder sonst geeignet ist, eine Täuschung über die Art oder den Umfang des Geschäfts oder die Verhältnisse des Geschäftsinhabers herbeizuführen[7]. Zusätze, die zur Unterscheidung der Person oder des Geschäfts dienen, sind gestattet[8].

1. Ihre Regelung (Abs. 2) gilt nicht nur für die Firmen nach Abs. 1, sondern allgemein; vgl. RGZ. 3, 166; 82, 166 (Handelsgesellschaften); 127, 77 (auch für GmbH.) ferner JW. 30, 1409 (Genossenschaften) u. 33, 1465 (Vereine).

2. Pflicht zur Firmenwahrheit. Sie gilt nur für neue Firmen (vgl. Anm. 8 zu § 22). „Neu" sind Firmen, die nach dem 1. 1. 1900 zur Eintragung gelangen sollen, gleichgültig, ob sie vorher schon eintragungspflichtig oder eintragungsfähig waren (KGJ. 41, 109; JW. 27, 722), ob sie nur auf Änderung einer früheren Firma beruhen oder von vornherein so entstehen sollen (vgl. JW. 00, 552; JFG. 5, 209; LZ. 28, 843). Bei Wiederaufnahme eines vorübergehend aufgegebenen Geschäfts oder bei Erbfall ist Wahl zwischen Fortführung

der alten (s. aber § 30!) und Annahme einer (dem § 18 entsprechenden) neuen Firma möglich (JFG. 5, 209; LZ. 28, 843). Vgl. dazu aber auch JFG. 7, 149.

Der Grundsatz der Firmenwahrheit führt auch bei nachträglicher Veränderung des Tatbestandes zum Unzulässigwerden einer Firma, z. B. „Werk" bei Übergang zum bloßen Handel (?), „deutsch" bei Durchdringen der völkischen Grundanschauung JW. 32, 2622; 34, 853; mit tunlichster Rücksichtnahme auf wertvollgewordene wirtschaftl. Kennzeichnung JW. 35, 434, ferner DJZ. 35, 641. Ausnahmen von der Firmenwahrheit §§ 21, 22, 24. Über Anwendbarkeit des § 18 auf Pächter und Verpächter vgl. RGZ. 133, 318 u. Anm. 15 u. 8 zu § 22.

Deutsche Sprache ist für die Firma nicht vorgeschrieben; KGJ. 8, 23; 10, 14; OLG. 5, 273. — Änderungen der Firma sind dann unzulässig, wenn sie zu Verschleierungszwecken erfolgen; JW. 36, 333[24] („Tarnung" — § 138 BGB.) oder völlig willkürlich sind; vgl. KGJ. 24 A 163; 27 A 64. — Mehrere Firmen desselben Rechtsträgers sind nur bei einer Mehrzahl von Niederlassungen möglich; JW. 36, 1680. — Unabhängig von der Firma ist die Anbringung des Inhabernamens an der Ladentür bei offenen Verkaufsstellen oder Wirtschaften (vgl. Art. 9 EGHGB.), wozu auch Formkaufleute verpflichtet sind (JW. 34, 1513). Über Firmengebrauch im Werbeverkehr JFG. 14, 291, 483.

Verletzung der Pflicht zur Firmenwahrheit rechtfertigt, wenn nicht schon die Eintragung abgelehnt worden war, Einschreiten des Registerrichters nach § 37 Abs. 1 (vgl. § 140 FGG.). Das Verfahren ist nicht nur gegen einen unzulässigen Firmenteil, sondern auf Löschung der ganzen Firma zu richten; vgl. RJA. 11, 193; JW. 32, 2622. Nur bei anfänglicher Firmenunwahrheit (JW. 35, 434, 436, bestr.) auch Verfahren nach § 142 FGG.

Keine weitere Beschwerde gegen Anordnung des Beschwerdegerichts, die Hinzufügung eines ausgeschriebenen Vornamens durchzusetzen; RJA. 16, 78.

3. Den eigenen Familiennamen, auch wenn damit Verwechselungsgefahr gegenüber älteren Firmen entsteht; RGZ. 116, 209; vgl. dazu JW. 31, 1891 u. 2965; 32, 1902; auch HRR. 34, 1538; 35, 1472 u. R. 30, 1270; niemals den abweichenden Namen eines andern; JW. 03, 293.

Welches der Familienname ist, bestimmt sich nach allgemeinem bürgerlichen und öffentlichen Recht. Deck- und Künstlernamen sind unzulässig; OLG. 40, 177; vgl. auch KGJ. 35 A 150. Über Doppelnamen OLG. 41, 192. Hinzufügung des Mädchennamens der Ehefrau oder Mutter unzulässig, wenn dadurch der Familienname des Inhabers unklar wird; vgl. RJA. 14, 46. Zulässig ist bloßer attributiver Gebrauch (z. B. „Kaisers Kaffeegeschäft"), vgl. KGJ. 5, 21, nach neuerer Ansicht (Einheitlichkeit der ganzen Firma! vgl. unten Anm. 5) auch lediglich in einem Inhaberzusatz; JW. 30, 1410 gegen JW. 29, 2155; RJA. 9, 91; 15, 301; vgl. aber auch JFG. 15, 10. Adjektivische Namensform nicht ausgeschlossen, RGZ. 119, 201.

4. Nicht notwendig dem Rufnamen; Gruch. 48, 623; LZ. 30, 771; der Kaufmann hat unter mehreren Vornamen grundsätzlich freie Wahl; JW. 28, 2639. — Er ist so zu führen, wie er dem Inhaber wirklich beigelegt worden ist, nicht wie er abweichend im Kirchenbuch oder Standesregister (vgl. freilich JW. 28, 2639) eingetragen ist; KGJ. 25 A 51; 26 C 89; OVG. 47, 337. Über Diminutive: JFG. 2, 177 („Willy" statt „Wilhelm" zugelassen); RJA. 3, 72 („Fritz" statt „Friedrich" abgelehnt); über Vornamen des Ehemanns in der Firma der Ehefrau (unzulässig!): RJA. 16, 78; über verdeutschte fremdsprachliche Vornamen: JW. 15, 1459.

5. Die Firma besteht aus dem sog. Firmenkern (beim Einzelkaufmann

Vor- und Familienname) und etwaigen Zusätzen (Abs. 2; vgl. Anm. 6ff.). Sie bildet aber eine Einheit; RGZ. 96, 197. Vgl. oben Anm. 3 a. E.

6. Das Verbot des Gesellschaftszusatzes („& Co.", „KG." usw.) soll den falschen Anschein einer in Wirklichkeit nicht bestehenden Vereinigung mit anderen verhüten; vgl. dazu JW. 30, 2722; daher auch bei von vornherein simulierter Gesellschaft (RGZ. 37, 58). Andeutung eines Gesellschaftsverhältnisses liegt auch in Zusätzen wie „Gemeinschaft" (R. 28, 1302) und „Interessenvereinigung" (JFG. 6, 187). Zulässig ist „Deutsche Bekleidungsgesellschaft" bei Verbindung mehrerer an sich kleinerer Geschäfte mit gemeinsamer Einkaufszentrale (R. 26, 22), „Vereinigte" auch bei Zusammenschluß kleinerer Unternehmer (JW. 27, 130). Nicht dagegen „Kunstgemeinde des Mittelstandes" für eine GmbH., die billige Theatervorstellungen für ihre Kunden organisiert (JW. 27, 1700), nicht „Vereinigte Fabriken" ohne weitgehende Produktionsgemeinschaft (DJZ. 21, 565). Vgl. noch RGZ. 157, 373, auch DR. 39, 1165. — S. jedoch § 24.

7. Der den Umständen nicht entsprechende Gesellschaftszusatz ist nur Hauptbeispiel für unzulässige Zusätze. Dies sind alle, die sonst noch über die Unternehmensverhältnisse irreführen können; es muß durch sie nach der Verkehrsauffassung ein mit den tatsächlichen objektiven Verhältnissen des Geschäfts (JW. 28, 2638) nicht übereinstimmender Eindruck ernstlich erweckt werden; vgl. OLG. 42, 208; JW. 28, 1231; 36, 944[36]; R. 29, 1526, auch RJA. 4, 215; RGZ. 156, 20 (Sprachgebrauch u. Verkehrsauffassung).

Außer acht zu lassen sind in sich wahre Firmenzusätze, welche aus äußeren Gründen (zufällige Gleichheit mit anderen Firmen) Verwechslungsgefahr hervorrufen (RGZ. 54, 183), desgleichen solche, die auch in anderen Firmen vorkommen, aber im Zusammenhang nicht täuschend wirken (Warn. 14, 146), ferner allgemein übliche, in ihrer Bedeutung entwertete Zusätze, vgl. JW. 06, 397 („Kurhaus"); 31, 1916 („Bauhütte"); LZ. 08, 274 („Café Bauer") u. 597 („Brauhaus"); RGZ. 69, 310 („Liberty").

Die Frage der Irreführung ist übrigens nicht nur unter Berücksichtigung der Firmenzusätze, sondern auf Grund des Gesamteindrucks der Firma zu beurteilen (RGZ. 127, 77; JFG. 15, 10); insbesondere auch der Firmenkern, darf nicht irreführen (R. 36, 2655).

Was noch Zusatz zur Firma, was schon bloße Etablissementsbezeichnung ist, ist Auslegungsfrage. RGZ. 88, 423; KGJ. 49 A 104. Bei Unregelmäßigkeit im Gebrauch kein Firmenzusatz. OLG. 16, 78. Ob der Zusatz dem sog. Firmenkern folgt oder vorangeht, ist für den Begriff gleichgültig. KGJ. 10 A 14.

Beispiele aus der Rechtsprechung: RJA. 5, 246 (Ort der Niederlassung); zulässig aber „Norddeutsche" als Bestandteil der Hauptfirma auch bei süddeutscher Zweigniederlassung, vgl. JFG. 13, 62, ferner RGZ. 58, 136; 79, 250; JW. 00, 840; 10, 121; 14, 768; GRUR. 36, 692 (Herkunft); vgl. dazu auch OLG. 42, 208 (bloße zutreffende Methodenbezeichnung: „Amerikanische Dampfbügelei"), JW. 27, 106 (fremdes Warenzeichen) und JW. 37, 1881 (Hinweis auf Warenpatent); RGZ. 44, 18; 56, 189; OLG. 10, 228, 229; JW. 30, 1416 (Zeit der Geschäftsgründung); RGZ. 82, 166; OLG. 11, 377; 40, 180; KGJ. 28 A 41 (Familienverhältnisse); JW. 27, 720; HRR. 36, 610 (Erfindername; dabei noch keine Unwahrheit lediglich nach Tod des Erfinders!); auch JW. 30, 2716 (Personenname in GmbH.-Firma); KGJ. 22 A 97; PrOVG. 87, 296 (Beziehung zu Kommunalverband); HansRGZ. 28 B 118; OLG. 43, 278; 46, 252; JW. 35, 3661; 36, 923 (Handelsbeziehungen); vgl. dazu auch JFG. 13, 62 („Buchstelle" weist nicht auf behördliche Einrichtung hin — zulässig); ferner zahlreiche Entscheidungen, die sich auf den Umfang des Geschäfts beziehen, zugelassen z. B. „Modenmeister“ bei Herrenartikelgeschäft, dessen Inhaber nicht Handwerksmeister (JW. 36, 1684[21]); „Elektrizitätsgesellschaft“ bei sog. Installationsbetrieb (HRR. 35, 1472); „Deutsches Tuchhaus“ für ein mittelgroßes Geschäft, das deutsche Tuche vertreibt (JFG. 11, 133; vgl. dazu JW. 34, 1247); „Großhandel“ für eine Genossenschaft (JW. 30, 1409; bezeichnet nicht Umfang, nur Art des Kundenkreises); „Kaufhaus“ für Warenhaus (JW. 36, 332); „Bettenhaus“ bei mittlerem Geschäftsumfang (JW. 26, 1230); dagegen mißbilligt: „Polizei“ für Privatunternehmen (JFG. 15, 185); „Zentrale“ ohne Zusammenfassung mehrerer selbständiger Betriebe und ohne größere Kapitalkraft (JFG. 8, 152 u. 13, 59 gegen — weitherziger —: R. 28, 1391 u. JW. 28, 2638); „Schuhpalast“ für kleines Geschäft lediglich im Erdgeschoß (JW. 33, 1473); „Werk“ oder „Werke“ (vgl. R. 28, 820) für Betriebe außerhalb der Großindustrie (JFG. 3, 176; 8, 151; 14, 95; JW. 31, 1909; 32, 2622; HRR. 35, 29; R. 36, 9218; OLG. 42, 209; RJA. 17, 82; KGJ. 41 A 109), insbesondere auch für ein reines Handelsunternehmen mit eigenem Lieferwerk (R. 28, 819); „Treuhand“ bei Mangel eigenen erheblicheren Geschäftskapitals (RGZ. 99, 23; JFG. 2, 178; HansRGZ. 32 B, 269; OLG. 43, 277; 46, 250); „Kunstauktionshaus“ für unbedeutendere Unternehmen ohne akademisch gebildeten, wissenschaftlich arbeitenden Sachverständigen (R. 28, 822); „Elektrohaus“ für Minderkaufmann (JW. 37, 889). Vgl. noch über „Haus“: JFG. 3, 202; 4, 166; 14, 291; 15, 54; JW. 36, 2660; OLG. 24, 111; 46, 253; über „Fabrik“ insbesondere bei Einzelfirmen: OLG. 27, 309; 30, 297; JFG. 6, 182; über „Hamburger Kaffeelager“, „Kaffeelager“, „Niederlage von ...“: RGZ. 156, 16; JFG. 7, 153; 13, 55; JW. 36, 944; ferner OLG. 40, 180; JW. 38, 1177. Mit dem Firmenzusatz „deutsch“ soll nach Möglichkeit sparsam umgegangen werden (JW. 35, 301[1]); er ist jedenfalls unzulässig, wenn die Rassezugehörigkeit (oder auch die Nationalität) des Inhabers oder eines der Inhaber mit ihm nicht in Einklang steht (HRR. 35, 1471); im übrigen lassen sich allgemeine Grundsätze hierfür kaum aufstellen; vgl. JW. 35, 302, 436, 3164; MuW. 35, 38; GRUR. 35, 592, 596; JFG. 11, 133. Unzulässig kann auch reklamehafte Verwendung des Wortes „National“ als Firmenbestandteil sein (HRR. 35, 1472). Vgl. noch JW. 36, 874 („Feuersozietät“). — Stets unzulässig ist, wenn die Voraussetzungen der §§ 22, 24 fehlen, die zusätzliche Führung einer früheren Firma, JFG. 18, 161; JW. 36, 1789.

Über Zweigniederlassungen vgl. Anm. 7 zu § 13.

8. Nur Eignung, nicht Notwendigkeit zur Unterscheidung erforderlich; JW. 95, 115; RJA. 1, 115; 11, 193.

Gesellschaftsfirma[1]

§ 19. Die Firma einer offenen Handelsgesellschaft hat den Namen[2] wenigstens eines der Gesellschafter mit einem das Vorhandensein einer Gesellschaft andeutenden Zusatz[3] oder die Namen[2] aller Gesellschafter zu enthalten[4].

Die Firma einer Kommanditgesellschaft hat den Namen[2] wenigstens eines persönlich haftenden Gesellschafters mit einem das Vorhandensein einer Gesellschaft andeutenden Zusatze[3] zu enthalten[4].

Die Beifügung von Vornamen ist nicht erforderlich[5].

Die Namen anderer Personen als der persönlich haftenden Gesellschafter dürfen in die Firma einer offenen Handelsgesell-

schaft oder einer Kommanditgesellschaft nicht aufgenommen werden[6].

1. Außer § 19 gilt für sie auch § 18 Abs. 2; vgl. Anm. 1 zu § 18. Grundsatz des § 19 ist die in zwei möglichen Formen vorkommende Personenfirma: entweder Namen aller persönlich haftenden Gesellschafter oder mit Gesellschaftervermerk eines oder mehrerer von ihnen. Vgl. unten Anm. 3 u. 6.

2. Nötig nur der Familienname (darüber Anm. 3 zu § 18), unzulässig ein davon abweichender Handelsname (Firma — JW. 39, 423), Vornamen je nach Belieben (Abs. 3), daher auch in Abkürzungen.

3. Der Gesellschaftszusatz bei der KG. immer, bei der o. HG. stets dann erforderlich, wenn nicht alle ursprünglichen Gesellschafter in der Firma namentlich erscheinen (RJA. 7, 37); unnötig ist, daß darüber hinaus die Zahl der Gesellschafter aus der Firma ersichtlich ist (HRR. 30, 34). Nicht nötig bei KG., daß der Zusatz gerade eine Kommandit gesellschaft erkennen läßt; es genügt jeder Gesellschaftsvermerk, JFG. 17, 60; als solcher kommen u. a. in Betracht: „u. Co.", „u. Comp.", „u. Cie.", auch „u. G." (RJA. 7, 37), letzteres aber kaum gebräuchlich (das „und" wird außerdem meist mit „&" abgekürzt); ferner „Gebr.", „Gebrüder", „Geschwister", auch „Müller u. Sohn". Unzulässig hingegen bei neuen Firmen Bezeichnungen wie „A. Müller Söhne" (vgl. RGZ. 156, 363; KGJ. 28 A 39) oder „A. Müller Sohn u. Witwe" (vgl. DJZ. 07, 775); vgl. noch RGZ. 156, 365; HRR. 39, 93; DR. 39, 1454.

„Persönlich haftende Gesellschafter" können auch (und zwar auch ausschließlich) juristische Personen sein; dann lautet z. B. die Gesellschaftsfirma „X. GmbH. & Co." (zulässig; vgl. RJA. 14, 294); meist liegt dann eine KG. vor. Vgl. auch Anm. 1 Abs. 2 zu § 105.

Daß für einen selbständigen Betrieb nur eine Firma möglich ist (vgl. § 17 Anm. 3), gilt auch bei Handelsgesellschaften (RGZ. 85, 399; 99, 159). Ebenso die Grundsätze über nachträgliches Unwahrwerden der Firma; vgl. Anm. 2 Abs. 1 a. E. zu § 17. Eine o. HG., die ihr Unternehmen mit dem Recht der Firmenfortführung verpachtet (vgl. § 22 Abs. 2), darf keine neue Firma annehmen (sie ist dann nur noch BGB.-Gesellschaft); JW. 36, 3129.

5. Sie ist aber freiwillig möglich. Vgl. oben Anm. 2 u. 3.

6. Also insbesondere auch nicht der eines Kommanditisten; vgl. OLG. 43, 280. Anders natürlich bei abgeleiteter Firma; vgl. § 22 Anm. 8 u. JW. 35, 3492.

§ 20[1]. Die Firma einer Aktiengesellschaft sowie die Firma einer Kommanditgesellschaft auf Aktien ist in der Regel von dem Gegenstande des Unternehmens zu entlehnen; die erstere Firma hat außerdem die Bezeichnung „Aktiengesellschaft", die letztere Firma die Bezeichnung „Kommanditgesellschaft auf Aktien" zu enthalten.

1. § 20 ist durch § 18 Abs. 1 EGAktGes. aufgehoben. An seine Stelle sind §§ 4 u. 220 AktGes. getreten. Vgl. auch § 18 Abs. 2 EGAktGes.

Firma bei bloßer Namensänderung

§ 21. Wird ohne eine Änderung der Person der Name des Geschäftsinhabers[1] oder der in der Firma enthaltene Name eines Gesellschafters[2] geändert[3], so kann die bisherige Firma[4] fortgeführt werden[5].

1. Vgl. § 18 Abs. 1. 2. Vgl. § 19 Abs. 1 u. 2.

3. Nach bürgerlichem Recht (§§ 1355, 1577 Abs. 2 u. 3; §§ 1719, 1722 und 1736 i. V. m. § 1616, § 1758 BGB.) oder öffentlichem Recht.

4. Gleichgültig, ob die Firma eingetragen war oder nicht.

5. Fortführung der Firma nur, wenn auch das Unternehmen als solches dasselbe bleibt; JW. 11, 105. Darüber vgl. Anm. 6 zu § 22. — Streitig ist, ob im Falle des bisherigen § 1577 Abs. 3 BGB. (jetzt § 64 EheGes.) der geschiedene Ehemann (nach § 37 Abs. 2) die bisherige Firma der alleinschuldigen Frau verbieten kann (so RJA. 8, 38); trotz § 21 zu bejahen. Dagegen erstreckt sich das Verbot dann nicht auf die Firma, wenn diese (mit dem Geschäft) an einen Dritten veräußert worden ist (§ 22).

Abgeleitete Firma[1]

§ 22. Wer ein bestehendes Handelsgeschäft[2] unter Lebenden[3] oder von Todes wegen[4] erwirbt[5], darf für das Geschäft[6] die bisherige Firma[7] mit oder ohne Beifügung eines das Nachfolgeverhältnis andeutenden Zusatzes[8] fortführen[9], wenn der bisherige Geschäftsinhaber[10] oder dessen Erben[11] in die Fortführung der Firma ausdrücklich[12] willigen[13]. Die Verpflichtung einer Aktiengesellschaft oder einer Kommanditgesellschaft auf Aktien, die im § 20 vorgeschriebene Bezeichnung in ihre Firma aufzunehmen, wird hierdurch nicht berührt[14].

Wird ein Handelsgeschäft auf Grund eines Nießbrauchs, eines Pachtvertrags oder eines ähnlichen Verhältnisses übernommen, so finden diese Vorschriften entsprechende Anwendung[15].

1. Vgl. auch § 24. — § 22 gilt nicht bei rein tatsächlicher Fortführung, RGZ. 156, 365.

2. D. i. das kaufmännische Unternehmen i. S. einer Gesamtheit von Rechten und anderen vermögenswerten Gütern und Beziehungen. Vgl. Anm. 2 zu § 25. Das ganze Unternehmen, nicht nur ein Teil desselben muß übergehen (RGZ. 63, 229; vgl. auch R. 20, 1986 u. OLG. 24, 117); Ausschluß unwesentlicher Teile schadet aber nicht, RGZ. 56, 189; 64, 129; KGJ. 34 A 132; R. 24, 1319, auch nicht Ausschluß der Passivenübernahme (vgl. § 25 Abs. 2). Haupt- und Zweigniederlassung sind i. S. des § 22 gesonderte Unternehmen, also für sich getrennt veräußerlich und wie jedes andere Unternehmen fortführbar; vgl. Anm. 2 zu § 13 u. RGZ. 77, 60; RJA. 2, 231; KGJ. 15, 12. — Ein bestehendes Handelsgeschäft muß übergehen, was aber nicht schon durch zeitweilige Einstellung, Liquidation oder Konkurs ausgeschlossen wird (Warn. 31, 295; 33, 415; HRR. 33, 1664; 39, 94; vgl. auch JW. 36, 2660; 37, 2976, ferner JFG. 9, 114; JW. 29, 1059.

3. Kein Erwerb im Wege der Zwangsversteigerung möglich; diese kann nicht das Unternehmen als solches ergreifen (RGZ. 95, 236; str., vgl. Anm. 8 a. E. zu § 1). — Hingegen findet § 22 Anwendung bei Einbringung in eine Gütergemeinschaft; vgl. JFG. 3, 185 u. unten Anm. 6 a. E., auch HRR. 29, 1027 (Fortsetzung einer Gütergemeinschaft).

4. Von Todes wegen erwerben die Erben (evtl. Vermächtnisnehmer), nicht der Testamentsvollstrecker; er wird neben ihnen im HReg. nicht eingetragen (LZ. 31, 1132; JW. 37, 2599; JFG. 5, 217; 8, 1). Die Einzelfirma (über das Unternehmen einer o. HG. vgl. Anm. 2 zu § 139) kann von den Erben des bisherigen Inhabers in ungeteilter Erbengemeinschaft fortgeführt werden;

RJA. 9, 159; 10, 43; 15, 51; JW. 39, 565. Aber auch neue Firma möglich, die den Vorschriften für neue Einzelfirmen entsprechen und einen Hinweis auf das Vorhandensein der Erbengemeinschaft enthalten muß; JFG. 5, 209. Das Recht aus § 22 Abs. 1 erstreckt sich nur auf eine Erbengemeinschaft als solche, nicht auf die verbleibenden Erben nach Übertragung von Erbteilen (DJZ. 28, 599); es umfaßt nicht die Befugnis, unter der Firma des Erblassers andere, nicht ererbte Geschäfte zu führen (JFG. 9, 111) oder das ererbte Geschäft länger, als allgemein zur Abwicklung und Auseinandersetzung über den Nachlaß nötig ist, zu betreiben, es sei denn mit der (neuen!) Firma einer Handelsgesellschaft (o. HG. oder KG.); (JW. 35, 3642). Das ererbte HGeschäft braucht aber nicht vorweg abgewickelt zu werden; auch schadet Ausscheiden einzelner Erben nichts, solange wenigstens zwei in der Erbengemeinschaft bleiben (JW. 39, 565).

5. Nach außen wirksamer Erwerb des Unternehmens ist nötig. Es genügt Erwerb als Treuhänder (RGZ. 99, 159; JW. 07, 110); auch wenn der Erwerber für fremde Rechnung (aber im eigenen Namen) fortführt. Vgl. auch R. 20, 1569 u. JW. 36, 3129. Nichtiger Erwerb begründet kein Recht zur Firmenfortführung; vgl. auch unten Anm. 13.

6. Nur für das erworbene Geschäft. Kontinuierliche Geschäfts-Fortführung ist daher Voraussetzung des abgeleiteten Firmenrechts. Vgl. RGZ. 1, 261; 46, 150; DJZ. 02, 500, auch § 23. Dieses enthält nur eine Befugnis, i. Zw. keine Pflicht. Gibt der Erwerber die Firma auf, so kann er sie nicht mehr annehmen oder bei Weiterveräußerung des Geschäfts mitübertragen, OLG. 24, 119; JW. 16, 961; R. 20, 1985; vgl. auch RGZ. 152, 365. Ebenso nicht die Ehefrau, die ein Geschäft mit abgeleiteter Firma in eheliches Gesamtgut eingebracht hatte, wenn der Mann (kraft Verwaltungsbefugnis) die Firma während der Ehe änderte (Zwischenerwerb des Gesamtguts!), JFG. 3, 185; anders beim gesetzlichen Güterstand.

7. Soweit sie — auch ohne Eintragung (vgl. § 1; RJA. 10, 180, auch R. 20, 1570) — tatsächlich geführt wurde und für den bisherigen Inhaber zu Recht bestand (i. S. des § 37 Abs. 1); RGZ. 152, 365; R. 27, 1196; 36, 9220; RJA. 9, 34; 11, 29; KGJ. 13 A 25. Vgl. auch JFG. 1, 188. Gleichgültig, ob die Firma bei Erwerb überhaupt noch zulässig wäre (Firma alten Rechts); JW. 30, 1434, a. M. R. 20, 1987. Anders nur im Falle der Tarnung (§ 138 Abs. 1 BGB.!); JW. 36, 944. — Bestand keine Firma, war sie aber doch eingetragen, so fällt auch der Erwerber bei entsprechendem Geschäftsbetrieb (vgl. Anm. 4 zu § 5) unter § 5; RGZ. 1, 260; 3, 120; 9, 21. Über Gebrauch von (nichteingetragenen) Abkürzungen einer (eingetragenen) Firma durch den Erwerber Warn. 30, 417; vgl. auch RGZ. 145, 279. Vgl. ferner LZ. 31, 444 (i. Zw. Berechtigung des Erwerbers, die Firma so zu verwenden, wie sie sich eingebürgert hat).

8. Ohne Änderungen (JW. 07, 523) geht die Firma auf Grund des Geschäftserwerbs (kraft damit verbundener Zustimmung des Veräußerers; vgl. unten Anm. 13) auf den Erwerber über (anders RGZ. 107, 33). Nur Nachfolgezusätze (über sie JFG. 2, 181; JW. 30, 1416; 36, 1789) läßt grundsätzlich die Praxis zu; vgl. RGZ. 96, 195; 104, 342; RJA. 1, 47; 4, 158; 14, 45; KGJ. 34 A 128; JW. 00, 552; 29, 2155; 38, 237; JFG. 14, 483; Gruch. 48, 621. Davon jedoch verschiedene Ausnahmen: Die zwingenden Zusätze der §§ 4, 220 AktGes. (vgl. unten Anm. 14; ebenso wie der AG.-Zusatz auch der GmbH.- und Genossenschaftszusatz) sind wegzulassen bzw. durch Nachfolgezusatz klarzustellen, wenn sie auf den Erwerber nicht mehr zutreffen (Umkehrung des Grundsatzes von § 22 Abs. 1 Satz 2 — unten Anm. 14!). Vgl. D. 35, R. 24, 1251; HansGZ. 27, 212; JW. 31, 2923; JFG. 15, 48, 185. Über die Firma der umgewandelten AktG.:

R. 36, 4889, JW. 36, 1789. Nicht dagegen der einfache Gesellschaftszusatz; dieser kann aber beigefügt werden, wenn eine Gesellschaft das Geschäft z. B. vom Einzelkaufmann erwirbt. JW. 30, 2711; 35, 3492; HRR. 34, 1297; vgl. auch JFG. 10, 88. Die Beifügung ist sogar notwendig, wenn die erwerbende Gesellschaft bei Fortführung neu begründet wird; RGZ. 113, 309. Endlich sind unbedeutende Änderungen, Zusammenfassung mehrerer erworbener Firmen und Verbindung des Nachfolgerzusatzes mit der alten Firma in lediglich stilistischer Neufassung (Zusatz gewissermaßen inmitten des „Firmenkerns") zulässig. Die Firmengleichheit braucht also nicht buchstabengetreu zu sein; vgl. RGZ. 152, 365; RJA. 15, 136 u. 218; KGJ. 51 A 114; JW. 36, 1789; GRUR. 36, 1069; HRR. 35, 242 („Nordd. Kaltasphaltwerk K.-G. vorm. Dr. Kurt G." — eingefügt „K.-G. vorm.": zulässig), aber auch JW. 29, 2155. Über Fortführung sog. Dr.-Firmen: HRR. 36, 610; R. 36, 2658.

9. Das Recht zur Fortführung umschließt i. Zw. auch die Befugnis zur Weiterveräußerung und die Vererblichkeit, nicht jedoch das Recht zu getrennter Veräußerung einer Zweigniederlassung mit der erworbenen Firma (die dadurch sonst vervielfältigt würde). RGZ. 56, 189; 67, 94; JW. 02, 186; 36, 2658; vgl. auch OLG. 4, 462; 7, 147; KGJ. 31 A 154; ferner RGZ. 152, 365 (Firmenvereinigung), abw. RJA. 11, 275; JW. 27, 1112. Bei Einschränkung der Bewilligung (vgl. unten Anm. 13) erlischt die Firma, wenn sie der Erwerber verliert und fällt nicht etwa an den Veräußerer zurück; RGZ. 76, 263.

10. Über die Verfügungsbefugnis im Konkurse vgl. Anm. 3 zu § 32, über die des Güterpflegers eines beschlagnahmten Vermögens JW. 37, 2207. — Der Inhaber kann seine Einwilligung nicht nur unter Lebenden, sondern z. B. auch im Testament erteilen; ein so bedachter Vermächtnisnehmer führt dann die Firma, ohne daß Zustimmung des Erben (vgl. Anm. 11) erforderlich wäre.

11. Auch wenn die Geschäftsveräußerung noch vom Erblasser selbst vorgenommen worden war; vgl. aber unten Anm. 13. — Bei Erbengemeinschaft Zustimmung aller Miterben nötig (RJA. 5, 185), bei Vorerbschaft aber nicht die des Nacherben (OLG. 4, 456); vgl. noch JW. 38, 3182.

12. Die Einwilligung kann nicht stillschweigend (durch schlüssiges Verhalten) erklärt werden, sonst aber formlos; vgl. JW. 11, 594.

13. Die „Einwilligung" ist Zustimmung; sie braucht nicht gleichzeitig mit der Geschäftsveräußerung zu erfolgen; vgl. oben Anm. 11. Jedoch ist ein gewisser zeitlicher Zusammenhang zwischen beiden Akten erforderlich; vgl. DJZ. 34, 681. — Die Einwilligung kann zeitlich (vgl. RGZ. 102, 17 u. HRR. 36, 407) oder gegenständlich (Verbot der Weiterübertragung und Vererbung, RGZ. 76, 263; Vorschrift eines Nachfolgezusatzes ROHG. 14, 187) beschränkt sein. — Ist die Einwilligung erteilt, so ist Löschung auf Antrag des Veräußerers die Verfügung eines Nichtberechtigten und greift den Bestand der Firma nicht an; RGZ. 65, 15. — Die Einwilligung in die Firmenfortführung unterliegt den allgemeinen Vorschriften über Rechtsgeschäfte (vgl. aber oben Anm. 12). Sie ist daher bei Vorliegen eines Nichtigkeitsgrundes (z. B. § 138 BGB.) bedeutungslos, insbesondere fehlt dann die Rechtsfolge des § 22. Vgl. JW. 36, 944[36] (Sittenwidrigkeit, wenn Firma bisher und im Wortlaut arisch, Erwerber aber Volljude ist).

14. § 22 Abs. 1 S. 2 ist durch § 38 d. ersten DurchfV. z. AktGes. v. 29. 9. 37 (RGBl. I 1026) aufgehoben. Vgl. auch die Anm. zu § 20. Sachlich ist an dem bisherigen Rechtszustand grundsätzlich nichts geändert worden. Vgl. § 4 AktGes. Juristische Personen des Handelsrechts müssen der erworbenen Firma die zwingenden Zusätze beifügen, die ihre Rechtsform erkennen lassen. Sie können aber auch die so gekennzeichnete Firma nicht neben ihrer bisherigen führen; RGZ.

113, 213; JFG. 5, 222; 6, 215; vgl. auch RGZ. 85, 397, dagegen (bezüglich juristischer Personen, die nicht Handelsgesellschaften sind) HRR. 32, 253 (KG.). Zu weitgehend wohl R. 29, 1022 (GmbH. könne als Pächterin nur ihre bisherige, nicht die vom Verpächter erworbene Firma — § 22 Abs. 2 — führen). Vgl. dazu oben Anm. 8.

15. Das Recht zur Firmenfortführung kann — statt auf Veräußerung — auch auf Einräumung eines beschränkten Rechts am Unternehmen oder eines bloß obligatorischen Rechts beruhen; als „Fortführung" kommt natürlich nur die Fortführung im eigenen Namen in Betracht; vgl. Anm. 3 zu § 1. Was hinsichtlich des Wahlrechts zwischen Fortführung der alten und Annahme einer neuen Firma bei gänzlicher Veräußerung gesagt ist (vgl. oben Anm. 6), gilt auch hier. Verpflichtung zur Firmenfortführung wird hier häufiger als bei der Veräußerung bedungen. Sie bindet aber den Registerrichter nicht; JFG. 5, 212, auch HansRGZ. 28 B 487. Nach Beendigung der beschränkten Berechtigung zum Betriebe fällt — hinsichtlich der Firma — an den früheren Inhaber dasjenige zurück, was dieser ursprünglich hatte, also nicht eine z. B. vom Pächter angenommene neue Firma (die dieser anderweit gebrauchen darf!) vgl. RJA. 10, 205; 11, 38. Über Änderung der übernommenen Firma durch einen Pächter vgl. HRR. 28, 1725 u. § 18 Anm. 2.

§ 22 Abs. 2 ist auf die ehemännliche bzw. elterliche Verwaltung und Nutznießung am Frauen- bzw. Kindesgut, auch auf die sog. Antichrese (vgl. § 1213 BGB.), die sich (§ 1273 Abs. 2 Satz 2 BGB.) nicht auf das Unternehmen (s. Anmerkung 8 zu § 1), sondern nur auf die körperlichen Gegenstände des Geschäftsvermögens beziehen kann, anwendbar (vgl. auch oben Anm. 6 a. E.).

Untrennbarkeit von Firma und Unternehmen

§ 23. Die Firma kann nicht ohne das Handelsgeschäft[1], für welches sie geführt wird[2], veräußert werden[3].

1. Auch nicht zeitweilig; OLG. 16, 80. Klage auf Firmeneintragung ist erst nach Übergabe des Geschäfts zulässig; RGZ. 63, 228. Das Geschäft muß bei Firmenübertragung daher vom Erwerber kontinuierlich fortgeführt werden; vgl. Anm. 6 zu § 22. Übertragung nur mit einem Geschäftsteil genügt daher nicht; RGZ. 56, 187; JFG. 13, 336. Außer demjenigen, dem der Firmengebrauch gestattet wird (§ 22), darf kein anderer die Firma des Veräußerers, insbesondere auch dieser selbst nicht gebrauchen. Vgl. noch RGZ. 152, 365 (Vereinigung der erworbenen Firma mit der eigenen hindert Weiterveräußerung der ersteren).

2. Umgehungsversuche werden gleich behandelt: insbesondere Übertragung einer Firma, unter der überhaupt noch kein Handelsgewerbe betrieben wird oder bei welcher dieses schon erloschen war; vgl. Anm. 2 a. E. zu § 22; ROHG. 6, 246; RGZ. 9, 1; 110, 422; 155, 75; JW. 39, 163[21]. — Es genügt aber eine nach außen hin wirksame Veräußerung, z. B. treuhänderisch; vgl. Anm. 5 zu § 22.

3. Verbot des Firmenhandels. Vgl. LZ. 32, 39. Übertragung der Firma ohne Unternehmen ist nach § 134 BGB. nichtig (nicht notwendig der ganze Vertrag [§ 139 BGB.], JW. 03, 293[16]). Vgl. aber § 15 u. dazu RGZ. 66, 417.

Werden Firma und Unternehmen veräußert, so bleibt in der Hand des Veräußerers grundsätzlich nichts zurück; vgl. dazu § 22 Anm. 9 u. 13, ferner JW. 26, 1326; OLG. 46, 250, aber auch JW. 26, 2106. Eine juristische Person hingegen bleibt auch nach Veräußerung eines Handelsgeschäfts mit Firma bestehen, und zwar nicht notwendig als Liquidationsgesellschaft; RGZ. 107, 31 (a. M. RGZ.

85, 398). Über die damit zusammenhängende bestr. Frage des sog. Mantelkaufs vgl. JFG. 2, 226.

Ohne Firma geht ein für das Unternehmen eingetragenes Warenzeichen nicht mit über; RGZ. 100, 6; JW. 21, 1557; vgl. RGZ. 147, 336. Im Zweifel auch keine Telegrammadresse; JW. 24, 294.

Aufnahme oder Ausscheiden eines Teilhabers

§ 24. Wird jemand in ein bestehendes Handelsgeschäft[1] als Gesellschafter aufgenommen[2] oder tritt ein neuer Gesellschafter in eine Handelsgesellschaft[3] ein oder scheidet aus einer solchen ein Gesellschafter aus[4], so kann[5] ungeachtet dieser Veränderung die bisherige Firma[6] fortgeführt werden[7].

Bei dem Ausscheiden eines Gesellschafters, dessen Name in der Firma enthalten ist[8], bedarf es zur Fortführung der Firma der ausdrücklichen Einwilligung des Gesellschafters oder seiner Erben[9].

1. Eines Einzelkaufmanns!

2. Dieser Fall ist an sich auch aus § 22 abzuleiten; der Einzelkaufmann veräußert an die neue Gesellschaft.

Die „Aufnahme" darf nicht zwecks unzulässiger Vermeidung des Gesellschaftszusatzes fingiert und etwa zwischen den Beteiligten schon vor der Errichtung der Einzelfirma ein Gesellschaftsvertrag über eine o. HG. geschlossen worden sein, bei welchem der sukzessive Firmenerwerb beredet wird; vgl. JW. 27, 1674 (Umgehung des § 19 Abs. 1).

3. Hier nur im Sinne des § 19 (keine juristische Person).

4. Gleichgültig auf welche Weise und wieviele Inhaber des Geschäfts danach übrigbleiben; vgl. RGZ. 65, 382; 122; 312; 146, 172; OLG. 41, 195; RJA. 3, 83; KGJ. 13 A 31.

5. Wird statt dessen Neubildung gewählt, so gelten §§ 18, 19. Die Aufnahme eines neuen Namens in die Firma ist aber in solchem Falle dann grundlos und von einem Wettbewerber verbietbar, wenn dadurch Verwechslungsgefahr entsteht; R. 30, 1270 (Recht auf eigenen Namen greift nur im Falle notwendigen Namensgebrauchs durch).

6. Unverändert; also auch ein bestehender Gesellschafterzusatz, wenn nach einer HGesellschaft ein Einzelkaufmann Inhaber wird; JFG. 5, 206, ferner R. 28, 1303; 36, 3558 u. 9220; auch die ausdrückliche Bezeichnung als o. HG. oder KG. (str.; RJA. 17, 82; s. auch JW. 35, 3192[73]); vgl. DFG. 36, 266; HRR. 37, 319. — Immer sind aber Nachfolgezusätze statthaft; KGJ. 13 A 31. — Vgl. noch Anm. 7 zu § 22.

7. Die Vorschrift betrifft die firmenmäßig registerliche Zulässigkeit i. S. des § 37 Abs. 1. Über vertragliche Abänderungen zugunsten eines einzelnen Gesellschafters vgl. RGZ. 66, 320.

8. Nötig ist, daß der Name gerade mit Rücksicht auf die ausscheidenden Gesellschafter (nicht jemand anderen zufällig gleichen Namens) in die Firma aufgenommen wurde; RGZ. 65, 382; JW. 08, 462; 31; 2998; Gruch. 36, 1152.

9. § 24 Abs. 2 entspricht § 22. — Ohne ausdrückliche Einwilligung ist Firmenfortführung auch mit Nachfolgesatz unzulässig; OLG. 16, 83; JFG. 8, 155. Streichung des Namens des ausscheidenden Gesellschafters ist Bildung einer neuen Firma, die dann folglich §§ 18, 19 genügen muß; JW. 29, 2156; RJA. 14, 174.

Haftung und Legitimation bei Erwerb eines Handelsgeschäfts unter Lebenden

§ 25[1a]. Wer ein unter Lebenden erworbenes[1] Handelsgeschäft[2] unter der bisherigen Firma[3] mit oder ohne Beifügung eines das Nachfolgeverhältnis andeutenden Zusatzes[4] fortführt[5], haftet für alle im Betriebe des Geschäfts begründeten Verbindlichkeiten des früheren Inhabers[6]. Die in dem Betriebe begründeten Forderungen gelten den Schuldnern gegenüber als auf den Erwerber übergegangen, falls der bisherige Inhaber oder seine Erben in die Fortführung der Firma gewilligt haben[7].

Eine abweichende Vereinbarung ist einem Dritten gegenüber[8] nur wirksam, wenn sie in das Handelsregister[9] eingetragen[10] und bekanntgemacht oder von dem Erwerber oder dem Veräußerer[11] dem Dritten mitgeteilt worden ist[12].

Wird die Firma nicht fortgeführt, so haftet der Erwerber eines Handelsgeschäfts für die früheren Geschäftsverbindlichkeiten nur, wenn ein besonderer Verpflichtungsgrund[13] vorliegt, insbesondere wenn die Übernahme der Verbindlichkeiten in handelsüblicher Weise von dem Erwerber bekanntgemacht[14] worden ist.

1a. Zu § 25 s. Art. 6 Nr. 5 der 4. EinfV. betr. Österreich und Art. 6 Nr. 2 der 3. EinV. betr. Sudetenland (Anh. XIII, XIV).

1. Erwerb unter Lebenden. — Über Erwerb von Todes wegen vgl. § 27; dieser ist auf den Erben zu beschränken. Daher: § 25 gilt auch für Erwerb im Wege der Erbteilung (vgl. D. 36) u. durch Vermächtnis (analog; str.). Über Geschäftsübernahme durch einen Pächter und Rückgabe nach Pachtbeendigung vgl. oben Anm. 15 zu § 22 und DJZ. 06, 86; RGZ. 133, 318; HansRGZ. 28 B 614. Keine Geschäftsübernahme i. S. des § 25 ist Erwerb aus der Konkursmasse (RGZ. 58, 168; kein Schutz der Konkursgläubiger! im einzelnen bestr., vgl. auch Anm. 3 zu § 22), auch nicht Sicherungsübertragung der Geschäftsaktiven (LZ. 11, 138; u. U. ist aber § 419 BGB. gegeben!), nach JW. 29, 2627 weiterhin nicht Erwerb aus einem Vergleichsverfahren (vgl. dazu auch HansRGZ. 31 B 517 — Liquidationstreuhand-Verträge); wohl aber unter Umständen (Auslegung des Parteiwillens!) der Erwerb sämtlicher Anteile einer GmbH. (RGZ. 98, 289; vgl. auch HansRGZ. 33 B 531), überhaupt sonst jeder Erwerb durch Vereinbarung ohne Rücksicht auf den Rechtsgrund (RGZ. 149, 25), auch wenn er sich zwischen zwei o. HG.en vollzieht, an denen dieselben Gesellschafter beteiligt sind; JW. 36, 2658; vgl. OLG. 4, 146.

2. Handelsgeschäft ist hier gleich Unternehmen; vgl. Anm. 8 zu § 1 u. Anm. 2 zu § 22. Es ist in vielfacher Hinsicht, obwohl beim Einzelkaufmann kein Sonderkonkurs möglich, als Sondervermögen ausgebildet und Gegenstand eines Persönlichkeitsrechts. Nach h. M. aber muß Veräußerung durch Einzelakte erfolgen, wohingegen das Unternehmen schuldrechtlich z. B. als einheitlicher Kaufgegenstand anerkannt wird; vgl. RGZ. 67, 86; 69, 57; 98, 293; 100, 200. Analogie zu den meisten Kaufregeln ist zumindest geboten. S. auch Anm. 1 zu § 350.

3. Wegen des Erfordernisses der Firmenfortführung findet § 25 nur auf Vollkaufleute (u. sonst im H.-Register Eingetragene, vgl. § 5) Anwendung. Anderseits braucht hier (im Gegensatz zu § 22; vgl. dort Anm. 7) die Firma nicht den gesetzlichen Erfordernissen zu entsprechen; vgl. RGZ. 113, 306; LZ. 11, 608; R. 23, 907; HRR. 32, 255. Nur Firmenübereinstimmung ist erforderlich; darüber, wann sie vorliegt, vgl. Anm. 8 zu § 22 u. JW. 33, 1852. (Ein Unterschied besteht bei Zusammenfassung mehrerer Firmen: diese ist gem. § 22 zulässig, genügt aber nicht i. S. des § 25, RGZ. 50, 116; 159, 211; vgl. unten Anm. 5.) Demgemäß gilt die Vorschrift auch für eine AktG., die (unzulässigerweise — vgl. Anm. 8 zu § 22!) die Firma einer erworbenen o. HG. fortführt, HRR. 30, 35; über Fortführung einer schlagwortartigen Bezeichnung (§ 25 verneint) s. RGZ. 145, 274.

4. Vgl. Anm. 8 zu § 22, auch Anm. 7 zu § 18.

5. Über Geschäftsfortführung vgl. Anm. 5 u. 6 zu § 22. Nötig ist kontinuierliche Fortführung des ganzen Geschäfts; nicht genügt insbesondere Filialübernahme; vgl. RGZ. 64, 129; HRR. 29, 1028; Warn. 34, 30; ebensowenig Umwandlung der Filiale einer Einzelfirma in eine selbständige juristische Person HansRGZ. 29 B 205; auch nicht Vereinigung mit anderem Geschäft unter Bildung einer zusammengesetzten Firma; RGZ. 50, 116; 159, 220. Keine Fortführung, wenn der Erwerber das Geschäft alsbald verpachtet (LZ. 13, 538) oder in eine GmbH. einbringt (RGZ. 143, 368). Die erforderliche tatsächliche (nicht bloß intern vereinbarte — vgl. Warn. 13, 194) Fortführung als eigenes Geschäft kann aber anderseits schon in bloßen Abwicklungsgeschäften bestehen; Gruch. 57, 417; RGZ. 143, 368; 147, 338. Die Wirkung einer tatsächlich erfolgten Fortführung wird durch erfolgreiche Anfechtung od. Nichtigkeit des Übernahmegeschäfts nicht berührt (st. Rspr.; vgl. RGZ. 76, 439; 89, 98; 149, 28; HRR. 32, 256).

6. Die Haftung des Geschäftserwerbers erstreckt sich auf alle Geschäftsschulden (vgl. §§ 343, 344, dazu RGZ. 58, 21; 59, 213; 89, 98; JW. 12, 1107), gleichgültig, ob er ihr Bestehen kannte, RGZ. 17, 98; DJZ. 34, 1002, ob sie in den Geschäftsbüchern eingetragen waren (nur Indiz; ROHG. 8, 42 u. 538), oder gar, ob er sie übernommen oder anerkannt hat (vgl. Abs. 2; HansRGZ. 34 B 63; anderseits aber nur, soweit sie wirklich bestehen, und zwar wiederum ohne Rücksicht auf Kenntnis oder Unkenntnis vom etwaigen Gegenteil, RGZ. 93, 228; ferner in derselben Rechtslage wie beim früheren Inhaber, RGZ. 135, 104; 143, 154 (Lauf der Verjährungsfrist); 154, 334, und nur, soweit sie nicht von diesem unter einer anderen als der übertragenen Firma begründet worden sind, RGZ. 116, 281. Einzelfälle aus der Praxis: RGZ. 15, 54 u. 133 (unerlaubte Handlung); 76, 7 u. 154, 334 (Gesellschafterverbindlichkeiten); 93, 229 (Bereicherung); 143, 154 (Prozeßkosten); LZ. 21, 176 (Gründungsdarlehen); JW. 07, 831 (bedingte oder betagte Schulden, vgl. dazu auch § 26 Abs. 2 S. 2); ROHG. 8, 385 (durch Einrede des nicht erfüllten Vertrages gehemmte Schulden); R. 37, 1287 (Lohnansprüche von Angestellten einer nicht übernommenen Zweigniederlassung); Warn. 37, 151 (Schulden aus einem nicht übernommenen anderen Geschäft des Veräußerers).

Vollstreckung aus Urteilen, die auf den früheren Inhaber lauten, gegen den Erwerber gem. §§ 729 Abs. 2, 727, 730, 731; über den Fall unrichtiger Registereintragung: LZ. 27, 196.

Über die Weiterhaftung des früheren Inhabers vgl. § 26 Anm. 2.

7. Bei Einwilligung (auch stillschweigender — anders § 22) des früheren Inhabers oder seiner Erben hat die Firmenfortführung die Wirkung einer Zession der Geschäftsforderungen, Gruch. 59, 140; vgl. §§ 398 ff. BGB., §§ 265, 325, 727 ZPO. Der frühere Inhaber darf nach Firmenübergang nicht mehr verfügen und ist wegen etwaiger Aufrechnungsmöglichkeiten auf die Zeit vor dem

Übergang der Firma, sowie auf Vereinbarung mit dem Übernehmer (Abs. 2) angewiesen; vgl. D. 37. Wegen des Zeitpunkts des Firmenübergangs und seiner Geltendmachung vgl. §§ 31 Abs. 1, 15 Abs. 1 u. 2. Bei vorliegender Eintragung ist Einwilligung des früheren Inhabers zu vermuten, RGZ. 41, 22. — Zu dem Kreis der Forderungen, die übergehen, vgl. wiederum §§ 343, 344 u. dazu JW. 37, 303[7]. Es fallen dahin regelmäßig auch die Rechte aus einem Wettbewerbsverbot; vgl. § 74 und RGZ. 72, 434; 102, 127; Warn. 14, 291; Gruch. 59, 528. Umgekehrt kann über die im Grundbuch auf seinen Namen oder auf die veräußerte Firma eingetragenen (geschäftszugehörigen) Rechte, insbesondere auch eine Sicherungshypothek, ohne besondere Abtretung nur der bisherige Inhaber verfügen, OLG. 45, 203; RGZ. 118, 354.

8. Bei Veräußerung aus einer Konkursmasse nicht gegenüber den Konkursgläubigern, RGZ. 58, 166.

9. Bei Schulden und Forderungen aus dem Betrieb einer mitübernommenen Zweigniederlassg. auch i. der. Reg., JW. 07, 679; HRR. 31, 768. Vgl. dazu jetzt § 13a).

10. Dies ist bei Geschäftsübernahme durch eine neugegründete AktG. schon vor deren Eintragung in das HReg. möglich; vgl. RGZ. 131, 27.

11. Kenntnis Dritter, die nicht auf Mitteilung entweder des neuen oder des früheren Inhabers beruht, reicht nicht aus. Ausnahme von § 15 Abs. 1; vgl. Anm. 7 Abs. 1 zu § 15 u. JW. 03, 401; RGZ. 75, 139. — Die Mitteilung ist empfangsbedürftige Willenserklärung, RGZ. 67, 8; sie muß der tatsächlich getroffenen Vereinbarung entsprechen; vgl. RGZ. 102, 245. Die Mitteilung, der Erwerber hafte nur bis zu einem Höchstbetrage, ohne die Angabe der Forderungen, die von ihm zu tilgen sind, entspricht nur dann einer wirksamen Vereinbarung, wenn der Höchstbetrag sämtliche Forderungen deckt; RGZ. 152, 75.

12. Eintragung und Bekanntmachung bzw. Mitteilung an Dritte wirken nur, wenn sie ohne schuldhaftes Zögern im unmittelbaren Anschluß an die Geschäftsübernahme und -fortführung bewirkt werden; vgl. dazu JW. 04, 8; 11, 66e; HRR. 32, 1461, auch RGZ. 131, 27 (Mitteilung bei Übernahme des Geschäfts durch eine in Gründung befindliche AktG. schon nach Beurkundung ihres Gesellschaftsvertrages möglich). Strenger noch RGZ. 75, 139 (Verspätung durch Versehen des Registerrichters soll schaden [?]; vgl. dazu aber RGZ. 131, 12, über Verschulden der Beteiligten); umgekehrt läßt JW. 03, 389 genügen, daß sich die Sachlage dem Dritten gegenüber seit der Übernahme noch nicht verändert habe (?), allerdings betr. den Fall eines Geschäftsschuldners. — Maßgeblich ist in jedem Falle nur eine solche bekanntgemachte Eintragung oder solche Mitteilung, aus welcher Dritte deutlich den Ausschluß des Übergangs einer sie berührenden Forderung oder Schuld erkennen können; vgl. oben Anm. 11 a. E.

Der deutsch-französische gemischte Schiedsgerichtshof hat dem zwischen deutschen Kaufleuten vereinbarten Haftungsausschluß gegenüber einer französischen Forderung trotz ordnungsmäßiger Kundgabe die Wirkung versagt unter Berufung auf Art. 299b V. V. als angeblich vorgehendes öffentliches Recht (?); R. 26, 215.

13. Z. B. §§ 414, 415, 419 BGB. oder Schuldmitübernahme; § 419 BGB. liegt nicht vor bei Übernahme des Gesellschaftsvermögens einer o. HG.; JW. 10, 242; Gruch. 61, 926.

14. Dies ist eine auf Gewohnheitsrecht zurückgehende einseitige (kein Vertrag! vgl. allerdings § 151 BGB.!) Haftungsübernahme, die aber das Innenverhältnis zwischen jetzigem und früherem Inhaber nicht berührt, RGZ. 38, 176. Die Kundgabe steht vielmehr der Firmenfortführung (Abs. 1 S. 1) gleich; vgl. § 26 Abs. 1 Halbs. 1.

Nötig ist Anzeige d. Passiven-, nicht nur d. Geschäftsübernahme; RGZ. 50, 120.

Handelsübliche Bekanntmachung (Rundschreiben, Veröffentlichung in der Presse, u. U. auch Erklärungen an das Registergericht, nicht jedoch Mitteilung an einige wenige Geschäftsfreunde) wirkt auch zugunsten der Gläubiger, welche die Mitteilung tatsächlich nicht erhalten, vgl. ROHG. 1, 69; RGZ. 8, 64; 17, 98.

Verjährung der Ansprüche gegen den Geschäftsveräußerer

§ 26. Ist der Erwerber des Handelsgeschäfts auf Grund der Fortführung der Firma oder auf Grund der im § 25 Abs. 3 bezeichneten Bekanntmachung für die früheren Geschäftsverbindlichkeiten haftbar[1], so verjähren die Ansprüche der Gläubiger gegen den früheren Inhaber[2] mit dem Ablaufe von fünf Jahren, falls nicht nach den allgemeinen Vorschriften die Verjährung schon früher eintritt[3].

Die Verjährung beginnt im Falle des § 25 Abs. 1 mit dem Ende des Tages, an welchem der neue Inhaber der Firma[4] in das Handelsregister des Gerichts der Hauptniederlassung eingetragen worden ist, im Falle des § 25 Abs. 3 mit dem Ende des Tages, an welchem die Kundmachung der Übernahme stattgefunden hat. Konnte der Gläubiger die Leistung erst in einem späteren Zeitpunkte verlangen, so beginnt die Verjährung mit diesem Zeitpunkte.

1. Vgl. Anm. 14 Abs. 1 zu § 25. Bei andern Haftungsgründen (vgl. Anm. 13 zu § 25) gilt § 26 nicht, vielmehr nur bürgerl. Recht, dem § 26 sonst als lex specialis vorgeht.

2. Dieser wird durch § 25 nicht frei; sondern — außer bei besonderen Erlöschensgründen seiner Haftung (§§ 397, 414 ff. BGB.) — Gesamtschuldner neben dem Erwerber. Vgl. dazu RGZ. 19, 255; 36, 50; 74, 233; 107, 31; 135, 107; JW. 11, 158; 13, 324; SeuffA. 60, 455. Anders beim gegenseitigen Vertrag, wenn die Einrede seiner Nichterfüllung erst durch Lieferung an den legitimierten (vgl. § 25 Abs. 1 S. 2) Erwerber beseitigt wird (str.; RGZ. 83, 108, gegen RGZ. 31, 47 u. JW. 01, 63), sowie bei Verzug (wegen des Verzugsschadens), der nur durch Handlungen gegenüber dem Erwerber begründet wird (RGZ. 65, 26); entsprechend wirken Handlungen zur Unterbrechung der Verjährung gegen Veräußerer und Erwerber nur, wenn sie beiden gegenüber vorgenommen werden (RGZ. 135, 104); vgl. § 425 Abs. 2 BGB., ferner Anm. 2 zu § 159.

3. Auch Urteilsforderungen (§ 218 BGB.) fallen daher unter § 26 (str.; vgl. JW. 38, 1173). 4. Auch wenn diese vorher noch nicht eingetragen war; vgl. Anm. 4 zu § 159.

Haftung des Erben eines Handelsgeschäfts

§ 27[1a]. Wird ein zu einem Nachlasse gehörendes Handelsgeschäft von dem Erben fortgeführt, so finden auf die Haftung des Erben für die früheren Geschäftsverbindlichkeiten die Vorschriften des § 25 entsprechende Anwendung[1].

Die unbeschränkte Haftung nach § 25 Abs. 1 tritt nicht ein[2], wenn die Fortführung des Geschäfts vor dem Ablaufe von drei

Monaten nach dem Zeitpunkt, in welchem der Erbe von dem Anfalle der Erbschaft Kenntnis erlangt hat, eingestellt wird[3]. Auf den Lauf der Frist finden die für die Verjährung geltenden Vorschriften des § 206 des Bürgerlichen Gesetzbuchs entsprechende Anwendung[4]. Ist bei dem Ablaufe der drei Monate das Recht zur Ausschlagung der Erbschaft noch nicht verloren, so endigt die Frist nicht vor dem Ablaufe der Ausschlagungsfrist[5].

1a. Zu § 27 Abs. 2 s. Art. 6 Nr. 6 der 4. EinfV. betr. Österreich und Art. 6 Nr. 3 der 3. EinfV. betr. Sudetenland (Anh. XIII, XIV).

1. Vgl. die Anm. zu § 25, insbes. Anm. 1. — Über die Möglichkeit der Geschäftsführung durch Erben überhaupt: Anm. 4 zu § 22 u. RJA. 17, 28. — Eine Erbengemeinschaft wird durch die Fortführung eines ererbten Geschäfts noch keine o. HG., LZ. 30, 1269, auch nicht nach Ablauf der Fristen des Abs. 2, JW. 31, 3129; vgl. auch JW. 35, 3642[18]; 39, 565; sowie Anm. 1 Abs. 4 zu § 105. (Anders R. 37, 7986 [München]). Die Erben haften aber für die neuen Geschäftsschulden persönlich; JW. 37, 2599. Nach Annahme oder versäumter Ausschlagung der Erbschaft kann der einzelne Miterbe nur im Wege der Erbteilsübertragung oder der Auseinandersetzung (vgl. dazu RJA. 17, 78) aus dem Handelsgeschäft ausscheiden; RJA. 13, 226. — Da die Aktiven des Geschäfts kraft Anfalls der Erbschaft übergegangen sind, kann das Gesetz die entsprechende Anwendung des § 25 auf die Haftung beschränken.

Die Folge der Geschäftsfortführung gem. § 25 Abs. 1 oder 3 ist unbeschränkte Haftung (wie bei Erwerb unter Lebenden). Ob dies eingetreten ist oder beschränkte Erbenhaftung noch in Betracht kommt, ist vor dem Urteil zu klären, RGZ. 88, 219 (§ 780 ZPO. ist nicht anwendbar). — Jedoch kein Ausschluß des Rechts nach § 569 BGB., den Mietvertrag über die Geschäftsräume mit gesetzlicher Frist zum ersten zulässigen Termin zu kündigen; RGZ. 130, 52.

§ 25 Abs. 2 ist entsprechend anwendbar, wenn durch Testament oder Erbvertrag Abweichendes über die Haftung bestimmt worden ist (str.); dies muß dann eingetragen und bekanntgemacht oder Dritten (vom Erben) mitgeteilt werden.

2. So daß es also bei der (grundsätzlich beschränkbaren) Erbenhaftung (§§ 1967 ff., 2058 ff. BGB.) verbleibt.

3. Keine „Einstellung" liegt in der Veräußerung des Geschäfts mit Firma; RGZ. 56, 198. Bei Ausscheiden nur einzelner Erben haften die verbleibenden; RGZ. 154, 334.

4. Bei Geschäftsunfähigkeit oder Beschränkung in der Geschäftsfähigkeit und Fehlen eines gesetzlichen Vertreters kein Fristablauf vor 6 Monaten nach Behebung des Mangels.

5. Diese beträgt 6 Wochen seit Kenntnis des Erben von Anfall und Berufungsgrund, jedoch bei Berufung durch Verfügung von Todes wegen nicht vor deren Verkündung; wenn ausschließlicher letzter Wohnsitz des Erblassers oder Aufenthaltsort des Erben bei Fristbeginn im Ausland lagen: 6 Monate.

Haftung und Legitimation bei Aufnahme eines Teilhabers durch Einzelkaufleute

§ 28. Tritt jemand als persönlich haftender Gesellschafter oder als Kommanditist in das Geschäft eines Einzelkaufmanns ein[1], so haftet die Gesellschaft[2], auch wenn sie die frühere Firma nicht fortführt[3], für alle im Betriebe des Geschäfts entstandenen

Verbindlichkeiten des früheren Geschäftsinhabers[4]. Die in dem Betriebe begründeten Forderungen gelten den Schuldnern gegenüber als auf die Gesellschaft übergegangen[5].

Eine abweichende Vereinbarung ist einem Dritten gegenüber nur wirksam, wenn sie in das Handelsregister eingetragen und bekanntgemacht oder von einem Gesellschafter dem Dritten mitgeteilt worden ist[6].

1. Voraussetzung ist, daß das Geschäft spätestens durch den Eintritt des Teilhabers Vollkaufmannsgewerbe wird; vgl. HansRGZ. 31 B 670, str. — Eintritt in eine schon bestehende o. HG. oder KG. regelt sich nach §§ 130, 173 (Unterschied: Unabdingbarkeit der Mithaftung des neuen Teilhabers). — Die Vorschrift ist der des § 25 (bis auf die Bedeutung der Firmenfortführung) angeglichen; kontinuierliche Geschäftsfortführung (vgl. Anm. 5 zu § 25) ist hier ebenfalls nötig; KGJ. 30 A 110. Wegen der Haftung für die Zeit zwischen Eintritt und Eintragung vgl. §§ 123, 161 Abs. 2, 176.

Über den Fall des wechselseitigen Eintritts zweier Einzelkaufleute in ihre beiden Geschäfte: R. 24, 404.

2. Gesellschaftshaftung, d. h.: Haftung des eintretenden **Teilhabers**, wenn er „persönlich haftender Gesellschafter" sein sollte, unbeschränkt, sonst nur in Höhe seiner Kommanditisteneinlage (§§ 128, 171) als Gesamtschuldner mit dem früheren Inhaber. Vollstreckung gegen den Neueingetretenen aus Urteilen gegen den Einzelkaufmann wie bei § 25; vgl. dort Anm. 6 a. E. u. HRR. 31, 2081. — Über das Innenverhältnis vgl. unten Anm. 6. — Erfolgreiche Anfechtung oder Nichtigkeit des Gesellschaftsvertrages führen keine Änderung der Haftung mehr herbei, wenn die Gesellschaft eingetragen war (str.; vgl. RGZ. 76, 439; 89, 97; 142, 98).

3. Vgl. oben Anm. 1. Hierin liegt die Abweichung der Vorschrift von § 25. Vgl. RGZ. 89, 99 u. § 24.

4. Über den Begriff der Geschäftsschulden vgl. Anm. 6 zu § 25. Wie Gründungsdarlehen zählen dazu auch Schulden aus früherer Geschäftsübernahme (RGZ. 93, 228; JW. 08, 206; 10, 758; 12, 1107) und aus Abfindungsversprechen gegenüber früheren tätigen und ausscheidenden stillen Gesellschaftern (RGZ. 102, 243; OLG. 41, 195; MeckZ. 16, 377).

5. Vgl. dazu Anm. 7 zu § 25 u. HRR. 29, 320.

6. Eine im Innenverhältnis beliebig mögliche Abänderung zeitigt nach außen hin wie im Falle des § 25 nur bei handelsüblicher Bekanntmachung Wirkungen; vgl. im einzelnen Anm. 9—12 zu § 25. Die Bekanntmachung muß hier spätestens unverzüglich nach der Gesellschaftsgründung erfolgen; Mitteilung nach verkehrsüblicher Übergangszeit ist noch rechtzeitig; vgl. HRR. 29, 320; daß eine Mitteilung vor Abschluß des Gesellschaftsvertrages (wegen des Wortlauts „von einem Gesellschafter ...") unwirksam sein solle (RGZ. 102, 243; OLG. 41, 195), ist formalistisch.

Pflicht zur Firmenanmeldung

§ 29[1a]. Jeder Kaufmann[1] ist verpflichtet[2], seine Firma und den Ort seiner Handelsniederlassung[3] bei dem Gericht, in dessen Bezirke sich die Niederlassung befindet[4], zur Eintragung in das Handelsregister anzumelden[5]; er hat seine Firma zur Aufbewahrung bei dem Gerichte zu zeichnen[6].

1a. Zu § 29 s. Art. 6 Nr. 7 der 4. EinfV. betr. Österreich und Art. 6 Nr. 4 der 3. EinfV. betr. Sudetenland (Anh. XIII, XIV).

1. Ausnahme: der Minderkaufmann (§ 4). — § 29 betrifft den Einzelkaufmann; über juristische Personen: §§ 33ff.; ferner §§ 28ff. AktGes., §§ 7ff. GmbHGes.; §§ 11ff. GenGes., über Handelsgesellschaften: §§ 106ff., 162. Vgl. auch § 31.

2. Auch wer nach § 2 durch die Eintragung erst Kaufmann wird; vgl. § 2 S. 2; anders nach § 3 Abs. 2. — Keine Verpflichtung einer Person, in deren Namen das Geschäft nicht betrieben wird, insbesondere also nicht des Verpächters (auch im Falle des § 22), vgl. JFG. 14, 93; über Eintragungspflicht von Nacherben: RJA. 17, 89; HRR. 33, 830. — Die Vorschrift des § 29 ist kein Schutzgesetz i. S. des § 823 Abs. 2 BGB., RGZ. 72, 408.

3. Als Ort der Niederlassung (d. i. der Ort, an dem sich der Schwerpunkt des Unternehmens befindet) kommt nur eine im Deutschen Reich gelegene politische Gemeinde in Betracht. D. 39; vgl. auch betr. Übersiedelung ausländischer Gesellschaften § 13c u. JFG. 4, 185 (zum früheren Recht). — Die Ortsangabe kann aber nicht als Firmenbestandteil erzwungen werden.

4. Über Zweigniederlassungen vgl. § 13. — Wegen § 5 Prüfung, ob vollkaufmännischer Gewerbebetrieb vorliegt, Recht und Pflicht des Registerrichters; bei Fehlen oder Fortfall Ablehnung bzw. Löschung von Amts wegen; OLG. 43, 203 u. 280. — Bei bloßer Verlegung des Sitzes (§ 31) aber keine Ablehnung wegen Unzulässigkeit der früheren Eintragung, R. 27, 352; vgl. Anm. 2 zu § 31. 5. Vgl. §§ 12ff.

6. Wie zu zeichnen ist, ergibt § 18; bei Abweichung des bürgerl. Namens von der Firma nur mit dieser. Überflüssige Zusätze haben zu unterbleiben, JW. 39, 565. Von der Unterschriftszeichnung darf der Registerrichter die Eintragung der sonst vollzogenen Anmeldung nicht abhängig machen.

Ausschließlichkeit[1] der Firma

§ 30. Jede neue Firma muß sich von allen an demselben Orte oder in derselben Gemeinde bereits bestehenden und in das Handelsregister eingetragenen Firmen deutlich unterscheiden[2].

Hat ein Kaufmann mit einem bereits eingetragenen Kaufmanne die gleichen Vornamen und den gleichen Familiennamen und will auch er sich dieser Namen als seiner Firma bedienen, so muß er der Firma einen Zusatz beifügen, durch den sie sich von der bereits eingetragenen Firma deutlich unterscheidet[3].

Besteht an dem Orte oder in der Gemeinde, wo eine Zweigniederlassung errichtet wird, bereits eine gleiche eingetragene Firma, so muß der Firma für die Zweigniederlassung ein der Vorschrift des Abs. 2 entsprechender Zusatz beigefügt werden[4].

Durch die Landesregierungen[5] kann bestimmt werden, daß benachbarte Orte oder Gemeinden als ein Ort oder als eine Gemeinde im Sinne dieser Vorschriften anzusehen sind[6].

1. Der Grundsatz der Firmenausschließlichkeit beruht im wesentlichen auf dem öffentlichen Interesse des Schutzes der Allgemeinheit; HRR. 33, 331. Recht und Pflicht des Registerrichters zur Prüfung; bei Verstoß Ablehnung der Eintragung oder Löschung von Amts wegen (neben § 37). Die später eingetragene (oder einzutragende) Firma muß weichen, auch wenn sie früher in Gebrauch genommen wurde. (Umgekehrtes Prinzip bei § 16 UWG.!) Vgl. JW. 28, 1214. — Dem privaten Wettbewerbsinteresse dient hingegen vornehmlich die Klage aus § 16 UWG.; vgl. unten Anm. 2.

2. Die Forderung nach deutlicher Unterscheidbarkeit zweier Firmen beschränkt § 30 auf denselben Ort, dieselbe Gemeinde. Weiter geht § 16 UWG., vgl. RGZ. 75, 370; 77, 27; 114, 318, auch hinsichtlich des Grades der Unterscheidbarkeit. Nach § 30 (d. h. für die dem Registerrichter vor Eintragung obliegende Prüfung) reicht es aus, daß bei Anwendung der üblichen Sorgfalt im Geschäftsverkehr die Verschiedenheit der Firmen bemerkbar wird; es genügen schon ziemlich geringfügige Änderungen, insbesondere Reihenfolge oder Schreibweise (z. B. Abkürzung) der Vornamen bei Personenfirmen (LZ. 08, 297; RJA. 10, 49), immer auch (arg. § 30 Abs. 2) Beifügung schon eines verschiedenen Vornamens auch bei Gesellschaftsfirma (vgl. LZ. 15, 385; JFG. 6, 190); verschiedene Branchebezeichnungen, KGJ. 51 A 120; JW. 26, 2001; Hinzufügung von Ortsbezeichnungen, RJA. 10, 22; nicht aber regelmäßig bloßer Gesellschafterzusatz; vgl. HansRGZ. 30 B 165 („GmbH"-Zusatz gegenüber sonst gleichlautender Firma ohne Zusatz); JW. 33, 117, weniger streng früher OLG. 14, 342; 42, 211; KGJ. 51 A 116; RJA. 15, 292; ebensowenig Liquidationszusatz RGZ. 29, 68; KGJ. 10 A 22; HRR. 33, 331. Durchweg strengere Anforderungen bei Sachfirmen. Die Rechtsprechung hat z. B. zugelassen: „Bremer Kreditbank-AG." neben „Norddeutsche Kreditbank-AG." (HansRGZ. 32 B 470), nicht aber: „Betriebsstoffgesellschaft" neben „Brennstoffvertriebsgesellschaft" (RGZ. 100, 45) nicht: „Nitrolack GmbH." neben „Nitrola, Bayerische Nitro-Lack- und Farben-GmbH." (JW. 27, 2434). Vgl. auch HRR. 28, 635; 30, 1033; JFG. 6, 190; JW. 22, 1200; 30, 1715; DJZ. 21, 439; LZ. 28, 489; OLG. 41, 196; 42, 210; HansRZ. 25, 270; 26, 213; RJA. 11, 38; 17, 86. — Die Frage, ob deutliche Firmenverschiedenheit vorliegt, ist Gegenstand rein tatsächlicher Beurteilung; JW. 33, 97.

3. Vgl. oben unter Anm. 2, ferner § 18 Abs. 2.

4. Haupt- und Zweigniederlassung sind also nach § 30 unabhängig voneinander zu beurteilen. Die Vorschrift des § 13 bleibt schon gewahrt, wenn die Firma der Zweigniederlassung den „Kern" der Hauptfirma (außer beliebigen Zusätzen im Rahmen des § 18 Abs. 2) enthält. Vgl. Anm. 4 zu § 13.

5. Für Preußen vgl. Art. 1 AGHGB. und JMinBl. 99, 557; 08, 359; 23, 197. Die Befugnis steht jetzt dem ReichsMin. d. Justiz zu; vgl. Ges. v. 5. 12. 34 (RGBl. I 1214).

6. Derartige Bestimmung wirkt — ebenso wie Veränderung der Gemeindegrenzen; KGJ. 16 A 11 — nur für die Zukunft, unter Wahrung erworbener Firmenrechte.

Änderung und Erlöschen der Firma. Verlegung der Niederlassung

§ 31. Eine Änderung der Firma oder ihrer Inhaber[1] sowie die Verlegung der Niederlassung an einen anderen Ort[2] ist nach den Vorschriften des § 29 zur Eintragung in das Handelsregister anzumelden[3].

Das gleiche gilt, wenn die Firma erlischt[4]. Kann die Anmeldung des Erlöschens einer eingetragenen Firma durch die hierzu Verpflichteten nicht auf dem im § 14 bezeichneten Wege herbeigeführt werden, so hat das Gericht das Erlöschen von Amts wegen einzutragen[5].

1. Nur Änderung in der Person der Inhaber kommt in Betracht. Eingetragen wird stets derjenige, der in eigenem Namen die Geschäftsführung übernimmt; z. B. Erben (nicht ein Testamentsvollstrecker, außer wenn er in eigenem Namen die Verwaltung führt) RGZ. 132, 142, vgl. auch § 22 Anm. 4; bei Einbringung in eine eheliche Gütergemeinschaft der Ehemann, bei Übergang in eine fortgesetzte der überlebende Gatte; JFG. 6, 193; JW. 30, 1009 (nicht die Gütergemeinschaften); bei Verpachtung der Pächter (nicht der Verpächter), vgl. Anm. 15 zu § 22. Ein von der Devisenstelle eingesetzter Treuhänder kann die bisherige Firma fortführen; JFG. 17, 22.

2. Die Sitzverlegung (Verfahren: § 13c, § 20 Allg. Verf. v. 12. 8. 37) bewirkt auch nach ihrer Eintragung kein Erlöschen der bisher eingetragenen Firma; RGZ. 20, 171; RJA. 11, 216; OLG. 46, 248; JW. 33, 134. Diese wird vielmehr grundsätzlich auch am neuen Niederlassungsort ohne weiteres beibehalten, muß sich aber den dort bestehenden Firmen gem. § 30 anpassen; OLG. 46, 248; JW. 33, 134 und seit der Novelle vom 10. 8. 37 (RGBl. I 897 — vgl. Anm. 1 zu § 13) ausdrücklich § 13c Abs. 2 S. 1. Die Löschungsbefugnis aus §§ 142 ff. FGG. bleibt freilich unberührt; vgl. RJA. 12, 47 u. Anm. 3 Abs. 2 zu § 37.

3. Die Änderungen sind „einzutragende Tatsachen". Vgl. §§ 14, 15. Durch die Verweisung auf § 29 wird auch erneute Firmenzeichnung vorgeschrieben. Vgl. dazu RJA. 3, 83.

Anmeldepflichtig sind die an der Veränderung Beteiligten; also: Erwerber und Veräußerer (OLG. 43, 202); im Nacherbfall Nacherbe und Erben des Vorerben (HRR. 34, 1041).

4. Über Fälle des Erlöschens vgl. RGZ. 29, 69; 116, 424; JW. 37, 1982; 39, 163[21]; RJA. 11, 38; DJZ. 18, 774 (tatsächliche Betriebsaufgabe bei Einzelfirmen, der Schrumpfung des Betriebs in den Fällen der §§ 2, 4 und bei o. HG.en gleichsteht); dauernder Nichtgebrauch oder andere Kundgabe des Verzichtwillens (RGZ. 22, 60; 65, 16; RGSt. 23, 349). Bei Handelsgesellschaften genügt nicht schon Vermögenslosigkeit (vgl. § 157, § 214 AktGes.); JW. 34, 2719 (GmbH.); R. 27, 918 (bei o. HG.: durchgeführte Liquidation); weniger streng JW. 27, 1383 (nur dauernde Einstellung des Geschäftsbetriebs einer AktG. [?]). S. dazu aber auch das Ges. über die Auflösung und Löschung von Gesellschaften und Genossenschaften v. 9. 10. 34 (RGBl. I 914); es betrifft nur jurist. Personen des Handelsrechts. Erlöschensgrund ist hier der Beschluß, durch den ein Antrag auf Eröffnung des Konkurses über ihr Vermögen mangels Masse zurückgewiesen wird. (Für AktG. u. KGaA. gilt das jetzt nach §§ 203 Abs. 1 Nr. 4, 231 Abs. 2 AktGes.). Darüber hinaus nach dem Ges. v. 9. 10. 34 „Lebensunfähigkeit", für die Vermögenslosigkeit ein Indiz ist; vgl. JFG. 15, 1. Vgl. noch LZ. 30, 401 (tatsächliche Sitzverlegung ins Ausland ohne Änderung des Gesellschaftsvertrages soll nicht genügen [?]). — Über Unrichtigwerden einer Firma vgl. noch Anm. 2 Abs. 2 zu § 18.

Über Beseitigung irrtümlicher Löschungen vgl. RJA. 11, 216; JW. 29, 674, ferner JFG. 1, 260; 16, 71.

5. Vgl. § 141, §§ 132 ff. FGG.; dazu JFG. 4, 163 (Beschwerderecht Dritter im Rahmen des § 20 FGG.).

Konkurs

§ 32[1a]. Wird über das Vermögen eines Kaufmanns[1] der Konkurs eröffnet[2], so ist dies von Amts wegen in das Handelsregister einzutragen[3]. Das gleiche gilt von der Aufhebung des Eröffnungsbeschlusses sowie von der Einstellung und Aufhebung des Konkurses[4]. Eine öffentliche Bekanntmachung der Eintragungen[5] findet nicht statt. Die Vorschriften des § 15 bleiben außer Anwendung[6].

1a. Zu § 32 s. Art. 6 Nr. 8 der 4. EinfV. betr. Österreich und Art. 6 Nr. 5 der 3. EinfV. betr. Sudetenland (Anh. XIII, XIV).

1. § 32 gilt für alle Kaufleute; vgl. § 6; RGZ. 74, 66.

2. Der Eröffnung steht Wiederaufnahme des Konkursverfahrens gem. § 198 KO. gleich. D. 41.

3. Über die Wirkung des Konkurses auf die Firma und die Kaufmannseigenschaft vgl. Anm. 6 a. E. zu § 1 u. Anm. 1 zu § 17, auch RGZ. 9, 106; 58, 169; KGJ. 13 A 36; JW. 29, 1059. Der Konkursverwalter kann die Firma gemäß § 22 mit dem HGeschäft veräußern. — Wegen besonderer Wirkungen des Konkurses auf HGesellschaften vgl. §§ 131 Nr. 5, 144; §§ 203 Abs. 1 Nr. 3, 231 Abs. 1 AktGes. Das Konkursgericht hat dem Registergericht die erforderlichen Tatsachen mitzuteilen; vgl. §§ 112, 116, 163, 190, 198, 205 KO.

4. Über Bedeutung der Ablehnung der Konkurseröffnung bei jurist. Personen vgl. Anm. 4 a. E. zu § 31.

5. Wohl aber eines etwa gleichzeitigen Erlöschens der Firma, JW. 38, 1825[32].

6. Entsprechendes wie für den Konkurs gilt für das Vergleichsverfahren; §§ 23, 98 Abs. 3 VerglO. v. 26. 2. 35 (RGBl. I 321). Vgl. dazu JFG. 20, 11.

Juristische Personen

§ 33[1]. Eine juristische Person[2], deren Eintragung in das Handelsregister mit Rücksicht auf den Gegenstand oder auf die Art und den Umfang ihres Gewerbebetriebes zu erfolgen hat[3], ist von sämtlichen Mitgliedern des Vorstandes zur Eintragung anzumelden[4].

Der Anmeldung sind die Satzung der juristischen Person und die Urkunden über die Bestellung des Vorstandes in Urschrift oder in öffentlich beglaubigter Abschrift beizufügen. Bei der Eintragung sind die Firma[5] und der Sitz[6] der juristischen Person, der Gegenstand des Unternehmens und die Mitglieder des Vorstandes anzugeben. Besondere Bestimmungen der Satzung über die Befugnis des Vorstandes zur Vertretung der juristischen Person[7] oder über die Zeitdauer des Unternehmens sind gleichfalls einzutragen.

Die Errichtung einer Zweigniederlassung ist durch den Vorstand unter Beifügung einer öffentlich beglaubigten Abschrift der Satzung anzumelden[8].

1. In d. F. d. Ges. v. 10. 8. 37 (RGBl. I 897).

2. Zu ergänzen: des Privatrechts; vgl. § 36.

3. Das trifft nicht auf die sog. Formkaufleute (vgl. Anm. 5 Abs. 2 zu § 1 u. Anm. 2 zu § 6) zu. (Diese sind eintragungspflichtig ohne Rücksicht auf Art und Umfang ihres Geschäftsbetriebs!) In Betracht kommen vielmehr in erster Linie Vereine und Stiftungen; vgl. Anm. 5 Abs. 2 zu § 1. Über die eine Eintragungspflicht begründenden Gewerbe vgl. §§ 1 u. 2; § 33 gilt aber auch entsprechend, wenn eine juristische Person von einer ihr gem. § 3 Abs. 2 zustehenden Eintragungsbefugnis Gebrauch macht.

4. Form der Anmeldung: § 12; Ordnungsstrafe: § 14.

5. Die Firma der unter § 33 fallenden juristischen Personen braucht sich mit deren Namen (§ 57 BGB.) nicht zu decken, muß ihn aber grundsätzlich (über satzungsmäßige Abweichungen HRR. 32, 253) in irgendeiner Form enthalten und den §§ 18 Abs. 2, 30 entsprechen.

6. Der Sitz (§ 24 BGB.) kann hier vom Ort der die Eintragungspflicht begründenden HNiederlassung abweichen. Er ist dann zusammen mit letzterem (gem. § 29!) beim Gericht der Hauptniederlassung anzumelden. KGJ. 44 A 122; OLG. 27, 304. 7. Vgl. §§ 26, 28, 70, 86 BGB.

8. Abs. 3 ist durch Ges. v. 10. 8. 37 neu hinzugekommen. Abgesehen von seiner mit § 13 Abs. 1 zusammenhängenden Ordnungsvorschrift, läßt Abs. 3 (entgegen der früher in der Rspr. vorherrschenden Annahme — vgl. JFG. 1, 184) die Anmeldung einer Zweigniederlassung schon durch eine vertretungsberechtigte Anzahl (statt durch sämtliche) Vorstandsmitglieder genügen.

Veränderungen bei juristischen Personen

§ 34. Jede Änderung der nach § 33 Abs. 3[1] einzutragenden Tatsachen oder der Satzung, die Auflösung der juristischen Person, falls sie nicht die Folge der Eröffnung des Konkurses ist[2], sowie die Personen der Liquidatoren und die besonderen Bestimmungen über ihre Vertretungsbefugnis sind zur Eintragung in das Handelsregister anzumelden[3].

Bei der Eintragung einer Änderung der Satzung genügt, soweit nicht die Änderung die im § 33 Abs. 3 bezeichneten Angaben betrifft, die Bezugnahme auf die bei dem Gericht eingereichten Urkunden über die Änderung.

Die Anmeldung hat durch den Vorstand[4] oder, sofern die Eintragung erst nach der Anmeldung der ersten Liquidatoren geschehen soll, durch die Liquidatoren zu erfolgen.

Die Eintragung gerichtlich bestellter[5] Vorstandsmitglieder oder Liquidatoren geschieht von Amts wegen.

Im Falle des Konkurses finden die Vorschriften des § 32 Anwendung.

1. § 33 Abs. 3 a. F.; jetzt: § 33 Abs. 2 S. 2 i. d. F. des Ges. v. 10. 8. 37 (RGBl. I 897).

2. Streng genommen ist das nur der Fall des § 41 BGB. Entziehung der Rechtsfähigkeit nach Art. 43 EGBGB. (vgl. § 44 BGB.) steht aber gleich.

3. Daneben wie bei anderen Kaufleuten: Erlöschen der Firma (vgl. Anm. 4 zu § 31), Betriebsveräußerung und Sitzverlegung (§ 31). Die Liquidation eines wirtschaftlichen Vereins (§ 22 BGB.) braucht nicht mehr angemeldet zu werden, wenn das Erlöschen seiner Firma bereits angemeldet war; JW. 36, 1542.

4. D. h. eine zur Vertretung berechtigte Anzahl von Vorstandsmitgliedern (anders § 33 Abs. 1).

5. Gemäß §§ 29, 48 Abs. 1 S. 2 BGB.

Unterschriftszeichnung

§ 35. Die Mitglieder des Vorstandes und die Liquidatoren einer juristischen Person haben ihre Unterschrift zur Aufbewahrung bei dem Gerichte zu zeichnen[1].

1. Vgl. § 29 Halbs. 2. — „Unterschrift" ist aber nicht Firmenzeichnung, sondern Namensunterschrift des Zeichnenden.

Betriebe von Reich, Ländern und Kommunalverbänden

§ 36[1a]. Ein Unternehmen des Reichs, eines Bundesstaats*) oder eines inländischen Kommunalverbandes[1] braucht nicht in das Handelsregister eingetragen zu werden[2]. Erfolgt die Anmeldung[3], so ist die Eintragung auf die Angabe der Firma sowie des Sitzes und des Gegenstandes des Unternehmens zu beschränken[4].

1a. Zu § 36 s. Art. 6 Nr. 9 der 4. EinfV. betr. Österreich (Anh. XIII).

1. Vgl. dazu 3. V. d. RPräs. z. Sicherung v. Wirtschaft u. Finanzen u. z. Bekämpfung polit. Ausschreitungen v. 6. 10. 31, 5. Teil, Kap. VIII (RGBl. I 537, 562) m. DurchfV. v. 30. 3. 33 (RGBl. I 180) über Prüfungspflicht d. Wirtschaftsbetriebe d. öffentl. Hand, sowie neuerdings EigenbetriebsV. v. 21. 11. 38 (RGBl. I 1650).

2. Für die in § 36 bezeichneten Unternehmen besteht kein Zwang, nur die Möglichkeit, sich in das HReg. eintragen zu lassen. — Ausnahmen (d. h. auch keine Eintragungsmöglichkeit): bei der Deutschen Reichsbank, der Deutschen Reichsbahn und der Deutschen Reichspost (vgl. bei §§ 452, 453). — Daran, daß die Kaufmannseigenschaft im Falle der §§ 2, 3 Abs. 2 erst mit der Eintragung entsteht, ändert § 36 nichts. Vgl. dazu RGZ. 115, 317. Börsentermingeschäftsfähigkeit hängt hier nicht von der Eintragung ab; § 53 Abs. 1 BörsG. Stets gilt aber § 22 (OLG. 42, 210; JFG. 1, 188), ebenso (bestr.) § 15 i. V. m. § 53 (D. 42).

3. Die Anmeldung muß von sämtlichen Mitgliedern des vertretungsberechtigten Organs unter Beidrückung des Amtssiegels vorgenommen werden (JFG. 1, 184; RJA. 11, 25; vgl. § 33 Abs. 1). Außerdem ist die Form des § 12 (öffentl. Beglaubigung) zu beachten; RJA. 11, 25.

4. Sitz der juristischen Person, wenn er von dem des Unternehmens verschieden ist, ist nicht anmeldepflichtig (abw. § 33 Abs. 2). — § 36 erklärt die über seine Erfordernisse hinausgehenden Eintragungen aber nicht für unzulässig; JW. 31, 1715. — Löschung ist möglich — stets nach allgemeinen Vorschriften, aber auch zumindest bei einem Grundhandelsgewerbe des § 1 Abs. 2 jederzeit auf Antrag des Berechtigten trotz Weiterbestehen des Handelsgewerbes; RGZ. 152, 307 (gegen RJA. 1, 52 u. KGJ. 28 A 213), darüber hinaus wohl sogar allgemein (zweifelnd insoweit RG. a. a. O.).

---

*) deutschen Landes.

Gebrauch einer unzulässigen Firma

§ 37. Wer eine nach den Vorschriften dieses Abschnitts[1] ihm nicht zustehende Firma gebraucht[2], ist von dem Registergerichte zur Unterlassung des Gebrauchs der Firma durch Ordnungsstrafen anzuhalten[3]. Die Höhe der Strafen bestimmt sich nach § 14 Satz 2.

Wer in seinen Rechten[4] dadurch verletzt wird[5], daß ein anderer eine Firma unbefugt[6] gebraucht, kann von diesem die Unterlassung des Gebrauchs der Firma verlangen[7]. Ein nach sonstigen Vorschriften begründeter Anspruch auf Schadensersatz bleibt unberührt[8].

1. § 37 richtet sich nur gegen firmenrechtlich unzulässigen Gebrauch, LZ. 08, 81; s. auch unten Anm. 6. — In Betracht kommt Verstoß gegen §§ 17—24, 30. Vgl. insbes. §§ 18 Abs. 2, 30 mit Anm. dazu, ferner RGZ. 152, 365.

2. Nur Firmengebrauch wird von § 37 betroffen, nicht Verwendung anderer Geschäftsbezeichnungen („Etablissementsnamen" JW. 26, 2095), insbes. nicht Zusätze außerhalb der Firma; vgl. RGZ. 88, 421; KGJ. 49 A 104, hingegen auch SeuffA. 80, 187; aber wohl die der Firma unter Weglassung lediglich von Zusätzen; vgl. OLG. 42, 211; R. 24, 1319, aber auch JW. 28, 1214; JFG. 14, 483 (über schlagwortartigen Gebrauch, sog. „kleine" Firma). — Unter Firmengebrauch i. S. der Vorschrift ist jede in den Rahmen des Geschäftsbetriebs fallende Handlung zu verstehen, bei der eine derartige Bezeichnung erkennbar für das Unternehmen (sei es auch in der Liquidation — vgl. JW. 15, 361) beansprucht wird; vgl. RGZ. 5, 112; 36, 14; 55, 123; HRR. 29, 121. Einzelfälle: Unterzeichnung im rechtsgeschäftlichen Verkehr (JW. 26, 2980; 34, 3072); Verwendung im Aufdruck von Geschäftspapieren (RGZ. 19, 22; 68, 297), als Telegrammadresse (HRR. 33, 1130), in Geschäftsanzeigen (OLG. 1, 451; vgl. aber auch JW. 30, 3777), an oder über dem Geschäftslokal (ROHG. 14, 184), wenn damit nicht lediglich der gewerbepolizeilichen Verpflichtung nach § 15a GO. genügt wird (KGJ. 49 A 101); Anmeldung zum HReg. oder auch schon zur Veröffentlichung im Fernsprechbuch, wenn Eintragung bzw. Veröffentlichung erfolgt (RGZ. 22, 59; 80, 437; JW. 26, 2980). Kein Firmengebrauch dagegen: Bezeichnung eigener Waren mit fremder Firma (ROHG. 4, 254; 6, 249; RGZ. 3, 165; 36, 14; 55, 241; JW. 01, 309; LZ. 08, 594; aber auch JFG. 16, 361; KGJ. 33 A 130; RJA. 7, 199); ebensowenig Bezeichnung von Waren, die von dem Firmeninhaber herrühren, auch wenn dieser selbst sie anders bezeichnet (JW. 32, 1846); auch nicht Angabe des Namens des Verlegers in von ihm verlegten Büchern usw. (JW. 32, 1898).

Niemals liegt Firmengebrauch vor, wenn Minder- oder Nichtkaufleute lediglich ihren bürgerlichen Namen verwenden.

3. Ordnungsstrafverfahren mit dem Ziele der Gebrauchsunterbindung (vgl. OLG. 6, 338, 340; RJA. 10, 37; KGJ. 48, 124), u. zw. hinsichtlich der ganzen Firma (HRR. 32, 252) ist die Folge des Gebrauchs der unzulässigen Firma. Es ist geregelt durch §§ 140, 132—139 FGG. Anregung, nicht Antrag von seiten Dritter möglich (vgl. HRR. 29, 22). Über Beschwerde vgl. Anm. 3 a. E. zu § 8. Es richtet sich gegen jeden Mißbraucher, d. h. gegen die den Verstoß begehenden natürlichen Personen; z. B. also bei mehreren o. HG.-Gesellschaftern nur gegen diejenigen, welche verstoßen haben. KGJ. 49 A 109.

Zuständig ist das Gericht, in dessen Bezirk der unzulässige Firmengebrauch erfolgt und wo im Falle des § 30 die die Unzulässigkeit begründende andere Firma besteht (insoweit also gegebenenfalls das Gericht der Zweigniederlassung!; vgl. dazu Anm. 6 zu § 13a). — Das Registergericht schreitet ein, ohne Rücksicht, ob der Mißbraucher Vollkaufmann oder überhaupt Kaufmann ist; vgl. HRR. 29, 22. Das Einschreiten wird aber vom öffentlichen Interesse bestimmt; daher einerseits gleichgültig, ob der Inhaber einer Firma, auf deren Bestehen sich das Einschreiten gründet, dem unbefugten Gebrauch zustimmt (RGZ. 29, 71, 72), anderseits zu prüfen, ob eine solche Firma ihrerseits nicht etwa gesetz- oder sittenwidrig sei (vgl. R. 24, 1319; HansRGZ. 26, 237) oder das Einschreiten gem. § 140 FGG. nicht sehr erhebliche wirtschaftliche Werte gefährden würde (HRR. 35, 241). — Die Höhe der Ordnungsstrafen bestimmt sich heute nach der V. über Vermögensstrafen u. -bußen v. 6. 2. 24 (RGBl. I 44) Art. 2 und beträgt 1—1000 *RM*. Vgl. Anm. 5 zu § 14.

Wird die mangelnde Befugnis zur Firmenführung schon bei Anmeldung erkannt, so hat der Registerrichter — unbeschadet etwaiger Ordnungsstrafen gegen sonstigen Gebrauch der Firma — die Eintragung abzulehnen.

Die Fälle des § 37 können neben oder statt der in Abs. 1 bestimmten Folge u. U. eine Löschung der unzulässigen Firma von Amts wegen nach sich ziehen (§§ 142ff. FGG.). Zwischen beiden Verfahren besteht kein Zusammenhang (RJA. 17, 97). Voraussetzung des Löschungsverfahrens ist Unzulässigkeit einer Eintragung „wegen Mangels einer wesentlichen Voraussetzung" (§ 142 FGG.); vgl. dazu auch HRR. 35, 240. Die Rechtsprechung beschränkt dies auf die Fälle der sachlichen Unrichtigkeit und des Fehlens materieller Voraussetzungen; nur bei rechtsbegründenden Eintragungen (vgl. Anm. 3 Abs. 3 zu § 8) fällt auch die prozessuale Voraussetzung eines Eintragungsantrags darunter. Vgl. des näheren RJA. 5, 178; 11, 114; 12, 61; 13, 45, 47; 16, 100, 101, 105; KGJ. 28 A 39; 31 A 150; 33 A 141; 37 A 199; 48 A 115; ferner RJA. 17, 110 (Umdeutung einer Beschwerde in Antrag auf Verfahren gem. §§ 142ff.), RJA. 10, 14; 13, 47 (öffentl. Interesse als Verfahrensvoraussetzung). S. auch Anm. zu § 8 u. Anm. 4 zu § 31. Wegen einer AktG. (Löschung bei Nichtigkeit) vgl. §§ 216ff. AktGes. u. §§ 143f. FGG.

4. Durch Firmengebrauch verletzte Rechte Dritter werden nach Abs. 2 geschützt, und zwar durch Gewährung einer besonderen Unterlassungsklage gegen den Verletzer. Nicht nur Namens- und Firmenrechte (vgl. dazu — über Schutz allgemeiner Bestandteile bei Verkehrsgeltung — JW. 26, 1434), sondern auch alle anderen Rechte fallen hierunter; praktisch kommt vor allem das Warenzeichenrecht in Betracht, nach JW. 28, 1214 freilich nur, wenn der Firmenmißbrauch sich auch (vgl. dazu oben Anm. 2 Abs. 2 a. E.) auf Warenbezeichnung erstreckt. Vgl im einzelnen RGZ. 3, 165; 7, 280; 25, 1; 29, 125; 37, 59; 56, 190; 66, 323; JW. 25, 2014; 26, 1155; HRR. 33, 1130. Streitig ist, inwieweit das Recht am gewerblichen Unternehmen (vgl. dazu Anm. 8 zu § 1 u. RGZ. 158, 377) hiernach schutzfähig ist. Auszuscheiden hat das bloße Konkurrenzinteresse als Klagegrundlage; vgl. JW. 13, 435; 32, 730, hingegen auch RGZ. 44, 19; 58, 138; 75, 373; JW. 10, 122, wonach ein Recht auf Unterlassung unlauteren Wettbewerbs anerkannt wird. — Die Geltendmachung eines Namensrechtes ist nicht auf denjenigen beschränkt, dem es persönlich zusteht (a. M. RGZ. 59, 284, vgl. dazu auch KGJ. 53 A 93); Namensgebrauch in anderer Firma kann auch verboten werden, wenn nur eine Firma, die den Namen schon vorher enthielt, verletzt wird (RGZ. 117, 219).

5. Die Klage aus § 37 Abs. 2 ist keine Popularklage (JW. 32, 875);

sie steht nur dem Verletzten zu, und die Befugnis zu ihrer Erhebung ist für sich allein nicht übertragbar (JW. 26, 2106). Klageberechtigt ist anderseits jeder Verletzte, auch ein Nichtkaufmann (ROHG. 6, 249); bei Mißbrauch des in einer o. HG.-Firma enthaltenen Gesellschafternamens sowohl der Gesellschafter als auch die o. HG. (dazu oben Anm. 4 a. E.), außer wenn die Firmen nicht verwechslungsfähig sind, RGZ. 88, 422. Über Anspruchsverjährung bei Verletzung der o. HG.-Firma: SeuffA. 76, 209. — Das Klagerecht ist abdingbar (durch Zustimmung zum Gebrauch der unzulässigen Firma, RGZ. 29, 71; 42, 150; MuW. 34, 20; i. Zw. dann zeitlich und gegenständlich unbeschränkt, RGZ. 102, 17 u. LZ. 31, 444; vgl. aber dazu oben Anm. 3 Abs. 1 bzgl. des Ordnungsstrafverfahrens!) und verwirkbar (LZ. 33, 922; dazu früher RGZ. 7, 283; 25, 3, 6; JW. 02, 27). Es kann auch Gemeinfreiheit und Entwicklung einer Bezeichnung zum Gattungsbegriff eingewandt werden (JW. 32, 1847). — Über das Klagerecht von Ausländern vgl. RGZ. 82, 167; 109, 213.

6. Unbefugter Firmengebrauch ist hier dasselbe wie nach Abs. 1 (nicht unstr.); RGZ. 56, 189; JW. 10, 122; 34, 975; auch SeuffA. 58, 12 (dazu RGZ. 58, 21; 66, 323) u. JW. 26, 1155. Vgl. oben Anm. 1 u. 2! — Die Auffassung des RegR. bindet aber den Prozeßrichter nicht; GRUR. 36, 502. — Guter Glaube schützt den Beklagten nicht; RGZ. 25, 5; 82, 166.

Weitergehend (örtlich unbeschränkt, ohne Rücksicht auf Priorität der Eintragung — § 30 Abs. 1 — wörtliche Übereinstimmung [schlagwortartige Bezeichnung! vgl. JW. 28, 214, auch JFG. 13, 62] und firmenrechtliche Zulässigkeit [JW. 35, 3157]) und daher praktisch von größerer Bedeutung sind die Klagen aus §§ 1, 16 UWG., §§ 823 Abs. 1, 826 BGB.; vgl. auch § 12 BGB. (dazu oben Anm. 4 a. E.) und die in Analogie zu §§ 12, 862, 1004 BGB. hergeleitete allgemeine Unterlassungsklage (vgl. RGZ. 60, 6). Dazu eine umfangreiche Rechtsprechung. Die Klagen aus §§ 1, 16 UWG. beschränken umgekehrt (kraft Einwendung) den Anspruch aus § 37 Abs. 2; dieser findet also seine Grenze an den Wettbewerbsgrundsätzen; JW. 34, 975.

7. Die Klage richtet sich gegen den Verletzer; wenn jemand seinen Namen als Firma hat eintragen lassen, um einem anderen deren Benutzung zu ermöglichen, gegen diese beiden; RGZ. 3, 120; 22, 59.

Die Klage geht auf Unterlassung, unter Umständen (dies jedoch nie im Wege der einstw. Verf.; LZ. 08, 595!) auf Löschung (RGZ. 22, 60; 37, 59), nicht aber auf Änderung der Firma (HRR. 32, 252). Andererseits erledigt sie sich nicht notwendig durch Löschung der angegriffenen Firma; GRUR. 36, 659. Über Zwangsvollstreckung vgl. §§ 890, 894, 896 ZPO., dazu Anm. 1 zu § 12. — Über Revisionsfähigkeit vgl. JW. 01, 652 (§ 546 ZPO. anwendbar; vermögensrechtlicher Anspruch).

8. Schadensersatz auf Grund mannigfacher Bestimmungen, die aber stets Verschulden erfordern; vgl. §§ 823 ff. BGB., §§ 1, 16, 26 UWG., § 24 WZG. v. 5. 5. 36 (RGBl. II 134) [früher § 14 WZG. v. 12. 5. 94/7. 12. 23].

Vierter Abschnitt
Handelsbücher

Pflicht zu ordnungsmäßiger Buchführung

§ 38. Jeder Kaufmann[1] ist verpflichtet[2], Bücher[3] zu führen und in diesen seine Handelsgeschäfte und die Lage seines Vermögens[4] nach den Grundsätzen ordnungsmäßiger Buchführung ersichtlich zu machen[5].

Er ist verpflichtet, eine Abschrift (Kopie oder Abdruck) der abgesendeten Handelsbriefe zurückzubehalten[6] und diese Abschriften sowie die empfangenen Handelsbriefe geordnet aufzubewahren[7].

1. Ausnahme: Minderkaufleute (§ 4). — Für Handelsgesellschaften gilt folgendes: bei Personalgesellschaften trifft die Pflicht alle persönlich haftenden Gesellschafter (arg. § 41 Abs. 1 Satz 2), vgl. JW. 89, 187, auch 34, 1854; RGSt. 45, 387 (betr. o. HG.), bei Aktiengesellschaften sämtliche Vorstandsmitglieder (§ 82 AktGes.: unabdingbar! vgl. RGSt. 13, 236 [zu § 239 HGB. a. F.]). Der Umfang der Buchführungspflicht erstreckt sich nur auf den Betrieb, durch den die Eigenschaft als Vollkaufmann begründet wird, und auf deren Dauer; vgl. Anm. 6 zu § 1, ferner RGSt. 29, 348; 31, 348. Entsprechend begründet jeder von mehreren Betrieben gesonderte Buchführungspflicht; die Buchführung einer Zweigniederlassung ist ebenfalls getrennt, nur bei Bilanzierung ist das gesamte Unternehmen zu erfassen. — Ist ein hiernach an sich Buchführungspflichtiger geschäftsunfähig oder beschränkt geschäftsfähig, so trifft die Verpflichtung den gesetzlichen Vertreter (bei mehreren Vormündern jeden von ihnen; vgl. aber § 1797 Abs. 2 BGB.); beim Konkurs ist der Verwalter verpflichtet, entsprechend bei der Nachlaßverwaltung, ebenso ein Testamentsvollstrecker; vgl. dazu auch RGSt. 45, 387. Über Liquidatoren vgl. §§ 149, 150, auch AktGes. § 209 Abs. 3. — Auch kaufmännische Unternehmen öffentlicher Körperschaften sind buchführungspflichtig, vgl. § 42.

2. Es handelt sich um eine öffentlich-rechtliche Pflicht, die durch Strafnormen (vgl. unten!) gesichert ist. — Verschieden von ihr ist zunächst eine auf Gesellschafts-, Beteiligungs- und Verwaltungsverhältnissen beruhende privatrechtliche Buchführungspflicht; ferner die gewerberechtliche Verpflichtung zur Führung bestimmter Bücher, welche § 38 GewO. für einige Gewerbetreibende aufstellt, und die steuerrechtliche Buchführungspflicht. Von § 38 GewO. werden z. B. auch Pfandleiher (RJA. 11, 217) und Immobilienmakler (KGJ. 32 C 7) erfaßt; vgl. auch KGJ. 32 C 59 (Waffenbuch). Wegen der steuerrechtlichen Pflicht vgl. insbesondere §§ 160ff. RAO.; ihr unterliegt auch der Minderkaufmann.

Die handelsrechtliche Buchführungspflicht des § 38 zeitigt bei Verletzung im Konkursfalle Straffolgen; vgl. §§ 239, 240, 244 KO., § 83 GmbHG., nach h. M. aber nicht (?) bei gesetzlichen Vertretern oder Testamentsvollstreckern, bei Gesellschaftern nur für die Geschäftsführenden, ferner sowohl bei Gesellschaften als auch bei Organen juristischer Personen nicht für schon Ausgeschiedene; vgl. RGSt. 41, 429; im übrigen aber bei mehreren Verpflichteten gleichmäßig; RGSt. 45, 387. Beim Konkursverwalter (als solchem) kann der strafrechtliche Tatbestand nicht vorkommen. — Irrtum über die Verpflichtung, Mangel der erforderlichen Fähigkeiten oder Übertragung auf Hilfspersonen, ohne daß (bestr.) bei deren Auswahl und Überwachung alle Sorgfalt aufgewendet wäre (vgl. RGSt. 4, 421; 5, 409; 8, 149; 13, 359; 29, 308; 50, 422; JW. 17, 859), schützen nicht vor Strafe. (Verstoß eines mit der Buchführung betrauten Angestellten gegen die einschlägigen Vorschriften rechtfertigt fristlose Kündigung; JW. 28, 2908.)

Schutzgesetz i. S. des § 823 Abs. 2 BGB. ist § 38 nicht; RGZ. 73, 35.

3. Sog. Handelsbücher. Dazu gehört nicht das Tagebuch des HMäklers, das dieser auch führen muß, wenn er Minderkaufmann ist (vgl. § 100), ebenso

nicht Kontroll-, Bestell- und Abrechnungsbücher (z. B. Lohnlisten) u. ä., die nur der internen Betriebsüberwachung dienen; anders ein Briefausgangsbuch (R. 33, 481). Über ihre Bedeutung vgl. auch ROHG. 1, 161; 2, 273; 14, 260; 15, 170. Kein HBuch ist auch das Aktienbuch (vgl. §§ 61 f. AktGes.), wohl aber das Verwahrungsbuch des DepGes. v. 4. 2. 37 (RGBl. I 171), das frühere sog. Depotnummernbuch (§ 14 DepGes.). — Über den Begriff der Geschäftsbücher i. S. der RAO. vgl. JW. 30, 338; s. ferner V. über die Führung eines Wareneingangsbuchs v. 20. 6. 35 (RGBl. I 752). — Vgl. schließlich § 43 Abs. 1 („sonst erforderliche Aufzeichnungen").

Unpfändbarkeit der HBücher; § 811 Nr. 11 ZPO. — Sie sind aber Bestandteile des Vermögens i. S. des § 23 ZPO. (RGZ. 51, 164) und des § 1 KO. (vgl. dazu freilich § 117 Abs. 2 KO.). — Im Zweifel gehen sie bei Veräußerung des Geschäfts mit Aktiven und Passiven auf den Erwerber über; ROHG. 19, 419.

4. Die Lage des gesamten Vermögens muß aus den Büchern ersichtlich sein, d. h. also beim Einzelkaufmann auch (str.) die des Privatvermögens; LZ. 14, 1898. Vgl. auch §§ 39—41.

5. Die Grundsätze ordnungsmäßiger Buchführung (über sie auch HRR. 31, 2094) können nach Gegenstand, Art und Umfang des Unternehmens verschieden sein (D. 44). Das System ist — außer bei AG. und KG. a. Akt. („doppelte" Buchführung nötig; vgl. §§ 131 f. AktGes.) — gleichgültig (RGSt. 25, 36), wenn nur für jeden Sachkundigen aus den Büchern selbst die Vermögenslage und deren jeweilige Veränderungen durch die einzelnen Geschäfte ohne erhebliche Schwierigkeiten ersichtlich sind; vgl. RGSt. 4, 121; 47, 312, dazu aber auch neuerdings die Richtlinien zur Organisation der Buchführung v. 11. 11. 37 (RWirtschMinBl. 239). Wegen der äußeren Form und Einrichtung: § 43. — Nötig ist vor allem zeitlich fortlaufende Buchung in unmittelbarem Anschluß an die Geschäftsvorgänge; RGSt. 39, 217, ebenso Vollständigkeit und Richtigkeit.

Die HBücher sind Privaturkunden, u. zw. regelmäßig gemeinschaftliche Urkunden i. S. des § 810 BGB. (vgl. dazu Anm. 4 zu § 45 u. RGSt. 69, 396), immer beweiserheblich i. S. des § 267 StGB., und zwar als sog. Gesamturkunden, daneben auch die einzelnen Eintragungen für sich genommen; vgl. RGSt. 50, 421; 51, 38; 52, 89; 69, 396. Nachträgliche Änderung von Buchungen ist nur zulässig, soweit nicht mit Rücksicht auf einen privatrechtlichen Anspruch (auch § 810 BGB.!) oder ein behördliches Kontrollrecht eine gegenteilige Pflicht besteht; RGSt. 50, 420; 51, 340; 52, 88; 69, 396; JW. 36, 1538, andernfalls u. U. schwere Urkundenfälschung, RGSt. 69, 396 (sehr weitgehend!). — Die Beweiskraft der HBücher im Zivilprozeß unterliegt der allgemeinen freien richterlichen Würdigung (§ 286 ZPO.), wobei der Gesamteindruck der Buchführung wesentlich ist; einzelne Unregelmäßigkeiten heben die Beweiskraft im ganzen noch nicht auf. Vgl. RGZ. 6, 345; 72, 292; ROHG. 18, 233. Regelmäßig ist die Nichteintragung eines Geschäfts in sonst vollständige HBücher (mindestens prima-facie-)Beweis für seinen Nichtabschluß; ROHG. 7, 98; 18, 98. — Vgl. noch LZ. 11, 840.

Die Grundsätze über eine übersichtliche, insbesondere auch wahrheitsgemäße Buchführung gelten nicht nur für die HBücher, sondern auch für Inventar und Bilanz (vgl. § 39). Bei Bewertungen läßt man hier Unterbewertung von Aktiven zu (vielfach üblich bei Anlagevermögen), im übrigen aber verbietet sich jede willkürliche oder gar wissentlich falsche Bewertung (RGSt. 39, 222).

6. Unter die Handelsbriefe i. S. der Vorschrift sind auch Telegramme zu rechnen, nicht aber Kassenbelege (vgl. dazu oben Anm. 3). — Heute sind

Durchschläge üblich geworden; es genügt aber eine (auf den wesentlichen Inhalt beschränkbare) Abschrift. Ein Kopierbuch ist nicht mehr vorgeschrieben.

7. Wegen der Dauer der Aufbewahrung vgl. § 44. — Die Ordnung muß nach chronologischen und systematischen Gesichtspunkten erfolgen. Mängel sind Verschulden i. S. des § 582 ZPO.; JW. 98, 608.

Inventarisierungs- und Bilanzierungspflicht

§ 39. Jeder Kaufmann[1] hat bei dem Beginne[2] seines Handelsgewerbes seine Grundstücke, seine Forderungen und Schulden, den Betrag seines baren Geldes und seine sonstigen Vermögensgegenstände[3] genau zu verzeichnen[4], dabei den Wert der einzelnen Vermögensgegenstände anzugeben[5] und einen das Verhältnis des Vermögens und der Schulden darstellenden Abschluß[6] zu machen[7].

Er hat demnächst für den Schluß eines jeden Geschäftsjahrs[8] ein solches Inventar und eine solche Bilanz[9] aufzustellen[10]; die Dauer des Geschäftsjahrs darf zwölf Monate nicht überschreiten[11]. Die Aufstellung des Inventars und der Bilanz ist innerhalb der einem ordnungsmäßigen Geschäftsgang entsprechenden Zeit zu bewirken[12].

Hat der Kaufmann ein Warenlager, bei dem nach der Beschaffenheit des Geschäfts die Aufnahme des Inventars nicht füglich in jedem Jahre geschehen kann, so genügt es, wenn sie alle zwei Jahre erfolgt[13]. Die Verpflichtung zur jährlichen Aufstellung der Bilanz wird hierdurch nicht berührt[14].

1. Vgl. Anm. 1 zu § 38. — Auch eingetragene Genossenschaften, RGSt. 40, 242.

2. D. h. innerhalb angemessener Frist (vgl. RGSt. 27, 228; 28, 430; R. 29, 1241) nach Beginn des Gewerbebetriebs oder — in den Fällen der §§ 2, 3 Abs. 2 sowie bei Formkaufleuten (vgl. R. 29, 1241). — Eintragung ins Handelsregister. — Beginn eines (neuen) Handelsgewerbes i. S. der Vorschrift liegt auch vor bei Gründung einer o. HG. durch Eintritt eines Teilhabers in das Geschäft eines Einzelkaufmanns (R. 30, 1835); bei Übernahme des Geschäfts einer o. HG. oder KG. durch einen Gesellschafter (RGSt. 16, 55; 26, 224); bei Aufnahme eines Geschäfts durch einen Gemeinschuldner nach Konkursbeendigung (RGSt. 25, 76); bei Übergang vom Handwerk oder Kleingewerbe (vgl. § 4) zum Gewerbe eines Vollkaufmanns (DJZ. 06, 656; vgl. auch JW. 08, 603); Fortsetzung eines ohne Zustimmung des gesetzlichen Vertreters oder des Vormundschaftsgerichts betriebenen Handelsgewerbes eines Minderjährigen (vgl. Anm. 4 zu § 1) nach Eintritt der Volljährigkeit (RGSt. 45, 4); Fortführung eines durch Erbgang erworbenen Geschäfts (RGSt. 28, 428).

3. Das gesamte Vermögen (vgl. Anm. 4 zu § 38), aber nicht das Dritter, z. B. des Ehegatten eines Kaufmanns (RGZ. 112, 23), wohl aber das eigene Vorbehaltsgut neben eingebrachtem Gut (vor allem praktisch, wenn die Ehe-

frau Kaufmannseigenschaft hat), Gesamtgut nur (str.), wenn der **Ehemann** der Kaufmann ist; vgl. § 2 Abs. 2 KO. — Vgl. dazu RGSt. 43, 416.

4. Inventarisierung (meist „Inventur" genannt) gehört wie die Bilanzierung (unten Anm. 6) zur kaufmännischen Buchführung im weiteren Sinne; vgl. DJZ. 21, 835. Unterlassung macht selbständig strafbar; RGSt. 39, 165; vgl. auch Anm. 5 a. E. zu § 38; ferner §§ 40 Abs. 2 u. 3, 41. Strafbarkeit im Falle des Konkurses oder der Zahlungseinstellung; vgl. Anm. 2 Abs. 3 zu § 38. Mängel (nicht auch Unterlassung) früherer Bilanzen schaden nicht, wenn die spätere Vermögensübersicht durch sie nicht mehr gehindert wird; JW. 17, 859.

5. Vgl. § 40 Abs. 2 u. 3 sowie Anm. 6 zu § 40.

6. Sog. Bilanz; vgl. §§ 40, 41. — Abs. 1 schreibt die „**Eröffnungsbilanz**", Abs. 2 die sog. Jahresbilanzen vor. — Im Gegensatz zu diesen „Handelsbilanzen" steht die sog. Steuerbilanz. Vgl. RGSt. 61, 275. Wieder in anderem Sinne wird von einer „Liquidationsbilanz" gesprochen. Über die — in der Art der Bewertung liegenden — Unterschiede vgl. Anm. 6 zu § 40.

7. Nicht durch Eintragung des Einlagekapitals in die HBücher ersetzbar; RGSt. 22, 439.

8. Der **Schluß des Geschäftsjahres** ist für die späteren Inventare und Bilanzen (Jahresbilanzen) der Stichtag, der ihren Inhalt bedingt. Das erste Geschäftsjahr endet in dem Zeitpunkt, welchen der Kaufmann seiner ersten „Jahresbilanz" zugrundelegt, spätestens aber mit Ablauf der in Abs. 2 Satz 1 Halbs. 2 bestimmten 12-Monatsfrist (OLG. 4, 463 u. JW. 29, 1413 — RFH.).

9. **Jahresabschluß** (Jahresbilanz); vgl. oben Anm. 6 u. Ges. über die Prüfung von Jahresabschlüssen v. 3. 6. 37 (RGBl. I 607). — Das Ges. v. 5. 2. 21 (RGBl. 159) über die (nach dem früheren Betriebsrätegesetz vorzulegenden) Betriebsbilanzen ist (gleichzeitig mit dem BRG.) durch § 65 d. Ges. z. Ordnung d. nationalen Arbeit v. 20. 1. 34 (RGBl. I 45) aufgehoben worden. — Die VV. über Goldbilanzen wirken sich praktisch nicht mehr aus. Sie haben die Rückführung aus der Inflationszeit zur *RM*-Währung eingeleitet. Über das Verhältnis der Jahresbilanz für 1923 zur Goldmarkeröffnungsbilanz (sie ersetzte die erstere nicht!) vgl. HRR. 28, 2167; Papiermarkbilanzen waren keine ausreichende Grundlage für die Berechnung eines Gesellschaftergewinnanteils; SeuffA. 85, 312. Über Bilanzen der AktG. vgl. §§ 125, 129 ff. AktGes., der GmbH. §§ 41 f. GmbHGes.

10. Es genügt zur Erfüllung der Pflicht aus § 40, wenn eine richtige Bilanz nur versteckt aufbewahrt (und zu Steuerzwecken eine andere eingetragen) wird; RGSt. 61, 275. Die Steuerbehörden können aber von sich aus die Aufstellung von handelsrechtlichen Bilanzen zwecks EinkSt.-Festsetzung erzwingen (JW. 27, 3028 — RFH.).

11. Abkürzung möglich; vgl. oben Anm. 8 a. E. Der sich aus der Satzung einer AktG. ergebende Endzeitpunkt eines Geschäftsjahres kann nicht rückwirkend hinausgeschoben werden; JFG. 2, 231. Änderung des Geschäftsjahres ist nur bei dessen Festlegung im Gesellschaftsvertrage Satzungsänderung; R. 25, 2442.

12. Die **Frist** muß angemessen sein; vgl. oben Anm. 2 u. RGSt. 34, 37. Bei der AktG.: § 124 Abs. 1 AktGes.

13. Die Befreiung von der Pflicht zur jährlichen Inventarisierung betrifft nur das **Warenlager**, nicht auch das übrige Geschäftsvermögen.

14. Ist eine Bilanzaufstellung ohne jährliche Inventaraufnahme nicht möglich, so muß in **jedem** Falle auch jährlich voll inventarisiert werden, und zwar als notwendiger Bestandteil der Buchführungspflicht; vgl. DJZ. 11, 219; 21, 835.

Bewertung

§ 40. Die Bilanz ist in Reichswährung[1] aufzustellen[2].

Bei der Aufstellung des Inventars und der Bilanz[3] sind sämtliche Vermögensgegenstände[4] und Schulden[5] nach dem Werte anzusetzen[6], der ihnen in dem Zeitpunkte beizulegen ist, für welchen die Aufstellung stattfindet[7].

Zweifelhafte Forderungen sind nach ihrem wahrscheinlichen Werte anzusetzen, uneinbringliche Forderungen abzuschreiben[8].

1. Vgl. Anm. 3 zu § 361. — Devisen sind nach dem Werte des Stichtages einzusetzen; RFH. 20, 17.

2. Auch von inländischen Zweigniederlassungen ausländischer Firmen (str.); vgl. JW. 27, 2325 (= RFH. 21, 62).

3. Für die AktG. Besonderheiten gemäß § 133 AktGes.; vgl. Anm. 9 a. E. zu § 39.

4. Eigenes Vermögen (im Rechtssinne) ist Gegenstand der Erfassung; vgl. RGSt. 45, 416. — Vermögensgegenstände sind auch Firma und der sog. Goodwill. Über Bewertungsgrundsätze vgl. unten Anm. 6.

5. Aufnahme von Schulden in die Bilanz ist kein Anerkenntnis; LZ. 13, 289; vgl. auch RGZ. 117, 332. Über Bewertung der Schulden unten Anm. 6.

6. Bewertung. Einzusetzen ist grundsätzlich der objektive (sog. gemeine, auf Fortführung des Unternehmens berechnete, nicht subjektive) Wert; RGZ., 19, 118; 43, 126; 98, 150; LZ. 08, 544; JW. 10, 329, u. zw. der einzelnen Aktiven und Passiven (Gruch. 44, 158). Aber: § 40 verbietet nur Überbewertung von Aktiven und Unterbewertung von Passiven; vgl. dazu RGZ. 72, 38; 83, 319; 120, 28. Das Umgekehrte ist häufig und, wo es nicht zwecks Schädigung Dritter geschieht, zulässig, außer bei der auf dem Grundsatz unbedingter Bilanzwahrheit beruhenden Steuerbilanz (vgl. § 66 ReichsbewertungsGes. v. 16. 10. 34 [RGBl. I 1035]). Unzulässige Bewertung und Nichtigkeit der Bilanz liegen aber erst bei Willkür, nicht auch schon dann vor, wenn eine an sich unzutreffende Schätzung auf der Auffassung des buchführenden Kaufmanns bei sachgemäßem Ermessen beruht; vgl. RGZ. 131, 192 (völlige Abschreibung bei anderen als Forderungswerten [vgl. Abs. 2]); JW. 31, 2948, auch 33, 1011; R. 26, 1958; 28, 2484; RFH. 28, 289. Strengere Vorschriften für die AktG.-Bilanz: § 133 AktGes. Über die vom Kaufmann zu beobachtende Sorgfalt: SeuffA. 86, 17; JW. 12, 305. Vgl. ferner (betr. Goldbilanzen) RGZ. 115, 378; 116, 119; 120, 363; R. 28, 310. — Im einzelnen gilt: Aktiven sind unter Berücksichtigung des Fortbestehens des Geschäfts zu bewerten, und zwar bei Anlagevermögen (vgl. z. B. R. 28, 310) regelmäßig (vgl. auch — für die AktG. bei allen Aktiva zwingend — § 133 Nr. 1—3 AktGes.) höchstens mit dem Betrage der Anschaffungskosten (JW. 38, 747), entsprechend bei Firma und Goodwill (vgl. oben Anm. 4) den dafür gemachten Aufwendungen (vgl. LZ. 15, 231, aber auch § 133 Nr. 5 AktGes.), bei Umlaufvermögen der Nettoverkaufswert (RGZ. 19, 119; JW. 10, 328; anders Gruch. 56, 877; wegen der AktG.: § 133 Nr. 3 AktGes.), der sich bei schon getätigtem Verkauf an gute Kunden mit dem Preise decken wird; RGZ. 80, 334. — Schulden müssen bzw. dürfen u. U. umgerechnet oder besonders bewertet werden, z. B. wenn sie betagt und unverzinslich oder wenn sie bedingt sind (vgl. JW. 37, 3161[17]) oder auf aus-

ländische Währung lauten (D. 45; vgl. Anm. 8). — Die sog. Liquidationsbilanz soll demgegenüber die alsbaldige Versilberung der Aktiven (und gewöhnlich auch kurzfristige Berichtigung der Passiven) bei der Bewertung berücksichtigen. — In der Handelsbilanz finden sich typischerweise (wenn auch allgemein nicht vorgeschrieben — vgl. jedoch für die AktG. § 130 AktGes.) Rückstellungen (Reserven), entweder „offene" („Rückstellung", „Wertberichtigungskonto", „Delkrederekonto" — wegen uneinbringlicher Außenstände; vgl. ROHG. 25, 326 — „Posten, die der Rechnungsabgrenzung dienen" usw.) oder „stille"; letztere erfolgen in Gestalt der Unterbewertung der Aktiven (Abschreibung) oder (seltener) durch Überbewertung von Passiven; vgl. oben a. A. d. Anm. — Es kann zivilrechtlich (z. B. gegenüber Gewinnbeteiligungsforderungen) geboten sein, eine Bilanz ohne Reserven aufzustellen; hier gilt Vertragsfreiheit; vgl. JW. 02, 590; LZ. 587; R. 15, 2725.

7. Über den maßgeblichen Stichtag vgl. Anm. 8 zu § 39.

8. Vgl. oben Anm. 6; gesetzlich vorgeschriebener Fall einer stillen Reserve, die aber auch „offen" erfolgen kann; vgl. ROHG. 25, 326; RGZ. 22, 162. „Zweifelhafte Forderungen" brauchen als solche noch nicht konkret festzustehen, vgl. RGZ. 22, 162.

Formvorschriften für Inventar und Bilanz

§ 41. Das Inventar und die Bilanz sind von dem Kaufmanne zu unterzeichnen[1]. Sind mehrere persönlich haftende Gesellschafter vorhanden, so haben sie alle zu unterzeichnen[2].

Das Inventar und die Bilanz können in ein dazu bestimmtes[3] Buch eingeschrieben oder jedesmal besonders aufgestellt werden. Im letzteren Falle sind sie zu sammeln und in zusammenhängender Reihenfolge geordnet aufzubewahren[4].

1. Höchstpersönliche Verpflichtung des Kaufmanns; R. 25, 2443 (worauf sich jedoch ein Bilanzbuchhalter im Innenverhältnis zum Prinzipal — § 254 BGB. — nicht berufen kann; SeuffA. 92, 163). — Zweck der Vorschrift ist die Klarstellung der Zugehörigkeit von Inventar und Bilanz, daher keine Strafe (aus § 240 Nr. 4 KO.), wenn der Kaufmann sie anderweit rechtzeitig als die seinigen anerkennt; RGSt. 7, 89; 8, 424; JW. 12, 1071; R. 25, 2443. Vgl. auch RGZ. 112, 25. — Bei zivilrechtlich begründeter Bilanzierungspflicht, z. B. unter Gesellschaftern, reicht im Zweifel stets auch eine nicht unterschriebene Bilanz aus; Gruch. 42, 1101.

2. Bei Weigerung können die anderen Gesellschafter auf Unterzeichnung klagen; die Weigerung ist begründet, wenn die Bilanz unrichtig ist. Unterzeichnung ist Bilanzgenehmigung (anfechtbare Willenserklärung); vgl. JW. 03, 28.

3. Sinngemäß: ausschließlich dazu bestimmtes Buch.

4. Vgl. § 44 Abs. 2.

Besonderheit bei Reich, Ländern und Gemeindeverbänden

§ 42. Unberührt bleibt bei einem Unternehmen[1] des Reichs, eines Bundesstaats*) oder eines inländischen Kommunalverbandes die Befugnis der Verwaltung, die Rechnungs-

---

*) deutschen Landes

abschlüsse[2] in einer von den Vorschriften der §§ 39 bis 41 abweichenden Weise[3] vorzunehmen.

1. § 42 gilt nicht für öffentliche Sparkassen mit Kaufmannseigenschaft; RFH. 17, 179.
2. Für die Buchführung im engeren Sinne (§ 38) gilt also keine Abweichung.
3. Gemeint ist die auf dem Etat beruhende sog. kameralistische Buchführung.

Förmlichkeiten

§ 43. Bei der Führung der Handelsbücher und bei den sonst erforderlichen Aufzeichnungen[1] hat sich der Kaufmann[2] einer lebenden Sprache[3] und der Schriftzeichen einer solchen[4] zu bedienen[5].

Die Bücher sollen gebunden und Blatt für Blatt oder Seite für Seite mit fortlaufenden Zahlen versehen sein[6].

An Stellen, die der Regel nach zu beschreiben sind, dürfen keine leeren Zwischenräume gelassen werden[7]. Der ursprüngliche Inhalt einer Eintragung darf nicht mittels Durchstreichens oder auf andere Weise unleserlich gemacht, es darf nichts radiert, auch dürfen solche Veränderungen nicht vorgenommen werden, deren Beschaffenheit es ungewiß läßt, ob sie bei der ursprünglichen Eintragung oder erst später gemacht worden sind[8].

1. Z. B. Inventar und Bilanz.
2. Auch Unternehmen nach § 36 fallen hierunter; vgl. § 42.
3. Also keiner antiken oder künstlich gebildeten, z. B. Esperanto.
4. Kurzschrift unzulässig (str.). — Im übrigen die Schriftzeichen gerade der benutzten Sprache.
5. Weitere Ordnungsvorschriften bestehen nicht; Aufzeichnung mit dauerhaftem Schreibstoff aber sinngemäß erforderlich, ausnahmsweise Bleistift zulässig; vgl. ROHG. 18, 232, auch RAO. § 162.
6. Sollvorschrift, daher sachgemäße Ausnahmen zulässig. Insbesondere sind die heute eingebürgerten Kartothekkarten und sonstigen Systeme einer Lose-Blatt-Führung als ausreichend anzusehen, wenn dabei Kontrolle und Verschluß gewährleistet sind (anders früher RGSt. 17, 301; 50, 131).
7. Wohl aber zwischen einzelnen Abteilungen; ROHG. 18, 233.
8. Hauptbedeutung: Beeinträchtigung der Beweiskraft; vgl. § 419 ZPO. u. U. auch Straffolgen nach § 240 Nr. 3 KO. (vgl. RGSt. 17, 302).

Aufbewahrungspflicht

§ 44. Die Kaufleute sind verpflichtet, ihre Handelsbücher bis zum Ablaufe von zehn Jahren, von dem Tage der darin vorgenommenen letzten Eintragung an gerechnet, aufzubewahren[1].

Dasselbe gilt in Ansehung der empfangenen Handelsbriefe und der Abschriften der abgesendeten Handelsbriefe sowie in Ansehung der Inventare und Bilanzen[2].

1. Vgl. § 38 Abs. 1 u. Anm. 3 zu § 38. Ohne Rücksicht auf zwischenzeitliche Beendigung des Handelsgewerbes. Vgl. § 157, § 214 Abs. 2 AktGes. — Die Aufbewahrungspflicht ist Teil der Pflicht zur ordnungsmäßigen Buchführung; sorgfältige Auswahl und Überwachung etwaiger Hilfspersonen geboten; vgl. DJZ. 34, 1003 (RFH.). Bei Verstoß: §§ 239, 240 KO. U. U. unabhängig davon § 274 StGB. — Über Steuerrecht: § 162 Abs. 8 RAO.

2. Vgl. §§ 38 Abs. 2, 39 sowie Anm. 6 zu § 38.

Vorlegung der Handelsbücher im Prozeß

§ 45. Im Laufe eines Rechtsstreits kann das Gericht auf Antrag oder von Amts wegen die Vorlegung der Handelsbücher[1] einer Partei[2] anordnen[3].

Die Vorschriften der Zivilprozeßordnung über die Verpflichtung des Prozeßgegners zur Vorlegung von Urkunden[4] bleiben unberührt.

1. Im Sinne des § 38 Abs. 1; vgl. Anm. 3 zu § 38, aber auch ROHG. 2, 129; SeuffA. 58, 180. Handelsbriefe oder „sonstige Aufzeichnungen" fallen nicht unter § 45.

2. Partei ist hier jede an einem Rechtsstreit beteiligte Person, nicht nur Kläger und Beklagter. Nötig ist ferner, daß sie Vollkaufmann (vgl. § 4) oder im HReg. eingetragen (§ 5) ist; vgl. JW. 03, 421.

3. Anordnung nach freiem richterlichen Ermessen, ohne Rücksicht auf zivilrechtliche oder prozessuale Vorlegungspflicht der Partei (vgl. Abs. 2), ohne Rücksicht auf die Beweislast, auch in Rechtsstreitigkeiten, die nicht Handelssachen sind (RGZ. 69, 20). Aber die Anordnung darf nur zur Aufklärung einer im einzelnen dargelegten streitigen und beweiserheblichen Parteibehauptung, nicht etwa Beweisermittlungsabsichten des Prozeßgegners dienen; vgl. auch § 46 u. JW. 97, 418; 02, 545; LZ. 16, 148; 26, 1258; Gruch. 40, 960, auch RGZ. 18, 24. — Die Wirkung der Anordnung bestimmt sich bei Nichtbefolgung analog § 427 ZPO., d. h. hier regelmäßig: freie Würdigung durch das Gericht; vgl. OLG. 16, 35, ferner RGZ. 69, 22.

4. §§ 422, 423 ZPO. Vorlegungspflicht einer Partei bei eigener Bezugnahme auf die Bücher oder kraft bürgerlich-rechtlicher Vorschriften. Letzteres insbesondere, wenn bestimmte Bucheinträge auch die andere Partei rechtlich angehen, nach § 810 BGB.; vgl. RGZ. 20, 45; 50, 337; 56, 112; 87, 14; 117, 332; JW. 03, 421; 06, 171; 27, 2416; Gruch. 49, 835, ferner Anm. 5 Abs. 2 zu § 38, ebda. (a. E.) auch über die Beweiskraft der HBücher.

Bucheinsicht und -auszüge im Prozeß

§ 46. Werden in einem Rechtsstreite Handelsbücher vorgelegt[1], so ist von ihrem Inhalte, soweit er den Streitpunkt betrifft[2], unter Zuziehung der Parteien[3] Einsicht zu nehmen[4] und

geeignetenfalls ein Auszug zu fertigen. Der übrige Inhalt der Bücher ist dem Gericht[5] insoweit offen zu legen, als es zur Prüfung ihrer ordnungsmäßigen Führung notwendig ist[6].

1. Gleichgültig ob nach § 45 Abs. 1 oder Abs. 2 oder freiwillig. — Die Vorschrift gilt auch bei Vorlage gegenüber einem Sachverständigen; JW. 27, 2416.

2. Vom Beweispflichtigen genau zu bezeichnen; RGZ. 1, 423; vgl. auch Anm. 3 zu § 45. 3. Anders im Falle des Satzes 2.

4. Über den Ort der Vorlegung vgl. §§ 355, 434 ZPO.

5. Nicht der Gegenpartei, wohl aber u. U. einem Sachverständigen; vgl. Anm. 6.

6. Grund: Würdigung der Beweiskraft; vgl. Anm. 5 Abs. 2 a. E. zu § 38.

Vorlegung des Gesamtinhalts der Handelsbücher

§ 47. Bei Vermögensauseinandersetzungen[1], insbesondere in Erbschafts-, Gütergemeinschafts- und Gesellschaftsteilungssachen, kann[2] das Gericht die Vorlegung der Handelsbücher zur Kenntnisnahme von ihrem ganzen Inhalt[3] anordnen.

1. Bei allen Vermögensauseinandersetzungen, auch in der freiwilligen Gerichtsbarkeit (str.).

2. Ermessen des Gerichts (RGZ. 20, 44), wenn kein weitergehender Parteianspruch (vgl. § 45 Abs. 2) besteht.

3. § 47 stellt eine Erweiterung der allgemeinen Vorschrift des § 46 dar.

Fünfter Abschnitt

Prokura und Handlungsvollmacht

Erteilung der Prokura

§ 48. Die Prokura[1] kann nur von dem Inhaber[2] des Handelsgeschäfts oder seinem gesetzlichen Vertreter[3] und nur mittels ausdrücklicher Erklärung[4] erteilt werden[5].

Die Erteilung kann an mehrere Personen gemeinschaftlich erfolgen (Gesamtprokura)[6].

1. Die Prokura ist eine durch ihren gesetzlich festgelegten Inhalt (vgl. §§ 49, 50) den kaufmännischen Bedürfnissen angepaßte besondere Art der Vollmacht i. S. der §§ 164 ff. BGB., verlangt also insbesondere Handeln in fremdem Namen; vgl. RGZ. 35, 41; 58, 273 (andernfalls keine Bindung des Prinzipals!). Soweit die §§ 48—53 nicht entgegenstehen, gelten §§ 164 ff. BGB. ergänzend. Es kommen in Betracht: § 164 Abs. 1 BGB. (Verpflichtung des Prinzipals, wenn sich auch nur aus den Umständen der Wille des Prokuristen, für ihn zu handeln, ergibt; vgl. ROHG. 1, 56); § 164 Abs. 2 BGB. (Haftung des Prokuristen, wenn der Wille, für den Prinzipal zu handeln, nicht erkennbar wird, JW. 25, 1891 u. 2635; dabei genügt aber, wenn der Geschäftsgegner wußte, daß der Prokurist überhaupt für einen Gewerbetreibenden tätig wird, RGZ. 30, 77; 67, 148); § 165 BGB. (Unmöglichkeit einer Prokuraerteilung an Geschäftsunfähige — vgl. auch unten Anm. 5; § 166 BGB. (Erheblichkeit der Kenntnis oder des Kennenmüssens nur des Prokuristen, nicht des Prinzipals —

außer bei dessen besonderer Weisung —, so daß bei rechtsgrundloser Zahlung an den Prokuristen von dessen Kenntnis die Haftung des Prinzipals beeinflußt wird, vgl. § 819 BGB. u. RGZ. 79, 285; §§ 167 Abs. 1, 170—172 BGB. (Erteilung der Prokura auch gegenüber Dritten; RGZ. 133, 233); § 167 Abs. 2 (Formlosigkeit der Prokuraerteilung, vgl. KGJ. 37 A 194 — aber Ausdrücklichkeit, vgl. unten Anm. 4); § 168 BGB. (Erlöschen gemäß dem der Prokura zugrundeliegenden Rechtsverhältnis (Auftrag, Dienstverhältnis, Geschäftsbesorgung usw.) mit den Ausnahmen des § 52. An sich gilt auch § 174 BGB.; vgl. aber (bei Eintragung) § 15 Abs. 2; §§ 177—180 BGB. (Fehlen der Prokura [vgl. dazu aber § 15] — analog auch ihr erkennbarer Mißbrauch, RGZ. 134, 71); § 181 BGB. (Selbstkontrahieren des Prokuristen, was auch darin liegt, daß er mit Gesamtvertretern, deren einer er selbst ist, abschließt — vgl. RGZ. 89, 373; nur zulässig bei Erfüllung einer Verpflichtung oder gesetzlicher oder rechtsgeschäftlicher Ermächtigung, die nicht ohne weiteres in einer Generalvollmacht gefunden werden kann) und dazu auch §§ 182, 184, 185 BGB. (Genehmigung — über deren Möglichkeit im Falle des § 181 BGB. vgl. RGZ. 56, 107; 67, 54; 68, 39; 89, 373, bei der Gesamtprokura unten Anm. 6). — Demgegenüber Ausnahmen vom bürgerlichen Recht: keine stillschweigende Erteilung möglich (vgl. unten Anm. 4), keine Beschränkung mit Wirkung gegen Dritte (vgl. Anm. 2 zu § 50), niemals Erlöschen bei Tod des Prinzipals (§ 52 Abs. 3; vgl. oben zu § 168 BGB.). — Soweit der Prokurist im Namen des Prinzipals rechtsgeschäftlich tätig wird, ist er sein Erfüllungsgehilfe (§ 278 BGB.), für den auch im Falle des Verschuldens beim Vertragsschlusse gehaftet wird; LZ. 28, 1063; HRR. 28, 1399.

2. Prokuraerteilung ist nur durch den Kaufmann selbst möglich, nicht durch einen Prokuristen (vgl. § 52 Abs. 2) oder sonstigen Bevollmächtigten (D. 49). Darüber, wer der Inhaber eines HGewerbes, der Kaufmann, ist: Anm. 3 zu § 1. Soweit dieser nicht selbst geschäftsfähig ist, muß die Erteilung von seinem gesetzlichen Vertreter ausgehen (vgl. unten Anm. 3). Bei HGesellschaften (die nicht juristische Personen sind!) ist der Prokurist notwendig Vertreter aller Gesellschafter, bei einer Erbengemeinschaft (vgl. Anm. 4 zu § 22) der jedes Mitgliedes (wobei hier der Vollmachtswiderruf schon eines Miterben die Prokura hinfällig macht! Das ist aber kein Grund, der Erbengemeinschaft die Möglichkeit einer Prokuraerteilung zu nehmen — anders anscheinend JW. 39, 565).

Nur der Vollkaufmann kann Prokura erteilen; vgl. § 4. Wird ein vollkaufmännischer Betrieb später Kleingewerbe, so erlischt (soweit nicht § 5 eingreift!) die Prokura, wird aber regelmäßig als HVollmacht aufrechtzuerhalten sein. Bei eingetragenen Genossenschaften ist Prokura unzulässig; § 42 GenGes., desgleichen bei allen Handelsgesellschaften, wenn sie in Liquidation sind; ROHG. 13, 224. (Bestehende Prokura verwandelt sich bei Eintritt der Liquidation in HVollmacht, gem. § 149 beschränkt; vgl. RGZ. 72, 122.) Vgl. § 210 Abs. 5 AktGes.

3. Bei Geschäftsunfähigkeit oder beschränkter Geschäftsfähigkeit des Geschäftsinhabers erteilt der gesetzliche Vertreter die Prokura. Nach §§ 1643, 1822 Nr. 11 BGB. ist dann auch stets vormundschaftsgerichtliche Genehmigung erforderlich (anders bei Prokuraerteilung für eine GmbH. oder andere juristische Person, deren Anteile ganz oder z. T. in der Hand Minderjähriger sind, RJA. 12, 237); fehlt sie, so ist keine gültige Prokura erteilt, vgl. RGZ. 127, 158 (keine Heilung durch Eintragung ins HReg.); ist sie erteilt, so steht der Prokurist freier als der gesetzliche Vertreter, nämlich den Beschränkungen aus §§ 1821 ff. BGB. (vgl. auch § 1643 BGB.) nicht unterworfen. — Juristische

Personen handeln auch hier durch ihre Organe. — Bei HGesellschaften ist regelmäßig zu unterscheiden, wer im Innenverhältnis befugt und wer nach außen hin in der Lage ist, Prokura zu erteilen; vgl. §§ 125, 126 Abs. 1 gegenüber § 116 Abs. 3; ferner GmbHGes. § 46 Nr. 7, auch § 74 Abs. 1 AktGes. gegenüber der nach außen unbeschränkbaren Vertretungsmacht von Vorstand und Geschäftsführern; dazu RGZ. 75, 164; JFG. 2, 218. Maßgeblich ist dann die Rechtsmacht nach außen hin. Bei Gesamtvertretung kann ein Vorstandsmitglied auch zusammen mit einem Prokuristen Prokura erteilen (RGZ. 134, 303). — Vgl. unten Anm. 6.

Bei einem zu einem Nachlaß gehörigen HGeschäft gilt: Erbengemeinschaften erteilen als solche (vgl. aber JW. 39, 565), bei Testamentsvollstreckung erteilt der Testamentsvollstrecker Prokura; vgl. RJA. 11, 271. Über Erteilung der Prokura durch einen Nachlaßverwalter (str.) vgl. § 1985 BGB. u. RGZ. 72, 261.

4. Die Erteilung der Prokura muß durch ausdrückliche Erklärung (vgl. dazu auch oben Anm. 1) erfolgen; schlüssiges Verhalten des Prinzipals, insbesondere bloße Duldung der nicht von ihm ausgehenden Bezeichnung eines anderen als Prokurist genügt nicht (aber u. U. Haftung aus §§ 823, 826 BGB.). Eine ausdrückliche Erklärung liegt aber in der Herbeiführung der Bekanntmachung mittels (vgl. § 53) Anmeldung zum HReg. (RGZ. 134, 304, dazu auch DJZ. 34, 1008 [RFH.]); vgl. im übrigen auch Anm. 1 zu § 15 (Vertrauensschutz Dritter). Über Erteilung unter Beschränkungen vgl. Anm. 2 zu § 50.

5. Prokurist kann jede natürliche Person, die nicht geschäftsunfähig ist (vgl. § 165 BGB.) sein. Ist einem Geschäftsunfähigen Prokura erteilt, so sind seine und die ihm gegenüber abgegebenen Willenserklärungen nichtig (§§ 105, 131 BGB.); § 15 bietet keinen Schutz; bei Arglist des Prinzipals kann aber diesem gegenüber § 826 BGB. durchgreifen.

Das der Prokuraerteilung zugrundeliegende Rechtsverhältnis kann — wie stets bei einer Vollmacht — verschieden gestaltet sein; vgl. oben Anm. 1. Prokurist kann aber nur sein, wer nicht Inhaber oder Mitinhaber des Geschäfts und dadurch Kaufmann ist, daher nicht der persönlich haftende Gesellschafter, sondern nur ein stiller oder ein Kommanditist (aber nicht etwa, weil man sich nicht selbst bevollmächtigen könne — der Gesellschafter einer o. HG. kann von dieser sehr wohl eine andere Vollmacht erhalten!), vgl. RGZ. 31, 39; ebenso nicht das Mitglied der ein HGeschäft betreibenden Erbengemeinschaft für das Nachlaßgeschäft (RJA. 15, 51; JW. 39, 565). Wohl aber kann der Prokurist einer o. HG. mit deren Gesellschaftern eine andere Gesamthand bilden, ohne dadurch seine Eigenschaft als Prokurist einzubüßen; RGZ. 142, 14. Anders bei Erwerb der Inhaber- oder Mitinhaberschaft an demselben Unternehmen, für das ihm Prokura erteilt war; RJA. 15, 51. — Vorstandsmitglieder bzw. Geschäftsführer juristischer Personen stehen in diesem Sinne Geschäftsinhabern gleich.

Die Erteilungserklärung wird mit dem Zugang an den Prokuristen oder einen Dritten wirksam (vgl. § 167 Abs. 1 BGB.); die Eintragung (vgl. § 53 Abs. 1) ist nur rechtsbekundend; vgl. Anm. 3 a. E. zu § 53.

Bezüglich Urkundensteuer vgl. (für den früheren Vollmachtstempel) RGZ. 122, 143: der Wert der Prokura richtet sich nach der Höhe des Aktivvermögens.

6. Gesamtprokura ist die mehreren, meist zwei, Personen gemeinschaftlich, d. h. nur für den Fall ihres Zusammenwirkens, erteilte Prokura. Das Institut trägt Kontrollbedürfnissen im kaufmännischen Verkehr Rechnung. Das über die Erteilung der Einzelprokura Gesagte (Anm. 5) gilt auch hier. Einzelprokura kann in Gesamtprokura umgewandelt werden, ebenso umgekehrt; letzteres liegt aber nicht schon bei bloßem Wegfall eines Gesamtprokuristen vor.

Die Gesamtprokura ist dementsprechend *Unterfall der Gesamtvertretung.* Vgl. §§ 125, 150, auch § 71 Abs. 2 u. 3 AktGes. Diese findet sich häufiger in Form der sog. unechter Gesamtvertretung (Vorstandsmitglied, Geschäftsführer oder vertretungsberechtigter Gesellschafter zeichnet zusammen mit einem Prokuristen). Der Umfang „*unechter*" *Gesamtvertretung* ist nicht auf die Rechtsmacht einer Prokura beschränkt, sondern gewährt schlechthin die Vertretung der HGesellschaft (vgl. RGZ. 134, 303, auch oben Anm. 3); sie ist daher *nur alternativ* neben der Zeichnung zweier Vorstandsmitglieder, Geschäftsführer oder Gesellschafter möglich, nicht beim Einzelkaufmann oder wenn überhaupt nur *ein* Vorstandsmitglied, Geschäftsführer oder vertretungsberechtigter Gesellschafter vorhanden ist. Vgl. auch Anm. 6 zu § 125. — Vertretung einer GmbH. durch zwei Gesamtprokuristen ist zulässig und keine Umgehung der Gesellschafts-Vertretungsgrundsätze; HRR. 28, 1210; DJZ. 28, 52; entsprechend bei der AktG., selbst wenn die Satzung unechte Gesamtvertretung vorsieht; JW. 33, 1466. Vgl. auch JFG. 4, 202. — Gesamtprokura kann *nicht* derart erteilt werden, daß ein Prokurist mit einem anderen Prokuristen, *wahlweise aber auch* mit einem HBevollmächtigten zeichnen soll; HRR. 28, 637; OLG. 46, 257; HansGZ. 27 Hbl. 12, auch RJA. 17, 102. Bindung im Innenverhältnis ist aber beliebig möglich; vgl. § 50 Anm. 2. — Gesamtvertretung gilt nicht nur für rechtsgeschäftlichen Verkehr, sondern auch für Prozesse; RGZ. 5, 70 u. § 49 Abs. 1.

Gemeinschaftliches rechtsgeschäftliches *Handeln der Gesamtvertreter* kann in verschiedener Weise erfolgen: *entweder können alle Vertreter* — nicht notwendig gleichzeitig — die Erklärungen selbst abgeben; *oder einer oder mehrere* von ihnen werden in Vollmacht oder *mit* (vorheriger oder nachfolgender) *Zustimmung der anderen* tätig. Im Zweifel braucht dann Vollmacht oder Zustimmung dem Erklärungsgegner nicht mitgeteilt zu werden (str.; vgl. RGZ. 63, 96; 81, 325; 101, 343; 106, 268; 112, 216, anders früher ROHG. 17, 402 u. RGZ. 40, 17; 61, 225). Insbesondere genügt, wenn zwei Gesamtprokuristen ein Geschäft gemeinsam tätigen, bei der Unterzeichnung die Unterschrift schon eines von ihnen; RGZ. 106, 269. Kenntnis der übrigen Gesamtvertreter vom genauen und vollständigen Inhalt der Erklärung des Tätigwerdenden ist nicht Wirksamkeitsvoraussetzung; RGZ. 101, 343.

Abgabe von Willenserklärungen oder sonstigen rechtlich erheblichen Mitteilungen kann *gegenüber jedem einzelnen* der Gesamtvertreter mit Wirkung gegen alle erfolgen. RGZ. 53, 230; R. 28, 823. Vgl. auch § 125 Abs. 2. Dasselbe gilt bei Zustellungen; § 171 Abs. 3 ZPO. Entsprechend auch in allen Fällen, wo es — nach § 166 BGB. — auf Kenntnis oder fahrlässige Unkenntnis des Vertreters ankommt; vgl. RGZ. 53, 231; 57, 93; 59, 400; 74, 257; 78, 353; JW. 99, 47; 10, 625; 11, 778; Warn. 32, 258; dazu noch RGZ. 81, 433; JW. 14, 400, s. aber auch (betr. Lauf der Strafantragsfrist § 61 StGB.) RGSt. 47, 338, wo Kenntnis eines von mehreren Gesamtvertretern nicht für ausreichend angesehen wird. — Nach RGZ. 89, 373 ist § 181 BGB. gegeben, wenn ein Bevollmächtigter mit einer Gesamtvertretung, der er selbst angehört, ein Geschäft tätigt.

Die Wirksamkeit von Geschäften, die ein Gesamtvertreter ohne Vollmacht oder Zustimmung der andern allein vornimmt, hängt (soweit nicht § 180 Satz 1 oder 2 BGB. entgegenstehen) von der Genehmigung des Vollmachtgebers — hier: des Prinzipals — ab (§ 177 BGB.). So auch, wenn § 181 BGB. gegeben ist. Vgl. oben Anm. 1. Man kann sich aber nicht auf das Bestehen einer Gesamtvertretung berufen, wenn regelmäßig geduldet wurde, daß ein Gesamtvertreter als allein handlungsberechtigt aufgetreten ist; vgl. RGSt. 47, 35.

Einem Gesamtprokuristen kann nebenher noch allein HVollmacht (u. zw. häufig stillschweigend), ja sogar Generalvollmacht erteilt werden, bei einer o. HG. auch von einem einzelnen (vertretungsberechtigten) Gesellschafter; vgl. RGZ. 90, 299 u. OLG. 49, 183. Ohne weiteres liegt aber in der Erteilung einer Gesamtprokura nicht zugleich Einzelhandlungsvollmacht. Besteht eine Gesamtvertretung aus einem Generalbevollmächtigten und einem Prokuristen, so unterliegt der letztere bei gemeinsamem Handeln nicht den Beschränkungen des § 49; JW. 37, 2835.

Umfang der Prokura

§ 49[1a]. Die Prokura ermächtigt zu allen Arten von gerichtlichen und außergerichtlichen Geschäften und Rechtshandlungen, die der Betrieb eines Handelsgewerbes mit sich bringt[1].

Zur Veräußerung und Belastung von Grundstücken[2] ist der Prokurist nur ermächtigt, wenn ihm diese Befugnis besonders erteilt ist[3].

1a. Zu § 49 s. Art. 6 Nr. 10 der 4. EinfV. betr. Österreich und Art. 6 Nr. 6 der 3. EinfV. betr. Sudetenland (Anh. XIII, XIV).

1. Ausnahmen, abgesehen von Abs. 2: höchstpersönliche Handlungen und Geschäfte wie Anmeldungen und Zeichnungen nach § 12, Unterzeichnung gem. § 41, Offenbarungseid und eidliche Parteiaussage im Zivilprozeß §§ 445 ff. ZPO.) u. ä., bei denen keine Vertretung möglich ist, insbes. auch Prokuraerteilung (§ 48 Anm. 2). Vgl. noch RGZ. 66, 244 (Prozeß gegen den gesetzl. Vertreter des Prinzipals).

Abgesehen hiervon aber kann der Prokurist alle in irgendeinem, nicht bloß dem bestimmten Gewerbebetriebe vorkommenden Geschäfte vornehmen (arg. § 54: „derartigen“!); vgl. ROHG. 13, 224.

Die Prokura umfaßt mithin auch Prozeßführung und Bestellung von Prozeßbevollmächtigten (ROHG. 21, 342), Zustellungsempfang (§ 173 ZPO.) und Grundbuchanträge (JFG. 6, 262). (Über Strafanträge — auf geschäftliche Angelegenheiten beschränkt — vgl. RGSt. 15, 144). Außergerichtlich kann der Prokurist z. B. HGehilfen anstellen und entlassen, HVollmachten erteilen und widerrufen (vgl. D. 49), Kreditauskünfte über Dritte erteilen (RGZ. 20, 194; Gruch. 44, 1062), das HGewerbe örtlich oder gegenständlich verändern, auch Zweigniederlassungen begründen und aufheben, Kredite aufnehmen, Wechselverbindlichkeiten eingehen (vgl. dazu Gruch. 63, 84) usw. (arg. § 54 Abs. 2). — Die Schranke seiner Vollmacht liegt in der Aufrechterhaltung des Betriebs; der Betrieb „bringt“ nicht „mit sich“: Geschäftsveräußerung (wozu auch Aufnahme eines Gesellschafters gehört) und Geschäftsaufgabe bzw. Firmenlöschung; ROHG. 23, 28; R. 23, 908. Betriebsfremd braucht aber noch nicht jedes Geschäft zu sein, das an sich nicht HGeschäft, z. B. eine Schenkung ist; ebensowenig ist der Prokurist unter allen Umständen bei Verfügungen nur auf das Geschäftsvermögen beschränkt; vgl. KGJ. 37 A 227.

2. Veräußerung und Belastung von Grundstücken (des Prinzipals) wird von der Prokura nicht ohne weiteres gedeckt. Den Grundstücken stehen auch hier grundstücksgleiche Rechte (z. B. Erbbaurecht) gleich, nicht aber (schon bestehende) Hypotheken usw. Ebenso (str.) wie die Verfügungen selbst wirken zweckentsprechend (OLG. 21, 379) die auf sie gerichteten Verpflichtungsgeschäfte dem Prinzipal gegenüber nicht. Zulässig aber: Bestellung einer Restkaufgeldhypothek oder Einräumung eines andern dingl. Rechts bei gleichzeitigem Grund-

stücksverwerb; JFG. 6, 262 (anders die früher vorwiegende Ansicht; vgl. RJA. 5, 273; KGJ. 29 A 240).

3. Die besondere Erteilung dieser Befugnis (sog. Immobiliarklausel) ist (allgemeine) Erweiterung der Prokura, die im HReg. einzutragen ist. Vgl. § 53 und RJA. 3, 231. Formlos gültig; aber ausdrückliche Erklärung nötig. — Bei unechter Gesamtvertretung (vgl. Anm. 6 zu § 48) ist die Befugnis ohne weiteres gegeben. — Von der allgemeinen Erweiterung der Prokura verschieden ist die auf den Einzelfall beschränkte Zustimmung zur Verfügung über Grundstücke an einen (ohne die Immobiliarklausel bestellten) Prokuristen. Sie kann auch durch schlüssige Handlungen erteilt werden. Vgl. dazu § 54 Abs. 2.

Beschränkung der Prokura

§ 50. Eine Beschränkung des Umfanges[1] der Prokura ist Dritten gegenüber unwirksam[2].

Dies gilt insbesondere von der Beschränkung, daß die Prokura nur für gewisse Geschäfte oder gewisse Arten von Geschäften oder nur unter gewissen Umständen oder für eine gewisse Zeit oder an einzelnen Orten ausgeübt werden soll.

Eine Beschränkung der Prokura auf den Betrieb einer von mehreren Niederlassungen des Geschäftsinhabers ist Dritten gegenüber nur wirksam, wenn die Niederlassungen unter verschiedenen Firmen betrieben werden[3]. Eine Verschiedenheit der Firmen im Sinne dieser Vorschrift wird auch dadurch begründet, daß für eine Zweigniederlassung der Firma ein Zusatz beigefügt wird, der sie als Firma der Zweigniederlassung bezeichnet.

1. Vgl. § 49. 2. Im Innenverhältnis ist der Prokurist an solche Beschränkung gebunden; vgl. Anm. 4 u. 6 zu § 48, auch § 74 AktGes. Auch für Berechnung der Urkundensteuer ist z. B. eine zeitliche Beschränkung der Prokura beachtlich; vgl. (für das ehem. pr. StempStGes.) HRR. 33, 1369.

Kenntnis Dritter von der Beschränkung schadet nur bei arglistigem Zusammenwirken mit dem seine äußere Rechtsmacht mißbrauchenden Prokuristen (Kollusion); RGZ. 9, 148; Gruch. 63, 87. Erst recht besteht keine Nachforschungspflicht Dritter, deren Verletzung etwa culpa in contrahendo begründet würde; JW. 35, 1084. Vgl. auch Anm. zu § 126.

Ausnahme der Unbeschränkbarkeit: Absatz 3. Vgl. ferner § 48 Abs. 2.

3. Eintragung der Beschränkung erforderlich; OLG. 42, 212; JFG. 7, 169; die Firma der Zweigniederlassung muß mit dem unterscheidenden Zusatz spätestens gleichzeitig eingetragen werden, vgl. RJA. 14, 145.

Zeichnung des Prokuristen

§ 51. Der Prokurist hat in der Weise zu zeichnen, daß er der Firma seinen Namen mit einem die Prokura andeutenden Zusatze beifügt[1].

1. Ordnungsvorschrift; vgl. auch § 57. Verstoß macht die Zeichnung gegenüber dem Prinzipal nicht unwirksam, u. zw. nicht einmal auf Wechseln,

soweit die Firma des Prinzipals aus dem Wechsel erkennbar ist; vgl. ROHG. 5, 263; 10, 56; 14, 317; 18, 99; RGZ. 30, 406; 50, 51, auch 74, 74; R. 23, 908. Noch weitergehend (§ 164 Abs. 2 BGB.!) bei anderen als formstrengen Erklärungen ROHG. 12, 133; Gruch. 62, 235.

An sich ist die Firma Bestandteil der ordnungsmäßigen Zeichnung des Prokuristen; es genügt für sie aber Stempel oder Maschinenschrift (anders im Falle des § 53 Abs. 2).

Bei Gesamtprokuristen Namenszeichnung beider. Vgl. D. 50, aber auch RGZ. 106, 269 (Zeichnung nur eines Gesamtprokuristen mit Zustimmung des andern ausreichend!).

Widerruf. Übertragung. Tod des Geschäftsinhabers

§ 52. Die Prokura ist ohne Rücksicht auf das der Erteilung zugrunde liegende Rechtsverhältnis[1] jederzeit widerruflich[2], unbeschadet des Anspruchs auf die vertragsmäßige[2] Vergütung[3].

Die Prokura ist nicht übertragbar[4].

Die Prokura erlischt nicht[5] durch den Tod des Inhabers des Handelsgeschäfts.

1. Vgl. § 48 Anm. 1.

2. Erweiterung des § 168 BGB.; vgl. Anm. 1 zu § 48. — Unabdingbar; RGZ. 27, 35. — Über die Widerrufsbefugnis bei HGesellschaften vgl. §§ 116 Abs. 3, 126 Abs. 1, 161 Abs. 2. Im übrigen ist derjenige zum Widerruf befugt, der Prokura erteilen kann; vgl. darüber Anm. 2 u. 3 zu § 48. Bei gesetzl. Vertretung keine vormundschaftsgerichtl. Genehmigung erforderlich; arg. § 1822 Nr. 11 BGB. Wem gegenüber der Widerruf zu erklären ist, ergeben §§ 168 Satz 3, 167 Abs. 1, 171 Abs. 2 BGB.; vgl. aber § 53 Abs. 3 u. § 15 Abs. 2.

3. Die Ansprüche aus dem Grundverhältnis werden vom Widerruf nicht berührt. Vgl. dazu ROHG. 23, 328; RGZ. 22, 38; Warn. 31, 383, auch § 75 Abs. 3 AktGes.

4. Auch nicht mit Zustimmung des Prinzipals; vgl. § 58.

5. Erlöschen würde nach allgemeinen Vorschriften (§§ 168, 675, 672 Satz 1 BGB.) nur „im Zweifel" eintreten. — Das Erlöschen kann hier mit Wirkung gegen Dritte auch nicht bestimmt oder vereinbart werden; vgl. dazu KGJ. 48 A 126; JW. 27, 2433. — Über Fälle des Erlöschens vgl. im übrigen Anm. 7 zu § 53.

Anmeldung der Prokura

§ 53. Die Erteilung der Prokura[1] ist von dem Inhaber des Handelsgeschäfts[2] zur Eintragung in das Handelsregister anzumelden[3]. Ist die Prokura als Gesamtprokura[4] erteilt, so muß auch dies zur Eintragung angemeldet werden[5].

Der Prokurist hat die Firma nebst seiner Namensunterschrift zur Aufbewahrung bei dem Gerichte zu zeichnen[6].

Das Erlöschen[7] der Prokura ist in gleicher Weise wie die Erteilung zur Eintragung anzumelden[8].

1. Prokuraerteilung ist im Gegensatz z. HVollmacht und andern Voll-

machten (vgl. RJA. 9, 162) „einzutragende Tatsache"; desgl. die Erweiterung gem. § 49 Abs. 2. Vgl. § 15.

2. Zur Anmeldung verpflichtet (und allein legitimiert) ist der Kaufmann selbst, bei HGesellschaften eine zur Vertretung berechtigte Anzahl Gesellschafter oder Vorstandsmitglieder (vgl. SeuffA. 70, 70 u. Anm. 3 a. E. zu § 18), Prokuristen auch dann nicht, wenn jene nicht vorhanden sind; JW. 31, 2995, ferner RJA. 17, 77.

3. Vgl. §§ 12ff., insbesondere § 14; die Anmeldepflicht besteht auch bei öffentl. Unternehmen i. S. des § 36.

Die Eintragung wirkt nicht rechtsbegründend, vgl. aber § 15 u. Anm. 1 dazu.

4. § 48 Abs. 2.

5. Andernfalls kann gem. § 15 Abs. 1 die Mitzeichnungspflicht nicht geltend gemacht werden.

6. Handschriftliche Zeichnung von Name und Firma (anders sonst); vgl. Anm. 1 Abs. 2 zu § 51.

7. Erlöschen der Prokura durch Widerruf (§ 52), Fortfall des der Erteilung zugrundeliegenden Rechtsverhältnisses (§ 168 Satz 1 BGB.), Einstellung des Geschäftsbetriebes RGZ. 12, 11; Geschäftsveräußerung (vgl. RJA. 11, 274; OLG. 34, 332; KGJ. 31 B 24); Verlust der Vollkaufmannseigenschaft (vgl. aber Anm. 2 Abs. 2 zu § 48), Konkurs (ROHG. 24, 193; vgl. § 23 KO.), des Prinzipals, endlich Tod oder Geschäftsunfähigkeit (vgl. § 165 BGB.) des Prokuristen oder eines Gesamtprokuristen (wenn dadurch eine gemeinschaftliche Zeichnung unmöglich wird; vgl. RJA. 14, 171), dagegen nicht: Tod des Prinzipals (vgl. § 52; wohl aber [OLG. 34, 332] Geschäftsfortführung durch die Erben — einer Geschäftsveräußerung gleichzusetzen, s. dazu auch JW. 39, 565!), Eröffnung des Vergleichsverfahrens; vgl. aber Anm. 4 Abs. 3 zu § 66.

8. Vgl. oben Anm. 1. — Das Erlöschen muß eingetragen werden, auch wenn die Erteilung nicht eingetragen ist. — Ist die Prokura aber erloschen, so muß eine Neuerteilung auch dann erneut eingetragen werden, wenn das Erlöschen nicht eingetragen war (vgl. oben Anm. 3 a. E.); KGJ. 31 B 24.

Handlungsvollmacht

§ 54[1a]. Ist jemand[1] ohne Erteilung der Prokura[2] zum Betrieb eines Handelsgewerbes oder zur Vornahme einer bestimmten zu einem Handelsgewerbe gehörigen Art von Geschäften oder zur Vornahme einzelner zu einem Handelsgewerbe gehöriger Geschäfte ermächtigt[3], so erstreckt sich die Vollmacht (Handlungsvollmacht) auf alle Geschäfte und Rechtshandlungen, die der Betrieb eines derartigen Handelsgewerbes oder die Vornahme derartiger Geschäfte gewöhnlich mit sich bringt[4].

Zur Veräußerung oder Belastung von Grundstücken, zur Eingehung von Wechselverbindlichkeiten, zur Aufnahme von Darlehen und zur Prozeßführung ist der Handlungsbevollmächtigte nur ermächtigt, wenn ihm eine solche Befugnis besonders erteilt ist[5].

Sonstige Beschränkungen der Handlungsvollmacht braucht ein Dritter nur dann gegen sich gelten zu lassen, wenn er sie kannte oder kennen mußte[6].

1a. Zu § 54 s. Art. 6 Nr. 10 u. 11 der 4. EinfV. betr. Österreich u. Art. 6 Nr. 6 und 7 der 3. EinfV. betr. Sudetenland (Anh. XIII, XIV).

1. Über die Person des HBevollmächtigten und das der HVollmacht zugrunde liegende Rechtsverhältnis gilt dasselbe wie bei der Prokura; vgl. Anm. 5 zu § 48. — HVollmacht und HGehilfenschaft (vgl. §§ 59 ff.) brauchen sich beiderseits nicht zu decken; vgl. ROHG. 24, 271. — Wegen der Widerruflichkeit vgl. unten Anm. 6. a. E., über Gesamtvertretung Anm. 6 zu § 48. Über Bevollmächtigung einer Gesellschaft oder sonstigen Personenmehrheit als solcher: JW. 22, 517.

2. Die Voraussetzung der Prokura, daß der Geschäftsinhaber Vollkaufmann sein müsse, entfällt hier, ebenso das Verbot der Stellvertretung (vgl. Anm. 2 a. A. zu § 48) und die Voraussetzung der Ausdrücklichkeit (vgl. Anm. 4 zu § 48 u. unten Anm. 3); anderseits besteht keine Eintragungsmöglichkeit, RJA. 17, 102.

3. General-, Art- oder Spezialhandlungsvollmacht ist möglich; auch auf ein einziges Geschäft kann die HVollmacht beschränkt sein; vgl. Gruch. 51, 1077.

Beispiele gesetzlich vermuteter „Artvollmachten" sind §§ 55, 56.

Die HVollmacht richtet sich — außer hinsichtlich ihres Umfangs (darüber unten Anm. 4) — ausschließlich nach BGB. Vgl. dazu Anm. 1 zu § 48.

HVollmacht liegt schon in der bewußten Duldung des rechtsgeschäftlichen Handelns eines andern im Namen des Kaufmanns; vgl. RGZ. 1, 9; 43, 190; 50, 76; 65, 294; 92, 346; 133, 100; R. 23, 219 u. 1026; 24, 1531; 26, 23; 29, 1210; JW 27, 1089; HansRGZ. 27, 738; Warn. 32, 324. Davon zu unterscheiden ist der Vertrauensschutz Dritter bei Scheinvollmacht; dieser greift Platz, wenn Dritte das Verhalten des Prinzipals in dem Sinne deuten durften, daß dieser das Auftreten des Pseudo-Vertreters kannte und duldete (auch wenn dies tatsächlich nicht der Fall gewesen ist); vgl. RGZ. 117, 165; 122, 351, auch schon RGZ. 65, 292, ferner ROHG. 10, 142; R. 26, 23; Warn. 37, 263, aber auch R. 31, 12, wo (dem Prinzip des Vertrauensschutzes widersprechend!) ein wirklicher Sorgfaltsverstoß des Geschäftsherrn gefordert wird (?). Wenn die Rechtsprechung auch im Fall der Scheinvollmacht zuweilen unterschiedslos von „stillschweigender Vollmacht" spricht, z. B. Warn. 37, 263!), so ist dies freilich nicht genau: der Vertrauensschutz gegenüber der vollmachtlosen Vertretung wird bösgläubigen oder grobfahrlässigen Dritten nicht gewährt; vgl. JW. 28, 2151; LZ. 28, 118 u. 1383. — Einzelfälle: RGZ. 73, 350 (keine allgemeine — stillschweigende — Inkassovollmacht eines Angestellten, der unter Verwendung von Quittungen des Prinzipals Geschäftsforderungen einziehen soll); ROHG. 19, 123 (keine allgemeine Inkassovollmacht eines HAgenten, der Wechsel oder quittierte Rechnungen kassiert), LZ. 28, 118, 253 (keine Vollmacht zur Ausstellung von Lagerscheinen durch Ermöglichung der Firmenstempelbenutzung); LZ. 30, 387 (keine allgemeine Vollmacht der Ehefrau zur Wechselzeichnung bei Ermächtigung in einzelnen Fällen); SeuffA. 80, 315; JW. 25, 611; RGZ. 61, 127 (keine Erklärungsvollmacht durch Auftrag zur Bedienung des Fernsprechers). — Über Messevertreter vgl. OLG. 44, 192; JW. 25, 1276; LZ. 24, 632; SeuffA. 79, 169. — Über (vollmachtlose) Benutzung einer gedruckten Unterschrift des Kaufmanns durch Angestellte vgl. RGZ. 105, 183.

4. Konkrete Begrenzung der Vertretungsmacht des HBevollmächtigten (im Gegensatz zum Prokuristen; vgl. Anm. 1 zu § 49). — Demgemäß kommen vor allem die erkennbaren Umstände des HGeschäfts im allgemeinen oder des die Vollmacht angehenden Geschäftskreises in Betracht, vgl. ROHG. 6, 154; R. 23, 762; 30, 1034; JW. 28, 1358, ferner Verkehrsüblichkeit und HBräuche, finanzielle Tragweite des Geschäfts (RGZ. 52, 89; JW. 04, 475) und frühere Stellungnahme des Prinzipals zu Erklärungen des Bevollmächtigten (ROHG. 10, 142). Vgl. auch ROHG. 6, 400 u. RGZ. 106, 200. Aber keine Begrenzung durch interne „Verkaufsinstruktion" möglich; SeuffA. 79, 364.

Beispiele für Abgrenzungen der Vertretungsmacht: Schalterbeamte einer Großbank und ihrer Depositenkassen — alle gewöhnlich im Schalterverkehr vorkommenden Geschäfte (RGZ. 86, 86; 118, 234); Abschlußagenten einer Versicherungsges. — Übernahme von Versicherungen auch gegen Kriegsgefahr (RGZ. 88, 231); Reiseagenten — Abschluß von Verkäufen usw. (RGZ. 97, 1; vgl. dazu § 55 Abs. 2); Handlungsgehilfe, der Briefe zu unterzeichnen pflegt — Vertragsabschluß (RGZ. 100, 48); Angestellte eines Unternehmens, die von einem andern gleichartigen Unternehmen beauftragt werden — im Rahmen der ihnen von ihrem Prinzipal allgemein eingeräumten Vollmacht (R. 31, 737). Vgl. ferner über den Vollmachtsumfang eines Börsenvertreters Warn. 28, 144, über Erklärungen des einstweiligen Geschäftsleiters in Abwesenheit des Chefs RGZ. 106, 200, auch RGZ. 133, 100; OLG. 40, 183; SeuffA. 84, 211; HansRZ. 27, 738. Sonstige Besonderheiten: JW. 28, 226 (Ausstellung von Inh.-Schuldverschreibungen); HRR. 29, 25 u. R.31, 737 (Vollmacht auf Grund GenVersBeschl.); Warn. 26, 169 (Wechselzeichnung u. Giroverkehr); R. 33, 160 (Begrenzung der Inkassovollmacht eines Generalvertreters durch speziell gehaltenen, ihn übergehenden Zahlungsauftrag). Der Sonderfall des Quittungsüberbringers ist in § 370 BGB. geregelt. Ein Blankett steht der Quittung nicht gleich (ROHG. 11, 32), erst recht nicht unquittierte Rechnung bei Warenüberbringung (D. 52). Nur der Überbringer einer echten Quittung ist befugt, die Leistung — nicht eine andere an Erfüllungs Statt — anzunehmen; die Gefahr einer Fälschung trägt der Schuldner, RGZ. 73, 349; OLG. 33, 237. — Bei Sparkassen von Kommunalverbänden lassen die Vertretungsvorschriften der Gemeindeordnung und der auf ihr beruhenden Statuten für die auslegungsfähige Vollmachteinräumung meist die „Geschäfte der laufenden Verwaltung" frei; deren Rahmen ist aber (bei Kaufmannseigenschaft der Sparkassen — vgl. Anm. 7 Abs. 1 a. E. zu § 1) im wesentlichen entsprechend § 54 zu ziehen; vgl. RGZ. 94, 253; 104, 296; 115, 316; 116, 227 u. 247; JW. 12, 926; 27, 1251; R. 30, 2012; HRR. 30, 1034; HansRGZ. 32 B 108. Vor allem wird bei Vollmachtsausschluß durch die Satzung oder einer ihr formell nicht entsprechenden Vollmachterteilung trotzdem Vertrauensschutz gewährt, soweit dem Dritten nach Treu und Glauben Kenntnis der Satzungsvorschriften nicht zumutbar ist; vgl. RGZ. 122, 351, wegen der Tragweite der Satzung auch RGZ. 115, 335; 116, 254; 146, 42; JW. 26, 1450; 28, 1954; 29, 1135. — Nicht unter die HVollmacht fallen z. B. beim Kassenbeamten eines Pfandbriefamts die Entscheidung über Fälligkeit einer Hypothek bei Währungsverfall, JW. 28, 1350; beim Rendanten einer kleinen Gemeindesparkasse Verzichtserklärungen über bestehende Ansprüche; HRR. 30, 1034.

5. Besondere Ermächtigung (vgl. § 49 Abs. 2) nicht nur zu den aufgezählten Geschäften selbst, sondern auch zu den auf sie gerichteten Verpflichtungen ist erforderlich; vgl. (betr. Eingehung einer Verpflichtung z. Wechselzeichnung)

HRR. 28, 1211. Auch der General-HBevollmächtigte benötigt sie grundsätzlich; sie kann sich aber aus dem als umfassend gewollten Inhalt einer Generalvollmacht im Einzelfall ergeben (RGZ. 76, 202). — Stillschweigende Erteilung möglich; vgl. JW. 01, 844; Gruch. 52, 937; LZ. 18, 853, ebenso im voraus ein für allemal („besondere" bezieht sich nur auf den Geschäftsgegenstand!), Gruch. 33, 455.

Über Grundstücksbelastung: vgl. Anm. 2 u. 3 zu § 49.

Üblicher laufender Bankkredit fällt nicht unter „Darlehen" i. S. des § 54 Abs. 2.

Prozeßführung ist auch Führung eines schiedsgerichtlichen Verfahrens, Ermächtigung zum Vergleichsabschluß genügt nicht; vgl. LZ. 18, 1144.

6. Die Beschränkungen, die sich aus Abs. 2 ergeben, wohnen der HVollmacht ohne weiteres inne; andere Beschränkungen sind beliebig zulässig (anders als bei der Prokura; vgl. § 50 Abs. 1), wirken nach außen hin aber nur, wenn sie kundbar sind; vgl. RGZ. 1, 9; 30, 217; 36, 247; 50, 76; 52, 96; 71, 219; 75, 301; 88, 231; JW. 15, 1429. Ob sie von vornherein oder erst nachträglich erfolgen, ist insoweit belanglos; vgl. JW. 15, 998. Für Dritte besteht aber Erkundigungspflicht hinsichtlich bestehender Beschränkungen, blindes Vertrauen auf Angaben d. Bevollm. wird nicht geschützt („kennen mußte"!); LZ. 11, 231.

Widerruf ist jederzeit ohne Rücksicht auf das zugrundeliegende Rechtsverhältnis möglich, aber — im Gegensatz zur Prokura — kann darauf auch verzichtet werden (vgl. Anm. 2 zu § 52 u. oben Anm. 1; ferner D. 53 u. RGZ. 52, 99; 53, 416; Gruch. 57, 411), außer bei einer GmbH.; KGJ. 40 A 70. — Sonstiges Erlöschen nach § 168 S. 1 BGB.; vgl. dazu insbes. §§ 675, 672, 673, 727 BGB., § 23 KO. (Tod; Konkurs des Prinzipals). Eröffnung des Vergleichsverfahrens über das Vermögen des Prinzipals läßt die Vollmacht bestehen, vgl. §§ 50, 51 VerglO., auch Anm. 4 Abs. 3 zu § 66.

Handlungsreisende

§ 55. Die Vorschriften des § 54 finden auch auf Handlungsbevollmächtigte Anwendung, die als Handlungsreisende zur Vornahme von Geschäften an Orten verwendet werden, an denen sich eine Niederlassung des Geschäftsinhabers nicht befindet[1].

Die Reisenden gelten insbesondere für ermächtigt, den Kaufpreis aus den von ihnen abgeschlossenen Verkäufen[2] einzuziehen und dafür Zahlungsfristen zu bewilligen[3].

Die Anzeige von Mängeln einer Ware, die Erklärung, daß eine Ware zur Verfügung gestellt werde, sowie andere Erklärungen solcher Art können dem anwesenden Reisenden gegenüber abgegeben werden[4].

1. § 55 gilt nur für „Auswärtsreisende", nicht für die sog. Stadtreisenden. Vgl. z. B. RGZ. 6, 83; R. 31, 12 u. D. 51. Auch für diese ist allerdings, wenn sie — wie meist — HBevollmächtigte sind, § 54 maßgebend, ebenso wie dies für Auswärtsreisende auch ohne § 55 Abs. 1 zuträfe; vgl. dazu RAG. 17, 107. Die typische HVollmacht des Auswärtsreisenden ergibt sich nur aus Abs. 2 u. 3. Über diesen typischen Rahmen hinaus gelten allgemeine Grundsätze

(Anm. 3—6 zu § 54). Nach Entlassung eines Reisenden o. dgl. werden gutgläubige Dritte noch im Rahmen des § 55 geschützt; OLG. 35, 314, auch R. 37 382 (vgl. §§ 170—173 BGB.). Dem Reisenden muß stets Auftrag zur Vornahme von Geschäften erteilt sein; Werbung neuer Bestellungen unter Genossenschaftsmitgliedern fällt darunter, HRR. 36, 1432.

2. Abschlußvollmacht besteht aber nur gem. § 54; vgl. oben Anm. 1 u. RGZ. 97, 1; OLG. 43, 283, auch (betr. einen Sonderfall) JW. 21, 43.

3. Inkasso erfordert besondere Vollmacht (§ 54!), wenn es bei Forderungen aus anderen als vom Reisenden selbst getätigten Geschäften erfolgen soll. Auch bei Einziehung von Forderungen aus selbst geschlossenen Geschäften besteht nur Vollmacht zu verkehrsüblichen Erfüllungsakten, also u. U. Annahme sicherer Wechsel, Bewilligung von normalem Kassaskonto u. dgl., nicht aber z. B. Annahme an Erfüllungs Statt. Vgl. auch DJZ. 06, 431 (Aufrechnung gegenüber eigenen Schulden). — Stundung kann ebenfalls nur bei selbst getätigten Geschäften gewährt werden, wenn nicht besondere Vollmacht besteht. Vgl. dazu aber HRR. 30, 1120. Niemals wird Änderung der sonstigen Geschäftsmodalitäten von § 55 gedeckt (D. 51). — Die Vollmacht des § 55 ist mit Wirkung nach außen hin beschränkbar; vgl. ROHG. 23, 351. Ist sie bezüglich des Inkassos nur im Innenverhältnis eingeschränkt, so stellt die dem zuwiderlaufende Einziehung an sich noch keinen Betrug dar; R. 33, 346. — Im Gegensatz zu einer durch besondere Urkunde erteilten Vollmacht (vgl. § 172 BGB.) ist die Vollmacht aus § 55 z. B. durch Aufdruck auf der Rechnung beschränkbar; vgl. auch RGSt. 47, 429.

4. Erforderlich für die Empfangsvollmacht des Abs. 3 ist, daß der Reisende sich an demselben Orte wie der Erklärende befindet, nicht aber (wie bei Abs. 2), daß es sich um eigene Geschäfte des Reisenden handelt. — Zur Stellungnahme zu den Erklärungen des Kunden gibt § 55 keine Vollmacht (vgl. D. 51). — Als ähnliche Erklärungen kommen z. B. noch in Betracht: Rüge bei Lieferung andersartiger Ware (§ 378); Mahnung (§§ 284 ff. BGB.), sowie die Erklärungen nach § 326 BGB. und § 341 BGB. (vgl. dazu OLG. 24, 300). Bei Anfechtungserklärung will RGZ. 87, 519 den Reisenden nur als Boten, nicht als Empfangsbevollmächtigten gelten lassen.

Ladenangestellte

§ 56. Wer in einem Laden oder in einem offenen Warenlager angestellt ist[1], gilt als ermächtigt zu Verkäufen und Empfangnahmen[2], die in einem derartigen Laden oder Warenlager gewöhnlich geschehen[3].

1. Anstellung, nicht notwendig Dienstverhältnis, erforderlich; Beschäftigung von Familienmitgliedern durch den Kaufmann fällt darunter (vgl. §§ 1356, 1617 BGB.). — Nötig ist aber Anstellung in einem Verkaufszwecken bestimmungsgemäß (wenn auch nur nebenher — z. B. auf einer Ausstellung!) dienenden Geschäftsräume; vgl. D. 51; RGZ. 69, 307, ferner — über Messevertreter — OLG. 44, 192; JW. 25, 1276; LZ. 24, 632; SeuffA. 79, 169. Nicht unter § 56 fallen Büroangestellte; vgl. dazu ROHG. 12, 38; RGZ. 86, 86; JW. 24, 1181.

Angestellt ist, wer mit Wissen und Willen des Prinzipals zwecks rechtsgeschäftlichen Verkehrs mit dem Publikum tätig wird, was der Kunde beweisen muß, meist aber bei tatsächlich ausgeübter Tätigkeit zu vermuten sein wird — vgl. RGZ. 108, 49 —, wohingegen dann dem Prinzipal der Beweis offensteht, daß der Angestellte entgegen § 56 nicht ermächtigt war und der Kunde dies wissen mußte — „Zahlung (nur) an der Kasse", „feste Preise" und ähnliche Hinweise im

Laden sind hier von Bedeutung — vgl. ROHG. 12, 38; 20, 122; RGZ. 86, 89; JW. 24, 1046.

2. Die „Empfangnahmen" brauchen sich hier (anders als nach § 55 Abs. 2) nicht auf Geschäfte, die von den Angestellten selbst geschlossen werden, zu beschränken.

3. § 56 stellt im Grunde nur eine Anwendung des Vertrauensschutzes (§ 54 Anm. 3) im Falle stillschweigender bzw. scheinbarer Vollmacht dar; über die Beweislastverteilung vgl. oben Anm. 1 Abs. 2. — Werden Geschäfte, die gewöhnlich im Laden getätigt werden, ausnahmsweise dort nur angebahnt, aber anderwärts abgeschlossen, so gilt § 56 trotzdem; RGZ. 108, 48. In manchen HZweigen jedoch, z. B. im Automobilhandel findet umgekehrt regelmäßig nur die Geschäftsanbahnung im Laden statt, während üblicherweise der Vertrag selbst gesondert schriftlich geschlossen wird; vgl. SeuffA. 80, 88.

Zeichnung der Handlungsbevollmächtigten

§ 57. Der Handlungsbevollmächtigte hat sich bei der Zeichnung jedes eine Prokura andeutenden Zusatzes[1] zu enthalten[2]; er hat mit einem das Vollmachtsverhältnis[3] ausdrückenden Zusatze zu zeichnen[3].

1. Vgl. § 51 (gewöhnlich: „p.p.").

2. Bei Verstoß: Haftung des Prinzipals im Rahmen der wirklich bestehenden HVollmacht; darüber hinaus gilt § 179 BGB.

3. Ordnungsvorschrift (wie § 51). Wirksam ist z. B. auch bloße Unterzeichnung mit dem Namen bzw. der Firma des Prinzipals; vgl. RGZ. 74, 69. — Beispiele zulässiger Zusätze: „per ...", „i. V.", „i. A.".

Übertragung der Handlungsvollmacht

§ 58. Der Handlungsbevollmächtigte kann ohne Zustimmung des Inhabers des Handelsgeschäfts seine Handlungsvollmacht auf einen anderen nicht übertragen[1].

1. Verbot der vollständigen Vollmachtsübertragung (ohne Zustimmung des Prinzipals, nicht schlechthin wie bei der Prokura, § 52 Abs. 2). Bevollmächtigung eines anderen zu einzelnen Geschäften, insbesondere auch Anstellung von Ladenangestellten mit der Folge des § 56, kann (nach § 54) von der HVollmacht umfaßt werden; vgl. JW. 91, 556; Gruch. 36, 1156.

Sechster Abschnitt*)

Handlungsgehilfen und Handlungslehrlinge

Inhalt des Handlungsgehilfenvertrages

§ 59. Wer in einem Handelsgewerbe zur Leistung kaufmännischer Dienste gegen Entgelt angestellt ist (Handlungsgehilfe)[1—5], hat, soweit nicht besondere Vereinbarungen über die Art und den Umfang seiner Dienstleistungen oder über die ihm

---

*) Gilt nicht im Lande Österreich und im Sudetenland; vgl. Art. 1 der 4. EinfV. betr. Österreich u. Art. 1 der 3. EinfV. betr. Sudetenland (Anh. XIII u. XIV).

zukommende Vergütung getroffen sind, die dem Ortsgebrauch entsprechenden Dienste zu leisten[6] sowie die dem Ortsgebrauch entsprechende Vergütung zu beanspruchen[7]. In Ermangelung eines Ortsgebrauchs gelten die den Umständen nach angemessenen Leistungen als vereinbart[8].

1. Handlungsgehilfeneigenschaft setzt Leistung kaufmännischer Dienste in einem HGewerbe auf Grund entgeltlicher Anstellung voraus.

Liegt gar kein HGewerbe (auch nicht einmal das eines Minderkaufmanns [§ 4] oder Scheinkaufmanns [§ 5]) vor (RGZ. 63, 202; JW. 37, 3057[57]) oder werden keine kaufmännischen Dienste geleistet (§ 83), so ist der Angestellte nur Gewerbegehilfe (vgl. Tit. VII — §§ 105 ff. — der GewO.). Kein HGewerbe z. B. Anwaltskanzlei, Apotheke; keine HGeh. daher auch die ärztliche Sprechstundenhilfe; vgl. dazu Anm. 7 Abs. 2 zu § 1 u. Anm. 1 zu § 2. — Welche Dienste darüber hinaus „kaufmännisch" sind, entscheidet die Verkehrsauffassung (D. 55); regelmäßig scheiden zunächst solche Tätigkeiten aus, die nicht dem Umsatz der Ware, sondern nur ihrer Herstellung, Bearbeitung oder Bereitstellung dienen, ferner solche, die keine besonderen Fähigkeiten in Buchführung oder Kundenbehandlung erfordern, sowie rein technische Tätigkeiten; vgl. JW. 38, 1670. Als bloße Gewerbegehilfen und nicht als HGeh. sind danach z. B. angesehen worden: Koch im Restaurant (ROHG. 10, 299), Kellner (ROHG. 24, 270); Bierfahrer (OLG. 10, 149, gegen JW. 90, 295); Werkmeister (vgl. ROHG. 11, 387); Zuschneider (ROHG. 21, 18); Bauzeichner (RGZ. 1, 268); sog. Lageristen (OLG. 12, 417); Trinkhallenwärter (JW. 36, 1250[46] gegen DJZ. 34, 808); Kinokassiererin (JW. 29, 73 gegen HRR. 28, 1122, vgl. auch ebda. 29, 928); Zigarettenverkäufer (JW. 33, 2408 gegen DJZ. 34, 808); Zeitungsreporter (ROHG. 14, 23); Straßenbahnschaffner (OLG. 9, 249); vgl. ferner ROHG. 14, 115; 17, 307; JW. 30, 440; 32, 2111 u. 3495; HRR. 31, 1066; 32, 47. Dagegen sind HGeh. der Filialleiter (Gruch. 53, 429), auch der technische Leiter einer Fabrik (ROHG. 18, 25; RGZ. 38, 118), ferner die Direktrice eines Putzgeschäfts (OLG. 6, 348), ferner meist der sog. Bezieherwerber einer Zeitung (vgl. RAG. 19, 110; JW. 37, 2070), u. der sog. Versicherungsagent (JW. 36, 683), sicherlich auch Werbefachleute, ob aber allgemein (so OLG. 12, 417) Schaufensterdekorateure, erscheint zweifelhaft. Bei Zusammentreffen verschiedenartiger Tätigkeiten entscheidet die überwiegende (D. 55; KB. 47; RGZ. 63, 202; OLG. 1, 72; 6, 348; JW. 10, 839.

Die Anstellung des HGeh. muß entgeltlich erfolgt sein, also auf einem Dienstvertrage beruhen, für dessen Behandlung ergänzend §§ 611 ff. BGB. gelten. — Keine HGeh. sind daher Personen, welche kaufmännische Dienste unentgeltlich leisten, sei es als Volontär (§ 82a u. dazu HRR. 30, 531), sei es mit Rücksicht auf ein Angehörigenverhältnis zum Prinzipal, sei es selbst kraft gesetzlicher Verpflichtung aus diesem Verhältnis (vgl. §§ 1356, 1617 BGB.). Vgl. dazu noch Warn. 37, 357, auch SeuffA. 93, 302, ferner unten Anm. 7.

Von den Vorschriften der §§ 611 ff. BGB. kommen für HGeh. in Betracht: § 612 Abs. 1: Entgeltlichkeit außer bei offensichtlichen Gefälligkeitsdiensten; gilt auch für Verwandte (RGZ. 74, 141). — § 613 BGB.: im Zweifel persönliche Leistungspflicht des HGeh. (entsprechend bei seinem Tod im Zweifel [Gruch. 47, 402] Erlöschen des Vertrages; §§ 675, 672 BGB.) und Unabtretbarkeit des Anspruchs auf die Dienste; bei Geschäftsveräußerung, insbesondere Fusion geht aber der Anspruch über, wenn das Anstellungsverhältnis dadurch nicht in seinem Wesen verändert wird (ROHG. 18, 378; vgl. § 399 BGB.), und ebenso bei Konkurs des Prinzipals unbeschadet des Kündigungsrechts aus § 66 auf die Masse. — § 615 BGB., Annahmeverzug des Prinzipals, für den (vgl. §§ 293 ff. BGB.) kein Verschulden erforderlich ist, begründet Gehaltsanspruch des HGeh. ohne Nachleistungspflicht, u. zw. auch ohne ein weiteres Angebot des HGeh., wenn einmal der Annahmeverzug (z. B. durch unberechtigte fristlose Kündigung) eingetreten ist. JW. 09, 722; SeuffA. 57, 359; 59, 163; 60, 202. Vgl. auch Anm. 4 a. E. zu § 70. Tritt der HGeh. (was ihm außer bei wirksamer Konkurrenzklausel [§ 75 Abs. 2] freisteht) in ein anderes Geschäft ein, so muß er sich das dadurch Verdiente, falls es sich nicht nur um einen auch bei Fortdauer der Tätigkeit für den alten Prinzipal zulässig gewesenen Nebenverdienst handelt (RGZ. 58, 404; JW. 03 Beil. 99), anrechnen lassen, u. zw. (RGZ. 58, 402) auf die gesamte, nicht nur die dem neuen Erwerb zeitlich entsprechende Vergütung (Beweislast des Prinzipals: RGZ. 38, 119; JW. 09, 455; 10, 1002; LZ. 20, 861), nicht jedoch auf eine für den Fall vorzeitiger Kündigung vereinbarte Abfindung (Warn. 13, 172). Unpfändbarkeit wie beim Gehaltsanspruch selbst; vgl. unten Anm. 7 a. E. § 616 Abs. 1 BGB., soweit nicht § 63 den HGeh. besserstellt. — § 617 BGB. (außer im Falle des § 69), HGeh., die vom Prinzipal in häusliche Gemeinschaft aufgenommen werden, haben bei dann eintretender (str.; OLG. 9, 289) Krankheit Anspruch auf Verpflegung und ärztliche Behandlung. — § 620 BGB. (Dauer des Vertrages) unter entsprechender Anwendung der §§ 66—69 an Stelle der §§ 621 bis 623 BGB. — § 624 BGB., der aber nicht schon für jede Anstellung gilt, die als „Lebensstellung" bezeichnet wird (OLG. 3, 411): überhaupt kein Kündigungsrecht für den Prinzipal, aber für den HGeh. ein solches nach Ablauf von 5 Jahren (mit 6 Monaten Frist). — § 625 BGB.: Stillschweigende Fortsetzung des aufgelösten Anstellungsvertrages ist neuer Vertrag auf unbestimmte Zeit. — § 628 Abs. 1 Anspruch des HGeh. bei Kündigung auf verhältnismäßige Vergütung für die bisherigen Leistungen. — § 629: angemessene Frist zur Stellungsuche nach Kündigung eines dauernden Anstellungsvertrages (für die nach § 616 Abs. 1 BGB. die Vergütung ungekürzt fortzuzahlen ist!). — Außerdem gelten für HGeh. die Bestimmungen des § 113 BGB. (Minderjährige). — Über die Wirksamkeit mündlicher Abreden neben einem schriftlichen Anstellungsvertrag vgl. Warn. 32, 36, über wucherische Anstellungsverträge R. 30, 492. — Wegen des internationalen Privatrechts (Erfüllungsort maßgebend!) vgl. JW. 36, 2939.

2. Von den Vorschriften der Gewerbeordnung, Titel VII, gelten auch einige für HGeh.; es sind dies (vgl. § 154 Abs. 1 Nr. 2 GewO.): §§ 105a—i und dazu §§ 41a u. b GewO. (Sonntagsarbeit), 120 (Fortbildungsunterricht), 139i (Fachschulbesuch; vgl. § 76), 139g u. h (Durchführung des § 62; vgl. Anm. 4 zu § 62), 139b (statistische Mitteilungen, Abs. 5). — Vgl. noch V. über Sonntagsruhe im Handelsgewerbe usw. v. 5. 2. 19 (RGBl. 176) u. dazu § 105b Abs. 5 GewO. — Über Arbeitszeit der Angestellten vgl. jetzt allgemein ArbeitszeitV. i. d. F. d. V. über d. neue Fassung der ArbeitszeitV v. 26. 7. 34 (RGBl. I 803), in welche unter Einbeziehung der §§ 139, 139c—f GewO. die frühere V. über die Arbeitszeit (zuletzt i. d. F. d. Bek. v. 14. 2. 27 — RGBl. I 110) übergegangen ist. Die auf Grund der alten Bestimmungen erlassenen Verordnungen sind vorläufig in Kraft geblieben (vgl. Ziff. 4d) d. V. über d. neue Fassung d. ArbeitszeitV. v. 26. 7. 34 (RGBl. I 803). Über eine nichtige Überstundenabrede vgl. Warn. 37, 292. — Auf Grund des früheren § 139 GewO. war die Bek. betr. die Einrichtung v. Sitzgelegenheiten f. Angestellte in offenen Verkaufsstellen v. 28. 11. 00 (RGBl. 1031) ergangen. — Vgl. ferner Ges. über Beschäftigung vor und nach der Niederkunft v. 16. 7. 27 m. Änderung v. 29. 10. 27

(RGBl. I 325) u. Jugendschutzges. v. 30. 4. 38 (RGBl. I 437) u. AusfV. v. 12. 12. 38 (RGBl. I 1777). — § 152 GewO. (Koalitionsfreiheit) ist aufgehoben (§ 69 Abs. 2 d. Ges. z. Ordnung d. nationalen Arbeit v. 20. 1. 34 [RGBl. I 45]). — Über das auch für HGeh. obligatorische Arbeitsbuch vgl. Ges. v. 26. 2. 35 (RGBl. I 311). Vgl. noch §§ 12, 17 u. 18 UWG. (Schmiergelder, Geheimnis- und Modellverrat); ferner §§ 165, 165b, 1226 RVO. sowie § 1 AngVG., beide i. d. F. d. V. v. 17. 5. 34 (RGBl. I 419).

3. Durch die Anstellung als HGeh. wird, soweit es sich nicht um gesetzliche Vertreter juristischer Personen oder Stellvertreter des Betriebsführers in der Betriebsleitung handelt (vgl. § 3 AOG.), sozialrechtlich die Zugehörigkeit zur Gefolgschaft und damit ein Treuverhältnis zum Führer des Betriebes (das sind der Einzelkaufmann, evtl. die persönlich haftenden Gesellschafter von HGesellschaften oder die Organe juristischer Personen) begründet. Es ist geregelt durch das AOG. (Ges. zur Ordnung der Nationalen Arbeit v. 20. 1. 34 [RGBl. I 45] s. Anh. III) mit zahlreichen DurchfV.en, durch welches die öffentlich-rechtliche Regelung der Unternehmensstruktur unter Aufhebung insbesondere der Betriebsräteverfassung (Art. 165 RV. v. 11. 8. 19 u. BRG. v. 4. 2. 20) neugestaltet wurde; vgl. § 65 AOG. Hinzu tritt das Ges. z. Ordnung der Arbeit in öffentl. Verwaltungen und Betrieben v. 23. 3. 34 (RGBl. I 320) für die Betriebe der öffentlichen Verwaltung (§ 1 d. Ges. v. 23. 3. 34), ebenfalls m. DurchfV.en. — Das Arbeitsrecht ist auf dem Prinzip der Gemeinschaft aller am Betriebe Beteiligten aufgebaut (vgl. §§ 1, 2 Abs. 2, 6 Abs. 1, 36 AOG.). Dem Betriebsführer ist die Gefolgschaft (das sind Arbeiter und Angestellte) als ein Gut der Volksgemeinschaft anvertraut. Die beiderseitige Treupflicht (vgl. JW. 38, 3193) wird durch die soziale Ehrengerichtsbarkeit sichergestellt; vgl. im einzelnen §§ 35 ff. AOG. In jedem Betriebe von in der Regel mindestens 20 Beschäftigten besteht ein Vertrauensrat, der gegenüber dem Betriebsführer beratende Funktion hat, gegenüber dessen Entscheidungen, wenn sie mit den wirtschaftlichen oder sozialen Verhältnissen des Betriebs nicht vereinbar erscheinen, aber auch die Entscheidung des Treuhänders der Arbeit — ohne aufschiebende Wirkung — anrufen kann (§§ 16, 19 Abs. 1, Nr. 3, 19 Abs. 3 AOG.). Seine Mitglieder (Vertrauensmänner) werden durch geheime Abstimmung der Gefolgschaft aus einer von dem Betriebsführer und dem Betriebszellenobmann aufgestellten Liste gewählt. Die Mitglieder genießen besonderen Kündigungsschutz (§ 14 AOG.). — Die soziale Ehrengerichtsbarkeit leitet vornehmlich der Treuhänder der Arbeit (§ 19 Abs. 1 Nr. 7 AOG.), der außerdem bei Massenentlassungen (§ 20 AOG.: Anzeigepflicht des Betriebsführers) in Tätigkeit tritt, auch die Vertrauensmänner bestimmt, wenn die Beteiligten im Abstimmungsverfahren keine Feststellung erzielen (§ 7 AOG.), für seinen Bezirk Untertreuhänder mit örtlich oder sachlich begrenzten Befugnissen einsetzen (§ 21 AOG.) und schließlich in gewissen Fällen Betriebs- und Tarifordnungen erlassen kann (§§ 16, 19 Abs. 1 Nr. 3; 32 AOG.). Über letztere und ihr Verhältnis zur Betriebsordnung vgl. unten Anm. 7 Abs. 2. Die Betriebsordnung (die grundsätzlich vom Führer des Betriebs aufgestellt wird) ist für die Angehörigen des Betriebs rechtsverbindlich (§ 30 AOG.), und zwar in dem Sinne, daß gewisse Mindestbedingungen des Arbeitsvertrages, die darin aufgestellt sind, zum Nachteil der Gefolgschaftsmitglieder unabdingbar sind; zu diesem Grundsatz s. aber auch SeuffA. 93, 293. Hauptinhalt der Betriebsordnung: Arbeitszeit, Art und Zeit der Lohnzahlung, Gründe fristloser Kündigung, Berechnungsart des etwaigen Akkordlohns; möglich ist auch eine Bestimmung über die Lohnhöhe, wobei verschiedene Behandlung bestimmter Gruppen von Beschäftigten (z. B. Frauen, in der Erwerbsfähigkeit Beschränkte) zulässig ist; usw.)

(vgl. §§ 27, 28 Abs. 3 AOG.). — Über Kündigungsschutz vgl. unten Anm. 4 zu § 66. — Betriebe der öffentlichen Verwaltung erhalten auf Grund des Ges. v. 23. 3. 34 (vgl. oben) einen Sondertreuhänder, einen Vertrauensrat nur, wenn sie keine Hoheitsbefugnisse ausüben (§§ 2, 15 a. a. O.) und statt einer Betriebsordnung die Dienstordnung des Betriebsführers (§§ 16 ff. a. a. O.); an Stelle der sozialen Ehrengerichtsbarkeit tritt das Disziplinarstrafrecht, soweit es sich um Beamte oder Soldaten handelt. — Über Besonderheiten bei See-, Binnen- und Luftschiffen vgl. DurchfV.en v. 19. 4. 36 (RGBl. I 396) u. v. 13. 6. 34 (RGBl. I 516).

4. Als Angestellte unterfallen HGeh. der Arbeitsgerichtsbarkeit. Es gilt jetzt (nach Aufhebung d. Ges. über die Kaufmannsgerichte v. 6. 7. 04 und des darauffolgenden Arbeitsgerichtsgesetzes v. 23. 12. 26) das Arbeitsgerichtsgesetz v. 10. 4. 34 (RGBl. I 319). Die Arbeitsgerichte (in der Berufungsinstanz die Landesarbeitsgerichte, in der Revisionsinstanz das Reichsarbeitsgericht) sind ausschließlich für Streitigkeiten zwischen Unternehmer und Beschäftigten zuständig, wenn sie das Bestehen, die Vorverhandlungen oder die Auswirkungen des Arbeits- bzw. Lehrvertrages oder damit zusammenhängende unerlaubte Handlungen zum Gegenstande haben (ausgenommen gewisse Erfindungsangelegenheiten und — vgl. § 481 HGB. — Schiffsbesatzungsstreitigkeiten), ferner für Ansprüche der Beschäftigten untereinander aus gemeinsamer Arbeit, sodann aber auch für konnexe bürgerliche Rechtsstreitigkeiten. — Beschäftigte im Sinne des AGG. (wie auch des AOG.) sind nicht: Beamte, Soldaten und gesetzliche Vertreter juristischer Personen. Bei letzteren ist aber vereinbarte Zuständigkeit des Arbeitsgerichts möglich (vgl. §§ 2 ff. AGG.). — Ausschluß der Arbeitsgerichtsbarkeit durch Schiedsklausel (§§ 91 ff. AGG.), die auch der Treuhänder der Arbeit anordnen kann (vgl. § 32 AOG.), ist möglich, z. T. auch durch Güteklausel (§ 101 AGG.) und Schiedsgutachterklausel (§ 106 AGG.). — Über die Verfassung der Arbeitsgerichte vgl. §§ 17 ff. AGG. — Das Verfahren ist ein vereinfachter Prozeß der ZPO. (§§ 46 ff. AGG.) mit Güteverfahren (§§ 54 ff. AGG.) u. Möglichkeit der Entscheidung durch den Vorsitzenden allein (§ 55 AGG.). — Die Vertretung vor den Arbeitsgerichten kann durch Bevollmächtigte erfolgen, durch Rechtsanwälte aber nur mit Ermächtigung der Deutschen Arbeitsfront (DAF.) bezw. auf Grund einer Beiordnung durch den Vorsitzenden. 1. bis 3. V. über Zulassung zur Prozeßvertr. vor den ArbGer. v. 8. 4., 12. 5., 22. 5. 33 (RGBl. I 193, 282, 367) (§ 11 AGG.); meist liegt die Vertretung bei rechtskundigen Angestellten der DAF.; in den Rechtsmittelinstanzen herrscht Anwaltszwang.

5. Für HGeh. gelten auch die Bestimmungen über Erwerbslosenfürsorge und Arbeitsbeschaffung, insbes. Ges. über Arbeitsvermittlung und Arbeitslosenversicherung v. 16. 7. 27 (RGBl. I 187), neu bekanntgemacht am 12. 10. 29 (RGBl. I 162) u. danach häufig geändert; vgl. aus neuerer Zeit namentlich V. über die Höhe der Arbeitslosenunterstützung v. 3. 6. 37 (RGBl. I 616) nebst Ergänzung durch V. v. 25. 9. 37 (RGBl. I 1024). Vgl. hierzu auch Ges. über die Regelung des Arbeitseinsatzes v. 15. 5. 34 (RGBl. I 381) und zahlreiche Anordnungen auf Grund d. V. z. Durchf. des Vierjahresplans v. 18. 10. 36 (RGBl. I 887).

6. Die Betriebsordnung (§§ 26 ff. AOG.) wird weitgehend den Inhalt der Dienstleistungen bestimmen. Soweit das nicht der Fall ist, entscheidet die am Erfüllungsort, d. h. regelmäßig: dem Ort der Niederlassung des Prinzipals, u. zw. (stets) einheitlich für HGeh. und Prinzipal (vgl. § 269 BGB.), herrschende Übung. Vgl. dazu LZ. 13, 475 (Erweiterung des üblichen Pflichtenkreises in Notfällen); SeuffA. 57, 26 (Kontorarbeit als gelegentliche Pflicht eines Reisenden; dazu auch D. 55; KB. 22). S. ferner oben Anm. 3 a. A. u. dazu SeuffA. 48, 102 (üble Nachrede des HGeh.).

Der Prinzipal kann auf Erfüllung des Anstellungsvertrages durch den HGeh. klagen, aber das Urteil nicht vollstrecken; vgl. § 888 Abs. 2 ZPO. Hingegen besteht ein Unterlassungsanspruch gegen den HGeh., der während der Vertragszeit in die Dienste eines andern Prinzipals eintritt, nur bei Vorliegen eines besonderen Rechtsgrundes (besondere Parteivereinbarung; Teilnahme des HGeh. an einem Wettbewerbsverstoß des neuen Prinzipals), nicht schon auf Grund des Anstellungsvertrages selbst (RGZ. 72, 793 — VerZS. —, anders früher RGZ. 67, 3 u. LZ. 11, 542). — Der Prinzipal hat einen Anspruch auf Herausgabe von Schmiergeldern, die der HGeh. annimmt; RGZ. 99, 31 u. § 12 UWG.; ein unter solchen Umständen vom HGeh. geschlossener Vertrag ist außerdem anfechtbar, aber nicht nichtig. Vgl. RGZ. 107, 208; JW. 24, 291, auch LZ. 22, 652.

Kein Anspruch des HGeh. auf Entgegennahme der Dienste, außer bei besonderer Begründung eines Beschäftigungsanspruchs; vgl. RGZ. 106, 274; JW. 11, 39. Dementsprechend insoweit auch kein Zurückbehaltungsrecht an zur Dienstausübung gestellten Gegenständen; vgl. RGZ. 71, 252, aber auch unten Anm. 8 a. E. Über Folgen eines Annahmeverzuges des Prinzipals: § 615 BGB. (vgl. oben Anm. 1 Abs. 4 u. dazu Anm. 8 a. E. zu § 74b), ferner § 70 (Kündigungsgrund — u. U.!).

In erster Linie nach dem Vertrage, sonst aber auch nach der Ortsüblichkeit ist eine Erfindung oder sonstige urheberrechtliche Leistung des HGeh. zu beurteilen. Ist die Tätigkeit des HGeh. bestimmungsgemäß auf solche Leistungen gerichtet, so hat der Prinzipal zumindest Anspruch auf Überlassung und Auswertung der Rechte (Diensterfindung!); vgl. SeuffA. 60, 371; LZ. 13, 383; dazu z. B. noch RGZ. 34, 104; 67, 166; 75, 225; 82, 333; 84, 49; 110, 393; 154, 309.

Aus dem Anstellungsverhältnis folgt, daß der HGeh. im Verhältnis Dritter zum Prinzipal als dessen Erfüllungsgehilfe (§ 278 BGB.) bzw. Verrichtungsgehilfe (§ 831 BGB.) anzusehen ist. Im rechtsgeschäftlichen Verkehr hat daher der Prinzipal Verschulden des HGeh. und bei unerlaubten Handlungen Sorgfaltsverstöße bei Auswahl und Beaufsichtigung des HGeh. zu vertreten. Ein Fabrikant von Markenartikeln haftet aus diesen Gesichtspunkten jedoch nicht etwa den Kunden des Zwischen- oder Kleinhändlers; RGZ. 87, 1. — Praktisch wichtig ist der Verstoß des HGeh. gegen vertragliche Unterlassungspflichten des Prinzipals (meist: Preisbindungen), der dann unter § 278 BGB. fällt, wenn die Beobachtung der Unterlassungspflicht in den Aufgabenkreis des HGeh. fällt; vgl. RGZ. 63, 116; 79, 42. Vgl. dazu auch § 13 Abs. 3 UWG. Aus dem von der Rspr. entwickelten Gesichtspunkt der culpa in contrahendo in Verb. v. § 278 BGB. haftet der Prinzipal auch für Verschulden des HGeh. bei bloßen Vorverhandlungen (vgl. RGZ. 103, 51; 105, 185; 114, 160), nicht aber hinsichtlich der allgemeinen Verkehrssicherheit von Geschäftsräumen; hier greift lediglich § 831 BGB. ein (sehr str.). Vgl. dazu RGZ. 75, 257; 77, 211; 79, 319; 99, 264; 113, 296; JW. 13, 23; 14, 759. — Juristische Personen haften für Verschulden ihrer Vorstandsmitglieder (Geschäftsführer) und sonstigen satzungsmäßigen Vertreter (vgl. §§ 31, 89 BGB.). — Haftung der Eisenbahn für ihre Bediensteten und Helfer: § 456. — Jeder Prinzipal muß gemäß § 166 BGB. die Kenntnis seiner HGeh. von solchen Umständen gegen sich gelten lassen, die zufolge der Betriebsorganisation bestimmungsgemäß von ihnen wahrgenommen werden: vgl. RGZ. 101, 403.

7. Über den für die Höhe der Vergütung maßgeblichen Ortsgebrauch vgl. oben Anm. 6 a. A. — Der HGeh. kann demgemäß bei Verlegung der Geschäftsniederlassung eine den neuen Verhältnissen entsprechende Vergütung fordern; vgl. SeuffA. 70, 110. — Wird die ortsübliche Vergütung verlangt, so

muß der HGeh. nach st. Rspr. beweisen, daß keine Vereinbarung über die Höhe der Vergütung getroffen worden ist; vgl. RGZ. 57, 49; JW. 03, 100.

Bis zum Inkrafttreten des AOG. (vgl. oben Anm. 3) galt für das Recht der kollektiven Arbeitsverträge die V. über Tarifverträge v. 23. 12. 18, jetzt aufgehoben durch § 65 Nr. 6 AOG. Gemäß §§ 32 Abs. 2, 26ff. AOG. sind die Tarifverträge durch die Tarifordnungen ersetzt worden. Für eine Übergangszeit bestimmte § 72 AOG., daß die am 1. 12. 33 in Kraft befindlichen oder danach noch in Kraft getretenen Tarifverträge bis zum 30. 4. 34 weitergalten. Der RArbMin. hat dann durch Anordnung v. 28. 3. 34 (RABl. I 85) von der ihm durch § 72 a. a. O. weiter eingeräumten Befugnis Gebrauch gemacht, die Geltungsdauer der danach am 30. 4. 34 noch bestehenden Tarifverträge bis auf weiteres zu verlängern, u. zw. als Tarifordnungen mit dem bisherigen Verbindlichkeitsbereich; nur die sog. Firmentarife sind spätestens am 30. 6. 34 erloschen. Die Anordnung des RArbMin. v. 28. 3. 34 trägt freilich ihrerseits auch noch Übergangscharakter. Tarifordnungen enthalten formelles Gesetzesrecht, das der Richter auszulegen hat, RAG. 18, 72; Warn. 39, 9. Vgl. aber auch SeuffA. 93, 293.

Die Form des Entgelts ist grundsätzlich gleichgültig; vgl. §§ 154 Abs. 1 Nr. 2 i. V. m. 115 GewO. Regelmäßig sind feste Bezüge, u. zw. fast durchweg Gehalt, wozu allenfalls Nebenleistungen (wie Wohnung oder Beköstigung) treten, üblich wie auch am häufigsten Gegenstand einer Vereinbarung. Wechselnde Bezüge (vgl. §§ 65, 74b Abs. 2) kommen bei HGeh. meist nur als zusätzlicher Teil des Entgelts vor; darin liegt u. a. ein tatsächl. Merkmal für die Abgrenzung zwischen HGeh. u. HAgenten; vgl. JW. 33, 275. Dabei sind aber auch die übrigen Kennzeichen des Vertragsverhältnisses frei zu würdigen, JW. 30, 3788. Die Gewährung eines festen Gehalts (neben Provision) bedingt allein ebensowenig wie eine wirtschaftliche Abhängigkeit die HGehEigenschaft; auch auf die bloße Bezeichnung („Agent") kommt es nicht an, vgl. JW. 33, 275; 36, 523[31] u. 683[51]; entscheidender ist die für HGeh. typische Beschränkung in der persönlichen Selbständigkeit; vgl. Anm. 1 zu § 84 u. RGZ. 87, 442; JW. 28, 1686 u. 2650; Warn. 30, 159; 31, 61; HRR. 28, 1440; 29, 88 u. 1353; 30, 999; 33, 1104. Aus diesem letzteren Grunde sind z. B. auch Vorstandsmitglieder juristischer Personen keine HGeh.; vgl. RGZ. 7, 77; JW. 94, 27; LZ. 12, 309, auch 29, 919. Bei sonst typischen HGeh.Klauseln verbietet sich aber eine Auslegung des Angestelltenvertrages, die auf die Annahme eines anderen Rechtsverhältnisses hinausläuft; JW. 36, 523[31]; so ist z. B. bei einem Filialleiter die dadurch bedingte größere Selbständigkeit noch kein Hindernis der HGeh.-Eigenschaft, JW. 02, 173; 32, 3486; ebensowenig werden leitende Angestellte durch Ausstattung mit entsprechenden Befugnissen noch nicht Mitinhaber (Gesellschafter); vgl. RGZ. 78, 421; JW. 14, 403; Gruch. 47, 400; Warn. 14, 53; 28, 13 (ein solcher HGeh., der am Gewinn beteiligt ist, hat daher bei Ausscheiden im Laufe des Geschäftsjahres keinen Anspruch auf Aufstellung einer Zwischenbilanz und entsprechende Gewinnausschüttung, sondern nur auf einen durch das zeitliche Verhältnis bestimmten Anteil am Jahresreinverdienst; Warn. 31, 265). Auch für HGeh. besteht aber bei Tantiemeversprechen über deren Rechtswirksamkeit, wenn Angabe der Höhe fehlt, vgl. JW. 21, 106 u. 339, über Angemessenheit von Tantieme Warn. 14, 54) ein Anspruch auf Rechnungslegung und Vorlage der Bilanz, gegen den kein Zurückbehaltungsrecht wirkt, vgl. Gruch. 65, 342; RGZ. 102, 110.

Über Weihnachtsvergütung (-gratifikation) vgl. OLG. 12, 417; DJZ. 08, 768; R. 29, 1776. Sie gehört zu den vertragsmäßigen Leistungen, wenn sie entweder ausdrücklich vereinbart ist oder auf fester Verkehrssitte oder auch nur (R. 29, 1776) auf ständiger (nicht ohne weiteres — JW. 38, 1669[25] — ausreichend zweijährige!) Übung des einzelnen Prinzipals beruht. (Jedoch kein Anspruch des HGeh., wenn das Vertragsverhältnis durch sein Verschulden vor Weihnachten endet!)

Abzüge für Urlaub darf der Prinzipal i. Zw. nicht machen; regelmäßig trifft eine Tarifordnung eine ausdrückliche Bestimmung hierüber. Entsprechend ist bei vorzeitiger Beendigung eines Anstellungsverhältnisses für den entgangenen Urlaub des laufenden Vertragsjahrs eine Entschädigung zu gewähren; JW. 36, 2426[46]; 37, 3333[53]; 38, 1669[24]. — Über gesetzliche Urlaubsansprüche aus besonderen Anlässen vgl.: § 13 AOG. (Ausübung von Staatsbürgerrechten, Bekleidung öffentlicher Ehrenämter); § 26 AGG. (Arbeitsrichtertätigkeit); § 629 BGB. (Stellensuche nach Kündigung) u. Anordn. z. Durchf. d. Vierjahresplans über die Lohnzahlung an Feiertagen v. 3. 12. 37 (DRA. v. 3. 12. 37, abgedruckt bei Pfundtner-Neubert I a. E. S. 11).

Im *Konkurse* des Prinzipals geht der Anspruch des HGeh. auf die rückständigen Dienstbezüge für das letzte Jahr vor Konkurseröffnung allen anderen im Rang vor (§ 61 Nr. 1 KO.); soweit noch nach Konkurseröffnung solche Ansprüche des HGeh. entstehen (vgl. § 22 KO.!), liegen Masseschulden vor (§ 59 Nr. 2 KO.); vgl. noch Anm. 2 a. E. zu § 65 u. Anm. 4 Abs. 3 zu § 66. — Von der *Eröffnung des Vergleichsverfahrens* werden die Ansprüche des HGeh. grundsätzlich nicht betroffen, aber auch hier ist (§ 22 KO. nachgebildet!) Kündigung des Vertrages in gesetzlicher Frist möglich, jedoch nur mit Ermächtigung des Gerichts (§§ 51 II, 50 VerglO. v. 26. 2. 35 [RGBl. I 321]).

Der Anspruch auf den *Dienstlohn ist nur beschränkt pfändbar*. Nach § 850b ZPO. (Fass. d. Ges. z. Änderung v. Vorschriften über die Zwangsvollstreckung v. 24. 10. 34 [RGBl. I 1070]) sind alle wiederkehrend zahlbaren Vergütungen für Dienstleistungen bis zur Höhe von monatlich 150,— RM bzw. wöchentlich 35,— RM und regelmäßig (d. h. bis zu monatlich 500,— RM) noch je $^1/_6$ des Mehrbetrages für jeden unterhaltbeziehenden Verwandten, Ehegatten usw. (jedoch insgesamt höchstens $^2/_3$ des Mehrbetrages) der Pfändung nicht unterworfen. (Ausnahme: gegenüber Unterhaltsansprüchen verbleibt dem HGeh. nur der — örtlich verschiedene — Betrag zum eigenen notwendigen Unterhalt, d. s. z. B. in Groß-Berlin grundsätzlich monatl. 103,— RM; vgl. SeuffA. 91, 318.) — Insoweit besteht auch Verbot der Abtretung (§ 400 BGB.) und der Aufrechnung (§ 394 BGB.). (Ausnahme: Aufrechnung mit konnexen Schadensersatzansprüchen des Prinzipals aus vorsätzlich und sittenwidrig begangener unerlaubter Handlung RGZ. 85, 116; 135, 8; RAG. 10, 184; JW. 36, 2213[1]; DJ. 38, 998!). Aufrechnung und Zurückbehaltung nach § 273 BGB. sind gleich zu beurteilen, RGZ. 83, 138; 85, 108. — Der sog. 1500,—-Mark-Vertrag hat in § 850c ZPO. (Fass. d. Ges. v. 24. 10. 34 [RGBl. I 1070]) eine gesetzliche Regelung erfahren: Pfändbarkeit der Ansprüche bei dem Drittberechtigten auf Grund des Titels gegen den HGeh. ist jetzt zulässig. — Ähnlich fingiert § 850d ZPO. zugunsten des Gläubigers eines mit Dienstleistungen Beschäftigten die Vereinbarung einer angemessenen Vergütung, wenn üblicherweise die Dienstleistungen vergütet, im Einzelfall aber unentgeltlich oder gegen unangemessen niedrige Vergütung geleistet werden.

Verjährung der Ansprüche der HGeh. wegen sämtlicher Dienstbezüge in 2 Jahren (§§ 196 Abs. 1 Nr. 8, 201 BGB.) Über Verwirkung vgl. Warn. 37, 292.

Über *Lohnsteuer* vgl. EinkStGes. v. 16. 10. 34. i. d. F. d. Bek. v. 27. 2. 39 (RGBl. I 297) und die Lohnsteuerdurchführungsbestimmungen (LStDB.) v. 10. 3. 39 (RGBl. I 449); ferner KriegswirtschaftsV. v. 4. 9. 39 (RGBl. I 1609) m. DurchfBest. v. 4. 9. 39 (RGBl. I 1617).

Keinen Anspruch auf die gesetzliche (übliche oder angemessene) Vergütung hat ein Angestellter, wenn er sich nach Ablauf des Anstellungsverhältnisses mit Weiterbeschäftigung gegen geringere Vergütung und der Möglichkeit, jederzeit kündigungslos auszuscheiden, einverstanden erklärt (JW. 34, 630); jedoch dürfte solche Vereinbarung nur bei Fehlen einer verbindlichen Tarifordnung gültig sein.

8. Hat der Anstellungsvertrag eine Geschäftsbesorgung zum Gegenstand (§ 675 BGB.), wie z. B. regelmäßig beim HReisenden, so gelten auch beim HGehVertrag die §§ 665—670 BGB. (betr. Abweichung von Weisungen des Prinzipals, Auskunfts- und Rechenschaftspflicht des HGeh., seine Herausgabepflicht hinsichtlich des durch die Geschäftsbesorgung Erlangten [vgl. dazu RGZ. 105, 393] und sein Recht auf Vorschuß). Ein allgemeines Zurückbehaltungsrecht hat der HGeh. auch in diesem Falle nicht (vgl. oben Anm. 6 a. E.). anders nur ein HReisender, der durch Muster oder Koffer u. dgl. beschädigt worden ist oder auf sie Verwendungen gemacht hat. Vgl. KB. 23 u. OLG. 6, 350

Gesetzliches Wettbewerbsverbot

§ 60. Der Handlungsgehilfe darf ohne Einwilligung des Prinzipals[1] weder ein Handelsgewerbe betreiben[2] noch in dem Handelszweige des Prinzipals für eigene oder fremde Rechnung Geschäfte machen[3].

Die Einwilligung zum Betrieb eines Handelsgewerbes gilt als erteilt[4], wenn dem Prinzipal bei der Anstellung des Gehilfen bekannt ist[5], daß er das Gewerbe betreibt, und der Prinzipal die Aufgabe des Betriebs nicht ausdrücklich vereinbart[6].

1. Die „Einwilligung" (Zustimmung! §§ 183, 184 BGB.) kann auch stillschweigend erteilt werden, liegt aber noch nicht in einer durch besondere Umstände bedingten Unterlassung des Einschreitens seitens des Prinzipals; vgl. RGZ. 109, 355.

2. Ohne Rücksicht auf den HZweig — anders wie bei Einzelgeschäften; vgl. Anm. 3.

3. Außerhalb des HZweigs des Prinzipals (so wie er tatsächlich betrieben wird, nicht nur abstrakt möglich wäre — RGZ. 109, 355) ist — im Zweifel (vgl. JW. 00, 662) — die Vornahme einzelner Geschäfte gestattet.

Darüber hinaus sind angemessene Zeit vor ordnungsmäßiger Beendigung des Anstellungsverhältnisses Vorbereitungsgeschäfte für ein eigenes Gewerbe, das beim Ausscheiden beginnen soll, zulässig, wenn sie nicht aus besonderen Gründen gegen die Treupflicht verstoßen; JW. 11, 991, auch 14, 142.

Der Prinzipal hat gegenüber Verstößen des HGeh. einen Unterlassungsanspruch (vgl. RGZ. 63, 254; 73, 426), außerdem die Ansprüche aus § 61, sowie ein Recht zur fristlosen Entlassung nach § 72 Abs. 1 Nr. 1.

Daß auch Dienstleistungen an Dritte (die nicht unter § 60 zu fallen brauchen) im Zweifel allgemein unzulässig sind, wenn sie die Arbeitskraft des HGeh. beeinträchtigen, folgt schon aus § 611 BGB., § 59. Vgl. dazu RGZ. 67, 3 u. (über Rechenschaftspflicht) OLG. 41, 197.

4. Unwiderlegliche Vermutung.

5. Beweislast des HGeh.

6. Spätestens bei Abschluß des Anstellungsvertrages.

Verletzung des Wettbewerbsverbots

§ 61. Verletzt der Handlungsgehilfe die ihm nach § 60 obliegende Verpflichtung, so kann der Prinzipal Schadensersatz fordern[1]; er kann statt dessen[2] verlangen, daß der Handlungsgehilfe die für eigene Rechnung gemachten Geschäfte als für Rechnung des Prinzipals eingegangen gelten lasse[3] und die aus Geschäften für fremde Rechnung bezogene Vergütung herausgebe oder seinen Anspruch auf die Vergütung abtrete[4].

Die Ansprüche verjähren in drei Monaten von dem Zeitpunkt an, in welchem der Prinzipal Kenntnis von dem Abschlusse des Geschäfts erlangt; sie verjähren ohne Rücksicht auf diese Kenntnis in fünf Jahren von dem Abschlusse des Geschäfts an[5].

1. Entsprechend bei Geschäften, die der HGeh. unter fremdem Namen mit dem Prinzipal selbst tätigt; RGZ. 45, 31; LZ. 08, 776. Möglich ist Zusammentreffen mit § 826 BGB. (OLG. 43, 284), ebenso mit § 1 UWG. Als Hilfsanspruch ist auch stets ein Anspruch auf Auskunfterteilung gegen den HGeh. gegeben; vgl. § 687 Abs. 2 BGB. u. Warn. 28, 275.

2. Wahlrecht des Prinzipals (anders nach ADHGB.); Ausnahme: Beteiligung des HGeh. an einer o. HG. (nur Schadensersatz!), vgl. RGZ. 73, 423; JW. 11, 57 (str.).

Die Wahl ist empfangsbedürftige Willenserklärung an den HGeh., endgültig und auch sonst nach §§ 262ff. BGB. zu beurteilen; vgl. insbes. § 263 BGB. u. OLG. 7, 149. Erfüllungsort für die zur Wahl stehenden Verpflichtungen ist derselbe wie für die Hauptverpflichtung des HGeh. (vgl. Anm. 6 a. A. zu § 59), OLG. 11, 382.

3. Durch Wahl des Eintritts wird der Prinzipal dem HGeh. zum Aufwendungsersatz verpflichtet; vgl. RGZ. 45, 33 u. dazu § 684 S. 2 BGB.

4. Pflicht zur Auskunft usw. nach § 402 BGB.; vgl. OLG. 41, 197 u. oben Anm. 1 a. E.

5. Sonderregelung der Verjährung; vgl. auch § 113 Abs. 3. Die Dreimonatsfrist beginnt mit Kenntnis vom Abschluß jedes einzelnen unzulässigen Geschäfts und bei Beteiligung an einer Gesellschaft außerdem von deren Geschäftsbeginn (RGZ. 63, 253). Die Verjährung ergreift auch die mit § 61 konkurrierenden Ansprüche (oben Anm. 1 a. E. u. Anm. 3 a. E. zu § 60); vgl. RGZ. 63, 253; R. 37, 6314, allg. M.

Fürsorgepflicht

§ 62. Der Prinzipal ist verpflichtet[1], die Geschäftsräume[2] und die für den Geschäftsbetrieb bestimmten Vorrichtungen und Gerätschaften[3] so einzurichten und zu unterhalten, auch den Geschäftsbetrieb und die Arbeitszeit so zu regeln, daß der Handlungsgehilfe gegen eine Gefährdung seiner Gesundheit, soweit die Natur des Betriebs es gestattet, geschützt und die

Aufrechterhaltung der guten Sitten und des Anstandes gesichert ist[4].

Ist der Handlungsgehilfe in die häusliche Gemeinschaft aufgenommen, so hat der Prinzipal in Ansehung des Wohn- und Schlafraums, der Verpflegung sowie der Arbeits- und Erholungszeit diejenigen Einrichtungen und Anordnungen zu treffen, welche mit Rücksicht auf die Gesundheit, die Sittlichkeit und die Religion des Handlungsgehilfen erforderlich sind[5].

Erfüllt der Prinzipal die ihm in Ansehung des Lebens und der Gesundheit des Handlungsgehilfen obliegenden Verpflichtungen nicht, so finden auf seine Verpflichtung zum Schadensersatze[6] die für unerlaubte Handlungen geltenden Vorschriften der §§ 842 bis 846 des Bürgerlichen Gesetzbuchs entsprechende Anwendung[7].

Die dem Prinzipal hiernach obliegenden Verpflichtungen können nicht im voraus durch Vertrag aufgehoben oder beschränkt werden[8].

1. § 62 entspricht §§ 618, 619 BGB., §§ 120a, 120b GewO.

Die Fürsorgepflicht des Prinzipals ist eine vertragliche Verpflichtung, die aber zugleich öffentlich-rechtlichen Charakter trägt; vgl. RGZ. 15, 53; 87, 84. Daraus folgt: § 278 BGB. (Haftung für Erfüllungsgehilfen ohne Entschuldigungsmöglichkeit des Prinzipals) findet Anwendung, JW. 06, 460; LZ. 17, 803 u. 1132; Gruch. 49, 639; auch JW. 33, 2650. Verjährung nach § 195 BGB., nicht nach § 852 BGB. Anderseits ist die Verpflichtung unabdingbar (Abs. 4; vgl. unten Anm. 8), sie ist im Sinne einer allgemeinen (nicht eng auszulegenden) Sorgepflicht aufzufassen (vgl. JW. 20, 377 — zu § 618 BGB. auch RAG. 6, 370 betr. Aufbewahrung von Sachen des HGeh.) und auch Inhalt der schon vor Inkrafttreten des HGB. (vgl. Art. 1 Abs. 2 EGHGB.) abgeschlossenen Anstellungsverträge (RGZ. 42, 100).

2. Einschließlich Höfe, Treppen, Abortanlagen usw., sowie des Mobiliars, Gruch. 46, 928; 48, 346; JW. 06, 460; 07, 673; LZ. 17, 803 u. 1132. Nötig ist nur, daß der HGeh. anläßlich seiner Obliegenheiten mit den Einrichtungen in Berührung kommt.

3. Vorrichtungen und Gerätschaften sind alles, was der Prinzipal zwecks Durchführung der Tätigkeit des HGeh. bereitstellt, auch etwaige Dienstkleidung.

4. Bestimmungen über die Betriebsverfassung bzw. die Ordnung des Betriebs gehören nach § 27 Abs. 3 AOG. zum fakultativen Inhalt der vom Betriebsführer (vgl. Anm. 3 zu § 59) nach Anhörung des Vertrauensrates (bei Betrieben mit mehr als 20 regelmäßig Beschäftigten); vgl. § 5 AOG.) zu erlassenden Betriebsordnung. — Die Fürsorgepflicht ist auch gesetzlich konkretisiert und öffentlich-rechtlich gesichert worden; vgl. § 139h GewO. m. Bek. v. 28. 11. 00 betr. Einrichtung von Sitzgelegenheit für Angestellte in offenen Verkaufsstellen (RGBl. 1033), Arbeitszeitordnung (dazu Anm. 2 zu § 59), ferner §§ 139g, 147 Abs. 1 Nr. 4, Abs. 4 GewO. (Polizeiverfügungen, Strafen und unmittelbarer Zwang, insbesondere Betriebseinstellung).

5. Über die Art der erforderlichen Maßnahmen entscheidet im Zweifel eine für den Erfüllungsort und die Branche bestehende Verkehrssitte.

6. Keine Klage auf Erfüllung (vgl. Anm. 6 Abs. 3 zu § 59). — Nur schuldhafte Nichterfüllung (vgl. oben Anm. 1 Abs. 2) macht den Prinzipal ersatzpflichtig; ihm obliegt aber der Nachweis mangelnden Verschuldens; JW. 01, 213; 03 Beil. 57; 12, 529; Gruch. 46, 390; LZ. 17, 1132; DJZ. 07, 365; vgl. auch § 282 BGB. Strenger Maßstab anzulegen: Unaufmerksamkeit des HGeh. ist vom Prinzipal in Betracht zu ziehen (RGZ. 19, 191; Gruch. 46, 1122; 62, 111); ebenso ein körperliches Leiden (LZ. 17, 1341); besonderer Hinweis bei gefährlicher Arbeit erforderlich (vgl. JW. 13, 372). Vgl. ferner SeuffA. 70, 16 u. Gruch. 65, 84 (übermäßige Inanspruchnahme der Arbeitskraft); R. 20, 966 (ungenügende Erwärmung); Warn. 32, 12 (Zugluft); Gruch. 64, 229 (ungenügende Regelung der Raumbenutzung). Bei mitwirkendem Verschulden (§ 254 BGB.) ist die grundsätzlich stärkere Sorgfaltspflicht des Prinzipals ebenfalls entsprechend zu berücksichtigen; vgl. JW. 04, 290; 07, 249; 20, 377; LZ. 17, 803; 18, 1076.

Vom HGeh. ist hingegen grundsätzlich der ursächliche Zusammenhang zwischen Ordnungswidrigkeit und Schaden nachzuweisen. Gegenüber Mängeln, die einen entstandenen Schaden nach der Lebenserfahrung herbeizuführen geeignet waren, hat der Prinzipal aber zuvor die Nichtursächlichkeit im Einzelfall wahrscheinlich zu machen; vgl. JW. 29, 485. Strenger (bezügl. § 618 BGB.) z. B. RGZ. 138, 38 (Beweislast des Prinzipals).

7. Vgl. § 618 BGB. Dem Umfang, nicht dem Grunde nach (vgl. oben Anm. 1) ist der Anspruch ein solcher aus unerlaubter Handlung (mit Ausnahme des Schmerzensgelds nach § 847 BGB., das nur bei einem mit dem Verstoß gegen § 62 konkurrierenden Delikt des Prinzipals verlangt werden kann; vgl. RGZ. 88, 435. Ein Schutzgesetz i. S. des § 823 Abs. 2 BGB. ist § 62 nicht [weil die Vorschrift ihre Verletzungsfolge selbständig regelt]). Über die Folge dieser Natur des Anspruchs bei Zwangsvollstreckung, Konkurs usw. vgl. RGZ. 87, 84 ff.

Vgl. noch § 70 Abs. 2 i. V. m. § 71 Nr. 3 (Kündigungsrecht des HGeh.); ferner § 1542 RVO. (Übergang des Anspruchs des HGeh. auf den Träger der UnfallVers.).

8. Unabdingbarkeit der Verpflichtung des Prinzipals, vgl. Warn. 16, 158; LZ. 17, 1341; entgegenstehende Abmachungen sind nichtig (§ 134 BGB.). Wohl aber sind Verzichte und Vergleiche nach Anspruchsentstehung zulässig (D. 57; KB. 25).

Unverschuldete Dienstverhinderung

§ 63. Wird der Handlungsgehilfe[1] durch unverschuldetes Unglück an der Leistung der Dienste verhindert[2], so behält er seinen Anspruch auf Gehalt und Unterhalt[3], jedoch nicht über die Dauer von sechs Wochen hinaus[4]. Der Anspruch kann nicht durch Vertrag ausgeschlossen oder beschränkt werden[5].

Der Handlungsgehilfe ist nicht verpflichtet, sich den Betrag anrechnen zu lassen, der ihm für die Zeit der Verhinderung aus einer Kranken- oder Unfallversicherung zukommt[6]. Eine Vereinbarung, welche dieser Vorschrift zuwiderläuft, ist nichtig[7].

1. § 63 ist größtenteils weitergehend als § 616 BGB., wird durch diese

Vorschrift aber auch teilweise ergänzt (vgl. unten Anm. 2 Abs. 2 a. E.). Beide schließen § 323 BGB. aus.

2. Verhinderung ist Unmöglichkeit oder (gleichzustellende!) Unzumutbarkeit der Dienstleistung. Gleichgültig dabei, ob sie während oder schon bei Beginn des Dienstverhältnisses (OLG. 9, 289) besteht (dann aber u. U. §§ 119, 123 BGB.), ebenso, ob dauernd oder vorübergehend.

Das Unglück kann auch außerhalb der Person des HGeh. eintreten, wenn es ihn nur nahe angeht (Angehörige!). — Kein Unglück: Militärdienstpflicht (str.; OLG. 31, 360; 32, 94); sonstige Staatsbürgerpflichten (Zeugen- und Schöffenladung z. B.); Schwangerschaft (str.; vgl. JW. 37, 3057; HRR. 32, 1862; 33, 226; aber auch LZ. 29, 418). Hier kann § 616 BGB. eingreifen. Vgl. auch § 4a Ges. über die Beschäftigung vor und nach der Niederkunft v. 16. 7. 27/29. 10. 27 (RGBl. I 184/325).

Unverschuldet ist ein Unglück dann nicht, wenn es auf mangelnder Vorsicht des HGeh. beruht. Ein Sorgfaltsverstoß ist regelmäßig nicht zu vermuten; anders nur in besonderen Fällen, z. B. bei Geschlechtskrankheit nach außerehelichem Geschlechtsverkehr (vgl. OLG. 8, 95; JW. 29, 3036), Schutzhaftverhängung über den HGeh. (JW. 34, 640). Über Unfruchtbarmachung wegen Erbkrankheit vgl. JW. 36, 1251; 37, 3332.

3. Der Anspruch auf das vertragliche Entgelt bleibt trotz der Unmöglichkeit der Gegenleistung (vgl. oben Anm. 1) erhalten. Anders bei nicht schon vorher verdienter (wenn auch noch nicht fälliger) Provision, soweit diese — wie meist — begriffsnotwendig Tätigwerden des Provisionsberechtigten voraussetzt, d. h. bei Provisionierung nur der vom HGeh. selbst getätigten Geschäfte, vgl. § 65 (str., anders RAG. 18, 122); ebenso keine Geldentschädigung für Naturalunterhalt (str.; vgl. DJZ. 05, 808; JW. 34, 3156, aber auch 36, 1259); möglicherweise ist aber § 617 BGB. gegeben. Vgl. dazu § 1311 RVO. i. d. Fass. d. V. v. 17. 5. 34 (RGBl. I 419) betr. Unterbringung im Krankenhaus durch die Versicherungsanstalt. Über die Spesen des HReisenden JW. 37, 3333.

4. Eine Kündigung wegen der Dienstverhinderung wirkt hinsichtlich des Gehaltsanspruchs frühestens in 6 Wochen nach Beginn der Dienstverhinderung (vgl. § 72 Abs. 2 u. dazu JW. 31, 3679; HRR. 32, 348), nicht jedoch auch eine Kündigung aus anderem Grunde; vgl. D. 57 u. RGZ. 48, 180.

Die 6-Wochen-Frist läuft auch bei Verschlimmerung einer schon bestehenden Krankheit, wenn diese bisher keine Dienstverhinderung bedingte, HRR. 31, 18; sie beginnt aber bei einem Krankheitsrückfall nach verhältnismäßig kurzer Arbeitszeit nicht von neuem, HRR. 28, 1123 (anders nur nach völliger Ausheilung eines früheren auf demselben Grundleiden beruhenden Krankheitsfalles, JW. 37, 487[38])

Bei Berechnung der Frist zählt der Tag der letzten Dienstleistung nicht mit; vgl. § 187 Abs. 1 BGB., auch Warn. 31, 370.

Auch nach Ablauf der 6-Wochen-Frist braucht der HGeh., wenn der Anstellungsvertrag noch besteht, eine Dienstwohnung nicht herauszugeben; HRR. 28, 1903.

5. Abs. 1 wurde früher von der h. M. als nachgiebiges Recht angesehen. Vgl. JW. 29, 2180; 32, 2053. Satz 2 ist eingefügt durch V. d. RPräs. v. 1. 12. 30 (RGBl. I 517), 1. Teil, Kap. II, Art. 3, Ziff. 2.

6. Anders § 616 BGB. u. § 133c GewO.

Eine Anrechnung findet auch dann nicht statt, wenn die Krankheit während der Urlaubszeit des HGeh. eintritt; RAG. 2, 69; zweifelnd RAG. i. HRR. 28, 2116.

7. Abs. 2 war von jeher für unabdingbar erklärt; vgl. auch JW. 28, 292. Bedenklich JW. 27, 2391.

Nach den VV. d. RPräs. v. 26. 7. 30 u. 1. 12. 30 wird jedoch Krankengeld erst nach Wegfall der Gehaltszahlung gewährt. Vgl. auch HRR. 33, 1600.

Gehaltszahlung

§ 64. Die Zahlung des dem Handlungsgehilfen zukommenden Gehalts[1] hat am Schlusse jedes Monats[2] zu erfolgen[3]. Eine Vereinbarung, nach der die Zahlung des Gehalts später erfolgen soll, ist nichtig[4].

1. Nicht der wechselnden Bezüge. Vgl. auch § 65.

2. Dienstmonats, nicht Kalendermonats. — Ist der Schlußtag ein Sonn- oder Feiertag, so ist nach §§ 192, 193 BGB. am darauffolgenden, nach Ortsgebrauch oder stillschweigender Übung meist am vorhergehenden Werktag zu zahlen.

3. Über Steuerabzug vgl. EinkStGes. v. 16. 10. 34 (i. d. F. d. Bek. v. 27. 2. 39 (RGBl. I 297) u. die V. z. Durchf. d. Steuerabzuges v. Arbeitslohn v. 29. 11. 34 (RGBl. I 1439).

4. Nicht auch die Abrede früherer Zahlung. Ebenso nicht nachträgliche Stundung des fällig gewordenen Gehalts (KB. 32), welche diesem aber den Lohncharakter (hinsichtlich Aufrechnung und Pfändung) nimmt (OLG. 5, 455).

Provision

§ 65. Ist bedungen, daß der Handlungsgehilfe für Geschäfte, die von ihm geschlossen oder vermittelt werden, Provision[1] erhalten solle, so finden die für die Handlungsagenten geltenden Vorschriften des § 88 und des § 91 Satz 1 Anwendung[2].

1. Provision ist regelmäßig ein Bruchteil des Umsatzes (sei es des gesamten, sei es des mit einem bestimmten Geschäft erzielten). Sie ist der Höhe nach entweder vertraglich bestimmt oder nach der Ortsüblichkeit bemessen. Die Bemessungsgrundlage (bei üblicher Provision also: Fehlen einer vertraglichen Bestimmung der Höhe!) muß der fordernde Provisionsgläubiger beweisen. Vgl. dazu LZ. 22, 652; SeuffA. 78, 69. Trotz des Provisionsrisiko wird der HGeh. noch nicht Agent; R. 37, 3061.

Ist dem HGeh. eine Beteiligung am gesamten Geschäftsgewinne („Tantieme") versprochen, so ist er darum noch nicht Gesellschafter (vgl. Anm. 7 Abs. 3 zu § 59). Er hat folglich kein Mitbestimmungs- oder Widerspruchsrecht bei der Geschäftsführung, einen Rechnungslegungsanspruch nur, wenn der Gewinn aus der Bilanz, notfalls in Verbindung mit den offenzulegenden Büchern und Papieren nicht objektiv zu ersehen ist (vgl. dazu ROHG. 1, 195; 17, 276; RGZ. 102, 110; JW. 91, 556; 94, 317; 34, 2181; Gruch. 65, 342) und in späteren Verlustjahren auch keine Rückerstattungspflicht; ROHG. 6, 28. Über Berechnungsgrundsätze im einzelnen vgl. LZ. 11, 547; 13, 763; 19, 865; JW. 00, 18; 34, 1750; DJZ. 21, 370; OLG. 2, 248, auch ROHG. 19, 122.

2. Im Zweifel gelten nur die ausdrücklich angeführten Vorschriften, unter gewissen Umständen sind aber auch die über Bezirksagenten entsprechend anwendbar (§§ 89, 91 Satz 2). — Vgl. §§ 88, 91 Satz 1 nebst Anm. — Nicht sittenwidrig ist die Abrede, daß dem Prinzipal auch bei bestätigten Aufträgen die freie

Entschließung über die den Provisionsanspruch bedingende Ausführung des Geschäfts verbleiben solle; JW. 31, 242.

Über Verjährung vgl. JW. 34, 2181 (betr. Gewinnbeteiligung).

Über Stellung im Konkurs: LZ. 07, 680 (für die Frist nach § 61 Nr. 1 KO. Entstehungsgrund, nicht Fälligkeit der Provision maßgebend; OLG. 11, 370 (nach Konkurseröffnung ist Provision wie festes Gehalt Masseschuld). Vgl. Anm. 7 Abs. 6 zu § 59 (auch wegen des Vergleichsverfahrens) u. Anm. 4 zu § 66.

Bei Ausscheiden bleiben dem HGeh. i. Zw. nur die schon entstandenen, d. h. auch die aufschiebend bedingten Provisionsansprüche; JW. 36, 1252.

Gesetzliche Kündigungsfrist

§ 66. Das Dienstverhältnis zwischen dem Prinzipal und dem Handlungsgehilfen kann, wenn es für unbestimmte Zeit eingegangen ist[1], von jedem Teile[2] für den Schluß eines Kalendervierteljahrs unter Einhaltung einer Kündigungsfrist von sechs Wochen[3] gekündigt werden[4].

1. Anstellungsverträge auf (ausdrücklich oder durch Art und Zweck der Dienste) bestimmte Zeit enden mit deren Ablauf, § 620 BGB. Vgl. dazu auch JW. 38, 255[34] (noch nicht berechenbarer Endtermin).

Ein Anstellungsverhältnis auf Lebenszeit oder einen längeren Zeitraum als 5 Jahre ist vom Prinzipal nicht (LZ. 08, 223), vom HGeh. nach Ablauf von 5 Jahren mit sechsmonatiger Frist kündbar; § 624 BGB.; vgl. dazu RGZ. 80, 278ff. u. HRR. 33, 1101; auch JW. 37, 3188.

Anstellung auf Probe fällt unter §§ 66, 67 (D. 61; KB. 33); vgl. R. 38, 287; OLG. 3, 78, ferner JW. 30, 3011. Vgl. dazua uch den anderen Fall des § 69.

Bei stillschweigender Fortsetzung eines Anstellungsverhältnisses nach seiner Beendigung findet § 66 ebenfalls Anwendung; JW. 08, 138; 36, 207. Vgl. § 625 BGB. und dazu R. 33, 38. Stillschweigende Fortsetzung kann auch bei Weiterbeschäftigung auf Bitten eines gekündigten HGeh. vorliegen; JW. 29, 2174. Vgl. auch OLG. 11, 23 u. JW. 29, 960. — Zu unterscheiden davon der Fall des § 67 Abs. 3.

2. Vgl. auch § 67 Abs. 1. Verzicht des Prinzipals auf sein Kündigungsrecht ist aber möglich (unbeschadet § 70), DJZ. 25, 1655.

3. Letzte zulässige Kündigungstage (zum jeweils nächsten Quartalsschluß) sind demnach 17. (in Schaltjahren 18.) Februar und 19. Mai, August bzw. November. Sind diese Tage Sonn- oder Feiertage, so gilt § 193 BGB. (nächstfolgender Werktag!), str.; vgl. LZ. 30, 193. Vor dem bestimmungsmäßigen Zeitpunkt für den Arbeitsbeginn läuft keine Kündigungsfrist; JW. 33, 1967.

Gemäß § 67 Abs. 1 u. 2 beschränkt abdingbar. Wird vertraglich eine danach unzulässige Kündigungsfrist vereinbart, so verbleibt es bei der gesetzlichen Kündigungsmöglichkeit nach § 66, str.; vgl. darüber HRR. 30, 233; wie hier JW. 29, 2437. S. auch Anm. 5 zu § 67.

4. Kündigungsbeschränkungen. Nach Inkrafttreten des AOG. v. 20. 1. 34 m. Änderung durch Ges. z. Erweiterung d. Kündigungsschutzes v. 30. 11. 34 (RGBl. I 1193) gelten noch: §§ 56ff. AOG. (allgemeiner Kündigungsschutz durch Widerrufsklage und Entschädigung); § 14 AOG. (verstärkter Kündigungsschutz für Mitglieder des Vertrauensrats, Kündigungsmöglichkeit schlechthin auf Stillegungen beschränkt); § 20 AOG. (Genehmigungsbedürftigkeit — Treuhänder der Arbeit — bei Stillegungen). Alle Beschränkungen treffen nur Be-

triebe von mindestens 10 — bei § 14 AOG. mindestens 20 — regelmäßig Beschäftigten. — Ferner: § 13 d. Ges. über die Beschäftigung Schwerbeschädigter v. 6. 4. 20 i. d. Fass. d. Bek. v. 12. 1. 23 u. d. Ges. v. 8. 7. 26 (RGBl. 1920, 458; 1923 I 57; 1926 I 398). Dazu vgl. JW. 23, 247; 24, 1061 u. 1196; 25, 1885, 1901, 1909, 1915, 1916; OLG. 43, 75. Ges. über die Regelung des Arbeitseinsatzes v. 15. 5. 34 (RGBl. I 381), ferner V. d. RWirtschMin. über die Verteilung von Arbeitskräften v. 10. 8. 34 (RGBl. I 786) nebst Anordnung über die Verteilung von Arbeitskräften v. 28. 8. 34 (abgedruckt bei Pfundtner-Neubert IV b/5, 13ff.); § 4 d. Ges. über die Beschäftigung vor und nach der Niederkunft v. 16. 7. 27 (RGBl. I 184) m. Änderung durch Ges. v. 29. 10. 27 (RGBl. I 325). Schließlich ist durch Ges. über die Fristen für die Kündigung von Angestellten v. 9. 7. 26 (RGBl. I 399 — s. Anh. IV) grundsätzlich allgemein bei langjähriger Anstellung eine Verlängerung der normalen Kündigungsfrist vorgesehen, u. zw. zwingend; vgl. dazu über den Kreis der Schutzberechtigten RAG. 2, 277 (u. a. alle HGeh. und HLehrlinge!); HRR. 32, 532 (nur Hauptberuf); HRR. 35, 1475 (auch gesetzlicher Vertreter juristischer Personen); über Anwendung bei Verträgen auf bestimmte Zeit RAG. 4, 354; 7, 93; im Konkurs (str.) HRR. 30, 993. — Vereinbarte Kündigungsbedingungen sind wirksam, wenn sie im Einzelfall bei einer Kündigung für den HGeh. günstiger sind; JW. 38, 336[26].

Über das Kündigungsrecht des Prinzipals (mit Ermächtigung des Gerichts), nicht auch des HGeh. bei Eröffnung des gerichtlichen Vergleichsverfahrens § 51 Abs. 2 VglO. v. 26. 2. 35 (RGBl. I 321), über das des Verwalters und des HGeh. im Konkurs § 22 KO.

Kündigung ist empfangsbedürftige Willenserklärung, bedingungsfeindlich (ROHG. 4, 343; Warn. 15, 653; RAG. 2, 30; anders nur, wenn die Bedingung für den Erklärungsempfänger sog. Voluntativbedingung ist; str.). Im Zweifel formlos gültig; Vereinbarung, daß Kündigung durch Einschreibebrief erfolgen müsse, stellt nur eine Regelung der Gefahrtragung für die Briefbeförderung dar (RGZ. 77, 70). Über Kündigung durch Vertreter vgl. §§ 174, 180 BGB. — Über Sittenwidrigkeit einer Kündigung DJust. 36, 730.

Vertragliche Kündigungsfristen

§ 67. Wird durch Vertrag eine kürzere oder längere Kündigungsfrist bedungen[1], so muß sie für beide Teile gleich sein[2]; sie darf nicht weniger als einen Monat betragen[3].

Die Kündigung kann nur für den Schluß eines Kalendermonats zugelassen werden[4].

Die Vorschriften des Abs. 1[5] finden auch in dem Falle Anwendung, wenn das Dienstverhältnis für bestimmte Zeit mit der Vereinbarung eingegangen wird, daß es in Ermangelung einer vor dem Ablaufe der Vertragszeit erfolgten Kündigung als verlängert gelten soll.

Eine Vereinbarung, die diesen Vorschriften zuwiderläuft, ist nichtig[6].

1. Vom Kündigenden zu beweisen; RGZ. 57, 50.

§ 67 gilt nicht, wenn der Vertrag von vornherein für bestimmte Zeit abgeschlossen wird; RGZ. 68, 318 (vgl. Anm. 1 zu § 66), wohl aber bei „Vereinbarung der gesetzlichen Kündigungsfrist"; vgl. Warn. 14, 131.

2. Vgl. § 122 GewO. — Erst recht ist völliger Ausschluß des Kündigungsrechts des HGeh. (vgl. dazu Anm. 2 zu § 66 u. unten Anm. 5) verboten: RGZ. 68, 319.

3. Auch „Probezeit mit täglicher Kündigung" kann nicht wirksam vereinbart werden; R. 38, 288.

4. Letzter Kündigungstag ist bei monatlicher Kündigungsfrist der letzte Tag des Vormonats. Vgl. dazu Anm. 3 Abs. 1 a. E. zu § 66. — Bei einjähriger Kündigungsfrist endet der Vertrag ein Jahr nach dem auf die Kündigung zunächst folgenden Monatsletzten; vgl. JW. 05, 502.

5. Nicht auch Abs. 2; vgl. JW. 29, 2437, ferner HRR. 30, 2082.

6. Schutzvorschrift zugunsten des HGeh.; vgl. RGZ. 68, 319. — Die Anwendung des § 139 BGB. wird regelmäßig nur zur Nichtigkeit der Kündigungsklausel, nicht des ganzen Vertrages führen; vgl. HRR. 30, 2082. Bei Verstoß gegen Abs. 1 gilt § 66 (vgl. Anm. 3 Abs. 2 zu § 66), bei Nichtachtung des Abs. 2 dessen Bestimmung (wofern der Vertrag dadurch nicht ausnahmsweise unklar wird!).

Nichtig ist auch jede Abrede, die zur Umgehung von Kündigungsschutzbestimmungen getroffen wird; Warn. 31, 290; RAG. 7, 93. Bei früher abgeschlossenen Verträgen auf bestimmte Zeit verbleibt es jedoch bei diesen, RAG. 4, 354. Zulässig ist auch die Vereinbarung einer selbständigen, und zwar beliebig kündbaren Sonderzulage: SeuffA. 91, 225.

Ausnahme bei hochbesoldeten und außereuropäischen Angestellten

§ 68. Die Vorschriften des § 67 finden keine Anwendung[1], wenn der Handlungsgehilfe einen Gehalt[2] von mindestens fünftausend Mark[3] für das Jahr[4] bezieht.

Sie bleiben ferner außer Anwendung[5], wenn der Handlungsgehilfe für eine außereuropäische Handelsniederlassung angenommen ist[6] und nach dem Vertrage[7] der Prinzipal für den Fall, daß er das Dienstverhältnis kündigt, die Kosten der Rückreise des Handlungsgehilfen zu tragen hat.

1. D. h. es gilt Vertragsfreiheit (Kündigungsfrist auch kürzer als ein Monat, auch ungleich, als Kündigungstermin auch ein anderer Zeitpunkt als Monatsende zulässig): nicht etwa ist hier § 66 völlig unabdingbar.

2. Nur feste Geldbezüge (einschl. garantierter Provision oder Tantieme); OLG. 9, 250.

3. Heute gem. V. v. 23. 10. 23 (RGBl. I 990) im Sinne einer Grundzahl für den jeweiligen Lebenshaltungsindex.

4. Tatsächliche Dauer der Anstellung ist gleichgültig; „das Jahr" ist lediglich Gehaltsmaßstab.

5. Siehe oben Anm. 1.

6. Vgl. dazu auch § 75 b. Überseereisende fallen regelmäßig nicht hierunter.

7. Einseitiges nachträgliches Erbieten des Prinzipals genügt nicht.

Ausnahme bei Aushilfsstellungen

§ 69. Wird ein Handlungsgehilfe nur zu vorübergehender Aushilfe angenommen[1], so finden die Vorschriften des § 67 keine Anwendung[2], es sei denn, daß das Dienstverhältnis über

die Zeit von drei Monaten hinaus fortgesetzt wird. Die Kündigungsfrist muß jedoch auch in einem solchen Falle für beide Teile gleich sein.

1. D. h. — anders als bei Anstellung auf Probe; vgl. dazu Anm. 1 zu § 66 — bestimmungsgemäß für begrenzte kürzere Zeit (die § 69 auf höchstens drei Monate begrenzt).

2. § 69 läßt Vereinbarung kürzerer (nicht auch — wie § 68 — ungleicher) Kündigungsfristen und beliebiger Kündigungstermine zu; vgl. HRR. 29, 1467.

Fristlose Kündigung[1]

§ 70. Das Dienstverhältnis kann von jedem Teile ohne Einhaltung einer Kündigungsfrist[2] gekündigt werden[3], wenn ein wichtiger Grund vorliegt[4].

Wird die Kündigung durch vertragswidriges Verhalten des anderen Teiles veranlaßt, so ist dieser zum Ersatze des durch die Aufhebung des Dienstverhältnisses entstehenden Schadens verpflichtet[5].

1. § 70 ersetzt für HGeh. (vgl. auch § 77 Abs. 2) die Vorschriften der §§ 626 628 Abs. 2 BGB. — §§ 71, 72 stellen lediglich Unterfälle von § 70 dar.

Das Recht zur fristlosen Kündigung bei Dienstverträgen schließt das allgemeine vertragliche Rücktrittsrecht bei Verzug oder positiver Vertragsverletzung (§§ 325, 326 BGB.), nicht jedoch bei zufälliger Unmöglichkeit (§ 323 BGB.) aus; vgl. RGZ. 92, 158 u. 176.

Es ist nicht allgemein verzichtbar (vgl. dazu RGZ. 69, 365; 75, 237; LZ. 13, 295; JW. 19, 240, aber auch JW. 37, 1639), stets jedoch ein einzelner eingetretener Kündigungsgrund; LZ. 31, 46 u. HRR. 31, 313. Die Geltendmachung eines solchen kann daher auch durch Verwirkung ausgeschlossen sein; vgl. JW. 33, 2081, ferner Warn. 34, 316 und aus der früheren Rechtspr. RGZ. 38, 116; 56, 373; JW. 10, 117, aber auch Gruch. 36, 1159 (betr. Wiederholung früherer nicht gerügter Verstöße). Insbesondere kann ein Kündigungsgrund verziehen werden; RGZ. 51, 91; 123, 216; JW. 36, 877. Verziehene Gründe können bei neu entstehenden Gründen unterstützend herangezogen werden; vgl. ROHG. 17, 221; 19, 115; JW. 09, 113; 30, 457; LZ. 13, 295; R. 05, 169. — Von vornherein kann aber das Recht zur fristlosen Kündigung auch nicht in anderer Weise als durch Verzicht, z. B. durch Vertragsstrafe für den Fall seiner Ausübung, eingeschränkt werden; RGZ. 69, 365; 75, 237; 82, 348; JW. 19, 240; LZ. 13, 295. Dagegen kann die Entscheidung, ob ein wichtiger Grund vorliegt, einem Schiedsgericht übertragen werden; JW. 19, 240.

Vom Kündigungsschutz wird das Recht zur fristlosen Kündigung grundsätzlich nicht berührt. Vgl. z. B. HRR. 31, 1339; SeuffA. 92, 108 (betr. Schwerbeschädigte). Ausnahme: § 4 b. Ges. über die Beschäftigung vor und nach der Niederkunft v. 16. 7./29. 10. 27 (RGBl. I 184, 325).

2. Streitig ist, ob statt fristloser Kündigung auch K. zu späterem Termin ausgesprochen werden kann. Sicher kann fristgerecht gekündigt werden (vgl. LZ. 12, 221), allerdings mangels Vorbehalt unter Verlust der Rechte aus dem Kündigungsgrund; RAG. 9, 543; JW. 36, 877. Ohne Einhaltung der gesetzlichen oder vertraglichen Frist ist aber nur eine K. mit sofortiger Vertrags-

auflösungswirkung zulässig (bestr.), da dies allein mit dem Begriff des wichtigen Grundes (Unzumutbarkeit der Vertragsfortsetzung — vgl. unten Anm. 4) vereinbar ist; vgl. dazu auch JW. 28, 2910 (über Zeitpunkt der K.), ferner R. 38, 1073.

3. Erforderlich ist nur die eindeutige formlose empfangsbedürftige Erklärung, das Vertragsverhältnis (mit sofortiger Wirkung — vgl. oben Anm. 2) aufzulösen. Bezeichnung als „Kündigung" unnötig. — Unberechtigte fristlose K. wirkt regelmäßig zum nächsten zulässigen Termin als fristgemäße K., nicht jedoch stets auch umgekehrt, RGZ. 122, 38. Vgl. im übrigen auch Anm. 4 a. E. zu § 66.

Häufig konkurriert ein Anfechtungsrecht aus § 119 oder § 123 BGB.; vgl. JW. 07, 543. War eine erklärte Anfechtung unbegründet, so wird sie regelmäßig als Kündigung aufzufassen sein.

4. Wichtiger Grund ist jeder dem Kündigenden nicht schon bei Vertragsabschluß bekannte Tatbestand, angesichts dessen dem Kündigenden die Fortsetzung des Vertrages billigerweise nicht zugemutet werden kann. Vgl. RGZ. 110, 299; 148, 57; HRR. 28, 855; LZ. 32, 112, 894; JW. 32, 1674. Er braucht nicht auf Verschulden des anderen Teils zu beruhen und auch nicht einmal in dessen Person zu liegen; RGZ. 38, 27; JW. 01, 209; 10, 577; 27, 134; 34, 2804; Gruch. 57, 962; HRR. 33, 227; 34, 1218. Heranzuziehen sind bei der Beurteilung der „Wichtigkeit" die für das Vertragsverhältnis maßgebenden Umstände (Art und Dauer der Stellung des HGeh. — vgl. JW. 34, 2507; Eigenart des Unternehmens — dazu JW. 35, 1355[21]; Bildungsgrad der Parteien, insbesondere des Kündigenden; besondere vertragliche Vereinbarungen — RGZ. 75, 238; HRR. 31, 313, auch JW. 98, 667; 11, 408; LZ. 14, 1846; OLG. 5, 266; 12, 74), aber auch vermögensrechtliche Folgen des KTatbestandes (vgl. § 70 Abs. 2), RGZ. 94, 166.

Einzelbeispiele aus der Rechtsprechung. Für den Prinzipal: Konkurs des HGeh. (ROHG. 18, 24); verbotene Börsengeschäfte des HGeh. (RGZ. 53, 266); unbegründete Strafanzeige des HGeh. gegen den Prinzipal (JW. 31, 3152); frühere Bestrafung wegen Vermögensdelikten, trotz Amnestie (JW. 35, 2427); überhaupt frühere Verfehlungen (JW. 05, 741; LZ. 11, 853); Zugehörigkeit zur jüdischen Rasse (R. 33, 543); frühere Betätigung in der SPD. (JW. 35, 1355); politische Unzuverlässigkeit oder Verhetzung (vgl. JW. 36, 526 — hartnäckige Verweigerung des Deutschen Grußes, ferner JW. 38, 255[35] — ungerechtfertigtes Fernstehen vom Winterhilfswerk; auch SeuffA. 92, 108); Unbotmäßigkeit gegenüber dem Betriebsführer (R. 37, 3059); dagegen nicht: schuldlos herbeigeführter Verdacht einer strafbaren Handlung (HRR. 33, 227); behördliche Schließung des Betriebs, wenn sie entweder vom Prinzipal verschuldet war oder nur zeitweilig erfolgt (vgl. dazu JW. 34, 2507) oder wenn der Prinzipal ihr Risiko bewußt auf sich genommen hat (JW. 34, 55; vgl. aber auch die Fälle RGZ. 87, 349; Gruch. 61, 777 u. OLG. 38, 174); ebenso — außer bei ganz besonderen Verhältnissen — Betriebsstillegung infolge wirtschaftlichen Niedergangs des Unternehmens (JW. 34, 925); ferner nicht — außer bei besonderen Umständen des Falles — Verheiratung weiblicher HGeh. (vgl. HRR. 28, 2297, auch 1308, gegenüber JW. 25, 2434). Über außereheliche Schwangerschaft als (u. U. möglicher) KGrund vgl. JW. 37, 3057[58]. — Außerdem die Gründe des § 72. Über unsittlichen Lebenswandel des HGeh. als KGrund vgl. KB. 36; StenB. 57 ff. — Über K. im Vergleichsverfahren vgl. Anm. 4 Abs. 2 zu § 66. — Für den Handlungsgehilfen: Ungerechtfertigte Entziehung einer Prokura (JW. 29, 2174); strafgerichtliche Verurteilung des Prinzipals; ebenso Zugehörigkeit des Prinzipals zur jüdischen Rasse; dagegen z. B. nicht: Einschränkung der Abschlußmöglichkeiten gegenüber einem Provisionsreisenden, wenn sie infolge eigener wirtschaftlicher Schwierigkeiten des Prinzipals erfolgt

(HRR. 30, 1120). Über unterlassenen Schutz des HGeh. gegen unberechtigte Angriffe Dritter SeuffA. 80, 210; vgl. auch § 71 Abs. 4. — Für beide Teile besteht ein wichtiger Grund zur K., beim Tod des Prinzipals (RGZ. 58, 256; JW. 01, 209); regelmäßig sodann für jeden Vertragsteil, dem vom anderen zu Unrecht fristlos gekündigt wurde. — Über das beiderseitige KRecht im Konkurs vgl. § 22 KO., auch Anm. 4 Abs. 2 zu § 66.

Der KGrund muß nur vorliegen, braucht nicht bei K. angegeben zu werden oder dem Kündigenden auch nur bekannt zu sein. Es genügt also zur Stützung der fristlosen Entlassung jeder bei Zugang der K. tatsächlich bestehende wichtige Grund, und im Prozeß können Gründe „nachgeschoben" werden, vgl. ROHG. 21, 252; RGZ. 122, 38; JW. 97, 88; 03, 389, auch HRR. 34, 471; dies auch, wenn die Gründe erst nach der K. (aber vor Ablauf der ordentlichen KFrist) entstehen, aber dann nur mit Wirkung auf den Zeitpunkt der Entstehung; RGZ. 32, 249; 56, 373; 65, 430; 88, 128.

Ist wirksam gekündigt, so gilt § 628 Abs. 1 BGB.:

„Wird nach dem Beginne der Dienstleistung das Dienstverhältnis auf Grund des § 626 oder des § 627 gekündigt, so kann der Verpflichtete einen seinen bisherigen Leistungen entsprechenden Teil der Vergütung verlangen. Kündigt er, ohne durch vertragswidriges Verhalten des anderen Teiles dazu veranlaßt zu sein oder veranlaßt er durch sein vertragswidriges Verhalten die Kündigung des anderen Teiles, so steht ihm ein Anspruch auf die Vergütung insoweit nicht zu, als seine bisherigen Leistungen infolge der Kündigung für den anderen Teil kein Interesse haben. Ist die Vergütung für eine spätere Zeit im voraus entrichtet, so hat der Verpflichtete sie nach Maßgabe des § 347 oder, wenn die Kündigung wegen eines Umstandes erfolgt, den er nicht zu vertreten hat, nach den Vorschriften über die Herausgabe einer ungerechtfertigten Bereicherung zurückzuerstatten."

In Betracht kommt hier nur die K. aus § 626 BGB., an dessen Stelle wiederum § 70 Abs. 1 tritt. — Ein dem HGeh. zugesagter Gewinnanteil für die Vergangenheit ist trotz K. nachzuzahlen; R. 20, 142. — Vereinbarung der Fortdauer eines Ruhegeldanspruches ist zulässig; R. 37, 1036.

Bei unwirksamer K. des HGeh. gerät dieser in Leistungsverzug; bei unwirksamer K. des Prinzipals gilt § 615 BGB.:

„Kommt der Dienstberechtigte mit der Annahme der Dienste in Verzug, so kann der Verpflichtete für die infolge des Verzugs nicht geleisteten Dienste die vereinbarte Vergütung verlangen, ohne zur Nachleistung verpflichtet zu sein. Er muß sich jedoch den Wert desjenigen anrechnen lassen, was er infolge des Unterbleibens der Dienstleistung erspart oder durch anderweitige Verwendung seiner Dienste erwirbt oder zu erwerben böswillig unterläßt."

Der HGeh. braucht nach ungerechtfertigter K. des Prinzipals seine Dienste nicht noch besonders anzubieten; JW. 09, 722; SeuffA. 57, 359; 59, 163; 60, 202. Im Sinne der Pfändungsbeschränkungen steht der Anspruch aus § 615 BGB. Gehaltsansprüchen gleich; OLG. 7, 320.

5. Ein Schadensersatzanspruch neben der K. setzt voraus, daß diese auf einem schuldhaften Vertragsverstoß des anderen Teils beruht; vgl. RGZ. 112, 37; JW. 11, 106. Dem Verschulden steht ein vertragsmäßig bedungenes Einstehenmüssen gleich; Gruch. 57, 963. Kein „mitwirkendes Verschulden" möglich; mangels Unzumutbarkeit des Verhaltens des andern Teils kann im Einzelfall aber für den „Mitschuldigen" die „Wichtigkeit" des KGrundes entfallen. — Schadensberechnung: §§ 249ff. BGB. Der kündigende Teil ist unter Berücksichtigung des Grundsatzes des § 615 Satz 2 BGB. so zu stellen, wie wenn

fristgemäß gekündigt wäre (vgl. entsprechend auch oben Anm. 3 Abs. 1), RGZ. 36, 53. Bei gemeinschaftlicher unberechtigter K. besteht Gesamtschuldnerschaft hinsichtlich der Ersatzpflicht; RGZ. 47, 246. Entschädigung nach §§ 56ff. AOG. konsumiert den Schadensersatzanspruch aus § 70 Abs. 2; vgl. dazu RGZ. 105, 133. — Verjährung des Ersatzanspruchs nach § 196 Nr. 6 BGB.; JW. 18, 550.

Wichtige Kündigungsgründe des Handlungsgehilfen

§ 71. Als ein wichtiger Grund, der den Handlungsgehilfen zur Kündigung ohne Einhaltung einer Kündigungsfrist berechtigt[1], ist es, sofern nicht besondere Umstände eine andere Beurteilung rechtfertigen[2], namentlich anzusehen:

1. wenn der Handlungsgehilfe zur Fortsetzung seiner Dienste unfähig wird;

2. wenn der Prinzipal den Gehalt oder den gebührenden Unterhalt nicht gewährt[3];

3. wenn der Prinzipal den ihm nach § 62 obliegenden Verpflichtungen[4] nachzukommen verweigert[5];

4. wenn sich der Prinzipal Tätlichkeiten, erhebliche[6] Ehrverletzungen oder unsittliche Zumutungen gegen den Handlungsgehilfen zuschulden kommen läßt oder es verweigert[7], den Handlungsgehilfen gegen solche Handlungen eines anderen Angestellten oder eines Familienangehörigen des Prinzipals zu schützen.

1. Vgl. § 70 u. Anm. dazu.
2. Solche Umstände muß der Prinzipal dartun. — Vgl. dazu KB. 35.
3. Über Ausnahmen: OLG. 7, 385; Warn. 25, 239. — Bei Reisenden fallen auch Reisevorschüsse unter Nr. 3; OLG. 30, 392.
4. Vgl. dazu § 139g GewO.
5. U. zw. schon ohne vorherige Aufforderung; LZ. 12, 453.
6. Bei Beurteilung der Erheblichkeit ist auch das Verhalten des HGeh. zu würdigen; vgl. OLG. 9, 251; RGZ. 94, 168 u. Anm. 5 zu § 70 (betr. „mitwirkendes Verschulden").
7. Insbesondere ist es Pflicht des Prinzipals und seines Vertreters, weibliche Angestellte vor unsittlichen Angriffen ihrer Geschäftsvorgesetzten zu schützen; HRR. 29, 1339.

Wichtige Kündigungsgründe des Prinzipals

§ 72. Als ein wichtiger Grund, der den Prinzipal zur Kündigung ohne Einhaltung einer Kündigungsfrist berechtigt[1], ist es, sofern nicht besondere Umstände eine andere Beurteilung rechtfertigen[2], namentlich anzusehen:

1. wenn der Handlungsgehilfe im Dienste untreu ist[3] oder das Vertrauen mißbraucht[4] oder die ihm nach § 60 obliegende Verpflichtung verletzt[5];

2. **wenn er seinen Dienst während einer den Umständen nach erheblichen Zeit unbefugt verläßt oder sich beharrlich weigert, seinen Dienstverpflichtungen nachzukommen[6];**
3. **wenn er durch anhaltende[7] Krankheit, durch eine längere Freiheitsstrafe oder Abwesenheit[8] oder durch eine die Zeit von acht Wochen übersteigende militärische Dienstleistung an der Verrichtung seiner Dienste verhindert wird;**
4. **wenn er sich Tätlichkeiten oder erhebliche Ehrverletzungen gegen den Prinzipal oder dessen Vertreter zuschulden kommen läßt[9].**

Erfolgt die Kündigung, weil der Handlungsgehilfe durch unverschuldetes Unglück längere Zeit an der Verrichtung seiner Dienste verhindert ist, so wird dadurch der im § 63 bezeichnete Anspruch des Gehilfen nicht berührt.

1. Vgl. § 70 u. Anm. dazu.

2. Vgl. § 71 zu Anm. 2 u. JW. 11, 59 (Darlegungspflicht des HGeh.). — Beim Vorwurf von Pflichtwidrigkeiten besteht regelmäßig erst bei Nichtausnutzung einer Gelegenheit, sich zu rechtfertigen, ausreichender KGrund; vgl. LZ. 25, 1154.

3. Verletzung der Treupflicht; nicht auf strafrechtliche Untreue beschränkt; auch keine Schädigung des Prinzipals erforderlich, JW. 09, 113. Einzelfälle: ROHG. 21, 394 (Einsendung fingierter Bestellungen); JW. 00, 624 (Öffnung eines ersichtlich an den Prinzipal gerichteten Privatbriefs); ROHG. 19, 115; LZ. 08, 595 (Paktieren mit Lieferanten oder Konkurrenten).

4. Die Grenze zur Untreue ist flüssig; vgl. ROHG. 19, 115 (Verrat von Geschäftsgeheimnissen). Der Begriff ist namentlich bei höheren Stellungen nicht eng zu fassen. Über K. eines „Geschäftsleiters" wegen Vertrauensbruchs Warn. 32, 211.

5. Verbotene Konkurrenz; vgl. die Anm. zu § 60. Aufnahme des Namens des HGeh. in die Firma einer tatsächlich arbeitenden HGes. genügt; JW. 91, 70. — Über Ausnahmen bei Annahmeverzug des Prinzipals (vgl. § 615 Satz 2 BGB.!): RGZ. 88, 127; LZ. 18, 568, 696. Über Konkurrenz durch den Sohn eines langjährigen Angestellten: JW. 30, 3122.

6. Bei Reisenden: Abbruch oder Nichtantritt einer vorgesehenen Geschäftsreise, OLG. 6, 4; R. 29, 2360; nicht schon bloße Nachlässigkeit in der laufenden Anschriftenmitteilung, OLG. 5, 268. Bei Kontordienst: fortgesetzte Unpünktlichkeit, OLG. 12, 417. Vgl. auch JW. 25, 804.

7. Vgl. aber § 63 u. Anm. 4 dazu. Bei K. muß noch mit einer längeren Krankheitsdauer zu rechnen sein; OLG. 3, 77; 10, 236; 12, 417.

8. Z. B. auch Untersuchungshaft; HRR. 33, 227.

9. Vgl. § 71 Nr. 4. — Über den maßgeblichen Gesichtspunkt der Zumutbarkeit weiteren Zusammenarbeitens vgl. JW. 92, 274, 482; 17, 814; LZ. 08, 157; 30, 197; OLG. 6, 189; 25, 15.

Zeugnisanspruch[1]

§ 73. Bei der Beendigung des Dienstverhältnisses[2] kann der Handlungsgehilfe ein schriftliches Zeugnis[3] über die Art und Dauer der Beschäftigung fordern. Das Zeugnis ist auf Verlangen des Handlungsgehilfen auch auf die Führung und die Leistungen auszudehnen[4].

Auf Antrag des Handlungsgehilfen hat die Ortspolizeibehörde das Zeugnis kosten- und stempelfrei zu beglaubigen.

1. Zwingend und im voraus nicht verzichtbar; OLG. 22, 304. Vermögensrechtlich i. S. des § 546 ZPO.; JW. 02, 362. — Vgl. auch § 630 BGB.; §§ 113, 114 GewO.

2. Frühestens bei Kündigung (KB. 37; SeuffA. 57, 15; OLG. 5, 264).

3. Vgl. § 126 BGB. Unterschrift ist nötig, aber die von Prokuristen ausreichend; OLG. 3, 410; desgl. die eines Generalhandlungsbevollmächtigten. — Über die äußeren Erfordernisse vgl. auch JW. 32, 3535. Unzulässig sind Einschaltungen, die den Verdacht einer Fälschung erwecken könnten; Warn. 36, 104.

4. Nur auf Verlangen des HGeh., JW. 97, 350, vgl. aber auch HRR. 28, 856. Das Verlangen ist hinsichtlich Führung und Leistungen nicht teilbar, JW. 36, 524 (RAG.); anders OLG. 17, 414. Ihm ist auch, soweit das Zeugnis daraufhin für den HGeh. ungünstig ausfällt, zu entsprechen; JW. 34, 506. Das einmal gestellte Verlangen ist zumindest nach Erfüllung nicht widerruflich.

Über Haftung des Prinzipals (vgl. §§ 826, 823 BGB.) für Schädigung Dritter infolge unrichtigen Inhalts des Zeugnisses vgl. JW. 05, 369; 11, 1190; 26, 2774 u. dazu JW. 33, 1789, ferner Gruch. 58, 656 (Fahrlässigkeit sei nicht ausreichend — ? —); über Haftung bei Erteilung einer Auskunft (zu welcher für den Prinzipal keine Verpflichtung besteht: JW. 13, 195) HRR. 32, 612.

Beweist der HGeh., daß das Zeugnis unrichtige Tatsachen oder ein subjektiv-unrichtiges (vgl. JW. 33, 1789) Urteil enthält, so ist der Prinzipal zur Berichtigung des Zeugnisses verpflichtet: OLG. 5, 271, auch OLG. 9, 251, 252; 10, 330; 12, 418, 419.

Vereinbarte Wettbewerbsklausel

§ 74[1]. Eine Vereinbarung[2] zwischen dem Prinzipal und dem Handlungsgehilfen[3], die den Gehilfen für die Zeit nach Beendigung des Dienstverhältnisses in seiner gewerblichen Tätigkeit beschränkt[4] (Wettbewerbverbot), bedarf der Schriftform und der Aushändigung einer vom Prinzipal unterzeichneten, die vereinbarten Bestimmungen enthaltenden Urkunde an den Gehilfen[5].

Das Wettbewerbverbot ist nur verbindlich, wenn sich der Prinzipal verpflichtet, für die Dauer des Verbots eine Entschädigung zu zahlen, die für jedes Jahr des Verbots mindestens die Hälfte der von dem Handlungsgehilfen zuletzt bezogenen vertragsmäßigen Leistungen erreicht[6].

1. §§ 74—75e, 76 Abs. 1 i. d. Fass. d. Ges. v. 10. 6. 14 (RGBl. 209), § 75f i. d. Fass. d. § 69 Abs. 5 AOG. v. 20. 1. 34 (RGBl. I 45).

Über Rückwirkung dieser Vorschriften bestimmt Art. 3 Abs. 2 des Ges. v. 10. 6. 14:

Die neuen Vorschriften finden, abgesehen von den Formvorschriften des § 74 Abs. 1, auch auf die vorher vereinbarten Wettbewerbverbote Anwendung. Ein Wettbewerbverbot, das nach den neuen Vorschriften unverbindlich ist, weil eine dem § 74 Abs. 2 entsprechende Entschädigung nicht vereinbart ist oder die dem Gehilfen zustehenden vertragsmäßigen Leistungen den Betrag von fünfzehnhundert Mark für das Jahr nicht übersteigen, bleibt verbindlich, falls sich der Prinzipal vor dem Ablauf von drei Monaten seit dem Inkrafttreten des Gesetzes schriftlich erbietet, die vorgeschriebene Entschädigung zu zahlen sowie die dem Gehilfen zustehenden vertragsmäßigen Leistungen auf mehr als fünfzehnhundert Mark für das Jahr zu erhöhen.

Für das Erbieten war nicht Annahme oder Zustimmung des Geh., aber Schriftform und Zugang bis zum 31. 3. 1915, sowie gegebenenfalls die Erklärung erforderlich, Mehrzahlung ab spätestens 1. 1. 1915 zu leisten.

2. Im Gegensatz zu dem während des Dienstverhältnisses geltenden gesetzlichen Konkurrenzverbot des § 60. — Die Anwendung der §§ 74ff. setzt voraus, daß die Vereinbarung mit dem HGeh. in dieser Eigenschaft, also nicht erst beim Ausscheiden eines gleichzeitig selbständig werdenden Angestellten getroffen wird, RGZ. 67, 333; LZ. 09, 228; 12, 704; Vereinbarung noch während der Dauer des Beschäftigungsverhältnisses hingegen nicht unbedingt nötig, R. 32, 281. — Über die Wirkung einer Wettbewerbklausel gegenüber Dritten: RGZ. 78, 17; 81, 86.

Die Rechte aus der Wettbewerbklausel sind i. Zw. übertragbar; RGZ. 37, 176; 101, 378; JW. 01, 726; 07, 136. Sie sind geschäftszugehörig i. S. der §§ 25, 28, 343, 344; vgl. RGZ. 72, 434; 102, 127; Warn. 14, 291; Gruch. 59, 528.

3. Oder Volontären; vgl. § 82a. Mit HLehrlingen ist keine Wettbewerbklausel möglich; § 76 Abs. 1 Satz 2. Für Gewerbegehilfen gilt § 133f GewO. Bei anderen Personen bewendet es für Vereinbarungen von Tätigkeitsbeschränkungen bei § 138 BGB. (über die Merkmale sittenwidriger Verträge solcher Art vgl. RGZ. 53, 154; JW. 01, 725; 06, 478; Warn. 14, 100). Auch Wb.klauseln zwischen Prinzipal und HGeh. werden daneben noch von § 138 BGB. beherrscht (§ 74a Abs. 3). Über Verpfändung des Ehrenworts als Nichtigkeitsgrund u. a. § 74a. — Über gegenseitiges Wb.verbot vgl. RGZ. 96, 171. — Auf einen Geschäftsveräußerungsvertrag finden §§ 74ff. nur Anwendung, wenn für den Vertrag die Begründung eines Anstellungsverhältnisses von wesentlicher Bedeutung war. Vgl. RGZ. 101, 378. Im übrigen ist bei Geschäftsverkäufen kraft Verkäuferpflicht im Zweifel (dazu RGZ. 53, 353 — bereits vorher bestehende Konkurrenz) stets ein Konkurrenzverbot zugunsten des verkauften Betriebes anzunehmen; vgl. DJZ. 08, 424; OLG. 12, 255, auch RGZ. 68, 294 u. JW. 08, 545 (betr. Weiterveräußerung).

Da das Gesetz den HGeh. wegen seiner regelmäßig wirtschaftlich schwächeren Stellung vor übermäßiger Beengung in seinem späteren Fortkommen schützen will (vgl. auch § 75d!), kommt es für die Beurteilung, ob jemand HGeh. ist bzw. war, lediglich auf die innere Gestaltung seines Verhältnisses zum Prinzipal, nicht auf seine Stellung nach außen hin an; auch frühere Selbständigkeit des HGeh. ist unerheblich; RGZ. 101, 378; JW. 07, 110.

4. Erwerbsbeschränkung; sie liegt u. U. schon in der Auferlegung einer

Schweigepflicht, Gruch. 47, 1002 (über Sittenwidrigkeit hierbei LZ. 12, 70; über Schweigepflicht kraft Gesetzes [§ 17 UWG.]: RGZ. 65, 333; JW. 12, 601; 20, 139; LZ. 12, 456), ebenso in bloßem Vorbehalt einer Genehmigung seitens des alten Prinzipals, JW. 32, 3487.

5. Qualifizierte Schriftform, die auch die nach Abs. 2 erforderlichen Vereinbarungen sowie eine etwaige Vertragsstrafe (vgl. § 75c u. Anm. 3 dazu!) decken muß. Die Urkundenaushändigung ist nicht ersetzbar. — Bevollmächtigung ist beiderseits formlos (§ 167 Abs. 2 BGB.) möglich.

6. Die sog. bezahlte Karenz (vgl. Begr. 728) ist Gültigkeitsvoraussetzung, außer in den Fällen der §§ 75b u. 82a. Vgl. § 75d u. dazu JW. 29, 2780; HRR. 34, 1692. „Vertragsmäßige Leistungen" bedeutet das gesamte Entgelt (einschließlich wechselnder Bezüge — arg. § 74b Abs. 2 — und vom Prinzipal übernommener Versicherungsbeiträge), wie es bei Vertragsende zu gewähren war. Bei Erhöhung der Bezüge nach Vereinbarung des Verbots muß die Wb.-klausel mit Abs. 2 in Einklang gebracht werden (außer wenn die Entschädigung als Bruchteil der Bezüge festgesetzt ist!). Vgl. im übrigen wegen der Entschädigung §§ 74b, 74c u. 75e.

Wirksamkeitsgrenzen der Wettbewerbsklausel

§ 74a[1]. Das Wettbewerbverbot ist insoweit unverbindlich, als es nicht zum Schutze eines berechtigten geschäftlichen Interesses des Prinzipals dient. Es ist ferner unverbindlich, soweit es unter Berücksichtigung der gewährten Entschädigung nach Ort, Zeit oder Gegenstand eine unbillige Erschwerung des Fortkommens des Gehilfen enthält. Das Verbot kann nicht auf einen Zeitraum von mehr als zwei Jahren von der Beendigung des Dienstverhältnisses an erstreckt werden[2].

Das Verbot ist nichtig[3], wenn die dem Gehilfen zustehenden jährlichen vertragsmäßigen Leistungen den Betrag von fünfzehnhundert Mark[4] nicht übersteigen[5]. Das gleiche gilt, wenn der Gehilfe zur Zeit des Abschlusses minderjährig ist[6] oder wenn sich der Prinzipal die Erfüllung auf Ehrenwort oder unter ähnlichen Versicherungen versprechen läßt. Nichtig ist auch die Vereinbarung, durch die ein Dritter an Stelle des Gehilfen die Verpflichtung übernimmt[7], daß sich der Gehilfe nach der Beendigung des Dienstverhältnisses in seiner gewerblichen Tätigkeit beschränken werde.

Unberührt bleiben die Vorschriften des § 138 des Bürgerlichen Gesetzbuchs über die Nichtigkeit von Rechtsgeschäften, die gegen die guten Sitten verstoßen[8].

1. Vgl. Anm. 1 zu § 74. Der frühere § 74 lautete:

Eine Vereinbarung zwischen dem Prinzipal und dem Handlungsgehilfen, durch welche dieser für die Zeit nach der Beendigung des Dienstverhältnisses in seiner gewerblichen Tätigkeit beschränkt wird, ist für den Handlungsgehilfen nur insoweit verbindlich, als die Beschränkung nach Zeit, Ort und Gegenstand nicht die Grenzen überschreitet, durch welche eine unbillige Erschwerung des Fortkommens des Handlungsgehilfen ausgeschlossen wird.

Die Beschränkung kann nicht auf einen Zeitraum von mehr als drei Jahren von der Beendigung des Dienstverhältnisses an erstreckt werden.

Die Vereinbarung ist nichtig, wenn der Handlungsgehilfe zur Zeit des Abschlusses minderjährig ist.

2. Soweit die Klausel die von Abs. 1 gezogenen Grenzen auch nur in einer Hinsicht (vgl. KB. 34) überschreitet, erzeugt sie keine Verpflichtung, im übrigen ist sie gültig; vgl. RGZ. 77, 402; 101, 379; Gruch. 48, 370. Die Beschränkungen gelten auch für Vereinbarungen aus der Zeit vor dem 1. 1. 15 (vgl. Anm. 1 zu § 74).

Über „berechtigtes Interesse" des Prinzipals vgl. Begr. 727 u. RGZ. 47, 238. Fehlt ein solches ganz, so ist das Wb.verbot in vollem Umfang unwirksam.

3. Vgl. § 139 BGB. u. dazu RGZ. 61, 284. Derjenige Teil, der die Gültigkeit des Dienstvertrages behauptet, ist für dessen Unabhängigkeit vom Wb.verbot beweispflichtig.

4. Vgl. Anm. 3 zu § 68.

5. Spätestens mit Wirkung vom 1. 1. 15 bei früher geschlossenen Verträgen (vgl. Anm. 1 a. E. zu § 74), sonst bei Abschluß der Wb.klausel; OLG. 36, 253. Keine Heilung einer ungültigen Klausel, nur Neuabschluß des Wb.verbots möglich (vgl. §§ 141 BGB., 74). Wegen der Berechnung wechselnder Bezüge vgl. § 74b Abs. 2.

6. Gleichgültig, ob er oder der gesetzliche Vertreter den Vertrag abschließt. Zur Bestätigung nach Volljährigkeit ist § 141 BGB. maßgebend.

7. Früher (vgl. OLG. 12, 255, 242) für zulässig gehalten. Das Verbot („an Stelle"!) schließt aber Bürgschaft oder Schuldbeitritt hinsichtlich der Verpflichtung des HGeh. nicht aus.

8. Vgl. Anm. 3 zu § 74. § 138 BGB. lautet:

Ein Rechtsgeschäft, das gegen die guten Sitten verstößt, ist nichtig.

Nichtig ist insbesondere ein Rechtsgeschäft, durch das jemand unter Ausbeutung der Notlage, des Leichtsinns oder der Unerfahrenheit eines anderen sich oder einem Dritten für eine Leistung Vermögensvorteile versprechen oder gewähren läßt, welche den Wert der Leistung dergestalt übersteigen, daß den Umständen nach die Vermögensvorteile in auffälligem Mißverhältnisse zu der Leistung stehen.

Wegen übermäßiger Vertragsstrafen vgl. § 75c.

Fälligkeit und Berechnung der Wettbewerbs-Entschädigung

§ 74b[1]. Die nach § 74 Abs. 2 dem Handlungsgehilfen zu gewährende Entschädigung[2] ist am Schlusse jedes Monats[3] zu zahlen[4].

Soweit die dem Gehilfen zustehenden vertragsmäßigen Leistungen in einer Provision[5] oder in anderen wechselnden Bezügen[6] bestehen, sind sie bei der Berechnung der Entschädigung nach dem Durchschnitt der letzten drei Jahre in Ansatz zu bringen[7]. Hat die für die Bezüge bei der Beendigung des Dienstverhältnisses maßgebende Vertragsbestimmung noch nicht

drei Jahre bestanden, so erfolgt der Ansatz nach dem Durchschnitt des Zeitraums, für den die Bestimmung in Kraft war.

Soweit Bezüge zum Ersatze besonderer Auslagen dienen sollen, die infolge der Dienstleistung entstehen[8], bleiben sie außer Ansatz.

1. Vgl. Anm. 1 zu § 74.
2. In zwölf gleichen Bruchteilen des Jahresbetrages (vgl. § 74 Abs. 2)
3. Vgl. darüber Anm. 2 zu § 64.
4. Das Rechtsverhältnis nach Auflösung des Dienstverhältnisses bleibt ein gegenseitiger Vertrag (vgl. auch § 75a!), der Entschädigungsanspruch zählt zu den Dienstbezügen i. S. der § 196 Nr. 8 BGB., § 850b ZPO. u. (vgl. § 75e) § 61 Nr. 1 KO. (nach h. M. im Gegensatz zu der einmaligen Abfindung nach § 58 AOG.!); vgl. § 75e. Über Anwendbarkeit des § 326 BGB. bei Verzug des Prinzipals (Rücktritt des HGeh. von der Konkurrenzklausel!) vgl. RGZ. 79, 310 u. Begr. 729; KomB. 44.
5. Vgl. § 65.
6. Gewinnbeteiligung (Tantieme), vgl. RGZ. 101, 379 u. Anm. 1 Abs. 2 zu § 65; Verkaufsprämien (KomB. 42). Dagegen nicht Wohnung und Beköstigung (feste B.!), vgl. Begr. 729; wohl aber sog. Gratifikationen, wenn auf sie kraft Übung oder Gewohnheitsrechts ein Rechtsanspruch besteht (vgl. Anm. 7 Abs. 4 zu § 59).
7. Von Beendigung des Anstellungsvertrages zurückgerechnet (vgl. Abs. 2 Satz 2!). Maßgebend ist die Zeit der Anspruchsentstehung (nicht -fälligkeit!).
8. Voraussetzung ist, daß der „Ersatz"-Posten nicht ein verschleierter Gehaltsanspruch ist, sondern tatsächlich Auslagen entstehen; vgl. auch § 75d Satz 2. Sog. Vertrauensspesen sind trotz Fehlen der dabei wegbedungenen Einzelabrechnung echte Ersatzposten. Stets aber sind Spesen insofern Teil der Dienstvergütung und daher in Ansatz zu bringen, als sie die bloßen durchschnittlichen Reisekosten (ohne die Aufwendungen für Verpflegung) übersteigen (KomB. 45; vgl. auch OLG. 2, 311; 6, 464, 465; 7, 148).

Anrechnung anderweiten Erwerbs auf die Entschädigung

§ 74c[1]. Der Handlungsgehilfe muß sich auf die fällige[2] Entschädigung anrechnen lassen[3], was er während des Zeitraums, für den die Entschädigung gezahlt wird[4], durch anderweite Verwendung seiner Arbeitskraft erwirbt oder zu erwerben böswillig unterläßt[5], soweit die Entschädigung unter Hinzurechnung dieses Betrags den Betrag der zuletzt von ihm bezogenen vertragsmäßigen Leistungen[6] um mehr als ein Zehntel übersteigen würde. Ist der Gehilfe durch das Wettbewerbverbot gezwungen worden, seinen Wohnsitz zu verlegen[7], so tritt an die Stelle des Betrags von einem Zehntel der Betrag von einem Viertel. Für die Dauer der Verbüßung einer Freiheitsstrafe kann der Gehilfe eine Entschädigung nicht verlangen.

Der Gehilfe ist verpflichtet, dem Prinzipal auf Erfordern über die Höhe seines Erwerbes Auskunft zu erteilen[8].

1. Vgl. Anm. 1 zu § 74.
2. D. h. (vgl. § 74b Abs. 1) die monatlichen Entschädigungsraten.
3. Vgl. § 615 Satz 2 BGB.
4. Abweichend von § 615 BGB. (vgl. RGZ. 58, 402) erfolgt nur Anrechnung auf die auf die Erwerbszeit entfallenden Entschädigungsraten.
5. Nicht auch (wie nach § 615 BGB.) des durch Wegfall der — früheren — Dienstleistung Ersparten.

Der Prinzipal hat die Voraussetzungen der Anrechnung zu beweisen; vgl. RGZ. 38, 119; JW. 09, 455; 10, 1002, auch LZ. 20, 861.

Über Fälle böswillig unterlassenen Erwerbs KomB. 53; vgl. dazu auch §§ 850c, 850d ZPO.

6. Vgl. Anm. 6 zu § 74.
7. Beweislast des HGeh.
8. Kein Klagrecht, wohl aber Zurückbehaltungsrecht (§ 320 BGB.; vgl. Anm. 4 a. A. zu § 74b) des Prinzipals bei verweigerter Auskunft.

Wirkung fristloser Kündigung auf die Konkurrenzklausel

§ 75[1]. Löst der Gehilfe das Dienstverhältnis gemäß den Vorschriften der §§ 70, 71[2] wegen vertragswidrigen Verhaltens des Prinzipals[3] auf, so wird das Wettbewerbverbot[4] unwirksam, wenn der Gehilfe vor Ablauf eines Monats[5] nach der Kündigung schriftlich[6] erklärt[7], daß er sich an die Vereinbarung nicht gebunden erachte.

In gleicher Weise[8] wird das Wettbewerbverbot unwirksam, wenn der Prinzipal das Dienstverhältnis kündigt[9], es sei denn[10], daß für die Kündigung ein erheblicher Anlaß[11] in der Person des Gehilfen vorliegt oder daß sich der Prinzipal bei der Kündigung[12] bereit erklärt, während der Dauer der Beschränkung[13] dem Gehilfen die vollen[14] zuletzt von ihm bezogenen vertragsmäßigen Leistungen[15] zu gewähren. Im letzteren Falle finden die Vorschriften des § 74b entsprechende Anwendung[16].

Löst der Prinzipal das Dienstverhältnis gemäß den Vorschriften der §§ 70, 72 wegen vertragswidrigen Verhaltens[17] des Gehilfen auf, so hat der Gehilfe keinen Anspruch auf die Entschädigung[18].

1. Vgl. Anm. 1 zu § 74. — Der frühere § 75 Abs. 1 lautete:

Gibt der Prinzipal durch vertragswidriges Verhalten dem Handlungsgehilfen Grund, das Dienstverhältnis gemäß den Vorschriften der §§ 70, 71 aufzulösen, so kann er aus einer Vereinbarung der im § 74 bezeichneten Art Ansprüche nicht geltend machen. Das gleiche gilt, wenn der Prinzipal das Dienstverhältnis kündigt, es sei denn, daß für die Kündigung ein erheblicher

Anlaß vorliegt, den er nicht verschuldet hat, oder daß während der Dauer der Beschränkung dem Handlungsgehilfen das zuletzt von ihm bezogene Gehalt fortgezahlt wird.

Über die Regelung in der Übergangszeit vgl. BRV. 10. 9. 14 (RGBl. 404) u. Art. 3 d. Ges. v. 10. 6. 14 (RGBl. 209).

2. D. h. bei jeder wirksamen — nicht nur fristlosen — Kündigung (zum früheren Recht a. A. RGZ. 56, 372) aus dem in Abs. 1 bezeichneten Grunde (vgl. dazu Anm. 2 zu § 70 und KomB. 59 u. 62).

3. Vgl. § 70 Abs. 2 und dazu Anm. 5 zu § 70.

4. Einschließlich der Entschädigungsverpflichtung aus § 74 Abs. 2. Vgl. auch OLG. 46, 257.

5. Vgl. §§ 187ff. BGB.

6. §§ 125, 126 BGB.

7. Vgl. §§ 130ff. BGB.

8. Wie nach Abs. 1 („wenn der Gehilfe vor Ablauf eines Monats nach der Kündigung" usw.!).

9. Fristgerecht oder fristlos, LZ. 13, 139; oder nach § 22 KO.; vgl. JW. 03, 389, aber auch RGZ. 140, 298, ferner (betr. Vergleichsverfahren) JW. 33, 2137. — Kündigung liegt aber nicht in vertragsmäßiger Aufhebung des Anstellungsverhältnisses; OLG. 8, 96; LZ. 08, 242.

10. Beweislast des Prinzipals, JW. 03, 389.

11. „Erheblicher Anlaß" ist teils weiter, teils — weil auf die Person des HGeh. beschränkt (vgl. dazu Anm. 4 Abs. 1 zu § 70) — enger als „wichtiger Grund". Für die Erheblichkeit ist die kaufmännische Verkehrsanschauung maßgebend. — Mitteilung des Grundes für die Folgen unnötig, wenn der Grund dem HGeh. bekannt ist; HRR. 30, 1818.

12. Sofort; vgl. RGZ. 59, 125. Dadurch wird die Lossagungserklärung des HGeh. (Abs. 1) unmöglich. Vgl. dazu auch JW. 30, 441; ferner RGZ. 114, 409 (über Bedeutung einer Klausel im Tarifvertrag über die Vergütung bei Unterlassung der Erklärung des Prinzipals).

13. D. h. die volle Dauer.

14. Gegenüber dem Normalfall des § 74 Abs. 2.

15. Vgl. dazu Anm. 6 zu § 74.

16. Betr. Fälligkeit und Berechnung; nicht auch (RGZ. 114, 419) § 74c (Anrechnung anderweitigen Erwerbs); bestr.

17. Vgl. § 70 Abs. 2 u. Anm. 5 zu § 70, auch oben zu Anm. 3.

18. Wohl aber die Pflicht aus der Konkurrenzklausel.

Verzicht auf die Konkurrenzklausel

§ 75a[1]. Der Prinzipal kann vor der Beendigung des Dienstverhältnisses[2] durch schriftliche Erklärung[3] auf das Wettbewerbverbot mit der Wirkung verzichten[4], daß er mit dem Ablauf eines Jahres[5] seit der Erklärung von der Verpflichtung zur Zahlung der Entschädigung frei wird[6].

1. Vgl. Anm. 1 zu § 74.

2. D. h. auch noch nach (fristgemäßer) Kündigung (außer wenn bei dieser die Erklärung nach § 75 Abs. 2 abgegeben wurde).

3. Vgl. §§ 125, 126 u. 130ff. BGB.

4. Durchbrechung der Natur der Konkurrenzklausel als gegenseitiger Vertrag (vgl. Anm. 4 zu § 74b). — Nur vollständiger Verzicht möglich.

5. Vgl. §§ 187ff. BGB.

6. So daß die Entschädigung bei früherer Vertragsbeendigung nur für den noch nicht abgelaufenen Teil des mit dem Zugang der Erklärung (oben Anm. 5) beginnenden Jahres zu zahlen ist.

Angestellte für außereuropäische Tätigkeit; Hochbesoldete

§ 75b[1]. Ist der Gehilfe für eine Tätigkeit außerhalb Europas[2] angenommen[3], so ist die Verbindlichkeit des Wettbewerbverbots nicht davon abhängig, daß sich der Prinzipal zur Zahlung der im § 74 Abs. 2 vorgesehenen Entschädigung verpflichtet[4]. Das gleiche gilt[4], wenn die dem Gehilfen zustehenden vertragsmäßigen Leistungen den Betrag von achttausend Mark[5] für das Jahr übersteigen[6]; auf die Berechnung des Betrags der Leistungen finden die Vorschriften des § 74b Abs. 2, 3 entsprechende Anwendung[7].

1. Vgl. Anm. 1 zu § 74.

2. Weiter als § 68 („außereuropäische HNiederlassung"); aber die außereuropäische Tätigkeit (z. B. Reisen) muß überwiegen. Vgl. Begr. 731; KomB. 67.

3. Diese Tätigkeit muß Vertragsgegenstand und -inhalt sein.

4. Alle anderen Bestimmungen gelten auch hier. — Zulässig ist hiernach auch, die Verpflichtung zur Zahlung der Karenzentschädigung durch eine erst bei Beendigung des Dienstverhältnisses vom Prinzipal abzugebende Erklärung, er bestehe auf dem Verbot, zu bedingen (Durchbrechung des § 75a!); JW. 32, 3488.

5. Vgl. Anm. 3 zu § 68.

6. An sich bei Vertragsabschluß; es kann aber für den Fall der Überschreitung der Hochbesoldetengrenze der Fortfall der Entschädigung vereinbart werden (Begr. 731).

7. Anders als nach § 68 Abs. 1; vgl. Anm. 2 zu § 68.

Wettbewerbsklausel mit Vertragsstrafe

§ 75c[1]. Hat der Handlungsgehilfe für den Fall, daß er die in der Vereinbarung übernommene Verpflichtung nicht erfüllt[2], eine Strafe versprochen[3], so kann der Prinzipal Ansprüche nur nach Maßgabe der Vorschriften des § 340 des Bürgerlichen Gesetzbuchs[4] geltend machen. Die Vorschriften des Bürgerlichen Gesetzbuchs über die Herabsetzung einer unverhältnismäßig hohen Vertragsstrafe[5] bleiben unberührt.

Ist die Verbindlichkeit der Vereinbarung nicht davon abhängig, daß sich der Prinzipal zur Zahlung einer Entschädigung an den Gehilfen verpflichtet[6], so kann der Prinzipal, wenn sich der Gehilfe einer Vertragsstrafe der im Abs. 1 bezeichneten Art

unterworfen hat, nur die verwirkte Strafe verlangen; der Anspruch auf Erfüllung oder auf Ersatz eines weiteren Schadens ist ausgeschlossen.

1. Vgl. Anm. 1 zu § 74. Vor Inkrafttreten des Ges. v. 10. 6. 14 galt die Regelung des jetzigen Abs. 2 allgemein (§ 75 Abs. 2 a. F.).

2. Nichterfüllung des Wb.verbots liegt vor bei Verstoß gegen den notfalls durch Auslegung zu ermittelnden Sinn der Konkurrenzklausel; auf den Wortlaut kommt es nicht entscheidend an. Z. B. ist jede fortgesetzte Tätigkeit für ein Konkurrenzunternehmen verboten, wenn der HGeh. Unterlassung jeglicher Beteiligung an einem solchen („direkt oder indirekt" oder „in keiner Weise") versprochen hat; vgl. RGZ. 40, 99; 70, 440; 108, 378. Das Verbot, in ein Konkurrenzgeschäft einzutreten, umfaßt auch die Neuerrichtung eines solchen; R. 07, 1080. Auch Anstiftung und Beihilfe, ebenso Handeln durch Strohmänner stellt Verstoß dar; RGZ. 96, 174; JW. 02 Beil. 264; 10, 279. Zulässig dagegen: Versandgeschäfte u. dgl. nach einem verbotenen Bezirk (außer wenn wegen der Ausschließlichkeit solcher Geschäfte darin eine Umgehung liegen würde!), vgl. Gruch. 46, 124; Vorbereitungshandlungen für eine nach Ablauf des Verbots zu beginnende Tätigkeit, JW. 14, 143 (vgl. dazu Anm. 3 Abs. 2 zu § 60!). — Erzwingung der Verbotsachtung nach § 890 ZPO.

3. Vgl. § 74 u. Anm. 5 dazu.

Enthält die Konkurrenzklausel kein Strafversprechen, so hat der Prinzipal bei Nichterfüllung die Rechte aus §§ 320ff. BGB. (vor allem Rücktritt oder Schadensersatz nach § 326 BGB.); vgl. auch Anm. 4 zu § 74b. Daneben konkurrieren u. U. Ansprüche aus unerlaubter Handlung (§ 823 Abs. 1 BGB. — dazu Anm. 8 zu § 1 — und § 1 UWG.).

4. „Nur" gemäß § 340 BGB., nicht auch § 341 BGB., d. h. unter Ausschluß des Erfüllungs-, nicht aber auch eines weitergehenden Schadensersatzanspruchs; vgl. RGZ. 112, 166. § 340 BGB. lautet:

Hat der Schuldner die Strafe für den Fall versprochen, daß er seine Verbindlichkeit nicht erfüllt, so kann der Gläubiger die verwirkte Strafe statt der Erfüllung verlangen. Erklärt der Gläubiger dem Schuldner, daß er die Strafe verlange, so ist der Anspruch auf Erfüllung ausgeschlossen.

Steht dem Gläubiger ein Anspruch auf Schadensersatz wegen Nichterfüllung zu, so kann er die verwirkte Strafe als Mindestbetrag des Schadens verlangen. Die Geltendmachung eines weiteren Schadens ist nicht ausgeschlossen.

Übergang vom Erfüllungs- zum Strafanspruch ist hingegen zulässig; JW. 13, 320. Die Vertragsstrafe kann auch so versprochen werden, daß der HGeh. mit ihrer Entrichtung die Erfüllung abwenden kann (gültig, weil keine Abänderung „zum Nachteil" des HGeh.; vgl. § 75d!); RGZ. 33, 142; 40, 100; 70, 442; LZ. 11, 543. Dagegen nicht möglich: Strafe „für jeden Fall der Zuwiderhandlung"; vgl. dazu § 339 Satz 2 BGB.

5. § 343 BGB.

6. Vgl. §§ 75b, 82a.

Unabdingbarkeit zugunsten des Handlungsgehilfen

§ 75d[1]. Auf eine Vereinbarung, durch die von den Vorschriften der §§ 74 bis 75c zum Nachteil des Handlungsgehilfen abgewichen wird, kann sich der Prinzipal nicht berufen[2]. Das

gilt auch von Vereinbarungen, die bezwecken, die gesetzlichen Vorschriften über das Mindestmaß der Entschädigung durch Verrechnungen oder auf sonstige Weise zu umgehen[3].

1. Vgl. Anm. 1 zu § 74.
2. Wohl aber der HGeh., z. B. hinsichtlich der Vergütung bei Verstoß gegen § 74a Abs. 1. Anders in den Fällen der Abs. 2 u. 3 des § 74a (Nichtigkeit); vgl. dazu auch § 75e, wo § 75d mitaufgeführt wird.
3. Das Verbot nach Satz 2 folgt schon aus § 74 Abs. 2.

Karenzentschädigung. Konkurs und Pfändbarkeit

§ 75e[1]. Die Entschädigung, die der Handlungsgehilfe auf Grund der Vorschriften der §§ 74 bis 75d für die Zeit nach der Beendigung des Dienstverhältnisses beanspruchen kann, gehört zu den Dienstbezügen im Sinne des § 61 Nr. 1 der Konkursordnung[2].

Der Anspruch auf die Entschädigung kann zum Zwecke der Sicherstellung oder Befriedigung eines Gläubigers erst dann gepfändet werden, wenn der Tag, an dem sie zu entrichten war, abgelaufen ist, ohne daß der Gehilfe sie eingefordert hat. Die Pfändung ist jedoch zulässig, soweit die Entschädigung allein oder zusammen mit den in den §§ 1, 3 des Gesetzes, betreffend die Beschlagnahme des Arbeits- oder Dienstlohns, bezeichneten Bezügen die Summe von fünfzehnhundert Mark für das Jahr übersteigt. Die Vorschriften des § 2, des § 4 Nr. 2, 3 und des § 4a des bezeichneten Gesetzes finden entsprechende Anwendung[3].

1. Vgl. Anm. 1 zu § 74.
2. D. h. sie genießt dasselbe Konkursvorrecht; vgl. Anm. 7 Abs. 6 zu § 59.
3. Nach § 850f Nr. 2 ZPO. steht die Entschädigung jetzt hinsichtlich der Pfändbarkeit den Dienstbezügen (§ 850b ZPO. — vgl. Anm. 7 Abs. 7 zu § 59) gleich. Abs. 2 behält aber hinsichtlich Zusammenrechnung der Entschädigung mit anderem Arbeitseinkommen (vgl. dazu § 74c) Geltung.
Vgl. auch §§ 394, 400 BGB. (Aufrechnungs- und Abtretungsverbot).

Geheime Konkurrenzklausel

§ 75f[1]. Im Falle einer Vereinbarung, durch die sich ein Prinzipal einem anderen Prinzipal gegenüber verpflichtet, einen Handlungsgehilfen[2], der bei diesem im Dienst ist oder gewesen ist, nicht oder nur unter bestimmten Voraussetzungen[3] anzustellen[4], steht beiden Teilen der Rücktritt frei[5]. Aus der Vereinbarung findet weder Klage noch Einrede statt[6].

1. In der Fass. d. § 69 Abs. 5 AOG. Sachlich ist an dem früheren Rechtszustand nichts geändert (str. in bezug auf Art. 159 WeimRV.); die bisherige

Bezugnahme auf den durch § 69 Abs. 2 AOG. aufgehobenen § 152 GewO. ist lediglich umschrieben worden.

2. Nicht notwendig einen bestimmten HGeh.

3. Z. B.: nicht bei ungekündigter Stellung.

4. Nicht auch einer Vereinbarung, in alle Anstellungsverträge ein (gesetzlich zulässiges) Wb.verbot aufzunehmen.

5. Unberührt bleiben sonstige Nichtigkeitsgründe, z. B. § 138 BGB.

6. U. U. zeitigt sie aber Schadensersatzansprüche eines betroffenen HGeh.; wegen der dafür gegebenen Zuständigkeit des Arbeitsgerichts vgl. JW. 28, 2931. Der Prinzipal hat gegenüber dem bei ihm eintretenden HGeh. regelmäßig auch eine Offenbarungspflicht hinsichtlich des Bestehens einer geheimen Konkurrenzklausel; vgl. HRR. 28, 2121.

Handlungslehrlinge

§ 76. Die Vorschriften der §§ 60 bis 63, 75f[1] gelten auch für Handlungslehrlinge[2]. Vereinbarungen, durch die diese für die Zeit nach der Beendigung des Lehr- oder Dienstverhältnisses in ihrer gewerblichen Tätigkeit beschränkt werden, sind nichtig[3].

Der Lehrherr ist verpflichtet[4], dafür zu sorgen, daß der Lehrling in den bei dem Betriebe des Geschäfts vorkommenden kaufmännischen Arbeiten unterwiesen wird; er hat die Ausbildung des Lehrlings entweder selbst[5] oder durch einen geeigneten, ausdrücklich[6] dazu bestimmten Vertreter[5] zu leiten. Die Unterweisung hat in der durch den Zweck der Ausbildung gebotenen Reihenfolge und Ausdehnung zu geschehen.

Der Lehrherr darf dem Lehrlinge die zu seiner Ausbildung erforderliche Zeit und Gelegenheit durch Verwendung zu anderen Dienstleistungen nicht entziehen[4, 7]; auch hat er ihm die zum Besuche des Gottesdienstes an Sonntagen und Festtagen erforderliche Zeit[8] und Gelegenheit zu gewähren[4]. Er hat den Lehrling zur Arbeitsamkeit und zu guten Sitten anzuhalten[4, 9].

In betreff der Verpflichtung des Lehrherrn, dem Lehrlinge die zum Besuch einer Fortbildungsschule erforderliche Zeit zu gewähren, bewendet es bei den Vorschriften des § 120 der Gewerbeordnung[10].

1. Gesetzliches Konkurrenzverbot für den HLehrling (§ 60), Anspruch des Prinzipals auf Schadensersatz und Eintrittsrecht (§ 61); Fürsorgepflicht des Prinzipals (§ 62); Vergütungsanspruch des HLehrlings bei unverschuldetem Unglück (§ 63); Unverbindlichkeit der geheimen Konkurrenzklausel zwischen Prinzipalen (§ 75f). — Vgl. auch § 82.

2. Handlungslehrlinge sind wie HGeh. (§ 59) und Volontäre (§ 82a) i. S. des AOG. „Mitglieder der Gefolgschaft", „Beschäftigte" und auch „An-

gestellte". Zivilrechtlich beruht ihre Stellung auf dem Lehrvertrage, nach h. M. einem Dienstvertrage, bei welchem der Lehrling Arbeitsleistung, der Prinzipal Ausbildung schuldet (letzteres hat aber werkvertraglichen Charakter; bestr.). — Über Bedeutung der Schriftform beim Lehrvertrag vgl. § 79. — Bei Minderjährigen kann den Vertrag der Vater als gesetzlicher Vertreter ohne, der Vormund bei mehr als einjähriger Dauer nur mit Genehmigung des Vormundschaftsgerichts abschließen; vgl. §§ 1643 Abs. 1, 1822 Nr. 6 BGB., dazu § 1827 Abs. 1 BGB. (Anhörung des Mündels). — § 113 BGB. ist auf Begründung eines Lehrvertrags nicht anwendbar. — Über die (bestr.) selbständige Abschlußbefugnis des Kommunalverbandes bei Fürsorgezöglingen vgl. KGJ. 28 A 179 und (a. A.) 46 A 86. — Über Anwendbarkeit der Arbeitszeitvorschriften vgl. JW. 22, 1057.

3. Abs. 1 gilt in der Fass. d. Ges. v. 10. 6. 14; vgl. Anm. 1 zu § 74. Früher galt für HLehrlinge keine Besonderheit.

4. Vgl. § 82.

5. Vgl. § 81.

6. Dazu RGZ. 34, 2.

7. Über den Umfang des Zulässigen vgl. SeuffA. 36, 318.

8. S. auch die V. über Sonntagsruhe im Handelsgewerbe usw. v. 5. 2. 19 (RGBl. 176).

9. Vgl. aber § 154 Nr. 2 GewO. i. V. m. § 127 GewO. keine „väterliche Zucht" des kaufmännischen Lehrherrn. — § 832 BGB. ist dagegen grundsätzlich anwendbar; vgl. RGZ. 52, 71; 97, 229.

10. Darüber hinaus besteht die Verpflichtung, den HLehrl. zum Besuch der Fortbildungs- und Fachschule anzuhalten; §§ 139i Abs. 2, 150 Nr. 4 GewO. Lohnabzug für durch Schulbesuch ausgefallene Arbeitszeit ist unzulässig; JW. 33, 2787.

Lehrzeit und Probezeit

§ 77. Die Dauer der Lehrzeit bestimmt sich nach dem Lehrvertrag[1], in Ermangelung vertragsmäßiger Festsetzung nach den örtlichen Verordnungen oder dem Ortsgebrauche[2].

Das Lehrverhältnis kann, sofern nicht eine längere Probezeit vereinbart ist, während des ersten Monats nach dem Beginne der Lehrzeit ohne Einhaltung einer Kündigungsfrist gekündigt werden. Eine Vereinbarung, nach der die Probezeit mehr als drei Monate betragen soll, ist nichtig[3].

Nach dem Ablaufe der Probezeit finden auf die Kündigung des Lehrverhältnisses die Vorschriften der §§ 70 bis 72 Anwendung[4]. Als ein wichtiger Grund zur Kündigung durch den Lehrling ist es insbesondere auch anzusehen, wenn der Lehrherr seine Verpflichtungen gegen den Lehrling in einer dessen Gesundheit, Sittlichkeit[5] oder Ausbildung gefährdenden Weise vernachlässigt[6].

Im Falle des Todes des Lehrherrn kann das Lehrverhältnis innerhalb eines Monats ohne Einhaltung einer Kündigungsfrist gekündigt werden[7].

1. Vgl. Anm. 2 a. E. zu § 76.

2. Vgl. Anm. 6 a. A. zu § 59.

3. Probezeit: sie beträgt mindestens einen, höchstens drei Monate. Bei Vereinbarung einer noch längeren Frist beträgt sie einen Monat, wenn nicht nach § 139 BGB. sogar Nichtigkeit des ganzen Vertrages anzunehmen ist.

4. D. h.: nur Kündigung aus wichtigem Grunde zulässig. Es gelten die zu § 70 entwickelten Sätze; vgl. insbes. Anm. 4 zu § 70, auch JW. 27, 2589 (Unzumutbarkeit der Vertragsfortsetzung nach Treu und Glauben); R. 27, 1949; 31, 344 (Betriebseinstellung); ferner D. 66 (u. U. Inhaberwechsel). Konkurs des Prinzipals ist für den HLehrl. und nach § 22 KO. auch für den Konkursverwalter (str.) Kündigungsgrund; vgl. Warn. 32, 181; JW. 36, 1254. Über Eröffnung des Vergleichsverfahrens JW. 33, 1154 (kein Kündigungsrecht des HLehrl.; aber Kündigungsrecht des Prinzipals und Ermächtigung des Gerichts; vgl. auch Anm. 4 Abs. 2 a. E. zu § 66). Wegen leichterer Verfehlungen des Lehrlings kann der (erziehungspflichtige!) Prinzipal regelmäßig nicht sogleich kündigen; vgl. R. 36, 6360.

Vgl. Anm. 4 a. E. zu § 70. Vertraglich kann jedoch auch befristete Kündigung nach Ablauf der Probe- und vor Ablauf der Lehrzeit bedungen werden; JW. 33, 1042.

Seitens des minderjährigen HLehrl. muß der gesetzliche Vertreter kündigen (§ 107 BGB.).

5. Vgl. dazu § 174 Nr. 1 StGB. u. JW. 28, 802; 34, 2772.

6. Vgl. § 71 Nr. 3 i. V. m. § 62 und § 76 Abs. 3, ferner § 127 Abs. 2 GewO.; ebenso wie dort auch für den HLehrl. allgemein Unfähigkeit des Lehrherrn zur Vertragserfüllung (z. B. § 81).

7. Von beiden Teilen. Bei Vorhandensein mehrerer Lehrherren, von denen einer stirbt, entscheidet Zumutbarkeit (§ 70).

Berufswechsel

§ 78[1]. Wird von dem gesetzlichen Vertreter des Lehrlings oder, sofern dieser volljährig ist, von ihm selbst dem Lehrherrn die schriftliche Erklärung abgegeben[2], daß der Lehrling zu einem anderen Gewerbe oder zu einem anderen Beruf übergehen werde[3], so endigt, wenn nicht der Lehrling früher entlassen wird, das Lehrverhältnis nach dem Ablauf eines Monats[4].

Tritt der Lehrling der abgegebenen Erklärung zuwider vor dem Ablaufe von neun Monaten nach der Beendigung des Lehrverhältnisses in ein anderes Geschäft als Handlungslehrling oder als Handlungsgehilfe ein, so ist er dem Lehrherrn zum Ersatze des diesem durch die Beendigung des Lehrverhältnisses entstandenen Schadens verpflichtet. Mit ihm haftet als Gesamtschuldner[5] der neue Lehrherr oder Prinzipal, sofern er von dem Sachverhalte Kenntnis hatte.

1. Vgl. § 127e GewO. (entsprechend für den gewerblichen Lehrling).

2. §§ 125f. BGB.; §§ 130ff. BGB.

3. Aufgabe des kaufmännischen Berufes erforderlich (str.); bei wissentlich falscher Erklärung (vgl. OLG. 1, 227) tritt die Auflösung nicht ein (bestr.). Die Erklärung ist anderseits stets Grund zur fristlosen Entlassung.

4. Vgl. §§ 187 Abs. 1, 188 BGB. — Diese Austrittsmöglichkeit ist unabdingbar, infolgedessen auch nicht durch Vertragsstrafe beschränkbar.

5. Die Haftung des zweiten Prinzipals setzt Haftung des Lehrlings voraus (str.). Vgl. dazu § 79.

Bedeutung des schriftlichen Lehrvertrags

§ 79. Ansprüche wegen unbefugten Austritts aus der Lehre[1] kann der Lehrherr gegen den Lehrling nur geltend machen, wenn der Lehrvertrag schriftlich geschlossen ist[2].

1. D. h. nach § 78 Abs. 2 oder überhaupt ohne wirksame Austrittserklärung (vgl. Anm. 3 zu § 78).

2. Die Beschränkung gilt nicht für andere Ansprüche gegen den Lehrling (RAG. 2, 101) oder für etwaige Ansprüche gegen seinen gesetzlichen Vertreter (ROHG. 14, 16); vgl. aber Anm. 5 zu § 78.

Lehrzeugnis

§ 80. Bei der Beendigung des Lehrverhältnisses[1] hat der Lehrherr dem Lehrling ein schriftliches Zeugnis über die Dauer der Lehrzeit und die während dieser erworbenen Kenntnisse und Fähigkeiten sowie über sein Betragen auszustellen[2].

Auf Antrag des Lehrlings hat die Ortspolizeibehörde das Zeugnis kosten- und stempelfrei zu beglaubigen[3].

1. Vgl. darüber Anm. 2 zu § 73.

2. Ausstellung und Gegenstand des Zeugnisses vom Verlangen des HLehrl. unabhängig (anders § 73). Dieser kann ein unvollständiges Zeugnis zurückweisen. Vgl. im übrigen Anm. 3 u. 4 zu § 73 (über Form und Berichtigung, sowie Haftung des Prinzipals gegenüber Dritten), ferner OLG. 5, 273 (Angabe der Entlassungsgründe zulässig!).

3. Vgl. § 73 Abs. 2.

Unfähigkeit zur Lehrlingshaltung

§ 81. Personen, die nicht im Besitze der bürgerlichen Ehrenrechte sind[1], dürfen Handlungslehrlinge weder halten noch sich mit der Anleitung von Handlungslehrlingen befassen[2]. Der Lehrherr darf solche Personen zur Anleitung von Handlungslehrlingen nicht verwenden[2].

Die Entlassung von Handlungslehrlingen, welche diesem Verbote zuwider beschäftigt werden, kann von der Polizeibehörde erzwungen werden.

1. §§ 32ff. StGB.

2. Vgl. § 76 Abs. 2 Satz 1. — Der HLehrl. kann in diesen Fällen fristlos kündigen; die Anstellung ist nicht ohne weiteres ungültig (bestr.). — Vgl. § 82 Abs. 2 (Strafschutz); ferner §§ 128, 139 *l* GewO. (Verbot des Lehrlingszüchtens).

Strafvorschriften

§ 82. Wer die ihm[1] nach § 62 Abs. 1, 2 oder nach § 76 Abs. 2, 3 dem Lehrlinge gegenüber obliegenden Pflichten in einer dessen Gesundheit, Sittlichkeit oder Ausbildung gefährdenden Weise verletzt, wird mit Geldstrafe bis zu einhundertfünfzig Mark[2] bestraft.

Die gleiche Strafe trifft denjenigen, welcher entgegen der Vorschrift des § 81 Handlungslehrlinge hält, ausbildet[3] oder ausbilden läßt.

1. D. i. nur der Prinzipal selbst.

2. Der Strafrahmen ist nach § 27 StGB. (i. d. Fass. d. V. v. 6. 2. 24 — RGBl. I 44) i. V. m. § 2 der V. v. 12. 12. 24 (RGBl. I 775) 1—150 *RM.*

3. Also auch den hiermit (nach § 76 Abs. 2 Satz 1 Halbs. 2) Beauftragten.

Volontäre

§ 82a[1]. Auf Wettbewerbverbote gegenüber Personen, die, ohne als Lehrlinge[2] angenommen zu sein, zum Zwecke ihrer Ausbildung unentgeltlich[3] mit kaufmännischen Diensten[4] beschäftigt werden (Volontäre)[5], finden die für Handlungsgehilfen geltenden Vorschriften insoweit Anwendung, als sie nicht auf das dem Gehilfen zustehende Entgelt Bezug nehmen[6].

1. Vgl. Anm. 1 zu § 74. 2. §§ 76ff.

3. Eine „Belohnung" ist damit aber nicht ausgeschlossen; JW. 36, 524.

4. Vgl. dazu Anm. 1 Abs. 2 zu § 59.

5. Wesentliches Vertragsmerkmal ist, daß ohne Verpflichtung zu geregelter Fachausbildung Gelegenheit (u. U. auch vermittels Anleitung) zu deren Vervollkommnung geboten wird; JW. 36, 524, auch 30, 2728.

6. Es gelten also die §§ 74ff. mit Ausnahme der §§ 74 Abs. 2, 74a Abs. 2 Satz 1, 74b u. c, 75 Abs. 3, 75a u. b, 75c Abs. 1 u. 75e.

Andere Dienstverpflichtete

§ 83. Hinsichtlich der Personen, welche in dem Betrieb eines Handelsgewerbes andere als kaufmännische Dienste[1] leisten, bewendet es bei den für das Arbeitsverhältnis dieser Personen geltenden Vorschriften[2].

1. Vgl. Anm. 1 Abs. 2 zu § 59.

2. Vor allem §§ 611ff. BGB. (dazu auch Anm. 1 Abs. 3 zu § 59); §§ 105ff. GewO. nebst ArbeitszeitV. (dazu Anm. 2 zu § 59), AOG. (Anm. 3 zu § 59) nebst den meisten Kündigungsschutzbestimmungen (vgl. Anm. 4 zu § 66), AGG. (Anm. 4 zu § 59), AVAVG. usw. (Anm. 5 zu § 59), ferner §§ 511—555 HGB., §§ 7—25 BinnenSchGes. u. die SeemannsO.

Siebenter Abschnitt*)

Handlungsagenten

Begriff und Pflichten des Handlungsagenten

§ 84. Wer, ohne als Handlungsgehilfe angestellt zu sein[1], ständig damit betraut ist[2], für das Handelsgewerbe eines anderen[3] Geschäfte zu vermitteln[4] oder im Namen des anderen abzuschließen[5] (Handlungsagent), hat bei seinen Verrichtungen das Interesse des Geschäftsherrn mit der Sorgfalt eines ordentlichen Kaufmanns wahrzunehmen[6].

Er ist verpflichtet, dem Geschäftsherrn die erforderlichen Nachrichten zu geben, namentlich ihm von jedem Geschäftsabschluß unverzüglich[7] Anzeige zu machen[8].

1. Über die Abgrenzung zwischen HAgent und HGeh. vgl. Anm. 7 Abs. 3 zu § 59; ferner RAG. 12, 253; 15, 353; RGZ. 87, 442; JW. 10, 243; 11, 994; 16, 992; 31, 3152; 32, 3488; 36, 523, 1700, 2664[30], 3148; 38, 1847[63]; LZ. 12, 653; DJZ. 31, 367; SeuffA. 81, 19; 91, 252. Der HAgent ist selbständiger Kaufmann (§ 1 Abs. 2 Nr. 7). Er kann auch eine Gesellschaft oder juristische Person sein; vgl. Warn. 31, 63 (GmbH.). Im Innenverhältnis zum Geschäftsherrn kann die Stellung des HAgenten aber auch weitgehend der eines HGeh. genähert sein, so daß er u. U. zu den „arbeitnehmerähnlichen Personen" des AGG. (§ 3) gehört; JW. 33, 1852; 36, 1257; 38, 1847[63]; HansRGZ. 29 B 222, was aber nicht die Regel ist (vgl. JW. 29, 2172, auch unten Anm. 3). Generalagenten einer Versicherungsgesellschaft (vgl. aber JW. 36, 683 über bloße Titularagenten im Versicherungsgewerbe) sind echte HAgenten, R. 33, 446 (Zuständigkeit der ordentlichen Gerichte). „Vermittler" ist kein Rechtsbegriff, JW. 38, 3297[12].

2. Nicht nur die gewerbliche Tätigkeit des HAgenten allgemein (wie aus § 1 Abs. 2 Nr. 7 folgt), sondern auch seine Verpflichtung gegenüber dem Geschäftsherrn muß auf eine gewisse Dauer berechnet sein; RGZ. 95, 135, dazu auch ROHG. 2, 333 u. OLG. 12, 423. Über Umsatzsteuerpflicht bei fehlender Betrauung vgl. JW. 32, 1495 (RFH.). Neben den §§ 84 ff. sind § 675 BGB. i. V. m. §§ 611 ff. BGB. (subsidiär) anzuwenden, die für gelegentliche Agenturgeschäfte (vgl. dazu KB. 51 u. Warn. 15, 18) ausschließlich gelten. Vgl. RGZ. 62, 229; 63, 73; 87, 440; JW. 08, 138; 11, 106; LZ. 11, 454; Gruch. 53, 970. — Ist der Vertrag mit dem HAgenten einerseits Dienstvertrag mit Geschäftsbesorgung, so kommt anderseits die Selbständigkeit des (nicht „arbeitnehmerähnlichen" — vgl. oben Anm. 1 u. RAG. 16, 272) HAgenten in folgendem zum Ausdruck: kein Vorrecht des HAgenten im Konkurs, HRR. 31, 1164; RAG. 7, 166; keine Pfändungsbeschränkung zugunsten des Provisionsanspruchs, R. 31, 189; RAG. 7, 172. (Statt dessen gilt für HAgenten § 811 Nr. 5 ZPO.; OLG. 14, 209; 15, 165.) — Über Beteiligung des HAgenten am Vergleichsverfahren [nach der alten VerglO.] vgl. JW. 32, 3740, dazu nunmehr §§ 36, 50 VerglO. v. 26. 2. 35 [RGBl. I 321].) Unanwendbar außer den in §§ 84 ff. speziell geregelten Vorschriften des BGB. (§§ 612, 614, 620 Abs. 2, 621—624, 626) auch diejenigen

*) Gilt nicht im Lande Österreich und im Sudetenland; vgl. Art. 1 der 4. EinfV. betr. Österreich u. Art. 1 der 3. EinfV. betr. Sudetenland (Anh. XIII u. XIV).

die auf der Unselbständigkeit des Dienstverpflichteten beruhen: §§ 616, 629, 630 BGB.; vgl. RGZ. 87, 442. Aus besonderen Gründen sind ferner § 627 BGB. und (bestr.) auch § 615 BGB. nicht anwendbar. Vgl. dazu Anm. 5 zu § 88, Anm. 1 zu § 92.

3. Zu unterscheiden ein von einem anderen nur autorisierter Eigenhändler, der im eigenen Namen und für eigene Rechnung tätig wird; vgl. RGZ. 46, 121, sowie zur Abgrenzung dieses Falles RGZ. 65, 90 u. (betr. Tankstellenwart) JW. 34, 48 u. 3076; vgl. aber auch Anm. 1 zu § 92.

4. Vermittlungsagent: vgl. über ihn auch § 85; vom HMäkler (§§ 93ff.) ist er durch das einseitige und auf Dauer berechnete (vgl. oben Anm. 2) Treuverhältnis zum Geschäftsherrn unterschieden. Über Berührungspunkte zwischen HMäkler und Vermittlungsagent vgl HRR. 30, 304 (insbesondere bezüglich Anwendung des § 85 auf HMäkler) u. RGZ. 97, 262 (gewillkürte Ausdehnung des § 95 auf HAgenten).

5. Abschlußagent. Über Umfang seiner Vollmacht RGZ. 134, 67; LZ. 22, 595; 29, 1268. Das Tätigwerden in fremdem Namen unterscheidet ihn vom Kommissionär (§ 383), vgl. RGSt. 50, 412. Über sog. Kommissionsagenten, die nach außen hin in eigenem Namen handeln, im Innenverhältnis aber wie Agenten gestellt sind (ständige Betrauung kraft Dienstvertrages im Gegensatz zur grundsätzlich einmaligen — werkvertragsmäßigen [str.!] — Kommission) vgl. RGZ. 69, 364; JW. 17, 157, auch LZ. 20, 827.

6. Vgl. dazu oben Anm. 2, sowie § 347. — Zu besonderer Werbetätigkeit (JW. 25, 612), Erzielung bestimmten Umsatzes und Gewährleistung für die auf seiner Tätigkeit beruhenden Geschäfte (Delkredere — vgl. LZ. 17, 137) ist er i. Zw. nicht verpflichtet. Wohl aber muß er sich (bei Vermeidung der Schadensersatzpflicht gegenüber dem Geschäftsherrn, vgl. ROHG. 6, 215; JW. 93, 543; LZ. 18, 696) über die Partner der von ihm vermittelten Geschäfte genau erkundigen und auch selbst nach besten Kräften ihre Zahlungsfähigkeit prüfen; D. 69 u. ROHG. 22, 122; RGZ. 18, 112: JW. 93, 38; LZ. 27, 1269; HansRGZ. 31 B 696 (kein Haftungsausschluß, wenn der Geschäftsherr selbst Auskünfte einholt). Hat der HAgent darüber hinaus das „Delkredere" übernommen (über den Unterschied gegenüber einer Kreditauskunft: JW. 30, 1424), so haftet er als Bürge (§ 349): HRR. 35, 1054. Auch noch nach Geschäftsabschluß muß er über geschäftserhebliche Umstände zumindest berichten; R. 36, 2664; 37, 381.

Eine Wettbewerbsbeschränkung — während des Agenturvertrages und erst recht nach dessen Ablauf — kann beim HAgenten nur auf Vertrag zurückgehen; vgl. RGZ. 87, 442; HRR. 28, 1726. Die allgemeine Treupflicht verbietet aber offenbare Interessenschädigung durch andere Geschäfte oder Übernahme ausgesprochener Konkurrenzvertretungen. Grenzziehung nach der Übung der verschiedenen Handelszweige (D. 69). Bei Verletzung hiernach wirksamer Beschränkungen: Schadensersatz und Auskunftspflicht HRR. 28, 1726. — Über Geheimnisverrat durch HAgenten vgl. JW. 27, 2378; HansRGZ. 31 B 537. — Über Haftung des in ein Agenturverhältnis eintretenden Gesellschafters: DJZ. 29, 926. 7. Vgl. § 121 BGB.

8. Abs. 2 ergibt sich — z. T. mit Erweiterungen — auch aus § 675 BGB. i. V. m. § 666 BGB. — Aus § 675 BGB. folgt ferner Herausgabepflicht des auf Grund der Agententätigkeit Erlangten (§ 667 BGB.). — Über den Streitwert bei Klagen des Geschäftsherrn auf Buchauszüge vgl. JW. 21, 744, über Befugnis zur Abweichung von empfangenen Weisungen § 665 BGB., sowie über die Haftung bei ordnungswidriger Offertenübermittlung an den Geschäftsherrn RGZ. 12, 17 (Schadensersatz, nicht Erfüllung!).

Vertragsabschluß eines Vermittlungsagenten

§ 85. Hat ein Handlungsagent, der nur mit der Vermittlung von Geschäften betraut ist[1], ein Geschäft im Namen des Geschäftsherrn mit einem Dritten abgeschlossen[2], so gilt es als von dem Geschäftsherrn genehmigt, wenn dieser nicht unverzüglich, nachdem er von dem Abschlusse Kenntnis erlangt hat, dem Dritten gegenüber erklärt, daß er das Geschäft ablehne[3].

1. Vgl. Anm. 4 zu § 84.

2. Also als Vertreter ohne Vertretungsmacht; vgl. unten Anm. 3 a. E. — § 85 gilt nicht bei bloßer Entgegennahme von Angeboten zur Übermittlung an den Geschäftsherrn, regelmäßig auch nicht bei Abschlüssen unter Vorbehalt der Genehmigung des Geschäftsherrn; vgl. RGZ. 60, 187; 96, 286; SeuffA. 78, 68; R. 20, 3181; OLG. 11, 24, auch RGZ. 113, 261 (Analogie bei Vollmacht zum Abschluß unter Genehmigungsvorbehalt, wenn dieser Vorbehalt nicht gemacht wird). Ebenso nicht bei Geschäften außerhalb des gesetzlichen Vollmachtrahmens für Abschlußagenten (Vertrauensschutzprinzip!), OLG. 14, 347.

Über Bestimmung des Umfangs der Agentenvollmacht: RGZ. 38, 194; 51, 149; 134, 67; JW. 10, 181; LZ. 29, 1268 (Ortsüblichkeit am Tätigkeitsort des HAgenten); über weitergehenden Vertrauensschutz Dritter einerseits LZ. 29, 1268, anderseits RGZ. 134, 67, sowie aus der früheren Rechtsprechung RGZ. 97, 1 u. 191; JW. 99, 181; 00, 804; 02, 424, auch D. 69.

3. „Unverzüglich" ist „ohne schuldhaftes Zögern" (§ 121 BGB.). Beweislast des Dritten, R. 23, 1250. — Verschulden oder Kenntnis des insoweit ja vollmachtlosen HAgenten bleiben außer Betracht. Vgl. auch RGZ. 97, 2 u. R. 20, 143. — Über Genehmigung vgl. §§ 182ff. BGB. Eine Ablehnungserklärung wirkt, auch wenn sie „unverzüglich" erfolgt, nicht mehr nach tatsächlich bereits erteilter Genehmigung, die auch gegenüber dem HAgenten erklärt werden kann (§ 182 Abs. 1 BGB.). — Nach Genehmigung oder mangels unverzüglicher Ablehnungserklärung gilt hinsichtlich der Kenntnis des HAgenten § 166 BGB., wie wenn er von Anfang an bevollmächtigt gewesen wäre (RGZ. 51, 147; 60, 187; LZ. 12, 68; 29, 1268), außer wenn der Dritte wußte oder wissen mußte, daß der Geschäftsherr nicht einverstanden sein würde und er mit Schweigen des Agenten dem Geschäftsherrn gegenüber rechnet (RGZ. 134, 67), was z. B. auch regelmäßig für mündliche Erklärungen des HAgenten bei sonst schriftlich niedergelegtem Vertrag gelten wird; vgl. OLG. 12, 30.

Gegenüber dem Geschäftsherrn enthält § 85 eine Ausnahme von dem Grundsatz des § 177 BGB. Zugunsten des Dritten gelten §§ 178, 179 BGB. unverändert.

Vollmacht des Platzagenten

§ 86. Zur Annahme von Zahlungen für den Geschäftsherrn sowie zur nachträglichen Bewilligung von Zahlungsfristen ist der Handlungsagent[1] nur befugt[2], wenn ihm die Ermächtigung dazu besonders[3] erteilt ist[4].

Die Anzeige von Mängeln einer Ware, die Erklärung, daß eine Ware zur Verfügung gestellt werde, sowie andere Erklä-

rungen solcher Art können dem Handlungsagenten[1] gegenüber abgegeben werden[5].

1. Für sog. Reiseagenten gilt § 87.

2. Also auch der Abschlußagent zur nachträglichen Stundung, obwohl er regelmäßig ohne besondere Ermächtigung bei Vertragsschluß ein Zahlungsziel vereinbaren kann! 3. Vgl. Anm. 5 zu § 54.

4. Über die Grundsätze stillschweigender Vollmachterteilung und des Vertrauensschutzes Dritter bei Scheinvollmacht vgl. Anm. 3 Abs. 4 zu § 54. — Delkredereübernahme durch den HAgenten ist für seine Inkassovollmacht ohne Bedeutung; ROHG. 2, 304.

5. Vgl. dazu Anm. 4 zu § 55. Anwesenheit ist (anders als nach § 55 Abs. 3; vgl. auch Anm. 2 zu § 87) nicht erforderlich.

Vollmacht des Reiseagenten

§ 87. Ist der Handlungsagent als Handlungsreisender tätig[1], so finden die Vorschriften des § 55 Anwendung[2].

1. Nur Auswärtsreisende, die dies mit Wissen und Willen des Geschäftsherrn sind, fallen unter § 87; vgl. RGZ. 97, 2; OLG. 11, 26. Bei ihnen trägt aber der Geschäftsherr stets das Risiko, die Kundschaft rechtzeitig über mangelnde Einziehungsbefugnis im Einzelfall aufzuklären; vgl. R. 37, 382.

2. Nicht § 86. — Die Anwendung des § 55 bedeutet einmal (vgl. § 55 Abs. 3), daß die Empfangsvollmacht für Anzeigen (vgl. auch § 86 Abs. 2) Anwesenheit des HAgenten (vgl. dazu Anm. 4 a. A. zu § 55) voraussetzt, und zum andern, daß der HAgent zum Inkasso und zur nachträglichen Stundung nur bei von ihm im Rahmen einer Abschlußvollmacht oder mit Genehmigung des Geschäftsherrn (auch i. S. des § 85) getätigten Geschäften („ . . . aus den von ihnen abgeschlossenen Verkäufen . . ."!) ermächtigt ist.

Provision

§ 88. Soweit nicht über die dem Handlungsagenten zu gewährende Vergütung ein anderes vereinbart ist[1], gebührt ihm eine Provision[2] für jedes zur Ausführung gelangte[3] Geschäft[4], welches durch seine Tätigkeit zustande gekommen ist[5]. Besteht die Tätigkeit des Handlungsagenten in der Vermittlung oder Abschließung von Verkäufen[6], so ist im Zweifel der Anspruch auf die Provision erst nach dem Eingange der Zahlung und nur nach dem Verhältnisse des eingegangenen Betrags erworben[7].

Ist die Ausführung eines Geschäfts infolge des Verhaltens des Geschäftsherrn ganz oder teilweise unterblieben, ohne daß hierfür wichtige Gründe in der Person desjenigen vorlagen, mit welchem das Geschäft abgeschlossen ist, so hat der Handlungsagent die volle Provision zu beanspruchen[8].

Ist die Höhe der Provision nicht bestimmt, so ist die übliche Provision zu entrichten[9].

Die Abrechnung über die zu zahlenden Provisionen findet, soweit nicht ein anderes vereinbart ist, am Schlusse eines jeden Kalenderhalbjahrs statt[10].

1. Oder handelsüblich ist; bei Ortsgebräuchen ist der der Niederlassung des HAgenten maßgebend; JW. 99, 146.

2. Ob eine Vereinbarung über die Höhe der Provision getroffen ist, läßt Abs. 1 offen; vgl. Abs. 3.

§ 88 legt § 354 stillschweigend zugrunde und ersetzt damit § 612 BGB.; vgl. auch unten Anm. 9. Die Agentenprovision ist aber nicht Dienstlohn i. S. des § 61 Nr. 1 KO. (D. 74); RGZ. 62, 229. Vgl. Anm. 2 zu § 84.

3. Vgl. aber auch Abs. 2.

4. Über den Kreis provisionspflichtiger Geschäfte bei sog. Bezirksagenten vgl. § 89, insbesondere Anm. 5 dazu.

5. Voraussetzung des Provisionsanspruchs ist Ursächlichkeit der Agententätigkeit für den Geschäftsabschluß. — Sog. direkte Geschäfte sind entweder nur bei besonderer Vereinbarung usw. (vgl. oben zu Anm. 1) oder bei Bezirksagenten (§ 89) provisionspflichtig (vgl. oben Anm. 4). — Niemals entsteht ein Provisionsanspruch, wenn kein Abschluß zustandekommt. Ein nichtiger oder mit Erfolg angefochtener oder wegen Verweigerung einer erforderlichen Genehmigung unwirksamer Vertrag steht einem nicht zustandegekommenen gleich; vgl. RGZ. 29, 230; 76, 354; JW. 02 Beil. 228; 20, 138; LZ. 20, 39 u. 758; 21, 618; Gruch. 40, 967; 56, 121; 64, 462. § 615 BGB. ist nicht anwendbar (vgl. Anm. 2 a. E. zu § 84). Nur wenn der Geschäftsherr dem HAgenten schuldhaft die Verdienstmöglichkeit entzieht (dolose Ablehnung von Geschäften beim VermAgenten — dazu D. 71 —, unberechtigte Kündigung oder beim AbschlAgenten unberechtigter Vollmachtswiderruf), wird er schadensersatzpflichtig; vgl. R. 07, 460; JW. 12, 653; 14, 403; HRR. 34, 108; Warn. 39, 267 u. (betr. Verpachtung des Unternehmens) LZ. 26, 823, ferner Abs. 2 (unten Anm. 8). — Schließt aber nach Vorbereitung des Geschäfts durch den HAgenten der Geschäftsherr selbst oder ein anderer Agent ab, so entsteht die Provision für den zuerst tätig gewordenen Agenten, wenn ihn der Geschäftsherr beim Abschluß arglistig umgangen hat (§ 162 BGB.!) oder die Tätigkeit des ersten Agenten für den Abschluß unentbehrlich war; vgl. LZ. 30, 715; 33, 850. — Ursächlichkeit liegt auch vor bei bloßen Nachbestellungen eines vom HAgenten neugeworbenen Kunden; SeuffA. 75, 191 (nicht wenn neue Verhandlungen wegen des späteren Geschäfts nötig sind!), ebenso bei eigener Warenabnahme des HAgenten, wenn sie zu normalen Bedingungen erfolgt (LZ. 17, 619), ferner grundsätzlich (RGZ. 78, 252) bei Geschäften von Unteragenturen.

Entstehungstatbestand für den Provisionsanspruch ist der Geschäftsabschluß, der daher während der Geltungsdauer des Agenturvertrages vollendet sein muß. Die Ausführung des Geschäfts ist, wenn nicht Abs. 2 gegeben ist, eine Bedingung des Anspruchs, was auch die Klausel „Provision zahlbar prompt nach Abwicklung des Geschäfts" bedeutet (R. 20, 1993) und häufig sogar für eine neben „Abschlußprovision" vereinbarte „Inkassoprovision" anzunehmen ist; HRR. 37, 716. Der Anspruch ist dementsprechend schon nach Geschäftsabschluß abtretbar und pfändbar, DJZ. 06, 91. Ebenso kann die Ausführung im Gegensatz zum Geschäftsabschluß noch nach Beendigung des Agenturverhältnisses verfolgen, ohne den Anspruch zu beeinträchtigen, z. B. bei Sukzessivlieferungsverträgen. vgl. RGZ. 78, 255; JW. 11, 105; LZ. 12, 309 u. 464. — Bei Bezirksagenten braucht der Abschluß nicht notwendig in ihrem Bezirk zu erfolgen; JW. 25, 1890 u. 2635; OLG. 45, 51.

6. D. i. der Hauptfall.

7. Der Geschäftsherr kann den HAgenten wegen der Provision also nicht auf einen uneinbringlichen Kaufpreisrest verweisen, muß vielmehr anteilig von eingegangenen Raten die Provision zahlen (D. 71). Handelsüblich ist aber die

Provision vom Netto-Rechnungsbetrag zu berechnen (vgl. Warn. 13, 416; JW. 18, 276; OLG. 44, 192); doch kann etwas anderes vereinbart sein. Vgl. dazu auch Abs. 3 u. unten Anm. 9. — Ist ein Verkauf getätigt und nimmt der Geschäftsherr für den Preis andere Gegenstände an Zahlungs Statt an, so trägt der HAgent nicht die Gefahr eines Mindererlöses bei deren Verwertung (str.): RZ. 121, 125 gegen OLG. 9, 270. — Eine begründete Aufrechnung des Kunden gegenüber dem Geschäftsherrn steht dem Eingang der Zahlung gleich; vgl. JW. 34, 1374. — Bei prozentual bemessener Provision gilt der Prozentsatz grundsätzlich auch im Falle unerwarteter Umsatzsteigerung; JW. 17, 855. Bei garantierter Provision ist ein späterer Überschuß auf anfängliche Untergarantien zu verrechnen; R. 37, 5501.

8. Abs. 2 stellt eine Erweiterung des allgemeinen Grundsatzes des § 162 BGB. dar. Nicht nur eine wider Treu und Glauben verstoßende, sondern jede Nichtausführung, die der Geschäftsherr zu vertreten hat (vgl. dazu R. 25, 2001), läßt den Provisionsanspruch unberührt. Vgl. RGZ. 74, 168 (mangelnde Leistungsfähigkeit des Geschäftsherrn); DJZ. 03, 549 (Kulanz); Gruch. 56, 921 (entgeltliche Veräußerung der Rechte und Pflichten aus einem Geschäftsabschluß); HRR. 32, 1088 (verschuldete Konkurseröffnung). Anders bei Leistungsunvermögen des Geschäftsherrn infolge höherer Gewalt (JW. 08, 139) oder Nichtleistung seines sorgfältig ausgewählten Lieferanten (JW. 06, 399) oder unverschuldeten Konkurses (RGZ. 63, 71), u. U. auch bei Erfüllungsverweigerung der Erben nach Tod des Geschäftsherrn (JW. 24, 177).

Ist vom HAgenten dargelegt, daß hiernach die Nichtausführung des Geschäfts vom Geschäftsherrn zu vertreten ist, so muß dieser wichtige Gründe hierfür in der Person des Kunden beweisen; RGZ. 63, 71. Dies gilt nicht bei Ablehnung eines Geschäfts im Falle des § 85, aber der VermAgent kann dort bei Nachweis einer Willkür des Geschäftsherrn die Provision fordern; JW. 21, 1238.

Hinsichtlich der Gründe für die Nichtausführung ist der Geschäftsherr auskunftpflichtig; SeuffA. 77, 150.

Grundsätzlich zulässig ist — namentlich bei unsicheren wirtschaftlichen Verhältnissen — vertragliche Abdingung des Abs. 2. Bei Mißbrauch einer Klausel, die Provisionsfreiheit auch bei freiwilliger Nichtausführung vorsieht, hat der HAgent aber den Arglisteinwand; JW. 31, 242.

9. Der HAgent, der die übliche Provision fordert, ist im Streitfall für die Nichtvereinbarung eines bestimmten Provisionssatzes beweispflichtig; SeuffA. 78, 69; LZ. 22, 652.

10. Vgl. dazu § 91 sowie § 353; ferner §§ 196 Abs. 1 Nr. 1, Abs. 2, 201 BGB. — Ein kaufmännisches Zurückbehaltungsrecht ist beim HAgenten regelmäßig ausgeschlossen, vgl. § 369 Abs. 3 u. Anm. 10 zu § 369.

Bezirksagenten

§ 89. Ist der Handlungsagent ausdrücklich[1] für einen bestimmten Bezirk bestellt[2], so gebührt ihm die Provision im Zweifel auch[3] für solche Geschäfte, welche in dem Bezirk[4] ohne seine Mitwirkung[5] durch den Geschäftsherrn oder für diesen geschlossen sind[6].

1. D. h. in eindeutiger Weise. Über die Bedeutung der Klausel „für Berlin" vgl. LZ. 30, 64.

2. Über rechtsähnliche Anwendung des § 89 auf ein „Alleinverkaufsrecht" vgl. LZ. 20, 827; R. 20, 715.

3. Also außer in den schon nach § 88 gegebenen Fällen.

4. Vgl. dazu OLG. 36, 263, 264; 43, 285; LZ. 33, 853 (nicht der Ort des Vertragsabschlusses, sondern der Kundenniederlassung ist maßgebend).

5. Vgl. oben Anm. 3. — Sog. direkte Geschäfte (JW. 00, 186). — Nicht erforderlich, daß der HAgent überhaupt zur Mitwirkung in der Lage gewesen wäre; vgl. RGZ. 109, 254; JW. 25, 612 (bezgl. Kriegsdienstzeit des HAgenten); R. 38, 289 (Krankheit des HAgenten); über Kündigungsrecht des Geschäftsherrn in solchem Falle vgl. § 92 Abs. 2 u. JW. 21, 744.

6. Solcher Abschluß kann (wenn das im Einzelfall keine übertriebene Einschränkung darstellt — § 138 BGB.! — vgl. Gruch. 62, 778) dem Geschäftsherrn vertraglich ausdrücklich verboten sein, JW. 17, 156[6]. Immer ist er nach Treu und Glauben i. Zw. verpflichtet, unmittelbar an ihn gelangende Aufträge usw. dem HAgenten zur Bearbeitung zuzuleiten; LZ. 33, 853.

§ 89 gilt aber nicht für Geschäfte, die lediglich der Schuldenabwicklung und Geschäftsauflösung dienen; RGZ. 140, 80.

Spesentragung

§ 90. Für die im regelmäßigen Geschäftsbetrieb entstandenen Kosten und Auslagen[1] kann der Handlungsagent in Ermangelung einer entgegenstehenden Vereinbarung oder eines abweichenden Handelsgebrauchs Ersatz nicht verlangen[2].

1. Gemeint sind die eigenen Handlungsunkosten des HAgenten (Miete für die Geschäftsräume, Gehalt von Angestellten, Kosten für normalen Telephon-, Telegramm- und Briefverkehr). Im übrigen (bei außergewöhnlichen Ausgaben, wozu auch beim echten HAgenten — vgl. dagegen die Fälle in Anm. 3 zu § 84 u. Anm. 2 zu § 89 — Reklame für die Ware des Geschäftsherrn gehört; RGZ. 109, 255) erfolgt ein Aufwendungsersatzanspruch aus §§ 675, 670 BGB.; vgl. auch D. 72.

2. Ausfluß der Selbständigkeit des HAgenten; vgl. dazu Anm. 2 zu § 84.

Abrechnung. Buchauszug

§ 91. Der Handlungsagent kann bei der Abrechnung[1] mit dem Geschäftsherrn die Mitteilung eines Buchauszugs über die durch seine Tätigkeit zustande gekommenen Geschäfte fordern[2]. Das gleiche Recht steht ihm in Ansehung solcher Geschäfte zu, für die ihm nach § 89 die Provision gebührt.

1. Vgl. § 88 Abs. 4.

2. Einen Anspruch auf Rechnungslegung (§ 259 BGB.) hat der HAgent nicht; vgl. ROHG. 18, 2; wohl aber einen Auskunftsanspruch (insbes. hinsichtlich der ohne ihn abgeschlossenen Geschäfte, soweit sie sein Provisionsinteresse berühren — vgl. § 89 u. Anm. 5 Abs. 1 zu § 88), RGZ. 92, 201; 108, 7; JW. 17, 156[6]; LZ. 33, 853, ferner bei besonderem rechtlichen Interesse, insbes. bei dargetaner Unvollständigkeit des Buchauszugs, einen Anspruch auf Büchereinsicht (§ 810 BGB.!), RGZ. 87, 10.

Die Ansprüche sind sämtlich Hilfsansprüche und zwecks Durchsetzung des Hauptanspruchs rechtsschutzwürdig; vgl. HRR. 29, 624. — Über die Streitwertbemessung bei einer Klage auf Buchauszugerteilung Warn. 34, 344.

Kündigung

§ 92. Das Vertragsverhältnis zwischen dem Geschäftsherrn und dem Handlungsagenten[1] kann, wenn es für unbestimmte Zeit eingegangen ist[2], von jedem Teile für den Schluß eines Kalendervierteljahrs unter Einhaltung einer Kündigungsfrist von sechs Wochen gekündigt werden[3].

Das Vertragsverhältnis kann von jedem Teile ohne Einhaltung einer Kündigungsfrist gekündigt werden, wenn ein wichtiger Grund vorliegt[4].

1. § 92 schließt § 627 BGB. aus und gilt entsprechend auch für sog. Kommissionsagenten (vgl. Anm. 5 a. E. zu § 84) und für Alleinverkaufsberechtigte (HRR. 34, 1298; JW. 29, 1291). Über sog. Generalvertreter: RGZ. 65, 37; 69, 365; 78, 389 u. 424; 95, 166; JW. 17, 157 u. Warn. 14, 99. Vgl. auch HansRGZ. 29 B 99.

2. Oder nach Zeitablauf stillschweigend fortgesetzt wird (§ 625 BGB.; JW. 08, 138).

3. Abs. 1 entspricht § 66. — Entsprechend der selbständigen Stellung des HAgenten (vgl. Anm. 2 zu § 84) gelten aber nicht auch § 67 oder sonstige Kündigungsbeschränkungen; ebensowenig § 73 (Zeugnis), vgl. OLG. 8, 388.

4. Vgl. § 70 Abs. 1. — Die Folgen einer Kündigungsveranlassung durch vertragswidriges Verhalten des andern Teils bestimmen sich nach § 628 BGB.; JW. 11, 106; 12, 73 u. 250. Die Folge unberechtigter Kündigung ist Schadensersatzpflicht; vgl. R. 37, 7991.

Ein wichtiger Grund i. S. des Abs. 2 liegt bei Unzumutbarkeit der Fortsetzung des Vertragsverhältnisses vor (vgl. LZ. 27, 1345; 30, 1084: 33, 528, auch Warn. 37, 155; 39, 267). Einzelfälle: Zerstörung der Vertrauensbasis, erhebliche Beleidigungen (RGZ. 78, 389; JW. 19, 504; 25, 945; 37, 1311; dazu aber RGZ. 94, 166), Wegfall des Leistungsvermögens durch Inflation (Warn. 28, 155); Unmöglichkeit lohnenden Fortbetriebs (R. 20, 2535; 30, 1271; JW. 11, 158; 24, 177; HRR. 33, 831; LZ. 14, 1055; 17, 1178; Gruch. 53, 970); bloße Erfolglosigkeit des Agenten aber höchstens bei langfristigem Agenturvertrag (HansRZ. 27, 781). Ferner: Übermittlung fingierter Aufträge (ROHG. 21, 394), schuldhafte Verursachung von Verlusten durch den Agenten (JW. 97, 369), Zerwürfnis innerhalb einer Agentengesellschaft (RGZ. 65, 38), Konkurs oder Vermögensverfall des HAgenten (ROHG. 2, 438; LZ. 19, 375); längere (auch unverschuldete) Verhinderung des HAgenten (RGZ. 109, 254; JW. 21, 744; 25, 612 [vgl. dazu auch Anm. 5 zu § 89]); Annahme von Schmiergeldern seitens des Agenten (LZ. 30, 658); Pflichtverletzung des Agenten bei Erkundigung über Kreditwürdigkeit der Kunden (HansRZ. 27, 781), bei langfristiger Generalvertretung u. U. schon einmalige Unwahrhaftigkeit des Agenten (JW. 37, 1311). Anderseits auch: Untauglichkeit der Waren des Geschäftsherrn (RGZ. 65, 90); unlautere Geschäftsführung (RGZ. 77, 98) oder Einstellung des Betriebs des Geschäftsherrn (JW. 12, 250). — Der wichtige Grund kann auch in Tatsachen bestehen, die vor Abschluß des Agenturvertrages liegen (LZ. 25, 1275; 30, 658). Vgl. im übrigen auch Anm. 1—3, 4 Abs. 1 u. 3 zu § 70.

Konkurs des Geschäftsherrn beendet den Vertrag nach § 23 Abs. 2 KO. Schadensersatzanspruch des HAgenten nur bei Verschulden; vgl. § 26 KO.; RGZ. 63, 71; auch JW. 36, 1795. Bei Eröffnung des gerichtlichen Vergleichsverfahrens können beide Teile mit Ermächtigung des Gerichts in der gesetzlichen Frist kündigen (§§ 51 Abs. 2, 50 VerglO.). — Bei Tod des Geschäftsherrn i. Zw. keine Vertragsbeendigung, aber u. U. Kündigungsrecht des Agenten gem. Abs. 2 (§§ 675, 672 BGB.), Tod des HAgenten bewirkt hingegen regelmäßig Vertragsauflösung (§§ 673, 675 BGB.). — Über Anfechtung eines Agenturvertrages wegen Irrtums über wesentliche Eigenschaften LZ. 32, 753.

Achter Abschnitt
Handelsmäkler

Begriff des Handelsmäklers

§ 93[1a]. Wer gewerbsmäßig[1] für andere Personen[2], ohne von ihnen auf Grund eines Vertragsverhältnisses ständig damit betraut zu sein[3], die Vermittelung von Verträgen[4] über Anschaffung oder Veräußerung von Waren oder Wertpapieren, über Versicherungen, Güterbeförderungen, Bodmerei, Schiffsmiete oder sonstige Gegenstände des Handelsverkehrs übernimmt[5], hat die Rechte und Pflichten eines Handelsmäklers[6].

Auf die Vermittelung anderer als der bezeichneten Geschäfte, insbesondere auf die Vermittelung von Geschäften über unbewegliche Sachen, finden, auch wenn die Vermittelung durch einen Handelsmäkler erfolgt, die Vorschriften dieses Abschnitts keine Anwendung[7].

1a. Zu §§ 93—104, s. Art. 6. Nr. 12 der 4. EinfV. betr. Österreich (Anh. XIII).

1. Der Handelsmäkler ist Kaufmann kraft Gewerbebetriebs (vgl. § 1 Abs. 2 Nr. 7 m. Anm.) und als solcher registerpflichtig, buchführungspflichtig usw., wenn nicht die Voraussetzungen des § 4 (Kleingewerbe! vgl. auch § 104!) vorliegen. Für Kursmäkler (§§ 30 ff. BörsG.) besteht (abw. v. ADHGB.) im geltenden Recht kein Unterschied; vgl. OLG. 8, 245. Dauerabsicht hinsichtl. der Vermittlungsübernahme muß bestehen; vgl. aber unten Anm. 3. Ein Kaufmann, der nur gelegentlich — im Rahmen eines andern HGewerbes — Geschäfte vermittelt, ist nicht HMäkler; seine Rechtsstellung beim Mäklergeschäft richtet sich nur nach §§ 652 ff. BGB., höchstens ergänzt durch allgem. Vorschriften über HGeschäfte (§§ 343 ff.); vgl. auch unten Anm. 7.

2. Nicht etwa nur für Kaufleute; vgl. unten Anm. 5 Abs. 2.

3. Der HMäkler steht in einem noch lockereren Verhältnis zum Geschäftsherrn als der HAgent (vgl. § 84 Abs. 1 u. Anm. 2 zu § 84). Tätigkeit für verschiedene Geschäftsherrn ist hier nicht nur zulässig, sondern geradezu charakteristisch.

4. Gegenstand der HMäklertätigkeit ist nicht nur der Nachweis der Abschlußgelegenheit (wie nach §§ 652 ff. BGB.), sondern die Vermittlung des Abschlusses. Vgl. aber unten Anm. 6. Über den Begriff der „Vermittlung" RGZ. 104, 366; JW. 22, 164, auch 38, 3297[12].

5. Über das Zustandekommen des Vertrages vgl. auch § 362. Über Form des § 313 BGB., wenn der Mäklervertrag Teil eines Grundstücksgeschäfts ist: LZ. 21, 619. — Wer sich die Dienste eines Mäklers wissentlich gefallen läßt, wird ihm zur Vergütung verpflichtet, selbst wenn der Mäkler anfänglich nur für die Gegenpartei tätig war, vgl. Warn. 38, 17; s. auch § 99.

Gegenpartei kann auch ein Nichtkaufmann sein, und das vermittelte Geschäft braucht auf keiner Seite Handelsgeschäft zu sein. Lediglich sein Gegenstand muß dem Handelsverkehr angehören. Über Waren und Wertpapiere vgl. Anm. 10 Abs. 1 a. E. u. Abs. 3 zu § 1. — HMäkler ist hiernach z. B. auch, wer Handel mit Wechseln (RGSt. 46, 102) oder Bankkredite, mögen sie auch hypothekarisch gesichert werden, vermittelt (RGZ. 76, 252; HansRGZ. 33 B 701), nicht hingegen wer Gesellschaftsverträge (OLG. 2, 251), Mietverträge, Dienstverträge oder Grundstücksgeschäfte (Abs. 2!) vermittelt. Über Schiffsmäkler vgl. RGZ. 97, 215, über Vermietung von „Schuten" im Hamburger Hafen durch Mäkler HansRGZ. 29 B 403.

6. Die Rechte und Pflichten des HMäklers bestimmen sich nach §§ 94 bis 103 (abgesehen von dem Sonderfall des § 104), hilfsweise ergänzt durch §§ 652 ff. BGB. Darüber hinaus bestehen für HMäkler die allgemeinen Kaufmannspflichten (vgl. auch oben Anm. 1). — Von den Bestimmungen der §§ 652 ff. BGB. sind für HMäkler einige durch Sondersätze des HGB. überflüssig oder geradezu ausgeschlossen; vgl. § 653 BGB. gegenüber § 354, ferner § 652 Abs. 1 S. 1 BGB. teilweise gegenüber § 99 (Anm. 2 zu § 99) u. § 654 BGB. gegenüber § 98 (Anm. 1 zu § 98). §§ 655, 656 BGB. betreffen den HMäkler überhaupt nicht; vgl. Abs. 2. Im übrigen ergeben sich danach als Grundsätze des HMäklerrechts: Der Lohnanspruch ist beim HMäkler (ebenso wie beim Zivilmäkler) im Gegensatz zum HAgenten nicht von der Ausführung des vermittelten Geschäfts (vgl. § 88 Abs. 2) abhängig. Vgl. dazu RGZ. 25, 319; JW. 01, 171; 02 Beil. 228; 06, 134; LZ. 22, 418; SeuffA. 40 Nr. 16 (betr. Rücktritt bzw. nachträgl. Änderung oder Aufhebung des vermittelten Geschäfts). Gefordert wird vom HMäkler aber rechtsbeständiger Vertragsabschluß, vgl. § 652 Abs. 1 S. 1 BGB.; daher kein Mäklerlohn bei Nichtigkeit (auch infolge erfolgreicher Anfechtung, wobei der Mäkler als „Dritter" i. S. des § 123 Abs. 2 BGB. gilt; RGZ. 101, 97) oder Unwirksamkeit (z. B. infolge Verweigerung einer erforderlichen Genehmigung: dazu aber HansRZ. 21, 765) des Geschäfts; RGZ. 29, 230; 76, 354: OLG. 4, 240; JW. 02 Beil. 228; 20, 138; LZ. 20, 39 u. 758; 21, 618; Gruch. 40, 967; 56, 121; 64, 462. Nötig ist stets objektive Ursächlichkeit der Vermittlungstätigkeit (vgl. JW. 13, 685; 16, 738; 17, 538; 22, 164; Warn. 37, 169, 172 u. 359; SeuffA. 91, 157; Gruch. 47, 927), ferner Kenntnis der Parteien von der Tätigkeit des Mäklers (RGZ. 31, 289; JW. 06, 741; 07, 744; Gruch. 48, 344). Über die Frage der Entstehung des Lohnanspruchs, wenn das vermittelte Geschäft auflösend bedingt ist — i. Zw. ist auch hier kein Lohn verdient — vgl. OLG. 14, 28; 22, 320; 28, 196; 32, 310; 34, 52; 40, 329; LZ. 18, 461 u. 785; SeuffA. 71, 431. Bei aufschiebender Bedingung ist der Lohn erst bei deren Eintritt zu zahlen; § 652 Abs. 1 S. 2 BGB. Darüber hinaus kann aber sogar die Ausführung des Geschäfts zur Bedingung des Lohnanspruchs gemacht werden; vgl. darüber SeuffA. 78, 127 und über Arglist des Geschäftsherrn in diesem Falle (§ 162 BGB.!) RGZ. 95, 136; 101, 211; JW. 22, 487. Vgl. dazu noch RGZ. 39, 231 u. Warn. 19, 180 (Fälligkeit des Mäklerlohns bei Darlehnsvermittlung, nicht schon bei Zustandekommen des Darlehnsversprechens, sondern erst des Darlehnsvertrages selbst; über entgegengesetzten Handelsbrauch im Berliner Hypothekenverkehr JW. 12, 240). — Der Auftrag an den Mäkler kann, wenn darauf nicht vertragsmäßig verzichtet wird, jederzeit widerrufen werden. Der Mäkler kann dann i. Zw. nicht einmal Aufwendungsersatz und nur bei arglistiger Auftragsentziehung, Vereitelung des Geschäfts oder Umgehung des Mäklers Schadensersatz fordern; vgl. dazu RGZ. 95, 136; 101, 211, insbes. auch JW. 05, 73, 138 u. 339; 11, 939; 15, 1351; 16, 1475; 21, 326; über einen Anspruch des Mäklers auf das Erfüllungsinteresse RGZ. 76, 361: Gruch. 56, 117. Die Klausel „fest an Hand" bedeutet Widerrufsverzicht, aber nicht Abschlußverpflichtung des Geschäftsherrn; im übrigen Aus-

legungsfrage. Vgl. RGZ. 76, 361; JW. 05, 75; 22, 1323; LZ. 22, 25; R. 22, 1317. — Über Rechnungslegungspflicht des Auftraggebers gegenüber dem Mäkler (JW. 30, 3769).

7. Selbst gewerbsmäßige Vermittlung macht nicht zum HMäkler (vgl. dazu oben Anm. 1), wenn die vermittelten Geschäfte nicht Gegenstände des Handelsverkehrs betreffen, also nicht den Typen der sog. Grundhandelsgeschäfte (vgl. § 1 Abs. 2) angehören. Für solche Mäklergeschäfte gelten stets §§ 652 ff. BGB., mögen sie auch von einem Kaufmann, insbesondere einem HMäkler in seinem HGewerbe getätigt werden; es kommen dann nie §§ 93 ff., sondern höchstens die allgemeinen Handelsrechtssätze, z. B. §§ 345, 346, 362, zur Anwendung. Vgl. auch oben Anm. 1.

Über Vermittlungsgeschäfte im sog. Kleinverkehr vgl. § 104.

Schlußnote

§ 94. Der Handelsmäkler[1] hat, sofern nicht die Parteien ihm dies erlassen oder der Ortsgebrauch mit Rücksicht auf die Gattung der Ware davon entbindet[2], unverzüglich[3] nach dem Abschlusse des Geschäfts jeder Partei[4] eine von ihm unterzeichnete Schlußnote zuzustellen, welche die Parteien[5], den Gegenstand und die Bedingungen des Geschäfts, insbesondere bei Verkäufen von Waren oder Wertpapieren deren Gattung und Menge sowie den Preis und die Zeit der Lieferung, enthält[6].

Bei Geschäften, die nicht sofort erfüllt werden sollen, ist die Schlußnote den Parteien zu ihrer Unterschrift zuzustellen und jeder Partei die von der anderen unterschriebene Schlußnote zu übersenden.

Verweigert eine Partei die Annahme[7] oder Unterschrift der Schlußnote, so hat der Handelsmäkler davon der anderen Partei unverzüglich[2] Anzeige zu machen[8].

1. Eine Ausnahme gilt für den Krämermäkler; § 104.
2. Beweislast des HMäklers!
3. § 121 BGB.
4. Auch dann, wenn er auftragsgemäß sonst nur die Interessen einer Partei wahrzunehmen hat (vgl. Anm. 1 zu § 98).
5. Vgl. dazu aber § 95.
6. Dazu auch § 100 Abs. 1 S. 2 Halbs. 2 (Tagebucheintragung).
7. Die Schlußnote ist Beweisurkunde. Bei vorbehaltloser Annahme gilt das bezeichnete Geschäft regelmäßig als genehmigt; vgl. RGZ. 58, 367; 59, 350; 90, 168; 123, 97, aber auch ROHG. 13, 292; JW. 09, 57. Grundsätzlich muß daher eine Partei, die das in der Schlußnote bezeichnete Geschäft nicht gegen sich gelten lassen will, der Schlußnote widersprechen (vgl. auch § 95), u. zw. nicht gegenüber dem Mäkler, sondern gegenüber der Gegenpartei; vgl. RGZ. 105, 205. Wird jedoch ein Widerspruch dem HMäkler gegenüber erklärt, so kann dieser bei Unterlassung der Weitergabe schadensersatzpflichtig werden; vgl. § 98.
8. Bei Verstößen gegen die Vorschriften des § 94 haftet der HMäkler gem. § 98. Vgl. dazu OLG. 42, 213 (zwei inhaltlich verschiedene Schlußnoten, dazu

auch RGZ. 123, 97 — Dissens!), OLG. 44, 193 (Aufgabe einer fingierten Gegenpartei — dazu Anm. 7 zu § 95), auch OLG. 32, 98. — Auf die Gültigkeit des vermittelten Geschäfts ist ein Verstoß des HMäklers gegen den Schlußnotenzwang hingegen ohne Einfluß; § 94 enthält nicht etwa eine Formvorschrift für durch HMäkler vermittelte Geschäfte.

Vorbehalt der Aufgabe

§ 95. Nimmt eine Partei eine Schlußnote an, in der sich der Handelsmäkler die Bezeichnung der anderen Partei vorbehalten hat[1], so ist sie an das Geschäft mit der Partei, welche ihr nachträglich[2] bezeichnet wird, gebunden, es sei denn, daß gegen diese begründete Einwendungen zu erheben sind[3].

Die Bezeichnung der anderen Partei hat innerhalb der ortsüblichen Frist, in Ermangelung einer solchen innerhalb einer den Umständen nach angemessenen Frist zu erfolgen[4].

Unterbleibt die Bezeichnung oder sind gegen die bezeichnete Person oder Firma begründete Einwendungen zu erheben[5], so ist die Partei befugt, den Handelsmäkler auf die Erfüllung des Geschäfts in Anspruch zu nehmen[6]. Der Anspruch ist ausgeschlossen, wenn sich die Partei auf die Aufforderung des Handelsmäklers nicht unverzüglich[7] darüber erklärt, ob sie Erfüllung verlange[8].

1. Die Schlußnote mit dem Vermerk „Aufgabe vorbehalten", „an Aufgabe" o. dgl. kann für sich allein nicht den Beweis für einen Abschluß erbringen, weil die Gegenpartei noch nicht feststeht. Ein Selbsteintrittsrecht hat der HMäkler i. Zw. nicht (vgl. D. 76; OLG. 36, 268, auch unten Anm. 6), und der Geschäftsherr kann i. Zw. auch ohne Begründung eine Schlußnote mit Vorbehalt der „Aufgabe" zurückweisen. Nimmt er sie jedoch an, so kann ihm der Mäkler jede einwandfreie Partei präsentieren (unten Anm. 3).

2. Vgl. Abs. 2 u. 3.

3. Erhebt die Partei keine — von ihr zu beweisenden (RGZ. 24, 66) — „begründeten" (d. h. stichhaltigen) Einwendungen, so gilt der Abschluß, wie wenn ihr die Gegenpartei von Anfang an aufgegeben worden wäre; vgl. RGZ. 20, 37; 24, 69; 38, 187, aber auch 97, 262; über die Klausel „Prima Ablader" vgl. RGZ. 33, 131; 35, 105; 38, 185. Andernfalls hat der Auftraggeber die Rechte aus Abs. 3. Entspr. Anwendung bei ohne Schlußnote erklärtem Abschluß für zunächst unbekannte Gegenpartei: RGZ. 103, 68; OLG. 7, 150; HansRZ. 23, 540.

4. Die Bezeichnung einer Gegenpartei ist empfangsbedürftige Willenserklärung. Der Mäkler muß eine solche Gegenpartei nennen, die zu den in der Schlußnote angegebenen Bedingungen abschließen will (sonst Haftung des Mäklers nach Abs. 3!); RGZ. 103, 69.

5. Vgl. oben Anm. 3. Die Benennung einer fingierten Partei steht dem Unterbleiben einer Parteibezeichnung gleich; OLG. 44, 193.

6. Es handelt sich um ein einseitiges Recht des Geschäftsherrn. Der HMäkler ist nur ähnlich wie ein vollmachtloser Vertreter (vgl. § 179 BGB.) u. zw. ohne Rücksicht auf eigenes Verschulden (RGZ. 103, 70) gebunden; selbst hat er auch jetzt noch kein Recht zum Eintritt, vgl. oben Anm. 1. Wohl aber

kann er den Geschäftsherrn zwingen, den Schwebezustand in dem einen oder andern Sinne zu klären (Abs. 2 S. 2). — Betr. Kursmäkler vgl. § 32 BörsGes.

7. § 121 BGB.

Aufbewahrung von Proben

§ 96. Der Handelsmäkler hat, sofern nicht die Parteien ihm dies erlassen oder der Ortsgebrauch mit Rücksicht auf die Gattung der Ware davon entbindet, von jeder durch seine Vermittelung nach Probe[1] verkauften Ware die Probe, falls sie ihm übergeben ist, so lange aufzubewahren, bis die Ware ohne Einwendung gegen ihre Beschaffenheit angenommen oder das Geschäft in anderer Weise erledigt wird[2]. Er hat die Probe durch ein Zeichen kenntlich zu machen[2].

1. § 494 BGB. — Zum Begriff der Warenprobe RGZ. 160, 385.

2. Diese Verpflichtung trifft auch den sog. Krämermäkler (§ 104). Über den Umfang der Aufbewahrungspflicht JW. 35, 1581[21]. Bei schuldhafter Verletzung ist der HMäkler beiden Parteien schadensersatzpflichtig, § 98.

Leistungsempfang

§ 97. Der Handelsmäkler gilt nicht als ermächtigt, eine Zahlung oder eine andere im Vertrage bedungene Leistung in Empfang zu nehmen[1].

1. Der HMäkler hat nur den Austausch der das Geschäft zustandebringenden Willenserklärungen herbeizuführen, wobei regelmäßig die Annahmeerklärung der Gegenpartei ihm als Empfangsboten der auftraggebenden Partei zugeht; RGZ. 104, 368. Zu Verfügungen (erst recht zu nachträglichen Vertragsänderungen) muß ihm besondere Vollmacht erteilt werden. Vgl. dazu auch § 86 Abs. 1.

Haftung des Handelsmäklers

§ 98. Der Handelsmäkler haftet jeder der beiden Parteien[1] für den durch sein Verschulden entstehenden Schaden[2].

1. Besonderheit beim Handelsmäkler (anders § 654 BGB.). Die Haftung gegenüber der Gegenpartei kann aber durch Vereinbarung mit dieser wegbedungen sein. Eine solche Vereinbarung liegt jedoch regelmäßig noch nicht in der Übernahme des vollen Mäklerlohns (abw. von § 99) durch den Auftraggeber; OLG. 14, 348.

2. Schadensersatzanspruch. Erfüllung nur im Falle des § 179 BGB. oder des § 95 Abs. 3. Bei positiver Vertragsverletzung des Mäklers (gegenüber dem Auftraggeber) entfällt sein Lohnanspruch; JW. 10, 284; LZ. 20, 758.

Gegenüber dem Auftraggeber hat der HMäkler erhöhte Treupflichten; vgl. OLG. 40, 330; LZ. 20, 758. Es besteht aber grundsätzlich keine Erkundigungs-, sondern nur eine Mitteilungs- und Aufklärungspflicht; vgl. darüber RGZ. 138, 94; OLG. 34, 53; LZ. 17, 289; 33, 10; Gruch. 45, 1010; R. 23, 1251; HansRZ. 21, 915; 22, 293; 26, 672. Über Haftung eines Schiffsmaklers bei erkennbar abredewidrig abgeschlossener Chartepartie HansRGZ. 30 B, 163. Über Haftung bei Aufgabe einer fingierten Gegenpartei OLG. 44, 193.

Mäklerlohn

§ 99[1a]. Ist unter den Parteien[1] nichts darüber vereinbart[2], wer den Mäklerlohn[3] bezahlen soll, so ist er in Ermangelung eines abweichenden Ortsgebrauchs von jeder Partei zur Hälfte zu entrichten[4].

1a. Zu § 99 s. Art. 6. Nr. 13 der 4. EinfV. betr. Österreich und Art. 6 Nr. 8 der 3. EinfV. betr. Sudetenland (Anhang XIII, XIV).

1. Die Vorschrift betrifft zunächst nur das Verhältnis der Parteien des vermittelten Geschäfts. Über handelsübliche Teilung einer Vermittlungsprovision zwischen zwei gemeinsam tätig gewesenen Maklern bezw. zwischen Haupt- und Untermakler R. 37, 8758.

2. Nach allgemeinen Grundsätzen wirkt eine solche Vereinbarung gegenüber dem HMäkler (vgl. oben Anm. 1) nur bei seiner (ausdrücklichen oder stillschweigenden) Zustimmung. Ist er aber im Einzelfall zu einseitiger Interessenwahrnehmung bestellt (vgl. Anm. 1 zu § 98), so kann er sich stets nur an seinen Auftraggeber halten; LZ. 16, 754.

3. Über Mäklerlohn vgl. im übrigen Anm. 6 zu § 93, über Umsatzsteuerpflicht des Mäklers, RFH. 34, 43.

4. Mangels abweichender Vereinbarung haftet jede Partei nur auf die ortsüblichen Sätze. Über Verteilung der Beweislast bei Streit über die Höhe des Lohnes vgl. das in Anm. 9 zu § 88 Gesagte u. OLG. 6, 86, über wucherischen Mäklerlohn RGZ. 90, 401; 93, 207; JW. 23, 371; Warn. 15, 114; Gruch. 62, 780; 63, 728; auch LZ. 20, 302, 334.

Tagebuchführung

§ 100. Der Handelsmäkler[1] ist verpflichtet[2], ein Tagebuch[3] zu führen und in dieses alle abgeschlossenen Geschäfte täglich einzutragen. Die Eintragungen sind nach der Zeitfolge zu bewirken; sie haben die im § 94 Abs. 1 bezeichneten Angaben zu enthalten[4]. Das Eingetragene ist von dem Handelsmäkler täglich zu unterzeichnen[5].

Die Vorschriften der §§ 43, 44 über die Einrichtung und Aufbewahrung der Handelsbücher finden auf das Tagebuch des Handelsmäklers Anwendung[6].

1. Mit Ausnahme des Krämermäklers (§ 104). — Über das Tagebuch der Kursmäkler vgl. § 33 BörsGes.

2. Strafe bei Zuwiderhandlung! § 103.

3. Das Tagebuch des HMäklers ist nicht Handelsbuch; vgl. Abs. 2 und Anm. 3 Abs. 1 zu § 38. Ist der HMäkler Vollkaufmann, so gelten neben § 100 auch (bzw. im Falle des § 104: allein!) §§ 38 ff. Vgl. RGSt. 46, 103.

4. D. h. den Inhalt der Schlußnoten (auch wenn von den Parteien auf diese verzichtet wird oder wenn sie ortsunüblich sind).

5. Höchstpersönliche Verpflichtung. Die Eintragungen können hingegen durch Beauftragte erfolgen.

6. Vgl. die Anm. zu §§ 43, 44. Aufbewahrungspflicht: 10 Jahre nach der letzten Eintragung.

Tagebuchauszüge

§ 101. Der Handelsmäkler ist verpflichtet, den Parteien[1] jederzeit[2] auf Verlangen Auszüge aus dem Tagebuche zu geben, die von ihm unterzeichnet sind und alles enthalten, was von ihm in Ansehung des vermittelten Geschäfts eingetragen ist[3].

1. Beiden Parteien, auch wenn er auftragsgemäß sonst nur die Interessen einer Partei wahrzunehmen hat (vgl. Anm. 1 zu § 98), und ihren Rechtsnachfolgern. Dritten gegenüber besteht hingegen Verschwiegenheitspflicht.

2. Während der Dauer der Aufbewahrungspflicht (§§ 100 Abs. 2, 44 Abs. 1), u. zw. auch, wenn schon eine Schlußnote erteilt ist.

3. Unvollständigkeit des Auszugs kann Ersatzpflicht aus § 98 begründen. § 101 enthält jedoch keine Vorschrift über Führung u. Aufbewahrung des Tagebuchs i. S. des § 103.

Vorlegung des Tagebuchs im Prozeß

§ 102. Im Laufe eines Rechtsstreits kann das Gericht auch ohne Antrag einer Partei die Vorlegung des Tagebuchs anordnen, um es mit der Schlußnote, den Auszügen oder anderen Beweismitteln zu vergleichen[1].

1. Einschränkung gegenüber § 45 Abs. 1: die Vorlegung kann nicht zu beliebigem Beweiszweck, sondern nur zur Klärung von Zweifeln an der Richtigkeit oder Echtheit anderer Urkunden angeordnet werden; vgl. LZ. 16, 572. — Erfolgt die Vorlegung nicht freiwillig, so gilt, wenn der HMäkler selbst Partei ist, eine Abschrift des Gegners als richtig (§ 427 ZPO., in deren Ermangelung ist frei zu würdigen). Ist der Mäkler nicht Partei, so muß gegen ihn geklagt werden (§ 429 ZPO.).

Strafbestimmung

§ 103. Handelsmäkler, die den Vorschriften über die Führung und Aufbewahrung des Tagebuchs[1] zuwiderhandeln, werden mit Geldstrafe bis zu eintausend Mark[2] bestraft.

1. § 100.

2. Jetzt mindestens drei und höchstens zehntausend Reichsmark; vgl. § 27 StGB. i. d. F. d. V. v. 6. 2. 24 (RGBl. I 44) i. V. m. § 2 d. V. v. 12. 12. 24 (RGBl. I 775).

Krämermäkler

§ 104. Auf Personen, welche die Vermittelung von Warengeschäften im Kleinverkehre besorgen[3], finden die Vorschriften über Schlußnoten[1] und Tagebücher[2] keine Anwendung[3].

1. §§ 94, 95. 2. §§ 100 ff.

3. Der Krämermäkler kann seinerseits aber Vollkaufmann sein; ob „Kleinverkehr" i. S. des § 104 vorliegt, richtet sich nach der durchschnittlichen Natur der vermittelten Geschäfte, nicht nach dem Geschäftsbetriebe des Mäklers als solchen. Daher kann er sonst (weil sein eigenes Unternehmen den Rahmen des Kleingewerbes überschreitet, § 4) zur Buchführung verpflichtet sein; vgl. Anm. 3 zu § 100.

Zweites Buch

Handelsgesellschaften und stille Gesellschaft

Erster Abschnitt

Offene Handelsgesellschaft

Erster Titel

Errichtung der Gesellschaft

Begriff

§ 105[1a]. Eine Gesellschaft[1], deren Zweck auf den Betrieb eines Handelsgewerbes unter gemeinschaftlicher Firma gerichtet ist[2], ist[3] eine offene Handelsgesellschaft, wenn bei keinem der Gesellschafter die Haftung gegenüber den Gesellschaftsgläubigern beschränkt ist[4].

Auf die offene Handelsgesellschaft finden, soweit nicht in diesem Abschnitt ein anderes vorgeschrieben ist, die Vorschriften des Bürgerlichen Gesetzbuchs über die Gesellschaft Anwendung[5].

1a. Zu § 105 s. Art. 7 Nr. 1 der 4. EinfV. betr. Österreich und Art. 7 Nr. 1 der 3. EinfV. betr. Sudetenland (Anh. XIII, XIV).

1. Unter den Handelsgesellschaften (vgl. § 6) sind die o. HG. und die KG. — im Gegensatz zur AktG. (§ 3 AktGes.) und GmbH. (§ 13 Abs. 3 GmbHGes.) — echte Gesellschaften und nicht juristische Personen; vgl. darüber auch unten Anm. 5.

Als Gesellschaft setzt die o. HG. das Bestehen eines Gesellschaftsvertrages voraus; vgl. Abs. 2 u. § 109, sowie §§ 705 ff. BGB. — Gesellschafter kann jede natürliche oder juristische Person sein, ebenso eine o. HG. oder KG. (str.; dagegen: RGZ. 36, 129: RJA. 15, 214; KGJ. 11, 17, zweifelnd JW. 37, 1992; vgl. auch RGZ. 142, 21), nicht aber Gesellschaften bürgerl. Rechts, Gütergemeinschaften und Erbengemeinschaften als solche. Über eine von der Praxis zugelassene Aus-

(sonstiger Inhaberwechsel bei einer Grundstücks-o.HG.). Bei Verstoß gegen §§ 311, 313 BGB. ist im Zweifel (§ 139 BGB!) der ganze Gesellschaftsvertrag nichtig (§ 125 BGB.), RGZ. 52, 4; 79, 303; 97, 220; JW. 06, 538. Vgl. aber auch § 313 Abs. 2 BGB. (Heilung).

Ist hiernach keine besondere Form geboten, so kann der G.-Vertrag sogar stillschweigend geschlossen werden, was regelmäßig anzunehmen ist, wenn mehrere Personen unter einer firmenmäßigen Bezeichnung längere Zeit hindurch gemeinschaftlich Handelsgeschäfte tätigen, ohne dafür eine besondere Regelung miteinander getroffen zu haben; dies gilt vor allem, wenn sie die gemeinschaftliche Geschäftsbezeichnung als Firma zum HRegister anmelden (vgl. dazu auch unten Anm. 2). Ausnahmen hiervon bilden Erbengemeinschaften, die ohne ausdrücklichen GVertrag (zu dessen Abschluß ein Testamentsvollstrecker nicht ermächtigt ist, RJA. 8, 128; 12, 231) ein HGeschäft des Erblassers fortführen, wenn und solange nach den Umständen hier der Betrieb auch bloßen Auseinandersetzungszwecken dienen kann. Vgl. RGZ. 16, 341; 35, 19; LZ. 22, 686; RJA. 17, 89; JW. 31, 3129; 39, 565 gegenüber ROHG. 11, 101; RGZ. 10, 103; 79, 305. Ebenso muß zur Fortführung eines HGeschäfts in fortgesetzter Gütergemeinschaft ein Vertrag hinzutreten, damit eine o. HG. entsteht; JW. 26, 552. Ist bei einer Gütergemeinschaft nur ein Eheteil Gesellschafter der o. HG., so gehört überhaupt nicht dessen Anteil am Gesellschaftsvermögen, sondern lediglich das Auseinandersetzungsguthaben zum Gesamtgut; RGZ. 146, 282. Gesamtgut wird die Beteiligung an der o. HG. nur durch Aufnahme auch des andern Eheteils, HRR. 35, 1055. Stillschweigender Vertragsabschluß ist ferner dann unmöglich, wenn Minderjährige daran beteiligt sind. (Vormundschaftsgerichtliche Genehmigung bei Abschluß des Gesellschaftsvertrags — nicht auch [RJA. 12, 48] bei Erweiterung der Vertretungsmacht eines Gesellschafters — gem. §§ 1643, 1822 Nr. 3 BGB. und, wenn der gesetzliche Vertreter zu den Gesellschaftern gehört, auch Pflegerbestellung — §§ 181, 1630, 1795 Abs. 2, 1909 BGB. — erforderlich; vgl. dazu RGZ. 67, 61; RJA. 2, 110 u. 178; 3, 20, 22; 12, 232; KGJ. 31 A 156; 44 A 130; HRR. 32, 1754.) Ein gültiger Vorvertrag für eine o. HG. setzt nach allgemeinen Grundsätzen voraus, daß darin schon alle wesentlichen Einzelheiten der Gesellschaft vorgesehen sind. Regelmäßig wird er zunächst eine Gesellschaft des bürgerl. Rechts begründen; er liegt aber z. B. nicht schon in der Inaussichtnahme einer Gründung, deren Rechtsform noch offengelassen wird. Vgl. RGZ. 106, 174.

Der für eine Gesellschaft begrifflich erforderliche gemeinsame Zweck (vgl. § 705 BGB.!) wird von § 105 für die o. HG. typisch bestimmt; vgl. über ihn unten Anm. 2. Namentlich durch ihn unterscheidet sich die Gesellschaft von anderen Verträgen, z. B. vom Dienstvertrag (Gruch. 47, 400), vom Werkvertrag (SeuffA. 61, 186), vom Mäklervertrag (JW. 05, 74), vom Auftrag (DJZ. 22, 321; SeuffA. 66, 222), vom partiarischen Darlehen (RGZ. 20, 163; 31, 33; 57, 175; 74, 13; 77, 226; 99, 163; JW. 12, 467; LZ. 17, 133, 802 u. 974; R. 21, 831) und vom Kaufvertrag (JW. 07, 103; 10, 809). Über entsprechende Anwendung von Dienstvertragsgrundsätzen (Diensterfindungen) bei Gesellschafter-Erfindungen vgl. RGZ. 136, 415. — Über Begründung eines Gesellschaftsverhältnisses zum bloßen Schein unten a. E. dieser Anm. Neben dem Gesellschaftszweck bedarf es nicht außerdem noch der Begründung eines Gesellschaftsvermögens, insbesondere auch keiner Beitragspflicht (§§ 718, 706 BGB., dazu unten Anm. 2 u. Anm. 2 zu § 111); vgl. RGZ. 77, 226; 80, 271; JW. 09, 656; 19, 933.

Im Gegensatz zum Verein hat die Gesellschaft grundsätzlich eine feste Anzahl von „Mitgliedern" (Gesellschaftern) mit Anteilen am Gesellschaftsvermögen und seinen Gegenständen [str.] (die zum Privatvermögen des Gesellschafters i. S. der Wertbestimmung bei Generalvollmachten gehören; JW. 29, 368 zum früheren Landesstempelrecht). Aufnahme neuer Gesellschafter erfordert daher Änderung des Gesellschaftsvertrages (Zustimmung aller, auch der nichtgeschäftsführenden Gesellschafter nötig! RGZ. 52, 161; 91, 415; 128, 172; JW. 21, 1239; 22, 630; Gruch. 65, 481). Für die Aufnahme eines stillen Gesellschafters allerdings hat das RG. neuerdings (wirtschaftlich gerechtfertigt!) diese Rechtsprechung aufgegeben; RGZ. 153, 371. Zulässig ist jedoch stets, daß der Gesellschaftsvertrag von vornherein der Mehrheit oder einem oder mehreren einzelnen Gesellschaftern die Befugnis zur Neuaufnahme oder Neubenennung von Mitgliedern einräumt; vgl. dazu RGZ. 52, 161; 91, 415; 92, 163; OLG. 44, 197; JFG. 2, 188; MSchHR. 05, 163. Über eine wegen Mißbrauchs der Gesellschaftsform nichtige o.-HG.-Gründung RGZ. 158, 302.

Die Gesellschaft ist nur eine Zusammenfassung ihrer Gesellschafter ohne Begründung einer neuen Rechtspersönlichkeit; auch die o. HG. ist keine juristische Person; vgl. dazu auch unten Anm. 5 u. Anm. 1 zu § 124. Sie ist auch nicht die einzig mögliche Form der Zusammenfassung ihrer Gesellschafter. Diese können vielmehr noch in anderen Gesamthänderschaften, auch anderen o. HGen. miteinander verbunden sein; RGZ. 16, 17; 43, 81. Über Umwandlung einer o. HG. in eine personengleiche Gesellschaft bürgerl. Rechts vgl. JW. 35, 1792, über Gesellschafterstellung der o. HG. selbst Abs. 2 dieser Anm. u. Anm. 1 Abs. 2 zu § 124. Über Scheinnatur eines Gesellschaftsvertrages vgl. JW. 30, 2655.

Auf Nichtigkeit des Gesellschaftsvertrages (auch infolge Anfechtung) kann sich ein Gesellschafter — jedenfalls mit rückwirkender Kraft — weder den Mitgesellschaftern noch Dritten gegenüber berufen, auch vom Vertrage nicht zurücktreten, nachdem die Gesellschaft einmal in Vollzug gesetzt ist; RGZ. 78, 303; 81, 304; 89, 335 u. 400; JW. 35, 2017; SeuffA. 89, 280; OLG. 46, 260. Es erfolgt dann Auseinandersetzung in liquidationsähnlicher Weise, freilich materiell nur nach den Regeln über die Gemeinschaft; SeuffA. 89, 280. — Steuerrechtlich wird jede gesellschaftliche Vereinigung, die im Verkehr (sei es auch nur zum Schein) als o. HG. auftritt, als solche behandelt, RFH. 18, 85. — Über Haftung der andern Gesellschafter bei Geisteskrankheit des einen Gesellschafters und der dadurch herbeigeführten Nichtigkeit des Gesellschaftervertrages: RGZ. 145, 155.

2. Gesellschaftszweck der o. HG. ist der Betrieb eines HGewerbes unter gemeinschaftlicher Firma; vgl. dazu LZ. 21, 385.

Ob ein HGewerbe vorliegt, bestimmt sich nach allgemeinen Vorschriften; §§ 1ff. Eintragung ins HRegister ist also in den Fällen des § 2 und des § 3 Abs. 2 Voraussetzung für das Bestehen einer o. HG. — Anderseits ist es ausreichend, wenn der Betrieb eines HGewerbes lediglich bezweckt wird; tatsächlicher Betrieb ist nicht erforderlich, u. U. (bei Fehlen des Registereintrags!) für die Wirksamkeit der o. HG. nach außen bedeutsam; vgl. dazu § 123 u. R. 26, 466, auch DJZ. 12, 1299. Ist die Gesellschaft aber auf bloße Abwicklung eines Unternehmens gerichtet, so ist sie keine o. HG.; vgl. DJZ. 02, 167. Aus dem Erfordernis der gemeinsamen Firma folgt, daß keine o. HG. zwecks Betriebes eines minderkaufmännischen Gewerbes gebildet werden oder bestehen kann; vgl. Anm. zu § 4. Wegen des Betriebsumfangs kommt es wiederum auf den vertraglichen Gesellschaftszweck, nicht den tatsächlichen Betrieb an (solange der Vertragszweck demgegenüber nicht simuliert erscheint!); vgl. DJZ. 12, 1299.

Ist der vorgeschriebene Gesellschaftszweck nicht begründet worden, so besteht eine Gesellschaft bürgerlichen Rechts (die u. U. — bei Fehlen der Eintragung! —

ihrerseits die Errichtung einer o.HG. zum Zweck haben kann), auch wenn die Gesellschafter dies nicht beabsichtigten; R. 25, 2215. Insbesondere gilt dies bei Fehlen einer gemeinschaftlichen Firma (ROHG. 5, 388; 8, 248; RGZ. 13, 230; 33, 127; 85, 399; RGSt. 24, 261), nicht aber auch bei Vorhandensein einer nach den §§ 19ff. unzulässigen Firma, vor allem (bestr.) einer Einzelfirma; (RGSt. 24, 262; JW. 29, 2169 gegenüber RGZ. 82, 24). Ebenso verwandelt sich die o. HG. in eine Gesellschaft bürgerl. Rechts, wenn sie das betriebene Unternehmen mit dem Recht der Firmenfortführung verpachtet; JW. 36, 3129; 37, 1982. Vgl. dazu auch § 19 Anm. 3 a. E. Über die Gesellschaftsfirma s. im übrigen die Anm. zu § 19 u. Anm. 8 zu § 22.

3. Die Entstehung einer o. HG. ist zwingende Folge der vom Gesetz bestimmten Voraussetzungen (vgl. HansGZ. 26 Hbl. 57); andere Bezeichnung durch die Gesellschafter ist bedeutungslos, JW. 02, 96. Eintragung im HRegister wirkt nur in den Fällen der §§ 2, 3 Abs. 2 rechtsbegründend; Betriebsbeginn ist ebenfalls nicht begriffswesentlich; vgl. oben Anm. 2 Abs. 3 u. § 123. — Durch Schaffung der nötigen Voraussetzungen kann z. B. auch eine zunächst auf Errichtung einer juristischen Person des HRechts gerichtete Gründungsgesellschaft (nach h. Rspr. eine Gesellschaft bürgerl. Rechts!) (str.) in eine o. HG. umgewandelt werden; R. 29, 1836.

4. Eine Haftungsbeschränkung (die, um wirksam zu sein, im Gesellschaftsvertrag vereinbart sein muß) macht die Gesellschaft zu einer Kommanditgesellschaft (§ 161, vgl. freilich auch § 176!). Ist nichts über die Haftung vereinbart worden, der Tatbestand der o. HG. sonst aber gegeben, so tritt die Haftung (unbeschränkt, gleichrangig, gesamtschuldnerisch!) ohne weiteres kraft Gesetzes ein (§ 128); Beschränkungen der Haftung unter Aufrechterhaltung der o. HG. (vgl. dazu Anm. zu § 162) können mit Wirksamkeit nach außen nicht vereinbart werden; vgl. RJA. 11, 202. — Über Mithaftung eines Einzelkaufmanns aus Geschäften, die sein Angestellter mit ihm von jenem überlassenen Mitteln selbst abschließt, vgl. HansRGZ. 30 B 295, über die Möglichkeit einer stillen oder bürgerlich-rechtlichen Gesellschaft zwischen den Gesellschaftern einer o. HG. und ihrem Prokuristen, wenn die zweite Gesellschaft denselben Zweck verfolgt wie die o. HG., RGZ. 142, 13.

5. Allgemeines Gesellschaftsrecht findet auf die o. HG. Anwendung, soweit HGB. nicht Besonderes vorschreibt.

Die o. HG. ist also Gesellschaft, nicht juristische Person; vgl. Anm. 1 zu § 124. Sie kann durch Beschluß der Gesellschafter aber in eine juristische Person, z. B. eine GmbH., verwandelt werden; vgl. RGZ. 74, 8. Die neuere Gesetzgebung unterstützte den umgekehrten Vorgang: Rückbildung der juristischen Personen, der Kapitalgesellschaften, in Personalgesellschaften; vgl. Ges. über die Umwandlung von Kapitalgesellschaften v. 5. 7. 34 (RGBl. I 569 — s. Anh. V) u. Ges. über Steuererleichterungen bei der Umwandlung und Auflösung von Kapitalgesellschaften v. 5. 7. 34 (RGBl. I 572). Die Gesellschafter der so entstehenden o. HG. müssen bei der umgewandelten jurist. Person bereits beteiligt gewesen sein; JW. 37, 1992, vgl. auch JFG. 15, 300.

Von den §§ 705ff. BGB. sind für das Recht der o. HG. durch §§ 106ff. erkennbar ausgeschlossen: §§ 709—711 BGB. (ersetzt durch §§ 114, 115 u. 119 Abs. 2), § 712 Abs. 1 BGB. (ersetzt durch § 117), §§ 714, 715 BGB. (ersetzt durch §§ 125—127), § 716 BGB. (entspr. § 118), § 721 BGB. (ersetzt durch §§ 120, 122), § 722 Abs. 1 BGB. (ersetzt durch § 121), § 723 Abs. 1 u. 2 BGB. (ersetzt durch §§ 132, 133), § 724 BGB. (entspr. § 134), § 725 Abs. 1 BGB. (ersetzt durch § 135), § 726 BGB. (vgl. § 131), § 727 BGB. (ersetzt durch §§ 131 Nr. 4, 137 Abs. 1), § 728 BGB. (ersetzt durch §§ 131 Nr. 5, 137 Abs. 2), § 729 BGB. (entspr. § 136), §§ 730, 731, 733, 734 BGB. (ersetzt durch §§ 145ff.), § 736 BGB. (entspr.

§ 138) u. § 737 BGB. (ersetzt durch § 140). Danach gelten vom Gesellschaftsrecht des BGB. für die o. HG. namentlich die Bestimmungen über den Inhalt der allgemeinen Gesellschafterverpflichtung (§§ 705, 708, 717 BGB.), die — nicht begriffsnotwendige — Beitragspflicht (§§ 706, 707 BGB.), das Gesellschaftsvermögen (§§ 718ff. BGB.) und die Folgen des Ausscheidens eines Gesellschafters (§§ 738ff. BGB.). Außerdem finden noch Anwendung: § 712 Abs. 2 BGB. (Kündbarkeit der — durch Gesellschaftsvertrag übertragenen! str.; arg. § 712 Abs. 1 BGB. — Geschäftsführung); § 713 BGB. (Innenverhältnis zum geschäftsführenden Gesellschafter nach Auftragsrecht); § 722 Abs. 2 BGB. (Vermutung der Gleichheit von Gewinn- und Verlustanteil); § 723 Abs. 3 BGB. (zwingende Natur der Kündigungsmöglichkeiten); § 725 Abs. 2 BGB. (Beschränkung der Pfändbarkeit der Gesellschafteransprüche bei bestehender Gesellschaft); § 732 BGB. (Rückgabeanspruch der Gesellschafter bei Liquidation auf die der o. HG. zur Benutzung überlassenen Gegenstände) und § 735 BGB. (solidarische Deckungspflicht der Gesellschafter für einen Fehlbetrag der Liquidationsbilanz).

Anmeldung zum Handelsregister[1]

§ 106. Die Gesellschaft ist bei dem Gericht, in dessen Bezirke sie ihren Sitz[5] hat, zur Eintragung in das Handelsregister anzumelden[2].

Die Anmeldung hat zu enthalten[3]:

1. den Namen, Vornamen, Stand und Wohnort jedes Gesellschafters;

2. die Firma[4] der Gesellschaft und den Ort, wo sie ihren Sitz[5] hat[6];

3. den Zeitpunkt, mit welchem die Gesellschaft begonnen hat[7].

1. § 106 entspricht bei Einzelkaufleuten § 29. — Die Bestimmungen über Zweigniederlassungen (§§ 13ff.) gelten auch für die o. HG.

2. Über Ordnungsstrafen zur Durchsetzung der Anmeldepflicht vgl. § 14. Noch nach Auflösung der o. HG. muß die etwa unterbliebene Anmeldung nachgeholt werden; ROHG. 22, 201; 23, 227. Wird nach Auflösung die Fortsetzung beschlossen, so muß auch Neuanmeldung erfolgen: RJA. 3, 183.

3. Notwendiger Inhalt der Anmeldung. Über andere einzutragende Tatsachen (§ 15) vgl. § 125 Abs. 4. — Die Richtigkeit der Anmeldung prüft das Gericht nicht, wohl aber die Gesetzmäßigkeit der angemeldeten Tatsachen; vgl. RJA. 3, 21, auch §§ 142, 143 FGG. und dazu Anm. 3 Abs. 3 zu § 37.

4. Vgl. §§ 19, 24.

5. Sitz ist der Ort der (zentralen) Verwaltungsführung; vgl. § 17 Abs. 1 S. 2 ZPO. und dazu auch OLG. 42, 214.

6. Nicht auch den Gegenstand des Unternehmens, der nicht eintragungsfähig ist; HRR. 34, 1299.

7. D. h. den Zeitpunkt des etwa schon erfolgten Geschäftsbeginns; vgl. Anm. 2 zu § 123.

Anmeldung von Änderungen[1]

§ 107. Wird die Firma einer Gesellschaft geändert oder der Sitz der Gesellschaft an einen anderen Ort verlegt oder tritt

ein neuer Gesellschafter in die Gesellschaft ein[2], so ist dies ebenfalls zur Eintragung in das Handelsregister anzumelden[3].

1. § 107 entspricht § 31.

2. Auch bei Fortsetzung der Gesellschaft mit Erben eines Gesellschafters (vgl. § 139); R. 21, 235 u. 1434; KGJ. 53, 258. — Anmeldepflicht beim Ausscheiden von Gesellschaftern: § 143 Abs. 2.

3. Vgl. § 14 (Ordnungsstrafen). Nicht einzutragende Tatsachen (§ 15) sind dagegen Änderungen von Namen, Stand oder Wohnort der Gesellschafter; KGJ. 30 B 32; RJA. 9, 180.

Anmeldungs- und Zeichnungspflicht

§ 108. Die Anmeldungen[1] sind von sämtlichen Gesellschaftern[2] zu bewirken[3].

Die Gesellschafter, welche die Gesellschaft vertreten sollen, haben die Firma nebst ihrer Namensunterschrift zur Aufbewahrung bei dem Gerichte zu zeichnen[4].

1. D. h. die in den §§ 106, 107 vorgeschriebenen; vgl. dazu aber Anm. 2 a. A. zu § 107 u. OLG. 43, 289.

2. Ohne Rücksicht auf Vertretungsbefugnis oder Geschäftsführung.

3. Bei Verstoß nicht ohne weiteres Löschung nach § 142; KGJ. 53 A 258; RJA. 9, 31: 12, 60. Widerruft aber ein Gesellschafter seine Anmeldung in unzweideutiger Weise, so darf nicht eingetragen werden; OLG. 42, 214.

Auf Mitwirkung bei der Anmeldung kann jeder Gesellschafter von den übrigen verklagt werden (vgl. § 16): er hat aber ein Weigerungsrecht, wenn er befugt ist, gem. § 133 auf Auflösung der Gesellschaft zu klagen, HansGZ. 26 Hbl. 57.

4. Abs. 2 enthält keine Eintragungsvoraussetzung; vgl. im übrigen §§ 12, 14. Namensunterschrift und Firmenzeichnung dürfen auf der Anmeldung räumlich getrennt abgegeben werden, RJA. 9, 244; 10, 126.

Über Zeichnung der Gesellschafter für die o. HG. im kaufm. Verkehr vgl. Anm. 1 zu § 126.

Zweiter Titel

Rechtsverhältnis der Gesellschafter untereinander

Nachgiebiges Recht im Innenverhältnis

§ 109[1a]. Das Rechtsverhältnis der Gesellschafter untereinander[1] richtet sich zunächst nach dem Gesellschaftsvertrage[2]; die Vorschriften der §§ 110 bis 122[3] finden nur insoweit Anwendung, als nicht durch den Gesellschaftsvertrag ein anderes bestimmt ist[4].

1a. Zu § 109 s. Art. 7 Nr. 2, 3 der 4. EinfV. betr. Österreich u. Art. 7 Nr. 2, 3 der 3. EinfV. betr. Sudetenland (Anh. XIII, XIV).

1. Über dessen Abgrenzung LZ. 27, 523. 2. Vgl. dazu Anm. 1 zu § 105.

3. Ebenso wie die auf die o. HG. anwendbaren Vorschriften der §§ 705 ff.

BGB. (vgl. darüber Anm. 5 Abs. 3 zu § 105), soweit sie das Innenverhältnis der Gesellschafter betreffen. — Über Gesellschafter-Erfindungen RGZ. 136, 415.

4. Über Gesellschaften aus der Zeit vor dem 1. 1. 1900 vgl. Art. 170 EG-BGB. und dazu RGZ. 67, 15 u. 84, 138.

Aufwendungsersatz

§ 110[1a]. Macht der Gesellschafter[1] in den Gesellschaftsangelegenheiten Aufwendungen[2], die er den Umständen nach für erforderlich halten darf, oder erleidet er unmittelbar durch seine Geschäftsführung oder aus Gefahren, die mit ihr untrennbar verbunden sind, Verluste[3], so ist ihm die Gesellschaft[4] zum Ersatze verpflichtet[5].

Aufgewendetes Geld hat die Gesellschaft von der Zeit der Aufwendung an zu verzinsen[6].

1a. Zu § 110 s. Art. 7 Nr. 4 der 4. EinfV. betr. Österreich u. Art. 7 Nr. 4 der 3. EinfV. betr. Sudetenland (Anh. XIII, XIV).

1. D. h. jeder Gesellschafter, auch ohne Vertretungsbefugnis oder Geschäftsführung.

2. Z. B. auch durch Befriedigung eines Gesellschaftsgläubigers; RGZ. 31, 141. — Über die Frage, unter welchen Umständen Dienstleistungen eines Gesellschafters hier als Aufwendungen gelten vgl. ROHG. 3, 173; 4, 380; JW. 01, 406.

3. Vgl. dazu die Rechtsprechung zum Begriff der „Aufwendungen" nach § 670 BGB. (Gruch. 53, 997; RGZ. 75, 212; 94, 169; 95, 53; 98, 199; 122, 298 u. a.).

4. Ersatzpflichtig ist die o. HG. als solche, und zwar in voller Höhe: ROHG. 23, 195; RGZ. 29, 15; 31, 141. Die Geltendmachung des (anteiligen) Anspruchs gegen die übrigen Mitgesellschafter ist während des Bestehens der Gesellschaft ausgeschlossen (§ 707 BGB.) und erst bei der endgültigen Ausgleichung möglich; vgl. ROHG. 13, 144; RGZ. 31, 141; 59, 143; 77, 102; 80, 272; LZ. 33, 317. Persönliche Mithaftung der Gesellschafter besteht nur bei gesellschaftsfremden Forderungen eines von ihnen; vgl. Anm. 4 zu § 128.

5. Vorschuß hingegen kann nur der geschäftsführende und der besonders beauftragte nichtgeschäftsführende Gesellschafter fordern (§ 713 BGB.; vgl. Anm. 5 Abs. 3 zu § 105). — Vgl. noch § 257 BGB.

6. Im Zweifel (§ 109!) mit fünf vom Hundert (§ 352 Abs. 2). Vgl. auch § 256 BGB.

Verzinsung verzögerter Geldeinlagen und unbefugter Geldentnahmen

§ 111. Ein Gesellschafter, der seine Geldeinlage[1] nicht zur rechten Zeit einzahlt[2] oder eingenommenes Gesellschaftsgeld nicht zur rechten Zeit an die Gesellschaftskasse abliefert[3] oder unbefugt[4] Geld aus der Gesellschaftskasse für sich entnimmt, hat Zinsen[5] von dem Tage an zu entrichten, an welchem die Zahlung oder die Ablieferung hätte geschehen sollen oder die Herausnahme des Geldes erfolgt ist[6].

Die Geltendmachung eines weiteren Schadens ist nicht ausgeschlossen[7].

1. D. h. wenn im GVertrage eine solche bedungen ist; vgl. Anm. 1 Abs. 5 zu § 105.

2. Der Anspruch auf Leistung bedungener Beiträge gehört zum Gesellschaftsvermögen (§ 718 BGB.) kann aber nicht nur namens der o. HG. (durch ihre Vertreter oder Liquidatoren), sondern auch von jedem Gesellschafter zugunsten der o. HG. geltend gemacht werden (vgl. Anm. 2 Abs. 2 zu § 124), auch zugunsten der Liquidationsgesellschaft, RGZ. 98, 298. Gegenüber dem Anspruch ist keine Aufrechnung möglich (insoweit gilt § 717 BGB. i. V. m. § 394 BGB. u. § 851 ZPO.; vgl. dazu aber LZ. 20, 44 — § 717 BGB. enthält nachgiebiges Recht!), wohl hingegen deren Abtretung und Pfändung, RGZ. 76, 276, 436. Bei Nichterfüllung greift § 133 Abs. 2 Platz (vgl. Anm. 8 zu § 133), nicht etwa § 326 BGB. (RGZ. 78, 303; 81, 304; 89, 335 u. 400; JW. 26, 25 u. 29).

3. Weiter als §§ 713, 668 BGB.

4. D. h. unter Verstoß gegen §§ 115, 116, 122.

5. Vgl. Anm. 6 zu § 110. 6. Auch ohne Verzug (D. 83); vgl. § 353 S. 1.

7. Die unbefugte Entnahme kann außerdem Pflichtverletzung i. S. der §§ 117, 127, 133, 140, 142 sein.

Gesetzliches Wettbewerbsverbot[1]

§ 112. Ein Gesellschafter[2] darf ohne Einwilligung der anderen[3] Gesellschafter weder in dem Handelszweige der Gesellschaft Geschäfte machen[4] noch an einer anderen gleichartigen[5] Handelsgesellschaft als persönlich haftender Gesellschafter teilnehmen[6].

Die Einwilligung zur Teilnahme an einer anderen Gesellschaft gilt als erteilt, wenn den übrigen Gesellschaftern bei Eingehung der Gesellschaft bekannt ist, daß der Gesellschafter an einer anderen Gesellschaft als persönlich haftender Gesellschafter teilnimmt, und gleichwohl die Aufgabe dieser Beteiligung nicht ausdrücklich bedungen wird[7].

1. Über das gesetzliche WbV. hinaus sind vertragliche Beschränkungen, insbesondere auch über die Dauer der Gesellschaftszugehörigkeit hinaus möglich; §§ 74 ff. finden keine entsprechende Anwendung; vgl. auch unten Anm. 5.

2. D. h. jeder Gesellschafter. 3. D. h. aller.

4. Gleichviel für wessen Rechnung.

5. D. h. — enger als § 74 — in demselben Handelszweige tätigen!

6. Kraft Gesetzes nur während der Dauer seines Gesellschafterverhältnisses (vgl. oben Anm. 1), also bis zum Ausscheiden oder zur Auflösung der Gesellschaft. Liquidation nach erfolgtem Auflösungsbeschluß steht nicht entgegen; ROHG. 21, 145.

7. Vgl. § 60 Abs. 2. — Entsprechend dem unter Anm. 2 Gesagten muß Kenntnis aller anderen Gesellschafter gefordert werden.

Verletzung des Wettbewerbsverbots

§ 113. Verletzt ein Gesellschafter die ihm nach § 112 obliegende Verpflichtung, so kann die Gesellschaft Schadensersatz fordern; sie kann statt dessen von dem Gesellschafter verlangen, daß er die für eigene Rechnung gemachten Geschäfte als für Rechnung der Gesellschaft eingegangen gelten lasse und die aus

Geschäften für fremde Rechnung bezogene Vergütung herausgebe oder seinen Anspruch auf die Vergütung abtrete[1].

Über die Geltendmachung dieser Ansprüche beschließen die übrigen Gesellschafter[2].

Die Ansprüche verjähren in drei Monaten von dem Zeitpunkt an, in welchem die übrigen Gesellschafter[3] von dem Abschlusse des Geschäfts oder von der Teilnahme des Gesellschafters an der anderen Gesellschaft Kenntnis erlangen; sie verjähren ohne Rücksicht auf diese Kenntnis in fünf Jahren von ihrer Entstehung an.

Das Recht der Gesellschafter, die Auflösung der Gesellschaft zu verlangen[4], wird durch diese Vorschriften nicht berührt.

1. Vgl. Anm. 2—4 zu § 61 (über die gleichgearteten Ansprüche gegen HGeh.).

2. D. h. alle übrigen Gesellschafter: der Betroffene ist i. S. des § 119 Abs. 1 nicht „zur Mitwirkung bei der Beschlußfassung berufen". Vgl. auch D. 84. Bei zweigliedriger o. HG. entscheidet der andere Gesellschafter, obwohl die o. HG. als solche berechtigt bleibt; vgl. KB. 55.

3. Alle übrigen Gesellschafter! Die Kenntnis dessen, der sie zuletzt erlangt, entscheidet. 4. Vgl. §§ 133, 140, 142.

Geschäftsführung

§ 114[1a]. Zur Führung der Geschäfte der Gesellschaft sind alle Gesellschafter berechtigt und verpflichtet[1].

Ist im Gesellschaftsvertrage die Geschäftsführung einem Gesellschafter oder mehreren Gesellschaftern übertragen, so sind die übrigen Gesellschafter von der Geschäftsführung ausgeschlossen[2].

1a. Zu § 114 s. Art. 7 Nr. 5 der 4. EinfV. betr. Österreich und Art. 7 Nr. 5 der 3. EinfV. betr. Sudetenland (Anh. XIII, XIV).

1. Geschäftsführung ist die Befugnis zu Handlungen und Entscheidungen im Verhältnis der Gesellschafter untereinander. Umfang: § 116. — Sie macht rechenschafts- und buchführungspflichtig; vgl. RGZ. 100, 150; 103, 71; JW. 27, 368. Von ihr zu unterscheiden ist die (nach außen wirkende) Vertretungsmacht; über sie: § 125.

Ist im Gesellschaftsvertrage nichts anderes bestimmt (vgl. z. B. Abs. 2), so ist jeder Gesellschafter zur Geschäftsführung berechtigt und verpflichtet; § 115 Abs. 1. (Anders § 709 Abs. 1 BGB.) Über Wahrnehmung der Geschäftsführung durch Bevollmächtigte HRR. 29, 1031, durch gesetzliche Vertreter oder Organe HRR. 29, 1245.

2. Abs. 2 nennt die Hauptfälle vertraglicher Änderung der gesetzlich vorgesehenen Geschäftsführung durch jeden Gesellschafter. Auch darüber hinaus herrscht Vertragsfreiheit; es kann Kollektivgeschäftsführung mehrerer (vgl. § 115 Abs. 2) vereinbart werden, ferner, daß ein Nichtgesellschafter Geschäftsführer sein soll (dazu — betr. Anfechtung wegen Irrtums über persönliche Eigenschaften —

MonSfHR. 08, 45). — Die Übertragung der Geschäftsführung erfolgt durch Vereinbarung aller Gesellschafter, gleichgültig ob bei Eingehung der o. HG. oder später; vgl. D. 85. — Auch den „ausgeschlossenen" Gesellschaftern stehen außer den Kontrollrechten des § 118 Befugnisse auf Grund höchst persönlicher Rechte zu, z. B. das Recht zur Stellung von Strafanträgen, RGSt. 41, 103. — Meist wird dem geschäftsführenden Gesellschafter im Vertrage eine besondere Vergütung zugebilligt sein; § 354 dürfte jedenfalls hier nicht gelten; vgl. dazu auch HRR. 36, 611.

Mehrheit geschäftsführender Gesellschafter

§ 115[1a]. Steht die Geschäftsführung[1] allen oder mehreren Gesellschaftern zu, so ist jeder von ihnen allein zu handeln berechtigt[2]; widerspricht jedoch ein anderer geschäftsführender Gesellschafter der Vornahme einer Handlung, so muß diese unterbleiben[3].

Ist im Gesellschaftsvertrage bestimmt, daß die Gesellschafter, denen die Geschäftsführung zusteht, nur zusammen handeln können, so bedarf es für jedes Geschäft der Zustimmung aller geschäftsführenden Gesellschafter, es sei denn, daß Gefahr im Verzug ist[4].

1a. Zu § 115 s. Art. 7 Nr. 6 der 4. EinfV. betr. Österreich und Art. 7 Nr. 6 der 3. EinfV. betr. Sudetenland (Anh. XIII, XIV).

1. Vgl. Anm. 1 zu § 114.

2. Anders bei bürgerlichen Gesellschaften; vgl. § 709 BGB. u. RGZ. 102, 410.

3. Grundsätzlich in jedem Falle des Widerspruchs, auch bei Gefahr im Verzug (anders in Abs. 2) und ohne Rücksicht auf die Zweckmäßigkeit der beabsichtigten Handlung (unbeschadet etwaiger Ersatzansprüche), RGZ. 109, 56. Ausnahmen: bei Ausübung eines Sonderrechts des handelnden Gesellschafters (z. B. aus § 116 Abs. 3 S. 2) oder wenn gerade der Widersprechende von der Handlung allein — sei es in seiner Eigenschaft als Gesellschafter, sei es in der Stellung eines Dritten — betroffen wird, RGZ. 81, 94, darüber hinaus aber auch, wenn der Widerspruch offensichtlich willkürlich und der Gesellschaftstreue zuwider erhoben wird, RGZ. 158, 302. — Der Widerspruch ist nur wirksam, wenn er vor erfolgter Handlung dem „Handelnden" zugeht (§ 130 BGB.). Über Zulässigkeit des Widerspruchs gegen eine größere Anzahl oder eine Gattung von Geschäften (nicht gegen die Geschäftsführung überhaupt!) vgl. RGZ. 84, 156.

4. Wer ohne die nach Abs. 2 erforderliche Zustimmung handelt, hat die Beweislast für die mit einem Aufschub der Handlung verbundene Gefahr. — § 115 Abs. 2 setzt voraus, daß die Handlung an sich innerhalb der Geschäftsführungsbefugnis liegt. Vgl. § 116, insbesondere Abs. 2, dazu ROHG. 20, 246. War die Handlung unzulässig, so sind Geldentnahmen, die im Interesse ihrer Durchführung erfolgen, „unbefugt" (i. S des § 111); dem Rückzahlungsanspruch aus §§ 713, 667 BGB. steht kein Zurückbehaltungsrecht wegen der Herausgabe des durch die unzulässige Handlung Erworbenen (vgl. § 684 S. 1 BGB.) entgegen; vgl. RGZ. 54, 237. — Die unzulässige Handlung ist aber nach außen hin wirksam, wenn nicht zugleich die Vorschriften über die Vertretung (§ 125) verletzt sind.

Umfang der Geschäftsführungsbefugnis

§ 116. Die Befugnis zur Geschäftsführung erstreckt sich auf alle Handlungen, die der gewöhnliche Betrieb des Handelsgewerbes der Gesellschaft mit sich bringt[1].

Zur Vornahme von Handlungen, die darüber hinausgehen[2], ist ein Beschluß sämtlicher Gesellschafter erforderlich[3].

Zur Bestellung eines Prokuristen bedarf es der Zustimmung aller geschäftsführenden Gesellschafter[4], es sei denn, daß Gefahr im Verzuge ist. Der Widerruf der Prokura kann von jedem der zur Erteilung oder zur Mitwirkung bei der Erteilung befugten Gesellschafter erfolgen[5].

1. Die Bindung wirkt nur nach innen, berührt an sich nicht die Vertretungsmacht des Geschäftsführenden; vgl. §§ 125, 126 Abs. 1 u. 2.

2. Abgrenzung nach Lage des Einzelfalles. Ausführung von Bauarbeiten auf dem Grundstück der o. HG. auf deren Kosten, überschreitet die Befugnis (RGZ. 109, 56), ebenso Verkauf eines als Rücklage bestimmten Aktienpakets (JW. 30, 705), niemals hingegen eine Bürgschaft o. dgl., wenn ohnehin eine Regreßhaftung der Gesellschaft (z. B. aus Delikt) für einen Ausfall beim Hauptschuldner gegeben war (JW. 30, 229).

3. Auch bei Gefahr im Verzug: ROHG. 20, 246. — Grundsätzlich müssen alle Gesellschafter zustimmen: Erleichterungen durch den Gesellschaftsvertrag sind möglich, z. B. Mehrheitsbeschluß; vgl. RGZ. 158, 362, ferner OLG. 44, 197 (betr. Aufnahme neuer Gesellschafter) und dazu Anm. 1 Abs. 7 zu § 105. — Über Heilung beim Mangel eines Beschlusses aller Gesellschafter durch Genehmigung der fehlenden Gesellschafter JW. 30, 705.

4. Vgl. dazu oben Anm. 1.

5. Vom Widerspruch eines anderen Gesellschafters bleibt dies Sonderrecht unberührt; es kann aber (wie grundsätzlich überhaupt die §§ 110 bis 122) durch Gesellschaftsvertrag mit Wirkung für das Innenverhältnis (vgl. § 126 Abs. 1) wegbedungen werden; RGZ. 2, 34. Über die Rechtslage bei erneuter Erteilung der widerrufenen Prokura durch einen anderen Gesellschafter vgl. JFG. 5, 244.

Entziehung der Geschäftsführungsbefugnis[1]

§ 117[1a]. Die Befugnis zur Geschäftsführung kann einem Gesellschafter auf Antrag der übrigen Gesellschafter durch gerichtliche Entscheidung entzogen werden[2], wenn ein wichtiger Grund vorliegt; ein solcher Grund ist insbesondere grobe Pflichtverletzung[3] oder Unfähigkeit zur ordnungsmäßigen Geschäftsführung[4].

1a. Zu § 117 s. Art. 7 Nr. 7 der 4. EinfV. betr. Österreich und Art. 7 Nr. 7 der 3. EinfV. betr. Sudetenland (Anh. XIII, XIV).

1. Über Entziehung der Vertretungsmacht: § 127. Auch wenn dem Gesellschafter Vertretung und Geschäftsführung zustehen, ist die Frage ihrer Entziehung stets getrennt zu beurteilen. Vgl. Anm. 3 Abs. 2 zu § 127.

2. Der Antrag muß von allen übrigen Gesellschaftern im Klagewege gemeinschaftlich gestellt werden. Einfacher Beschluß genügt nicht (anders: § 712

BGB.); die Entscheidung kann aber einem Schiedsgericht übertragen werden (JW. 09, 467), auch durch einstw. Verfügung erfolgen (RGZ. 22, 170; RJA. 9, 247). Gleichgültig ist, ob die Geschäftsführungsbefugnis vertraglich oder durch § 114 Abs. 2 begründet ist; D. 96. Auf das Entziehungsrecht kann ein Gesellschafter wirksam verzichten, von vornherein jedoch nicht für den Fall arglistigen oder sittenwidrigen Handelns des Geschäftsführenden (JW. 35, 696[8]). — Der Geschäftsführende kann seinerseits gem. § 712 BGB. kündigen.

3. Vgl. JW. 32, 1671 (eigennütziger Antrag auf Gesellschaftskonkurs ohne sachliche Beweggründe). 4. Auch unverschuldete Unfähigkeit.

Allgemeines Überwachungsrecht

§ 118. Ein Gesellschafter kann, auch wenn er von der Geschäftsführung ausgeschlossen ist, sich von den Angelegenheiten der Gesellschaft persönlich unterrichten, die Handelsbücher und die Papiere der Gesellschaft einsehen und sich aus ihnen eine Bilanz anfertigen[1].

Eine dieses Recht ausschließende oder beschränkende Vereinbarung steht der Geltendmachung des Rechtes nicht entgegen, wenn Grund zu der Annahme unredlicher Geschäftsführung besteht[2].

1. Das Recht zur Überwachung hat höchstpersönlichen Charakter. Es ist daher nicht übertragbar (JW. 02, 397) und kann regelmäßig nicht durch Bevollmächtigte, u. U. aber unter Zuziehung eines Sachverständigen ausgeübt werden. Vgl. ROHG. 7, 75; RGZ. 25, 88; RJA. 13, 225; Gruch. 40, 1108; KGJ. 30 A 123. Ist jedoch eine Ehefrau Gesellschafterin, so steht beim gesetzlichen Güterstand das Kontrollrecht dem Ehemann (aus eigenem Recht) zu, LZ. 30, 246. Gegenüber dem Kontrollrecht ist kein Zurückbehaltungsrecht wegen Nichterfüllung von Gesellschafterpflichten zulässig; LZ. 18, 66. Es besteht auch während der Liquidation; HRR. 32, 1142. Soweit Geschäftsbücher und -papiere nicht ausreichen, besteht nach § 118 neben der Rechenschaftspflicht gegenüber der o. HG. (vgl. Anm. 1 zu § 114) eine Auskunftspflicht gegenüber jedem Gesellschafter, JW. 07, 523. § 259 BGB. i. V. m. §§ 713, 666 BGB. wird aber durch § 118 regelmäßig ausgeschlossen, JW. 27, 368; dazu auch Warn. 31, 409. Beseitigung von Unrichtigkeiten kann im Klagewege verlangt werden, vgl. Gruch. 40, 1111. — Dem ausgeschiedenen Gesellschafter oder einem einzelnen Liquidator (vgl. JW. 21, 687) steht das Recht aus § 118 nicht zu; dem Ausgeschiedenen kann aber § 810 BGB. zur Seite stehen, vgl. OLG. 45, 51, auch 46, 259. 2. Ein objektiv begründet erscheinender Verdacht genügt.

Gesellschafterbeschlüsse

§ 119. Für die von den Gesellschaftern zu fassenden Beschlüsse[1] bedarf es der Zustimmung aller zur Mitwirkung bei der Beschlußfassung berufenen Gesellschafter[2].

Hat nach dem Gesellschaftsvertrage die Mehrheit der Stimmen zu entscheiden[3], so ist die Mehrheit im Zweifel[4] nach der Zahl der Gesellschafter zu berechnen[5].

1. Im Zweifel sind die Beschlüsse in jeder Form wirksam.

2. Berufen sind grundsätzlich alle Gesellschafter, für Fragen der Geschäftsführung alle geschäftsführenden Gesellschafter (vgl. §§ 115 Abs. 2, 116 Abs. 2). Ausnahmen: §§ 112 Abs. 1, 113 Abs. 2, 141; ferner allgemein Ausschluß jeweils betroffener Gesellschafter bei Interessenkollisionen (vgl. RGZ. 136, 245; LZ. 07, 738).

3. Dies kann auch stillschweigend durch dauernde Übung begründet werden; DJZ. 09, 91. — Der Mehrheitsgrundsatz gilt nicht ohne weiteres für Beschlüsse, welche die Grundlagen der Gesellschaft, insbesondere Fragen der Auseinandersetzung betreffen, RGZ. 114, 393.

4. Im GVertrag können z. B. die Stimmen statt nach Köpfen nach der Beteiligungshöhe festgesetzt werden.

Feststellung der Gewinn- und Verlustanteile

§ 120. Am Schlusse jedes Geschäftsjahrs wird auf Grund der Bilanz[1] der Gewinn oder der Verlust des Jahres ermittelt und für jeden Gesellschafter sein Anteil daran berechnet[2].

Der einem Gesellschafter zukommende Gewinn wird dem Kapitalanteile[3] des Gesellschafters zugeschrieben[4]; der auf einen Gesellschafter entfallende Verlust sowie das während des Geschäftsjahrs auf den Kapitalanteil entnommene Geld wird davon abgeschrieben[5].

1. §§ 39ff. — Wegen der maßgeblichen Bilanz in der Übergangszeit von der Geldentwertung zur Währungsstabilisierung vgl. RGZ. 117, 238; Warn. 28, 123, auch 29, 116; OVG. 90, 189; SeuffA. 85, 182.

2. Gemäß § 121, soweit nicht der GVertrag etwas anderes vorsieht (vgl. § 109) — Gewinnanteil ist nicht Tätigkeitsentgelt; die Kosten der Ersatzkraft für einen unverschuldet verhinderten geschäftsführenden Gesellschafter sind daher nicht seinem Konto zu belasten, LZ. 21, 30, vgl. auch OLG. 41, 201. Über Auszahlung von Gewinnanteilen an Erben eines verstorbenen Gesellschafters OLG. 43, 287. 3. Vgl. dazu D. 87 (gegenüber Art. 107 ADHGB.).

4. Ebenso etwaige Einlagen des Gesellschafters; vgl. D. 87 und § 121 Abs. 2 S. 1. 5. Über Entnahmen vgl. § 121 Abs. 2 S. 2 u. § 122.

Gewinn- und Verlustverteilung

§ 121[1a]. Von dem Jahresgewinne[1] gebührt jedem Gesellschafter zunächst ein Anteil in Höhe von vier vom Hundert seines Kapitalanteils[2]. Reicht der Jahresgewinn hierzu nicht aus[1], so bestimmen sich die Anteile nach einem entsprechend niedrigeren Satze.

Bei der Berechnung des nach Abs. 1 einem Gesellschafter zukommenden Gewinnanteils werden Leistungen, die der Gesellschafter im Laufe des Geschäftsjahrs als Einlage gemacht hat, nach dem Verhältnisse der seit der Leistung abgelaufenen Zeit berücksichtigt[2]. Hat der Gesellschafter im Laufe des Geschäftsjahrs Geld auf seinen Kapitalanteil entnommen, so werden die

entnommenen Beträge nach dem Verhältnisse der bis zur Entnahme abgelaufenen Zeit berücksichtigt[2].

Derjenige Teil des Jahresgewinns, welcher die nach den Abs. 1, 2 zu berechnenden Gewinnanteile übersteigt, sowie der Verlust eines Geschäftsjahrs wird unter die Gesellschafter nach Köpfen verteilt[3].

1a. Zu § 121 s. Art. 7 Nr. 8 der 4. EinfV. betr. Österreich und Art. 7 Nr. 8 der 3. EinfV. betr. Sudetenland (Anh. XIII, XIV).

1. D. h., nur wenn und soweit die Gesellschaft überhaupt Gewinn macht, erfolgt eine anteilige Ausschüttung bis zu vier v. H. der Kapitalanteile, mithin keine feste Verzinsung, sondern Dividende; RGZ. 67, 18; HRR. 36, 611.

2. Vgl. § 120.

3. Abs. 3 gilt also auch für Gesellschafter, die keinen Kapitalanteil haben. — Abw. Verteilung kann im GVertrag vereinbart werden, was häufig geschieht; vgl. § 109. Es kann sowohl die Beteiligung am Verlust (Gruch. 47, 403, vgl. auch RGZ. 40, 30) als auch — bei Vereinbarung eines festen Entgelts — die Beteiligung am Gewinn und Verlust (RGZ. 90, 14) ausgeschlossen werden (nicht jedoch nur die Gewinnbeteiligung ohne Gewährung eines sonstigen Entgelts — sog. societas leonina —, weil es dann an der Gegenseitigkeit des Vertrages fehlt). Ist nur die Höhe der Gewinn- oder der Verlustbeteiligung bestimmt, so gilt i. Zw. derselbe Beteiligungsschlüssel für beides; § 722 Abs. 2 BGB., vgl. D. 88 und Anm. 5 Abs. 3 zu § 105. Die Gewinn- und Verlustverteilung kann auch einem Gesellschafter oder einem Dritten übertragen werden; dann gelten §§ 315, 317 BGB. (ROHG. 16, 427). Wer andere als gesetzliche Verteilung beansprucht, hat die vertragliche Abänderung zu beweisen, RGZ. 6, 79; 57, 50. Ist aber Abweichung vom Gesetz unstreitig, so gelten im übrigen für die Beweislast allgemeine Grundsätze; vgl RGZ. 7, 45. — Wegen der Abtretbarkeit des Anspruchs auf Gewinnausschüttung vgl. § 717 S. 2 BGB., wegen einer (gesetzlich nicht bestehenden) Nachschußpflicht vgl. § 707 BGB. — Verjährung in 30 Jahren; RGZ. 88, 45.

Entnahmen[1]

§ 122. Jeder Gesellschafter ist berechtigt[2], aus der Gesellschaftskasse Geld bis zum Betrage von vier vom Hundert seines für das letzte Geschäftsjahr festgestellten Kapitalanteils zu seinen Lasten zu erheben[3] und, soweit es nicht zum offenbaren Schaden der Gesellschaft gereicht, auch die Auszahlung seines den bezeichneten Betrag übersteigenden Anteils am Gewinne des letzten Jahres zu verlangen[4].

Im übrigen ist ein Gesellschafter nicht befugt, ohne Einwilligung der anderen Gesellschafter seinen Kapitalanteil zu vermindern[5].

1. Die Vorschrift gilt ebenso wie im Zweifel eine (gem. § 109) im GVertrag vereinbarte Abänderung der Entnahmebefugnis nicht für die Liquidation (vgl. RGZ. 100, 166). § 122 setzt auch voraus, daß die Gesellschaft mindestens schon ein Jahr lang arbeitet. Dies ist aber nicht zwingendes Recht, so daß

vertraglich auch Entnahmen im ersten Geschäftsjahr auf künftigen Gewinn hin gestattet werden können (LZ. 33, 317). Jede befugte Entnahme mindert den Kapitalanteil (vgl. § 120 Abs. 2 und D. 89, auch RGZ. 3, 59), während durch unbefugte Entnahmen lediglich eine persönliche Ersatzschuld gem. § 111 entsteht.

2. Über unbefugte Entnahmen vgl. § 111.

3. Ohne Rücksicht auf Gewinn und Geschäftslage (also auch „zum offenbaren Schaden"!). Voraussetzung ist lediglich ein für das Vorjahr festgestellter Kapitalanteil des Gesellschafters. Die Feststellung kann ein von der Geschäftsführung ausgeschlossener Gesellschafter notfalls im Klagewege erzwingen; LZ. 28, 558.

4. Die Einschränkung des zweiten Halbsatzes gilt also bei Gesellschaftern ohne Kapitalanteil für alle Entnahmen. — Auch Kommanditisten sind an § 122 Abs. 1 gebunden; RGZ. 120, 135. — Mit Zustimmung der übrigen Gesellschafter sind auch Entnahmen „zum offenbaren Schaden" nicht unbefugt i. S. des § 111, vgl. Abs. 2.

Die Klage auf Auszahlung ist gegen die Gesellschaft zu richten (ROHG. 19, 416; RGZ. 120, 135) und geht nicht auf Auszahlung von Gewinnanteilen aus früherer Zeit als dem letzten Geschäftsjahr. Keine persönliche Mithaftung der anderen Gesellschafter; vgl. Anm. 4 zu § 128.

5. Vgl. oben Anm. 1 a. E. — Der Kapitalanteil soll grundsätzlich in seinem ursprünglichen Bestand erhalten bleiben; dementsprechend: § 707 BGB. Über die Regelung beim Ausscheiden eines Gesellschafters vgl. §§ 738—740.

Dritter Titel

Rechtsverhältnis der Gesellschafter zu Dritten

Eintritt der Wirksamkeit nach außen

§ 123. Die Wirksamkeit der offenen Handelsgesellschaft tritt im Verhältnisse zu Dritten mit dem Zeitpunkt ein, in welchem die Gesellschaft in das Handelsregister eingetragen wird[1].

Beginnt die Gesellschaft ihre Geschäfte schon vor der Eintragung, so tritt die Wirksamkeit mit dem Zeitpunkt des Geschäftsbeginns ein, soweit nicht aus dem § 2 sich ein anderes ergibt[2].

Eine Vereinbarung, daß die Gesellschaft erst mit einem späteren Zeitpunkt ihren Anfang nehmen soll, ist Dritten gegenüber unwirksam[3].

1. Eintragung (ohne Bekanntmachung), nicht erst späterer Geschäftsbeginn, begründet die Gesellschaftswirkungen nach außen hin; vgl. ROHG. 23, 283; RGZ. 34, 53. Über den Fall, daß die Gesellschafter einer KG. unter sich einig sind, das Geschäft wie eine o. HG. zu betreiben, ohne daß dies nach außen hin erkennbar wurde, vgl. JW. 35, 947.

Nach der Eintragung kann niemand, auch kein Gesellschafter, mehr geltend machen, das Gewerbe der Gesellschaft sei kein vollkaufmännisches Gewerbe; vgl. RGZ. 50, 154 und Anm. 2 zu § 5.

2. Wirksamkeit vor Eintragung tritt nur ein, wenn vorher die Gesellschaft ihre Geschäfte beginnt und zwar mit diesem Zeitpunkt. Die Eintragung eines unrichtigen Zeitpunkts früheren Geschäftsbeginns (vgl § 106 Abs 2 Nr. 3)

ersetzt nicht den wirklichen Geschäftsbeginn; RGZ. 119, 64, dazu auch RGZ. 34, 53, ferner JW. 27, 62. — Geschäftsbeginn durch die o. HG. erfordert Zustimmung aller Gesellschafter und mindestens einmaliges tatsächliches Handeln namens der o. HG. im Geschäftsverkehr; vgl. ROHG. 1, 259; 7, 430; 12, 406, 410 und 413; RGZ. 119, 64; OLG. 45, 52; 46, 260; JW. 98, 290; 01, 406; LZ. 07, 218; DR. 39, 1795.

Auch wenn die Erfordernisse einer o. HG. fehlen, haftet jeder wie nach § 128, der sich als Mitinhaber eines von mehreren betriebenen HGeschäfts aufführt; ROHG. 13, 376; 24, 320; RGZ. 19, 197; 31, 39; 40, 146; HansRZ. 20, 599; SeuffA. 76, 284; R. 23, 60; JW. 26, 1616; HRR. 29, 23 u. 32, 751; vgl. auch RGZ. 127, 97; 142, 98 und 145, 155.

Anders bei Unternehmen, die nach § 2 erst durch Eintragung HGewerbe werden. Vgl. dazu Anm. 3 zu § 105, auch Anm. 7 zu § 2.

3. Auch nicht bei (unzulässiger!) Eintragung der Vereinbarung oder Kenntnis des Dritten. Stimmt ein Dritter solcher Vereinbarung zu, so kann u. U. ein Erlaß der Gesellschafterhaftung (§ 128) darin liegen, daß er trotzdem mit der o. HG. Geschäfte schließt, ehe der vereinbarte Zeitpunkt eingetreten ist.

Selbständigkeit des Gesellschaftsvermögens. Parteifähigkeit

§ 124[1a]. Die offene Handelsgesellschaft kann unter ihrer Firma Rechte erwerben und Verbindlichkeiten eingehen, Eigentum und andere dingliche Rechte an Grundstücken erwerben[1], vor Gericht klagen und verklagt werden[2].

Zur Zwangsvollstreckung in das Gesellschaftsvermögen ist ein gegen die Gesellschaft gerichteter vollstreckbarer Schuldtitel erforderlich[3].

1a. Zu § 124 s. Art. 7 Nr. 9, 10, 11 der 4. EinfV. betr. Österreich und Art. 7 Nr. 9, 10, 11 der 3. EinfV. betr. Sudetenland (Anh. XIII, XIV).

1. Unter der Gesellschaftsfirma (vgl. §§ 19, 24) erwirbt die Gesamtheit der Gesellschafter Rechte und Pflichten. Die so erworbenen Rechte sind Gesellschaftsvermögen; vgl. § 716 Abs. 1 BGB. Dessen Träger ist keine besondere juristische Person, aber es ist durch gesamthänderische Bindung der Anteile jedes einzelnen Gesellschafters gegenüber dem von der Gesamthand nicht ergriffenen (Privat-)Vermögen der Gesellschafter verselbständigt. Vgl. dazu §§ 718, 719 BGB. — Eine Verfügung über den Anteil eines Gesellschafters an Einzelgegenständen des Gesellschaftsvermögens ist rechtlich unmöglich (z. B. Belastung eines Anteils an einem Gesellschaftsgrundstück, RJA. 3, 43); die namentlich bei immateriellen Rechten und Rechtsgütern der Gesellschaft praktisch werdende Privatnutzung durch die Gesellschafter ist unzulässig (für Geschäftsgeheimnisse der o. HG.: RGZ. 107, 171; DJZ. 23, 696). — Zum Übergang von Privatvermögen in Gesellschaftsvermögen und umgekehrt bedarf es der allgemeinen Akte der Rechtsübertragung (insbes. bei Grundstücken der Auflassung); vgl. RGZ. 54, 103; 56, 99, 206 u. 430; 65, 233; 68, 417; 76, 413; OLG. 10, 239; KGJ. 17, 44; DJZ. 06, 1099; JW. 25, 1750; dazu ferner JMBl. 05, 321, auch SeuffA. 91, 238. Im Innenverhältnis freilich kann die Zugehörigkeit zum Gesellschaftsvermögen selbst bei Grundstücken durch bloße Vereinbarung begründet werden; RGZ. 50, 159. Keine Rechtsübertragung liegt in den Fällen der gesetzlichen (§§ 138, 140, 142) oder ge-

willkürten Anwachsung vor, vgl. dazu Anm. 7 Abs. 2 zu § 138. — Dem Verhältnis zwischen Gesellschaftsvermögen und Privatvermögen der einzelnen Gesellschafter entspricht auch die Stellung mehrerer Gesamthänderschaften (z. B. zweier o. HG.en) zueinander; vgl. RGZ. 16, 17; 43, 81; 136, 403; JW. 33, 124 (grundbuchliches Kostenrecht); R. 29, 1236; KGJ. 28 A 251. — Überhaupt sind Rechtsbeziehungen zwischen der o. HG. als solcher und ihren Gesellschaftern als Einzelpersonen wie zwischen der o. HG. und Dritten möglich; vgl. RGZ. 118, 295; JW. 17, 289; DJZ. 06, 1099; KGJ. 26 A 130; A. A. für Prozesse: JW. 14, 532. Vgl. noch JW. 34, 989 zu Art. 55 Abs. 1 Pr. GKG — Hinsichtlich des gutgläubigen Erwerbs eines Gesellschafters von der o. HG. bestehen aber Einschränkungen: § 892 BGB. ist auf solchen Erwerb nicht anwendbar; SeuffA. 85, 81. — Über Hypothekenbestellung an Gesellschaftsgrundstücken für Privatschulden der Gesellschafter vgl. HRR. 31, 506. — Die Aufrechterhaltung einer Gesellschaftsschuld gegen einen persönlich haftenden Gesellschafter (dazu § 128) bei gleichzeitigem Erlaß gegenüber der o. HG. ist möglich; JW. 28, 2612.

Der o. HG. ist grundsätzlich jeder Rechtserwerb möglich. Sie kann Mitgliedschaftsrechte, Urheberrechtsbefugnisse, gewerbliche Schutzrechte haben, selbst Gesellschafter einer HGesellschaft oder Gesellschaft des bürgerl. Rechts sein (vgl. Anm. 1 Abs. 7 zu § 105) von Todes wegen erwerben und neben der Firma auch die damit verknüpften Namensrechte geltend machen (RGZ. 114, 93), auch selbst Vollmacht erhalten und erteilen (RGZ. 119, 64; KGJ. 23 A 122). — Beim Erwerb im Grundbuch verzeichneter Rechte ist die o. HG. als solche einzutragen (§ 15 Ib GrundbVerf. v. 8. 8. 35, RMBl. 35, 637). — Über die Frage, wer als Arbeitgeber der im Betriebe einer o. HG. Beschäftigten anzusehen ist, JW. 30, 3661.

Eine (rechtsgeschäftliche) Verpflichtung der o. HG. tritt nur ein, wenn unter ihrer Firma gehandelt wird; § 164 BGB. Die Vermutung des § 344 Abs. 1 greift nicht zu Lasten der o. HG. beim Handeln einzelner Gesellschafter (unter deren eigenem Namen) durch. Vgl. dazu RGZ. 119, 64.

2. Der Verselbständigung des Gesellschaftsvermögens entspricht die Parteifähigkeit der o. HG. Bei Firmenprozessen wird daher die Gesamtheit der Gesellschafter Prozeßpartei, während daneben Sonderklagen des einzelnen Gesellschafters und insbesondere gegen ihn möglich bleiben; vgl. RGZ. 3, 57; 5, 55; 17, 365; 32, 299; 35, 389; 46, 41; 49, 343; 102, 302; 141, 277; JW. 06, 477; 07, 516. Demgemäß kann der o. HG. das Armenrecht bewilligt werden, wenn ihre sämtlichen Gesellschafter arm sind, so daß deren Privatvermögen einschließlich des Gesellschaftsvermögens nicht ausreicht; JW. 02, 250; 33, 553; Warn. 30, 35; HansRGZ. 33 B 164. Das Schuldenbereinigungsgesetz v. 17. 8. 38 findet aber auf eine o. HG. ebensowenig Anwendung wie auf jurist. Personen; vgl. JW. 38, 3254; 39, 644. — Allgem. Gerichtsstand der o. HG. ist (§§ 17, 263 Abs. 2 Nr. 2 ZPO.) ihr Sitz (vgl. § 106 Abs. 2 Nr. 2) zur Zeit der Klageerhebung, RGZ. 49, 419. Nach § 22 ZPO. ist dort auch eine Zuständigkeit für Klagen der o. HG. gegen ihre Gesellschafter oder der Gesellschafter untereinander; die Gesellschaftereigenschaft braucht dabei zur Zeit der Klageerhebung nicht mehr zu bestehen, JW. 03, 174.

Daß die Firma zur Parteibezeichnung genügt, folgt allgemein schon aus § 17. Dies gilt grundsätzlich auch nach Auflösung der o. HG.; vgl. dazu JW. 01, 654; KGJ. 31 A 211; SeuffA. 80, 184. — Da die o. HG. nicht prozeßfähig ist, wird sie durch die nicht kraft GVertrages von der Vertretung ausgeschlossenen Gesellschafter bzw. die Liquidatoren (§§ 125, 146) vor Gericht vertreten; § 51 ZPO. — Die o. HG. hat die Sachbefugnis in Aktiv- und Passivprozessen über Gesellschaftsvermögen und Gesellschaftsverbindlichkeiten. Ein einzelner Gesellschafter kann eine Gesellschaftsforderung nur dann für die o. HG. (Klage auf Leistung an die o. HG.!) geltend machen, wenn es sich um eine Forderung gegen einen andern Gesellschafter aus dem Gesellschaftsverhältnis handelt; hierzu gehört insbesondere der Rechnungslegungsanspruch gegen die geschäftsführenden Gesellschafter (§ 713 i. Verb. m. § 666 BGB.). Vgl. ROHG. 5, 203; 16, 48; RGZ. 86, 66; 90, 300; 91, 36; JW. 99, 342; 16, 837; 25, 363; 27, 1090; 38, 3180; LZ. 18, 764; Gruch. 36, 1162. Beleidigende bzw. kreditschädliche Behauptungen gegen die o. HG. richten sich zugleich gegen die einzelnen Gesellschafter, so daß die Zulassung der Abwehrklage des Gesellschafters gegenüber solchen Behauptungen (RGZ. 95, 341) nur eine scheinbare Ausnahme von dem Grundsatz der alleinigen Sachbefugnis der o. HG. darstellt. Ebenso liegt es im materiellen Recht begründet, daß bei Klagen auf Wiedereinräumung des Besitzes jeder der zur gesamten Hand besitzenden Gesellschafter verklagt werden kann; vgl. LZ. 24, 123. Nach RGSt. 41, 380 u. 52, 81 soll auch jeder Gesellschafter als Nebenkläger im Strafprozeß wegen Verletzung eines Warenzeichenrechts der o. HG. deren Bußanspruch verfolgen können (?). Jeder, auch der von der Geschäftsführung ausgeschlossene Gesellschafter, kann schließlich Strafantrag bei Delikten stellen, die gegen das Gesellschaftsvermögen gerichtet sind; RGSt. 41, 103 u. 377. — Da die o. HG. Partei ist, führt der Tod eines Gesellschafters weder zur Unterbrechung noch zur Aussetzung des Verfahrens, solange eine ausreichende Vertretungsmacht anderer Gesellschafter bestehen bleibt; vgl. §§ 241, 246 ZPO. und RGZ. 45, 340. Auch sonst ist die aufgelöste o. HG., d. h. die in der Liquidationsgesellschaft verbundenen Gesellschafter, nach wie vor Partei. Im Falle der Vollbeendigung der Gesellschaft kann ein Prozeß von ihrem Rechtsnachfolger nicht ohne Zustimmung des Gegners übernommen werden; Partei sind dann vielmehr die Gesellschafter zur Zeit der Klageerhebung, und zwar jetzt als Einzelne, in der Klägerrolle freilich als notwendige Streitgenossen. Vgl. § 265 Abs. 2 ZPO. und RGZ. 35, 389; 46, 39; 64, 79; 124, 146; 141, 277 (mit zahlr. Nachw.); JW. 06, 477; 07, 313, 315; LZ. 24, 48, auch HansGZ. 25 Hbl. 272.

Mit Rücksicht auf ihre Zugehörigkeit zur o. HG. sind deren Gesellschafter in Gesellschaftsprozessen vom Richter-, Schiedsrichter-, Schöffen- und Geschworenenamte ausgeschlossen; vgl. RGSt. 37, 415; 46, 77. Auch können sie, solange sie der o. HG. angehören oder bevor diese bzw. nach ihrer Auflösung der in Betracht kommende Gesellschafter gem. § 265 Abs. 2 ZPO. mit Zustimmung des Gegners aus dem Prozeß ausgeschieden ist, grundsätzlich im Gesellschaftsprozeß nicht Zeuge sein. Vgl. RGZ. 17, 367; 35, 389; 49, 426; 81, 133; JW. 00, 18; 01, 226; 02, 270; 10, 25; HRR. 26, 1265. Eine Ausnahme muß aber für Gesellschafter gelten, die von der Vertretung der o. HG. ausgeschlossen sind, da sie dann auch nicht für eine Parteivernehmung in Betracht kommen (§§ 455, 449 ZPO.), ihr Wissen im Prozeß also sonst überhaupt nicht zwecks Beweises verwertet würde (vgl. dazu HRR. 26, 1265).

Über das Verhältnis des Gesellschaftsprozesses zum Prozeß gegen einen einzelnen Gesellschafter auf Grund des § 128, insbes. Rechtskraftwirkung des gegen die o. HG. ergehenden Urteils, vgl. Anm. 1 zu § 129.

Der Parteifähigkeit der o. HG. entsprechend ist über ihr Vermögen auch ein **Sonderkonkurs** möglich (§ 109 KO.).

3. Das Erfordernis eines gegen die o. HG. als solche, nicht nur gegen sämtliche Gesellschafter (vgl. § 736 ZPO.) gerichteten Schuldtitels zur **Vollstreckung in das Gesellschaftsvermögen** entspricht der auf der Verselbständigung ihres Vermögens beruhenden Parteifähigkeit. Der gegen die Gesellschafter gerichtete Titel ist lediglich zur Vollstreckung in das nicht gesamthänderisch ge-

bundene (Privat-) Vermögen der Gesellschafter erforderlich (vgl. § 129 Abs. 4). Nach Auflösung der o. HG. kann in das noch ungeteilte Gesellschaftsvermögen sowohl aus einem Titel gegen die o. HG. als auch aus einem danach ergehenden Urteil gegen ihre sämtlichen Gesellschafter (s. dazu oben Anm. 2 Abs. 2 a. E.) vollstreckt werden; vgl. KGJ. 33 A 3.

Vertretungsbefugnis

§ 125. Zur Vertretung der Gesellschaft ist jeder Gesellschafter ermächtigt[1], wenn er nicht durch den Gesellschaftsvertrag von der Vertretung ausgeschlossen ist[2].

Im Gesellschaftsvertrage kann bestimmt werden, daß alle oder mehrere Gesellschafter nur in Gemeinschaft zur Vertretung der Gesellschaft ermächtigt sein sollen (Gesamtvertretung)[3]. Die zur Gesamtvertretung berechtigten Gesellschafter können einzelne von ihnen zur Vornahme bestimmter Geschäfte oder bestimmter Arten von Geschäften ermächtigen[4]. Ist der Gesellschaft gegenüber eine Willenserklärung abzugeben, so genügt die Abgabe gegenüber einem der zur Mitwirkung bei der Vertretung befugten Gesellschafter[5].

Im Gesellschaftsvertrage kann bestimmt werden, daß die Gesellschafter, wenn nicht mehrere zusammen handeln, nur in Gemeinschaft mit einem Prokuristen zur Vertretung der Gesellschaft ermächtigt sein sollen. Die Vorschriften des Abs. 2 Satz 2, 3 finden in diesem Falle entsprechende Anwendung[6].

Der Ausschluß eines Gesellschafters von der Vertretung, die Anordnung einer Gesamtvertretung oder eine gemäß Abs. 3 Satz 1 getroffene Bestimmung sowie jede Änderung in der Vertretungsmacht eines Gesellschafters ist von sämtlichen Gesellschaftern zur Eintragung in das Handelsregister anzumelden[7].

1. Die Vertretungsmacht der Gesellschafter ist die rechtliche Fähigkeit, für die o. HG. verbindliche Erklärungen abzugeben. Ob die Ausübung der Vertretungsmacht im Innenverhältnis zu den übrigen Gesellschaftern berechtigt war, richtet sich nach der Geschäftsführungsbefugnis; vgl. dazu § 114 Anm. 1. — §§ 125ff. beziehen sich nur auf die o. HG. in ihrer Vollwirksamkeit; für die Zeit nach der Auflösung vgl. §§ 146, 149; gutgläubige Dritte werden allerdings bis zur Eintragung und Bekanntmachung der Auflösung noch nach § 15 Abs. 1 geschützt (vgl. §§ 143 Abs. 1, 148 Abs. 1), JW. 06, 477. — Über den Umfang der Vertretungsmacht: § 126, über ihr Erlöschen: § 127. — Sind nicht vollgeschäftsfähige oder juristische Personen Gesellschafter, so wird deren Vertretungsmacht von ihren gesetzlichen Vertretern ausgeübt.

Vertreten wird die o. HG., d. h. der handelnde Vertretungsberechtigte bindet zugleich die von ihm vertretenen Mitgesellschafter und sich selbst, wobei die Wirkung seiner Erklärungen nur einheitlich eintreten kann. Deshalb findet § 165 BGB. auf die Vertretungsmacht des Gesellschafters keine Anwendung, da ein minderjähriger Gesellschafter ohne Zustimmung seines gesetzlichen Vertreters nur die Mitgesellschafter, nicht aber sich selbst verpflichten könnte. Hinsichtlich der Mitgesellschafter besteht eine ihrer Natur nach rechtsgeschäftliche, aber nicht beliebig entziehbare Vertretungsmacht. Im Sinne der Zivilprozeßordnung (§§ 51, 57 ZPO.) ist der vertretungsberechtigte Gesellschafter „gesetzlicher Vertreter"; er ist aber, da die o. HG. keine juristische Person ist, nicht deren Organ, weshalb § 29 BGB. gar keine, § 31 BGB. (vgl. dazu RGZ. 15, 125; 17, 93; 20, 190; 32, 32; 46, 18; 64, 81; Gruch. 51, 1023 u. D. 93) nur entsprechende Anwendung findet.

Die Ermächtigung kann entweder dadurch erfolgen, daß der Gesellschaftsvertrag keinen Ausschluß von der Vertretung vorsieht oder daß ein Ausschluß durch späteren Beschluß der Gesellschafter aufgehoben wird. Davon und ebenso von der besonderen Ermächtigung eines Gesamtvertreters gem. Abs. 2 S. 2 (über sie unten Anm. 4) zu unterscheiden sind Sondervollmachten (auch Generalvollmachten, str.), die einem Gesellschafter trotz Ausschluß von der Vertretung erteilt werden können, und zwar wie jedem Dritten durch Erklärung seitens einer vertretungsberechtigten Anzahl von Gesellschaftern (vgl. RGZ. 24, 28), auch stillschweigend (RGZ. 43, 190; 48, 58; JW. 18, 505). Prokuraerteilung scheitert aber an der Mitinhaberstellung des Gesellschafters; vgl. Anm. 5 Abs. 2 zu § 48. — Über die — str. — Bedeutung der Bestimmung, daß alle (bei der KG.: alle persönlich haftenden!) Gesellschafter von der Vertretung ausgeschlossen sein sollen, vgl. RGZ. 74, 299; 82, 362; KGJ. 10, 26; 52, 90; OLG. 42, 214; 44, 199; R. 23, 395; KG. JW. 39, 424 (gegen JFG. 16, 65 München); nach KG. (und zutreffend Groschuff JW. a. a. O.) ist Ausschluß sämtlicher Gesellschafter von der Vertretung nicht möglich; auch nicht Bestellung eines gesellschaftsfremden Dritten zum „organschaftlichen" Vertreter.

2. Der Ausschließung von der Vertretung durch den Gesellschaftsvertrag steht eine nach Abschluß des Gesellschaftsvertrages getroffene spätere Vereinbarung gleich; ohne Zustimmung des Auszuschließenden ist die spätere Entziehung nur bei wichtigem Grunde durch gerichtliche Entscheidung möglich (§ 127). — Vor Bekanntmachung des RegEintrags über die erfolgte Ausschließung ist diese Dritten gegenüber nur im Rahmen des § 15 Abs. 1 wirksam; vgl. Abs. 4 und unten Anm. 7. — Zeichnung der Gesellschaftsfirma durch den von der Vertretung Ausgeschlossenen ist ohne Sondervollmacht (vgl. oben Anm. 1 Abs. 3) regelmäßig Urkundenfälschung; RGSt. 33, 397. — Nicht „Vertretung" der o. HG., sondern Änderung des Gesellschaftsvertrages, die also der Mitwirkung auch aller von der Vertretung ausgeschlossenen Gesellschaften bedarf, ist die Aufnahme eines Kommanditisten, erst recht eines weiteren persönlich haftenden Gesellschafters (vgl. R. 23, 678). Hingegen unterfällt der Vertretungsmacht nach RG. neuerdings die Aufnahme eines stillen Gesellschafters; RGZ. 153, 371 gegen Gruch. 65, 484 u. JW. 21, 1239.

3. Besteht Gesamtvertretung, so gilt sie grundsätzlich für alle Geschäfte. Ausnahmen nur mittels Sondervollmachten möglich; darüber unten Anm. 4. Unzulässig dagegen ist eine Beschränkung der Gesamtvertretung auf einzelne Geschäfte oder Geschäftsarten; RJA. 12, 32. Üblicherweise wird im Gesellschaftsvertrage die Anordnung einer Gesamtvertretung durch die Bestimmung umschrieben, daß nur mehrere Gesellschafter gemeinsam „zeichnen" dürfen (vgl. RGZ. 24, 27). Zulässig ist die Regelung, daß einer oder mehrere Gesellschafter zur Alleinvertretung, andere nur zur Gesamtvertretung berechtigt sind oder auch — von zwei Gesellschaftern — der eine nur mit dem andern zusammen, der andere aber allein die Gesellschaftsfirma zeichnen; RGZ. 90, 21. Im übrigen vgl. über

allgemeine Regeln bei Gesamtvertretung (Art der Abgabe von Willenserklärungen durch die Gesamtvertreter, Zustellungen und Erklärungen gegenüber dem Vertretenen usw.) Anm. 6 Abs. 3—5 zu § 48, im übrigen unten Anm. 5 u. über sogen. unechte Gesamtvertretung unten Anm. 6.

4. Die Einzelermächtigung eines von mehreren Gesamtvertretern ist Handlungsvollmacht. Daraus folgt zugleich freie Widerruflichkeit der Ermächtigung (§ 168 S. 1 BGB. i. V. m. § 671 Abs. 1 BGB.; das der Ermächtigung zugrunde liegende Rechtsverhältnis ist nicht die Gesellschaftereigenschaft!). Die Ermächtigung kann bei nur zwei — gemeinsam vertretungsberechtigten — Gesellschaftern, z. B. für eine Prozeßführung, darin liegen, daß der eine von ihnen die o. HG., vertreten durch den andern Gesellschafter, verklagt, RGZ. 116, 116. — Generalhandlungsvollmacht für einen Gesellschafter setzt aber stets voraus, daß die erteilenden Gesellschafter ohne ihn selbst die o. HG. vertreten können.

5. Nur die sogen. aktive Vertretungsmacht ist bei der Gesamtvertretung vom Zusammenwirken mehrerer abhängig. Passive Vertretungsmacht hingegen hat jeder Gesamtvertreter allein. Ebenso ist bei Verschuldensfragen schon die Kenntnis eines Gesamtvertreters der o. HG. zuzurechnen. Vgl. dazu auch § 171 Abs. 3 ZPO. sowie RGZ. 53, 227; JW. 27, 1675; 28, 68.

6. Sog. „unechte Gesamtvertretung" (vgl. Anm. 6 Abs. 2 zu § 48) kann nur alternativ neben echter Gesamtvertretung begründet werden. Ist nur ein vertretungsberechtigter Gesellschafter (sei es auch eine juristische Person mit mehreren Vorstandsmitgliedern — OLG. 40, 187) oder sind neben alleinvertretungsberechtigten nur Gesellschafter ohne Vertretungsmacht vorhanden, so ist sie unmöglich; vgl. RJA. 12, 215; KGJ. 44, 126; JW. 39, 424.

Die „unechte" Gesamtvertretung ist Vertretung der o. HG. („... daß die Gesellschafter ... zur Vertretung der Gesellschaft ermächtigt sein sollen"!). Der Vollmachtsbereich entspricht daher nicht der Prokura, vielmehr § 126 (str.); vgl. RJA. 12, 33 u. RGZ. 134, 306; abw. D. 99 (92). Auch kann ein Gesellschafter nicht an das Zusammenwirken mit einem HBevollmächtigten gebunden werden (arg. § 126 Abs. 2); JW. 39 424. Möglich ist aber, daß die — auch bei „unechter" Gesamtvertretung zulässige — Einzelermächtigung (Abs. 2 S. 2) an Mitwirkung von HBevollmächtigten geknüpft wird; vgl. D. 92 (99), auch RJA. 17, 102. — Die „unechte" Gesamtvertretung läßt aber nicht zu (wie es in der Praxis zuweilen geschieht), daß die Gesellschaft von mehreren Prokuristen vertreten wird; das ist nur Ausübung einer Gesamtprokura, mag auch jeder der Prokuristen zusammen mit einem Gesellschafter die o. HG. i. S. der §§ 125, 126 vertreten können. Ein Gesamtprokurist kann daneben Generalvollmacht haben (vgl. OLG. 40, 183), jedoch nicht auf Grund einer Ermächtigung nach Abs. 2 S. 2; vgl. dazu JW. 00, 663; RJA. 12, 34, auch oben Anm. 4 a. E. — Über passive Vertretungsmacht gilt auch hier das oben Anm. 5 Gesagte.

7. Die Ausschließung oder Beschränkung (soweit durch Abs. 2 und 3 überhaupt zugelassen; vgl. § 126 Abs. 2!) der Vertretungsmacht eines Gesellschafters ist einzutragende Tatsache i. S. des § 15. Die Eintragung der Ausschließung oder Beschränkung schützt die Gesellschaft gegenüber nichtwissenden Dritten nicht bei schon vor Eintragung der o. HG. getätigten Geschäften; vgl. RGZ. 34, 56 (Beweislast der o. HG. für Kenntnis des Dritten). Aus dem Gesichtspunkt des Rechtsscheins (vgl. RGZ. 145, 155) haftet die o. HG. darüber hinaus — auch entgegen § 15 Abs. 2 — aus den Erklärungen eines Gesamtvertreters dann, wenn dieser derart mit alleinigem Tätigwerden fortgesetzt betraut ist, daß Dritte daraus eine Aufhebung der (eingetragenen) Gesamtvertretung schließen durften; RGZ. 5, 17; 34, 6; R. 23, 677.

Umfang der Vertretungsmacht

§ 126. Die Vertretungsmacht der Gesellschafter[1] erstreckt sich auf alle gerichtlichen und außergerichtlichen Geschäfte und Rechtshandlungen einschließlich der Veräußerung und Belastung von Grundstücken sowie der Erteilung und des Widerrufs einer Prokura[2].

Eine Beschränkung des Umfanges der Vertretungsmacht ist Dritten gegenüber unwirksam; dies gilt insbesondere von der Beschränkung, daß sich die Vertretung nur auf gewisse Geschäfte oder Arten von Geschäften erstrecken oder daß sie nur unter gewissen Umständen oder für eine gewisse Zeit oder an einzelnen Orten stattfinden soll[3].

In betreff der Beschränkung auf den Betrieb einer von mehreren Niederlassungen der Gesellschaft finden die Vorschriften des § 50 Abs. 3 entsprechende Anwendung[4].

1. Vertretungsmacht der Gesellschafter. Wer vertretungsberechtigt ist, bestimmt sich nach § 125, ergänzt durch den Vertrauensschutz gem. § 15 und die allgemeinen handelsrechtlichen Rechtsscheingrundsätze; vgl. Anm. 1 und 7 a. E. zu § 125. Soweit hiernach Vertretungsmacht besteht oder zugunsten Dritter als bestehend gilt, wirken die Erklärungen der Gesellschafter unmittelbar für und gegen die o. HG., wenn sie entweder ausdrücklich oder den Umständen nach im Namen der o. HG. abgegeben werden (§ 164 BGB.). Bei einem Vertrage muß letzteres auch zum Inhalt der Erklärung des andern Teils werden; ROHG. 16, 357. Daß ein Gesellschafter — mag er persönlich sonst Kaufmann sein oder nicht — im Namen der o. HG. handele, wird nicht (etwa aus § 344) vermutet; vgl. ROHG. 13, 287; 18, 226; RGZ. 119, 64; Warn. 14, 296. Handelt ein nicht vertretungsberechtigter Gesellschafter im Namen der o. HG. und widerruft der andere Vertragsteil nach § 178 BGB., so bedarf der Widerruf keiner Begründung, muß aber erkennen lassen, daß er wegen der mangelnden Vertretungsbefugnis des Gesellschafters erfolgt; RGZ. 102, 25. Handelt ein vertretungsberechtigter Gesellschafter nicht erkennbar im Namen der o. HG. (vgl. § 164 Abs. 2 BGB. und dazu ROHG. 22, 62; RGZ. 28, 118; LZ. 08, 318; SeuffA. 57, 416 u. 84, 185), so kann die o. HG. die Rechte aus solchen Geschäften nur durch Abtretung erwerben; JW. 12, 748. Wird beim Handeln eines Gesellschafters nur erkennbar, daß er für das von der o. HG. betriebene HGeschäft handeln will, so wird der andere Teil trotz Unklarheit darüber, daß nicht der Handelnde, sondern eine o. HG. Geschäftsinhaber ist, gebunden sein, falls er nicht beweist, daß er bei Kenntnis der wahren Geschäftsinhaberschaft das Geschäft nicht abgeschlossen hätte; vgl. RGZ. 30, 77, auch 67, 148 und § 119 BGB. Bei Schriftform genügt schon nach allgemeinen Grundsätzen (vgl. RGZ. 74, 69), daß von einem vertretungsberechtigten Gesellschafter die Firma der o. HG. ohne Beifügung des Namens des Handelnden gezeichnet wird. Dies ist auch handelsüblich, JW. 02, 637; § 108 Abs. 2 gilt nur für die Anmeldung zum HReg. Zulässig (und häufig!) ist es aber auch, daß der gedruckten oder gestempelten Firma die Namensunterschrift des vertretungsberechtigten Gesellschafters hinzugefügt wird; RGZ. 47, 167. — Bei Formalakten, insbesondere Wechselerklärungen, muß der Wille für die

o. HG. zu handeln in der Unterschrift selbst unzweideutig zum Ausdruck kommen, während sonst statt der Firmenzeichnung auch genügt, daß der Handelnde seinem „Namen" hinzufügt: „in Firma A. u. Co." (ROHG. 14, 201 i. Vergl. m. SeuffA. 57, 416) oder daß die Umstände in anderer Weise ein Handeln für die o. HG. erkennen lassen; vgl. ROHG. 22, 62; JW. 02, 637; 14, 932. Über die verschärften Schriftformerfordernisse bei Wechselzeichnungen vgl. auch (allgemein) Anm. 4 a. E. zu § 17. — Die (als von einem vertretungsberechtigten Gesellschafter herrührend beglaubigte) Firmenzeichnung (ohne Zusatz des Namens des handelnden Gesellschafters) genügt auch für Erklärungen im Grundbuchverkehr; KGJ. 31 A 211. Über Nachweis der Vertretungsmacht gegenüber dem Grundbuchamt vgl. § 9 Abs. 3 S. 2 und KGJ. 33 A 153.

2. Der Umfang der Vollmacht der vertretungsberechtigten Gesellschafter ist grundsätzlich (zwingend! vgl. Abs. 2) unumschränkt. Über die gesetzlich allein zulässige Beschränkung durch Anordnung einer Gesamtvertretung vgl. § 125 Abs. 2, 3 und Anm. 3, 5—7 zu § 125, ferner Abs. 3 und unten Anm. 4; über die aus dem dem Begriff der Gesellschaftsvertretung folgende Begrenzung der Vollmacht (Wahrung des bestehenden Gesellschaftsverhältnisses) vgl. Anm. 2 a. E. zu § 125. Sonstige sachliche Beschränkungen wohnen der Vertretungsmacht des Gesellschafters (im Gegensatz z. B. zur Prokura, § 49 Abs. 2) nicht inne. Sie umfaßt insbesondere auch Geschäfte, die nicht zum HGewerbe der o. HG. gehören, auch Schenkungen, RGZ. 26, 18; 32, 33; 125, 380, desgl. Unterlassungen, R. 20, 1356. Dies alles (nicht § 49) gilt ebenso bei sog. unechter Gesamtvertretung (§ 125 Abs. 3); vgl. Anm. 6 Abs. 2 zu § 125. — Allgemein geltende Grenzen der Vertretungsmacht bestehen jedoch auch hier: Ein vertretungsberechtigter Gesellschafter kann die übrigen nicht bei höchstpersönlichen Rechtshandlungen usw., z. B. nicht bei der Parteivernehmung im Zivilprozeß vertreten. (Vgl. indessen § 449 ZPO. i. V. m. § 455 Abs. 1 S. 2 ZPO.). Er kann ferner nur in Erfüllung einer Verbindlichkeit oder bei besonderer Gestattung mit sich selbst kontrahieren (§ 181 BGB.); über die Folgen eines Verstoßes vgl. RGZ. 51, 426; 56, 107; 67, 54; 68, 39; 89, 374 (schwebende Unwirksamkeit; kein Schutz Dritter). Niemals kann er die o. HG. vertreten, soweit er selbst Prozeßgegner ist; notfalls muß für den Prozeß gem. § 57 ZPO. ein Vertreter für die o. HG. bestellt werden; RGZ. 7, 404; 47, 18; OLG. 3, 81; vgl. aber auch RGZ. 116, 116 (zu § 150 Abs. 2 S. 1) und Anm. 4 zu § 150. Bei arglistigem Zusammenwirken eines Gesellschafters mit einem Dritten (Kollusion) zum Schaden der o. HG. wird diese nicht verpflichtet; ROHG. 7, 403; RGZ. 9, 148; JW. 04, 482. Mehr und mehr schützt die Rechtsprechung die o. HG. als Vertretene aber darüber hinaus bei bloßer Kenntnis des Dritten von einer mißbräuchlichen Überschreitung der internen Befugnisse des Gesellschafters; vgl. zu dieser Entwicklung ROHG. 9, 429; JW. 03 Beil. 74; RGZ. 57, 391; 58, 356; 134, 71, auch RGZ. 81, 95. Hiernach ist auch die Wirksamkeit von Geschäften zwischen einem Gesellschafter der o. HG. und dieser, vertreten durch einen anderen — seine Geschäftsführungsbefugnis überschreitenden — Gesellschafter zu beurteilen; vgl. dazu unten Anm. 3.

Bei Verschulden eines vertretungsberechtigten Gesellschafters besteht eine Haftung der o. HG. zunächst im Rahmen des § 278 BGB. Aber auch bei unerlaubten Handlungen gilt nicht § 831 BGB., sondern die Rechtsprechung läßt die o. HG. in rechtsähnlicher Anwendung des § 31 BGB. (vgl. § 125 Anm. 1 a. E.) ohne Entlastungsmöglichkeit haften. Dazu genügt auch bei Gesamtvertretung Verschulden eines einzigen vertretungsberechtigten Gesellschafters; vgl. Anm. 5 zu § 125 und RGZ. 78, 353. Zur Haftungsfrage bei der o. HG. überhaupt:

D. 93 und RGZ. 15, 125; 17, 93; 20, 190; 32, 32; 46, 18; 64, 81; 76, 48; Warn. 31, 210; HRR. 31, 1688.

3. Beschränkungen des Umfangs der Vertretungsmacht können als interne Bindung der Gesellschafter verabredet werden. Damit wird die Geschäftsführungsbefugnis eingeschränkt; vgl. §§ 116, 109 Abs. 2. Dritten gegenüber wirken solche Abmachungen aber nur, wenn sie die Vereinbarung einer Gesamtvertretung (§ 125 Abs. 2, 3) oder die Beschränkung auf eine Niederlassung mit besonderer Firma (Abs. 3 i. V. m. § 50 Abs. 3) enthalten. Andere Beschränkungen sind nicht eintragungsfähig. Die o. HG. ist gegen ihre Überschreitung geschützt, wenn diese einen nach außen in Erscheinung tretenden Mißbrauch der Vertretungsmacht darstellt (RGZ. 134, 71) oder gar in arglistigem Zusammenwirken mit Dritten erfolgt (RGZ. 57, 391); vgl. auch Anm. 2 Abs. 2 zu § 50 und oben Anm. 2. Entsprechendes gilt für den grundsätzlich ebenfalls nur im Innenverhältnis erheblichen Widerspruch eines anderen geschäftsführenden Gesellschafters nach § 115; anders, wenn er bei Vornahme des Geschäfts dem anwesenden Dritten gegenüber erfolgt (RGZ. 81, 95). — Daß die Gesellschafter der o. HG. als Dritte gegenübertreten können, ist an sich allgemein anerkannt; vgl. Anm. 1 zu § 124. Nach ROHG. 6, 140; RGZ. 7, 120; 81, 92 zählen sie auch zu den „Dritten" i. S. des § 126 Abs. 2 (?); häufig wird hier die o. HG. aber unter dem Gesichtspunkt des Vollmachtmißbrauchs geschützt sein; vgl. oben Anm. 2 Abs. 1 a.E.

Auch bei Anmeldungen zum HReg. ist die Vertretungsmacht von dem inneren Rechtsverhältnis der Gesellschafter unabhängig; HansRGZ. 30 B 534. Ist jedoch die — trotz Widerspruchs an sich wirksame — Prokuraerteilung (§ 116 Abs. 3) seitens eines Gesellschafters von einem andern vertretungsberechtigten Gesellschafter widerrufen und dies eingetragen worden, so wird eine erneute Bestellung durch den ersteren Gesellschafter nicht eingetragen (str.); JFG. 5, 244.

4. Außer der Anordnung einer Gesamtvertretung ist nur eine örtliche Beschränkung der Vertretungsmacht der Gesellschafter möglich, nämlich auf den Betrieb von Haupt- oder Zweigniederlassung, jedoch auch nur bei Firmenverschiedenheit; vgl. dazu Anm. 7 zu § 13 und Anm. 3 zu § 50. Über die Eintragung vgl. hier §§ 125 Abs. 7, 15 Abs. 3.

Entziehung der Vertretungsmacht[1]

§ 127. Die Vertretungsmacht[2] kann einem Gesellschafter auf Antrag der übrigen Gesellschafter durch gerichtliche Entscheidung entzogen werden[3], wenn ein wichtiger Grund vorliegt[4]; ein solcher Grund ist insbesondere grobe Pflichtverletzung oder Unfähigkeit zur ordnungsmäßigen Vertretung der Gesellschaft.

1. Die entsprechende Vorschrift für die Geschäftsführung ist § 117. Vgl. dazu auch unten Anm. 3 Abs. 2.

2. Vertretungsmacht ist hier nicht die Einzelermächtigung gem. § 125 Abs. 2 S. 2; vgl. Anm. 4 zu § 125.

3. Für Antragsbefugnis, Form usw. gilt dasselbe wie bei Entziehung der Geschäftsführung; vgl. Anm. 1 zu § 117.

Die Entziehung der Vertretungsmacht kann unter Belassung der Geschäftsführung erfolgen und umgekehrt (anders § 715 BGB.); vgl. D. 93 u. Anm. 1 zu § 117.

Die Entziehung wird nicht dadurch gehindert, daß nur ein einziger Gesellschafter vertretungsberechtigt ist; RGZ. 74, 299.

Die erfolgte Entziehung ist „einzutragende Tatsache", § 125 Abs. 4; vgl. dazu § 16. Über Wirksamwerden der Entziehung durch einstw. Verfügung RJA. 9, 249.

4. Vgl. dazu Anm. 4 zu § 70. Es ist bei Beurteilung der Zumutbarkeit der besondere Charakter des Gesellschaftsverhältnisses zu würdigen. S. auch Anm. 3 u. 4 zu § 117.

Persönliche Haftung der Gesellschafter

§ 128[1a]. Die Gesellschafter[1] haften[2] für die Verbindlichkeiten der Gesellschaft[3] den Gläubigern[4] als Gesamtschuldner persönlich[5]. Eine entgegenstehende Vereinbarung ist Dritten gegenüber unwirksam[6].

1a. Zu § 128 s. Art. 7 Nr. 12 der 4. EinfV. betr. Österreich und Art. 7 Nr. 12 der 3. EinfV. betr. Sudetenland (Anh. XIII, XIV).

1. Gesellschafter i. S. des § 128 ist, wer der o. HG. zur Zeit der Entstehung der Gesellschaftsschuld angehört. Gleichsteht, wer sich als Nichtgesellschafter wegen seines Auftretens im Rechtsverkehr wie ein o. H.-Gesellschafter behandeln lassen muß; vgl. Anm. 2 Abs. 2 zu § 123, auch SeuffA. 82, 250. Als Schuldentstehung genügt die Begründung eines Rechtsverhältnisses, aus dem sich die Verbindlichkeit ohne weitere rechtsgeschäftliche Akte ergibt (vgl. LZ. 12, 549); daher sind die späteren Mietschulden der o. HG. schon mit dem Abschluß des Mietvertrages entstanden, nicht dagegen eine auf vorzeitiger Kündigung beruhende Schadensersatzpflicht, RGZ. 140, 10; ebenso entstehen die Verbindlichkeiten aus einer Vertragsverlängerung nicht schon mit Abschluß des Grundvertrages, RGZ. 86, 60; HRR. 30, 36; über Kontokorrentschulden vgl. RGZ. 76, 333, über Forderung und Schuld aus beiderseits noch nicht erfülltem Kauf RGZ. 83, 107. — Die Haftung für vor dem Eintritt eines Gesellschafters entstandene Verbindlichkeiten bestimmt sich nach § 130. — Über Fortdauer der Haftung nach Ausscheiden des Gesellschafters, jedoch nur als echte Gesamtschuld neben der Verbindlichkeit der o. HG. (JW. 28, 2612), vgl. § 159 und Anm. 2 dazu. — Wegen der Wirksamkeit der Gesellschaftszugehörigkeit vgl. §§ 106 Abs. 2 Nr. 1, 107, 143 Abs. 2 i. V. m. § 15.

2. Haftung der Gesellschafter bedeutet grundsätzlich, daß diese dasselbe wie die o. HG. schulden. Vgl. dazu RGZ. 32, 44; JW. 98, 4; Gruch. 38, 1194 (gleicher Erfüllungsort), ferner Gruch. 34, 1215 und 1220 (Wechselprozeß gegen die Gesellschafter auf Grund eines nicht von ihnen persönlich gezeichneten Wechsels der o. HG.), auch HansRGZ. 28 B 453 (Wirkung der von der o. HG. eingegangenen Schiedsklausel gegen die Gesellschafter). Wegen der damit zusammenhängenden prozeßrechtlichen Stellung der Gesellschafter vgl. Anm. 1 zu § 129. Die Haftung schließt aber nicht aus, daß die Gesellschaftsschuld in manchen Fällen anders zu beurteilen ist als eine sonstige den Gesellschafter persönlich treffende Verbindlichkeit. Z. B. sind Masseschulden aus dem o. HG.-Konkurs nicht notwendig auch im Konkurse der Gesellschafter Masseschulden, RGZ. 135, 62; HRR. 33, 27. (Hingegen genießen nach HRR. 33, 215 die gem. § 61 Nr. 1 KO. bevorrechtigten Lohnforderungen gegen die o. HG. dasselbe Vorrecht auch im Privatkonkurs der Gesellschafter.) Die Natur der Gesellschaftsverbindlichkeiten kann auch die Annahme begründen, daß sie für die Gesellschafter überhaupt nicht als eigene, sie auch außerhalb ihrer Gesellschaftszugehörigkeit treffende Verpflichtungen gelten; dies ist u. U. bei Abnahme- oder Bezugspflichten (JW. 00, 254; 02, 78),

ferner bei Unterlassungspflichten, insbesondere wettbewerblicher Art (RGZ. 136, 266; MSchR. 05, 51, vgl. aber auch R. 20, 1356) der Fall, nicht aber bei Herausgabeverpflichtungen z. B. der Rückgabepflicht hinsichtlich auf Stückekonto gegebener Wertpapiere (vgl. RGZ. 125, 417; Haftung auf das Interesse). Aus der zivilrechtlichen Haftung läßt sich keine strafrechtliche Verantwortlichkeit eines Gesellschafters, der eine namens der o. HG. erfolgte Handlung oder Unterlassung nicht selbst bewirkt hat, herleiten; JW. 26, 2228. Über Haftung für gegen die o. HG. festgesetzte Anliegerbeiträge DJZ. 32, 1427.

3. Gesellschaftsschulden sind alle Verbindlichkeiten rechtsgeschäftlicher und sonstiger Art, für welche das Gesellschaftsvermögen haftet; vgl. § 126 und Anm. 2 a. E. dazu. Daher auch Verbindlichkeiten, die nach Auflösung, aber vor Vollbeendigung der o. HG. entstehen; vgl. § 156 und Anm. 3 dazu. — Verbindlichkeiten, die von Scheingesellschaften eingegangen werden, stehen i. S. des § 128 den Gesellschaftsschulden einer wirksamen o. HG. gleich; vgl. auch oben Anm. 1 und § 123 Anm. 2 Abs. 2.

4. Gläubiger i. S. des § 128 kann auch ein Gesellschafter der o. HG. sein, soweit seine Forderungen nicht auf dem Gesellschaftsverhältnis beruhen. Vgl. dazu RGZ. 59, 143; JW. 37, 1986; sogenannten Gesellschaftergläubigern solcher „gesellschaftsfremder" Forderungen gegenüber können die Mitgesellschafter jedoch Einwendungen aus dem Innenverhältnis, insbes. die eigene Beteiligung des Gläubigers an der Haftung (vgl. unten Anm. 5) geltend machen, RGZ. 36, 62; 85, 160; JW. 37, 1986; vgl. auch Warn. 35, 109. (Abw. RGZ. 77, 103.)

5. Die Gesellschafter haften neben der o. HG. als Gesamtschuldner.

Es gelten die Grundsätze der §§ 421—425 BGB., während § 426 BGB. durch die §§ 707, 735, 738, 739 BGB. (Auseinandersetzung erst nach Auflösung der o. HG. oder Ausscheiden eines Gesellschafters) ersetzt wird (vgl. § 105 Abs. 2 und dazu RGZ. 80, 268 sowie D. 94). Daraus folgt: Bis zur vollständigen Befriedigung kann sich der Gesellschaftsgläubiger nach seiner Wahl an die o. HG. oder an jeden ihrer Gesellschafter halten (§ 421 BGB.). Eine Ausnahme hiervon gilt nur für den Fall, daß über Gesellschafts- und Privatvermögen das Konkurs- oder Vergleichsverfahren eröffnet wird (abw. von Art. 122 ADHGB.; vgl. über Stellung der Gesellschafter im Konkurse der o. HG. auch HRR. 31, 1147, im Vergleichsverfahren der o. HG. HRR. 33, 694); dann kann gegenüber den Gesellschaftern nur der in dem die o. HG. betreffenden Verfahren erlittene Ausfall geltend gemacht werden. Vgl. § 212 KO., § 110 Abs. 2 VerglO. Hinsichtlich der vorher ausgeschiedenen Gesellschafter gilt dies aber nur, wenn bei der o. HG. der Konkurs stattfindet und durchgeführt wird (vgl. RGZ. 35, 10; JW. 02, 186; 03, 270); durch einen Vergleich im Vergleichsverfahren der o. HG., wie auch durch einen Zwangsvergleich im Konkursverfahren der o. HG. wird ihre Haftung im Gegensatz zu derjenigen der in der o. HG. verbliebenen Gesellschafter (§ 89 VerglO. und § 211 Abs. 2 KO., vgl. dazu JW. 36, 1548[24]) nicht beschränkt; vgl. §§ 109 Nr. 4, 82 Abs. 2 S. 1 VerglO., § 193 S. 2 KO. und dazu RGZ. 29, 39; 56, 366; 142, 206: auch R. 28, 562 (noch zur V. über die Geschäftsaufsicht) v. 14. 12. 16. Die verbliebenen Gesellschafter trifft insoweit auch keine Ausgleichspflicht gegenüber den Ausgeschiedenen, RGZ. 142, 206. Mit Rücksicht u. a. darauf, daß sich die Haftung der in der o. HG. verbliebenen Gesellschafter als solcher durch einen Vergleich oder Zwangsvergleich beschränkt, hat die Bürgschaft eines Gesellschafters für Gesellschaftsschulden einen zusätzlichen Inhalt (vgl. § 193 S. 2 KO.) und wird daher als möglich anerkannt; RGZ. 139, 252; JW. 27, 812. Vgl. auch Anm. 1 zu § 159. — Erfüllung, Leistung an Erfüllungs Statt, Hinterlegung' und Aufrechnung, sowie Gläubigerverzug wirken zugunsten aller Gesamtschuldner (§§ 422 Abs. 1, 424 BGB.). Kein Gesellschafter kann Privatgläubigern gegenüber mit einer Forderung der o. HG. (dazu RGZ. 10, 47 und OLG. 6, 25, auch D. 90, 91) — es sei denn, daß sie ihm abgetreten oder im Liquidationswege überwiesen wäre, LZ. 07, 427 — oder eines Mitgesellschafters aufrechnen (§ 422 Abs. 2 BGB., vgl. aber § 129 Abs. 3 und Anm. 2 zu § 129, sowie D. 95); ebensowenig die o. HG. mit der Privatforderung eines Gesellschafters (dazu RGZ. 31, 81), wohl jedoch der Privatschuldner eines Gesellschafters diesem gegenüber mit einer Forderung gegen die o. HG. (RGZ. 41, 27). Über Aufrechnung im Konkurs §§ 53ff. KO. und dazu RGZ. 41, 27; 56, 362. — Erlaß gegenüber einem Gesellschafter wirkt zugunsten der andern Gesellschafter (und der o. HG.) nur ausnahmsweise, vgl. § 423 BGB. In der Entgegennahme der Austrittserklärung eines Gesellschafters durch den Gesellschaftsgläubiger liegt i. Zw. noch kein Erlaß der Haftung des Ausscheidenden, OLG. 44, 197. Vgl. dazu auch HansRZ. 25, 816. — Andere Tatsachen als die Erfüllung (nebst Surrogaten), der Gläubigerverzug und der Erlaß wirken nur, wenn sie entweder von der o. HG. selbst oder gegen sie geltend gemacht werden können oder in der Person des in Anspruch genommenen Gesellschafters eintreten, § 425 BGB. und § 129; vgl. dazu (wegen der Voraussetzungen des § 326 BGB.) insbes. RGZ. 65, 26. — Aus § 139 BGB. ergibt sich, daß ein nach §§ 104, 105 BGB. gegenüber einem Gesamtschuldner nichtiges Geschäft i. Zw. auch gegenüber den andern Gesamtschuldnern nichtig ist, RGZ. 99, 52. Bei Pfändung und Überweisung einer gegen die o. HG. gerichteten Forderung gehen die Forderungen gegen die Gesellschafter mit über; R. 38, 1045.

6. Vgl. dazu einerseits § 130 Abs. 2, anderseits § 28 Abs. 2. — Eine entgegenstehende Vereinbarung (der Gesellschafter!) ist selbst bei Kenntnis Dritter ohne Bedeutung. Über Fälle, in denen sich die Wirkung von Rechtsgeschäften der o. HG. im Einzelfall auf das Gesellschaftsvermögen beschränkt, s. oben Anm. 2. Vgl. auch HRR. 31, 1147.

Einwendungen der Gesellschafter

§ 129. Wird ein Gesellschafter wegen einer Verbindlichkeit der Gesellschaft in Anspruch genommen, so kann er Einwendungen, die nicht in seiner Person begründet sind, nur insoweit geltend machen, als sie von der Gesellschaft erhoben werden können[1].

Der Gesellschafter kann die Befriedigung des Gläubigers verweigern, solange der Gesellschaft das Recht zusteht, das ihrer Verbindlichkeit zugrunde liegende Rechtsgeschäft anzufechten[2].

Die gleiche Befugnis hat der Gesellschafter, solange sich der Gläubiger durch Aufrechnung gegen eine fällige Forderung der Gesellschaft befriedigen kann[2].

Aus einem gegen die Gesellschaft gerichteten vollstreckbaren Schuldtitel findet die Zwangsvollstreckung gegen die Gesellschafter nicht statt[3].

1. Vgl. die Anm. zu § 128, insbes. Anm. 5. — Durch § 129 wird die Haftung der Gesellschafter für die Schulden der o. HG. der Haftung eines selbstschuldnerischen Bürgen angenähert; s. darüber besonders unten Anm. 2.

Unbeschränkt kann jeder Gesellschafter diejenigen Einwendungen geltend machen, welche in seinem persönlichen Verhältnis zum Gesellschaftsgläubiger begründet sind (auch wenn sie den übrigen Gesamtschuldnern nicht zustehen, vgl. § 425 BGB.). Soweit dies Tatsachen sind, welche zugunsten aller Gesamtschuldner wirken, fallen sie allerdings gleichzeitig unter die Einwendungen, die „von der Gesellschaft erhoben werden können".

Über Einwendungen, die von der Gesellschaft erhoben werden können, kann gegenüber der o. HG. und ihren Gesellschaftern kein unterschiedliches Urteil ergehen. Soweit es sich darum handelt, ob überhaupt eine Gesellschaftsschuld besteht, schafft daher ein gegen die o. HG. ergangenes Urteil Rechtskraft gegenüber den Gesellschaftern, und die Gesellschafter sind, wenn sie — nach Belieben des Gläubigers, RGZ. 46, 42 — zusammen mit der o. HG. verklagt sind, deren notwendige Streitgenossen, soweit sie sich nicht anders als die o. HG. verteidigen. RGZ. 34, 365; 49, 343; 123, 154; JW. 98, 113; 02, 443; 03, 21; 12, 147; 25, 756; 29, 1359; HansGZ. 26 Hbl. 116. Ob der Gesellschafter während des Prozesses ausgeschieden ist, macht keinen Unterschied, RGZ. 102, 301. Entsprechend sind auch die früheren Gesellschafter einer o. HG., soweit sie keine persönlichen Einwendungen erheben, notwendige Streitgenossen, LZ. 08, 61. Wird die o. HG. vor Erlaß des Urteils im Gesellschaftsprozeß aufgelöst, so tritt gleichwohl Rechtskraft des Urteils gegen die Gesellschafter ein, RGZ. 124, 146, vgl. auch R. 29, 1023. — Der während des Gesellschaftsprozesses persönlich verklagte Gesellschafter soll nach RGZ. 49, 343 und JW. 01, 366 die Einrede der Rechtshängigkeit haben (str.). Vgl. im übrigen wegen der Wirkung des gegen die o. HG. ergehenden Urteils unten Anm. 3. — Diese Grundsätze gelten nur, wenn ein Geschäft der o. HG. Verpflichtungsgrund ist, vgl. RGZ. 91, 413 (betr. einen Vertrag über den Eintritt eines Dritten in die o. HG., aus dem nur die Gesellschafter persönlich haften). Anders auch, wenn ausnahmsweise wegen der besonderen Natur der Verbindlichkeit (vgl. Anm. 2 zu § 128) eine verschiedene Beurteilung gegenüber der o. HG. und ihren Gesellschaftern denkbar ist; RGZ. 136, 266. — Außer durch Urteil wird das Bestehen einer Gesellschaftsschuld auch durch widerspruchslos erfolgte Feststellung zur Konkurstabelle (§ 144 Abs. 1 KO.) der o. HG. (vgl. RGZ. 36, 61; 70, 323; 74, 63, auch SeuffA. 85, 92 [Streitwert eines Anspruchs gegen die o. HG.-Konkursmasse und Rechtskraftwirkung gegen die Gesellschafter]), sowie im Wege eines Vergleichs oder Anerkenntnisses seitens der o. HG. (dazu HRR. 31, 1147) mit Wirkung gegen die Gesellschafter festgestellt.

2. Das Gesetz (Abs. 2 und 3) gibt dem Gesellschafter — ähnlich wie § 770 BGB. dem Bürgen — wegen Fehlens eigener Verfügungsmacht über ein Anfechtungsrecht oder eine Gegenforderung der o. HG. die aufschiebenden Einreden der Anfechtbarkeit und Aufrechenbarkeit; vgl. D. 95. Hat die o. HG. bereits angefochten oder aufgerechnet, so unterfällt der Einwand Abs. 1 (wird also, falls vor Schluß der letzten mündlichen Verhandlung entstanden, von der Rechtskraftwirkung des im Gesellschaftsprozeß ergehenden Urteils umfaßt).

Das Anfechtungsrecht der o. HG., das die Einrede begründen soll, muß das der Forderung des Gläubigers zugrunde liegende Verpflichtungsgeschäft der o. HG. beseitigen können, also den Voraussetzungen der §§ 119ff., 123f., 144 BGB. genügen.

Die Einrede der Aufrechenbarkeit setzt voraus, daß dem Gläubiger die Aufrechnung gegenüber der Gegenforderung der o. HG. möglich wäre (str.). Forderung und Gegenforderung müssen also den Erfordernissen der §§ 387 ff. BGB. entsprechen und die Gegenforderung der o. HG. darf nicht aus vorsätzlich begangener unerlaubter Handlung entstanden und muß pfändbar sein (§§ 393,

394 BGB.). Der Fälligkeit der Gegenforderung steht es dementsprechend auch nicht gleich, daß der Gläubiger nach § 54 Abs. 1 KO. im Konkurs der o. HG. trotz späterer Fälligkeit der Gegenforderung aufrechnen könnte; sonst aber muß die Einrede auch durch das Vorliegen der Aufrechnungserleichterungen des § 54 KO. begründet werden.

3. Das gegen die o. HG. ergangene Urteil berechtigt nur zur Vollstreckung in das Gesellschaftsvermögen; es ist hierzu — anders als bei der bürgerlichen Gesellschaft, bei der (§ 736 ZPO.) ein Urteil gegen sämtliche Gesellschafter genügt — auch erforderlich (§ 124 Abs. 2), vgl. dazu Anm. 3 zu § 124. Um in Privatvermögen der Gesellschafter vollstrecken zu können, muß der Gläubiger Urteile gegen die Gesellschafter persönlich erwirken, und zwar grundsätzlich auch dann, wenn die o. HG. aufgelöst ist, LZ. 08, 931. Für den Prozeß gegen die Gesellschafter zeitigt aber das Urteil gegen die o. HG. Rechtskraftwirkungen; vgl. oben Anm. 1. Außer den davon nicht betroffenen persönlichen Einwendungen stehen den Gesellschaftern noch diejenigen zu, welche die o. HG. der Vollstreckung des Urteils — im Wege der Vollstreckungsgegenklage — entgegensetzen könnte (vgl. § 767 ZPO.), RGZ. 124, 146; JW. 26, 2075. Wird die o. HG. aber vor Erlaß des Urteils im Gesellschaftsprozeß aufgelöst und treten damit sämtliche Gesellschafter persönlich als Partei an die Stelle der o. HG. (vgl. Anm. 2 zu § 124), so entscheidet das Urteil zugleich über die persönlichen Einwendungen und ermöglicht die Vollstreckung in das ungeteilte Gesellschaftsvermögen (Anm. 3 a. E. zu § 124) und in das Privatvermögen der Gesellschafter (RGZ. 64, 80) — sei es, daß das Urteil in seinem Eingang von vornherein gegen die Gesellschafter lautet (so von Amts wegen zu verfahren, wenn dem Gericht die Auflösung der o. HG. bekannt wird, HRR. 29, 1668), sei es, daß es gemäß §§ 727 ff. ZPO. gegen die Gesellschafter umgeschrieben wird, vgl. RGZ. 124, 146.

Haftung des eintretenden Gesellschafters

§ 130. Wer in eine bestehende Gesellschaft eintritt[1], haftet gleich den anderen Gesellschaftern nach Maßgabe der §§ 128, 129 für die vor seinem Eintritte begründeten Verbindlichkeiten der Gesellschaft[2], ohne Unterschied, ob die Firma eine Änderung erleidet oder nicht[3].

Eine entgegenstehende Vereinbarung ist Dritten gegenüber unwirksam[4].

1. Durch Eintritt eines persönlich haftenden Gesellschafters in eine schon bestehende o. HG. (umsatzsteuerpflichtig! JW. 38, 3319[35] [RFH.]) tritt mit Rücksicht auf die dem Wesen einer juristischen Person angenäherte Selbständigkeit des Gesellschaftsvermögens (vgl. Anm. 1 a. E. zu § 105 und Anm. 1 zu § 124) hinsichtlich der Schuldenhaftung dieselbe Wirkung ein, wie wenn der Eintretende der o. HG. schon zu Beginn ihres Wirksamwerdens angehört hätte. Vgl. auch Anm. 1 zu § 128. Über Eintritt eines Kommanditisten: § 173. — Da eine Haftung der Gesellschafter nach §§ 128, 129 erst mit dem Zeitpunkt eintritt, in welchem die o. HG. nach § 123 wirksam geworden ist, so fällt ein Eintritt vor Eintragung der o. HG. ins HReg. oder vor Beginn ihrer Geschäfte (Anm. 1 und 2 zu § 123) nicht unter § 130. — Ebenso darf die o. HG. nicht erst durch den Beitritt des neuen Gesellschafters entstehen; diesen Fall regelt § 28. Erst recht nicht fällt die Übernahme eines Handelsgeschäfts durch die o. HG. unter Ausscheiden des bisherigen Geschäftsinhabers (§ 25) unter § 130 (vgl. RGZ. 31, 140). Hingegen macht

es keinen Unterschied für die Haftung gem. § 130, ob der Eintretende ein von ihm bis dahin betriebenes Handelsgeschäft in die o. HG. einbringt (die dann ihrerseits im Rahmen des § 25 für seine alten Geschäftsschulden haftet). § 130 wird ferner nicht dadurch ausgeschlossen, daß mit dem Eintritt eines Gesellschafters das Ausscheiden eines andern verbunden wird (Gesellschafterwechsel), ROHG. 14, 151; JW. 99, 675; 22, 630; OLG. 19, 311. Es kann dann aber auch ausdrücklich oder nach den Umständen eine Auflösung der alten und Errichtung einer neuen Gesellschaft vereinbart sein, wobei § 130 ausscheidet. Dies wird regelmäßig anzunehmen sein, wenn sämtliche Gesellschafter ausscheiden und dafür neue „eintreten", vgl. JW. 35, 2444; umgekehrt, wenn der einzige Kommanditist einer KG. zum persönlich haftenden Gesellschafter wird oder ein Geschäftsfreund sich an einer sonst in der Führung usw. gleichbleibenden o. HG. als Kommanditist beteiligt, vgl. SeuffA. 80, 184.

Sind die sonstigen Voraussetzungen des § 130 gegeben, so genügt der vollzogene Eintritt des neuen Gesellschafters; nicht erforderlich ist, daß dieser eingetragen oder sonst erkennbar gemacht wird, ROHG. 17, 354. Der Eintritt ist eine Abänderung des ursprünglichen Gesellschaftsvertrages und daher erst mit deren Zustandekommen wirksam i. S. des § 130; vgl. RGZ. 128, 172 (Zeitpunkt der letzten Zustimmungserklärung entscheidend; keine Rückwirkung im Außenverhältnis möglich!). Wird der Beitrittsvertrag wirksam angefochten oder war er von vornherein nichtig, so entfallen auch die Rechtsfolgen des § 130 mit rückwirkender Kraft (§ 142 Abs. 1 BGB.); dies gilt aber nicht, wenn der Beitritt schon eingetragen oder handelsüblich bekanntgemacht war, vgl. dazu Anm. 5 a. E. zu § 25 und Anm. 1 Abs. 8 zu § 105.

2. Die Haftung des eintretenden Gesellschafters ist dieselbe wie die der schon vorhandenen Gesellschafter; vgl. die Anm. zu §§ 128 u. 129. Sie tritt ein, auch wenn dem neuen Gesellschafter die Verbindlichkeiten unbekannt waren, RGZ. 66, 323; HansRZ. 21, 358.

3. Vgl. auch § 28. Anders der Grundsatz des § 25. — Die Änderung der Firma kann aber Indiz dafür sein, daß bei Gesellschafterwechsel kein Eintritt in die alte Gesellschaft, sondern deren Auflösung und Neugründung gewollt war.

4. Vgl. § 128 S. 2 und Anm. 6 zu § 128. — Abw. §§ 25, 28.

Vierter Titel

Auflösung der Gesellschaft und Ausscheiden von Gesellschaftern

Auflösungsgründe

§ 131[1a]. Die offene Handelsgesellschaft wird aufgelöst[1]:

1. durch den Ablauf der Zeit, für welche sie eingegangen ist[2];

2. durch Beschluß der Gesellschafter[3];

3. durch die Eröffnung des Konkurses über das Vermögen der Gesellschaft[4];

4. durch den Tod eines Gesellschafters, sofern nicht aus dem Gesellschaftsvertrage sich ein anderes ergibt[5];

5. durch die Eröffnung des Konkurses über das Vermögen eines Gesellschafters[6];

6. durch Kündigung[7] und durch gerichtliche Entscheidung[8].

1a. Zu § 131 Nr. 5 s. Art. 7 Nr. 13 der 4. EinfV. betr. Österreich und Art. 7 Nr. 13 der 3. EinfV. betr. Sudetenland (Anh. XIII, XIV).

1. Auflösung der o. HG. bedeutet nicht das Aufhören des Gesellschaftsverhältnisses, sondern nur den Eintritt eines Auseinandersetzungszustandes, der erst die Vollbeendigung der Gesellschaft (Vermögensverteilung nach Schuldentilgung) herbeiführen soll; vgl. §§ 145, 155 und RGZ. 16, 2; 28, 132; 32, 256; 34, 362; 54, 281; 59, 255; 72, 120; 87, 411; JW. 26, 1432; R. 28, 1862; HRR. 31, 1689. Mit der Auflösung erlöschen die Vertretungsbefugnisse der Gesellschafter als solcher (§§ 146, 149); vgl. Anm. 1 Abs. 1 zu § 125. Da die Gesellschaft aber bis zur Beendigung der Auseinandersetzung noch besteht, kann sie grundsätzlich (s. aber unten Anm. 4) jederzeit durch Vereinbarung ihrer Gesellschafter als eine mit Gewinnabsicht weiterarbeitende („werbende") o. HG. (unter Abbruch der Liquidation und Haftung für die vorhandenen Schulden) fortgesetzt werden, RGZ. 28, 132; 106, 66, auch JW. 36, 2931; vgl. dazu Anm. 2 a. E. zu § 106 und RJA. 3, 183 (Eintragungspflicht). Die Fälle der §§ 134, 144 sind lediglich vom Gesetz hervorgehobene Beispiele. — Mit der Auflösung der Gesellschaft kann freilich auch eine Übertragung des Gesellschaftsvermögens auf einen Gesellschafter oder einen Dritten verbunden sein, welche die Liquidation ausschließt und dann die o. HG. sofort nach Auflösung beendet; vgl. HRR. 31, 1689. Von einem solchen Übertragungsvertrag kann dann nicht mit der Wirkung zurückgetreten werden, daß das alte Gesellschaftsverhältnis wieder auflebt, JW. 29, 2147. Vgl. aber auch JW. 36, 1953. — Die zum Gesellschaftsvermögen gehörigen Rechte und die bei Auflösung schwebenden Geschäfte bleiben in Kraft; vgl. Anm. 2 u. 4 zu § 149. Ist jedoch die o. HG. Mitglied einer eingetragenen Genossenschaft, so scheidet sie aus dieser schon mit der Auflösung aus; § 77 GenG. und JW. 26, 2933. Auch ist u. U. schon die Auflösung Kündigungsgrund für einen Verpächter gegenüber der o. HG., RGZ. 123, 151. Normalerweise ist ferner anzunehmen, daß schon mit der Auflösung die Beschränkungen der Gesellschafter hinsichtlich anderweitiger gewerblicher Tätigkeit wegfallen, JW. 38, 3180. Auch die nur zur Benutzung eingebrachten Gegenstände kann der Gesellschafter schon vor vollzogener Auseinandersetzung herausverlangen, JW. 37, 3155.

Von der Auflösung der Gesellschaft ist eine Verringerung ihres Betriebsumfangs (vgl. § 4) zu unterscheiden, durch die sie Firma und o. HG.-Eigenschaft verliert und zu einer Gesellschaft bürgerl. Rechts wird; vgl. JW. 36, 1686[22].

Die Aufzählung der Auflösungsgründe in § 131 ist grundsätzlich erschöpfend (str.), namentlich sind Unmöglichwerden des Gesellschaftszweckes (§ 726 BGB.) und Eintritt der Geschäftsunfähigkeit eines Gesellschafters nicht Auflösungsgründe, sondern nur Grund zur Klage aus §§ 133, 140; vgl. Anm. 7 zu § 133. Einen besonderen Auflösungsgrund hat jedoch das Ges. über die Auflösung und Löschung von Gesellschaften und Genossenschaften v. 9. 10. 34 (RGBl. I 914 — s. Anh. VI) geschaffen: Konkursablehnung mangels Masse.

2. Bei Auflösung durch Zeitablauf braucht die Zeit nicht notwendig nach dem Kalender, kann vielmehr auch nach anderen Ereignissen, namentlich dem Gesellschaftszweck, und besonders in diesem Falle sogar stillschweigend bestimmt sein; vgl. JW. 06, 741; 13, 29; LZ. 11, 298, auch SeuffA. 85, 358. — Bei Bestimmung der Gesellschaftsdauer nach der Lebenszeit eines Gesellschafters, ferner bei unbestimmter Zeitdauer und bei Fortsetzung nach Ablauf einer für die Dauer bestimmten Zeit findet § 132 (Kündigung mit Sechsmonatsfrist zum Geschäftsjahrsschluß) Anwendung; vgl. §§ 132, 134. — U. U. kann die Festsetzung einer nach den Ver-

hältnissen übermäßigen Zeitdauer sittenwidrig (Knebelung!) und nach § 138 BGB. nichtig sein; vgl. für diesen Fall auch § 139 BGB.

3. Der Auflösungsbeschluß muß den Bestimmungen des § 119 entsprechen. Mehrheitsbeschluß wird nur dann genügen, wenn er auch gerade für diesen Fall im Gesellschaftsvertrage vorgesehen ist; vgl. RGZ. 114, 393 und Anm. 5 zu § 119. — Ein (stillschweigender) Auflösungsbeschluß (vgl. HRR. 36, 611) liegt nicht notwendig in der Geschäftsveräußerung ohne Firma (dazu RGZ. 85, 399 u. JW. 06, 478). Vgl. ferner OLG. 43, 289; R. 26, 467 und die Fälle des Gesellschafterwechsels (Anm. 1 zu § 130), dazu SeuffA. 80, 184. Auch zeitweilige Einstellung des Gewerbebetriebs bedeutet noch keine Auflösung, RGZ. 110, 424.

4. Konkurseröffnung über das Gesellschaftsvermögen ist nur dann Auflösungsgrund, wenn die Gesellschaft nicht schon vorher aufgelöst worden ist (was auch bei den Gründen aus Nr. 4 und 5 gilt!); vgl. § 209 Abs. 2 i. V. m. § 207 Abs. 2 KO. Bei Konkurseröffnung gelten aber nicht §§ 145 ff., sondern die Vorschriften der KO., auch wenn die Liquidation schon begonnen hatte; § 145 Abs. 1. Konkursgrund ist bei der o. HG. — anders als bei juristischen Personen — nur Zahlungsunfähigkeit (§ 209 Abs. 1 KO.). Bei Auflösung der o. HG. durch Konkurseröffnung (oder bei Eröffnung des Konkurses über eine Liquidationsgesellschaft) ist die Fortsetzung der o. HG. (vgl. oben Anm. 1 Abs. 1) erst nach der Beendigung des Konkursverfahrens möglich, vgl. § 144. Über die Wirkungen einer stillschweigenden Stundungsabrede auf den gegen eine o. HG. gestellten Konkursantrag: LZ. 33, 1246. Vgl. im übrigen auch die Anm. zu § 32. — Durch Eröffnung des Vergleichsverfahrens über ihr Vermögen wird die o. HG. nicht aufgelöst; über eine Liquidationsgesellschaft kann anderseits kein Vergleichsverfahren eröffnet werden; § 109 VerglO.

5. Bei Tod eines Gesellschafters kann im Gesellschaftsvertrage die Fortsetzung der Gesellschaft nur unter den übrigen Gesellschaftern (§ 138) oder mit den Erben des verstorbenen Gesellschafters (§ 139) vorgesehen sein. Ist nichts vorgesehen, so gehört wie im Falle des § 138 lediglich der Auseinandersetzungsanspruch des Verstorbenen gegen die (Liquidations-)Gesellschaft zu seinem Nachlaß, RGZ. 106, 65; die Erben haben gesellschafterähnliche Rechte, vgl. § 146 Abs. 1 S. 2. Die Übereinkunft, daß die Auszahlung an die Erben nur ratenweise erfolgen solle, gilt i. Zw. nur, wenn die Gesellschaft unter den übrigen Gesellschaftern fortgesetzt wird, ROHG. 10, 57. Die Fortsetzung kann auch, wenn der Gesellschaftsvertrag keine Bestimmung enthält, nachträglich zwischen den überlebenden Gesellschaftern und den einzelnen Erben vereinbart werden (nicht mit der Erbengemeinschaft als solcher!); vgl. JW. 12, 475; RJA. 10, 43; 15, 43; KGJ. 26 A 219; 39 A 112; 44, 130; 49, 109; HRR. 35, 794 und oben Anm. 1 Abs. 1. Das hat für die Erben — trotz Aufrechterhaltung der Erbengemeinschaft — die Wirkung des § 130 (JW. 35, 1794[31]). Die Vereinbarung bedarf hinsichtlich minderjähriger Erben vormundschaftsgerichtlicher Genehmigung, KGJ. 44, 130; R. 32, 249; vgl. Anm. 1 Abs. 4 zu § 105. — War der verstorbene Gesellschafter Vorerbe und tritt der Nacherbe in die mit den übrigen fortgesetzte Gesellschaft ein, so ist dies (vgl. Anm. 2 zu § 107) auch von den Erben des Verstorbenen zum HReg. anzumelden, HRR. 34, 1041. — Schweben zwischen dem allein überlebenden Gesellschafter und den Erben des Verstorbenen Verhandlungen über deren Eintritt und die gemeinsame Fortsetzung der Gesellschaft, so kann der Überlebende für die währenddessen im Einverständnis mit den Erben erfolgte Geschäftsfortführung eine angemessene Vergütung verlangen, R. 33, 447. Statt Fortsetzung mit den Erben dürfte in entsprechender Anwendung des § 141 (vgl. dazu § 135

Anm. 4) auch Fortsetzung unter den übrigen Gesellschaftern kraft nachträglicher Vereinbarung zulässig sein: vgl. auch Anm. 4 Abs. 2 zu § 141. — S. auch § 137.

6. Über Privatkonkurs eines Gesellschafters vgl. §§ 137 Abs. 2, 138, 141 Abs. 2, 142 Abs. 2. — Das Auseinandersetzungsguthaben (vgl. § 16 KO. und Anm. 7 zu § 138) des Gemeinschuldners fällt in die Konkursmasse (dazu RGZ. 8, 103; 26, 113; Gruch. 45, 624 und § 6 Abs. 2 KO.), unterliegt jedoch (§ 51 KO.) einem Absonderungsrecht der übrigen Gesellschafter wegen ihrer Ansprüche gegen den Gemeinschuldner aus dem Gesellschaftsverhältnis.

Durch Eröffnung des Vergleichsverfahrens über das Vermögen eines Gesellschafters tritt an sich keine Auflösung der o.HG. ein, vgl. oben Anm. 1 Abs. 3. Nach § 50 VerglO. kann aber der Gesellschafter mit Ermächtigung des Vergleichsgerichts die weitere Erfüllung des Gesellschaftsvertrags ablehnen (RGZ. 147, 341), was einer fristlosen Kündigung und Auflösung der o.HG. (Nr. 6) gleichkommt und die Mitgesellschafter auf Schadensersatzansprüche beschränkt, während das Auseinandersetzungsguthaben in die Vergleichsmasse fällt.

7. Kündigung ist möglich nach §§ 132, 134, 135, vgl. ferner oben Anm. 6 a. E. Außerdem kann vertraglich Kündigung vorgesehen sein. Eine (nicht fristlose) Kündigung kann vor ihrem Wirksamwerden durch einen andern Auflösungsgrund (Nr. 1—5 oder gerichtl. Entscheidung gem. § 133) überholt werden, so daß vertraglich an sie geknüpfte Rechtsfolgen, insbesondere hinsichtlich der Art der Auseinandersetzung und des Übergangs des Geschäfts, nicht eintreten; RGZ. 93, 54; 95, 32.

8. Gerichtliche Entscheidung: gemeint ist das Urteil, das auf die Auflösungsklage eines Gesellschafters ergeht, die gem. § 133 an Stelle der somit ausgeschlossenen fristlosen Kündigung (§ 723 Abs. 1 BGB.) vorgesehen ist.

Kündigungsfrist

§ 132[1a]. Die Kündigung[1] eines Gesellschafters kann, wenn die Gesellschaft für unbestimmte Zeit eingegangen ist[2], nur für den Schluß eines Geschäftsjahrs[3] erfolgen[4]; sie muß mindestens[5] sechs Monate vor diesem Zeitpunkte stattfinden[6].

1a. Zu § 132 s. Art. 7 Nr. 14 der 4. EinfV. betr. Österreich und Art. 7 Nr. 14 der 3. EinfV. betr. Sudetenland (Anh. XIII, XIV).

1. Vgl. § 131 Nr. 6 und Anm. 7 zu § 131.

2. D. h. wenn keine Zeitdauer der Gesellschaft bestimmt ist (dazu Anm. 2 zu § 131); vgl. auch § 134.

3. Vgl. § 39 Abs. 2 S. 1 Halbs. 2 und Anm. 8 u. 11 zu § 39.

4. Kündigung ist hier die an sämtliche übrigen Gesellschafter zu richtende empfangsbedürftige (§ 130 BGB.!), im Zweifel formlos gültige, aber unzweideutige und grundsätzlich bedingungsfeindliche Erklärung, die Gesellschaft nicht fortsetzen zu wollen. Vgl. ROHG. 4, 343; RGZ. 21, 93; Warn. 15, 653. Sie kann auch durch Vertreter erfolgen, JW. 29, 369. Klagezustellung ersetzt Kündigung, auch wenn als deren Form eingeschriebener Brief vereinbart war, RGZ. 77, 70. Ist die Kündigung wirksam erfolgt, so kann sie einseitig nicht zurückgenommen werden, JW. 11, 39.

Die Kündigung kann vertraglich nicht vollständig ausgeschlossen werden, während die Kündigungsfrist verlängert oder verkürzt, auch gänzlich wegbedungen werden kann (Beweislast des Kündigenden!); das folgt aus § 723 Abs. 3 BGB., den man bei der o. HG. statt auf § 723 Abs. 1 S. 1 BGB. auf die an dessen Stelle tretende Vorschrift des § 132 zu beziehen hat. Das Verbot des Kündigungsausschlusses kann auch nicht durch Festsetzung eines Austrittsgeldes oder einer Vertragsstrafe für den Fall der Kündigung (RGZ. 61, 328; 75, 238) oder dadurch umgangen werden, daß die Kündigung von einem Gesellschafterbeschluß abhängig gemacht wird (RGZ. 21, 93). Möglich ist jedoch, das Kündigungsrecht zeitweilig auszuschließen, solange das nicht praktisch einer völligen Beseitigung gleichkommt (RGZ. 82, 395; 95, 147: JW. 95, 12; 26, 1959), ferner, die Rechtsfolgen der Kündigung so zu regeln, daß der Kündigende ausscheidet und von den übrigen (auch wenn dies nur ein einziger ist) die Gesellschaft fortgesetzt bzw. das Geschäft mit Aktiven und Passiven übernommen wird (§ 138 und dazu RJA. 12, 56 [analoge Anwendung auf die nur aus zwei Gesellschaftern bestehende o. HG.]) oder demjenigen, der nicht gekündigt hat, die Wahl bleibt, welche von zwei Gesellschaftsabteilungen er übernehmen wolle (RGZ. 106, 128), vgl. OLG. 43, 289. Über vorzeitige Kündigung wegen Geldentwertung vgl. LZ. 21, 381.

5. Frühere Kündigung ist unschädlich, spätere wirkt zum nächstzulässigen Termin.

6. Über den spätesten hiernach zulässigen Kündigungszeitpunkt vgl. §§ 187 ff. BGB. Die Kündigung muß bis dahin allen Mitgesellschaftern zugegangen sein, s. oben Anm. 4 Abs. 1. Über vertragliche Abänderung der Kündigungsfrist vgl. oben Anm. 4 Abs. 2.

Auflösung durch gerichtliche Entscheidung

§ 133. Auf Antrag eines Gesellschafters[1] kann die Auflösung der Gesellschaft[2] vor dem Ablaufe der für ihre Dauer bestimmten Zeit[3] oder bei einer für unbestimmte Zeit eingegangenen Gesellschaft[4] ohne Kündigung durch gerichtliche Entscheidung[5] ausgesprochen werden[6], wenn ein wichtiger Grund vorliegt[7].

Ein solcher Grund ist insbesondere vorhanden, wenn ein anderer Gesellschafter eine ihm nach dem Gesellschaftsvertrag obliegende wesentliche Verpflichtung vorsätzlich oder aus grober Fahrlässigkeit verletzt[8] oder wenn die Erfüllung einer solchen Verpflichtung unmöglich wird[9].

Eine Vereinbarung, durch welche das Recht des Gesellschafters, die Auflösung der Gesellschaft zu verlangen, ausgeschlossen oder diesen Vorschriften zuwider beschränkt wird, ist nichtig[10].

1. Die Auflösungsklage aus § 133 ist von einem (oder mehreren) der Gesellschafter gegen alle übrigen (soweit sie widersprechen) zu richten. Gegensatz: die von allen übrigen Gesellschaftern gegen einen zu richtenden Klagen auf Ausschließung von der Geschäftsführung bzw. von der Vertretung oder überhaupt aus der Gesellschaft (§§ 117, 127, 140). Im Falle des § 133 sind die Beklagten, bei den Ausschließungsklagen die Kläger notwendige Streitgenossen, RGZ. 122, 312. — Vgl. noch Anm. 7 zu § 131; nachdem die o. HG. nach außen hin in Erscheinung getreten ist, ist Klage aus § 133 für den einzelnen Gesellschafter das einzige Mittel zur vorzeitigen Lösung des an sich wirksamen Gesellschaftsverhältnisses (Rücktritt nicht möglich!). — Auch gegenüber der Klage aus § 133 gilt die

Rechtsprechung, daß u. U. verspätete Rechtswahrnehmung gegen Treu und Glauben verstoßen kann, JW. 35, 2490[2] (Verwirkung). Auf Auflösung der o. HG. kann jedenfalls ein Gesellschafter, der die Gesellschaft zunächst gekündigt hatte, dann nicht mehr klagen, wenn er zwei Monate lang auf die dem anderen Gesellschafter vertraglich für den Fall der Kündigung vorbehaltene alleinige Geschäftsübernahme geschwiegen hat, SeuffA. 84, 213. Anderseits ist nicht erforderlich, daß unverzüglich nach Kenntnis des Auflösungsgrundes geklagt wird; auch kann ein zurückliegender Grund bei späteren Vorkommnissen wenigstens unterstützend herangezogen werden; ROHG. 6, 112; RGZ. 51, 91.

2. Über die Bedeutung der Gesellschaftsauflösung vgl. Anm. 1 zu § 131, über die u. U. gleichzeitig gegebene Möglichkeit der Ausschließung eines Gesellschafters: § 140.

3. Vgl. § 131 Nr. 1 und Anm. 2 zu § 131. Eine Kündigung ist dann nicht möglich.

4. Gleichstehen die auf Lebenszeit eines Gesellschafters eingegangene und die nach Eintritt der zunächst bestimmten Zeitdauer stillschweigend fortgesetzte Gesellschaft; vgl. § 134. Neben der Auflösungsklage ist hier allerdings auch Kündigung nach § 132 möglich.

5. Das auf die Auflösungsklage ergehende **Urteil**, nicht die (dem Gesellschafter statt der Kündigung aus § 723 BGB. gewährte) Klage löst die Gesellschaft auf (s. oben Anm. 2), und zwar erst nach Eintritt seiner Rechtskraft, selbst wenn es unzulässigerweise für vorläufig vollstreckbar erklärt wird, RJA. 11, 225; JW. 24, 1179. Erst recht kann die Auflösung nicht durch einstweilige Verfügung erfolgen (str.), vgl. JW. 16, 838. Das rechtskräftige Urteil ersetzt bei Anmeldung der Auflösung zum HReg. (§ 143) die Anmeldungserklärungen der verurteilten Beklagten, § 16.

Inhalt des Urteils ist nur die **Auflösung** der o. HG. Ist dem Kläger durch die Auflösung ein Schaden entstanden, so muß er diesen gesondert nach allgemeinen Grundsätzen geltend machen, wobei — anders als bei der Auflösungsklage (unten Anm. 7) — immer Verschulden der Beklagten erforderlich ist und mitwirkendes Verschulden (§ 254 BGB.) des Klägers berücksichtigt wird. Vgl. ROHG. 24, 308; RGZ. 89, 398; JW. 26, 607. — Ob durch das Auflösungsurteil ein wichtiger Grund zur gerichtlichen Bestellung von Liquidatoren gegeben ist (§ 146 Abs. 2), entscheidet allein das RegGericht; vgl. JW. 31, 2992.

6. Die Klage aus § 133 läßt dem Gericht kein Ermessen hinsichtlich des Ausspruchs der Gesellschaftsauflösung, wofern tatsächlich ein wichtiger Grund vorliegt; so richtig RGZ. 122, 312 (unter Aufgabe der entgegengesetzten Meinung von RGZ. 105, 376); vgl. auch Abs. 3 („.... Recht ..., die Auflösung .. zu verlangen, ...“!). Ob unter Berücksichtigung der Gesamtumstände die Auflösung nicht unbillig erscheint, ist dabei allerdings nach richterlichem Ermessen (als Teil der Frage, ob ein wichtiger Grund gegeben ist!) zu prüfen, LZ. 31, 373; vgl. dazu unten Anm. 7.

Die Auflösung der o. HG. kann nicht ausgesprochen werden, wenn ein Gesellschafter nur einredeweise einen wichtigen Grund i. S. des § 133 geltend macht. Dies kann wohl zur Abweisung einer gegen ihn gerichteten Klage auf Mitwirkung bei HReg.-Anmeldungen betr. die o. HG. führen (Arglisteinrede!, vgl. Anm. 3 Abs. 2 zu § 108); will der Beklagte zugleich die Auflösung erreichen, so muß er Widerklage erheben, R. 24, 1254; LZ. 26, 926.

Der Ausspruch der Auflösung wird nicht dadurch gehindert, daß vorher bei der o. HG. ein anderer Auflösungsgrund eintritt, JW. 36, 2071; R. 37, 2174; wohl aber erscheint nach Vollbeendigung der o.HG. die Auflösungsklage unzulässig, OLG. 38, 178. — Vgl. dazu auch LZ. 33, 663 (Auslegung eines Kündigungsschreibens während des Auflösungsprozesses, in welchem sich der eine Gesellschafter aber die im Prozeß verfolgten Rechte vorbehält) und oben Anm. 1 a. E.

7. Ob ein wichtiger Grund vorliegt, ist unter Berücksichtigung aller Umstände des Einzelfalles in ihrer Gesamtwirkung im Hinblick auf die Belange der Gesellschaft zu prüfen (JW. 36, 2071), und zwar nach pflichtmäßigem richterlichem Ermessen, LZ. 31, 373. Der Grund braucht nicht in der Person eines anderen Gesellschafters zu liegen, noch weniger von ihm verschuldet zu sein; er kann vielmehr sogar in der Person des Klägers liegen (z. B. Krankheit; vgl. auch Abs. 2 letzte Alternative!) oder von beiden Parteien verschuldet sein; es genügt insoweit, wenn die Würdigung der Sachlage ergibt, daß ein gedeihliches Zusammenarbeiten der Gesellschafter zum Besten der Gesellschafter für die Zukunft ausgeschlossen erscheint. Vgl. RGZ. 24, 137; 122, 312; JW. 98, 203; 00, 413; 29, 1360; 36, 2071; 37, 3155; LZ. 12, 454; 16, 40; 17, 731; 31, 373; Warn. 16, 80; 30, 414; HansRGZ. 30 A 550; DJZ. 31, 432. Darüber hinaus hat die Rspr. aber mit Recht den Gedanken entwickelt, daß die schwerwiegenden Maßnahmen der §§ 133, 140, 142 (wie auch eine vertraglich vorgesehene Geschäftsübernahme) nur Platz greifen dürfen, wenn eine je nach der Sachlage durch Treu und Glauben gebotene Mittellösung (z. B. Entziehung der Geschäftsführung bzw. Vertretung, Umwandlung der Stellung eines persönlich haftenden Gesellschafters in die eines Kommanditisten, Gesellschafterwechsel [insbes. Eintritt des Sohnes an Stelle des Ausscheidenden], Ausübung der Gesellschafterrechte durch einen Treuhänder o. dgl.) versucht worden und gescheitert ist; vgl. RGZ. 146, 169; JW. 38, 2212, 2752; SeuffA. 93, 20. Auch der Gesellschaftsvertrag kann für die Beurteilung der Wichtigkeit eines Grundes von Bedeutung sein; vgl. unten Anm. 10, auch Anm. 9 a. E. Einzelfälle: Entziehung der Geschäftsführung oder Vertretung (§§ 117, 127), D. 98; Erreichung oder Unmöglichwerden des Gesellschaftszwecks (vgl. Anm. 1 a. E. zu § 131), D. 97 und KB. 56, vgl. dazu ROHG. 12, 100; LZ. 07, 139; JW. 13, 265 (mangelnde Rentabilität des Geschäfts! — umgekehrt kann aber auch bei guter Rentabilität ein sonstiger wichtiger Grund gegeben sein, JW. 29, 1360); Judeneigenschaft eines Gesellschafters (JW. 38, 1825[33]; HansRGZ. 37 B 216); Beleidigung, falsche Anschuldigung oder Mißhandlung durch einen Mitgesellschafter (ROHG. 11, 265; 20, 268; 24, 308; JW. 97, 423); Verfehlungen eines Gesellschafters gegenüber Angestellten (vgl. OLG. 36, 272; JW. 38, 2752); feindliche Gesinnung oder dauerndes Zerwürfnis unter den Gesellschaftern (JW. 29, 1360; Warn. 30, 414); strafbare Handlungen eines Gesellschafters, auch wenn sie weder gegen einen Mitgesellschafter gerichtet sind noch unter Abs. 2 fallen (vgl. DJZ. 25, 1810); u. U. schon anhaltender Widerspruch gegen billige Wünsche eines anderen Gesellschafters (JW. 37, 3155). — Das zu würdigende Gesamtverhalten eines Gesellschafters kann einen wichtigen Grund abgeben, auch wenn jeder von mehreren Einzelvorgängen dazu nicht ausreichen würde, JW. 36, 2071. — Ohne Vorliegen eines Verschuldens kommen als wichtige Gründe z. B. in Betracht: feindliche Staatsangehörigkeit eines Gesellschafters im Kriegsfall (LZ. 15, 1116); Judeneigenschaft eines Gesellschafters bei Eintritt der nationalen Erhebung; u. U. wohl auch starke Zerrüttung der wirtschaftlichen Verhältnisse. Vgl. auch unten Anm. 8 und 9 (insbesondere über Verhinderung eines Gesellschafters).

8. Die Verletzung einer wesentlichen Gesellschafterpflicht liegt z. B. bei Verstößen gegen §§ 111 (dazu ROHG. 10, 433 auch HansRGZ. 29 B 520

und Anm. 2 a. E. zu § 111), 112 (vgl. § 113 Abs. 4) vor, ferner bei unredlicher Geschäftsführung oder Rechnungslegung oder Mißbrauch von Firma oder Gesellschaftsvermögen zu Privatzwecken (so früher ausdrücklich Art. 125 Nr. 2 u. 4 ADHGB.; dazu ROHG. 9, 429; 20, 265). Weitere Fälle aus der Rechtsprechung: Unterlassung der übernommenen Bilanzierung und Inventarisierung (ROHG. 20, 244); eigenmächtiger Abschluß außergewöhnlicher Geschäfte (ROHG. 20, 247); mangelhafte Auskunfterteilung über Geschäftsvorgänge (HansRGZ. 29 B 520). Vgl. noch JW. 13, 430; Warn. 30, 414.

Die Verletzung muß stets mindestens grob fahrlässig erfolgt sein, um schlechthin mit ihrem Vorliegen — ohne Rücksicht auf die sonstigen Umstände — die Auflösung zu rechtfertigen (worin die Bedeutung des Abs. 2 liegt!); vgl. im übrigen das oben unter Anm. 7 Gesagte.

9. Das persönliche Unvermögen eines Gesellschafters steht gleich, § 275 Abs. 2 BGB. Auf Verschulden kommt es hier nicht an, um die Auflösung absolut (vgl. oben Anm. 8 Abs. 2) zu rechtfertigen. Langandauernde Krankheit und Arbeitsunfähigkeit eines (tätigen) Gesellschafters fallen hierunter. Regelt der Gesellschaftsvertrag für einen derartigen Fall die Vertretung des Gesellschafters, so kann die Auflösung gleichwohl verlangt werden, wenn der Bestand der o.HG. gefährdet erscheint; DJZ. 31, 432, vgl. auch Abs. 3. Entmündigung eines Gesellschafters wegen Geisteskrankheit rechtfertigt nicht schlechthin die Auflösungsklage, wenn von vornherein kein besonderer Wert auf dessen kaufmännische Betätigung gelegt wurde; vgl. JW. 33, 98.

10. Auch Umgehung ist unzulässig; vgl. dazu Anm. 4 Abs. 2 zu § 132. Wegen Einwirkung der Nichtigkeit auf den ganzen Gesellschaftsvertrag: § 139 BGB. — Keine unwirksame Beschränkung liegt in der Vereinbarung der Zuständigkeit eines Schiedsgerichts (RGZ. 71, 254), auch nicht in der Klausel, daß bei Krankheit oder Tod eines Gesellschafters die übrigen Vertragsumwandlung verlangen können (RGZ. 156, 129). — Erleichterungen der Auflösung können wirksam vereinbart werden, z. B. daß die Auflösung durch bloße Kündigung erfolgen solle, daß bestimmte Tatbestände als wichtige Gründe zur Auflösung gelten sollen.

Die Unabdingbarkeit der Auflösungsklage gilt auch bei vor dem 1. 1. 1900 entstandenen Gesellschaften; RGZ. 71, 255.

Gleichstellung der fortgesetzten und der Gesellschaft auf Lebenszeit

§ 134. Eine Gesellschaft, die für die Lebenszeit eines Gesellschafters eingegangen ist oder nach dem Ablaufe der für ihre Dauer bestimmten Zeit stillschweigend fortgesetzt wird[1], steht im Sinne der Vorschriften der §§ 132, 133 einer für unbestimmte Zeit eingegangenen Gesellschaft gleich[2].

1. Vgl. § 131 Nr. 1 und Anm. 1 zu § 131.

Bei ausdrücklicher Fortsetzung besteht eine entweder auf bestimmte oder auf unbestimmte Zeit oder auf Lebenszeit eingegangene Gesellschaft.

2. Vgl. die Anm. zu §§ 132, 133. — Die Gleichstellung bedeutet auch bei der Gesellschaft auf Lebenszeit Kündigungsrecht und Auflösungsklage für jeden Gesellschafter, RGZ. 20, 166. — Ist vor Ablauf einer zunächst bestimmten Gesellschaftsdauer Gesellschaft auf Lebenszeit vereinbart worden, so gilt für diese nach ROHG. 13, 418 (wohl nur im Zweifel!) § 134 erst nach Ablauf der zunächst bestimmten Zeit.

Kündigung durch Privatgläubiger

§ 135. Hat ein Privatgläubiger[1] eines Gesellschafters, nachdem innerhalb der letzten sechs Monate eine Zwangsvollstreckung in das bewegliche Vermögen des Gesellschafters ohne Erfolg versucht ist[2], auf Grund eines nicht bloß vorläufig vollstreckbaren Schuldtitels[3] die Pfändung und Überweisung des Anspruchs auf dasjenige erwirkt, was dem Gesellschafter bei der Auseinandersetzung zukommt[4], so kann er die Gesellschaft ohne Rücksicht darauf, ob sie für bestimmte oder unbestimmte Zeit eingegangen ist[5], sechs Monate vor dem Ende des Geschäftsjahrs für diesen Zeitpunkt kündigen[6].

1. Privatgläubiger ist nicht, wer nur aus §§ 128, 130 Gläubiger des Gesellschafters ist.

2. Von dem kündigenden Gläubiger oder einem Dritten.

3. Vgl. §§ 704—706, 794 Nr. 1, 2 und 5, 1042 ZPO., § 164 Abs. 2 KO. Arrestbefehl und wohl auch ein (rechtskräftiges) Vorbehaltsurteil (§§ 302, 599 ZPO.) genügen nicht.

4. Nur das Auseinandersetzungsguthaben (über dieses Anm. 7 Abs. 4 zu § 138), nicht die sonstigen die Gesellschafterstellung ausmachenden Rechte unterliegen der Pfändung durch den Gläubiger, der durch die Überweisung eine ähnliche Stellung erlangt wie die Erben eines Gesellschafters, durch dessen Tod die o. HG. — mangels anderer Bestimmung im Gesellschaftsvertrag! — aufgelöst wurde (vgl. Anm. 5 a. A. zu § 131 und RGZ. 60, 131. Der Gläubiger hat also z. B. nicht die Kontrollrechte aus § 118 (OLG. 14, 185), auch nicht den Rechnungslegungsanspruch, den der Gesellschafter geltend machen könnte (vgl. Anm. 2 zu § 124). Er ist vielmehr auf Auskunft seines Schuldners (vgl. § 836 Abs. 3 ZPO., §§ 412, 402 BGB.) und nach Kündigung der o. HG. auf seine Stellung als „Beteiligter" bei der Liquidation (§§ 146 Abs. 2, 147, 152), welche nur mit seiner Zustimmung unterbleiben darf (§ 145 Abs. 2; vgl. aber auch § 141), angewiesen. — Unter mehreren Gläubigern, die gekündigt haben, entscheidet wegen des Ranges der Pfandrechte am Auseinandersetzungsanspruch die Reihenfolge ihrer Pfändungen; im übrigen sind sie gleichberechtigt, insbesondere genügt der Widerspruch eines von ihnen, um die Liquidation zu erzwingen. Zur Befriedigung des Gläubigers kann nur dessen Kündigung mit nachfolgender Liquidation führen; Pfändung und Überweisung allein nützt einem Gläubiger nur, wenn und solange (vgl. § 141 Abs. 1) zugleich ein anderer Gläubiger auf Grund seiner Kündigung die Liquidation betreibt; er ist dann aber nicht selbst „Beteiligter" bei der Liquidation (vgl. § 146 Abs. 2 S. 2).

5. D. h. hier auch die Gesellschaft auf Lebenszeit.

6. Über Kündigung der o. HG. vgl. Anm. 4 Abs. 1 zu § 132, über Eintragbarkeit der erfolgten Kündigung bei Gesellschaftsgrundstücken im Grundbuch (?) R. 28, 137. — Die o. HG. wird aufgelöst (§ 131 Nr. 6), wodurch aber die Freiheit der Gesellschafter, eine frühere Auflösung zu beschließen, und der Eintritt anderer Auflösungsgründe nicht gehindert wird. Die Fortsetzung der o. HG. unter den übrigen Gesellschaftern ist, wenn sie nicht schon im Gesellschaftsvertrage vorgesehen war (entspr. § 138, der gegenüber § 141 das mindere darstellt!, vgl. auch

§ 142 Abs. 2), von der ausdrücklichen Kundgabe gegenüber dem Gläubiger abhängig, § 141.

Die Kündigung setzt voraus, daß bei ihrem Wirksamwerden der der Pfändung zugrunde liegende Schuldtitel noch besteht; vgl. §§ 767, 775 Nr. 1 ZPO. Bei späterer Aufhebung des Schuldtitels bleibt die o. HG. aufgelöst, der Schuldner muß aber, wenn die Liquidation noch nicht beendigt bzw. der Gläubiger noch nicht (gem. §§ 138, 141) ausgezahlt ist, die frühere Gesellschaft mit den übrigen Gesellschaftern fortsetzen können; JW. 35, 717[3].

Durch Gesellschaftsvertrag ist die Kündigung eines Privatgläubigers nicht zu verhindern. Zweifelhaft nur, ob dem Gläubiger eine bestehende vertragliche Kündigungserleichterung zugute kommt; wohl zu verneinen, weil Teil der unpfändbaren Gesellschafterrechte (bestr.).

Fortdauer der Geschäftsführung

§ 136. Wird die Gesellschaft in anderer Weise als durch Kündigung aufgelöst, so gilt die Befugnis eines Gesellschafters zur Geschäftsführung zu seinen Gunsten gleichwohl als fortbestehend[1], bis er von der Auflösung Kenntnis erlangt oder die Auflösung kennen muß[2].

1. Geschäftsführung (§§ 114, 115) und Vertretung der o.HG. endigen mit ihrer Auflösung; vgl. §§ 145 Abs. 1, 146 Abs. 1, 149. Es würden also für Gesellschafter, die noch Geschäfte der o.HG. führen, an sich statt § 713 i. V. m. §§ 664 ff. BGB. die §§ 677 ff. BGB. gelten. Auf eine Auflösung durch Kündigung dürfte § 136 sinngemäß dann anzuwenden sein, wenn vertraglich eine Kündigungsfrist überhaupt wegbedungen ist, die Kündigung also auch sofortige Auflösung der o.HG. bewirkt (vgl. dazu Anm. 4 Abs. 2 zu § 132). — Über Fortgeltung der Vertretungsmacht zugunsten redlicher Dritter vgl. § 15 und Anm. 1 zu § 125.

Praktisch wird § 136, wenn eine Verschiedenheit der Personen oder Befugnisse der Liquidatoren und der geschäftsführenden Gesellschafter (vgl. §§ 146 Abs. 1, 150) besteht.

2. Vgl. §§ 708, 277 BGB., ferner § 137 (teilweise — soweit Gefahr im Verzug — weitergehend als § 136!).

Tod oder Konkurs eines Gesellschafters

§ 137. Wird die Gesellschaft durch den Tod eines Gesellschafters aufgelöst[1], so hat der Erbe des verstorbenen Gesellschafters[2] den übrigen Gesellschaftern den Tod unverzüglich[3] anzuzeigen und bei Gefahr im Verzuge die von seinem Erblasser zu besorgenden Geschäfte fortzuführen, bis die übrigen Gesellschafter in Gemeinschaft mit ihm anderweit Fürsorge treffen können[4]. Die übrigen Gesellschafter sind in gleicher Weise zur einstweiligen Fortführung der von ihnen zu besorgenden Geschäfte verpflichtet[1]. Die Gesellschaft gilt insoweit als fortbestehend[5].

Die Vorschriften des Abs. 1 Satz 2, 3 finden auch im Falle der Auflösung der Gesellschaft durch die Eröffnung des Konkurses über das Vermögen eines Gesellschafters Anwendung[6].

1. Vgl. § 131 Nr. 4 und Anm. 5 zu § 131, ferner §§ 138, 139. § 137 Abs. 1 gilt nur, wenn nicht §§ 138, 139 eingreifen.

2. Mehrere Erben gemeinschaftlich, § 2038 BGB. Für den Fall der Ausschlagung der Erbschaft vgl. §§ 1953, 1959 BGB.

3. D. h. ohne schuldhaftes Zögern (§ 121 BGB.).

4. Die Erben und die überlebenden Gesellschafter sind insoweit zur Weiterführung von Gesellschaftsgeschäften verpflichtet, als deren Erledigung nicht ohne Schaden für das Gesellschaftsvermögen bis zur Bestellung der Liquidatoren (§ 146) oder Entschließung über Rückgängigmachung der Auflösung der o. HG. (vgl. Anm. 1 und 5 zu § 131) aufgeschoben werden kann. Vgl. noch unten Anm. 5.

5. D. h. als nicht aufgelöst: Geschäftsführung (§ 713 i. V. m. 670 BGB.!) und Vertretung bleiben insoweit bestehen (vgl. dazu die Anm. zu § 136), die Gesellschafter und die Erben haften nur für Sorgfalt in eigenen Angelegenheiten (§ 708 BGB.) usw. — Führt der alleinige überlebende Gesellschafter das Geschäft während längerer Fortsetzungsverhandlungen mit den Erben in deren Einverständnis weiter, so kann er dafür eine angemessene Vergütung verlangen, R. 33, 447.

6. Vgl. § 131 Nr. 5. — Wenn § 138 eingreift, hat auch Abs. 2 mangels Auflösung der o. HG. keine Bedeutung. — Nur die übrigen Gesellschafter haben hier eine Fortführungspflicht; vgl. dazu § 146 Abs. 3. Eine Anzeigepflicht (Abs. 1 S. 1) fällt weg; amtliche Bekanntmachung des Konkurses: § 111 KO.! Im übrigen gilt das oben zu Anm. 5 Gesagte; die Auslagen der Mitgesellschafter sind Masseschulden (§ 59 Nr. 2 KO.; vgl. auch § 28 KO.).

Vorgesehenes Ausscheiden eines Gesellschafters statt Gesellschaftsauflösung

§ 138[1a]. Ist im Gesellschaftsvertrage bestimmt[1], daß, wenn ein Gesellschafter kündigt[2] oder stirbt[3] oder wenn der Konkurs über sein Vermögen eröffnet wird[4], die Gesellschaft unter den übrigen Gesellschaftern fortbestehen soll[5], so scheidet mit dem Zeitpunkt, in welchem mangels einer solchen Bestimmung die Gesellschaft aufgelöst werden würde[6], der Gesellschafter, in dessen Person das Ereignis eintritt, aus der Gesellschaft aus[7].

1a. Zu § 138 s. Art. 7 Nr. 15, 16 der 4. EinfV. betr. Österreich und Art. 7 Nr. 15, 16 der 3. EinfV. betr. Sudetenland (Anh. XIII, XIV).

1. Vertragliche Vereinbarung zwischen den Gesellschaftern vor Eintritt des Auflösungsgrundes ist erforderlich, damit die Rechtsfolge des § 138 (vgl. unten Anm. 7) eintritt. Es genügt also auch ein Nachtrag zum ursprünglichen Gesellschaftervertrag. — Als Vereinbarung des Fortbestehens der o. HG. ist es auch anzusehen, wenn der Gesellschaftsvertrag „Auszahlung des Kapitalanteils" eines kündigenden Gesellschafters vorsieht; vgl. R. 29, 1205.

2. Der Kündigung eines Gesellschafters (vgl. §§ 132, 134) steht die seitens eines Privatgläubigers (§ 135) gleich; vgl. dazu Anm. 6 Abs. 1 a. E. zu § 135 und § 141.

Die Auflösungsklage aus § 133 oder das darauf ergehende Urteil sind — obwohl Ersatz für die fristlose Kündigung des § 723 BGB. — keine Kündigung i. S. des § 138 und können ihr auch vertraglich an sich nicht gleichgestellt werden (vgl. § 133 Abs. 3); möglich ist dann u. U., gem. § 140 die o. HG. unter Ausschließung eines Gesellschafters fortbestehen zu lassen, wenngleich das grundsätzlich im Gesellschaftsvertrag nicht vereinbart werden kann. (Ist jedoch nach dem Gesellschaftsvertrag zur Geltendmachung eines wichtigen Auflösungsgrundes bloße Kündigung ausreichend [vgl. Anm. 10 zu § 133], so kann auch das Ausscheiden des Kündigenden gem. § 138 vereinbart werden.)

3. Für den Todesfall kann statt des Ausscheidens Fortsetzung mit den Erben vereinbart sein, § 139. Auch gemischte Vereinbarungen (Eintritt der Ehefrau oder des ältesten Sohnes unter Ausscheidung anderer Erben) sind wirksam; vgl. RGZ. 145, 289.

4. Vgl. für den Fall des Privatkonkurses auch § 141 Abs. 2.

5. Das Fortbestehen der Gesellschaft bedeutet den Nichteintritt der Auflösung und Vermeidung der Liquidation; der Ausscheidende wird in Geld ausbezahlt, vgl. unten Anm. 7 Abs. 4. Das kann auch jederzeit vertraglich ohne besonderen Anlaß vereinbart werden; § 138 gilt dann entsprechend für den vereinbarten Zeitpunkt. In diesem Sinne ist auch der Verzicht eines Kommanditisten auf Rückzahlung seiner Einlage umgedeutet worden (JW. 36, 2931).

Trotzdem auf mindestens drei Gesellschafter abgestellten Wortlaut greift § 138 auch Platz, wenn die o.HG. nur aus zwei Gesellschaftern besteht; entsprechend tritt dann statt Auflösung Übergang der Aktiven und Passiven auf den andern Gesellschafter ein; für den Fall des Privatkonkurses oder der Kündigung durch einen Privatgläubiger sieht dies § 142 Abs. 2 bereits vor. Vgl. RJA. 12, 56 und Anm. 1 zu § 142.

Der Gesellschaftsvertrag kann ein Ausscheiden eines Gesellschafters und Fortbestehen der o.HG. unter den übrigen auch für andere als die im Gesetz vorgesehenen Fälle bestimmen; vgl. dazu auch Anm. 3 Abs. 3 zu § 140 u. oben Anm. 2 Abs. 2. Möglich ist z. B. schlechthin eine Option für einen Gesellschafter, das Geschäft ohne Liquidation mit Aktiven und Passiven zu übernehmen; diese darf dann nicht in Form eines Gesellschafterwechsels, also zugunsten eines Dritten, ausgeübt werden; vgl. LZ. 26, 837.

Die fortbestehende Gesellschaft bleibt mit der früheren identisch; es tritt Anwachsung ein, vgl. unten Anm. 7.

6. Also bei Tod oder Konkurseröffnung oder Eintritt des Kündigungstermins. Hierdurch unterscheidet sich das Fortbestehen der o.HG. kraft vorheriger Vereinbarung von der erst nach Eintritt des Auflösungsgrundes beschlossenen Fortsetzung (vgl. dazu Anm. 1 zu § 131 und §§ 141, 144); im ersteren Falle ist im HReg. nur das Ausscheiden eines Gesellschafters, im zweiten Falle auch die Beendigung der eingetretenen Liquidation und die Fortführung der Gesellschaft (mit dem wiederhergestellten Gesellschaftszweck) einzutragen. Identität der o.HG. (vgl. oben Anm. 5 a. E.) bleibt auch im zweiten Fall gewahrt.

7. Das Ausscheiden des Gesellschafters zeitigt die in §§ 738—740 BGB. bestimmten Folgen, soweit vertraglich nichts anderes vorgesehen ist. § 738 BGB. bestimmt:

Scheidet ein Gesellschafter aus der Gesellschaft aus, so wächst sein Anteil am Gesellschaftsvermögen den übrigen Gesellschaftern zu. Diese sind verpflichtet, dem Ausscheidenden die Gegenstände, die er der Gesellschaft zur Benutzung überlassen hat, nach Maßgabe des § 732 zurückzugeben, ihn von den gemeinschaftlichen Schulden zu befreien und ihm dasjenige zu zahlen, was er bei der Auseinandersetzung erhalten würde, wenn die Gesellschaft zur Zeit seines Ausscheidens aufgelöst worden wäre. Sind gemeinschaftliche Schulden noch nicht fällig, so können die übrigen Gesellschafter dem Ausscheidenden, statt ihn zu befreien, Sicherheit leisten.

Der Wert des Gesellschaftsvermögens ist, soweit erforderlich, im Wege der Schätzung zu ermitteln.

Sog. Anwachsung des Anteils des Ausscheidenden tritt ohne weiteres ein. Die verbleibenden Gesellschafter (und wenn nur einer zurückbleibt, dieser allein) werden kraft Gesetzes mit dem Ausscheiden des andern Gesellschafters Inhaber der zum Gesellschaftsvermögen gehörigen Gegenstände. Eine Rechtsübertragung liegt nicht vor, so daß es auch bei Vorhandensein von Gesellschaftsgrundstücken weder der Form des § 313 BGB. noch der Auflassung bedarf; vgl. RGZ. 65, 227; 68, 415; 136, 96; R. 23, 531; JW. 25, 1750, auch Anm. 1 Abs. 1 zu § 124. Das Grundbuch ist nötigenfalls zu berichtigen (§ 894 BGB.). Die Anwachsung liegt im Falle des Ausscheidens eines Gesellschafters rechtsnotwendig im Wesen der Gesamthand begründet; vgl. JFG. 7, 309. Wird bei Ausscheiden eines Gesellschafters infolge Todes über den Nachlaß des Ausgeschiedenen Nachlaßkonkurs oder Nachlaßverwaltung eröffnet, so hindert das die Anwachsung nicht; vgl. RGZ. 136, 97, ferner JW. 30, 2812. Auch die immateriellen Rechte verbleiben der o. HG. bzw. dem andern der beiden Gesellschafter; bei der Firma ist dazu freilich Zustimmung des Ausscheidenden erforderlich, wenn sein Name in der Gesellschaftsfirma enthalten ist, § 24 Abs. 2; vgl. dazu RGZ. 65, 379. Über Telegrammadresse (entsprechend!) vgl. JW. 24, 294. Beerbt ein Mitgesellschafter den Verstorbenen, so wird er nicht Gesellschafter an dessen Stelle, sondern erfährt ebenfalls nur eine Anwachsung seines Anteils; vgl. dazu JW. 36, 2933.

Die Befreiung „von den gemeinschaftlichen Schulden" bezieht sich bei der o. HG. auf die nach außen hin fortdauernde Haftung des Ausscheidenden für die vor seinem Ausscheiden entstandenen Gesellschaftsschulden; vgl. §§ 128, 130, 159 und dazu auch Anm. 5 zu § 128 (betr. Erlaß der Haftung des ausscheidenden Gesellschafters). — Sicherheitsleistung kann i. Zw. nicht für streitige Schulden verlangt werden, noch weniger Befreiung; vgl. RGZ. 60, 155. — Über den Inhalt des Befreiungsanspruchs, wenn die Inanspruchnahme von Sicherheiten aus dem Vermögen des Ausscheidenden für o. HG.-Schulden droht, RGZ. 132, 29.

Das Auseinandersetzungsguthaben ist eine Geldforderung gegen die (im Falle des § 138) fortgesetzte o. HG.; mithin: Haftung der verbleibenden und etwa neu eintretenden Gesellschafter nach §§ 128, 130; anderseits einfache Konkursforderung für den Fall des Gesellschaftskonkurses. Die Höhe des Guthabens, grundsätzlich bestehend aus Einlage und Gewinnanteil (vgl. § 139 Abs. 1), ergibt sich aus dem Wert des Gesellschaftsvermögens nach Abzug der Gesellschaftsschulden, verteilt auf die Gesellschafter. Im Zweifel ist dazu eine besondere Auseinandersetzungsbilanz aufzustellen, die ohne Rücksicht auf frühere Bilanzen der wirklichen Vermögenslage der o. HG. am Stichtage entsprechen und auch den inneren Geschäftswert (goodwill), sowie stille Reserven (Abschreibungen und ungerechtfertigte Rückstellungen) berücksichtigen muß; RGZ. 94, 106; 106, 132; JW. 02, 590; R. 27, 1433; 29, 1205; HRR. 31, 391. (Die Verpflichtung besteht auch für einen in der Inflation liegenden Stichtag noch nach deren Ende; JW. 29, 2132.) Anders nur, wo im Gesellschaftsvertrag eine andere Bilanz für maßgeblich erklärt oder z. B. vereinbart ist, daß der Ausscheidende seinen „buchmäßigen Kapitalanteil" erhalten solle; R. 29, 1205. — Über Mitwirkungspflicht und Sachverständigenzuziehung vgl. RGZ. 15, 280; 25, 88; OLG. 36, 272; aber auch (gegen RGZ. 15, 280) RJA. 12, 56. Hiernach kann sich auch das Nichtbestehen eines Guthabens ergeben; bei einem Verluststatus im Zeitpunkt des Ausscheidens muß der ausscheidende Gesellschafter seinen Verlustanteil in bar decken. § 739 BGB. bestimmt:

Reicht der Wert des Gesellschaftsvermögens zur Deckung der gemeinschaftlichen Schulden und der Einlagen nicht aus, so hat der Ausscheidende den übrigen Gesellschaftern für den Fehlbetrag nach dem Verhältnisse seines Anteils am Verlust aufzukommen.

Forderungsberechtigt ist hier die o. HG.; aber auch (Anm. 2 Abs. 2 zu § 124) jeder Gesellschafter ist befugt, Leistung an die o. HG. zu verlangen. Die o. HG. kann im Falle des § 739 BGB. die Erfüllung ihrer an sich bestehenden Rückgabe- und Befreiungspflicht aus § 738 BGB. verweigern (§ 273 BGB., str.). Vgl. dazu RGZ. 11, 130. Andere (nicht auf dem Gesellschaftsverhältnis als solchem beruhende) Ansprüche des Ausscheidenden gegen die o. HG. oder dieser gegen ihn können außerhalb des Auseinandersetzungsverfahrens geltend gemacht werden, RGZ. 118, 295; 128, 295. Mit dem Auseinandersetzungsguthaben kann vor seiner endgültigen Feststellung gegen solche („gesellschaftsfremde") Ansprüche von keiner Seite aufgerechnet werden, RGZ. 128, 295. S. aber auch SeuffA. 92, 270.

Umsatzsteuer ist nach Höhe des Auseinandersetzungsguthabens, nicht darüber hinaus noch für den Anwachsungswert zu entrichten; JW. 35, 1816[47] (RFH.).

Am Gewinn oder Verlust von Geschäften, die im Zeitpunkt des Ausscheidens schweben, nimmt der Ausscheidende intern noch teil (auch beim Ausscheiden aus einer zweigliedrigen Gesellschaft, vgl. RGZ. 56, 19; 65, 239). Nach § 740 BGB. gilt folgendes:

Der Ausgeschiedene nimmt an dem Gewinn und dem Verluste teil, welcher sich aus den zur Zeit seines Ausscheidens schwebenden Geschäften ergibt. Die übrigen Gesellschafter sind berechtigt, diese Geschäfte so zu beendigen, wie es ihnen am vorteilhaftesten erscheint.

Der Ausgeschiedene kann am Schlusse jedes Geschäftsjahrs Rechenschaft über die inzwischen beendigten Geschäfte, Auszahlung des ihm gebührenden Betrags und Auskunft über den Stand der noch schwebenden Geschäfte verlangen.

Vgl. dazu RGZ. 114, 131 über Verteilung des nachträglich angefallenen Erlöses von den der (vertraglichen) Anwachsung nicht unterworfenen Vermögensstücken.

Der Gesellschaftsvertrag kann die Auseinandersetzung, von dem Grundsatz der Anwachsung abgesehen (JFG. 7, 309), in allen Punkten abweichend regeln. Im Zweifel gelten die Auseinandersetzungsregeln für das Ausscheiden kraft vorheriger Vereinbarung (§ 138) auch für das Ausscheiden nach §§ 139 Abs. 2, 140, 141. Vgl. ferner § 142 Abs. 3.

Eintragung des Ausscheidens: § 143 Abs. 2.

Vorgesehene Fortsetzung mit Gesellschaftererben

§ 139[1a]. Ist im Gesellschaftsvertrage[1] bestimmt, daß im Falle des Todes eines Gesellschafters die Gesellschaft mit dessen Erben fortgesetzt werden soll[2], so kann jeder Erbe sein Verbleiben in der Gesellschaft davon abhängig machen, daß ihm unter Belassung des bisherigen Gewinnanteils die Stellung eines Kommanditisten eingeräumt und der auf ihn fallende Teil der Einlage des Erblassers als seine Kommanditeinlage anerkannt wird[3].

Nehmen die übrigen Gesellschafter einen dahingehenden Antrag des Erben nicht an, so ist dieser befugt, ohne Einhaltung einer Kündigungsfrist sein Ausscheiden aus der Gesellschaft zu erklären[3].

Die bezeichneten Rechte können von dem Erben nur innerhalb einer Frist von drei Monaten nach dem Zeitpunkt, in welchem er von dem Anfalle der Erbschaft Kenntnis erlangt hat, geltend gemacht werden. Auf den Lauf der Frist finden die für die Verjährung geltenden Vorschriften des § 206 des Bürgerlichen Gesetzbuchs entsprechende Anwendung. Ist bei dem Ablaufe der drei Monate das Recht zur Ausschlagung der Erbschaft noch nicht verloren, so endigt die Frist nicht vor dem Ablaufe der Ausschlagungsfrist[4].

Scheidet innerhalb der Frist des Abs. 3 der Erbe aus der Gesellschaft aus[5] oder wird innerhalb der Frist die Gesellschaft aufgelöst[6] oder dem Erben die Stellung eines Kommanditisten eingeräumt[7], so haftet er für die bis dahin entstandenen Gesellschaftsschulden nur nach Maßgabe der die Haftung des Erben für die Nachlaßverbindlichkeiten betreffenden Vorschriften des bürgerlichen Rechtes[8].

Der Gesellschaftsvertrag kann die Anwendung der Vorschriften der Abs. 1 bis 4 nicht ausschließen; es kann jedoch für den Fall, daß der Erbe sein Verbleiben in der Gesellschaft von der Einräumung der Stellung eines Kommanditisten abhängig macht, sein Gewinnanteil anders als der des Erblassers bestimmt werden[9].

1a. Zu § 139 s. Art. 7 Nr. 17 der 4. EinfV. betr. Österreich und Art. 7 Nr. 17 der 3. EinfV. betr. Sudetenland (Anh. XIII, XIV).

1. Es genügt jede vor dem Todesfall getroffene Vereinbarung der Gesellschafter (vgl. § 138 und Anm. 1 dazu), nicht aber testamentarische Anordnung eines Gesellschafters (RGZ. 45, 216). — Über Möglichkeit und Wirkungen einer späteren Vereinbarung zwischen überlebenden Gesellschaftern und Erben, wenn vertraglich vorher nichts vorgesehen war, vgl. Anm. 1 u. 5 zu § 131 und Anm. 6 zu § 138.

2. Fortgesetzte Gesellschaft mit den Erben, Gegensatz: Auflösung der o. HG. (§ 131 Nr. 4) bzw. Fortsetzung nur unter den Überlebenden (§ 138). — Als Gesellschafter kommen nur die einzelnen Erben, nicht eine Erbengemeinschaft in Betracht; JW. 12, 475; RJA. 10, 43; 15, 43; KGJ. 49, 109; auch nicht, wer nur einen Nießbrauch am Nachlaß hat; OLG. 43, 289. — Der Vertrag der Gesellschafter muß vorsehen, daß die Erben als offene HG.er (nicht: von vornherein nur als Kommanditisten! R. 24, 460) in die o. HG. eintreten (nicht: nur berechtigt sind einzutreten! RGZ. 16, 54). Möglich ist aber, den Eintritt der Erben von der Wahl der überlebenden Gesellschafter abhängig zu machen (Verbindung von § 138 und § 139); auch dann bestimmt sich die Stellung der Erben, wenn die Gesellschafter ihren Eintritt wollen, nach § 139; JW. 12, 476. Möglich auch, im Vertrage die Fortsetzung mit nur einem oder einzelnen bestimmten Erben vorzusehen, vgl. RGZ. 145, 289 und Anm. 3 zu § 138; auch dann gilt insoweit § 139. Vgl. schließlich SeuffA. 93, 23.

3. Die Erklärungen nach Abs. 1 und 2 kann jeder Erbe ohne Rücksicht auf das Verhalten von Miterben abgeben. Sie sind höchstpersönlicher Natur und daher

auch für minderjährige Erben nicht von einem Testamentsvollstrecker, sondern vom gesetzlichen Vertreter, im Falle des § 1909 Abs. 1 S. 2 BGB. also vom Pfleger abzugeben, zu welchem dann allerdings auch der Testamentsvollstrecker bestellt sein kann; JW. 35, 3558. Wer die Erbschaft ausschlägt (§ 1942 BGB.), gilt als niemals Erbe geworden (§ 1953 BGB.), seine früheren Erklärungen werden gegenstandslos.

Welcher Teil der Einlage des verstorbenen Gesellschafters auf einen Miterben entfällt, bestimmt sich nach dessen Anteil am Nachlaß (§ 2033 BGB.). — Einlage ist nicht das Kapitalguthaben zuzüglich einer Beteiligung an etwa versteckten Werten (vgl. dazu Anm. 7 Abs. 4 zu § 138), sondern die mit dem Erblasser zuletzt vertraglich bedungene Einlage, die u. U. höher oder niedriger als sein Kapitalanteil ist (str.). Im ersteren Falle hat der Erbe als Kommanditist eine Buchforderung auf den Überschußanteil und hat zugleich seine Kommanditeinlage voll geleistet (vgl. § 167 Abs. 2), andernfalls bestehen für ihn die Folgen einer noch nicht voll geleisteten Kommanditeinlage (§ 171). Der Fall, daß eine Kommanditeinlage gem. Abs. 1 praktisch nicht begründet werden kann, kommt bei der Auffassung, „Einlage" sei etwa gleich dem Auseinandersetzungsguthaben des Erblassers (?), zumindest ebenso häufig vor (vgl. Anm. 7 Abs. 4 — bei § 739 BGB. — zu § 138).

Bei Annahme des Antrages des Erben (gerichtet auf Abänderung des Gesellschaftsvertrages, vgl. Anm. 1 Abs. 6 zu § 105 und dazu § 145 BGB.) entsteht eine Kommanditgesellschaft; §§ 161 ff. Diese kann bei Firmenbeibehaltung über Gesellschaftsgrundstücke ohne Grundbuchumschreibung verfügen; vgl. JFG. 1, 369; Haftung des eintretenden Erben für alte Schulden aber nicht nach § 173 (persönlich mit dem ganzen Vermögen — wenn auch der Höhe nach beschränkt), sondern nach Abs. 4; für Schulden nach Eintritt jedoch nach §§ 173, 176 Abs. 2, JW. 35, 1586.

Gibt ein Erbe während der in Abs. 3 bestimmten Frist entweder gar keine Erklärung oder bei Ablehnung seines Antrages auf Eintritt als Kommanditist nicht die Erklärung seines Ausscheidens ab, so ist er (nach Maßgabe seines Erbteils, vgl. oben Abs. 2 dieser Anm.) persönlich haftender Gesellschafter der o. HG.; D. 108. Er rückt i. Zw. in die gesellschaftliche Rechtsstellung des Erblassers (Vertretung und Geschäftsführung) ein, RGZ. 16, 40; MonSchHR. 05, 233. Haftung nach §§ 130, 128, vgl. JW. 12, 475.

Der Eintritt des Erben in die o. HG. (als Kommanditist oder persönlich haftender Gesellschafter) bedarf, wenn sie gemäß § 139 im Gesellschaftsvertrag vorgesehen war, auch bei Minderjährigkeit keiner vormundschaftsgerichtlichen Genehmigung, JW. 33, 118; anders, wenn die Fortsetzung erst nach Auflösung der o. HG. mit den Erben vereinbart wird, vgl. Anm. 1 Abs. 4 zu § 105 und Anm. 5 zu § 131.

Die Erklärung des Erben nach Abs. 2 löst die o. HG. nicht auf, sondern hat die Wirkungen einer vertraglichen Bestimmung i. S. des § 138; vgl. darüber Anm. 5 u. 7 zu § 138.

4. Vgl. § 27 Abs. 2 und Anm. 4 u. 5 zu § 27.

5. Durch Erklärung nach Abs. 2; vgl. oben Anm. 3 a. E.

6. Auflösung (trotz vertraglicher Bestimmung gem. § 139 Abs. 1) aus irgendeinem sonstigen Grunde, vgl. § 131 Nr. 1—3, 5 und 6. (Bei einem Auflösungsbeschluß nach § 131 Nr. 2 hätten die Erben mitzuwirken!)

7. Gem. Abs. 1 und 2. — Wird ohne Bestimmung im Gesellschaftsvertrage (nach Auflösung der o. HG. gem. § 131 Nr. 4) ein Erbe des verstorbenen

Gesellschafters in die Gesellschaft aufgenommen, so gilt nicht Abs. 4, sondern § 173. Anders wohl (Analogie!), wenn der Vertrag zwar nicht eine Bestimmung gem. Abs. 1 enthielt, aber von vornherein Eintritt der Erben als Kommanditisten vorsah; vgl. dazu R. 24, 460.

8. §§ 1967 ff., 2058 ff. BGB.

9. Eine den Abs. 1—4 zuwiderlaufende Vereinbarung ist nichtig, § 134 BGB. U. U. Gesamtnichtigkeit des Gesellschaftsvertrages nach § 139 BGB.

Lediglich der — nach Abs. 1 dem Erben auch als Kommanditisten zukommende — Gewinnanteil kann ihm (für die Zukunft! Grund: Fehlen der Geschäftsführung und unbeschränkten Haftung beim Kommanditisten rechtfertigt geringere Gewinnbeteiligung) schon im Gesellschaftsvertrag für diesen Fall gekürzt werden.

Gesellschafterausschließung

§ 140. Tritt in der Person eines Gesellschafters ein Umstand ein, der nach § 133 für die übrigen Gesellschafter das Recht begründet, die Auflösung der Gesellschaft zu verlangen[1], so kann vom Gericht anstatt der Auflösung die Ausschließung dieses Gesellschafters aus der Gesellschaft ausgesprochen werden[2], sofern die übrigen Gesellschafter dies beantragen[3].

Für die Auseinandersetzung[4] zwischen der Gesellschaft und dem ausgeschlossenen Gesellschafter ist die Vermögenslage der Gesellschaft in dem Zeitpunkte maßgebend, in welchem die Klage auf Ausschließung erhoben ist[5].

1. Vgl. die Anm. zu § 133. — § 140 konkurriert auch dann nicht immer mit § 133, wenn der Auflösungsgrund in der Person eines Gesellschafters liegt, sondern es muß außerdem gerade für alle anderen Gesellschafter ein wichtiger Grund zur Auflösung gegeben sein; vgl. auch unten Anm. 3. Die Ausschließung ist gegenüber der Auflösung (die alle Gesellschafter grundsätzlich gleich behandelt) die schärfere Maßnahme. Daher ist besonders die Ausschließung nur dann gerechtfertigt, wenn auch unter Berücksichtigung des Verhaltens der übrigen Gesellschafter nicht anders (vgl. z. B. auch §§ 117, 127) Schaden von der o. HG. abgewendet werden kann, niemals wenn nur Verbesserung der Lage der verbleibenden Gesellschafter angestrebt wird; vgl. dazu Anm. 7 zu § 133 u. RGZ. 112, 283; 146, 169; JW. 33, 98; 36, 2071. Gleichwohl ist auch hier kein Verschulden des auszuschließenden Gesellschafters erforderlich; z. B. genügt Geisteskrankheit, außer wenn die Gesellschafter von vornherein auf Mitarbeit des Erkrankten keinen Wert gelegt haben; vgl. RGZ. 24, 138; JW. 33, 98, auch ROHG. 18, 396; 20, 244.

2. Sind die Voraussetzungen für eine Ausschließung gegeben, so steht es darüber hinaus nicht im Ermessen des Gerichts, ob es auf Ausschließung erkennen soll; RGZ. 122, 312 (gegen RGZ. 105, 376). Die Ausschließung erfolgt mit Rechtskraft des Urteils; näheres Anm. 5 Abs. 1 zu § 133, vgl. auch unten Anm. 3. — Die Ausschließung bewirkt Ausscheiden i. S. des § 143 Abs. 2 (Eintragung!); vgl. Anm. 4 dazu.

3. Ausschließungsklage (oder -widerklage) erforderlich; vgl. JW. 13, 548 und Anm. 6 Abs. 2 zu § 133 (entsprechend!).

Abw. von § 133 muß die Ausschließung gegen einen (oder mehrere!) Gesellschafter einheitlich von allen übrigen betrieben werden; vgl. Anm. 1 zu § 133. Die notwendige Streitgenossenschaft der Kläger führt zur Klageabweisung, wenn das Verhalten auch nur eines Klägers (vgl. oben Anm. 1) keinen Ausschließungsgrund zu seinen Gunsten gegen den Beklagten ergibt; (um durchzudringen, müssen die übrigen Kläger dann gegebenenfalls auch ihn auf Ausschließung verklagen!) RGZ. 122, 312. Alle übrigen Gesellschafter müssen sich über die Ausschließung der Beklagten und die Fortsetzung der Gesellschaft unter sich einig sein. RGZ. 146, 169.

Der Gesellschaftsvertrag kann die Ausschließung abdingen, sie aber nicht erleichtern, z. B. einem Gesellschafterbeschluß überlassen; vgl. D. 100 und ROHG. 21, 84; RGZ. 38, 121; 109, 80, aber auch Anm. 5 Abs. 3 zu § 138. (Umgekehrt bei § 133, vgl. Anm. zu § 133!) Festsetzung absoluter Ausschließungsgründe ist statthaft; RGZ. 24, 140. — Über das Verhältnis von Auflösungs- und Ausschließungsklage: RGZ. 24, 140; JW. 17, 292; HansRGZ. 29 B 168.

Ist nur ein Kläger vorhanden, so muß er statt auf Ausschließung der andern auf Übergang des Geschäftes mit Aktiven und Passiven auf sich klagen; vgl. § 142 Abs. 1 und Anm. 1 dazu. — Bei einer Gesellschaft bürgerlichen Rechts findet nur § 737 BGB. Anwendung, Gruch. 56, 941. Entsprechende Anwendung des § 140 auf eine GmbH. ist ebenfalls nicht möglich, RGZ. 101, 55.

4. Über Auseinandersetzung vgl. Anm. 7 zu § 138.

5. Zeitpunkt der Klageerhebung: §§ 253, 281 ZPO. Er bleibt maßgeblich, auch wenn der zur Ausschließung führende Umstand etwa erst nachträglich eintritt; RGZ. 101, 242.

Fortsetzungsbeschluß nach Kündigung eines Privatgläubigers oder Privatkonkurs

§ 141. Macht ein Privatgläubiger eines Gesellschafters von dem ihm nach § 135 zustehenden Rechte Gebrauch[1], so können die übrigen Gesellschafter auf Grund eines von ihnen gefaßten Beschlusses dem Gläubiger erklären, daß die Gesellschaft unter ihnen fortbestehen solle[2]. In diesem Falle scheidet der betreffende Gesellschafter mit dem Ende des Geschäftsjahrs aus der Gesellschaft aus[3].

Diese Vorschriften finden im Falle der Eröffnung des Konkurses über das Vermögen eines Gesellschafters mit der Maßgabe Anwendung, daß die Erklärung gegenüber dem Konkursverwalter zu erfolgen hat und daß der Gemeinschuldner mit dem Zeitpunkte der Eröffnung des Konkurses als aus der Gesellschaft ausgeschieden gilt[4].

1. Kündigung der o. HG. nach Pfändung des Gesellschafterguthabens (§ 135).

2. § 141 trägt dem Umstand Rechnung, daß bei Gläubigerkündigung (und Privatkonkurs — Abs. 2) der betroffene Gesellschafter für eine Fortsetzung der o. HG. (vgl. Anm. 1 zu § 131) nicht in Betracht kommt und mangels Vorsorge im Gesellschaftsvertrag (vgl. § 138 und Anm. 2 Abs. 1 dazu) die Liquidation der o. HG. sonst unvermeidlich wäre.

Durch die übereinstimmende Erklärung der übrigen Gesellschafter wird die Auflösung der o.HG. zum Schluß des Geschäftsjahres (vgl. § 135) verhindert. Bei zweigliedriger Gesellschaft: § 142 Abs. 2.

3. Der Kündigungstermin wird Stichtag für die Auseinandersetzung; vgl. dazu Anm. 7 zu § 138. Spätestens bis dahin müssen die Erklärungen der übrigen Gesellschafter (da der Gläubiger früher kein Interesse daran hat!) dem Gläubiger zugehen (§§ 130ff. BGB.).

4. Vgl. oben Anm. 2 Abs. 1 u. 3.— Die Auflösung der o.HG. (§ 131 Nr. 5) wird hier durch die Erklärungen der übrigen Gesellschafter rückgängig gemacht; da ein Interesse des Konkursverwalters an sofortiger Klarstellung besteht (vgl. oben Anm. 3 a. E.), müssen die Erklärungen unverzüglich nach Konkurseröffnung erfolgen.

Entsprechend wird Abs. 2 gelten müssen, wenn nach dem Tode eines Gesellschafters, wodurch mangels Vorsorge im Gesellschaftsvertrag die o.HG. aufgelöst wurde (§ 131 Nr. 4), die überlebenden Gesellschafter Fortsetzung unter sich beschließen (dazu Anm. 5 a. E. zu § 131) oder wenn der Ehemann einer Gesellschafterin gem. § 1358 BGB. fristlos kündigt.

Übernahme des Geschäfts durch einen Gesellschafter

§ 142. Sind nur zwei Gesellschafter vorhanden[1], so kann, wenn in der Person des einen von ihnen die Voraussetzungen vorliegen, unter welchen bei einer größeren Zahl von Gesellschaftern seine Ausschließung aus der Gesellschaft zulässig sein würde[2], der andere Gesellschafter auf seinen Antrag[3] vom Gerichte für berechtigt erklärt werden[4], das Geschäft ohne Liquidation mit Aktiven und Passiven zu übernehmen[5].

Macht bei einer aus zwei Gesellschaftern bestehenden Gesellschaft[1] ein Privatgläubiger des einen Gesellschafters von der ihm nach § 135 zustehenden Befugnis Gebrauch oder wird über das Vermögen des einen Gesellschafters der Konkurs eröffnet, so ist der andere Gesellschafter berechtigt[6], das Geschäft in der bezeichneten Weise zu übernehmen[5].

Auf die Auseinandersetzung finden die für den Fall des Ausscheidens eines Gesellschafters aus der Gesellschaft geltenden Vorschriften[7] entsprechende Anwendung.

1. Übernahme des Geschäfts mit Aktiven und Passiven (s. unten Anm. 5) durch einen Gesellschafter sieht § 142 an Stelle der Gesellschaftsfortführung unter mehreren verbleibenden Gesellschaftern in den Fällen der §§ 140 und 141 vor. Die Übernahme kann aber in gleicher Weise entsprechend § 138 und darüber hinaus in allen Fällen vereinbart werden, in denen sonst bei Ausscheiden eines Gesellschafters aus der o. HG. deren Fortsetzung unter den übrigen (also auch ohne besonderen Anlaß durch jederzeitigen Vertrag) vereinbart werden könnte; vgl. RGZ. 68, 414. Voraussetzung ist nicht (entgegen dem Wortlaut), daß vor der Übernahme eine nur zweigliedrige o. HG. bestand, sondern daß infolge Gesetzes (§ 141), Urteils (§ 140) oder Vereinbarung

so viele Gesellschafter ausscheiden, daß keine Gesellschaft, sondern nur ein Einzelner zurückbleiben würde. Dementsprechend (vgl. Anm. 3 Abs. 3 zu § 140) kann die Übernahme (mit Anwachsungswirkung) wohl vertraglich ganz ausgeschlossen, die Übernahmeklage kann aber nicht durch eine einseitige Erklärung des einen Gesellschafters ersetzt werden: RGZ. 109, 80; JW. 26, 2897. Wohl kann die (neben der Klage mögliche) vertragliche Übernahme in die Form einer Option gekleidet werden (die dann nicht durch einen Gesellschafterwechsel [statt der Alleinübernahme] ausübbar ist, LZ. 26, 837). § 142 findet aber keine Anwendung, wenn der Gesellschaftsvertrag einem Gesellschafter nur die Wahl einräumt, eine von mehreren Abteilungen des Geschäfts zu übernehmen, RGZ. 106, 129.

2. Vgl. § 140 mit Anm.; gegenüber Erben kann auch hier ein Verhalten ihres Erblassers nicht geltend gemacht werden: RGZ. 108, 388; 109, 80; JW. 25, 946.

3. Mittels Klage oder Widerklage, vgl. Anm. 3 zu § 140 und dazu HansRGZ. 29 B 520; DJZ. 31, 432, ferner über das Übernahmerecht eines Kommanditisten JW. 13, 1040.

4. Das Urteil ist (trotz der Fassung des Textes) Gestaltungsurteil wie das nach §§ 133, 140. Es muß ebenfalls ergehen, wenn die Voraussetzungen des § 142 Abs. 1 gegeben sind. Vgl. Anm. 5 zu § 133 und Anm. 2 zu § 140. Vorherige Auflösung der o.HG. hindert das Urteil nicht; RGZ. 102, 375; JW. 36, 2071 und 2931 (gegen RGZ. 74, 62; JW. 11, 721); Auflösung nach Rechtskraft des Urteils wegen dessen Gestaltungswirkung unmöglich, RGZ. 101, 243. Wohl aber kann, wenn die Übernahme durch Vertrag der Gesellschafter begründet wird (vgl. oben Anm. 1), hiervon zurückgetreten werden, JW. 36, 1953 und dazu Anm. 1 Abs. 1 a. E. zu § 131.

5. Es gelten Anwachsungsgrundsätze (vgl. Anm. 7 zu § 138) mit der Maßgabe, daß das Gesellschaftsvermögen nunmehr einem Einzelnen zusteht. Gleichwohl demgemäß keine Auflassung, sondern Umschreibung des Grundbuchs im Berichtigungswege usw.; RGZ. 65, 237; 68, 414; JW. 25, 1750; 35, 1110; 36, 2931; JFG. 14, 498. Wegen der Firma vgl. § 24 Abs. 2 (dazu RGZ. 65, 379), wegen der Telegrammadresse JW. 24, 294.

Die Anwachsung vollzieht sich im Falle des Abs. 2 kraft Erklärung des übernehmenden Gesellschafters zum Ende des Geschäftsjahrs (§ 141) und bei Übernahme durch Vertrag in dem von diesem bestimmten Zeitpunkt. In beiden Fällen ist das zugleich (bei vertragsmäßiger Übernahme: im Zweifel!) Stichtag für die Auseinandersetzung. Bei Übernahme auf Grund des Urteils nach Abs. 1 ist Stichtag hingegen der Zeitpunkt der Klageerhebung; § 140 Abs. 2 und Anm. 5 dazu. Vgl. RGZ. 56, 18; 101, 242; LZ. 31, 1144.

6. Gemäß § 141; vgl. die Anm. dazu. — Das Recht besteht auch bei einer o.HG. aus der Zeit vor 1900, wenn der Tatbestand nachher eintritt; RGZ. 65, 379.

7. §§ 738 ff. BGB.; vgl. Anm. 7 zu § 138.

Anmeldung zum Handelsregister

§ 143. Die Auflösung der Gesellschaft ist, wenn sie nicht infolge der Eröffnung des Konkurses über das Vermögen der Gesellschaft eintritt[1], von sämtlichen Gesellschaftern[2] zur Eintragung in das Handelsregister anzumelden[3].

Das gleiche gilt von dem Ausscheiden eines Gesellschafters aus der Gesellschaft[4].

Ist anzunehmen, daß der Tod eines Gesellschafters die Auflösung oder das Ausscheiden zur Folge gehabt hat[5], so kann, auch ohne daß die Erben bei der Anmeldung mitwirken, die Eintragung erfolgen, soweit einer solchen Mitwirkung besondere Hindernisse entgegenstehen.

1. Gesellschaftskonkurs: § 131 Nr. 3; vgl. dazu § 112 KO. (amtl. Mitteilung des Konkursgerichts an das HReg.). Entspr. bei Auflösung wegen Konkursablehnung mangels Masse nach dem Ges. v. 9. 10. 34 (vgl. Anm. 1 Abs. 3 a. E. zu § 131). — Anmeldepflichtig also Auflösung nach § 131 Nr. 1, 2, 4—6.

2. Auch von kündigenden oder die Auflösung (nach § 133) betreibenden Gesellschaftern. Grundsätzlich auch von den Erben eines verstorbenen Gesellschafters (die im Falle der Auflösung an sich keine Gesellschafterstellung haben — dazu Anm. 5 zu § 131), vgl. Abs. 3, auch OLG. 41, 195. — Klage gegen den sich weigernden Gesellschafter auf Mitwirkung bei der Anmeldung; vgl. § 16 und ROHG. 22, 201; 23, 227, auch JW. 02, 172 u. LZ. 20, 490.

3. Vgl. §§ 12ff. — Auflösung der o.HG. (und nach Abs. 2 auch Ausscheiden eines Gesellschafters) ist einzutragende Tatsache i. S. des § 15, und zwar ohne Rücksicht darauf, ob die o.HG. vorher zum HReg. angemeldet war; vgl. RGZ. 127, 98 und Anm. 2 Abs. 2 zu § 15. — Ob die angemeldete Auflösung auch tatsächlich eingetreten ist, hat der RegRichter nicht zu prüfen, ebensowenig Art und Weise der Abwicklung; vgl. Anm. 3 Abs. 3 zu § 8 und RJA. 2, 72 (aber auch OLG. 9, 262). Ebenso können Auflösung der o.HG. und Erlöschen ihrer Firma nach beendeter Liquidation (§ 157) ohne weiteres zusammen angemeldet werden. — Über die rechtliche Bedeutung der Anmeldung vgl. noch DJZ. 28, 463.

4. Ausscheiden: §§ 138, 139 Abs. 2, 140, 141, ferner Austritt auf Grund vertraglicher Vereinbarung ohne besonderen Anlaß, vgl. Anm. 5 zu § 138 und Anm. 1 zu § 142, ferner D. 99.

5. Das ist der Fall, wenn die Voraussetzungen des § 138 vorliegen oder der Gesellschaftsvertrag für den Todesfall keine Vereinbarung enthält; vgl. auch § 148 Abs. 1 S. 2.

Fortsetzung nach Gesellschaftskonkurs

§ 144. Ist die Gesellschaft durch die Eröffnung des Konkurses über ihr Vermögen aufgelöst[1], der Konkurs aber nach Abschluß eines Zwangsvergleichs aufgehoben[2] oder auf Antrag des Gemeinschuldners eingestellt[3], so können die Gesellschafter die Fortsetzung der Gesellschaft beschließen[4].

Die Fortsetzung ist von sämtlichen Gesellschaftern zur Eintragung in das Handelsregister anzumelden[5].

1. Vgl. § 131 Nr. 3. Es macht keinen Unterschied, ob die o.HG. schon vor Eröffnung des Konkurses (aus anderm Grunde) aufgelöst war, die Auflösung also nicht erst durch den Konkurs bewirkt wird; Anm. 4 zu § 131; §§ 209, 207 Abs. 2 KO.

2. §§ 211, 190 KO.

3. §§ 202, 203 KO.

4. Nur gemeinschaftliche Fortführung, nicht Fortführung durch einen Gesellschafter soll nach JW. 29, 2157 (KG.) beschlossen werden können. (Aber

nach solchem Beschluß könnte zweifellos sofort der Austritt aller bis auf einen Gesellschafter und Übernahme des Geschäfts durch diesen vereinbart werden!) — Die fortgesetzte Gesellschaft wahrt die Identität mit der früheren o.HG. (vgl. Anm. 5 a. E. zu § 138); insbesondere wirkt auch der Zwangsvergleich ihr gegenüber, RGZ. 28, 133.

5. §§ 12ff.

Fünfter Titel

Liquidation der Gesellschaft

Grundsatz der Liquidation

§ 145. Nach der Auflösung der Gesellschaft[1] findet die Liquidation statt[2], sofern nicht eine andere Art der Auseinandersetzung von den Gesellschaftern vereinbart[3] oder über das Vermögen der Gesellschaft der Konkurs eröffnet ist[4].

Ist die Gesellschaft durch Kündigung des Gläubigers eines Gesellschafters[5] oder durch die Eröffnung des Konkurses über das Vermögen eines Gesellschafters[6] aufgelöst, so kann die Liquidation nur mit Zustimmung des Gläubigers oder des Konkursverwalters unterbleiben[7].

1. Vgl. § 131 und die Anm. dazu, aber auch die Fälle der „vermiedenen" Auflösung: §§ 138, 139, 141, 142. — § 145 gilt nicht, wenn wegen Willensmangels beim Gesellschaftsvertrag überhaupt keine o.HG. wirksam entstanden ist; dann: §§ 741ff. (Auseinandersetzung nach Gemeinschaftsgrundsätzen), vgl. dazu Anm. 1 Abs. 8 zu § 105 sowie RJA. 11, 277; SeuffA. 89, 280. Ob die o.HG. jedoch im HReg. eingetragen war (oder sonst Dritten gegenüber wirksam geworden, vgl. § 123 und die Anm. dazu), ist gleichgültig; ROHG. 22, 204; OLG. 41, 202, vgl. auch Anm. 3 zu § 143.

2. Liquidation läßt die o.HG. unter gesetzlicher Zweckänderung (Verteilung des nach Berichtigung der Gesellschaftsverbindlichkeiten verbleibenden Vermögens — §§ 149, 155), aber sonst identisch bestehen; vgl. RGZ. 127, 99. S. auch § 156. Infolgedessen ist Zurückverwandlung in eine (identische) produktive o.HG. durch entgegengesetzte Änderung des Gesellschaftszwecks bis zur Liquidationsbeendigung möglich (Anm. 1 zu § 131 und Anm. 6 a. E. zu § 138), sogar bei einer KG., die durch Tod ihres einzigen Komplementars aufgelöst wurde; RGZ. 106, 66; vgl. auch JW. 24, 169.

3. Vgl. § 158 und Anm. dazu, aber auch Abs. 2 (in den Auflösungsfällen der Gläubigerkündigung und des Gesellschafterkonkurses Zustimmung des Gläubigers bzw. Konkursverwalters). — Eine erst nach Beginn der Liquidation getroffene Vereinbarung hat keine rückwirkende Kraft; HRR. 34, 1042. Über die Erfordernisse der Vereinbarung vgl. auch HRR. 30, 1486. — Die Gesellschafter haben ein Recht auf Liquidation (D. 103), das aber entfällt, wenn der Liquidationszweck erreicht oder nicht erreichbar ist; vgl. RGZ. 40, 31, auch OLG. 43, 291. Bei langfristigen Verträgen der o.HG. (die durch die Liquidation nur aufgelöst werden, wenn sich ihr Zweck mit der Auflösung der o.HG. nicht verträgt — vgl. RGZ. 123, 151, auch Warn. 37, 206) kann sich aber die Notwendigkeit einer Aufschiebung der Liquidation oder einer anderen Form der Abwicklung ergeben; RGZ. 123, 151. — Sind im Gesellschaftsvertrag mehrere Auseinandersetzungs-

arten wahlweise vorgesehen, so gilt weder § 262 BGB. noch Mehrheitsbeschluß, sondern es muß diejenige Art der Auseinandersetzung stattfinden, die der Billigkeit entspricht (§ 315 BGB.), RGZ. 114, 393.

4. Der Auflösung durch Gesellschaftskonkurs (§ 131 Nr. 3) steht der Konkurs einer Liquidationsgesellschaft gleich; vgl. §§ 209, 207 Abs. 2 KO. und Anm. 4 zu § 131. §§ 146ff. gelten aber nach Beendigung des Konkurses, wenn die o.HG. nicht gem. § 144 fortgesetzt wird und noch Vermögen vorhanden ist, ROHG. 16, 289; RGZ. 40, 31.

5. §§ 135, 131 Nr. 6. Vgl. auch §§ 141 Abs. 1, 142 Abs. 2 und Anm. 2 Abs. 1 zu § 138.

6. § 131 Nr. 5. Vgl. auch §§ 138, 141 Abs. 2, 142 Abs. 2.

Liquidatoren

§ 146. Die Liquidation[1] erfolgt, sofern sie nicht durch Beschluß der Gesellschafter oder durch den Gesellschaftsvertrag einzelnen Gesellschaftern oder anderen Personen[2] übertragen ist[3], durch sämtliche Gesellschafter als Liquidatoren[4]. Mehrere Erben eines Gesellschafters haben einen gemeinsamen Vertreter zu bestellen[5].

Auf Antrag eines Beteiligten[6] kann aus wichtigen Gründen[7] die Ernennung von Liquidatoren durch das Gericht erfolgen, in dessen Bezirke die Gesellschaft ihren Sitz hat; das Gericht kann in einem solchen Falle Personen zu Liquidatoren ernennen, die nicht zu den Gesellschaftern gehören[7]. Als Beteiligter gilt außer den Gesellschaftern im Falle des § 135 auch der Gläubiger, durch den die Kündigung erfolgt ist[8].

Ist über das Vermögen eines Gesellschafters der Konkurs eröffnet, so tritt der Konkursverwalter an die Stelle des Gesellschafters[9].

1. Vgl. §§ 149, 155 und Anm. 2 zu § 145.

2. Auch juristischen Personen (str.), OLG. 44, 189; JW. 25, 2017, 2338; 30, 1410.

3. Die einmal übertragene Stellung als Liquidator kann einem Gesellschafter nur mit seiner Zustimmung oder durch das Gericht entzogen werden (vgl. § 147); ROHG. 20, 11. — Auch durch Beschluß oder Vertrag der Gesellschafter (über dessen Zustandekommen MonSchHR. 14, 23) können (statt oder neben einem oder mehreren der Gesellschafter) Dritte Liquidatoren werden (vgl. Abs. 2 S. 1 Halbs. 2), z. B. ein Gläubiger der o. HG. mit der gleichzeitigen Ermächtigung (§ 181 BGB.), sich selbst zu befriedigen (vgl. § 149); ROHG. 9, 215.

4. Liquidatoren („Abwickler" — vgl. § 206 AktGes.) sind die sämtlichen Gesellschafter oder die von ihnen bestellten (oben Anm. 3) oder die gem. Abs. 2 vom Gericht ernannten Personen. Ihr Amt tritt frühestens mit Eintragung der Gesellschaftsauflösung (§ 143) in Kraft; vgl. dazu RJA. 11, 277; 15, 121; OLG. 43, 290; KGJ. 49, 118; R. 17, 1304. Gleichzeitig erlischt die Vertretungsmacht und Geschäftsführung der Gesellschafter als solcher (vgl. dazu Anm. 1 zu § 125

und im einzelnen: ROHG. 10, 357; RGZ. 5, 10; OLG. 41, 203; KGJ. 33 A 188; DJZ. 20, 408; 21, 202). — Über die (nur rechtsbekundende) Eintragung der Liquidatoren ins HReg. vgl. § 148 (§ 15!), dazu. Vgl. noch DR. 39, 1794.

Sind die Gesellschafter Liquidatoren, so besteht für sie wechselseitig erzwingbare Mitwirkungspflicht nach Gesellschaftsgrundsätzen. Mit anderen Personen ist ein Dienstvertrag i. S. des § 675 BGB. abzuschließen. Vgl. dazu unten Anm. 7 Abs. 3 a. E. S. ferner RGZ. 91, 34 (Rechenschaftspflicht des ausscheidenden Liquidators).

5. Der Vertreter der Erben übernimmt bei der Liquidation die sonst dem verstorbenen Gesellschafter zufallende Rolle und wird also gegebenfalls **selbst** Liquidator; anders, wenn die Erben Gesellschafter geworden waren (dann findet auf sie nicht Abs. 1 S. 2, sondern Abs. 1 S. 1 Anwendung!); KGJ. 32 A 135. Abs. 1 S. 2 enthält kein zwingendes Recht; möglich ist auch, daß sämtliche Erben mit Zustimmung der andern Liquidatoren zusammen mit diesen die aufgelöste o.HG. vertreten, HRR. 32, 1143.

6. **Beteiligte** sind die Gesellschafter bzw. der Verwalter in ihrem Privatkonkurs (Abs. 3) und die Erben eines verstorbenen Gesellschafters, im Falle des § 135 auch (RGZ. 95, 233) der Privatgläubiger, der gekündigt hat, vgl. dazu Anm. 4 zu § 135.

7. Ein **wichtiger Grund** ist stets gegeben, wenn ohne die Ernennung eine Gefährdung des Liquidationszwecks (unter Berücksichtigung der Interessen aller Beteiligten) eintreten würde. Beispiele: Feindschaft (nicht schon jeder Streit!) unter den Gesellschaftern oder Liquidatoren (vgl. JW. 97, 290; 28, 2639, aber auch 36, 944), örtliche, zahlen- oder interessenmäßige Hinderung an ordentl. Amtsausübung der (nach Abs. 1 berufenen) Liquidatoren (vgl. KGJ. 32 A 132; RJA. 10, 49).

Die zu ernennenden Liquidatoren müssen unparteiisch erscheinen und der ihre Ernennung begründende Mißstand durch diese behoben werden, vgl. JW. 28, 2639; JFG. 5, 246. Benennung durch die Beteiligten bindet den Richter nicht, JFG. 2, 183. (Mit der Ernennung kann auch Abberufung gem. § 147 Halbs. 2 verbunden sein, notwendig ist das nicht; vgl. dazu LZ. 13, 212).

Zuständig ist das **Registergericht** im Beschlußverfahren (§§ 145, 146 FGG.), JW. 01, 754; 21, 763, in Preußen nicht der Rechtspfleger, R. 29, 1024. Es kann die Ernennung von dem Vorschlage geeigneter und annahmebereiter Personen, auch von Vorschußleistung für die zu Ernennenden abhängig machen; RJA. 8, 269. Unzulässig hingegen: Eingriff in die Liquidationsgeschäfte (RGZ. 12, 32; LZ. 13, 212), bloße Vertreterbestellung für verhinderte Liquidatoren (RJA. 15, 127), Festsetzung der Liquidatorenvergütung (RJA. 4, 144). — Die Ernennung bedeutet Bindung für die Beteiligten, ermöglicht aber keinen Zwang gegen den Ernannten. — Eintragung ins HReg. nach § 148 Abs. 2.

Auf eine Erbengemeinschaft, die als solche ein HGeschäft fortführt, ist Abs. 2 nicht anwendbar; R. 37, 7986.

8. Vgl. dazu Anm. 4 zu § 135. — Die Gläubiger der o.HG. sind **nicht** Beteiligte. Hat eine aufgelöste o.HG. jedoch ihren Gläubigern gegenüber Verpflichtungen über die Art der Durchführung der Liquidation übernommen, so werden die Gläubiger — namentlich, wenn sie auf Befriedigung außerhalb der Liquidationsmasse verzichtet haben — vor gerichtlicher Bestellung von Liquidatoren zu hören sein; JFG. 7, 164.

9. Der Konkursverwalter ist also „Beteiligter"; vgl. § 147. Nicht auch der Vergleichsverwalter eines Gesellschafters (bei Auflösung der o.HG. aus andern Gründen, vgl. Anm. 6 Abs. 2 zu § 131).

Abberufung von Liquidatoren

§ 147. Die Abberufung[1] von Liquidatoren[2] geschieht durch einstimmigen Beschluß der nach § 146 Abs. 2, 3 Beteiligten[3]; sie kann auf Antrag eines Beteiligten aus wichtigen Gründen auch durch das Gericht erfolgen[4].

1. Die Abberufung eines Liquidators ist der Widerruf seiner Vertretungsmacht; vgl. § 168 S. 2 BGB., auch § 125 Abs. 1 und Anm. 2 a. A. zu § 125 (betr. die nicht aufgelöste o. HG.). Auf sie kann wirksam nicht verzichtet werden, ROHG. 23, 324. — Vgl. dazu auch § 152 (Weisungen der Beteiligten).

2. Vgl. Anm. 4 zu § 146. Gleichgültig, wie die Liquidatoren bestellt worden sind; vgl. ROHG. 21, 141, auch JW. 25, 2639.

3. Ist der Liquidator selbst Beteiligter, z. B. Gesellschafter, so muß er seiner Abberufung zustimmen; vgl. Anm. 3 zu § 146. Die Abberufungsmöglichkeit durch Beschluß der Beteiligten entspricht insoweit § 125 Abs. 1; vgl. oben Anm. 1. — Darüber, wer Beteiligter ist, s. Anm. 6 zu § 146.

4. Satz 2 entspricht § 127; nur ist das gerichtliche Verfahren nicht das des Prozesses, sondern der freiwilligen Gerichtsbarkeit (Anm. 7 Abs. 2 zu § 146) und jeder einzelne Beteiligte (wie nach § 146 Abs. 2 S. 1) antragsberechtigt. — Über wichtige Abberufungsgründe vgl. Anm. 7 zu § 146. Abberufung braucht nicht mit gerichtlicher Ernennung anderer Liquidatoren zusammenzutreffen, steht aber unter demselben Gesichtspunkt der Sicherstellung einer ordnungsmäßigen Liquidation; vgl. RGZ. 12, 34, ferner (Einzelfälle): ROHG. 9, 30; JW. 97, 290; 28, 2639; HRR. 32, 1142, auch JW. 36, 943 (Streit über eine Gesellschafterverpflichtung des einen Liquidators rechtfertigt dessen Abberufung nicht ohne weiteres). Verschulden des abzuberufenden Liquidators ist keine Voraussetzung des wichtigen Grundes, JW. 28, 2639; vgl. auch Anm. 7 zu § 133. — Über Eintragung der Abberufung im HReg. § 148 Abs. 1 S. 2.

Eintragung der Liquidatoren im Handelsregister. Anmeldungs- und Zeichnungspflicht

§ 148. Die Liquidatoren sind von sämtlichen Gesellschaftern zur Eintragung in das Handelsregister anzumelden[1]. Das gleiche gilt von jeder Änderung in den Personen der Liquidatoren oder in ihrer Vertretungsmacht[1]. Im Falle des Todes eines Gesellschafters kann, wenn anzunehmen ist, daß die Anmeldung den Tatsachen entspricht, die Eintragung erfolgen, auch ohne daß die Erben bei der Anmeldung mitwirken, soweit einer solchen Mitwirkung besondere Hindernisse entgegenstehen[2].

Die Eintragung gerichtlich bestellter Liquidatoren sowie die Eintragung der gerichtlichen Abberufung von Liquidatoren geschieht von Amts wegen[3].

Die Liquidatoren haben die Firma nebst ihrer Namensunterschrift zur Aufbewahrung bei dem Gerichte zu zeichnen[4].

1. Bestellung, Abberufung, sonstiger Wegfall eines Liquidators und Änderung in seiner Vertretungsmacht (vgl. § 150 Abs. 1 S. 2) sind einzutragende Tatsachen; §§ 14, 15. Soweit Abs. 2 eingreift, besteht keine An-

meldungspflicht, s. aber unten Anm. 3. — Jeder Gesellschafter (vgl. D. 104 — bezügl. Satz 2!) kann von den übrigen auf Mitwirkung bei den erforderlichen Anmeldungen verklagt werden; vgl. Anm. 3 Abs. 2 zu § 108, Anm. 2 a. E. zu § 143 und § 16, auch ROHG. 10, 437.

Die Eintragung ist nicht rechtsbegründend. Voraussetzung für sie ist nur die Eintragung der Gesellschaftsauflösung, die gegebenenfalls gleichzeitig angemeldet werden muß; vgl. OLG. 41, 202 und dazu Anm. 3 zu § 143. Bei Eintragung von Änderungen wird der Zeitpunkt ihres Eintritts nicht eingetragen, RJA. 12, 217. — Über das zuständige Registergericht vgl. §§ 106 Abs. 1, 13a u. 13b. Über Vertretungsmacht der Liquidatoren § 150 Abs. 1.

2. Vgl. auch § 143 Abs. 3.

3. Auch bei Abs. 2 gilt § 15.

4. Wie zu zeichnen ist, bestimmt § 153; vgl. die Anm. dazu, im übrigen Anm. 4 Abs. 1 zu § 108. Die Liquidationsfirma ist keine geänderte Firma, daher nicht eintragungspflichtig, KGJ. 39 A 104.

Geschäftsführung und Vertretungsmacht der Liquidatoren

§ 149[1a]. Die Liquidatoren[1] haben die laufenden Geschäfte zu beendigen[2], die Forderungen einzuziehen[3], das übrige Vermögen in Geld umzusetzen[4] und die Gläubiger zu befriedigen[5]; zur Beendigung schwebender Geschäfte können sie auch neue Geschäfte eingehen[6]. Die Liquidatoren vertreten innerhalb ihres Geschäftskreises die Gesellschaft gerichtlich und außergerichtlich[7].

1a Zu § 149 s. Art. 7 der Nr. 18 der 4. EinfV. betr. Österreich und Art. 7 Nr. 18 der 3. EinfV. betr. Sudetenland (Anh. XIII, XIV).

1. Über Rechtsstellung der Liquidatoren: Anm. 4 zu § 146. Die Sorgfaltspflicht der Liquidatoren bestimmt sich je nach dem, ob sie Gesellschafter sind oder Dritte, nach § 708 BGB. oder § 276 BGB.; vgl. dazu LZ. 13, 212. Sie sind einstimmigen Weisungen der Beteiligten unterworfen (§ 152) und können auch abberufen werden (§ 146); die Gesellschafter stehen auch hier als Beteiligte besser als andere Liquidatoren. Über Auskunfts- und Rechenschaftspflicht vgl. Anm. 1 Abs. 2 zu § 154, über den Grundsatz der Gesamtgeschäftsführung mehrerer Liquidatoren § 150 und Anm. 2 dazu.

2. Laufende Geschäfte werden grundsätzlich ausgeführt. Die Auflösung der o.HG. bewirkt regelmäßig nicht die Beendigung der von ihr abgeschlossenen Rechtsgeschäfte und begründet auch nur ausnahmsweise einen besonderen Grund zu deren Kündigung; vgl. dazu Anm. 1 Abs. 1 a. E. zu § 131, Anm. 3 zu § 145 und RGZ. 5, 7; 24, 70; 123, 151; JW. 26, 2933; Warn. 37, 206. Im Einzelfalle kann die Auflösung einseitig den Wegfall der Verpflichtung eines Dritten bewirken; vgl. RGZ. 4, 67 (Einlageversprechen eines Nichtgesellschafters). Die Abwicklungsgeschäfte (auch die neu eingegangenen, vgl. unten Anm. 4 Abs. 2) sind Handelsgeschäfte, die Gesellschafter der aufgelösten o.HG. nach wie vor Kaufleute, ROHG. 23, 144; vgl. auch Anm. 2 zu § 145. (Nur ist es nicht möglich, eine o.HG. zu bloßen Liquidationszwecken zu errichten, vgl. Anm. 2 zu § 105 und DJZ. 02, 167.) — Wie die Geschäfte zu beendigen sind, liegt im pflichtmäßigen Ermessen der Liquidatoren unter Berücksichtigung des Liquidationszweckes (Anm. 2 zu § 145), sofern nicht einzelne bindende Weisungen der Beteiligten ergehen (§ 152); in diesem Rahmen dürfen die Liquidatoren auch Vergleiche abschließen und auf zweifelhafte Ansprüche Verzicht leisten, HRR. 32, 257.

3. Forderungen der o.HG. sind (vorbehaltlich abweichender Einzelweisungen gem. § 152) sämtlich einzuziehen, d.h. der Forderungsgegenstand ist für die Liquidationsgesellschaft in Anspruch zu nehmen; dies kann z. B. auch durch Aufrechnung geschehen; nicht auf Geld gerichtete Forderungen können je nach Ermessen an Stelle der Einziehung verkauft werden. Über zweifelhafte Forderungen vgl. vorige Anm. a. E. — Worauf und gegen wen die Forderung gerichtet ist, macht grundsätzlich keinen Unterschied. Insbesondere fallen auch Ansprüche gegen die Gesellschafter als solche (Beitragsleistung, Herausgabe von Gesellschaftsvermögen, Rechenschaft, Ersatz unbefugter Entnahmen usw.) unter § 149; ROHG. 12, 39; 21, 136; 22, 140; 25, 158; RGZ. 76, 276; 90, 301; 91, 36; JW. 11, 809; vgl. aber auch RGZ. 45, 155. Aus verbotenem Wettbewerb (dazu RGZ. 90, 301) oder Warenzeichenrecht ergeben sich jedoch wegen der Beendigung des Gesellschaftszwecks nur Schadensersatz-, nicht mehr Unterlassungsansprüche, vgl. JW. 27, 1090. — Einen Schuldsaldo der Gesellschafter auf Kapitalkonto können die Liquidatoren nicht einklagen, HRR. 29, 626, auch ROHG. 25, 159; den Ausgleich ihrer Kapitalanteile nehmen die Gesellschafter bei Beendigung der Liquidation untereinander vor, vgl. Anm. 5 zu § 155. — Soweit der einzelne Gesellschafter von Mitgesellschaftern Leistung an die o.HG. fordern kann (s. Anm. 2 Abs. 2 zu § 124), bleibt diese Befugnis neben der der Liquidatoren bestehen, RGZ. 91, 36; JW. 27, 1090; 38, 3180. Vgl. dazu noch Anm. 1 Abs. 2 zu § 154; ferner RGZ. 98, 298 und 100, 166.

4. Das gesamte Gesellschaftsvermögen (also mit Ausnahme der der o.HG. von den Gesellschaftern nur zur Benutzung überlassenen Gegenstände; § 732 BGB.!) ist in Geld umzusetzen (anders § 733 Abs. 3 BGB.), vgl. D. 104 und § 155. Dazu gehören auch Gebrauchs- und Nutzungsrechte der o.HG., die (RGZ. 16, 2; Gruch. 40, 1101) mit der Auflösung nicht endigen; vgl. Anm. 1 Abs. 1 a. E. zu § 131. Auch hier sind aber andere Weisungen nach § 152 möglich; vgl. RGZ. 56, 433; 62, 58.

Wie die Vermögensverwertung erfolgt, steht, von Weisungen der Beteiligten nach § 152 abgesehen, im Ermessen der Liquidatoren; vgl. oben Anm. 2 a. E. Sie können solche Verwertungsgeschäfte, die niemals „neue Geschäfte" i. S. der Vorschrift sind, grundsätzlich unumschränkt (durch Forderungsverkauf, durch Veräußerung des Vermögens im ganzen, freihändig oder im Wege öffentlicher Versteigerung) vornehmen, vgl. dazu RGZ. 44, 82; LZ. 13, 212, auch OLG. 46, 262.

5. Die Schulden der o.HG. sind aus ihrem Vermögen zu decken, die fälligen zu tilgen, die künftig fälligen (dazu RGZ. 9, 14) und streitigen sicherzustellen, vgl. § 155 Abs. 2. — Soweit die Gesellschafter als Gläubiger in Betracht kommen, ist zu unterscheiden: beruhen die Forderungen auf „gesellschaftsfremden" Rechtsverhältnissen (vgl. Anm. 4 zu § 128) oder auf § 110 (Aufwendungsersatz), so stehen sie den Forderungen Dritter gleich. (RGZ. 29, 15 verlangt, daß der Gesellschafter das Vorhandensein eines zur Deckung sämtlicher Verbindlichkeiten ausreichenden Gesellschaftsvermögens nachweise [?]); Gewinnausschüttung, Kapitalentnahme usw. (§§ 120—122) sind hingegen unzulässig; vgl. § 155 und RGZ. 100, 166.

6. Unter Eingehung neuer Geschäfte versteht die Vorschrift nicht die vorher von ihr angeordneten Abwicklungsgeschäfte der Forderungseinziehung, Vermögensverwertung oder Gläubigerbefriedigung; vgl. auch oben Anm. 4 Abs. 2. Andere Geschäfte dürfen die Liquidatoren nur eingehen, wenn und soweit ein schon vor Auflösung begonnenes Geschäft nicht unmittelbar im

Wege eines solchen Abwicklungsgeschäfts erledigt werden kann. Beispiele: Abschluß eines Geschäfts, über das ein Vorvertrag bestand (RGZ. 44, 84); Wechselzeichnung oder Bestellung von Sicherheiten, wenn ein schwebendes Geschäft dies erfordert (vgl. RJA. 9, 122, auch OLG. 46, 262); Deckungskäufe, Überbrückungskredite usw., wobei häufig die Lage des Einzelfalls entscheiden muß.

7. Die Vertretungsmacht der Liquidatoren deckt sich grundsätzlich mit ihrer Geschäftsführungsbefugnis (darüber oben Anm. 2—6), RGZ. 44, 82, vgl. aber § 151. Fällt ein Geschäft auch nur, allgemein gesehen, in den Bereich der möglichen Liquidationsgeschäfte, so ist Vertretungsmacht zu vermuten; vgl. ROHG. 13, 224; 21, 307; RGZ. 4, 65; 60, 31; 146, 378. Bei Überschreitung der Vertretungsmacht heilen die Geschäfte durch Genehmigung der Gesellschafter; diese können die Vertretungsmacht der Liquidatoren beliebig erweitern; RGZ. 106, 72, OLG. 46, 262. — Unzulässig ist Prokuristenbestellung (auch nicht heilbar; vgl. ROHG. 13, 224, auch RGZ. 72, 122 und Anm. 2 Abs. 2 zu § 48). — Gesamtvertretung: § 150. — Nachweis der Vertretungsbefugnis der Liquidatoren durch Zeugnis des RegGerichts: § 9 Abs. 3 S. 2. — Die Vertretung und Geschäftsführung durch die Gesellschafter als solche erlischt; vgl. Anm. 4 zu § 146 und Anm. 3 zu § 156.

Im Sinne des Prozeßrechts (§§ 51, 313 ZPO.) sind die Liquidatoren „gesetzliche" Vertreter der aufgelösten o.HG., LZ. 31, 1388. — Über die Vertretung der Gesellschaft bei Klagen eines von mehreren Liquidatoren gegen die Gesellschaft vgl. RGZ. 116, 116, über die Parteistellung bei Prozessen der aufgelösten o.HG. Anm. 2 Abs. 2 a. E. zu § 124 und RGZ. 123, 151. — Über Haftung der o.HG. für Verschulden der Liquidatoren vgl. das in Anm. 2 Abs. 2 zu § 126 Gesagte (entsprechend!), auch § 150 Abs. 2 S. 2 und Anm. 5 zu § 150.

Mehrheit von Liquidatoren

§ 150. Sind mehrere Liquidatoren vorhanden, so können sie die zur Liquidation gehörenden Handlungen[1] nur in Gemeinschaft vornehmen, sofern nicht bestimmt ist, daß sie einzeln handeln können[2]; eine solche Bestimmung ist in das Handelsregister einzutragen[3].

Durch die Vorschrift des Abs. 1 wird nicht ausgeschlossen, daß die Liquidatoren einzelne von ihnen zur Vornahme bestimmter Geschäfte oder bestimmter Arten von Geschäften ermächtigen[4]. Ist der Gesellschaft gegenüber eine Willenserklärung abzugeben, so findet die Vorschrift des § 125 Abs. 2 Satz 3 entsprechende Anwendung[5].

1. Vgl. §§ 149, 153—155.

2. Im Zweifel besteht (im Gegensatz zur nicht aufgelösten o.HG., §§ 115, 125) in der Liquidation Gesamtvertretung (und -geschäftsführung, vgl. Anm. 7 zu § 149). Abweichungen können die zur Bestellung der Liquidatoren Berufenen (vgl. § 146) treffen, das Gericht aber sinngemäß (§§ 146 Abs. 2, 147) nur dann, wenn auch für solche Abweichungen ein wichtiger Grund gegeben ist. Nachträgliche Bestimmung ändert die Grundlage des bisherigen Liquidatorenvertrages und macht neuen Abschluß erforderlich; vgl. dazu unten Anm. 4 a. E.

— Nicht nur Einzelvertretung (vgl. Text), sondern bei drei und mehr Liquidatoren auch Gesamtvertretung zu je zweien kann bestimmt werden. Über Gesamtvertretung allgemein vgl. Anm. 6 zu § 48.

3. Vgl. § 148 und §§ 14, 15.

4. Vgl. § 125 Abs. 2 S. 2 und Anm. 4 zu § 125. — Als solche Ermächtigung kann die Klage eines Liquidators gegen die aufgelöste o. HG. und die Einlassung der übrigen von ihm als Vertreter der o. HG. bezeichneten Liquidatoren auf die Klage angesehen werden; RGZ. 116, 116; nach RGZ. 47, 18 soll es der Neubestellung nach § 146 Abs. 2 (?) bedürfen (die Schwierigkeit würde aber nur durch Abberufung des klagenden Liquidators beseitigt werden, zu der ohne seine Zustimmung regelmäßig keine Möglichkeit besteht; deshalb hilft auch § 57 ZPO. nicht!). — Sind nicht sämtliche Gesellschafter Liquidatoren, so können sie nicht einem oder mehreren von ihnen alle Befugnisse übertragen. Beschließen das aber sämtliche Gesellschafter-Liquidatoren, so ist das keine Ermächtigung nach Abs. 2 S. 1, sondern eine Änderung in der Vertretungsmacht, die ins HReg. einzutragen ist (§§ 148 Abs. 1, 150 Abs. 1 Halbs. 2).

5. Vgl. dazu auch Anm. 6 Abs. 4 zu § 48.

Unbeschränkbarkeit der Vertretungsmacht

§ 151. Eine Beschränkung des Umfanges der Befugnisse der Liquidatoren ist Dritten gegenüber unwirksam[1].

1. Vgl. §§ 50 Abs. 1, 126 Abs. 2 Halbs. 1, auch §§ 74 Abs. 2, 210 Abs. 4 AktGes. — Dritten gegenüber kommt nur die Vertretungsmacht, nicht die Geschäftsführungsbefugnis (darüber § 152) in Betracht; jene ist unbeschränkbar. Dem Dritten schadet selbst Kenntnis einer Beschränkung der (internen) Geschäftsführungsbefugnis grundsätzlich nicht; vgl. Anm. 2 Abs. 2 zu § 50 und Anm. 3 zu § 126. Durchbrechung des Grundsatzes (vgl. Anm. 7 zu § 149) der Gleichheit von Geschäftsführung und Vertretungsmacht in der Liquidation.

Anordnungsbefugnis der Beteiligten

§ 152. Gegenüber den nach § 146 Abs. 2, 3 Beteiligten[1] haben die Liquidatoren, auch wenn sie vom Gerichte bestellt sind[2], den Anordnungen Folge zu leisten, welche die Beteiligten in betreff der Geschäftsführung einstimmig beschließen[3].

1. Vgl. Anm. 6 zu § 146.

2. Gem. § 146 Abs. 2.

3. Nur die Beteiligten einstimmig, nicht das Gericht, können anordnen: gehört also ein Liquidator zu ihnen, dann nicht ohne seine Zustimmung, vgl. Anm. 3 zu § 146 und Anm. 3 zu § 147. Erben können nur einheitlich durch einen Vertreter stimmen; § 146 Abs. 1 S. 2.

Die Folge der Anordnung ist eine interne Verpflichtung der Liquidatoren (vgl. § 151 und Anm. dazu), die klagbar ist und die Liquidatoren bei Verletzung schadensersatzpflichtig macht. Regelmäßig wird auch gerichtliche Abberufung (§ 147 Halbs. 2) gerechtfertigt sein. — Außerdem wird durch die Anordnung die Vertretungsmacht der Liquidatoren entsprechend beeinflußt; vgl. Anm. 7 zu § 149.

Zeichnung der Liquidatoren

§ 153. Die Liquidatoren haben ihre Unterschrift in der Weise abzugeben, daß sie der bisherigen, als Liquidationsfirma zu bezeichnenden Firma[1] ihren Namen beifügen[2].

1. Die Firma der o.HG. erleidet durch die Auflösung keine Änderung, die etwa zur Eintragung ins HReg. anzumelden wäre; vgl. § 148 Abs. 3. Die Bezeichnung der Firma als Liquidationsfirma geschieht üblicherweise durch den (meist abgekürzten!) Zusatz „in Liquidation" („i. L.").

2. Vgl. auch § 108 Abs. 2 (für die o.HG. vor Auflösung). — Über Schriftformerfordernisse und Folgen nicht vorschriftsmäßiger Zeichnung vgl. Anm. 1 zu § 126 (entsprechend!).

Bilanzierungspflicht der Liquidatoren

§ 154. Die Liquidatoren haben bei dem Beginne sowie bei der Beendigung der Liquidation eine Bilanz aufzustellen[1].

1. Die Bilanzierungspflicht trifft die Liquidatoren in ihrer Gesamtheit; vgl. § 150 Abs. 1. Bei Verletzung gegebenenfalls: Strafbarkeit der Liquidatoren nach §§ 244, 240 Nr. 4 KO. Da die o.HG. noch nicht erloschen ist, müssen bei entsprechender Dauer der Liquidation auch die Jahresbilanzen aufgestellt werden (str.); §§ 39 Abs. 2, 6 Abs. 1; vgl. dazu HRR. 30, 1482. Die Liquidationsbilanzen müssen den wirklichen Wert der Aktiven und Passiven unter dem Gesichtspunkt der Liquidation (§ 149 Abs. 1!) einsetzen; auch die sonst üblichen Abweichungen (stille Reserven) sind unzulässig, vgl. Anm. 6 zu § 40. Im übrigen gilt § 40. Vgl. auch D. 105. Über Feststellung des inneren Geschäftswertes s. JW. 36, 3118.

Daneben ist jeder einzelne Liquidator persönlich rechenschaftspflichtig (§§ 666, 259 i. Verb. m. § 675 bzw. 713 BGB.), und zwar sowohl (wenn die Liquidation noch andauert) den übrigen Liquidatoren als auch den Gesellschaftern, letzteren, außer wenn er zu ihnen gehört (vgl. dazu Anm. 2 Abs. 2 zu § 124), nur gemeinschaftlich; ROHG. 12, 41; 23, 330; 25, 345; RGZ. 91, 34.

Verteilung des Liquidationsüberschusses

§ 155[1a]. Das nach Berichtigung der Schulden verbleibende Vermögen[1] der Gesellschaft[2] ist von den Liquidatoren[3] nach dem Verhältnisse der Kapitalanteile, wie sie sich auf Grund der Schlußbilanz[4] ergeben, unter die Gesellschafter zu verteilen[5].

Das während der Liquidation entbehrliche Geld wird vorläufig verteilt[5]. Zur Deckung noch nicht fälliger oder streitiger Verbindlichkeiten sowie zur Sicherung der den Gesellschaftern bei der Schlußverteilung zukommenden Beträge ist das Erforderliche zurückzubehalten[5]. Die Vorschriften des § 122 Abs. 1 finden während der Liquidation keine Anwendung[6].

Entsteht über die Verteilung des Gesellschaftsvermögens Streit unter den Gesellschaftern, so haben die Liquidatoren die Verteilung bis zur Entscheidung des Streites auszusetzen[7].

1a. Zu § 155 s. Art. 7 Nr. 19 der 4. EinfV. betr. Österreich und Art. 7 Nr. 19 der 3. EinfV. betr. Sudetenland (Anh. XIII, XIV).

1. Vgl. § 149, insbes. Anm. 5 dazu.

2. Über die der o.HG. nur zur Benutzung überlassenen Vermögensgegenstände der einzelnen Gesellschafter vgl. Anm. 4 Abs. 1 zu § 149.

3. § 146 und Anm. 4 dazu.

4. Darüber § 154 Anm. 1 Abs. 1.

5. Was als Ergebnis der Liquidationsgeschäfte an Geld verbleibt, wird unter die Gesellschafter verteilt. — Der endgültigen Verteilung (Abs. 1) liegen die Kapitalanteile der Schlußbilanz, den vorläufigen Verteilungen (Abs. 2) die der Eröffnungsbilanz oder, wenn Zwischenbilanzen aufgestellt sind, die der letzten Zwischenbilanz zugrunde. Vgl. D. 106. Insoweit besteht ein klagbarer und übertragbarer Anspruch der Gesellschafter auf Verteilung, der im Falle des § 135 von der Pfändung ergriffen wird; vgl. § 717 BGB. — Die Kapitalanteile bestehen aus den Einlagen der Gesellschafter, vermehrt durch nicht abgehobene Gewinne und vermindert durch die Abschreibung befugter Entnahmen; vgl. §§ 120 Abs. 2, 122. Ansprüche gegen Gesellschafter auf Ersatz unbefugter Entnahmen (§ 111) haben die Liquidatoren wie andere Gesellschaftsforderungen einzuziehen; vgl. Anm. 1 a. E. zu § 122 u. Anm. 3 zu § 149. — Da sich die Kapitalanteile in der Liquidation von der Eröffnungsbilanz bis zur Schlußbilanz verändern können, müssen bei vorläufigen Verteilungen dafür ebenso Rückstellungen gemacht werden wie für noch offene Gesellschaftsverbindlichkeiten; vgl. auch D. 106. Hat ein Gesellschafter bei einer vorläufigen Verteilung mehr erhalten, als ihm nach hoher Wahrscheinlichkeit bei der Schlußverteilung zukommen würde, so kann dies während der Liquidation zurückgefordert werden; Warn. 31, 334. — Bei der Berechnung der Kapitalanteile ist, wenn eine Neuordnung der gesellschaftlichen Verhältnisse nach Beginn der Gesellschaft stattgefunden hat, allein die Neuordnung zu berücksichtigen und nicht auf die ursprüngliche Kapitalzusammensetzung zurückzugehen, insbesondere dann, wenn die Neuordnung in Zeiten der Geldentwertung erfolgt ist; RGZ. 127, 141. — Eine besondere Rückerstattung der Einlagen oder ihres Wertes wie nach §§ 733, 734 BGB. findet bei der o.HG. nicht statt; RGZ. 111, 77. — Über Maßstäbe einer Auseinandersetzung ohne Liquidation vgl. HRR. 31, 391 und Anm. 7 Abs. 4 zu § 138.

6. Außerhalb der Verteilungen findet weder Zins- noch Kapitalentnahme noch Gewinnausschüttung statt; vgl. Anm. 5 a. E. zu § 149. Da die Beteiligten aber die Abstandnahme von der Liquidation vereinbaren können (vgl. §§ 145, 158), so sind auch Vereinbarungen über eine andere Art der Verteilung zulässig; vgl. dazu § 152.

7. Streitigkeiten über die Verteilung entscheiden die Liquidatoren nicht. Die Gesellschafter sind regelmäßig auf Klage gegen die Mitgesellschafter angewiesen. Vgl. ROHG. 5, 391; RGZ. 47, 18; 59, 59; JW. 93, 542; LZ. 31, 1388, ferner SeuffA. 91, 25. Abs. 3 gilt auch grundsätzlich bei Streit über vorläufige Verteilungen, vgl. RGZ. 47, 18, dazu aber RGZ. 29, 16; 30, 19.

Mit der Verteilung des Gesellschaftsvermögens ist das Amt der Liquidatoren erloschen. Den Ausgleich der Kapitalanteile bei Vorhandensein von Passivsalden nehmen (mangels anderweitiger Vereinbarung, vgl. LZ. 14, 1030) nicht die Liquidatoren, sondern die Gesellschafter unter sich vor; D. 107; Gruch. 40, 1106; KGJ. 28 A 45, auch Warn. 33, 129. Insoweit gilt § 735 BGB., RGZ. 40, 31; LZ. 08, 444 und 534. — Vgl. noch den Fall Warn. 31, 169 (Rechtsverhältnisse der Gesellschafter einer zwangsliquidierten auslandsdeutschen Gesellschaft in bezug auf ein Wiederaufbaudarlehen aus öffentlichen Mitteln).

Rechtsstellung der Gesellschafter in der Liquidation

§ 156. Bis zur Beendigung der Liquidation[1] kommen in bezug auf das Rechtsverhältnis der bisherigen Gesellschafter untereinander sowie der Gesellschaft zu Dritten die Vorschriften des zweiten und dritten Titels[2] zur Anwendung, soweit sich nicht aus dem gegenwärtigen Titel oder aus dem Zwecke der Liquidation ein anderes ergibt[3].

1. Vgl. Anm. 2 zu § 145.

2. §§ 109ff. (Innenverhältnis) und §§ 123ff. (Verhältnis zu Dritten).

3. Die aufgelöste Gesellschaft ist mit der früheren (werbenden) o. HG. grundsätzlich identisch, vgl. Anm. 1 zu § 131, s. jedoch auch Anm. 3 zu § 145 und Anm. 2 a. A. zu § 149. Die Gesellschafter sind nicht etwa Rechtsnachfolger der o. HG., HansRZ. 27, 2745.

Abweichungen vom Recht der werbenden o.HG. — im Innenverhältnis: §§ 114—117 sind durch §§ 149, 150 ersetzt, §§ 120—122 durch § 155; §§ 112, 113 passen nicht zum Zweck der Liquidation (vgl. dazu auch Anm. 3 zu § 149). Hingegen bleibt das Überwachungsrecht aus § 118 neben § 152 bestehen, ROHG. 5, 394; R. 32, 337; a. M. ROHG. 7, 71. Im Verhältnis zu Dritten sind §§ 125—127 durch §§ 146—151 ersetzt; § 123 verträgt sich nicht mit dem Wesen der Liquidation. Anwendbar sind § 124 (insbes. bei Prozessen der Liquidationsgesellschaft), vgl. Anm. 1 und 2 Abs. 2 a. E. zu § 124, auch RGZ. 25, 256; 54, 281; ferner §§ 128—130, vgl. ROHG. 5, 393; 13, 146; RGZ. 72, 120; JW. 00, 74.

Erlöschen der Firma. Verwahrung der Geschäftsbücher

§ 157. Nach der Beendigung der Liquidation[1] ist das Erlöschen der Firma von den Liquidatoren zur Eintragung in das Handelsregister anzumelden[2].

Die Bücher und Papiere der aufgelösten Gesellschaft werden einem der Gesellschafter oder einem Dritten in Verwahrung gegeben[3]. Der Gesellschafter oder der Dritte wird in Ermangelung einer Verständigung[4] durch das Gericht bestimmt, in dessen Bezirke die Gesellschaft ihren Sitz hat[5].

Die Gesellschafter und deren Erben behalten das Recht auf Einsicht und Benutzung der Bücher und Papiere.

1. Vgl. Anm. 7 Abs. 2 zu § 155. — § 157 gilt nicht, wenn Geschäftsübernahme ohne Liquidation erfolgt, vgl. RGZ. 43, 133 (a. A. JW. 97, 370); wohl aber bei Nichtfortführung der Gesellschaft, auch wenn keine Liquidation stattfand; OLG. 19, 317.

2. Erlöschen der Firma tritt nicht mit Auflösung der o. HG., sondern erst mit Beendigung der Liquidation ein; vgl. Anm. 1 zu § 131 und KGJ. 28 A 42; RJA. 11, 42; 13, 234. Das Erlöschen ist „einzutragende Tatsache" i. S. der §§ 14, 15 schon nach §§ 31 Abs. 2, 6; durch Abs. 1 wird für den Fall des Erlöschens nach Liquidation (anders bei § 158) die Anmeldungspflicht der Liquidatoren begründet; D. 108. Vgl. noch Anm. 3 a. E. zu § 143. — Die Eintragung ist nur rechtsbekundend, KGJ. 28 A 42; sie erfolgt regelmäßig wenn nur die Anmeldung formell ordnungsmäßig vorliegt, vgl. KGJ. 22 A 107 und Anm. 3 Abs. 3 zu § 8.

3. Mit Rücksicht auf die Aufbewahrungspflicht gem. § 44. — Auf Übergabe kann nach Verständigung oder gerichtlicher Entscheidung gegen die Liquidatoren geklagt werden; Gruch. 40, 1107; JW. 33, 1040.

4. Da es sich um die Sicherstellung einer die Gesellschafter treffenden Pflicht handelt, hat die Verständigung auch nur unter den Gesellschaftern (und etwaigen Erben) zu erfolgen (bei Auflösung durch Privatkonkurs nicht unstr.; § 146 Abs. 3 beweist aber nichts, da die „Verständigung" nicht zur Liquidation gehört!); vgl. dazu auch Abs. 3.

5. Zuständigkeit des RegGerichts im Beschlußverfahren; §§ 145, 146 FGG. Vgl. dazu ROHG. 7, 74; RJA. 10, 41; JW. 33, 1040.

6. Das Recht der Gesellschafter und ihrer Gesamtrechtsnachfolger (dazu D. 108) auf Büchereinsicht usw. ist die Fortsetzung des Rechts aus § 118; vgl. dazu Anm. 3 Abs. 2 zu § 156. Andere Personen sind auf den Vorlegungsanspruch aus § 810 BGB. beschränkt.

Vereinbarter Ausschluß der Liquidation

§ 158. Vereinbaren die Gesellschafter statt der Liquidation eine andere Art der Auseinandersetzung[1], so finden, solange noch ungeteiltes Gesellschaftsvermögen vorhanden ist, im Verhältnisse zu Dritten die für die Liquidation geltenden Vorschriften entsprechende Anwendung.

1. Eine andere Art der Auseinandersetzung (z. B. Verkauf des ganzen Geschäfts und Erlösteilung oder Übernahme der Aktiven und Passiven durch einen Gesellschafter unter Auszahlung der übrigen — vgl. dazu Anm. 1 zu § 142 — oder Verteilung des Gesellschaftsvermögens ohne Versilberung) können die Gesellschafter bei Privatkonkurs eines von ihnen oder Kündigung eines Privatgläubigers nach Eintritt der Gesellschaftsauflösung (vgl. §§ 131 Nr. 5 und 6, 135, 138) nur mit Zustimmung des Konkursverwalters oder Gläubigers vereinbaren; § 145 Abs. 2. — Der Genehmigung des Vormundschaftsgerichts bedarf der Vertrag (bei Vorhandensein minderjähriger Gesellschafter oder Gesellschaftererben) nicht; vgl. §§ 1821, 1643, 1686 BGB. und dazu RGZ. 54, 278 (Schiedsvertrag bezügl. Auseinandersetzungsstreitigkeiten). Die Form des § 313 BGB. ist nur erforderlich, wenn bei der vereinbarten Art der Auseinandersetzung eine Auflassung von Gesellschaftsgrundstücken erfolgen muß; vgl. darüber Anm. 1 zu § 124, Anm. 7 Abs. 2 zu § 138 und RGZ. 65, 227 und 241. Für die Vereinbarung muß aber im Interesse der Klarheit und Rechtssicherheit Ausdrücklichkeit gefordert werden, so daß ihr Inhalt nicht etwa erst im Wege der Auslegung ermittelt zu werden braucht; HRR. 30, 1486; 34, 1042. Ist die Auflösung der o. HG. eingetreten, so wirkt die spätere Vereinbarung einer andern Auseinandersetzungsart nicht zurück, bedarf aber nicht etwa der Zustimmung der Liquidatoren als solcher; HRR. 34, 1042. Vgl. auch Anm. 3 zu § 145 und (über eine besondere Art der Auseinandersetzung) OLG. 43, 289, ferner JW. 35, 1792 (Umwandlung in eine Gesellschaft bürgerlichen Rechts).

2. Nur für das Innenverhältnis, nicht gegenüber Dritten wirkt die Vereinbarung der Gesellschafter, solange Gesellschaftsvermögen als solches (vgl. Anm. 1 a. A. zu § 124) vorhanden ist. (An letzterer Voraussetzung fehlt es bei Übernahme der Aktiven und Passiven; hier tritt damit die Vollbeendigung der o. HG. ein.) Es gelten dann insbesondere §§ 124 ff. mit der Maßgabe, daß die

o. HG. von sämtlichen Gesellschaftern vertreten wird; § 158 i. V. m. §§ 156, 146 Abs. 1 S. 1. Vgl. noch RGZ. 65, 27 (Vereinbarung über Verteilung der Gesellschaftsschulden), dazu aber auch JW. 28, 2612.

Sechster Titel

Verjährung

Verjährungsfrist bei Gesellschafterhaftung

§ 159[1a]. Die Ansprüche gegen einen Gesellschafter aus Verbindlichkeiten der Gesellschaft[1] verjähren in fünf Jahren nach der Auflösung der Gesellschaft[2] oder nach dem Ausscheiden des Gesellschafters[2], sofern nicht der Anspruch gegen die Gesellschaft einer kürzeren Verjährung unterliegt[3].

Die Verjährung beginnt mit dem Ende des Tages, an welchem die Auflösung der Gesellschaft oder das Ausscheiden des Gesellschafters in das Handelsregister des für den Sitz der Gesellschaft zuständigen Gerichts eingetragen wird[4].

Wird der Anspruch des Gläubigers gegen die Gesellschaft erst nach der Eintragung fällig, so beginnt die Verjährung mit dem Zeitpunkte der Fälligkeit[5].

1a. Zu § 159 s. Art. 7 Nr. 20 der 4. EinfV. betr. Österreich und Art. 7 Nr. 20 der 3. EinfV. betr. Sudetenland (Anh. XIII, XIV).

1. Gegenstand der Verjährung nach § 159 ist die Gesellschafterhaftung aus §§ 128—130; vgl. dazu RGZ. 125, 417; HRR. 31, 1686. Zusätzliche besondere Schuldgründe werden nicht berührt, vgl. RGZ. 10, 47; 31, 46; 142, 300, auch 139, 254 und JW. 27, 812; dahin gehört auch der Fall, daß die Haftung des Gesellschafters schon durch (gegen ihn ergangenes) Urteil feststeht, R. 38, 2530. Bei der Haftung der Gesellschafter einer Schein-o. HG. verneint RGZ. 55, 154 die Anwendbarkeit des § 159; entsprechende Anwendung liegt aber nahe (str.). Die Ansprüche der o. HG. gegen die Gesellschafter fallen nicht unter § 159, die der Gesellschafter untereinander nur, wenn sie auf §§ 128—130 beruhen; darüber Anm. 4 zu § 128. Vgl. ROHG. 8, 247; RGZ. 7, 93.

2. Für Ansprüche, die nach dem Ausscheiden eines Gesellschafters erst entstehen, haftet dieser überhaupt nicht; vgl. aber § 15 i. V. m. § 143 Abs. 2. Die Forthaftung des ausgeschiedenen Gesellschafters richtet sich nach den Grundsätzen der Gesamtschuld; JW. 28, 2612. Über Verzicht auf die Forthaftung eines ausscheidenden Gesellschafters vgl. OLG. 44, 197, auch Anm. 5 zu § 128, über Bedeutung des § 740 BGB. (nur Innenverhältnis!) JW. 02, 445 u. Anm. 7 Abs. 5 zu § 138. — Zu welchem Zeitpunkt eine Gesellschaftsschuld entsteht, kann zweifelhaft sein; vgl. RGZ. 76, 333 (Kontokorrent), 83, 107 (Kauf), 86, 60 (Mietverlängerung), 140, 10 (Schadensersatzpflicht wegen vorzeitiger Kündigung). Vgl. auch R. 21, 2431, wonach Klageerhebung vor Ausscheiden den Einwand späterer Schuldentstehung ausschließt. Im Urkundenprozeß gegen den Ausgeschiedenen ist auch die Anspruchsentstehung vor seinem Ausscheiden (d. h. dessen Eintragung und Bekanntmachung) urkundlich nachzuweisen, OLG. 7, 295. Bei Ansprüchen, die nach Eintragung (dazu unten Anm. 4) des Ausscheidens oder der Auflösung fällig werden, gilt Abs. 3, ebenso entsprechend für die nach

Auflösung erst entstehenden Ansprüche (darüber unten Anm. 5). — Über strafrechtliche Haftung eines ausgeschiedenen Gesellschafters RGSt. 41, 426.

3. Die fünfjährige Verjährung der Gesellschafterhaftung gilt nur subsidiär. (Das ergibt sich schon aus § 129 Abs. 1.) Sie gilt insbesondere bei allen Ansprüchen, die infolge 30jähriger Verjährung später als 5 Jahre nach der Eintragung der Auflösung oder des Ausscheidens (Abs. 2) verjähren würden, also auch aus Urteilen gegen die o. HG. (nicht gegen den Gesellschafter — darüber oben Anm. 1), selbst wenn sie vor Auflösung oder Ausscheiden rechtskräftig geworden sind, JW. 31, 3141; desgl. bei widerspruchsloser Feststellung im Konkurse der o. HG., RGZ. 70, 323; 74, 63.

4. Der Beginn der Verjährung des § 159 setzt Eintragung der Auflösung der o. HG. oder des Ausscheidens des Gesellschafters (vgl. § 143) voraus, nicht jedoch die Bekanntmachung dieser Tatsache. Vgl. ROHG. 8, 248. Die Eintragung zeitigt hier eine sog. Tatbestandswirkung, Kenntnis des Gläubigers ist weder Ersatz (anders nach § 15) noch Erfordernis, RGZ. 10, 45. Über Feststellung des Tages der Eintragung ROHG. 20, 348; RGZ. 4, 237. — Vgl. noch Anm. 3 a. E. zu § 160.

5. Der von Abs. 2 bestimmte Verjährungsbeginn erfaßt nur die in diesem Zeitpunkt bestehenden und schon fälligen Gesellschafterschulden. Bei den erst während der Liquidation entstehenden Verbindlichkeiten (vgl. § 156) gilt auch die Maximalfrist von fünf Jahren, aber für den Fristbeginn nicht Abs. 2, sondern § 198 BGB. (Anspruchsentstehung). Für die bei Auflösung oder Ausscheiden entstandenen, aber noch nicht fälligen beginnt sie mit der Fälligkeit (Abs. 3), für die später kündbaren gilt § 199 BGB. Vgl. für die Übergangszeit nach 1900 Art. 169 EGBGB., ferner RGZ. 88, 44; JW. 08, 19. — Die Forderung aus einem Blankowechsel der o. HG. gilt i. S. des § 159 auch dann nicht als nach Auflösung bzw. Ausscheiden fällig geworden, wenn der Inhaber die Befugnis zur Einsetzung des (späteren) Fälligkeitsdatums hatte; RGZ. 58, 186.

Unterbrechung der Verjährung

§ 160. Die Unterbrechung der Verjährung gegenüber der aufgelösten Gesellschaft[1] wirkt auch gegenüber den Gesellschaftern, welche der Gesellschaft zur Zeit der Auflösung[2] angehört haben[3].

1. Gleichgültig in welcher Weise (z. B.: RGZ. 5, 9); vgl. §§ 208 ff BGB.
2. Vgl. § 131.
3. § 160 stellt hinsichtlich der Unterbrechung der Verjährung den in § 159 teilweise durchbrochenen Grundsatz des § 129 Abs. 1 wieder her. Voraussetzung ist jedoch, daß die Verjährung nach § 159 gegenüber dem Gesellschafter noch nicht eingetreten ist, ROHG. 9, 86. Die Unterbrechung gegenüber einem Gesellschafter wirkt stets nur gegen diesen einzelnen Gesamtschuldner; vgl. D. 110 und Anm. 5 a. E. zu § 128. Gegen vor Gesellschaftsauflösung (s. oben Anm. 2) ausgeschiedene Gesellschafter kann die Unterbrechung nur unmittelbar persönlich herbeigeführt werden. — Nach Beendigung der Unterbrechung (§ 217 BGB.) beginnt gegenüber den Gesellschaftern stets die fünfjährige Frist gem. § 159.

Zweiter Abschnitt
Kommanditgesellschaft[1a]

Begriff der Kommanditgesellschaft
Verhältnis zur offenen Handelsgesellschaft

§ 161. Eine Gesellschaft, deren Zweck auf den Betrieb eines Handelsgewerbes unter gemeinschaftlicher Firma gerichtet ist, ist eine Kommanditgesellschaft, wenn bei einem oder bei einigen von den Gesellschaftern die Haftung gegenüber den Gesellschaftsgläubigern auf den Betrag einer bestimmten Vermögenseinlage beschränkt ist (Kommanditisten), während bei dem anderen Teile der Gesellschafter eine Beschränkung der Haftung nicht stattfindet (persönlich haftende Gesellschafter)[1].

Soweit nicht in diesem Abschnitt ein anderes vorgeschrieben ist, finden auf die Kommanditgesellschaft die für die offene Handelsgesellschaft geltenden Vorschriften Anwendung[2].

1a. Hierzu s. Art. 7 Nr. 21 der 4. EinfV. betr. Österreich und Art. 7 Nr. 2 der 3. EinfV. betr. Sudetenland (Anhang XIII, XIV).

1. Die Kommanditgesellschaft ist eine Abart der o.HG. Der Unterschied zwischen beiden Gesellschaftsformen besteht darin, daß bei der o.HG. alle Gesellschafter für die Gesellschaftsschulden unbeschränkt haften und daher grundsätzlich auch dieselbe sonstige Rechtsstellung haben, während bei der KG. stets zwei nach Pflichten und Rechten nicht gleichstehende Gesellschaftergruppen vorhanden sind.

Mindestens ein Gesellschafter muß den Gläubigern der KG. unbeschränkt haften. Diese „persönlich haftenden Gesellschafter" (gewöhnlich auch „Komplementare" genannt) haben dieselbe Rechtsstellung wie Gesellschafter einer o.HG., also insbesondere: Geschäftsführung (§§ 114ff.), Vertretungsmacht (§§ 125ff.), Schuldenhaftung gem. §§ 128ff. (wegen der rechtlichen Möglichkeit ihrer zusätzlichen Bürgschaft für Schulden der KG. vgl. RGZ. 139, 252, auch Anm. 5 zu § 128). — Die Kommanditisten (erforderlich ebenfalls mindestens einer!) haben Gesellschafterstellung, also Gesamthänderrechte. Es gelten folglich für die KG. dieselben Grundsätze wie bei der o.HG. hinsichtlich Gesellschaftsvermögen, Parteifähigkeit, Anwachsung, Parteistellung und Zeugnisfähigkeit der Gesellschafter (einschl. des Kommanditisten) usw. Vgl. dazu § 124 u. Anm. Z. B. bedarf eine KG. zum Grundstückserwerb einer für Ausländer vorgeschriebenen staatlichen Genehmigung schon dann, wenn auch nur ein Kommanditist Ausländer ist; SeuffA. 76, 237. Die Haftung der Kommanditisten ist jedoch beschränkt; vgl. § 171. Dem entspricht eine Abschwächung ihrer Gesellschafterrechte gegenüber denjenigen der Komplementare; vgl. unten Anm. 2. Nach R. 30, 793 soll sogar eine KG. mit einer ihrem einzigen (vertretungsberechtigten) Komplementar zustehenden Forderung aufrechnen können (?). Auch der alleinige Kommanditist hat aber z. B. die Rechte aus § 142; JW. 13, 1040. Vgl. noch ROHG. 15, 6 (zum alten Eidesrecht); RGZ. 32, 399; 64, 80; R. 05, 475 und im übrigen unten Anm. 2. Im Gesellschaftsvertrage kann schließlich für den Fall des Todes des einzigen Komplementars in geeigneter Weise die Fortführung der Gesellschaft vorgesehen werden; vgl. JW. 39, 163[22].

Die Voraussetzungen der Zugehörigkeit zur KG. sind dieselben wie bei der o. HG.; vgl. darüber Anm. 2 a. E. zu § 105, aber auch RGZ. 123, 366. — Ein Einzelkaufmann, der einer KG. beitritt, wird nur privat, nicht auch in Ansehung des von ihm betriebenen HGewerbes Kommanditist, auch wenn er den Beitritt unter seiner Firma erklärt, DJZ. 30, 173; vgl. auch HRR. 34, 143. — Da eine juristische Person persönlich haftender Gesellschafter sein kann (str.; vgl. RGZ. 105, 101; RJA. 12, 28; 16, 83 gegen OLG. 27, 331; DJZ. 13, 1500; SeuffA. 55, 17), ist auch eine KG. möglich, die aus einer GmbH. als Komplementar und ihren Mitgliedern als Kommanditisten besteht; RJA. 12, 28; KGJ. 51, 122 (str.). Sind Gesellschafter — auch Kommanditisten — minderjährig, so ist wie bei der o. HG. vormundschaftsgerichtliche Genehmigung erforderlich; RGZ. 51, 35; RJA. 3, 23. Vgl. auch Anm. 1 Abs. 4 zu § 105. — Die KG. selbst ist ebensowenig juristische Person wie die o. HG., RGZ. 32, 399; dazu Anm. 1 zu § 105. — Über die Wirkungen einer KG. vor Eintragung in das HReg. (§§ 162, 161 Abs. 2 i. Verb. m. § 106) vgl. § 176 u. Anm. dazu.

Über die Bedeutung der Vermögenseinlage des Kommanditisten vgl. §§ 171 u. 174 m. Anm., über „Kapitalerhöhung" bei einer KG. Warn. 26, 253.

2. Die Besonderheiten bei der KG. ergeben sich aus §§ 162—177.

Die Kommanditisten werden zwar in das HReg. eingetragen, aber nicht namentlich bekanntgemacht (§ 162), wie sie auch nicht in der Gesellschaftsfirma genannt sein können, vgl. § 19 Abs. 4. Sie haben weder Geschäftsführung noch Vertretungsmacht (§§ 164 u. 170, vgl. auch § 166). Schließlich ist ihre Beteiligung am Gewinn und Verlust sowie ihre Haftung gegenüber den Gesellschaftsgläubigern durch die Begrenzung ihrer Einlage beeinflußt (§§ 167 ff., §§ 171 ff.). Der Kommanditist (als solcher) ist daher n. h. M. auch nicht Kaufmann, vgl. JW. 35, 947, ferner R. 26. 1812; JW. 32, 1422; HRR. 34, 143, auch § 165.

Ausgeschlossen von der Anwendung auf die KG. (in Ansehung der Kommanditisten!) sind mithin §§ 112—115, 116 Abs. 1 u. 2, 117—122, 125—130, 131 Nr. 4, 137—139 (vgl. § 177). § 121 Abs. 3 ist überhaupt ausgeschlossen (§ 168). § 106 wird durch § 162 ergänzt, § 118 durch § 166 und § 123 durch § 176 ersetzt; § 173 entspricht § 130.

Anmeldung zum Handelsregister
Bekanntmachung der Eintragung

§ 162. Die Anmeldung der Gesellschaft hat außer den im § 106 Abs. 2 vorgesehenen Angaben die Bezeichnung der Kommanditisten und den Betrag der Einlage eines jeden von ihnen zu enthalten[1].

Bei der Bekanntmachung der Eintragung ist nur die Zahl der Kommanditisten anzugeben; der Name, der Stand und der Wohnort der Kommanditisten sowie der Betrag ihrer Einlagen werden nicht bekanntgemacht[2].

Diese Vorschriften finden im Falle des Eintritts eines Kommanditisten in eine bestehende Handelsgesellschaft und im Falle des Ausscheidens eines Kommanditisten aus einer Kommanditgesellschaft entsprechende Anwendung[3].

1. Vgl. § 161 Abs. 2 i. V. m. §§ 106—108, §§ 12—15. — Die entsprechende Anwendung des § 108 führt zur Anmeldungspflicht auch der Kommanditisten,

demgemäß auch zu einem ausschließlich gemeinschaftlichen Beschwerderecht aller Gesellschafter; vgl. dazu RJA. 13, 28; 14, 45; 16, 74; OLG. 27, 336; auch JW. 99, 232 (Gleichzeitigkeit der Anmeldungen nicht erforderlich). — Über den Wert der Anmeldung einer KG.: DJZ. 32, 362 und bei gleichzeitiger Anmeldung der Umwandlung einer AktG. in eine KG.: JW. 35, 2438.

Über die Bedeutung der Eintragung der Einlagehöhe vgl. § 172 Abs. 1.

Nach der Eintragung ist wie bei der o. HG. Berufung auf Willensmängel usw. ausgeschlossen; vgl. Anm. 1 Abs. 8 zu § 105 u. RGZ. 51, 37.

2. Vgl. dazu Anm. 2 Abs. 2 zu § 161.

3. Eintritt oder Ausscheiden eines Kommanditisten. — Abs. 3 legt die Möglichkeit zugrunde, daß sich eine o. HG. in eine KG. oder umgekehrt verwandele. Die Umwandlung setzt zwar Änderung des Gesellschaftsvertrages (vgl. Anm. 1 Abs. 6 zu § 105) voraus, wahrt aber die Gesellschaftsidentität: keine Vermögensübertragung, insbesondere keine Auflassung nötig; Grundbuchlegitimation ohne Umschreibung vorhanden usw. Vgl. D. 112; RGZ. 52, 161; 55, 126; 128, 190; KGJ. 26 A 219; 27 B 36; JFG. 1, 369, auch JW. 26, 1432. — Umwandlung einer Kapital-Gesellschaft in eine KG. nach § 12 d. Umwandlungs-Ges. v. 5. 7. 34 (RGBl. I 569) ist Neuanmeldung einer KG. i. S. des § 162; vgl. auch JW. 35, 2438 sowie Anm. 5 Abs. 2 § 105.

Innenverhältnis bei der Kommanditgesellschaft

§ 163. Für das Verhältnis der Gesellschafter untereinander gelten in Ermangelung abweichender Bestimmungen des Gesellschaftsvertrags[1] die besonderen Vorschriften der §§ 164 bis 169[2].

1. Entsprechend § 109 Abs. 2. 2. Vgl. dazu auch Anm. 2 zu § 161.

§§ 164—167, 169 beziehen sich nur auf das Verhältnis zwischen Komplementaren und Kommanditisten, § 168 auf das sämtlicher Gesellschafter zueinander. Die Komplementare unter sich stehen grundsätzlich wie Gesellschafter einer o. HG.

In erster Linie ist wie bei der o. HG. der Gesellschaftsvertrag für das Innenverhältnis maßgebend. Hilfsweise gelten nach §§ 164—169 die Vorschriften der §§ 110 ff. (§ 161 Abs. 2), hinter diesen §§ 705 ff. BGB. (§ 105 Abs. 2).

Geschäftsführung

§ 164. Die Kommanditisten[1] sind von der Führung der Geschäfte der Gesellschaft ausgeschlossen[2]; sie können einer Handlung der persönlich haftenden Gesellschafter nicht widersprechen, es sei denn, daß die Handlung über den gewöhnlichen Betrieb des Handelsgewerbes der Gesellschaft hinausgeht[3]. Die Vorschriften des § 116 Abs. 3 bleiben unberührt[4].

1. Für die Komplementare gelten §§ 114 ff. (§ 161 Abs. 2).

2. Abweichung von § 114 Abs. 1. — Dem Kommanditisten kann aber durch Gesellschaftsvertrag die Geschäftsführung übertragen werden; vgl. § 163 („in Ermangelung" usw.) u. RGZ. 31, 72; LZ. 08, 535; JFG. 2, 193. In diesem Falle findet auf ihn § 117 (entsprechende!) Anwendung, RGZ. 110, 418. — Die Übertragung hat keine Wirkungen nach außen, § 170; eintragungsfähig ist sie nicht, vgl. §§ 114 ff. u. DJZ. 24, 918; JFG. 2, 193.

3. Entspricht § 116 Abs. 2 (beim vertragsmäßig — § 114 Abs. 2 — von der Geschäftsführung ausgeschlossenen Gesellschafter der o. HG.). — Vgl. auch § 166.

4. D. h. die Komplementare (oder etwa kraft Vertrages geschäftsführende Kommanditisten, s. oben Anm. 2) erteilen und widerrufen Prokura, ohne daß die (nicht geschäftsführenden) Kommanditisten — auf Grund S. 1 Halbs. 2 — widersprechen können.

Wettbewerbsstellung der Kommanditisten

§ 165. Die §§ 112, 113[1] finden auf die Kommanditisten[2] keine Anwendung[3].

1. Wettbewerbsverbot.

2. Wohl auf die Komplementare, wobei dann (§ 161 Abs. 2) die Kommanditisten auch zu den „übrigen" Gesellschaftern i. S. der §§ 112, 113 gehören.

3. Vertraglich (§ 163) kann auch für die Kommanditisten ein Wettbewerbsverbot begründet werden.

Überwachungsrecht des Kommanditisten[1]

§ 166. Der Kommanditist ist berechtigt, die abschriftliche Mitteilung der jährlichen Bilanz zu verlangen und ihre Richtigkeit unter Einsicht der Bücher und Papiere zu prüfen[2].

Die im § 118 dem von der Geschäftsführung ausgeschlossenen Gesellschafter eingeräumten weiteren Rechte stehen dem Kommanditisten nicht zu[3].

Auf Antrag eines Kommanditisten[4] kann das Gericht[5], wenn wichtige Gründe vorliegen[6], die Mitteilung einer Bilanz oder sonstiger Aufklärungen sowie die Vorlegung der Bücher und Papiere jederzeit anordnen[7].

1. Die Überwachungsrechte des Kommanditisten aus § 166 bestehen nur während seiner Zugehörigkeit zur KG.; sie fallen grundsätzlich auch mit dem Eintritt der Liquidation fort, selbst wenn der Kommanditist zu den Liquidatoren gehört. In jedem Falle sind Auskunfts- und Vorlegungsansprüche im Wege der Klage zu verfolgen. Wie allgemein gegenüber Auskunftsansprüchen u. dgl. ist Zurückbehaltung grundsätzlich unzulässig (OLG. 38, 195 zu § 338). Vgl. dazu RJA. 4, 208; OLG. 38, 196; KGJ. 28 A 56; LZ. 31, 1002. — Ist eine Ehefrau Kommanditistin, so kann beim gesetzlichen Güterstand der Verwaltung und Nutznießung der Ehemann die Rechte aus § 166 im eigenen Namen geltend machen; SeuffA. 83, 243.

2. Gegebenenfalls kann der Kommanditist auf Berichtigung klagen (dies auch noch in der Liquidation); vgl. Anm. 1 zu § 118 u. Gruch. 40, 1111. — Über § 166 hinaus hat nach allgemeinen Grundsätzen die Mehrheit der Gesellschafterversammlung ein Recht auf Vorlage und Prüfung auch des Bilanzentwurfs und der zugehörigen Unterlagen, also bei Stimmberechtigung insoweit auch die Kommanditisten, SeuffA. 89, 88; vgl. dazu §§ 161 Abs. 2, 119, 109 Abs. 2, auch RGZ. 123, 289.

3. Dagegen wohl dem vertraglich von der Geschäftsführung ausgeschlossenen Komplementar; vgl. Anm. 1 zu § 164.

4. S. oben Anm. 1. — Antragsgegner sind die geschäftsführenden Gesellschafter; LZ. 31, 1002.

5. Zuständig ist hier (statt des sonst — s. oben Anm. 1 — anzurufenden Prozeßgerichts) das Amtsgericht der freiwilligen Gerichtsbarkeit; vgl. §§ 145, 146 FGG., Art. 15—17 pr. FGG.

6. Wichtige Gründe für eine Anordnung nach Abs. 3 liegen vor, wenn die Mitteilung oder Prüfung gemäß Abs. 1 verweigert wird oder das Interesse des Kommanditisten nach Lage des Einzelfalls eine weitergehende Überwachung als nach Abs. 1 dringend rechtfertigt; vgl. RJA. 6, 124; 13, 223; KGJ. 28 A 124.

7. Liegen wichtige Gründe vor, so steht die Anordnung nicht im Belieben des Gerichts (etwa wegen des „kann"); welche Anordnungen zu treffen sind, ist nach pflichtmäßigem Ermessen entsprechend dem für die Anordnung gegebenen Anlaß zu entscheiden. Beispiele zulässiger Maßnahmen in RJA. 4, 209; 6, 124; KGJ. 40 A 121.

Gewinn- und Verlustbeteiligung des Kommanditisten

§ 167. Die Vorschriften des § 120 über die Berechnung des Gewinns oder Verlustes gelten auch für den Kommanditisten[1].

Jedoch wird der einem Kommanditisten zukommende Gewinn seinem Kapitalanteile nur so lange zugeschrieben, als dieser den Betrag der bedungenen Einlage nicht erreicht[2].

An dem Verluste nimmt der Kommanditist nur bis zum Betrage seines Kapitalanteils und seiner noch rückständigen Einlage teil[3].

1. Vgl. Anm. zu § 120. — §§ 121, 122 sind durch §§ 168, 169 ersetzt.

2. Mangels anderweiter Regelung im Gesellschaftsvertrag (§ 163) kann der Kapitalanteil des Kommanditisten nicht höher sein als seine Einlage (vgl. §§ 161 Abs. 1, 171). Der überschießende Gewinn ist eine gewöhnliche Buchforderung des Kommanditisten und bleibt für seine Beteiligung außer Betracht; im Sinne der §§ 169 Abs. 2, 172 Abs. 5 ist er bereits vor Auszahlung „bezogen". Vgl. D. 113. Dem Kommanditisten haftet wegen des Gewinnanteils nur die KG., nicht deren Gesellschafter, s. Anm. 3 a. E. zu § 169. — Über Entstehung der Kapitalverkehrsteuer RFH. 26, 108.

3. Auch hier abweichende Vereinbarung möglich (§ 163). Nach außen hin ist aber selbst dann die Haftung auf die Einlage beschränkt, vgl. § 172. — Ein die Höhe der Einlage übersteigender Verlustanteil des Kommanditisten hat aber insofern Bedeutung, als er aus späteren Gewinnen vorweg wieder aufgefüllt werden muß, § 169 u. Anm. 3 dazu. Über Verlustverteilung auch Warn. 34, 294.

Beteiligungsschlüssel

§ 168. Die Anteile der Gesellschafter[1] am Gewinne[2] bestimmen sich, soweit der Gewinn den Betrag von vier vom Hundert der Kapitalanteile nicht übersteigt, nach den Vorschriften des § 121 Abs. 1, 2[3].

In Ansehung des Gewinns, welcher diesen Betrag übersteigt, sowie in Ansehung des Verlustes[4] gilt, soweit nicht ein anderes vereinbart ist, ein den Umständen nach angemessenes Verhältnis[5] der Anteile als bedungen.

1. Die Vorschrift bezieht sich nicht nur auf die Kommanditisten, sondern auf sämtliche Gesellschafter der KG. Ergänzt wird sie durch die Vermutung der Gleichheit von Gewinn- und Verlustbeteiligung des Einzelnen (§ 722 Abs. 2 BGB.), vgl. D. 88.

2. Vgl. § 167 Abs. 1 u. 2 (hinsichtlich der Kommanditisten).

3. Also insoweit (Einlagenverzinsung) kein Unterschied gegenüber der o. HG., und zwar auch nicht für die Kommanditisten (anders § 722 Abs. 1 BGB.).

4. Vgl. § 167 Abs. 3 (hinsichtlich der Kommanditisten).

5. Nicht (wie bei der o. HG. — § 121 Abs. 3) nach Kopfteilen. Vielmehr sind mit Rücksicht auf die vorhandenen zwei Gesellschaftertypen Einlagenhöhe, Haftung, persönliche Tätigkeit für die KG. u. dgl. für das Beteiligungsverhältnis maßgebend. Vgl. Bolze 17, 517, auch Warn. 34, 294.

Entnahmen des Kommanditisten

§ 169. Der § 122 findet auf den Kommanditisten keine Anwendung[1]. Dieser hat nur Anspruch auf Auszahlung des ihm zukommenden Gewinns[2]; er kann auch die Auszahlung des Gewinns nicht fordern, solange sein Kapitalanteil durch Verlust unter den auf die bedungene Einlage geleisteten Betrag herabgemindert ist oder durch die Auszahlung unter diesen Betrag herabgemindert werden würde[3].

Der Kommanditist ist nicht verpflichtet, den bezogenen Gewinn wegen späterer Verluste zurückzuzahlen[4].

1. Wohl aber auf die Komplementare. Andere Regelung im Gesellschaftsvertrag möglich (§ 163).

2. Vgl. darüber §§ 167, 168.

3. Für die Gewinnauszahlung ist es (anders als nach § 122) beim Kommanditisten unerheblich, ob sie die KG. schädigt. Gewinn erhält der Kommanditist aber nur insoweit ausgezahlt, als seine Gewinnbeteiligung, und zwar unter Berücksichtigung eines Verlustanteils aus früheren Jahren (vgl. Anm. 2 a. E. zu § 167), einen Überschuß über denjenigen Betrag ergibt, den er vertraglich einlegen muß, ergibt. Ist etwas anderes vereinbart (§ 163), so gilt eine Minderung des Kapitalanteils nicht als Minderung der Einlage, §§ 171 Abs. 1, 172 Abs. 4. — Für die Gewinnauszahlung haftet dem Kommanditisten nur die KG., nicht auch deren übrige Gesellschafter, RGZ. 120, 135; vgl. dazu Anm. 4 zu § 128.

4. Nur diejenigen Verluste, die vor Anfall eines Gewinnanteils eingetreten waren, nicht auch die späteren, beeinflussen die Gewinnbeteiligung des Kommanditisten. „Bezogen" ist nicht nur der bar ausgezahlte, sondern auch der auf Privatkonto (nicht Kapitalkonto) des Kommanditisten verbuchte Gewinn, vgl. Anm. 2 zu § 167 und D. 114.

Rückzahlungspflicht aus sonstigen Gründen wird von § 169 nicht berührt.

Ausschluß der Kommanditisten von der Vertretungsmacht

§ 170. Der Kommanditist[1] ist zur Vertretung der Gesellschaft nicht ermächtigt[2].

1. Die KG. wird gesetzlich von den Komplementaren vertreten. Für diese gelten §§ 125—127; vgl. § 161 Abs. 2. Jedoch entfällt die Möglichkeit, den einzigen Komplementar vertraglich von der Vertretung auszuschließen (§ 125 Abs. 1), da sonst die KG. ohne gesetzlichen Vertreter sein würde, OLG. 44, 199; JW. 23, 214; 39, 424 (gegen JFG. 16, 65). Vgl. im übrigen die Anm. zu §§ 125—127.

2. Der gesetzliche Ausschluß des Kommanditisten von der Vertretung der Gesellschaft ist zwingend: vgl. § 163. — Kein Ausfluß der Vertretungsmacht (und daher nicht durch § 170 ausgeschlossen!) ist die Klagebefugnis aus § 127 und das Recht, von Schuldnern der KG. Leistung an letztere zu verlangen (vgl. Anm. 2 Abs. 2 zu § 124). — Handelt der Kommanditist im Namen der KG., so ist er Vertreter ohne Vertretungsmacht und ein vertretungsberechtigter Komplementar kann seine Handlungen im Rahmen der §§ 177ff. BGB. genehmigen; vgl. JW. 30, 3747. Möglich ist aber Erteilung einer Prokura oder Handlungsvollmacht an Kommanditisten (RGZ. 31, 39; OLG. 3, 277), unzulässig und unwirksam hingegen, vertraglich (mit den Komplementaren oder mit Dritten) eine Handlung der Komplementare von der Zustimmung des Kommanditisten abhängig zu machen (JW. 25, 1705; 39, 424). Als Prokurist kann der Kommanditist auch Gesamtvertreter i. S. des § 125 Abs. 3 sein.

Haftung des Kommanditisten

§ 171. Der Kommanditist[1] haftet den Gläubigern der Gesellschaft bis zur Höhe seiner Einlage unmittelbar[2]; die Haftung ist ausgeschlossen, soweit die Einlage geleistet ist[2].

Ist über das Vermögen der Gesellschaft der Konkurs eröffnet, so wird während der Dauer des Verfahrens das den Gesellschaftsgläubigern nach Abs. 1 zustehende Recht durch den Konkursverwalter ausgeübt[3].

1. Für die Komplementare gelten §§ 128—130; § 161 Abs. 2.

2. Die Haftung des Kommanditisten für die Gesellschaftsschulden weicht nur dem Umfange nach von der des Komplementars (vgl. oben Anm. 1) ab. Im übrigen gelten § 28 (unmittelbar) und gemäß §§ 176, 173 auch (sachlich entsprechend) §§ 123, 130. Vgl. noch RGZ. 32, 44; 46, 353; JW. 98, 225 (betr. Gerichtsstand).

Der Kommanditist haftet den Gesellschaftsgläubigern unmittelbar, persönlich und gesamtschuldnerisch mit den übrigen Gesellschaftern bis zu dem nicht von ihm eingezahlten (oder an ihn zurückbezahlten) Teil des im HReg. eingetragenen (vgl. Anm. 1 zu § 172) Betrages seiner Einlage; §§ 171 Abs. 1, 172, 174, 175. Gehaftet wird stets auf Geld, auch wenn nach dem Gesellschaftsvertrage nur Sachleistungen geschuldet werden; vgl. RGZ. 51, 36; MonSchHR. 11, 147. — „Geleistet" ist die Einlage nur, wenn entweder der Kommanditist der KG. den Wert der Einlage tatsächlich zugeführt hat (Beispiele besonderer Fälle: RGZ. 37, 137; 63, 265; 150, 163; JW. 07, 275; Gruch. 49, 976) oder sein Kapitalanteil bis zum Höchstbetrage aus Gewinnen aufgefüllt ist (D. 114). Vgl. dazu auch § 172 Abs. 3.

3. Im Gesellschaftskonkurs macht der Konkursverwalter mit ausschließlicher Verfügungsbefugnis die Kommanditistenhaftung geltend. Er zieht den ausstehenden Betrag der im HReg. eingetragenen Einlage (vgl. oben Anm. 2) zur Masse ein, soweit es zur Deckung der Schulden, für welche der Kommanditist haftet (§§ 28, 173, 176, auch § 161 Abs. 1 i. V. m. § 159 u. dazu Anm. 1 u. 2 zu § 159), erforderlich ist; vgl. D. 114; RGZ. 37, 86; 39, 64; 46, 352; 51, 37; 63, 265; JW. 96, 373. Ob der Kommanditist schon vor Konkurseröffnung ausgeschieden war, macht keinen Unterschied, HRR. 34, 1043. — Aufrechnen kann der Kommanditist mit Forderungen gegen die KG. nur, soweit durch die Aufrechnung seine Einlage als „geleistet" (darüber oben Anm. 2 a. E.) anzusehen ist (dazu RGZ. 17, 40; 37, 136) — dann freilich erleichtert gemäß §§ 53 ff. KO.; nicht z. B. der ausgeschiedene Kommanditist mit der Rückforderung seiner Einlage (HRR. 34, 1043), ferner überhaupt nicht mit Forderungen gegen einzelne Gesellschaftsgläubiger, weil nur noch Leistung zur Masse befreit (vgl. RGZ. 37, 86). — Nach Konkursbeendigung lebt die unmittelbare Haftung des Kommanditisten gegenüber den Gläubigern wieder auf (soweit die Einlage dann noch aussteht). — Bei Zusammentreffen von Gesellschaftskonkurs und Konkurs des Kommanditisten kann in diesem die volle Haftung des Kommanditisten geltend gemacht werden (anders beim Komplementar, § 212 KO.).

Die Vorschrift gilt nicht für das gerichtliche Vergleichsverfahren (durch das — ebensowenig wie durch Zwangsvergleich im Konkurs [§ 211 KO.] — auch die Haftung des Kommanditisten nicht beschränkt wird [RGZ. 150, 163]).

Beschränkung der Haftung des Kommanditisten

§ 172. Im Verhältnisse zu den Gläubigern der Gesellschaft wird nach der Eintragung in das Handelsregister die Einlage eines Kommanditisten durch den in der Eintragung angegebenen Betrag bestimmt[1].

Auf eine nicht eingetragene Erhöhung der aus dem Handelsregister ersichtlichen Einlage können sich die Gläubiger nur berufen, wenn die Erhöhung in handelsüblicher Weise kundgemacht oder ihnen in anderer Weise von der Gesellschaft mitgeteilt worden ist[2].

Eine Vereinbarung der Gesellschafter, durch die einem Kommanditisten die Einlage erlassen oder gestundet wird, ist den Gläubigern gegenüber unwirksam[3].

Soweit die Einlage eines Kommanditisten zurückbezahlt wird, gilt sie den Gläubigern gegenüber als nicht geleistet. Das gleiche gilt, soweit ein Kommanditist Gewinnanteile entnimmt, während sein Kapitalanteil durch Verlust unter den Betrag der geleisteten Einlage herabgemindert ist, oder soweit durch die Entnahme der Kapitalanteil unter den bezeichneten Betrag herabgemindert wird[3].

Was ein Kommanditist auf Grund einer in gutem Glauben

errichteten Bilanz in gutem Glauben als Gewinn bezieht, ist er in keinem Falle zurückzuzahlen verpflichtet[4].

1. Der vertraglich vereinbarte (vgl. § 163, § 161 Abs. 2 i. V. m. § 109) und der im HReg. eingetragene Betrag der Einlage können voneinander abweichen Letzterer ist in jedem Falle die sog. Haftsumme des Kommanditisten. Dieser kann sich den Gläubigern gegenüber niemals auf eine vereinbarte niedrigere Summe berufen, solange diese nicht eingetragen ist (§§ 172 Abs. 1, 175), die Gläubiger auf eine vereinbarte höhere Summe vor Eintragung nur ausnahmsweise (vgl. Abs. 2). § 15 findet hier, da die Eintragung der Einlage nicht bekanntgemacht wird (§ 162 Abs. 2), keine Anwendung. Vgl. jedoch Anm. 3 zu § 174 (betr. Herabsetzung der Einlage).

Vor Eintragung einer Kommanditistenbeteiligung besteht grundsätzlich bei allen Gesellschaftern unbeschränkte Haftung, § 176.

2. Über die eingetragene Haftsumme hinaus, nämlich bis zur Höhe einer vereinbarten höheren Einlage, haftet der Kommanditist allgemein bei deren handelsüblicher Kundgabe, sonst nur solchen Gläubigern, denen die wirkliche Höhe der Einlage mitgeteilt worden ist. Über handelsübliche Kundgabe vgl. Anm. 14 Abs. 3 zu § 25. Die Kundmachung darf sich nicht auf den Kreis der Gesellschafter beschränken; sie muß auch erkennen lassen, um welchen Betrag jede einzelne Einlage (nicht nur die Gesamtheit der Einlagen!) erhöht worden ist, JW. 30, 2658. — Ohne handelsübliche Bekanntmachung können nur diejenigen einzelnen Gläubiger die Haftungserhöhung geltend machen, denen sie mitgeteilt worden ist. — Die Kundgabe oder die Mitteilungen müssen von mindestens einem (allein) vertretungsberechtigten Komplementar im Namen der KG. ausgehen.

3. Im Innenverhältnis sind Erlaß und Stundung der Einlage möglich und wirksam, ebenso bei besonderer Vereinbarung (vgl. § 163 i. V. m. § 169 Abs. 1 S. 2) eine Minderung der geleisteten Einlage, nicht jedoch gegenüber den Gläubigern und dem Konkursverwalter (§ 171 Abs. 2); vgl. indessen § 174. Bei Sacheinlagen ist für die Gläubiger nur der wirkliche Wert, nicht eine abweichende Bewertung durch die Gesellschafter maßgebend, RGZ. 150, 163.

Der Rückzahlung der Einlage steht es grundsätzlich gleich, wenn der Kommanditist seine Beteiligung (mit Zustimmung der anderen Gesellschafter) „abtritt". Ein solcher Kommanditistenwechsel ist nach JW. 34, 2699 auch dann nicht mit befreiender Wirkung für den alten Kommanditisten möglich, wenn sowohl dieser die Einlage voll gezahlt hatte als auch der neue Kommanditist mit keinem Teil der Einlage rückständig bleibt (mit Gläubigerschutz nicht zu rechtfertigen! vgl. § 171 Abs. 1 Halbs. 2). Zahlung des eingelegten Betrages für Rechnung des Kommanditisten an Dritte wirkt wie Rückzahlung an den Kommanditisten selbst. Ob die Rückzahlung wegen Ausscheidens des Kommanditisten erfolgt ist, macht (von Verjährung — § 161 Abs. 2 i. V. m. § 159 — abgesehen) keinen Unterschied, vgl. JW. 34, 2699. Sicherung des Rückzahlungsanspruchs steht jedoch der Rückzahlung nicht gleich, JW. 31, 807.

4. Abs. 5 bezieht sich nur auf objektiv zu Unrecht bezogenen Gewinn und stellt gegenüber Abs. 4 Satz 2 eine Einschränkung dar. Sowohl die Bilanzaufstellung (durch die Komplementare — vgl. § 166 Abs. 1) als auch der Gewinnbezug (durch den Kommanditisten) müssen gutgläubig erfolgt sein, damit insoweit die objektiv durch Verlust geminderte Einlage gleichwohl als geleistet gilt (vgl. §§ 171 Abs. 1, 172 Abs. 4). — „Bezogen" ist auch der auf Personalkonto verbuchte Gewinn, vgl. Anm. 2 zu § 167 u. D. 114.

Haftung des eintretenden Kommanditisten[1]

§ 173. Wer in eine bestehende Handelsgesellschaft[1] als Kommanditist[2] eintritt[3], haftet nach Maßgabe der §§ 171, 172 für die vor seinem Eintritte begründeten Verbindlichkeiten der Gesellschaft, ohne Unterschied, ob die Firma eine Änderung erleidet oder nicht[4].

Eine entgegenstehende Vereinbarung ist Dritten gegenüber unwirksam[5].

1. D. h. hier: o. HG. oder KG.; über Eintritt in das Geschäft eines Einzelkaufmanns § 28.

2. Über Eintritt als persönlich haftender Gesellschafter § 130 (i. V. m. § 161 Abs. 2).

3. Über die Voraussetzungen eines Gesellschaftereintritts vgl. Anm. 1 Abs. 6 zu § 105, über Gesellschafterwechsel Anm. 1 Abs. 1 u. Anm. 3 zu § 130, auch Anm. 3 Abs. 2 zu § 172. Der Eintritt eines Kommanditisten kann noch während der Liquidation erfolgen, JW. 35, 1100.

4. Vgl. die Anm. zu § 171 u. § 172, auch zu § 130. — Vor Eintragung des Eintritts haftet der Eintretende grundsätzlich unbeschränkt, § 176 Abs. 2.

5. Entspricht § 130 Abs. 2; anders § 28 Abs. 2.

Herabsetzung der Einlage

§ 174. Eine Herabsetzung der Einlage eines Kommanditisten[1] ist, solange sie nicht in das Handelsregister des Gerichts, in dessen Bezirke die Gesellschaft ihren Sitz hat, eingetragen ist[2], den Gläubigern gegenüber unwirksam[3]; Gläubiger, deren Forderungen zur Zeit der Eintragung begründet waren, brauchen die Herabsetzung nicht gegen sich gelten zu lassen[4].

1. Der völlige Erlaß der Einlage (vgl. § 172 Abs. 3) oder das Ausscheiden eines Kommanditisten fallen nicht unter § 174.

2. Wegen der Eintragungen für Zweigniederlassungen vgl. jetzt §§ 13a, 15 Abs. 3 (auch D. 116).

3. Kenntnis des Gläubigers von der Herabsetzung oder deren handelsübliche Kundgabe sind vor Eintragung unerheblich. Umgekehrt wirkt selbst die eingetragene Herabsetzung vor ihrer Bekanntmachung (gemäß §§ 175, 162 Abs. 2!) nur gegen Gläubiger, die sie bei Forderungsentstehung kennen; insoweit greift § 15 (Abs. 1!) ein, vgl. D. 116.

4. Daher ist eine Herabsetzung der Einlage auch noch in der Liquidation zulässig.

Anmeldung und Bekanntmachung der Erhöhung oder Herabsetzung der Einlage

§ 175. Die Erhöhung sowie die Herabsetzung einer Einlage ist durch die sämtlichen Gesellschafter[1] zur Eintragung in das Handelsregister anzumelden[2]. Die Bekanntmachung der Eintragung erfolgt gemäß § 162 Abs. 2[3]. Auf die Eintragung

in das Handelsregister des Sitzes der Gesellschaft finden die Vorschriften des § 14 keine Anwendung[4].

1. Auch durch die Kommanditisten.
2. Aber kein Anmeldungszwang: Satz 3.
3. D. h.: es wird ohne Angabe eines Betrages nur bekanntgemacht, daß eine Erhöhung bzw. Herabsetzung erfolgt ist.
4. Wegen der Anmeldung zum HReg. von Zweigniederlassungen s. allgemein § 13a Abs. 1. — Über die Anwendbarkeit des § 15 vgl. Anm. 3 a. E. zu § 174.

Geschäftsbeginn vor Eintragung

§ 176. Hat die Gesellschaft ihre Geschäfte begonnen, bevor sie in das Handelsregister des Gerichts, in dessen Bezirke sie ihren Sitz hat, eingetragen ist[1], so haftet jeder Kommanditist, der dem Geschäftsbeginne zugestimmt hat[2], für die bis zur Eintragung begründeten Verbindlichkeiten der Gesellschaft gleich einem persönlich haftenden Gesellschafter[3], es sei denn, daß seine Beteiligung als Kommanditist dem Gläubiger bekannt war[4]. Diese Vorschrift kommt nicht zur Anwendung, soweit sich aus dem § 2 ein anderes ergibt[5].

Tritt ein Kommanditist in eine bestehende Handelsgesellschaft ein, so findet die Vorschrift des Abs. 1 Satz 1 für die in der Zeit zwischen seinem Eintritt und dessen Eintragung in das Handelsregister begründeten Verbindlichkeiten der Gesellschaft entsprechende Anwendung[6].

1. Wodurch sie gemäß § 161 Abs. 2 i. V. m. § 123 im Verhältnis zu Dritten ebenso wie durch Eintragung wirksam wird.
2. Die Komplementare haften nach § 161 Abs. 2 i. V. m. §§ 128, 123, sobald durch die Gesellschaft, d. h. mit Zustimmung aller Komplementare (vgl. Anm. 2 Abs. 1 a. E. zu § 123), die Geschäfte begonnen werden. Die Zustimmung der Kommanditisten ist nicht erforderlich, damit Wirksamkeit der KG. nach außen hin eintritt, sondern nur für den Eintritt der Haftung der Kommanditisten. Den Geschäftsbeginn und die Zustimmung des Kommanditisten muß der Gläubiger beweisen; es liegt aber hinsichtlich des Geschäftsbeginns Beweis nach dem ersten Anschein vor, wenn — nach dem Eintritt eines Kommanditisten in eine Einzelfirma — unter der Firma, die von der KG. fortgeführt werden soll, neue Geschäfte abgeschlossen werden, Warn. 31, 411.
3. Die Haftungsbeschränkung setzt — nichtwissenden Gläubigern gegenüber — Eintragung der KG. als solcher und der Kommanditisteneigenschaft der einzelnen Kommanditisten nebst ihrer Einlage voraus, vgl. § 172 Abs. 1. Anmeldung der KG. ohne ihre ordnungsmäßige Eintragung genügt nicht, vgl. ROHG. 23, 280.
4. Nur Kenntnis der Kommanditisteneigenschaft, nicht auch der Einlage ist nötig, RGZ. 12, 135. Statt der positiven Kenntnis der Kommanditisteneigenschaft genügt auch die Kenntnis des Umstandes, daß nur bestimmte (andere) Gesellschafter persönlich haften, RGZ. 128, 172.

5. Im Falle des § 2 entsteht immer erst durch Eintragung eine KG.; vgl. aber Anm. 2 Abs. 2 zu § 123 (entsprechend!).

6. Über die Haftung des eintretenden Kommanditisten nach Eintragung seines Eintritts vgl. § 173. — Abs. 2 gilt für alle bestehenden Handelsgesellschaften (o. HG. und KG.), eingetragene und nicht eingetragene; RGZ. 128, 172.

Geschäftsbeginn der Gesellschaft bedeutet hier Geschäftsbeginn durch die veränderte Gesellschaft (vgl. Anm. 1 Abs. 6 zu § 105). Dazu oben Anm. 2 a. E. Es muß daher die Beteiligung des Neueingetretenen mit Willen der Gesellschafter nach außen in Erscheinung treten, allerdings braucht nicht der Eindruck einer unbeschränkten Mithaftung erweckt zu werden, vgl. RGZ. 128, 172; HansRZ. 27, 61. Vgl. im übrigen oben Anm. 4.

Auflösung

§ 177. Der Tod eines Kommanditisten[1] hat die Auflösung der Gesellschaft nicht zur Folge[2].

1. Von den Gründen der Gesellschaftsauflösung (§ 161 Abs. 2 i. V. m. § 131) gilt der des § 131 Nr. 4 (Tod eines Gesellschafters) bei der KG. nur, wenn es sich um die Person eines Komplementars handelt. — Es kann aber durch vorherige Vereinbarung der Gesellschafter z. B. vorgesehen werden, daß der Kommanditist im Falle seines Todes ausscheidet (vgl. § 138). Ist nichts vereinbart, so treten nach der Rechtsprechung die Erben des Kommanditisten in Erbengemeinschaft an seine Stelle, obwohl sonst einer Erbengemeinschaft die Gesellschafterfähigkeit allgemein aberkannt wird (vgl. Anm. 1 Abs. 2 a. E. zu § 105 u. Anm. 2 zu § 139); vgl. RGZ. 123, 366 (sehr str.; besser wohl Eintritt der einzelnen Erben als Kommanditisten nach dem Verhältnis ihres Erbteils — wie im Falle des § 139 Abs. 1 — anzunehmen!). Eintragung des (kraft Gesetzes erfolgenden) Gesellschafterwechsels nach §§ 162, 161 Abs. 2 i. V. m. § 106; anmeldepflichtig sind sämtliche neue Gesellschafter; vgl. dazu HRR. 31, 1691. Wie bei der o. HG. kann durch Vertrag der Gesellschafter vorher bestimmt werden, daß nur einer oder einzelne der Erben eintreten sollen; vgl. Anm. 3 zu § 138.

Ist keine natürliche, sondern eine juristische Person oder eine o. HG. oder KG. Kommanditist, so ist in deren Liquidation die Beteiligung abzuwickeln; vgl. Warn. 30, 35. Eine Auflösung der KG., bei der die Beteiligung besteht, findet nicht statt; ebensowenig bei Fusion einer AG., die Kommanditistin ist, RGZ. 123, 289.

2. Die Auflösung einer KG. regelt sich im übrigen nach §§ 131 ff., 145 ff. (§ 161 Abs. 2); lediglich §§ 131 Nr. 4, 137—139 gelten nicht für den Fall des Todes eines Kommanditisten. Vgl. Anm. 2 Abs. 3 zu § 161. Über Kündigung durch den Kommanditisten vgl. R. 27, 1434, über sein Recht zur Geschäftsübernahme Anm. 1 Abs. 2 zu § 161, sowie über die Anwendbarkeit des § 740 BGB. zugunsten des Kommanditisten bei Geschäftsübernahme durch den alleinigen Komplementar RGZ. 56, 16.

In der Liquidation der KG. stehen die Kommanditisten den übrigen Gesellschaftern gleich, vgl. § 161 Abs. 2 i. V. m. § 146 u. dazu Anm. 1 zu § 166. — Über zwangsweise Auflösung einer ausländischen KG. zwischen Deutschen im Kriege Warn. 31, 169. — Über Aufwertung der Einlage eines in der Zeit der Geldentwertung ausgeschiedenen Kommanditisten Warn. 25, 250.

Beginn, Dauer und Lauf der besonderen fünfjährigen Maximalverjährungsfrist wie bei der o. HG.; § 161 Abs. 2 i. V. m. §§ 159, 160 (vgl. die Anm. dazu).

Dritter und vierter Abschnitt
aufgehoben durch das
Gesetz über Aktiengesellschaften und Kommanditgesellschaften auf Aktien (Aktiengesetz)

vom 30. Januar 1937 (RGBl. I S. 107), in Kraft seit dem 1. Oktober 1937. (§§ 1 Abs. 1, 18 Abs. 1 EinfGes. z. Ges. über AktG. u. KG. auf Aktien von 30. Januar 1937 — RGBl. I S. 166.)

Fünfter Abschnitt
Stille Gesellschaft[1a]

Wesen der stillen Gesellschaft[1]
Einlagepflicht

§ 335. Wer sich als stiller Gesellschafter[1] an dem Handelsgewerbe, das ein anderer betreibt[2], mit einer Vermögenseinlage beteiligt[3], hat die Einlage so zu leisten, daß sie in das Vermögen des Inhabers des Handelsgeschäfts übergeht[4].

Der Inhaber wird aus den in dem Betriebe geschlossenen Geschäften allein berechtigt und verpflichtet[4].

1a. Hierzu s. Art. 7 Nr. 22 der 4. EinfV. betr. Österreich und Art. 7 Nr. 22 der 3. EinfV. betr. Sudetenland (Anh. XIII, XIV). — Zu § 335 s. Art. 7 Nr. 23 der beiden EinfVV.

1. Ob eine stille Gesellschaft vorliegt, ist im Einzelfall unter Berücksichtigung des Geschäftswillens der Parteien (nicht nur der von ihnen gebrauchten Bezeichnungen) zu ermitteln, vgl. RGZ. 130, 1; JW. 36, 921; DJZ. 26, 1347; SeuffA. 81, 341. Abgrenzung oft schwierig. Über die Unterschiede gegenüber Dienstvertrag und Darlehen unten Anm. 3. Von der KG., der sie wirtschaftlich nahekommen kann (vgl. §§ 336 Abs. 2, 337 Abs. 2, 3, 338 mit §§ 166—169), weicht die stille G. dadurch ab, daß der stille Gesellschafter weder eine gesamthänderische Berechtigung an einem (hier nicht vorhandenen) Gesellschaftsvermögen erhält (darüber unten Anm. 4), noch den Gläubigern haftet (darüber unten Anm. 5). Anderseits kommt keine stille G., sondern eine Gesellschaft bürgerlichen Rechts zustande, wenn entweder die Beteiligung sich nicht auf ein HGewerbe im allgemeinen, sondern nur auf bestimmte einzelne Geschäfte erstreckt oder wenn Beteiligung am Gewerbe eines Nichtkaufmanns vorliegt (vgl. dazu unten Anm. 2 Abs. 2). Ebenso nicht, wenn der Teilhaber nach außen hin als Leiter des Unternehmens hervortritt; bei gemeinsamer Firma liegt dann sogar eine o. HG. vor, vgl. § 105 u. OLG. 40, 205, auch RGZ. 31, 39; R. 05, 138.

Stiller Gesellschafter kann jeder sein, auch eine juristische Person oder eine Gesamthand, auch eine Erbengemeinschaft (RGZ. 126, 190). Kaufmannseigenschaft ist für den „Stillen" weder Voraussetzung noch Folge; vgl. aber § 95 Nr. 4a GVG.

2. Voraussetzung ist, daß der Vertragsgegner des stillen Gesellschafters ein Handelsgewerbe betreibt, nicht notwendig ein vollkaufmännisches. — Es genügt, wenn die Beteiligung für einen erst beabsichtigten Betrieb vereinbart

wird. — Nicht nur Einzelkaufleute, sondern auch HGesellschaften (vgl. RGZ. 25, 41; 30, 33; 126, 387; 142, 21; 153, 371) und juristische Personen, ebenso (JW. 33, 2663) von Minderkaufleuten gebildete Gesellschaften bürgerlichen Rechts können einen stillen Gesellschafter aufnehmen. Nach neuester Rechtsprechung ist das bei einer o.HG. oder KG. jedoch nicht Änderung des Gesellschaftsvertrages und bedarf folglich nicht der Zustimmung aller Gesellschafter (RGZ. 153, 371 gegen die frühere Praxis; vgl. ROHG. 13, 64 u. Anm. 1 Abs. 6 zu § 105).

Eine stille Gesellschaft entsteht danach nicht, wenn beide Vertragsteile Nichtkaufleute sind; vgl. dazu LZ. 28, 1330. Ebenso nicht, wenn zwar der Inhaber des Geschäfts Kaufmann ist, die Beteiligung aber nur für bestimmte einzelne Geschäfte vereinbart wird; vgl. JW. 32, 1667; ROHG. 2, 425; 9, 162; RGZ. 13, 230; R. 24, 391, auch RGZ. 56, 300; 63, 64; 85, 158. Wichtigste Art solcher Gelegenheitsgesellschaften (BGB. §§ 705ff.!) sind neben dem sog. à meta-Geschäft (dazu R. 24, 391 u. JW. 32, 1667) die Konsortien, hauptsächlich Gründer- und Emissionskonsortien (vgl. §§ 21, 30, 40 Nr. 3 AktGes., auch § 38 BörsGes.), dazu: RGZ. 1, 76; 7, 100; 20, 196; 21, 65; 26, 46; 41, 281; 43, 283; 46, 27; 56, 206 u. 297; 67, 395; Gruch. 48, 1039 u. 1042.

3. Die **Einlage** des stillen Gesellschafters braucht nicht unbedingt in Geld zu bestehen, was freilich die Regel bildet; möglich sind auch Dienstleistungen (RGZ. 142, 21; JW. 39, 489; JFG. 6, 207) oder Sachlieferungen (OVG. 86, 76), ja sogar Unterlassungspflichten (SeuffA. 79, 122). Vgl. auch OVG. in JW. 30, 2739. Immer muß die Einlage aber in ihrem Geldwert mindestens bestimmbar sein, vgl. R. 28, 39. Über (steuerrechtliche) Anerkennung einer stillen G. zwischen Angehörigen RFH. 27, 172.

Umgekehrt begründet nicht jede Kapitalbeteiligung an einem HGewerbe eine stille Gesellschaft; vielmehr liegt, falls keine Gesellschaftsmerkmale (insbesondere: Kontrollrechte des Partners, Betätigungspflicht des Inhabers) feststellbar sind, nur **Darlehen** vor. Gewinnbeteiligung allein steht dem nicht entgegen; ihr Fehlen jedoch schließt umgekehrt das Bestehen einer stillen G. aus. Vgl. dazu RGZ. 20, 163; 31, 33 u. 74; 57, 175; 74, 13; 77, 226; 92, 292; 99, 163; 122, 387; 130, 1; JW. 12, 467; 36, 921; LZ. 17, 133, 802 u. 974; 28, 1546; 30, 1451; R. 21, 831; 27, 1663; Warn. 25, 228; DJZ. 32, 95. — Entsprechendes gilt bei Vereinbarung von Dienstleistungen für die Abgrenzung zum **Anstellungsverhältnis**; vgl. dazu RGZ. 33, 130; 130, 4; JW. 03 Beil. 17; LZ. 08, 158; 32, 609.

4. Die stille G. ist eine **echte Gesellschaft**, die sich indessen in den schuldrechtlichen Beziehungen zwischen dem Inhaber und dem „Stillen" erschöpft, vgl. D. 182. Sie erfordert einen Gesellschaftsvertrag, der (vgl. dazu oben Anm. 2) bei Beteiligung Minderjähriger nach § 1822 Nr. 3 BGB. der vormundschaftsgerichtlichen Genehmigung bedarf (a. A. OLG. 21, 290), sonst aber grundsätzlich formfrei ist und auch stillschweigend geschlossen werden kann. Über Nichtigkeit des Vertrages wegen Wuchers RGZ. 46, 112; LZ. 07, 54. Die Rechtsfolgen richten sich, soweit nicht §§ 335ff. ausdrücklich oder dem Wesen nach entgegenstehen, nach den Vorschriften der §§ 705ff. BGB.; vgl. JW. 12, 463; Gruch. 50, 1026. Sind **mehrere „Stille"** beteiligt, so bestehen regelmäßig unter ihnen keine Beziehungen, sondern nur ebenso viele verschiedene Gesellschaften mit dem Inhaber, RGZ. 25, 41.

Die **Besonderheiten** der stillen G. bestehen darin, daß sie kein Gesellschaftsvermögen, keine Gesellschaftsfirma, keine dingliche Beteiligung und keine Schuldenhaftung des „Stillen" kennt.

Statt in ein Gesellschaftsvermögen fließt die Einlage des „Stillen" in das

Vermögen des Geschäftsinhabers. Der „Stille" überträgt seine Rechte uneingeschränkt, unter Anwendung des Gutglaubensschutzes für den Inhaber und ohne Aussonderungs- oder Absonderungsrecht im Geschäftskonkurs; er erhält lediglich eine persönliche Forderung gegen den Inhaber. Vgl. dazu RGZ. 45, 39; 126, 387; HRR. 33, 465 u. 1447; 35, 492; DJZ. 26, 1347, auch § 341 Abs. 1.

In der Firma darf der Name des „Stillen" nur enthalten sein, wenn es sich um eine sog. abgeleitete Firma handelt; vgl. §§ 18 Abs. 2, 22, 24. Über die Folgen eines Verstoßes hiergegen (o.HG. bzw. Schein-o.HG.!) vgl. oben Anm. 1 Abs. 1 a. E.

Eine Haftung des „Stillen" gegenüber den Gläubigern des Inhabers besteht nicht. Vgl. aber § 342. Besondere Haftungsgründe (Schuldübernahme, Bürgschaft, Kreditauftrag, Auftreten als Scheingesellschafter — dazu oben Anm. 1 Abs. 1 a. E.! — usw.) sind natürlich möglich.

Im Innenverhältnis können grundsätzlich beliebige Vereinbarungen getroffen werden; vgl. aber § 336 Abs. 2 Halbs. 2. Z. B. können die Gesellschafter verabreden, daß der Inhaber das Geschäftsvermögen wie gemeinschaftliches Vermögen behandelt (vgl. § 137 S. 2 BGB.!), RGZ. 126, 387. Vgl. auch HRR. 33, 1447. — Im Zweifel muß der Inhaber das Geschäft in üblichen Grenzen betreiben; RGZ. 92, 292.

Gewinn- und Verlustbeteiligung des stillen Gesellschafters

§ 336. Ist der Anteil des stillen Gesellschafters am Gewinn und Verluste nicht bestimmt, so gilt ein den Umständen nach angemessener Anteil als bedungen[1].

Im Gesellschaftsvertrage kann bestimmt werden, daß der stille Gesellschafter nicht am Verluste beteiligt sein soll[2]; seine Beteiligung am Gewinne kann nicht ausgeschlossen werden[3].

1. Voraussetzung für das Eingreifen des Grundsatzes der Angemessenheit (vgl. auch § 168 Abs. 2 u. Anm. 5 zu § 168) ist das Fehlen jedes Beteiligungsschlüssels im Vertrage. Ist hingegen der Verlustanteil allein oder (ohne Ausschluß der Verlustbeteiligung — Abs. 2!) nur der Gewinnanteil bestimmt, so gilt nach § 722 Abs. 2 BGB. (vgl. Anm. 4 Abs. 1 zu § 335) Gleichheit des Gewinn- und des Verlustanteils; LZ. 11, 58.

Ebenso wie für den Beteiligungsschlüssel ist der Gesellschaftsvertrag in erster Linie für die Abgrenzung des der Beteiligung unterfallenden Geschäftsgewinns maßgebend. Im Zweifel bleibt dabei das Anlagevermögen, soweit es nicht mit Gesellschaftsmitteln vermehrt oder im Wert gesteigert ist, außer Betracht. Vgl. dazu im einzelnen RGZ. 120, 410 (gegen RGZ. 94, 106); SeuffA. 85, 151; Warn. 39, 46, auch RGZ. 25, 41; R. 37, 2178 u. DJZ. 01, 50. Über unternehmensfremde Geschäfte RGZ. 92, 292.

2. Ausschluß der Verlustbeteiligung ist Abweichung vom Regelfall und kann nur besonderer, allerdings auch stillschweigender Vereinbarung entnommen werden; vgl. LZ. 17, 133; SeuffA. 81, 181.

3. Wesentlich für den Begriff der stillen G. ist die Verknüpfung des Gewinns des „Stillen" mit der Gefahr des Unternehmens. Nur neben einer Gewinnbeteiligung, nicht ausschließlich ist eine von den wechselnden Geschäftsereignissen unabhängige Vergütung für den „Stillen" möglich. Vgl. RGZ. 20, 165; 31, 74; 92, 292; 122, 387 u. Anm. 3 Abs. 2 zu § 335.

Gewinnausschüttung; Verlustdeckung[1]

§ 337. Am Schlusse jedes Geschäftsjahrs wird der Gewinn und Verlust berechnet[2] und der auf den stillen Gesellschafter fallende Gewinn ihm ausbezahlt[3].

Der stille Gesellschafter nimmt an dem Verluste nur bis zum Betrage seiner eingezahlten oder rückständigen Einlage teil[4]. Er ist nicht verpflichtet, den bezogenen Gewinn wegen späterer Verluste zurückzuzahlen[5]; jedoch wird, solange seine Einlage durch Verlust vermindert ist, der jährliche Gewinn zur Deckung des Verlustes verwendet[6].

Der Gewinn, welcher von dem stillen Gesellschafter nicht erhoben wird, vermehrt dessen Einlage nicht, sofern nicht ein anderes vereinbart ist[7].

1. § 337 ist (im ganzen, nicht nur Abs. 3!) im Rahmen der §§ 335, 336 Abs. 2 abdingbar.

2. Das Ergebnis des Geschäftsjahres wird vom Inhaber festgestellt, der darüber (auch wenn er Minderkaufmann ist; § 4 greift hier nicht durch!) eine Bilanz vorlegen muß (vgl. § 338). Die in der Handelsbilanz zulässigen Unterbewertungen von Aktiven bzw. Überbewertungen von Passiven braucht der „Stille" nicht gegen sich gelten zu lassen. Vgl. dazu Anm. 6 zu § 40 und über Schluß des Geschäftsjahrs Anm. 8 zu § 39.

3. Über Höhe der Gewinnbeteiligung des „Stillen" vgl. § 336 Abs. 1 u. Anm. 1 zu § 336. — Ob der „Stille" tatsächlich die Auszahlung seines Gewinnanteils fordern kann, bestimmt sich (im Zweifel) nach Abs. 2 S. 2 Halbs. 2, vgl. dazu unten Anm. 6. Die Feststellung des Gewinnanteils ist eine nach allgemeinen Grundsätzen (§§ 119 ff. BGB.) u. U. anfechtbare Willenserklärung des Inhabers (Kalkulationsirrtum!); RGZ. 48, 82. — Verzinsung des fälligen Gewinnanteils nach §§ 246, 284, 288 BGB. bzw. §§ 352, 353.

4. Vgl. § 167 Abs. 3. Erweiterung der Verlusthaftung ist mit dem Wesen der stillen G. vereinbar; JW. 39, 489.

5. Vgl. § 169 Abs. 2. Eine abweichende Vereinbarung hat der Inhaber zu beweisen, RGZ. 48, 82. Schon der (nach Abs. 1) angefallene, nicht erst der abgehobene Gewinnanteil ist „bezogen"; vgl. Anm. 4 Abs. 1 a. E. zu § 169.

6. Vgl. § 169 Abs. 1 Satz 2. „Einlage" ist hier nicht die rückständige Einlage, soweit sie etwa vertraglich noch nicht fällig ist.

7. Vgl. § 167 Abs. 2 und oben Anm. 3 u. 5. Die Forderung des „Stillen" auf seinen Gewinnanteil ist abtretbar (§ 717 Satz 2 BGB.). Im Falle des Konkurses des Inhabers begründet die Vereinbarung einer Einlagenerhöhung für die Stellung des „Stillen" keinen Unterschied, vgl. § 341 Abs. 1.

Überwachungsrecht des stillen Gesellschafters[1]

§ 338. Der stille Gesellschafter ist berechtigt, die abschriftliche Mitteilung der jährlichen Bilanz zu verlangen und ihre Richtigkeit unter Einsicht der Bücher und Papiere zu prüfen.

Die im § 716 des Bürgerlichen Gesetzbuchs dem von der Geschäftsführung ausgeschlossenen Gesellschafter eingeräumten weiteren Rechte stehen dem stillen Gesellschafter nicht zu.

Auf Antrag des stillen Gesellschafters kann das Gericht, wenn wichtige Gründe vorliegen, die Mitteilung einer Bilanz oder sonstiger Aufklärungen sowie die Vorlegung der Bücher und Papiere jederzeit anordnen.

1. Das Überwachungsrecht des „Stillen" entspricht sachlich völlig dem des Kommanditisten: vgl. daher die Anm. zu § 166. § 338 gilt nur für die Dauer der stillen G. (HRR. 29, 743; OLG. 38, 195; vgl. auch § 340 Abs. 3) und schließt so lange weitere gesetzliche Kontrollrechte aus (JW. 29, 2169). Die Kontrolle des „Stillen" kann vertraglich erweitert, aber, wenn das Wesen der stillen G. gewahrt bleiben soll, nicht ausgeschlossen oder auch nur wesentlich beschränkt werden (vgl. Anm. 3 Abs. 2 zu § 335).

Auflösung[1]

§ 339[1a]. Auf die Kündigung der Gesellschaft durch einen der Gesellschafter oder durch einen Gläubiger des stillen Gesellschafters finden die Vorschriften der §§ 132, 134, 135 entsprechende Anwendung. Die Vorschriften des § 723 des Bürgerlichen Gesetzbuchs über das Recht, die Gesellschaft aus wichtigen Gründen[2] ohne Einhaltung einer Frist zu kündigen, bleiben unberührt.

Durch den Tod des stillen Gesellschafters wird die Gesellschaft nicht aufgelöst[3].

1a. Zu § 339 s. Art. 7 Nr. 24 u. 25 der 4. EinfV. betr. Österreich und Art. 7 Nr. 24 u. 25 der 3. EinfV. betr. Sudetenland (Anh. XIII, XIV).

1. Die Regelung des § 339 bedeutet:

Grundsätzlich gelten hinsichtlich der Gesellschaftsauflösung die Vorschriften der §§ 705 ff. BGB., nämlich uneingeschränkt § 726 BGB. (Zweckerreichung; Zweckunmöglichkeit, worunter auch die Auflösung einer das HGeschäft als Inhaber betreibenden HGesellschaft, sowie [R. 27, 57] die Veräußerung des HGeschäfts durch den Inhaber fallen!) und § 728 BGB. (Konkurs eines Gesellschafters); Endigung ferner durch (arg. § 723 Abs. 1 Satz 1 BGB.) Zeitablauf (vgl. dazu SeuffA. 85, 358) und — nach allgemeinen Grundsätzen, vgl. D. 199 — spätere Vereinbarung, die stille G. aufzulösen. Außerdem gelten § 727 Abs. 1 BGB. hinsichtlich des Inhabers (Tod — im Zweifel: vgl. Abs. 2!) und schließlich § 723 Abs. 1 Satz 2, 3 BGB. (Kündigung — nicht Auflösungsklage nach § 133! — aus wichtigem Grunde; s. dazu JW. 26, 1959 und unten Anm. 2). Mit Rücksicht auf das HGewerbe des Inhabers sind sodann die ordentliche Kündigung der Gesellschafter und des Gläubigers des „Stillen" wie bei o. HG. und KG. gestaltet (Sechsmonatsfrist vor Geschäftsjahrsschluß!). Zulässig (und nicht in Gesellschaft auf Lebenszeit — § 134 — umzudeuten!) ist die Vereinbarung, daß der Inhaber vom stillen G. jederzeit die Umwandlung der Gesellschaft in eine AktG. verlangen könne; RGZ. 156, 129. — Die Gläubiger des Inhabers sind wegen Fehlens eines Gesellschaftsvermögens (darüber Anm. 4 Abs. 2 u. 3 zu § 335) nicht auf Kündigung der stillen G. angewiesen, sondern können ohne weiteres in das Geschäftsvermögen vollstrecken.

2. Über Vorliegen eines wichtigen Grundes vgl. Anm. 7 zu § 133; dem Wesen der stillen G. entsprechend, fallen jedoch Gründe in der Person des „Stillen" sowie sonstige Hindernisse einer Zusammenarbeit weniger ins Gewicht. Für den

Inhaber ist Mangel an Betriebskapital kein Kündigungsgrund (R. 27, 52), für den „Stillen" dagegen u. U. wohl dauernde Unrentabilität des Unternehmens (JW. 27, 1350). Über Vertragsverletzungen nach vorherigen Verstößen des anderen Teils Warn. 33, 236. — Fristlose Kündigung aus wichtigem Grunde ist grundsätzlich jederzeit (§ 723 Abs. 1 S. 2 u. 3 BGB., vgl. oben Anm. 1) zulässig. Über die Möglichkeit einer Beschränkung dieser Kündigungsbefugnis vgl. SeuffA. 80, 342.

3. Abs. 3 schließt § 727 Abs. 1 BGB. in Ansehung des „Stillen" aus. Natürlich kann die stille G. aber für die Lebenszeit des „Stillen" eingegangen werden. — Mehrere Erben des „Stillen" erlangen nur eine gemeinschaftliche (stille) Beteiligung an Stelle ihres Erblassers.

Auseinandersetzung

§ 340. Nach der Auflösung der Gesellschaft[1] hat sich der Inhaber des Handelsgeschäfts mit dem stillen Gesellschafter auseinanderzusetzen und dessen Guthaben in Geld zu berichtigen[2].

Die zur Zeit der Auflösung schwebenden Geschäfte werden von dem Inhaber des Handelsgeschäfts abgewickelt. Der stille Gesellschafter nimmt teil an dem Gewinn und Verluste, der sich aus diesen Geschäften ergibt[3].

Er kann am Schlusse jedes Geschäftsjahrs Rechenschaft über die inzwischen beendigten Geschäfte, Auszahlung des ihm gebührenden Betrags und Auskunft über den Stand der noch schwebenden Geschäfte verlangen[3].

1. Vgl. § 339 und Anm. dazu.

2. Bei der stillen G. findet i. Zw. (vgl. dazu RGZ. 45, 34; 156, 129) keine eigentliche Liquidation statt, zumal der Inhaber das Unternehmen je nach der Art des Auflösungsgrundes ohne weiteres (anders als bei o. HG. u. KG.) fortbetreiben kann; lediglich die Beteiligung des „Stillen" wird abgelöst.

Die Auseinandersetzung besteht darin, das Guthaben des „Stillen" zu ermitteln und ihm auszuzahlen. Über den Fall des Konkurses des Inhabers vgl. § 341. Das Guthaben ergibt sich aus der effektiven Einlage unter Hinzurechnung des Gewinn- oder Verlustanteils, da eine dingliche Beteiligung des Stillen nicht besteht, vgl. RGZ. 126, 387, 153, 371; JW. 39, 489; HRR. 36, 611; Warn. 39, 46, dazu auch Anm. 4 zu § 335. Es kann gleich Null sein, bei rückständiger Einlage des Stillen sich auch statt dessen eine Deckungspflicht ergeben; vgl. dazu unten Abs. 4 der Anm. — Ist der Stille vertragsgemäß am Verlust nicht beteiligt (vgl. § 336 Abs. 2), so ist das Guthaben mindestens gleich der Einlage und in dieser Höhe ohne weiteres ein Zahlungsanspruch des Stillen sofort nach Eintritt der Auflösung begründet; vgl. RGZ. 31, 36; Gruch. 36, 1169; LZ. 29, 605. Der Stille hat die Wahl, entweder die Höhe des Guthabens von sich aus im einzelnen darzulegen oder nacheinander auf Rechnungslegung und Zahlung des sich daraus ergebenden Guthabens (Stufenklage! § 254 ZPO.) zu klagen. Vgl. dazu im einzelnen ROHG. 23, 130; RGZ. 94, 106 (im wesentlichen aufgegeben durch RGZ. 120, 410; HRR. 31, 527); 122, 200; OLG. 43, 319; JW. 03, 10; 07, 487; 26, 1812; LZ. 07, 427; 17, 974; MonSchHR. 13, 108; SeuffA. 85, 210.

Über Herausgabe etwaiger dem Inhaber vom Stillen lediglich zur Benutzung überlassener Gegenstände (§ 732 BGB.!) vgl. JW. 93, 543.

Ist bei der Auflösung die Einlage noch teilweise rückständig und ergibt sich ein Verlustanteil des Stillen, der den geleisteten Teil der Einlage übersteigt, so kann er sich nicht auf Stundung des Einlagerestes berufen; vgl. dazu auch Anm. 6 zu § 337.

3. Vgl. § 740 BGB.; abdingbar, vgl. JW. 39, 489. Das Schuldverhältnis hat nicht mehr Gesellschaftscharakter; Sorgfaltsgrad: § 347 Abs. 1 (str.) vgl. Bolze 11, 466. Im Konkurse des Inhabers tritt an dessen Stelle der Verwalter; vgl. § 341 u. JW. 01, 404; 03, 10; Gruch. 29, 998.

Die Rechenschaftspflicht des Inhabers wird durch Vorlegung einer Auseinandersetzungsbilanz und (vgl. § 810 BGB.) der sie betreffenden Unterlagen erfüllt; § 259 BGB. ist nicht anwendbar; JW. 26, 1812. Der Stille muß klagen. § 338 gilt nach Auflösung der stillen G. nicht mehr, vgl. Anm. 1 zu § 338.

Konkurs des Geschäftsinhabers

§ 341. Wird über das Vermögen des Inhabers des Handelsgeschäfts der Konkurs eröffnet, so kann der stille Gesellschafter wegen der Einlage, soweit sie den Betrag des auf ihn fallenden Anteils am Verlust übersteigt, seine Forderung als Konkursgläubiger geltend machen[1].

Ist die Einlage rückständig, so hat sie der stille Gesellschafter bis zu dem Betrage, welcher zur Deckung seines Anteils am Verlust erforderlich ist, zur Konkursmasse einzuzahlen[2].

1. Ist der Stille am Verlust nicht beteiligt (vgl. § 336 Abs. 2), so ist er also in voller Höhe der Einlage Konkursgläubiger; RGZ. 31, 36.

Ein Absonderungsrecht (wie bei sog. Außengesellschaften) hat der Stille auf Grund seiner Beteiligung, da keine dinglich gebundenen Anteile (vgl. § 51 KO.) vorhanden sind, nicht, sondern nur kraft etwaiger besonderer Sicherungen. Vgl. D. 186, auch Gruch. 29, 998. Zur bloßen Benutzung überlassene Gegenstände (vgl. Anm. 2 Abs. 3 zu § 340) kann er aussondern.

2. Der „Stille" muß seinen durch die Einlage nicht gedeckten Verlustanteil (vgl. §§ 336 Abs. 2, 337 Abs. 2) zur Masse einzahlen. Im Konkurs des „Stillen" ist der Anspruch hierauf eine gewöhnliche Konkursforderung; vgl. dazu auch oben Anm. 1 Abs. 1 (entsprechend!). S. aber § 342.

Erweiterte Konkursanfechtung

§ 342. Ist auf Grund einer in dem letzten Jahre vor der Eröffnung des Konkurses[1] zwischen dem Inhaber des Handelsgeschäfts und dem stillen Gesellschafter getroffenen Vereinbarung diesem die Einlage ganz oder teilweise zurückgewährt oder sein Anteil an dem entstandenen Verluste ganz oder teilweise erlassen worden, so kann die Rückgewähr oder der Erlaß von dem Konkursverwalter angefochten werden[2]. Es begründet keinen Unterschied, ob die Rückgewähr oder der Erlaß unter Auflösung der Gesellschaft stattgefunden hat oder nicht[3].

Die Anfechtung ist ausgeschlossen, wenn der Konkurs in Umständen seinen Grund hat, die erst nach der Vereinbarung der Rückgewähr oder des Erlasses eingetreten sind[4].

Die Vorschriften der Konkursordnung über die Geltendmachung der Anfechtung und deren Wirkung finden Anwendung[5].

1. § 342 verweist stillschweigend auf § 341; gemeint ist der Fall des Konkurses des Inhabers. Ist dies eine o. HG. oder KG., so kommt es nur auf ihren Gesellschaftskonkurs an; vgl. RGZ. 30, 35.

2. Über Form und Wirkung der Anfechtung s. unten Anm. 5. Sie kann sich nur auf solche Rechtsakte beziehen, die erst im letzten Jahr vor Konkurseröffnung vereinbart, nicht nur vorgenommen worden sind; vgl. auch unten Anm. 3.

Der Rückgewähr der Einlage steht die Verschaffung eines Absonderungsrechts zur Sicherung des Rückgewähranspruchs (vgl. Anm. 1 Abs. 2 zu § 341) gleich, ROHG. 14, 92; RGZ. 27, 18; ebenso der Erlaß des noch nicht eingezahlten Teils der Einlage, soweit er zur Deckung des Verlustanteils erforderlich wäre (vgl. D. 186; auch § 341 Abs. 2); desgleichen die Auszahlung des nach § 337 Abs. 2 Satz 2 Halbs. 2 zur Deckung des Verlusts zu verwendenden Gewinns (vgl. § 337 Abs. 2 Satz 2 Halbs. 1), auch wenn der Verlustanteil nicht erlassen wird. Nur Erlaß eines entstandenen Verlustanteils, nicht auch künftiger Verlustbeteiligung ist anfechtbar; RGZ. 31, 33. Aufrechnung seitens des „Stillen" ist keine (vereinbarte!) „Rückgewähr" (str.).

3. Die Anfechtung setzt weder die Auflösung der stillen G. voraus, noch wird sie durch sie gehindert. Ebensowenig ist Gläubigeranfechtung Voraussetzung (D. 186; vgl. auch ROHG. 14, 95; JW. 00, 621). Nötig ist nur, daß die kritische Vereinbarung den „Stillen" gegenüber seinen durch den Gesellschaftsvertrag begründeten Pflichten begünstigt. Daher keine Anfechtung, wenn die Vereinbarung der Rückgewähr bzw. Sicherstellung (vgl. oben Anm. 2 Abs. 2) schon im ursprünglichen Gesellschaftsvertrag — nicht erst einer späteren Vertragsänderung — enthalten (RGZ. 84, 435; Gruch. 29, 997) oder wegen Willensmangels im Gesellschaftsvertrag überhaupt keine rechtsbeständige Verpflichtung des „Stillen" begründet worden ist (LZ. 15, 507).

4. Einwendung und Beweislast des „Stillen". Nur mitwirkende spätere Verursachung schließt die Anfechtung nicht aus (vgl. ROHG. 14, 95), ebensowenig Gutgläubigkeit des „Stillen". War der Geschäftsinhaber bei der Vereinbarung aber weder zahlungsunfähig noch überschuldet, so ist zumindest der Anscheinsbeweis für eine spätere Verursachung geführt.

5. Das Anfechtungsrecht kann von den Gesellschaftern nicht ausgeschlossen werden; RGZ. 27, 19. Es wird durch Klage des Konkursverwalters ausgeübt, die darauf abzielt, die Konkursmasse und den beklagten „Stillen" so zu stellen, wie wenn die kritische Vereinbarung nicht erfüllt worden wäre; vgl. §§ 35ff. KO. u. § 341 (Rückgewähr des Empfangenen bzw. Erlassenen zur Masse unter entsprechendem Wiederaufleben bzw. Wachsen des Guthabenanspruchs als Konkursforderung).

Drittes Buch
Handelsgeschäfte
Erster Abschnitt
Allgemeine Vorschriften[1a]

Begriff der Handelsgeschäfte

§ 343. Handelsgeschäfte[1] sind alle Geschäfte eines Kaufmanns, die zum Betriebe seines Handelsgewerbes gehören[2].

Die im § 1 Abs. 2 bezeichneten Geschäfte sind auch dann Handelsgeschäfte, wenn sie von einem Kaufmann im Betriebe seines gewöhnlich auf andere Geschäfte gerichteten Handelsgewerbes geschlossen werden[3].

1a. Hierzu s. Art. 8 Nr. 1 u. 2 der 4. EinfV. betr. Österreich und Art. 8 Nr. 1 u. 2 der 3. EinfV. betr. Sudetenland (Anh. XIII, XIV).

1. Handelsgeschäfte sind solche Geschäfte, an denen mindestens auf einer Seite ein Kaufmann (vgl. §§ 1 ff.), sei es auch ein Minderkaufmann (§ 4 und dazu JW. 19, 875) beteiligt ist und die von ihm innerhalb seines HGewerbes (§ 1 Abs. 1) geschlossen werden (darüber vgl. unten Anm. 2). Ist auf der andern Seite ein Nichtkaufmann beteiligt, so spricht man von einseitigen (§ 345) im Gegensatz zu beiderseitigen (vgl. §§ 352, 353) HGeschäften. (Wegen beiderseitiger HGeschäfte s. auch § 95 Nr. 1 GVG. — Zuständigkeit d. Kammer f. HSachen.) Maßgebend ist die Kaufmannseigenschaft bei Vornahme des Geschäfts; ROHG. 15, 27; RGZ. 60, 78; Warn. 20, 99. Über Gutglaubensschutz Dritter vgl. § 15 m. Anm. u. RGZ. 65, 412; 89 163; 93, 228; LZ 13, 550. — Wegen der Form der HGesch. vgl. Anm. 1 zu § 350.

Nicht nur Rechtsgeschäfte, sondern auch Rechtshandlungen sind Geschäfte i. S. des § 343 und können also HGeschäfte sein. Dabei gibt es nach geltendem Recht ebensowenig Geschäfte, die ihrer Art nach nie HGeschäfte sein können (nach ADHGB. Grundstücksgeschäfte!) wie sog. absolute HGeschäfte, die stets HGeschäfte (also auch bei Vornahme durch Nichtkaufleute) wären. — Bei Ansprüchen aus ungerechtfertigter Bereicherung kommt es wegen der Zuständigkeit nach § 95 Nr. 1 GVG. darauf an, ob die vorangegangene Leistung für beide Teile ein HGeschäft war; dazu (schwankend): ROHG. 23, 144; RGZ. 93, 229; 96, 56.

2. Ob die Geschäfte eines Kaufmanns HGeschäfte sind, entscheidet ihre Betriebszugehörigkeit, die nach § 344 vermutet wird. Ihr Kennzeichen ist ein Zusammenhang mit dem HGewerbe (vgl. § 1 Abs. 1), der sich mindestens als dessen Förderung darstellen muß; vgl. RGZ. 28, 315; R. 32, 409. HGeschäfte sind daher auch Miete des Geschäftslokals, Anschaffung von Waren usw., vgl. RGSt. 27, 227; JW. 08, 148. Allgemein gehören außer den eigentlichen die Erwerbsabsicht unmittelbar realisierenden HGeschäfte namentlich folgende Gruppen hierher: Vorbereitungsgeschäfte (vgl. RGZ. 89, 98; HRR. 31, 528), so Erwerb eines HGewerbes, und zwar auch für den bisherigen Nichtkaufmann, vgl. JW. 08, 206; 12, 1107. Abwicklungs- und Auseinandersetzungsgeschäfte; vgl. ROHG. 7, 57; 12, 368; 22, 328; 23, 143; RGZ. 72, 436; JW. 99, 494; 03, 64; LZ. 08, 158; 09, 466; Gruch. 61, 325; Warn. 14, 206. Ferner Neben- oder Hilfsgeschäfte (D. 190), wie Anstellungs-

verträge; ROHG. 11, 57, 387; 14, 19. Vgl. auch RGZ. 19, 123; 30, 189; 38, 240; RGZ. 87, 331; JW. 04, 496. — Auch unentgeltliche Geschäfte sind bei Betriebszugehörigkeit HGeschäfte; vgl. ROHG. 16, 184; 19, 353; RGZ. 19, 123; 26, 19; 29, 11; 33, 110; JW. 01, 576; 02, 398. Auch Erwerb im Wege der Erbteilung kann HGeschäft sein; HRR. 31, 528.

3. Abs. 2 verdeutlicht nur den Begriff der Betriebszugehörigkeit, ist aber sachlich überflüssig.

Vermutung der Betriebszugehörigkeit

§ 344. Die von einem Kaufmanne[1] vorgenommenen Rechtsgeschäfte gelten im Zweifel als zum Betriebe seines Handelsgewerbes gehörig[2].

Die von einem Kaufmanne gezeichneten Schuldscheine[3] gelten als im Betriebe seines Handelsgewerbes gezeichnet, sofern nicht aus der Urkunde sich das Gegenteil ergibt[4].

1 § 344 gilt auch bei Minderkaufleuten (JW. 00, 875) und Kaufleuten nach § 5 (RG. 65, 414). Über Geltendmachung der Kaufmannseigenschaft im Prozeß vgl. JW. 02, 398. Bei HGesellschaften ist Vornahme durch ihre Vertreter (als solche!) erforderlich; ROHG. 16, 38; JW. 13, 436; Gruch. 54, 406. (Eine Vermutung, daß diese Personen in ihrer Vertretereigenschaft handeln, besteht nicht, vgl. Warn. 30, 206.)

2. Der Vermutung des § 344 unterfallen alle Geschäfte (nicht nur Rechtsgeschäfte), die HGeschäfte sein können; vgl. dazu Anm. 1 u. 2 zu § 343, ferner RGZ. 26, 20; 56, 198; Gruch. 33, 1042; Warn. 29, 60.

Die Wirksamkeit der Vermutung kann durch den Gegenbeweis, daß das Geschäft in keiner Beziehung zu dem HGewerbe (sondern z. B. ausschließlich in solcher zur Privatsphäre oder zu einem nicht kaufmännischen Gewerbe) steht, entkräftet werden. Dies kann sich auch aus der Natur des Geschäfts ohne weiteres ergeben. Vgl. ROHG. 15, 389; 20 401; RGZ. 14, 237; 18, 39; 28, 315; 29, 13; 51, 123; 60, 79; JW. 01, 576; 02, 188; 04, 496; KGJ 31 A 143; HRR. 32, 1645.

Die Vermutung gilt auch außerhalb des HGB., z. B. für die Anwendbarkeit des § 196 Abs. 1 Ziff. 1 bezw. Abs. 2 BGB.; RG. 66, 6; 70, 30; 130, 234.

3. Schuldschein ist hier jede schriftliche (konkrete oder abstrakte) Verpflichtungserklärung eines Kaufmanns; vgl. ROHG. 4, 53; 7, 209; 8, 431; 14, 287; RGZ. 77, 57; 120, 89; 131, 6; JW. 01, 576; 06, 87.

4. Abs. 2 verstärkt die Vermutung des Abs. 1 durch Einschränkung der Gegenbeweismöglichkeit; vgl. RGZ. 56, 197; 77, 57; JW. 01, 576.

Aus der Urkunde selbst braucht der Mangel der Betriebszugehörigkeit aber nur erwiesen zu werden, wenn er nicht positiv außer Zweifel gestellt, also (anderweit) ausdrücklich vereinbart ist; RGZ. 56, 198. Dazu aber soll nach RGZ. 59, 214 nicht genügen, daß der Kaufmann mit seinem von der Firma abweichenden bürgerlichen Namen unterzeichnet (str.); das ist wenigstens bei abstrakten Urkunden bedenklich und würde jeden Gegenbeweis abschneiden. (Über die Form kaufmännischer Zeichnung vgl. hierzu Anm. 4 zu § 17.)

Einseitige Handelsgeschäfte

§ 345. Auf ein Rechtsgeschäft, das für einen der beiden Teile ein Handelsgeschäft ist, kommen die Vorschriften über

Handelsgeschäfte für beide Teile gleichmäßig zur Anwendung[1], soweit nicht aus diesen Vorschriften[2] sich ein anderes ergibt[3].

1. Gleichmäßige Anwendung der Vorschriften des 3. Buchs versteht sich bei beiderseitigen HGeschäften (vgl. Anm. 1 zu § 343) von selbst.

Ob ein Geschäft HGeschäft ist, bestimmt sich für jeden Teil gesondert nach §§ 343, 344.

2. D. h. aus dem 3. Buch.

3. Der Grundsatz des § 345 ist weitgehend dadurch ausgeschlossen, daß das Gesetz viele Vorschriften ausdrücklich auf beiderseitige HGeschäfte beschränkt; vgl. §§ 346, 352 Abs. 1, 353, 368—372, 377—379, 391. Daneben besteht noch eine Reihe von Vorschriften, die zwar auch bei einseitigen HGeschäften gelten, aber ersichtlich nur den kaufmännischen Teil betreffen können, z. B. §§ 347—350, 354, 362.

Handelsgebräuche[1]

§ 346. Unter Kaufleuten[2] ist in Ansehung der Bedeutung und Wirkung von Handlungen und Unterlassungen[3] auf die im Handelsverkehre geltenden Gewohnheiten und Gebräuche[4] Rücksicht zu nehmen[1].

1. Handelsgebräuche („Usancen") sind nicht Handelsgewohnheitsrecht, das nur als Reichsgewohnheitsrecht möglich wäre (D. 3; RGZ. 135, 34), sondern die oft örtlich (vgl. dazu RGZ. 97, 216; JW. 29, 1393; SeuffA. 83, 86) oder branchemäßig verschiedene Verkehrssitte im Handel. Die Rücksichtnahme auf HGebräuche schreibt § 346 daher im Sinne der Beachtung einer Auslegungsregel vor (vgl. auch §§ 133, 157, 242 BGB.); sie erfolgt von Amts wegen, ebenso die Ermittlung ihres Bestehens, vgl. RGZ. 2, 384; 10, 92; 44, 35; 110, 47 und dazu § 114 GVG. Nicht die Feststellung, wohl aber die sachliche Würdigung eines HBrauchs enthält eine im Rahmen des § 549 ZPO. revisionsfähige Frage; RGZ. 99, 71; 103, 142, auch ROHG. 11, 408; 13, 434 und (über sog. typische Vertragsbedingungen — dazu auch unten Anm. 4 Abs. 6 betr. „Allgemeine Geschäftsbedingungen") RGZ. 84, 1; 110, 216; 111, 278; 134, 83.

Der Bildung eines HBrauchs stehen zwingendes Recht sowie gute Sitten, seiner Anwendung im Einzelfall ein vertragsmäßig erklärter gegenteiliger Parteiwille entgegen, vgl. D. 4, RGZ. 48, 125; 54, 182; 63, 13; 97, 253; 103, 146; 114, 127; JW. 00, 856; 07, 60; 08, 688; 21, 234; LZ. 09, 773; 22, 26, 121; HRR. 26, 1715; R. 23, 61; Gruch. 52, 932; Warn. 37, 135. Im übrigen ist Voraussetzung für die Bildung eines HBrauchs, daß er schon eine geraume Zeit hindurch von den Beteiligten anerkannt und beobachtet wird; RGZ. 110, 48; 118, 140; 135, 346. Alsdann kann sich der Einzelne dem HBrauch nicht durch Berufung auf persönliche Unkenntnis entziehen; RGZ. 42, 146; 69, 127; 95, 243; JW. 07, 149; HRR. 29, 321.

2. HBräuche kommen grundsätzlich nur unter Kaufleuten, d. h. bei zweiseitigen HGeschäften (vgl. Anm. 1 zu § 343) zur Anwendung; RGZ. 49, 161. Ausnahmsweise können sie aber (vgl. z. B. §§ 358, 359) auch für Nichtkaufleute von Bedeutung sein oder diese können sich ihnen freiwillig unterwerfen (z. B. durch Anerkennung von allgemeinen Geschäftsbedingungen die HBräuche enthalten); vgl. JW. 14, 673; 27, 764; SeuffA. 82, 312; 85, 100. Immer gelten sie dann allgemein, wenn sie über den HVerkehr hinaus zur Verkehrssitte ge-

worden sind; vgl. dazu z. B. Warn. 37, 135. Umgekehrt kann sich ihre Üblichkeit u. U. sogar auf Vollkaufleute beschränken; vgl. ROHG. 13, 439; JW. 07, 149.

3. Wie nach bürgerl. Recht die allgemeine Verkehrssitte, so sind unter Kaufleuten die HGebräuche hauptsächlich Richtschnur bei der Auslegung einer Willenserklärung (§ 133 BGB.) oder eines Vertrages (§ 157 BGB.) und bei der Bestimmung der Schuldnerpflichten (§ 242 BGB.).

Bei kaufmännischen Willenserklärungen (und damit bei Verträgen unter Kaufleuten; vgl. §§ 145ff. BGB.) sind daher neben der allgemeinen Verkehrssitte einschlägige HBräuche Auslegungsmittel. Berücksichtigung finden aber auch bloße Verkehrsanschauungen und -auffassungen; RGZ. 80, 211; 83, 186; 89, 262; 97, 143. Was hiernach der Erklärungsempfänger unter der Erklärung verstehen durfte, ist deren Inhalt; vgl. dazu auch RGZ. 130, 150 (kein Grundsatz, jeden Vertrag i. Zw. gegen seinen Verfasser auszulegen). — Ist der so ermittelte Sinn einer Erklärung von dem Erklärenden nicht gewollt, so ist Anfechtung wegen Irrtums möglich (§ 119 BGB.), wobei dem Erklärungsempfänger aber das Vertrauensinteresse zu ersetzen ist (§ 122 BGB.); vgl. dazu RGZ. 58, 235; 59, 219; 63, 13; 67, 433; 68, 128; 70, 391; 77, 276; 79, 438; 88, 416, 428; 90, 370; 93, 299; 96, 276. — Verstößt der (eindeutige oder durch Auslegung ermittelte) Sinn eines Vertrages gegen ein Gesetz, so ist der Vertrag nichtig (§ 134 BGB., vgl. aber auch § 309 BGB.); verstößt er gegen die guten Sitten (§ 138 BGB.) oder Treu und Glauben, so kann auch Nichtigkeit vorliegen oder gegenüber der Berufung auf den Vertrag der Arglisteinwand gegeben sein. Sittenwidrigkeit setzt Verstoß gegen das Anstandsgefühl aller billig und gerecht Denkenden, d. h. seit dem Durchbruch der nationalen Erhebung: gegen die nationalsozialistische Weltanschauung, voraus, wobei aber — in deren Rahmen — auch besondere in den Wirtschaftskreisen der Parteien anerkannte und an sich nicht unbillige Auffassungen Berücksichtigung finden; vgl. dazu RGZ. 63, 391; 83, 112; 97, 254; 119, 25; 150, 4. — Umdeutung eines nichtigen Vertrages ist nur unter den Voraussetzungen des § 140 BGB. (bei Sittenwidrigkeit regelmäßig nicht!) möglich. Sinnändernde Auslegung ist begrifflich ausgeschlossen (RGZ. 82, 316), Vertragsergänzung nur da zulässig, wo eine Lücke — ohne Vertragserweiterung! — aus dem übrigen Inhalt heraus entsprechend ausgefüllt werden kann (RGZ. 87, 213; 88, 372; 92, 320; 136, 185; JW. 18, 216; 21, 1077). — Über Fälle des versteckten Dissenses (in denen zwei Vertragserklärungen einander wechselseitig nur scheinbar entsprochen haben) vgl. RGZ. 58, 233; 66, 125; 68, 6; 105, 209; JW. 10, 803; 11, 179; 15, 500; Gruch. 50, 896; 52, 124. — Gesetzlicher Formzwang gilt, von ausdrücklichen Ausnahmevorschriften (§§ 348—350) abgesehen, auch im HVerkehr und ist unverzichtbar (RGZ. 61, 267), auch durch formlose Vorverträge, Vertragsstrafen oder Verfallklauseln nicht zu umgehen; vgl. RGZ. 43, 140; 50, 48; 53, 261; 62, 414. Vgl. im übrigen Anm. 1 zu § 350. Unter besonderen Umständen kann gegenüber der Berufung auf Formnichtigkeit (§ 125 BGB.) der Arglisteinwand begründet sein; RGZ. 118, 269. Trotz der Abneigung des HVerkehrs gegen Förmlichkeiten wird auch unter Kaufleuten oft (bei langfristigen Verträgen vermutlich sogar stets; RGZ. 103, 75) schriftliche Form vereinbart. Diese vereinbarte Schriftform kann dann — abw. von der gesetzlichen (mit Ausnahme der nach § 54 Abs. 2 BörsG. erforderlichen) — auch durch telegraphische Erklärungen erfüllt werden; vgl. §§ 126, 127 BGB. (Bei Telegrammverstümmelung Anfechtung nach §§ 120, 122 BGB. möglich!) Ist vereinbart, daß ein schriftlich „bestätigter" Vertrag erst durch ausdrückliche Gegenbestätigung zustande kommen solle, so genügt für letztere unter Kaufleuten fernmündliche Erklärung; HRR. 29, 1248. — Grundvoraussetzung für das Wirksamwerden einer Willenserklärung ist ihr Zugang (§§ 130ff. BGB.). Der Begriff des Zugehens, der dann erfüllt ist, wenn der Erklärungsempfänger in die Lage versetzt wird, bei normalem Geschehensablauf vom Inhalt der Erklärung Kenntnis zu nehmen (RGZ. 50, 194; 56, 263; 58, 407; 91, 62; 99, 22, auch JW. 27, 1708), ist gerade im HVerkehr bedeutsam, dessen Grundsätze hier durchweg allgemeine Geltung erlangt haben. Verhinderung des Zugehens nützt dem Empfänger nichts (vgl. § 162 BGB. — entspr.!); RGZ. 58, 406; 95, 315; 110, 34. Ein Widerruf, der spätestens gleichzeitig mit der Erklärung zugeht, verhindert deren Wirksamwerden (§ 130 Abs. 1 S. 2 BGB.). Im einzelnen ist zwischen verkörperten und nicht verkörperten Erklärungen (häufiger, aber zumindest mißverständlich: E. „unter Abwesenden" bzw. „unter Anwesenden"!) zu scheiden. Bei letzteren fällt der Zugang zeitlich mit ihrer Abgabe zusammen (vgl. dazu RGZ. 60, 334); bei Übermittlung durch Boten ist dies erst die Bestellung des Boten (evtl. Anfechtung gem. § 120 BGB.!). Daher ist eine durch Fernsprecher gemachte Erklärung (vgl. auch § 147 Abs. 1 S. 2 BGB. u. dazu RGZ. 104, 235) nur zugegangen, wenn sie entweder unmittelbar von einem Empfangsbevollmächtigten entgegengenommen oder ihm von einem (nicht bevollmächtigten) Telephonisten tatsächlich übermittelt wird. Kaufmännische Angestellte (nicht jedoch zufällig sich meldende andere Personen, z. B. Reinmachefrauen), die den Fernsprecher bedienen, haben stets Empfangsvollmacht; RGZ. 61, 127; 90, 167; 104, 235; JW. 22, 1194; Warn. 14, 158. Bei verkörperten Erklärungen setzt der Zugang regelmäßig voraus, daß der Empfänger an dem Erklärungsmittel körperlichen Besitz erlangt (und zwar auch unter „Anwesenden"!); vgl. RGZ. 61, 415; 68, 409; 83, 106; JW. 14, 863. Zugang einer telegraphischen Erklärung muß aber, wenn der Empfänger telephonischen Zuspruch erbeten hat, stets schon mit diesem angenommen werden, RGZ. 105, 255 (wobei wohl sogar die telephonische Übermittlung und evtl. Weiterbestellung auf Gefahr des Empfängers geht!). Über Zugehen, wenn der Erklärungsempfänger ein Postschließfach unterhält, vgl. RGZ. 142, 402.

Handelsüblich gilt häufig Schweigen — im Gegensatz zum nichtkaufmännischen Verkehr — als Zustimmung oder Verzicht, wenn nämlich von Kaufleuten (auch gegenüber Nichtkaufleuten! — arg. § 362) andernfalls nach Treu und Glauben eine Äußerung erwartet werden durfte. Vgl. dazu ROHG 1, 79, 122; 3, 114; 6, 167; 13, 45; 15, 96; 24, 195; RGZ. 30, 62; 54, 180, 218; 58, 69; 84, 324; 87, 141; 88, 261; 91, 345; 96, 295; 97, 191; 103, 13, 97 u. 405; 115, 268; 144, 282; OLG. 6, 356; 41, 97, 215; JW. 03, 123; 10, 650; 11, 535; 12, 476; 16, 829; 20, 283; LZ. 11, 247; 13, 462; 19, 368, 966; 20, 176; 23, 222; R 21, 638, 639; 22, 116; 23, 913; SeuffA. 75, 317; 78, 24; 79, 168; 81, 263; Gruch. 64, 234; HRR. 29, 47; Warn. 14, 36, aber auch (über unverbindliche Fakturenvermerke) RGZ. 52, 135; 57, 411; 59, 351; 95, 331; JW. 22, 1717, ferner noch JW. 01, 621; 20, 283; SeuffA. 76, 316; Gruch. 65, 295. Stillschweigen auf ein Bestätigungsschreiben ist unter Kaufleuten (über Bestätigungsschreiben bei Nichtkaufleuten vgl. LZ. 20, 755!) Einverständniserklärung; RGZ. 54, 181; 57, 411; 58, 66; 88, 380; 90, 136; 95, 120; 97, 405; 106, 414; 114, 282; 129, 348; JW. 11, 224; 27, 1675, 2532; 28, 1607; LZ. 22, 229; HRR. 29, 47; SeuffA. 77, 180, auch 87, 152; Gruch. 53, 708; 55, 890. Wer den Inhalt des Bestätigungsschreibens nicht gelten lassen will, muß unverzüglich (vgl. § 121 BGB.) widersprechen; RGZ. 105, 205. Nur wenn der Absender etwas wider besseres Wissen bestätigt, kann der Empfänger der Berufung auf sein Schweigen mit der Einrede der Arglist begegnen; vgl. RGZ. 95, 50; 129, 349; LZ. 27, 997. Nimmt sonst der Empfänger irrtümlich Übereinstimmung des Schreibens mit der bestätigten Abrede an, so soll nach RGZ. 97, 191 keine Bindung bestehen (?); richtig dürfte sein, dann, außer wenn wegen objektiver Mehrdeutigkeit der Bestätigung versteckter Dissens (§ 155 BGB.) vorliegt, nur Anfechtung gem. §§ 119, 122 BGB. (dagegen JW. 27, 1675) zuzulassen. (Anders, wenn der Empfänger bewußt vom Inhalt des Schreibens keine Kenntnis nimmt; dazu: OLG. 41, 416; MSfHR. 05, 326.) Vgl. ferner: Genehmigung einer Abrechnung durch Unterlassen unverzüglicher Beanstandung (ROHG. 4, 351; 10, 191; 15, 97), Anerkennung eines Kontokorrentsaldos durch anstandslose Fortsetzung der Geschäftsverbindung (JW. 03, 123), Geltenlassen einer durch Rundschreiben abgegebenen Erklärung bis zu ihrem Widerruf in gleicher Form (SeuffA. 82, 250). — Auch Annahme eines Vertragsangebots kann (über § 362 hinaus!) im Stillschweigen liegen, wenn nämlich wegen bestehender Geschäftsverbindung Treu und Glauben ausdrückliche Ablehnung erfordern, vgl. RGZ. 54, 180, 218; 58, 69; 84, 324; 87, 141; 97, 191; OLG. 41, 215; JW. 10, 650; 11, 535, 976; 12, 476; LZ. 13, 462; 19, 966; Gruch. 64, 234; Warn. 14, 36 und — über Beweislast für stillschweigenden Vertragsabschluß — SeuffA. 75, 317. (Anders i. Zw. bei langfristigen Verträgen, für die vermutlich schriftliche Form beabsichtigt ist; vgl. RGZ. 103, 75.) Entsprechendes gilt für Behandlung unbestellter Zusendungen; ROHG. 16, 40, 131; JW. 00, 297; LZ. 11, 247; 19, 966; SeuffA. 56, 170. Regelmäßig bringt auch widerspruchslose Annahme der Schlußnoten eines Maklers einen Vertrag zustande (RGZ. 123, 99; JW. 21, 1313; LZ. 22, 686), ebenso Unterlassen eines Widerspruchs in Kenntnis von Zusagen eines (an sich vollmachtlosen) Angestellten an Dritte (RGZ. 103, 98; R. 22, 116). — Über Bedeutung mündlicher Nebenabreden bei schriftlichem Vertrage vgl. LZ. 22, 229; SeuffA. 77, 180, über die einer Niederschrift über mündliche Vereinbarungen, die ohne Unterschrift dem Gegner ausgehändigt wird, Gruch. 66, 89. — Vgl. ferner § 362 m. Anm., auch § 378 u. Anm. 4 dazu.

4. Unter den HBräuchen nehmen Klauseln, die handelsüblich zu technischer Bedeutung gelangt sind, eine besondere Stellung ein, ferner in zunehmendem Maße Allgemeine Geschäftsbedingungen größerer kaufmännischer Unternehmungen.

Die verbreitetsten Klauseln betreffen Spesen- und Gefahrtragung, Lieferungs- und Zahlungsbedingungen sowie Haftungs- oder Gewährleistungsausschluß.

Spesenklauseln (typisch beim sog. Versendungskauf — §§ 447, 448 BGB.) sind „franco", „frei", „bahnfrei", „frei Waggon" u. dgl. (vgl. ROHG. 8, 284; 10, 176; 11, 312; 14, 168; 16, 15; 23, 135; RGZ. 92, 15; 103, 129; 111, 23; 112, 24; OLG. 41, 135; JW 99, 261; 06, 52; 25, 1992; 26, 1676; LZ. 08, 159; R. 21, 1968; 22, 1437; SeuffA. 63, 355; Gruch. 66, 458; Warn. 17, 173), ferner — in negativer Wendung — „ab" Fabrik, Kai, Lager, Bahnhof X usw. (vgl. ROHG. 17, 10; RGZ 10, 93; 30, 413; 34, 66; 88, 71; OLG. 22, 42; 32, 146; HRR. 25, 261; HansRZ. 20, 74; 26, 517). Bei „Zahlung gegen Duplikatfrachtbrief" trägt Verkäufer die Verladungskosten vom Schiff zum Waggon (vgl. RGZ. 102, 96; 103, 29; JW. 18, 364; 21, 1312). Vgl. auch OLG. 44, 244 („österr. Station, Lieferzeit pünktlich), ferner HansGZ. 25, 93 („Abnahme mittels Elbkähne"). Reine Spesenklausel ist i. Zw. auch „cif" (engl. cost, insurance, freight) = „caf" (franz. coût, assécurance, frêt); vereinbart wird i. Zw. nur Ausschluß der (§ 448 Abs. 1 BGB.!) normalen Kostentragung des Käufers, nicht

Verlegung des Erfüllungsorts (vgl. § 269 Abs. 3 BGB.) oder Übernahme der Gefahrtragung (letzteres freilich tatsächlich neuerdings steigend mitgemeint). Vgl. ROHG. 13, 438; RGZ. 14, 114; 87, 134; 88, 390, 403; 90, 1; 93, 168; 96, 231; 97, 152 u. 183; OLG. 9, 271; 32, 149; 34, 19; 36, 4; 44, 242; JW. 02, 609; 04, 46; 16, 898, 1018, 1195 u. 1409; 17, 356, 927 u. 971; 25, 478, 919; LZ. 16, 1055, 1139, 1140 u. 1451; 17, 268, 596; 18, 1151; 20, 307; 23, 200; R. 16, 1681; 18, 132; SeuffA. 72, 76; 81, 183; Gruch. 61, 290, 650; 62, 102; HansGZ. 16, 46, 51, 114 u. 119; 17, 17, 22, 153 u. 237; 18, 101; 19, 17; 20, 33; HansRZ. 20, 545; 21, 713; 23, 331; 26, 607; Warn. 16, 250; 18, 43. Über „c & f" (Verkäufer trägt nur Fracht und Spesen ohne Versicherung!) vgl. RGZ. 92, 14.

Gefahrtragungsklausel ist hingegen „fob" (engl. free on board), womit dem Verkäufer außer den Kosten auch die Gefahr der Binnenlandreise zum Schiff auferlegt wird; vgl. RGZ. 59, 243; 106, 312; 112, 133; 123, 97; OLG. 44, 244; HRR. 28 1221; 29, 744; Warn. 26, 201 (anders früher OLG. 3, 92). Auch Gefahrtragung des Verkäufers bis zum Bestimmungsort kommt vor, z. B. wenn mit dem Überseeverkäufer „ab Kai Hamburg" abgeschlossen wird (vgl. RGZ. 88, 71); ähnlich bei „glückliche Ankunft vorbehalten" (vgl. RGZ. 93, 172; 95, 247; 98, 141; LZ. 18, 1136; R. 18, 966; 21, 1443; HansRZ. 20, 722). Über „Kassa gegen Dokumente bei Dampfers Ankunft" vgl. RGZ. 87, 135; 90, 4; JW. 17, 970; LZ. 18, 562; 19, 255, über „Havarie"-Klausel RGZ. 93, 169, über „Abladung ab Amerika" HRR. 27, 264, über „frei Lagerhaus X., prompte Lieferung" JW. 32, 1667. — Zahlungsbedingungen, häufig in Verbindung mit der Lieferung, regeln Klauseln wie: „Kasse bei Empfang" (RGZ. 46, 195), „Zahlung gegen Empfang" (OLG. 44, 242), „Netto Kasse bei Empfang der Ware loco Fabrik" (RGZ. 102, 40), „netto Kasse" (JW. 36, 29, 39), „Kasse gegen Dokumente" (RGZ. 31, 100; 47, 131; 50, 271; 59, 24; 61, 348; 87, 135; 90, 4; 103, 212; 106, 299; OLG. 24, 179; 27, 399; JW. 13, 184; 17, 970; 32, 588; LZ. 18, 562; 19, 255; 26, 480, 697; R. 20, 869; HansRZ. 25, 315, 643; HRR. 26, 1513), „Kasse gegen Duplikatfrachtbrief" u. ä. (RGZ. 102, 96; 104, 40; 105, 34, 328; JW. 18, 107, 364; 19, 182; 21, 1312; LZ. 21, 568, auch SeuffA. 77, 200 und Gruch. 65, 623), „Kasse gegen Lieferschein" (HansRZ. 23, 66; 24, 462), „Kasse bei Erhalt der Faktura" u. ä. (RGZ. 69, 125; 106, 294; JW. 23, 685; 24, 1426; LZ. 23, 343; Gruch. 67, 208), „pünktliche Zahlung" (LZ. 09, 852), „sofortige Zahlung nach Empfang" (JW. 25, 606), „Zahlung nach Eintreffen der Ware", „Leistung Zug um Zug" (LZ. 27, 311), „Rechnung vorher" (LZ 18, 338), „Zahlung gegen Akkreditiv" — mit verschiedenen Abwandlungen (OLG. 41, 96; 42, 24; JW. 21, 1312; SeuffA 78, 115; vgl. dazu auch RGZ. 65, 117; 88, 134; 92, 308; 96, 255; 102, 155; 103, 376; 105, 32, 266; 106, 304; 109, 35; JW. 36, 1894; LZ. 21, 492; HansGZ. 18, 110; 23, 34, 38; HansRZ. 23, 105; R. 17, 1307; SeuffA. 77, 191, 200). Über „Zahlung durch Banküberweisung" s. SeuffA. 78, 191, über „zahlbar in Bankscheck auf X" RGZ. 105, 143; über „revolvierender" — auch (engl.) „revolving" — Kredit vgl RGZ. 4, 81; 65, 185; HansGZ. 06, 181; 07, 173, über „Rembours auf N.N." RGZ. 31, 109 und über sog. Vinkulation RGZ. 54, 213; 99, 21; Gruch. 54, 1071; MSchR. 08, 42. Vgl. ferner über Stundung („Zahlungsziel", häufig in Verbindung mit einem Preisnachlaß — Skonto — bei vorzeitiger Zahlung: „90 Tage Ziel, 30 Tage 1%"; vgl. dazu §§ 271 Abs. 2, 272 BGB. und OLG. 24, 180; LZ. 13, 404), JW. 06, 458; 17, 290; SeuffA 63, 391; auch LZ. 11, 926 und OLG. 40, 77, über die Klausel „Rückzahlung (eines Kredits) in kürzester Frist" RGZ. 104, 186, über sog. Besserungsscheine (häufig bei außergerichtlichen Vergleichen) RGZ. 28, 176; 34, 19; 40, 199; 42, 153; 90, 180; 94, 290; JW. 08, 478; HRR. 32, 2; Gruch. 32, 1120, über „Zahlung nach Belieben" RGZ. 34, 19 und dazu JW. 24, 547; R. 21, 1437; 23, 680 (Abrufverpflichtung). — Preis- und Mengenbestimmungen: „netto Kasse" (RGZ. 46, 195; 102, 40; OLG. 8, 56; 22, 148), „Skonto", „Rabatt", „Limit" (dazu RGZ. 102, 87), „zirka" (ROHG. 8, 209; JW. 06, 348; 17, 971; HansRZ. 23, 735 — geschuldet wird nur eine Minderleistung in üblichen Grenzen), „Preis ist feststehend" (OLG. 44, 240), „Brutto für netto" (HansRZ. 24, 504), „Bahnamtliches Gewicht wird dem Kaufpreis zugrunde gelegt" (RGZ. 92, 269) usw. Über Vereinbarung des „bei Lieferung gültigen" Preises OLG. 41, 108, über „Vorbehalt der Preiserhöhung bis zum Tage der Lieferung" DJZ. 22, 385 u. 447, über „Selbstkostenpreis" SeuffA. 82, 253, „Syndikatpreise" LZ. 12, 863; „Kursgarantieklausel" JW. 21, 229. Vereinbarung „effektiver" Auslandswährung RGZ. 107, 110; 109, 61, s. dazu aber Anm. 10 Abs. 4 zu § 1. Über Goldklauseln vgl. Anm. 3 zu § 361, über besondere börsenübliche Wendungen Anm. zu § 400. — Über Lieferfristklauseln vgl. Anm. zu § 376, auch §§ 358, 359. Bei Kauf auf Abruf nach Bedarf ist anderweitige Bedarfsdeckung Vertragsverletzung; R. 05, 229. — Ausschluß von Gewährleistungsansprüchen enthalten die Klauseln „tel quel" (RGZ. 19, 30; JW. 95, 16; 02, 398 — nur Haftung für ordnungsmäßige, aber geringstwertige Ware), „wie besehen" (LZ. 20, 400, 652), „auf Besicht" (Gruch. 51, 176), „wie besichtigt" (Warn. 33, 232), „wie es steht und liegt" (LZ. 33, 450) u. dgl., häufig auch die sog. Arbitrageklauseln („amtliche", „freundschaftliche", „Berliner", „Hamburger" Arbitrage usw.), die in der Hauptsache einen Schiedsgutachtervertrag bedeuten, daneben aber häufig eine Wandlung ausschließen (vgl. RGZ. 45, 350; 47, 144; 67, 72; 73, 257; 87, 135; 90, 3; OLG. 11, 177; JW. 10, 469; 16, 1327, 1577; 24, 1182; 27, 725; LZ. 07, 161, 294; R. 07, 507; HansGZ. 17, 237; 26, 9; Warn. 34, 92; HRR. 29, 321; 30, 2085; 34, 1049, ferner RGZ. 99, 129 und Gruch. 64, 624). Über „Fair average quality of the season" RGZ. 103, 212, über handelsüblichen Ausschluß des Minderungsrechts im Kunsthandel bei Unechtheit JW. 27, 764.

Häufig sind sodann Freizeichnungsklauseln mit vielerlei Beziehung, namentlich bei langfristigen Verträgen, insbesondere Lieferungsabkommen. Ihre Bedeutung liegt hauptsächlich darin, über den Fall der (objektiven nachträglichen) Unmöglichkeit hinaus Befreiung von der Leistungspflicht zu gewähren, sobald deren Erfüllung durch das in der Klausel erwähnte Ereignis (z. B. „höhere Gewalt", „act of God", „force majeure", „Krieg", „Streik", „Ausfuhr- oder Einfuhrverbot", „Betriebsstörung", „Mißernte" u. dgl.) auch nur wesentlich erschwert wird. Vgl. RGZ. 87, 92; 88, 143; 91, 109; 94, 80; 97, 325; 100, 258; 104, 114; 132, 305; OLG. 41, 102; 42, 228; 43, 19; JW. 16, 118, 257, 958 u. 1187; 18, 85; 22, 1674; 25, 238; LZ 18, 377, 831 u. 1206; 23, 310; DJZ. 20, 318; 21, 274; HRR. 30, 1040, 2084; Gruch. 60, 483; 62, 85; 63, 725; Warn. 14, 6, 104 u. 166; 15, 43, 110 u. 271; 16, 5; 17, 293; 18, 72, über Kriegsklauseln insbesondere RGZ. 104, 216; LZ. 18, 761; Warn. 16, 436; 17, 249; 18, 163; Gruch. 63, 734, sowie R. 16, 590 („Mobilmachungsklausel") und (über „Friedensschluß" bezw. „Kriegsende") JW. 21, 1455; LZ. 23, 104; Warn. 14 97; 15, 33, 101; 16, 115, auch VV. v. 14. 2. 20 (RGBl. I 237) u. v. 8. 8. 24 (RGBl. I 673). „Höhere Gewalt" und gleichbedeutende Wendungen umfassen stets Kriegsausbruch, JW. 16, 317, 958 u. 1409. Übermäßiger Haftungsausschluß ist unwirksam; RGZ. 62, 266; 142, 355, SeuffA. 92, 2; 93, 289, vgl. auch RGZ. 104, 170. Die Klauseln können statt Wegfalls der Lieferpflicht auch deren Hinausschiebung festsetzen; dann steht die schließliche Lieferpflicht gleichwohl unter der allgemeinen Voraussetzung, daß die Leistung nicht durch Veränderung der bei Vertragsschluß herrschenden Umstände zu einer wesentlich anderen Leistung oder in einem der objektiven Unmöglichkeit gleichkommenden Maße unzumutbar wird; vgl. dazu §§ 242, 275, 323 BGB. und RGZ. 42, 114; 88, 74, 80; 90, 104; 92, 87; 93, 182, 341; 94, 45, 68 u. 85; 95, 309; 99, 259; 100, 129, 134 u. 258; 101, 80; 102, 98, 203, 238 u. 272; 103, 3, 77 u. 339; 105, 156; 106, 115; JW. 15, 596; 16, 487, 1334; 17, 355, 595 u. 899; 18, 33; 19, 103, 718; 20, 375, 376; 21, 832, 833; 23, 1597; 24, 907, 1359 u. 1867; 26, 2839; HRR. 28, 1215; 30, 1040; Gruch. 61, 925; 62, 610, 786; 64, 216, 219 u. 339, ferner noch ROHG. 11, 432; RGZ. 91, 46; 92, 225; 93, 184; 96, 119 u. (über „Lieferzeit unverbindlich") DJZ. 34, 1163. Stets setzt Berufung auf derartige Klauseln die unverzügliche Erklärung über den Eintritt des Klauselfalls voraus; RGZ. 88, 146; 90, 105; 91, 109; JW. 17, 355; 18, 85; 19, 237. Freizeichnung von der Offertenbindung liegt in Klauseln wie „freibleibend", „Zwischenverkauf vorbehalten", „Preise freibleibend", „ohne obligo" u. dgl.; vgl. dazu RGZ. 101, 74; 102, 227; 103, 312; 104, 304; 105, 8, 368; 132, 307; 142, 355; OLG. 32, 323; 35, 397; 40, 269; 41, 89, 90 u. 96; JW. 11, 643; 21, 234, 393, 625 u. 1309; 22, 23, 1674; 23, 118; 25, 238; LZ. 16, 1329; 18, 945; 19, 654; 21, 65; 22, 260, 408, 452 u. 680; 23, 272; DJZ. 21, 699; 22, 449; 23, 114, 306; HRR. 25, 261; SeuffA. 75, 255; 77, 189; Gruch. 65, 208, 339; 66, 87, 462 u. 569; HansRZ. 21, 386; Warn. 14, 45, 102; 15, 108, 109 u. 139; 21, 38. Vgl. noch R. 25, 2087 u. HansRZ. 21, 307, ferner über die sog. Baisseklausel (Recht des Käufers, sich bei billigerem Angebot eines Dritten vom Vertrage loszusagen) LZ. 12, 683; HRR. 32, 2284. Soweit Freizeichnung für Verschuldensfolgen erfolgt, ist sie in den Grenzen der §§ 276 Abs. 2, 278 Abs. 2 BGB. wirksam, es sei denn, daß sie unter mißbräuchlicher Monopolausnutzung stattfindet; vgl. RGZ. 62, 266. — Weitere Beispiele handelsüblicher Wendungen mit technischer Bedeutung und Klauseln verschiedenen Inhalts: „Brief folgt" (RGZ. 105, 8; DJZ. 21, 761; Gruch. 65, 589; Warn. 14, 140), „Auszahlungsgeschäft" (RGZ. 107, 136), „Betrag zur Verfügung stellen" — als Bankauftrag (LZ. 28, 253), „Überziehungsprovision" (JW. 29, 1393), „beschlagnahmefreie und verwendungsfähige" Ware (RGZ. 93, 332; JW. 18, 218), „ohne weitere Versicherung" (HansRZ. 21, 303), „Abnahme vor der Hand" (HansRZ. 25, 199), „prompte Waggonstellung vorausgesetzt" (DJZ. 34, 1163), „Abruf" (RGZ. 57, 106, 112; 73, 260; JW. 04, 168; LZ. 09, 61; 25, 1072; R. 05, 229; 18, 477), „schnellstmöglich" (HRR 29, 1934), „Erfüllungsort" (JW. 12, 79, auch RGZ. 108, 241), „Refaktie" (HRR. 28, 1216), „Option" (RGZ. 136, 134), „Festofferte" (LZ. 28, 393), „Annullierung" (zu § 326 BGB.! R. 30, 1985), „Ermessen" (§ 315 BGB.! RGZ. 99, 105; 105, 371), „Attestklausel" (beim HKauf; RGZ. 96, 246), „Repartierungsklausel" (JW. 26, 249; HRR. 26, 139; vgl. RGZ. 111, 317), Geschäftsabschluß „für Rechnung" A. (RGZ. 56, 200; 97, 261), „S. E. & O." (salvis erroribus et omissionibus — ROHG. 3, 426; 11, 276 und dazu Anm. 5 zu § 355). — Ein und dieselbe Bezeichnung kann handelsüblich je nach dem, in welchem HZweig sie gebraucht wird, mehrdeutig sein; so gilt z. B. im Kunsthandel bei einer „Verkaufskommission" handelsgebräuchlich das (sonst regelmäßig nicht anzunehmende) Recht zugestanden, das anvertraute Kommissionsgut Kauflustigen zu unmittelbarem Besitz zu überlassen (vgl. Warn. 30, 267).

Allgemeine Geschäftsbedingungen sind namentlich im Bank-, Versicherungs- und Speditionsgewerbe üblich. Ihre Gültigkeit setzt eine gewisse

Bedeutung des sie beanspruchenden Unternehmens und gehörige Bekanntgabe voraus; anderseits darf kein Mißbrauch einer Monopolstellung in ihnen liegen; vgl. RGZ. 62, 266; 101, 86; 103, 85, 250 und 499; 104, 6; HRR. 28, 1802. Nach § 114 Abs. 4 AktGes. können Banken auf Grund ihrer allgemeinen Geschäftsbedingungen keine Stimmrechtsermächtigung für die Depotaktien mehr erlangen. — Soweit die Bedingungen hiernach wirksam sind, wird ihr Inhalt von der Rechtsprechung wie Rechtsnormen — im Rahmen des § 549 ZPO. — als revisibel behandelt; vgl. RGZ. 111, 278. Ihre handelsgebräuchliche Besonderheit besteht darin, daß sie auch ohne besondere ausdrückliche Vereinbarung (die natürlich stets möglich bleibt und vielfach bevorzugt wird, vgl. RGZ. 84, 4; Warn. 33, 234 u. dazu über Urkundensteuer JW. 37, 3191; 38, 265[53]) Vertragsabschlüssen mit dem Unternehmen zugrunde liegen, wenn nur der Kunde vorher von ihrem Inhalt Kenntnis nehmen konnte; darüber hinaus genügt bloßer Hinweis auf ihr Bestehen, wenn die Bedingungen nichts Unübliches enthalten; auch ein Hinweis kann fehlen, wenn die Bedingungen insgesamt handelsgebräuchlich oder zu HGewohnheitsrecht geworden sind (z. B. Allgem. deutsche Spediteurbedingungen), ja u. U. sogar (z. B. Stromabnahmebedingungen) allgemein gewohnheitsrechtlich gelten. Vgl. RGZ. 13, 77; 58, 155; 66, 40; 84, 4; 109, 304; 122, 75; 123, 100; OLG. 41, 216; JW. 25, 780; 26, 609; 27, 1467; 28, 1754; 35, 2448; 36, 2093; LZ. 07, 408; 08, 384; 29, 387, 472; 30, 1445; 33, 443; R. 21, 1442; 22, 449; 29, 795; HRR. 26, 46; 29, 28; SeuffA. 76, 316; 78, 153; Gruch. 62, 379; 66, 457; Warn. 15, 56; 37, 133. Abänderungen von Geschäftsbedingungen gelten auch den alten Kunden gegenüber bei entsprechendem Hinweis; RGZ. 86, 310. Bei Unklarheiten werden allgemeine Geschäftsbedingungen (nicht immer auch andere Vertragsvereinbarungen) regelmäßig in dem ihrem Verfasser ungünstigen Sinne auszulegen sein; vgl. dazu RGZ. 97, 143; 98, 122; 130, 350; 134, 83; JW. 16, 1187; 29, 1403. Bei Anerkennung allgem. Geschäftsbedingungen einer Bank in einer Abtretungsurkunde wird neben der Urkundensteuer für die Abtretung nicht auch noch die allgemeine Vertragsteuer fällig (RFH. i. JW. 38, 265).

Kaufmännische Sorgfalt

§ 347. Wer aus einem Geschäfte, das auf seiner Seite ein Handelsgeschäft ist[1], einem anderen zur Sorgfalt verpflichtet ist[2], hat für die Sorgfalt eines ordentlichen Kaufmanns einzustehen[3].

Unberührt bleiben die Vorschriften des Bürgerlichen Gesetzbuchs, nach welchen der Schuldner in bestimmten Fällen nur grobe Fahrlässigkeit zu vertreten oder nur für diejenige Sorgfalt einzustehen hat, welche er in eigenen Angelegenheiten anzuwenden pflegt[4].

1. Der Sorgfaltsmaßstab des § 347 gilt bei allen (auch einseitigen) HGeschäften, aber seinem Wesen nach nur für die beteiligten Kaufleute; vgl. Anm. 3 a. E. zu § 345.

2. Die Vorschrift begründet keine Sorgfaltspflicht, sondern setzt sie voraus. Diese ergibt sich aus anderen handelsrechtlichen oder aus den allgemeinen Vorschriften. Vgl. auch unten Anm. 4. Jedoch ist § 347 auf rechtsgeschäftliche Tatbestände (einschließlich sog. Rechtshandlungen) beschränkt.

Nicht nur aus einem Vertrage, sondern bereits aus diesem vorangehenden Beziehungen erwachsen Sorgfaltspflichten, bei deren Verletzung für sog. Verschulden beim Vertragsschluß (culpa in contrahendo) vertragsähnlich gehaftet wird (vgl. besonders RGZ. 103, 157; 104, 267; 107, 240, 357; 108, 410; 114, 155; 120, 251); wird die Verletzung von einer Hilfsperson begangen, so findet § 278 BGB. (darüber unten Abs. 4 der Anm.) Anwendung (RGZ. 103, 50); zu ersetzen ist gem. § 249 BGB. (dazu unten Abs. 5 der Anm.) das Vertrauensinteresse (§ 122 BGB.), ausnahmsweise — beim Nachweis, daß ohne den Sorgfaltsverstoß ein günstigeres Geschäft zustande gekommen wäre — das Erfüllungsinteresse (RGZ. 103, 50).

Abgesehen vom Falle der schuldhaften Unmöglichkeit (§§ 280, 325 BGB.) und dem des Verzuges (§§ 286, 326 BGB.) liegt ein Verstoß gegen Sorgfaltspflichten auch in der vom Gesetz nicht ausdrücklich geregelten positiven Vertrags-(oder Forderungs-)verletzung: Die Sorgfalt eines Schuldners hat sich nicht nur darauf zu erstrecken, die Leistung überhaupt (vgl. Anm. 3 Abs. 5ff. zu § 360) und rechtzeitig (vgl. Anm. 3 zu § 358) zu ermöglichen (vgl. dazu RGZ. 69, 140!), sondern auch auf die Unterlassung und Verhinderung anderer (allerdings — anders als nach §§ 282, 285 BGB. — vom Gläubiger nachzuweisender!) Beeinträchtigungen des Leistungserfolges (z. B. im Falle der sog. Schlechterfüllung). Vgl. dazu RGZ. 54, 98, 228; 57, 106; 61, 130; 62, 285; 66, 290; 67, 7; 78, 389, 435; 93, 285; 97, 117; 102, 409; 104, 16; 106, 25; 119, 19; 140, 384.

Nicht nur persönliche Sorgfaltsverstöße, sondern auch solche seiner Gehilfen hat ein Schuldner zu vertreten (vgl. z. B. RGZ. 99, 264; 103, 50; 108, 224; 114, 160; 118, 41; Warn. 38, 40), u. zw. haftet ein Kaufmann gemäß § 278 BGB. auch insoweit für Beobachtung kaufmännischer Sorgfalt (vgl. RGZ. 65, 20, wo die Anwendbarkeit auch des Abs. 2 [dazu unten Anm. 4!] auf solche Gehilfen folgerichtig bejaht wird). Vgl. auch §§ 431, 458, ferner § 13 Abs. 3 UWG.

Die Folge der Verletzung einer Sorgfaltspflicht ist regelmäßig Verpflichtung zum Ersatz des dadurch verursachten Schadens; vgl. §§ 280, 286, 325, 326 BGB. und dazu RGZ. 52, 19; 53, 200; 62, 120, 333; 63, 120; 68, 194; 69, 58; 72, 327; 81, 360; 95, 60; 96, 245; 97, 325, 336; 107, 47, 157; JW. 08, 526; 10, 650; 12, 459; 13, 546; 17, 461; 19, 450. Die Ersatzforderung erzeugt gegebenenfalls auch eine (unselbständige) Einrede gegen Ansprüche des Schädigers; vgl. RGZ. 58, 356; 59, 212; 73, 346. Der Inhalt des Anspruchs richtet sich nach §§ 249ff. BGB. Grundsätzlich geht er auf Herstellung des ohne den Sorgfaltsverstoß bestehenden Zustandes unter Einbeziehung eines mutmaßlich entgangenen Gewinns (§§ 249 S. 1, 252 BGB.), auf Geld nur, wenn anderer Ersatz nicht möglich oder nicht ausreichend ist; dazu §§ 250, 251 BGB., auch §§ 249 S. 2, 253 BGB., sowie RGZ. 94, 3, auch 97, 47; JW. 18, 86; 19, 716; 26, 357. Bei Schadensersatz wegen Nichterfüllung eines beiderseitigen Vertrages wird der Ersatzberechtigte regelmäßig nur auf die Differenz zwischen dem Wert der ihm obliegenden Leistung und seinem Interesse an der Gegenleistung klagen können (bestr.); vgl. RGZ. 50, 255; 60, 347; 66, 61; 102, 62. Vgl. ferner § 376 Abs. 2, 3 u. Anm. 6 u. 7 zu § 376. — Bei mitwirkendem Verschulden des Geschädigten haftet der Schuldner grundsätzlich nur entsprechend dem Wirkungsverhältnis der beiderseits gesetzten Schadensursachen (§ 254 BGB.); vgl. dazu RGZ. 51, 193; 55, 321; 62, 108, 348; 67, 121; 71, 216; 83, 177; JW. 06, 85; 09, 13; LZ. 10, 928; SeuffA. 65, 388. Fahrlässig gesetzte Ursachen sind aber in der Regel gegenüber Vorsatz des andern Teils ganz zu vernachlässigen; vgl. RGZ. 69, 59, 281; 76, 323; 78, 394; JW. 08, 329; 19, 305. Verschulden von Hilfspersonen des Geschädigten ist im Rahmen des § 278 BGB. (bestr.; vgl. RGZ. 62, 108; 77, 211; 79, 319; R. 06, 1113) auch hier eigenem Verschulden gleich zu achten; RGZ. 55,

332; 103, 181; 119, 155; 121, 118. Ist der Geschädigte Kaufmann, so ist die von ihm und seinem Gehilfen zu fordernde kaufmännische Sorgfalt hier (obwohl zu ihrer Beobachtung an sich nicht andern, sondern nur sich selbst gegenüber eine Pflicht bestand!) ebenfalls maßgebend. — Ist durch das schädigende Ereignis zugleich ein Vorteil des Geschädigten adäquat verursacht worden, so muß dieser sich den Vorteil auf seinen Schadensersatzanspruch anrechnen lassen; vgl. über diesen Grundsatz der Vorteilsausgleichung ROHG. 22, 184; RGZ. 16, 73; 40, 172; 54, 137; 59, 239; 65, 60; 70, 101; 73, 340; 80, 160; 84, 387; 90, 161; 91, 213; 92, 60; 93, 144; 100, 255; JW. 09, 455; 16, 1016; 19, 932; Warn. 20, 7; SeuffA. 91, 259. — Ist der Kontrahent des Ersatzpflichtigen selbst nicht geschädigt, wohl aber ein Dritter, für dessen Rechnung er tätig wird (§§ 383, 407), so kann der Ersatzpflichtige das Fehlen eines Schadens seines Kontrahenten nicht einwenden; vgl. über diese sog. Schadensliquidation im Drittinteresse RGZ. 58, 42; 62, 334; 87, 290; 90, 246; 93, 39; 113, 254; 115, 425; JW. 10, 1000; HRR. 29, 1936; SeuffA. 85, 262.

3. Die Sorgfalt eines ordentlichen Kaufmanns (vgl. dazu auch §§ 429 Abs. 1, 497, 511, 559, 606, 653) ist sachlich nichts anderes als die bei HGeschäften „im Verkehr erforderliche Sorgfalt" (§ 276 BGB.); vgl. auch D. 194 und dazu RGZ. 39, 99; 51, 32; 59, 388; 64, 257; 67, 236; 68, 423; 73, 337; 74, 356; 95, 17; 102, 49; 105, 389; 110, 17; 119, 268, 400; 124, 109; 126, 331; JW. 04, 144, 357; 06, 160, 459; 07, 250, 505; 08, 108; 09, 190, 217 u. 359; 10, 705; 12, 26; 24, 675; 34, 3196; LZ. 32, 245; DJZ. 07, 425. Über Fälle, in denen der HVerkehr eigentümliche Sorgfalt verlangt, vgl. RGZ. 20, 88; 23, 150; 28, 223; 50, 169; 54, 117; 60, 35; 65, 117; 73, 351; 81, 254; 84, 349; 88, 135; 91, 121; 92, 52; 93, 18; 95, 266; 96, 256; 100, 33, 55; 105, 82; 107, 229; 109, 360; 114, 377; JW 04, 200; 14, 830; 17, 713; 19, 82; 27, 262, 1708; LZ. 18, 377; 19, 799, 862 u. 1074; SeuffA. 91, 289; Gruch. 54, 1068. Im HVerkehr eingerissene Mißbräuche entschuldigen anderseits den Kaufmann nicht; RGZ. 128, 44. Dagegen bleibt Haftungsausschluß nach allgem. Grundsätzen (d. h. für jedes ersatzverpflichtende Verschulden außer eigenem Vorsatz — §§ 276 Abs. 2, 278 Abs. 2 BGB.) und im Rahmen des § 138 BGB. (vgl. dazu Anm. 4 Abs. 4, 5 zu § 346) möglich; RGZ. 62, 266; 99, 107; JW. 26, 609; Gruch. 46, 900. — Über die Voraussetzungen der „Gutgläubigkeit" bei Kaufleuten vgl. Anm. 3 Abs. 4 zu § 366. — Besondere Grundsätze gelten für die Sorgfaltspflicht bei Rat- und Auskunfterteilung. Auch Kaufleute haften für die Folgen unrichtiger Rat- oder Auskunfterteilung nur bei vertraglicher Sorgfaltspflicht oder Vorliegen einer unerlaubten Handlung (§ 676 BGB.). Sie haben jedoch schon dann vertragliche Sorgfaltspflichten, wenn sie mit dem Ratsuchenden in ständiger oder mit dem Gegenstand der Auskunft zusammenhängender Geschäftsverbindung stehen; vgl. RGZ. 27, 120; 65, 141; 67, 295; 126, 50; 139, 106; JW. 07, 363; Warn. 15, 18, dazu aber auch JW. 05, 503 und (über die Kollision mit der Verschwiegenheitspflicht der Banken) RGZ. 139, 103. Besteht keine allgemeine Geschäftsverbindung, so kann u. U. doch durch stillschweigenden Vertrag eine Haftung für Rat- oder Auskunfterteilung übernommen sein oder sich als Nebenleistung eines (einzelnen) andern Geschäfts nach Treu und Glauben ergeben; vgl. dazu RGZ. 19, 100; 42, 130; 52, 366; 67, 394; 126, 52; JW. 03, 151; 05, 503; 10, 183; 11, 809; 15, 577; 17, 101; Warn. 37, 377; 38, 233; Gruch. 53, 979; 54, 951, aber auch RGZ. 54, 333. Ist hiernach vertragsmäßige Haftung für die Auskunft begründet (vgl. dazu noch LZ. 09, 486), so wird sie auch nicht durch die formularmäßigen Freizeichnungsklauseln (z. B. der Banken) wie „ohne Gewähr" u. dgl. ausgeschlossen; JW. 17, 34 Über deliktische Haftung für falsche Auskunft, insbes.

aus § 826 BGB., vgl. RGZ. 23, 130; 51, 93; 57, 241, 353; 58, 216; 67, 395; 72, 7, 175; 73, 289; 76, 318; 79, 60; 90, 108; JW. 03, 184; 05, 370; 06, 60; 11, 43, 584; 12, 293; 13, 431; 17, 36, 285; DJZ. 07, 769; Gruch. 59, 659; RAG. 26, 256. Zur Haftung aus § 826 BGB. ist nur hinsichtlich der Schädigung des andern (mindestens bedingter!) Vorsatz erforderlich, während für den Begriff der Sittenwidrigkeit grobe („an Gewissenlosigkeit grenzende") Fahrlässigkeit genügt; RGZ. 90, 108.

Besondere (wenn auch nicht auf Kaufleute beschränkte), ihrer Natur nach nicht vertragliche Rechtspflichten obliegen dem Kaufmann bei seiner Teilnahme am geschäftlichen Wettbewerb. Durch das Ges. gegen den unlauteren Wettbewerb v. 7. 6. 09 (RGBl. 499) mit verschiedenen Änderungen ist eine große Anzahl einzelner Tatbestände (meist unwahrer Reklame und Ausnutzung fremden Arbeitsergebnisses) teils nur verboten, teils auch als ersatzverpflichtend oder gar strafbar gekennzeichnet. Daneben gewährt die Generalklausel (§ 1 UWG.) praktisch gegenüber jedem Wettbewerbsverstoß Unterlassungs- und Schadensersatzklage. Die Unterlassungsklage ist als Popularklage ausgebildet und steht auch Verbänden berufsständischer Art zu. Das Gesetz findet nicht nur gegenüber Kaufleuten Anwendung, bezieht sich aber praktisch vorwiegend auf sie. Vgl. dazu auch Anm. 6 Abs. 2 zu § 37 (betr. §§ 1, 16 UWG.).

Vgl. noch Anm. 10 Abs. 4 zu § 1 über HBeschränkungen.

4. Durch § 347 werden nicht die Fälle berührt, in denen allgemein nur für grobe Fahrlässigkeit oder für die in eigenen Angelegenheiten angewandte Sorgfalt gehaftet wird, also namentlich §§ 300, 521, 523, 599, 680, 690, 708, 968 BGB. Vgl. dazu RGZ. 65, 20 (entspr. Anwendung der Schenkerhaftung usw. auf uneigennützige Geschäftsbesorgung). Ebensowenig wird etwa umgekehrt eine anderweit begründete Zufallshaftung ausgeschlossen.

Vertragsstrafe

§ 348[1a]. Eine Vertragsstrafe[1], die von einem Kaufmann im Betriebe seines Handelsgewerbes versprochen ist[2], kann nicht auf Grund der Vorschriften des § 343 des Bürgerlichen Gesetzbuchs herabgesetzt werden[3].

1a. Zu § 348 s. Art. 8 Nr. 3 der 4. EinfV. betr. Österreich und Art. 8 Nr. 3 der 3. EinfV. betr. Sudetenland (Anh. XIII, XIV).

1. Vertragsstrafe (§§ 339 ff. BGB.) kann Zahlung einer Geldsumme oder eine andere vermögenswerte Leistung (z. B. Zinserhöhung oder Nachlaß vom Kaufpreis) sein. Ihre Vereinbarung begründet i. Zw. keine Wahlschuld; RGZ. 98, 21. Sie unterscheidet sich vom Reugeld (§ 359 BGB., vgl. LZ. 21, 141), von der Draufgabe (auch „Handgeld" u. dgl. genannt) und auch von der sog. Verfallklausel (lex commissoria, § 360 BGB.), vgl. darüber RGZ. 68, 42; 95, 203; JW. 14, 527; 16, 1584; 19, 570; Gruch. 57, 928. — Der Anspruch auf die Vertragsstrafe ist ohne Nachweis eines entstandenen Schadens gegeben, RGZ. 103, 99. Unter Kaufleuten ist aber insofern stets ein bestehender HGebrauch bei Ermittlung des gewollten Sinns der Strafabrede zu berücksichtigen (§ 346); JW. 04, 197; 06, 736; 20, 137; 21, 1528. — Annahme der Leistung als Erfüllung ohne einen „bei der Annahme", nicht erst später, erklärten Vorbehalt (§ 341 Abs. 3 BGB.) schließt den Strafanspruch aus. RGZ. 53, 357; 57, 340; 58, 262; 59, 379; 61, 65; 73, 147; JW. 07, 171; Gruch. 55, 900. Bei Teilleistungen ist für den Vorbehalt nur die letzte Rate maßgeblich außer bei Strafabreden für einzelne Raten; JW. 08, 238; Gruch. 52, 664. Hat danach

der Schuldner (vgl. § 345 BGB.) die Leistungsannahme (als Erfüllung) beweisen, so muß der Gläubiger den rechtzeitigen Vorbehalt beweisen (RGZ. 53, 358). Ersetzt wird der Vorbehalt durch vor der Leistung getroffene Vereinbarungen über die schon als verfallen behandelte Strafe, z. B. über ihre Tilgung; vgl. RGZ. 72, 168.

Eine Vertragsstrafe kann für den Fall der Nichterfüllung oder für den Fall nicht gehöriger, insbes. nicht rechtzeitiger Erfüllung vereinbart werden. Letzterenfalls kann sie nicht nur statt, sondern neben der Erfüllung verlangt werden (§§ 340 Abs. 1, 341 Abs. 1 BGB.). Ist die Strafe auf Geldzahlung abgestellt, so ist neben ihr auch ein Schadensersatzanspruch gegeben, wenn der Gläubiger einen die Strafe übersteigenden Schaden nachweist; §§ 340 Abs. 2, 342 Halbs. 2 BGB.

Die Strafe ist i. Zw. (dazu RGZ. 85, 103) nur verwirkt, wenn den Schuldner ein Verschulden trifft, RGZ. 95, 203; anders bei Unterlassungspflichten, nämlich mit der objektiven (vom Gläubiger zu beweisenden — § 345 BGB.) Zuwiderhandlung (§ 339 S. 2 BGB.), vgl. RGZ. 55, 79; 63, 116; 79, 38; 95, 203; JW. 11, 38; 15, 444; Warn. 13, 372; 14, 202. Ist das Interesse des Gläubigers an der Erfüllung fortgefallen oder wird es im Einzelfall (u. U. auch wegen Fehlens eines Verschuldens!) nur unwesentlich betroffen, so kann ausnahmsweise angenommen werden, daß für diesen Fall die Strafe nach Treu und Glauben nicht gewollt sei, RGZ. 79, 38; JW. 04, 139; Gruch. 50, 955. Bei durch Vertragsstrafe „für jeden Fall der Zuwiderhandlung" gesicherten Unterlassungspflichten werden mehrere gleichartige Zuwiderhandlungen meist einen einheitlichen Verstoß i. S. der Strafabrede darstellen, so daß die Strafe trotz dem Wortlaut des Strafversprechens dann nur einmal verfallen ist. Zuwiderhandlung nach Konkurseröffnung des Schuldners kann keine Konkursforderung auf die Vertragsstrafe mehr begründen; RGZ. 59, 53.

Eine unter besonderen Umständen (z. B. Ehrenwort; Knebelung u. dgl.) getroffene Strafabrede kann (auch bei Gültigkeit des Hauptanspruchs! vgl. dazu aber § 139 BGB.) nichtig sein. (Bei Nichtigkeit des Hauptanspruchs — auch Formnichtigkeit, dazu RGZ. 53, 260 — ist die Strafabrede stets unwirksam! § 344 BGB.) Vgl. RGZ. 68, 231; 85, 100; 90, 181; JW. 09, 488; Warn. 14, 108 und über die Bedeutung der Unverhältnismäßigkeit der Strafhöhe für diese Beurteilung JW. 13, 319; 23, 825.

Gerichtsstand und Erfüllungsort der Hauptverpflichtung gelten auch für die Vertragsstrafe. RGZ. 57, 15; 69, 9.

2. Die kaufmännische Vertragsstrafe i. S. des § 348 muß für den Schuldner HGeschäft sein (vgl. §§ 343 Abs. 1, 344 Abs. 1), und zwar z. Zt. des Versprechens. Vgl. dazu JW. 08, 148; HRR. 32, 1645; 30, 1088; Warn. 20, 99. Ist der Beitritt zu einer AktG. für den Aktionär HGeschäft, so dürften auch die satzungsmäßigen Vertragsstrafen (§ 57 Abs. 3 AktGes.) der Vorschrift des § 348 unterfallen.

Für Minderkaufleute (§ 4) gilt die Vorschrift nicht; § 351. (Noch enger §§ 4 Abs. 1, 8 AbzG.!) Die Vorschriften der §§ 5, 15 und der Vertrauensschutz gegenüber handelsüblichen Kundgaben finden jedoch auch hier bei der Ermittlung der Vollkaufmannseigenschaft Anwendung; vgl. Anm. 3 zu § 5 und Anm. 1 zu § 15.

3. Ohne die Voraussetzungen des § 348 (also insbes., wenn nur der Gläubiger Kaufmann ist — vgl. auch § 75c Abs. 1) hat der Schuldner nach § 343 BGB. das unabdingbare (OLG. 6, 231; 23, 12) Recht, eine übermäßig hohe Vertragsstrafe noch nach ihrer Verwirkung (aber nur bis zur Leistung) durch Urteil herabsetzen zu lassen; RGZ. 64, 293; 86, 28; 95, 201; JW. 01 Beil. 96; 12, 794; 13,

487; Gruch. 59, 499; Warn. 13, 273. Bei der von einem Vollkaufmann in seinem Gewerbebetrieb versprochenen Vertragsstrafe ist hingegen keine Herabsetzung nach § 343 BGB., jedoch gegebenenfalls der Einwand der Sittenwidrigkeit (dazu oben Anm. 1 Abs. 3 a. E.) möglich, vgl. RGZ. 85, 102.

Selbstschuldnerische kaufmännische Haftung aus Bürgschaft und Kreditauftrag

§ 349[1a]. Dem Bürgen[1] steht, wenn die Bürgschaft[1] für ihn ein Handelsgeschäft ist[2], die Einrede der Vorausklage nicht zu[3]. Das gleiche gilt unter der bezeichneten Voraussetzung für denjenigen, welcher aus einem Kreditauftrag als Bürge haftet[4].

1a. Zu § 349 s. Art. 8 Nr. 4 der EinfV. betr. Österreich und Art. 8 Nr. 4 der EinfV. betr. Sudetenland (Anh. XIII, XIV).

1. Bürgschaft (§§ 765 ff. BGB.) ist der (einseitig verpflichtende) Vertrag des Bürgen mit dem Gläubiger der sog. Hauptschuld, durch den der Bürge verspricht, für deren Erfüllung einzustehen. Über Formzwang vgl. § 766 BGB., § 350. Soweit danach Schriftform für die Bürgschaftserklärung (für die Annahmeerklärung des Gläubigers nie! vgl. RGZ. 57, 67, 261) erforderlich ist, müssen aus der Bürgschaftsurkunde die wesentlichen Merkmale des Geschäfts hervorgehen, also insbesondere der Bürgschaftswille und die Kennzeichnung der Hauptschuld (letzteres allerdings z. B. auch durch Bezugnahme auf andere Urkunden möglich!); vgl. dazu RGZ. 57, 260; 59, 219; 61, 347; 62, 172, 382; 63, 143; 64, 84; 67, 214; 71, 115; 75, 1; 76, 200, 305; 77, 378; 82, 71; 88, 425; 94, 89; 95, 125; JW. 11, 940; 12, 465; 17, 154; Warn. 15, 10. Zugunsten des Bürgen gilt daher die Vermutung der Vollständigkeit seiner urkundlichen Erklärung, während ihm i. Zw. noch der Nachweis einschränkender mündlicher Vereinbarungen offensteht; RGZ. 65, 49; 71, 415; 95, 126; JW. 18, 367; 19, 311. Bei einem Vergleichsbürgen, der zugleich Konkursgläubiger ist, liegt die Bürgschaftserklärung schon in der Protokollierung seiner Zustimmung zum Zwangsvergleich, RGZ. 64, 82. Nichtige Wechselzeichnung kann u. U. in eine Bürgschaftserklärung umgedeutet werden; vgl. LZ. 26, 954. Über fehlende Geschäftsgrundlage der Bürgschaft RGZ. 146, 376. — Eng verwandt mit der Bürgschaft ist der sog. Garantievertrag und der Schuldbeitritt („kumulative" Schuldübernahme, Schuldmitübernahme — im Gegensatz zu der befreienden Schuldübernahme gem. §§ 414 ff. BGB.). Beide erfordern jedoch ein gewisses persönliches Interesse des Garanten oder Übernehmers; die Bezeichnung des Rechtsgeschäfts als „Bürgschaft" steht seiner entgegengesetzten Auslegung dann nicht entgegen; vgl. dazu RGZ. 78, 37; 90, 415. Ob der Garant oder Übernehmer simultan oder hinter dem Schuldner haften soll, ist ebenfalls Auslegungsfrage. Über die hauptsächliche Bedeutung der Frage, ob solche bürgschaftsähnlichen Verträge vorliegen, vgl. Anm. 3 zu § 350. — Eine vertragliche Sorgfaltspflicht des Gläubigers gegenüber dem Bürgen besteht grundsätzlich nicht; er ist insbesondere nicht verpflichtet, dem Bürgen von einem gegen den Hauptschuldner eingeleiteten Zwangsversteigerungsverfahren Nachricht zu geben; § 1166 BGB. kann nicht analog angewendet werden. RGZ. 65, 134; 88, 410. Der Gläubiger verliert auch den Anspruch aus der Bürgschaft gemäß § 776 BGB. nicht schon durch passives Verhalten, sondern erst, wenn er durch positive Handlungen ein Vorzugs-, Hypotheken- oder Pfandrecht oder das Recht gegen einen Mitbürgen aufgibt, oder sonst vorsätzlich die Lage des Bürgen verschlechtert (vgl. § 826 BGB.), RGZ. 58, 428; 65, 134, 397. — Jede Bürgschaft setzt die Verbindlich-

keit eines Dritten, die Hauptschuld, voraus, sog. Akzessorietät der Bürgschaft. Bei Nichtigkeit der Hauptschuld entfällt die Bürgschaft, auch eine Ausfallbürgschaft; Gruch. 63, 746. Über Heilung eines Formmangels der Hauptschuld vgl. RGZ. 134, 245. Für die Verpflichtung des Bürgen ist der jeweilige Bestand der Hauptverbindlichkeit maßgebend (§ 767 BGB.). Eine Kreditbürgschaft erlischt jedoch nicht, wenn zeitweilig während der Dauer des der Bürgschaft zugrunde liegenden Kreditverhältnisses die Verbindlichkeit des Hauptschuldners getilgt ist; Gruch. 55, 961. Der Bürge kann die dem Hauptschuldner zustehenden Einreden geltend machen. (§ 768 BGB.) Vgl. dazu unten Anm. 3 Abs. 5. Der Anspruch gegen den Bürgen ist für sich allein nicht abtretbar und deshalb auch nicht selbständig pfändbar; JW. 09, 686. Mit der Übertragung der Hauptforderung gehen die Rechte aus einer dafür bestellten Bürgschaft auf den Erwerber über (§ 401 BGB.); wird dieser Übergang vertraglich ausgeschlossen, so erlischt die Bürgschaft mit dem Übergang der Hauptschuld; RGZ. 85, 364, vgl. auch Warn. 14, 257. Wird vereinbart, daß die Bürgschaft ungeachtet des Erlöschens der Hauptschuld wirksam bleiben soll, so kann darin ein Schuldversprechen, eine Schuldübernahme oder dgl. liegen; JW. 13, 598; 16, 398. Durch einen Stundungsvertrag zwischen Gläubiger und Schuldner kann die Verpflichtung des Bürgen ohne dessen Zustimmung nicht erweitert werden; RGZ. 59, 228. Sollte die Stundung nicht auch für den Bürgen gelten, so ist die Vereinbarung unwirksam; RGZ. 56, 310. — Es kann aber eine gültige Bürgschaft für eine bedingte oder sogar (§ 765 Abs. 2 BGB.) künftige Hauptschuld übernommen werden, RGZ. 56, 130; 97, 163; JW. 11, 940; 12, 35. Im letzteren Fall ist § 777 BGB. entsprechend anzuwenden, RGZ. 82, 382. Eine Kreditbürgschaft für künftige Forderungen mit zeitlicher Beschränkung ist i. Zw. allgemein für den vereinbarten Zeitraum gewollt, RGZ. 63, 12; fehlt eine Befristung, so kann der Bürge i. Zw. mit angemessener Frist kündigen, JW. 11, 447; 14, 470; Gruch. 55, 960; 57, 966. — Der Erfüllungsort für die Bürgschaft ist nicht ohne weiteres der Erfüllungsort der Hauptschuld; RGZ. 54, 317; 62, 380; 71, 59; 73, 262; 96, 263.

Soweit der Bürge den Gläubiger befriedigt, geht die Forderung aus der Hauptschuld auf ihn über; dadurch darf aber weder der Gläubiger in seinen Rechten gegen den Hauptschuldner, noch dieser in seinen Rechten gegen den Bürgen benachteiligt werden (§ 774 Abs. 1 BGB.); RGZ. 53, 403; 76, 197; 93, 94. Vergleicht sich der Bürge mit dem Gläubiger auf einen niedrigeren Betrag, so hat er grundsätzlich trotzdem Rückgriffsrecht in voller Höhe gegen den Schuldner, RGZ. 102, 51. Ob dem Anspruch des Bürgen gegen den Hauptschuldner entgegengesetzt werden kann, daß der Bürge es unterlassen habe, die Einwendungen des Hauptschuldners geltend zu machen, richtet sich nach dem internen Rechtsverhältnis zwischen Hauptschuldner und Bürgen; RGZ. 59, 209.

Mitbürgen haften als Gesamtschuldner, auch wenn sie die Bürgschaft nicht gemeinschaftlich (§ 427 BGB.) übernehmen (§ 769 BGB.). Untereinander haften sie (§§ 774 Abs. 2, 426 BGB.) i. Zw. zu gleichen Anteilen, RGZ. 61, 56; 81, 414; JW. 12, 746; Gruch. 58, 968. Verbürgen sich alle oder mehrere Gesellschafter einer GmbH. für Schulden der Gesellschaft, so richtet sich die Ausgleichung natürlicherweise i. Zw. nach dem Verhältnis ihrer Geschäftsanteile, RGZ. 88, 122. Der Mitbürge verliert sein Recht auf Ausgleichung nicht schon dadurch, daß er die ihm persönlich vom Schuldner bestellten Vorzugs- oder Sicherheitsrechte aufgibt, Gruch. 50, 661. Nichtigkeit der Bürgschaft eines Mitbürgen hat i. Zw. nicht die Nichtigkeit der Bürgschaften der anderen Mitbürgen zur Folge, RGZ. 88, 412. Das Rückgriffsrecht mehrerer Wechselverpflichteter untereinander bestimmt sich, außer unter Avalisten i. Zw. lediglich nach Wechselrecht; RGZ. 40, 60; 48, 152; 65, 407: 96, 136; JW. 06, 305.

2. Voraussetzung ist, daß das Bürgschaftsversprechen (und ebenso — vgl. unten Anm. 4 — der Kreditauftrag) HGeschäft eines Vollkaufmanns ist; vgl. §§ 351, 343, 344, aber auch §§ 5, 15.

3. Ein Zivilbürge hat gegenüber dem Gläubiger nach § 771 BGB. regelmäßig (vgl. § 774 BGB.) die sog. (dilatorische) Einrede der Vorausklage, auf Grund deren er die Bürgschaftserfüllung solange verweigern kann, bis der Gläubiger eine Zwangsvollstreckung in das Vermögen des Hauptschuldners (regelmäßig — § 772 BGB. — nur eine Sachpfändung!) fruchtlos betrieben hat. Den Vorteil des Weiterverkaufs einer in der Vollstreckung selbst ersteigerten Sache des Hauptschuldners braucht sich ein Gläubiger gegenüber dem Bürgen aber nie anrechnen zu lassen; vgl. JW. 16, 400; 19, 571.

§ 349 versagt für ein Bürgschaftsversprechen (und einen Kreditauftrag) die Einrede der Vorausklage, wenn sie vollkaufmännische HGeschäfte sind (vgl. oben Anm. 2). Der vollkaufmännische Bürge haftet also kraft Gesetzes „selbstschuldnerisch" (vgl. § 771 Abs. 2 BGB.). Bei einer Zeitbürgschaft wird der Vollkaufmann daher schon dann frei, wenn der Gläubiger nicht spätestens (a. A. RGZ. 96, 133) unverzüglich nach Ablauf der Frist die Inanspruchnahme anzeigt; vgl. § 777 Abs. 1 S. 2 BGB. — Eine Ausnahme von § 349 bildet ihrer Natur nach die sog. Ausfallbürgschaft, bei der (abgesehen i. Zw. wiederum von den Fällen des § 773 Nr. 2—4 BGB.) der Gläubiger bei Inanspruchnahme des Bürgen stets seinen „Ausfall" nachweisen muß; ROHG. 13, 172; RGZ. 75, 186; SeuffA. 51, 178. Für einen vom Gläubiger selbst fahrlässig verursachten Ausfall haftet der Ausfallbürge nicht; RGZ. 87, 328; 145, 169; HRR. 30, 212; LZ. 32, 749.

Für die übrigen Einreden des Bürgen gelten auch beim vollkaufmännischen Bürgen die allgemeinen Vorschriften.

Einwendungen und Einreden, die ihm kraft eigenen Rechts zustehen, kann jeder Bürge unbeschränkt geltend machen, z. B. Aufrechnung mit eigenen Gegenforderungen. Die Forderung aus der Hauptschuld geht dann in Höhe des aufgerechneten Betrages auf den Bürgen über (§ 774 BGB.), RGZ. 63, 404; 66, 425; vgl. auch RGZ. 65, 47 und oben Anm. 1.

Ferner hat der Bürge (vgl. oben Anm. 1 Abs. 1) alle Einreden des Hauptschuldners; selbst wenn dieser auf sie verzichtet hat. Ausnahme: Einwand der beschränkten Erbenhaftung (auch wenn der Hauptschuldner von Gläubiger und Bürgen beerbt wird); § 768 BGB. Vgl. dazu z. B. RGZ. 52, 364 (Unklagbarkeit), JW. 03 Beil. 96 (Aufhebung, Novation), RGZ. 59, 210 (vollzogene Aufrechnung), Gruch. 63, 744 (Verjährung), RGZ. 62, 53 u. 84, 230 (Einrede des nicht erfüllten Vertrages), RGZ. 92, 123 (Erlaß — außer beim Zwangsvergleich oder gerichtl. bestätigten Vergleich; vgl. § 199 S. 2 KO., § 82 Abs. 2 VerglO.); RGZ. 56, 310 u. JW. 12, 464 (Stundung), RGZ. 66, 332 (Minderung), auch RGZ. 76, 58 (betr. beschränkte Erbenhaftung, die allein der Erbe des Hauptschuldners einwenden kann!). Über die Frage der Rechtskraftwirkung eines gegen den Hauptschuldner ergangenen Urteils gegenüber dem Bürgen (nein!) vgl. § 325 ZPO. und dazu RGZ. 56, 110; 66, 332; JW. 09, 419. Umgekehrt kann der Bürge nach § 767 Abs. 1 BGB. einwenden, daß der Anspruch gegen den Hauptschuldner rechtskräftig abgewiesen sei. Nicht unter § 768 BGB. fallen ein Anfechtungsrecht oder eine Aufrechnungsbefugnis des Hauptschuldners vor ihrer Ausübung; RGZ. 59, 210. Solange diese noch möglich ist, kann der Bürge jedoch die Befriedigung des Gläubigers auf Grund besonderer Vorschrift

(§ 770 BGB.) verweigern. Vgl. dazu auch § 129 Abs. 2, 3 u. RGZ. 62, 54; 66, 332. Entsprechende Anwendung des § 770 BGB. bei Wandelungsmöglichkeit des Hauptschuldners zu bejahen. — Vgl. noch § 776 BGB. und dazu RGZ. 87, 328; JW. 38, 524; SeuffA. 61, 191.

4. Kreditauftrag ist ein Vertrag, durch den jemand der Aufforderung, eines anderen nachzukommen verspricht, im eigenen Namen und für eigene Rechnung einem Dritten Kredit (z. B. auch in Form eines Kreditverkaufs an den Dritten) zu gewähren; vgl. § 778 BGB. und RGZ. 56, 132; 87, 146. Bis zur Gewährung des Kredits gilt lediglich Auftragsrecht (§§ 662 ff. BGB.), insbesondere für Widerruf und Kündigung (§ 671 BGB.), RGZ. 51, 122; 56, 133; JW. 12, 910. Nachher haftet der Auftraggeber dem Kreditgeber als Bürge, und zwar, wenn er als Vollkaufmann den Kreditauftrag erteilt hat, gemäß § 348 (s. oben Anm. 3). Der Kreditauftrag bedarf nicht der Schriftform, RGZ. 50, 160; 51, 122; JW. 10, 809. Festsetzung einer Kreditgrenze ist kein wesentliches Erfordernis, LZ. 12, 313.

Ein Kreditbrief (Akkreditiv) ist kein Kreditauftrag, sondern ein Auftrag (Anweisung) zur Zahlung an den Begünstigten für Rechnung des Auftraggebers, der mithin der Schuldner des (Anweisungs-)Empfängers, nicht Bürge ist; vgl. RGZ. 64, 110; SeuffA. 78, 125. Nach Bewirkung der angewiesenen Leistung kann das Akkreditiv nicht widerrufen werden, RGZ. 107, 7. Ebenso nicht mehr nach Bestätigung, LZ. 22, 361. Die Bank hat sich an den erteilten Auftrag zu halten und hat nicht zu prüfen, ob die zu bezahlende Ware ordnungsmäßig geliefert ist, RGZ. 97, 144. Über Haftung einer angewiesenen Bank für das Verschulden der von dieser weiterbeauftragten Bank, RGZ. 105, 48 u. 106, 26 (beide dürfen von den Weisungen des Auftraggebers nicht abweichen!, über den Umfang ihrer Prüfungsrechte und -pflichten vgl. ferner RGZ. 97, 144; LZ. 23, 631).

Handelsrechtliche Formerleichterungen[1]

§ 350[1a]. Auf eine Bürgschaft[3], ein Schuldversprechen[4] oder ein Schuldanerkenntnis[5] finden, sofern die Bürgschaft auf der Seite des Bürgen, das Versprechen oder das Anerkenntnis auf der Seite des Schuldners ein Handelsgeschäft ist[2], die Formvorschriften des § 766 Satz 1[3], des § 780[4] und des § 781 Satz 1[5] des Bürgerlichen Gesetzbuchs keine Anwendung[1].

1a. Zu § 350 s. Art. 8 Nr. 5 ff. der 4. EinfV. betr. Österreich und Art. 8 Nr. 5 ff. der 3. EinfV. betr. Sudetenland (Anh. XIII, XIV).

1. Einige Ausnahmen vom allgemeinen Grundsatz der Formfreiheit gelten nicht im HRecht. Bürgschaft, sowie, wenn sie nicht auf Grund einer Abrechnung oder eines Vergleichs erfolgen (§ 782 BGB.), Schuldanerkenntnis und Schuldversprechen (vgl. unten Anm. 3—5) sind nach allgemeinem bürgerlichen Recht nur in schriftlicher Form wirksam (§§ 766 S. 1, 780, 781 S. 1 BGB.), als HGeschäfte aber durchweg (vgl. dazu unten Anm. 2) formlos gültig.

Sonstige nach bürgerlichem Recht formbedürftige Geschäfte sind auch als HGeschäfte grundsätzlich formbedürftig und bei Formverletzung nichtig; vgl. auch Anm. 3 Abs. 2 zu § 346 und § 125 S. 1 BGB. Abgesehen von den niemals als HGeschäfte in Betracht kommenden erb- und familienrechtlichen Geschäften, gelten danach insbesondere folgende Formvorschriften auch für Vollkaufleute:

§ 311 BGB.: Gerichtliche oder notarielle Beurkundung (§ 128 BGB.) für die vertragliche Verpflichtung, sein gesamtes gegenwärtiges Vermögen oder dessen Bruchteil zu übertragen oder mit einem Nießbrauch zu belasten (vgl. RGZ. 79, 282); erforderlich z. B. auch bei Verschmelzung (Fusion) von HGesellschaften, JW. 29, 1404, 2167 (Ausnahme: bei Genossenschaften genügt nach § 60a GenG. einfache Schriftform); ferner für eine Vermögensübertragung zwecks Abwendung des Konkurses (Liquidationsvertrag), nicht aber bei Überlassung des Vermögens an die Gläubiger zur Verwaltung und Verwertung in Anrechnung auf ihre Forderungen (RGZ. 72, 116) oder bei Veräußerung eines Sondervermögens, z. B. einer o.HG. (JW. 10, 242); niemals auch dann, wenn nur einzelne Gegenstände veräußert werden sollen, selbst wenn sie tatsächlich zusammen das ganze Vermögen des Veräußerers ausmachen (RGZ. 69, 420; Gruch. 63, 89; vgl. auch RGZ. 76, 3; 82, 277). § 313 BGB.: Gerichtliche oder notarielle Beurkundung für die vertragliche Verpflichtung zur Übertragung von Grundstückseigentum, für Abtretung von Geschäftsanteilen einer GmbH. (§ 15 GmbHGes.); für Auftrag und Vollmacht zu solchen Verträgen ist die Formwahrung nur ausnahmsweise (vgl. § 167 Abs. 2 BGB.) erforderlich, nämlich dann, wenn damit schon unwiderruflich die Verpflichtung zum Abschluß des Vertrages begründet werden soll; RGZ. 110 320. Formverstoß gegen § 313 BGB. heilt durch Auflassung des Grundstücks an den Erwerber. Vgl. noch Anm. 1 Abs. 3 zu § 105. Ebenfalls gerichtliche oder notarielle Beurkundung schreiben § 518 BGB. für Schenkungsversprechen und §§ 2371, 2385 BGB. für Verkauf oder sonstige Verpflichtung zur Veräußerung einer angefallenen oder erworbenen Erbschaft vor. Vgl. ferner für den Grundbuchverkehr §§ 873, 925 BGB., sowie §§ 1154 Abs. 2, 1192, 1274 BGB. Ferner kommen in Betracht:

§ 368 BGB.: Schriftform (§ 126 BGB.: eigenhändige Namensunterschrift — dazu RGZ. 74, 69 — bzw. gerichtlich oder notariell beglaubigtes Handzeichen) für Quittungen; § 761 BGB.: dasselbe für Leibrentenversprechen, vgl. dazu RGZ. 89, 261. Ruhegehaltsversprechen an Angestellte ist kein Leibrentenversprechen, RGZ. 80, 208; 94, 157; ebensowenig i. d. R. das Versprechen eines laufenden Zuschusses an den Schwiegersohn, RGZ. 67, 204; 111, 287; JW. 25, 2756 (a. A. RGZ. 63, 324). — §§ 783, 784, 792 BGB.: Schriftform für Anweisung, deren Annahme und Übertragung auf einen Dritten. Vgl. dazu § 363 Anm. 2. — Schriftform genügt ferner nach §§ 1154 Abs. 1, 1192, 1274 BGB. für Abtretung und Verpfändung von Briefhypotheken oder Briefgrundschulden. Für Inhaberschuldverschreibungen genügt sogar faksimilierte Unterschrift des Ausstellers (§ 793 Abs. 2 BGB.). Bei Miet- und Pachtverträgen für längere Zeit als ein Jahr ist auch Schriftform vorgeschrieben, aber die Nichtbeachtung hat nur Vertragsdauer für unbestimmte Zeit zur Folge (§§ 566, 580, 581 BGB.) und ein formloser Vorvertrag ist hier ausnahmsweise vollgültig (da der Gesetzeszweck nur auf Übersichtlichkeit für Rechtsnachfolger des Vermieters [§ 571 Abs. 1 BGB.] gerichtet ist!). Ausdrücklichkeit verlangen § 244 BGB. (Valutaschulden) und § 700 Abs. 2 BGB. (depositum irregulare von Wertpapieren, vgl. dazu auch unten Abs. 4 d. Anm.).

Außer den allgemeinen Formvorschriften gelten im HRecht in formaler Hinsicht für eine Reihe von Geschäften noch besondere Bestimmungen. Ausdrücklichkeit wird verlangt: für die Einwilligung des Geschäftsveräußerers oder des ausscheidenden Gesellschafters (soweit erforderlich!) bzw. ihrer Erben in die Fortführung der Firma (§§ 22, 24 Abs. 2) und für die Erteilung der Prokura (§ 48). — Schriftform ist notwendig: für die Erklärung des HGehilfen oder Volontärs (vgl. § 82a) nach § 75, sich von der Wettbewerbsklausel wegen vertragswidrigen Verhaltens des Prinzipals loszusagen; ebenso für den Verzicht des Prinzipals auf das Wettbewerbsverbot nach § 75a; für die Erklärung des HLehrlings bzw. dessen gesetzlichen Vertreters an den Lehrherrn, zu einem anderen Gewerbe oder Beruf übergehen zu wollen, gem. § 78, für den Ladeschein (§ 445 Abs. 2) und das Konnossement (§§ 642ff.), für die Begründung der Bodmereifolgen (§ 682), für Aktienzeichnung (§§ 30, 152 AktGes.), für die Stimmvollmacht in der Generalversammlung der AktG. (§ 114 AktGes.), für Ausübung des Bezugsrechts auf neue Aktien, „Bezugserklärung" (§ 165 AktGes.). Vgl. ferner §§ 3ff. VVG. (Versicherungsschein, sog. „Police"), auch §§ 18ff. d. Ges. über die Verwahrung u. Anschaffung von Wertpapieren v. 4. 2. 37 — RGBl. I 171; Anh. VIII — (Stückeverzeichnis). Beim Frachtbrief genügt faksimilierte Unterschrift (§ 426 Abs. 2 Nr. 9). Auch sonst ist vielfach schriftliche Erklärung oder Vereinbarung im HRecht von Bedeutung: Schriftlichkeit und Ausdrücklichkeit fordern § 54 Abs. 2 BörsGes. (für die Erklärung über Sicherheitsleistung zur Deckung von Verlusten aus Börsentermingeschäften), ferner das neue Depotgesetz (vgl. Anh. VIII) v. 4. 2. 37 noch für die Erklärungen des Hinterlegers von Wertpapieren, wenn dieser nicht Bankier ist, vgl. § 16 a. a. O. Einer qualifizierten Schriftform (verbunden mit Aushändigung der Urkunde an den HGehilfen!) bedarf eine Wettbewerbsvereinbarung mit diesem (§ 74). Vgl. ferner § 79. — Gerichtliche oder notarielle Beurkundung ist erforderlich für die Feststellung der Satzung der AktG. und der KG. a. A. (§§ 16, 221 AktGes.), für die Übernahme von Gründeraktien (§ 22 AktGes.), für die Bestellung des ersten Aufsichtsrates der AktG. (§ 23 AktGes.), sowie für die Beschlüsse der Hauptversammlung (§ 111 AktGes.). Vgl. auch § 15 GmbHG. — Anmeldungen zum HReg. schließlich sind regelmäßig in Form der öffentlichen Beglaubigung (der Unterschrift des Anmeldenden — vgl. § 129 BGB.) vorzunehmen, § 12.

2. Die Formerleichterungen des § 350 gelten nur, wenn das Bürgschaftsversprechen, Schuldversprechen oder Schuldanerkenntnis auf seiten des Versprechenden bzw. Anerkennenden das HGeschäft eines Vollkaufmanns (vgl § 351) ist; s. darüber §§ 343, 344, aber auch §§ 5, 15. Gleichgültig ist die Person des Begünstigten, ebenso die Kaufmannseigenschaft des Versprechenden oder Anerkennenden bei seiner Inanspruchnahme.

3. Über den Begriff der Bürgschaft vgl. Anm. 1 zu § 349. — Stets, nicht bloß bei Vollkaufleuten, formfrei sind die nur bürgschaftsähnlichen Geschäfte, wie Garantievertrag und Schuldbeitritt (vgl. dazu RGZ. 51, 220; 59, 233; 61, 157; 64, 318; 68, 130; 71, 117; 90, 415), ebenso das dem Schuldner (nicht dem Gläubiger!) gegebene Versprechen, für seine Schuld aufkommen zu wollen: RGZ. 57, 66 (vgl. auch RGZ. 59, 14), ferner das Versprechen der Hypothekenbestellung für fremde Schuld: RGZ. 60, 263; JW. 07, 513 (vgl. dazu noch RGZ. 72, 138; 93, 236; JW. 12, 455; 16, 905; Gruch. 60, 1006; 62, 795); der Kreditauftrag (vgl. darüber Anm. 4 zu § 349), die Delkrederezusage des Kommissionärs (§ 394), erst recht die erforderliche Annahmeerklärung des Gläubigers (Grundsatz der sog. Halbschriftlichkeit des Bürgschaftsvertrages), RGZ. 57, 67, 261; aber auch die Einwilligung des Bürgen (vgl. § 418 Abs. 1 S. 3, BGB.) in eine Schuldübernahme, RGZ. 70, 415. Anders (Formzwang): der Vorvertrag, der auf Übernahme einer Bürgschaft gerichtet ist (und der regelmäßig mit dem Schuldner, nicht mit dem Gläubiger abgeschlossen sein wird!), RGZ. 76, 304.

4. Schuldversprechen i. S. des § 780 BGB. ist ein Vertrag, durch den eine Leistung in der Weise versprochen wird, daß damit die Verpflichtung selbständig ohne Rücksicht auf einen Schuldgrund (abstrakt) begründet werden soll.

Nach RGZ. 129, 117 soll bei ihm Aufwertung unzulässig sein. Die abstrakte Natur des Versprechens bedeutet nicht, daß es nicht wegen Fehlens des Kausalverhältnisses gem. § 812 BGB. entkräftet werden könnte; RGZ. 108, 412; a. A. RGZ. 144, 133 (?). Ist bei einer Verpflichtungserklärung ein Schuldgrund angegeben, so wird regelmäßig kein abstraktes Schuldversprechen vorliegen und Formzwang daher nicht anzunehmen sein: vgl. RGZ. 58, 201; 67, 263; JW. 06, 463. (Angenommene telegraphische Erklärung oder Briefwechsel genügen dann also, vgl. § 127 S. 2 BGB.!) Umwandlung einer bestehenden andern Schuldverpflichtung in eine abstrakte Schuld ist aber Schuldversprechen (JW. 10, 704), nach RGZ. 78, 168 u. JW. 06, 550 auch die Vereinbarung, daß eine verjährte Schuld künftig als Darlehnsschuld bestehen solle. Wegen der abstrakten Natur des Schuldversprechens ist es grundsätzlich gleichgültig, ob eine zugrunde liegende Verpflichtung die Schuld des Versprechenden oder eines Dritten ist; RGZ. 67, 131; 71, 118; 123, 229; JW. 10, 230. Vgl. auch RGZ. 108, 107. Über die Bedeutung einer Zessionsbestätigung durch den Schuldner vgl. RGZ. 83, 186. — Auch bei Minderkaufleuten und Nichtkaufleuten ist ein Schuldversprechen dann formlos gültig, wenn es auf Grund einer Abrechnung oder im Wege des Vergleiches erteilt wird (§ 782 BGB.). Vgl. dazu RGZ. 95, 18 (gegen RGZ. 78, 168). — Umgekehrt ist auch für Vollkaufleute ein Schuldversprechen niemals formfrei, wenn es seines Inhalts oder Zweckes wegen einer andern Formvorschrift als der des § 780 BGB. (z. B. §§ 313, 518, 761 BGB.) unterliegt; vgl. RGZ. 62, 45; 90, 181.

5. Schuldanerkenntnis i. S. des § 781 BGB. ist nur ein Vertrag, durch den das Bestehen eines Schuldverhältnisses mit der Bedeutung anerkannt wird, es ohne Rücksicht auf die normalen Voraussetzungen seiner Begründung (abstrakt, konstitutiv) gelten lassen zu wollen. Vgl. dazu RGZ. 61, 319; 62, 38; 64, 148; 68, 302; 75, 95; JW. 06, 742; Gruch. 54, 975; 60, 1009. Auch das Anerkenntnis einer verjährten Forderung kann unter § 781 BGB. fallen; RGZ. 78, 130, 163. Der Klage aus dem Schuldanerkenntnis kann der Schuldner die Einrede der ungerechtfertigten Bereicherung (§§ 812, 821 BGB.) entgegensetzen; RGZ. 83, 187; 86, 304; JW. 10, 230; Gruch. 54, 970. Wie beim Schuldversprechen besteht allgemein Formfreiheit des Schuldanerkenntnisses im Rahmen des § 782 BGB. (Saldoanerkenntnis!), ebenso Geltung anderer konkurrierender Formvorschriften (vgl. oben Anm. 4 a. E.) auch für vollkaufmännische Anerkenntnisse.

Ausnahme zugunsten der Minderkaufleute

§ 351. Die Vorschriften der §§ 348 bis 350 finden auf die im § 4 bezeichneten Gewerbetreibenden keine Anwendung[1].

1. Grundsätzlich gelten die Vorschriften über HGeschäfte auch für und gegen Minderkaufleute. § 351 stellt die Minderkaufleute jedoch hinsichtlich der Herabsetzbarkeit einer von ihnen versprochenen Vertragsstrafe, der Zulässigkeit der Einrede der Vorausklage des Bürgen und der Formbedürftigkeit von Bürgschaft, Schuldversprechen und Schuldanerkenntnis (§§ 348—350) Nichtkaufleuten gleich; vgl. JW. 07, 55.

Ob § 351 Anwendung findet, ist nach Art und Umfang des HBetriebs (vgl. darüber Anm. 5 u. 6. zu § 4) in dem Zeitpunkt der Eingehung des Geschäfts zu beurteilen. Beweislast trifft den Kaufmann, der sich auf § 351 beruft; vgl. JW. 08, 148.

Zinsen

§ 352. Die Höhe der gesetzlichen Zinsen[1], mit Einschluß der Verzugszinsen[1], ist bei beiderseitigen Handelsgeschäften[2] fünf vom Hundert für das Jahr[1]. Das gleiche gilt, wenn für eine Schuld aus einem solchen Handelsgeschäfte Zinsen ohne Bestimmung des Zinsfußes versprochen sind[1].

Ist in diesem Gesetzbuche die Verpflichtung zur Zahlung von Zinsen ohne Bestimmung der Höhe ausgesprochen, so sind darunter Zinsen zu fünf vom Hundert für das Jahr zu verstehen[3].

1. Zinsen sind eine Vergütung für Kapitalüberlassung oder -entbehrung, die nach Bruchteilen dieses Kapitals und nach der Dauer seiner Überlassung oder Entbehrung bemessen ist; ROHG. 22, 409; RGZ. 86, 400; Warn. 10, 417. Dividende ist dagegen Gewinnanteil; Dividendengarantie nähert sich einer Verzinsung. Vgl. RGZ. 86, 401. Erhält der Inhaber einer Schuldverschreibung neben fester Verzinsung einen Zuschlag, der sich nach der Höhe der von der Gesellschaft ausgeworfenen Dividende richtet, so kann u. U. auch dieser Zuschlag als Teil der Zinsen betrachtet werden; RGZ. 118, 155; JW. 28, 1368. Amortisationsraten sind Schuldtilgungsbeträge, die auf Bruchteile der anfänglichen Schuldsumme bemessen sind und häufig neben Zinsen vereinbart werden; vgl. RGZ. 91, 299.

Zinsen sind Nebenleistungen und der Anspruch auf sie verjährt daher längstens zusammen mit dem Hauptanspruch (§ 224 BGB.), sonst in 4 Jahren (§ 197 BGB.). Vgl. aber § 355. Der Bürge haftet auch für die Zinsen der Hauptschuld (§ 767 BGB.). Im Konkurs und in der Zwangsversteigerung haben Zinsen gleichen Rang wie die Hauptforderung (§ 62 Nr. 3 KO.; § 12 ZVG.). Bei Ermittlung des Streitwertes sind sie nicht zu berücksichtigen (§ 4 ZPO.; Warn. 35, 188); anders, wenn Verzugszinsen, die den gesetzlichen Zinsfuß übersteigen, gefordert werden in Höhe des übersteigenden Betrages, JW. 26, 2480.

Zu unterscheiden sind gesetzliche und rechtsgeschäftliche Zinsen. Über gesetzliche Zinsen vgl. §§ 256, 288, 291, 347, 452, 641 Abs. 2, 668, 698, 819, 849, 1834, 1915 BGB., sowie unten Anm. 3.

Für die Höhe der rechtsgeschäftlichen Zinsen ist in erster Linie die Vereinbarung maßgebend. Im Zweifel beträgt sie nach § 246 BGB. ebenso wie die der gesetzlichen 4 v. H. jährlich. § 352 macht von dieser Regel eine Ausnahme für beiderseitige HGeschäfte (dazu unten Anm. 2). Werden wucherische (d. h. unter Ausbeutung von Unerfahrenheit, Notlage oder Leichtsinn unverhältnismäßig hoch festgesetzte) Zinsen vereinbart, so ist die Zinsvereinbarung nichtig (§ 138 Abs. 2 BGB.). Vgl. RGZ. 136, 56; 150, 1, auch §§ 302a—e StGB., ferner Art. 94 EGBGB. Wird ein Zinsfuß von mehr als 6 v. H. jährlich vereinbart, so kann der Schuldner nach Ablauf von 6 Monaten das Kapital mit sechsmonatiger Kündigungsfrist kündigen (§ 247 BGB.). Diese Bestimmung war durch Ges. v. 3. 3. 23 (RGBl. I 163) bis zur NotVO. v. 8. 12. 31 (RGBl. I 700) außer Kraft gesetzt worden.

Durch die NotVO. v. 8. 12. 31 (RGBl. I 700) sind Zinsen von Buchschulden, Inhaberschuldverschreibungen, Schuldverschreibungen mit Blankoindossament, langfristige Forderungen, Hypotheken und Grundschulden gesenkt worden. Die gleichzeitig verhängte Kündigungssperre wurde verlängert durch Ges. v. 20. 12. 33 (RGBl. I 1092), 20. 12. 34 (RGBl. I 1255) u. v. 13. 12. 35 (RGBl. I 1467). Vgl. dazu noch V. zur Regelung d. Fälligkeit alter Hypotheken

v. 22. 12. 38 (RGBl. I 1905). Weitergehende Zinsherabsetzung durch das Ges. über Durchführung einer Zinsermäßigung bei Kreditanstalten v. 24. 1. 35 (RGBl. I 45) und das Ges. über Zinsermäßigung bei den öffentl. Anleihen v. 27. 2. 35 (RGBl. I 286), m. DurchfV. v. 26. 3. 35 (RGBl. I 470), sowie Ges. über Hypothekenzinsen v. 2. 7. 36 (RGBl. I 533) u. 2. Ges. über Hypothekenzinsen v. 4. 7. 39 (RGBl. I 1193). — Über diese Bestimmungen hinaus wird eine allgemeine Zinsherabsetzung nicht zugelassen; JW. 35, 278 (str.); vgl. dazu auch RGZ. 124, 151, ferner JW. 27, 3005; LZ. 28, 391.

2. Fordert ein Kaufmann von einem Kaufmann aus einem für beide betriebszugehörigen Geschäfte (vgl. §§ 343, 344) Zinsen — gesetzliche oder vertragliche —, so ist er i. Zw. (weitergehend als nach § 246 BGB.) berechtigt, 5 v. H. zu berechnen. Es gelten aber auch unter Kaufleuten §§ 138, 247 BGB. (vgl. oben Anm. 1 und dazu JW. 25, 1804). Ein allgemeiner HBrauch zur Bezahlung höherer als der gesetzlichen Zinsen besteht nicht (str.); vgl. SeuffA. 80, 128, auch OLG. 44, 246; a. M. JW. 30, 3781. Wohl aber können in beschränktem Umfange Abweichungen handelsüblich (z. B. im Bankgewerbe) sein. Ob Voll- oder Minderkaufleute beteiligt sind, ist bei § 352 gleichgültig. Auch §§ 5, 15 haben Geltung. Nichtkaufleute sind aber (z. B. auch die Deutsche Reichspost, vgl. § 452; R. 21, 1175) auch gegenüber Kaufleuten nur zu 4 v. H. Zinsen berechtigt und verpflichtet. Über die Bedeutung einer Änderung in der Kaufmannseigenschaft während des Bestehens der Zinsverpflichtung (bestr.) vgl. JW. 02, 186. Die handelsrechtlichen Zinsen gelten nach richtiger Ansicht auch für Ansprüche, die kraft Umkehrung (z. B. Anfechtung, Rücktritt, Kondiktion) aus HGeschäften hervorgehen (vgl. ROHG. 23, 144; RGZ. 93, 229, auch HRR. 34, 112, anders: RGZ. 96, 56; JW. 02, 273; 21, 1664), dagegen wohl niemals bei Deliktszinsen (§ 849 BGB.).

3. Beruht eine Zinsverpflichtung auf Bestimmungen des Handelsgesetzbuchs (z. B. §§ 110, 111, 353, 354 Abs. 2, 355 Abs. 1, 500, 687), so sind auch von Nichtkaufleuten oder an solche 5 v. H. Zinsen zu zahlen. Über Wechsel- und Scheckzinsen (2 v. H. über dem jeweiligen Reichsbankdiskont mindestens 6 v. H.) vgl. Ges. v. 3. 7. 25 (RGBl. I 93) u. Art. 2 EGWG. u. Art. 2 EGScheckG., dazu auch Art. 48 Abs. 1 Nr. 2 WG. u. Art. 45 Nr. 2 ScheckG. — Vgl. ferner §§ 94, 124 VVG. u. Art. 94 EGBGB.

Verzinsungsbeginn. Zinseszins

§ 353. Kaufleute untereinander[1] sind berechtigt, für ihre Forderungen aus beiderseitigen Handelsgeschäften[2] vom Tage der Fälligkeit[3] an Zinsen zu fordern[4]. Zinsen von Zinsen können auf Grund dieser Vorschrift nicht gefordert werden[5].

1. Niemals ein Nichtkaufmann und gegenüber einem solchen auch kein Kaufmann, selbst wenn die Forderung aus einem beiderseitigen HGeschäft herrührt (und zediert wurde!).

2. Vgl. Anm. 1 zu § 343. Maßgebend ist der Zeitpunkt der Entstehung der Schuld; RGZ. 60, 78. Gleichgültig ist, ob es sich um Vollkaufleute oder Minderkaufleute handelt; auch §§ 5, 15 finden Anwendung.

3. Anders als nach bürgerlichem Recht, das (§ 288 BGB.) Verzug fordert, der regelmäßig (vgl. § 284 BGB.) Mahnung voraussetzt, und dem Schuldner (§ 285 BGB.) bei Nachweis fehlenden Verschuldens an der Verzögerung der Leistung überhaupt Zinsfreiheit gewährt. Fälligkeit der Schuld tritt i. Zw. mit deren Entstehung ein (auch wenn die Höhe noch nicht genau feststeht, HRR. 34, 112), bei gegenseitigen Verträgen allerdings erst mit Angebot der Gegen-

leistung (§ 320 BGB.), außer bei Vorleistungspflicht des andern Teils (vgl. dazu § 321 BGB.). Stundung nach Fälligkeit läßt i. Zw. die eingetretene Zinspflicht bestehen; vgl. ROHG. 23, 392; RGZ. 116, 376; R. 20, 604.

Ist der Gläubiger in Annahmeverzug (§§ 293ff. BGB.) oder hat der Schuldner berechtigterweise (vgl. dazu RGZ. 44, 166; 53, 209; 55, 49; 59, 18; 66, 482; 70, 88) hinterlegt (§§ 372ff. BGB.), so besteht auch unter Kaufleuten keine Zinspflicht. Vgl. §§ 301, 379 Abs. 2 BGB.

§ 353 gilt nur subsidiär; weitergehende (gesetzliche oder vertragliche) Zinspflicht — vgl. Anm. 1 u. 3 zu § 352 — bleibt unberührt.

4. Und zwar i. Zw. mit 5 v. H.; § 352 Abs. 2.

5. Zinseszinsen können sich vielmehr nach § 248 BGB. im voraus nur Sparkassen, Kreditanstalten und Bankiers hinsichtlich der bei ihnen bestehenden Einlagen versprechen lassen, und als gesetzliche Zinsen kommen Zinseszinsen nur als Teil der Kontokorrentzinsen (§ 355 Abs. 1) und der Bodmereizinsen (§§ 687 Abs. 2, 681 Abs. 2) vor, sonst weder als Verzugszinsen (vgl. § 289 S. 1 BGB.) noch als Prozeßzinsen (§ 291 S. 2 BGB.), auch nicht bei Zinsscheinen (RGZ. 5, 254). Zulässig ist aber die Vereinbarung einer Zinserhöhung für den Verzugsfall bei verzinslichen Schulden, die als Versprechen einer Vertragsstrafe (§ 343 BGB., § 348) anzusehen ist; vgl. RGZ. 37, 274; JW. 25, 2801; HRR. 26, 1115. Auch kann das Recht des Gläubigers auf Geltendmachung weitergehenden Verzugsschadens (§§ 288 Abs. 2, 289 S. 2 BGB.) praktisch auf einen Zinseszinsanspruch hinauslaufen; JW. 31, 520.

Entgeltlichkeitsvermutung bei kaufmännischen Diensten

§ 354. Wer in Ausübung seines Handelsgewerbes[1] einem anderen Geschäfte besorgt oder Dienste leistet[2], kann dafür auch ohne Verabredung[5] Provision[3] und, wenn es sich um Aufbewahrung handelt, Lagergeld[4] nach den an dem Orte üblichen Sätzen fordern[5].

Für Darlehen[6], Vorschüsse[7], Auslagen und andere Verwendungen kann er vom Tage der Leistung an Zinsen berechnen[8].

1. Vgl. §§ 1ff., 343, 344 und dazu Warn. 29, 38. Die Vorschrift gilt auch zugunsten der Minderkaufleute, ROHG. 10, 243. Vgl. noch § 15 Abs. 2.

2. Welcher Art die Geschäftsbesorgung oder Dienstleistung ist, ist gleichgültig; beide Begriffe sind hier weit auszulegen. — Beispiele: Bürgschaftsübernahme (ROHG. 18, 248), Kredit- oder Kapitalbeschaffung (ROHG. 22, 409; RGZ. 122, 232), Ausstellung von Gefälligkeitswechseln (LZ. 29, 465), Kreditierung des Saldovortrages bei laufender Rechnung, im Gegensatz zu bloßer Saldoziehung (ROHG. 22, 74; BankA. 11, 74), sonstige Vorschußgewährung (LZ. 29, 329), Inkasso (RGZ. 54, 329; JW. 06, 109), Einlösung von Zins- oder Dividendenscheinen (RGZ. 109, 31); auch Not-, Selbsthilfe- und Pfandverkauf (RGZ. 33, 408). Nötig ist jedoch stets, daß der Kaufmann bewußt und erkennbar in fremdem Interesse tätig geworden ist. Alsdann berechtigt ihn § 354 gegenüber dem Leistungsinteressenten, auch wenn dieser Nichtkaufmann ist. Vgl. dazu D. 197; ROHG. 23, 97; JW. 93, 489; 00, 758; R. 22, 863; auch RGZ. 122, 232 und unten Anm. 6.

3. Provision steht dem HAgenten (§§ 88, 89), dem HMäkler (§ 99), dem Mäkler (§ 652 BGB. mit Ausnahme des Ehemäklers, § 656 BGB.), dem Kom-

missionär (§§ 394, 396, 403, 406), dem Spediteur (§§ 409, 412, 413, 415) und dem Wechselregreßnehmer (Art. 48 WG.; vgl. RGZ. 41, 162), darüber hinaus aber jedem Kaufmann zu, der in Ausübung seines HGewerbes für einen andern in dem oben Anm. 2 gekennzeichneten Sinne tätig wird.

Provisionswucher u. dgl. ist nach Aufhebung der PreistreibereiV. durch Ges. vom 19. 7. 26 (RGBl. I 413) ausschließlich nach § 138 BGB. zu beurteilen.

4. Anspruch auf Lagergeld hat der Lagerhalter (§ 420), der Verwahrer (§ 689 BGB.) und jeder Kaufmann, der in Ausübung seines HGewerbes eine Sache für einen anderen aufbewahrt, z. B. auch im Falle des Annahmeverzuges des Gläubigers (§ 304 BGB., RGZ. 45, 302) oder in Ausübung eines Zurückbehaltungsrechtes (§ 369; JW. 15, 658), oder bei Aufbewahrung beanstandeter Ware (§ 379; RGZ. 1, 284).

5. Kaufmännische Dienste müssen i. Zw. (also auch ohne Vereinbarung, JW. 38, 1175) vergütet werden: vgl. RGZ. 122, 232; Warn. 38, 135. Daraus ergibt sich die von den sonstigen Grundsätzen abweichende Darlegungs- und Beweislast bei Streit über die Entgeltlichkeit. Von besonderen gegen Unentgeltlichkeit der Leistung sprechenden Umständen (vgl. §§ 612 Abs. 1, 632 Abs. 1, 653 Abs. 1, 689 BGB.) ist der Anspruch des Kaufmanns nicht abhängig; wohl aber kann umgekehrt aus besonderen Umständen hervorgehen, daß der Kaufmann ausnahmsweise eine Vergütung nicht verlangen werde oder billigerweise nicht verlangen könne. Vgl. ROHG. 3, 115; 16, 34; RGZ. 92, 16; JW. 01, 164; Warn. 10, 246; 15, 112. Für solche Tätigkeit hingegen, die eine kaufmännische Leistung nur vorbereiten soll, ist regelmäßig keine Vergütung zu zahlen; hierzu gehören grundsätzlich auch Entwürfe, Kostenanschläge u. dgl., die jedenfalls nie nach § 354, sondern nur nach §§ 612, 632 BGB. zu beurteilen sind, vgl. R. 24, 389; LZ. 27, 530.

Für die Höhe der Vergütung ist die am Ort der Leistung herrschende Übung maßgebend. Bei Bestehen einer Taxe (§§ 72 ff. GewO.) gilt diese. Fehlt es an beidem, so kann der Kaufmann Vergütung nach billigem Ermessen (§§ 315, 316 BGB.) fordern: vgl. dazu JW. 15, 658. (Ähnlich, wenn die übliche Normalprovision im Einzelfall dem Umfang der Tätigkeit nicht entspricht; JW. 36, 2939). Der Erfüllungsort bestimmt auch international-privatrechtlich die Anwendbarkeit einer § 364 gleichkommenden Gesetzesbestimmung; JW. 38, 1175.

6. Auch ohne Vereinbarung (anders sonst; § 608 BGB.).

7. Vorschuß kann (vgl. §§ 669, 675 BGB.) der Beauftragte oder Geschäftsbesorger verlangen. § 354 Abs. 2 gilt aber ohne Rücksicht darauf, ob ein Anspruch auf Vorschuß bestand oder anderweit eine Leistung in Erwartung einer Gegenleistung erbracht wird (vgl. dazu JW. 12, 685, auch § 820 BGB.). Wer (Kaufmann oder Nichtkaufmann) also von einem Kaufmanne Vorschüsse nimmt, muß sie verzinsen. Mußte der Vorschußleistende das Geld von seiner Bank aufnehmen, so kann er als weitere Aufwendung Ersatz der Zinsen fordern, die er dort bezahlen muß; LZ 29, 329.

8. Voraussetzung ist wie in Abs. 1, daß die Leistung auf seiten des Leistenden HGeschäft war. Als Zinsen können (§ 352 Abs. 2) stets 5 v. H. verlangt werden, und zwar (über § 288 BGB. und auch über § 353 hinaus) ohne Rücksicht auf Fälligkeit oder gar Verzug, nicht aber während Annahmeverzugs des Gläubigers oder rechtmäßiger Hinterlegung. Vgl. dazu Anm. 3 Abs. 1 a. E. zu § 353.

Kontokorrent[1]

§ 355. Steht jemand mit einem Kaufmanne[2] **derart in Geschäftsverbindung, daß die aus der Verbindung entsprin-**

genden beiderseitigen Ansprüche und Leistungen[3] nebst Zinsen[4] in Rechnung gestellt und in regelmäßigen Zeitabschnitten durch Verrechnung und Feststellung des für den einen oder anderen Teil sich ergebenden Überschusses[5] ausgeglichen werden (laufende Rechnung, Kontokorrent)[1], so kann derjenige, welchem bei dem Rechnungsabschluß ein Überschuß[5] gebührt, von dem Tage des Abschlusses an Zinsen[4] von dem Überschusse verlangen, auch soweit in der Rechnung Zinsen enthalten sind[4].

Der Rechnungsabschluß geschieht jährlich einmal, sofern nicht ein anderes bestimmt ist[5].

Die laufende Rechnung kann im Zweifel auch während der Dauer einer Rechnungsperiode jederzeit mit der Wirkung gekündigt werden, daß derjenige, welchem nach der Rechnung ein Überschuß gebührt, dessen Zahlung beanspruchen kann[6].

1. Der Kontokorrentvertrag beruht auf dem — häufig stillschweigend erklärten (vgl. ROHG. 2, 443; 3, 149; 10, 97; 16, 28; RGZ. 1, 18; 22, 152; 88, 375; 105, 234; 117, 35; 118, 139; JW. 05, 537; 27, 2502; Warn. 26, 2 u. 27) — Willen der Parteien, ihre Forderungen und Gegenforderungen in rechtlich untrennbarer Verbindung bis zu einem in regelmäßigen Abständen vorgesehenen Stichtage mit der Maßgabe als bloße Rechnungsgrößen zu behandeln, daß das am Stichtag zu ermittelnde Schlußergebnis als eine im übrigen von den Rechnungsposten unabhängige Forderung des einen oder andern Teils festgestellt (und entweder im Zahlungswege berichtigt oder — meist — einer neuen Rechnungsperiode — als Einzelposten, vgl. ROHG. 16, 309; RGZ. 10, 53; 18, 249; 56, 23! — zugrunde gelegt sog. Vortrag auf neue Rechnung) werde. Vgl. JW. 03 Beil. 35; 26, 1546; R. 22, 450; Gruch. 54, 410. Rechtstatsächlich pflegt dieser Vertrag durch die in regelmäßigen Abschnitten erfolgende Zusendung von Rechnungsabschlüssen mit dem Ziel ihrer Anerkennung durch den andern Teil gekennzeichnet zu sein; vgl. RGZ. 60, 292; 87, 438; 117, 34, auch 123, 384; HRR. 30, 1488; SeuffA. 90, 20; Gruch. 46, 1129; 47, 678, 691. Rechtlich enthält der Vertrag eine Stundungsvereinbarung (vgl. JW. 33, 2826; HRR. 30, 1488), ferner die Abrede, keine der Einzelforderungen gesondert geltend zu machen (was aber — vgl. ROHG. 3, 144; 6, 253; 9, 245; RGZ. 2, 262; 27, 141; 119, 167; Warn. 29, 6; Gruch. 51, 1024 — nicht hindert, eine Gutschrift im Kontokorrent wegen Ausbleibens der erwarteten Gegenleistung oder Valuta — condictio ob causam! — zu stornieren), vielmehr das Gesamtergebnis in eine neue Schuld umzuwandeln (vgl. RGZ. 87, 438; 105, 234; 117, 39; 123, 386; Warn. 26, 27 u. 39). Unzulässig ist daher Einzelaufrechnung oder Einzelabtretung, ebenso Einzelpfändung (§ 851 Abs. 2 ZPO. ist nicht anwendbar), ferner Leistungsklage auf Einzelposten; vgl. darüber D. 200 und ROHG. 2, 137, 220; 10, 101; 16, 306; RGZ. 22, 149; 44, 388; 76, 333; 105, 49; 135, 139; 140, 219, auch — über die Unmöglichkeit, klaglose Verbindlichkeiten im Kontokorrentverkehr vor Saldierung wirksam zu erfüllen — RGZ. 56, 23; JW. 02, 189. Eine Ausnahme gilt handelsüblich (also im Zweifel) für die Geltendmachung von Wechseln vor Saldierung, auch wenn ihr Wert („Eingang vorbehalten") in das Kontokorrent eingestellt worden ist; vgl. ROHG. 3, 142; 5, 41, 337; 6, 250, 256; 22, 336; LZ. 12, 751.

Das dem Kontokorrentverhältnis zugrunde liegende Geschäft kann verschiedenster Art sein und auch auf Krediteinräumung beruhen; vgl. RGZ. 88, 376;

Gruch. 54, 411. Jedoch muß die Möglichkeit beiderseitiger Forderungsentstehung gegeben sein; vgl. ROHG. 3, 1, 149; RGZ. 1, 19; 95, 19; JW. 33, 2827; LZ. 27, 1108. Das Grundgeschäft braucht nicht notwendig Kontokorrentverkehr zu bedingen, dieser kann z. B. auch erst nach einiger Zeit hinzutreten; vgl. RGZ. 101, 125; Warn. 27, 68. Anderseits kann die Kontokorrentabrede in Kraft bleiben, auch wenn die Geschäftsverbindung längere Zeit ruht, wobei einmal gegebene Sicherheiten bestehen bleiben, gegebenenfalls auch ohne Forderungen; vgl. RGZ. 136, 89. Bei Weiterführung des Bankkontokorrents eines veräußerten HGeschäfts durch dessen Erwerber haftet eine früher der Bank bestellte Sicherungsgrundschuld für die Kontokorrentschuld des Erwerbers bis zum Betrage des bei der Veräußerung vorhandenen Saldos, wird aber durch dessen Tilgung endgültig frei; vgl. Warn. 36, 316.

Liegen wesentliche Merkmale des kaufmännischen Kontokorrents nicht vor, so spricht man von sog. offener Rechnung (uneigentliches Kontokorrent), bei welcher die einzelnen Ansprüche und Leistungen ihren selbständigen Charakter behalten, ein Saldoanerkenntnis fehlt und für die Klage auf den Überschuß daher der Schuldgrund der einzelnen Ansprüche bewiesen werden muß, i. Zw. aber auch jeder Teilposten eingeklagt werden kann. Vgl. RGZ. 22, 152; JW. 02, 321; 08, 15. Für die Aufrechnung sind §§ 366, 396 BGB. maßgebend; Gruch. 46, 1129. Die Vereinbarung von Verrechnungsperioden bedeutet hier lediglich Stundung. Verzinsung nur nach allgemeinen Vorschriften; vgl. die Anm., insbes. Anm. 5 zu § 353 und dazu ROHG. 3, 148; RGZ. 95, 19.

2. Der Kontokorrentvertrag muß (mindestens einseitiges) HGeschäft — vgl. dazu Anm. 1 zu § 343 — sein; seine sonstigen Voraussetzungen bleiben also ohne die typischen Folgen, wenn beide Vertragsteile Nichtkaufleute werden.

3. Nur Geldansprüche können Gegenstand des Kontokorrents sein; RGZ. 2, 263; JW. 33, 2826. Devisen werden i. Zw. auf Währungskonten verbucht, also nicht in Reichsmark umgerechnet; RGZ. 101, 125; 108, 192; 110, 48. Vgl. dazu jedoch heute die Beschränkungen durch die Devisengesetzgebung (Anm. 10 Abs. 5 zu § 1). Umgekehrt laufen i. Zw. aber auch alle beiderseitigen Geldansprüche über Kontokorrent; so darf eine Bank z. B. den Diskonterlös von Wechseln nicht ohne Zustimmung des Kunden auf ein Separatkonto buchen, um auf dem laufenden Konto eine höhere Schuld erscheinen zu lassen; RGZ. 56, 20; LZ. 28, 1620. Die Vereinbarung, daß alle Konten eines Kommittenten als einheitliches Konto gelten sollen, berechtigt die Bank auch die verschiedenen Salden gegeneinander aufzurechnen und erstreckt die Haftung der gegebenen Sicherheiten auf sämtliche Debetsalden; vgl. RGZ. 118, 301; JW. 19, 676; 28, 618. Wird ein Posten aus dem Hauptkonto einvernehmlich auf Separatkonto umgebucht, so läßt das allein noch nicht den Schluß zu, daß bezüglich des Separatkontos kein Kontokorrent bestehe; vgl. dazu RGZ. 105, 234; Gruch. 47, 681, 691; JW. 27, 1149, 2111. Über die Bedeutung von Sonderkonten neben dem laufenden Konto s. im übrigen LZ. 28, 254.

4. Für die Verzinsung der Einzelposten gelten i. Zw. §§ 353, 354; aber zugunsten eines beteiligten Nichtkaufmanns findet allgemein eine Verzinsung nur bei entsprechender Vereinbarung statt. Der Zinssatz kann für beide Teile, auch für einzelne Posten, verschieden sein; JW. 03, 114; Gruch. 47, 681, 691. — Vom Saldo hingegen werden 5 v. H. Zinsen seit dem Stichtag auch ohne Vereinbarung geschuldet, und zwar auch soweit im Saldo eine Verzinsung der Einzelposten enthalten ist (vgl. Anm. 5 zu § 353), gleichviel, ob die Einzelposten verzinslich sind oder nicht, gleichviel, ob der Gläubiger Kaufmann

oder Nichtkaufmann ist; vgl. § 353 Abs. 2. Über Zins- und Provisionsberechnung während der Zeit der Inflation und Stabilisierung vgl. JW. 26, 1593; LZ. 26, 926.

5. Der Rechnungsabschluß wird nach Beendigung der vereinbarten Kontokorrentperiode von dem kontoführenden Kaufmann durch Übersendung eines Kontoauszugs an den Kunden vorbereitet, worin ein Antrag auf Abschluß des Anerkenntnisvertrages liegt. Vgl. ROHG. 3, 425; RGZ. 101, 125; 115, 396; Warn. 27, 68; 35, 79. Der Absender erkennt damit seinerseits die in den Auszug eingestellten Einzelposten zugunsten des Kunden an, so daß beim Streit über die Saldohöhe diese Posten ausnahmsweise nicht mehr bewiesen zu werden brauchen, darüber ROHG. 11, 141; 17, 416; Bolze 1, 914; 19, 220.

Durch Annahme des in der Übersendung des Kontoauszugs liegenden Angebots entsteht das Saldoanerkenntnis, und zwar, auch wenn das Kontokorrent nur einseitiges HGeschäft ist oder mit einem Minderkaufmann unterhalten wird (vgl. §§ 350, 351), formlos (§ 782 BGB.; RGZ. 117, 39; Warn. 29, 35; 35, 79), daher u. U. auch stillschweigend, z. B. durch Fortsetzung des Kontokorrentverkehrs; vgl. JW. 27, 2111; LZ. 15, 1588; 29, 40. Über die Wirksamkeit allgemeiner Geschäftsbedingungen von Banken, die Schweigen auf den Kontoauszug nach bestimmter Frist für Annahme des Anerkenntnisantrages erklären, vgl. LZ. 27, 411. Allgemein gilt hier auch handelsüblich bloßes Schweigen nicht als Anerkenntnis; RGZ. 95, 20; JW. 19, 568. Der Anerkenntnisvertrag ist eine Novation, mithin ein von den Einzelposten unabhängiger Schuld- und Klagegrund; vgl. ROHG. 3, 4; RGZ. 76, 333; 87, 437; 125, 416; 132, 220 (zweifelnd RGZ. 120, 347); JW. 08, 32; 27, 378; LZ. 27, 1016; Warn. 31, 43; 35, 98; 38, 337. Der Zusatz „S. E. & O." (salvis erroribus et omissionibus) oder der Vorbehalt von Gegenansprüchen läßt die Novation gleichwohl zustande kommen; vgl. ROHG. 3, 426; 11, 276.

Der Saldoanerkenntnisvertrag unterliegt aber stets der Anfechtung im Falle des Irrtums (§§ 119ff. BGB.); vgl. JW. 04, 152. Statt dessen kann auch bei Unrichtigkeit der Saldierung gegenüber dem Anerkenntnis ungerechtfertigte Bereicherung (§§ 812ff. BGB.) geltend gemacht werden (RGZ. 114, 273; 117, 39; 125, 416; JW. 26, 2677; 29, 588; LZ. 27, 1016; 28, 693), außer wenn (vgl. § 814 BGB.) der andere Teil die Kenntnis des Anerkennenden von der mangelnden Rechtsverbindlichkeit beweist; RGZ. 60, 420; JW. 06, 351; 08, 32. Doch kann auch der Parteiwille dahin gehen, daß das Anerkenntnis ohne Rücksicht auf das Grundgeschäft gelten soll; vgl. RGZ. 95, 349; Warn. 29, 35. Wurde während des Währungsverfalles ein Anerkenntnis gegeben, so konnte dem gegenüber die Aufwertung ebenfalls gem. § 812 BGB. geltend gemacht (RGZ. 117, 39; BankA. 26, 448) und alsdann auf das letzte unangreifbare Anerkenntnis zurückgegangen werden; vgl. RGZ. 107, 76; 110, 377; 117, 39; JW. 26, 1589. — Enthält die Rechnung Posten aus nichtigen oder klaglosen (vgl. insbes. §§ 762, 764 BGB., §§ 52ff., 63ff. BörsGes. s. Anh. VII) Geschäften (über Heilung § 57 BörsGes. u. dazu RGZ. 91, 250; SeuffA. 92, 26), so kann das Anerkenntnis kondiziert werden. Die unverbindlichen Posten sind auszusondern und ein neuer Saldo ist zu ziehen; RGZ. 132, 218; 140, 347; 144, 313; JW. 39, 566[28]. Gruch. 56, 615; vgl. auch Warn. 37, 218. (Früher nahm hinsichtlich der nicht verbotenen, sondern nur klaglosen Geschäfte das RG. umgekehrt verhältnismäßige Tilgung sämtlicher Einzelposten an, so daß das Anerkenntnis nur hinsichtlich des nicht getilgten Anteils der unverbindlichen Posten kondizierbar erschien; vgl. RGZ. 56, 20; 59, 192, 82, 175; JW. 03, 434; 05, 187; Gruch. 48, 117. Nach neuerer Rechtsprechung wird jedoch mit der Geltendmachung der Unverbindlichkeit zugleich die in der Saldierung liegende Aufrechnung hinfällig, da diese nur unter der stillschweigenden Bedingung, alle Geschäfte zu verrechnen, angeboten sei; vgl. JW. 36, 2072). Die Vereinbarung, eine Bank solle mit Forderungen aus unklagbaren Börsengeschäften aufrechnen können, muß in Geschäftsbedingungen besonders deutlich zum Ausdruck kommen: RGZ. 144, 311; HRR. 35, 28. In Einzelfällen kann dem Spieleinwand bei Börsentermingeschäften jedoch der Gegeneinwand der Arglist entgegengesetzt werden: JW. 38, 237[10], vgl. auch RGZ. 144, 242, u. SeuffA. 92, 26. — Der Anspruch aus dem Saldoanerkenntnis ist einklagbar, selbständig (und zwar auch als künftiger Anspruch) abtretbar, außer bei vereinbarter Fortsetzung des Kontokorrents; vgl. darüber ROHG. 16, 309; RGZ. 10, 53; 18, 249; 25, 12; 56, 23 und dazu oben Anm. 1. Über Pfändung vgl. § 357. Bei Klage aus dem Saldoanerkenntnis sind die im Saldo enthaltenen Zinsen nicht Nebenforderung i. S. des § 4 ZPO.; JW. 08, 720. Für die Verjährung des Anspruchs gilt § 195 BGB. (30 Jahre). Über Erfüllungsort und Gerichtsstand vgl. ROHG. 17, 125; JW. 03, 175; Gruch. 44, 871.

Kommt das Saldoanerkenntnis vertraglich nicht zustande, so muß der Rechnungsabschluß im Prozeßwege festgestellt werden. Jede Partei hat die für sich in Anspruch genommenen streitigen Haben-Posten darzutun; vgl. ROHG. 11, 141; 17, 416. Teilurteil über Einzelposten darf nicht ergehen (JW. 05, 537). Schiedsabrede über Teilposten ist jedoch wirksam; dann ist das Urteil über den Saldo erst nach Erlaß des Schiedsspruchs über die Teilposten möglich; ROHG. 9, 216.

6. Die Dauer der Rechnungsperiode richtet sich in erster Linie nach der Vereinbarung (vgl. JW. 25, 270), i. Zw. nach Verkehrssitte oder (unter Kaufleuten) Handelsbrauch. Bei Banken besteht die Verkehrssitte, halbjährlich abzuschließen. Über Inflations- und Stabilisierungsverhältnisse vgl. JW. 25, 1804.

7. Das Kontokorrentverhältnis erlischt durch Kündigung, ferner mit Beendigung der ihm zugrunde liegenden Geschäftsverbindung, nicht jedoch i. Zw. bei Beendigung einer Rechnungsperiode oder durch Abhebung oder Pfändung des Saldos (RGZ. 88, 376; 140, 219) oder selbst längeres Ruhen der Geschäftsverbindung (RGZ. 136, 89; JW. 27, 2111) oder Inhaberwechsel bei einer beteiligten Firma (Warn. 35, 153). Die im Gesetz vorgesehene Möglichkeit fristloser Kündigung kann vertraglich ausgeschlossen sein, was aber nicht schon bei bloßer Vereinbarung über die Dauer der Rechnungsperiode anzunehmen ist. Dann kann eine wesentliche Verschlechterung der Vermögensverhältnisse den anderen Teil zur vorzeitigen Aufhebung der im Vertrage liegenden Stundung berechtigen (vgl. §§ 321, 610 BGB.); ROHG. 23, 137; RGZ. 65, 188. Durch Konkurs eines Vertragsteils erlischt der Kontokorrentvertrag ohne Kündigung; RGZ. 149, 25. Mit Beendigung des Kontokorrentverhältnisses wird der dann festzustellende Saldo fällig; JW. 35, 2355. Vgl. noch R. 37, 4657.

Saldohaftung der Sicherheiten, Bürgen und Mitschuldner

§ 356. Wird eine Forderung, die durch Pfand, Bürgschaft oder in anderer Weise gesichert ist[1], in die laufende Rechnung aufgenommen[2], so wird der Gläubiger durch die Anerkennung des Rechnungsabschlusses nicht gehindert, aus der Sicherheit insoweit Befriedigung zu suchen, als sein Guthaben aus der laufenden Rechnung und die Forderung sich decken[3].

Haftet ein Dritter für eine in die laufende Rechnung aufgenommene Forderung als Gesamtschuldner[1], so findet auf die

Geltendmachung der Forderung gegen ihn die Vorschrift des Abs. 1 entsprechende Anwendung[3].

1. Die Vorschrift behandelt die Frage, inwieweit Sicherheiten, Bürgen und Mitschuldner, die für eine als Einzelposten im Kontokorrent erscheinende Forderung (vgl. dazu unten Anm. 2) haften, von der im Saldoanerkenntnis liegenden Novation (darüber Anm. 5 zu § 355) berührt werden; vgl. unten Anm. 3. Die Lösung ist für alle diese Fälle einheitlich im gleichen Sinne getroffen worden.

Als Sicherheiten kommen außer dem Pfandrecht (§§ 1205ff. BGB.) noch Sicherungseigentum, Grundpfandrechte (einschließlich Vormerkungen), ferner Zurückbehaltungsrechte (RGZ. 82, 404) und Rechte aus Hinterlegung, nicht aber (vgl. RGZ. 3, 18) besondere Konkursvorrechte in Betracht (bestr.). Auch der Gesamtschuldnerbegriff ist i. S. des Abs. 2 weit zu fassen; vgl. HRR. 35, 802.

Wer für eine Forderung Sicherheit bestellt oder sich für sie verbürgt, kann ihre spätere Einstellung in ein Kontokorrent mit der Folge ausschließen, daß seine Haftung erlischt, wenn die Forderung trotzdem in ein Kontokorrent aufgenommen wird. Das wird aber regelmäßig nur bei ausdrücklicher Erklärung des Dritten anzunehmen sein; vgl. dazu RGZ. 136, 178; LZ. 33, 608, ferner JW. 33, 2826. Die Gesamtschuldnerhaftung eines ausgeschiedenen Gesellschafters einer o. HG. für Gesellschaftsschulden hat jedoch dann nicht die Wirkung des § 356, wenn das Kontokorrent erst nach dem Ausscheiden des Gesellschafters eingegangen wurde; vgl. Warn. 35, 153.

2. Von der Aufnahme einer gesicherten Forderung in ein Kontokorrent (als Einzelposten) ist der andere Fall zu unterscheiden, daß eine Sicherheit für das Gesamtergebnis der laufenden Rechnung bestellt wird. In diesem Falle haftet die Sicherheit schon nach allgemeinen Grundsätzen (nicht erst nach § 356) für die Saldoschuld, und zwar ausschließlich. Vgl. ROHG. 9, 185; RGZ. 118, 301; 136, 89; JW. 19, 676; 28, 618. Begrenzung der Saldobürgschaft ist möglich und üblich; wird sie auf Zinsen, Provisionen u. dgl. ausgedehnt, so bezieht sie sich i. Zw. nur auf diejenigen der laufenden Rechnungsperiode, vgl. R. 22, 451; DJZ. 34, 684.

3. Grundsätzlich müßten mit dem Untergang der einzelnen Kontokorrentposten auf Grund der Saldierung auch die für sie bestehenden Sicherheiten und Nebenrechte untergehen; vgl. dazu Anm. 5 zu § 355 und D. 199, ferner (für die Zeit vor Inkrafttreten des HGB.) RGZ. 10, 53; 18, 246. § 356 macht für die Saldierung eine ähnliche Ausnahme von der sog. Angelehntheit (Akzessorietät) dieser Rechte wie — teilweise — § 223 BGB. für den Fall der Verjährung der Forderung. Demzufolge haften Sicherheiten (und hier ebenso Bürgen und Mitschuldner) auch für den Saldo, soweit die gesicherte Forderung in ihm noch in Erscheinung tritt. Leistungen des (Haupt-)Schuldners enthaften die Sicherheiten usw. nur mit dieser Beschränkung; RGZ. 76, 333; 87, 438; HRR. 35, 802. Bestehen Sicherheiten für mehrere Einzelforderungen, so hat der Gläubiger die Wahl, welche Sicherheiten er für den Saldo (und zwar jeweils höchstens bis zum Betrage der Einzelforderungen) haftbar machen will; vgl. dazu D. 199 und RGZ. 76. 330; LZ. 28, 828. Im übrigen haben Bürgen, Mitschuldner usw. die gewöhnlichen Einreden (vgl. §§ 422f., 767ff., 1137, 1210f. BGB.). Außerdem kommt dem Mithaftenden die Kontokorrentabrede mit ihrer Stundungswirkung zugute. Der Gläubiger kann den Schuldsaldo ohne Verlust der Sicherheiten sogar auf neue Rechnung vortragen; allerdings kann sich die Haftung des Dritten durch die Fort-

setzung des Kontokorrents nicht erneut erweitern, sondern nur — wenn der nächste Saldo niedriger ist — ermäßigen; vgl. dazu LZ. 28, 828. Befriedigung des Gläubigers durch den Dritten ist nur hinsichtlich der Saldoforderung (nicht einzelner Posten) möglich, die dadurch auf den Dritten übergeht. Vgl. §§ 268, 426 Abs. 2, 774 Abs. 1, 1142, 1223 Abs. 2 BGB. und D. 199; RGZ. 76, 333, ferner Anm. 1 zu § 355.

Saldopfändung

§ 357. Hat der Gläubiger eines Beteiligten die Pfändung und Überweisung des Anspruchs auf dasjenige erwirkt, was seinem Schuldner als Überschuß aus der laufenden Rechnung zukommt[1], so können dem Gläubiger gegenüber Schuldposten, die nach der Pfändung durch neue Geschäfte entstehen, nicht in Rechnung gestellt werden[2]. Geschäfte, die auf Grund eines schon vor der Pfändung bestehenden Rechtes oder einer schon vor diesem Zeitpunkte bestehenden Verpflichtung des Drittschuldners vorgenommen werden, gelten nicht als neue Geschäfte im Sinne dieser Vorschrift[2].

1. Nur der Anspruch auf den Kontokorrentsaldo (vgl. dazu unten Anm. 2) ist pfändbar, nicht dagegen eine Einzelforderung; vgl. Anm. 1 zu § 355, RGZ. 44, 388; 135, 139; 140, 219. Die Vollstreckung erfolgt nach §§ 829ff. ZPO. (Antrag beim Vollstreckungsgericht auf Pfändung und Überweisung „der angeblichen dem Schuldner aus dem Kontokorrentverhältnis mit dem Drittschuldner zustehenden Ansprüche" genügt); vgl. aber auch unten Anm. 2. Durch die Pfändung und Überweisung erlischt das Kontokorrentverhältnis nicht (str.); vgl. Anm. 7 zu § 355 und RGZ. 140, 221. (A. A. HansRGZ. 30 B 106, wonach die Überweisung als Kündigung wirken soll).

2. Die Wirkung der gewöhnlichen Saldopfändung besteht darin, daß der im Zeitpunkt der Zustellung des Pfändungsbeschlusses an den Drittschuldner (§ 829 Abs. 3 ZPO.) vorhandene rechnungsmäßige Überschuß zugunsten des Schuldners grundsätzlich nicht mehr durch spätere Gegenforderungen des Drittschuldners der Beschlagnahmewirkung entzogen werden kann. Eine nachträglich sich ergebende Erhöhung des Saldos kommt dem pfändenden Gläubiger dann nicht zugute (str.). § 357 macht also zugunsten des Pfändungspfandgläubigers eine Ausnahme von der Regel, daß ein Anspruch nur so wie er seinem Gläubiger zusteht, gepfändet werden könne, da hier praktisch durch die Pfändung die vereinbarte Rechnungsperiode abgekürzt wird. — Daneben besteht nach allgemeinen Grundsätzen die Möglichkeit, den künftigen Saldo, so wie er am Schluß der laufenden Rechnungsperiode festgestellt werden wird, oder den bereits festgestellten Saldo einer abgelaufenen Rechnungsperiode (solange dieser noch nicht bei Fortsetzung des Kontokorrents „auf neue Rechnung vorgetragen" und dadurch seinerseits Rechnungsposten geworden ist!) zu pfänden. In beiden Fällen kommt § 357 nicht in Betracht (str.). — § 357 hindert nicht, daß der Drittschuldner Gutschriften, die unter Vorbehalt des Einganges (vgl. Anm. 1 Abs. 1 zu § 355) erfolgt sind, bei Nichteinlösung des zugrunde liegenden Wechsels oder dgl. auch noch nach der Pfändung storniert. Vgl. D. 200 und RGZ. 2, 262; Gruch. 51, 1024.

Leistungszeit

§ 358. Bei Handelsgeschäften[1] kann die Leistung nur während der gewöhnlichen Geschäftszeit bewirkt[2] und gefordert[2] werden[3].

1. Die Vorschrift (ebenso wie §§ 359—361) gilt für alle HGeschäfte, auch die von Minderkaufleuten, auch bei einseitigen HGeschäften (darüber Anm. 1 zu § 343), und zwar dann auch für den nichtkaufmännischen Teil (§ 345).

2. § 358 setzt voraus, daß die Leistung nach allgemeinen Vorschriften gefordert bzw. bewirkt werden kann, läßt also die Vorschriften des § 271 BGB. über die Leistungszeit unberührt. § 271 BGB. lautet:

„Ist eine Zeit für die Leistung weder bestimmt noch aus den Umständen zu entnehmen, so kann der Gläubiger die Leistung sofort verlangen, der Schuldner sie sofort bewirken.

Ist eine Zeit bestimmt, so ist im Zweifel anzunehmen, daß der Gläubiger die Leistung nicht vor dieser Zeit verlangen, der Schuldner aber sie vorher bewirken kann."

Vgl. im übrigen §§ 186ff. BGB., § 359.

Die gewöhnliche Geschäftszeit wird häufig nach Orts- und Brancheüblichkeit verschieden sein; dabei ist der HBrauch am Leistungsort (§ 269 BGB.) maßgebend; vgl. Anm. 2 zu § 346 und Anm. 5 zu § 361.

§ 356 kann ausdrücklich oder stillschweigend (vgl. §§ 157, 242 BGB.) ausgeschlossen sein; RGZ. 68, 305; 91, 67; 92, 210.

Für Abgabe von Willenserklärungen gilt auch bei HGeschäften nicht § 356, sondern § 130 BGB. (MonSchHR. 18, 109); darüber Anm. 3 Abs. 2 a. E. zu § 346.

3. Wird die Leistung nicht in dem hiernach zu bestimmenden Zeitpunkt erbracht oder angenommen, so kommt Verzug des Schuldners (Leistungsverzug) oder des Gläubigers (Annahmeverzug) in Betracht.

Verzug des Schuldners (§§ 284—290, 326 BGB.) setzt neben der Nichtleistung bei Eintritt der Fälligkeit grundsätzlich noch eine Mahnung des Gläubigers sowie grundsätzlich (§ 285 BGB., vgl. unten) ein Verschulden des Schuldners an der Verspätung der Leistung voraus. Nach Eintritt der — gem. § 271 BGB. i. V. m. §§ 358, 359 zu bestimmenden — Fälligkeit (vgl. dazu RGZ. 50, 261; JW. 09, 456; LZ. 08, 226, 854; 19, 591; Gruch. 52, 949) bedarf es ausnahmsweise zur Begründung des Verzuges dann keiner Mahnung, wenn die Fälligkeit allein oder in Verbindung mit vorheriger Kündigung kalendermäßig bestimmt war (§ 284 Abs. 2 BGB.; ausreichend: „lieferbar Ende April" — vgl. RGZ. 106, 89 —, aber auch: „zahlbar 30 Tage nach Empfang der Rechnung", „Lieferung 2 Wochen nach Abruf" u. dgl. — str. — vgl. RGZ. 53, 12; a. A. aber RGZ. 60, 84; 68, 22; 103, 33; über Fixgeschäft: § 361 BGB., § 376); keine Mahnung ausnahmsweise auch dann, wenn nach Treu und Glauben nur eine Leistung ohne schuldhaftes Zögern als gehörige Erfüllung erscheint (vgl. RGZ. 100, 43. — Verpflichtung zur Abwendung einer unmittelbar drohenden Gefahr — und JW. 25, 1748 — Inflationsverhältnisse), ferner, wenn — z. B. durch strikte Leistungsweigerung des Schuldners — die Erfolglosigkeit der Mahnung von vornherein feststeht (RGZ. 57, 113; 67, 317; 97, 137; JW. 02, 28; LZ. 19, 591; Gruch. 54, 632). Wer mahnt, muß seinerseits zur Erfüllung einer von ihm geschuldeten Gegenleistung bereit und in der Lage sein; RGZ. 67, 318; 91, 204; JW. 09, 456; LZ. 18, 444; SeuffA. 59, 388. Die Mahnung muß ein bestimmtes (unzweideutiges) Leistungsverlangen enthalten, wobei im übrigen nur die dem Schuldner etwa noch unbekannten Leistungsmodalitäten mitgeteilt werden müssen; Zuvielforderung steht der Wirksamkeit nicht entgegen, wenn Identität der Schuld außer Zweifel und Schuldner nicht mit Ablehnung des Geschuldeten (als unzulässiger Teilleistung — § 266 BGB.) rechnen muß (str.). Vgl. dazu D. 192 und RGZ. 9, 141; 50, 261; 75, 333; 97, 11; OLG. 17, 114; JW. 24, 1137; LZ. 12, 542; R. 18, 1665; SeuffA. 59, 391, aber auch RGZ. 93, 300. — Der Schuldner kann sich nur durch den Nachweis entlasten, daß er rechtzeitig erfüllt oder die Verzögerung der Leistung nicht zu vertreten habe. Vgl. § 285 BGB. Was der Schuldner zu vertreten hat, ist nach denselben Grundsätzen wie bei der Frage der Unmöglichkeit zu beurteilen; vgl. Anm. 3 Abs. 5, 7 u. 8 zu § 360. Folge des Leistungsverzugs ist Schadensersatzpflicht des Schuldners (dazu Anm. 2 Abs. 5 zu § 347), wobei je nach Fortfall oder Weiterbestehen des Gläubigerinteresses an der verspäteten Leistung das Erfüllungs- oder allein das Verzögerungsinteresse zu ersetzen ist, und — bei gegenseitigen Verträgen — Rücktrittsrecht des Gläubigers (§§ 286, 326 BGB.), sowie Haftungsverschärfung (§ 287 BGB.).

Über Annahmeverzug des Gläubigers vgl. §§ 293ff. BGB., §§ 373—375.

Auslegung von Fristbestimmungen[1]

§ 359. Ist als Zeit der Leistung[1] das Frühjahr oder der Herbst oder ein in ähnlicher Weise bestimmter Zeitpunkt vereinbart, so entscheidet im Zweifel der Handelsgebrauch des Ortes der Leistung[2].

Ist eine Frist von acht Tagen vereinbart, so sind hierunter im Zweifel volle acht Tage zu verstehen[3].

1. Vgl. die Anm. zu § 358.

2. Der HBrauch des Leistungsorts (vgl. § 269 BGB. und dazu Anm. 5 zu § 361) kann nicht nur ausdrücklich wegbedungen werden, sondern auch je nach dem Zweck der Fristbestimmung als stillschweigend ausgeschlossen gelten; vgl. JW. 20, 47. Auch nachträgliche Ausdehnung der Lieferfrist kann gerade unter Kaufleuten nach Treu und Glauben in Einzelfällen gerechtfertigt sein.

3. Abs. 2 ergänzt §§ 186ff. BGB. — Der auf den Tag der Vereinbarung folgende ist der erste Tag (vgl. § 187 Abs. 1, 188 Abs. 1 BGB.). Ebenso bei der Klausel „heute über 14 Tage", LZ. 25, 34. Vgl. ferner RGZ. 95, 22 (Einschließlichkeitsbedeutung von Klauseln wie „lieferbar Oktober/Mai").

Handelsmäßige Gattungsschulden[1]

§ 360. Wird eine nur der Gattung nach bestimmte Ware geschuldet[2], so ist Handelsgut mittlerer Art und Güte zu leisten[3].

1. Vgl. Anm. 1 zu § 358.

2. Die Vorschrift betrifft nur die reine Gattungsschuld (im Gegensatz zur Speziesschuld und zur Schuld aus einer beschränkten Gattung). — Eine Speziesschuld liegt nur vor, wenn Gläubiger und Schuldner über einen bestimmten Leistungsgegenstand derart einig sind, daß zu seiner Bereitstellung keinerlei Auswahl seitens des Schuldners mehr nötig ist (was auch bei einer anfänglichen Gattungsschuld infolge späterer Vereinbarung eintreten kann!); vgl. dazu RGZ. 43, 184; 70, 426; 91, 261; 92, 371; JW. 12, 341. — Von einer Schuld aus beschränkter Gattung (sprachlich unrichtig: „beschränkte

Gattungsschuld") spricht man, wenn die Leistung zwar noch eine Auswahl erforderlich macht, diese aber auf eine größere, schon aus der allgemeinen Gattung ausgeschiedene Menge von meist grundsätzlich gleicher Beschaffenheit (z. B. Ernte oder sonstige Erzeugnisse eines bestimmten Gutes, Erzeugnisse einer bestimmten Fabrik usw.) beschränkt ist; vgl. RGZ. 28, 221; 57, 118, 138; 88, 288; 91, 312; 104, 225; 107, 37; 108, 420; OLG. 20, 133; JW. 01, 209; 24, 807; Warn. 17, 99, aber auch JW. 22, 1674 u. SeuffA. 65, 160.

Daß nach § 243 Abs. 2 BGB. auch die reine Gattungsschuld zur Speziesschuld wird, wenn der Schuldner sie ordnungsgemäß anbietet (vgl. §§ 294, 295 BGB.) berührt nicht die Qualitätserfordernisse bei der Gattungsschuld, setzt vielmehr voraus, daß eine den Anforderungen (§ 243 Abs. 1 BGB., § 360) entsprechende Ware angeboten wird; vgl. RGZ. 57, 141, 403; 69, 408; 88, 389; 92, 128; 93, 168; 111, 25; JW. 13, 130. Die Bedeutung dieser „Konkretisierung" der Gattungsschuld, die übrigens durch anderweite Verfügung des Schuldners über die Ware wieder aufgehoben wird (RGZ. 108, 187), liegt regelmäßig (vgl. RGZ. 93, 168; 96, 231 und dazu Anm. 4 Abs. 4 zu § 346) im Gefahrübergang auf den Gläubiger; §§ 300, 447, 644, 651 BGB.

3. § 360 bestimmt den Inhalt der (reinen) Gattungsschuld für HGeschäfte anders als § 243 Abs. 1 BGB., wonach „Sachen mittlerer Art und Güte" zu leisten sind. Der Begriff Handelsgut kann demgegenüber im Einzelfall (je nach der am Leistungsort — § 269 BGB. — herrschenden HÜbung) eine Qualitätssteigerung oder -minderung bedingen.

Die Anwendung des § 360 kann vertraglich wegbedungen werden — sowohl zugunsten des Gläubigers als auch des Schuldners.

Ein Mangel, der die Tauglichkeit der Ware zu dem vertragsmäßigen bzw. gewöhnlichen Gebrauch ausschließt, kann niemals nach § 360 für unerheblich erklärt werden; vgl. ROHG. 10, 351; RGZ. 13, 23; 47, 135; JW. 00, 856. Ebenso nicht — obwohl auch übliche Substanzveränderung, z. B. durch Beimischung, grundsätzlich nach § 360 zu beurteilen ist (ROHG. 24, 234) — völlige Verschiedenheit der geschuldeten und der gelieferten Gattung; ROHG. 15, 415. Wohl aber wird auch nach HSitte, die nie Treu und Glauben widersprechen darf, eine nach Zurückweisung nicht ordnungsmäßiger Ware alsbald angebotene gehörige Ersatzleistung nur ausnahmsweise abgelehnt werden dürfen; vgl. RGZ. 91, 112.

Bei Streit über die Ordnungsmäßigkeit der angebotenen Leistung ist zu unterscheiden: Hat der Gläubiger die Leistung bereits als Erfüllung angenommen, so trifft ihn in jedem Falle die Beweislast für die unzureichende Beschaffenheit (§ 363 BGB.). Ebenso stets bei Ansprüchen auf Wandelung, Minderung oder Schadensersatz; vgl. ROHG. 6, 104; RGZ. 20, 6; 66, 285; 95, 119. Umgekehrt hingegen muß der Schuldner der Ware die Ordnungsmäßigkeit seiner Leistung beweisen, wenn er die Gegenleistung verlangt und der Beklagte sie wegen Fehlens der gesetzlichen oder vertragsmäßigen Beschaffenheit der (von ihm noch nicht als Erfüllung angenommenen) Ware verweigert; vgl. dazu ROHG. 3, 249; 13, 215; 15, 270; RGZ. 5, 29; 68, 307; 95, 119, ferner Anm. 6 Abs. 3 zu § 377.

Ist der Schuldner nicht in der Lage, eine der Vorschrift des § 360 entsprechende Ware zu liefern, so gilt folgendes:

Solange die anfänglich mögliche Leistung nicht überhaupt, d. h. „aus der Gattung" für jedermann, entweder objektiv unmöglich oder doch nur unter allgemein unzumutbaren Schwierigkeiten zu bewirken ist (was bei einer bloßen

Preissteigerung aber nicht vorliegt!), haftet der Schuldner auch ohne Verschulden weiter (§ 279 BGB., auch § 480 Abs. 1 BGB.); vgl. dazu aus der namentlich während der Inflationszeit umfangreichen und durchweg nur mit Vorsicht zu verallgemeinernden Rechtsprechung: RGZ. 57, 116; 88, 172; 92, 322; 93, 185; 95, 43; 98, 18; 99, 2, 258; 100, 129, 264; 101, 74; 102, 272; 105, 332; 107, 158; JW. 17, 764; 19, 499; 20, 138; 22, 91, 481 u. 1576; 23, 753; Gruch. 64, 473.

War die Leistung (aus der Gattung!) von Anfang an objektiv unmöglich, so ist der Vertrag, falls er nicht nur für den Fall des späteren Möglichwerdens der Leistung geschlossen wird, nichtig: §§ 306, 308 BGB. Über Ersatzpflicht in diesem Falle (Vertrauensinteresse!) vgl. § 307 BGB.

Geht nach Eintritt der Konkretisierung der Gattungsschuld (vgl. oben Anm. 2 Abs. 3) der ausgeschiedene Schuldgegenstand unter, so haftet der Schuldner nur wie bei Unmöglichwerden einer anfänglichen Speziesschuld, also nicht mehr ohne Verschulden (§ 300 Abs. 2 BGB.; vgl. §§ 275, 276 Abs. 1 S. 1 BGB. gegenüber § 279 BGB.).

Eine Schuld aus beschränkter Gattung ist hinsichtlich der nachträglichen Unmöglichkeit grundsätzlich wie eine reine Gattungsschuld zu beurteilen, wobei jedoch „Gattung" i. S. des § 279 BGB. nur die beschränkte Gattung ist. Geht diese unter, so ist die Haftung des Schuldners davon abhängig, ob er den Untergang zu vertreten hat (vgl. RGZ. 92, 323; JW. 18, 130). Ist dies nicht der Fall, so wird der Schuldner frei bzw. muß bei Teilunmöglichkeit jeden Gläubiger anteilig befriedigen; RGZ. 84, 125; 91, 312; 94, 17; 95, 268 (anders JW. 17, 978). Geldmangel, auch unverschuldeter, ist nie Befreiungsgrund; RGZ. 75, 335; LZ. 16, 222; Warn. 15, 432.

Das Erfüllungssurrogat (§ 281 BGB.) wird bei reinen Gattungsschulden nur nach Konkretisierung (§ 243 Abs. 2 BGB.), bei Schulden aus beschränkter Gattung auch sonst bei deren völligem Untergang geschuldet. Vgl. JW. 20, 551.

Rechnungseinheiten[1]

§ 361. Maß, Gewicht[2], Währung[3], Zeitrechnung[4] und Entfernungen, die an dem Orte gelten, wo der Vertrag erfüllt werden soll[5], sind im Zweifel als die vertragsmäßigen zu betrachten[6].

1. Vgl. Anm. 1 zu § 358.

2. Seit dem 1. 4. 36 gilt das Maß- und Gewichtsgesetz v. 13. 12. 35 (RGBl. I 1499) mit Änderung durch V. v. 18. 5. 36 (in Kraft seit 26. 5. 36 [RGBl. I 452]) und AusfV. v. 20. 5. 36 (RGBl. I 459). Zum Messen und Wiegen im öffentlichen Verkehr dürfen nur geeichte Maße und Meßwerkzeuge verwendet und alle Leistungen nach Maß und Gewicht dürfen innerhalb des Reichs (Ausnahme für den Außenhandel § 70 Maß- u. GewGes.) nur nach den gesetzlichen metrischen Einheiten (Meter, Kilogramm) angeboten, verkauft und berechnet werden.

3. Reichswährung ist die Reichsmark (= 100 Reichspfennige); vgl. RGZ. 142, 23. Und zwar besteht Goldwährung (§ 1 Münzges. v. 30. 8. 24 [RGBl. II 254]) mit (seit dem 1. 1. 36 ausschließlichem!) Notenprivileg der Deutschen Reichsbank (§ 2 S. 2 d. Ges. über die Deutsche Reichsbank v. 15. 6. 39 [RGBl. I 1015]).

§ 361 wird ergänzt durch §§ 244, 245 BGB. (betr. Valuta- und Geldsortenschulden).

§ 244 BGB. lautet:

„Ist eine in ausländischer Währung ausgedrückte Geldschuld im Inlande zu zahlen, so kann die Zahlung in Reichswährung erfolgen, es sei denn, daß Zahlung in ausländischer Währung ausdrücklich bedungen ist.

Die Umrechnung erfolgt nach dem Kurswerte, der zur Zeit der Zahlung für den Zahlungsort maßgebend ist."

§ 245 BGB. lautet:

„Ist eine Geldschuld in einer bestimmten Münzsorte zu zahlen, die sich zur Zeit der Zahlung nicht mehr im Umlaufe befindet, so ist die Zahlung so zu leisten, wie wenn die Münzsorte nicht bestimmt wäre."

Valutaschulden können z. Zt. von deutschen Deviseninländern nur in sehr beschränktem Umfange eingegangen werden. (Genehmigung der Devisenstelle zur Effektiverfüllung ist stets notwendig, Verpflichtungen sind daher nur nach Maßgabe der §§ 309, 308 BGB. möglich und wirksam.) Vgl. über die geltende deutsche Devisengesetzgebung Anm. 10 Abs. 3 zu § 1.

Die Umrechnung nach § 244 Abs. 2 BGB. erfolgt nach dem Kurs zur Zeit und am Ort der tatsächlichen Zahlung, nicht der Fälligkeit; RGZ. 96, 123, 263; 98, 160; 101, 313; 111, 316; JW. 20, 637; LZ. 21, 138. Die Zahlung in ausländischer Währung gilt auch dann als „ausdrücklich" vereinbart, wenn sie nach den Umständen unzweideutig gewollt erscheint; RGZ. 105, 142; 107, 111; 111, 316; Warn. 25, 106. Für Zahlungen im Ausland ist (neben dem deutschen Devisenrecht!) das betreffende ausländische Währungsrecht maßgebend; RGZ. 96, 272. Über Zahlung von Wechselschulden in ausländischer Währung Art. 41 WG. — Über die Frage, wann ein Devisenausländer verpflichtet ist, von seinem (deviseninländischen) Schuldner Zahlung auf Sperrkonto (bei einer deutschen Devisenbank mit beschränkter, der Genehmigung der Devisenstelle unterliegenden, Verfügbarkeit) als Erfüllung entgegenzunehmen, vgl. RGZ. 151, 117. (Die Devisenstelle erteilt die Genehmigung zur Zahlung auf Sperrkonto nur, wenn der Gläubiger erklärt, diese an Erfüllungs Statt annehmen zu wollen!) Auch heute braucht unter deutschen Deviseninländern der Gläubiger einer (wirksam entstandenen) Effektivforderung sich nicht mit Reichsmarkzahlung zu begnügen; R. 36, 3860 (RG.).

Ist bei einer Reichsmarkschuld die Reichsmark in ein Wertverhältnis zu einer fremden Währung gesetzt worden (z. B. 1 *RM* = $^{10}/_{42}$ Dollar), so kann das nach Treu und Glauben als **Wertbeständigkeitsklausel**, also nur zugunsten des Gläubigers, auszulegen sein; vgl. RGZ. 146, 17; JW. 35, 189; Warn. 35, 1, 48, 110 u. 141; 37, 257. Bei Valutaschulden in einer nach Vertragsschluß erheblich absinkenden fremden Währung geht unter deutschen Kaufleuten die Entwertung nach Treu und Glauben gleichmäßig zu Lasten beider Vertragsteile; vgl. RGZ. 141, 220; 145, 51; 147, 286; 148, 41 (Ausgleichsanspruch), jedoch auch LZ. 33, 1394. Es ist aber zu beachten, ob dem Gläubiger durch die Entwertung der ausländischen Währung nicht anderseits auch Vorteile erwachsen, ferner, ob ein Währungsrisiko in Kauf zu nehmen war, sowie die beiderseitigen Vermögensverhältnisse. Vgl. noch RGZ. 120, 76. (Ist jedoch eine Währungsverschlechterung erst nach Eintritt des Zahlungsverzuges eingetreten, so ist die Kursdifferenz grundsätzlich stets ersatzfähiger Verzugsschaden; RGZ. 147; 381; JW. 26, 1323; Warn. 35, 32.) Für im Ausland aufgenommene deutsche Anleihen, die auf fremde Währung lauten, bestimmt das Ges. über Fremdwährungs-Schuldverschreibungen v. 26. 6. 36 (RGBl. I, 515), daß sie im Falle der Abwertung, auch wenn eine Goldklausel vereinbart ist, nur in der abgewerteten Währung zurückzuzahlen sind. Die Vereinbarung einer Wertbeständigkeitsklausel für im Inland eingegangene Verpflichtungen gleich welcher Währung bleibt jedoch möglich und wirksam,

RGZ. 147, 286; JW. 37, 89. Insbesondere ist noch üblich und zulässig die sog. Goldwertklausel (im Gegensatz zur Goldmünzklausel): 1 RM = 1/2790 kg Feingold (vgl. RGZ. 151, 36). Nach der V. v. 5. 12. 36 (RGBl. I 1010) finden die Vorschriften des Ges. v. 26. 6. 36 auch auf Schuldverpflichtungen des Geld- und Kapitalverkehrs Anwendung, die aus Auslandskrediten oder Ausländerguthaben herrühren; ausgenommen sind aber zwischenstaatliche Schuldverpflichtungen aus Waren- oder Dienstleistungsverkehr. Die stillschweigende Umwandlung einer Franken- in eine Goldmarkschuld kann nur bei erkennbarem wirtschaftlich vernünftigem Zweck (u. zw. wohl nur einem solchen, den die Gegenpartei im Einzelfall nach Treu u. Glauben zu respektieren hätte!) angenommen werden; SeuffA. 92, 266.

4. In Betracht kommen namentlich Kalender- oder Uhrzeitabweichungen.

5. Vgl. § 269 BGB. — In der Vereinbarung eines Erfüllungsortes kann die Unterwerfung unter dessen Rechte und Gebräuche hinsichtlich der Leistung zu finden sein. Ob die Vereinbarung, insbesondere hinsichtlich des Gerichtsstands, Ausschließlichkeitsvermutung hat, ist streitig; vgl. darüber OLG. 2, 106; JW. 12, 79; HRR. 35, 138. Fehlt eine Vereinbarung, so ist der „Ort der Leistung" in erster Linie nach den Umständen und der Natur der Verpflichtung zu bestimmen. Dem Fehlen einer Vereinbarung steht es gleich, wenn der vereinbarte Ort mit der Vertragsnatur unvereinbar ist; vgl. RGZ. 41, 361. Die Bestimmung des Ortes, wo eine Geldleistung zu erbringen ist (vgl. auch § 270 BGB.), enthält i. Zw. keine Verlegung des Erfüllungsortes, ebensowenig eine Valutavereinbarung; vgl. dazu RGZ. 50, 271; 65, 332; 102, 283; OLG. 41, 96; JW. 03, 184; 22, 522; SeuffA. 72, 277, aber auch JW. 22, 1336, ferner SeuffA. 56, 326 (betr. Wechselregreßschuld). Über Klauseln, die eine Verlegung des Erfüllungsortes bedeuten, vgl. Anm. 4 Abs. 3 u. 4 zu § 346. Beispiele, in denen die Natur der Verpflichtung den Leistungsort bestimmt: RGZ. 10, 93 (Lieferung von Kohlen aus einer bestimmten Zeche); RGZ. 55, 108; 57, 15 (Rückgewähr bei Wandelung, vgl. auch RGZ. 96, 345); OLG. 41, 244 (Ladenverkauf). Vgl. ferner ROHG. 9, 219; 11, 312; RGZ. 41, 361; JW. 99, 146, 729; LZ. 07, 342 (über die Bedeutung der Aufstellungspflicht an einem bestimmten Ort bei Maschinenverkäufen). — Ist ein Ort für die Leistung weder vereinbart noch aus den Umständen oder der Natur der Leistung zu ermitteln, so ist es der bei Vertragsschluß bestehende Wohnsitz — hilfsweise: Aufenthaltsort — des Schuldners, also bei Austauschgeschäften (§§ 320ff. BGB.) der des jeweils Leistenden; vgl. RGZ. 2, 122; 30, 412; 49, 72; 50, 271; 55, 423; 65, 332; SeuffA. 74, 1; Warn. 12, 99.

Der Erfüllungsort bestimmt auch international-privatrechtlich das für Schuldverhältnisse anzuwendende örtliche Recht (h. M.); vgl. RGZ. 95, 164; 96, 272; 103, 261; 108, 243, 267.

Entsprechend dem Erfüllungsorte bestimmt sich auch die örtliche Stelle für die Bewirkung der Leistung (Lager, Geschäftslokal usw.); vgl. dazu OLG. 8, 34; 20, 136; R. 23, 534.

Über die Beurteilung von Nebenverpflichtungen hinsichtlich des Leistungsortes vgl. RGZ. 54, 317; 55, 105, 423; 56, 138; 57, 15; 62, 380; 66, 76; 69, 9; 70, 199; 71, 59; 73, 262; 96, 263; JW. 01, 397; 03, 184; SeuffA. 75, 9.

6. Die am Erfüllungsort üblichen Rechnungseinheiten gelten nur, wenn nicht ausdrücklich oder stillschweigend etwas anderes vereinbart worden ist; vgl. RGZ. 105, 407; 110, 48; Warn. 22, 34.

Erklärungspflicht bei gewerbsmäßiger Geschäftsbesorgung

§ 362. **Geht einem Kaufmanne, dessen Gewerbebetrieb die Besorgung von Geschäften für andere mit sich bringt[1], ein An-**

trag über die Besorgung solcher Geschäfte[2] von jemand zu, mit dem er in Geschäftsverbindung steht[3], so ist er verpflichtet, unverzüglich zu antworten[4]; sein Schweigen gilt als Annahme des Antrags[5]. Das gleiche gilt, wenn einem Kaufmann ein Antrag über die Besorgung von Geschäften von jemand zugeht, dem gegenüber er sich zur Besorgung solcher Geschäfte erboten hat[3].

Auch wenn der Kaufmann den Antrag ablehnt[4], hat er die mitgesendeten Waren auf Kosten des Antragstellers, soweit er für diese Kosten gedeckt ist und soweit es ohne Nachteil für ihn geschehen kann, einstweilen vor Schaden zu bewahren[6].

1. Hinter § 362 gilt subsidiär (vgl. Art. 2 EGHGB.), also bei Anträgen an Nichtkaufleute und wenn bei Anträgen an Kaufleute die sonstigen Voraussetzungen des § 362 fehlen, § 663 BGB.:

„Wer zur Besorgung gewisser Geschäfte öffentlich bestellt ist oder sich öffentlich erboten hat, ist, wenn er einen auf solche Geschäfte gerichteten Auftrag nicht annimmt, verpflichtet, die Ablehnung dem Auftraggeber unverzüglich anzuzeigen. Das gleiche gilt, wenn sich jemand dem Auftraggeber gegenüber zur Besorgung gewisser Geschäfte erboten hat."

§ 362 gilt auch für Minderkaufleute. — Geschäftsbesorgung für andere bringt z. B. das HGewerbe der Spediteure, Kommissionäre (Bankiers), HMäkler, HAgenten (nicht aber das der Lagerhalter!) mit sich.

2. Der Antrag muß sich gerade auf solche Geschäfte beziehen, die der Gewerbebetrieb des Antragsempfängers mit sich bringt. Vgl. auch Abs. 1 S. 2. Geschäftsbesorgung ist nicht ein Geschäftsabschluß des Antragsempfängers mit dem Antragenden selbst; ein Kaufangebot fällt daher nicht unter § 362, vgl. ROHG. 5, 171; 7, 338.

3. Daß der Antragende Kaufmann ist, ist nicht erforderlich. — Worin die bisherige Geschäftsverbindung bestand, ist gleichgültig. — Das Erbieten zur Geschäftsbesorgung muß gerade dem Antragenden gegenüber, nicht nur — wie nach § 663 BGB. — allgemein öffentlich erfolgt sein; Inserat genügt nicht.

4. Ohne schuldhaftes Zögern (§ 121 BGB.); vgl. auch § 347 und Anm. 3 dazu. — Nur Antwortpflicht, nicht Annahmepflicht, auch nicht bei bestehender Geschäftsverbindung; vgl. ROHG. 15, 282. (Über Kontrahierungszwang als Ausnahme vgl. Anm. 3 zu § 453.) Auch die Antwortpflicht entfällt bei Wiederholung eines schon abgelehnten Antrags; ROHG. 5, 170.

5. Vgl. §§ 146ff., 151 BGB. Voraussetzung ist also ein annahmefähiges Vertragsangebot; vgl. §§ 154, 155 BGB. Zustandekommen des Vertrages als Folge der unterlassenen Antwort unterscheidet § 362 hauptsächlich von der Vorschrift des § 663 BGB., deren Verletzung nur zum Ersatz des Vertrauensinteresses verpflichtet.

6. Nach pflichtgemäßem Ermessen selbst oder bei Dritten, insbesondere auch in einem öffentlichen Lagerhaus (vgl. D. 202), und zwar solange, daß der Antragende unter gewöhnlichen Umständen selbst Vorsorge treffen kann. — Der Kaufmann kann aber Entgelt hierfür (nach § 354) verlangen, das (neben seinen Aufwendungen) zu den „Kosten" i. S. des Abs. 2 gehört, und nach Maßgabe der § 273 BGB., §§ 369ff. ein Zurückbehaltungsrecht ausüben.

Orderpapiere[1]

§ 363. Anweisungen[2], die auf einen Kaufmann über die Leistung von Geld, Wertpapieren oder anderen vertretbaren Sachen ausgestellt sind, ohne daß darin die Leistung von einer Gegenleistung abhängig gemacht ist[2], können durch Indossament übertragen werden[3], wenn sie an Order lauten[1]. Dasselbe gilt[3] von Verpflichtungsscheinen[2], die von einem Kaufmann über Gegenstände der bezeichneten Art an Order ausgestellt sind[1], ohne daß darin die Leistung von einer Gegenleistung abhängig gemacht ist[2].

Ferner können Konnossemente der Verfrachter[3], Ladescheine der Frachtführer[3], Lagerscheine der staatlich zur Ausstellung solcher Urkunden ermächtigten Anstalten[3] sowie Bodmereibriefe[3] und Transportversicherungspolicen[3] durch Indossament übertragen werden[4], wenn sie an Order lauten[1].

1. Orderpapiere sind (im Gegensatz zu Inhaberpapieren und Rekta- oder Namenpapieren) solche Wertpapiere, bei denen das in ihnen verbriefte Recht nicht nur (vgl. RGZ. 26, 99; 33, 143; 71, 33; 88, 92; 99, 142; HansRZ. 25, 400) auf Grund einer Zession (wie beim Rektapapier) übertragen, anderseits aber auch nicht schon bei bloßem Besitz, sondern auf Grund der typischen Indossamentsformel als Übertragungsform gemacht werden kann. Die Legitimation geschieht durch eine zusammenhängende bis auf den Besitzer des Papiers herabreichende Kette von Indossamenten. Vgl. darüber unten Anm. 3 und §§ 364, 365 mit Anm.

Es gibt Papiere, die auch ohne die Orderklausel („an A. oder Order", „an A.s Order", „an meine Order" u. dgl.; vgl. ROHG. 21, 80; 23, 293; RGZ. 13, 154; LZ. 30, 304) Orderpapiere, d. h. durch Indossament übertragbar, sind (sog. „geborene" Orderpapiere): Wechsel (Art. 11 Abs. 1 WG.) und auf einen bestimmten Empfänger lautende Schecke (Art. 5 ScheckG.), ferner Namenaktien und Zwischenscheine (§§ 8, 61 AktGes.), sowie Reichsbankanteilscheine (§ 11 Abs. 4 RBkG. v. 15. 6. 39). Diese Papiere sind nur dann nicht Orderpapiere, wenn sie die Rektaklausel („nicht an Order") tragen (vgl. RGZ. 122, 224); der Scheck ist allerdings mit der üblichen Überbringerklausel meist Inhaberpapier (vgl. Art. 5 ScheckG.).

Papiere, bei denen das Gesetz die Übertragbarkeit durch Indossament nicht ausdrücklich zuläßt, können auch nicht durch die Orderklausel zu Orderpapieren gemacht werden; vgl. RGZ. 71, 30; 101, 299; 118, 38; 119, 123; JW. 31, 3079.

Die in § 363 genannten Urkunden sind hingegen sämtlich dann (und nur dann) Orderpapiere, wenn sie mit der Orderklausel versehen sind. Vgl. dazu noch Anm. 1 zu § 364.

Über Bestellung von Sicherungshypotheken für Forderungen aus Orderpapieren vgl. §§ 1187—1189 BGB.

2. Die (sog. „gewillkürten") Orderpapiere des § 363 (oben Anm. 1 Abs. 4!) sind:

Kaufmännische Anweisungen. Im Gegensatz zur bürgerlich-rechtlichen Anweisung (§§ 783ff. BGB.) darf die angewiesene Leistung in ihnen von keiner Gegenleistung abhängig gemacht (RGZ. 119, 122) und der Angewiesene muß Kaufmann (nicht notwendig Vollkaufmann) sein; für das letztere Erfordernis ist der Zeitpunkt der Aushändigung der Anweisung maßgeblich. Daß eine Gegenleistung vereinbart ist, hindert die Anwendung des § 363 selbstverständlich nicht, wenn die Urkunde nichts darüber enthält, ROHG. 24, 237; RGZ. 74, 16. Befristungen und Bedingungen können sogar in die Urkunde aufgenommen sein, ROHG. 24, 241, vgl. aber RGZ. 43, 167; 133, 255 (über abstrakte Akzeptverpflichtung). — Im übrigen gelten (Art. 2 EGHGB.) die Bestimmungen des Bürgerlichen Gesetzbuchs über die Anweisung (§§ 783ff. BGB.). Wie grundsätzlich auch nach § 783 BGB. muß die Anweisung i. S. des § 363 auf Geld oder Wertpapiere oder andere vertretbare Sachen (§ 91 BGB.) lauten; vgl. RGZ. 76, 239; 84, 320; 101, 298; Warn. 15, 61, 93; HansRZ. 25, 279, aber auch LZ. 22, 681. Bezeichnung der Urkunde als „Anweisung" ist unnötig (Warn. 15, 201), ebenso, daß außer dem Angewiesenen noch der Anweisende oder der Anweisungsempfänger Kaufmann sind. Fehlt aber einer der drei Beteiligten in der Konstellation (Doppelermächtigung des Anweisenden zur Leistung bzw. zum Empfang für seine Rechnung; vgl. § 783 BGB.!), so liegt keine Anweisung, sondern entweder ein Zahlungsauftrag oder ein Vertrag zugunsten Dritter oder gar eine Abtretung vor; vgl. dazu RGZ. 43, 167; 45, 238; 49, 99; 66, 362, ferner JW. 31, 3079. Über Zahlungsverkehr zwischen Zweigniederlassungen derselben Bank vgl. RGZ. 108, 210. Schriftform (§ 126 BGB.) ist für die Anweisung im technischen Sinne, vor allem für die kaufmännische Anweisung im ganzen, sowie insbesondere für die (nicht begriffsnotwendige!) Annahmeerklärung des Angewiesenen (vgl. §§ 784, 786 BGB.) erforderlich, durch die der Angewiesene abstrakt Schuldner des Anweisungsempfängers wird; vgl. da zu RGZ. 84, 323; 87, 390; 133, 255; JW. 02, 606; Gruch. 63, 86; Warn. 31, 60, aber auch JW. 13, 426. Ohne die Annahmeerklärung des Angewiesenen bestehen schuldrechtliche Beziehungen — aus einem der Anweisung vorangehenden Tatbestand — immer nur zwischen dem Angewiesenen und dem Anweisenden, sowie zwischen diesem und dem Anweisungsempfänger (Deckungs- und Valutaverhältnis). Für das Deckungsverhältnis gilt, daß die Leistung des Angewiesenen an den Anweisungsempfänger bei sog. Anweisung „auf Schuld" letztere (gegenüber dem Anweisenden) tilgt. Bei Erfüllung der Anweisung nach Konkurseröffnung über das Vermögen des Anweisenden ist für die Befreiung des Angewiesenen gegenüber der Masse § 8 KO. maßgebend. Umgekehrt ist i. Zw. ein Schuldner zur Leistung auf Anweisung auch dem Anweisenden gegenüber nicht verpflichtet; § 787 BGB. — Was jemand auf eine gefälschte Anweisung hin zahlt, geht grundsätzlich zu seinen Lasten; vgl. RGZ. 92, 51; 100, 55. Im Valutaverhältnis wird eine Verpflichtung des Anweisenden gegenüber dem Anweisungsempfänger nur ausnahmsweise durch die Aushändigung der Anweisung oder die etwaige Annahme des Angewiesenen, i. Zw. vielmehr erst durch dessen Leistung erfüllt; §§ 788, 364 BGB. („Anweisung ist keine Zahlung"). Ein Rückgriffsrecht bei Nichtleistung des Angewiesenen steht dem Empfänger auch nicht auf Grund des nach § 363 möglichen Indossaments zu (vgl. Anm. 1 Abs. 2 zu § 364), vielmehr kann und muß der Empfänger dem Anweisenden gegenüber auf das ursprüngliche Schuldverhältnis zurückgreifen; RGZ. 78, 142; JW. 01, 867. Der Empfänger hat dem Anweisenden aber bei Vermeidung einer Schadensersatzpflicht die Leistungsverweigerung des Angewiesenen anzuzeigen; vgl. § 789 BGB. — Die Leistung des Angewiesenen an den Anweisungsempfänger bewirkt hiernach regelmäßig die Erfüllung und damit das Erlöschen zweier Verpflichtungen (und wenn der Angewiesene die Anweisung angenommen hatte, darüber hinaus das einer dritten, nämlich seiner abstrakten Verpflichtung gegenüber dem Empfänger!). Zweifelhaft wird die Rechtslage, wenn eine der beiden Verpflichtungen (im Deckungs- oder Valutaverhältnis) nur vermeintlich bestand oder in einer nicht eingetroffenen Erwartung eingegangen war (§§ 812, 820 BGB.), oder wenn dies gar bei beiden der Fall ist. (Der Fall, daß — Gültigkeit der Anweisung als solcher vorausgesetzt — nur die durch die Annahme begründete abstrakte Verpflichtung hinfällig wird, z. B. durch Anfechtung der Annahme, ist nicht praktisch, da dies nach vollzogener Leistung nur bei gleichzeitigem Mangel im Deckungsverhältnis Bedeutung hat, vorher aber nach § 787 Abs. 2 BGB. zu beurteilen ist.) Ist das Deckungsverhältnis mangelhaft, das Valutaverhältnis dagegen in Ordnung, so ist dem Anweisungsempfänger von dem Anweisenden (vermittels des Angewiesenen!) mit rechtlichem Grund, dem Anweisenden jedoch vom Angewiesenen ohne rechtlichen Grund eine Leistung erbracht worden; infolgedessen hat der Angewiesene hier gegen den Anweisenden einen Anspruch in Höhe der erloschenen Schuld des Anweisenden gegenüber dem Anweisungsempfänger; vgl. RGZ. 60, 29. Umgekehrt kondiziert der Anweisende vom Anweisungsempfänger dasjenige, was dieser vom Angewiesenen erhalten hat, wenn zwar dieser dem Anweisenden mit Rechtsgrund leistete, aber das Valutaverhältnis mangelhaft war. Unmittelbare Vermögensverschiebung liegt nämlich auch bei Leistung mit Hilfe eines Dritten vor. Vgl. RGZ. 87, 36; 119, 332; OLG. 28, 86, auch R. 27, 2416. Streitig ist hauptsächlich, wie die Rückgewähr zu erfolgen hat, wenn Deckungs- und Valutaverhältnis mangelhaft sind. Dieser Fall ist von dem andern scharf zu scheiden, daß nämlich (außerdem oder nur!) die Anweisung selbst ungültig war, z. B. von einem Geschäftsunfähigen ausging; im letzteren Fall steht der Bereicherungsanspruch zweifellos dem Angewiesenen gegen den Anweisungsempfänger zu; vgl. RGZ. 86, 347; SeuffA. 69, 193; 77, 285. Ebenso wird meist im Fall des Doppelmangels (im Deckungs- und Valutaverhältnis) bei an sich gültiger Anweisung entschieden. Richtiger dürfte es sein, den Mangel des Rechtsgrundes nicht zwischen Empfänger und Angewiesenem, sondern in deren beider Kausalverhältnissen zum Anweisenden zu klären, so daß also jeder von dem kondiziert, dem er zu Unrecht eine „Leistung" (im Sinne einer zweckbestimmten Zuwendung) erbracht hat, mithin der Angewiesene vom Anweisenden und dieser vom Anweisungsempfänger (str.); vgl. R. 23, 878.— Die Anweisung kann gegenüber dem Angewiesenen bis zur Leistung oder bis zur Annahme widerrufen werden (§ 790 BGB.; vgl. dazu LZ. 29, 506), auch wenn der Empfänger auf das Gegenteil Anspruch hat; letzterenfalls aber Schadensersatzpflicht des Widerrufenden (RGZ. 64, 108; SeuffA. 58, 62). Durch Tod oder Eintritt der Geschäftsunfähigkeit eines Beteiligten erlischt die Anweisung nicht (§ 791 BGB.). Auch im Konkurs des Anweisenden kein Erlöschen, etwa nach § 23 KO. (str.), sondern nur Widerrufsrecht gem. § 790 BGB., das der Verwalter ausübt; SeuffA. 58, 61.

Unter den Begriff der Anweisung, regelmäßig auch unter § 363 fallen u. a. der Lieferschein, wenn er nicht auf bestimmte Einzelsachen lautet, RGZ. 76, 239; 84, 320; 101, 297; JW. 23, 500; Warn. 15, 93 (nicht der sog. Kassalieferschein, in dem der Verkäufer nur zur Lieferung gegen Zahlung anweist, vgl. RGZ. 76, 239), ferner der Kreditbrief, bei dem der Angewiesene für Rechnung des Ausstellers dem Briefinhaber leistet (ohne aber selbst — anders als beim Kreditauftrag, § 778 BGB. — eine Rückforderung gegen den Empfänger seiner Zahlung zu erhalten), vgl. RGZ. 34, 35; 64, 108; JW. 13, 426. Verwandt damit ist die gewöhnlich in weiterem Sinne verstandene Akkreditivstellung, bei der nur häufig die Aushändigung einer schriftlichen Anweisung fehlt. Ist sie aber in schriftlicher Form erfolgt, so finden §§ 783 ff. BGB. und, wenn die Akkreditivstelle (wie regelmäßig) Kaufmann (meist eine Bank) ist, gegebenenfalls auch §§ 363 ff. Anwendung. Vgl. RGZ. 92, 210; 97, 145; 105, 48; 106, 307; 107, 8; 114, 269; 144, 137. — Der (gezogene) Wechsel und der Scheck stellen in der Grundform ebenfalls Anweisungen dar, die aber gesetzlich mit besonderen Wirkungen ausgestattet sind; hierüber, sowie über die strengen Formerfordernisse vgl. das Wechselgesetz v. 21. 6. 33 (RGBl. I 399) und das Scheckgesetz v. 14. 8. 33 (RGBl. I 597). Eine formnichtige oder aus anderen Gründen (z. B. Wechselverjährung!) nicht mehr wechselmäßig wirksame Tratte kann nicht als Anweisung geltend gemacht werden; nach ROHG. 9, 354; 18, 188; JW. 30, 1376; 35, 1778. (Anders — im Zweifel — ein formnichtiger eigener Wechsel, der z. B. in einen Verpflichtungsschein umgedeutet werden kann, vgl. RGZ. 48, 223; JW. 30, 1376, auch RGZ. 136, 207 und HansGZ.27 Hbl. 228.) — Keine Anweisungen, sondern Zahlungsaufträge sind hingegen sog. Postanweisungen und Überweisungen im Giroverkehr (auch Postscheckverkehr, darüber Postscheckgesetz v. 26. 3. 14 i. d. F. v. 22. 3. 21 — RGBl. 247 — und Postscheckordnung v. 16. 12. 27 m. Änderungen); vgl. dazu RGZ. 54, 331; 84, 354; 91, 119; 102, 65; 141, 288. Auch die sog. Reiseschecke sind keine Anweisungen, sondern Verpflichtungsscheine, RGZ. 79, 343.

Kaufmännische Verpflichtungsscheine. Sie sind ebenfalls nur dann indossabel, wenn sie an Order gestellt sind und die in ihnen versprochene Leistung von keiner Gegenleistung abhängig gemacht ist. Sie können (müssen aber nicht!) abstrakt sein; vgl. D. 205 und ROHG. 8, 433; RGZ. 12, 92; 14, 101; 44, 230; 119, 128; Warn. 30, 437! Namentliche Bezeichnung des Gläubigers, an dessen Order geleistet werden soll, ist erforderlich, erst recht ein selbständiger Verpflichtungswille des Ausstellers. „Gutscheine" ohne Gläubigerbezeichnung (RGZ. 8, 35; 14, 102) und — im Zweifel — Depotscheine einer Bank (RGZ. 118, 34) fallen daher nicht unter § 363.

3. Die in Abs. 2 genannten Papiere sind ebenso wie die kaufmännischen Anweisungen und Verpflichtungsscheine keine „geborenen" Orderpapiere, sondern nur dann indossabel (vgl. unten Anm. 4), wenn sie die Orderklausel enthalten. Vgl. im einzelnen: §§ 642 ff. — i. d. F. des Ges. v. 10. 8. 37 (RGBl. I 891) — (Konnossement), §§ 444 ff. (Ladeschein), § 424 und V. über Orderlagerscheine v. 16. 12. 31 (RGBl. I 762 — s. Anh. X) (Lagerschein), §§ 682 ff. (Bodmereibrief); §§ 3, 129 ff. VVG., § 784 (Transportversicherungsschein).

4. Die Vorschrift gestattet die Übertragung durch Indossament, schreibt sie aber nicht vor. Zulässig ist auch einfache Abtretung (§ 398 BGB.), die aber Übergabe des Papiers erfordert (vgl. § 792 BGB., RGZ. 88, 292). Es gelten dann nicht §§ 364, 365, sondern die §§ 404 ff. BGB.; vgl. RGZ. 71, 33. Nimmt jedoch der Angewiesene die Anweisung dem Erwerber gegenüber an, so kann er aus einem zwischen ihm und dem Anweisungsempfänger bestehenden Rechtsverhältnis auch in diesem Falle keine Einwendungen herleiten (§ 792 Abs. 3 BGB.). — Über Form und Wirkungen des Indossaments vgl. §§ 364, 365 m. Anm.

Wirkung des Indossaments

• § 364. Durch das Indossament gehen alle Rechte aus dem indossierten Papier auf den Indossatar über[1].

Dem legitimierten Besitzer der Urkunde[2] kann der Schuldner nur solche Einwendungen entgegensetzen, welche die Gültigkeit seiner Erklärung in der Urkunde betreffen oder sich aus dem

Inhalte der Urkunde ergeben oder ihm unmittelbar gegen den Besitzer zustehen[3].

Der Schuldner ist nur gegen Aushändigung der quittierten Urkunde[4] zur Leistung verpflichtet.

1. § 364 bezieht sich nur auf die Orderpapiere des § 363; ein Indossament auf Papieren, die keine Orderpapiere sind, ist aber meist in eine Abtretungserklärung umzudeuten (§ 140 BGB.!); vgl. RGZ. 32, 81; 76, 241; JW. 11, 86; dazu aber auch RGZ. 87, 388. Bei den Orderpapieren muß zu dem Indossament (über dessen Form: § 365) regelmäßig noch eine vertragliche Begebung der Urkunde, der sog. Begebungsvertrag, hinzukommen. Dieser wird aber zugunsten des legitimierten Besitzers der Urkunde vermutet (vgl. RGZ. 4, 147; 5, 83; 35, 76; 77, 140; 87, 367; 117, 70), sein Fehlen kann durch späteren gutgläubigen Erwerb überhaupt geheilt werden (RGZ. 112, 202).

Die Vorschrift normiert die sog. Transportfunktion des Indossaments, die alle Orderpapiere (auch Wechsel und Scheck) kennzeichnet. Sie besteht darin, im Gegensatz zur Wirkung der Abtretung (§ 404 BGB.), die Einwendungen des Verpflichteten gegen die Vormänner des Papierbesitzers weitgehend auszuschalten; vgl. Abs. 2 und unten Anm. 3. — Hingegen fehlt dem Indossament bei den Papieren des § 363 die sog. Garantiefunktion, die ihm bei Wechsel und Scheck zukommt, vgl. Art. 15 WG. und Art. 18, 20 ScheckG. D. h.: Eine Regreßpflicht des Indossanten gegenüber den Nachmännern im Falle der Nichteinlösung des Papiers (vgl. Art. 47 WG., Art. 44 ScheckG.) wird durch das Indossament im Falle des § 363 nicht begründet; RGZ. 44, 159; 48, 232. Eine Haftung der Vormänner läßt sich jeweils nur begründen, wenn sie aus dem zugrunde liegenden materiellen Rechtsverhältnisse hergeleitet werden kann.

Grundsätzlich überträgt das Indossament alle Rechte, die in der Urkunde verbrieft sind, als selbständige, nicht nur, soweit sie dem Vormann zustanden; RGZ. 57, 64. Nebenrechte, über die die Urkunde schweigt, gehen nicht auf den Indossatar über (anders bei der Abtretung, § 401 BGB.); vgl. RGZ. 48, 173, dazu aber auch RGZ. 90, 218. Im Gegensatz zum Vollindossament bedeutet ein sog. Prokuraindossament (z. B. „zum Inkasso") nur eine (treuhänderische) Ermächtigung (vgl. Art. 18 WG.); die Rechte aus dem Papier können vom Prokura-Indossatar in eigenem Namen geltend gemacht, ihm aber auch Einreden entgegengesetzt werden, die gegenüber dem Vormann bestehen, RGZ. 36, 55; 41, 116; 43, 42; 52, 40; 57, 64; 112, 202; 117, 72; 120, 207; 134, 291; JW. 00, 255. Vgl. hierzu unten Anm. 3, ferner RGZ. 88, 293; JW. 23, 294; LZ. 29, 506.

2. Vgl. hierüber Anm. 2 zu § 365.

3. Vgl. auch §§ 784, 796 BGB., Art. 17 WG.

In der Begrenzung der Einwendungen, die dem legitimierten Gläubiger entgegengesetzt werden können, zeigt sich die typische Wirkung des (Voll-)Indossaments (vgl. dazu oben Anm. 1 a. E.).

Man teilt die zulässigen Einwendungen gewöhnlich in solche ein, die auf unmittelbaren Rechtsbeziehungen zwischen dem Verpflichteten und dem durch die Indossamentenkette ausgewiesenen Gläubiger beruhen (sog. persönliche Einwendungen, Einwendungen „in personam"), und solche, die sich aus dem Inhalt der Urkunde selbst ergeben oder die Gültigkeit der Schuldnererklärung betreffen (sog. dingliche — besser: absolute — Einwendungen, Einwendungen „in rem"). Die Gültigkeit der Schuldnererklärung betreffen z. B. Geschäftsunfähigkeit (§ 105 BGB.), Willensmängel (§§ 116ff., 134ff. u. 142f. BGB.), Mangel der Vertretungsmacht (§§ 164ff. BGB.), ferner Mangel der erforderlichen Genehmigung des Vormundschaftsgerichtes (§§ 1822 Nr. 9, 1825, 1643 BGB.), Fehlen der nach § 363 zur Legitimation des Indossatars erforderlichen Kaufmannseigenschaft des Angewiesenen bzw. Ausstellers, Verfälschung, soweit sie die Verpflichtung des Schuldners betrifft (dazu RGZ. 47, 68; 54, 386). — Aus dem Inhalt der Urkunde können sich ergeben: Verjährung (vgl. § 786 BGB.), Zahlung (§ 362 BGB.), mangelnde Fälligkeit u. dgl. Ist aus der Urkunde ersichtlich, daß die Forderung aus Zinsen besteht, so kann auch ein Indossatar z. B. keine Verzugszinsen fordern (vgl. § 289 BGB.); ROHG. 10, 213; RGZ. 5, 255. Bei Angabe des Schuldgrundes im Papier wird aber dessen Fehlen noch keine „dingliche" Einwendung; vgl. RGZ. 12, 99; 14, 101. — „Persönliche" Einwendungen können verschiedenster Art sein. Aus dem Grundgeschäft können Einwendungen gegen einen Indossatar nur erhoben werden, wenn er Vertragspartner war; vgl. RGZ. 51, 113; 52, 39; 75, 76; 93, 75; JW. 28, 231. Einwendungen gegen einen Vormann können dem Indossatar nicht schon dann entgegengesetzt werden, wenn er sie beim Erwerb kannte, sondern (str.) nur im Falle der Kollusion, d. h. bei Zusammenwirken des Indossatars und des Vormanns zu dem Zwecke, dem Schuldner mittels Indossaments die gegen den Vormann begründeten Einwendungen abzuschneiden und ihn dadurch zu benachteiligen; vgl. dazu § 826 BGB. (aber jetzt auch Art. 17 WG.); RGZ. 51, 360; 57, 65; 96, 191; 102, 328; 117, 76, auch JW. 26, 607.

4. D. h. zur ganzen Leistung: Ist der Schuldner ausnahmsweise (vgl. Art. 39 WG., Art. 34 ScheckG. im Gegensatz zu § 266 BGB.!) zu Teilleistungen berechtigt oder werden sie gestattet, so kann er nur Abschreibung der Teilleistungen auf der Urkunde und Quittungen verlangen.

Legitimation zur Geltendmachung der urkundlichen Rechte[1]

§ 365[1a]. In betreff der Form des Indossaments[2], in betreff der Legitimation des Besitzers[2] und der Prüfung der Legitimation[2] sowie in betreff der Verpflichtung des Besitzers zur Herausgabe[2], finden die Vorschriften der Artikel 11 bis 13, 36, 74 der Wechselordnung[1] entsprechende Anwendung[2].

Ist die Urkunde vernichtet oder abhanden gekommen, so unterliegt sie der Kraftloserklärung im Wege des Aufgebotsverfahrens[3]. Ist das Aufgebotsverfahren eingeleitet, so kann der Berechtigte, wenn er bis zur Kraftloserklärung Sicherheit bestellt[4], Leistung nach Maßgabe der Urkunde von dem Schuldner verlangen[5].

1a. Zu § 365 Abs. 2 s. Art. 8 Nr. 12 der 4. EinfV. betr. Österreich und Art. 8 Nr. 12 der 3. EinfV. betr. Sudetenland (Anh. XIII, XIV).

1. Die Legitimationsvoraussetzungen bei den kaufmännischen Orderpapieren des § 363 sind wechselmäßig gestaltet. Die alte Wechselordnung ist am 1. 4. 34 außer Kraft getreten (vgl. Art. 1 Abs. 3 EGWG. und V. v. 28. 11. 33 — RGBl. I 1019). Nach Art. 3 Abs. 1 EGWG. sind, soweit in Reichsgesetzen auf Vorschriften der Wechselordnung verwiesen ist, die entsprechenden Vorschriften des Wechselgesetzes an deren Stelle getreten. Es ist demgemäß in Abs. 1 statt Art. 11 WO. Art. 13 Abs. 1 WG., statt Art. 12 WO. Art. 13 Abs. 2 WG., statt Art. 13 WO. Art. 14 Abs. 2 WG., statt Art. 36 WO. Art. 16 Abs. 1 WG. und statt Art. 74 WO. Art. 16 Abs. 2 WG. einzusetzen. Entsprechend anzuwenden sind hiernach:

Art. 13. Das Indossament muß auf den Wechsel oder auf ein mit dem Wechsel verbundenes Blatt (Anhang) gesetzt werden. Es muß von dem Indossanten unterschrieben werden.

Das Indossament braucht den Indossatar nicht zu bezeichnen und kann selbst in der bloßen Unterschrift des Indossanten bestehen (Blankoindossament). In diesem letzteren Falle muß das Indossament, um gültig zu sein, auf die Rückseite des Wechsels oder auf den Anhang gesetzt werden.

(Die Vorschrift des Abs. 2 S. 2 dieses Artikels ist inhaltlich neu [vgl. D. z. WG. 120], aber sinngemäß anwendbar.)

Art. 14. Das Indossament überträgt alle Rechte aus dem Wechsel.

Ist es ein Blankoindossament, so kann der Inhaber

1. das Indossament mit seinem Namen oder mit dem Namen eines anderen ausfüllen;
2. den Wechsel durch ein Blankoindossament oder an eine bestimmte Person weiter indossieren;
3. den Wechsel weiterbegeben, ohne das Blankoindossament auszufüllen und ohne ihn zu indossieren.

Art. 16. Wer den Wechsel in Händen hat, gilt als rechtmäßiger Inhaber, sofern er sein Recht durch eine ununterbrochene Reihe von Indossamenten nachweist, und zwar auch dann, wenn das letzte ein Blankoindossament ist. Ausgestrichene Indossamente gelten hierbei als nicht geschrieben. Folgt auf ein Blankoindossament ein weiteres Indossament, so wird angenommen, daß der Aussteller dieses Indossaments den Wechsel durch das Blankoindossament erworben hat.

Ist der Wechsel einem früheren Inhaber irgendwie abhandengekommen, so ist der neue Inhaber, der sein Recht nach den Vorschriften des vorstehenden Absatzes nachweist, zur Herausgabe des Wechsels nur verpflichtet, wenn er ihn in bösem Glauben erworben hat oder ihm beim Erwerb eine grobe Fahrlässigkeit zur Last fällt.

Außerdem noch:

Art. 12. Das Indossament muß unbedingt sein. Bedingungen, von denen es abhängig gemacht wird, gelten als nicht geschrieben.

Ein Teilindossament ist nichtig.

Ein Indossament an den Inhaber gilt als Blankoindossament.

(Art. 12 hat keinen Vorgänger in der alten Wechselordnung, wird aber, ebenso wie Art. 13 Abs. 2 S. 2 — s. o.! — auch für die Orderpapiere des § 363 anzuwenden sein, weil er zur Regelung der Formerfordernisse des Indossaments gehört und § 363 diese offenbar einheitlich in Übereinstimmung mit dem Wechselrecht regeln will.)

2. Aus der Anwendung der Wechselindossamentsvorschriften für Form und Legitimation ergibt sich: Der Inhaber eines nach § 363 indossablen Papiers ist dann zur Geltendmachung der darin verbrieften Rechte legitimiert, wenn eine zusammenhängende Reihe von Indossamenten auf ihn weist, RGZ. 55, 48. Für die Identität der Person des Inhabers und des letzten Indossatars spricht die sich aus dem Besitz der Urkunde ergebende Vermutung (RGZ. 100, 170) (die beim Blankoindossament sogar überflüssig wird); vgl. Art. 16 Abs. 1 WG. Der Schuldner ist nicht verpflichtet, die Echtheit der Indossamente zu prüfen, auch nicht die Wirksamkeit des Begebungsvertrages (vgl. Anm. 1 zu § 364). Er wird aber nicht befreit, wenn er wissentlich oder grob fahrlässig an einen Nicht-

berechtigten leistet; liegen auffällige Umstände vor, so müssen sie aufgeklärt werden. Steht die Person des Gläubigers nicht eindeutig fest, so kann der Schuldner gem. § 372 BGB. hinterlegen; RGZ. 53, 207; 55, 48. — Der Schutz des guten Glaubens des Erwerbers eines Orderpapiers nach § 363 reicht nach § 365 Abs. 1 i. Verb. m. Art. 16 Abs. 1 WG. weiter als der des § 932 BGB. und des § 366, denn es genügt allgemein nicht bösgläubiger bzw. nicht grob fahrlässiger Erwerb (RGZ. 53, 207; 57, 391; 111, 348; 112, 204), auch wenn das Papier dem Aussteller oder einem früheren Berechtigten gestohlen oder sonst abhanden gekommen war: RGZ. 45, 265; 55, 49. Die Verneinung der Herausgabepflicht des Erwerbers kommt dabei der Normierung des Eigentumserwerbs gleich. Der Gutglaubensschutz geht aber auch in den Wirkungen weiter als §§ 932ff. BGB. und sogar als § 366; denn nicht nur mangelndes Eigentum oder mangelnde Verfügungsbefugnis, sondern auch Geschäftsunfähigkeit des Vormannes wird hier geheilt (RGZ. 103, 89). Daß das den gutgläubigen Erwerber legitimierende Indossament gefälscht ist, schadet nicht, JW. 18, 777; nur wird stets ein wenigstens äußerlich vollständiger Erwerbstatbestand vorliegen müssen.

3. Vgl. auch Art. 90 Abs. 1 WG., Art. 59 Abs. 1 ScheckG. Für das Aufgebotsverfahren gelten die §§ 1003ff. ZPO. Die fehlende Urkunde wird durch das Ausschlußurteil ersetzt; § 1018 Abs. 1 ZPO. Ausstellung einer Ersatzurkunde (vgl. § 800 BGB., § 66 AktGes.) kann bei den Papieren nach § 363, außer bei Transportversicherungspolicen (§§ 3 Abs. 2, 4 Abs. 2 VVG.) nicht verlangt werden. Für Konnossemente V. 4. 10. 39 (RGBl. I 1991). Für gewöhnliche (nicht indossable) Schuldscheine gilt § 371 S. 2 BGB. (negatives Schuldanerkenntnis auf Verlangen des leistenden Schuldners!).

4. Vgl. §§ 232ff. BGB., ferner noch D. 205.

Erweiterter Gutglaubensschutz im Handelsverkehr

§ 366[1a]. Veräußert oder verpfändet ein Kaufmann im Betriebe seines Handelsgewerbes eine ihm nicht gehörige bewegliche Sache[1], so finden die Vorschriften des Bürgerlichen Gesetzbuchs zugunsten derjenigen, welche Rechte von einem Nichtberechtigten herleiten[2], auch dann Anwendung, wenn der gute Glaube des Erwerbers die Befugnis des Veräußerers oder Verpfänders, über die Sache für den Eigentümer zu verfügen, betrifft[3].

Ist die Sache mit dem Rechte eines Dritten belastet[4], so finden die Vorschriften des Bürgerlichen Gesetzbuchs zugunsten derjenigen, welche Rechte von einem Nichtberechtigten herleiten[5], auch dann Anwendung, wenn der gute Glaube die Befugnis des Veräußerers oder Verpfänders, ohne Vorbehalt des Rechtes über die Sache zu verfügen, betrifft[6].

Das gesetzliche Pfandrecht des Kommissionärs, des Spediteurs, des Lagerhalters und des Frachtführers[7] steht hinsichtlich des Schutzes des guten Glaubens einem gemäß Abs. 1 durch Vertrag erworbenen Pfandrechte gleich[8].

1a. Zu § 366 s. Art. 8 Nr. 13 der 4. EinfV. betr. Österreich und Art. 8 Nr. 13 der 3. EinfV. betr. Sudetenland (Anh. XIII, XIV).

1. Objektive (und — vgl. LZ. 29, 778 — durch keinen guten Glauben ersetzbare) Voraussetzung für die Anwendung des in § 366 vorgesehenen erweiterten Gutglaubensschutzes (sowohl nach Abs. 1 als auch nach Abs. 2) ist, daß die Veräußerung oder Verpfändung der dem Verfügenden nicht gehörigen Sache für ihn ein HGeschäft darstellt, er also Kaufmann ist (vgl. dazu LZ. 29, 778 und §§ 5, 15) und nicht ausnahmsweise als Privatmann handelt (vgl. §§ 343, 344 Abs. 1). Der Veräußerer kann auch Minderkaufmann, der Erwerber sogar Nichtkaufmann sein. — Gegenstand der Verfügung muß eine bewegliche Sache oder (wie Geld und Inhaberpapiere — d. s. insbesondere Inhaberschuldverschreibungen [§§ 793 ff. BGB.] einschl. der Inhabermarken [§ 807 BGB.], Grundschuldbriefe, wenn sie auf den Inhaber lauten [§ 1195 BGB.], Inhaberaktien [§§ 10 Abs. 1 u. 2, 17 AktGes.] und Schecke, die an den Inhaber zahlbar gestellt sind oder hierfür gelten [Art. 5 ScheckG.]) nach den Regeln über Eigentums- und Pfanderwerb an beweglichen Sachen übertragbar sein. § 366 gilt also nicht für Rechte, die nicht in einem Inhaberpapier verbrieft sind, insbesondere nicht für Schuldscheine (§ 952 BGB.), Orderpapiere (selbst wenn sie mit Blankoindossament versehen sind) und die Legitimationsurkunden des § 808 BGB. (Sparkassenbücher, Pfand- und Hinterlegungsscheine u. dgl.); vgl. dazu LZ. 07, 589. — Es muß sich ferner um eine rechtsgeschäftliche Verfügung, und zwar um Veräußerung oder Verpfändung handeln. Nießbrauchsbestellung (§§ 1032, 1058 BGB.) unterfällt nicht § 366, ebensowenig ein auf dingliche Rechtsänderung gerichteter Akt, der überhaupt nicht Rechtsgeschäft ist, insbesondere also ein Akt der Zwangsvollstreckung, wenn er nicht ausnahmsweise und ausdrücklich vom Gesetz den Vorschriften über rechtsgeschäftlichen Erwerb unterworfen ist (z. B. § 898 ZPO. und § 1244 BGB.). Vgl. RGZ. 26, 103; 40, 288; 90, 198; 104, 300.

Der Verfügungstatbestand ist — von § 897 ZPO. und handelsrechtlichen Besonderheiten (vgl. §§ 424, 450, 647, 774, § 18 Abs. 3 DepG. v. 4. 2. 37 [RGBl. I 171]) abgesehen — nach den allgemeinen Vorschriften des BGB. zu beurteilen. In Betracht kommen die Vorschriften der §§ 929—931, 1205 u. 1206 BGB. Sie lauten:

§ 929. Zur Übertragung des Eigentums an einer beweglichen Sache ist erforderlich, daß der Eigentümer die Sache dem Erwerber übergibt und beide darüber einig sind, daß das Eigentum übergehen soll. Ist der Erwerber im Besitze der Sache, so genügt die Einigung über den Übergang des Eigentums.

§ 930. Ist der Eigentümer im Besitze der Sache, so kann die Übergabe dadurch ersetzt werden, daß zwischen ihm und dem Erwerber ein Rechtsverhältnis vereinbart wird, vermöge dessen der Erwerber den mittelbaren Besitz erlangt.

§ 931. Ist ein Dritter im Besitze der Sache, so kann die Übergabe dadurch ersetzt werden, daß der Eigentümer dem Erwerber den Anspruch auf Herausgabe der Sache abtritt.

§ 1205. Zur Bestellung des Pfandrechts ist erforderlich, daß der Eigentümer die Sache dem Gläubiger übergibt und beide darüber einig sind, daß dem Gläubiger das Pfandrecht zustehen soll. Ist der Gläubiger im Besitze der Sache, so genügt die Einigung über die Entstehung des Pfandrechts.

Die Übergabe einer im mittelbaren Besitze des Eigentümers befindlichen Sache kann dadurch ersetzt werden, daß der Eigentümer den mittelbaren

Besitz auf den Pfandgläubiger überträgt und die Verpfändung dem Besitzer anzeigt.

§ 1206. An Stelle der Übergabe der Sache genügt die Einräumung des Mitbesitzes, wenn sich die Sache unter dem Mitverschlusse des Gläubigers befindet oder, falls sie im Besitz eines Dritten ist, die Herausgabe nur an den Eigentümer und den Gläubiger gemeinschaftlich erfolgen kann.

Auch nach § 366 ist bei der Veräußerung also die Einigung zwischen dem veräußernden Kaufmann und dem Erwerber über den Übergang des Eigentums an der Sache und außerdem, falls die Sache nicht schon im Besitz des Erwerbers ist (§ 929 S. 2 BGB.), Übergabe oder Abtretung des Herausgabeanspruchs gegen einen Drittbesitzer an den Erwerber erforderlich.

Die **Einigung** über den Eigentumsübergang kann stillschweigend erfolgen, so daß sie z. B. in der Übergabe gefunden werden kann, wenn vorher oder gleichzeitig die Verpflichtung zur Eigentumsübertragung begründet wird. Vgl. aber RGZ. 64, 145; 89, 134; JW. 04, 62; 06, 749; LZ. 09, 469, auch SeuffA. 62, 401. Die Einigung muß im Augenblick der Übergabe (bzw. der Schaffung des Übergabeersatzes — darüber unten Abs. 6 der Anm.) vorhanden sein, eine etwaige frühere Einigung kann also in diesem Augenblick noch fortwirken; RGZ. 64, 145; 83, 230; 95, 107; 135, 366. Die Einigung kann bei Übereignung beweglicher Sachen (anders die Auflassung von Grundstücken, § 925 Abs. 2 BGB.!) auch unter einer Bedingung oder Befristung erfolgen, insbesondere auch unter der Bedingung der Bewirkung einer Gegenleistung (vgl. RGZ. 54, 340; 58, 290; 60, 73; 64, 336; 66, 349 und § 455 BGB., sog. Eigentumsvorbehalt) oder der Gültigkeit des Kausalgeschäfts. Normalerweise ist die Einigung von dem Kausalgeschäft unabhängig (abstrakt); Nichtigkeit des Kausalgeschäfts begründet grundsätzlich nur einen Bereicherungsanspruch gegen den Erwerber (RGZ. 63, 179; 68, 100; 72, 63; 75, 74; 78, 285; 93, 222); § 139 BGB. findet (bestr.) keine Anwendung. Auch die Einigung selbst kann nichtig (§§ 134 ff. BGB.) oder wegen eines Willensmangels anfechtbar (§§ 119 ff. BGB.) sein. Ist sie von Anfang an nichtig oder wird sie (§ 142 BGB. und dazu RGZ. 69, 17) erfolgreich angefochten, so folgt daraus umgekehrt noch nicht, daß das obligatorische Grundgeschäft ebenfalls nichtig sei. Grundgeschäft und Übereignung können aber auch vom selben Nichtigkeitsgrund betroffen werden; vgl. RGZ. 57, 96; Gruch. 57, 920, so z. B. regelmäßig bei Anfechtung wegen Betruges (RGZ. 70, 57; 96, 156) oder im Falle einer nichtigen Sicherungsübereignung (Gruch. 57, 917).

Die **Übergabe** der Sache ist erfolgt, wenn der Erwerber (oder auf sein Geheiß sein Besitzdiener [§ 855 BGB.] oder Besitzmittler [§ 868 BGB.], nicht jedoch ein diese Voraussetzungen nicht erfüllender Spediteur oder Frachtführer [dazu RGZ. 84, 322; 102, 42; JW. 18, 218]!) mit ausdrücklicher oder stillschweigender Zustimmung des Veräußerers den unmittelbaren Besitz der Sache, d. h. (vgl. § 854 BGB.) die tatsächliche Sachherrschaft oder wenigstens die ungehinderte Möglichkeit ihrer Ausübung erlangt. Vgl. z. B. die Fälle in RGZ. 74, 355; 103, 100; JW. 04, 114; 08, 681; OLG. 13, 165; 15, 356. Immer muß die vollzogene Übergabe äußerlich in der Beziehung des Erwerbers zur Sache erkennbar sein; bloße Erklärung genügt nie (vgl. RGZ. 66, 262; 74, 146; 77, 208; Warn. 19, 59), auch nicht lediglich Verpackung in Behältnissen des Erwerbers, wenn damit nicht die Möglichkeit der tatsächlichen Sachherrschaft verbunden wird (vgl. RGZ. 57, 140).

Einräumung von Mitbesitz stellt (außer bei Veräußerung einer Eigentums**quote**; vgl. Gruch. 62, 615) keine Übergabe dar. — Eine handelsrechtliche Besonderheit ist die Funktion der sog. Traditionspapiere (§§ 424, 450, 647), durch deren Übergabe diejenige der Sache selbst ersetzt wird. Nach § 18 Abs. 3 DepG. geht ferner bei Einkaufskommission über Wertpapiere das Eigentum an diesen durch Absendung des Stückeverzeichnisses auf den Kommittenten über. — Allgemein sind sonst Übergabeersatz nach §§ 930, 931 BGB. Besitzauftragung (Besitzkonstitut), wobei dem Veräußerer der Besitz verbleibt, und Abtretung des Herausgabeanspruchs (Vindikationszession), wenn nämlich ein Dritter im Besitz der Sache ist. Ist der Veräußerer bei Besitz eines Dritten selbst mittelbarer Besitzer, so sind beide Ersatzformen (§ 930 BGB. und § 931 BGB.) möglich; vgl. JW. 09, 131; Warn. 19, 60; Gruch. 53, 1050. — Die Besitzauftragung (sog. Besitzkonstitut) besteht in der Vereinbarung eines bestimmten Schuldverhältnisses bzw. derjenigen, daß die (mindestens bestimmbar zu bezeichnende) veräußerte Sache einem schon bestehenden gesetzlichen Rechtsverhältnis (z. B. — bei Veräußerung unter Ehegatten — ehemännlicher Verwaltung und Nutznießung) unterfallen soll, kraft dessen der Veräußerer hinsichtlich der veräußerten Sache Besitzmittler wird (§ 868 BGB.). Erlangt, was nach allgem. Meinung die Wirksamkeit der Vereinbarung nicht berührt, der Veräußerer selbst erst nach der Vereinbarung den Besitz der veräußerten Sache, so wird die Übereignung erst in diesem Zeitpunkt wirksam. Dieses sog. antizipierte Besitzkonstitut kommt namentlich bei der Sicherungsübereignung von Sachgesamtheiten mit wechselndem Bestand (z. B. Warenlagern) hinsichtlich des fortlaufend anzuschaffenden Ersatzes für veräußerte oder sonst abgängige Einzelstücke vor. Bei Innehaltung der dargelegten Erfordernisse (Ausscheidung der zu übereignenden Sachen und Individualisierung des Besitzmittlungsverhältnisses!) kann der Veräußerer, wenn er zugleich Vertreter des Erwerbers ist, im Rahmen des § 181 BGB. auch durch Insichgeschäft (also auch nicht antizipiert!) die Übereignung nach § 930 BGB. vornehmen. Vgl. RGZ. 11, 60; 49, 173; 52, 132; 56, 52; 63, 16, 405; 73, 418; 97, 252; 99, 208; 113, 57; 132, 186; 140, 223; 151, 186; JW. 07, 747; 11, 762; 12, 144, 797; 13, 432; 15, 656; 17, 212; 29, 2149; LZ. 19, 797; Gruch. 57, 434, 994; Warn. 19, 60; 32, 348; 34, 383; auch unten Abs. 8 der Anm. a. E. — Die Abtretung des Herausgabeanspruchs ist an keine Form gebunden; sie kann daher auch stillschweigend erfolgen (vgl. HRR. 33, 1188) und z. B. in der Aushändigung eines Verfügungsscheins über eine bei einem Dritten lagernde Ware (RGZ. 49, 97; 119, 218; SeuffA. 67, 152), in der Übergabe eines Frachtbriefduplikates (vgl. RGZ. 102, 97; RGSt. 51, 288; OLG. 34, 181; JW. 19, 182; 26, 2922; LZ. 08, 600, 937; Gruch. 66, 227; Warn. 15, 61, 93) oder eines Lieferscheines, der auf eine bestimmte Ware lautet (RGZ. 103, 150), gefunden werden. Welche Ansprüche dem Erwerber abzutreten sind, richtet sich danach, ob der Veräußerer mittelbarer Besitzer ist oder nicht; vgl. dazu RGZ. 52, 394. In jedem Falle bleiben hier dingliche Rechte eines Dritten unberührt, und dieser kann dem Herausgabeanspruch des Erwerbers alle Einwendungen entgegensetzen, welche ihm gegenüber dem Veräußerer zugestanden hätten (vgl. §§ 936 Abs. 3, 986 Abs. 2 BGB.).

Bei der Verpfändung ist ebenfalls Einigung über die dingliche Rechtsänderung, hier über die Begründung des Pfandrechts, erforderlich. Sie genügt zur Verpfändung, wenn der Gläubiger schon im Besitz der Sache ist (§ 1205 Abs. 1 S. 2 BGB.). Sonst muß noch entweder Übergabe der Pfandsache oder — §§ 424, 450, 647 — eines über sie ausgestellten Traditionspapiers (§ 1205 Abs. 1 S. 1 BGB.) oder Einräumung des Mitbesitzes zur gesamten Hand (§ 1206 BGB. und dazu RGZ. 53, 221; 85, 438; JW. 06, 225) oder schließlich die Verschaffung des mittelbaren Besitzes zuzüglich der Verpfändungsanzeige des Verpfänders (vgl. RGZ. 85, 434) an den Besitzmittler (§ 1205 Abs. 2 BGB.) hinzukommen. Die bloße Abtretung eines Herausgabeanspruchs (vgl. § 931 BGB.) oder gar Begründung eines Besitzkonstituts (vgl. § 930 BGB.) sind bei der Verpfändung kein tauglicher Übergabeersatz. Infolge der Unzulässigkeit der Verpfändung mittels Konstituts ist in der Praxis die Sicherungsübereignung ausgebildet worden. (Vgl. dazu oben Abs. 6 und unten Abs. 8 d. Anm.). Der Begriff der Einigung (hier natürlich nur über die Pfandrechtsbegründung) und der der Übergabe sind bei der Verpfändung im übrigen genau so zu bestimmen, wie bei der Veräußerung; vgl. oben Abs. 2 d. Anm., ferner RGZ. 66, 258; 67, 421; 74, 146; 77, 201; Gruch. 48, 955. Die Verpfändung von Orderpapierrechten (§ 1280 BGB., aber auch [vgl. dazu Anm. 3 zu § 363 und RGZ. 88, 292] § 1274 BGB.) fällt nicht unter § 366. — Häufig kommt es vor, daß z. B. Banken in ihren allgemeinen Geschäftsbedingungen an allen in ihren Besitz gelangenden Wertpapieren des Kunden für ihre sämtlichen Forderungen gegen den Kunden ein Pfandrecht beanspruchen. Ist die Unterwerfung unter solche Bedingungen überhaupt wirksam (dazu Anm. 4 Abs. 5 zu § 346), so liegt darin auch eine ausreichende dingliche Einigung hinsichtlich der Verpfändung von Inhaberpapieren des Kunden; vgl. RGZ. 84, 4. — Über Verpfändung hinterlegter Wertpapiere vgl. § 12 DepG., über den Lombardverkehr der Reichsbank § 13 Abs. 1 Nr. 5 RBkG. v. 15. 6. 39. Über Schiffspfandrechte s. §§ 1259ff. BGB. Über gewerbsmäßige Pfandleiher: Art. 94 EGBGB., dazu Art. 41 pr. AGBGB. und pr. Ges. v. 17. 3. 81.

Gegenstand der Veräußerung oder Verpfändung (ebenso wie Gegenstand des Eigentums oder eines anderen dinglichen Rechts!) können — soweit es sich um Sachen handelt — jeweils nur bestimmte einzelne Sachen sein, nicht hingegen Sachgesamtheiten (z. B. Warenlager) und erst recht nicht Rechtsgesamtheiten (z. B. ein kaufm. Unternehmen). In beiden Fällen müssen die dazugehörigen einzelnen Sachen übereignet oder verpfändet werden; vgl. RGZ. 53, 220; 68, 54; 70, 224; 93, 227; 95, 237; Gruch. 58, 1030. Die Einzelstücke brauchen aber nicht einzeln bezeichnet zu werden, wenn der Tatbestand aus sich heraus erkennen läßt, daß über sie sämtlich verfügt werden soll (RGZ. 132, 187, a. M. RGZ. 129, 62). Über die Erfordernisse dieser Erkennbarkeit bei Übereignung von Warenlagern in ihrem wechselnden Bestande mittels Besitzkonstituts vgl. RGZ. 56, 54; 113, 57; 132, 188; JW. 12, 144; 17, 218; 26, 2681; LZ. 22, 227; Gruch. 57, 439. Sollen hingegen nur gewisse Einzelstücke aus der Gesamtheit veräußert oder verpfändet werden, so müssen diese — namentlich bei sog. Insichgeschäften — so genau bezeichnet sein, daß sie aus dem Verfügungstatbestande (Vertrag und dementsprechende gesonderte Lagerung oder dgl.) ohne Zuhilfenahme sonstiger Bestimmungsmittel für objektive Dritte von den übrigen unterscheidbar sind; vgl. dazu RGZ. 52, 388; 74, 149; 113, 57; 151, 186; RGSt. 47, 44; JW. 31, 2579; Gruch. 51, 618; 57, 439; Warn. 27, 176, ferner noch RGZ. 53, 220; 67, 423; JW. 06, 224.

Wie Sachen werden grundsätzlich auch Inhaberpapiere behandelt; vgl. §§ 793f., 935 Abs. 2, 1293 BGB. — oben Abs. 1 der Anm.

2. Über den Schutz der Erwerber vom Nichtberechtigten vgl. §§ 932 bis 935, 1207 BGB., ferner unten Anm. 3 Abs. 1, 2. §§ 932 bis 935, 1207 BGB. bestimmen:

§ 932. Durch eine nach § 929 erfolgte Veräußerung wird der Erwerber auch dann Eigentümer, wenn die Sache nicht dem Veräußerer gehört, es sei denn, daß er zu der Zeit, zu der er nach diesen Vorschriften das Eigentum erwerben würde, nicht in gutem Glauben ist. In dem Falle des § 929

Satz 2 gilt dies jedoch nur dann, wenn der Erwerber den Besitz von dem Veräußerer erlangt hatte.

Der Erwerber ist nicht in gutem Glauben, wenn ihm bekannt oder infolge grober Fahrlässigkeit unbekannt ist, daß die Sache nicht dem Veräußerer gehört.

§ 933. Gehört eine nach § 930 veräußerte Sache nicht dem Veräußerer, so wird der Erwerber Eigentümer, wenn ihm die Sache von dem Veräußerer übergeben wird, es sei denn, daß er zu dieser Zeit nicht in gutem Glauben ist.

§ 934. Gehört eine nach § 931 veräußerte Sache nicht dem Veräußerer, so wird der Erwerber, wenn der Veräußerer mittelbarer Besitzer der Sache ist, mit der Abtretung des Anspruchs, anderenfalls dann Eigentümer, wenn er den Besitz der Sache von dem Dritten erlangt, es sei denn, daß er zur Zeit der Abtretung oder des Besitzerwerbes nicht in gutem Glauben ist.

§ 935. Der Erwerb des Eigentums auf Grund der §§ 932 bis 934 tritt nicht ein, wenn die Sache dem Eigentümer gestohlen worden, verlorengegangen oder sonst abhanden gekommen war. Das gleiche gilt, falls der Eigentümer nur mittelbarer Besitzer war, dann, wenn die Sache dem Besitzer abhanden gekommen war.

Diese Vorschriften finden keine Anwendung auf Geld oder Inhaberpapiere sowie auf Sachen, die im Wege öffentlicher Versteigerung veräußert werden.

§ 1207. Gehört die Sache nicht dem Verpfänder, so finden auf die Verpfändung die für den Erwerb des Eigentums geltenden Vorschriften der §§ 932, 934, 935 entsprechende Anwendung.

3. Die Vorschrift erweitert den Schutz der Erwerber vom Nichtberechtigten, d. h. vom Nichteigentümer, indem sie, entsprechend der Erfahrung, daß im HVerkehr häufig für fremde Rechnung gehandelt wird, statt des guten Glaubens an das Eigentum des Veräußerers denjenigen an seine Verfügungsberechtigung genügen läßt.

Im übrigen läßt § 366 die Vorschriften des bürgerlichen Rechts auch für Kaufleute bestehen, insbesondere die Ausnahme und Rückausnahme des § 935 BGB. für abhanden gekommene Sachen, sowie diejenigen Vorschriften, welche die entsprechende Anwendung der Gutglaubensvorschriften vorsehen; vgl. namentlich §§ 135 Abs. 2, 136, 161 Abs. 3, 163, 2113 Abs. 3, 2129 Abs. 2, 2211 Abs. 2 BGB., §§ 265 Abs. 3, 325 Abs. 2, 897 ZPO. — Nach § 935 Abs. 1 BGB. ist Eigentumserwerb kraft guten Glaubens grundsätzlich ausgeschlossen, wenn die Sache dem Eigentümer oder seinem Besitzmittler abhanden gekommen war, z. B. durch Verlieren, Diebstahl, aber auch durch Unterschlagung eines Besitzdieners (vgl. RGZ. 54, 71; 71, 248; 105, 413; 106, 4; Warn. 24, 24; 26, 48). Vgl. aber Art. 94 Abs. 2 EGBGB. (Privileg der öffentlichen Pfandleihanstalten). Abhandenkommen liegt auch vor, wenn der Eigentümer die Sache infolge Irrtums, Betrugs, Drohung oder dgl. weggibt; RGZ. 101, 225. — Entgegen der Regel ist aber trotz Abhandenkommen (Rückausnahme!) gutgläubiger Eigentumserwerb möglich, wenn es sich um Sachen handelt, die im Wege öffentlicher Versteigerung veräußert werden, sowie allgemein an Geld (vgl. dazu RGZ. 108, 280) und Inhaberpapieren (über diese oben Anm. 1 Abs. 1); § 935 Abs. 2 BGB.

Auch sonst müssen die objektiven Tatbestände, an die ein Erwerb kraft guten Glaubens geknüpft wird, erfüllt sein. Im einzelnen: Nach § 932 BGB. (Fall der Übergabe und der bloßen Einigung bei sog. Übergabe kurzer Hand — vgl. § 929 S. 2 BGB. —) ist erforderlich, daß gerade der nichtberechtigte Veräußerer (bzw. — vgl. § 1207 BGB. — Verpfänder) die Sache zur Zeit der Einigung übergibt oder der Besitz gerade von ihm schon vorher auf den Erwerber übertragen worden war; vgl. RGZ. 72, 312. Nach § 933 BGB. muß beim Übergabeersatz durch Besitzkonstitut (vgl. oben Anm. 1 Abs. 6) noch die nachträgliche gutgläubige Erlangung unmittelbaren Besitzes vom Veräußerer hinzukommen, entsprechend nach § 934 BGB. zur Abtretung des Herausgabeanspruchs noch die Erlangung des (mittelbaren oder unmittelbaren) Besitzes (entweder von Anfang an oder später — gleichviel ob vom Veräußerer oder von dem Drittbesitzer!); vgl. dazu RGZ. 81, 142; 135, 75; 137, 23; 138, 265; JW. 08, 717; 26, 800.

Guter Glaube ist nach bürgerl. Recht (§ 932 Abs. 2 BGB.) der nicht oder doch nur leicht fahrlässige Glaube des Erwerbers an das Eigentum des Veräußerers oder Verpfänders. Nach § 366 ist der Gegenstand der Gutgläubigkeit statt des Eigentums die Verfügungsberechtigung des Veräußerers; der Sorgfaltsgrad ist dagegen grundsätzlich derselbe wie nach BGB. (vgl. aber § 367). Der Erwerber wird nicht Berechtigter, wenn er den kaufmännischen Veräußerer grob fahrlässigerweise für verfügungsberechtigt hielt. Ob grobe Fahrlässigkeit vorliegt, beruht im wesentlichen auf tatrichterlicher Würdigung; vgl. RGZ. 58, 164; 141, 131; 143, 14; Warn. 34, 188; der angelegte Maßstab als Grundsatz kann aber in der Revisionsinstanz nachgeprüft werden; JW. 29, 582. Immer muß eine starke Vernachlässigung der im Verkehr erforderlichen Sorgfalt festzustellen sein (JW. 11, 36), wie z. B. wenn trotz Zweifeln oder auffälligen Umständen bei der Veräußerung keine Nachforschungen gehalten werden (RGZ. 58,162; 67,27; 68, 134; 87, 333; 93, 281; 141, 129; Warn. 32, 56). Vgl. insbesondere über den Kauf eines Kraftwagens (bei dem i. Zw. noch Eigentumsvorbehalt des Lieferanten besteht) RGZ. 143, 18; JW. 29, 582; HRR. 32, 234; Warn. 32, 311, ferner (über Verpfändung eines Klaviers durch einen kleinen Klavierhändler der sich in schlechten Vermögensverhältnissen befindet) HansRGZ. 33 B 70, auch, die Fälle RGZ. 119, 215; JW. 31, 3081. Andererseits besteht gegenüber einem älteren Geschäftsfreund regelmäßig eine Nachforschungspflicht nur dann, wenn wirklich Anlaß zu Zweifeln an dessen Bonität und Redlichkeit vorliegt; RGZ. 135, 75; 141, 132; 147, 331; in Zeiten einer Wirtschaftskrise ist aber durchweg gesteigerte Vorsicht zu verlangen; vgl. Recht 33, 585. Bei unterlassener Nachforschung ist es gleichgültig, ob eine Nachforschung erfolgreich gewesen wäre; RGZ. 143, 18; 147, 331. — Die Kenntnis schuldrechtlicher Verpflichtungen des Veräußerers, die durch die Veräußerung (wirklich oder vermeintlich) verletzt oder beeinträchtigt werden, schließt den guten Glauben weder nach §§ 932 ff. BGB. noch nach § 366 aus; es kann aber u. U. Kollusion (§ 826 BGB.!) vorliegen. — Bei Eigentumserwerb durch Vertreter gilt § 166 BGB.; vgl. dazu RGZ. 58, 163; 137, 24. Wenn der Veräußerer berechtigt war, so schadet die Kenntnis des Erwerbers davon, daß der Veräußerer seinerseits — gutgläubig — vom Nichtberechtigten erworben hat, nicht. Dies gilt grundsätzlich auch dann, wenn Rückveräußerung an den Nichtberechtigten erfolgt; geschieht dies jedoch auf Grund bloßer Rückgängigmachung des ersten Veräußerungsgeschäfts, so besteht kein Anlaß, das ursprüngliche Eigentum nicht wieder aufleben zu lassen (vgl. §§ 816 Abs. 1 S. 1, 818 Abs. 1 BGB., wobei das rückerlangte Eigentum als Surrogat des Erlöses aus der ersten Veräußerung anzusehen ist! Es kann dann aber vom ursprünglich Berechtigten auch gem. § 985 BGB. geltend gemacht werden, da der rechtsvernichtende Einwand des Eigentumsübergangs hier mit der Bereicherungsreplik zurückgeschlagen wird); in andern Fällen können die Veräußerung und die Rückveräußerung gegen § 826 BGB. verstoßen, was ebenfalls (Naturalrestitution! § 249 BGB.) zum Wiederaufleben des ursprünglichen Eigentums führt. Vgl. zu allem (str.) noch RGZ. 37, 77; 62, 139; JW. 06, 496; 10, 390; 31, 3081; Gruch. 35, 432, ferner (über Unschädlichkeit „nachträglicher Bösgläubigkeit" — mala fides superveniens) RGZ. 56, 317. — Der Gutgläubigkeit i. S. des § 366 unterfällt nicht nur der Glaube an die Berechtigung, in eigenem Namen zu verfügen, sondern auch (str.) derjenige an die Vertretungsmacht des Veräußerers, wobei es nicht schadet, wenn dieser in eigenem Namen handelt. Vgl. D. 206. Fehlende ehemännliche Zustimmung kann aber auch bei Verfügungen einer Handelsfrau nicht durch guten Glauben geheilt werden (RGZ. 100, 190; SeuffA. 62, 278), ebensowenig die Geschäftsfähigkeit des Veräußerers. — Bei Streit über die Gutgläubigkeit ist dem Erwerber ihr Mangel nachzuweisen (Beweislastregelung des § 932 Abs. 1 S. 1 BGB. — „es sei denn . . .".) Anders, wenn es sich um Inhaberpapiere handelt und der Erwerber Bankier ist (§ 367), sowie regelmäßig bei der Effektenverwahrung (vgl. § 4 DepG. v. 4. 2. 37 [RGBl. I 171]). Damit sich der Nachweis auf die weitergehende Kenntnis nicht nur des Nichteigentums, sondern des Nichtverfügungsrechts erstrecke, muß der Erwerber die übrigen Voraussetzungen des § 366 (oben Anm. 1 Abs. 1) dartun; RGZ. 71, 340.

Kannte der Erwerber das Nichteigentum des Veräußerers, so wird er — auch ohne guten Glauben an die Verfügungsberechtigung — Eigentümer, wenn der Veräußerer tatsächlich mit Einwilligung (Ermächtigung) oder Genehmigung des Eigentümers handelt. (Entsprechendes gilt auch — RGZ. 60, 70 — für den rechtsgeschäftlichen Pfandrechtserwerb.) Vgl. § 185 Abs. 1 BGB. und RGZ. 93, 233. Auf Verfügungen von Todes wegen findet § 185 BGB. keine Anwendung; RGZ. 111, 247. Ferner tritt nachträglich Eigentumserwerb (Konvaleszenz) ein, wenn der Nichtberechtigte später berechtigt wird; § 185 Abs. 2 BGB.

4. In Betracht kommen alle Arten von Pfandrechten (vgl. RGZ. 98, 346; OLG. 10, 346; JW. 07, 672) und der Nießbrauch.

5. §§ 936, 1208 BGB. lauten:

§ 936. Ist eine veräußerte Sache mit dem Rechte eines Dritten belastet, so erlischt das Recht mit dem Erwerbe des Eigentums. In dem Falle des § 929 Satz 2 gilt dies jedoch nur dann, wenn der Erwerber den Besitz von dem Veräußerer erlangt hatte. Erfolgt die Veräußerung nach § 930 oder war die nach § 931 veräußerte Sache nicht im mittelbaren Besitze des Veräußerers, so erlischt das Recht des Dritten erst dann, wenn der Erwerber auf Grund der Veräußerung den Besitz der Sache erlangt.

Das Recht des Dritten erlischt nicht, wenn der Erwerber zu der nach Abs. 1 maßgebenden Zeit in Ansehung des Rechtes nicht in gutem Glauben ist.

Steht im Falle des § 931 das Recht dem dritten Besitzer zu, so erlischt es auch dem gutgläubigen Erwerber gegenüber nicht.

§ 1208. Ist die Sache mit dem Rechte eines Dritten belastet, so geht das Pfandrecht dem Rechte vor, es sei denn, daß der Pfandgläubiger zur Zeit des Erwerbes des Pfandrechts in Ansehung des Rechtes nicht in gutem Glauben ist. Die Vorschriften des § 932 Abs. 1 Satz 2, des § 935 und des § 936 Abs. 3 finden entsprechende Anwendung.

6. Die Erweiterung des Gutglaubensschutzes nach Abs. 2 gegenüber §§ 936, 1208 BGB. entspricht genau derjenigen des Abs. 1 gegenüber §§ 932ff. BGB. Abgesehen vom Gegenstand der Gutgläubigkeit bleiben §§ 936, 1208 BGB. in Tatbestand und Rechtsfolgen unberührt. Vgl. dazu oben Anm. 3. Ebenso sind

die Voraussetzungen für die Anwendung des Abs. 1 und des Abs. 2 dieselben (vgl. oben Anm. 1 Abs. 1).

7. §§ 397 (vgl. auch § 404), 410, 421, 440, 623, §§ 26, 27 BinnenSchiffG. — Andere Voraussetzungen sind, abgesehen vom guten Glauben, hier nicht zu erfüllen, insbesondere ist Kaufmannseigenschaft des Auftraggebers unnötig; vgl. D. 207 und LZ. 09, 141.

8. Nach Abs. 3 erwerben Kommissionäre, Spediteure, Lagerhalter und Frachtführer (einschl. der Verfrachter, § 623 Abs. 3) auch dann ihre gesetzlichen Pfandrechte, wenn sie ohne grobe Fahrlässigkeit die hierfür in Betracht kommenden Waren entweder für Eigentum ihres Auftraggebers hielten oder dessen Befugnis gegenüber dem Eigentümer annahmen, in der geschehenen Art und Weise zu verfügen. — Nach h. M. erweitert § 366 insoweit den Gutglaubensschutz des BGB. nicht nur hinsichtlich einer subjektiven Voraussetzung, sondern begründet überhaupt eine Ausnahme für gesetzliche Pfandrechte, bei denen sonst nie Erwerb kraft guten Glaubens möglich sein soll; vgl. § 1257 BGB. (str.). [Aus § 366 Abs. 3 läßt sich nicht herleiten, ob die Vorschrift den Gutglaubensschutz für gesetzliche (Besitz-) Pfandrechte allgemein voraussetzt oder ihn hier nur ausnahmsweise (u. zw. gleich mit einer Erweiterung!) zuläßt!]

Sondervorschrift für abhanden gekommene Inhaberpapiere

§ 367. Wird ein Inhaberpapier[1], das dem Eigentümer gestohlen worden, verloren gegangen oder sonst abhanden gekommen ist[2], an einen Kaufmann, der Bankier- oder Geldwechslergeschäfte betreibt[3], veräußert[4] oder verpfändet[4], so gilt dessen guter Glaube als ausgeschlossen, wenn zur Zeit der Veräußerung oder Verpfändung der Verlust des Papiers von einer öffentlichen Behörde oder von dem aus der Urkunde Verpflichteten im Deutschen Reichsanzeiger bekanntgemacht und seit dem Ablaufe des Jahres, in welchem die Veröffentlichung erfolgt ist, nicht mehr als ein Jahr verstrichen war[5].

Der gute Glaube des Erwerbers wird durch die Veröffentlichung im Deutschen Reichsanzeiger nicht ausgeschlossen, wenn der Erwerber die Veröffentlichung infolge besonderer Umstände weder kannte noch kennen mußte[5].

Auf Zins-, Renten- und Gewinnanteilscheine, die nicht später als in dem nächsten auf die Veräußerung oder Verpfändung folgenden Einlösungstermine fällig werden, sowie auf Banknoten und andere auf Sicht zahlbare unverzinsliche Inhaberpapiere finden diese Vorschriften keine Anwendung[6].

1. Vgl. Anm. 1 Abs. 1 zu § 366.
2. Vgl. Anm. 3 Abs. 1 a. E. zu § 366.
3. Vgl. Anm. 3 zu § 1.
4. Gleichgültig, von wem.
5. § 367 enthält eine Ausnahme von dem Grundsatz, daß der ursprünglich Berechtigte dem Erwerber vom Nichtberechtigten die Bösgläubigkeit nachweisen

muß; vgl. Anm. 3 Abs. 3 a. E. zu § 366. Dementgegen stellt § 367 die Vermutung auf, daß ein Bankier beim Erwerb oder bei der Beleihung abhanden gekommener (vgl. Anm. 3 Abs. 1 zu § 366) Inhaberpapiere bösgläubig ist, wenn innerhalb des letzten Jahres vor der Verfügung des Nichtberechtigten der Verlust des Papieres im Deutschen Reichsanzeiger (erstmalig oder wiederholt; vgl. dazu D. 209) bekanntgemacht war. Diese Vermutung kann der Bankier nur durch den Beweis entkräften, daß er die Veröffentlichung infolge besonderer Umstände trotz Anwendung der erforderlichen Sorgfalt nicht kennen konnte (namentlich etwa durch von ihm nicht verschuldete Verspätung im Eintreffen des Reichsanzeigers); vgl. RGZ. 37, 75. Wenn der Bankier die Vermutung entkräftet hat, kann der Kläger seinerseits Beweis für Bösgläubigkeit antreten; vgl. dazu D. 208f. und JW. 01, 519; SeuffA. 55, 180. Sachlich schränkt § 367 die Privilegierung der Inhaberpapiere nach § 935 Abs. 2 BGB. stark ein. Vgl. noch Art. 6 pr. AGHGB.

6. Hier bewendet es bei §§ 932ff., 935 Abs. 2 BGB.; eine Bekanntmachung schafft höchstens (in Verbindung mit andern Umständen!) den Beweis, nie eine Rechtsvermutung bösen Glaubens.

Pfandverkauf[2]

§ 368[1a]. Bei dem Verkauf eines Pfandes tritt, wenn die Verpfändung[1] auf der Seite des Pfandgläubigers und des Verpfänders ein Handelsgeschäft ist[1], an die Stelle der im § 1234 des Bürgerlichen Gesetzbuchs bestimmten Frist von einem Monat eine solche von einer Woche[2].

Diese Vorschrift findet auf das gesetzliche Pfandrecht des Kommissionärs, des Spediteurs, des Lagerhalters und des Frachtführers entsprechende Anwendung, auf das Pfandrecht des Spediteurs und des Frachtführers auch dann, wenn nur auf ihrer Seite der Speditions- oder Frachtvertrag ein Handelsgeschäft ist[3].

1a. Zu § 368 s. Art. 8 Nr. 14 u. 15 der 4. EinfV. betr. Österreich und Art. 8 Nr. 14 und 15 der 3. EinfV. betr. Sudetenland (Anh. XIII, XIV).

1. Die Pfandrechtsbestellung richtet sich auch unter Kaufleuten nach den allgemeinen Vorschriften des bürgerlichen Rechts, §§ 1205ff. BGB. Nur wenn der Verpfänder Kaufmann ist oder wenn einem Bankier Inhaberpapiere verpfändet werden, sind die Voraussetzungen eines Pfandrechtserwerbs kraft guten Glaubens einerseits erleichtert (§ 366!), anderseits wesentlich erschwert (§ 367!). Eine weitere Abweichung vom bürgerlichen Pfandrecht sieht § 368 vor, wenn die Verpfändung beiderseitiges HGeschäft (vgl. Anm. 1 zu § 343) ist, indem es die Wartezeit beim Pfandverkauf abkürzt (s. unten Anm. 2).

Über die Verpfändung von beweglichen Sachen und Inhaberpapieren vgl. Anm. 1 Abs. 4 zu § 366. Verpfändung von Forderungen und sonstigen Rechten richtet sich nach den Erfordernissen für die Übertragung der Rechte; vgl. §§ 1274, 1291, 1292 BGB. Genügt allerdings zur Übertragung eines Forderungsrechts die bloße Einigung, so muß zur Verpfändung deren Anzeige an den Verpflichteten hinzukommen (§ 1280 BGB., der auch auf Rechte Anwendung findet, die in Legitimationspapieren — § 808 BGB. — verbrieft sind). Vgl. dazu RGZ. 68, 281; 79, 306; 85, 434; 89, 289. Die Verpfändung von

Orderpapieren ist — entsprechend ihrer Übertragbarkeit (Anm. 3 zu § 363) — auf doppeltem Wege möglich; vgl. RGZ. 88, 292 und §§ 1274, 1292 BGB. (sowie §§ 1205, 1206), ferner RGZ. 126, 348. Über „Verpfändung" von Beweisurkunden usw. ohne Anzeige der Forderungsverpfändung nach § 1280 BGB. vgl. noch RGZ. 51, 87; 66, 26; 68, 282, 389; 91, 157; JW. 04, 485 (bloßes obligatorisches Zurückbehaltungsrecht!).

2. Der Pfandverkauf richtet sich auch, wenn die Verpfändung beiderseitiges HGeschäft war, grundsätzlich nach BGB. Dieses stellt dem Gläubiger wahlweise außergerichtlichen (privaten) Verkauf und gerichtlichen Pfandverkauf (nach Vollstreckungsrecht) zur Verfügung.

Der private Pfandverkauf besteht grundsätzlich in öffentlicher Versteigerung der Pfandsache (vgl. §§ 1235 Abs. 1, 1236—1239, 1240 Abs. 1 BGB.). Statt dessen kann freihändiger Verkauf erfolgen, wenn das Pfand einen Börsen- oder Marktpreis hat (durch öffentlich hierzu ermächtigte HMäkler oder durch öffentlich bestellte Versteigerer, vgl. §§ 1235 Abs. 2, 1221 BGB.) oder wenn für Gold- und Silberwaren in der öffentlichen Versteigerung nicht mindestens ihr Metallwert geboten wurde (durch öffentlich bestellte Versteigerer zum Metallwert-Mindestpreis, vgl. § 1240 BGB.). Sind diese Voraussetzungen der Rechtmäßigkeit der Veräußerung erfüllt und Gold- oder Silberwaren mindestens zum Metallwert zugeschlagen oder verkauft (oder ist nach Eintritt der Pfandreife — § 1228 Abs. 2 BGB. — auf diese Voraussetzungen wirksam verzichtet, vgl. § 1245 Abs. 2 BGB. u. dazu RGZ. 90, 255, auch 84, 68), so werden folgende weitere Rechtmäßigkeitsvoraussetzungen durch guten Glauben des Erwerbers (hinsichtlich ihres Vorliegens!) ersetzt: Pfandreife (§ 1228 Abs. 2 BGB.), Unterlassung übermäßigen Verkaufs bei Mehrheit von Pfändern (§ 1230 S. 2 BGB.), öffentliche Bekanntmachung von Ort und Zeit der Versteigerung unter allgemeiner Bezeichnung des Pfandes (§ 1237 S. 1 BGB.), sowie Bestehen des Pfandrechts überhaupt. Vgl. § 1244 BGB. und dazu (über entspr. Anwendung beim Verkauf nach Vollstreckungsrecht!) RGZ. 61, 332. Es macht dann keinen Unterschied, ob die Pfandsache dem früheren Eigentümer abhanden gekommen war; § 935 BGB. findet keine Anwendung.

Der Verkauf nach Vollstreckungsrecht setzt einen vollstreckbaren Duldungstitel des Pfandgläubigers gegenüber dem Eigentümer voraus. Bei ihm kommen die Vorschriften der Zivilprozeßordnung über den Verkauf gepfändeter Sachen (§§ 814 ff. ZPO.) zur Anwendung (vgl. insbesondere § 816 ZPO. — Ort und Zeit sowie Durchführung der Versteigerung, Mitbieten von Eigentümer und Schuldner — u. § 820 ZPO. — Zuschlag von Gold- und Silbersachen). Hat der Schuldner eine ihm nach § 811 ZPO. unentbehrliche Sache verpfändet, so soll nach OLG. 1, 432 das Pfändungsverbot des § 811 ZPO. dem gerichtlichen Pfandverkauf entgegenstehen (?). — Hat der Pfandgläubiger einen vollstreckbaren Titel für die pfandgesicherte Forderung, so kann er außerdem in das Pfand vollstrecken. Der Zwangsvollstreckung in sein übriges Vermögen kann der Schuldner widersprechen (benef. excussionis realis), soweit die Forderung durch den Wert der Pfandsache gedeckt ist (§§ 777, 766 ZPO.).

Erwirbt jemand Eigentum auf Grund des Pfandverkaufs, so wird er auch grundsätzlich lastenfreier Eigentümer; vgl. § 1242 Abs. 2 BGB. Obligatorisch bestehen zwischen ihm und dem veräußernden Pfandgläubiger echte Kaufbeziehungen.

Im Verhältnis zwischen Pfandgläubiger einerseits und dem Schuldner bzw. Eigentümer andererseits gilt folgendes: Soweit der Erlös des Pfandverkaufs dem Gläubiger nicht oder noch nicht gebührt, tritt er an die Stelle des Pfandes,

§§ 1247 S. 2, 1219 Abs. 2 S. 1 BGB. (vgl. dazu auch RGZ. 67, 425); im übrigen gilt der Gläubiger als vom Eigentümer befriedigt, vgl. §§ 1247 S. 1, 268 Abs. 3 BGB.; soweit die Forderung erlischt, erlischt auch das Pfandrecht (an dem Pfand oder seinem Erlös); §§ 1252, 1223 Abs. 1 BGB. (Über Erlöschen des Pfandrechts durch Rückgabe des Pfandes vgl. § 1253 BGB. und dazu RGZ. 57, 325; 67, 423; 92, 267; RGSt. 48, 245; JW. 14, 681; SeuffA. 62, 101; vgl. ferner RGZ. 92, 280, auch 68, 141.)

Sind Inhaber- oder Orderpapiere verpfändet, so kann sich der Pfandgläubiger außer durch privaten Pfandverkauf (vgl. dazu § 1295 BGB.) entweder durch Einziehung (§ 1294 BGB.) oder durch Überweisung der Forderung nach der Zivilprozeßordnung (dazu §§ 1277, 1282 Abs. 2 BGB.) befriedigen.

Die Verletzung anderer Vorschriften über den Pfandverkauf (§§ 1228 ff. BGB.) als der sog. Rechtmäßigkeitsvoraussetzungen (vgl. §§ 1243 Abs. 1, 1244 BGB.) berührt die Wirksamkeit der Pfandveräußerung nicht, sondern macht den Pfandgläubiger bei Verschulden lediglich schadensersatzpflichtig; § 1243 Abs. 2 BGB. Zu diesen bloßen Ordnungsvorschriften für den Pfandverkauf gehört die Vorschrift des § 1234 BGB., auf welche § 368 Bezug nimmt; vgl. JW. 26, 2847. § 1234 BGB. lautet:

Der Pfandgläubiger hat dem Eigentümer den Verkauf vorher anzudrohen und dabei den Geldbetrag zu bezeichnen, wegen dessen der Verkauf stattfinden soll. Die Androhung kann erst nach dem Eintritte der Verkaufsberechtigung erfolgen; sie darf unterbleiben, wenn sie untunlich ist.

Der Verkauf darf nicht vor dem Ablauf eines Monats nach der Androhung erfolgen. Ist die Androhung untunlich, so wird der Monat von dem Eintritte der Verkaufsberechtigung an berechnet.

Von § 1234 BGB. abweichende Parteivereinbarungen sind jederzeit zulässig und wirksam (§ 1245 BGB.).

Nach § 368 ist nun allgemein und kraft Gesetzes für den Fall, daß die Verpfändung (nicht auch notwendig die Begründung der gesicherten Forderung) beiderseitiges HGeschäft war (vgl. dazu Anm. 1 zu § 343), die nach § 1234 BGB. vorgeschriebene Frist zwischen Androhung und Verkauf bzw. — bei Untunlichkeit der Androhung — zwischen Pfandreife (§ 1228 Abs. 2 BGB.) und Verkauf einzuhaltende Frist auf eine Woche abgekürzt. Die Androhung ist wie nach § 1234 BGB. an den Eigentümer zu richten; zugunsten des Pfandgläubigers gilt der Verpfänder als Eigentümer, es sei denn, daß der Pfandgläubiger weiß, daß der Verpfänder nicht Eigentümer ist (§ 1248 BGB.). Über die Schadensersatzpflicht des Verpfänders bei Verstoß gegen § 1234 BGB., § 368 vgl. RGZ. 77, 285; 107, 336; 109, 327. (Der Eigentümer muß regelmäßig beweisen, daß bei rechtzeitiger Androhung ein ihm vorteilhafteres Verkaufsergebnis erzielt worden wäre!)

Im Falle des Sicherungsverkaufes bei drohendem Verderb oder zu besorgender wesentlicher Minderung des Wertes (§§ 1219—1221 BGB.) kommt § 1234 BGB. (und daher auch § 368) nicht zur Anwendung. Dagegen findet sowohl § 1234 BGB. als auch § 368 für den freihändigen Verkauf eines Orderpapieres (vgl. §§ 1273 Abs. 2, 1295 BGB.) Anwendung (str.).

3. § 1234 BGB. findet auch auf gesetzliche Pfandrechte Anwendung (§ 1257 BGB.). Daher gilt die Abkürzung der Androhungsfrist gem. § 368 Abs. 2 zugleich für die gesetzlichen Pfandrechte des HRechts. Grundsätzlich muß dementsprechend das Rechtsverhältnis, welches das gesetzliche Pfandrecht begründet (entspr. Abs. 1), beiderseitiges HGeschäft sein. Eine Ausnahme hiervon gilt jedoch zugunsten der

Spediteure, die auch ihren nichtkaufmännischen Auftraggebern (bzw. statt dessen dem davon verschiedenen Eigentümer, wenn er bekannt ist, § 1248 BGB.) und der Frachtführer, die dem Empfänger des Gutes (hilfsweise dem Absender, vgl. § 440 Abs. 4) den Pfandverkauf nur mit einwöchiger Frist anzukündigen brauchen.

Zurückbehaltungsrecht[1]

§ 369[1a]. Ein Kaufmann[2] hat wegen der fälligen Forderungen[3], welche ihm gegen einen anderen Kaufmann[2] aus den zwischen ihnen geschlossenen beiderseitigen Handelsgeschäften[2] zustehen, ein Zurückbehaltungsrecht[1] an den beweglichen Sachen und Wertpapieren[4] des Schuldners[5], welche mit dessen Willen auf Grund von Handelsgeschäften in seinen Besitz gelangt sind[7], sofern er sie noch im Besitze hat, insbesondere mittels Konnossements, Ladescheins oder Lagerscheins darüber verfügen kann[8]. Das Zurückbehaltungsrecht ist auch dann begründet, wenn das Eigentum an dem Gegenstande von dem Schuldner auf den Gläubiger übergegangen oder von einem Dritten für den Schuldner auf den Gläubiger übertragen, aber auf den Schuldner zurückzuübertragen ist[6].

Einem Dritten gegenüber besteht das Zurückbehaltungsrecht insoweit, als dem Dritten die Einwendungen gegen den Anspruch des Schuldners auf Herausgabe des Gegenstandes entgegengesetzt werden können[9].

Das Zurückbehaltungsrecht ist ausgeschlossen, wenn die Zurückbehaltung des Gegenstandes der von dem Schuldner vor oder bei der Übergabe erteilten Anweisung oder der von dem Gläubiger übernommenen Verpflichtung, in einer bestimmten Weise mit dem Gegenstande zu verfahren, widerstreitet[10].

Der Schuldner kann die Ausübung des Zurückbehaltungsrechts durch Sicherheitsleistung abwenden. Die Sicherheitsleistung durch Bürgen ist ausgeschlossen[11].

1a. Zu § 369 s. Art. 8 Nr. 16 der 4. EinfV. betr. Österreich und Art. 8 Nr. 16 der 3. EinfV. betr. Sudetenland (Anh. XIII, XIV).

1. Das kaufmännische Zurückbehaltungsrecht ist von dem Zurückbehaltungs rechtnach § 273 BGB. in mehrfacher Hinsicht zu unterscheiden. Beide können nebeneinander bestehen, JW. 34, 2971.

Das Zurückbehaltungsrecht nach § 273 BGB. ist eine bloße Einrede (vgl. § 274 BGB.), während das kaufmännische Zurückbehaltungsrecht dem Gläubiger eine pfandähnliche Sicherung gewährt (vgl. §§ 371, 372 und dazu auch unten Anm. 3). Demgemäß erstreckt sich das kaufmännische Zurückbehaltungsrecht nur (s. unten Anm. 4) auf bewegliche Sachen und Wertpapiere, dasjenige nach § 273 BGB. auf Leistungen jeder Art. (Vgl. dazu auch unten Anm. 5.) Voraussetzung des Zurückbehaltungsrechts nach § 273 BGB. ist, daß die Verbindlichkeiten über die zurückbehaltene Leistung und diejenige, deretwegen zurückbehalten wird, auf einem einheitlichen Lebensverhältnis (trotz der enger lautenden Fassung des § 273 BGB.! — vgl. RGZ. 57, 1; 68, 32; 72, 65, 103; 73, 70; 78, 334; 83, 268; 107, 93; 134, 144; Warn. 17, 10, 268; 31, 215) beruhen (sog. Konnexität); Voraussetzung des kaufmännischen Zurückbehaltungsrechts ist dagegen nur der Ursprung der zu sichernden Forderung in der beiderseitigen Geschäftsverbindung (vgl. unten Anm. 2) und die mit Willen des Schuldners entstandene Verfügungsmacht des Gläubigers über den Gegenstand des Zurückbehaltungsrechts (vgl. dazu unten Anm. 6—8).

Gemeinsam ist beiden Zurückbehaltungsrechten die Abwendbarkeit durch Sicherheitsleistung (ausgenommen durch Bürgen; vgl. unten Anm. 11) sowie grundsätzlich auch die Voraussetzung, daß die Forderung, wegen deren zurückbehalten wird, fällig ist; vgl. aber § 370. Bei beiden kann auch, wenn ihre Voraussetzungen nicht vorliegen, die Zurückbehaltung vertraglich — allerdings bei § 369 nicht mit Wirkung gegen Dritte — vereinbart (RGZ. 84, 6; 106, 250; 118, 252), umgekehrt auch trotz Bestehen der Voraussetzungen wegbedungen werden (RGZ. 106, 250; LZ. 30, 645). Im Prozeß ist auch das kaufmännische Zurückbehaltungsrecht nicht von Amts wegen, sondern nur bei Geltendmachung durch den Gläubiger zu beachten (Warn. 11, 317). Beschränkt diese sich auf die Weigerung, den zurückbehaltenen Gegenstand herauszugeben, so erfolgt bei Klage des Schuldners auch hier (vgl. § 274 BGB.) Verurteilung Zug um Zug; OLG. 46, 296. Geltendmachung in der Berufungsinstanz kann wegen Verschleppungsabsicht (grobe Fahrlässigkeit!) unzulässig sein (vgl. § 529 ZPO., dazu JW. 28, 111; Warn. 31, 133). Drohung mit der Ausübung eines Zurückbehaltungsrechts ist nur dann widerrechtlich i. S. des § 123 BGB., wenn kein Zurückbehaltungsrecht besteht und der Drohende dies entweder wußte oder grob fahrlässig nicht erkannte; vgl. JW. 23, 365; 24, 1589, 1860; Gruch. 66, 454. Der Gläubiger darf weder nach § 273 BGB. noch nach §§ 369 ff. ein Zurückbehaltungsrecht über das zu seiner selbständigen Sicherung erforderliche Maß geltend machen (vgl. ROHG. 2, 383; 18, 276; RGZ. 61, 133; 85, 137), ferner überhaupt nicht bei verhältnismäßiger Geringfügigkeit (arg. § 320 Abs. 2 BGB.; vgl. Warn. 20, 10) und darüber hinaus nach Treu und Glauben auch dann nicht, wenn es mit der eigenen Verpflichtung des Gläubigers ihrem Wesen nach unvereinbar wäre; vgl. Abs. 2 und dazu unten Anm. 9, ferner (zu § 273 BGB.) RGZ. 102, 110; 109, 171; JW. 35, 505; LZ. 21, 412; R. 06, 292, auch OLG. 21, 241. Zurückbehaltung darf auch nie zur Umgehung einer unzulässigen Aufrechnung benutzt werden; vgl. RGZ. 85, 108; 123, 6; Warn. 31, 215.

2. § 369 kommt nur zur Anwendung, wenn **beide Teile** zur Zeit der Entstehung des Zurückbehaltungsrechtes **Kaufleute** sind (bei Geltendmachung des Zurückbehaltungsrechtes braucht die Kaufmannseigenschaft nicht mehr vorhanden zu sein; Gruch. 44, 1067) und grundsätzlich die Forderung, deretwegen zurückbehalten wird, aus einem gerade zwischen ihnen geschlossenen **beiderseitigen Handelsgeschäft** (vgl. Anm. 1 zu § 343 u. dazu ROHG. 10, 236) herrührt. Forderungen eines persönlich haftenden Gesellschafters gegen seine Gesellschaft aus Geschäftsführung geben ihm hiernach kein kaufmännisches Zurückbehaltungsrecht; RGZ. 118, 302. Ist die Forderung **vor** Entstehung des Zurückbehaltungsrechts durch Einzel-Rechtsnachfolge an den jetzigen Gläubiger gelangt, so entfällt § 369 ebenfalls, ROHG. 5, 305; 10, 162; RGZ. 9, 45; 18, 234; R. 27, 1439. (Weitergehend noch LZ. 27, 1490.) Das einmal entstandene Zurückbehaltungsrecht kann aber mit der Forderung übertragen werden; geschieht dies nicht, so erlischt es mit der Abtretung der Forderung. Vgl. noch HRR. 28, 1220.

3. Die Forderung, wegen deren zurückbehalten wird, muß im Zeitpunkt der Geltendmachung des Zurückbehaltungsrechtes fällig, d. h. der Gläubiger berechtigt sein, die Leistung sofort zu verlangen (§ 271 BGB.); RGZ. 106, 249. Vgl. aber § 370. Daß der Schuldner in Verzug geraten ist, ist nicht erforderlich; JW. 28, 1579. War zur Zeit der Verjährung der Forderung das Zurückbehaltungsrecht bereits entstanden, so kann es weiterhin ausgeübt werden (vgl. § 223 BGB.); OLG. 28, 50, a. A. für § 273 BGB: BadRPr. 34, 109. — Die Forderung muß ferner auf Geld lauten oder in eine Geldforderung übergehen können (vgl. § 371 Abs. 2). Über Zurückbehaltung durch den Indossatar eines Orderpapiers gegenüber dem aus dem Papier Verpflichteten vgl. RGZ. 9, 45. Vgl. auch oben Anm. 1 a. E.

4. Nur bewegliche Sachen (§ 90 BGB.) und Wertpapiere sind Gegenstand des kaufmännischen Zurückbehaltungsrechts; JW. 12, 202. Demgemäß können ausnahmsweise auch individuell bestimmte Geldstücke (d. h. — im Falle des Abs. 1 S. 2 namentlich — nicht Geld, wenn es bloß Zahlungsmittel ist!) zurückbehalten werden (vgl. RGZ. 83, 138; 85, 114; 123, 7), niemals aber ein auf Geld lautendes Guthaben; RGZ. 12, 90. (Vgl. auch HRR. 32, 508.) Wertpapiere i. S. des § 369 (vgl. §§ 1 Abs. 1 Nr. 1, 381) sind sämtliche Inhaber- und Orderpapiere (vgl. Anm. 1 zu § 363, ein gezogener Wechsel jedoch nicht in der Hand des Akzeptanten; JW. 28, 231), Aktien, auch wenn sie auf Namen lauten und sogar wenn sie vinkuliert sind (§ 61 Abs. 3 AktGes.; vgl. RGZ. 36, 38), selbst Teilschuldverschreibungen, auch wenn sie auf Namen lauten (RGZ. 106, 159); nicht dagegen n. h. M. Hypothekenbriefe, sowie Grund- und Rentenschuldbriefe, wenn sie nicht auf den Inhaber lauten (bei ihnen ist ein Zurückbehaltungsrecht nur nach § 273 BGB. möglich, RGZ. 107, 93; 149, 93; SeuffA. 46, 41) — vgl. RGZ. 124, 30; HRR. 34, 113 —, ebensowenig Legitimationsurkunden (Sparkassenbücher, Depot- und Pfandscheine) — vgl. RGZ. 118, 38; 149, 94; JW. 22, 565 — und Beweisurkunden (Zurückbehaltung kann auch hier nur nach § 273 BGB. oder auf Grund vertraglicher Vereinbarung — s. oben Anm. 1 — geübt werden; RGZ. 51, 87; 66, 26; 68, 282, 389; 91, 157).

5. Grundsätzlich entsteht ein kaufmännisches Zurückbehaltungsrecht (im Gegensatz zu dem aus § 273 BGB.) nur an solchen beweglichen Sachen oder Wertpapieren, die dem Schuldner gehören. Das Eigentum des Schuldners hat grundsätzlich der Gläubiger als Voraussetzung seines Zurückbehaltungsrechts zu beweisen; RGZ. 3, 154. Es genügt nicht, daß die Sache in den Besitz des Gläubigers gelangt, wenn das Eigentum des Schuldners vor Fälligkeit der Forderung (bzw. vor Eintritt der Voraussetzungen des § 370!) auf einen Dritten übergegangen ist. Zugunsten des gutgläubigen Gläubigers gilt aber eine Vermutung der Fortdauer des beim Besitzerwerb bestehenden Eigentums (§ 372). An Sachen oder Wertpapieren eines Dritten kann kein Zurückbehaltungsrecht erworben werden; §§ 932 ff. BGB., § 366 finden keine Anwendung; RGZ. 13, 130; 69, 17. Über Zurückbehaltungsrecht an eigenen Sachen des Gläubigers vgl. unten Anm. 6.

6. Ausnahmsweise besteht ein kaufmännisches Zurückbehaltungsrecht auch an Sachen oder Wertpapieren des Gläubigers. Das Eigentum muß aber vom Schuldner (selbst oder auf seine Veranlassung durch einen Dritten) auf den Gläubiger übertragen werden und der Gläubiger verpflichtet sein, es auf den Schuldner zurückzuübertragen. Beispiele: Sicherungseigentum des Gläubigers, Wiederkauf des dem Gläubiger käuflich übereigneten Gegenstandes, Wandelung des Gläubigers nach Eigentumserwerb an der Kaufsache, Regreßnahme des Gläubigers wegen eines von ihm eingelösten Rückwechsels u. dgl. (vgl. D. 211, 212;

RGZ. 57, 175; JW. 28, 231). Gegensatz: vom Gläubiger dem Schuldner verkaufte, aber noch nicht übergebene Sachen (ROHG. 19, 57; JW. 12, 202); vgl. dazu aber § 320 BGB.

7. Immer muß der Gegenstand des Zurückbehaltungsrechts mit Willen des Schuldners an den Gläubiger gelangt sein, und zwar auf Grund eines HGeschäfts (nicht notwendig eines solchen mit dem Schuldner, überhaupt nicht notwendig eines beiderseitigen): vgl. ROHG. 6, 197; 19, 372; RGZ. 26, 58; 152, 119. Das Zurückbehaltungsrecht ist daher an solchen Sachen ausgeschlossen, in deren Besitz der Gläubiger ohne Zustimmung des Schuldners durch Dritte oder eigenmächtig gelangt ist (ROHG. 19, 372; RGZ. 46, 202). Besitzerlangung auf Grund von HGeschäften liegt aber auch bei dem begründetermaßen vom Kaufvertrag zurückgetretenen Käufer hinsichtlich der ihm trotzdem übersandten Waren vor; ROHG. 19, 372; RGZ. 26, 58. — Nötig ist Besitzerlangung des Gläubigers. Mittelbarer Besitz (§ 868 BGB.) genügt, außer wenn der Schuldner selbst der diesen begründende Besitzmittler ist (vgl. JW. 34, 2971), dagegen nicht Besitzdienerschaft (§ 855 BGB.); ROHG. 16, 82. Vgl. noch RGZ. 52, 389 (betr. Sachgesamtheiten).

Entfällt aus irgendeinem Grunde Besitz oder Verfügungsmöglichkeit des Gläubigers, so geht auch sein Zurückbehaltungsrecht unter; RGZ. 109, 105; SeuffA. 46, 183. Bei Wiedererlangung des Besitzes kann nur ein nach allen Voraussetzungen neu zu beurteilendes Zurückbehaltungsrecht entstehen; vgl. dazu RGZ. 68, 389, auch JW. 34, 2971; LZ. 26, 326.

8. Stets genügt die Verfügungsmöglichkeit durch Traditionspapiere (§§ 424, 450, 647), d. h. also deren Besitz (RGZ. 13, 120), verbunden mit der aus ihnen hervorgehenden Legitimation des Gläubigers (vgl. §§ 363 Abs. 2, 364 f. und Anm. 2 zu § 365). Ohne diese Voraussetzungen kann nur ein Zurückbehaltungsrecht an dem Papier als solchem gegeben sein. Die (rechtliche!) Möglichkeit, über eine Sache zu verfügen, wird durch ein Hindernis, welches durch gerichtliches Einschreiten zu beseitigen ist, nicht aufgehoben; ROHG. 14, 112. — Vgl. hierzu auch §§ 397, 410, 421, 440.

9. Das kaufmännische Zurückbehaltungsrecht erlischt nicht durch nachträgliche rechtsgeschäftlich begründete dingliche Rechte Dritter an dem zurückbehaltenen Gegenstand. Dem neuen Eigentümer, Nießbraucher oder Pfandgläubiger kann der Gläubiger sein Zurückbehaltungsrecht ebenso wie andere Einwendungen gegen den Herausgabeanspruch des Schuldners entgegensetzen; vgl. §§ 986 Abs. 2, 1065, 1227 BGB. und dazu D. 212; Gruch. 44, 1067, auch § 371 Abs. 1 S. 2. Hingegen gehen dem Zurückbehaltungsrecht, obwohl es trotz RGZ. 14, 154; 69, 16 als dingliches Recht (mit unmitelbarer Zugriffsbefugnis! vgl. § 371 Anm. 1) zu betrachten ist, spätere gesetzliche Pfandrechte (z. B. des Spediteurs, des Frachtführers), ebenso das sog. Verfolgungsrecht des Verkäufers und Einkaufskommissionärs (§ 44 KO.) vor (ROHG. 24, 348; RGZ. 8, 81). Im Konkurs des Schuldners begründet das vor Konkurseröffnung (§§ 7, 15 KO.) entstandene (gesetzlich, nicht etwa nur vertraglich begründete — vgl. RGZ. 91, 157) kaufmännische Zurückbehaltungsrecht ebenso wie Pfandrechte ein Absonderungsrecht (§ 49 Abs. 1 Nr. 4 KO.). Deshalb gehen ihm auch nur ältere Pfändungspfandrechte vor (§ 804 Abs. 2 ZPO., i. V. m. § 49 Abs. 1 Nr. 4 KO.). Späteren Pfändungen gegenüber kann der Gläubiger nicht nur vorzugsweise Befriedigung gem. § 805 ZPO. beanspruchen, sondern ihnen sogar auf Grund seines Besitzes nach § 771 ZPO. widersprechen. Vgl. auch §§ 766, 809 ZPO.

10. Ausnahmsweise (Beweislast des Schuldners!) kann der Gläubiger einen Gegenstand trotz Vorhandensein der normalen Voraussetzungen nicht zurückbehalten. Dies ist dann der Fall, wenn entweder der Schuldner spätestens

bei Übergabe dieses Gegenstandes die Anweisung erteilt oder wenn der Gläubiger sich verpflichtet hat, mit der Sache in bestimmter Weise zu verfahren, und damit die Ausübung des Zurückbehaltungsrechts nicht vereinbar ist; vgl. dazu ROHG. 8, 49; 12, 27; 19, 374; RGZ. 12, 91; 146, 59; JW. 94, 20; 96, 702; 00, 756; 10, 282; DJZ. 36, 588; R. 15, 632; 26, 1964; 36, 314; SeuffA. 50, 325; Warn. 35, 101; HansRGZ. 30 B 149. Ob eine dem Zurückbehaltungsrecht entgegenstehende Anweisung oder Verpflichtung vorliegt, ist nach Treu und Glauben zu beurteilen; es genügt nicht, daß ganz allgemein eine Herausgabepflicht des Gläubigers aus dem zugrunde liegenden Schuldverhältnis besteht; vgl. RGZ. 146, 56; LZ. 30, 645; R. 26, 1964, ferner Warn. 39, 267, aber auch — sehr weitgehend — SeuffA. 80, 46 (?). Kein Ausschluß des Zurückbehaltungsrechts, wenn der Gläubiger im Besitze von Waren des Schuldners ist, die ihm wegen schwebender, später fehlgeschlagener Kaufverhandlungen (ROHG. 10, 236) oder nach erklärtem Rücktritt vom Kauf in Erwartung schließlicher Annahme übersandt worden sind (RGZ. 26, 58) oder die er wegen Mangelhaftigkeit zur Verfügung gestellt hat (RGZ. 43, 39; 95, 334; 98, 69; Gruch. 40, 1113), ebensowenig hinsichtlich verpfändeter Sachen des Schuldners nach Erlöschen des Pfandrechts (ROHG. 2, 80; 17, 293). — Behält der Gläubiger vom Schuldner angebotene Akzepte, so liegt darin i. Zw. nur die Ausübung eines Zurückbehaltungsrechts (mit der Verpflichtung, über die Verwendung Rechenschaft zu geben) und erst in der Weitergabe vor Verfall eine Annahme (erfüllungshalber); JW. 31, 3143.

11. Abs. 4 entspricht sachlich § 273 Abs. 3 BGB. (In § 273 BGB. ist der „Gläubiger" der Gegner des Zurückbehaltenden!) Über Sicherheitsleistung vgl. §§ 232 ff. BGB. — Ist der Gläubiger von vornherein hinreichend gesichert, so entfällt ein Zurückbehaltungsrecht an anderen Gegenständen ohne weiteres; vgl. RGZ. 85, 133; 136, 26; 137, 354, auch oben Anm. 1.

Notzurückbehaltungsrecht[1]

§ 370. Das Zurückbehaltungsrecht kann auch wegen nicht fälliger Forderungen geltend gemacht werden[1]:

1. wenn über das Vermögen des Schuldners der Konkurs eröffnet ist[2] oder der Schuldner seine Zahlungen eingestellt hat[3];

2. wenn eine Zwangsvollstreckung in das Vermögen des Schuldners ohne Erfolg versucht ist[4].

Der Geltendmachung des Zurückbehaltungsrechts steht die Anweisung des Schuldners oder die Übernahme der Verpflichtung, in einer bestimmten Weise mit dem Gegenstande zu verfahren, nicht entgegen[1], sofern die im Abs. 1 Nr. 1, 2 bezeichneten Tatsachen erst nach der Übergabe des Gegenstandes oder nach der Übernahme der Verpflichtung dem Gläubiger bekannt werden[5].

1. Die Bedeutung des sog. Notzurückbehaltungsrechts des § 370 besteht darin, daß gewisse Voraussetzungen des kaufmännischen Zurückbehaltungsrechts durch besondere, die Sicherheit des Gläubigers gefährdende Umstände (vgl. Anm. 2—4) ersetzt werden. Diese beim Notzurückbehaltungsrecht nicht erforderlichen normalen Entstehungsvoraussetzungen (über die stets gleichen Voraus-

setzungen der Geltendmachung vgl. § 371 m. Anm. 1) sind die Fälligkeit der Forderung und das Fehlen einer der Zurückbehaltung entgegenstehenden Anweisung oder Verpflichtung (vgl. § 369 Abs. 1 und 3).

2. Konkurseröffnung (vgl. § 108 KO.), auch im Ausland. Konkursantrag genügt an sich nicht (RGZ. 3, 114); vgl. aber unten Anm. 3 und dazu § 102 KO.

3. Zahlungseinstellung (vgl. dazu §§ 102, 207, 209, 239ff. KO.) ist die nach außen hin in Erscheinung tretende Unfähigkeit eines Schuldners, seine fälligen Geldschulden zu erfüllen. Eine lediglich vorübergehende Zahlungsstockung ist ihr auch hier nicht gleichzustellen. Durch vereinzelte Zahlungen wird sie freilich anderseits nicht ausgeschlossen. Vgl. RGZ. 6, 96, 111; 21, 23; 50, 39; 51, 414; 99, 210; 100, 65; JW. 12, 306; Warn. 23, 24; Gruch. 49, 1084; 51, 1093; 56, 351. Anzeichen drohender Zahlungseinstellung reichen nicht aus; vgl. RGZ. 3, 114.

4. Vgl. § 772 BGB. Der fruchtlose Vollstreckungsversuch braucht nicht vom Gläubiger auszugehen. Mobiliarvollstreckung genügt.

5. Also immer auch dann, wenn sie nachträglich erst entstehen; vgl. RGZ. 12, 91.

Befriedigungsbefugnis des Gläubigers

§ 371[1a]. Der Gläubiger ist kraft des Zurückbehaltungsrechts befugt, sich aus dem zurückbehaltenen Gegenstande für seine Forderung zu befriedigen[1]. Steht einem Dritten ein Recht an dem Gegenstande zu, gegen welches das Zurückbehaltungsrecht nach § 369 Abs. 2 geltend gemacht werden kann, so hat der Gläubiger in Ansehung der Befriedigung aus dem Gegenstande den Vorrang[2].

Die Befriedigung erfolgt nach den für das Pfandrecht geltenden Vorschriften des Bürgerlichen Gesetzbuchs[3]. An die Stelle der im § 1234 des Bürgerlichen Gesetzbuchs bestimmten Frist von einem Monate tritt eine solche von einer Woche[3].

Sofern die Befriedigung nicht im Wege der Zwangsvollstreckung stattfindet[4], ist sie erst zulässig, nachdem der Gläubiger einen vollstreckbaren Titel für sein Recht auf Befriedigung gegen den Eigentümer oder, wenn der Gegenstand ihm selbst gehört, gegen den Schuldner erlangt hat[3]; in dem letzteren Falle finden die den Eigentümer betreffenden Vorschriften des Bürgerlichen Gesetzbuchs über die Befriedigung auf den Schuldner entsprechende Anwendung[2]. In Ermangelung des vollstreckbaren Titels ist der Verkauf des Gegenstandes nicht rechtmäßig[5].

Die Klage auf Gestattung der Befriedigung kann bei dem Gericht, in dessen Bezirke der Gläubiger seinen allgemeinen Gerichtsstand oder den Gerichtsstand der Niederlassung hat, erhoben werden[3].

1a. Zu § 371 s. Art. 8 Nr. 16 der 4. EinfV. betr. Österreich und Art. 8 Nr. 16 der 3. EinfV. betr. Sudetenland (Anh. XIII, XIV).

1. Die Befriedigungsbefugnis des Gläubigers ist einer der Hauptvorzüge des kaufmännischen Zurückbehaltungsrechts gegenüber dem aus § 273 BGB. Der Gläubiger kann sich aber auch bei ihm darauf beschränken, die Herausgabe so lange zu verweigern, bis er vom Schuldner befriedigt wird oder Sicherheit erlangt (§§ 273, 274 BGB., § 369 Abs. 3; vgl. Anm. 1 zu § 369). RGZ. 2, 35; 36, 40. Wer in dieser Weise als Kaufmann eine beanstandete Kaufsache zurückbehält, kann Lagergeld für die Aufbewahrung verlangen (vgl. § 354); RGZ. 1, 284; JW. 15, 658. — Ist eine dem Schuldner gehörige bewegliche Sache Gegenstand des Zurückbehaltungsrechts, so hat der Schuldner gegenüber einer Vollstreckung aus der gesicherten Forderung in sein sonstiges Vermögen die Erinnerung mit der er den Gläubiger auf den Gegenstand des Zurückbehaltungsrechts verweisen kann (§ 777 ZPO. i. V. m. § 766 ZPO. — sog. beneficium excussionis realis). — Über die Ausübung der Befriedigungsbefugnis vgl. unten Anm. 3—5.

2. Vgl. Anm. 9 zu § 369.

3. Vgl. §§ 1219—1221, 1228 ff. BGB. und dazu Anm. 2 zu § 368. Die Ankündigungsfrist des § 1234 BGB. beträgt wie nach § 368 nur eine Woche. Zusätzliche Voraussetzung ist aber nach § 371 Abs. 3, daß der Gläubiger einen vollstreckbaren Titel für sein Recht auf Befriedigung erwirkt hat. Die Beschaffung des Titels kann nach h. M. nur im ordentlichen Prozeß (nicht im Urkundenprozeß oder im Mahnverfahren — str.) erfolgen. Beklagter ist — wie auch Adressat der nach §§ 1228 ff. BGB. erforderlichen Mitteilungen des Gläubigers — der Eigentümer des zurückbehaltenen Gegenstandes (vgl. aber § 372), im Falle des § 369 Abs. 1 S. 2 der Schuldner. Ziel der Klage und Inhalt des Urteils ist der Ausspruch, daß der Gläubiger sich aus der (bestimmt zu bezeichnenden) Sache wegen seiner (nicht notwendig ziffernmäßig bezeichneten — RGZ. 95, 334) Forderung befriedigen dürfe. (Ist wegen drohenden Verderbs der zurückbehaltenen Sache vorzeitig versteigert und der Erlös entspr. § 1219 Abs. 2 S. 2 BGB. hinterlegt worden, so kann der Gläubiger auf Einwilligung in die Auszahlung des Erlöses klagen; RGZ. 95, 336.) Abs. 4 schafft für die Befriedigungsklage einen besonderen (nicht ausschließlichen!) Gerichtsstand im Interesse des Gläubigers. Vgl. noch unten Anm. 4. — Aus der entsprechenden Anwendbarkeit des § 1228 Abs. 2 BGB. folgt, daß die Befriedigung des Gläubigers auch dann erst nach Fälligkeit seiner Forderung zulässig ist, wenn ausnahmsweise (§ 370) das Zurückbehaltungsrecht schon vor der Fälligkeit entsteht. Eine Ausnahme gilt entspr. § 1294 BGB. für zurückbehaltene Inhaber- und Orderpapiere (die vor Fälligkeit der Forderung — aber auch erst nach Erwirkung eines vollstreckbaren Titels — eingezogen werden dürfen).

4. Daß statt der Befriedigung nach Maßgabe des Pfandverkaufs auch die Zwangsvollstreckung in den zurückbehaltenen Gegenstand (nicht nur dessen Verwertung gem. § 1233 Abs. 2 BGB.!) erfolgen kann, ist selbstverständlich, setzt aber einen Leistungstitel gegen den Schuldner voraus. Vgl. §§ 704 ff. ZPO. Bei Wertpapieren, die weder durch öffentliche Versteigerung (Inhaberpapiere; § 1293 BGB. i. V. m. § 1235 Abs. 1 BGB.) oder freihändigen Verkauf (indossable Papiere oder Inhaberpapiere mit Börsen- oder Marktpreis; § 1295 BGB. und § 1293 i. V. m. § 1235 Abs. 2 BGB.) noch durch Einziehung (indossable Papiere; § 1294 BGB.) verwertet werden können, ist die Zwangsvollstreckung der einzige Weg zur Befriedigung des Gläubigers (§ 1277 BGB.), so bei Namensaktien ohne Börsenpreis (D. 214).

5. Über die — hier nur mangels abweichender Vereinbarung (str.) — entsprechend anwendbaren Rechtmäßigkeitsvoraussetzungen der Pfandveräußerung §§ 1243, 1244 BGB.) vgl. Anm. 2 zu § 368. Hinzu tritt bei § 371 das Erfordernis

eines auf Gestattung der Befriedigung lautenden vollstreckbaren Titels (vgl. oben Anm. 3). § 1244 BGB. findet entsprechende Anwendung: wer ohne grobe Fahrlässigkeit den Mangel nicht kennt, erwirbt gem. §§ 932—934, 936 BGB. lastenfreies Eigentum, wenn öffentlich versteigert bzw. — bei Börsen- oder Marktpreis — freihändig und — bei Gold- oder Silberwaren — nicht unter dem Metallwert verkauft worden ist; vgl. Anm. 2 zu § 368.

Eigentumsvermutung

§ 372[1a]. In Ansehung der Befriedigung aus dem zurückbehaltenen Gegenstande[1] gilt zugunsten des Gläubigers der Schuldner, sofern er bei dem Besitzerwerbe des Gläubigers der Eigentümer des Gegenstandes war, auch weiter als Eigentümer[2], sofern nicht der Gläubiger weiß, daß der Schuldner nicht mehr Eigentümer ist[2].

Erwirbt ein Dritter nach dem Besitzerwerbe des Gläubigers von dem Schuldner das Eigentum, so muß er ein rechtskräftiges Urteil, das in einem zwischen dem Gläubiger und dem Schuldner wegen Gestattung der Befriedigung geführten Rechtsstreit ergangen ist, gegen sich gelten lassen, sofern nicht der Gläubiger bei dem Eintritte der Rechtshängigkeit gewußt hat, daß der Schuldner nicht mehr Eigentümer war[3].

1a. Zu § 372 s. Art. 8 Nr. 16 der 4. EinfV. betr. Österreich und Art. 8 Nr. 16 der 3. EinfV. betr. Sudetenland (Anh. XIII, XIV).

1. Vgl. § 371 m. Anm.

2. § 372 trägt der Schwierigkeit Rechnung, daß der Gläubiger, wenn ihm der zurückbehaltene Gegenstand nicht selbst gehört (vgl. §§ 369 Abs. 1 S. 2, 371 Abs. 3 S. 1), nicht den Schuldner als solchen, sondern den Eigentümer auf Gestattung der Befriedigung verklagen und wie den Eigentümer einer Pfandsache benachrichtigen muß. Er kann diese Rechtshandlungen nach § 372 grundsätzlich gegenüber dem Schuldner mit befreiender Wirkung vornehmen, wenn dieser zu der Zeit Eigentümer der zurückbehaltenen Sache war, als der Gläubiger an ihr Besitz erlangte. Die Veräußerung ist dann rechtmäßig und macht den Gläubiger nicht ersatzpflichtig. Anders nur bei positiver Kenntnis des Gläubigers von einem Eigentumswechsel; schuldhafte Unkenntnis steht hier (abw. von § 932 BGB.) der Kenntnis nicht gleich.

3. Abs. 2 erweitert die Rechtskraftwirkung des gegen den Schuldner ergangenen Urteils entspr. Abs. 1. Vgl. dazu auch §§ 325 ff. ZPO. Über Umschreibung der Vollstreckungsklausel gegen den neuen Eigentümer vgl. §§ 727 ff. ZPO., über evtl. Klage auf deren Erteilung § 731 ZPO.

Zweiter Abschnitt

Handelskauf[1a]

Erweiterte Verkäuferrechte bei Annahmeverzug des Käufers (insbesondere Selbsthilfeverkauf)

§ 373. Ist der Käufer[1] mit der Annahme der Ware im Verzuge[2], so kann der Verkäufer[1] die Ware auf Gefahr und

Kosten des Käufers in einem öffentlichen Lagerhaus oder sonst in sicherer Weise hinterlegen[3].

Er ist ferner befugt, nach vorgängiger Androhung die Ware öffentlich versteigern zu lassen[4]; er kann, wenn die Ware einen Börsen- oder Marktpreis hat, nach vorgängiger Androhung den Verkauf auch aus freier Hand durch einen zu solchen Verkäufen öffentlich ermächtigten Handelsmäkler oder durch eine zur öffentlichen Versteigerung befugte Person zum laufenden Preise bewirken[5]. Ist die Ware dem Verderb ausgesetzt und Gefahr im Verzuge, so bedarf es der vorgängigen Androhung nicht; dasselbe gilt, wenn die Androhung aus anderen Gründen untunlich ist[6].

Der Selbsthilfeverkauf erfolgt für Rechnung des säumigen Käufers[7].

Der Verkäufer und der Käufer können bei der öffentlichen Versteigerung mitbieten[8].

Im Falle der öffentlichen Versteigerung hat der Verkäufer den Käufer von der Zeit und dem Orte der Versteigerung vorher zu benachrichtigen; von dem vollzogenen Verkaufe hat er bei jeder Art des Verkaufs dem Käufer unverzüglich Nachricht zu geben[9]. Im Falle der Unterlassung ist er zum Schadensersatze verpflichtet[10]. Die Benachrichtigungen dürfen unterbleiben, wenn sie untunlich sind[9].

1a. Hierzu s. Art. 8 Nr. 17—21 der 4. EinfV. betr. Österreich und Art. 8 Nr. 17—21 der 3. EinfV. betr. Sudetenland (Anh. XIII, XIV).

1. §§ 373—382 stellen gegenüber den §§ 433ff. BGB. Sondervorschriften dar, die nur auf den Handelskauf Anwendung finden. HKauf ist nicht jeder Kauf, der HGeschäft ist, sondern nur der Kauf von Waren oder Wertpapieren, (dazu § 381 Abs. 2), bei dem wenigstens ein Vertragsteil (Käufer oder Verkäufer) Kaufmann ist. Über den Begriff der HGeschäfte vgl. §§ 343, 344 und Anm. 1 zu § 343, über den der Ware Anm. 10 Abs. 1 a. E. zu § 1, auch RGZ. 74, 162, über Wertpapiere Anm. 10 Abs. 2 zu § 1. Kauf von Grundstücken oder nicht verbrieften Rechten ist also auch als HGeschäft niemals HKauf und ausschließlich nach §§ 433ff. BGB. (evtl. ergänzt durch §§ 343—372) zu beurteilen. Liegt ein HKauf vor, so gelten die Vorschriften der §§ 373ff. grundsätzlich für beide Teile (§ 345); ausnahmsweise gelten sie nur, wenn der HKauf beiderseitiges HGeschäft (darüber Anm. 1 zu § 343) ist: §§ 377—379 (Rüge- und Aufbewahrungspflicht des Käufers). Dem HKauf stehen Tausch und Werklieferungsvertrag, wenn sie HGeschäft sind und sich auf Waren oder Wertpapiere beziehen, gleich; vgl. §§ 515, 651 BGB., § 381 Abs. 2.

2. Geregelt ist nur der Annahmeverzug des Käufers. Für den Annahmeverzug des Verkäufers gelten §§ 293ff. BGB., für den Leistungsverzug beiderseits §§ 284ff., 326 BGB. Auch beim Annahmeverzug des Käufers sind nur die Folgen, nicht die Voraussetzungen besonders gestaltet; letztere bestimmen sich auch beim HKauf nach §§ 293ff. BGB.

Nach § 293 BGB. tritt Annahmeverzug (Gläubigerverzug) ein, wenn der Gläubiger die gehörig angebotene Leistung nicht abnimmt. Verschulden ist nicht erforderlich; RGZ. 100, 46; JW. 24, 811. Nötig ist grundsätzlich ein tatsächliches Angebot (vgl. RGZ. 109, 328) der — mangelfreien (RGZ. 111, 89) und vollständigen (§ 266 BGB.; RGZ. 111, 401, aber auch R. 30, 1238) — Leistung, und zwar am rechten Ort (§ 269 BGB.; RGZ. 50, 208) und zur rechten Zeit (§ 271 BGB.; RGZ. 69, 125). Ausnahmsweise (§ 295 BGB.) genügt ein wörtliches Angebot, und der Verzug des Gläubigers tritt sogar ohne jedes Angebot ein, wenn für eine erforderliche Mitwirkungshandlung des Gläubigers eine Zeit nach dem Kalender bestimmt ist und nicht rechtzeitig vorgenommen wird (§ 296 BGB.). Der Gläubiger kann aber den Nachweis führen, daß der Schuldner bei Angebot der Leistung — oder im Falle des § 296 BGB. zu der Zeit, die für die Handlung des Gläubigers bestimmt war — zur Leistung außerstande war (§ 297 BGB., vgl. dazu RGZ. 50, 260; R. 05, 369). Andernfalls gerät der Gläubiger durch die Nichtannahme der Leistung in Annahmeverzug, bei Zug-um-Zug-Leistungen sogar schon dann, wenn er zwar die angebotene Leistung anzunehmen bereit ist, aber nicht auch seinerseits die verlangte Gegenleistung anbietet (§ 298 BGB.). Beim Kauf hat der Käufer jedoch i. Zw. das Recht zur vorherigen Prüfung der Ware (JW. 32, 586), u. zw. auch bei der Klausel „Kassa gegen Dokumente" (str.).

3. § 373 erweitert die Rechte des Verkäufers (vgl. auch unten Anm. 4 und 5), beläßt ihm daneben aber die Rechtsstellung aus §§ 300ff., 324 Abs. 2, 372ff., 383ff. BGB. (§ 374). Zwischen den verschiedenen Befugnissen hat der Verkäufer freie Wahl, an die er nicht gebunden ist; ROHG. 19, 342; 23, 84; RGZ. 13, 22 (so daß er sogar einen ausgeführten Selbsthilfeverkauf nachträglich nicht als solchen — d. h. für Rechnung des Käufers, Abs. 3 — gelten zu lassen braucht, solange der Käufer selbst ihn nicht hat gelten lassen wollen, erst recht also nach erfolgter Androhung — vgl. unten Anm. 6 — noch vom Verkauf absehen kann; vgl. RGZ. 102, 389; LZ. 08, 224).

Abs. 1 erleichtert Voraussetzungen und Art der Hinterlegung des Kaufgegenstandes. Nach BGB. können nur Geld, Wertpapiere und sonstige Urkunden sowie Kostbarkeiten hinterlegt werden, und nur bei einer öffentlichen Hinterlegungsstelle (§§ 372ff. BGB.); bei allen anderen („hinterlegungsunfähigen") Sachen (und nur bei diesen!) ist allein Versteigerung möglich (§§ 383ff. BGB.). Dagegen können beim HKauf alle Waren und Wertpapiere hinterlegt werden und die Hinterlegung kann außerdem in jeder sicheren, auch privaten Lagerstelle, sogar einer dem Verkäufer selbst gehörigen, erfolgen; vgl. ROHG. 2, 409; RGZ. 45, 302. Die Haftung des Gläubigers bestimmt sich in jedem Falle nach § 300 BGB. Bei eigener Aufbewahrung ist der Verkäufer gegebenenfalls aus § 354 zur Forderung von Lagergeld berechtigt; vgl. sonst § 304 BGB.

4. Statt den Kaufgegenstand zu hinterlegen, kann der Verkäufer ihn auch öffentlich versteigern lassen.

Die Durchführung der Versteigerung richtet sich nach § 383 Abs. 3 BGB. (vgl. ferner §§ 35, 36, 38 GewO.; Art. 31, 109 pr. AGBGB. u. neuerdings Ges. über das Versteigerungsgewerbe v. 16. 10. 34/12. 2. 38 (RGBl. I 202). Die Form der öffentlichen Bekanntmachung, in gewissen Grenzen auch der Begriff der Öffentlichkeit der Versteigerung bestimmen sich nach dem jeweiligen Ortsgebrauch (ROHG. 16, 93; RGZ. 1, 270; OLG. 7, 387; JW. 01, 11; 10, 298; 21 394). Über Wirkung eines Verstoßes gegen die Ordnungsvorschriften vgl. unten Anm. 7, aber auch Anm. 10. — Über Notverkauf durch die Eisenbahn (der den Voraussetzungen des § 373 nicht genügt!) vgl. § 80 EisVO. und RGZ. 40, 53; JW. 02, 220; 03 Beil. 6; R. 20, 969; Gruch. 39, 1109 (zum früheren Recht); s. auch § 437 Abs. 2.

5. Hat der Kaufgegenstand einen Börsen- oder Marktpreis, so hat der Verkäufer statt dessen noch die Wahl eines freihändigen Verkaufs zum laufenden Preis — vgl. dazu RGZ. 34, 121; SeuffA. 76, 54 — (ohne daß hier — ebensowenig wie für die Versteigerung — Untauglichkeit zur Hinterlegung Voraussetzung wäre; anders nach § 385 BGB.!). Über die Personen, die zur Vornahme des Verkaufs befugt sind, vgl. § 34 BörsG. (s. Anh. VII); Art. 13 pr. AGBGB., dazu OLG. 6, 89, ferner ROHG. 12, 176. Über Verstoßfolgen unten Anm. 7.

6. Nicht die Hinterlegung, wohl aber jede Art des Selbsthilfeverkaufs muß der Verkäufer dem Käufer (Zugang — § 130 BGB. — erforderlich!) vorher (und zwar sinngemäß so rechtzeitig, daß der Käufer — vgl. auch Abs. 4 — noch Vorkehrungen treffen kann; ROHG. 19, 293; 23, 170) androhen. Die Androhung kann er nur dann ohne nachteilige Folgen unterlassen (nicht auch von sonstigen Erfordernissen des § 373 absehen! RGZ. 5, 94), wenn die Ware dem Verderb ausgesetzt und Gefahr im Verzuge oder wenn die vorgängige Androhung aus andern Gründen untunlich ist. (Daß der Käufer die Annahme ausdrücklich verweigert, befreit nicht von der Androhungspflicht; RGZ. 1, 310.) Die Androhung braucht nicht speziell gehalten zu sein. Wurde aber ausdrücklich öffentliche Versteigerung angedroht, so wird ein dementgegen vorgenommener freihändiger Verkauf von der Androhung nicht gedeckt (und umgekehrt!); vgl. RGZ. 109, 134; JW. 25, 245 (anders R. 21, 2847). Die Androhung, „nach HRecht zu verfahren", ist keine ordnungsmäßige Androhung; JW. 25, 946. Vgl. ferner ROHG. 10, 242; RGZ. 1, 7; OLG. 33, 225. Über die Wirkung einer Verletzung der Androhungspflicht vgl. unten Anm. 7 Abs. 2.

7. Den ordnungsmäßigen Selbsthilfeverkauf muß der Käufer als für seine Rechnung erfolgt gelten lassen. D. h., der Verkäufer kann von ihm die Gegenleistung fordern, wenn er ihm den Reinerlös (vgl. dazu auch § 354) des Selbsthilfeverkaufs gutbringt, also z. B. auf die Kaufpreisforderung verrechnet. Vgl. D 216; RGZ. 41, 64; LZ. 08, 774.

Diese Rechtsfolge tritt nicht ein, wenn trotz Tunlichkeit keine vorgängige Androhung des Verkaufs erfolgte (ROHG. 7, 407; 12, 285; RGZ. 109, 134; JW. 25, 254) oder wenn die Ordnungsvorschriften für die öffentliche Versteigerung oder den freihändigen Verkauf verletzt wurden (vgl. ROHG. 12, 176; RGZ. 8, 29; Gruch. 28, 1065) oder wenn im Falle des freihändigen Verkaufs entweder kein Börsen- oder Marktpreis bestand oder aber der laufende Preis nicht erzielt wurde (ROHG. 7, 69; 8, 101, aber auch ROHG. 10, 368). Vgl. noch ROHG. 13, 59; 19, 91; JW. 04, 561.

Voraussetzung ist ferner, daß den Gegenstand des Selbsthilfeverkaufs die ursprünglich verkauften Waren oder Wertpapiere in ihrer vertragsmäßigen Beschaffenheit bildeten; vgl. dazu ROHG. 16, 423; RGZ. 11, 113; 33, 96; 34, 99; JW. 01, 427; R. 29, 1028. War ursprünglich gegen Konnossement verkauft, so kann auch der Selbsthilfeverkauf so erfolgen (JW. 01, 227, 654; DJZ. 06, 541). Bei Teilleistungsvereinbarung oder Sukzessivlieferung beschränkt sich der Gegenstand des Selbsthilfeverkaufs entsprechend; vgl. ROHG. 12, 177; 24, 358; JW. 01, 846; 04, 40. Beim Gattungskauf muß zum Selbsthilfeverkauf die Ware ausgeschieden werden, so daß letzterer also stets Spezieskauf ist; vgl. ROHG. 21, 74; RGZ. 5, 66; 34, 99; 35, 3; 45, 29; JW. 13, 47; Gruch. 43, 1165. — Darüber, daß der Kaufgegenstand durch ungebührliches Zögern des Verkäufers mit dem Selbsthilfeverkauf hierzu wegen Entwertung ungeeignet werden kann, vgl. RGZ. 41, 64; 57, 107; 66, 192, auch ROHG. 23, 85. — Grundsätzlich muß der Verkäufer schließlich beim Selbsthilfeverkauf dieselben Bedingungen beobachten, die dem ursprünglichen Geschäft zugrunde liegen. Bei Abweichungen (die u. U. zulässig und sogar geboten sein können) wird der Verkäufer beweisen müssen, daß durch sie (z. B. Kassa- statt Kreditkauf, Ausschluß von Gewährleistung) der Wert des Kaufgegenstandes und das Interesse des Käufers nicht beeinträchtigt worden ist, damit der Käufer den Verkauf für seine Rechnung gelten lassen muß; vgl. ROHG. 10, 372; 15, 150; 21, 75; RGZ. 19, 200; OLG. 13, 28; JW. 02, 545; 04, 561; R. 27, 63; LZ. 11, 378; Gruch. 28, 1066; 47, 148; SeuffA. 81, 171. Der Verkäufer genügt aber stets seiner Beweislast, wenn er dartut, daß zum Marktpreis verkauft worden ist; SeuffA. 76, 54.

Die Zeit des Selbsthilfeverkaufs steht nach Eintritt des Annahmeverzugs des Käufers grundsätzlich im Belieben des Verkäufers; ROHG. 9, 83; 21, 159; RGZ. 32, 64; 36, 86; JW. 25, 946. — Den Ort des Selbsthilfeverkaufs muß der Verkäufer nach pflichtmäßigem Ermessen unter Berücksichtigung des Orts, an dem sich der Kaufgegenstand befindet, der Markt- und Transportverhältnisse, auch des Vertragsinhalts bestimmen; vgl. darüber ROHG. 13, 58; 14, 422; 16, 425; RGZ. 15, 3; 110, 270; JW. 01, 617, 654, 756; 05, 538; DJZ. 06, 541: Gruch. 36, 1173. Verletzung dieser Sorgfaltspflicht (dazu aber § 300 BGB.!) kann nur Schadensersatzansprüche des Käufers begründen; vgl. RGZ. 95, 117; 110, 270, auch SeuffA. 76, 54. § 383 Abs. 1 BGB. gilt bei § 373 nicht.

Der Käufer kann auf Innehaltung der zu seinem Schutz gegebenen Vorschriften verzichten; vgl. ROHG. 19, 92; 20, 92; R. 07, 317; LZ. 25, 1281. Der Verkäufer kann die Beanstandung eines Selbsthilfeverkaufs durch Vornahme eines zweiten ordnungsmäßigen entkräften; ROHG. 23, 84; RGZ. 32, 61; R. 06, 855.

Der Selbsthilfeverkauf steht im Gegensatz zum Deckungsverkauf zwecks konkreter Schadensersatzberechnung bei Leistungsverzug des Käufers gem. § 326 BGB.; dieser geht auf Rechnung des Verkäufers, der dabei die Erfüllung — anders als hier — abgelehnt hat; vgl. dazu D. 216 und RGZ. 102, 389; 104, 388; 110, 152. Den Selbsthilfeverkauf kann der Verkäufer noch vornehmen, wenn er wegen seiner Kaufpreisforderung bereits befriedigt ist; vgl. RGZ. 8, 23, auch RGZ. 5, 63.

8. Selbst oder durch Beauftragte: vgl. Gruch. 43, 1165. Nicht aber der mit der Vornahme oder Leitung des Verkaufs Beauftragte und die von ihm zugezogenen Gehilfen mit Einschluß des Protokollführers (§ 456 BGB.); in diesen Fällen ist der Verkauf schwebend unwirksam (§ 458 BGB.).

9. Hier genügt Absendung der Verkaufsnachricht (vgl. auch § 377 Abs. 4); OLG. 22, 45.

10. Der Käufer kann wegen Unterlassung der Anzeige den Kauf nicht zurückweisen; vgl. demgegenüber oben Anm. 6 und 7. Er ist hier darauf angewiesen, einen ihm durch Unterlassung der Anzeige verursachten Schaden nachzuweisen, was wohl nur bezgl. der Anzeige vom Versteigerungsort oder -termin (wegen des Rechts zum Mitbieten, Abs. 4) praktisch wird. Entsprechendes gilt bei unrichtiger Anzeige.

Allgemeine Folgen des Annahmeverzugs

§ 374. Durch die Vorschriften des § 373 werden die Befugnisse nicht berührt, welche dem Verkäufer nach dem Bürgerlichen

Gesetzbuche zustehen, wenn der Käufer im Verzuge der Annahme ist[1].

1. Vgl. §§ 304, 372 ff., 383 ff. BGB., auch §§ 300, 302, 324 Abs. 2 BGB. und Anm. 3 zu § 373.

Spezifikationskauf

§ 375[1a]. Ist bei dem Kaufe einer beweglichen Sache dem Käufer die nähere Bestimmung über Form, Maß oder ähnliche Verhältnisse vorbehalten[1], so ist der Käufer verpflichtet, die vorbehaltene Bestimmung zu treffen[2].

Ist der Käufer mit der Erfüllung dieser Verpflichtung im Verzuge[3], so kann der Verkäufer die Bestimmung statt des Käufers vornehmen oder gemäß § 326 des Bürgerlichen Gesetzbuchs Schadensersatz wegen Nichterfüllung fordern oder vom Vertrage zurücktreten[4]. Im ersteren Falle hat der Verkäufer die von ihm getroffene Bestimmung dem Käufer mitzuteilen und ihm zugleich eine angemessene Frist zur Vornahme einer anderweitigen Bestimmung zu setzen[5]. Wird eine solche innerhalb der Frist von dem Käufer nicht vorgenommen, so ist die von dem Verkäufer getroffene Bestimmung maßgebend[5].

1a. Zu § 375 s. Art. 8 Nr. 22 der 4. EinfV. betr. Österreich und Art. 8 Nr. 22 der 3. EinfV. betr. Sudetenland (Anh. XIII, XIV).

1. § 375 bezieht sich auf den HKauf (und auf den Werklieferungsvertrag über vertretbare Sachen sowie den Tausch von Waren oder Wertpapieren), und gilt ohne Rücksicht darauf, ob der beteiligte Kaufmann Käufer oder Verkäufer ist; vgl. § 345 u. Anm. 1 zu § 373.

Der Spezifikationskauf (namentlich üblich in der Metall- und Holzindustrie) bezieht sich regelmäßig auf Rohmaterialien oder Halbfertigfabrikate, die nach Menge oder Gewicht und Stoffbeschaffenheit bestimmt sind, wobei aber vereinbart ist, daß die Ware erst in einer näheren der Bestimmung des Käufers überlassenen Ausgestaltung geliefert werden und also erst in dieser Gestalt den eigentlichen Kaufgegenstand bilden soll, wofür im Zweifel (vgl. ROHG. 19, 401) sog. Überpreise, die zu einem fest vereinbarten Grundpreis hinzutreten, zu zahlen sind. — Zu unterscheiden hiervon sind die Fälle, in denen die Parteien sich weder über die Bestimmtheit noch über die Bestimmbarkeit des endgültigen Kaufgegenstandes geeinigt haben (hier liegt Dissens — §§ 154, 155 BGB. — vor!), ferner solche, in denen noch keine feste, sondern nur eine alternative Bestimmung der Kaufsache getroffen ist (Wahlschuld des Verkäufers; vgl. RGZ. 35, 1; R. 28, 523; HRR. 34, 1302 und § 262 BGB.) oder in denen die Konkretisierung einer Gattungsschuld dem Käufer vertraglich überlassen wird. Erst recht ist die einer Partei überlassene Bestimmung des Lieferorts oder der Lieferzeit keine Bestimmung i. S. des § 375; vgl. LZ. 17, 856 (teilweise abw. RGZ. 94, 18). Wohl aber liegt ein Spezifikationskauf vor, wenn dem Käufer nicht nur eine außerhalb des Grundstoffs liegende Bestimmung, sondern darüber hinaus die Verteilung des mengenmäßig bestimmten Postens auf verschiedene Sorten der zunächst nur als Oberbegriff (Holz, Stahl oder dgl.) bezeichneten Ware überlassen wird (wobei die Preise der einzelnen Sorten üblicherweise festgelegt sind); sog. komplizierter Spezifikationskauf. Vgl. dazu RGZ. 30, 102; 43, 101, auch R. 05, 457.

2. Der Käufer, der die vorbehaltene Bestimmung unterläßt, gerät also nicht nur — bei Aufforderung oder Fristeintritt, §§ 295, 296 BGB. — in Annahmeverzug, sondern u. U. (vgl. §§ 284, 285 BGB.) zugleich in Leistungsverzug. Vgl. D. 218 und RGZ. 30, 98; 57, 110; und zwar ist die Bestimmungspflicht stets eine Hauptverpflichtung des Käufers; DJZ. 23, 308. — Die Bestimmung ist eine an den Käufer zu richtende empfangsbedürftige Willenserklärung (§§ 130 ff. BGB.); eine „Bestimmung der Leistung" (bzw. Gegenleistung) i. S. der §§ 315, 316 BGB. stellt sie nicht dar.

3. Gemeint ist (vgl. die vorige Anm.!) Leistungsverzug (§§ 284 ff. BGB.; Verschulden des Käufers erforderlich!).

4. Indem das Gesetz dem Verkäufer die Rechte aus § 326 BGB. gibt, wenn der Käufer mit der Erfüllung seiner Bestimmungspflicht im Verzuge ist, behandelt es diese als Hauptverpflichtung des Käufers (vgl. RGZ. 53, 164; 57, 110; 69, 107; nimmt man ohnehin eine Hauptverpflichtung an — vgl. oben Anm. 2! —, erscheint die Verweisung auf § 326 BGB. überflüssig!). Die Rechte aus § 326 BGB. kann der Verkäufer bei Sukzessivlieferungen schon dann hinsichtlich des ganzen Vertrages geltend machen, wenn der Käufer auch nur mit der Bestimmung über eine Teillieferung in Verzug ist; RGZ. 58, 420. — Den Rechten aus § 326 BGB. fügt § 375 noch als Hilfsrecht (im Interesse des dem Verkäufer wahlweise freistehenden Erfüllungsverlangens!) die Befugnis des Verkäufers hinzu, die Bestimmung an Stelle des Käufers selbst vorzunehmen. Ohne vorherige Vornahme der Bestimmung kann auf Abnahme nicht geklagt werden (LZ. 11, 455), ebensowenig auf den sog. Mindestpreis (bestr., vgl. dazu D. 217). Streitig ist, ob der Verkäufer, statt selbst die Bestimmung zu treffen, den Käufer auf deren Vornahme verklagen kann; i. S. des § 375 dürfte eher eine Verneinung der Frage liegen; anders aber OLG. 11, 410 u. Warn. 34, 18 (Rechtsschutzbedürfnis?) gegen OLG. 4, 226 u. LZ. 14, 967. Läßt man die Klage zu, so ist das Urteil nach § 888 ZPO. zu vollstrecken. — Nach D. 218 ist der Verkäufer an die erklärte Wahl gebunden. Sicher ist, daß nach dem Vorgehen aus § 326 BGB. die Vornahme der Spezifikation für den Verkäufer nicht mehr möglich ist (da sie nach Ablehnung der Erfüllung sinnlos wäre); doch kann der Verkäufer noch nach Vornahme der Bestimmung Rechte aus § 326 BGB. geltend machen, wofern der Käufer auch mit Erfüllung anderer Verpflichtungen (Zahlung oder — wenn sie Hauptverpflichtung ist — Abnahme) in Verzug ist. Vgl. dazu ROHG. 13, 434; RGZ. 15, 69; 85, 282; 88, 406; 102, 267; 109, 184; LZ. 16, 1389; Warn. 12, 148. Einen andern Weg, die Vertragserfüllung zu betreiben, hat der Verkäufer schließlich noch in Gestalt des Selbsthilfeverkaufs nach § 373; vgl. D. 235. Normalerweise ist die Spezifikationsbefugnis des Käufers auch als Verkaufsbedingung des Selbsthilfeverkaufs beizubehalten; vgl. RGZ. 43, 101 und Anm. 7 Abs. 3 zu § 373.

Will der Verkäufer die Rechte aus § 326 BGB. geltend machen, so muß er eine angemessene Frist zur Vornahme der Bestimmung setzen, und zwar mit der Erklärung, die spätere Bestimmung nicht als Erfüllung anzunehmen. Die Fristsetzung kann schon mit der ersten Aufforderung zur Vornahme der Spezifikation verbunden (RGZ. 50, 262; JW. 10, 332) oder nach Belieben des Verkäufers jederzeit später (vgl. RGZ. 93, 180, aber auch LZ. 09, 155; Gruch. 28, 1064; SeuffA. 57, 443) erklärt werden, solange die Spezifikation noch nicht erfolgt ist (vgl. RGZ. 50, 143; 76, 152, aber auch RGZ. 32, 63; 36, 87; 41, 64;

60, 348; 88, 178; 91, 100; 108, 68). Über Abgabe der Erklärung durch (bevollmächtigte und vollmachtlose) Vertreter s. RGZ. 50, 143; 63, 413; 66, 431. — Eine bestimmte (vgl. OLG. 8, 439; 18, 60; SeuffA. 60, 9) und angemessene (dazu ROHG. 3, 212; 8, 125; 13, 192; RGZ. 56, 234; 62, 69; 68, 331; 89, 125; 91, 207; 106, 90; JW. 10, 283; 11, 92, 755) Nachfrist muß ausdrücklich (vgl. RGZ. 56, 234) gesetzt werden. Die Erklärung ist nach Zugang (§§ 130 ff. BGB.) nicht mehr frei widerruflich (RGZ. 53, 167). Damit sie die Berechtigung, zwischen Schadensersatz und Rücktritt zu wählen, herbeiführt, muß mit der befristeten Aufforderung zur Leistung (dazu RGZ. 101, 398; SeuffA. 77, 183) die unzweideutige und endgültige Erklärung, daß die Leistung nach Ablauf der Frist als Erfüllung abgelehnt werde, verbunden sein; vgl. RGZ. 91, 165; 120, 194; JW. 04, 168; 08, 676; 10, 12, 183; 21, 1359; 30, 58; Gruch. 61, 299; 64, 720; SeuffA. 77, 45. Ausreichend z. B. Erklärung „zurückzutreten und Schadensersatz wegen Nichterfüllung zu verlangen" (vgl. LZ. 07, 434, 659; JW. 11, 751; 26, 2906), ferner — seitens des Käufers — „für Rechnung des Verkäufers Deckungskäufe vorzunehmen" (ROHG. 15, 335; RGZ. 61, 130); nicht ausreichend: Ankündigung, anderweit über die Ware zu verfügen (JW. 21, 1359) oder die, sie versteigern zu lassen (JW. 04, 168; SeuffA. 77, 45). — Ohne Fristsetzung (erst recht also nach an sich nicht angemessener Frist; vgl. RGZ. 89, 124) kann die Ablehnung der Leistung (vgl. RGZ. 51, 351; 52, 152; 83, 178; 91, 31, 101; 95, 265; JW. 10, 12) ausnahmsweise dann erfolgen (und Rücktritt erklärt oder Schadensersatz gefordert werden), wenn die Erfüllung des Vertrages (vgl. dazu JW. 05, 492; SeuffA. 60, 190; Warn. 09, 186) für den vertragstreuen Berechtigten gerade infolge des Verzuges des andern Teils (dazu RGZ. 70, 131; 96, 129; SeuffA. 56, 444) kein Interesse mehr hat (§ 326 Abs. 2 BGB.; Beispiele: RGZ. 94, 326; JW. 05, 136, 492; 16, 258; 20, 48; vgl. aber auch RGZ. 70, 132); sodann, wenn der andere Teil auf Fristsetzung verzichtet hat (RGZ. 71, 308; 104, 373); ferner wenn wegen der besonderen Eigenart des Geschäfts ausdrücklich oder stillschweigend die Wesentlichkeit der pünktlichen Leistung vereinbart ist (vgl. insbesondere § 376); endlich, wenn der andere Teil die Leistung so bestimmt verweigert hat, daß die Nachfristsetzung nach Treu und Glauben von vornherein nutzlos erscheinen muß (vgl. RGZ. 51, 347; 52, 150; 53, 11, 166; 56, 233; 57, 112; 61, 88; 66, 421, 431; 67, 317; 90, 318; 102, 266; 104, 275; 109, 236; JW. 18, 131, 551; 19, 376; R. 09, 1283; Warn. 34, 18). — Über Schadensersatz vgl. Anm. 2 Abs. 5 zu § 347, über Rücktritt §§ 346 ff. BGB. und Anm. 3 zu § 376.

5. Die Mitteilung der Selbstbestimmung des Verkäufers an den Käufer (§§ 130 ff. BGB.) ist für die Wirksamkeit der Selbstbestimmung wesentlich (vgl. JW. 03, 185; OLG. 3, 183), und muß grundsätzlich auch dann unter Fristsetzung (die im Falle der Unangemessenheit der Frist wie bei § 326 BGB. die angemessene Frist in Lauf setzt; vgl. RGZ. 91, 207; 106, 89) erfolgen, wenn der Verkäufer zum Vorgehen aus § 326 BGB. keine Frist zu setzen brauchte (vgl. oben Anm. 4 Abs. 2 a. E.); nur wenn der Käufer die Vornahme der Bestimmung so endgültig oder grundsätzlich ablehnt, daß nicht angenommen werden kann, er werde sie wenigstens gegenüber der Selbstbestimmung des Verkäufers vornehmen, kann auch hier die Fristsetzung unterbleiben (str.), (vgl. Warn. 34, 18, auch RGZ. 129, 145; SeuffA. 71, 195). Alsdann ist die gemäß der Selbstbestimmung hergestellte Kaufsache dem Käufer als Erfüllung i. S. des § 433 BGB. anzubieten, und zwar grundsätzlich „tatsächlich" (§ 294 BGB.), da durch das ausgeübte Selbstbestimmungsrecht des Verkäufers der Annahmeverzug des Käufers zunächst beseitigt ist, vgl. aber § 295 S. 1 BGB. (1. Alternative).

Fixgeschäft[1]

§ 376. Ist bedungen, daß die Leistung des einen Teiles[2] genau zu einer festbestimmten Zeit oder innerhalb einer festbestimmten Frist bewirkt werden soll[1], so kann der andere Teil[2], wenn die Leistung nicht zu der bestimmten Zeit oder nicht innerhalb der bestimmten Frist erfolgt, von dem Vertrage zurücktreten[3] oder, falls der Schuldner im Verzug ist, statt der Erfüllung Schadensersatz wegen Nichterfüllung verlangen[4]. Erfüllung kann er nur beanspruchen, wenn er sofort nach dem Ablaufe der Zeit oder der Frist dem Gegner anzeigt, daß er auf Erfüllung bestehe[5].

Wird Schadensersatz wegen Nichterfüllung verlangt und hat die Ware einen Börsen- oder Marktpreis, so kann der Unterschied des Kaufpreises und des Börsen- oder Marktpreises zur Zeit und am Orte der geschuldeten Leistung gefordert werden[6].

Das Ergebnis eines anderweit vorgenommenen Verkaufs oder Kaufes kann, falls die Ware einen Börsen- oder Marktpreis hat, dem Ersatzanspruche nur zugrunde gelegt werden, wenn der Verkauf oder Kauf sofort nach dem Ablaufe der bedungenen Leistungszeit oder Leistungsfrist bewirkt ist[7]. Der Verkauf oder Kauf muß, wenn er nicht in öffentlicher Versteigerung geschieht, durch einen zu solchen Verkäufen oder Käufen öffentlich ermächtigten Handelsmäkler oder eine zur öffentlichen Versteigerung befugte Person zum laufenden Preise erfolgen[7].

Auf den Verkauf mittels öffentlicher Versteigerung findet die Vorschrift des § 373 Abs. 4 Anwendung[8]. Von dem Verkauf oder Kaufe hat der Gläubiger den Schuldner unverzüglich zu benachrichtigen; im Falle der Unterlassung ist er zum Schadensersatze verpflichtet[9].

1. § 376 behandelt nur den Fixhandelskauf. Für Fixgeschäfte, die nicht HKäufe (vgl. Anm. 1 zu § 373) sind, kommt statt dessen § 361 BGB. zur Anwendung; nach dieser Vorschrift hat bei Nichtleistung, wenn zur bestimmten Zeit oder innerhalb der bestimmten Frist der andere Vertragsteil nur im Zweifel ein Rücktrittsrecht. Vgl. außerdem unten Anm. 4 und 5.

Ein Fixgeschäft liegt nur vor, wenn die Zeitbestimmung für die Leistung nach ausdrücklicher oder stillschweigender Vereinbarung (nicht bloß nach dem nicht zum Geschäftsinhalt erhobenen Interesse eines Teils; vgl. ROHG. 13, 169, auch ROHG. 9, 409 und RGZ. 36, 85) so wesentlich ist, daß verspätete Leistung nach dem Charakter des Geschäfts keine Erfüllung mehr darstellt; vgl. RGZ. 108, 158, auch ROHG. 2, 93; 7, 369; 9, 408; RGZ. 1, 241; 6, 26; 36, 84; 51, 348). Die bloße Vereinbarung einer Leistungszeit nach dem Kalender genügt nicht und läßt lediglich Verzug ohne Mahnung eintreten, wenn zur bestimmten

Zeit schuldhaft nicht geleistet wird (§ 284 Abs. 2 BGB.). Fixgeschäfte pflegen durch Zusätze zur kalendermäßigen Zeit wie „fix", „fest", „genau", „präzis" oder dgl. gekennzeichnet zu sein, wenn die Fixnatur nicht in dem sonstigen Inhalt des Vertrags zum Ausdruck kommt. Der Zusatz „ohne Nachfrist" bedeutet kein Fixgeschäft, sondern nur Verzicht auf die Fristsetzung nach § 326 BGB. (vgl. JW. 96, 703). In der Rechtsprechung sind (z. T. weitergehend) u. a. folgende Vereinbarungen als Fixgeschäfte anerkannt: lieferbar „im Mai" bei Zuckerkäufen (RGZ. 101, 363), u. U. allgemein lieferbar „ultimo Mai" (R. 27, 2441). Kauf „zu Weihnachten" (OLG. 43, 38), Akkreditierung zu einem festen Termin (RGZ. 96, 255), u. U. auch feste „Abladefristen" nach (RGZ. 30, 60 entsprechende Anwendung von § 376; vgl. ferner RGZ. 89, 420; JW. 17, 376), bei überseeischen Abladegeschäften sogar im Zweifel; RGZ. 88, 73; JW. 17, 928; Warn. 16, 346. Eine nachträgliche (selbst mehrmalige) Verlängerung der Lieferfrist spricht nicht gegen Annahme eines Fixgeschäfts (LZ. 27, 997). Die Bestimmung einer für die Vertragserfüllung wesentlichen festen Lieferfrist kann auch erst nach Vertragsabschluß erfolgen (LZ. 27, 997). Umgekehrt kann nachträglich die rechtliche Natur des Geschäftes als Fixgeschäft wegbedungen werden (JW. 09, 57; ROHG. 1, 266), z. B. durch vorbehaltlose Annahme verspäteter Lieferungen, ROHG. 6, 22 (anders: Vereinbarung einer fixen Prolongation; RGZ. 101, 364). Die zusätzliche Klausel „und täglich" (z. B. „am 1. 10. 1938 fix und tgl.") spricht nicht gegen das Vorliegen eines Fixgeschäfts; bei verspäteter Lieferung gilt § 376, aber der Käufer kann hier auch schon vor dem fixen Termin die Leistung verlangen; RGZ. 47, 112; Gruch. 47, 658. — In folgenden Fällen wurde dagegen das Vorliegen eines Fixgeschäfts verneint: bei Lieferfrist- oder Zahlungsklauseln „sofort" (ROHG. 20 236; LZ. 26, 533; Warn. 26, 254), „binnen kürzester Frist" (ROHG. 3, 288), „in den Monaten April, Mai, Juni" (ROHG. 7, 260), „sukzessive von Woche zu Woche" (ROHG. 3, 273), „täglich" (ROHG. 13, 435), „bei offener Schiffahrt" (ROHG. 11, 432); „je 2000 Zentner per Oktober, November und Dezember bis 10. jeden Monats abzuladen" (RG. 36, 84); „spätestens bis Ende des Monats ..." (ROHG. 6, 261; 7, 386); „binnen 5, höchstens 6 Wochen" (ROHG. 5, 437); „lieferbar prompt" (Recht 22, 452); ferner regelmäßig bei Vereinbarung einer (wenn auch bestimmten) Zeit nur für die Absendung der Ware (ROHG. 6, 228; RGZ. 36, 85). — Bei Börsengeschäften (namentlich wenn die Ware Preisschwankungen besonders ausgesetzt ist) muß Fixnatur vermutet werden; vgl. ROHG. 8, 236; 16, 292; RGZ. 44, 115; JW. 06, 36.

2. Liegt ein HKauf vor, der nur einseitiges HGeschäft ist, so ist es für die Anwendung des § 376 ohne Bedeutung, ob der beteiligte Kaufmann Käufer oder Verkäufer ist; vgl. § 345.

3. Bei nicht rechtzeitiger Leistung des einen Teils kann der andere ohne weiteres vom Vertrage zurücktreten (wie i. Zw. auch bei andern Fixgeschäften nach § 361 BGB.). Eine Nachfrist braucht nicht gesetzt zu werden, aber über § 326 Abs. 2 BGB. hinausgehend ist hier auch kein Verzug, also kein Verschulden des Schuldners erforderlich, ebensowenig Anbietung der Gegenleistung (JW. 24, 1151).

Die Rücktrittserklärung darf aber nicht gegen Treu und Glauben verstoßen (RGZ. 117, 354); so bei Leistungsverspätungen, die zwar buchstäblich eingetreten sind, aber von billig denkenden Vertragspartnern als sachlich bedeutungslos aufgefaßt werden müssen. Sie muß auch alsbald, nachdem die Verspätung der Leistung feststeht, erfolgen (R. 30, 1245), d. h. dem andern Teil zugehen (§§ 130 ff. BGB.).

4. Über Schadensersatz wegen Nichterfüllung vgl. allgemein Anm. 2 Abs. 5 zu § 347, besonders aber unten Anm. 6. Über Verzug vgl. §§ 284 ff. BGB. Mahnung ist beim Fixgeschäft nicht erforderlich (§ 284 Abs. 2 BGB.). Es bedarf auch nicht, wie grundsätzlich nach § 326 BGB. einer Nachfristsetzung: dies folgt allerdings für alle Fixgeschäfte schon aus § 326 Abs. 2 BGB. Darüber hinaus braucht aber hier dem Säumigen auch nicht die Ablehnung einer späteren Leistung erklärt zu werden; vielmehr muß sogar umgekehrt der Berechtigte tätig werden, wenn er sich noch über den Stichtag hinaus den Erfüllungsanspruch erhalten will; vgl. dazu unten Anm. 5.

5. Abw. von §§ 361, 326 BGB. Der Erfüllungsanspruch bleibt dem Berechtigten nur durch die sofortige Anzeige an den andern Teil (§§ 130 ff. BGB.), er bestehe auf Erfüllung, erhalten. Sofort nach dem Stichtag muß die Anzeige erfolgen, sonst hat der Berechtigte nur noch die Wahl zwischen Rücktritt und Schadensersatz wegen Nichterfüllung; ROHG. 9, 411. Vgl. dazu D. 222. Anders als nach § 121 BGB. usw. schadet hier auch unverschuldetes Zögern. Eine Anzeige vor Ablauf der Erfüllungsfrist oder am Stichtage selbst ist wirkungslos; ROHG. 5, 172 (Ausnahme: bei vorheriger Erfüllungsweigerung des andern Teils, ROHG. 13, 136). Verlangt der Gläubiger Erfüllung, so ist er daran gebunden; kommt der Schuldner nunmehr nochmals in Verzug, so gilt § 326 BGB. (str.); ROHG. 4, 286. — Im Konkurs ist beim Fixgeschäft über Waren mit Börsen- oder Marktpreis der Erfüllungsanspruch überhaupt ausgeschlossen (§ 18 KO.).

6. Sog. abstrakte Schadensberechnung. Sie beruht auf der (typischen) Annahme, daß die Ware zum Börsen- oder Marktpreis des Stichtages entweder vom Käufer anderweit beschafft werden mußte oder weiterverkauft worden wäre (vgl. dazu RGZ. 58, 327; 60, 347) bzw. vom Verkäufer anderweit verkauft werden mußte. Vgl. ROHG. 7, 377; 9, 348; 14, 142; RGZ. 1, 241; 68, 165; HRR. 30, 2084. Ob tatsächlich ein solches Deckungs- oder Realisierungsgeschäft getätigt wird, ist gleichgültig; ROHG. 24, 155; RGZ. 4, 3; LZ. 14, 1804, vgl. auch RGZ. 100, 113, ferner RGZ. 90, 425; 99, 46; 101, 240. Daß bei markt- oder börsengängigen Waren ausnahmsweise ein Kauf oder Verkauf solcher Art überhaupt nicht möglich war, wird der säumige Teil regelmäßig nicht nachweisen können; vgl. dazu RGZ. 68, 166; 90, 423, aber auch LZ. 09, 478. Besteht am Ort der geschuldeten Leistung kein Markt- oder Börsenpreis, so ist der des nächstgelegenen Marktes unter Berücksichtigung der Frachtdifferenz zugrunde zu legen; ROHG. 21, 247; 24, 332; RGZ. 6, 26; 11, 199. Abstrakte Schadensberechnung ist aber nicht nur bei Waren mit Markt- oder Börsenpreis möglich. Hat die Ware keinen Marktpreis, so kann eine andere nach dem voraussichtlichen Lauf der Dinge gegebene Verkaufsmöglichkeit dargetan (vom Gegner allerdings durch Gegenbeweis entkräftet werden, vgl. RGZ. 90, 306, 425) und danach abstrakt der Schaden berechnet werden; RGZ. 4, 3; 60, 347; 68, 165; JW. 09, 321; 14, 1804; 18, 35; 19, 727. Auf der andern Seite steht es dem Berechtigten auch frei, nachzuweisen, daß er einen höheren Schaden als die Differenz zwischen dem Vertragspreis und dem (mutmaßlichen) Preis am Stichtage erlitten hat; vgl. dazu unten Anm. 7.

7. Abs. 3 behandelt die Möglichkeit, den Schaden unter Zugrundelegung eines einzelnen, tatsächlich abgeschlossenen Deckungs- oder Realisierungsgeschäfts zu berechnen; vgl. RGZ. 11, 198; 46, 408; 52, 154; 53, 14; 60, 347, 61, 280; 90, 161; 91, 33; 93, 134; 98, 272; JW. 18, 557; LZ. 20, 755, sog. konkrete Schadensberechnung. Sie ist beim Fixhandelskauf über Waren mit Börsen- oder Marktpreis nur dann zulässig, wenn das neue Geschäft sofort nach Ablauf

der bedungenen Leistungszeit oder Leistungsfrist vorgenommen und entweder in öffentlicher Versteigerung oder durch besonders ermächtigte HMäkler oder Versteigerer vorgenommen wird. (Vgl. dazu auch Anm. 4 Abs. 2 zu § 373.) Ware, Lieferungs- und Zahlungsbedingungen sowie Ort und Zeit des Deckungsgeschäfts, müssen regelmäßig (nach pflichtmäßigem Treu und Glauben Rechnung tragendem Ermessen des Berechtigten) denen des nicht erfüllten Vertrags angepaßt sein, wobei der Berechtigte für die Erforderlichkeit oder Angemessenheit von Abweichungen darlegungs- und beweispflichtig ist; vgl. auch Anm. 7 Abs. 3 u. 4 zu § 373, sowie ROHG. 12, 249; 14, 10; RGZ. 11, 199; 15, 72; 46, 408; 52, 153; 53, 15; 57, 107, 114; 61, 281, 352; 83, 176; 91, 101; 101, 93; 102, 348; JW. 05, 18; Warn. 18, 264. Eine Deckung vor dem Stichtag ist zulässig oder sogar nach Treu und Glauben geboten, wenn der andere Teil vorher die Leistung ernstlich verweigert; vgl. darüber RGZ. 52, 153; 57, 114; 102, 348; auch RGZ. 101, 93. Über die Frage, wann im Unterlassen des Abschlusses eines Deckungsgeschäfts mitwirkendes Verschulden des Ersatzberechtigten (§ 254 Abs. 2 BGB.) liegt, vgl. noch RGZ. 71, 177; 83, 177; LZ. 09, 321; 10, 928; SeuffA. 91, 324. — Das Deckungsgeschäft geht für Rechnung des Ersatzberechtigten (im Gegensatz zum Selbsthilfeverkauf nach § 373), dem daher grundsätzlich auch ein etwaiger Gewinn zugute kommt; vgl. RGZ. 53, 15; 61, 281; 110, 155, aber auch (über Ausgleichung von Vorteilen, wenn das Deckungsgeschäft Gewinnelemente enthielt, die dem nicht erfüllten Geschäft fehlten) RGZ. 89, 282; 101, 93; 102, 349; Gruch. 63, 220, ferner JW. 19, 445. Vgl. noch RGZ. 111, 342 (Einfluß von Geldentwertung).

8. Beide Vertragsteile können also mitbieten.

9. Anders als nach § 373 Abs. 5 darf die Benachrichtigung hier nicht als untunlich unterbleiben; Absendung der Nachricht genügt. OLG. 22, 45. — Über Schadensersatz wegen Verletzung der Benachrichtigungspflicht vgl. auch Anm. 10 zu § 373. Über Rügepflicht nach Treu und Glauben bei einseitigen HGeschäften (Verwirkung!) vgl. D. 223, auch RGZ. 49, 161; 104, 95; OLG. 6, 91; 10, 341; 14, 377; LZ. 23, 397. Beim gewöhnlichen Kauf hat die Anzeige des Käufers von Mängeln der Sache regelmäßig nur die Bedeutung über die Verjährungsfrist hinaus wenigstens die Einrede der Wandelung oder Minderung zu erhalten (§ 478 BGB.). §§ 477, 478 BGB. gelten subsidiär auch für alle HKäufe.

Pflicht zur Mängelrüge

§ 377. Ist der Kauf für beide Teile ein Handelsgeschäft[1], so hat der Käufer die Ware unverzüglich nach der Ablieferung durch den Verkäufer, soweit dies nach ordnungsmäßigem Geschäftsgange tunlich ist, zu untersuchen[2] und, wenn sich ein Mangel zeigt[3], dem Verkäufer unverzüglich Anzeige zu machen[4].

Unterläßt der Käufer die Anzeige, so gilt die Ware als genehmigt[6], es sei denn, daß es sich um einen Mangel handelt, der bei der Untersuchung nicht erkennbar war[5].

Zeigt sich später ein solcher Mangel[3], so muß die Anzeige[4] unverzüglich nach der Entdeckung gemacht werden[5], anderenfalls gilt die Ware auch in Ansehung dieses Mangels als genehmigt[6].

Zur Erhaltung der Rechte des Käufers genügt die rechtzeitige Absendung der Anzeige[4].

Hat der Verkäufer den Mangel arglistig verschwiegen, so kann er sich auf diese Vorschriften nicht berufen[7].

1. Die von § 377 aufgestellte Pflicht zur Untersuchung (vgl. unten Anm. 2) und Mängelrüge (über sie unten Anm. 4) ist auf HKäufe beschränkt, die beiderseitige HGeschäfte sind; vgl. HRR. 28, 641 sowie Anm. 1 zu § 373 und Anm. 1 zu § 343, ferner §§ 5, 15. Über dem HKauf gleichgestellte Geschäfte vgl. Anm. 1 a. E. zu § 373, ferner OLG. 22, 237; SeuffA. 56, 284. Kauf auf Probe (§§ 495 f. BGB.) ist Kauf auch i. S. des § 377 (OLG. 44, 240; JW. 01, 367), erst recht natürlich der Kauf nach Probe (§ 494 BGB., dazu HansRGZ. 36 B 420!) und der Wiederkauf; vgl. D. 224 und LZ. 20, 706. — Für Zusendung unbestellter Waren gilt § 377 nicht; ROHG. 10, 144; JW. 00, 297. Vgl. aber § 378.

Die Ausgestaltung der Verpflichtung durch HBräuche (§ 346) ist möglich, nicht aber ihre Beseitigung; RGZ. 123, 79; R. 20, 970; LZ. 22, 26. Und zwar ist i. Zw. der am Erfüllungsort des Käufers herrschende Brauch maßgebend, ebenso das dort geltende Recht; vgl. RGZ. 46, 105, 193; 73, 390; 81, 275. Abs. 5 ist aber ordre public, also auch entgegen dem etwa weitergehenden Schutz des Verkäufers durch das Recht des ausländischen Erfüllungsortes durchgreifend; RGZ. 46, 193.

2. § 377 stellt im Interesse der Rügepflicht für den Käufer eine Untersuchungspflicht auf, dies aber nur in der Bedeutung, daß lediglich solche Mängel, die auch bei ordnungsmäßiger Untersuchung nicht erkennbar waren, bzw. gewesen wären, noch unverzüglich nach ihrer späteren Entdeckung geltend gemacht werden können; vgl. Anm. 5 u. 6. Im übrigen kommt der Aufstellung der Untersuchungspflicht nur Bedeutung für die Berechnung der Rügefrist zu; darüber unten Anm. 4.

3. Gegenstand der Rügepflicht ist ein „Mangel" der gelieferten Ware. Mangel i. S. des § 377 ist sowohl das Vorhandensein eines Fehlers der Ware, durch den ihre Tauglichkeit zu dem gewöhnlichen oder dem vertragsmäßig vorausgesetzten Gebrauch oder ihr Wert nicht unerheblich gemindert wird (§ 459 Abs. 1 BGB.), als auch das Fehlen zugesicherter Eigenschaften (§ 459 Abs. 2 BGB.). Ist die Verpackung mitverkauft oder ist sie eine Eigenschaft der Ware, so fallen auch Verpackungsmängel unter § 377; ROHG. 11, 106; RGZ. 59, 123; JW. 19, 257; LZ. 09, 794. Rechtsmängel (§ 434 BGB.) oder Falschlieferungen, die nicht auf Art oder Menge der Ware (darüber § 378) Bezug haben, fallen nicht unter § 377; vgl. RGZ. 1, 21; 97, 211; OLG. 13, 30; 14, 381; JW. 04, 341; DJZ. 22, 127, auch JW. 23, 176 (unechte Banknoten). Wann der Mangel entstanden ist, ist für die Rügepflicht hingegen grundsätzlich gleichgültig; vgl. RGZ. 106, 309; JW. 24, 176.

Fehler i. S. des § 459 Abs. 1 BGB. ist nur eine Abweichung von der normalen Beschaffenheit, die nicht in einem Absinken des Wertes allein zu erblicken ist, aber (ohne darum ein Rechtsmangel i. S. des § 434 BGB. zu werden) auch auf rechtlichen Verhältnissen (z. B. gesetzlichen oder behördlichen Verboten) beruhen kann; vgl. RGZ. 52, 2; 55, 201; 59, 243; 61, 86; 67, 87; 97, 352; 101, 413, ferner RGZ. 99, 147; JW. 06, 378; 09, 492, auch JW. 11, 39. — Maßstab für die Gebrauchsfähigkeit ist in erster Linie die vertragliche (nicht die nur einseitig vom Käufer gewollte) Zweckbestimmung, sonst die Verkehrsanschauung; RGZ. 69, 431; 70, 85. Vgl. noch RGZ. 114, 239; 115, 286; 135, 340; JW. 29,

679; LZ. 16, 222; Warn. 32, 243 sowie R. 30, 827. Unerheblichkeit des Fehlers kann aus seiner Geringfügigkeit (JW. 07, 173; 14, 827; LZ. 08, 447; 09, 243) oder aus der Bestimmung des Vertragsgegenstandes (z. B. Massenartikel, gebrauchte Sachen, vgl. dazu JW. 00, 856 und — wenn auch wohl zu weitgehend — 22, 1219) gefolgert werden. — Über zugesicherte Eigenschaften (Begriff und Beispiele!) vgl. RGZ. 21, 310; 34, 327; 47, 124; 52, 2; 54, 222; 59, 242; 61, 86; 63, 61; 64, 269; 71, 307; 83, 242; 95, 175; 96, 156; 100, 161; 101, 70; 102, 310; 103, 77; OLG. 21, 197; 23, 181; 36, 44; JW. 09, 48; 10, 748; 16, 1594; 18, 218, 1594; LZ. 20, 702; 21, 464; Gruch. 62, 788; 66, 453; SeuffA. 57, 56. Die Zusicherung muß grundsätzlich im Vertrage selbst (wenn auch nicht ausdrücklich) erfolgen, vgl. darüber RGZ. 27, 19; 54, 223; JW. 04, 354; 05, 530; 10, 749; 13, 198, 370; Gruch. 48, 596; 52, 971; Warn. 14, 73; 18, 46; SeuffA. 60, 261, aber auch RGZ. 95, 120. Wegen des Unterschiedes zwischen Zusicherung (für den Zeitpunkt des Gefahrübergangs) und Garantiezusage (für die Zukunft) RGZ. 52, 431; 91, 306; JW. 06, 712; 11, 322.

4. Rüge ist die an den Verkäufer zu richtende Anzeige des Käufers, daß die Ware einen (bestimmt bezeichneten) Mangel habe. Sie muß unverzüglich nach Ablauf der Frist zur ordnungsmäßigen Untersuchung erfolgen. Andernfalls verliert der Käufer die Gewährleistungsansprüche gegen den Verkäufer; vgl. darüber unten Anm. 5.

Die Mängelrüge muß erkennen lassen, in welcher Beziehung der Käufer im einzelnen die Ware beanstandet. Ungenaue (insbesondere untechnische) Bezeichnung des Mangels ist zwar unschädlich (ROHG. 5, 262; RGZ. 47, 13, vgl. auch RGZ. 106, 361), eine allgemeine Mißbilligungserklärung, insbesondere auch die Erklärung, „die Ware zur Verfügung zu stellen", jedoch bedeutungslos (ROHG. 10, 269; 14, 156; LZ. 08, 299; SeuffA. 61, 262). Über die Anzeige, die Ware sei „probewidrig", die u. U. (wenn damit für den Verkäufer der Mangel klarliegt!) genügt, vgl. ROHG. 14, 156; LZ. 09, 466; Gruch. 52, 1108. Die Rechtsfolgen, die der Käufer geltend machen will, braucht er in der Rüge nicht zu bezeichnen.

Hieraus ergibt sich die Rügefrist für Mängel, die bei ordnungsmäßiger Untersuchung der Ware erkennbar sind: Die Rüge muß unverzüglich nach Ablauf derjenigen Frist erfolgen, welche ausreicht, um das Vorhandensein (nicht hingegen auch Ursache oder Entstehungszeit! vgl. RGZ. 106, 360) eines Mangels mit der zur Rüge erforderlichen Bestimmtheit durch eine im Rahmen des ordnungsmäßigen Geschäftsgangs tunliche Untersuchung der Ware zweifelsfrei festzustellen. Vgl. hierzu ROHG. 13, 10; 15, 214; RGZ. 47, 22; 104, 384; 106, 361; JW. 01, 189; 02, 425; 10, 155; LZ. 09, 774; 13, 541; SeuffA. 60, 32; Gruch. 51, 390; 52, 1108, DR. 39, 1795.

Die Untersuchungsfrist beginnt mit der Ablieferung der Ware durch den Verkäufer. Ablieferung liegt vor, wenn die Ware in Erfüllung des Kaufvertrages (also nicht aus einem anderen Rechtsgrunde oder versehentlich; vgl. RGZ. 73, 391) in die unbeschränkte tatsächliche Verfügungsmacht des Käufers gelangt, er über sie also sofort die zur Untersuchung erforderlichen Dispositionen treffen kann; vgl. RGZ. 73, 391; 91, 290; 92, 273; JW. 06, 91; 08, 431; LZ. 09, 680. Ausreichend ist z. B. Übergabe an den Spediteur des Käufers bei Beendigung jeglicher Verfügungsmöglichkeit des Verkäufers, RGZ. 91, 290; JW. 10, 394; LZ. 07, 347; 08, 158; vgl. auch LZ. 28, 786 und HansRGZ. 29 B 826. Aushändigung von Begleitpapieren steht der tatsächlichen Ablieferung nicht gleich, OLG. 6, 91; 44, 248. Eine vom Verkäufer zu montierende Maschine ist erst mit der für beendigt erklärten Montage abgeliefert; JW. 08, 431; SeuffA.

85, 365. — Für mehrere Sendungen ist der Zeitpunkt der Ablieferung getrennt zu bestimmen (LZ. 26, 820; 27, 1018; SeuffA. 87, 347), außer wenn mehrere Teillieferungen derart zusammengehören, daß die Verwendbarkeit der Gesamtlieferung erst nach der letzten Sendung geprüft werden kann (RGZ. 138, 331). Bei Langlieferungsverträgen (Sukzessivlieferung) ist jede der einzelnen Teilleistungen stets eine besondere für sich zu beurteilende Lieferung; vgl. RGZ. 1, 53, 63; 3, 100; 43, 65; 65, 53; JW. 00, 394; LZ. 09, 229. Selbstverständlich muß auch Ware, die vereinbarungsgemäß nachzubessern war, nach erneuter Ablieferung abermals untersucht bzw. bei Mangelhaftigkeit wiederum gerügt werden; vgl. SeuffA. 81, 51. — Die Beweislast für die Ablieferung trifft den Verkäufer; RGZ. 5, 30.

Die Frist von der Ablieferung bis zu dem Zeitpunkt, nach welchem der Käufer die Rüge nicht mehr schuldhaft verzögern (vgl. § 121 Abs. 1 BGB.) darf (Untersuchungsfrist), ist gleich der Dauer einer (der Besonderheit der Ware angepaßten) Untersuchung, die ohne jeden bei ordnungsmäßigem Geschäftsgang vermeidbaren Zeitverlust vorgenommen wird; RGZ. 47, 21; 106, 360; JW. 24, 814. Über die Frage, ob die Ware vom Ablieferungsort zur Untersuchung erst weggeschafft werden darf, vgl. ROHG. 3, 393; 8, 225; 11, 41; HRR. 28, 1221; LZ. 10, 1430, aber auch unten Abs. 6 a. E. d. Anm. — Ordnungsmäßigkeit des Geschäftsganges ist objektiver Maßstab; eine beim Käufer herrschende besondere Übung, die nicht nach den Umständen unbedingt geboten erscheint, ist unbeachtlich; auch persönliche Behinderung entschuldigt den Käufer nur unter besonderen Umständen. Ebensowenig kommen in Betracht: mehrtägige Arbeitsruhe aus bloß örtlichem oder persönlichem Anlaß (vgl. ROHG. 11, 307; RGZ. 59, 125; JW. 06, 763; HRR. 31, 76) 9, Urlaubszeit (zur Untersuchung größerer Warensendungen sind notfalls Hilfskräfte einzustellen; LZ. 26, 541). Nicht nur Beginn, sondern auch Art und Umfang der Untersuchung sind nach den Anforderungen eines ordnungsmäßigen Geschäftsgangs, wie er allgemein im Geschäftszweig des Käufers üblich ist, unter Berücksichtigung von Eigenart der Ware und Besonderheiten des Vertragszweckes (vgl. § 459 BGB.) zu beurteilen. Vgl. dazu RGZ. 59, 75, 125; 68, 369; 73, 168; 96, 176; OLG. 48, 208; JW. 36, 805; LZ. 11, 772; HRR. 28, 641; SeuffA. 76, 57. Hiernach richtet sich insbesondere, ob die gesamte Warenmenge zu untersuchen oder nur Stichproben zu machen sind (letzteres namentlich bei größeren Mengen nur durch Verbrauch oder Verarbeitung nachzuprüfender Ware — weitergehende Verfügung wäre Genehmigung! —; vgl. ROHG. 3, 247; 7, 318, 427; 8, 175; 9, 405; 12, 92; 14, 265; 16, 321; 22, 151; RGZ. 25, 29; 47, 20, 144; 57, 7; 59, 120; 68, 368; 106, 360; JW. 10, 155; LZ. 09, 775; 11, 610; R. 23, 685, 1252; Warn. 19, 158), überhaupt die Untersuchungsmethoden, insbesondere, ob ein besonderer Sachverständiger zugezogen werden kann (was mit entsprechender Verlängerung der Frist verbunden, aber nur ausnahmsweise zu bejahen ist; vgl. RGZ. 59, 44; 73, 168; JW. 01, 424; 06, 91, ferner betr. überseeischen HBrauch HRR. 30, 2086, sowie über eine besondere Verpflichtung des Käufers, ein Sachverständigengutachten über den Zustand der Ware [unabhängig von der Rügepflicht!] herbeizuführen — sog. Attestklausel — RGZ. 92, 270; 96, 247). Bei ein und derselben Ware kann die Rügefrist hiernach (für mehrere Mängel) verschieden ein; RGZ. 62, 255; 106, 360. — Grundsätzlich erfährt die Rügefrist keine Verlängerung, wenn der Käufer die Ware ohne Untersuchung an seinen Abnehmer weiterleitet. Anders nur, wenn dies (d. h. nicht nur die Weiterversendung, sondern der Wegfall der Untersuchung durch den Käufer!) dem Verkäufer erkennbar war, insbesondere wenn er die Lieferung an den Abkäufer auf Weisung des Käufers unmittelbar vornimmt. Ob dem Abkäufer gegenüber dem Käufer eine Rügepflicht obliegt, ist aber für die Rügefrist gegenüber dem Verkäufer gleichgültig; ob der Abkäufer, wenn auch er Kaufmann ist, unmittelbar gegenüber dem Lieferanten des Käufers (dem Verkäufer des ersten Geschäfts, der sich hier die Rüge des Abkäufers seines Kunden gefallen lassen muß!) zu rügen hat, bestimmt sich nach seinen Abmachungen mit seinem Verkäufer (dem Käufer aus dem ersten Geschäft), gegebenenfalls auch nach HBrauch. Vgl. dazu ROHG. 2, 236; 3, 81, 393; 10, 146; 15, 215; 17, 217; 24, 259; RGZ. 57, 11; 59, 124; 96, 13; 102, 91; LZ. 07, 347; 17, 795; R. 20, 146; 23, 62; 24, 1131; HansGZ. 02, Hbl. 24.

Nach Ablauf der so zu bestimmenden Untersuchungsfrist (vgl. dazu ROHG. 13, 10; RGZ. 106, 361; Gruch. 52, 1108) muß der Käufer ohne schuldhaftes Zögern (vgl. § 121 BGB.) rügen. Über die je nach Lage des Falles gebotene Beschleunigung der Anzeige vgl. ROHG. 15, 214; RGZ. 106, 360; JW. 02, 425; 22, 802, DR. 39, 1795. — Eine hiernach rechtzeitige Mängelrüge ist auch dann wirksam, wenn sie ohne vorherige Untersuchung abgegeben wird, ja schon vor Ablieferung erfolgt; vgl. dazu ROHG. 14, 157; 15, 271; RGZ. 64, 162; 138, 336; JW. 04, 341; 23, 48. In diesem Sinne fehlt es an einer gesetzlichen Untersuchungspflicht des Käufers. Jedoch wird ohne tatsächlich vorgenommene Untersuchung häufig nicht erweislich sein, daß der Mangel trotz ordnungsmäßiger Untersuchung verborgen geblieben wäre: vgl. dazu unten Anm. 5, auch SeuffA. 87, 55. — Die Mängelrüge ist an sich Tatsachenerklärung (vgl. auch oben Abs. 2 d. Anm.), auf die aber die Regeln über Willenserklärungen großenteils entsprechende Anwendung finden (z. B. §§ 164—166, 180 S. 1 u. 2 BGB.). Die Anzeige ist aber nicht unbeschränkt empfangsbedürftig (§§ 130 ff. BGB.), d. h.: die Erklärung braucht, wenn sie verkörpert ist (vgl. dazu Anm. 3 Abs. 2 a. E. zu § 346), dem Verkäufer nicht zuzugehen, sondern es genügt die fristgerechte ordnungsmäßige (vgl. LZ. 14, 1062) Absendung der Anzeige (Abs. 4). Eine Form für die Anzeige ist nicht vorgeschrieben (ROHG. 19, 153; SeuffA. 55, 303). Wird die Anzeige aber nicht verkörpert abgegeben (also mündlich oder fernmündlich), so ist zwischen Empfang und Abgabe der Erklärung nicht im selben Sinne zu trennen (vgl. Anm. 3 Abs. 2 a. E. zu § 346): die Rüge ist in diesem Fall nur dann wirksam, wenn sie innerhalb der Rügefrist zur Kenntnis des Verkäufers oder einer zur Entgegennahme der Rüge ermächtigten Person gelangt; vgl. ROHG. 14, 156; RGZ. 102, 295; LZ. 07, 343; 19, 613, ferner §§ 55 Abs. 3, 86 Abs. 2, 87. Büroangestellte, die den Fernsprecher bedienen, gelten als allgemein zur Empfangnahme von Mängelrügen bevollmächtigt; RGZ. 102, 295 (vgl. ROHG. 7, 430).

5. Beweist der Käufer, daß ein Mangel trotz ordnungsmäßiger Untersuchung (darüber oben Anm. 4 Abs. 5) nicht erkennbar war (ROHG. 7, 430; R. 18 Beil., 75, sog. verborgener Mangel), so genügt es, wenn die Rüge unverzüglich vgl. dazu oben Anm. 4 Abs. 6) nach Entdeckung des Mangels erfolgt; vgl. RGZ. 38, 10.

6. Eine schuldhaft verspätete Rüge (vgl. § 121 BGB. u. oben Anm. 4 u. 5) ist wirkungslos: Der Käufer verliert dann (abgesehen vom Falle der Arglist des Verkäufers) seine Ansprüche gegen den Verkäufer wegen des Mangels, wie wenn er (§ 464 BGB.) die gelieferte Ware in Kenntnis des Mangels vorbehaltlos angenommen hätte; die Ware gilt kraft unwiderleglicher Vermutung als genehmigt. Vgl. RGZ. 25, 27; 65, 53; 73, 168; 99, 247; JW. 02, 28; 36, 2391; LZ. 09, 672 und (betr. § 478 BGB.) SeuffA. 75, 293. Rechtsgeschäftliche Verlängerung der Rügefrist ist möglich (auch einseitig durch den

Verkäufer) und z. B. in einer sog. Reklamationsfrist („Beanstandungen werden nur innerhalb .... berücksichtigt") zu finden (str.); Verkürzung kann nur durch Vertrag geschehen. Vgl. dazu OLG. 1, 247; 22, 49; 24, 187; LZ. 12, 76; SeuffA. 56, 59; HansGZ. 22, 90; HRR. 33, 837.

Ist wegen eines Mangels rechtzeitig gerügt, wegen eines andern die Rüge hingegen versäumt worden, so erstreckt sich die Genehmigung selbstverständlich nur auf den nicht rechtzeitig gerügten Mangel; ROHG. 14, 68; RGZ. 18, 55; 38, 10. — Die Beweislast für die Rechtzeitigkeit der Rüge hat, wenn der Verkäufer die Ablieferung dartut, der Käufer; ROHG. 2, 337, 379; 3, 46; 4, 42; 7, 308; 12, 178; RGZ. 3, 101; 5, 30. Demgegenüber muß der den Kaufpreis fordernde Verkäufer die Mangelfreiheit beweisen; vgl. RGZ. 66, 281; 96, 119; SeuffA. 80, 138; 82, 289. (Umgekehrt Beweislast des Käufers, der die Gewährleistungsansprüche erhebt; vgl. ROHG. 6, 104; 20, 6; 66, 285; 95, 119.) Über Beweislast bei Klauseln wie „Kassa gegen Dokumente" oder „Kassa gegen Duplikatfrachtbrief" vgl. RGZ. 31, 100; 47, 131; 59, 24; 61, 348; 103, 212; OLG. 27, 399; JW. 18, 107; 21, 1312; 26, 2919; 32, 586; LZ. 21, 568; HansRZ. 25, 315, über die Bedeutung von „Kasse gegen Faktura" vgl. SeuffA. 82, 289.

Neben § 377 gilt für beiderseitige HKäufe auch § 464 BGB.: kennt der Käufer schon bei Annahme der Ware (die allerdings nicht mit deren „Ablieferung" zusammenzufallen braucht, vgl. oben Anm. 4 Abs. 4 und dazu RGZ. 57, 338, 399; 59, 380; 64, 240; 66, 282; 71, 23) den Mangel, so kann ihm dessen Rüge nur dann die Gewährleistungsansprüche erhalten, wenn er sich seine Rechte bei der Annahme vorbehält (RGZ. 64, 236); die Annahme hat der Verkäufer, den Vorbehalt der Käufer zu beweisen. Dieser Vorbehalt kann — anders als die Mängelrüge! vgl. unten Anm. 7 — nicht durch den Nachweis ersetzt werden, daß der Verkäufer den Mangel arglistig verheimlicht hat; JW. 15, 444, 508. Die vorbehaltlose Annahme muß aber durch den Käufer oder durch einen Dritten mit Vollmacht oder Genehmigung des Käufers erfolgen. (Über Vollmachtsmißbrauch und Ausschluß des § 166 Abs. 1 BGB., wenn der Verkäufer den Mißbrauch kennt, vgl. RGZ. 101, 73!) — Auch spätere Genehmigung der Ware als solcher macht eine (vorherige oder nachträgliche) Rüge wirkungslos; vgl. dazu RGZ. 17, 67; 43, 37, 64; 54, 80; JW. 02, 173; SeuffA. 55, 53; 59, 268; aber auch LZ. 22, 589.

Die Versäumung der Mängelrüge bedeutet nach h. M. nicht nur den Ausschluß der Gewährleistungsansprüche, sondern jeder Haftung des Verkäufers (§§ 462, 463, 480 BGB., auch §§ 478, 479 BGB.), die aus der Tatsache des nicht rechtzeitig gerügten Mangels an sich hergeleitet werden konnte (RGZ. 125, 78; JW. 36, 2391; vgl. aber auch RGZ. 130, 380, ferner LZ. 30, 438). Vielfach wird jedoch bei Verschulden des Verkäufers mit Abs. 5 zu helfen sein; dazu unten Anm. 7. Erst recht ist bei Versäumung der Mängelrüge ein Zurückgreifen auf andere Rechtsgründe, denen die Gewährleistungsansprüche als das speziellere Gesetz vorgehen, unmöglich, insbesondere Irrtumsanfechtung (§ 119 BGB.); Verschulden beim Vertragsschluß (vgl. Anm. 2 Abs. 2 zu § 347) und Bereicherung (§§ 812ff. BGB.); vgl. hierzu RGZ. 52, 19; 53, 200; 56, 51, 169; 61, 175; 62, 285; 70, 429; 97, 351; 101, 64; 135, 340. (Anfechtung wegen arglistiger Täuschung oder Drohung ist dagegen wahlweise möglich; so richtig RGZ. 96, 156 gegen RGZ. 70, 429; vgl. auch RGZ. 62, 126; 63, 270; JW. 13, 88; SeuffA. 75, 2; Versäumung der Mängelrüge kann in diesen Fällen wegen Abs. 5 nicht eintreten.)

Für die Ansprüche wegen Mangelhaftigkeit der Ware gelten im übrigen die allgemeinen Vorschriften. Grundsätzlich kann der Käufer nach seiner

Wahl Wandelung oder Minderung (§§ 462, 465 BGB.; vgl. auch § 466 BGB.), bei Gattungsware auch Nachlieferung (§ 480 Abs. 1 BGB.) verlangen; gegenüber dem arglistigen Verkäufer (vgl. dazu auch unten Anm. 7) und wenn der verkauften Sache eine zugesicherte Eigenschaft schon bei Vertragsabschluß fehlte, steht ihm daneben ein Anspruch auf Schadensersatz wegen Nichterfüllung zu (§§ 463, 480 Abs. 2 BGB.). — Außer durch Kenntnis eines Mangels bei vorbehaltloser Annahme (§ 464) werden die Mängelansprüche erst recht durch (vom Verkäufer zu beweisende — RGZ. 44, 275) Kenntnis bei Kaufabschluß ausgeschlossen (§ 460 S. 1 BGB., dazu RGZ. 55, 214; JW. 15, 508), gegenüber dem nicht arglistigen Verkäufer auch schon durch grobfahrlässige Unkenntnis (dazu JW. 08, 108) eines Fehlers i. S. des § 459 Abs. 1 BGB., dessen Abwesenheit nicht zugesichert war (§ 460 S. 2 BGB.), oder durch Erlaß bzw. Beschränkung der Gewährleistung (§ 476 BGB.). Schlechthin ausgeschlossen sind die Gewährleistungsansprüche bei Verkauf einer Sache als Pfand in öffentlicher Versteigerung (§ 461 BGB., der bei freihändigem Pfandverkauf oder Selbsthilfeverkauf nicht entsprechend anwendbar ist; JW. 02, 545). In all diesen Fällen ist die kaufmännische Pflicht zur Mängelrüge selbstverständlich gegenstandslos. — Wandelung richtet sich nach Rücktrittsgrundsätzen (mit Ausnahme des Falles der Umgestaltung); vgl. § 467 BGB. Über Wandelung bei einer Mehrheit verkaufter Sachen vgl. § 469 BGB., bei Verkauf von Haupt- und Nebensachen § 470 BGB.; Zusammengehörigkeit und ebenso Haupt- oder Nebensächlichkeit ist i. Zw. nach der Verkehrsauffassung (HBrauch!) zu beurteilen; vgl. dazu auch RGZ. 66, 156; 87, 338; SeuffA. 59, 269. Wandelung wegen einzelner von mehreren zu einem Gesamtpreis verkaufter Sachen führt zur entspr. Herabsetzung des Gesamtpreises (§ 471 BGB.). Über Berechnung des geminderten Kaufpreises vgl. §§ 472, 473 BGB., ferner über Mehrheit von Käufern und Verkäufern im Falle der Minderung § 474 BGB. (getrennte Beurteilung, während Wandelung stets nur einheitlich — vgl. § 467 i. V. m. § 356 BGB. — möglich ist!), und über Verjährung §§ 477—479 BGB. Besonderheiten gelten für Viehkäufe nach §§ 481 ff. BGB.; vgl. § 382.

7. Ausnahmsweise ist die Versäumung der Mängelrüge unschädlich.

Nach Abs. 5 kann sich der arglistige Verkäufer auf die Unterlassung oder Verspätung der Rüge nicht berufen. — Ausdrücklich nennt die Vorschrift nur den Fall des arglistigen Verschweigens des Mangels. Da der „Mangel" (vgl. oben Anm. 3) aber sowohl im Vorhandensein eines Fehlers i. S. des § 459 Abs. 1 BGB. als auch im Fehlen einer zugesicherten Eigenschaft bestehen kann, liegt arglistiges Verschweigen vor, wenn der Verkäufer (oder ein Vertreter, auch ein sog. Wissensvertreter — vgl. RGZ. 101, 157 u. § 166 Abs. 1 BGB., [analog!] —, z. B. der Lieferant des Verkäufers, der unmittelbar an dessen Käufer liefern soll), mindestens mit dem Vorhandensein eines Fehlers oder dem Fehlen der Eigenschaft rechnete und gleichwohl schwieg bzw. die Zusicherung abgab oder aufrechterhielt. Vgl. ROHG. 2, 189; 4, 186; RGZ. 55, 214; 62, 302; 91, 420; 101, 72; 102, 394; JW. 05, 79, 639; 06, 86; 08, 330; 09, 308; 12, 342; 13, 88, 684; 31, 3270; LZ. 16, 306; 19, 325; 639, 692; Gruch. 47, 925; Warn. 29, 242; SeuffA. 87, 55. Beweist der Käufer, daß der Verkäufer mit einem Mangel rechnete, so kommt es nicht darauf an, ob das Verschweigen des Verkäufers die Unterlassung der Rüge tatsächlich verursacht hat (RGZ. 55, 215; 91, 423; JW. 14, 189). Der Verkäufer muß aber wenigstens mit der Möglichkeit gerechnet haben, der Mangel werde dem Käufer infolge des Schweigens unbekannt bleiben und andernfalls von ihm beanstandet werden (JW. 38, 320[12]); dies wird aber der Verkäufer, nachdem ihm die Kenntnis des Mangels nachgewiesen wird, außer wenn nach der Verkehrsauffassung von ihm keine Offenbarung zu erwarten war, vgl. RGZ. 62, 150; JW. 12, 342 — seinerseits zu widerlegen haben: RGZ. 55, 214; 62, 302, ferner RGZ. 62, 150; JW. 06, 86, aber auch SeuffA. 87, 55. — Dem arglistigen Verschweigen eines Mangels steht es gleich, wenn der Verkäufer betrüglich eine Eigenschaft der Sache (auch ohne Zusicherung i. S. des § 459 Abs. 2 BGB.!) vorgespiegelt hat; vgl. LZ. 31, 1456 u. dazu die gleichliegenden Entsch. zu § 463 S. 2 BGB.: RGZ. 63, 112; 66, 336; 67, 148; 69, 429; 83, 241; 92, 295; 103, 160; JW. 09, 309; 10, 934; 11, 808; 12, 137, auch Warn. 37, 199. — Im Falle des § 377 Abs. 5 kann der Käufer statt Wandelung oder Minderung stets Schadensersatz verlangen (vgl. §§ 463 S. 2, 480 Abs. 2 BGB. und dazu RGZ. 52, 355; 53, 92; 59, 157; 63, 112; 66, 285, 336; 87, 237; 90, 332; 92, 295; JW. 11, 486; 12, 137, 742; 15, 278; Gruch. 56, 859; 62, 790; 64, 225, aber auch JW. 16, 672). — Die Versäumung der Mängelrüge ist nach Abs. 5 stets nur der Geltendmachung gerade desjenigen Mangels unschädlich, auf den sich die Arglist des Verkäufers bezieht; RGZ. 62, 122. Auch gegenüber einem arglistig handelnden Verkäufer verliert der Käufer seine Ansprüche dann, wenn er die Ware in Kenntnis ihres Mangels vorbehaltlos annimmt (§ 464 BGB.) oder sie sonst genehmigt, RGZ. 59, 104; vgl. dazu noch RGZ. 54, 80 (Weiterveräußerung der gekauften Ware) u. SeuffA. 55, 53 (Anerkennung einer den Mangel offenbarenden Rechnung), aber auch LZ. 22, 589, ferner oben Anm. 6 Abs. 5.

Abgesehen vom Fall der Arglist des Verkäufers, bedarf es einer Mängelrüge auch dann nicht, wenn der Käufer die Ware überhaupt zurückweist und ihre Annahme verweigert; LZ. 25, 1281.

Auch ein (vorheriger oder nachträglicher) Verzicht des Verkäufers auf die Mängelrüge ist möglich. Er ist anzunehmen, wenn sich der Verkäufer schlechthin zur Rücknahme der Ware verpflichtet, nicht jedoch ohne weiteres bei den (i. Zw. nur als Verlängerung der Verjährungsfrist des § 477 BGB. aufzufassenden) sog. Garantiefristen; vgl. dazu ROHG. 19, 334; RGZ. 37, 81; 65, 120; OLG. 6, 470; 11, 412; JW. 10, 117; LZ. 07, 343; 12, 672; 19, 822. — Auf die Verspätung einer Mängelrüge kann sich endlich der Verkäufer nach Treu und Glauben dann nicht mehr berufen, wenn der Käufer billigerweise nicht mehr mit einer Zurückweisung wegen Verspätung zu rechnen brauchte, der Verkäufer sich z. B. monate- oder gar jahrelang auf eine Auseinandersetzung über ihre Berechtigung eingelassen hatte; vgl. HansRGZ. 29 B 554.

Lieferung anderer Art oder Menge

§ 378. Die Vorschriften des § 377[1] finden auch dann Anwendung, wenn eine andere als die bedungene Ware oder eine andere als die bedungene Menge von Waren geliefert ist[2], sofern die gelieferte Ware nicht offensichtlich von der Bestellung so erheblich abweicht, daß der Verkäufer die Genehmigung des Käufers als ausgeschlossen betrachten mußte[3].

1. D. h. sowohl die Rechtsfolgen als auch die Voraussetzungen des § 377 — abgesehen von der Mangelhaftigkeit. Vgl. Anm. 1, 2, 4—7 zu § 377 u. OLG. 12, 252; JW. 04, 241.

2. § 378 stellt die Lieferung einer andersartigen Ware oder einer anderen Warenmenge als die verkaufte, hinsichtlich der Rügepflicht der Lieferung einer

mangelhaften Ware gleich. Aus dem Wortlaut der Vorschrift ist nicht zu entnehmen, daß bei Lieferung eines aliud auf Grund beiderseitigen HKaufs (und der ihm gleichzustellenden Geschäfte; vgl. Anm. 1 Abs. 1 zu § 377) die Ansprüche des Käufers lediglich nach Sachmängelregeln (§§ 459 ff. BGB.) zu beurteilen seien. Nach wohl h. M. (vgl. RGZ. 86, 92) soll sich das indessen aus dem Zweck der Vorschrift ergeben, die einen Streit über die oft sehr schwierige und kaum fest abzugrenzende Frage, was Mangel und was Substanzverschiedenheit sei, ausschalten wolle. Dieser Grund ist aber deshalb nicht schlüssig, weil nach Halbs. 2 beim Streit über die Erforderlichkeit der Rüge auch nach jener Ansicht der Beweis unumgänglich ist, daß eine Falschlieferung erfolgt sei (denn Mängel, deren Erheblichkeit eine Genehmigung durch den Käufer ausgeschlossen erscheinen läßt, kennt das Gesetz nicht, vgl. zu der str. Frage auch OLG. 8, 70; JW. 23, 44; 24, 1149). Es hat auch einen guten Sinn, daß zwar die Rügepflicht von der Unterscheidung zwischen Schlechtlieferung und Falschlieferung nicht abhängig sein soll, dieser Unterschied aber später — gegebenenfalls im Prozeß — geklärt werden mag: der Käufer behält i. F. des § 378 nach richtiger Ansicht, wenn er rechtzeitig rügt, immer den Erfüllungsanspruch.

Die hiernach stets (auch nach h. M.) erforderliche Abgrenzung zwischen den Fällen des § 378 und denen des § 377 bereitet zuweilen Schwierigkeiten. Zwar hat der Fall, daß zu wenig oder zu viel geliefert worden ist, keine Berührungspunkte mit dem der mangelhaften Lieferung; Lieferung von Waren mit unrichtigen Abmessungen ist als solche nie Lieferung einer unrichtigen Menge, sondern Lieferung entweder anderartiger oder — meist — mangelhafter Ware; vgl. dazu ROHG. 15, 303, 412; JW. 29, 679, ferner RGZ. 23, 128; HansRGZ. 29 B 826; Gruch. 52, 969; auch OLG. 14, 381 u. 44, 241. Ob aber die gelieferte Ware zwar mangelhaft, aber doch von der gekauften Art ist, oder ob sie überhaupt gegenüber der gekauften Ware andersartig ist, kann zweifelhaft erscheinen. Für die Beurteilung ist in erster Linie eine etwa aus dem Vertrage selbst hervorgehende Individualisierung maßgebend (bei Verkauf von „Stahl" wird nichtschmiedbares Material u.U. nur als mangelhaft anzusehen sein; es ist aber z. B. dann schon ein aliud, wenn nicht „Stahl" schlechthin, sondern „Werkzeugstahl", „Edelstahl" oder gar „Böhler-Stahl Sorte ..." oder eine andere bestimmte Legierung verkauft ist), hilfsweise muß die Verkehrsauffassung entscheiden (Eisen ist nicht mangelhafter „Stahl", Tannenholz nicht mangelhaftes „Eichenholz" usf.). Vgl. hierzu RGZ. 93, 46; OLG. 41, 220, 234; JW. 23, 44; LZ. 08, 158; R. 06, 1012; 24, 1256; Gruch. 63, 226; SeuffA. 76, 91; HansRGZ. 30 B 571.

Da im Falle des § 378 — im Gegensatz zu dem des § 377 — überhaupt nicht die geschuldete Ware geliefert wird, können beim sog. Kauf nach Besicht die Voraussetzungen des § 378 begrifflich nicht vorliegen; vgl. R. 21, 1971.

Die Anwendung des § 377 auf die Fälle der Lieferung andersartiger (unrichtiger) Ware oder einer unrichtigen Warenmenge führt zum Verlust der sich aus der unrichtigen Lieferung ergebenden Ansprüche des Käufers (darüber, welche Ansprüche das sind, vgl. oben Abs. 1 der Anm.) infolge Versäumung der Rügefrist. Dabei gilt für Inhalt und Abgabe der Rügeerklärung und die Dauer der Rügefrist das zu § 377 Gesagte entsprechend; vgl. Anm. 4 zu § 377. Der Käufer muß bei nicht rechtzeitiger oder nicht ordnungsmäßiger Rüge mithin die gelieferte Ware behalten, hat bei Zuweniglieferung keinen Anspruch auf Nachlieferung der fehlenden Menge ebensowenig ein Recht zur Preiskürzung und kann schließlich gegenüber der erhöhten Preisforderung für Mehrlieferung nicht einwenden (str.), daß er insoweit nicht gekauft habe (wobei Zuviellieferungen, die nach Treu und

Glauben als erlaubte Zugaben gelten konnten, allerdings ausscheiden!). Vgl. dazu OLG. 13, 30; 14, 378, 380; 24, 193, ferner LZ. 07, 141, aber auch OLG. 10, 341; 14, 381. Eine Ausnahme hiervon gilt in entsprechender Anwendung des § 377 Abs. 5 bei Arglist des Verkäufers.

3. Bei völlig unrichtiger Lieferung soll auch ein untätig bleibender Käufer den Erfüllungsanspruch behalten, sein Schweigen nicht als Genehmigung gelten. Offensichtliche Abweichungen sind nicht solche, die ohne weiteres zu erkennen sind, sondern solche, die es für jeden vernünftig denkenden Kaufmann zweifellos erscheinen lassen, daß die Lieferung zur Erfüllung untauglich ist, dem gewöhnlichen oder nach dem Vertrage vorgesehenen Zweck des Käufers mit Sicherheit nicht dienen kann; vgl. RGZ. 98, 159; 103, 77; JW. 23, 176. Ob die Ausnahme von der Rügelast vorliegt, ist daher allein nach der objektiven Sachlage zu beurteilen, wie sie sich vom Standpunkt des Verkäufers (bei unterstellter Kenntnis des Tatbestands; vgl. dazu D. 226; RGZ. 84, 355; JW. 17, 710) aus darbietet; RGZ. 93, 46; JW. 04, 9; DJZ. 23, 111. Damit ist es nicht vereinbar, daß RGZ. 99, 39 u. JW. 26, 2905 noch die tatsächliche Vornahme der Untersuchung durch den Käufer fordern, obwohl im Falle völliger Abweichung der Lieferung § 377 schlechthin ausgeschlossen ist und der Verkäufer kein Interesse an einer Untersuchung ohne Rüge haben kann (abgesehen davon, daß ihn das Gesetz bei offensichtlicher Fehllieferung erkennbar und verdientermaßen nicht schützen will!). — Die offensichtliche Fehllieferung ist rechtlich eine unbestellte Zusendung; vgl. dazu OLG. 19, 121; JW. 17, 710; LZ. 19, 1010, auch SeuffA. 76, 59 u. § 362 Abs. 2.

Aufbewahrungspflicht; Notverkauf

§ 379. Ist der Kauf für beide Teile ein Handelsgeschäft[1], so ist der Käufer, wenn er die ihm von einem anderen Orte übersendete Ware beanstandet[2], verpflichtet, für ihre einstweilige Aufbewahrung zu sorgen[3].

Er kann die Ware, wenn sie dem Verderb ausgesetzt und Gefahr im Verzug ist, unter Beobachtung der Vorschriften des § 373 verkaufen lassen[4].

1. Es gilt hier entsprechend das in Anm. 1 zu § 377 Gesagte. — Fehlt es an der Voraussetzung, so kann sich eine Aufbewahrungspflicht u. U. nach allgem. Vorschriften (§ 242 BGB., § 347, auch § 362 Abs. 2) ergeben, während ein Verkauf der Ware dann regelmäßig nach den Grundsätzen der auftraglosen Geschäftsführung (§§ 677 ff. BGB.) zu beurteilen ist. Vgl. dazu D. 255 u. ROHG. 11, 202; 16, 324; RGZ. 43, 37; 66, 197; 96, 72.

2. Bei sog. Platzgeschäften ist § 379 nicht anwendbar; vorbehaltlich eines HBrauchs (§ 346) richten sich bei ihnen Rechte und Pflichten des Käufers ebenfalls (vgl. oben Anm. 1) nach allgem. Vorschriften.

Voraussetzung der Aufbewahrungspflicht ist jedoch nur die Tatsache der Zusendung von außerhalb, ohne Rücksicht auf ein Verlangen des Käufers oder eine Pflicht des Verkäufers, auf Spesentragung und Eigentumsverhältnisse; vgl. ROHG. 6, 237; 13, 391; 15, 176; 19, 1; 23, 59; RGZ. 6, 60; 17, 67; 33, 25; 66, 196, auch JW. 97, 172 (trotz Aufstellungspflicht des Verkäufers kann Versendungskauf und damit Aufbewahrungspflicht des Käufers vorliegen).

Beanstandung ist hier die Erklärung des Käufers, die Ware nicht behalten zu wollen; RGZ. 17, 67. Aus welchem Grunde die Annahme verweigert wird und ob der Käufer dazu überhaupt berechtigt ist, ist für die Aufbewahrungspflicht gleichgültig; D. 227; ROHG. 13, 357; JW. 26, 1072.

3. Was zur Aufbewahrung erforderlich ist, richtet sich nach §§ 346, 347. Vgl. dazu ROHG. 20, 203. Haftung nur für eigene Sorgfalt und für ordentliche Auswahl und Überwachung von Hilfspersonen; RGZ. 98, 69; Bolze 18, 260. Niemals braucht mehr getan zu werden, als den Verkäufer in die Lage zu versetzen, auf die Beanstandung hin selbst für die Ware zu sorgen; vgl. ROHG. 16, 325; 17, 171; RGZ. 43, 32; LZ. 26, 1072. Dazu gehört auch die Wahrung offenbarer Rechte gegen Frachtführer, ROHG. 6, 107. — Verletzung der Aufbewahrungspflicht macht den Käufer schadensersatzpflichtig, vernichtet aber nicht seine mit der Beanstandung verfolgten Rechte, ROHG. 13, 438. Zu einer Rücksendung der beanstandeten Ware ist der Käufer weder verpflichtet noch ohne Einverständnis des Verkäufers berechtigt; vgl. RGZ. 50, 173. — Wegen der Kosten der Aufbewahrung hat Käufer bei gerechtfertigter Beanstandung ein Zurückbehaltungsrecht an der Ware; vgl. dazu ROHG. 7, 369; RGZ. 1, 284; 43, 39; 95, 334; 98, 69, auch § 354.

4. Notverkauf ist niemals Pflicht des Käufers, sondern nur ein allerdings im Interesse des Verkäufers auszuübendes Recht. Daraus ergibt sich, daß der Käufer wegen bloßer Unterlassung des Notverkaufs nicht schadensersatzpflichtig werden kann, wohl aber wenn er bei einem Verkauf das Interesse des Verkäufers wider Treu und Glauben beeinträchtigt (vgl. RGZ. 66, 192), und daß der Verkauf stets unterbleiben muß (andernfalls nicht rechtmäßig ist!), wenn ihm der Verkäufer rechtzeitig widerspricht (ROHG. 18, 230; RGZ. 43, 34; 96, 72; 101, 18). Bloßer Widerspruch gegen die Berechtigung der Beanstandung genügt jedoch nicht; ein trotzdem erfolgter Verkauf geht — begründete Beanstandung der Ware vorausgesetzt — auf Rechnung des Verkäufers, vgl. RGZ. 96, 73.

Das Recht zum Notverkauf ist außer den Voraussetzungen der Aufbewahrungspflicht nach Abs. 1 (vgl. oben Anm. 1 u. 2) noch vom Bestehen unmittelbarer Verderbensgefahr abhängig. Bei Teilbarkeit der Ware muß der Verkauf auf den gefährdeten Teil beschränkt werden, ROHG. 13, 358. Verderb ist nur eine solche Beeinträchtigung der Substanz, die den Wert der Ware unverhältnismäßig stark herabsetzt; es genügt nicht jede Verschlechterung der Ware; vgl. dazu JW. 26, 2121. Gefahr im Verzug liegt namentlich dann vor, wenn der Verkäufer auf die Beanstandung hin seinerseits keine rechtzeitige Verfügung mehr treffen konnte (andernfalls regelmäßig nur bei aus der Beanstandung nicht ersichtlicher veränderter Sachlage); vgl. RGZ. 43, 32; 66, 193. — Die Form des Notverkaufs ist die eines Selbsthilfeverkaufs, dessen Androhung als untunlich unterbleiben kann; vgl. § 373 Abs. 2 S. 2, ferner § 373 Abs. 2 S. 1, Abs. 3 u. 5. Der Notverkauf geht aber nicht auf Rechnung des Käufers, sondern in entsprechender Anwendung des § 373 Abs. 4 auf Rechnung des Vertragsgegners des Verkaufsberechtigten, also hier des Verkäufers. (Bestr., wobei aber übersehen wird, daß § 379 — zumindest Abs. 2! — die Berechtigung der Beanstandung des Käufers voraussetzt.)

Fehlt es an den Voraussetzungen des Notverkaufs, so ist zu unterscheiden: War die Beanstandung unbegründet, so kann der Verkäufer Erfüllung verlangen (der Käufer hat also dann für eigene Rechnung verkauft, aber keine Pflicht gegenüber dem Verkäufer verletzt!). Hat der Käufer sonst eine wesentliche Verkaufsbestimmung verletzt, so ist der Verkauf als Notverkauf unwirksam (vgl. dazu Anm. 7 Abs. 2 zu § 373) und der Käufer grundsätzlich schadensersatzpflichtig, der Verkauf kann aber dem Verkäufer u. U. dennoch auf Grund eines Zurückbehaltungsrechts (§ 371) oder als Selbsthilfeverkauf (wegen Annahmeverzuges hinsichtlich der Wandelungserfüllung!) entgegengehalten werden, während sonst eine Geschäftsführung ohne Auftrag vorliegt (dazu RGZ. 66, 197) und, wenn diese gegenüber dem Verkäufer nicht wirksam ist, der Käufer nur noch Minderung bzw. Schadensersatz verlangen kann; vgl. ROHG. 11, 202; 16, 324; RGZ. 43, 37; 96, 72; LZ. 30, 1501; SeuffA. 84, 252.

Soweit der Käufer zum Notverkauf berechtigt ist, dürfte regelmäßig ein Rechtsschutzbedürfnis für eine auf Verkaufsermächtigung gerichtete einstweilige Verfügung nicht gegeben sein; fehlt es anderseits an den Voraussetzungen für einen Notverkauf, so ist theoretisch auch für eine einstweilige Verfügung kein Raum; vgl. aber OLG. 1, 377 u. JW. 26, 2121 (str.). Läßt man eine einstw. Verfügung zu, so bestimmt sich ihre Vollziehung nicht nach § 379 Abs. 2 (vgl. dazu RGZ. 82, 82; 104, 283).

Verkauf nach Gewicht

§ 380. Ist der Kaufpreis nach dem Gewichte der Ware zu berechnen, so kommt das Gewicht der Verpackung (Taragewicht) in Abzug[1], wenn nicht aus dem Vertrag oder dem Handelsgebrauche des Ortes, an welchem der Verkäufer zu erfüllen hat, sich ein anderes ergibt[4].

Ob und in welcher Höhe das Taragewicht nach einem bestimmten Ansatz oder Verhältnisse statt nach genauer Ausmittelung abzuziehen ist[1], sowie, ob und wieviel als Gutgewicht zugunsten des Käufers zu berechnen ist[2] oder als Vergütung für schadhafte oder unbrauchbare Teile (Refaktie) gefordert werden kann[3], bestimmt sich nach dem Vertrag oder dem Handelsgebrauche des Ortes, an welchem der Verkäufer zu erfüllen hat[4].

1. Ein Preisabzug für die Verpackung setzt voraus, daß Gattungsware nach dem Bruttogewicht in Rechnung gestellt worden ist. Die Verpackung verbleibt dann regelmäßig im Eigentum des Verkäufers, dem sie der Käufer i. Zw. spesenfrei, aber auf eigene Gefahr zurückzusenden hat; ROHG. 1, 269; 9, 208. Ihr Gewicht (Taragewicht) ist i. Zw. genau zu ermitteln und danach der Preisabzug zu berechnen. Dagegen muß der Käufer i. Zw. die Kosten der Verpackung als solche tragen (§ 448 BGB.), außer wenn sie Ausstattung ist, ROHG. 11, 106. S. auch unter Anm. 4. Die Ansprüche auf den Preisabzug verjähren gem. § 196 Abs. 1 Nr. 1, Abs. 2 BGB.

2. Gutgewicht ist eine Art Zugabe, die üblicherweise auf dem bei gewissen Waren (z. B. Mehl, Kartoffeln) zu beobachtenden Gewichtsschwund beruht und vom Gesamtgewicht der Ware bei Errechnung des Kaufpreises in Abzug gebracht wird. Vgl. dazu unten Anm. 4.

3. Die Refaktie ist nicht Gegenstand eines Mängelanspruchs und setzt daher auch unter Kaufleuten keine Mängelrüge voraus; vgl. ROHG. 7, 1. Sie beruht auf dem Geschäftsinhalt, wo vertraglich oder handelsüblich — vgl. unten Anm. 4 — mit Unverwendbarkeit eines Teiles von Warensendungen als typisch gerechnet wird.

4. Die Regeln des § 380 sind Vermutungen. Wer beim Kauf nach Gewicht das Gegenteil geltend macht (also: kein Abzug des Verpackungsgewichts,

hingegen bestimmte Abzüge für Gutgewicht oder Refaktie oder Durchschnittssatz für das Taragewicht statt seiner genauen Feststellung), muß beweisen, daß es vertraglich vereinbart oder am Erfüllungsort (§ 269 BGB.) des Verkäufers handelsüblich ist.

Vertragliche Abweichung von der Vermutung kann auch aus den Umständen zu entnehmen sein. (Vgl. dazu ROHG. 11, 106; OLG. 14, 381.) Ausdrücklicher Ausschluß des Abzuges der Tara durch die Klausel „brutto für netto" (vgl. HansRZ. 24, 504), während Klauseln wie „rein netto Gewicht" u. dgl. die gesetzl. Vermutung des Abs. 1 bestätigen. In vielen HZweigen besteht handelsgebräuchliche Übung bezüglich der Eigentumsverhältnisse an der Verpackung (Kisten, Säcke, Fässer, Flaschen), ihre Berechnung, über Rückgaberecht oder -pflicht u. dgl. (Vgl. z. B. über Sackmiete im Getreidehandel ROHG. 19, 303; OLG. 6, 356; 18, 2; LZ. 08, 320.) Auch die Frage der Abzüge für Gutgewicht und Refaktie ist Gegenstand zahlreicher HBräuche.

Wertpapierkauf. Werklieferungsvertrag

§ 381. Die in diesem Abschnitte für den Kauf von Waren getroffenen Vorschriften gelten auch für den Kauf von Wertpapieren[1].

Sie finden auch Anwendung, wenn aus einem von dem Unternehmer zu beschaffenden Stoffe eine nicht vertretbare bewegliche Sache herzustellen ist[2].

1. Vgl. Anm. 1 zu § 373. — Kein HKauf ist der Kauf von Rechten, die nicht in Wertpapieren verbrieft sind; vgl. D. 227.

Die Anwendbarkeit mancher Vorschriften der §§ 373—380 auf Wertpapiere ist wegen der Natur der Sache ausgeschlossen oder eingeschränkt. § 375 ist aus diesem Grunde unanwendbar. § 377 ist nur beschränkt anwendbar. Soweit nämlich Mängel des im Wertpapier verbrieften Rechts bestehen, bewendet es bei §§ 434 ff. BGB. Die Pflicht zur Mängelrüge setzt dagegen voraus, daß es sich um Fehler handelt, die ihrer Art nach durch Untersuchung (Augenschein) feststellbar sind, beim Wertpapierkauf also um äußere Mängel der Urkunde, für die der Verkäufer — neben der Haftung für Mängel des Rechts als solchem (§§ 434 ff. BGB.) — nach Gewährleistungsrecht (§§ 459 ff. BGB.) haftet; vgl. RGZ. 108, 316. Die Rügepflicht besteht also z. B. bei Unvollständigkeit oder Unechtheit der Urkunde, nicht dagegen bei Beeinträchtigung des verbrieften Rechts infolge Aufgebots oder dgl.; vgl. dazu RGZ. 99, 220; 108, 279, 316; 109, 295. Soweit beim Wertpapierkauf weder Gewährleistungsansprüche noch Rechtsmängelhaftung durchgreifen, also z. B. bei äußerlich einwandfreier Urkunde und rechtlich vollgültigem Bestand, aber geringerem Wert, ist auch Anfechtung gem. §§ 119 ff. BGB. grundsätzlich möglich; vgl. RGZ. 97, 138; 101, 53. Zur Anfechtung nach § 123 BGB. reicht es aber nicht aus, daß der Verkäufer es unterläßt, ihm bekannte Anzeichen einer bevorstehenden Kurssenkung dem Käufer mitzuteilen; RGZ. 111, 233.) Ähnlich kann § 379 Abs. 2 nur beschränkt auf Wertpapierkäufe angewandt werden; Verderbensgefahr wird hinsichtlich der Urkunde selten eintreten, hinsichtlich des Rechts jedoch höchstens, wenn sein Bestand zu verfallen (nicht schon: sein Wert zu sinken!) droht.

2. Vgl. § 651 Abs. 1 BGB.; sog. Werklieferungsvertrag. — Voraussetzung ist, daß sich der Unternehmer nicht nur zur Beschaffung von Zutaten oder sonstigen Nebensachen verpflichtet. Auf derartige Geschäfte (z. B. der Lohnhand-

werker) finden nicht die Vorschriften über den HKauf, sondern nur Werkvertragsrecht (§ 651 Abs. 2 BGB.) Anwendung. (Der Unternehmer kann also z. B. keinen Selbsthilfeverkauf, der Besteller keinen Notverkauf vornehmen, aber beide können gegebenenfalls nach §§ 369 ff. vorgehen.)

Für den Werklieferungsvertrag über vertretbare (bewegliche) Sache gilt ohnehin das Recht des HKaufs; vgl. § 651 Abs. 1 S. 2 Halbs. 1 BGB. u. Anm. 1 zu § 373, ferner D. 228. Für den Werklieferungsvertrag über eine nicht vertretbare Sache gelten nach Abs. 2 ebenfalls §§ 373 ff., aber nach § 651 Abs. 1 S. 2 Halbs. 2 BGB. bleibt bei ihm sonst weitgehend Werkvertragsrecht maßgeblich. Insbesondere ist für den Übergang der Gefahrtragung und den Beginn der Mängelverjährung grundsätzlich statt der Übergabe die Abnahme des Werks (§ 640 Abs. 1 BGB.) maßgebend; vgl. dazu §§ 644 Abs. 1 S. 1, 638 Abs. 1 S. 2 BGB. u. JW. 10, 659; R. 07, 882. Ferner gilt Werkvertragsrecht für die Vergütung (stillschw. Vereinbarung u. Fälligkeit bei Abnahme — §§ 632, 641 BGB.), für den Entschädigungsanspruch des Lieferanten bei Annahmeverzug des Bestellers (§§ 642, 643 BGB.), sowie — §§ 633 ff. BGB. — für die Mängelhaftung (RGZ. 52, 314), jedoch, wenn das Geschäft beiderseitiges HGeschäft ist, in Verbindung mit § 377 (wobei an Stelle der Ablieferung — dazu Anm. 4 Abs. 2 zu § 377 — hier nicht die Abnahme tritt!). Schließlich ist bis zur Fertigstellung der nicht vertretbaren Sache nach § 649 BGB. Kündigung durch den Besteller möglich (allerdings grundsätzlich gegen Zahlung der vereinbarten Vergütung, vgl. § 649 S. 2 BGB.). Hiernach ist die Unterscheidung auch auf dem Gebiete des HRechts — namentlich in der Industrie — trotz § 381 Abs. 2 von Bedeutung. Zweifelhaft kann sie oft bei Maschinen, Motoren u. dgl. sein. Regelmäßig werden diese Sachen als vertretbar anzusehen sein, auch wenn der Lieferant — etwa katalogmäßig — Garantie für ein bestimmtes Betriebsergebnis übernommen hat; anders i. Zw. nur, wenn die Maschinen nach Art oder Abmessungen besonderen nicht unerheblichen Wünschen angepaßt sind; vgl. RGZ. 45, 63; 46, 261; OLG. 34, 49; JW. 00, 52; 13, 27; 15, 992; LZ. 09, 776.

Viehkauf

§ 382[1a]. Die Vorschriften der §§ 481 bis 492 des Bürgerlichen Gesetzbuchs über die Gewährleistung bei Viehmängeln werden durch die Vorschriften dieses Abschnittes nicht berührt[1].

1a. Zu § 382 s. Art. 8 Nr. 23 der 4. EinfV. betr. Österreich und Art. 8 Nr. 23 der 3. EinfV. betr. Sudetenland (Anh. XIII, XIV).

1. Für den Kauf von Pferden, Eseln, Mauleseln, Maultieren, Rindvieh, Schafen und Schweinen gelten nach bürgerlichem Recht nicht die allgemeinen Gewährleistungsvorschriften. Der Verkäufer hat nur für sog. Hauptmängel innerhalb bestimmter Gewährfristen (dazu §§ 482—486 BGB.) und zugesicherte Eigenschaften — einschl. des Nichtvorhandenseins eines nicht zu den Hauptmängeln gehörenden Fehlers — (§ 492 BGB.) einzustehen. Die Hauptmängel und die gesetzlichen Gewährfristen sind in der V. v. 27. 3. 99 (RGBl. 219) festgesetzt. Die Ansprüche des Käufers sind auf Wandelung und gegebenenfalls Schadensersatz beschränkt; beim Gattungskauf kann statt Wandelung auch Nachlieferung verlangt werden (vgl. §§ 487—491 BGB.). Die Verjährungsfrist ist noch stärker abgekürzt, §§ 490, 491 S. 2 BGB. Während des Wandelungsprozesses kann jede Partei durch einstw. Verf. die öffentl. Versteigerung des Tiers (mit Erlöshinterlegung) erwirken, § 489 BGB.

Diese Bestimmungen gelten nach § 382 uneingeschränkt auch für Viehkäufe, die beiderseitige HGeschäfte sind. Von den Vorschriften des 2. Abschnitts des

3. Buches stehen ihnen lediglich die über die Rügepflicht entgegen, da § 485 BGB. eine Pflicht zur Mängelanzeige für alle Viehkäufe aufstellt und sie abweichend von § 377 gestaltet. Bei Viehkäufen besteht also auch unter Kaufleuten nicht die handelsrechtl. Rügepflicht, soweit § 485 BGB. eingreift. An letzterer Voraussetzung fehlt es aber, wenn der Verkäufer ohne Vereinbarung einer Gewährfrist die Abwesenheit eines nicht zu den Hauptmängeln gehörenden Fehlers oder eine Eigenschaft zusichert; § 492 S. 1 BGB. Bei Kaufverträgen über andere als in § 481 BGB. aufgezählte Tiere gelten die allgemeinen Gewährleistungsvorschriften und bei beiderseitigen HGeschäften mithin auch § 377.

Dritter Abschnitt
Kommissionsgeschäft

Begriff des Kommissionärs

§ 383. Kommissionär[1] ist, wer es gewerbsmäßig[1] übernimmt[2], Waren oder Wertpapiere[3] für Rechnung eines anderen (des Kommittenten) in eigenem Namen[4] zu kaufen oder zu verkaufen[5].

1. Der Kommissionär ist Kaufmann kraft Gewerbebetriebes (vgl. § 1 Abs. 2 Nr. 6, auch HRR. 30, 1123), u. zw. Vollkaufmann (vgl. § 4 m. Anm.). Die Kaufmannseigenschaft setzt den gewerbsmäßigen Betrieb (darüber Anm. 7 zu 1) von Geschäften der in § 383 bezeichneten Art (oder Kommissionen über dem Kauf gleichstehende Geschäfte — dazu Anm. 1 zu § 373), voraus, denen nach § 406 Abs. 2 noch die Kommissionen über Werklieferungsverträge betr. nicht vertretbare Sachen gleichgesetzt sind. (Vgl. unten Anm. 5.) Wenn jemand aus anderen Gründen Kaufmann ist und nur gelegentlich Kommissionsgeschäfte schließt, so ist er nicht Kommissionär, aber seine Geschäfte werden insoweit wie die eines Kommissionärs behandelt; vgl. § 406 Abs. 1 S. 2 u. Anm. 3 zu § 406.

Kennzeichnend für den Kommissionär ist das Nebeneinander der Geschäfte mit dem Geschäftsherrn, der sog. Kommissionen (darüber unten Anm. 2), und der Ausführungsgeschäfte, die er in seinem Namen, aber für Rechnung des Geschäftsherrn, des sog. Kommittenten, abschließt (vgl. unten Anm. 4).

Der Kommissionär ist gegenüber seinem Kommittenten grundsätzlich unabhängig und nicht zum Abschluß von Kommissionen verpflichtet; lediglich eine Pflicht zur Antwort auf eingehende Kommissionsanträge kann sich aus § 362 ergeben. Wer hingegen ständig damit betraut ist, im eigenen Namen für Rechnung eines einzigen (oder weniger bestimmter) Geschäftsherrn tätig zu werden, ist nicht Kommissionär, sondern sog. Kommissionsagent; er unterscheidet sich vom normalen Abschlußagenten dadurch, daß er nicht im Namen des Geschäftsherrn abschließt, so daß seine Ausführungsgeschäfte (vgl. oben Abs. 2 d. Anm.) nach Kommissionsrecht beurteilt werden müssen, während er dem Geschäftsherrn grundsätzlich wie ein HAgent gegenübersteht (hauptsächlich: i. Zw. kein Selbsteintrittsrecht, kein Pfandrecht; Kündigung und Verpflichtung zum Tätigwerden nach HAgenten-Recht, jedoch Anspruch auf Aufwendungsersatz bzw. Befreiung hinsichtlich der Leistungen bzw. Verbindlichkeiten, die ihn auf Grund des Ausführungsgeschäfts treffen).

Der Kommittent ist im Gegensatz zum Kommissionär nicht notwendig Kaufmann, erst recht also das Kommissionsgeschäft nicht notwendig HGeschäft auch auf Seiten des Kommittenten.

2. Übernahme einer Geschäftsbesorgung (§ 675 BGB.) besonderer Art ist der Inhalt des Vertrages zwischen dem Kommissionär und dem Kommittenten. Dieser Vertrag (sog. Kommission oder Kommissionsvertrag) ist i. Zw. Werkvertrag (str.), RGZ. 71, 78, vgl. aber auch RGZ. 110, 119; JW. 32, 2607; SeuffA. 87, 282, wo Dienstvertrag über Dienste höherer Art angenommen wird. Gelegentlich (andernfalls fehlt es an dem Erfordernis gewerbsmäßigen Betriebs!) kann die Geschäftsbesorgung auch unentgeltlich übernommen werden; vgl. RGZ. 33, 110. Die Bedeutung der Annahme eines Werkvertrages liegt im Problem der Möglichkeiten zur Kündigung des Kommissionsvertrages (jederzeitige Kündigungsmöglichkeit für beide Teile nach § 623 BGB. oder nur Kündigungsmöglichkeit für den Kommittenten bis zur Ausführung der Kommission gem. § 649 BGB.!), ferner in der Frage der Verjährung (vgl. § 195 BGB. gegenüber §§ 638, 639, 646 BGB.!). Der Kommissionsvertrag ist formfrei, auch wenn das entspr. Ausführungsgeschäft einer Form bedarf; RGZ. 80, 102. — Über unwirksame bzw. verbotene Kommissionen vgl. §§ 60, 70 BörsGes., RGZ. 138, 122, aber auch MonSchHR. 14, 208, ferner darüber, daß der Differenzeinwand auch für das zugehörige Kommissionsgeschäft gilt: RGZ. 34, 90, 264; 51, 159; JW. 04, 291; 06, 228. — Erfüllungsort für den Kommissionär (und handelsgebräuchlich häufig auch für den Kommittenten) ist i. Zw. der Ort der Niederlassung des Kommissionärs (RGZ. 23, 413; 37, 262; SeuffA. 78, 155), es sei denn, daß ein anderer Ort, an welchem der Kommissionär zur Ausführung der Kommission tätig sein muß, für das Vertragsverhältnis maßgeblich erscheint. (Vgl. dazu § 393 Abs. 2!) Liegt der hiernach zu bestimmende Erfüllungsort im Auslande, so findet i. Zw. auch dann ausländisches Recht auf den Kommissionsvertrag Anwendung, wenn beide Parteien Inländer sind; vgl. LZ. 32, 1035.

Oft kann zweifelhaft sein, ob eine Kommission oder ein Eigengeschäft (Propergeschäft) vorliegt. Die Entscheidung kann dann nur durch sorgfältige der Verkehrsanschauung entsprechende Vertragsauslegung und Ermittlung des wahren Vertragswillens der Parteien gewonnen werden, bei der gegebenenfalls auch HBräuche und die Verkehrsauffassung zu berücksichtigen sind (vgl. Anm. 1—3 zu § 346). So ist z. B. der Antrag an einen Bankier zum Kauf oder Verkauf von Effekten i. Zw. als Angebot zum Abschluß einer Kommission anzusehen; vgl. RGZ. 43, 111; 96, 6, 114, aber auch LZ. 27, 633. Die von den Parteien gebrauchte Bezeichnung für das Geschäft ist regelmäßig unbeachtlich; ebenso schließt eine Provisionsvereinbarung noch keinen Kauf, ihr Fehlen (vgl. § 632 BGB.) nicht die Annahme einer Kommission aus; hingegen ist eine Kommission bei Vereinbarung eines festen Preises oder auch schon bei Kenntnis der Parteien, daß ein Ausführungsgeschäft nicht mehr zu schließen ist, ein Gegengeschäft vielmehr bei Abschluß des Vertrages schon vorliegt, nicht möglich; umgekehrt ist für eine Kommission die Verpflichtung zur Abrechnung über das Ausführungsgeschäft charakteristisch. ROHG. 3, 44; 12, 123; 18, 199; 19, 68; 20, 311; RGZ. 3, 109; 5, 86; 94, 66, 288; 101, 380; 110, 121; LZ. 33, 767; JW. 14, 103; SeuffA. 83, 277, aber auch R. 28, 1578; LZ. 30, 602. Vgl. noch über die Abgrenzung des Kommissionsgeschäfts gegenüber einer Gesellschaft, z. B. einem sog. Metageschäft und einer bloßen sog. verdeckten Stellvertretung, ROHG. 19, 71; 22, 77; RGZ. 56, 300; 78, 301; JW. 32, 1667; RFH. 18, 27, auch R. 30, 1526 u. HansRGZ. 30 B 552, sowie über Ausschluß der Kommission bei einem sog. Vorprämiengeschäft zwischen Bank und Kunden, RGSt. 63, 389. Über die Merkmale des Kommissionsgeschäfts im allgemeinen schließlich noch R. 26, 796; 30, 1526, auch LZ. 29, 605.

Über Beendigung des Kommissionsvertrages vgl. § 649 BGB. (str., dazu oben Abs. 1 d. Anm.); nach JW. 05, 20 u. D. 232 soll auch der Kommissionär vor Auftragsausführung kündigen können, was der Annahme eines Dienstvertrages entspricht, vgl. § 627 BGB. Beim Tode des Kommissionärs erlischt i. Zw. die Kommission, beim Tode des Kommittenten i. Zw. nicht; vgl. § 675 i. V. m. §§ 672, 673 BGB. Im Konkurse des Kommissionärs kommen §§ 17, 26 KO. zur Anwendung (RGZ. 78, 63), im Konkurse des Kommittenten hingegen regelmäßig §§ 23, 27 KO. (RGZ. 63, 72; 71, 77; 105, 128).

3. Vgl. indessen auch § 406 Abs. 1 S. 2 u. Anm. 3 zu § 406. Über Wertpapiere vgl. Anm. 10 Abs. 3 zu § 1, ferner Ges. über die Verwahrung und Anschaffung von Wertpapieren v. 4. 2. 37 (RGBl. I 171) §§ 18 ff. (s. Anh. VIII), ferner Börsenges. v. 22. 6. 1896 i. d. F. d. Ges. v. 5. 3. 34 (RGBl. I 169) §§ 50 ff., insbes. auch §§ 60, 70 (s. Anh. VII).

4. Der Kommissionär handelt beim Ausführungsgeschäft im eigenen Namen, aber für fremde Rechnung. Das Ausführungsgeschäft begründet also unmittelbar nur für ihn Rechte und Pflichten, u. zw. auch dann, wenn dem Dritten bekannt ist, daß der Kommissionär für fremde Rechnung tätig wird; vgl. ROHG. 22, 28; RGZ. 35, 53; 80, 398, auch § 164 Abs. 2 BGB. (Anders wenn der Handelnde ausdrücklich „für" den Geschäftsherrn zu handeln erklärt, insbesondere z. B. die Rechnung unmittelbar auf dessen Namen stellen läßt; ROHG. 2, 402; 12, 153; RGZ. 56, 300; 97, 262, JW. 18, 689.) Der Kommissionär haftet allein für die Erfüllung des Ausführungsgeschäfts; Unmöglichkeit in der Person des Kommittenten entlastet den Kommissionär nicht. Willensmängel sind nur in der Person des Kommissionärs (nicht des Kommittenten) beachtlich; vgl. ROHG. 22, 249; RGZ. 27, 125. (Anders RGZ. 124, 115, wonach für die Irrtumsanfechtung Irrtum auch des Kommittenten [?] erforderlich sein soll; damit dürfte die Selbständigkeit des Kommissionärs verkannt werden, ferner in praktischer Hinsicht, daß nach der bekannten Rechtsprechung bewußtes Nichtkümmern dem Irrtum nicht gleichsteht!) Der Kommissionär kann aber (und muß — im Innenverhältnis!) einen Schaden des Kommittenten gegenüber seinem Vertragsgegner geltend machen; Liquidation des Drittinteresses, vgl. darüber Anm. 2 a. E. zu § 347. — Ob der Partner des Kommissionärs beim Ausführungsgeschäft seinerseits Eigenhändler oder ebenfalls Kommissionär ist oder ob der Kommissionär zwei korrespondierend verschiedene Kommissionen ausführt (vgl. LZ. 29, 656), macht keinen Unterschied.

Ob ein Geschäft des Kommissionärs mit einem Dritten das Ausführungsgeschäft einer bestimmten Kommission ist, hat grundsätzlich der Teil zu beweisen, der dies behauptet. Es genügt aber regelmäßig der Nachweis, daß das Geschäft in seinen wesentlichen Einzelheiten der Kommission entsprach; nur wenn feststeht, daß es vom Kommissionär erkennbar (nicht nur nach seinem unerklärt gebliebenen Willen — vgl. RGZ. 148, 190) für Rechnung eines andern Kommittenten oder für eigene Rechnung abgeschlossen ist, braucht der Kommittent es nicht für seine Rechnung gelten, der Kommissionär es nicht dem Kommittenten zugute kommen (vgl. § 387) zu lassen; vgl. RGZ. 18, 20; JW. 03, 374. Bei Kommissionen über Speziessachen ist der Geschäftsabschluß für eigene Rechnung Unterschlagung bzw. Untreue; vgl. §§ 246, 266 StGB. u. § 95 BörsG. (LZ. 30, 602).

5. Da nach dem oben Anm. 4 Gesagten aus dem Ausführungsgeschäft (Kauf oder Verkauf) nur der Kommissionär berechtigt und verpflichtet wird, ist auch die Erfüllung des Ausführungsgeschäfts durch ihn bzw. ihm gegenüber vorzunehmen. Das Eigentum am Kommissionsgut geht bei der Ver-

kaufskommission allerdings unmittelbar kraft Ermächtigung (§ 185 Abs. 1 BGB.) vom Kommittenten auf den Käufer über, vgl. auch § 366. (Über die Befugnis des Verkaufskommissionärs zu einer Sicherungsübereignung des Kommissionsgutes an den Geldgeber des Käufers im Interesse der Finanzierung des Abnahmegeschäfts vgl. RGZ. 132, 196!) Bei der Einkaufskommission hingegen wird grundsätzlich zunächst nur der Kommissionär Eigentümer der gekauften Sache, es sei denn, daß er — regelwidrig — bei der Übereignung erkennbar als Vertreter (§ 164 Abs. 1 BGB.!) des Kommittenten auftritt; vgl. ROHG. 19, 78; RGZ. 11, 55; 58, 277; RGSt. 2, 186; 3, 153; 47, 43. Es wird ihm aber, abgesehen von der Möglichkeit eines sog. antizipierten Besitzkonstituts, stets auch stillschweigend gestattet sein (vgl. § 181 BGB.), das Eigentum durch sog. In-sich-Geschäft auf den Kommittenten zu übertragen, indem er das Kommissionsgut hinreichend ausgesondert für den Kommittenten als Besitzmittler bereithält; vgl. § 930 BGB. u. Anm. 1 Abs. 6 zu § 366 (das Besitzmittlungsverhältnis ist die Kommission — Gruch 57, 434; vgl. §§ 675, 667 BGB.!); ROHG. 25, 250; RGZ. 11, 60; 52, 132; 63, 16; 86, 264; 116, 198; JW. 37, 3306[16]. Über die streitige Frage des sog. Eigentumserwerbs „für wen es angeht" vgl. RGZ. 99, 208. Für Einkaufskommissionen über Wertpapiere ist ferner der Eigentumsübergang durch Absendung des Stückeverzeichnisses (vgl. § 18 Abs. 3 DepG. v. 4. 2. 37 [RGBl. I 171]) bedeutsam. Das Verzeichnis muß die Stücke nummernmäßig (nicht nur der Gattung nach) angeben; HansRGZ. 37 B 76. Vgl. im übrigen § 392 Abs. 2 u. RGZ. 32, 42; 92, 11. — Bei Verkaufskommissionen kann vereinbart sein, daß der Kommissionär den Kaufpreis als Bevollmächtigter des Kommittenten einzieht. Über die strafrechtl. Würdigung der eigennützigen Verwendung des so vereinnahmten Geldes durch den Kommissionär vgl. RGSt. 62, 31.

Pflichten des Kommissionärs

§ 384. Der Kommissionär ist verpflichtet, das übernommene Geschäft mit der Sorgfalt eines ordentlichen Kaufmanns auszuführen[1]; er hat hierbei das Interesse des Kommittenten wahrzunehmen und dessen Weisungen zu befolgen[2].

Er hat dem Kommittenten die erforderlichen Nachrichten zu geben, insbesondere von der Ausführung der Kommission unverzüglich Anzeige zu machen[3]; er ist verpflichtet, dem Kommittenten über das Geschäft Rechenschaft abzulegen[4] und ihm dasjenige herauszugeben, was er aus der Geschäftsbesorgung erlangt hat[5].

Der Kommissionär haftet dem Kommittenten für die Erfüllung des Geschäfts, wenn er ihm nicht zugleich mit der Anzeige von der Ausführung der Kommission den Dritten namhaft macht, mit dem er das Geschäft abgeschlossen hat[6].

1. Die dem Kommissionär obliegende Geschäftsbesorgung (§ 675 BGB.) ist der gehörige Abschluß eines der Kommission entsprechenden Ausführungsgeschäfts (vgl. dazu Anm. 2 zu § 383, ferner § 387). Über den Grad seiner Sorgfalt vgl. § 347 Abs. 1 u. Anm. 3 Abs. 1 dazu, ferner bzgl. einzelner Obliegenheiten RGZ. 53, 369 u. JW. 06, 109 (Aufbewahrungspflicht), JW. 14, 830 (Verschwiegenheitspflicht des Bankkommissionärs), R. 26, 259 (Vorlagepflicht), R. 28,

1578 (Untersuchungspflicht bei sog. Konsignationskommission), RGZ. 47, 121 (Pflicht zugunsten des Kommittenten u. U. einen Rechtsstreit zu führen), auch RGSt. 68, 251; HansRGZ. 31 B 67; R. 36, 3837 u. unten Anm., 2—5. Über Eigenarten bei der Verkaufskommission im Kunsthandel vgl. LZ. 30, 1103. Die Geschäftsbesorgung obliegt dem Kommissionär grundsätzlich in Person (vgl. §§ 675, 664 Abs. 1 S. 1 BGB.); seine Angestellten usw. (für die er gem. § 278 BGB., § 347 haftet — vgl. § 664 Abs. 1 S. 3 BGB.) darf er freilich, in dem üblichen Rahmen seines Geschäftsbetriebes einsetzen (vgl. auch RGZ. 78, 310; LZ. 26, 3444), aber nur bei entsprechender Vereinbarung mit dem Kommittenten einen Unterkommissionär bestellen (RGZ. 63, 304; LZ. 30, 1103), wobei er i. Zw. dem Kommittenten nur für Auswahl und Instruierung des Dritten haftet (§ 664 Abs. 1 S. 2 BGB.; HRR. 32, 753).

2. Bei der Geschäftsbesorgung muß der Kommissionär ein etwa widerstreitendes eigenes Interesse hinter das des Kommittenten zurückstellen (ROHG. 10, 194; JW. 01, 408) und die Vertretung widerstreitender Interessen Dritter ablehnen (ROHG. 7, 90), dem Kommittenten auch solche Umstände mitteilen, die den Verdacht einer Berücksichtigung anderer Interessen bei der Geschäftsbesorgung begründen (vgl. Gruch. 49, 982).

In erster Linie hat der Kommissionär die Weisungen des Kommittenten zu beachten (vgl. R. 26, 259 u. Anm. 2 Abs. 1 zu § 385); gegen dessen erklärten Willen darf er selbst objektive Interessen des Kommittenten nicht wahrnehmen (§ 683 BGB. schützt ihn nicht, da es angesichts des erklärten wirklichen Willens auf den „mutmaßlichen" Willen des Geschäftsherrn nie ankommt!), RGZ. 6, 53. Handelt der Kommissionär einer Weisung des Kommittenten zuwider, so gilt § 385. (Vgl. die Anm. dazu.)

Jede Verletzung der Sorgfaltspflicht des Kommissionärs macht ihn gegenüber dem Kommittenten schadensersatzpflichtig, soweit kein wirksamer Haftungsausschluß vorliegt (vgl. darüber Anm. 4 Abs. 4 u. 5 zu § 346, Anm. 3 zu § 347). Über Haftung für gestohlenes Kommissionsgut vgl. JW. 24, 325, dazu auch LZ. 30, 1103. — Nach allgem. Grundsätzen haftet der Kommissionär auch für Verschulden bei Vertragsschluß und damit z. B. für einen schon vor Kommissionsabschluß erteilten Rat (erst recht natürlich für spätere Beratung; vgl. RGZ. 19, 100 u. Anm. 3 Abs. 1 zu § 347!).

3. Benachrichtigungs- und Auskunftpflicht besteht für den Kommissionär hinsichtlich aller Umstände, die nach der Sachlage für den Kommittenten und seine Entschlüsse erheblich sind; ROHG. 22, 79. Vgl. auch § 666 BGB. Insbesondere obliegt dem Kommissionär die unverzügliche (§ 121 BGB.), unaufgeforderte (ROHG. 18, 318) Ausführungsanzeige. Inhalt der Anzeige sind die Bedingungen, zu denen der Abschluß getätigt ist, nicht notwendig die Angabe des Kontrahenten; vgl. dazu Abs. 3.

Die Ausführungsanzeige ist nicht Willenserklärung, aber wohl in rechtsähnlicher Anwendung des § 119 BGB. wegen Irrtums anfechtbar (RGZ. 94, 67); bei Anfechtung kann nur negatives Interesse gem. § 122 BGB. — nicht das Erfüllungsinteresse nach § 384 Abs. 3 — verlangt werden (JW. 26, 1961). Was der Kommissionär zur ordnungsmäßigen Benachrichtigung des Kommittenten tun muß, hängt von der Sachlage des Einzelfalls ab; für den Zugang der Nachricht steht der Kommissionär nicht ein (str.). — Vgl. noch § 18 DepG. (Stückeverzeichnis) u. dazu RGZ. 72, 58; 73, 246; 81, 439; 95, 257 (zum alten Depotgesetz!).

Verletzung der Benachrichtigungspflicht macht ebenfalls schadensersatzpflichtig; darüber hinaus braucht der Kommittent bei Unterlassung oder Verspätung einer Ausführungsanzeige, von der Zustandekommen oder Umfang der Kommission abhängen soll, das Geschäft nicht für seine Rechnung gelten zu lassen (vgl. dazu ROHG. 18, 313; RGZ. 14, 123).

4. Die Rechenschaftspflicht des Kommissionärs entsteht mit Beendigung (auch vorzeitiger!) der Kommission und erstreckt sich auf Ergebnis bzw. Stand der Geschäftsbesorgung; vgl. dazu RGZ. 18, 20; 56, 118 HansRGZ. 31 B 1367; Gruch. 49, 833. Belege „pflegen" (§ 259 Abs. 1 BGB.) häufig nach HBrauch oder Verkehrssitte nicht oder nur bei begründeter Beanstandung einer Abrechnung erteilt zu werden; vgl. Gruch. 49, 833. Bei ungenügender Rechnungslegung in wesentlichen Punkten besteht Verpflichtung zur Leistung des Offenbarungseides (§ 259 Abs. 2, 3 BGB.). Seine HBücher hat der Kommissionär nur vorzulegen, wenn und soweit sie Gesamturkunden i. S. des § 810 BGB. sind; vgl. dazu Anm. 5 Abs. 2 zu § 38 u. Anm. 4 zu § 45. — Rechenschaft schuldet der Kommissionär als Vorleistung im Verhältnis zur Provision (vgl. ROHG. 22, 4; JW. 07, 479); ein Zurückbehaltungsrecht (§ 273 BGB.) ist wegen der Natur der Rechenschaftspflicht (vgl. Anm. 1 Abs. 3 a. E. zu § 369) ausgeschlossen.

5. Wie jeder (vgl. §§ 675, 667 BGB.), der die Besorgung fremder Geschäfte übernimmt, schuldet der Kommissionär die Herausgabe des aus der Geschäftsbesorgung Erlangten. Vgl. hierzu § 387.

Herauszugeben ist in erster Linie die Gegenleistung, welche der Kommissionär auf Grund des Ausführungsgeschäfts von dem Dritten erhält, also i. Zw. den bestimmten Leistungsgegenstand (u. zw. auch im Falle einer Gattungsschuld). Vgl. RGZ. 5, 4; 53, 369; 73, 248; 76, 244, auch 112, 81; R. 15, 2731. u. dazu Anm. 5 zu § 383. Bei Wertpapiergeschäften gilt dies i. Zw. nur, wenn Einzelverwahrung oder Übersendung eines Stückeverzeichnisses erfolgt; LZ. 28, 625. Der Kommittent kann grundsätzlich auch verlangen, daß ihm schon der Anspruch auf die von dem Dritten geschuldete Leistung abgetreten wird (vgl. § 392 Abs. 1, aber auch Anm. 1 zu § 399). Herauszugeben sind auch alle Urkunden u. dgl., die der Geltendmachung des Anspruchs dienen, Dispositionspapiere (§§ 424, 450, 674), Beweisurkunden u. dgl., vgl. ROHG. 15, 262, auch § 402 BGB. Entsprechend Ersatzansprüche, die wegen Nichterfüllung o. dgl. aus dem Ausführungsgeschäft erwachsen, Surrogate (§ 281 BGB., dazu RGZ. 105, 126, auch 120, 297) und bei Rückgewähr der Leistungen z. B. das verkaufte Kommissionsgut (vgl. ROHG. 16, 135). Über einen Fall schikanösen Verlangens, wertlos gewordene Aktien herauszugeben, vgl. RGZ. 96, 185. Vgl. ferner RGZ. 104, 123; 112, 29. — Aus der Geschäftsbesorgung „erlangt" sind ferner Provisionen u. dgl. Schmiergelder (dazu auch JW. 24, 291) und — str. — auch sonstige Vorteile, die dem Kommissionär mit Rücksicht auf den Geschäftsabschluß gewährt werden; vgl. RGZ. 55, 91; 96, 55; 99, 33.

Herausgabe ist die Verschaffung des unmittelbaren Besitzes, wozu jedoch seitens des Kommissionärs regelmäßig nur die ordnungsmäßige Versendung gehört; vgl. dazu ROHG .1, 84; 20, 303, auch RGZ. 20, 113, ferner § 18 DepG.

Das gesetzl. Pfandrecht (§§ 397—399) oder ein Zurückbehaltungsrecht (§§ 273, 320 BGB., §§ 369ff. kann der Kommissionär dem Herausgabeanspruch entgegensetzen.

6. Abs. 3 enthält einen grundsätzlich ähnlichen Rechtsgedanken wie § 179 Abs. 1 BGB. — Die Benennung des Dritten gehört nicht zum notwendigen Inhalt der Ausführungsanzeige; fehlt die Benennung jedoch, so wirkt die Anzeige (zugunsten des Kommittenten) wie der Selbsteintritt des Kommissionärs (§§ 400). Vgl. RGZ. 6, 53; 101, 413. Stets ist also die Ausführungsanzeige Voraus-

setzung der Haftung; vgl. dazu auch oben Anm. 3 Abs. 1. „Benennung" ist nur eine solche Bezeichnung der Person des Dritten, die dem Kommittenten z. B. die Betreibung der Pfändung u. Überweisung bzw. der Abtretung (Antragsbestimmtheit!) der Ansprüche aus dem Ausführungsgeschäft ermöglicht (vgl. ROHG. 23, 103). Voraussetzung der Haftung nach Abs. 3 ist nur die Unterlassung der unverzüglichen Benennung, nicht auch, daß tatsächlich kein Ausführungsgeschäft getätigt ist (vgl. dazu RGZ. 4, 96), jedoch schließt anderseits nur die Benennung des wirklichen Vertragspartners die Haftung des Kommissionärs aus.

Weisungen des Kommittenten

§ 385[1a]. Handelt der Kommissionär nicht gemäß den Weisungen des Kommittenten[1], so ist er diesem zum Ersatze des Schadens verpflichtet; der Kommittent braucht das Geschäft nicht für seine Rechnung gelten zu lassen[2].

Die Vorschriften des § 665 des Bürgerlichen Gesetzbuchs bleiben unberührt[2].

1a. Zu § 385 f. Art. 8 Nr. 24 der 4. EinfV. betr. Österreich und Art. 8 Nr. 24 der 3. EinfV. betr. Sudetenland (Anh. XIII, XIV).

1. Vgl. Anm. 2 zu § 384 sowie § 386, der einen Sonderfall des § 385 behandelt. Weisungswidrig kann auch eine verspätete Ausführung sein (RGZ. 53, 372; R. 26, 2156). Unterlassung der Ausführung oder der Herausgabe des Erlangten fallen nicht unter § 385 (ROHG. 20, 323; SeuffA. 86, 299).

2. § 665 BGB. lautet:

Der Beauftragte ist berechtigt, von den Weisungen des Auftraggebers abzuweichen, wenn er den Umständen nach annehmen darf, daß der Auftraggeber bei Kenntnis der Sachlage die Abweichung billigen würde. Der Beauftragte hat vor der Abweichung dem Auftraggeber Anzeige zu machen und dessen Entschließung abzuwarten, wenn nicht mit dem Aufschube Gefahr verbunden ist.

Danach ergibt sich für das Kommissionsrecht folgendes:

Eine Abweichung des Kommissionärs von dem nach Treu und Glauben auszulegenden Inhalt (vgl. dazu Anm. 3 Abs. 2 zu § 346 u. RGZ. 56, 149) der Weisungen des Kommittenten muß dieser dann gegen sich gelten lassen, wenn der Kommissionär den Umständen nach annehmen durfte, der Kommittent würde die Abweichung bei Kenntnis der Sachlage billigen (Abs. 2 i. V. m. § 665 S. 1 BGB.), und wegen Gefahr im Verzuge die beabsichtigte Abweichung dem Kommittenten nicht angezeigt bzw. seine Entschließung nicht abgewartet werden konnte (§§ 665 f. BGB.). Eine derartige Sachlage hat der Kommissionär zu beweisen. Andernfalls (insbes. stets, wenn die Abweichung von ihm rechtzeitig mißbilligt wurde; vgl. RGZ. 6, 53) kann der Kommittent entweder Schadensersatz verlangen oder (vgl. dazu JW. 32, 1667; SeuffA. 85, 85) das weisungswidrig abgeschlossene Geschäft zurückweisen (was jedenfalls beim Verkaufskommissionär regelmäßig auch zu einem Schadensersatzanspruch führt; über dessen Berechnung vgl. RGZ. 63, 306!). Besonderes Verschulden des Kommissionärs ist nach § 385 nicht erforderlich, der Tatbestand enthält vielmehr eine vom Kommissionär ohne weiteres zu vertretende Vertragsverletzung: Mißachtung der (erkennbaren) Weisungen, ohne daß hierfür der Entschuldigungsgrund des § 665 BGB. gegeben wäre; str. (Eine Durchbrechung des Verschuldensgrundsatzes liegt darin nicht; vgl. auch Anm. 2 zu § 388.)

Grundsätzlich ist der Kommittent, wenn er Schadensersatz zu beanspruchen hat, so zu stellen, wie er bei weisungsgemäßer Ausführung der Kommission gestanden hätte; SeuffA. 85, 85. War weisungsgemäße Ausführung unmöglich, so ist der Zustand herzustellen, der bei Unterlassung jeglichen Abschlusses bestanden hätte; LZ. 26, 586. Die Berufung des Kommittenten auf eine Abweichung von seinen Weisungen ist dann arglistig, wenn entweder die Abweichung und ihre Folgen so geringfügig waren, daß ein Interesse des Kommittenten an anderer Behandlung des Geschäfts nach Treu und Glauben nicht besteht oder die Folgen der Abweichung rechtzeitig beseitigt werden: RGZ. 57, 394; SeuffA. 85, 85. (Vgl. dazu auch § 386 Abs. 2, wo freilich die Tragung der Preisdifferenz nicht notwendig allen Schaden des Kommittenten und daher auch grundsätzlich nicht seinen Schadensersatzanspruch beseitigt!) Die Berufung auf die Abweichung wird ferner durch deren Genehmigung ausgeschlossen; eine solche liegt in bloßem Schweigen auf die Anzeige des weisungswidrigen Abschlusses und sogar in der Annahme der Leistung regelmäßig noch nicht; vgl. Gruch. 48, 1007; JW. 14, 103, aber auch LZ. 09, 304 u. Anm. 3 Abs. 3 zu § 346. Jedoch ist, soweit die Leistung angenommen wird, ihre Zurückweisung nicht mehr möglich und der Kommittent auf Schadensersatzansprüche angewiesen; JW. 14, 103. Ist nach Zurückweisung die ordnungsmäßige Kommissionsausführung noch möglich, so befreit diese den Kommissionär und der Kommittent kann anderseits auf ihr bestehen; JW. 32, 2607.

Verstoß gegen Preislimitierung

§ 386. Hat der Kommissionär unter dem ihm gesetzten Preise verkauft oder hat er den ihm für den Einkauf gesetzten Preis überschritten[1], so muß der Kommittent, falls er das Geschäft als nicht für seine Rechnung abgeschlossen zurückweisen will[2], dies unverzüglich auf die Anzeige von der Ausführung des Geschäfts erklären[2]; anderenfalls gilt die Abweichung von der Preisbestimmung als genehmigt[3].

Erbietet sich der Kommissionär zugleich mit der Anzeige von der Ausführung des Geschäfts zur Deckung des Preisunterschieds, so ist der Kommittent zur Zurückweisung nicht berechtigt[1]. Der Anspruch des Kommittenten auf den Ersatz eines den Preisunterschied übersteigenden Schadens bleibt unberührt[4].

1. § 386 regelt gegenüber § 385 den Sonderfall, daß der Kommissionär der Weisung des Kommittenten zur Innehaltung eines Mindestverkaufs- bzw. Höchsteinkaufspreises zuwiderhandelt. Vgl. dazu unten Anm. 2—4.

Nicht jede Weisung über den vom Kommissionär zu erzielenden Preis ist eine „Preissetzung" i. S. des § 386, sondern nur die ausdrückliche Setzung eines sog. Limits, einer festen Preisgrenze, bzw. eines Festpreises (bei welch letzterem der Kommissionär vereinbarungsgemäß — entgegen § 387 — selbst den Vorteil aus einem noch günstigeren Ausführungsgeschäft hat); vgl. dazu ROHG. 8, 32, 120; 15, 435; 19, 70. Unbestimmte Weisungen sind keine Limitierungen (ROHG. 15, 435); nachträgliche Limitierung ändert den Kommissionsinhalt und ist daher nur als Vertrag möglich. Über den Unterschied einer limitierten Kommission gegenüber der Garantieübernahme für einen bestimmten Erlös durch den Kommissionär vgl. HansRGZ. 30 B 552.

2. Vgl. § 385 Abs. 1 Halbs. 2. Daneben besteht auch bei Verstoß gegen ein Preislimit ein Schadensersatzanspruch des Kommittenten (vgl. Abs. 2 S. 2 u. unten Anm. 4). — Der Kommittent braucht sich, wenn eine echte Limitierung vorlag, keinerlei Abweichungen gefallen zu lassen; § 385 Abs. 2 (bzw. § 665 BGB.) kann hier nicht entsprechend angewendet werden.

Während der Schadensersatzanspruch stets nur den allgemeinen Beschränkungen (vgl. darüber Anm. 2 Abs. 2 zu § 385) unterliegt, kann die Zurückweisung des Geschäfts nur unverzüglich (§ 121 BGB.: ohne schuldhaftes Zögern!, vgl. SeuffA. 80, 363 u. D. 234) nach Zugang der (vollständigen!) Ausführungsanzeige erklärt werden. Über den erforderlichen Inhalt der Ausführungsanzeige vgl. Anm. 3 Abs. 1 zu § 384. Zurückweisung ist die Erklärung, das angezeigte Geschäft nicht als Ausführung der Kommission gelten zu lassen; vgl. dazu auch Anm. 2 Abs. 2 a. E. zu § 385. Sie ist empfangsbedürftige Willenserklärung, ihr Zugang an den Kommissionär erforderlich und nachher keine Genehmigung mehr möglich; vgl. § 130 BGB.

3. D. h. es entfallen sämtliche Ansprüche des Kommittenten. Vorherige Erklärung, die Abweichung zu genehmigen, steht gleich.

4. S. auch Anm. 2 Abs. 2 zu § 385. Ein über die Preisdifferenz hinausgehender Schaden ist zu ersetzen, z. B. der Verlust, der infolge des weisungswidrigen Geschäfts durch Kursschwankungen entsteht (D. 234). Vgl. aber § 254 Abs. 2 BGB.

Interessenvorrang des Kommittenten

§ 387. Schließt der Kommissionär zu vorteilhafteren Bedingungen ab, als sie ihm von dem Kommittenten gesetzt worden sind, so kommt dies dem Kommittenten zustatten[1].

Dies gilt insbesondere, wenn der Preis, für welchen der Kommissionär verkauft, den von dem Kommittenten bestimmten niedrigsten Preis übersteigt oder wenn der Preis, für welchen er einkauft, den von dem Kommittenten bestimmten höchsten Preis nicht erreicht[1].

1. § 387 enthält eine durch die Möglichkeit abw. Parteivereinbarung (ROHG. 19, 70) und teilweise schon durch das Selbsteintrittsrecht des Kommissionärs (vgl. §§ 400, 401) gemilderte Folgerung aus dem Grundsatz, daß der Kommissionär das aus der Geschäftsbesorgung Erlangte herauszugeben hat; irrige Annahme eines Rechts zum Selbsteintritt schließt sie nicht aus (ROHG. 12, 181), ebensowenig bei formaler Personenmehrheit wirtschaftliche Identität (JW. 31, 812; GmbH. als Kommissionär muß dem Kommittenten den Vorteil eines von ihrem Alleingesellschafter und Geschäftsführer getätigten Abschlusses vergüten). Vgl. auch Anm. 5 zu § 384 u. Anm. zu § 401. Aus dem Grundsatz des § 387 folgt auch eine Aufklärungspflicht gegenüber dem Kommittenten hinsichtlich marktgerechter Preissetzung, deren Verletzung u. U. zur Anfechtung nach § 123 BGB. (vgl. RGZ. 43, 112; Gruch. 49, 982) oder zu Schadensersatzansprüchen wegen culpa in contrahendo berechtigt.

Sorgfaltspflicht bei Mängeln und Schäden des Gutes. Notverkaufsrecht

§ 388[1]. Befindet sich das Gut, welches dem Kommissionär zugesendet ist, bei der Ablieferung in einem beschädigten oder mangelhaften Zustande, der äußerlich erkennbar ist, so hat der Kommissionär die Rechte gegen den Frachtführer oder Schiffer zu wahren, für den Beweis des Zustandes zu sorgen und dem Kommittenten unverzüglich Nachricht zu geben[1]; im Falle der Unterlassung ist er zum Schadensersatze verpflichtet[2].

Ist das Gut dem Verderb ausgesetzt oder treten später Veränderungen an dem Gute ein, die dessen Entwertung befürchten lassen, und ist keine Zeit vorhanden, die Verfügung des Kommittenten einzuholen, oder ist der Kommittent in der Erteilung der Verfügung säumig, so kann der Kommissionär den Verkauf des Gutes nach Maßgabe der Vorschriften des § 373 bewirken[3].

1. Die Vorschrift macht dem Kommissionär eine Interessenwahrung noch ausdrücklich zur Pflicht, die ihm regelmäßig schon nach § 384 obliegen dürfte. Die Pflicht besteht über den Wortlaut der Vorschrift hinaus nicht nur gegenüber Frachtführern und Schiffern (vgl. §§ 438, 464, 608 f., § 61 BinnenSchG.), sondern auch sonst gegenüber Dritten, deren Haftung von alsbaldigem Tätigwerden des andern Teils abhängt oder doch beeinflußt wird; so wird stets gegenüber Beschädigung des Kommissionsgutes u. U. Antrag auf Beweissicherung (§§ 485 ff. ZPO.) geboten sein (vgl. § 414 Abs. 3) und der Einkaufskommissionär muß rechtzeitig mangelhafte oder andersartige Lieferung rügen (§§ 377 f., vgl. aber Anm. 3 zu § 391). — Der Kommissionär muß ferner nicht nur bei (objektiv) erkennbaren, sondern erst recht bei anderen Mängeln tätig werden, wenn sie ihm bekannt werden; „bei der Ablieferung" bezieht sich nicht auf die Frage der Erkennbarkeit, deutet vielmehr nur auf die Entstehungszeit der Schäden hin. — Von wem das Gut an den Kommissionär gesandt wird, ist gleichgültig. Es muß nach dem Sinn des Gesetzes auch genügen, daß es vom Kommissionär ohne Versendung bei einem Dritten in Empfang genommen wird. Hat der Kommissionär das Gut hingegen unmittelbar (ohne Zwischengewahrsam einer Transportperson) vom Kommittenten erlangt, so ist § 388 nicht anwendbar.

2. Ein besonderes Verschulden des Kommissionärs ist (ebenso wie im Falle des § 385) nicht erforderlich. Es genügt die Unterlassung der Rechtswahrnehmung oder der Benachrichtigung trotz erkennbarem Anlaß hierzu. Vgl. auch Anm. 2 Abs. 2 zu § 385. — Eine Zurückweisung des Geschäfts durch den Kommittenten ist hier (außer wenn gleichzeitig ein Verstoß gegen Weisungen des Kommittenten vorliegt — § 385) nicht möglich, so daß auch alle Ansprüche gegen ihn, insbesondere auf Grund der Mangelhaftigkeit des Gutes unberührt bleiben (ROHG. 21, 147). — Bei der Einkaufskommission vgl. ferner § 391.

3. Selbsthilfeverkauf für Rechnung des Kommittenten (vgl. Anm. 7 zu § 373), zu dem u. U. nach § 384 sogar eine Pflicht bestehen kann. In erster Linie sind jedoch die Weisungen des Kommittenten auch bei Entwertungsgefahr zu befolgen; vgl. § 385 m. Anm.

Verzögerte Verfügung des Kommittenten

§ 389. Unterläßt der Kommittent über das Gut zu verfügen, obwohl er dazu nach Lage der Sache verpflichtet ist[1], so hat der Kommissionär die nach § 373 dem Verkäufer zustehenden Rechte[2].

1. Besonderes Verschulden unnötig.

2. Selbsthilfeverkauf oder Hinterlegung für Rechnung des Kommittenten: vgl. die Anm. zu § 373.

Aufbewahrung und Versicherung des Kommissionsguts

§ 390. Der Kommissionär ist für den Verlust und die Beschädigung des in seiner Verwahrung befindlichen Gutes verantwortlich[1], es sei denn, daß der Verlust oder die Beschädigung auf Umständen beruht, die durch die Sorgfalt eines ordentlichen Kaufmanns nicht abgewendet werden konnten[2].

Der Kommissionär ist wegen der Unterlassung der Versicherung des Gutes nur verantwortlich, wenn er von dem Kommittenten angewiesen war, die Versicherung zu bewirken[3].

1. Die Vorschrift stellt nicht erst eine Verwahrungspflicht des Kommissionärs auf; diese folgt bereits aus § 384. Sie erlegt dem Kommissionär vielmehr nur entgegen den allgemeinen Vorschriften einen Entlastungsbeweis auf, der sich insbesondere auch auf die Sorgfalt gegenüber Diebstahl und höherer Gewalt zu erstrecken hat; ROHG. 8, 199, 201; 12, 386; 19, 211; RGZ. 11, 134; JW. 24, 325; 27, 1351. Der Kommittent muß aber beweisen, daß Verlust oder Beschädigung in der Besitzzeit des Kommissionärs eingetreten sind; vgl. RGZ. 126, 70, auch HansGZ. 26, 111. (Über Auskunftspflicht des Kommissionärs bei Abhandenkommen von Kommissionsgut HansRZ. 23, 685!) — Verlust ist sowohl Eigentums- als auch Besitzverlust, Beschädigung jede Wertminderung des Kommissionsgutes, die auf stofflicher Beeinträchtigung (z. B. auch durch Geruch; RGZ. 60, 45; 66, 41) beruht. — Vgl. noch § 362 Abs. 2.

2. Selbsthilfeverkauf für Rechnung des Kommittenten (vgl. Anm. 7 zu § 373), zu dem u. U. nach § 384 sogar eine Pflicht bestehen kann. In erster Linie sind jedoch die Weisungen des Kommittenten auch bei Entwertungsgefahr zu befolgen; vgl. § 385 m. Anm.

3. Abs. 2 erklärt die Unterlassung einer Versicherung grundsätzlich nicht für einen Sorgfaltsverstoß. Bei entsprechender Weisung des Kommittenten, die auch stillschweigend erfolgen kann (vgl. ROHG. 7, 361, aber auch SeuffA. 82, 79), muß ihr aber der Kommissionär bei Vermeidung seiner Haftung folgen (vgl. auch § 385). Versichert der Kommissionär ohne Weisung (für Rechnung des Kommittenten!, vgl. §§ 74—80 VVG.; §§ 886ff.), so kommt es darauf an, ob dies nach der Sachlage für einen ordentlichen Kommissionär (vgl. § 384 Abs. 1) erforderlich erschien; vgl. §§ 675, 670 BGB. (Stets darf i. Zw. nur zu üblichen Bedingungen versichert werden; RGZ. 6, 115.) Nach § 384 Abs. 1 ist auch die Pflicht und Berechtigung zu anderen Sicherungsmaßnahmen (z. B. Wertangabe bei Versendung gem. § 463) zu beurteilen: vgl. RGZ. 28, 140.

Mängelrüge

§ 391. Ist eine Einkaufskommission erteilt, die für beide Teile ein Handelsgeschäft ist[1], so finden in bezug auf die Verpflichtung des Kommittenten, das Gut zu untersuchen und dem Kommissionär von den entdeckten Mängeln Anzeige zu machen, sowie in bezug auf die Sorge für die Aufbewahrung des beanstandeten Gutes und auf den Verkauf bei drohendem Verderbe die für den Käufer geltenden Vorschriften der §§ 377 bis 379 entsprechende Anwendung[2]. Der Anspruch des Kommittenten auf Abtretung der Rechte, die dem Kommissionär gegen den Dritten zustehen, von welchem er das Gut für Rechnung des Kommittenten gekauft hat, wird durch eine verspätete Anzeige des Mangels nicht berührt[3].

1. Vgl. § 343 Anm. 1, auch § 377 Abs. 1.

2. Vgl. die Anm. zu §§ 377—379. Die Pflichten obliegen dem Kommittenten, wie wenn er vom Kommissionär gekauft hätte. Im Falle des Selbsteintritts des Kommissionärs (§ 400) finden §§ 377—379 unmittelbar Anwendung (D. 235).

3. Vgl. §§ 675, 667 BGB., § 384 Abs. 2. Der Kommissionär muß bei fehlerhafter oder unrichtiger Lieferung des Verkäufers im Interesse des Kommittenten stets die Mängelrüge erheben; er haftet aber für die Unterlassung regelmäßig nur, wenn ihm gegenüber der Kommittent rechtzeitig rügt; Satz 2 enthält eine gesetzliche Anerkennung der Schadensliquidation im Drittinteresse (vgl. Anm. 2 a. E. zu § 347; der Kommissionär hat im Falle der Versäumung der Mängelrüge durch den Kommittenten grundsätzlich selbst keinen Schaden!).

Forderungen aus dem Ausführungsgeschäft

§ 392. Forderungen aus einem Geschäfte, das der Kommissionär abgeschlossen hat, kann der Kommittent dem Schuldner gegenüber erst nach der Abtretung geltend machen[1].

Jedoch gelten solche Forderungen, auch wenn sie nicht abgetreten sind, im Verhältnisse zwischen dem Kommittenten und dem Kommissionär oder dessen Gläubigern[2] als Forderungen des Kommittenten[3].

1. Vgl. dazu Anm. 4 u. 5 a. A. zu § 383. — Zur Anspruchsabtretung an den Kommittenten ist der Kommissionär (vorbehaltlich eines ZbhRechts im Rahmen der §§ 399, 397 — s. Anm. zu § 399) jederzeit verpflichtet, vgl. §§ 675, 667 BGB., § 384 Abs. 2.

Solange die Abtretung jedoch nicht erfolgt ist, kann der Kommittent über die Ansprüche, die aus dem für seine Rechnung abgeschlossenen Ausführungsgeschäft entstehen, nicht verfügen, und der Schuldner kann nach §§ 407, 409 BGB. so lange mit befreiender Wirkung an den Kommissionär leisten, bis dieser ihm die Abtretung anzeigt oder der Kommittent ihm eine Abtretungsurkunde vorlegt. Auch Aufrechnung ist nach h. M. mit allen Forderungen des Dritten gegen den

Kommissionär möglich, es sei denn, daß beide arglistig zusammengewirkt hätten; vgl. RGZ. 32, 40; 121, 178; JW. 26, 2106. Sicher ist, daß der Dritte Gegenforderungen aufrechnen kann, welche mit demselben Geschäft zusammenhängen, also die Rechnung des Kommittenten betreffen. Darüber hinaus dürfte aber Abs. 2 der h. M. zumindest sinngemäß entgegenstehen; s. darüber unten Anm. 3. Vgl. noch Gruch. 51, 1032 (kein Einfluß durch Konkurs des Kommissionärs).

Über den Übergang des Eigentums vom Einkaufskommissionär auf seinen Kommittenten vgl. Anm. 5 zu § 383.

2. Nicht also gegenüber dem Schuldner oder zugunsten eines Einzelrechtsnachfolgers des Kommittenten, der nicht sein Gläubiger ist; vgl. oben Anm. 1 Abs. 2. Auch sonst ist Abs. 2 als Sonderbestimmung nicht erweiternd auszulegen; RGZ. 58, 276; 84, 216.

3. Abs. 2 soll den Kommittenten namentlich gegen Zugriffe anderer Gläubiger des Kommissionärs schützen. Der Schutz findet seine Grenze, wo die Ansprüche aus dem Ausführungsgeschäft nicht hätten abgetreten werden können (JW. 32, 2639); sonst ist die Art der Ansprüche gleichgültig (vgl. z. B. RGZ. 41, 4; 96, 8). Nach R. 33, 448 fallen Ansprüche aus Kauf unter Eigentumsvorbehalt nicht unter Abs. 2; man wird die Vorschrift dementgegen aber wenigstens analog auf die Abtretung oder Pfändung der Anwartschaft des als Vorbehaltskäufer auftretenden Kommissionärs anwenden müssen (ohne daß es der von R. 33, 448 ebenfalls — folgerecht! — abgelehnten Umdeutung in eine Vorwegabtretung bedürfte).

Auf Grund der Vorschrift kann der Kommittent oder einer seiner Gläubiger verhindern, daß Verfügungen des Kommissionärs oder Rechtsakte seiner Gläubiger die Ansprüche aus dem Ausführungsgeschäft dem Vermögen des Kommittenten entziehen. Verfügungen des Kommissionärs sind relativ unwirksam; RGZ. 148, 190. Im Konkurse des Kommissionärs kann der Kommittent aussondern (§ 43 KO., vgl. auch § 46 KO.) und außerhalb des Konkurses einer Einzelvollstreckung mit der Widerspruchsklage nach § 771 ZPO. entgegentreten; vgl. RGZ. 32, 42; 84, 216; 92, 11; 148, 190; OLG. 6, 94; Gruch. 51, 1031; ferner LZ. 07, 439.

Abs. 2 kann durch den Kommissionsvertrag wegbedungen werden, was aber nicht schon in einer Delkrederezusage des Kommissionärs (§ 394) liegt; ROHG. 7, 21. Umgekehrt kann die nach Abs. 1 erforderliche Abtretung schon vor endgültiger Entstehung der Ansprüche aus dem Ausführungsgeschäft erfolgen (vgl. JW. 32, 1965, auch HansRGZ. 34 B 560), womit Abs. 2 gegenstandslos wird.

Vorschußleistung und Kreditgewährung

§ 393. Wird von dem Kommissionär ohne Zustimmung des Kommittenten[1] einem Dritten ein Vorschuß geleistet[2] oder Kredit gewährt[3], so handelt der Kommissionär auf eigene Gefahr[4].

Insoweit jedoch der Handelsgebrauch am Orte des Geschäfts die Stundung des Kaufpreises mit sich bringt, ist in Ermangelung einer anderen Bestimmung des Kommittenten auch der Kommissionär dazu berechtigt[3].

Verkauft der Kommissionär unbefugt auf Kredit, so ist er verpflichtet, dem Kommittenten sofort als Schuldner des Kauf-

preises die Zahlung zu leisten[4]. Wäre beim Verkaufe gegen bar der Preis geringer gewesen, so hat der Kommissionär nur den geringeren Preis und, wenn dieser niedriger ist als der ihm gesetzte Preis, auch den Unterschied nach § 386 zu vergüten[5].

1. Eine Delkrederekommission (§ 394) enthält die Ermächtigung zur Kreditgewährung.

2. Vorschüsse sind alle Vorausleistungen (des Einkaufskommissionärs) in Erwartung einer Gegenleistung, vgl. JW. 12, 685.

3. Kreditgewährung (durch den Verkaufskommissionär) ist ohne HBrauch i. Zw. unzulässig. Abw. HBrauch führt zur Umkehrung der Beweislast.

4. Unbefugte Vorschüsse und Kredite gehen nicht auf Rechnung des Kommittenten; er kann verlangen, vom Kommissionär so gestellt zu werden, wie wenn für seine Rechnung ein Kassageschäft geschlossen worden wäre.

5. Beweist der Kommissionär (D. 238), daß beim Kassaverkauf weniger zu erzielen gewesen wäre, so kann er die Differenz abziehen, jedoch nur bis zu einem etwaigen Limitpreis.

Delkrederehaftung

§ 394. Der Kommissionär hat für die Erfüllung der Verbindlichkeit des Dritten, mit dem er das Geschäft für Rechnung des Kommittenten abschließt, einzustehen, wenn dies von ihm übernommen oder am Orte seiner Niederlassung Handelsgebrauch ist[1].

Der Kommissionär, der für den Dritten einzustehen hat, ist dem Kommittenten für die Erfüllung im Zeitpunkte des Verfalls unmittelbar insoweit verhaftet, als die Erfüllung aus dem Vertragsverhältnisse gefordert werden kann[2]. Er kann eine besondere Vergütung (Delkredereprovision) beanspruchen[3].

1. Grundsätzlich haftet der Kommissionär lediglich für sorgfältigen Abschluß des Ausführungsgeschäfts und Übertragung der sich daraus ergebenden Rechte und Ansprüche, nicht auch für deren Erfüllung durch den Dritten. Nur kraft besonderer (nicht notwendig — vgl. z. B. OLG. 44, 244 — ausdrücklicher) Vereinbarung oder kraft eines (auch — vgl. § 345 — nichtkaufmännischen Kommittenten zugutekommenden) HBrauchs.

2. Die Delkredereübernahme schafft eine Garantiehaftung, auf Grund deren der Kommittent vom Kommissionär nicht nur die Abtretung der Ansprüche aus dem Ausführungsgeschäft, sondern dessen Erfüllung fordern kann; vgl. ROHG. 20, 386, dazu auch ROHG. 19, 55 (Selbsteintritt); 21, 146 (Einwendungen aus dem Recht des Dritten!), ferner RGZ. 78, 314 (Delkredere für Geschäfte von Unterkommissionären).

3. Zusätzliche Provision für Übernahme der Delkrederehaftung wird (im Zweifel, vgl. RGZ. 20, 113!) ohne besondere Zusage geschuldet (§ 354); anderseits wird durch widerspruchslose Entgegennahme der Zusage einer Delkredereprovision stillschweigend (vgl. oben Anm. 1) eine Haftung gem. § 394 begründet.

Wechseleinkaufskommission

§ 395. Ein Kommissionär, der den Ankauf eines Wechsels übernimmt, ist verpflichtet, den Wechsel, wenn er ihn indossiert, in üblicher Weise und ohne Vorbehalt zu indossieren[1].

1. Bei Einkaufskommission über einen Wechsel ergibt sich die Verpflichtung des Kommissionärs zur Übertragung der Wechselrechte auf den Kommittenten aus § 384 Abs. 2 Halbs. 2 (vgl. auch §§ 675, 667 BGB.). Ob hierzu die Indossierung des Wechsels durch den Kommissionär erforderlich ist, hängt davon ab, ob der Kommissionär den Wechsel auf Grund eines Vollindossaments oder eines Blankoindossaments erworben hat. Letzterenfalls besteht (auch nach § 395!) i. Zw. keine Pflicht zur Indossierung. Erfolgt aber eine Indossierung seitens des Kommissionärs, so haftet dieser für gehörige und vorbehaltlose Indossierung. Unzulässig ist also auch ein sog. Prokuraindossament. Daneben sind etwaige Weisungen des Kommittenten zu beachten: § 385.

§ 395 findet auch dann entsprechende Anwendung, wenn bei einer Verkaufskommission der Kaufpreis durch Wechsel belegt wird und der Kommissionär nicht auch deren Einziehung übernommen hat; RGZ. 20, 113.

Ob der Kommissionär, der den Wechsel einlöst, vom Kommittenten Regreß nehmen kann oder umgekehrt, hängt von der vom Kommittenten zu beweisenden Delkrederehaftung (§ 394) ab, deren Übernahme selbst dann in der Indossierung allein nicht liegt, wenn diese zur Übertragung der Wechselrechte nicht erforderlich gewesen wäre (vgl. oben Abs. 1 d. Anm.): RGZ. 20, 114. Im Zweifel hat der Kommittent den Kommissionär freizustellen; vgl. §§ 675, 670 BGB., § 396.

Provisionszahlung und Aufwendungsersatz

§ 396[1a]. Der Kommissionär kann die Provision[1] fordern[1], wenn das Geschäft zur Ausführung gekommen ist[2]. Ist das Geschäft nicht zur Ausführung gekommen, so hat er gleichwohl den Anspruch auf die Auslieferungsprovision, sofern eine solche ortsgebräuchlich ist[2]; auch kann er die Provision verlangen, wenn die Ausführung des von ihm abgeschlossenen Geschäfts nur aus einem in der Person des Kommittenten liegenden Grunde unterblieben ist[2].

Zu dem von dem Kommittenten für Aufwendungen des Kommissionärs nach den §§ 670, 675 des Bürgerlichen Gesetzbuchs zu leistenden Ersatze gehört auch die Vergütung für die Benutzung der Lagerräume und der Beförderungsmittel des Kommissionärs[3].

1a. Zu § 396 s. Art. 8 Nr. 25 der 4. EinfV. betr. Österreich und Art. 8 Nr. 25 der 3. EinfV. betr. Sudetenland (Anh. XIII, XIV).

1. Die Provision ist der Werklohn des Kommissionärs; vgl. Anm. 2 zu § 383 auch unten Anm. 2. Dieser hat einen Provisionsanspruch auch ohne Provisionsvereinbarung, vgl. § 354; fehlt eine Vereinbarung, so steht ihm die handelsübliche Provision zu. (Beweislast desjenigen, der Abweichungen von der handelsüblichen Provision — insbesondere geringeren Provisionssatz oder Gewinnbeteiligung [dazu R. 30, 1526] — behauptet; vgl. aber Anm. 2 Abs. 4 zu § 383, auch unten

Anm. 2 Abs. 2!) — Aus Kommissionen über unklagbare oder verbotene Börsentermingeschäfte entsteht nur ein unklagbarer bzw. überhaupt kein Provisionsanspruch: §§ 60, 70 BörsG. Daß der Kommissionär dann gleichwohl ein gültiges Ausführungsgeschäft tätigt, ändert daran nichts: vgl. RGZ. 34, 90, 264; 51, 159; JW. 04, 291; 06, 228. — Verjährung des Anspruchs tritt nach 2 Jahren, gerechnet vom Jahresschluß nach Anspruchsentstehung (darüber unten Anm. 2) ein; §§ 196, 201 BGB.

2. Erst mit der Ausführung des Ausführungsgeschäfts entsteht der Provisionsanspruch, u. zw. selbst dann — im Zweifel — wenn die Ausführung des Geschäfts unmittelbar seitens des Kommittenten erfolgt. (Anders nur, wenn dies wegen einer unverhältnismäßig langen Dauer der vollständigen Ausführung Treu und Glauben widersprechen würde: vgl. D. 238.) Andere Vereinbarungen, denen hier (vgl. § 345) HBräuche auch gegenüber nichtkaufmännischen Kommittenten gleichstehen, sind möglich: vgl. dazu RGZ. 17, 131; SeuffA. 64, 285.

Gegenüber der Provisionsklage kann sich der Kommittent ausnahmsweise dann nicht darauf berufen, daß die Ausführung des Geschäfts unterblieben ist, wenn dies (Beweislast des Kommissionärs!) nur auf einem in der Person des Kommittenten liegenden Grunde beruht. Vgl. hierzu die ähnlich gestaltete Regelung bei der Agentenprovision (§ 88 Abs. 2 u. Anm. 8 zu § 88), ferner OLG. 40, 210; LZ. 31, 496, auch ROHG. 22, 77. Widerruft der Kommittent die Kommission jedoch vor Abschluß eines Ausführungsgeschäfts, so kann der Kommissionär i. Zw. nur Ersatz seiner bis dahin gemachten Aufwendungen fordern (Abs. 2); vgl. D. 238 u. dazu ROHG. 16, 379; 20, 325, aber auch JW. 01, 408. — Sog. Auslieferungsprovision kann als Entgelt für bloße Empfangnahme und Rückgabe der Ware an den Kommittenten stets nur bei entsprechender Vereinbarung oder HBrauch gefordert werden: vgl. oben Abs. 1 d. Anm. (a. E.).

3. Gem. § 675 BGB. hat der Kommissionär Anspruch auf Aufwendungsersatz wie ein Beauftragter nach § 670 BGB., d. h. hinsichtlich aller von ihm zum Zwecke der Kommissionsausführung gemachten Aufwendungen, „die er den Umständen nach für erforderlich halten darf". Über den Begriff der Aufwendungen (zu denen auch zufällig erlittene Schäden des Kommissionärs gehören, wenn sie gerade auf der besonderen Eigenart der Kommission beruhen, nicht allgemeinen Gefahren — wie z. B. Verkehrsunfällen — entspringen!) vgl. RGZ. 94, 169; 95, 51; 122, 298; 151, 99; JW. 14, 676 (aber auch JW. 09, 311). Soweit die Aufwendungen vorherzusehen sind, besteht i. Zw. Vorschußpflicht des Kommittenten (vgl. §§ 675, 669 BGB. u. dazu RGZ. 23, 412; 82, 403; 124, 115). Im übrigen kann der Kommissionär i. Zw. Befreiung (dazu LZ. 29, 656, auch SeuffA. 61, 141) oder wenigstens Sicherheitsleistung (dazu RGZ. 47, 121; 55, 93; JW. 17, 467) verlangen: § 257 BGB. Vgl. ferner ROHG. 10, 187.

Pfandrecht des Kommissionärs

§ 397. Der Kommissionär hat an dem Kommissionsgute[1], sofern er es im Besitze hat[2], insbesondere mittels Konnossements, Ladescheins oder Lagerscheins darüber verfügen kann[2], ein Pfandrecht[3] wegen der auf das Gut verwendeten Kosten der Provision, der auf das Gut gegebenen Vorschüsse und Darlehen, der mit Rücksicht auf das Gut gezeichneten Wechsel oder in anderer Weise eingegangenen Verbindlichkeiten sowie wegen

aller Forderungen aus laufender Rechnung in Kommissionsgeschäften[3].

1. Kommissionsgut sind alle dem Besitz unterliegenden Gegenstände, die der Kommissionär zum Zwecke oder infolge der Ausführung der Kommission für Rechnung des Kommittenten erhält (vgl. ROHG. 20, 87; RGZ. 3, 155; 33, 155, aber auch Gruch. 33, 1046, ferner LZ. 30, 118) und die Gegenstand eines Pfandrechts sein können (nicht z. B. Urkunden, wenn sie nicht Wertpapiere — und auch nicht Ware! vgl. RGZ. 51, 86). Wegen der Forderungen, die der Kommissionär auf Grund des Ausführungsgeschäfts erwirbt, vgl. § 399.

2. Das Pfandrecht des Kommissionärs ist ein gesetzliches Besitzpfandrecht, das erst entsteht, wenn der Kommissionär den Besitz des Gutes erlangt, und erlischt, wenn er den Besitz verliert; vgl. RGZ. 44, 120 u. 105, 127, aber auch § 44 KO. (weitergehend! sog. Verfolgungsrecht des Kommissionärs). Es genügt jedoch jeder mittelbare Besitz des Kommissionärs; die Verfügungsmöglichkeit mittels eines Traditionspapiers nennt das Gesetz nur als Beispiel.

3. Für die Entstehung des Pfandrechts ist (außer dem Bestehen des Kommissionsvertrages bei Besitzerlangung, vgl. dazu RGZ. 71, 76!) grundsätzlich Voraussetzung, daß der Kommittent Eigentümer des Gutes ist (vgl. darüber Anm. 5 zu § 383), oder daß zwar ein Dritter Eigentümer, der Kommissionär aber über das Gut zu verfügen berechtigt ist; oder endlich, daß der Kommissionär ohne grobe Fahrlässigkeit einen dieser Tatbestände als gegeben ansieht. Vgl. § 366 Abs. 3, aber auch § 398 (betr. eigene Sachen des Kommissionärs). — Über den Rang des Pfandrechts vgl. § 443, ferner über das Verhältnis zum kaufm. ZbhRecht Dritter Anm. 9 zu § 369.

Für die Pfandverwertung gelten (vgl. § 398 — „auch") §§ 1204 ff. BGB. (§ 1257 BGB.), § 368; vgl. Anm. 2 zu § 368. Abwendung durch Sicherheitsleistung ist (abgesehen von § 1218 BGB.) nicht möglich; RGZ. 1, 104; OLG. 6, 470; 38, 214. Vgl. ferner § 771 ZPO., § 49 Nr. 2 KO.

Grundlage des Pfandrechts sind alle Forderungen des Kommissionärs gegen den Kommittenten, die entweder mit der Kommission konnex sind (vgl. §§ 396, 394 Abs. 2 S. 2) oder aus laufender Rechnung (einschl. echtem Kontokorrent) zwischen beiden stammen, wenn und insoweit sie Ansprüche aus (beliebigen) Kommissionen enthält (vgl. ROHG. 20, 87; RGZ. 9, 430). Ausnahme: §§ 4, 30 DepotG. v. 4. 2. 37 (für Wertpapiere). Neben dem Pfandrecht kann ein kaufm. ZbhRecht des Kommissionärs nach §§ 369 ff. bestehen.

Befriedigungsrecht des Kommissionärs an eigenem Kommissionsgut

§ 398. Der Kommissionär kann sich, auch wenn er Eigentümer des Kommissionsguts ist, für die im § 397 bezeichneten Ansprüche nach Maßgabe der für das Pfandrecht geltenden Vorschriften aus dem Gute befriedigen[1].

1. Soweit das Kommissionsgut Eigentum des Kommissionärs ist, kann ein Pfandrecht nach § 397 nicht entstehen (vgl. §§ 1257, 1256 BGB.). § 398 gewährt dem Kommissionär daher insoweit ein besonderes pfandähnliches Befriedigungsrecht. Vgl. dazu die Anm. zu § 397. Auch die Rangvorschriften (§ 443) und die Besitzerfordernisse werden entsprechend anzuwenden sein. Ein Zbh-Recht aus §§ 273, 320 BGB. oder § 369 bleibt unberührt. Nicht jedoch ist ein Rücktritt des Kommissionärs wegen Verzuges des Kommittenten (§ 326 BGB.)

mit der Wirkung möglich, daß der Kommissionär das von ihm für Rechnung des Kommittenten erworbene Gut für sich behalten darf; vgl. D. 240 u. ROHG. 11, 9. Anders bei Selbsteintritt (§ 400), der die Lieferung des Gutes als solche, und nicht allein die Geschäftsbesorgung als eine Leistung des Kommissionärs erscheinen läßt.

Vorzugsrecht des Kommissionärs an Forderungen aus dem Ausführungsgeschäft

§ 399. **Aus den Forderungen, welche durch das für Rechnung des Kommittenten geschlossene Geschäft begründet sind, kann sich der Kommissionär für die im § 397 bezeichneten Ansprüche vor dem Kommittenten und dessen Gläubigern befriedigen[1].**

1. § 399 läßt die Forderungen aus dem Ausführungsgeschäft, die in der Person des Kommissionärs entstehen, für dessen Ansprüche gegen den Kommittenten bevorzugt (pfandähnlich, da das nur für Sachen und Wertpapiere wirksame Besitzpfandrecht des § 397 sie nicht ergreift!) haften. Das Vorzugsrecht gibt dem Kommissionär gegenüber dem Anspruch des Kommittenten auf Abtretung der Ansprüche ein Zurückbehaltungsrecht und gegenüber dessen Gläubigern (vgl. § 392 Abs. 2) ein Widerspruchsrecht. — Nach Erfüllung der Ansprüche gilt zugunsten des Einkaufskommissionärs § 398, während der Verkaufskommissionär wegen seiner Ansprüche gegenüber denen des Kommittenten auf „Herausgabe" (§ 384 Abs. 2) aufrechnen kann.

Selbsteintritt des Kommissionärs

§ 400. **Die Kommission zum Einkauf oder zum Verkaufe von Waren, die einen Börsen- oder Marktpreis haben, sowie von Wertpapieren, bei denen ein Börsen- oder Marktpreis amtlich festgestellt wird, kann, wenn der Kommittent nicht ein anderes bestimmt hat, von dem Kommissionär dadurch ausgeführt werden, daß er das Gut, welches er einkaufen soll, selbst als Verkäufer liefert oder das Gut, welches er verkaufen soll, selbst als Käufer übernimmt[1].**

Im Falle einer solchen Ausführung der Kommission beschränkt sich die Pflicht des Kommissionärs, Rechenschaft über die Abschließung des Kaufes oder Verkaufs abzulegen[2], auf den Nachweis, daß bei dem berechneten Preise der zur Zeit der Ausführung der Kommission bestehende Börsen- oder Marktpreis eingehalten ist[3]. Als Zeit der Ausführung gilt der Zeitpunkt, in welchem der Kommissionär die Anzeige von der Ausführung zur Absendung an den Kommittenten abgegeben hat[3].

Ist bei einer Kommission, die während der Börsen- oder Marktzeit auszuführen war, die Ausführungsanzeige erst nach dem Schlusse der Börse oder des Marktes zur Absendung ab-

gegeben, so darf der berechnete Preis für den Kommittenten nicht ungünstiger sein als der Preis, der am Schlusse der Börse oder des Marktes bestand[3].

Bei einer Kommission, die zu einem bestimmten Kurse (erster Kurs, Mittelkurs, letzter Kurs) ausgeführt werden soll, ist der Kommissionär ohne Rücksicht auf den Zeitpunkt der Absendung der Ausführungsanzeige berechtigt und verpflichtet, diesen Kurs dem Kommittenten in Rechnung zu stellen[3].

Bei Wertpapieren und Waren, für welche der Börsen- oder Marktpreis amtlich festgestellt wird, kann der Kommissionär im Falle der Ausführung der Kommission durch Selbsteintritt dem Kommittenten keinen ungünstigeren Preis als den amtlich festgestellten in Rechnung stellen[3].

1. Abs. 1 bestimmt Voraussetzungen und Begriff des Selbsteintritts, Abs. 2 bis 5 (zusammen mit § 401) die Pflichten des eintretenden Kommissionärs, also die Folgen des Selbsteintritts. Die Pflichten des Kommissionärs können nicht wegbedungen werden (§ 402), die Voraussetzungen des Selbsteintritts hingegen sowohl beschränkt als auch erweitert, seine Zulässigkeit sogar ausgeschlossen werden. Vgl. ROHG. 11, 43; 19, 53; 23, 104; RGZ. 6, 51; 53, 368; 80, 102; 96, 7. Über gesetzlichen Ausschluß des Selbsteintritts vgl. §§ 65, 219 AktGes.

Besteht keine Vereinbarung, so ist der Selbsteintritt nur zulässig, wenn es sich entweder um börsen- oder marktmäßig gehandelte Waren oder um amtlich notierte Wertpapiere handelt. Es muß aber ein Preis gebildet bzw. — bei Wertpapieren — amtlich festgestellt sein; Notierung bloßer Angebote („Geld" oder „Brief") genügt nicht. Vgl. dazu §§ 29—35 BörsG. (s. Anh. VII) u. RGZ. 34, 119. Die Voraussetzung muß gerade bei der Börse oder dem Markt des Erfüllungsortes (oder seines Bezirks), i. Zw. also der Niederlassung des Kommissionärs (vgl. Anm. 2 Abs. 1 a. E. zu § 383), zutreffen.

Selbsteintritt ist eine Art der Kommissionsausführung (vgl. §§ 403, 404!), deren Zulässigkeit i. Zw. von einer ausdrücklichen, aber sonst formfreien Willenserklärung des Kommissionärs abhängt, welche dem Kommittenten spätestens gleichzeitig mit der Ausführungsanzeige (§ 384 Abs. 2 Halbs. 1) zugehen muß; vgl. dazu § 405 u. RGZ. 1, 286; 4, 92; 25, 71; 53, 363; 102, 15; R. 21, 1975, auch RGZ. 94, 61 (betr. Irrtumsanfechtung durch den Kommissionär). Daß der Einkaufskommissionär die Ware selbst erst anschaffen muß, hindert seinen Selbsteintritt nicht; ROHG. 20, 327.

Auf die Kommission findet nach wirksam erklärtem Selbsteintritt mit der Maßgabe der §§ 400 Abs. 2—5, 401—405 Kaufrecht Anwendung; vgl. dazu RGZ. 19, 100; 25, 72, aber auch RGZ. 10, 91; 37, 268; JW. 00, 19; SeuffA. 78, 155 (grundsätzliche Unveränderlichkeit des Erfüllungsortes — dazu Anm. 2 Abs. 1 a. E. zu § 383).

2. Vgl. § 384 Abs. 2 Halbs. 2.

3. Grundsatz für den Selbsteintritt ist, daß der Kommittent nicht schlechter gestellt sein soll als beim Abschluß des Ausführungsgeschäfts mit einem Dritten.

Vgl. dazu auch RGZ. 108, 191; 112, 27 (Pflicht des eintretenden Verkaufskommissionärs, in der Währung des ausländischen Erfüllungsortes zu zahlen).

Hinsichtlich des Preises gewährt das Gesetz dem Kommittenten — vorbehaltlich seiner etwaigen in erster Linie maßgebenden Preisbegrenzung (vgl. § 386) stets Schutz gegen Verletzung der durch den Börsen- bzw. Marktpreis (u. zw. bei amtlich notierten Werten durch den amtlich festgestellten Preis — Abs. 5) gezogenen Grenze. Örtlich sind Börse bzw. Markt des Erfüllungsortes (hilfsweise seines Börsen- oder Marktortes!) maßgebend, zeitlich in erster Linie eine etwa vom Kommittenten bestimmte Börsen- oder Marktzeit (vgl. Abs. 4, wo aber lediglich Beispiele genannt sind), andernfalls der Zeitpunkt der Absendung der Ausführungsanzeige durch den Kommissionär (Abs. 2 S. 2), bei börsen- oder marktmäßig auszuführender Kommission jedoch ungünstigstenfalls der Börsen- oder Marktschluß, wenn die Anzeige erst nach diesem abgesandt wird (Abs. 3). „Abgabe zur Absendung" i. S. des Abs. 2 S. 2 ist der vom Kommissionär nachzuweisende Zeitpunkt, in welchem dieser sich der Möglichkeit begibt, die Anzeige zu ändern oder durch eine neue zu ersetzen: vgl. dazu RGZ. 59, 337; JW. 01, 657, auch RGZ. 102, 16. Die dem Kommissionär im Streitfall obliegende Darlegungspflicht bezieht sich, wenn er den Zeitpunkt der Ausführung bestimmen durfte, auch auf die Zweckmäßigkeit des gewählten Zeitpunkts; RGZ. 6, 52. — Kann der Kommissionär seinerseits nicht beweisen, daß beim Geschäft die hiernach zwingend (vgl. § 402) vorgeschriebenen Mindestsätze innegehalten sind, so steht dem Kommittenten eine entsprechende Nach- bzw. Ersatzforderung zu; zur Zurückweisung des Geschäfts ist er aber nicht berechtigt. Weitergehende Rechenschaft und Herausgabe (vgl. § 384 Abs. 2 Halbs. 2) kann der Kommittent nur auf Grund des ihm obliegenden Beweises, daß in Wahrheit ein noch günstigerer Preis erzielt wurde oder zu erzielen war (vgl. § 401), fordern. — Vgl. noch § 95 BörsG., auch § 88 BörsG.

Verbot des „Schneidens" des Kommittenten

§ 401. Auch im Falle der Ausführung der Kommission durch Selbsteintritt hat der Kommissionär, wenn er bei Anwendung pflichtmäßiger Sorgfalt die Kommission zu einem günstigeren als dem nach § 400 sich ergebenden Preise ausführen konnte, dem Kommittenten den günstigeren Preis zu berechnen[1].

Hat der Kommissionär vor der Absendung der Ausführungsanzeige aus Anlaß der erteilten Kommission an der Börse oder am Markte ein Geschäft mit einem Dritten abgeschlossen, so darf er dem Kommittenten keinen ungünstigeren als den hierbei vereinbarten Preis berechnen[1].

1. Vgl. Anm. 3 zu § 400. Die Vorschriften sind unabdingbar; § 402. Auch ein abweichender HBrauch ist daher als Mißbrauch anzusehen und unbeachtlich; JW. 26, 2077. Der Kommittent kann bei Nachweis der Voraussetzungen des § 401 nur den danach geltenden Preis beanspruchen, nicht aber den Selbsteintritt zurückweisen. Mehreren Kommittenten mit gleichartiger Kommission muß der Kommissionär unter entsprechender Verteilung die Gesamtheit der Deckungsgeschäfte gutbringen.

Absichtlich nachteilige Preisberechnung ist nach § 95 BörsG. strafbar.

Unabdingbarkeit

§ 402. Die Vorschriften des § 400 Abs. 2 bis 5 und des § 401 können nicht durch Vertrag zum Nachteile des Kommittenten abgeändert werden[1].

1. Vgl. Anm. 3 zu § 400 u. Anm. 1 zu § 401. Die Vorschrift ist nicht erweiternd auszulegen; so ist einseitiger nachträglicher Verzicht des Kommittenten in Kenntnis der Ausführungsanzeige, besonders aber die Erleichterung der Voraussetzungen des Selbsteintritts (§ 400 Abs. 1 — nicht die seiner Folgen!) wirksam; vgl. Anm. 1 Abs. 1 zu § 400.

Provision bei Selbsteintritt

§ 403. Der Kommissionär, der das Gut selbst als Verkäufer liefert oder als Käufer übernimmt, ist zu der gewöhnlichen Provision berechtigt und kann die bei Kommissionsgeschäften sonst regelmäßig vorkommenden Kosten berechnen[1].

1. Grund: Selbsteintritt ist eine Art der Ausführung der Kommission: vgl. dazu Anm. 1 Abs. 3 zu § 400, auch RGZ. 108, 192; Gruch. 36, 1070.

Pfand- und Befriedigungsrecht bei Selbsteintritt

§ 404. Die Vorschriften der §§ 397, 398 finden auch im Falle der Ausführung der Kommission durch Selbsteintritt Anwendung[1].

1. Vgl. Anm. zu § 403. Die Rechte stehen dem Kommissionär bei Selbsteintritt neben den Kaufrechten zu.

Selbsteintritt und Ausführungsanzeige

§ 405. Zeigt der Kommissionär die Ausführung der Kommission[1], ohne ausdrücklich[2] zu bemerken, daß er selbst eintreten wolle, so gilt dies als Erklärung, daß die Ausführung durch Abschluß des Geschäfts mit einem Dritten für Rechnung des Kommittenten erfolgt sei[3].

Eine Vereinbarung zwischen dem Kommittenten und dem Kommissionär, daß die Erklärung darüber, ob die Kommission durch Selbsteintritt oder durch Abschluß mit einem Dritten ausgeführt sei, später als am Tage der Ausführungsanzeige abgegeben werden dürfe, ist nichtig[4].

Widerruft der Kommittent die Kommission[5] und geht der Widerruf dem Kommissionär zu, bevor die Ausführungsanzeige zur Absendung abgegeben ist[6], so steht dem Kommissionär das Recht des Selbsteintritts nicht mehr zu.

1. Vgl. § 384 Abs. 2 Halbs. 1.

2. D. h. unzweideutig; Warn. 26, 171 (Übersendung eines vom Kommissionär gezeichneten Schlußscheines genügt nicht; RGZ. 63, 30).

3. Über die Folgen einer Unterlassung der Nennung des Dritten bei der Anzeige vgl. § 384 Abs. 3.

4. Zulässig ist jedoch, zu vereinbaren, daß eine Ausführungsanzeige stets oder im Zweifel oder wenigstens bei konkludentem Hinweis als Selbsteintrittsanzeige gelten solle; vgl. RGZ. 96, 7; SeuffA. 83, 90. Eine verspätete Selbsteintrittserklärung kann durch nachträgliche Genehmigung des Kommittenten wirksam werden.

5. Vgl. dazu Anm. 2 Abs. 1 u. 3 zu § 383.

6. Schon nach § 649 BGB. erlischt die Widerrufsmöglichkeit nicht nur dann, wenn der Kommissionär ein Ausführungsgeschäft mit einem Dritten abschließt, sondern auch bei Erklärung des Selbsteintritts, weil dieser (vgl. Anm. 1 zu § 400, Anm. 1 zu § 403) ebenfalls Ausführung der Kommission ist. Abs. 3 berücksichtigt aber, daß der Selbsteintritt (Zugang der Erklärung an den Kommittenten vorausgesetzt!) auf den Zeitpunkt der Erklärungsabsendung zurückwirkt. Im Streitfall muß der Kommittent den Zugang (§ 130 BGB.) seines Widerrufs, der Kommissionär, die vorherige Absendung der Anzeige beweisen: vgl. ROHG. 5, 281; 16, 305.

Erweiterter Geltungsbereich der Kommissionsvorschriften

§ 406. Die Vorschriften dieses Abschnitts[1] kommen auch zur Anwendung, wenn ein Kommissionär im Betriebe seines Handelsgewerbes[2] ein Geschäft anderer als der im § 383 bezeichneten Art für Rechnung eines anderen in eigenem Namen zu schließen übernimmt[3]. Das gleiche gilt, wenn ein Kaufmann, der nicht Kommissionär ist, im Betriebe seines Handelsgewerbes ein Geschäft in der bezeichneten Weise zu schließen übernimmt[4].

Als Einkaufs- und Verkaufskommission im Sinne dieses Abschnitts gilt auch eine Kommission, welche die Lieferung einer nicht vertretbaren beweglichen Sache, die aus einem von dem Unternehmer zu beschaffenden Stoffe herzustellen ist, zum Gegenstande hat[5].

1. §§ 383 ff.

2. Darüber §§ 343, 344.

3. In Betracht kommen Geschäfte für Rechnung eines Dritten, die nicht Kauf oder Verkauf von Waren oder Wertpapieren sind, insbesondere Kommissionsverlag (RGZ. 78, 300), Kommissionsagentur, ferner z. B. Herbeiführung der Eintragung in das Staatsschuldbuch (RGZ. 82, 403). Über das Sonderrecht des Spediteurs vgl. §§ 407 ff.

4. Nach Abs. 1 S. 2 (sog. Gelegenheitskommissionär!) kann auch für Minderkaufleute Kommissionsrecht gelten; Warn. 34, 158. — § 95 BörsG. gilt auch für Gelegenheitskommissionäre; DJZ. 32, 1426.

5. Vgl. dazu Anm. 1 zu § 383, sowie § 651 Abs. 1 BGB. Für vertretbare Sachen ergibt sich die Gleichstellung des Werklieferungsvertrages mit dem Kauf auch i. S. der §§ 383 ff. schon aus § 651 Abs. 1 S. 1, 2 Halbs. 1 BGB.

Vierter Abschnitt
Speditionsgeschäft[1a]

Begriff des Spediteurs[1]
Anwendung des Kommissionsrechts

§ 407. Spediteur[1] ist, wer es gewerbsmäßig übernimmt[1], Güterversendungen[2] durch Frachtführer oder durch Verfrachter von Seeschiffen[2] für Rechnung eines anderen (des Versenders)[3] in eigenem Namen zu besorgen[1].

Auf die Rechte und Pflichten des Spediteurs finden, soweit dieser Abschnitt keine Vorschriften enthält, die für den Kommissionär geltenden Vorschriften, insbesondere die Vorschriften der §§ 388 bis 390 über die Empfangnahme, die Aufbewahrung und die Versicherung des Gutes, Anwendung[4].

1a. Hierzu s. Art. 8 Nr. 26 der 4. EinfV. betr. Österreich und Art. 8 Nr. 26 der 3. EinfV. für Sudetenland (Anh. XIII, XIV).

1. Der Spediteur ist Vollkaufmann kraft Gewerbebetriebs; § 1 Abs. 2 Nr. 6. — Wie beim Kommissionär ist das den Gewerbebetrieb charakterisierende Geschäft ein Werkvertrag (vgl. § 383 Anm. 2), der eine Geschäftsbesorgung zum Gegenstand hat (§ 675 BGB.). Dem Kommittenten entspricht bei der Spedition der „Versender": über ihn unten Anm. 3. Statt Kauf oder Verkauf (bzw. Werklieferungsvertrag) stellt sich das Ausführungsgeschäft, das der Spediteur abzuschließen übernimmt, als Frachtgeschäft dar; vgl. unten Anm. 2. Demgemäß findet auf den Spediteur, abgesehen von Besonderheiten, Kommissionsrecht Anwendung, Abs. 2; vgl. dazu unten Anm. 4, ferner RGZ. 109, 87. Der Erfüllungsort ist grundsätzlich nach § 269 BGB. zu bestimmen, nach § 65 ADSpB. ist es für beide Teile der Ort der Niederlassung des Spediteurs, dem der Auftrag erteilt ist; vgl. dazu OLG. 38, 119. Wie die Kommission, so ist auch die Spedition nichtig, wenn das zu schließende Ausführungsgeschäft verboten ist oder sonst unheilbar unwirksam wäre; vgl. RGZ. 42, 295; 56, 181; 96, 282.

Im täglichen Leben werden häufig Personen Spediteure genannt, die rechtlich nur Frachtführer sind, wie z. B. die Rollfuhrleute (sog. Bahnspediteure — vgl. über sie noch Anm. zu § 456). Um eine Spedition handelt es sich auch nicht, wenn einem sog. Adreßspediteur lediglich zum Zwecke der Auslieferung am Orte seiner Niederlassung Güter zugesandt werden (wobei der Auslieferer jedoch häufig auf Grund anderer Geschäfte Spediteur sein wird); vgl. aber auch RGZ. 125, 385. Unzweifelhaft keine Spedition ist die Vereinbarung, Güter zu verwahren bzw. zur Verfügung Dritter zu halten; RGZ. 14, 152; 54, D. 30; 60, 47. Dies alles kann freilich Nebenleistung bei einer Spedition sein; vgl. 242 u. § 2a ADSpB. (Anh. IX). Weil der Hauptinhalt die Güterversendung sein muß, liegt endlich auch keine Spedition vor, wenn z. B. als Nebenverpflichtung beim Kauf die Versendung der Ware übernommen wird, vgl. ROHG. 8, 13; 13, 325; RGZ. 43, 172; sog. Versandgeschäfte sind daher niemals Spediteure (vielmehr möglicherweise — §§ 1 Abs. 2 Nr. 1, 4 — auch Minderkaufleute); auch § 415 trifft um der Warenversendungen willen allein noch nicht auf sie zu.

Die Übernahme der Geschäftsbesorgung kann formfrei, also auch durch schlüssiges Verhalten erfolgen. Üblicherweise wird der Vertragsschluß aber mit Aushändigung von Schriftstücken verbunden sein; vgl. § 7 ADSpB. (der u. a. —

Abs. b — Verwiegung des Gutes von einem „besonderen schriftlichen Auftrag" abhängig macht). — Die Geltung der Allgemeinen Deutschen Spediteurbedingungen (ADSpB., i. d. F. von Jan. 37, s. Anh. IX) ist nach den Grundsätzen über allgem. Geschäftsbedingungen zu beurteilen; vgl. darüber Anm. 4 Abs. 5 zu § 346. Danach gelten heute die ADSpB., auch ohne daß sie von den Vertragsparteien vereinbart werden, unter Kaufleuten schlechthin, sonst nur bei entsprechendem Hinweis; vgl. RGZ. 113, 427; JW. 33, 867; 34, 2723; 35, 2448; 38, 876. Vgl. § 408 Anm. 1 a. E.

Da der Spediteur (wie der Kommissionär) im eigenen Namen, aber für fremde Rechnung die Geschäfte tätigt, deren Abschluß er verspricht, so gelten für die Rechtsverhältnisse zwischen ihm, dem Versender und dem Frachtführer, mit dem das Geschäft abgeschlossen wird, entsprechend die beim Kommissionsgeschäft entwickelten Grundsätze über die Rechte und Pflichten der Beteiligten hinsichtlich des Ausführungsgeschäfts; vgl. darüber Anm. 4 Abs. 1 zu § 383. Insbesondere gilt auch für den Spediteur das Recht zur Schadensliquidation im Drittinteresse (des Versenders) gegenüber dem Frachtführer (aus § 429); RGZ. 113, 250; 115, 419; SeuffA. 85, 262; LZ. 26, 1133. Vgl. ferner unten Anm. 4 und § 408 Abs. 1 mit Anm. und oben § 347 Anm. 2 a. E., § 383 Anm. 4. Der Inhalt des Ausführungsgeschäfts bringt es mit sich, daß bei der Spedition in der Person des Empfängers ein weiterer Beteiligter auftritt (regelmäßig ein Abkäufer des Versenders), zu dem aber der Spediteur grundsätzlich (vgl. ROHG. 12, 384; 13, 322; RGZ. 43, 170) nicht in Beziehungen tritt. Vgl. dazu auch unten Anm. 2 a. E. u. §§ 433 ff. Teilt ein Spediteur bei Abschluß des Ausführungsgeschäfts dem Vertragsgegner (dem Frachtführer) den Namen seines Auftraggebers mit, so ist nach HansRGZ. 30 B 217 regelmäßig kein Handeln in eigenem Namen beabsichtigt. Schließt jemand Frachtgeschäfte für einen Dritten überwiegend im Namen des Auftraggebers, so ist er nicht Spediteur, sondern Frachtmäkler oder gar HAgent.

2. Güter sind die Gegenstände der Beförderungsgeschäfte; der Begriff geht über den der Waren (als Gegenstände des Kaufverkehrs; vgl. Anm. 10 Abs. 2 a. E. zu § 1) hinaus.

Über Güterversendung vgl. §§ 425 ff. (zu Lande), 453 ff. (mit der Eisenbahn), 556 ff. (im Seeverkehr), ferner: §§ 27 ff. BinnenSchG., LuftVerkG. v. 21. 8. 36 (RGBl. I 653), Ges. über den Güterfernverkehr mit Kraftfahrzeugen v. 26. 6. 35 (RGBl. I 788) u. dazu die Anm. zu §§ 425 u. 458. — Im Sinne der Frachtrechtsvorschriften ist der Spediteur (nicht sein Auftraggeber!) der Absender bzw. Befrachter.

3. Versender ist der Auftraggeber des Spediteurs; seine Rechtsstellung entspricht im wesentlichen der des Kommittenten. Für die Anwendung der §§ 407 ff. ist es (vgl. § 345) gleichgültig, ob der Versender Kaufmann ist oder nicht; ebenso wollen die ADSpB. unabhängig hiervon gelten, vgl. aber oben Anm. 1 Abs. 3 a. E.

4. Kommissionsrecht (§§ 383 ff.) findet auf das Speditionsgeschäft insoweit Anwendung, als die Vorschriften der §§ 407 ff. oder die Eigenart der Spedition dem nicht im Wege steht. Außer den in Abs. 2 ausdrücklich erwähnten §§ 388 bis 390 gelten insbesondere auch für die Spedition: § 386 (Preisbegrenzung), § 392 (Abtretung bzw. Aussonderung — § 771 ZPO. §§ 43 ff. KO., dazu RGZ. 92, 11, auch JW. 33, 1848 — der Forderungen aus dem Ausführungsgeschäft), § 393 Abs. 1 (Vorschuß- und Kreditgewährung durch den Spediteur), § 394 (Zusage einer Garantiehaftung für den Frachtführer), § 399 (Vorzugsrecht hinsichtlich der Ansprüche aus dem Beförderungsvertrag). Unanwendbar sind

hingegen die Vorschriften der §§ 383, 384, 387, 391, 393 Abs. 2, 3, 395, 396 Abs. 1, 397, 398, 400 bis 406, wobei die der §§ 384, 387 durch § 408 (vgl. OLG. 45, 63; R. 26, 260, aber auch HansRZ. 24, 748), ferner § 396 Abs. 1 durch § 409 und §§ 397, 398 durch § 410, sowie §§ 400—405 durch § 412 ersetzt werden, endlich an Stelle des § 406 der § 415 tritt. Wie bei der Kommission gilt schließlich subsidiär § 675 BGB. (vgl. dazu Anm. 2 zu § 383), auf Grund dessen insbesondere auch § 670 BGB. Anwendung findet; vgl. § 396 Abs. 2 u. über Aufwendungen, deren Ersatz der Spediteur hiernach verlangen kann, ROHG. 2, 314; 20, 187; RGZ. 109, 85; OLG. 24, 198; 38, 210.

Pflichten des Spediteurs[1]

§ 408[1]. Der Spediteur hat die Versendung, insbesondere die Wahl der Frachtführer, Verfrachter und Zwischenspediteure, mit der Sorgfalt eines ordentlichen Kaufmanns auszuführen; er hat hierbei das Interesse des Versenders wahrzunehmen[2] und dessen Weisungen zu befolgen[1].

Der Spediteur ist nicht berechtigt, dem Versender eine höhere als die mit dem Frachtführer oder dem Verfrachter bedungene Fracht zu berechnen[2].

1. § 408 stellt für die Spedition eine insoweit das Kommissionsrecht ausschließende Vorschrift i. S. des § 407 Abs. 2 dar; vgl. dazu Anm. 4 zu § 407. §§ 675, 666, 667 BGB. bleiben jedoch anwendbar (Pflicht zur Benachrichtigung, Auskunft, Rechenschaft und Herausgabe). Damit sind die Sorgfaltspflichten des Spediteurs abschließend geregelt. Vgl. noch JW. 24, 1189; SeuffA. 78, 156, auch LZ. 14, 185. In der Art und Weise, wie das Ausführungsgeschäft abzuschließen sei, hat der Spediteur nach der Sachlage sorgfältig zu verfahren. Sind ihm besondere Weisungen erteilt, so hat er bei Vermeidung der Schadensersatzpflicht diese (außer bei außergewöhnlicher Gestaltung der Verhältnisse und Gefahr im Verzuge — vgl. § 665 BGB. u. dazu RGZ. 110, 59; 114, 376) zu befolgen, andernfalls nach pflichtmäßigem, fachmännischem Ermessen zu handeln. Hiernach ist insbesondere auch die Frage, ob ein Zwischenspediteur (der einen Speditionsauftrag vom Hauptspediteur erhält und — vgl. § 411 — selbständig in eigenem Namen für Rechnung des Versenders tätig wird; RGZ. 94, 101; 114, 116 HansRGZ. 29 B 518) bestellt werden darf oder gar zu bestellen ist. Vgl. dazu ROHG. 12, 382, sowie §§ 11a, 13 ADSpB. u. ferner OLG. 45, 61. Erscheint hiernach die Bestellung eines Zwischenspediteurs zulässig, so haftet der Spediteur nur für dessen sorgfältige Auswahl (vgl. § 664 Abs. 1 S. 2 BGB.); RGZ. 78, 312; 109, 288; SeuffA. 84, 343. Ebenso hinsichtlich des Inkassos, das durch eine Bank, z. B. beim Überseegeschäft erfolgen soll (LZ. 26, 281), hauptsächlich aber stets in Ansehung der Erfüllung des Frachtvertrages, den er für Rechnung des Versenders abschließt (anders i. Zw. natürlich bei Selbsteintritt, §§ 412 f., 432 u. RGZ. 48, 109; 94, 99; 109, 85); vgl. ROHG. 7, 307; RGZ. 109, 299; HansRZ. 24, 748; SeuffA. 63, 288. Soweit sich der Spediteur hingegen seiner Leute oder eines Dritten, insbesondere eines sog. Unterspediteurs zur Erledigung von Obliegenheiten bedient, die grundsätzlich von ihm übernommen, wenn auch nicht persönlich auszuführen sind, haftet er nach § 278 BGB. für das Verschulden dieser Gehilfen (§ 664 Abs. 1 S. 3 BGB.); vgl. dazu RGZ. 10, 167; 94, 101; 109, 288; JW. 26, 378; SeuffA. 78, 156. Im einzelnen haftet der Spediteur dem Versender für Sicherheit (Aufbewahrung, Versicherung usw.) des Gutes

(vgl. ROHG. 25, 225; JW. 26, 2076; LZ. 21, 316; 26, 378), für sachgemäße Ausführung der Versendung in zeitlicher Hinsicht (ROHG. 11, 88; RGZ. 13, 63; 38, 17; JW. 01, 618; 26, 2076), sowie wegen der zur weisungs- bzw. ordnungsmäßigen Beförderung erforderlichen Anweisungen an den Frachtführer, Vereinbarungen mit diesem u. dgl. (dazu die Fälle ROHG. 16, 349; 25, 225; RGZ. 38, 17; OLG. 10, 414; JW. 02, 29; HansGZ. 25, 201; 26, 29 u. 71; 27, 75; HansRGZ. 33 B 199, aber auch ROHG. 20, 194; RGZ. 14, 152; 43, 170; 56, 181; JW. 26, 2014; LZ. 10, 859). — Bei Haftung wegen weisungswidrigen Inkassos kann der Spediteur einwenden, daß die von ihm zugelassenen Abzüge des Empfängers berechtigt und daher kein Schaden entstanden sei: R. 37, 1299. — Die Ersatzansprüche erlöschen nicht etwa (wie die gegen den Frachtführer) durch Annahme des Gutes und Bezahlung der Ansprüche des Spediteurs (vgl. § 438); ROHG. 24, 289. — Nach den ADSpB. (über deren Geltung vgl. Anm. 1 Abs. 3 zu § 407) ist der Spediteur mangels ausdrücklicher schriftlicher Untersagung durch den Versender berechtigt und verpflichtet, auf Kosten des Versenders die Schäden zu versichern, die diesem durch den Spediteur bei der Ausführung des Auftrages erwachsen können (§ 39 ADSpB.). In diesem Falle entfällt jede Haftung des Spediteurs für die von der Versicherung gedeckten Schäden (§ 41 ADSpB.). Andernfalls sieht § 51 a) ADSpB. eine Umkehrung der Beweislast für die schuldhafte Verursachung solcher Schäden vor, die am Gut äußerlich nicht erkennbar waren, sowie solcher, bei denen aus sonstigen Gründen die Aufklärung der Schadensursache dem Spediteur nach Lage der Umstände billigerweise nicht zuzumuten ist (vgl. dazu JW. 27, 441); außerdem gelten Höchstgrenzen für die Haftung des Spediteurs (§ 54 ADSpB u. dazu HansRGZ. 33 B 114). Die Verjährungsfrist für Ansprüche gegen den Spediteur (nach § 414 ein Jahr) kürzt § 64 ADSpB. auf 6 Monate ab. Vgl. über die Wirksamkeit der ADSpB. RGZ. 135, 175; LZ. 30, 248, ferner HRR. 30, 1490.

3. Wahrung der Interessen des Auftraggebers unter Hintansetzung eigener widerstreitender Interessen obliegt dem Spediteur ebenso wie dem Kommissionär (vgl. die entspr. Vorschrift des § 387 m. Anm.). So kommen insbesondere Frachtrabatte dem Versender zugute (OLG. 28, 388), und der Spediteur kann der Frachtberechnung nicht ohne weiteres die Angaben im Frachtbrief zugrunde legen (JW. 24, 120). Sonderbestimmungen gelten bei Selbsteintritt (§§ 412, 413).

Provision

§ 409. Der Spediteur hat die Provision zu fordern, wenn das Gut dem Frachtführer oder dem Verfrachter zur Beförderung übergeben ist[1].

1. § 409 regelt nur die Fälligkeit der Provision, die ihrer Rechtsnatur nach Werklohn für den Abschluß des Frachtvertrages ist; vgl. Anm. 1 zu § 407. Über Verjährung des Anspruchs vgl. §§ 196 Nr. 1, 201 BGB. (2 bzw. 4 Jahre). Provisionsschuldner ist der Versender, der Empfänger mangels besonderer (allerdings — vgl. JW. 97, 150 — auch stillschweigend möglicher) Schuldübernahme auch nicht nach Ablieferung des Gutes (anders dem Frachtlohn nach § 436, der für den Spediteur nur bei Selbsteintritt gilt; vgl. § 412 Abs. 2 u. R. 24, 843). — Umstände, die nach der Übergabe des Gutes an den Frachtführer usw. liegen, berühren den Anspruch nicht; D. 243. Vorher besteht grundsätzlich nur ein Anspruch auf Aufwendungsersatz (vgl. § 407 Abs. 1 i. V. m. § 396 Abs. 2 u. Anm. 4 a. E. zu § 407), SeuffA. 38, 48; anders aber §§ 21, 23 ADSpB.

§ 409 ist nachgiebig. Eine abweichende Vereinbarung liegt aber z. B. noch nicht in der Abrede, vom Empfänger die Versandkosten durch Nachnahme zu erheben; OLG. 37, 31. Ist die Provision vereinbarungsgemäß erst nach Ankunft der Sendung fällig, so darf der Spediteur sie nicht nachnehmen lassen: R. 09, 3857; JW. 24, 1443. Schuldhafte Unterlassung auftragsgemäßer Provisionseinziehung macht den Spediteur jedoch schadensersatzpflichtig; ROHG. 19, 207; RGZ. 109, 299.

Pfandrecht des Spediteurs[1]

§ 410. Der Spediteur[1] hat wegen der Fracht, der Provision, der Auslagen und Verwendungen sowie wegen der auf das Gut gegebenen Vorschüsse[1] ein Pfandrecht[1] an dem Gute, sofern er es noch im Besitze hat[2], insbesondere mittels Konnossements, Ladescheins oder Lagerscheins darüber verfügen kann[2].

1. Das gesetzl. Besitzpfandrecht des Spediteurs haftet für alle Forderungen aus dem die Pfänder (vgl. unten Anm. 2) betreffenden Speditionsvertrage, im Zweifel also (vgl. dazu § 50 ADSpB. u. RGZ. 99, 60; 113, 427; JW. 27, 681; 33, 1480) nicht für Forderungen aus anderem Zusammenhang oder laufender Rechnung (anders bei der Kommission, § 397). Vgl. auch JW. 33, 867; 34, 2723 (über die Rechtsstellung des sog. Empfangsspediteurs), anderseits (über Erwerb des Pfandrechts durch den Unterspediteur) RGZ. 118, 250. — Das Pfandrecht kann wie das kaufm. Zurückbehaltungsrecht der §§ 369 ff. durch Vereinbarung ganz oder teilweise ausgeschlossen werden. Ein solcher Ausschluß muß gem. § 157 BGB. insoweit angenommen werden, als die Ausübung des Pfandrechts im Einzelfall dem Inhalt, Sinn und Zweck des Speditionsvertrages zuwiderlaufen würde, LZ. 30, 645. — Über gutgl. Erwerb vgl. § 366 Abs. 3, über den Rang des Pfandrechts § 443 m. Anm. und über das Pfandrecht des Verfrachters (beim Seefrachtvertrag) § 623.

2. Das Pfandrecht hängt am Besitz des Spediteurs; insbesondere erlischt es bei Verlust des Besitzes am Speditionsgut; vgl. dazu aber § 441 i. V. m. § 440 Abs. 3, ferner RGZ. 44, 116; JW. 33, 1542; HansRGZ. 36 B 549. Im Gegensatz zum Kommissionär (vgl. Anm. 2 zu § 397) hat der Spediteur auch darüber hinaus niemals ein sog. Verfolgungsrecht. Es tritt auch eine auf dem Gut liegende Nachnahme bei Einziehung nicht an dessen Stelle; § 1247 BGB. findet keine Anwendung; JW. 33, 1542. Ausreichend zur Erhaltung des Pfandrechts ist aber mittelbarer Besitz; vgl. dazu §§ 397, 421, 440.

Zwischenspediteur

§ 411. Bedient sich der Spediteur eines Zwischenspediteurs[1], so hat dieser zugleich die seinem Vormanne zustehenden Rechte, insbesondere dessen Pfandrecht, auszuüben[2].

Soweit der Vormann wegen seiner Forderung von dem Nachmanne befriedigt wird, geht die Forderung und das Pfandrecht des Vormannes auf den Nachmann über[3]. Dasselbe gilt von der Forderung und dem Pfandrechte des Frachtführers, soweit der Zwischenspediteur ihn befriedigt[3].

1. Zwischen Hauptspediteur und Zwischenspediteur besteht ein besonderer Speditionsvertrag (RGZ. 94, 101); vgl. auch Anm. 2 zu § 408.

2. Pflicht und (kraft gesetzl. Vollmacht) Recht zur Geltendmachung fremder Rechte; der Umfang insbes. des Pfandrechts richtet sich daher insoweit ausschließlich nach den wirklichen Ansprüchen des Hauptspediteurs.

3. Abs. 2 regelt gegenüber Abs. 1 den Fall, daß die Forderungen des Hauptspediteurs und folglich auch dessen Pfandrecht erloschen sind. Der zahlende Zwischenspediteur erwirbt dann kraft Rechtsnachfolge ein eigenes Pfandrecht, dessen Umfang grundsätzlich durch die Höhe der (vgl. § 412 BGB.) auf den Zwischenspediteur übergehenden Forderungen des Hauptspediteurs bestimmt wird (anders ROHG. 24, 288); konnte der Zwischenspediteur jedoch ohne grobe Fahrlässigkeit eine höhere Forderung des Hauptspediteurs für begründet halten, so dürfte er nach § 366 Abs. 3 ein Pfandrecht in Höhe seiner Zahlungen an den Hauptspediteur erwerben (str.).

Selbstausführung durch den Spediteur

§ 412. Der Spediteur ist, wenn nicht ein anderes bestimmt ist, befugt, die Beförderung des Gutes selbst auszuführen[1].

Macht er von dieser Befugnis Gebrauch[1], so hat er zugleich die Rechte und Pflichten eines Frachtführers oder Verfrachters[1]; er kann die Provision, die bei Speditionsgeschäften sonst regelmäßig vorkommenden Kosten sowie die gewöhnliche Fracht verlangen[1].

1. Das Recht des Spediteurs zur Selbstausführung der Beförderung entspricht grundsätzlich dem Selbsteintrittsrecht des Kommissionärs (§§ 400ff.). Demgemäß hat der Spediteur, der die Beförderung selbst ausführt, sowohl die Rechtsstellung eines Spediteurs als auch die eines Frachtführers bzw. Verfrachters, ähnlich wie der Kommissionär durch Selbsteintritt zugleich Käufer- bzw. Verkäuferstellung erlangt; vgl. darüber Anm. 1 Abs. 4 zu § 400. Im übrigen bestehen jedoch Abweichungen vom Kommissionsrecht. Insbesondere ist für den Spediteur (abw. von § 405) nicht Ausdrücklichkeit der Eintrittserklärung vorgeschrieben. Von der Beförderungsbefugnis kann er lediglich dann keinen Gebrauch mehr machen, wenn er bereits erklärt hat, die Beförderung durch einen Dritten ausführen zu lassen. Bestr. ist ferner, ob entsprechend der Beschränkung des Selbsteintritts des Kommissionärs auf börsen- oder marktgängige Waren und amtlich notierte Wertpapiere die Selbstausführung das Bestehen „gewöhnlicher" Frachtsätze voraussetze (vgl. Abs. 2 S. 2!); die Frage dürfte eher zu verneinen und unter „gewöhnlicher Fracht" mangels üblicher Sätze die angemessene Durchschnittsfracht zu verstehen sein; vgl. auch JW. 01, 10.

Vereinbarung fester Beförderungskosten. Beförderung mit Sammelladung

§ 413. Hat sich der Spediteur mit dem Versender über einen bestimmten Satz der Beförderungskosten geeinigt, so hat er ausschließlich die Rechte und Pflichten eines Frachtführers. Er kann in einem solchen Falle Provision nur verlangen, wenn es besonders vereinbart ist[1].

Bewirkt der Spediteur die Versendung des Gutes zusammen mit den Gütern anderer Versender auf Grund eines für seine

Rechnung über eine Sammelladung geschlossenen Frachtvertrags, so finden die Vorschriften des Abs. 1 Anwendung, auch wenn eine Einigung über einen bestimmten Satz der Beförderungskosten nicht stattgefunden hat[2]. Der Spediteur kann in diesem Falle eine den Umständen nach angemessene Fracht, höchstens aber die für die Beförderung des einzelnen Gutes gewöhnliche Fracht verlangen[2].

1. Voraussetzung der Regelung in Abs. 1 ist die Vereinbarung eines festen Werklohns (sei es auch in Form von Gewichts- bzw. Entfernungssätzen) für die Beförderung zwischen Versender und Spediteur, die auch durch schlüssiges Verhalten zustande kommen kann, aber vor Ausführung der Beförderung getroffen werden muß. Vgl. ROHG. 2, 249. Die Rechtsfolge ist dann i. Zw. — weitergehend als § 412 —, daß der Spediteur gleich einem Frachtführer (oder Verfrachter) steht; vgl. OLG. 10, 344; R. 28, 1310. Rechte und Pflichten des Spediteurs entfallen, damit i. Zw. auch ein Provisionsanspruch, desgl. ein Anspruch auf Aufwendungsersatz, es sei denn, daß durch vom Spediteur nicht zu vertretende Umstände Aufwendungen erforderlich werden, die bei der Vereinbarung der festen Beförderungssätze nicht vorherzusehen waren; vgl. OLG. 24, 198, auch OLG. 46, 293. (Insofern bleibt der Spediteur zur Rechnungslegung verpflichtet; HRR. 30, 2088.)

2. Dieselbe Rechtsfolge wie nach Abs. 1 tritt ein, wenn der Spediteur die Beförderung auf Grund eines für seine Rechnung geschlossenen Frachtvertrages zusammen mit Gütern anderer Versendung vornehmen läßt (sog. Sammelladung; RGZ. 106, 419). Es bedarf dann hierzu keiner Vereinbarung über einen festen Beförderungstarif.

Ob Sammelladung gewählt werden darf oder sogar gewählt werden muß, ist nach den in Anm. 2 zu § 408 angedeuteten Grundsätzen zu beurteilen; vgl. aber auch § 14a ADSpB. Die Ersparnis aus der Beförderung mittels Sammelladung soll beiden Parteien zugute kommen; der Spediteur kann insbesondere in Rechnung ziehen, daß er keine Provision erhält und anderseits u. U. größere Geschäftsunkosten bzw. größeres Risiko hat. Höchstens kann aber der gewöhnliche Stückguttarif berechnet werden. Berechnung von Stückguttarif und (nicht vereinbarter) Provision bei Sammelbeförderung ist Betrug. Vgl. dazu D. 244, KB. 123 u. § 14b ADSpB.

Verjährung der Ansprüche gegen den Spediteur

§ 414. Die Ansprüche gegen den Spediteur wegen Verlustes, Minderung, Beschädigung oder verspäteter Ablieferung des Gutes verjähren in einem Jahre[1]. Die Verjährungsfrist kann durch Vertrag verlängert werden[2].

Die Verjährung beginnt im Falle der Beschädigung oder Minderung mit dem Ablaufe des Tages, an welchem die Ablieferung stattgefunden hat, im Falle des Verlustes oder der verspäteten Ablieferung mit dem Ablaufe des Tages, an welchem die Ablieferung hätte bewirkt sein müssen[2].

Die im Abs. 1 bezeichneten Ansprüche können nach der Vollendung der Verjährung nur aufgerechnet werden, wenn vorher der Verlust, die Minderung, die Beschädigung oder die verspätete Ablieferung dem Spediteur angezeigt oder die Anzeige an ihn abgesendet worden ist[3]. Der Anzeige an den Spediteur steht es gleich, wenn gerichtliche Beweisaufnahme zur Sicherung des Beweises beantragt[3] oder in einem zwischen dem Versender und dem Empfänger oder einem späteren Erwerber des Gutes wegen des Verlustes, der Minderung, der Beschädigung oder der verspäteten Ablieferung anhängigen Rechtsstreite dem Spediteur der Streit verkündet wird[3].

Diese Vorschriften finden keine Anwendung, wenn der Spediteur den Verlust, die Minderung, die Beschädigung oder die verspätete Ablieferung des Gutes vorsätzlich herbeigeführt hat[4].

1. § 414 stellt gegenüber § 638 BGB. eine Sondervorschrift dar. Fraglich ist, ob Ansprüche gegen den Spediteur wegen einer nicht als Verlust, Minderung, Beschädigung oder verspätete Ablieferung des Gutes erscheinenden Vertragsverletzung (vgl. RGZ. 109, 200; 114, 308, aber auch HRR. 30, 310!) nach § 638 BGB. (6 Monate) — wofür kein ausreichender Grund gegeben sein dürfte — oder nach § 195 BGB. (30 Jahre) verjähren oder endlich, ob § 414 entspr. Anwendung findet. Vgl. hierzu RGZ. 62, 121; 64, 43; 66, 16; 86, 380; JW. 25, 762; 27, 682, die 30-jährige Frist (?) annehmen. Wenn man dieser Meinung folgt, wird für § 414 die Bestimmung der Begriffe „Verlust", „Minderung" und „Beschädigung" bedeutsam. Vgl. über sie zunächst Anm. 1 zu § 390. Beispiele von Verlust des Speditionsgutes enthalten RGZ. 49, 94 u. 70, 175 (körperlicher Untergang), RGZ. 7, 129 (Diebstahl), RGZ. 103, 147 (Herausgabeweigerung eines Drittbesitzers), RGZ. 75, 109 u. 94, 99 (Ablieferung ohne die vorgeschriebene Nachnahme); vgl. auch ROHG. 4, 14; 15, 30; RGZ. 58, 77. Beschädigung ist jede abträgliche qualitative Substanzveränderung (RGZ. 60, 45; 66, 41); Minderung dürfte jede quantitative Veränderung des Gutes (die nicht „Verlust" eines selbständigen Teiles darstellt) sein (str.). — Über die Konkurrenz des Vertragsanspruchs mit einem Deliktsanspruch vgl. unten Anm. 4.

2. Ausnahme von § 225 BGB., wonach nur Abkürzung der Verjährungsfrist möglich ist; vgl. dazu § 64 ADSpB. (wodurch praktisch § 414 wieder aufgehoben und die Verjährungsfrist für alle Ansprüche des Versenders gegen den Spediteur auf 6 Monate abgekürzt wird). — Über Beginn und Lauf der Frist vgl. im übrigen §§ 187 ff., 202 ff. BGB., ferner RGZ. 34, 262 u. 75, 110: Begriff der Ablieferung (an den Empfänger) als Fristbeginn; RGZ. 49, 95 (Beweislast), sowie ROHG. 15, 31 (Lieferfristermittlung). — Veranlaßt der Spediteur durch sein Verhalten den Versender von der Erwirkung einer Fristunterbrechung abzusehen, so kann die Verjährungseinrede nach allg. Grundsätzen mit dem Gegeneinwand der Arglist zurückgeschlagen werden; vgl. RGZ. 57, 376; 64, 220; 115, 135.

3. Nach Ablauf der Verjährungsfrist gewähren die Ansprüche gegen den Spediteur unter bestimmten Voraussetzungen noch eine Einrede, nämlich bei Absendung einer Mängelanzeige, bei Antrag auf Beweissicherung (§§ 485 ff. ZPO.) oder bei Streitverkündung (§§ 72 ff. ZPO.) vor Eintritt der Verjährung.

4. Bei vorsätzlicher Herbeiführung des Mangels durch den Spediteur liegt stets eine unerlaubte Handlung vor. Nach RGZ. 66, 87; 77, 321; 96, 55 sollen bei Konkurrenz des Delikts- und Vertragsanspruchs darüber hinaus immer gesonderte Verjährungsfristen laufen. Demzufolge würde der Deliktsanspruch stets — ob bei Vorsatz oder bei Fahrlässigkeit — in 3 Jahren verjähren (§ 852 BGB.). Damit wäre die kurze Verjährung des Abs. 1 weitgehend illusorisch gemacht. Es dürfte daher eher anzunehmen sein, daß eine nicht vorsätzliche unerlaubte Handlung, die mit dem Vertragsanspruch konkurriert, nach Abs. 1, 2 verjährt. Bei Vorsatz (auch bedingtem — HRR. 30, 310) soll hingegen nach h. M. (vgl. dazu oben Anm. 1) die regelmäßige Frist des § 195 BGB. (und nicht die deliktische) gelten; RGZ. 135, 175; vgl. aber auch hier § 225 S. 2 BGB. u. § 64 ADSpB. (dazu RGZ. 135, 175 u. LZ. 30, 248; ferner Gruch. 56, 900).

Grobe Fahrlässigkeit ist dem Vorsatz auch i. S. des Abs. 4 nicht gleichzustellen; D. 247.

Ansprüche gegen den Versender verjähren nach §§ 196 Nr. 1, 197 BGB. (also in 2 bzw. 4 Jahren).

Ausdehnung der Speditionsvorschriften

§ 415. Die Vorschriften dieses Abschnitts kommen auch zur Anwendung, wenn ein Kaufmann, der nicht Spediteur ist, im Betriebe seines Handelsgewerbes eine Güterversendung durch Frachtführer oder Verfrachter für Rechnung eines anderen in eigenem Namen zu besorgen übernimmt.

Die Bestimmungen der §§ 407 ff. finden auch auf den sog. Gelegenheitsspediteur Anwendung. Es genügt, wenn dieser Minderkaufmann ist. Bei jedem Versendungskauf § 447 BGB.), bei dem der Verkäufer im Betriebe seines HGewerbes (vgl. dazu §§ 343, 344) handelt, trifft also hinsichtlich der Versendung § 415 zu; vgl. OLG. 40, 213.

Fünfter Abschnitt
Lagergeschäft

Lagerhalter

§ 416. Lagerhalter[1] ist, wer gewerbsmäßig[1] die Lagerung[3] und Aufbewahrung[3] von Gütern[2] übernimmt[3].

1. Der Lagerhalter ist Kaufmann kraft Gewerbebetriebs (§ 1 Abs. 2 Nr. 6); das Lagergeschäft braucht weder als Großgewerbe (vgl. § 4), noch auch als Hauptgewerbe betrieben zu werden; vgl. RGZ. 60, 47, auch RGZ. 87, 156 u. JW. 08, 142. So ist meist der Spediteur zugleich Lagerhalter; vgl. §§ 2, 43 ff. ADSpB. (Anh. IX). Über den Unterschied zwischen Lagergeschäft und Spedition vgl. R. 26, 263. Für das Lagergeschäft gelten hinter den §§ 416 ff. subsidiär die §§ 688 ff. BGB. Fehlt jedoch die Gewerbsmäßigkeit (so z. B. bei der Zollbehörde, D. 249), so kommen bei Aufbewahrung von Gütern nicht §§ 416 ff., sondern ausschließlich die Vorschriften der §§ 688 ff. BGB. zur Anwendung, so insbesondere auch bei nur gelegentlichen Lagergeschäften. Eine entsprechende Anwendung des in den §§ 406, 415, 451 enthaltenen Rechtsgedankens erscheint unzulässig; vgl. D. 248 f., ferner § 36 EVO. (Anh. XI). Ein Lagergeschäft liegt überhaupt

nicht vor, wo die Lagerung oder Aufbewahrung nicht als selbständiges Geschäft, sondern nur als Nebenleistung eines anderen Geschäfts erscheint; vgl. dazu JW. 02, 79 und unter Anm. 3.

Durch die V. über Orderlagerscheine v. 16. 12. 31 [(RGBl. I 763); s. Anh. X] ist eine Sonderregelung für das Lagergeschäft geschaffen, wenn es mit der Ausstellung von Orderlagerscheinen (vgl. § 363 Abs. 2) verbunden ist. Vgl. ferner unten Anm. 2 a. E. Der V. über Orderlagerscheine war bereits die V. z. Erleichterung der Erntebewegung v. 6. 8. 31 (RGBl. I 433) m. DurchfV. v. 28. 8. 31 (RGBl. I 477) vorangegangen, mit deren Hilfe dann die Reichsstelle für Getreide, Futtermittel und sonstige landwirtschaftliche Erzeugnisse arbeitete.

2. Gegenstand des Lagergeschäfts (Güter) können bewegliche Sachen sein, die ihrer Beschaffenheit nach zur Lagerung geeignet sind, daher nicht lebende Tiere außerhalb geschlossener Behälter (D. 249). Gesetzliche Sonderregelung besteht für die Aufbewahrung von Geld und Wertpapieren durch DepotG. v. 4. 2. 37.

3. Der Vertrag zwischen dem Einlagerer und dem Lagerhalter hat die Übernahme der „Lagerung und Aufbewahrung" (OLG. 24, 61) zum Inhalt, ist also ein handelsrechtlicher Verwahrungsvertrag (vgl. § 688 BGB.) und wie die Verwahrung nach bürgerlichem Recht ein Realvertrag, im übrigen aber formlos gültig. Die Verwahrung muß Hauptinhalt des Vertrages sein. Was hier gewollt ist, muß im HVerkehr besonders weitherzig auf Grund der nach üblichen Anschauungen zu deutenden Umstände ermittelt werden; vgl. dazu §§ 133, 157 BGB., § 346 u. z. B. OLG. 45, 65 (Reederei als Lagerhalter hinsichtlich der an ihrem Kai entlöschten Ware), LZ. 26, 282 (Spediteur als Lagerhalter, soweit er in seinen Räumen unter Zollverschluß lagert), auch SeuffA. 80, 71 u. RGZ. 112, 38.

Rechte und Pflichten des Lagerhalters

§ 417. Auf die Rechte und Pflichten des Lagerhalters in Ansehung der Empfangnahme, Aufbewahrung und Versicherung des Gutes finden die für den Kommissionär geltenden Vorschriften der §§ 388 bis 390 Anwendung[1].

Treten Veränderungen an dem Gute ein, welche dessen Entwertung befürchten lassen, so hat der Lagerhalter den Einlagerer hiervon unverzüglich zu benachrichtigen. Versäumt er dies, so hat er den daraus entstehenden Schaden zu ersetzen[1].

1. Vgl. auch § 407 Abs. 2, mit dem sich Abs. 1 im wesentlichen deckt. Abs. 2 ergibt sich wohl schon aus der entspr. Anwendbarkeit des § 388 Abs. 2, die darüber hinaus das Recht des Lagerhalters zum Selbsthilfeverkauf (§ 373) begründet; wenn trotz der Benachrichtigung keine rechtzeitige Verfügung des Einlagerers zu erwarten ist; vgl. auch § 389. Über die Bedeutung des § 390 vgl. die Anm. dazu, ferner OLG. 45, 66. — Der Inhalt der Sorgfaltspflicht, deren Erfüllung hiernach der Lagerhalter zu beweisen hat (vgl. RGZ. 93, 166; JW. 27, 1351), ergibt sich aus §§ 688 ff. BGB. und (gem. § 242 BGB., § 346) den etwa im HVerkehr berechtigterweise zur Geltung gelangten besonderen Anschauungen. Nach § 691 BGB. darf der Lagerhalter i. Zw. die Lagerung und Aufbewahrung keinem Dritten übertragen, wohl aber sich dazu seiner Leute bedienen, für die er gem. § 278 BGB. haftet: bei Übertragungsbefugnis hingegen wird für den Dritten

nicht gehaftet, sondern nur für culpa in eligendo. Vgl. dazu auch § 664 Abs. 1 BGB., ferner Anm. 2 zu § 408. Im übrigen hat Lagerung und Aufbewahrung in erster Linie so zu erfolgen, wie sie vereinbart ist; von solchen Vereinbarungen darf der Lagerhalter nur ausnahmsweise abweichen; vgl. § 692 BGB. Ist nichts Näheres vereinbart, so muß der Lagerhalter die Lagerräume gemäß der Art und Beschaffenheit des Gutes auswählen, instand halten und überwachen; vgl. RGZ. 64, 257; OLG. 40, 214; 41, 223; JW. 01, 655; 36, 959; R 36, 8442. Darüber hinaus obliegt ihm i. Zw. keine positive Pflicht zur Erhaltung des Gutes (JW. 36, 959); es bewendet bei der Mitteilungspflicht hinsichtlich wertbeeinträchtigender Veränderungen nach Abs. 2. Vgl. dazu ferner § 418 u. §§ 16 ff. OLSchV. Hingegen haftet der Lagerhalter für unrichtige Aushändigung des Gutes, z. B. auf Grund gefälschten Lagerscheines (LZ. 24, 741; JW. 28, 226) für Wahrung der Rechte des Einlagerers gegenüber anderen Beteiligten (HansGZ. 27, 178), bei Übernahme der Versicherung für deren Vollständigkeit hinsichtlich aller in Betracht kommenden Risiken (vgl. OLG. 45, 66). — Für Gehilfen wird gem. § 278 BGB. nur in demselben Rahmen gehaftet, angesichts der Verwahrungspflicht jedoch z. B. stets für Diebstähle eigener Angestellten, auch wenn sie außerhalb der Dienststunden begangen werden (RGZ. 101, 348).

Über Nichtigkeit einer an sich im Rahmen der §§ 276 Abs. 2, 278 S. 2 BGB. liegenden Haftungsausschließung wegen Ausnutzung einer Monopolstellung des Lagerhalters vgl. RGZ. 102, 396; 115, 218.

Der Einlagerer haftet dem Lagerhalter wie der Hinterleger gem. § 694 BGB., weitergehend nur bei der Spediteurlagerung (§ 46 ADSpB.).

Die Herausgabe des Lagergutes ist i. Zw. Holschuld (§ 697 BGB.); der Erfüllungsort für den Einlagerer bestimmt sich nach § 269 BGB. (JW. 02, 80).

Rechte des Einlagerers

§ 418. Der Lagerhalter hat dem Einlagerer die Besichtigung des Gutes, die Entnahme von Proben und die zur Erhaltung des Gutes notwendigen Handlungen während der Geschäftsstunden zu gestatten[1].

1. Sachlich deckt sich die Vorschrift im wesentlichen mit § 17 OLSchV. — Das Recht zur Besichtigung ist nicht völlig abdingbar. Probenentnahme und Erhaltungsarbeiten durch den Einlagerer kann der Lagerhalter dadurch abwenden, daß er sie selbst ausführt, wenn dies entweder handelsüblich oder vereinbart ist, wie i. Zw. stets, wenn ein Orderlagerschein ausgestellt ist (§ 17 Abs. 2 u. 3 OLSchV.).
Über „Geschäftsstunden" vgl. auch § 358.
Die Rechte des Einlagerers aus § 418 sind i. Zw. übertragbar; vgl. § 424 u. § 17 Abs. 1 OLSchV.

Sammellagerung

§ 419. Im Falle der Lagerung vertretbarer Sachen ist der Lagerhalter zu ihrer Vermischung mit anderen Sachen von gleicher Art und Güte nur befugt, wenn ihm dies ausdrücklich gestattet ist[1].

Der Lagerhalter erwirbt auch in diesem Falle nicht das Eigentum des Gutes; aus dem durch die Vermischung entstan-

denen Gesamtvorrate kann er jedem Einlagerer den ihm gebührenden Anteil ausliefern, ohne daß er hierzu der Genehmigung der übrigen Beteiligten bedarf[2].

Ist das Gut in der Art hinterlegt, daß das Eigentum auf den Lagerhalter übergehen und dieser verpflichtet sein soll, Sachen von gleicher Art, Güte und Menge zurückzugewähren, so finden die Vorschriften dieses Abschnitts keine Anwendung[3].

1. Nicht nur i. Zw., sondern stets mangels ausdrücklicher gegenteiliger Vereinbarung oder Gestattung muß Sonderlagerung erfolgen. Die Genehmigung zur Sammellagerung kann aber generell erteilt werden. Vermischung mit Waren verschiedener Qualität ist auch bei zulässiger Sammellagerung niemals statthaft. — Verstoß gegen Abs. 1 macht den Lagerhalter schadensersatzpflichtig.

2. Ist Sammellagerung erfolgt, so entsteht nach §§ 948, 947 BGB. am Gesamtlagergut Miteigentum aller beteiligten Einlagerer nach dem Verhältnis des Werts der eingelagerten Vorräte. Daran ändert nach Abs. 2 Halbs. 1 auch die Erlaubnis zur Sammellagerung nichts; d. h. die Sammellagerung ist kein depositum irregulare (§ 700 BGB.); vgl. auch unten Anm. 3. Daher: die Einlagerer können aussondern und Pfändungen widersprechen (§ 43 KO.; § 771 ZPO.). Verluste und Beschädigungen des Gesamtvorrates tragen alle Einlagerer anteilig; vgl. R. 06, 945. Haftung des Lagerhalters nach §§ 417, 390 kann jeder einzelne geltend machen.

Anders als nach § 752 BGB. kann jeder Einlagerer ohne Zustimmung der anderen seinen Anteil herausverlangen bzw. den Lagerhalter wirksam zur Ausfolgung an seine Kunden usw. anweisen. Es können jedoch Bereicherungsansprüche der Einlagerer untereinander im Falle unrichtiger Aushändigung an gutgläubige Empfänger (Käufer) entstehen; vgl. JW. 12, 584.

3. Vgl. oben Anm. 2 Abs. 1. Bei Übergang des Eigentums auf den Verwahrer liegt ein uneigentlicher (unregelmäßiger) Verwahrungsvertrag (depositum irregulare), auch Hinterlegungsdarlehen genannt, vor, auf den im wesentlichen Darlehnsrecht (§§ 607 ff. BGB.), hinsichtlich Ort und Zeit der Rückgabe jedoch i. Zw. die Verwahrungsvorschriften (§§ 688 ff. BGB.) Anwendung finden (§ 700 BGB.).

Lagerkosten

§ 420. Der Lagerhalter hat Anspruch auf das bedungene oder ortsübliche Lagergeld[1] sowie auf Erstattung der Auslagen für Fracht und Zölle und der sonst für das Gut gemachten Aufwendungen, soweit er sie den Umständen nach für erforderlich halten durfte[2].

Von den hiernach dem Lagerhalter zukommenden Beträgen (Lagerkosten)[3] sind die baren Auslagen sofort zu erstatten[2]. Die sonstigen Lagerkosten[3] sind nach dem Ablaufe von je drei Monaten seit der Einlieferung oder, wenn das Gut in der Zwischenzeit zurückgenommen wird, bei der Rücknahme zu erstatten[4];

wird das Gut teilweise zurückgenommen[5], so ist nur ein entsprechender Teil zu berichtigen, es sei denn[5], daß das auf dem Lager verbleibende Gut zur Sicherung des Lagerhalters nicht ausreicht[5].

1. Lagergeld ist die Vergütung, die der Lagerhalter für die ihm obliegende Leistung (vgl. dazu § 416, auch JW. 15, 658 u. Anm. 1 zu § 417) fordern kann. Es wird (in ortsüblicher Höhe) auch ohne Vereinbarung geschuldet (§ 354 Abs. 1) und zwar auch für einen über die Lagerzeit hinausgehenden Zeitraum, solange der Lagerhalter in Ausübung seines Pfandrechts (§ 421) besitzt; R. 09, 2702. Im übrigen gilt grundsätzlich § 699 BGB. Der Lagerhalter ist vorleistungspflichtig, und er kann bei Beendigung der Lagerung vor einer dafür bestimmten Frist i. Zw. nur einen entspr. Teil der etwa vereinbarten Gesamtvergütung verlangen; vgl. aber Abs. 2 S. 2.

2. Zum Lagergeld treten die notwendig erscheinenden Auslagen des Lagerhalters. Aufwendungen, die Weisungen des Einlagerers zuwiderlaufen, werden nur dann erstattungsfähig sein, wenn andere Verhältnisse eintreten, die Stellungnahme des Einlagerers dazu nicht zu erhalten ist und die Abstandnahme vom Selbsthilfeverkauf im Interesse des Einlagerers liegt; vgl. dazu §§ 417, 388, 389. Unnötig ist, daß der Lagerhalter zu den Aufwendungen verpflichtet war; sie sind also niemals auf die Zwecke der Lagerung und Aufbewahrung (Anm. 1 zu § 417) beschränkt, sondern können auch die Erhaltung des Gutes betreffen; vgl. dazu auch JW. 27, 1765 (Zollnachzahlungen). — Über Verzinsung der Aufwendungen vgl. §§ 354 Abs. 2, 352 Abs. 2.

3. Lagerkosten sind (vgl. oben Anm. 1 u. 2) Lagergeld, Auslagen, nicht dagegen Vorschüsse, die der Lagerhalter etwa leistet, ebensowenig seine Schadensersatzansprüche wegen der Beschaffenheit des Gutes (vgl. § 694 BGB.) u. dgl.; D. 252. Abs. 2 S. 2 bezieht sich also nur auf das Lagergeld.

4. Für den Lagerhalter besteht (anders als für den bürgerlich-rechtlichen Verwahrer) einerseits absolute Vorleistungspflicht bei Lagerung bis zu 3 Monaten Dauer, im Rahmen dieser Frist jedoch anderseits auch bei Bemessung des Lagergelds nach kürzeren Zeitabschnitten; vgl. dagegen § 699 Abs. 1 BGB. u. dazu oben Anm. 1 a. E. S. aber § 422 Abs. 2.

Der Anspruch auf die Lagerkosten verjährt nach § 196 Abs. 1 Nr. 1, Abs. 2 BGB. (str.) in 2 bzw. (wenn die Lagerung beiderseitiges HGeschäft ist) 4 Jahren.

5. An dem ausgehändigten Teil des Lagerguts endet das Pfandrecht des Lagerhalters (§ 421); daß der verbleibende Teil die Lagerkosten nicht decke, muß der Lagerhalter beweisen.

Pfandrecht des Lagerhalters

§ 421. Der Lagerhalter hat wegen der Lagerkosten ein Pfandrecht an dem Gute, solange er es im Besitze hat, insbesondere mittels Konnossements, Ladescheins oder Lagerscheins darüber verfügen kann[2].

1. Über den Begriff der Lagerkosten vgl. Anm. 1—3 zu § 420. Sie begründen grundsätzlich ein Pfandrecht nur an demjenigen Gut, bei dessen Lagerung sie erwachsen sind; vgl. aber § 420 Abs. 2 S. 2 Halbs. 2. Über gutgl. Erwerb vgl. § 366 Abs. 3, über den Rang des Pfandrechts § 443, über das Vertragspfandrecht

der sog. Speditionslagerung § 50 ADSpB. — Unberührt bleiben die Vorschriften über das kaufmännische Zurückbehaltungsrecht (§§ 369 ff.) und dasjenige der §§ 273, 320 BGB., die namentlich bei Ansprüchen Bedeutung haben, die keine Lagerkosten sind; vgl. Anm. 3 zu § 420.

2. Es genügt mittelbarer Besitz; vgl. auch Anm. 2 zu § 397 u. Anm. 2 zu § 410.

Rücknahme des Gutes

§ 422. Der Lagerhalter kann nicht verlangen, daß der Einlagerer das Gut vor dem Ablaufe der bedungenen Lagerzeit und, falls eine solche nicht bedungen ist, daß er es vor dem Ablaufe von drei Monaten nach der Einlieferung zurücknehme. Ist eine Lagerzeit nicht bedungen oder behält der Lagerhalter nach dem Ablaufe der bedungenen Lagerzeit das Gut auf dem Lager, so kann er die Rücknahme nur nach vorgängiger Kündigung unter Einhaltung einer Kündigungsfrist von einem Monat verlangen[1].

Der Lagerhalter ist berechtigt, die Rücknahme des Gutes vor dem Ablaufe der Lagerzeit und ohne Einhaltung einer Kündigungsfrist zu verlangen, wenn ein wichtiger Grund vorliegt[1].

1. § 422 beschränkt das Recht des Lagerhalters, bei unbestimmter Dauer der Einlagerung vom Einlagerer die Rücknahme des Gutes zu verlangen. Statt jederzeit (wie nach § 696 S. 1 BGB.) ist dies hier nur nach Kündigung mit Monatsfrist und frühestens zu einem drei Monate nach der Einlagerung liegenden Termin möglich. Nach § 47 a) ADSpB. darf der Lagerhalter, wenn keine abweichende schriftliche Vereinbarung getroffen ist, den Lagervertrag mit einmonatiger Frist durch eingeschriebenen Brief kündigen. Bei Lagerung über eine vereinbarte Lagerzeit hinaus (ohne Vereinbarung einer neuen bestimmten Lagerzeit) steht der Lagerhalter wie nach zweimonatiger Dauer einer Lagerung ohne vereinbarte Lagerzeit (Abs. 1 S. 2); d. h. er kann mit Monatsfrist jederzeit kündigen.

Unberührt ist (Abs. 2) das Recht des Lagerhalters, in allen Fällen aus wichtigem Grunde vorzeitig fristlos zu kündigen (vgl. § 696 S. 2 BGB.). Ein wichtiger Grund liegt insbesondere vor, wenn durch die Beschaffenheit des Lagerguts andere eingelagerte Ware gefährdet wird (D. 253); vgl. auch § 47 b) ADSpB.

Unberührt bleibt ferner das Recht des Einlagerers, i. Zw. (str.) jederzeit — gegen Zahlung der vereinbarten bzw. üblichen Lagerkosten (vgl. §§ 420, 421, 354) — das Lagergut herauszuverlangen (§ 695 BGB.).

Verjährung

§ 423. Auf die Verjährung der Ansprüche gegen den Lagerhalter wegen Verlustes, Minderung, Beschädigung oder verspäteter Ablieferung des Gutes finden die Vorschriften des § 414 entsprechende Anwendung[1]. Im Falle des gänzlichen Verlustes beginnt die Verjährung mit dem Ablaufe des Tages, an welchem der Lagerhalter dem Einlagerer Anzeige von dem Verluste macht[2].

1. Vgl. die Anm. zu § 414. — Über Verjährung der Ansprüche des Lagerhalters gegen den Einlagerer vgl. Anm. 4 a. E. zu § 420.

2. Die Frist wird durch jede Mitteilung des Lagerhalters, der der Einlagerer den Verlust des Gutes entnehmen kann, in Lauf gesetzt; RGZ. 58, 76. Zu solcher Mitteilung ist der Lagerhalter gegebenenfalls verpflichtet; D. 254. Weitergehend jede Kenntnis für Fristbeginn genügend! § 64 ADSpB. Vgl. auch R. 32, 802.

Orderlagerschein

§ 424. Ist von dem Lagerhalter ein Lagerschein ausgestellt, der durch Indossament übertragen werden kann[1], so hat, wenn das Gut von dem Lagerhalter übernommen ist[2], die Übergabe des Lagerscheins an denjenigen, welcher durch den Schein zur Empfangnahme des Gutes legitimiert wird[3], für den Erwerb von Rechten an dem Gute dieselben Wirkungen wie die Übergabe des Gutes.

1. Sog. Orderlagerschein („Lagerschein an Order" — § 36 OLSchV.). — Indossabel ist aber nicht jeder an Order lautender Lagerschein, sondern nur ein solcher, dessen Aussteller die staatliche Ermächtigung zur Ausstellung von Orderlagerscheinen besitzt (§ 363 Abs. 2; §§ 1—13, 38 Abs. 1 OLSchV. v. 16. 12. 31 — Anh. X) und dessen Inhalt den Erfordernissen des § 38 Abs. 2 OLSchV. entspricht.

§ 424 gilt danach insbesondere nicht für die Lagerscheine derjenigen Lagerhalter, denen die Ermächtigung zur Ausstellung indossabler Lagerscheine fehlt, auch wenn die Scheine an Order gestellt sind. Die Indossierung und Übergabe solcher Lagerscheine, die wegen der fehlenden Ermächtigung nicht nichtig, sondern lediglich keine Traditionspapiere (vgl. unten Abs. 3) sind, ist als Abtretung der Ansprüche gegen den Lagerhalter zu werten und kann also bei Erfüllung der Voraussetzungen des § 931 BGB. oder des § 934 BGB. gleichwohl das Eigentum am Lagergut übertragen; vgl. dazu Anm. 1 Abs. 6 a. E. u. Anm. 3 Abs. 3 a. E. zu § 366. Aus der Ausstellung derartiger Lagerscheine (die sog. „zivile" Orderpapiere darstellen) wird darüber hinaus aber die Vereinbarung der Parteien des Lagergeschäfts gefolgert werden können, daß der Lagerhalter dem Einlagerer und seinen Rechtsnachfolgern gegenüber nur durch Herausgabe des Lagerguts an einen durch den Schein legitimierten Inhaber und nur gegen Rückgabe des Scheins befreit sein solle; vgl. RGZ. 78, 152. Ein Lagerschein mit alternativer Orderklausel („an Inhaber oder Order") ist nach § 38 Abs. 2 Nr. 2 OLSchV. auch bei Ermächtigung des Ausstellers zur Ausgabe indossabler Lagerscheine kein Orderlagerschein. (Anders RGZ. 78, 150 für das bisherige Recht.)

Anderen Lagerscheinen als Orderlagerscheinen wohnt deren typische Transportfunktion (unten Anm. 4) niemals inne. So insbesondere nicht einem Inhaberlagerschein, zu dessen Ausstellung es keiner staatlichen Ermächtigung bedarf (vgl. § 795 Abs. 1 BGB.; RGZ. 59, 374; 142, 151; JW. 28, 226 — kein Geldsummenversprechen!); die Übertragung des Scheins bewirkt gewöhnlich die Abtretung des Herausgabeanspruchs gegen den Lagerhalter (HansRZ. 25, 861), also die Verschaffung des mittelbaren Besitzes (§ 870 BGB.), was häufig zur Vornahme einer von den Parteien gewollten Sachenrechtsübertragung genügen kann. Durch die Übergabe des Scheins als solche werden aber niemals die Wirkungen der Sachübergabe herbeigeführt; vgl. dazu auch JW. 28, 226. Hinsichtlich der Übertragung der Rechte am Lagergut stehen Inhaberlagerscheine mithin einem lediglich auf den Namen des Einlagerers ausgestellten Lagerschein (sog. Rektalagerschein) gleich; nur wird bei letzterem, soweit er nicht durch die Präsentationsklausel zur Legitimationsurkunde i. S. des § 808 BGB. gemacht ist (vgl. OLG. 19, 463; JW. 03, 155, LZ. 33, 917; dazu auch RGZ. 43, 72; LZ. 13, 384), der Lagerhalter, um durch Herausgabe an den Vorleger befreit zu werden, die Rechtsnachfolge prüfen müssen (ähnlich wie RGZ. 78, 152 für Lagerscheine annimmt, die ohne staatliche Ermächtigung an Order gestellt sind; vgl. oben Abs. 2 der Anm.). Auch sind beim Inhaberlagerschein Einwendungen, die sich nicht aus dem Schein ergeben, grundsätzlich einem späteren Inhaber gegenüber unzulässig; § 796 BGB. Vgl. im übrigen über Haftung des Lagerhalters nach Maßgabe außerhalb des Scheins liegender Erklärungen RGZ. 101, 297; 142, 153; HansGZ. 26, 75.

2. Weitere Voraussetzung für die Traditionswirkung i. S. des § 424 ist die der Übergabe des Scheins an den Erwerber vorangegangene Übernahme des Gutes durch den Lagerhalter. Die „Übernahme" ist nicht gleich der Einlagerung des Gutes, die nach der Ordnungsvorschrift des § 33 Abs. 3 OLSchV. der Ausstellung des Orderlagerscheins ebenfalls vorangehen soll. Ob nach erfolgter Übernahme der Lagerhalter den Besitz am Gut wieder verliert, ist gleichgültig (str., aber zu bejahen, sog. absolute Theorie), solange kein Dritter das Eigentum am Gut (kraft guten Glaubens) erwirbt.

3. Das ist derjenige Scheinbesitzer, von dem eine lückenlose Kette von Indossamenten bis auf den Einlagerer (vgl. § 38 Abs. 2 Nr. 2 OLSchV.) zurückreicht; vgl. §§ 364, 365 (m. Anm.) i. Verb. m. § 40 OLSchV.

4. Die Papierübergabe steht für die Frage des Erwerbs von Rechten am Lagergut dessen Übergabe gleich. Während aber durch die Papierübergabe an den Legitimierten (oben Anm. 3) das Eigentum am Orderlagerschein übergeht (§ 365), muß zum Eigentumsübergang hinsichtlich des Gutes außer der damit als bewirkt erscheinenden Übergabe der sonstige dingliche Erwerbstatbestand i. S. der §§ 929 ff. BGB., § 366 hinzukommen (vgl. dazu § 366 Anm. 1 u. 2); nicht ist hierfür § 365 u. WGes. Art. 16 maßgeblich), insbesondere also guter Glaube des Scheinerwerbers an das Eigentum bzw. die Verfügungsbefugnis des Veräußerers. Im übrigen haftet aber der Lagerhalter dem Scheinerwerber skripturmäßig, § 40 OLSchV.

Sechster Abschnitt

Frachtgeschäft

Frachtführer

§ 425. Frachtführer[1] ist, wer es gewerbsmäßig übernimmt[2], die Beförderung[2] von Gütern[3] zu Lande[4] oder auf Flüssen[4] oder sonstigen Binnengewässern[4] auszuführen[2].

1. Der Frachtführer ist Kaufmann kraft Gewerbebetriebs (§ 1 Abs. 2 Nr. 5).

2. Die Geschäfte, deren gewerbsmäßiger Betrieb zum Frachtführer macht, zählt § 425 erschöpfend auf; es sind Werkverträge über Beförderung von Gütern (darüber unten Anm. 3) zu Lande oder auf Binnengewässern (vgl. unten Anm. 4).

Der Beförderungsvertrag ist ein Werkvertrag, inhalts dessen sich der Frachtführer gegenüber dem sog. Absender zur Beförderung des Gutes an den Bestimmungsort verpflichtet. — Die Beförderung darf, damit ein Frachtvertrag vorliegt, nicht nur Erfüllungshandlung oder Nebenleistung eines seinem Hauptinhalt nach andersartigen Geschäfts darstellen (nach dessen Regeln — nicht nach §§ 426ff. — sie alsdann zu beurteilen ist; vgl. ROHG. 8, 13; JW. 02, 79, auch RGSt. 35, 226). Wohl aber unterliegen Verträge, die ihrem Hauptinhalt nach auf Güterbeförderung gerichtet sind, aber von dem Unternehmer nur gelegentlich, nicht gewerbsmäßig betrieben werden, den Vorschriften über den Frachtvertrag, wenn der Unternehmer aus anderm Grunde Kaufmann ist; § 451. — Die Beförderung als Vertragsinhalt ergibt die Wesentlichkeit eines Bestimmungsorts; vgl. RGZ. 68, 74; OLG. 9, 237. Dabei kommt es auf den von den Parteien gewollten Endzweck an, der durch die Verabredung vorübergehender Lagerung nicht beeinflußt wird; LZ. 30, 438. — Gleichgültig ist hingegen, mit welchen Beförderungsmitteln die Güter bewegt werden sollen (vgl. D. 255, 257; ROHG. 13, 133; RGZ. 6, 100; 25, 112), ebenso die Länge der Beförderungsstrecke (ROHG. 12, 197; RGZ. 20, 51). Die Beförderung muß aber dem Frachtführer in der Weise übertragen sein, daß er den unmittelbaren Besitz am Beförderungsgut erlangt (vgl. § 429: „Der Frachtführer haftet .... in der Zeit von der Annahme bis zur Ablieferung ....“). Deshalb ist der Vertrag mit dem Schleppschiffer meist kein Frachtvertrag; vgl. dazu RGZ. 6, 99; 10, 167; 59, 308; 62, 212; 67, 12; 78, 380; 102, 41; 112, 49; 122, 288, auch RGZ. 63, 310. Wer nur Beförderungskräfte oder Beförderungsmittel zur Verfügung stellt, ist kein Frachtführer, wenn er nicht die Ausführung der Beförderung, also das Erreichen des Bestimmungsortes i. S. eines rechtsgeschäftlichen Erfolgs, verspricht; andernfalls liegt Dienstvertrag oder Miete, aber kein Werkvertrag und damit kein Frachtvertrag vor; vgl. RGZ. 25, 108; 66, 16; JW. 05, 147; 06, 55. — Der Abschluß des Beförderungsvertrages steht grundsätzlich im Belieben des Frachtführers. Eine Ausnahme besteht gesetzlich hinsichtlich der Eisenbahnen (§ 453); im übrigen ist ein sog. Kontrahierungszwang nur insofern vorhanden, als es u. U. (namentlich bei Monopolstellung) gegen die guten Sitten verstoßen kann, wenn ein Unternehmer einzelne von den seinen Kunden normalerweise bereitgestellten geschäftlichen Einrichtungen oder Bedingungen ausschließt (vgl. schon RGZ. 48, 127). — Von Gesetzes wegen ist der Abschluß von Beförderungsverträgen formfrei. Vgl. jedoch §§ 4, 6 ADSpB. Regelmäßig wird der Frachtführer (nach § 663 BGB. i. V. m. § 151 BGB. oder nach § 362) schon auf einen von ihm unwidersprochen gelassenen Vertragsantrag hin zur Beförderung zu den angetragenen Bedingungen verpflichtet sein. — Die Beförderungspflicht besteht gegenüber dem „Absender“ (vgl. §§ 426—428 u. a.); jedoch wandelt sich die Person des Berechtigten aus dem Vertrage mit dem Frachtführer bei der Ankunft des Gutes am Ablieferungsort (Näheres §§ 433ff.). Absender ist der Kontrahent des Frachtführers, also bei Spedition der Spediteur, nicht dessen Kommittent (der sog. Versender).

Über die besondere Ausgestaltung der Haftung des Frachtführers vgl. §§ 429—432, 438f., auch § 437.

Frachtverträge schließen nach dem oben (Abs. 1 u. 2 d. Anm.) Gesagten auch die Post und die Eisenbahn (diese nur im Güterverkehr) ab. Jedoch finden die Vorschriften der §§ 426ff. auf die Geschäfte der Post und der Eisenbahn keine Anwendung. Vgl. §§ 452, 458, aber auch § 457 (es gilt Frachtführerpfandrecht für die Eisenbahn). Die Post ist nicht Kaufmann (§ 452 S. 2), also auch nicht

Frachtführer i. S. des HGB. (vgl. § 1 Abs. 2 Nr. 5); die Deutsche Reichsbahn ist neuerdings ebenfalls wieder Reichsverwaltung. Vgl. dazu die Anm. zu §§ 452, 453.

3. Güter sind alle (beweglichen) Sachen, die Gegenstand einer Beförderung sein können. Der Begriff ist weiter als der der Waren (vgl. dazu RGZ. 20, 47, Anm. 2 zu § 407 u. Anm. 10 Abs. 2 a. E. zu § 1).

4. Jeder gewerbsmäßige Gütertransport, der nicht zur See erfolgt, macht grundsätzlich zum Frachtführer (vgl. oben Anm. 2 a. E. u. § 1 Abs. 2 Nr. 5); über das Seefrachtgeschäft vgl. §§ 556ff., 664ff.

Für das auf Binnengewässern betriebene Frachtgeschäft gelten daneben §§ 27ff. BinnSchiffG.; keine Anwendung finden §§ 428, 437f., 444. Vgl. noch FlößereiG. v. 15. 6. 95 (§ 1).

Ob der Transport im Groß- oder Kleingewerbe betrieben wird, ist (anders als beim Personentransport zu Lande oder auf Binnengewässern!) unerheblich. Der Frachtführer kann daher Minderkaufmann (§ 4) sein.

Wird der Gütertransport als solcher nicht gewerbsmäßig, aber im Rahmen eines (anderen) Gewerbes betrieben, so macht er nicht zum Frachtführer, unterliegt aber den Vorschriften der §§ 426ff. (§ 451).

Besondere Vorschriften gelten für das Luftfrachtgeschäft (vgl. LuftverkG. v. 1. 8. 22 i. d. F. v. 21. 8. 36 [RGBl. I 653]) m. V. über den Luftverkehr v. 21. 8. 36 (RGBl. I 659) und für das Frachtgeschäft vermittels Kraftfahrzeugen (Ges. v. 26. 6. 35 [RGBl. I 788]) m. DurchfV. v. 27. 3. 36 (RGBl. I 320).

Frachtbrief

§ 426. Der Frachtführer kann[1] die Ausstellung eines Frachtbriefs[2] verlangen[1].

Der Frachtbrief soll enthalten[3]:

1. **den Ort und den Tag der Ausstellung;**
2. **den Namen und den Wohnort des Frachtführers;**
3. **den Namen dessen, an welchen das Gut abgeliefert werden soll (des Empfängers)[4];**
4. **den Ort der Ablieferung[5];**
5. **die Bezeichnung des Gutes nach Beschaffenheit, Menge und Merkzeichen[6];**
6. **die Bezeichnung der für eine zoll- oder steueramtliche Behandlung oder polizeiliche Prüfung nötigen Begleitpapiere[7];**
7. **die Bestimmung über die Fracht sowie im Falle ihrer Vorausbezahlung einen Vermerk über die Vorausbezahlung[8];**
8. **die besonderen Vereinbarungen, welche die Beteiligten über andere Punkte, namentlich über die Zeit, innerhalb welcher die Beförderung bewirkt werden soll, über die Entschädigung wegen verspäteter Ablieferung und über die auf dem Gute haftenden Nachnahmen, getroffen haben[9];**

9. die Unterschrift des Absenders; eine im Wege der mechanischen Vervielfältigung hergestellte Unterschrift ist genügend[10].

Der Absender haftet dem Frachtführer für die Richtigkeit und die Vollständigkeit der in den Frachtbrief aufgenommenen Angaben[11].

1. Weitergehend im Eisenbahnfrachtrecht § 55 EVO., vgl. § 458 Anm. 1 Abs. 2; über Gepäckschein vgl. § 27 EVO. — Über die Bedeutung der (vom Absender vorzunehmenden) Frachtbriefausstellung vgl. §§ 432—436. Mit der Übergabe des Frachtbriefs erwirbt der Frachtführer Eigentum an ihm (RGStr. 32, 23).

2. Der Frachtbrief ist bei Annahme durch den Frachtführer Beweisurkunde hinsichtlich des Inhalts des Frachtvertrags (vgl. § 416 ZPO.; RGZ. 80, 60), nicht aber Wertpapier; eine Orderklausel ist rechtlich bedeutungslos (vgl. RGZ. 71, 33). Nach § 61 EVO. ist darüber hinaus die Annahme des Frachtbriefs durch die Eisenbahn Bestandteil des Vertragsabschlusses. Auch gegen den Frachtführer hat der Frachtbrief insofern Beweiskraft, als der Frachtführer die Richtigkeit des Briefs nachprüfen konnte und keine Vorbehalte (z. B. „nicht gewogen", „Zahl, Maß, Gewicht unbekannt") gemacht hat; ROHG. 8, 196; 11, 212; 15, 383. Vgl. auch § 58 EVO. Über Rechtswirkung des Frachtbriefes gegen Dritte s. §§ 432 Abs. 2, 435, 436.

3. Abs. 2 stellt nicht Gültigkeitserfordernisse auf, sondern umschreibt nur den Inhalt des dem Frachtführer zustehenden Ausstellungsanspruchs. Beim Fehlen der einen oder anderen der in Abs. 2 aufgeführten Punkte, ist die Beweiskraft des Frachtbriefs frei zu würdigen. Vgl. RGZ. 80, 60; 83, 395; 104, 345. Über Inhalt des Eisenbahnfrachtbriefs vgl. § 56 EVO.

4. Empfänger kann auch der Absender sein, was ohne Angabe eines dritten Empfängers i. Zw. anzunehmen ist. Die Angabe des Empfängers kann sich der Absender auch vorbehalten. (Vgl. auch § 433 Abs. 1 S. 1.)

5. Ablieferungsort; darüber, daß dessen Vereinbarung für den Frachtvertrag wesentlich ist, vgl. Anm. 2 Abs. 2 zu § 425. Seine Feststellung ist aber auch sonst von Bedeutung: §§ 433 Abs. 2 S. 1, 434 f.

6. Vgl. dazu OLG. 3, 82 (bei Säcken regelmäßig Signierung!) u. JW. 02, 29 (Spediteurverpflichtung!).

7. Vgl. § 427.

8. Über die Verpflichtung zur Frachtzahlung vgl. § 354, § 632 Abs. 1 BGB., über die Höhe, falls keine Bestimmung getroffen ist, § 632 Abs. 2 BGB. (in erster Linie — i. Zw. — Taxe; eventuell Üblichkeit!). Vorauszahlung kann der Frachtführer gegebenenfalls bei HÜblichkeit, sonst nur auf Grund besonderer Vereinbarung verlangen (vgl. § 641 Abs. 1 BGB.). Über Verjährung § 439.

9. Vgl. dazu § 428 (Beförderungszeit) u. §§ 429—432 (Schadensersatz) ferner §§ 433, 435 (Auslieferung des Gutes — Nachnahme!), insbes. Anm. zu § 435.

10. D. h. faksimilierte Unterschrift; vgl. auch § 793 Abs. 2 BGB. Sonstiger Druck oder Stempel genügen nur beim Eisenbahnfrachtbrief (§ 56 Abs. 10 EVO.).

11. Haftung des Absenders bedeutet Schadensersatzverpflichtung i. S. der §§ 249 ff. BGB.; sie setzt aber nur ursächliche Schädigung durch unrichtige oder unvollständige Angaben, darüber hinaus kein Verschulden voraus (vgl.

D. 256, 258, sowie RGZ. 96, 279). Weitergehend noch — auch Haftung gegenüber Dritten! — § 45 BinnSchG.; § 57 EVO. deckt sich grundsätzlich sachlich mit § 426 Abs. 3, der Inhalt der Haftung wird aber im Eisenbahnfrachtrecht durch § 60 EVO. modifiziert (einerseits verschärft, teils aber auch gemildert — feste Frachtzuschläge u. Entschuldigungsmöglichkeit des Absenders). Über Minderung oder Wegfall der Haftung bei mitwirkendem Verschulden des Frachtführers oder seiner Leute, z. B. bei Erkennbarkeit gefährlicher Beschaffenheit auch ohne Angaben bzw. Hinweise, § 254 BGB. u. dazu RGZ. 15, 151; 20, 78; 93, 163; 108, 408.

Begleitpapiere

§ 427. Der Absender ist verpflichtet, dem Frachtführer die Begleitpapiere zu übergeben, welche zur Erfüllung der Zoll-, Steuer- oder Polizeivorschriften vor der Ablieferung an den Empfänger erforderlich sind. Er haftet dem Frachtführer, sofern nicht diesem ein Verschulden zur Last fällt, für alle Folgen, die aus dem Mangel, der Unzulänglichkeit oder der Unrichtigkeit der Papiere entstehen[1].

1. Ebenso wie für Richtigkeit und Vollständigkeit der Frachtbriefangaben haftet der Absender dem Frachtführer auch hinsichtlich der nach öffentlichem Recht erforderlichen Begleitpapiere (§ 426 Abs. 2 Nr. 6). Vgl. auch § 65 EVO. u. § 45 BinnSchGes., ferner §§ 642, 643 BGB. Mitwirkendes Verschulden des Frachtführers (§ 254 BGB.) kann auch hier — vgl. oben § 426 Anm. 11 a. E. — die Haftung des Absenders beschränken oder sogar ausschließen.

Ein Unterfrachtführer ist nur zur Weitergabe der empfangenen Papiere verpflichtet; ROHG. 24, 214.

Lieferfrist

§ 428. Ist über die Zeit, binnen welcher der Frachtführer die Beförderung bewirken soll[1], nichts bedungen, so bestimmt sich die Frist, innerhalb deren er die Reise anzutreten und zu vollenden hat, nach dem Ortsgebrauche[2]. Besteht ein Ortsgebrauch nicht, so ist die Beförderung binnen einer den Umständen nach angemessenen Frist zu bewirken.

Wird der Antritt oder die Fortsetzung der Reise ohne Verschulden des Absenders zeitweilig verhindert[3], so kann der Absender von dem Vertrage zurücktreten[4]; er hat jedoch den Frachtführer, wenn diesem kein Verschulden zur Last fällt[5], für die Vorbereitung der Reise, die Wiederausladung und den zurückgelegten Teil der Reise zu entschädigen[6]. Über die Höhe der Entschädigung entscheidet der Ortsgebrauch[2]; besteht ein Ortsgebrauch nicht, so ist eine den Umständen nach angemessene Entschädigung zu gewähren.

1. Vgl. § 426 Abs. 2 Nr. 8.
2. U. zw. am Abgangsort.

3. Vgl. D. 256. Der Hinderungsgrund muß zufällig entstanden (vgl. unten Anm. 5!) oder vom Frachtführer zu vertreten sein. Den Absender darf keinerlei, auch kein mitwirkendes Verschulden treffen; RGZ. 71, 189.

4. Nicht bei nur unwesentlicher Dauer der Verhinderung; ROHG. 4, 174. — Bei dauernder Verhinderung gelten §§ 323—325, 645 BGB., nicht § 428; vgl. auch § 36 BinnenSchG. (dazu SeuffA. 92, 22) u. unten Anm. 6.

5. Andernfalls haftet der Frachtführer für den Verzugsschaden (§§ 286, 326 BGB.; vgl. § 636 Abs. 1 S. 2 BGB., ferner § 429).

6. Zu unterscheiden sind die Folgen dauernder Verhinderung der Reise (dazu auch oben Anm. 4) und der Kündigung des Absenders nach § 649 BGB. Im ersteren Falle kann der Frachtführer Vergütung regelmäßig (Ausnahme § 645 BGB.!) nur insofern verlangen, als er nach §§ 323 ff. BGB. die Gegenleistung fordern kann, also nur wenn den Absender (abw. von § 428) Verschulden trifft, oder insoweit die teilweise ausgeführte Beförderung ausnahmsweise als Teilerfüllung des Frachtvertrages erscheint. Vgl. D. 256, 257 u. OLG. 44, 273, ferner § 74 EVO. Bei Kündigung des Bestellers schuldet dieser hingegen grundsätzlich die volle Fracht, allerdings abzüglich des Ersparten; Näheres § 649 BGB.

Verlust, Beschädigung, Verspätung

§ 429. Der Frachtführer haftet[1] für den Schaden[2], der durch Verlust[3] oder Beschädigung[3] des Gutes in der Zeit von der Annahme[4] bis zur Ablieferung[5] oder durch Versäumung der Lieferzeit[6] entsteht, es sei denn, daß der Verlust, die Beschädigung oder die Verspätung auf Umständen beruht, die durch die Sorgfalt eines ordentlichen Frachtführers nicht abgewendet werden konnten[7].

Für den Verlust oder die Beschädigung von Kostbarkeiten[8], Kunstgegenständen[9], Geld und Wertpapieren haftet der Frachtführer nur, wenn ihm diese Beschaffenheit oder der Wert des Gutes bei der Übergabe zur Beförderung angegeben worden ist[10].

1. Die (ihrer Natur nach vertragsmäßige) Haftung besteht nur gegenüber dem Absender, der aber das Interesse seines Kommittenten liquidieren (vgl. SeuffA. 85, 262 u. Anm. 1 zu § 407) und diesem den Anspruch natürlich auch mit demselben Inhalt abtreten kann. Über die mit der Ankunft des Gutes am Bestimmungsort eintretende Berechtigung des Empfängers vgl. § 435. — Mit der vertraglichen Haftung kann eine solche aus unerlaubter Handlung konkurrieren, die u. U. (vgl. §§ 823 ff. BGB.) auch unmittelbar einem Dritten, insbesondere dem Eigentümer des Gutes gegenüber besteht; vgl. dazu RGZ. 85, 186; 88, 317, 436; 89, 342. Auch sonst gelten für die Haftung die allgemeinen Grundsätze: mehrere Ersatzpflichtige haften als Gesamtschuldner (§ 421 BGB.) und haben gegeneinander einen Ausgleichsanspruch nach § 426 BGB. (unter Berücksichtigung von § 254 BGB.), auch wenn ihre Haftung auf verschiedenen Rechtsgründen beruht (RGZ. 77, 323; 82, 439; 84, 421; 87, 67; 92, 145; 93, 96), der stets erst in 30 Jahren verjährt (RGZ. 69, 426; 77, 322); Sondervorschrift: § 432 Abs. 3. Vgl. im übrigen auch Anm. 2 Abs. 5 zu § 347.

2. Vgl. §§ 430, 457. Beweispflichtig für Entstehung des Schadens ist der Absender (RGZ. 76, 424; HRR. 31, 1699); vgl. im übrigen unten Anm. 7.

3. Über den Begriff vgl. Anm. 1 zu § 390 u. zu § 414.

4. Annahme ist hier schon die Entgegennahme zur Beförderung, wobei es namentlich bei größeren Posten oder Sachgesamtheiten genügt, daß der Frachtführer ungehindert zur Verladung (z. B. von Hausrat beim Umzug!) zugelassen wird (vgl. ROHG. 9, 302; OLG. 28, 394, auch LZ. 30, 439), bei Verladung im Waggon auf privatem Anschlußgleis erst die Einstellung des Waggons in den Zug (§ 63 EVO.; RGZ. 114, 387).

5. Ablieferung ist nicht die Ankunft des Gutes oder die Aufforderung zu seiner Inempfangnahme (RGZ. 13, 168), sondern erst der ein Zusammenwirken des Frachtführers und des Empfängers voraussetzende zweiseitige Akt, durch den nach beendigter Beförderung einvernehmlich ein Übergang des Gewahrsams am Gute bewirkt wird; ROHG. 2, 252; RGZ. 52, 399; 108, 50, 342; 114, 313; Gruch. 48, 1014. Die Zustimmung des Empfängers braucht selbstverständlich nicht ausdrücklich erklärt zu werden und kann z. B. in Zahlung der Fracht liegen; Warn. 14, 88; RGZ. 102, 207. Ausreichend ist bei Waggontransport, daß dem Empfänger bzw. dessen Leuten die Entladung gestattet wird und der Empfänger sich hierauf einläßt (Gruch. 56, 1020; vereinbarungsgemäß kann aber zur Ablieferung die Abladung gehören; vgl. RGZ. 97, 18!) oder Übergabe des Gutes an die Zollbehörde und der Verfügungspapiere an den Empfänger (ROHG. 2, 254; RGZ. 67, 336), ferner die Vereinbarung zwischen Empfänger und Frachtführer, daß dieser das Gut in Verwahrung halten solle; ROHG. 14, 295. Für die Beschaffenheit der Entladerampe, auf welcher die Abnahme des beförderten Gutes erfolgt, haftet noch die Eisenbahn als Frachtführer; HRR. 33, 945, vgl. auch HansRGZ. 38 B 15 (gefahrlose Abnahme muß ermöglicht werden). Aushändigung des Frachtbriefes ist zur Ablieferung nicht unbedingt erforderlich; Gruch. 56, 1020. Nicht ausreichend hingegen sind einseitige Handlungen des Frachtführers, welche die Verfügung des Empfängers über das Gut erst ermöglichen sollen, wie Ankunftsanzeige, bloße Aushändigung des Frachtbriefes, Aufforderung zum Abholen; vgl. ROHG. 14, 293; OLG. 2, 186; 6, 97; 8, 390; LZ. 12, 465; ferner RGZ. 108, 341 (Bereitstellung des Waggons, ohne daß Empfänger abladen darf!).

6. Vgl. auch § 428.

7. Der Frachtführer muß regelmäßig, um der gesetzlichen Schadenshaftung zu entgehen, den Beweis führen, daß der Schaden auf keinem von ihm oder seinen Leuten (§ 431) zu vertretenden Umstande beruht, mithin auch die Schadensverursachung im einzelnen darlegen. Vgl. dazu D. 257 u. RGZ. 15, 147; 66, 42; 72, 106; 93, 41; JW. 09, 734; R. 23, 674, aber auch JW. 12, 250. Seine Haftung wird aber durch mitwirkendes Verschulden des Geschädigten (Absenders) entspr. den allgemeinen Grundsätzen (§ 254 BGB.) gemindert oder sogar ausgeschlossen; RGZ. 75, 111. — Schließlich kann auch die Frachtführerhaftung (mit Ausnahme der für eigenen Vorsatz!) im voraus wegbedungen werden; vgl. §§ 276 Abs. 2, 278 S. 2 BGB. u. RGZ. 94, 97; OLG. 32, 186, dazu auch §§ 51 ff. ADSpB. Der Haftungsausschluß kann bei Ausnutzung wirtschaftlichen Übergewichts des Frachtführers (Monopolstellung!) nichtig sein; vgl. darüber Anm. 4 Abs. 6 zu § 346. Kein wirksamer Haftungsausschluß auch durch bloßen Aushang von Geschäftsbedingungen oder dgl.; SeuffA. 77, 239, vgl. auch Warn. 28, 176. Der mit einem Spediteur vereinbarte Haftungsausschluß wirkt gegen den Kommittenten; anders z. B. bei Haftungsausschluß zwischen dem ersten Frachtführer und einem Unterfrachtführer; vgl. RGZ. 63, 312; 75, 172; 77, 320. Die gesetzliche Haftung kann rechtsgeschäftlich auch dahin abgeändert werden, daß

den Absender die Beweislast für ein Verschulden des Frachtführers treffen soll; vgl. dazu LZ. 32, 887.

Der Sorgfaltsgrad („Sorgfalt eines ordentlichen Frachtführers") ist der Sache nach der des § 276 Abs. 1 BGB. (vgl. auch Anm. 3 zu § 347); die Anforderungen können aber schwanken, u. zw. nach den jeweiligen Besonderheiten des Frachtverkehrs; vgl. z. B. OLG. 42, 231 (erhöhte Unsicherheit in den Transportverhältnissen erfordert verschärfte Sorgfalt), anderseits R. 37, 8767 (Verständigungsschwierigkeiten beim Betrieb mittels Lastkraftwagen und Anhängern sind nicht zu vertreten).

Nicht nach § 429 zu beurteilen sind Handlungen oder Unterlassungen des Frachtführers, die nicht unter seine Beförderungspflicht fallen, wie u. U. Raterteilung (OLG. 16, 132).

8. **Kostbarkeiten** (im Sinne des Frachtrechts) sind Güter, die gemessen an ihrem Umfang und Gewicht nach der Verkehrsanschauung unverhältnismäßig wertvoll sind. Vgl. RGZ. 13, 38; 94, 121; 101, 84; 105, 204; 116, 114. Die Abgrenzung ist im wesentlichen Tatfrage. Beispiele aus der Rechtsprechung: seltene Felle und Pelze (RGZ. 75, 190; 120, 315), Spitzen (RGZ. 94, 115), Seide (RGZ. 103, 194; JW. 19, 681), Filmkopien (RGZ. 94, 119; JW. 19, 996). Im Verhältnis der Parteien kann der Begriff in der Weise durch andauernde tatsächliche Übung beschränkt werden, daß spätere Berufung einer Partei auf die objektive Begriffsgrenze gegen Treu und Glauben verstoßen kann; vgl. dazu RGZ. 104, 97; JW. 13, 875.

9. **Kunstgegenstände** sind hier alle Güter, deren besonderer Wert über den Stoffwert hinaus auf irgendeiner Formgebung beruht, also u. U. auch Gegenstände des Kunstgewerbes.

10. Eine (vertragliche) Haftung des Frachtführers für Verlust oder Beschädigung von Geld, Wertpapieren, Kostbarkeiten und Kunstgegenständen kann der Absender grundsätzlich nur dadurch begründen, daß er dem Frachtführer (spätestens) bei der Übergabe zum Transport entweder die Beschaffenheit des Gutes oder seinen Wert angibt. Vgl. ROHG. 8, 271; RGZ. 13, 38. Über die Form der „Angabe" ist nichts vorgeschrieben; üblich und jedenfalls ausreichend ist Angabe im Frachtbrief (vgl. dazu § 426 Abs. 2 Nr. 5). Es genügt bei Beschaffenheitsangabe jede handelsübliche Bezeichnung; vgl. RGZ. 7, 126; 110, 63. Bei Wertangabe ist der angegebene Wert die Höchstgrenze der Frachtführerhaftung; der Absender muß beweisen, daß der wirkliche Wert mindestens so hoch ist, wie angegeben; ROHG. 11, 424. — Ohne Angabe von Wert oder Beschaffenheit haftet der Frachtführer ausnahmsweise dann, wenn er von selbst die Besonderheit des Gutes erkennen mußte; OLG. 28, 396.

Höhe des Schadensersatzes

§ 430. Muß auf Grund des Frachtvertrags von dem Frachtführer für gänzlichen oder teilweisen Verlust des Gutes Ersatz geleistet werden[1], so ist der gemeine Handelswert und in dessen Ermangelung der gemeine Wert zu ersetzen[2], welchen Gut derselben Art und Beschaffenheit am Orte der Ablieferung in dem Zeitpunkte hatte, in welchem die Ablieferung zu bewirken war[3]; hiervon kommt in Abzug, was infolge des Verlustes an Zöllen und sonstigen Kosten sowie an Fracht erspart ist[4].

Im Falle der Beschädigung[5] ist der Unterschied zwischen dem Verkaufswerte des Gutes im beschädigten Zustand und dem gemeinen Handelswert oder dem gemeinen Werte zu ersetzen, welchen das Gut ohne die Beschädigung am Orte und zur Zeit der Ablieferung gehabt haben würde[6]; hiervon kommt in Abzug, was infolge der Beschädigung an Zöllen und sonstigen Kosten erspart ist[4].

Ist der Schaden durch Vorsatz oder grobe Fahrlässigkeit des Frachtführers herbeigeführt, so kann Ersatz des vollen Schadens gefordert werden[7].

1. Also nicht bei Haftung aus andern Rechtsgründen wie Eigentumsverletzung, ungerechtfertigte Bereicherung, unerlaubte Handlung. Ferner nicht bei Verzögerungsschaden. In diesen Fällen gelten §§ 249 ff. BGB.: vgl. D. 258. S. noch § 466 (Versäumung der Lieferfrist durch die Eisenbahn).

2. Der gemeine Handelswert ist der im regelmäßigen Geschäftsverkehr zu erzielende Durchschnittspreis; RGZ. 96, 125; 117, 131. Der gemeine Wert stellt demgegenüber den objektiven Nutzen dar, den der Besitz des Gutes ohne Berücksichtigung besonderer persönlicher Verhältnisse des Besitzers gewährt; RGZ. 96, 125; JW. 93, 39; 10, 33. Amtlich festgesetzte Höchstpreise sind in jedem Falle auch hier Grenze der Wertbemessung (RGZ. 96, 124), auf die im übrigen § 287 ZPO. Anwendung findet; JW. 10, 827. Das den gemeinen (Handels-) Wert übersteigende Interesse des Geschädigten ist jedoch hier nie zu ersetzen, ROHG. 2, 360; 13, 393; 15, 90; RGZ. 117, 131. Der Frachtführer kann dementsprechend auch grundsätzlich nicht Abtretung der Ersatzansprüche des Geschädigten (§ 255 BGB.) verlangen. Vgl. noch RGZ. 98, 150; 109, 16.

3. Der Wertbemessung sind (anders als nach § 85 Abs. 1 EVO. für die Eisenbahn) Ort und Zeit der vertragsmäßig zu bewirkenden Ablieferung des in Verlust geratenden Gutes zugrunde zu legen. Über Ermittlung dieser — hier stets hypothetischen! — Daten vgl. RGZ. 49, 95; 75, 110, auch ROHG. 15, 31 u. § 414 Abs. 2.

4. Gesetzlich festgelegte Vorteilsausgleichung! Beweislast des Frachtführers. Abzugsfähig ist insbesondere die ganze Fracht; vgl. § 644 Abs. 1 S. 1 BGB.; die Versicherungssumme ist dagegen hier — ebenso wie sonst — nicht anzurechnen (RGZ. 20, 70).

5. Über den Begriff der Beschädigung vgl. Anm. 1 zu § 414, sowie RGZ. 60, 45; 66, 41 (zu § 414).

6. Über den Begriff des gemeinen (Handels-) Werts vgl. oben Anm. 2. — Der Schadensersatzanspruch geht hier grundsätzlich nur auf Zahlung der abstrakten Wertminderung. Vgl. dazu ROHG. 11, 294; OLG. 6, 471. Wenn infolge der Beschädigung die ganze Sache entwertet ist, so ist ihr ganzer Wert zu ersetzen. ROHG. 15, 374; RGZ. 15, 134.

7. Abs. 3 bezieht sich sowohl auf Verlust wie auf Beschädigung des Gutes. Für das Vorliegen des verschärfenden Schuldgrades (vgl. dazu RGZ. 89, 347) ist der Absender beweispflichtig. Dem Verschulden des Frachtführers steht dasjenige Dritter, für die er nach §§ 431, 432, 278 BGB. haftet, gleich. Die Ersatzpflicht gem. Abs. 3 richtet sich nach §§ 249 ff. BGB.

Haftung für Hilfspersonen

§ 431. Der Frachtführer hat ein Verschulden seiner Leute und ein Verschulden anderer Personen, deren er sich bei der Ausführung der Beförderung bedient[1], in gleichem Umfange zu vertreten wie eigenes Verschulden[2].

1. Über § 278 BGB. hinaus haftet der Frachtführer nach § 431 für ein Verschulden der in seinem Betrieb tätigen Personen, auch soweit er sich ihrer nicht zur Erfüllung des Frachtvertrages bedient und auch wenn die schädigende Handlung nur bei Gelegenheit, nicht unmittelbar in der Erfüllung der Verbindlichkeit aus dem Frachtvertrag begangen wird. Vgl. D. 259 u. RGZ. 7, 125; JW. 05, 185; 25, 1399. Zu den Gehilfen des Frachtführers i. S. des § 431 gehören auch dritte Personen, bei denen er das Gut vorübergehend einlagert, selbst wenn sie selbständige Unternehmer sind; LZ. 29, 1342; 30, 439. Ebenso ist ein vom Frachtführer beauftragter Schleppunternehmer regelmäßig hierher zu rechnen (str.; anders RGZ. 78, 380; 91, 243). Über Unterfrachtführer vgl. § 432.

2. § 431 gilt nur für die vertragliche Haftung des Frachtführers nach §§ 429 ff. Im übrigen finden die allgemeinen Grundsätze (§§ 31, 831 BGB.) Anwendung. Vgl. RGZ. 77, 319; JW. 16, 489. Die Haftung nach § 431 kann vertraglich ausgeschlossen werden, § 278 S. 2 BGB.; Ausnahme bei Eisenbahnen (§ 458 Abs. 2 S. 2). — Vgl. noch § 26 BinnSchG.

Haftung aufeinanderfolgender Frachtführer

§ 432. Übergibt der Frachtführer zur Ausführung der von ihm übernommenen Beförderung das Gut einem anderen Frachtführer, so haftet er für die Ausführung der Beförderung bis zur Ablieferung des Gutes an den Empfänger[1].

Der nachfolgende Frachtführer tritt dadurch, daß er das Gut mit dem ursprünglichen Frachtbrief annimmt, diesem gemäß in den Frachtvertrag ein und übernimmt die selbständige Verpflichtung, die Beförderung nach dem Inhalte des Frachtbriefs auszuführen[2].

Hat auf Grund dieser Vorschriften einer der beteiligten Frachtführer Schadensersatz geleistet, so steht ihm der Rückgriff gegen denjenigen zu, welcher den Schaden verschuldet hat. Kann dieser nicht ermittelt werden, so haben die beteiligten Frachtführer den Schaden nach dem Verhältnis ihrer Anteile an der Fracht gemeinsam zu tragen, soweit nicht festgestellt wird, daß der Schaden nicht auf ihrer Beförderungsstrecke entstanden ist[3].

1. Der Frachtführer, der die Beförderung bis zum Empfänger übernommen hat (sog. Hauptfrachtführer), kann sich von seiner Haftung nicht durch Weitergabe des Beförderungsauftrags entziehen. Er ist vielmehr als sog. Hauptfrachtführer neben dem eintretenden Unterfrachtführer (vgl. Abs. 2) dem Ab-

sender (bezw. gem. §§ 434, 435 dem Empfänger) unverändert verpflichtet. Anders, wenn der erste Frachtführer nur die tatsächlich von ihm ausgeführte Beförderung übernommen hatte und hiernach das Gut zur weiteren Beförderung einem anderen Frachtführer übergibt (Teilfrachtführer); der erste (Teil-) Frachtführer kann dem Empfänger allerdings nach Auftragsrecht als Spediteur, gegebenenfalls als Geschäftsführer ohne Auftrag, haften. — Über den Begriff der Ablieferung (als Haftungsbeendigung) vgl. Anm. 5 zu § 429.

2. Abs. 2 hat nur für den Fall Bedeutung, daß der Hauptfrachtführer mit dem nachfolgenden Frachtführer im eigenen Namen den Beförderungsvertrag abschließt. Die Haftung des nachfolgenden Frachtführers ergibt sich andernfalls (bei Abschluß im Namen des Absenders) nach allgemeinen Grundsätzen; man spricht von dem nachfolgenden F. in diesem Falle gebräuchlich als „Zwischenfrachtführer". Vgl hierzu SeuffA. 78, 156.

Voraussetzung für die in Abs. 2 vorgesehene Haftung des Unterfrachtführers ist, daß er die Beförderung auf Grund des sog. „durchlaufenden" Frachtbriefs übernimmt. Sie entfällt also i. Zw. stets (dazu ROHG. 7, 218 — Ausnahme: ersichtliche Einheit des Frachtvertrages) bei Ausstellung eines neuen Frachtbriefs (Unterschied vom Zwischenfrachtführer). Die Haftung des Unterfrachtführers nach Abs. 2 richtet sich dementsprechend auch ausschließlich nach dem Inhalt des ursprünglichen Frachtbriefs. Vgl. dazu ROHG. 3, 61; 7, 99; 11, 212; 21, 59; auch RGZ. 89, 344.

Die Haftung beruht auf Vertrag, dem gesetzlich (allerdings — mit der Ausnahme des Eisenbahnfrachtrechts — abdingbar!) die Wirkung zugunsten eines Dritten (des Absenders), ähnlich wie in § 571 BGB., beigelegt wird, wobei aber hier beide — Haupt- und Unterfrachtführer — als Gesamtschuldner haften, nicht etwa nur einer als Bürge des anderen; D. 259. Für das Verhältnis der mehreren Frachtführer zum Absender bzw. Empfänger sowie für ihr Verhältnis untereinander gelten daher — mit der wichtigen Ausnahme des Abs. 3 (vgl. unten Anm. 3) — §§ 421 ff. BGB. — Vgl. noch § 449 (Haftung gem. Ladeschein), § 458 Abs. 2 i. V. m. § 90 EVO. u. § 26 BinnSchG. Die Regelung gilt nur im Binnenfrachtverkehr, hier jedoch ohne Rücksicht auf einen Wechsel in der Beförderungsart; vgl. ROHG. 9, 89; 16, 138; RGZ. 93, 178.

3. Die Sonderregelung des Abs. 3 über den Haftungsausgleich im Innenverhältnis geht § 426 BGB. vor.

Recht zur Verfügung während der Beförderung

§ 433. Der Absender kann den Frachtführer anweisen, das Gut anzuhalten, zurückzugeben oder an einen anderen als den im Frachtbriefe bezeichneten Empfänger auszuliefern[1]. Die Mehrkosten, die durch eine solche Verfügung entstehen, sind dem Frachtführer zu erstatten[2].

Das Verfügungsrecht des Absenders erlischt, wenn nach der Ankunft des Gutes am Orte der Ablieferung der Frachtbrief dem Empfänger übergeben oder von dem Empfänger Klage gemäß § 435 gegen den Frachtführer erhoben wird[3]. Der Frachtführer hat in einem solchen Falle nur die Anweisungen des

Empfängers zu beachten; verletzt er diese Verpflichtung, so ist er dem Empfänger für das Gut verhaftet[1].

1. Das Verfügungsrecht des Absenders (right of stoppage in transitu) ist Ausgestaltung und Ersatz des Kündigungsrechts nach § 649 BGB. Seine Ausübung beendet jedoch den Frachtvertrag nur, wenn die (nicht bloß vorübergehende) Rückgabe des Gutes verlangt wird. — Die verschiedenen „Anweisungen" können sich häufen bzw. nacheinander erfolgen (z. B. zuerst Anhalteorder, dann anderweite Empfängerbezeichnung). Rückgabe des Gutes kann nur an dem Ort, an dem es sich bei Eingang der Anweisung befindet, verlangt werden. Nicht möglich ist eine Anweisung zur Umleitung des Gutes an einen Ort außerhalb der Beförderungsstrecke oder zu seinem Rücktransport, erst recht natürlich nicht zur Beförderung anderer Güter. Vgl. ROHG. 11, 293; 16, 199; 24, 418. — Bei Vorhandensein eines Ladescheins ist die wirksame Ausübung des Verfügungsrechts von der Rückgabe des Ladescheins abhängig; § 447 Abs. 3.

2. Bei schuldhafter Verursachung der Anweisung durch den Frachtführer ergibt sich aus dessen Schadensersatzpflicht jedoch der Wegfall seines Erstattungsanspruchs. Vgl. D. 260.

3. Übergang des Verfügungsrechts vom Absender auf den Empfänger. Frachtbriefübergabe allein genügt nicht, verschafft auch normalerweise nicht das Eigentum (R. 20, 1580; 29, 1853) und steht dem Verfolgungsrecht des Absenders aus § 44 KO. nicht entgegen (RGZ. 27, 84); sie ist anderseits nicht unbedingt erforderlich, so z. B. nicht bei nur versehentlicher Zurückbehaltung (trotz Bezahlung der Fracht), vgl. OLG. 22, 52; der Übergabe des Briefs steht aber die bloße Anzeige von der Ankunft nicht gleich (ROHG. 3, 436), wohl hingegen stets die Übergabe des Gutes selbst (ROHG. 21, 182; R. 12, 474).

Das Verfügungsrecht lebt nach dem Übergang auf den Empfänger in der Person des Absenders wieder auf, wenn der Empfänger von seinem Verfügungsrecht keinen Gebrauch macht; ROHG. 6, 273; SeuffA. 76, 193.

Empfängerrechte vor der Ankunft

§ 434. Der Empfänger[1] ist vor der Ankunft des Gutes am Orte der Ablieferung[2] dem Frachtführer gegenüber berechtigt, alle zur Sicherstellung des Gutes erforderlichen Maßregeln zu ergreifen und dem Frachtführer die zu diesem Zwecke notwendigen Anweisungen zu erteilen[3]. Die Auslieferung des Gutes kann er vor dessen Ankunft am Orte der Ablieferung nur fordern, wenn der Absender den Frachtführer dazu ermächtigt hat[4].

1. Bzw. der durch einen Ladeschein zum Empfang Legitimierte (§ 447 Abs. 2).

2. D. h. auch dann, wenn sich die Ankunft verzögert oder das Gut überhaupt nicht ankommt. Vgl. § 435.

3. Nur Anweisungen und Maßregeln zur Sicherstellung des Gutes sind zulässig (JW. 97, 12) und auch nur insoweit, als ihnen keine Anweisungen des Absenders (vgl. § 433) entgegenstehen. — Gleichgültig ist, ob eine Pflicht des Empfängers gegenüber dem Absender zu den Maßregeln oder Anweisungen

besteht (vgl. SeuffA. 76, 60). — Weitergehende Empfängerrechte vor Ankunft des Gutes entstehen durch Ausstellung eines Ladescheins; § 447 Abs. 2.

4. Vgl. § 435 u. dazu JW. 27, 684.

Empfängerrechte nach der Ankunft

§ 435. Nach der Ankunft des Gutes am Orte der Ablieferung[1] ist der Empfänger berechtigt, die durch den Frachtvertrag begründeten Rechte gegen Erfüllung der sich daraus ergebenden Verpflichtungen in eigenem Namen gegen den Frachtführer geltend zu machen, ohne Unterschied, ob er hierbei in eigenem oder in fremdem Interesse handelt[2]. Er ist insbesondere berechtigt, von dem Frachtführer die Übergabe des Frachtbriefs und die Auslieferung des Gutes zu verlangen[3]. Dieses Recht erlischt, wenn der Absender dem Frachtführer eine nach § 433 noch zulässige entgegenstehende Anweisung erteilt[2].

1. Vgl. dazu Anm. 2 u. 3 zu § 434 u. JW. 27, 684.

2. Durch die Ankunft des Gutes entsteht auf Grund des Frachtvertrages und gemäß seinem Inhalt ein selbständiges Forderungsrecht des Empfängers (Vertrag zugunsten Dritter — §§ 328 ff. BGB. —, wenn Absender und Empfänger verschiedene Personen sind), das daher vertraglich wegbedungen, aber auch bis zur Ankunft des Gutes (S. 3) einseitig durch den Absender ausgeschlossen und gem. § 333 BGB. vom Empfänger zurückgewiesen werden kann. Vgl. RGZ. 91, 65; JW. 00, 314.

Rechte und Pflichten des Empfängers richten sich nach dem Inhalt des Vertrages, nicht nach dem Frachtbrief (Ausnahme § 432 Abs. 2), RGZ. 71, 343; vgl. auch JW. 27, 2817; 28, 1239. Ist ein Ladeschein ausgestellt, so entscheidet dessen Inhalt; § 446 Abs. 1.

Soweit hiernach Ansprüche des Frachtführers bestehen, kann er auch gegenüber dem Recht des Empfängers Zurückbehaltung (gem. § 320 BGB. — Zug-um-Zug-Leistung) üben („gegen Erfüllung", vgl. auch § 334 BGB.!). Grundsätzlich kann dabe ider Empfänger auch keine Teilablieferung ohne Bezahlung fordern; ROHG. 14, 272. Ausnahmsweise kann aber der Frachtführer überhaupt nicht zurückbehalten: § 320 Abs. 2 BGB. (Arglisteinwand wegen Unverhältnismäßigkeit bei Teilerfüllung). Daneben besteht regelmäßig auch ein kaufmännisches Zurückbehaltungsrecht des Frachtführers (vgl. § 369 Abs. 2) und stets sein gesetzliches Pfandrecht (§§ 440 ff.). Vgl. ferner § 436.

Empfänger ist insbesondere auch der sog. Adreßspediteur; vgl. RGZ. 103, 30; 117, 389; DJZ. 22, 127, auch HRR. 36, 614 u. über dessen Stellung i. S. des § 102 RAO. bei Auftrag zur Besorgung der Zollabfertigung, DR. 39, 715. Über Empfangslegitimation bei Ausstellung eines Ladescheins § 447 Abs. 1.

3. Auslieferung des Gutes ist die „Ablieferung" i. S. des § 429 Abs. 1. Vgl. darüber Anm. 5 zu § 429, ferner ROHG. 2, 417; 14, 279; RGZ. 73, 146; LZ. 14, 291; HRR. 33, 945.

Zahlungspflicht des Empfängers

§ 436. Durch Annahme des Gutes und des Frachtbriefs[1] wird der Empfänger verpflichtet[3], dem Frachtführer nach Maßgabe des Frachtbriefs[2] Zahlung zu leisten[3].

1. Eine Zahlungsverpflichtung des Empfängers entsteht erst dadurch, daß er Gut und Frachtbrief annimmt. Angenommen ist das Gut nach erfolgter Ablieferung (dazu Anm. 5 zu § 429, ferner ROHG. 20, 410; RGZ. 46, 8; 68, 291; 102, 93; 122, 221; OLG. 6, 96 — Ladescheinübergabe kein Ersatz! —, JW. 24, 685); auch der Frachtbrief muß dem Empfänger mit seinem Einverständnis übergeben worden sein.

2. Der Inhalt der Verpflichtung wird — anders als der des Zurückbehaltungsrechts nach § 435 — durch den Frachtbrief bestimmt. Über Einzelheiten vgl. ROHG. 21, 182 ff.; RGZ. 48, 77; 71, 126, 344; 84, 239; 95, 123; 108, 408; 122, 221; OLG. 22, 49; JW. 28, 1239, aber auch ROHG. 20, 409 (wonach der Empfänger für Liegegelder, die auf seinem eigenen Verzug beruhen, stets ohne Rücksicht auf den Inhalt des Frachtbriefs haftet); z. T. abw. JW. 27, 2817. Vgl. noch RGZ. 6, 101.

Eine Verpflichtung zur Zahlung von Speditionskosten entsteht nach § 436 nur insoweit, als der Spediteur Frachtführerrechte hat (§§ 412, 413).

3. Die Zahlungsverpflichtung des Empfängers tritt neben die des Absenders aus dem Frachtvertrage (Gesamtschuldnerschaft gem. §§ 421 ff. BGB.); vgl. RGZ. 84, 239; OLG. 2, 24; JW. 29, 921.

Fehlen die Voraussetzungen des § 436 (Annahme von Gut und Frachtbrief), so ist eine (ausdrückliche oder stillschweigende) Schuldübernahme durch den Empfänger denkbar, für deren Zustandekommen in erster Linie auch HBräuche beachtlich sind (§ 157 BGB., § 346); vgl. ROHG. 20, 410; RGZ. 95, 122; JW. 00, 415, auch JW. 97, 150.

Ablieferungshindernisse

§ 437. Ist der Empfänger des Gutes nicht zu ermitteln oder verweigert er die Annahme oder ergibt sich ein sonstiges Ablieferungshindernis[1], so hat der Frachtführer den Absender unverzüglich hiervon in Kenntnis zu setzen und dessen Anweisung einzuholen[2].

Ist dies den Umständen nach nicht tunlich oder der Absender mit der Erteilung der Anweisung säumig oder die Anweisung nicht ausführbar, so ist der Frachtführer befugt, das Gut in einem öffentlichen Lagerhaus oder sonst in sicherer Weise zu hinterlegen. Er kann, falls das Gut dem Verderben ausgesetzt und Gefahr im Verzug ist, das Gut auch gemäß § 373 Abs. 2 bis 4 verkaufen lassen[3].

Von der Hinterlegung und dem Verkaufe des Gutes hat der Frachtführer den Absender und den Empfänger unverzüglich zu benachrichtigen, es sei denn, daß dies untunlich ist; im Falle der Unterlassung ist er zum Schadensersatze verpflichtet.

1. Ablieferungshindernis ist nach dem Gesetz insbesondere die Annahmeverweigerung des Empfängers; über den Begriff der Annahme vgl. Anm. 1 zu § 436. Ein Hindernis i. S. des § 437 ist sonst namentlich gegeben, wenn der Empfänger die Ansprüche aus dem Frachtvertrage, wegen deren der Fracht-

führer nach § 435 das Gut zurückbehalten kann, nicht befriedigt; vgl. ROHG. 2, 416.

2. Die Pflicht zur unverzüglichen (§ 121 BGB.) Benachrichtigung des Absenders und Einholung seiner Weisungen entsteht auch, wenn ein Ablieferungshindernis bereits vor der Ankunft auftritt, und ohne Rücksicht darauf, ob der Frachtführer das Hindernis zu vertreten hat; ROHG. 8, 320. Verletzung der Benachrichtigungspflicht macht den Frachtführer schadensersatzpflichtig; vgl. ROHG. 20, 347.

3. In erster Linie hat der Frachtführer die Weisungen des von ihm benachrichtigten Absenders (vgl. § 433) zu befolgen. Hinterlegung und gegebenenfalls Selbsthilfeverkauf sind nur hilfsweise (bei Ausbleiben, Verzögerung oder Unausführbarkeit der Weisungen) zulässig. Als Verzögerung der Weisung ist es auch anzusehen, wenn der Absender das Gut lediglich anhält, ohne rechtzeitig weitere Weisungen zu erteilen; D. 261. Wo hiernach Selbsthilfeverkauf zulässig ist, braucht ihn der Frachtführer nicht noch besonders anzudrohen (vgl. § 373 Abs. 2 S. 2); der Verkauf erfolgt für Rechnung des Absenders (entspr. § 373 Abs. 3). — Das Frachtführerpfandrecht (§ 440) bleibt unberührt. — Vgl. noch RGZ. 100, 162 (zur alten EVO., jetzigem § 80 EVO.).

Erlöschen der Ansprüche gegen den Frachtführer

§ 438. Ist die Fracht nebst den sonst auf dem Gute haftenden Forderungen bezahlt und das Gut angenommen, so sind alle Ansprüche gegen den Frachtführer aus dem Frachtvertrag erloschen[1].

Diese Vorschrift findet keine Anwendung, soweit die Beschädigung oder Minderung des Gutes vor dessen Annahme durch amtlich bestellte Sachverständige festgestellt ist[2].

Wegen einer Beschädigung oder Minderung des Gutes, die bei der Annahme äußerlich nicht erkennbar ist, kann der Frachtführer auch nach der Annahme des Gutes und der Bezahlung der Fracht in Anspruch genommen werden, wenn der Mangel in der Zeit zwischen der Übernahme des Gutes durch den Frachtführer und der Ablieferung entstanden ist und die Feststellung des Mangels durch amtlich bestellte Sachverständige unverzüglich nach der Entdeckung und spätestens binnen einer Woche nach der Annahme beantragt wird[3]. Ist dem Frachtführer der Mangel unverzüglich nach der Entdeckung und binnen der bezeichneten Frist angezeigt, so genügt es, wenn die Feststellung unverzüglich nach dem Zeitpunkte beantragt wird, bis zu welchem der Eingang einer Antwort des Frachtführers unter regelmäßigen Umständen erwartet werden darf[3].

Die Kosten einer von dem Empfangsberechtigten beantragten Feststellung sind von dem Frachtführer zu tragen,

wenn ein Verlust oder eine Beschädigung ermittelt wird, für welche der Frachtführer Ersatz leisten muß[4].

Der Frachtführer kann sich auf diese Vorschriften nicht berufen, wenn er den Schaden durch Vorsatz oder grobe Fahrlässigkeit herbeigeführt hat[5].

1. Nach Abs. 1 erlöschen die vertraglichen Ansprüche gegen den Frachtführer (nicht auch die aus unerlaubter Handlung oder ungerechtfertigter Bereicherung — RGZ. 6, 104, ebensowenig Ansprüche gegen andere Beteiligte, namentlich den Spediteur — ROHG. 8, 195; 24, 289, schließlich nicht Ansprüche des Frachtführers z. B. auf Frachtnachzahlung — ROHG. 21, 182, vgl. § 70 EVO.) infolge Annahme des Gutes, verbunden mit Bezahlung der auf ihm haftenden Forderungen (vgl. ROHG. 14, 295 u. dazu § 61 BinnenSchG., § 609, wonach im Gegensatz dazu die Bezahlung unerheblich ist). Der Bezahlung stehen Aufrechnung (§§ 387 ff. BGB.) und Hingabe an Zahlungs Statt (§ 364 BGB.) gleich. Im Kontokorrentverkehr genügt nicht die bloße Einstellung der Forderung in die laufende Rechnung (RGZ. 25, 31), vielmehr erst die Verrechnung (Saldierung); vgl. § 355 m. Anm. u. dazu R. 29, 1580. — Über Annahme vgl. Anm. 1 zu § 436 u. Anm. 5 zu § 429. Einvernehmen in der Möglichkeit, die tatsächliche Gewalt über das Gut auszuüben, reicht regelmäßig aus, so z. B. vereinbarte Abstellung des Waggons auf das Anschlußgleis des Empfängers (R. 29, 1580). Rücknahme des Gutes durch den Absender nach Aufhebung des Frachtvertrages ist keine Annahme; RGZ. 22, 145. Die Reihenfolge von Zahlung und Annahme ist gleichgültig; ebenso, von wem Zahlung geleistet wird; die Annahme muß aber durch Empfänger erfolgen. Auch durch Annahme einer Sendung, auf der von vornherein keine Forderungen lasten (sog. Frankosendung) tritt die Wirkung des Abs. 1 ein; SeuffA. 48, 437; OLG. 14, 384; 16, 132. (Anders früher nach der EVO. v. 1908; ROHG. 13, 415; RGZ. 25, 32.) — Die Voraussetzungen des Abs. 1 können bei Verlust (oder Teilverlust) des Gutes begrifflich nicht eintreten; vgl. ROHG. 11, 35; 15, 142; OLG. 22, 54, auch Abs. 2 („soweit die Beschädigung oder Minderung des Gutes . . .").

Ausnahmen von Abs. 1 enthalten Abs. 2, 3 und 5. Vgl. die entspr. Anm.

2. Um die Ansprüche aus dem Frachtvertrage aufrechtzuerhalten, muß der Empfänger grundsätzlich die (erkennbaren! vgl. Abs. 3) Mängel des Gutes, für die er den Frachtführer haftbar machen will, durch einen amtlich (d. h. von der Industrie- und Handelskammer oder vom Gericht — § 164 FGG., § 485 ZPO.) bestellten Sachverständigen feststellen lassen; vgl. D. 262. Ein einseitiger Vorbehalt des Empfängers bei der Annahme steht dem nicht gleich (vgl. auch SeuffA. 80, 57); der Frachtführer kann aber auf die Einhaltung der Vorschrift des Abs. 2 verzichten. Vgl. dazu D. 262 u. ROHG. 1, 181; 15, 34. Über weitere Ausnahmen vom Grundsatz des Abs. 1 vgl. Abs. 3 u. 5.

3. Der Präklusionsgrundsatz des Abs. 1 gilt ferner nicht für verborgene Mängel des Gutes, wenn ihre amtliche Feststellung unverzüglich (§ 121 BGB.) nach der Entdeckung und noch innerhalb einer Woche nach Ablieferung des Gutes in bestimmter Weise betrieben wird. Über den Fristenlauf vgl. §§ 186 ff. BGB., über die Persönlichkeit der Sachverständigen oben Anm. 2.

4. Abs. 4 gilt nur für das Innenverhältnis; nach außen hin trägt derjenige die Kosten der amtlichen Feststellung, der sie beantragt hat.

5. Vgl. Anm. 7 zu § 430.

Verjährung

§ 439. Auf die Verjährung der Ansprüche gegen den Frachtführer wegen Verlustes, Minderung, Beschädigung oder verspäteter Ablieferung des Gutes finden die Vorschriften des § 414 entsprechende Anwendung[1]. Dies gilt nicht für die im § 432 Abs. 3 bezeichneten Ansprüche[2].

1. Ebenso § 26 BinnSchG. Vgl. die Anm. zu § 414.

2. Ausgleichsansprüche mehrerer aufeinanderfolgender Frachtführer. Erst recht gilt S. 1 nicht für Ansprüche des Frachtführers gegen Absender oder Empfänger. Sie verjähren stets in 2 Jahren (§ 196 Abs. 1 Nr. 3 BGB.); das für die Entstehung der Ansprüche maßgebliche Jahr (§§ 201, 198 BGB.) ist gegenüber dem Absender das des Vertragsabschlusses, gegenüber dem Empfänger das der Annahme von Gut und Frachtbrief (§ 436). Vgl. dazu noch RGZ. 61, 390; 86, 422, auch RGZ. 64, 284; 95, 36.

Pfandrecht des Frachtführers

§ 440. Der Frachtführer hat wegen aller durch den Frachtvertrag begründeten Forderungen, insbesondere der Fracht- und Liegegelder, der Zollgelder und anderer Auslagen, sowie wegen der auf das Gut geleisteten Vorschüsse ein Pfandrecht an dem Gute[1].

Das Pfandrecht besteht, solange der Frachtführer das Gut noch im Besitze hat, insbesondere mittels Konnossements, Ladescheins oder Lagerscheins darüber verfügen kann[2].

Auch nach der Ablieferung dauert das Pfandrecht fort, sofern der Frachtführer es binnen drei Tagen nach der Ablieferung gerichtlich geltend macht und das Gut noch im Besitze des Empfängers ist[2].

Die im § 1234 Abs. 1 des Bürgerlichen Gesetzbuchs bezeichnete Androhung des Pfandverkaufs sowie die in den §§ 1237, 1241 des Bürgerlichen Gesetzbuchs vorgesehenen Benachrichtigungen sind an den Empfänger zu richten[3]. Ist dieser nicht zu ermitteln oder verweigert er die Annahme des Gutes, so hat die Androhung und Benachrichtigung gegenüber dem Absender zu erfolgen[3].

1. Das Pfandrecht des Frachtführers entspricht dem des Spediteurs (§ 410) und des Lagerhalters (§ 421) und sichert (anders als bei der Kommission, § 397) nur diejenigen (vertraglichen) Ansprüche — einschl. der aus § 436 gegen den Empfänger! —, die gerade auf dem die Pfandstücke betreffenden Geschäft beruhen. Vgl. dazu aber RGZ. 74, 400 (Haftung aller Güter bei einheitlichem, aber nur nach und nach ausgeführtem Beförderungsvertrag für die ganze Fracht). Im übrigen wird ein Pfandrecht durch alle Forderungen begründet, die infolge der vertragsmäßigen Beförderung entstehen; dahin gehören auch die Ansprüche

des letzten Frachtführers auf Erstattung sämtlicher Zahlungen an die Vormänner (ROHG. 20, 190; 24, 288), außer wenn er erkennen konnte, daß deren Forderung unbegründet war. Über die Pfandrechte der Vormänner; vgl. § 441.

Über gutgl. Erwerb vgl. § 366 Abs. 3 (dazu OLG. 6, 97), über den Rang des Pfandrechts § 434. Das Pfandrecht schließt ein kaufm. Zbh.Recht des Frachtführers nicht aus (str.); es kann rechtsgeschäftlich ausgeschlossen oder erweitert (z. B. auf andere als konnexe Forderungen ausgedehnt — vgl. dazu HansRGZ. 31 B 713) werden.

2. Besitzpfandrecht; vgl. dazu aber Abs. 3 u. § 441 Abs. 1 S. 2.

Ausnahmsweise wirkt das Pfandrecht noch über die Besitzzeit des (letzten) Frachtführers hinaus. Erforderlich ist hierzu seine gerichtliche Geltendmachung binnen drei Tagen nach Ablieferung und vor Untergang des durch sie begründeten Empfängerbesitzes. Die Geltendmachung des Pfandrechts geschieht durch Klage auf Herausgabe des Gutes bzw. Antrag auf entspr. einstw. Verfügung; § 1257 i. V. m. §§ 1227, 985 BGB.; §§ 935 ff. ZPO. Innerhalb der Fristen des Abs. 3 wird aber nur die Einreichung der Klage bzw. des Antrages zu verlangen sein (str.). — Wegen der Berechnung der Dreitagefrist vgl. §§ 186 ff. BGB. — Besitz des Empfängers liegt auch bei nur mittelbarem Besitz (§ 868 BGB.) vor. Vgl. dazu auch JW. 34, 2971. Wiedererlangung schon verlorenen Besitzes genügt jedoch nicht; RGZ. 44, 120.

3. Vgl. hierzu § 368 Abs. 2 (Verkauf 1 Woche — statt 1 Monat — nach Androhung zulässig). An den Absender ist die Androhung auch dann zu richten, wenn dieser das Gut nach § 433 anhält und keinen neuen Empfänger bezeichnet (D. 264). Über den Pfandverkauf vgl. Anm. 2 zu § 368 u. HansRZ. 21, 230.

Pfandrechte aufeinanderfolgender Spediteure und Frachtführer.

§ 441. Der letzte Frachtführer[1] hat, falls nicht im Frachtbrief ein anderes bestimmt ist[2], bei der Ablieferung auch die Forderungen der Vormänner sowie die auf dem Gute haftenden Nachnahmen einzuziehen und die Rechte der Vormänner, insbesondere auch das Pfandrecht, auszuüben[3]. Das Pfandrecht der Vormänner besteht so lange als das Pfandrecht des letzten Frachtführers[1].

Wird der vorhergehende Frachtführer von dem nachfolgenden befriedigt, so gehen seine Forderung und sein Pfandrecht auf den letzteren über[4].

In gleicher Art gehen die Forderung und das Pfandrecht des Spediteurs auf den nachfolgenden Spediteur und den nachfolgenden Frachtführer über[4].

1. Die Vorschrift trägt dem Umstande Rechnung, daß namentlich bei mehreren aufeinanderfolgenden Frachtführern (§ 432) nur der letzte Frachtführer tatsächlich imstande ist, Bezahlung für die Beförderungskosten (vom Empfänger) zu erlangen. Darum läßt sie die Pfandrechte der Vormänner, u. zw. auch der Spediteure (D. 264) erst mit dem Pfandrecht des letzten Frachtführers erlöschen, gleichviel, ob dieser die Forderungen der Vormänner befriedigt hatte (vgl. Abs. 2 u. Anm. 1 zu § 440) oder nicht.

2. Die Verpflichtung des letzten Frachtführers aus Abs. 1 S. 1 entfällt nur bei Ausschluß im Frachtbrief, setzt hingegen die Ausstellung eines Frachtbriefs nicht etwa voraus.

3. Bei Verletzung: Schadensersatzpflicht des letzten Frachtführers (§ 442). Die Einziehungspflicht besteht nur hinsichtlich der aus der Beförderung entstandenen (konnexen) Ansprüche. Sie besteht nicht für einen (Empfangs-)Spediteur (der sie freilich rechtsgeschäftlich übernehmen kann, §§ 662 ff. BGB.).

4. Vgl. auch § 411. Abs. 3 u. 4 sind namentlich wegen der Möglichkeit gutgl. Pfandrechtserwerbs (§ 366 Abs. 3) von Bedeutung. An sich hat bei Befriedigung der Vormänner der letzte Frachtführer ein eigenes Pfandrecht für seine Erstattungsforderung; vgl. Anm. 1 zu § 440.

Haftung gegenüber den Vormännern

§ 442. Der Frachtführer, welcher das Gut ohne Bezahlung abliefert und das Pfandrecht nicht binnen drei Tagen nach der Ablieferung gerichtlich geltend macht, ist den Vormännern verantwortlich[1]. Er wird, ebenso wie die vorhergehenden Frachtführer und Spediteure, des Rückgriffs gegen die Vormänner verlustig[2]. Der Anspruch gegen den Empfänger[3] bleibt in Kraft.

1. §§ 440, 441 m. Anm. Der sog. Versender (Anm. 1 Abs. 1 u. Anm. 3 zu § 407) ist niemals „Vormann", wohl aber der Absender; RGZ. 122, 221. — Die Verantwortlichkeit ist Schadensersatzpflicht; sie setzt aber nach allgem. Grundsätzen Verschulden voraus, entfällt also bei nicht auf Fahrlässigkeit beruhender Unkenntnis von Forderungen des Vormanns; vgl. D. 264 u. RGZ. 122, 221.

2. „Rückgriff" ist hier auch der Vertragsanspruch gegen den Absender; RGZ. 122, 221. Vgl. S. 3 u. oben Anm. 1.

3. § 436.

Rangordnung der Pfandrechte

§ 443. Bestehen an demselben Gute mehrere nach den §§ 397, 410, 421, 440 begründete Pfandrechte[1], so geht unter denjenigen Pfandrechten, welche durch die Versendung oder durch die Beförderung des Gutes entstanden sind, das später entstandene dem früher entstandenen vor[2].

Diese Pfandrechte haben sämtlich den Vorrang vor dem nicht aus der Versendung entstandenen Pfandrechte des Kommissionärs und des Lagerhalters sowie vor dem Pfandrechte des Spediteurs und des Frachtführers für Vorschüsse[3].

1. Pfandrechte der Kommissionäre, Spediteure, Lagerhalter und Frachtführer. Sie alle gehen in jedem Falle einem kaufm. Zbh.Recht vor; vgl. Anm. 9 zu § 369.

2. Vorrang des jüngeren Pfandrechts. Ausnahme vom Grundsatz prior tempore potior iure (§ 1209 BGB.), der auch für die gesetzlichen Pfandrechte der §§ 397, 410, 421, 440 insoweit gilt (§ 1257 BGB.), als sie nicht durch Güterversendung entstanden sind. Vgl. auch Abs. 2 u. unten Anm. 3.

3. Vorrang der durch Versendung entstandenen Pfandrechte; gleichviel, ob diese jünger oder älter sind als die nicht durch Versendung ent-

standenen. Insoweit enthält Abs. 2 eine weitere Ausnahme vom Grundsatz der Priorität, der jedoch innerhalb der Gruppe der zurücktretenden Pfandrechte wieder Geltung hat. Vgl. oben Anm. 2.

Ladeschein

§ 444. Über die Verpflichtung zur Auslieferung des Gutes kann von dem Frachtführer ein Ladeschein ausgestellt werden[1].

1. Ladeschein ist eine vom Frachtführer ausgestellte Urkunde (vgl. § 445 Abs. 2, § 126 BGB.) über seine Verpflichtung zur Ablieferung des Gutes an den darin genannten oder sonst legitimierten (§ 447) Empfänger; vgl. dazu und über den Gegensatz zur bloßen Quittung über den Empfang des Gutes RGZ. 13, 75; 104, 4; 106, 338; 119, 215; LZ. 07, 290; Warn. 14, 281.

Eine Verpflichtung zu seiner Ausstellung besteht im Landfrachtrecht nicht kraft Gesetzes, sondern nur bei (nicht gebräuchlicher!) Vereinbarung. Anders beim Ladeschein in der Binnenschiffahrt (§ 72 BinnSchG.) und beim Konnossement der Seeschiffer (§§ 642 ff.).

Inhalt des Ladescheins

§ 445. Der Ladeschein soll enthalten[1]:

1. den Ort und den Tag der Ausstellung;

2. den Namen und den Wohnort des Frachtführers;

3. den Namen des Absenders;

4. den Namen desjenigen, an welchen oder an dessen Order das Gut abgeliefert werden soll; als solcher gilt der Absender, wenn der Ladeschein nur an Order gestellt ist[2];

5. den Ort der Ablieferung;

6. die Bezeichnung des Gutes nach Beschaffenheit, Menge und Merkzeichen;

7. die Bestimmung über die Fracht und über die auf dem Gute haftenden Nachnahmen sowie im Falle der Vorausbezahlung der Fracht einen Vermerk über die Vorausbezahlung.

Der Ladeschein muß von dem Frachtführer unterzeichnet sein[1].

Der Absender hat dem Frachtführer auf Verlangen eine von ihm unterschriebene Abschrift des Ladescheins auszuhändigen.

1. § 445 enthält nur diejenigen Punkte, deren Aufnahme in den Ladeschein der Absender verlangen kann, wenn ein Recht auf Aushändigung eines Ladescheins vertraglich begründet ist und über den Inhalt nichts anderes vereinbart wurde. Wesentliche (Gültigkeits-) Voraussetzungen sind hingegen nur die Aufnahme der Auslieferungspflicht (Anm. zu § 444), zu deren Begründung die Bezeichnung des Empfangsberechtigten (Nr. 4 bzw. Nr. 3!) gehört (vgl. dazu unten Anm. 2), und die Schriftform (Abs. 2; §§ 125, 126 BGB.); vgl. ROHG.

17, 97; RGZ. 20, 57; 80, 61. Ein Frachtbriefduplikat wird auch durch die Unterschrift des Frachtführers nicht zum Ladeschein; Warn. 14, 281. Über Bedeutung eines von den Parteien als Frachtbrief gewollten Ladescheinduplikats; RGZ. 87, 388. Unrichtigkeit der Angaben im Ladeschein begründet aber bei Verschulden eine Schadensersatzpflicht des Frachtführers; RGZ. 5, 79; 58, 231. (Vgl. auch §§ 73ff. BinnenSchG.)

2. Der Ladeschein ist regelmäßig entweder Namen- (Rekta-) oder (§ 363) Orderpapier. Vgl. auch § 447 Abs. 1. Die Entscheidung hierüber steht i. Zw. dem Absender zu (str.). Hingegen bedarf Ausstellung auf den Inhaber stets des beiderseitigen Einverständnisses.

Bedeutung des Ladescheins

§ 446. Der Ladeschein entscheidet für das Rechtsverhältnis zwischen dem Frachtführer und dem Empfänger des Gutes; die nicht in den Ladeschein aufgenommenen Bestimmungen des Frachtvertrags sind dem Empfänger gegenüber unwirksam, sofern nicht der Ladeschein ausdrücklich auf sie Bezug nimmt[1].

Für das Rechtsverhältnis zwischen dem Frachtführer und dem Absender bleiben die Bestimmungen des Frachtvertrags maßgebend[2].

1. Normalerweise ist auch für die Rechte des Empfängers der Inhalt des Frachtvertrages maßgebend (§ 435); eine Zahlungsverpflichtung entsteht für ihn gewöhnlich — durch Annahme von Gut und Frachtbrief — nach Maßgabe des letzteren (§ 436). Ist jedoch ein Ladeschein ausgestellt, so bestimmt ausschließlich dessen Inhalt die obligatorischen Beziehungen zwischen Frachtführer und Empfangsberechtigten, namentlich also auch, wer empfangsberechtigt ist; vgl. dazu § 447 u. ROHG. 17, 98; RGZ. 44, 119; 57, 63, aber auch ROHG. 8, 411; JW. 33, 2719 (i. Zw. Ausnahme für unvorhersehbare oder nicht genau bestimmbare Beförderungskosten). Jedoch ist nur das tatsächlich verladene Gut abzuliefern; darüber hinaus begründet der Ladeschein keine abstrakte Herausgabepflicht des Frachtführers, Gruch. 48, 626. Anders nur, wenn entweder Empfänger und Absender identisch (vgl. Abs. 2 u. dazu auch RGZ. 57, 64) sind oder im Ladeschein auf die Vertragsbestimmungen Bezug genommen ist; vgl. dazu RGZ. 64, 75; 71, 126 (allgem. Bezugnahme auf den Frachtbrief ausreichend). Über Bedeutung abändernder Vereinbarungen zwischen dem Empfänger und Unterfrachtführern ROHG. 25, 342. Vgl. noch HansRGZ. 29 B 3.

2. D. h. auch gegenüber einem Empfänger, der als Vertreter (RGZ. 57, 64) des Absenders handelt. Ebenso wohl bei Handeln für dessen Rechnung.

Berechtigung auf Grund des Ladescheins

§ 447. Zum Empfange des Gutes legitimiert ist derjenige, an welchen das Gut nach dem Ladeschein abgeliefert werden soll oder auf welchen der Ladeschein, wenn er an Order lautet, durch Indossament übertragen ist[1].

Der zum Empfange Legitimierte[1] hat schon vor der Ankunft des Gutes am Ablieferungsorte die Rechte, welche dem Absender

in Ansehung der Verfügung über das Gut zustehen, wenn ein Ladeschein nicht ausgestellt ist[2].

Der Frachtführer darf einer Anweisung des Absenders, das Gut anzuhalten, zurückzugeben oder an einen anderen als den durch den Ladeschein legitimierten Empfänger auszuliefern, nur Folge leisten, wenn ihm der Ladeschein zurückgegeben wird[2]; verletzt er diese Verpflichtung, so ist er dem rechtmäßigen Besitzer des Ladescheins für das Gut verhaftet[2].

1. Vgl. § 445 Abs. 1 Nr. 4, ferner hinsichtlich des Orderladescheins §§ 363 ff. Auch die Rechte aus einem Orderladeschein können durch bloße Abtretung (natürlich ohne die Indossamentswirkungen — Anm. zu § 364) übertragen werden; vgl. RGZ. 119, 215, auch ROHG. 25, 341. Über Umdeutung des Indossaments auf einem Rektalagerschein in eine Abtretungserklärung: RGZ. 122, 221.

2. Das sind die Rechte aus § 433. Außerdem hat natürlich auch hier der Empfangsberechtigte die Rechte aus § 434.

Die Folgen des Abs. 2 u. 3 setzen aber stets voraus, daß der Absender die Rechte am Ladeschein verloren hat; vgl. darüber Anm. 2 a. E. zu § 365.

Wertpapiernatur des Ladescheins

§ 448. Der Frachtführer ist zur Ablieferung[1] des Gutes nur gegen Rückgabe des Ladescheins, auf dem die Ablieferung des Gutes bescheinigt ist, verpflichtet[2].

1. Über den Begriff der Ablieferung vgl. Anm. zu § 429.

Für den Orderladeschein gilt dies schon nach § 364 Abs. 3. Vgl. ferner §§ 371 S. 1, 797 S. 1 BGB. Voraussetzung der Rückgabepflicht ist regelmäßig vollständige Zug-um-Zug-Leistung des Frachtführers; OLG. 8, 390. — Bei Verlust des Ladescheins gilt folgendes: auf Orderladescheine findet § 365 Abs. 2 Anwendung; beim Rektaladeschein wird der Frachtführer regelmäßig berechtigt (und dem Absender gegenüber verpflichtet!) sein, neben einem negativen Schuldanerkenntnis in öffentlich beglaubigter Form (§ 371 S. 2 BGB.) auch die Zustimmung des Absenders zur Auslieferung des Gutes an den im Ladeschein Genannten zu verlangen.

Wirkung des Ladescheins beim nachfolgenden Frachtführer

§ 449. Im Falle des § 432 Abs. 1 wird der nachfolgende Frachtführer, der das Gut auf Grund des Ladescheins übernimmt, nach Maßgabe des Scheines verpflichtet[1].

1. Bei mehreren aufeinanderfolgenden Frachtführern tritt normalerweise der nachfolgende nach Maßgabe des Frachtbriefs in den Frachtvertrag ein (§ 432). Bei Ausstellung eines Ladescheins tritt an Stelle des Frachtbriefinhalts (entspr. § 446 Abs. 1) auch hier der Inhalt des Ladescheins, es sei denn, daß der Unterfrachtführer vom Vorhandensein des Ladescheins keine Kenntnis hatte.

Dingliche Wirkung der Übergabe des Ladescheins

§ 450. Die Übergabe des Ladescheins[1] an denjenigen, welcher durch den Schein zur Empfangnahme des Gutes legitimiert wird[2], hat, wenn das Gut von dem Frachtführer übernommen

ist[2], für den Erwerb von Rechten an dem Gute dieselben Wirkungen wie die Übergabe des Gutes[4].

1. Gleichgültig (im Gegensatz zum Lagerschein! § 424), ob er an Order lautet oder nicht.

2. Vgl. § 447 Abs. 1.

3. Entspr. § 424.

4. Vgl. darüber Anm. 4 zu § 424. In Verbindung mit einer (gegebenenfalls nach §§ 133, 157 BGB. durch Auslegung zu ermittelnden) Abtretung des Herausgabeanspruchs kann also durch Übergabe des Ladescheins Eigentum am Frachtgut übergehen; vgl. RGZ. 119, 215. Grundsätzlich geht aber stets nur das dingliche Recht, nicht auch ein vorher aus ihm erwachsener Anspruch über, RGZ. 74, 49.

Ausdehnung der Frachtvorschriften

§ 451. Die Vorschriften der §§ 426 bis 450 kommen auch zur Anwendung, wenn ein Kaufmann, der nicht Frachtführer ist, im Betriebe seines Handelsgewerbes eine Beförderung von Gütern zu Lande oder auf Flüssen oder sonstigen Binnengewässern auszuführen übernimmt[1].

1. Wessen Handelsgewerbe (§§ 1 ff.) gewöhnlich auf andere Geschäfte gerichtet ist, wird durch gelegentliche Frachtgeschäfte nicht zum Frachtführer; § 425. Doch findet auf diese Geschäfte gleichwohl Frachtrecht Anwendung. Vgl. Anm. 4 zu § 425. Es muß sich aber bei ihnen stets der Natur nach um Beförderungsverträge, nicht um bloße Nebenleistungen zu andern Geschäften handeln; vgl. Anm. 2 Abs. 2 zu § 425. Über Gewerbezugehörigkeit vgl. §§ 343, 344; ausreichend ist Kleingewerbe (§ 4). — Beförderungsverträge eines Nichtkaufmanns sind reine Werkverträge, die nach §§ 631 ff. BGB. zu beurteilen sind.

Post

§ 452. Auf die Beförderung von Gütern durch die Postverwaltungen des Reichs[1] und der Bundesstaaten[1] finden die Vorschriften dieses Abschnitts keine Anwendung[2]. Die bezeichneten Postverwaltungen gelten nicht als Kaufleute im Sinne dieses Gesetzbuchs[1].

1. Die „Deutsche Reichspost" als jetzt einheitliche Postverwaltung im Reich verwaltet nach dem Ges. v. 27. 2. 34 (RGBl. I 130) ein Sondervermögen des Reichs, das allein und ausschließlich für die Verpflichtungen der Reichspost haftet, unter Leitung des Reichspostministers. Über Haushaltsgebarung und Vermögensverwaltung vgl. V. v. 6. 4. 34 (RGBl. I 305). Aufgehoben ist das RPostfinanzGes. v. 18. 3. 24 (RGBl. I 287), zuletzt in der Fassung v. 7. 1. 31; vgl. § 7 d. Ges. v. 27. 2. 34. S. ferner Art. 48, 52 RV. v. 1871, Art. 88, 170 WeimRV., Ges. v. 27. 4. 20 (RGBl. 643), PostabfindungsGes. v. 15. 7. 33 (RGBl. I 486) u. dazu § 6 d. Ges. v. 27. 2. 34. — Als nichtkaufmännisches Unternehmen ist die Deutsche Reichspost mithin auch nicht registerpflichtig.

2. Statt dessen gelten z. Zt.: das Postgesetz v. 28. 10. 71 (RGBl. 347), vielfach geändert, vgl. insbesondere aus neuerer Zeit Ges. v. 29. 4. 20 (RGBl. 683), 13. 12. 22 (RGBl. I 913), 18. 3. 24 (RGBl. I 287), 5. 2. 25 (RGBl. I 10), 13. 12. 33 (RGBl. I 1058), sowie die Postordnung v. 30. 1. 29 (RGBl. I 33)

mit Änderung durch V. v. 6. 7. 38 (RGBl. I 881 — betr. Rohrpost-, Luftpost- und Postreiseverkehr; Änderungen im Post-Amtsblatt). Vgl. noch: Bek. über die Behandlung gebührenpfl. Sendungen zwischen Reichs-, Landes- und Gemeindebehörden v. 29. 6. 28 (RMinBl. 389), Best. über d. Gebührenablösung für Briefsendungen der Reichs- und Landesbehörden v. 16. 9. 35 (RFinBl. 156, RBesBl. 116), f. d. RJustizverwaltung V. v. 3. 1. 36 (DJ. 36, 57). — Für den Postscheckverkehr gelten Postscheckgesetz v. 26. 3. 14 i. d. F. v. 22. 3. 21 (RGBl. 247) und die Postscheckordnung v. 16. 12. 27 (PostABl. 519), beide mehrfach geändert, sowie die Postscheckgebührenordnung v. 18. 12. 24/25. 7. 27 (PostABl. 285). Vgl. schließlich Erl. v. 26. 8. 38 z. Regelung des Postsparkassenwesens u. Postsparkassenbuchs v. 11. 11. 38 (RGBl. I 1061 u. 1645). — Über den internationalen Postverkehr vgl. Ges. über Weltpostvereinsverträge v. 20. 3. 34 (RGBl. II 855).

Die Geschäfte der Post (dem bürgerl. Rechtsstreit unterliegend, RGZ. 109, 101) überschreiten teilweise den Rahmen reiner Beförderungsgeschäfte. Auch soweit sie in diesen Rahmen fallen, sind die Bestimmungen der für sie geltenden Sondervorschriften geeignetenfalls aus den §§ 426 ff., sonst aus §§ 631 ff. BGB. analog zu ergänzen bzw. auszulegen (str.). So hat der Empfänger im Postverkehr z. B. keine selbständigen Ansprüche (anders als nach §§ 434 ff.); vgl. RGZ. 43, 100; 48, 257; 60, 27 (insbes. auch bei der Postanweisung); 63, 339; 91, 65; OLG. 6, 92. Über die Haftung der Post, deren Beschränkung (durch die Sondervorschriften) von den allgem. Vorschriften über Staatshaftung nicht berührt wird, vgl. RGZ. 67, 182; 76, 414; 107, 41 (gegen RGZ. 91, 273). Über die Haftungsverhältnisse bei Ablieferung einer zollpflichtigen Postsendung an die zuständige Finanzbehörde vgl. RGZ. 84, 338, bei Beförderung von Postpaketen im Eisenbahnpostwagen (gem. EisenbPostGes. v. 20. 12. 75) RGZ. 92, 8.

Siebenter Abschnitt

Beförderung von Gütern und Personen auf den Eisenbahnen des öffentlichen Verkehrs

Beförderungspflicht[3]

§ 453[1]. **Eine Eisenbahn des öffentlichen Verkehrs[2] ist zur Beförderung von Gütern von und nach allen Bahnhöfen und Güternebenstellen innerhalb des Deutschen Reichs verpflichtet[3], wenn**

1. **der Absender sich den geltenden Beförderungsbedingungen und den sonstigen allgemeinen Anordnungen der Eisenbahn unterwirft[4],**
2. **die Beförderung nicht nach gesetzlicher Vorschrift oder aus Gründen der öffentlichen Ordnung verboten ist[5],**
3. **die Güter nach der Eisenbahnverkehrsordnung oder den auf Grund der Verkehrsordnung erlassenen Vorschriften und, soweit diese keinen Anhalt gewähren, nach der Lage und dem Betrieb der beteiligten Bahnen sich zur Beförderung eignen[6],**

4. die Beförderung mit den regelmäßigen Beförderungsmitteln möglich ist[7],

5. die Beförderung nicht durch Umstände verhindert wird, die die Eisenbahn nicht abzuwenden und denen sie auch nicht abzuhelfen vermochte[8].

Die Eisenbahn ist nur insoweit verpflichtet, Güter zur Beförderung anzunehmen, als die Beförderung alsbald erfolgen kann. Inwieweit sie verpflichtet ist, Güter, deren Beförderung nicht alsbald erfolgen kann, in einstweilige Verwahrung zu nehmen, bestimmt die Eisenbahnverkehrsordnung[9].

Die Beförderung der Güter, die nach der Eisenbahnverkehrsordnung gleichzubehandeln sind, findet in der Reihenfolge statt, in der sie zur Beförderung angenommen worden sind, sofern nicht zwingende Gründe des Eisenbahnbetriebs oder das öffentliche Wohl eine Ausnahme rechtfertigen[10].

Eine vorsätzliche oder fahrlässige Zuwiderhandlung gegen diese Vorschriften begründet den Anspruch auf Ersatz des daraus entstehenden Schadens[11].

1. In der seit dem 1. Oktober 1938 geltenden Fassung des Ges. v. 4. 9. 38 (RGBl. I 1149).

2. Die Vorschriften des siebenten Abschnitts gelten ab 1. 10. 38 im Gegensatz zum früheren Recht einheitlich für alle Eisenbahnen des öffentlichen Verkehrs, d. h. auch für sog. Kleinbahnen, die früher einer Sonderregelung (§ 473 a. F.) unterlagen. Vgl. dazu auch Ges. v. 6. 7. 38 (RGBl. II 239; Tarifhoheit des Reiches!). Den Gegensatz bilden Privatbahnen, z. B. Fabrikanschlußbahnen; vgl. RGZ. 128, 129. Im übrigen deckt sich der Begriff der Eisenbahn i. S. der §§ 453 ff. mit dem des § 1 RHaftpflG. (im wesentlichen: Beförderung auf Schienen mittels irgendwelcher Kräfte, wobei in der Kombination von Schiene und Triebkraft die charakteristische Energiewirkung begründet liegt); vgl. ROHG. 21, 237; RGZ. 1, 252 (ausführl. Definition); 2, 9; 7, 437; 86, 95.

In erster Linie unterfällt den §§ 453 ff. nach wie vor die Deutsche Reichsbahn. Sie beruht in ihrer heutigen Gestalt auf dem Reichsbahngesetz 4.7.39 (RGBl. I 1205), durch welches das Ges. v. 30. 8. 24 i. d. F. d. Bek. v. 13. 3. 30 und schon grundlegend geändert durch Ges. v. 10. 2. 37 (RGBl. II 47) aufgehoben wurde. Sie verwaltet unter der Leitung des Reichsverkehrsministers das Vermögen der früheren „Deutsche Reichsbahn-Gesellschaft" sowie dasjenige sonstige Vermögen des Reichs, das dem Betriebe der Reichseisenbahnen gewidmet ist. Eine „Deutsche Reichsbahn" war schon vorher durch V. v. 12. 2. 24, auf Grund Art. 92 WeimRV. i. V. m. Ges. v. 30.4.20 (RGBl. 773) erlassen und aufgehoben durch ReichsbahnG. v. 30. 8. 24, geschaffen worden; durch das Ges. v. 30. 4. 24 (vgl. RGZ. 106, 256, 389) ging das Eigentum an den Staatseisenbahnen der früheren deutschen Länder auf das Reich über. Die Deutsche Reichsbahn betreibt Grundhandelsgeschäfte i. S. des § 1 Abs. 2 Nr. 5; nach § 16 Abs. 1 RBahnG. ist sie aber kein Gewerbebetrieb, mithin nicht Kaufmann und nicht registerpflichtig; vor Gericht genießt sie als Reichsverwaltung schon seit dem Ges. v. 10. 2. 37 wieder Gebührenfreiheit, vgl. JW. 38, 1847[62].

3. Die **Beförderungspflicht** besteht heute grundsätzlich allgemein auf allen Bahnen innerhalb des Deutschen Reiches, insbesondere für Kleinbahnen auch über die Grenzen ihres eigenen Bahnnetzes hinaus. Nach § 453 bezieht sich die Verpflichtung der Eisenbahn nur auf die **Güterbeförderung**; § 39 der Eisenbahnverkehrsordnung (EVO.; vgl. Anh. XI) i. d. F. der V. v. 8. 9. 38 (RGBl. II 663) setzt aber für den Personenverkehr (vgl. § 460) ebenfalls eine Beförderungspflicht fest. — Im zwischenstaatlichen Güterfrachtverkehr gilt in Ablösung des bisherigen Berner Übereinkommens (v. 23. 10. 24, RGBl. II 1925, 183; 1933, 703; 1935, 185 u. 413) das Internationale Übereinkommen über den Eisenbahnfrachtverkehr v. 23. 11. 33 (RGBl. II 1935, 523 u. 1938, 101) für Frachtverträge, die eine Beförderung in mehreren Vertragsstaaten ohne Berührung eines Nicht-Vertragsstaates betreffen; sonst kommen die allgemeinen international-privatrechtlichen Grundsätze zur Anwendung, vgl. dazu RGZ. 104, 391.

Beförderungspflicht („Kontrahierungszwang") bedeutet nicht nur, daß der Abschluß eines Frachtvertrages nicht abgelehnt werden darf, sondern auch, daß der Vertrag ausnahmslos zu den tarifmäßigen (§ 6 EVO.) Bedingungen abzuschließen ist (sog. **Tarifzwang**); vgl. RGZ. 64, 124; 93, 280; 130, 76. Hingegen besteht keine Pflicht zur Abänderung eines einmal abgeschlossenen Frachtvertrages (sog. Umbehandlung des Gutes); RGZ. 110, 324. Der Tarifzwang reicht nicht weiter als die Beförderungspflicht: für die Beförderung nach einer nicht für den Güterverkehr eingerichteten Haltestelle der Bahn sind Sondervereinbarungen zulässig; RGZ. 130, 76. Vgl. im übrigen auch Abs. 3.

Der Beförderungspflicht der Eisenbahnen entspricht eine Sonderstellung ihrer Betriebsmittel hinsichtlich der Zwangsvollstreckung: die Fahrbetriebsmittel sind unpfändbar (Ges. v. 3. 5. 86 — RGBl. 131), in Grundstücke kann (soweit nicht Landesgesetze über „Bahneinheiten" bereits die Frage regeln — vgl. pr. Ges. über Bahneinheiten v. 19. 8. 95/8. 7. 02) nur mit Genehmigung der Aufsichtsbehörde vollstreckt werden (Ges. v. 7. 3. 34 — RGBl. II 91). Entsprechend bedürfen freiwillige Einschränkung oder Stillegung des Betriebs der Genehmigung der Aufsichtsbehörde (Ges. v. 7. 3. 34).

4. Vgl. § 3 Abs. 1a EVO. Die Beförderungsbedingungen für alle öffentlichen Eisenbahnen im Deutschen Reich enthält die EVO. (Eisenbahnverkehrsordnung v. 8. 9. 38 — RGBl. II 1049); § 458. Im Verkehr zwischen Ostpreußen und dem übrigen Reichsgebiet galt bisher das Abkommen über den Durchgangsverkehr v. 21. 4. 21 — RGBl. 21, 1069 u. 34 II 385 — mit Polen und der Freien Stadt Danzig. Eine Ermächtigung zu Ausführungsbestimmungen enthält § 2 EVO.

5. Vgl. § 54 Abs. 1b EVO. Gesetzl. Beförderungsverbote enthält namentlich § 54 Abs. 1 EVO. (mit Ausnahme des Buchstaben b!) selbst.

6. Vgl. z. B. §§ 27, 37, 44, 47, 54 Abs. 2, 63 EVO.

7. Vgl. § 3 Abs. 1b, auch § 54 Abs. 1c EVO.

8. Vgl. § 3 Abs. 1c EVO., ferner § 455 m. Anm.

9. § 64 EVO.

10. Vgl. dazu § 67 EVO. Abs. 3 ergänzt den eigentlichen Beförderungs- u. Tarifzwang; vgl. oben Anm. 3 Abs. 2.

11. Vgl. §§ 249 ff. BGB. International-privatrechtlich gilt für den Anspruch das Recht des Landes, in welchem die Zuwiderhandlung erfolgt; RGZ. 57, 145. Die Eisenbahn kann auch auf Erfüllung der Pflicht verklagt werden.

Haftung für Verlust oder Beschädigung des Gutes

§ 454. Die Eisenbahn haftet[1] für den Schaden[2], der durch Verlust oder Beschädigung des Gutes in der Zeit von der Annahme zur Beförderung bis zur Ablieferung entsteht[3], es sei denn, daß der Schaden durch ein Verschulden oder eine nicht von der Eisenbahn verschuldete Anweisung des Verfügungsberechtigten, durch höhere Gewalt, durch Mängel der Verpackung oder durch besondere Mängel des Gutes, namentlich durch inneren Verderb, Schwinden, gewöhnlichen Rinnverlust verursacht ist[4].

1. Vgl. auch § 82 Abs. 1 EVO. Die Haftung ist vertraglicher Natur und besteht gegenüber dem Absender bzw. Empfänger (vgl. § 95 Abs. 1, 2 EVO. i. V. m. § 72 Abs. 11 u. 12 EVO.). Außervertragliche Ansprüche können nebenher bestehen (vgl. insbes. § 25 pr. EisenbGes. v. 3. 11. 1838 — GS. 505 — u. dazu RGZ. 63, 270; 66, 405; 70, 176; 92, 11; 103, 147; JW. 17, 549). Über Haftung vor und nach der Beförderung vgl. RGZ. 102, 206, auch §§ 63 Abs. 8, 77 EVO. u. dazu Anm. zu § 456. Die Haftung aus § 454 kann eingeschränkt werden; Haftung für Verschulden ist jedoch (abw. v. §§ 276, 278) zwingend, § 458 Abs. 2; vgl. dazu auch Anm. 3 zu § 458 u. §§ 83 ff. EVO.

2. Für die Schadenshaftung gelten grundsätzlich §§ 249 ff. BGB. Es besteht aber eine Schadensvermutung, verbunden mit einer Feststellungspflicht der Eisenbahn (§§ 81, 87 EVO.; darüber unten Anm. 3), ferner gehen hinsichtlich der Entschädigungshöhe die Sonderbestimmungen der §§ 85 f., 90 ff. EVO. den allgemeinen Vorschriften vor (Höchstgrenzen unter Zugrundelegung des Gewichts, Verschärfung bei Angabe des Lieferwerts im Frachtbrief, weitere Verschärfung bei Verschulden der Eisenbahn).

3. Über „Verlust" u. „Beschädigung" vgl. Anm. 1 a. E. zu § 390 u. Anm. 1 zu § 414, auch JW. 28, 2316 u. 2331. Ursache und Zeitpunkt des Verlustes oder der Beschädigung hat die Eisenbahn unverzüglich durch eine schriftliche Tatbestandsaufnahme festzustellen (§ 81 EVO.). Ohne Nachweis eines Verlustes wird solcher zugunsten des Verfügungsberechtigten vermutet, wenn die Lieferfrist um mehr als einen Monat überschritten wird (§ 87 EVO.); bei Entschädigung auf Grund der Vermutung kann der Ersatzberechtigte, wenn das Gut später wieder aufgefunden wird, dessen Herausgabe unter Geltendmachung seines Verzögerungsinteresses (vgl. § 455) verlangen (§ 87 Abs. 2, 3 EVO.; nicht auch umgekehrt; vgl. dazu RGZ. 106, 101). — Während der Begriff der Ablieferung sich grundsätzlich mit dem des allgemeinen Frachtrechts (vgl. Anm. 5 zu § 429) deckt, setzt die „Annahme zur Beförderung" bei der Eisenbahn noch die für den Eisenbahnfrachtvertrag wesentliche (§ 61 EVO.) Annahme des Frachtbriefs voraus. Vgl. über den Begriff Annahme des Gutes zur Beförderung noch RGZ. 114, 387; OLG. 40, 218; JW. 22, 1226; LZ. 07, 154, auch HansGZ. 25 Hbl. 265. — Über den hier besonders für den Zeitpunkt der Schadensentstehung wichtigen sog. Anscheinsbeweis („prima-facie"-Beweis) vgl. RGZ. 102, 95, aber auch LZ. 29, 1027.

4. Die gesetzliche Haftung der Eisenbahn ist eine besonders gestaltete Schuldvermutungshaftung, welche der Eisenbahn nur durch Beweis ganz bestimmter ihr nicht zuzurechnender Schadensursachen entgehen kann. In dieser scharfen Form kann die Haftung durch die EVO. ausgeschlossen und bis zur echten Ver-

schuldenshaftung gemildert werden (§ 458 Abs. 2). Die EVO. v. 8. 9. 38 (vgl. Anm. 1 zu § 453) ist nicht so weit gegangen, sondern hat im wesentlichen wie früher schon §§ 459, 460 a. F. nur eine konkrete Ausgestaltung einiger Fälle des § 456 vorgenommen (vgl. §§ 83, 84 EVO.) und dabei allerdings eine Vermutung für die Ursächlichkeit der Befreiungsgründe aufgestellt, die der Geschädigte zu entkräften hat (§ 83 Abs. 2 u. § 84 Abs. 3 EVO.). — Folgende Schadensursachen befreien die Eisenbahn:

Eigenes Verschulden des Verfügungsberechtigten, es sei denn, daß letzterer nunmehr seinerseits ein (mitwirkendes) Verschulden der Eisenbahn beweist; alsdann gilt § 254 BGB., vgl. RGZ. 75, 111; 112, 287; JW. 06, 13; 26, 1436; LZ. 09, 59. Über Fälle eigenen Verschuldens vgl. RGZ. 112, 289; JW. 28, 2316; LZ. 25, 1219. Verschulden eines Dritten, dessen sich der Verfügungsberechtigte bedient, steht seinem Verschulden gleich; RGZ. 103, 150.

Anweisungen des Verfügungsberechtigten, welche die Bahn nicht verschuldet hat. Regelmäßig liegt hier gleichzeitig ein mitwirkendes Verschulden des Verfügungsberechtigten vor. Vgl. dazu JW. 28, 2316; R. 29, 1581, ferner § 83 Abs. 1 b u. e EVO.

Höhere Gewalt (RGZ. 70, 99; 93, 67; 109, 173); das sind für die Eisenbahn auch bei objektiver Unabwendbarkeit nicht die typischen Betriebsgefahren. Vgl. dazu RGZ. 44, 30; 50, 95; 54, 406; 93, 66, 305; JW. 07, 58; 11, 93, auch RGZ. 104, 150; 110, 209. § 83 EVO. erhebt jedoch verschiedene Betriebsgefahren zu besonderen Befreiungsgründen. Über Haftung der Eisenbahn für Güter, die zum Schutz vor Aufruhrgefahr am Lagerort versandt werden, vgl. RGZ. 108, 276.

Mängel der Verpackung, darüber § 83 Abs. 1 b EVO.

Besondere Mängel des Gutes. § 83 Abs. 1 d nennt neben innerem Verderb: Bruch, Rosten, Austrocknen, Verstreuen und außergewöhnlichen Rinnverlust, Gefahren, welchen gewisse Güter ihrer Beschaffenheit nach ausgesetzt sind.

Gewöhnlicher Rinnverlust und Schwinden. § 84 EVO. stellt Höchstgrenzen für Gewichtsverluste auf, bei deren Überschreitung die Haftung der Eisenbahn wieder eintritt (es sei denn, daß das Gut seiner Beschaffenheit nach außergewöhnlichem Verderb oder Schwund ausgesetzt ist; § 84 Abs. 5 EVO.).

Die Beweislast für die Haftungsausschlußgründe hat nach § 454 die Eisenbahn. Vgl. jedoch §§ 83 Abs. 2, 84 Abs. 3 EVO., auch oben Anm. 3 a. E.

Haftung für Verzögerung

§ 455. Die Eisenbahn haftet[1] für den Schaden[2], der durch Versäumung der Lieferfrist entsteht[3], es sei denn, daß die Verspätung von einem Ereignis herrührt, das sie weder herbeigeführt hat noch abzuwenden vermochte[4].

1. Vgl. dazu Anm. 1 zu § 454, ferner § 82 Abs. 2 EVO. u. unten Anm. 4.

2. Schaden ist hier das Verzögerungsinteresse. Neben Schadensersatz wegen gänzlichen Verlustes des Gutes kann es nicht geltend gemacht werden (vgl. § 88 Abs. 2, 4 u. 5 EVO.) und grundsätzlich nur bis zum Betrage der auf das Gut entfallenden Fracht (§ 88 Abs. 1 u. 3 EVO.). Ausnahmen: bei Angabe eines Lieferwerts (§ 90 Abs. 1 b EVO.) und bei Verschulden der Eisenbahn (§ 91 EVO.).

3. Über Lieferfristen vgl. § 74 EVO, dazu auch unten Anm. 4.

4. § 455 deckt sich sachlich mit § 82 Abs. 2 EVO. Auch hier — wie bei Verlust und Beschädigung — muß die Eisenbahn grundsätzlich beweisen, daß unabwend-

barer Zufall die Verzögerung verursacht hat. Vgl. dazu Anm. 4 a. A. zu § 454. Die Haftung für die gewöhnlichen Hindernisse bei der Beförderung trägt hiernach die Eisenbahn; sie kann jedoch nach § 458 Abs. 2 bis zur einfachen Verschuldenshaftung beschränkt werden. Die EVO. enthält folgende Einschränkungen der Haftung für die gewöhnlichen Lieferfristen: Nach § 74 Abs. 3c EVO. kann zunächst die Eisenbahn bei ungewöhnlicher Verkehrszunahme oder ungewöhnlichen Betriebsschwierigkeiten, wenn sie auf außergewöhnlichen Verhältnissen beruhen, Zuschlagsfristen zu den gewöhnlichen Lieferfristen (§ 74 Abs. 1 EVO.) festsetzen, die durch Veröffentlichung in Kraft treten, wenn sie spätestens binnen einer Woche die Genehmigung des Reichsverkehrsministers finden (§ 74 Abs. 4 EVO.). Darüber hinaus ruht aber der Lauf der Lieferfrist (also gegebenenfalls auch der Zuschlagsfrist!) nach § 74 Abs. 7 EVO. insbesondere für die Dauer eines ohne Verschulden der Eisenbahn eingetretenen Beförderungshindernisses oder einer aus zwingenden Gründen des Betriebs oder des öffentlichen Wohls erforderlichen Sperrmaßnahme (für alle Güter oder für gewisse Sendungen) nach § 63 Abs. 1 EVO. „Zwingende Gründe des Betriebs" sind durch einen ungewöhnlich großen Güterandrang als solchen allein noch nicht gegeben; vgl. RGZ. 87, 244. Vgl. ferner § 73 Abs. 3 EVO. (Berechnung der Lieferfrist über den Hilfsweg bei Umleitung infolge eines Beförderungshindernisses).

Bei Expreßgut haftet die Eisenbahn für Verzögerungen wie bei Reisegepäck; § 42 Abs. 1 S. 2 EVO.

Leute- und Gehilfenhaftung

§ 456. Die Eisenbahn haftet für ihre Bediensteten und andere Personen, deren sie sich bei der Ausführung der von ihr übernommenen Beförderung bedient[1].

1. Gleichlautend § 4 EVO.; die Leute- und Gehilfenhaftung wegen Verlusts oder Beschädigung des Gutes und wegen Überschreitung der Lieferfrist kann nur insoweit ausgeschlossen werden, als die Haftung aus §§ 454, 455 überhaupt ausgeschlossen werden kann; vgl. dazu § 458 Abs. 2 und die Anm. 4 zu §§ 454, 455. § 456 betrifft jedoch auch jede andere Vertragshaftung der Eisenbahn bei Ausführung der Beförderung; Verschulden der Erfüllungsgehilfen ist nicht nötig; JW. 16, 489 (zu § 458 a. F.). Für Handlungen oder Unterlassungen vor und nach der Beförderung haftet die Eisenbahn nicht; vgl. RGZ. 97, 16. Anders bei Zuführung der Güter an den Empfänger nach § 77 EVO. (durch die Eisenbahn oder einen von ihr bestellten Rollfuhrunternehmer — im Leben meist „Bahnspediteur", „bahnamtliche Spediteure" o. dgl. genannt); vgl. § 77 Abs. 4. Ähnlich haftet die Eisenbahn auch bei Abholung von Gütern auf Antrag des Absenders; nur finden danach nicht die Haftungsvorschriften der EVO., sondern §§ 426 ff., insbesondere also § 431 (Verschulden!) Anwendung; § 63 Abs. 8 EVO. Vgl. dazu auch RGZ. 66, 406; OLG. 19, 407; 22, 58. Über die besondere Haftung der Eisenbahn für das den Gepäckträgern übergebene Reise- und Handgepäck der Reisenden vgl. § 35 EVO. u. RGZ. 106, 369; OLG. 7, 154; 22, 56; 38, 218; Gruch. 67, 335.

Pfandrecht der Eisenbahn

§ 457. Die §§ 440 bis 443 finden entsprechende Anwendung[1].

1. Durch § 457 wird heute klargestellt, daß auf den Eisenbahnfrachtvertrag

nicht, wie es nach § 454 a. F. scheinen konnte, grundsätzlich die §§ 426 ff. Anwendung finden, sondern die Bestimmungen der EVO.; vgl. § 458 Abs. 1 u. Anm. dazu.

Die §§ 440 bis 443 regeln das gesetzliche Besitzpfandrecht des Frachtführers; vgl. die Anm. dazu.

Geltungsumfang der Eisenbahnverkehrsordnung

§ 458. Der Reichsverkehrsminister wird ermächtigt, die übrigen Bestimmungen über die Beförderung von Gütern auf den Eisenbahnen in der Eisenbahnverkehrsordnung zu treffen[1].

Hierin können im Einvernehmen mit dem Reichsminister der Justiz Bestimmungen getroffen werden, die die Haftpflicht der Eisenbahn abweichend von den §§ 454, 455 regeln[2]. Durch solche Bestimmungen darf jedoch die Haftung der Eisenbahn für Verschulden nicht ausgeschlossen werden[3].

1. Vgl. im einzelnen aus der EVO. v. 8. 9. 38 (RGBl. II 663) [s. auch Anm. 3 Abs. 1 zu § 453]:

Der Eisenbahnfrachtvertrag wird dadurch abgeschlossen, daß die Güterabfertigung der Eisenbahn das Gut mit Frachtbrief zur Beförderung annimmt und den Frachtbrief abstempelt; § 61 Abs. 1 u. 2 EVO. Über Form und Inhalt des Eisenbahnfrachtbriefs vgl. §§ 55, 56 EVO. Haftung des Absenders für die Richtigkeit seiner in den Frachtbrief aufgenommenen Erklärungen sachlich wie nach § 426 Abs. 2, § 57 EVO. Frachtbriefdoppel vgl. § 61 Abs. 4 u. 5, über sonstige Empfangsquittung § 61 Abs. 6 EVO. Ein Ladeschein fehlt im Eisenbahnfrachtrecht; das Frachtbriefdoppel hat nicht die Bedeutung eines Ladescheins (§ 61 Abs. 5 EVO.). Über Begleitpapiere usw. vgl. § 65 EVO., über sonstige Verladevorschriften § 63 EVO., auch § 64 EVO. (Pflicht der Eisenbahn zur Verwahrung von Gütern, die nicht alsbald befördert werden können). Über Art und Weise der Beförderung: §§ 66, 67, besonders aber auch § 54 Abs. 2 EVO. i. V. m. Anl. C zur EVO. Berechnung und Zahlung der Fracht: §§ 68 ff. EVO.; Nachnahme: § 71 EVO. Außer den bei §§ 454, 455 bereits angeführten Haftungsvorschriften vgl. noch: § 72 (nachträgliche Verfügungen des Absenders), §§ 75 ff. i. V. m. § 95 (Rechtsstellung des Empfängers), § 80 (Ablieferungshindernisse), § 93 (Erlöschen der Vertragsansprüche gegen die Eisenbahn), § 94 (Verjährung) und § 96 (Haftung mehrerer aufeinanderfolgender Eisenbahnen). Besondere vom allgemeinen Güterbeförderungsrecht teilweise abweichende Vorschriften gelten für die Beförderung von Reisegepäck (dazu Anm. zu § 459 I), Expreßgut (§§ 37 ff. EVO.), ferner von Tieren (§§ 48 ff. EVO.) und von Leichen (§§ 44 ff. EVO.).

2. Vgl. die Anm. zu §§ 454, 455. In Betracht kommen namentlich die Vorschriften über Beschränkung der Haftung bei besonderen Gefahren und bei Gewichtsverlusten (§§ 83, 84 EVO.) und die Vorschriften über die Höhe der Haftung (§§ 85, 86, 88, 90 EVO., auch §§ 33, 34, 42 Abs. 1 S. 2 EVO.).

3. Vgl. dazu § 91 EVO.; die darin enthaltene Beschränkung der Verschuldenshaftung, die noch über diejenige nach § 91 EVO. a. F. hinausgeht, läßt sich gegenüber § 458 Abs. 2 S. 2 damit halten, daß der Absender nach §§ 89, 90 EVO. sein Interesse an der (vertragsmäßigen) Lieferung durch Angabe dieses sog. Lieferwerts sichern kann.

Reisegepäck

§ 459. Zu den Gütern im Sinne dieser Vorschriften gehört auch das Reisegepäck[1].

1. Vgl. dazu §§ 25 ff. EVO., insbes. § 31 EVO. Für als Reisegepäck aufgegebene Güter, die den Begriff des Reisegepäcks (§ 25 EVO.) nicht erfüllen, wird nicht gehaftet; vgl. RGZ. 97, 109; 111, 75; JW. 22, 589; 25, 1753; LZ. 22, 725; SeuffA. 77. 151. — Vom Reisegepäck zu unterscheiden ist das sog. Handgepäck. Über letzteres vgl. §§ 21 EVO., 35, 36 (Haftung der Eisenbahn nur bei Verschulden, bei Aufbewahrung als Verwahrer, bei Übergabe an einen Gepäckträger wie für Reisegepäck). Das Recht zur Mitnahme von Handgepäck ist nicht Gegenstand eines besonderen Frachtvertrages, sondern Nebenleistung aus dem Personenbeförderungsvertrage; vgl. RGSt. 35, 320. In der zeitweiligen Entfernung des Reisenden von seinem Handgepäck (das er nach § 21 Abs. 6 EVO. selbst zu beaufsichtigen hat) liegt noch kein eigenes Verschulden; SeuffA. 78, 191.

Personenbeförderung

§ 460. Die Vorschriften über die Beförderung von Personen auf den Eisenbahnen trifft der Reichsverkehrsminister in der Eisenbahnverkehrsordnung[1].

1. Vgl. §§ 8 ff. EVO. Auch für die Personenbeförderung (wie nach § 453 für Güterbeförderung) besteht für die Eisenbahn ein Zwang zur Beförderung; § 3 EVO.

Anhang

I. Einführungsgesetz zum Handelsgesetzbuche

Vom 10. Mai 1897 (RGBl. S. 437)

Art. 1. Das Handelsgesetzbuch tritt gleichzeitig mit dem Bürgerlichen Gesetzbuch in Kraft.

Der sechste Abschnitt des ersten Buches des Handelsgesetzbuchs tritt mit Ausnahme des § 65 am 1. Januar 1898 in Kraft.

Der siebente Abschnitt des dritten Buches des Handelsgesetzbuchs kann durch Kaiserliche Verordnung mit Zustimmung des Bundesrats vor dem im Abs. 1 bezeichneten Zeitpunkt in Kraft gesetzt werden.

Art. 2. In Handelssachen kommen die Vorschriften des Bürgerlichen Gesetzbuchs nur insoweit zur Anwendung, als nicht im Handelsgesetzbuch oder in diesem Gesetz ein anderes bestimmt ist.

Im übrigen werden die Vorschriften der Reichsgesetze durch das Handelsgesetzbuch nicht berührt.

Art. 3. Soweit in Reichsgesetzen oder in Landesgesetzen auf Vorschriften des Allgemeinen Deutschen Handelsgesetzbuchs verwiesen ist, treten die entsprechenden Vorschriften des Handelsgesetzbuchs an deren Stelle.

Art. 4. Die nach dem bürgerlichen Rechte mit einer Eintragung in das Güterrechtsregister verbundenen Wirkungen treten, sofern ein Ehegatte Kaufmann ist und seine Handelsniederlassung sich nicht in dem Bezirke des für den Wohnsitz des Ehemanns zuständigen Registergerichts befindet, in Ansehung der auf den Betrieb des Handelsgewerbes sich beziehenden Rechtsverhältnisse nur ein, wenn die Eintragung auch in das Güterrechtsregister des für den Ort der Handelsniederlassung zuständigen Gerichts erfolgt ist. Bei mehreren Niederlassungen genügt die Eintragung in das Register des Ortes der Hauptniederlassung.

Wird die Niederlassung verlegt, so finden die Vorschriften des § 1559 des Bürgerlichen Gesetzbuchs entsprechende Anwendung.

Art. 5. Auf Bergwerksgesellschaften, die nach den Vorschriften der Landesgesetze nicht die Rechte einer juristischen Person besitzen, findet der § 2 des Handelsgesetzbuchs keine Anwendung.

Art. 6. Die Vorschriften der §§ 474, 475 des Handelsgesetzbuchs finden auch im Falle der Veräußerung eines Seeschiffs, das nicht zum Erwerbe durch die Seefahrt bestimmt ist, sowie im Falle der Veräußerung eines Anteils an einem solchen Schiffe Anwendung.

Art. 7. Die Vorschriften des § 485 und des § 486 Abs. 1 Nr. 3 des Handelsgesetzbuchs über die Haftung des Reeders für das Verschulden einer Person der Schiffsbesatzung sowie die Vorschriften der §§ 734 bis 739 des Handelsgesetzbuchs über die Haftung im Falle des Zusammenstoßes von Schiffen finden auch Anwendung, wenn die Verwendung eines Schiffes zur Seefahrt nicht des Erwerbes wegen erfolgt.

Art. 8. Aufgehoben werden:

1. das Gesetz, betreffend die Löschung nicht mehr bestehender Firmen und Prokuren im Handelsregister, vom 30. März 1888 (RGBl. S. 129);
2. der Artikel 80 der Wechselordnung;
3. der § 68 der Seemannsordnung vom 27. Dezember 1872 (RGBl. S. 409);
4. der § 86 Abs. 2 des Gesetzes, betreffend die Unfallversicherung der Seeleute und anderer bei der Seeschiffahrt beteiligter Personen, vom 13. Juli 1887 (RGBl. S. 329).

Art. 9. Die Gewerbeordnung wird dahin geändert:

I. Als § 15 a werden folgende Vorschriften eingestellt:

Gewerbetreibende, die einen offenen Laden haben oder Gast- oder Schankwirtschaft betreiben, sind verpflichtet, ihren Familiennamen mit mindestens einem ausgeschriebenen Vornamen an der Außenseite oder am Eingange des Ladens oder der Wirtschaft in deutlich lesbarer Schrift anzubringen.

Kaufleute, die eine Handelsfirma führen, haben zugleich die Firma in der bezeichneten Weise an dem Laden oder der Wirtschaft anzubringen; ist aus der Firma der Familienname des Geschäftsinhabers mit dem ausgeschriebenen Vornamen zu ersehen, so genügt die Anbringung der Firma.

Auf offene Handelsgesellschaften, Kommanditgesellschaften und Kommanditgesellschaften auf Aktien finden diese Vorschriften mit der Maßgabe Anwendung, daß für die Namen der persönlich haftenden Gesellschafter gilt, was in betreff der Namen der Gewerbetreibenden bestimmt ist.

Sind mehr als zwei Beteiligte vorhanden, deren Namen hiernach in der Aufschrift anzugeben wären, so genügt es, wenn die Namen von zweien mit einem das Vorhandensein weiterer Beteiligter andeutenden Zusatz aufgenommen werden. Die Polizeibehörde kann im einzelnen Falle die Angabe der Namen aller Beteiligter anordnen.

II. Als § 133 f wird folgende Vorschrift eingestellt:

Eine Vereinbarung zwischen dem Gewerbeunternehmer und einem der im § 133 a bezeichneten Angestellten, durch die der Angestellte für die Zeit nach der Beendigung des Dienstverhältnisses in seiner gewerblichen Tätigkeit beschränkt wird, ist für den Angestellten nur insoweit verbindlich, als die Beschränkung nach Zeit, Ort und Gegenstand nicht die Grenzen überschreitet, durch welche eine unbillige Erschwerung seines Fortkommens ausgeschlossen wird.

Die Vereinbarung ist nichtig, wenn der Angestellte zur Zeit des Abschlusses minderjährig ist.

III. Der § 148 erhält folgenden Zusatz:

14. wer den Vorschriften des § 15 a zuwiderhandelt.

Art. 10—14 beziehen sich auf das GenossenschaftsG., das GmbHG., das BinnenSchG. und das alte BörsenG. von 1896.

Art. 15. Die privatrechtlichen Vorschriften der Landesgesetze bleiben insoweit unberührt, als es in diesem Gesetze bestimmt oder als im Handelsgesetzbuch auf die Landesgesetze verwiesen ist.

Soweit die Landesgesetze unberührt bleiben, können auch neue landesgesetzliche Vorschriften erlassen werden.

Art. 16 ist aufgehoben durch §§ 43 Abs. 1, 44 Abs. 2 OLSchB.

Art. 17. Unberührt bleiben die landesgesetzlichen Vorschriften über Schecks.

Art. 18. Unberührt bleiben die landesgesetzlichen Vorschriften über den Vertrag zwischen dem Brauer und dem Wirte über die Lieferung von Bier, soweit sie das aus dem Vertrage sich ergebende Schuldverhältnis für den Fall regeln, daß nicht besondere Vereinbarungen getroffen werden.

Art. 19. Unberührt bleiben:

1. für das Großherzogtum Mecklenburg-Schwerin die §§ 51 bis 53, 55 der Verordnung vom 28. Dezember 1863, betreffend die Publikation des Handelsgesetzbuchs, sowie die zur Abänderung dieser Verordnung ergangene Verordnung vom 22. Oktober 1869;
2. für die Freie Hansestadt Bremen die Verordnung vom 12. Februar 1866, betreffend die Löschung der Seeschiffe, nebst den dazu später ergangenen Gesetzen;
3. für die Freie und Hansestadt Hamburg der § 50 des Einführungsgesetzes zum Allgemeinen Deutschen Handelsgesetzbuche vom 22. Dezember 1865.

Art. 20. Unberührt bleiben die landesgesetzlichen Vorschriften, nach welchen ein Pfandrecht an einem im Bau begriffenen Schiffe ohne Übergabe des Schiffes durch Eintragung in ein besonderes Register bestellt werden kann, sowie die landesgesetzlichen Vorschriften über die Zwangsversteigerung eines solchen Schiffes.

Art. 21. Unberührt bleiben die landesgesetzlichen Vorschriften zur Ausführung der Allgemeinen Deutschen Wechselordnung, soweit sie durch das Bundesgesetz vom 5. Juni 1869 (Bundsgesetzbl. S. 379) aufrechterhalten sind. Dies gilt jedoch nicht für die Vorschriften über kaufmännische Anweisungen.

Art. 22. Die zur Zeit des Inkrafttretens des Handelsgesetzbuchs im Handelsregister eingetragenen Firmen können weitergeführt werden, soweit sie nach den bisherigen Vorschriften geführt werden durften.

Die Vorschriften des § 20 des Handelsgesetzbuchs über die in die Firma der Aktiengesellschaften und der Kommanditgesellschaften auf Aktien aufzunehmenden Bezeichnungen finden jedoch auf die bei dem Inkrafttreten des Handelsgesetzbuchs für eine solche Gesellschaft in das Handelsregister eingetragene Firma Anwendung, wenn die Firma aus Personennamen zusammengesetzt ist und nicht erkennen läßt, daß eine Aktiengesellschaft oder eine Kommanditgesellschaft auf Aktien die Inhaberin ist.

Art. 23. Auf die Errichtung einer Aktiengesellschaft oder Kommanditgesellschaft auf Aktien, die vor dem Inkrafttreten des Handelsgesetzbuchs zur Eintragung in das Handelsregister angemeldet ist, finden die bisherigen Vorschriften Anwendung, sofern vor diesem Zeitpunkte die Voraussetzungen erfüllt sind, an deren Nachweis die bisherigen Vorschriften die Eintragung knüpfen.

Art. 24. Sind die Aktien einer bestehenden Aktiengesellschaft oder Kommanditgesellschaft auf Aktien gemäß den vor dem Inkrafttreten des Gesetzes vom 18. Juli 1884 (RGBl. S. 123) in Geltung gewesenen Vorschriften auf einen geringeren Betrag als eintausend Mark gestellt, so bleiben im Falle einer Zusammenlegung oder sonstigen Umwandlung dieser Aktien die Vorschriften des § 180 Abs. 1 des Handelsgesetzbuchs außer Anwendung. Der Nennbetrag der Aktien darf jedoch nicht herabgesetzt werden.

Wird das Grundkapital einer bestehenden Aktiengesellschaft oder Kommanditgesellschaft auf Aktien durch Ausgabe neuer Aktien erhöht, so finden die Vorschriften des § 180 Abs. 1 des Handelsgesetzbuchs auf die neuen Aktien Anwendung, auch wenn die Ausgabe mittels Umwandlung von Aktien der im Abs. 1 bezeichneten Art geschieht.

Diese Vorschriften gelten auch für Interimsscheine.

Art. 25. Die Vorschriften des § 228 des Handelsgesetzbuchs über die Kraftloserklärung abhanden gekommener oder vernichteter Aktien finden auch in dem Falle Anwendung, daß eine Aktie vor dem Inkrafttreten des Handelsgesetzbuchs abhanden gekommen oder vernichtet worden ist.

Art. 26. Die vor dem Inkrafttreten des Handelsgesetzbuchs erfolgte Außerkurssetzung einer auf den Inhaber lautenden Aktie verliert mit dem Inkrafttreten des Handelsgesetzbuchs ihre Wirkung.

Art. 27. Auf Personen, die bei dem Inkrafttreten des Handelsgesetzbuchs Mitglieder des Vorstandes einer Aktiengesellschaft sind, finden für die Dauer der Bestellung die Vorschriften des § 236 des Handelsgesetzbuchs über den Betrieb eines Handelsgewerbes und über die Beteiligung an einer anderen Gesellschaft nur in der Beschränkung auf den Handelszweig der Aktiengesellschaft Anwendung.

Art. 28. Die Vorschrift des § 283 Abs. 1 des Handelsgesetzbuchs über die Zusicherung von Rechten auf den Bezug neu auszugebender Aktien findet auf eine vor dem Inkrafttreten des Handelsgesetzbuchs erteilte Zusicherung keine Anwendung.

II. Allgemeine Verfügung über die Einrichtung und Führung des Handelsregisters (Handelsregisterverfügung)

Vom 12. August 1937 (RMinBl. S. 515)

Auf Grund des § 125 Abs. 3 des Gesetzes über die Angelegenheiten der freiwilligen Gerichtsbarkeit in der Fassung der Verordnung vom 10. August 1937 (Reichsgesetzbl. I S. 900) bestimme ich folgendes:

I. Einrichtung des Handelsregisters. Örtliche und sachliche Zuständigkeit

§ 1. Jedes Amtsgericht führt für seinen Bezirk ein Handelsregister, soweit nicht durch Anordnung des Reichsministers der Justiz die Führung des Registers für mehrere Amtsgerichtsbezirke einem Amtsgericht übertragen ist.

§ 2. Auch wenn die Führung des Registers für mehrere Amtsgerichtsbezirke einem Amtsgericht übertragen ist, wird für jeden Amtsgerichtsbezirk das Handelsregister gesondert geführt. Der Oberlandesgerichtspräsident kann eine abweichende Anordnung treffen.

§ 3. (1) Das Handelsregister besteht aus zwei Abteilungen.

(2) In die Abteilung A werden eingetragen die Einzelkaufleute, die in den §§ 33, 36 des Handelsgesetzbuchs bezeichneten juristischen Personen sowie die offenen Handelsgesellschaften und die Kommanditgesellschaften.

(3) In die Abteilung B werden eingetragen die Aktiengesellschaften, die Kommanditgesellschaften auf Aktien, die Gesellschaften mit beschränkter Haftung und die Versicherungsvereine auf Gegenseitigkeit.

§ 4. (1) Für die Erledigung der Geschäfte des Registergerichts ist der Richter zuständig, soweit sie nicht nach dem Gesetz oder diesen Vorschriften dem Urkundsbeamten der Geschäftsstelle obliegt.

(2) Die §§ 6, 7 des Reichsgesetzes über die Angelegenheiten der freiwilligen Gerichtsbarkeit sind auf den Urkundsbeamten der Geschäftsstelle sinngemäß anzuwenden.

§ 5. (1) Die Oberlandesgerichtspräsidenten können folgende richterliche Geschäfte den Urkundsbeamten der Geschäftsstelle als Rechtspflegern zur selbständigen Wahrnehmung übertragen:

1. die Bearbeitung des Handelsregisters A mit Ausnahme der Löschungen nach §§ 141, 142 des Reichsgesetzes über die Angelegenheiten der freiwilligen Gerichtsbarkeit und der Entscheidung über die Eintragung von Firmen und Firmenänderungen;
2. die Bearbeitung des Handelsregisters B, soweit es sich handelt um
   a) den Vermerk über die Errichtung oder Aufhebung einer Zweigniederlassung (§ 131 des Reichsgesetzes über die Angelegenheiten der freiwilligen Gerichtsbarkeit [FGG.]) und die Löschung der ausschließlich die Verhältnisse der Zweigniederlassung betreffenden Eintragungen im Register der Hauptniederlassung oder des Sitzes,
   b) die Aufforderung zur Einreichung von Urkunden (§§ 91, 111, 143 des Aktiengesetzes [AktG.], §§ 40, 41 52 des Gesetzes, betreffend die Gesellschaften mit beschränkter Haftung [GmbHG.], §§ 35, 36 des Gesetzes über die Beaufsichtigung der privaten Versicherungsunternehmungen und Bausparkassen [VersAufsG.] in Verbindung mit §§ 91, 111, 143 AktG.),
   c) die Eintragung des Schlusses der Abwicklung und die Löschung einer Gesellschaft nach Beendigung der Abwicklung,
   d) den Wechsel in der Person der Vorstandsmitglieder, der Geschäftsführer, ihrer Stellvertreter oder der Abwickler sowie Eintragungen, die eine Prokura betreffen,
   e) die Bestimmung über die Aufbewahrung der Bücher und Schriften nach Beendigung der Abwicklung (§ 214 AktG., § 74 GmbHG., § 47 VersAufsG. in Verbindung mit § 214 AktG.).

Eine Erweiterung der Übertragung richterlicher Geschäfte bleibt dem Reichsminister der Justiz vorbehalten.

(2) Die Rechtspfleger sind zur Androhung und Verhängung von Ordnungsstrafen nicht befugt; ist eine durch richterliche Maßnahme erzwingbare Handlung trotz einmaliger Fristsetzung oder Aufforderung von dem Verpflichteten nicht vorgenommen, so ist die Sache dem Richter vorzulegen.

(3) Der Rechtspfleger soll die ihm übertragenen Sachen dem Richter vorlegen:

a) wenn sich bei der Bearbeitung Schwierigkeiten ergeben,
b) wenn er von einer ihm bekannten Stellungnahme des Richters abweichen will,
c) wenn eine Mitteilung oder Anfrage an eine ausländische Behörde oder ein Bericht an den Reichsminister der Justiz erforderlich wird.

(4) Wird die Änderung einer Entscheidung des Rechtspflegers verlangt, so entscheidet, wenn dieser dem Verlangen nicht entspricht, der Richter, dem die Sache vom Rechtspfleger vorzulegen ist. Die Beschwerde ist erst gegen seine Entscheidung gegeben.

§ 6. (1) Soweit die Eingänge durch die Geschäftsstelle dem Richter vorzulegen sind, kann sich dieser die Erledigung der übertragenen Geschäfte ganz oder teilweise vorbehalten, wenn nach seinem pflichtgemäßen Ermessen die

Sache wegen rechtlicher Schwierigkeit oder wegen tatsächlicher Verwicklung oder wegen der Tragweite der Entscheidung die Bearbeitung durch den Richter fordert. Der Richter kann sich auch, soweit ihm die Eingänge nicht vorgelegt werden, die Erledigung im Einzelfalle vorbehalten. Im übrigen bleiben die bisher geltenden Bestimmungen über die Vorlegung von Eingängen unberührt.

(2) In den Fällen der § 5 Abs. 3, § 6 Abs. 1 kann der Richter sich darauf beschränken, zu bestimmen, wie zu einer Rechtsfrage Stellung zu nehmen ist. Die Bestimmung ist für den Rechtspfleger bindend. Die weitere Bearbeitung der Sache liegt ihm dann nach Maßgabe der Verfügung ob; innerhalb der durch die Verfügung bestimmten Grenzen handelt er selbständig.

(3) Der Richter kann anordnen, daß der Rechtspfleger ihm den Entwurf einer Verfügung vorlegt.

§ 7. (1) Die Register werden in dauerhaft gebundenen Bänden geführt. Jeder Band einer Abteilung erhält entsprechend der Reihenfolge der Anlegung eine Nummer und ist mit laufenden Seitenzahlen zu versehen. Die in jedem Bande enthaltenen Registerblätter (§ 13) sind auf dem Rücken des Registerbandes anzugeben.

(2) Die Register können mit Genehmigung des Reichsministers der Justiz in Karteiform geführt werden.

§ 8. (1) Die Anlegung und Führung der Registerakten richtet sich nach § 24 der Aktenordnung vom 28. November 1934 (Sonderdruck der Deutschen Justiz Nr. 6), soweit in dieser Verfügung nichts Besonderes bestimmt ist.

(2) Die zum Handelsregister eingereichten Schriftstücke (§ 9 Abs. 1 des Handelsgesetzbuchs [HGB.]) sind für jedes Registerblatt (§ 13) in einem besonderen Aktenband zusammenzufassen.

(3) Werden Urkunden, die zum Register einzureichen waren, zurückgegeben, so wird eine beglaubigte Abschrift zurückbehalten. Ist die Urkunde in anderen Akten des Amtsgerichts enthalten, so ist eine beglaubigte Abschrift zu den Registerakten zu nehmen. In den Abschriften können die Teile der Urkunde, die für die Führung des Handelsregisters ohne Bedeutung sind, weggelassen werden. In Zweifelsfällen bestimmt der Richter den Umfang der Abschrift, sonst der Urkundsbeamte der Geschäftsstelle.

§ 9. (1) Die Führung alphabetischer Verzeichnisse der Namen und Firmen richtet sich nach § 23 Abs. 2 der Aktenordnung vom 28. November 1934, soweit in dieser Verfügung nichts Besonderes bestimmt ist.

(2) In das Namenverzeichnis sind die Namen der Firmeninhaber sowie derjenigen persönlich haftenden Gesellschafter von Handelsgesellschaften aufzunehmen, deren Namen in der Firma enthalten sind. Der Oberlandesgerichtspräsident kann abweichende Bestimmungen treffen.

(3) Für jedes Registerblatt (§ 13) der Abteilung B des Handelsregisters ist ein dem Inhalt des Registers wörtlich entsprechendes Handblatt zu führen; es ist unter dem Deckel des letzten Bandes der Registerakten zu verwahren und in einen Umschlag zu heften, wenn ein Bedürfnis hierfür besteht. Im übrigen bleibt § 24 Abs. 2 Satz 1 der Aktenordnung unberührt.

§ 10. Das Register und die zum Register eingereichten Schriftstücke sind auf der Geschäftsstelle des Registergerichts während der Dienststunden zur Einsicht vorzulegen.

§ 11. (1) Das Blatt oder die Blätter, in denen außer im Reichsanzeiger während des nächsten Jahres die Bekanntmachung der Eintragungen erfolgen soll, sind bis zum 6. Dezember jedes Jahres zu bezeichnen.

(2) Vor Auswahl der Blätter ist die Industrie- und Handelskammer gutachtlich zu hören. Die Bezeichnung der Blätter erfolgt durch einwöchigen Aushang an der Gerichtstafel des Registergerichts und durch Anzeige an die Industrie- und Handelskammer und die Handwerkskammer.

II. Führung des Handelsregisters

§ 12. Die Eintragungen sind deutlich und in der Regel ohne Abkürzung zu schreiben; in dem Register darf nichts radiert oder unleserlich gemacht werden. Stempel dürfen nur mit Genehmigung des Oberlandesgerichtspräsidenten verwandt werden.

§ 13. (1) Jeder Einzelkaufmann, jede juristische Person sowie jede Handelsgesellschaft ist unter einer in derselben Abteilung fortlaufenden Nummer (Registerblatt) in das Register einzutragen.

(2) Für die eine Nummer betreffenden Eintragungen sind zwei gegenüberstehende Seiten des Registers zu verwenden. Für spätere Eintragungen sind Seiten frei zu lassen, insbesondere bei den in Abteilung B des Registers eingetragenen Gesellschaften.

(3) Wird die Firma geändert, so ist dies auf demselben Registerblatt einzutragen. Die neue Firma ist mit allen noch gültigen Eintragungen unter einer neuen Nummer auf ein neues Registerblatt einzutragen, wenn dies für die Übersichtlichkeit erforderlich erscheint; dabei ist auf jedem Blatt auf das andere zu verweisen. Bei einer Umwandlung in den Fällen der §§ 257 ff. des Aktiengesetzes ist die umgewandelte Handelsgesellschaft stets auf ein neues Registerblatt einzutragen.

(4) Auch für eine Zweigniederlassung im Bezirk des Registergerichts der Hauptniederlassung oder des Sitzes ist ein besonderes Registerblatt zu verwenden.

§ 14. (1) Jede Eintragung ist mit einer laufenden Nummer zu versehen und mittels eines alle Spalten des Registers durchschneidenden Querstrichs von der folgenden Eintragung zu trennen.

(2) Werden mehrere Eintragungen gleichzeitig vorgenommen, so erhalten sie nur eine laufende Nummer.

§ 15. Bei jeder Eintragung ist der Tag der Eintragung anzugeben. Der Tag der Eintragung und ihre Stelle im Register ist in den Registerakten bei der gerichtlichen Verfügung zu vermerken.

§ 16. Änderungen des Inhalts einer Eintragung sowie Löschungen sind unter einer neuen laufenden Nummer einzutragen. Eine Eintragung, die durch eine spätere Eintragung ihre Bedeutung verloren hat, ist nach Anordnung des Richters rot zu unterstreichen. Mit der Eintragung selbst ist auch der Vermerk über ihre Löschung rot zu unterstreichen.

(2) In die Abschriften aus dem Register werden die rot unterstrichenen Eintragungen nur aufgenommen, soweit dies beantragt oder nach den Umständen angemessen ist.

§ 17. (1) Schreibfehler und ähnliche offenbare Unrichtigkeiten, die in einer Eintragung vorkommen, sind nach Anordnung des Richters neben dieser Eintragung in der Spalte „Bemerkungen“ zu berichtigen. Der Berichtigungsvermerk ist unter Angabe des Tages der Berichtigung von dem Urkundsbeamten der Geschäftsstelle zu unterschreiben.

(2) Die Berichtigung ist den Beteiligten bekanntzugeben. Die öffentliche Bekanntmachung kann unterbleiben, wenn die Berichtigung einen offensichtlich unwesentlichen Punkt der Eintragung betrifft.

(3) Eine versehentliche rote Unterstreichung ist dadurch zu beseitigen, daß der rote Strich durch kleine schwarze Striche durchkreuzt wird.

§ 18. Erfolgt eine Eintragung auf Grund einer rechtskräftigen oder vollstreckbaren Entscheidung des Prozeßgerichts, so ist dies bei der Eintragung im Register zu vermerken. Eine Aufhebung der Entscheidung ist in dieselbe Spalte des Registers einzutragen.

§ 19. (1) Soll eine Eintragung von Amts wegen gelöscht werden, weil sie mangels einer wesentlichen Voraussetzung unzulässig war, so erfolgt die Löschung durch Eintragung des Vermerks „Von Amts wegen gelöscht".

(2) Hat in sonstigen Fällen eine Eintragung von Amts wegen zu erfolgen, so hat sie den Hinweis auf die gesetzliche Grundlage und einen Vermerk „Von Amts wegen eingetragen" zu enthalten. Dies gilt nicht für die Eintragung des Konkurs- und des Vergleichsvermerks.

§ 20. Wird die Hauptniederlassung eines Einzelkaufmanns, einer juristischen Person oder der Sitz einer Handelsgesellschaft aus dem Bezirke des Registergerichts verlegt, so ist erst bei Eingang der Nachricht von der Eintragung in das Register des neuen Registergerichts (§ 13 c Abs. 2 Satz 3 HGB.; § 38 Abs. 2 Satz 3 AktG.) die Verlegung auf dem bisherigen Registerblatt in der Spalte 2 und in der Spalte „Rechtsverhältnisse" zu vermerken; die dort befindlichen Eintragungen sind alsdann rot zu unterstreichen. Auf dem bisherigen Registerblatt ist in der Spalte „Bemerkungen" auf das Registerblatt des neuen Registergerichts zu verweisen und umgekehrt.

§ 21. (1) Bietet ein Registerblatt für Neueintragungen keinen Raum mehr, so sind die noch gültigen Eintragungen unter einer neuen Nummer auf ein neues Registerblatt umzuschreiben. Dabei ist auf jedem Registerblatt auf das andere zu verweisen.

(2) Gleiches gilt, wenn das Registerblatt unübersichtlich geworden ist.

(3) Das Registerblatt kann umgeschrieben werden, wenn es durch die Umschreibung wesentlich vereinfacht wird, oder wenn in demselben Registerband keine oder nur wenige noch gültige Eintragungen enthalten sind und daher die Ausscheidung des Bandes zweckmäßig erscheint.

(4) Die Übertragung ist den Beteiligten unter Mitteilung von dem Inhalt der neuen Eintragung bekanntzumachen.

(5) Bestehen Zweifel über die Art oder den Umfang der Übertragung, so sind die Beteiligten vorher zu hören.

§ 22. Sämtliche Seiten des Registerblatts sind rot zu durchkreuzen, wenn alle Eintragungen gegenstandslos geworden sind.

III. Verfahren bei Anmeldung, Eintragung und Bekanntmachung

§ 23. (1) Der Richter hat dafür Sorge zu tragen, daß die gesetzlich vorgeschriebenen Eintragungen in das Register erfolgen. Zu diesem Zwecke und zur Vermeidung unzulässiger Eintragungen hat er bei Eintragung neuer Firmen und Firmenänderungen in der Regel, sonst in zweifelhaften Fällen das Gutachten der Industrie- und Handelskammer einzuholen, falls dies nicht aus besonderen Gründen untunlich ist. Weicht der Richter von dem Vorschlag des Gutachtens ab, so hat er seine Entscheidung der Industrie- und Handelskammer unter Angabe der Gründe mitzuteilen.

(2) Handelt es sich um die Frage, ob ein Betrieb als eintragungspflichtiges Handelsgewerbe oder als nichteintragungspflichtiges Handwerk anzu-

sehen ist, so ist neben der Industrie- und Handelskammer auch die Handwerkskammer zu hören.

§ 24. (1) Die Eintragungsanmeldung zum Handelsregister, sofern sie nicht schriftlich eingereicht wird, sowie die zur Aufbewahrung beim Gericht bestimmten Zeichnungen nimmt der Richter oder der Urkundsbeamte der Geschäftsstelle zur Niederschrift entgegen.

(2) Es ist darauf hinzuwirken, daß bei den Anmeldungen auch der Geschäftszweig, soweit er sich nicht aus der Firma ergibt, und die Lage der Geschäftsräume angegeben werden.

§ 25. (1) Auf die Anmeldung zur Eintragung, auf Gesuche und Anträge verfügt der Richter. Er entscheidet auch über die erforderlichen Bekanntmachungen.

(2) Der Richter ordnet die Eintragung auch dann an, wenn sie vom Beschwerdegericht oder nach § 143 des Reichsgesetzes über die Angelegenheiten der freiwilligen Gerichtsbarkeit verfügt ist.

§ 26. Wird eine Eintragung abgelehnt, so sind die Gründe der Ablehnung mitzuteilen. Ist eine Anmeldung zur Eintragung in das Handelsregister unvollständig oder steht der Eintragung ein Hindernis entgegen, so kann zur Behebung der Anstände eine Frist gesetzt werden

§ 27. Die Eintragungsverfügung hat den Wortlaut der Eintragung festzustellen. Der Wortlaut der öffentlichen Bekanntmachung ist besonders zu verfügen, wenn er von dem der Eintragung abweicht.

§ 28. Der Urkundsbeamte der Geschäftsstelle hat die Ausführung der Eintragungsverfügung zu veranlassen, die Eintragung zu unterzeichnen und die verfügten Bekanntmachungen herbeizuführen.

§ 29. (1) Der Urkundsbeamte der Geschäftsstelle ist zuständig:

1. für die Erteilung von Abschriften der Eintragungen und der zum Register eingereichten Schriftstücke; wird eine auszugsweise Abschrift beantragt, so entscheidet bei Zweifeln über den Umfang des Auszuges der Richter;
2. für die Beglaubigung und die Erteilung von Zeugnissen und Bescheinigungen nach § 9 Abs. 3, 4 des Handelsgesetzbuchs und § 32 der Grundbuchordnung;
3. für die Eintragung der Eröffnung des Konkurs- oder des gerichtlichen Vergleichsverfahrens.

(2) Wird die Änderung einer Entscheidung des Urkundsbeamten der Geschäftsstelle verlangt, so entscheidet, wenn dieser dem Verlangen nicht entspricht, der Richter. Die Beschwerde ist erst gegen seine Entscheidung gegeben.

§ 30. (1) Einfache Abschriften sind mit dem Vermerk: „Gefertigt am . . . ." abzuschließen. Der Vermerk ist nicht zu unterzeichnen.

(2) Die Beglaubigung einer Abschrift geschieht durch einen unter die Abschrift zu setzenden Vermerk, der die Übereinstimmung mit der Hauptschrift bezeugt. Der Beglaubigungsvermerk muß Ort und Tag der Ausstellung enthalten, von dem Urkundsbeamten der Geschäftsstelle unterschrieben und mit Siegel oder Stempel versehen sein.

(3) Soll aus dem Handelsregister eine auszugsweise Abschrift erteilt werden, so sind in die Abschrift die Eintragungen aufzunehmen, die den Gegenstand betreffen, auf den sich der Auszug beziehen soll. In dem Beglaubigungsvermerk ist der Gegenstand anzugeben und zu bezeugen, daß weitere ihn betreffende Eintragungen in dem Register nicht enthalten sind.

(4) Werden beglaubigte Abschriften der zum Register eingereichten Schriftstücke beantragt, so ist in dem Beglaubigungsvermerk ersichtlich zu machen, ob die Hauptschrift eine Urschrift, eine einfache oder beglaubigte Abschrift oder eine Ausfertigung ist; ist sie eine beglaubigte Abschrift oder eine Ausfertigung, so ist der Beglaubigungsvermerk oder der Ausfertigungsvermerk in die beglaubigte Abschrift aufzunehmen. Durchstreichungen, Änderungen, Einschaltungen, Radierungen oder andere Mängel einer von den Beteiligten eingereichten Schrift sollen in dem Vermerk angegeben werden.

§ 31. Ausfertigung der Bescheinigungen und Zeugnisse sind von dem Urkundsbeamten der Geschäftsstelle unter Angabe des Ortes und Tages zu unterschreiben und mit dem Gerichtssiegel oder Stempel zu versehen.

§ 32. Die Veröffentlichung der Eintragung ist unverzüglich zu veranlassen.

§ 33. (1) Die öffentlichen Bekanntmachungen sollen knapp gefaßt und leicht verständlich sein.

(2) In den Bekanntmachungen ist das Gericht und der Tag der Eintragung zu bezeichnen, einer Unterschrift bedarf es nicht.

(3) Erfolgen mehrere Bekanntmachungen desselben Gerichts gleichzeitig, so sind sie getrennt nach Abteilungen A und B möglichst zusammenzufassen.

(4) Die Bekanntmachungen sind tunlichst nach dem anliegenden Muster abzufassen.

§ 34. In den Bekanntmachungen sind, falls entsprechende Mitteilungen vorliegen, auch der Geschäftszweig, soweit er sich nicht aus der Firma ergibt, und die Lage der Geschäftsräume anzugeben. Es ist in den Bekanntmachungen darauf hinzuweisen, daß diese Angaben ohne Gewähr für die Richtigkeit erfolgen.

§ 35. Wird eine Firma im Handelsregister gelöscht, weil der Inhaber des Gewerbebetriebes nicht als Vollkaufmann anzusehen ist, so kann auf Antrag des Inhabers in der Bekanntmachung der Grund der Löschung erwähnt werden. Handelt es sich um einen Handwerker, der bereits in die Handwerksrolle eingetragen ist, so kann neben der Angabe des Grundes der Löschung in der Bekanntmachung auch auf diese Eintragung hingewiesen werden.

§ 36. (1) Bei Benachrichtigungen von der Eintragung sind möglichst Vordrucke zu benutzen.

(2) Der Urkundsbeamte der Geschäftsstelle unterschreibt die Benachrichtigungen. In geeigneten Fällen ist darauf hinzuweisen, daß auf die Benachrichtigung verzichtet werden kann (§ 130 Abs. 2 Satz 2 FGG).

§ 37. (1) Der Industrie- und Handelskammer ist mitzuteilen:

1. die Eintragung eines Einzelkaufmanns, einer juristischen Person oder einer Handelsgesellschaft unter Bezeichnung des Ortes der Niederlassung oder des Sitzes der Gesellschaft, und zwar bei Einzelkaufleuten, offenen Handelsgesellschaften, Kommanditgesellschaften und Kommanditgesellschaften auf Aktien unter Bezeichnung der Inhaber oder der persönlich haftenden Gesellschafter, bei Aktiengesellschaften und Versicherungsvereinen auf Gegenseitigkeit unter Bezeichnung der Mitglieder des Vorstandes, bei Gesellschaften mit beschränkter Haftung unter Bezeichnung der Geschäftsführer;
2. die Änderung einer eingetragenen Firma, der Inhaber oder der persönlich haftenden Gesellschafter sowie des Ortes der Niederlassung oder des Sitzes der Gesellschaft, ferner bei Aktiengesellschaften und Versiche-

rungsvereinen auf Gegenseitigkeit die Änderung der Mitglieder des Vorstandes, bei Gesellschaften mit beschränkter Haftung die Änderung der Geschäftsführer;

3. die Auflösung einer juristischen Person, einer Handelsgesellschaft oder eines Versicherungsvereins auf Gegenseitigkeit unter Angabe der Abwickler sowie ein Wechsel in der Person der Abwickler;

4. das Erlöschen einer Firma, die Löschung einer Aktiengesellschaft, Kommanditgesellschaft auf Aktien, Gesellschaft mit beschränkter Haftung oder eines Versicherungsvereins auf Gegenseitigkeit sowie Löschungen von Amts wegen;

5. eine Verschmelzung in den Fällen der §§ 233 ff., eine Vermögensübertragung in den Fällen der §§ 253 ff. sowie eine Umwandlung in den Fällen der §§ 257 ff. des Aktiengesetzes.

Die über Geschäftsräume und Geschäftszweig gemachten Angaben sind ebenfalls mitzuteilen.

(2) Die Mitteilungen an die Industrie- und Handelskammer erfolgen, soweit sie im Durchschreibeverfahren hergestellt werden können, laufend, sonst in regelmäßigen Zeitabschnitten mindestens nach dem Schlusse jedes Kalendermonats in Listen. Die erfolgte Mitteilung ist in den Akten zu vermerken, Fehlanzeigen sind nicht zu machen.

(3) Soweit reichsrechtlich oder durch besondere Anordnung des Reichsministers der Justiz noch die Benachrichtigung anderer Stellen vorgesehen ist, bleiben diese Vorschriften unberührt.

§ 38. Gehört ein Ort oder eine Gemeinde zu den Bezirken verschiedener Registergerichte, so hat jedes Registergericht vor der Eintragung einer neuen Firma oder vor der Eintragung von Änderungen einer Fima bei den anderen beteiligten Registergerichten anzufragen, ob gegen die Eintragung im Hinblick auf § 30 des Handelsgesetzbuchs Bedenken bestehen.

IV. Sondervorschriften für die Abteilungen A und B

§ 39. (1) Die Abteilungen A und B werden in getrennten Registern nach den beigegebenen Mustern geführt.

(2) Die in den Mustern enthaltenen Beispiele sind nicht Inhalt der Registerverfügung.

Abteilung A

§ 40. 1. In Spalte 1 ist die laufende Nummer der die Firma betreffenden Eintragungen anzugeben.

2. In Spalte 2 sind unter a die Firma, unter b der Ort der Niederlassung oder der Sitz der Gesellschaft, unter c bei juristischen Personen auch der Gegenstand des Unternehmens und die sich darauf beziehenden Änderungen einzutragen. In dieser Spalte ist auch die Errichtung von Zweigniederlassungen zu vermerken, und zwar unter Angabe des Ortes und, falls der Firma für eine Zweigniederlassung ein Zusatz beigefügt ist, unter Angabe dieses Zusatzes.

3. In Spalte 3 sind der Einzelkaufmann und bei den in Abteilung A einzutragenden Gesellschaften die persönlich haftenden Gesellschafter, bei juristischen Personen die Mitglieder des Vorstandes und deren Stellvertreter, ferner die Abwickler unter der Bezeichnung als solche mit Vornamen, Familiennamen, Stand und Wohnort einzutragen.

4. Die Spalte 4 dient zur Aufnahme aller die Prokura betreffenden Eintragungen; Vorname, Familienname und Wohnort der Prokuristen sind anzugeben.

5. (1) In Spalte 5 sind die der Eintragung unterliegenden sonstigen Rechtsverhältnisse einzutragen.

(2) Bei den in Abteilung A einzutragenden Gesellschaften sind zu vermerken:

a) die Art der Gesellschaft;
b) der Zeitpunkt ihres Beginns;
c) der Eintritt und das Ausscheiden von Gesellschaftern;
d) Vereinbarungen über die Vertretungsbefugnis der persönlich haftenden Gesellschafter;
e) Vorname, Familienname, Stand, Wohnort und Betrag der Einlage jedes Kommanditisten;
f) Auflösung und Fortsetzung der Gesellschaft; die Auflösung auch dann, wenn gleichzeitig ein neuer Geschäftsinhaber eingetragen wird;
g) die bei Bestellung der Abwickler über ihre Vertretungsbefugnis getroffenen Bestimmungen, soweit diese von den gesetzlichen Vorschriften abweichen.

(3) Bei juristischen Personen sind zu vermerken: die nähere Bezeichnung der juristischen Person und ihr Sitz, besondere Bestimmungen über die Vertretungsbefugnis des Vorstandes sowie über die Zeitdauer des Unternehmens, ferner jede Änderung der Satzung, die Auflösung, besondere Bestimmungen über die Vertretungsbefugnis der Abwickler sowie alle sich hierauf beziehenden Änderungen.

(4) Ferner sind hier zu vermerken:

a) im Falle des Erwerbs eines Handelsgeschäfts bei Fortführung unter der bisherigen Firma eine von § 25 Abs. 1 des Handelsgesetzbuchs abweichende Vereinbarung;
b) beim Eintritt eines persönlich haftenden Gesellschafters oder eines Kommanditisten in das Geschäft eines Einzelkaufmanns eine von § 28 Abs. 1 des Handelsgesetzbuchs abweichende Vereinbarung;
c) die Aufhebung von Zweigniederlassungen;
d) die Eröffnung, Einstellung und Aufhebung des Konkurs- oder des gerichtlichen Vergleichsverfahrens sowie die Aufhebung des Eröffnungsbeschlusses;
e) das Erlöschen der Firma sowie Löschungen von Amts wegen.

6. In Spalte 6 erfolgt unter a die Angabe des Tages der Eintragung und die Unterschrift des Urkundsbeamten der Geschäftsstelle, unter b die Eintragung von Verweisungen auf spätere Eintragungen und von sonstigen Bemerkungen.

§ 41. (1) Wird bei dem Eintritt eines persönlich haftenden Gesellschafters oder eines Kommanditisten in das Geschäft eines Einzelkaufmanns oder bei dem Eintritt eines Gesellschafters in eine bestehende Gesellschaft die bisherige Firma nicht fortgeführt und die neue Firma unter einer neuen Nummer auf einem anderen Registerblatt eingetragen, so ist der Eintritt in Spalte 5 des Registers bei der bisherigen und bei der neuen Firma zu vermerken. Dasselbe gilt von einer von § 28 Abs. 1 des Handelsgesetzbuchs abweichenden Vereinbarung.

(2) Auf jedem Registerblatt ist auf das andere in Spalte „Bemerkungen" zu verweisen.

§ 42. Wird zum Handelsregister angemeldet, daß das Handelsgeschäft eines Einzelkaufmanns, einer juristischen Person, einer offenen Handelsgesellschaft oder einer Kommanditgesellschaft auf eine in Abteilung B eingetragene Handelsgesellschaft mit dem Recht zur Fortführung der Firma übergegangen ist, so sind die das Handelsgeschäft betreffenden Eintragungen in Abteilung A des Registers rot zu unterstreichen. Wird von dem Erwerber die Fortführung der Firma angemeldet, so ist bei der Eintragung in Abteilung B auf das bisherige Registerblatt in der Spalte „Bemerkungen" zu verweisen und umgekehrt.

Abteilung B

§ 43. 1. In Spalte 1 ist die laufende Nummer der die Gesellschaft betreffenden Eintragungen anzugeben.

2. In Spalte 2 sind dieselben Eintragungen aufzunehmen wie in Spalte 2 der Abteilung A.

3. In Spalte 3 sind bei Aktiengesellschaften und bei Kommanditgesellschaften auf Aktien die Höhe des Grundkapitals, bei Gesellschaften mit beschränkter Haftung die Höhe des Stammkapitals und bei Versicherungsvereinen auf Gegenseitigkeit die Höhe des Gründungsfonds sowie Änderungen dieser Beträge anzugeben. Die Erhöhung oder die Herabsetzung des Grund- oder Stammkapitals und die darauf gerichteten Beschlüsse sind, soweit deren Eintragung gesetzlich vorgeschrieben ist, in Spalte 6 einzutragen.

4. In Spalte 4 sind bei Aktiengesellschaften und Versicherungsvereinen auf Gegenseitigkeit die Mitglieder des Vorstandes und ihre Stellvertreter (bei Aktiengesellschaften unter besonderer Bezeichnung des Vorsitzers), bei Kommanditgesellschaften auf Aktien die persönlich haftenden Gesellschafter, bei Gesellschaften mit beschränkter Haftung die Geschäftsführer und ihre Stellvertreter, ferner die Abwickler unter der Bezeichnung als solche mit Vornamen, Familiennamen, Stand und Wohnort einzutragen.

5. Die Spalte 5 dient zur Aufnahme aller die Prokura betreffenden Eintragungen; Vorname, Familienname und Wohnort der Prokuristen sind anzugeben.

6. In Spalte 6 sind einzutragen:

a) die Art der Gesellschaft oder des Versicherungsvereins auf Gegenseitigkeit;

b) der Tag der Feststellung der Satzung oder des Abschlusses des Gesellschaftsvertrags; bei Versicherungsvereinen auf Gegenseitigkeit der Tag, an dem der Geschäftsbetrieb erlaubt worden ist;

c) die besonderen Bestimmungen der Satzung oder des Gesellschaftsvertrags über die Zeitdauer der Gesellschaft oder des Versicherungsvereins auf Gegenseitigkeit;

d) die Bestimmungen der Satzung oder des Gesellschaftsvertrags, welche die Befugnis der Mitglieder des Vorstandes, der persönlich haftenden Gesellschafter, der Geschäftsführer oder der Abwickler zur Vertretung der Gesellschaft oder des Versicherungsvereins auf Gegenseitigkeit abweichend von den gesetzlichen Vorschriften regeln;

e) die bei der Bestellung der Abwickler über ihre Vertretungsbefugnis getroffenen Bestimmungen, soweit diese von den gesetzlichen Vorschriften oder von den Bestimmungen der Satzung oder des Gesellschaftsvertrags abweichen;

f) jede Änderung in den Personen des Vorstandes, der persönlich haftenden Gesellschafter, der Geschäftsführer oder Abwickler sowie jede Änderung der Vertretungsbefugnis einer dieser Personen, bei Aktiengesellschaften und Versicherungsvereinen auf Gegenseitigkeit außerdem die von dem Aufsichtsrat auf Grund des § 71 Abs. 3 Satz 2 des Aktiengesetzes oder des § 34 des Gesetzes über die Beaufsichtigung der privaten Versicherungsunternehmungen und Bausparkassen vom 6. Juni 1931 (Reichsgesetzbl. I S. 315) in Verbindung mit § 71 Abs. 3 Satz 2 des Aktiengesetzes getroffenen Bestimmungen;

g) jede Änderung der Satzung oder des Gesellschaftsvertrags, insbesondere Änderungen des Grund- und Stammkapitals nach Nr. 3 Satz 2. Bei der Eintragung genügt, soweit nicht die Änderung die einzutragenden Angaben betrifft, eine allgemeine Bezeichnung des Gegenstands der Änderung; dabei ist in der Spalte „Bemerkungen" auf die beim Gericht eingereichten Urkunden sowie auf die Stelle der Akten, bei der die Urkunden sich befinden, zu verweisen;

h) die Eröffnung, Einstellung und Aufhebung des Konkurs- oder des gerichtlichen Vergleichsverfahrens sowie die Aufhebung des Eröffnungsbeschlusses;

i) die Auflösung, die Fortsetzung und die Nichtigkeit der Gesellschaft oder des Versicherungsvereins auf Gegenseitigkeit; die Verschmelzung in den Fällen der §§ 233 ff., die Vermögensübertragung in den Fällen der §§ 253 ff. sowie die Umwandlung in den Fällen der §§ 257 ff. des Aktiengesetzes; das Erlöschen der Firma, die Löschung einer Aktiengesellschaft, Kommanditgesellschaft auf Aktien, Gesellschaft mit beschränkter Haftung oder eines Versicherungsvereins auf Gegenseitigkeit sowie Löschungen von Amts wegen;

k) die Aufhebung von Zweigniederlassungen.

7. Die Verwendung der Spalte 7 richtet sich nach den Vorschriften über die Benutzung der Spalte 6 der Abteilung A.

§ 44. Urteile, durch die ein in das Register eingetragener Beschluß der Hauptversammlung einer Aktiengesellschaft, Kommanditgesellschaft auf Aktien oder der Gesellschafterversammlung einer Gesellschaft mit beschränkter Haftung rechtskräftig für nichtig erklärt ist sowie die nach § 144 Abs. 2 des Reichsgesetzes über die Angelegenheiten der freiwilligen Gerichtsbarkeit verfügte Löschung eines Beschlusses sind in einem Vermerk, der den Beschluß als nichtig bezeichnet, in diejenigen Spalten des Registerblatts einzutragen, in die der Beschluß eingetragen war.

§ 45. (1) Soll eine Aktiengesellschaft, eine Kommanditgesellschaft auf Aktien oder eine Gesellschaft mit beschränkter Haftung als nichtig gelöscht werden, so ist, wenn der Mangel geheilt werden kann, in der nach § 142 Abs. 2, § 144 Abs. 1 des Reichsgesetzes über die Angelegenheiten der freiwilligen Gerichtsbarkeit in der Fassung des § 26 Nr. 2 des Einführungsgesetzes zum Aktiengesetz ergehenden Benachrichtigung auf diese Möglichkeit ausdrücklich hinzuweisen.

(2) Die Löschung erfolgt durch Eintragung eines Vermerks, der die Gesellschaft als nichtig bezeichnet. Gleiches gilt, wenn die Gesellschaft durch rechtskräftiges Urteil für nichtig erklärt ist.

§ 46. Wird bei einer in Abteilung B eingetragenen Handelsgesellschaft die Änderung der Firma zum Handelsregister angemeldet, weil das Geschäft mit dem Recht zur Fortführung der Firma auf einen Einzelkaufmann, eine juristische Person oder eine Handelsgesellschaft übertragen worden ist, und wird von dem Erwerber die Fortführung der Firma angemeldet, so ist bei der Eintragung in der Spalte „Bemerkungen" auf das bisherige Registerblatt zu verweisen und umgekehrt.

§ 47. In den Fällen der Verschmelzung und Vermögensübertragung (§§ 233 ff., 253 ff. AktG) sind bei Eintragung der Verschmelzung oder Vermögensübertragung die die übertragene Gesellschaft betreffenden Eintragungen rot zu unterstreichen. Auf den Registerblättern der übertragenen Gesellschaft ist in der Spalte „Bemerkungen" auf das Registerblatt der übernehmenden Gesellschaft zu verweisen und umgekehrt.

V. Übergangs- und Schlußvorschriften

§ 48. (1) Diese Verfügung tritt am 1. Oktober 1937 in Kraft, soweit nicht in den Anordnungen zu ihrer Durchführung Abweichendes bestimmt wird. Vorschriften des Landesrechts, welche das von dieser Verfügung umfaßte Gebiet betreffen, treten mit derselben Maßgabe außer Kraft.

(2) Die Anordnungen der Landesjustizverwaltungen, durch welche die Führung des Handelsregisters für mehrere Amtsgerichtsbezirke einem Amtsgericht übertragen worden ist, bleiben unberührt.

(Es folgen als Anlage 1—3 Musterformulare, die hier nicht wiedergegeben werden.)

III. Gesetz zur Ordnung der nationalen Arbeit

Vom 20. Januar 1934 (RGBl. I S. 45)

Die Reichsregierung hat das folgende Gesetz beschlossen, das hiermit verkündet wird:

Erster Abschnitt
Führer des Betriebes und Vertrauensrat

§ 1. Im Betriebe arbeiten der Unternehmer als Führer des Betriebes, die Angestellten und Arbeiter als Gefolgschaft gemeinsam zur Förderung der Betriebszwecke und zum gemeinen Nutzen von Volk und Staat.

§ 2. (1) Der Führer des Betriebes entscheidet der Gefolgschaft gegenüber in allen betrieblichen Angelegenheiten, soweit sie durch dieses Gesetz geregelt werden.

(2) Er hat für das Wohl der Gefolgschaft zu sorgen. Diese hat ihm die in der Betriebsgemeinschaft begründete Treue zu halten.

§ 3. (1) Bei juristischen Personen und Personengesamtheiten sind die gesetzlichen Vertreter Führer des Betriebes.

(2) Der Unternehmer oder bei juristischen Personen und Personengesamtheiten die gesetzlichen Vertreter können eine an der Betriebsleitung verantwortlich beteiligte Person mit ihrer Stellvertretung betrauen; dies muß geschehen, wenn sie den Betrieb nicht selbst leiten. In Angelegenheiten von geringerer Bedeutung können sie auch eine andere Person beauftragen.

(3) Wird dem Führer des Betriebes die Befähigung zum Führer gemäß § 38 durch das Ehrengericht rechtskräftig aberkannt, so ist ein anderer Führer des Betriebes zu bestellen.

§ 4. (1) Als Betriebe im Sinne dieses Gesetzes gelten auch Verwaltungen.

(2) Nebenbetriebe und Betriebsbestandteile, die mit dem Hauptbetrieb durch gemeinsame Leitung verbunden sind, gelten nur dann als selbständige Betriebe, wenn sie räumlich weit von dem Hauptbetrieb getrennt sind.

(3) Die Vorschriften dieses Gesetzes, mit Ausnahme der §§ 32 und 33, finden auf Schiffe der See-, Binnen- und Luftschiffahrt und ihre Besatzung keine Anwendung.

§ 5. (1) Dem Führer des Betriebes mit in der Regel mindestens zwanzig Beschäftigten treten aus der Gefolgschaft Vertrauensmänner beratend zur Seite. Sie bilden mit ihm und unter seiner Leitung den Vertrauensrat des Betriebes.

(2) Zur Gefolgschaft im Sinne der Bestimmungen über den Vertrauensrat gehören auch die Hausgewerbetreibenden, die in der Hauptsache für den gleichen Betrieb allein oder mit ihren Familienangehörigen arbeiten.

§ 6. (1) Der Vertrauensrat hat die Pflicht, das gegenseitige Vertrauen innerhalb der Betriebsgemeinschaft zu vertiefen.

(2) Der Vertrauensrat hat die Aufgabe, alle Maßnahmen zu beraten, die der Verbesserung der Arbeitsleistung, der Gestaltung und Durchführung der allgemeinen Arbeitsbedingungen, insbesondere der Betriebsordnung, der Durchführung und Verbesserung des Betriebsschutzes, der Stärkung der Verbundenheit aller Betriebsangehörigen untereinander und mit dem Betriebe und dem Wohle aller Glieder der Gemeinschaft dienen. Er hat ferner auf eine Beilegung aller Streitigkeiten innerhalb der Betriebsgemeinschaft hinzuwirken. Er ist vor der Festsetzung von Bußen auf Grund der Betriebsordnung zu hören.

(3) Der Vertrauensrat kann einzelne seiner Aufgaben bestimmten Vertrauensmännern zur Wahrnehmung übertragen.

§ 7. (1) Die Zahl der Vertrauensmänner beträgt
in Betrieben mit 20 bis 49 Beschäftigten zwei,
in Betrieben mit 50 bis 99 Beschäftigten drei,
in Betrieben mit 100 bis 199 Beschäftigten vier,
in Betrieben mit 200 bis 399 Beschäftigten fünf.

(2) Ihre Zahl erhöht sich für je dreihundert weitere Beschäftigte um einen Vertrauensmann und beträgt höchstens zehn.

(3) In gleicher Zahl sind Stellvertreter vorzusehen.

(4) Bei der Auswahl der Vertrauensmänner sind Angestellte, Arbeiter und Hausgewerbetreibende angemessen zu berücksichtigen.

§ 8. Vertrauensmann soll nur sein, wer das fünfundzwanzigste Lebensjahr vollendet hat, mindestens ein Jahr dem Betriebe oder dem Unternehmen angehört und mindestens zwei Jahre im gleichen oder verwandten Berufs- oder Gewerbezweige tätig gewesen ist. Er muß die bürgerlichen Ehrenrechte besitzen, der Deutschen Arbeitsfront angehören, durch vorbildliche menschliche Eigenschaften ausgezeichnet sein und die Gewähr bieten, daß er jederzeit rückhaltlos für den nationalen Staat eintritt. Von der Voraussetzung einer einjährigen Betriebsangehörigkeit kann bei der ersten Ernennung von Vertrauensmännern, die nach dem Inkrafttreten dieses Gesetzes erfolgt, abgesehen werden.

§ 9. (1) Der Führer des Betriebes stellt im Einvernehmen mit dem Obmann der Nationalsozialistischen Betriebszellen-Organisation im März jeden Jahres eine Liste der Vertrauensmänner und deren Stellvertreter auf. Die Gefolgschaft hat zu der Liste alsbald durch geheime Abstimmung Stellung zu nehmen.

(2) Kommt zwischen dem Führer des Betriebes und dem Obmann der Nationalsozialistischen Betriebszellen-Organisation eine Einigung über die vorzuschlagenden Vertrauensmänner und deren Stellvertreter oder kommt ein Vertrauensrat aus einem anderen Grunde nicht zustande, billigt insbesondere die Gefolgschaft die Liste nicht, so kann der Treuhänder der Arbeit Vertrauensmänner und Stellvertreter in der erforderlichen Anzahl berufen.

§ 10. (1) Die Mitglieder des Vertrauensrates legen vor der Gefolgschaft am Tage der nationalen Arbeit (1. Mai) das feierliche Gelöbnis ab, in ihrer Amtsführung nur dem Wohle des Betriebes und der Gemeinschaft aller Volksgenossen unter Zurückstellung eigennütziger Interessen zu dienen und in ihrer Lebensführung und Diensterfüllung den Betriebsangehörigen Vorbild zu sein.

(2) Treten in einem Betriebe die Voraussetzungen für die Errichtung eines Vertrauensrates erst nach dem im § 9 Abs. 1 vorgesehenen Zeitpunkt ein, so ist die Berufung der Vertrauensmänner (§ 9) und die Verpflichtung des Vertrauensrates alsbald durchzuführen.

§ 11. Das Amt des Vertrauensrates beginnt nach der Verpflichtung — regelmäßig am 1. Mai — und endet jeweils am 30. April.

§ 12. Der Vertrauensrat ist nach Bedarf von dem Führer des Betriebes einzuberufen. Die Einberufung muß erfolgen, wenn die Hälfte der Vertrauensmänner es beantragt.

§ 13. (1) Das Amt der Vertrauensmänner ist ein Ehrenamt, für dessen Wahrnehmung ein Entgelt nicht gewährt werden darf. Für den durch die Erfüllung der Aufgaben notwendigen Ausfall von Arbeitszeit ist der übliche Lohn zu zahlen. Notwendige Aufwendungen sind von der Betriebsleitung zu erstatten.

(2) Die notwendigen Einrichtungen und Geschäftsbedürfnisse für eine ordnungsmäßige Erfüllung der dem Vertrauensrat obliegenden Aufgaben sind von der Betriebsleitung zur Verfügung zu stellen. Der Führer des Betriebes ist verpflichtet, den Vertrauensmännern die zur Erfüllung ihrer Aufgaben notwendigen Auskünfte zu erteilen.

§ 14. (1) Das Amt eines Vertrauensmannes erlischt, abgesehen von der freiwilligen Amtsniederlegung, mit dem Ausscheiden aus dem Betriebe. Die Kündigung des Dienstverhältnisses eines Vertrauensmannes ist unzulässig, es sei denn, daß sie infolge Stillegung des Betriebes oder einer Betriebsabteilung erforderlich wird oder aus einem Grunde erfolgt, der zur Kündigung des Dienstverhältnisses ohne Einhaltung einer Kündigungsfrist berechtigt.

(2) Der Treuhänder der Arbeit kann einen Vertrauensmann wegen sachlicher oder persönlicher Ungeeignetheit abberufen. Das Amt eines abberufenen Vertrauensmannes erlischt mit der schriftlichen Mitteilung der Entscheidung des Treuhänders an den Vertrauensrat.

(3) Das Amt eines Vertrauensmannes erlischt ferner mit der Rechtskraft einer auf die Strafen des § 38 Nr. 2 bis 5 erkennenden Entscheidung des Ehrengerichts.

§ 15. An die Stelle von ausscheidenden oder zeitweilig verhinderten Vertrauensmännern treten die Stellvertreter als Ersatzmänner in der sich aus der Vorschlagsliste ergebenden Reihenfolge. Sind Ersatzmänner nicht mehr vorhanden, so werden für den Rest der Amtszeit des Vertrauensrates neue Vertrauensmänner vom Treuhänder der Arbeit berufen.

§ 16. Gegen Entscheidungen des Führers des Betriebes über die Gestaltung der allgemeinen Arbeitsbedingungen, insbesondere der Betriebsordnung (§ 6 Abs. 2), kann die Mehrheit des Vertrauensrates des Betriebes den Treuhänder der Arbeit unverzüglich schriftlich anrufen, wenn die Entscheidungen mit den wirtschaftlichen oder sozialen Verhältnissen des Betriebes nicht vereinbar erscheinen. Die Wirksamkeit der von dem Führer des Betriebes getroffenen Entscheidung wird durch die Anrufung nicht gehemmt.

§ 17. Befinden sich mehrere wirtschaftlich oder technisch gleichartige oder nach dem Betriebszweck zusammengehörige Betriebe in der Hand eines Unternehmers, so muß dieser oder, wenn er nicht selbst das Unternehmen leitet, der von ihm bestellte Führer des Unternehmens zu seiner Beratung in sozialen Angelegenheiten aus den Vertrauensräten der einzelnen Betriebe einen Beirat berufen.

Zweiter Abschnitt

Treuhänder der Arbeit

§ 18. (1) Für größere Wirtschaftsgebiete, deren Abgrenzung der Reichsarbeitsminister im Einvernehmen mit dem Reichswirtschaftsminister und dem Reichsminister des Innern bestimmt, werden Treuhänder der Arbeit ernannt. Sie sind Reichsbeamte und unterstehen der Dienstaufsicht des Reichsarbeitsministers. Ihren Sitz bestimmt der Reichsarbeitsminister im Einvernehmen mit dem Reichswirtschaftsminister.

(2) Die Treuhänder der Arbeit sind an Richtlinien und Weisungen der Reichsregierung gebunden.

§ 19. (1) Die Treuhänder der Arbeit haben für die Erhaltung des Arbeitsfriedens zu sorgen. Zur Erfüllung dieser Aufgabe haben sie

1. über die Bildung und Geschäftsführung der Vertrauensräte zu wachen und in Streitfällen zu entscheiden;
2. gemäß §§ 9 Abs. 2, 14 Abs. 2 und 15 Vertrauensmänner der Betriebe zu berufen und abzuberufen;
3. auf Anrufung des Vertrauensrates gemäß § 16 zu entscheiden; sie können unter Aufhebung der Entscheidung des Führers des Betriebes die erforderliche Regelung selbst treffen;
4. bei beabsichtigten Entlassungen gemäß § 20 zu entscheiden;
5. die Durchführung der Bestimmungen über die Betriebsordnung (§§ 26 ff.) zu überwachen;
6. unter den Voraussetzungen des § 32 Richtlinien und Tarifordnungen festzusetzen und ihre Durchführung zu überwachen;
7. bei der Durchführung der sozialen Ehrengerichtsbarkeit gemäß §§ 35 ff. mitzuwirken;
8. die Reichsregierung nach näherer Anweisung des Reichsarbeitsministers und des Reichswirtschaftsministers ständig über die sozialpolitische Entwicklung zu unterrichten.

(2) Der Reichsarbeitsminister und der Reichswirtschaftsminister können im Rahmen der Gesetze den Treuhändern der Arbeit weitere Aufgaben übertragen.

(3) Die Treuhänder der Arbeit können die Verhandlung in Angelegenheiten des Abs. 1 Ziffer 3 einem Sachverständigenausschuß (§ 23 Abs. 3) übertragen. Die Entscheidung bleibt dem Treuhänder der Arbeit überlassen.

§ 20. (1) Der Unternehmer eines Betriebes ist verpflichtet, dem Treuhänder der Arbeit schriftlich Anzeige zu erstatten, bevor er

a) in Betrieben mit in der Regel weniger als einhundert Beschäftigten mehr als neun Beschäftigte,

b) in Betrieben mit in der Regel mindestens einhundert Beschäftigten zehn vom Hundert der im Betrieb regelmäßig Beschäftigten oder aber mehr als fünfzig Beschäftigte innerhalb von vier Wochen entläßt.

(2) Entlassungen, deren Bevorstehen nach Abs. 1 anzuzeigen ist, werden vor Ablauf von vier Wochen nach Eingang der Anzeige beim Treuhänder der Arbeit nur mit dessen Genehmigung wirksam; der Treuhänder der Arbeit kann die Genehmigung auch mit rückwirkender Kraft erteilen. Er kann auch anordnen, daß die Entlassungen nicht vor Ablauf von längstens zwei Monaten nach Erstattung der Anzeige wirksam werden. Soweit die Entlassungen nicht innerhalb von vier Wochen nach dem Zeitpunkt durchgeführt werden, von dem an sie nach Satz 1 oder 2 wirksam sind, gilt die Anzeige als nicht erstattet. Das Recht zur fristlosen Entlassung bleibt unberührt.

(3) Ist der Unternehmer nicht in der Lage, die Beschäftigten bis zu dem in Abs. 2 bezeichneten Zeitpunkt voll in Arbeit zu behalten, so kann der Treuhänder zulassen, daß der Unternehmer für die Zwischenzeit in seinem Betriebe eine Verkürzung der Arbeitszeit (Streckung der Arbeit) einführt. Hierbei darf jedoch die Wochenarbeitszeit eines Beschäftigten nicht unter vierundzwanzig Stunden herabgesetzt werden. Der Unternehmer ist im Falle der Arbeitsstreckung berechtigt, Lohn oder Gehalt der mit verkürzter Arbeitszeit Beschäftigten entsprechend zu kürzen; die Kürzung wird jedoch erst von dem Zeitpunkt an wirksam, in dem das Arbeitsverhältnis nach den allgemeinen gesetzlichen oder den vertraglichen Bestimmungen enden würde.

(4) In Betrieben, die regelmäßig in einer bestimmten Jahreszeit verstärkt arbeiten (Saisonbetriebe) oder regelmäßig nicht mehr als drei Monate im Jahre arbeiten (Kampagnebetriebe), finden die Vorschriften der Absätze 1 bis 3 auf Entlassungen, die durch diese Eigenart des Betriebes bedingt sind, keine Anwendung.

§ 21. Der Reichsarbeitsminister kann dem Treuhänder der Arbeit, sofern es die Größe und die besonderen wirtschaftlichen Verhältnisse seines Wirtschaftsgebietes erfordern, Beauftragte unterstellen, denen vom Reichsarbeitsminister oder vom Treuhänder der Arbeit die diesem obliegenden Aufgaben für einen bestimmten Bezirk oder hinsichtlich bestimmter Gewerbezweige oder bestimmte Aufgaben ganz oder teilweise übertragen werden können. Die Beauftragten sind an Weisungen des Reichsarbeitsministers und des Treuhänders gebunden.

§ 22. (1) Wer schriftlichen allgemeinen Anordnungen des Treuhänders der Arbeit, die dieser in Erfüllung der ihm obliegenden Aufgaben erläßt, wiederholt vorsätzlich zuwiderhandelt, wird mit Geldstrafe bestraft; in besonders schweren Fällen kann an die Stelle der Geldstrafe oder neben sie Gefängnisstrafe treten. Die Strafverfolgung tritt nur auf Antrag des Treuhänders der Arbeit ein.

(2) Die Verfolgung der mit öffentlicher Strafe bedrohten Handlung als Verletzung der sozialen Ehre wird durch die Verurteilung zu öffentlicher Strafe nicht ausgeschlossen.

§ 23. (1) Die Treuhänder der Arbeit berufen zu ihrer Beratung in allgemeinen oder grundsätzlichen Fragen ihres Aufgabengebietes einen Sachverständigenbeirat aus den verschiedenen Wirtschaftszweigen ihres Gebietes. Die Sachverständigen sollen zu drei Vierteln aus Vorschlagslisten der Deutschen Arbeitsfront entnommen werden, die in erster Linie geeignete Angehörige der Vertrauensräte der Betriebe des Treuhänderbezirks unter Berücksichtigung der verschiedenen Berufsgruppen und Wirtschaftszweige in größerer Zahl in Vorschlag zu bringen hat. Führer der Betriebe und Vertrauensmänner sind in etwa gleicher Zahl in die Liste aufzunehmen. Ein Viertel der erforderlichen Sachverständigen können die Treuhänder aus sonst geeigneten Persönlichkeiten ihres Bezirks berufen.

(2) Soweit durch Gesetze der Reichsregierung eine ständische Gliederung der Wirtschaft durchgeführt ist, hat die Deutsche Arbeitsfront die von ihr zu benennenden Sachverständigen im Einvernehmen mit den Ständen vorzuschlagen.

(3) Die Treuhänder der Arbeit können ferner zu ihrer Beratung im Einzelfalle einen Sachverständigenausschuß berufen.

§ 24. Vor Beginn ihrer Tätigkeit sind die Sachverständigen durch den Treuhänder der Arbeit zu vereidigen. Sie haben zu schwören, daß sie nach bestem Wissen und Gewissen unparteiisch das Amt eines Sachverständigen ausüben, keine Sonderinteressen verfolgen und nur dem Wohle der Volksgemeinschaft dienen werden. Für die Abnahme des Eides gilt § 481 der Zivilprozeßordnung (Reichsgesetzbl. 1933 I S. 821) entsprechend.

§ 25. Die Treuhänder und die sonstigen deutschen Behörden sind innerhalb ihrer Zuständigkeit verpflichtet, bei Vollziehung dieses Gesetzes einander Amtshilfe zu leisten.

Dritter Abschnitt

Betriebsordnung und Tarifordnung

§ 26. In jedem Betriebe, in dem in der Regel mindestens zwanzig Angestellte und Arbeiter beschäftigt sind, ist vom Führer des Betriebes eine Betriebsordnung für die Gefolgschaft des Betriebes (§ 1) schriftlich zu erlassen.

§ 27. (1) In die Betriebsordnung sind folgende Arbeitsbedingungen aufzunehmen:

1. Anfang und Ende der regelmäßigen täglichen Arbeitszeit und der Pausen;
2. Zeit und Art der Gewährung des Arbeitsentgelts;
3. die Grundsätze für die Berechnung der Akkord- oder Gedingearbeit, soweit im Betriebe im Akkord oder Gedinge gearbeitet wird;
4. Bestimmungen über die Art, Höhe und Einziehung von Bußen, wenn solche vorgesehen werden;
5. die Gründe, aus denen die Kündigung des Arbeitsverhältnisses ohne Einhaltung einer Kündigungsfrist erfolgen darf, soweit es nicht bei den gesetzlichen Gründen bewenden soll;
6. die Verwendung der durch rechtswidrige Auflösung des Arbeitsverhältnisses verwirkten Entgeltbeträge, soweit die Verwirkung im

Rahmen der gesetzlichen Bestimmungen in der Betriebsordnung oder im Arbeitsvertrag vorgesehen ist.

(2) Soweit in anderen Gesetzen oder Verordnungen Vorschriften über den zwingenden Inhalt der Arbeitsordnung enthalten sind, die über die Vorschriften des Abs. 1 hinausgehen, behalten sie ihre Gültigkeit.

(3) In die Betriebsordnung können neben den gesetzlich vorgeschriebenen Bestimmungen auch Bestimmungen über die Höhe des Arbeitsentgelts und über sonstige Arbeitsbedingungen aufgenommen werden, ferner weitere Bestimmungen über die Ordnung des Betriebes, das Verhalten der Beschäftigten im Betriebe und über die Verhütung von Unfällen.

§ 28. (1) Die Verhängung von Bußen gegen die Beschäftigten ist nur wegen Verstoßes gegen die Ordnung oder die Sicherheit des Betriebes zulässig. Bußen in Geld dürfen die Hälfte des durchschnittlichen Tagesarbeitsverdienstes nicht übersteigen; für erhebliche, bestimmt zu bezeichnende Verstöße können jedoch Bußen bis zum vollen Betrage des durchschnittlichen Tagesarbeitsverdienstes vorgesehen werden. Die Verwendung der Bußen bestimmt der Reichsarbeitsminister.

(2) Die Verhängung von Bußen erfolgt durch den Führer des Betriebes oder eine von ihm beauftragte Person nach Beratung im Vertrauensrat (§ 6), wenn ein solcher vorhanden ist.

(3) Die Vorschriften der Absätze 1 und 2 gelten auch für die Verhängung von im Arbeitsvertrag vereinbarten Bußen in Betrieben, für die eine Betriebsordnung nicht vorgeschrieben ist.

(4) In Betrieben, für die eine Betriebsordnung vorgeschrieben ist, können die gesetzlich vorgesehenen Gründe, aus denen die Kündigung des Arbeitsverhältnisses ohne Einhaltung einer Kündigungsfrist zulässig ist, nicht durch Arbeitsvertrag ausgedehnt oder vermehrt werden.

§ 29. Soweit in der Betriebsordnung der Arbeitsentgelt für Arbeiter oder Angestellte festgesetzt wird, sind Mindestsätze mit der Maßgabe aufzunehmen, daß für die seinen Leistungen entsprechende Vergütung des einzelnen Betriebsangehörigen Raum bleibt. Auch im übrigen ist auf die Möglichkeit einer angemessenen Belohnung besonderer Leistungen Bedacht zu nehmen.

§ 30. Die Bestimmungen der Betriebsordnung sind für die Betriebsangehörigen als Mindestbedingungen rechtsverbindlich.

§ 31. (1) Ein Abdruck der Betriebsordnung und einer für den Betrieb etwa geltenden Tarifordnung ist in jeder Betriebsabteilung an geeigneter, den Angehörigen des Betriebes zugänglicher Stelle auszuhängen.

(2) Die Betriebsordnung tritt, soweit nicht in ihr ein anderer Zeitpunkt festgesetzt ist, am Tage nach ihrem Aushang in Kraft. Auf Verlangen ist den im Betriebe Beschäftigten ein Abdruck der Betriebsordnung auszuhändigen.

§ 32. (1) Der Treuhänder der Arbeit kann nach Beratung in einem Sachverständigenausschuß (§ 23 Abs. 3) Richtlinien für den Inhalt von Betriebsordnungen und Einzelarbeitsverträgen festsetzen.

(2) Ist zum Schutze der Beschäftigten einer Gruppe von Betrieben innerhalb des dem Treuhänder der Arbeit zugewiesenen Bezirks die Festsetzung von Mindestbedingungen zur Regelung der Arbeitsverhältnisse zwingend geboten, so kann der Treuhänder nach Beratung in einem Sachverständigenausschuß (§ 23 Abs. 3) eine Tarifordnung schriftlich erlassen;

der § 29 gilt entsprechend. Die Bestimmungen der Tarifordnung sind für die von ihr erfaßten Arbeitsverhältnisse als Mindestbedingungen rechtsverbindlich. Entgegenstehende Bestimmungen in Betriebsordnungen sind nichtig. Der Treuhänder der Arbeit kann in der Tarifordnung die Arbeitsgerichtsbarkeit für bürgerliche Rechtsstreitigkeiten aus einem Arbeits- oder Lehrverhältnis, das sich nach der Tarifordnung bestimmt, in dem gleichen Umfange ausschließen, wie dies nach dem Arbeitsgerichtsgesetz den Tarifvertragsparteien möglich war.

(3) Die Richtlinien und die Tarifordnungen sind vom Treuhänder der Arbeit bekanntzumachen.

§ 33. (1) Ist der Erlaß von Richtlinien nach § 32 Abs. 1 oder einer Tarifordnung für einen Geltungsbereich, der nicht nur unwesentlich über den Bezirk eines Treuhänders hinausgeht, geboten, so bestimmt der Reichsarbeitsminister für die Regelung einen Sondertreuhänder der Arbeit. Ferner kann der Reichsarbeitsminister Sondertreuhänder zur Erledigung bestimmter Aufgaben bestellen.

(2) Auf den Sondertreuhänder der Arbeit finden die §§ 18 Abs. 2, 22, 23 Abs. 3, 24, 25 und 32 entsprechende Anwendung.

(3) Die Treuhänder der Arbeit haben die Durchführung der von einem Sondertreuhänder erlassenen Richtlinien und Tarifordnungen innerhalb ihres Bezirks zu überwachen, sofern nicht in besonderen Fällen der Reichsarbeitsminister den Sondertreuhänder auch mit dieser Aufgabe betraut.

§ 34. Für Hausgewerbetreibende, die in der Regel allein oder mit ihren Familienangehörigen und nicht mehr als zwei fremden Hilfskräften arbeiten, gelten im Verhältnis zu ihren Auftraggebern die Bestimmungen des § 32 Abs. 2 und 3 und des § 33 entsprechend. Diesen Hausgewerbetreibenden kann der Reichsarbeitsminister oder der Treuhänder der Arbeit sonstige Hausgewerbetreibende, Zwischenmeister und andere arbeitnehmerähnliche Personen ihrer wirtschaftlichen Unselbständigkeit wegen gleichstellen.

Vierter Abschnitt

Soziale Ehrengerichtsbarkeit

§ 35. Jeder Angehörige einer Betriebsgemeinschaft trägt die Verantwortung für die gewissenhafte Erfüllung der ihm nach seiner Stellung innerhalb der Betriebsgemeinschaft obliegenden Pflichten. Er hat sich durch sein Verhalten der Achtung würdig zu erweisen, die sich aus seiner Stellung in der Betriebsgemeinschaft ergibt. Insbesondere hat er im steten Bewußtsein seiner Verantwortung seine volle Kraft dem Dienst des Betriebes zu widmen und sich dem gemeinen Wohle unterzuordnen.

§ 36. (1) Gröbliche Verletzungen der durch die Betriebsgemeinschaft begründeten sozialen Pflichten werden als Verstöße gegen die soziale Ehre von den Ehrengerichten gesühnt. Derartige Verstöße liegen vor, wenn

1. Unternehmer, Führer des Betriebes oder sonstige Aufsichtspersonen unter Mißbrauch ihrer Machtstellung im Betriebe böswillig die Arbeitskraft der Angehörigen der Gefolgschaft ausnutzen oder ihre Ehre kränken;
2. Angehörige der Gefolgschaft den Arbeitsfrieden im Betriebe durch böswillige Verhetzung der Gefolgschaft gefährden, sich insbesondere als Vertrauensmänner bewußt unzulässige Eingriffe in die Betriebs-

führung anmaßen oder den Gemeinschaftsgeist innerhalb der Betriebsgemeinschaft fortgesetzt böswillig stören;

3. Angehörige der Betriebsgemeinschaft wiederholt leichtfertig unbegründete Beschwerden oder Anträge an den Treuhänder der Arbeit richten oder seinen schriftlichen Anordnungen hartnäckig zuwiderhandeln;
4. Mitglieder des Vertrauensrates vertrauliche Angaben, Betriebs- oder Geschäftsgeheimnisse, die ihnen bei Erfüllung ihrer Aufgaben bekanntgeworden und als solche bezeichnet worden sind, unbefugt offenbaren.

(2) Beamte und Soldaten unterliegen nicht der sozialen Ehrengerichtsbarkeit.

§ 37. Die ehrengerichtliche Verfolgung der im § 36 bezeichneten Verletzungen der sozialen Ehre verjährt in einem Jahre. Die Verjährung beginnt mit dem Tage, an welchem die Ehrverletzung begangen ist.

§ 38. Die ehrengerichtlichen Strafen sind:

1. Warnung,
2. Verweis,
3. Ordnungsstrafe in Geld bis zu zehntausend Reichsmark,
4. Aberkennung der Befähigung, Führer des Betriebes zu sein (§§ 1 bis 3) oder das Amt eines Vertrauensmannes auszuüben (§§ 5 ff.),
5. Entfernung vom bisherigen Arbeitsplatz; das Ehrengericht kann dabei eine von der gesetzlichen oder vereinbarten Kündigungsfrist abweichende Frist vorschreiben.

§ 39. (1) Ist gegen einen Angehörigen eines Betriebes wegen einer strafbaren Handlung die öffentliche Klage erhoben, so ist das ehrengerichtliche Verfahren wegen der gleichen Tatsachen auszusetzen.

(2) Ist im Strafverfahren auf Freisprechung erkannt, so findet wegen der Tatsachen, die in diesem Verfahren zur Erörterung gekommen sind, ein ehrengerichtliches Verfahren nur insofern statt, als diese Tatsachen an sich und unabhängig von dem Tatbestand einer im Strafgesetz vorgesehenen Handlung die ehrengerichtliche Bestrafung begründen.

(3) Ist im Strafverfahren eine Verurteilung erfolgt, so hat der Vorsitzende des Ehrengerichts zu entscheiden, ob das ehrengerichtliche Verfahren durchzuführen ist.

§ 40. Insoweit sich nicht aus den nachfolgenden Bestimmungen Abweichungen ergeben, finden auf das ehrengerichtliche Verfahren die Vorschriften der Strafprozeßordnung über das Verfahren in den zur Zuständigkeit der Landgerichte gehörigen Strafsachen und die Vorschriften der §§ 155 Nr. II, 176, 184 bis 198 des Gerichtsverfassungsgesetzes entsprechende Anwendung. Eine Mitwirkung der Staatsanwaltschaft findet nicht statt.

§ 41. (1) Über Verletzungen der sozialen Ehre entscheidet auf Antrag des Treuhänders der Arbeit ein Ehrengericht, das für jeden Bezirk eines Treuhänders der Arbeit zu errichten ist.

(2) Das Ehrengericht besteht aus einem vom Reichsminister der Justiz im Einvernehmen mit dem Reichsarbeitsminister zu ernennenden richterlichen Beamten als Vorsitzenden und einem Führer eines Betriebes und einem Vertrauensmann als Beisitzern. Führer des Betriebes und Vertrauensmänner sind durch den Vorsitzenden des Ehrengerichts aus Vorschlagslisten zu entnehmen, die die Deutsche Arbeitsfront nach Maßgabe des § 23 aufstellt; sie sind nach der Reihenfolge der Liste zu entnehmen,

doch sollen tunlichst Personen ausgewählt werden, die dem gleichen Gewerbezweig wie der Angeschuldigte angehören.

§ 42. Die Beisitzer sind vor ihrer Dienstleistung durch den Vorsitzenden auf die gewissenhafte Erfüllung der Obliegenheiten ihres Amtes eidlich zu verpflichten.

§ 43. Anzeigen wegen Verletzung der sozialen Ehre durch Angehörige eines Betriebes sind schriftlich unter Angabe der Beweismittel bei dem Treuhänder der Arbeit anzubringen, in dessen Bezirk der Betrieb seinen Sitz hat. Sobald der Treuhänder der Arbeit durch eine Anzeige oder auf anderem Wege von einer gröblichen Verletzung der sozialen Ehre Kenntnis erhält, hat er den Sachverhalt zu erforschen, dabei insbesondere auch den Beschuldigten zu hören und sich über die Anrufung des Ehrengerichts zu entschließen. Dem Antrag auf Einleitung des ehrengerichtlichen Verfahrens hat der Treuhänder das Ergebnis der von ihm angestellten Ermittlungen beizufügen.

§ 44. Der Vorsitzende des Ehrengerichts hat erforderliche weitere Ermittlungen selbst vorzunehmen oder anzuordnen.

§ 45. Der Vorsitzende des Ehrengerichts kann den Antrag auf Einleitung des ehrengerichtlichen Verfahrens als unbegründet zurückweisen. Bei Zurückweisung seines Antrages kann der Treuhänder der Arbeit binnen einer Woche nach der Zustellung des die Zurückweisung aussprechenden Beschlusses Hauptverhandlung vor dem Ehrengericht beantragen.

§ 46. (1) Hält der Vorsitzende des Ehrengerichts den Antrag des Treuhänders für begründet, so kann er auf Warnung, Verweis oder Ordnungsstrafe in Geld bis zu einhundert Reichsmark erkennen. Gegen diese Entscheidung können der Beschuldigte und der Treuhänder der Arbeit binnen einer Woche nach der Zustellung der Entscheidung beim Ehrengericht schriftlich oder zu Protokoll der Geschäftsstelle Einspruch erheben.

(2) Bei rechtzeitigem Einspruch wird zur Hauptverhandlung vor dem Ehrengericht geschritten, sofern nicht bis zu ihrem Beginne der Einspruch zurückgenommen wird.

§ 47. (1) Entscheidet der Vorsitzende des Ehrengerichts nicht selbst (§ 46 Abs. 1 Satz 1), so hat er Termin zur mündlichen Verhandlung vor dem Ehrengericht anzuberaumen.

(2) Das Ehrengericht entscheidet auf Grund des Ergebnisses einer mündlichen öffentlichen Verhandlung nach freiem Ermessen. Es kann auf Antrag und von Amts wegen Zeugen und Sachverständige eidlich vernehmen sowie die Herbeischaffung anderer Beweismittel anordnen. Die Öffentlichkeit der Verhandlung kann von dem Vorsitzenden des Ehrengerichts ausgeschlossen werden.

§ 48. (1) Der Treuhänder der Arbeit hat das Recht, der Hauptverhandlung beizuwohnen und Anträge zu stellen.

(2) Der Angeklagte kann sich in der Hauptverhandlung durch einen mit schriftlicher Vollmacht versehenen Verteidiger vertreten lassen.

§ 49. (1) Gegen Urteile des Ehrengerichts ist die Einlegung der Berufung durch den Treuhänder der Arbeit in jedem Falle, durch den Angeklagten nur dann zulässig, wenn auf Ordnungsstrafe in Geld über einhundert Reichsmark oder auf eine der Strafen des § 38 Nr. 4 und 5 erkannt ist. Über die Berufung entscheidet der Reichsehrengerichtshof.

(2) Die Berufung ist binnen zwei Wochen nach Zustellung des Urteils beim Ehrengericht schriftlich oder zu Protokoll der Geschäftsstelle einzulegen. Sie hat aufschiebende Wirkung.

§ 50. Der Reichsehrengerichtshof hat seinen Sitz in Berlin. Er entscheidet in der Besetzung von zwei von dem Reichsminister der Justiz im Einvernehmen mit dem Reichsarbeitsminister zu ernennenden höheren richterlichen Beamten, von denen einer als Vorsitzender, der andere als Beisitzer zu bestellen ist, ferner von je einem Führer des Betriebes und einem Vertrauensmann und einer von der Reichsregierung zu bestimmenden Person als Beisitzern. Der § 41 Abs. 2 Satz 2 findet entsprechende Anwendung.

§ 51. (1) Der Reichsehrengerichtshof hat die Entscheidung des Ehrengerichts in vollem Umfange nachzuprüfen; er ist an dessen Feststellungen nicht gebunden und kann die angefochtene Entscheidung nach freiem Ermessen abändern.

(2) Für das Verfahren vor dem Reichsehrengerichtshof gelten die §§ 42, 44, 47 Abs. 2 und 48 entsprechend.

§ 52. Der Treuhänder der Arbeit kann seinen Antrag an das Ehrengericht bis zur Entscheidung durch den Vorsitzenden des Ehrengerichts oder bis zur Verkündung des Urteils erster Instanz zurücknehmen.

§ 53. (1) Die aus Ordnungsstrafen in Geld eingehenden Beträge sind an die Reichskasse abzuführen, soweit der Reichsarbeitsminister nicht etwas anderes bestimmt.

(2) Die Vollstreckung der eine Ordnungsstrafe in Geld aussprechenden Entscheidung erfolgt durch den Treuhänder der Arbeit auf Grund einer von dem Urkundsbeamten des erkennenden Gerichts erteilten, mit der Bescheinigung der Vollstreckbarkeit versehenen beglaubigten Abschrift der Entscheidungsformel nach den Vorschriften über die Vollstreckung der Urteile in bürgerlichen Rechtsstreitigkeiten.

§ 54. Ist auf Aberkennung der Fähigkeit, Führer des Betriebes oder Vertrauensmann zu sein, oder auf Entfernung vom bisherigen Arbeitsplatz erkannt worden, so hat der Treuhänder der Arbeit die Durchführung des Urteils zu überwachen.

§ 55. (1) Die sachlichen und persönlichen Kosten der Ehrengerichte sowie des Reichsehrengerichtshofs trägt das Reich.

(2) Die Kosten des Verfahrens können ganz oder zum Teil dem Verurteilten auferlegt werden.

Fünfter Abschnitt

Kündigungsschutz

§ 56. (1) Wird einem Angestellten oder Arbeiter nach einjähriger Beschäftigung in dem gleichen Betrieb oder dem gleichen Unternehmen gekündigt, so kann er, wenn es sich um einen Betrieb mit in der Regel mindestens zehn Beschäftigten handelt, binnen zwei Wochen nach Zugang der Kündigung beim Arbeitsgericht mit dem Antrag auf Widerruf der Kündigung klagen, wenn diese unbillig hart und nicht durch die Verhältnisse des Betriebes bedingt ist.

(2) Der Klage ist, wenn in dem Betrieb ein Vertrauensrat errichtet ist, eine Bescheinigung des Vertrauensrates beizufügen, aus der sich ergibt, daß die Frage der Weiterbeschäftigung im Vertrauensrat erfolglos beraten worden ist. Von der Beibringung der Bescheinigung kann abgesehen werden, wenn der Gekündigte nachweist, daß er binnen fünf Tagen nach Zugang der Kün-

digung den Vertrauensrat angerufen, dieser aber die Bescheinigung innerhalb von fünf Tagen nach dem Anruf nicht erteilt hat.

§ 57. (1) Erkennt das Gericht auf Widerruf der Kündigung, so ist im Urteil von Amts wegen eine Entschädigung für den Fall festzusetzen, daß der Unternehmer den Widerruf ablehnt.

(2) Der Unternehmer hat, sofern nicht die vorläufige Vollstreckbarkeit des Urteils nach § 62 Abs. 1 Satz 2 des Arbeitsgerichtsgesetzes ausgeschlossen ist, binnen drei Tagen nach Zustellung des Urteils dem Gekündigten zu erklären, ob er den Widerruf der Kündigung oder die Entschädigung wählt. Erklärt er sich nicht innerhalb der Frist, so gilt die Entschädigung als gewählt. Die Frist wird durch einen vor ihrem Ablauf zur Post gegebenen Brief gewahrt. Der Unternehmer wird dadurch, daß er den Widerruf der Kündigung wählt, nicht gehindert, gegen das Urteil Berufung einzulegen. Wird auf die Berufung die Klage abgewiesen, so verliert mit diesem Zeitpunkt der Widerruf der Kündigung seine Wirkung.

(3) Wird in dem in der Berufungsinstanz ergehenden Urteil die Entschädigung anderweit festgesetzt, so läuft die im Abs. 2 bestimmte Frist von der Zustellung des Berufungsurteils von neuem.

§ 58. Bei der Festsetzung der Entschädigung ist sowohl auf die wirtschaftliche Lage des Gekündigten als auch auf die wirtschaftliche Leistungsfähigkeit des Betriebes angemessen Rücksicht zu nehmen. Die Entschädigung bemißt sich nach der Dauer des Arbeitsverhältnisses. Sie darf sechs Zwölftel des letzten Jahresarbeitsverdienstes nicht übersteigen; ist die Kündigung offensichtlich willkürlich oder aus nichtigen Gründen unter Mißbrauch der Machtstellung im Betriebe erfolgt, so kann das Gericht eine Entschädigung bis zur vollen Höhe des letzten Jahresarbeitsverdienstes festsetzen.

§ 59. Bei Widerruf der Kündigung ist der Unternehmer verpflichtet, dem Gekündigten für die Zeit zwischen der Entlassung und der Weiterbeschäftigung Lohn oder Gehalt zu gewähren. § 615 Satz 2 des Bürgerlichen Gesetzbuches findet entsprechende Anwendung. Der Unternehmer kann ferner öffentlichrechtliche Leistungen, die der Gekündigte aus Mitteln der Arbeitslosenhilfe oder der öffentlichen Fürsorge in der Zwischenzeit erhalten hat, zur Anrechnung bringen und muß diese Beträge der leistenden Stelle zurückerstatten.

§ 60. Der Gekündigte ist berechtigt, falls er inzwischen einen neuen Dienstvertrag abgeschlossen hat, die Weiterbeschäftigung bei dem früheren Unternehmer zu verweigern. Er hat hierüber unverzüglich nach Empfang der im § 57 Abs. 2 und 3 vorgesehenen Erklärung des Unternehmers, spätestens aber drei Tage danach, dem Unternehmer mündlich oder durch Aufgabe zur Post eine Erklärung abzugeben. Erklärt er sich nicht, so erlischt das Recht der Verweigerung. Macht er von seinem Verweigerungsrecht Gebrauch, so ist ihm Lohn oder Gehalt nur für die Zeit zwischen der Entlassung und dem Tage des Eintritts in das neue Dienstverhältnis zu gewähren. § 59 Satz 2 und 3 findet entsprechende Anwendung.

§ 61. (1) Ein Arbeiter oder Angestellter, dem ohne Einhaltung der Kündigungsfrist gekündigt ist, kann in dem Verfahren, in dem er die Unwirksamkeit dieser Kündigung geltend macht, gleichzeitig für den Fall, daß die Kündigung als für den nächsten zulässigen Kündigungszeitpunkt wirksam angesehen wird, den Widerruf dieser Kündigung gemäß § 56 beantragen. Der Antrag ist nur bis zum Schluß der mündlichen Verhandlung erster Instanz zulässig. Die im § 56 Abs. 1 bestimmte Frist gilt als gewahrt, wenn die Klage binnen zweier Wochen nach der Kündigung erhoben war. Die Vorschrift des § 56 Abs. 2 findet in diesem Falle keine Anwendung.

(2) Wird im Falle des Abs. 1 dem Antrage auf Widerruf der Kündigung stattgegeben, so wird durch die gemäß § 57 festgesetzte Entschädigung der Lohnanspruch für die Zeit bis zum Wirksamwerden der Kündigung nicht berührt.

§ 62. Die §§ 56 bis 61 finden keine Anwendung bei Kündigungen auf Grund einer Verpflichtung, die auf Gesetz oder Tarifordnung beruht.

Sechster Abschnitt

Arbeit im öffentlichen Dienst

§ 63. Auf Angestellte und Arbeiter in den Verwaltungen und Betrieben des Reichs, der Länder, der Reichsbank, der Deutschen Reichsbahn-Gesellschaft, des Unternehmens „Reichsautobahnen", der Gemeinden (Gemeindeverbände) und anderer Körperschaften, Stiftungen und Anstalten des öffentlichen Rechts finden die Vorschriften des Ersten bis Fünften Abschnitts dieses Gesetzes keine Anwendung. Insoweit erfolgt eine Regelung durch besonderes Gesetz.

Siebenter Abschnitt

Schluß- und Übergangsvorschriften

§ 64. (1) Das Gesetz zur Ordnung der nationalen Arbeit tritt, soweit es sich um Maßnahmen zu seiner Durchführung und die Schluß- und Übergangsvorschriften der §§ 64, 70 und 72 handelt, mit dem Tage der Verkündung, soweit es sich um die Vorschrift des § 73 handelt, mit dem 1. April 1934 in Kraft. Im übrigen tritt es samt den in den §§ 65 bis 69 vorgesehenen Änderungen von Gesetzen und Verordnungen mit dem 1. Mai 1934 in Kraft, soweit der Reichsarbeitsminister im Einvernehmen mit dem Reichswirtschaftsminister keinen anderen Zeitpunkt bestimmt.

(2) Der Reichsarbeitsminister ist ermächtigt, im Einvernehmen mit dem Reichswirtschaftsminister, soweit der Sechste Abschnitt in Frage kommt, auch im Einvernehmen mit dem Reichsminister der Finanzen und dem Reichsminister des Innern zur Durchführung und Ergänzung dieses Gesetzes Rechtsverordnungen und allgemeine Verwaltungsvorschriften zu erlassen und hierbei von bestehenden gesetzlichen Vorschriften abzuweichen.

§ 65. Folgende Gesetze und Verordnungen treten außer Kraft:

1. das Betriebsrätegesetz samt den auf Grund dieses Gesetzes erlassenen Verordnungen und Bestimmungen,
2. das Gesetz über die Betriebsbilanz und die Betriebsgewinn- und -verlustrechnung vom 5. Februar 1921 (Reichsgesetzbl. S. 159),
3. das Gesetz über die Entsendung von Betriebsratsmitgliedern in den Aufsichtsrat vom 15. Februar 1922 (Reichsgesetzbl. S. 209) nebst Wahlordnung,
4. das Gesetz über Betriebsvertretungen und über wirtschaftliche Vereinigungen vom 4. April 1933 (Reichsgesetzbl. I S. 161), mit Ausnahme der Artikel III und V, samt den zu den aufgehobenen Vorschriften erlassenen Verordnungen,
5. das Gesetz zur Änderung des Gesetzes über Betriebsvertretungen und über wirtschaftliche Vereinigungen vom 26. September 1933 (Reichsgesetzbl. I S. 667),
6. die Tarifvertragsverordnung samt den auf Grund dieser Verordnung erlassenen Bestimmungen,

7. die Verordnung über das Schlichtungswesen vom 30. Oktober 1923 (Reichsgesetzbl. I S. 1043) und die Zweite Verordnung zur Ausführung der Verordnung über das Schlichtungswesen vom 29. Dezember 1923 (Reichsgesetzbl. 1924 I S. 9),
8. das Gesetz über Treuhänder der Arbeit vom 19. Mai 1933 (Reichsgesetzbl. I S. 285) mit Durchführungsverordnung vom 13. Juni 1933 (Reichsgesetzbl. I S. 368) und das Gesetz über die Übertragung der Restaufgaben der Schlichter auf die Treuhänder der Arbeit vom 20. Juli 1933 (Reichsgesetzbl. I S. 520),
9. das Gesetz über die Beisitzer der Arbeitsgerichts- und Schlichtungsbehörden und der Fachausschüsse für Hausarbeit vom 18. Mai 1933 (Reichsgesetzbl. I S. 276) mit Ausnahme des Artikels I § 4,
10. die Verordnung, betreffend Maßnahmen gegenüber Betriebsabbrüchen und -stillegungen, vom 8. November 1920 (Reichsgesetzbl. S. 1901) in der Fassung der Verordnung über Betriebsstillegungen und Arbeitsstreckung vom 15. Oktober 1923 (Reichsgesetzbl. I S. 983) samt den auf Grund der Verordnung erlassenen Bestimmungen,
11. die Verordnung, betreffend die Stillegung von Betrieben, welche die Bevölkerung mit Gas, Wasser, Elektrizität versorgen, vom 10. November 1920 (Reichsgesetzbl. S. 1865).

§ 66. (1) Die Zuständigkeit der Arbeitsgerichte für die in § 2 Abs. 1 Nr. 1, 4 und 5 des Arbeitsgerichtsgesetzes aufgeführten bürgerlichen Rechtsstreitigkeiten und Fälle entfällt, soweit es sich nicht um anhängige Verfahren handelt. Mit dieser Maßgabe treten die Vorschriften des § 10 des Arbeitsgerichtsgesetzes über die Parteifähigkeit, der §§ 63 und 71 des Arbeitsgerichtsgesetzes über das Verfahren in besonderen Fällen und der §§ 80 bis 90 des Arbeitsgerichtsgesetzes über das Beschlußverfahren außer Kraft.

(2) In den Vorschriften des Arbeitsgerichtsgesetzes über die Berufung der Beisitzer tritt an die Stelle der wirtschaftlichen Vereinigungen von Arbeitgebern oder von Arbeitnehmern oder der Verbände solcher Vereinigungen (Spitzenverbände) die Deutsche Arbeitsfront; die Vorschriften des § 23 Abs. 1 Satz 3 und des Abs. 2 dieses Gesetzes gelten entsprechend.

(3) Der § 11 des Arbeitsgerichtsgesetzes erhält folgende Fassung:

„Vor den Arbeitsgerichten sind als Prozeßbevollmächtigte oder Beistände zugelassen Leiter und Angestellte der von der Deutschen Arbeitsfront getrennt nach Unternehmern einerseits, Arbeitern und Angestellten andererseits einzurichtenden Rechtsberatungsstellen, soweit diese Personen nicht neben derartigen Vertretungen die Besorgung fremder Rechtsangelegenheiten vor Gericht geschäftsmäßig betreiben, sowie Rechtsanwälte, die im Einzelfalle von seiten der Deutschen Arbeitsfront zur Vertretung einer Partei ermächtigt sind. Im übrigen sind Personen, die die Besorgung fremder Rechtsangelegenheiten vor Gericht geschäftsmäßig betreiben, als Prozeßbevollmächtigte oder Beistände ausgeschlossen.

Vor den Landesarbeitsgerichten und dem Reichsarbeitsgericht müssen sich die Parteien durch Rechtsanwälte als Prozeßbevollmächtigte vertreten lassen; zur Vertretung berechtigt ist jeder bei einem deutschen Gericht zugelassene Anwalt.

Der Reichsarbeitsminister kann im Einvernehmen mit dem Reichswirtschaftsminister und dem Reichsminister der Justiz durch Verordnung andere Stellen (Vereinigungen, Körperschaften) den im Abs. 1 bezeichneten

Rechtsberatungsstellen der Deutschen Arbeitsfront für die Prozeßvertretung ihrer Mitglieder gleichstellen."

(4) Für die beim Inkrafttreten der Vorschrift des Absatzes 3 vor den Landesarbeitsgerichten anhängigen Verfahren bleiben die nach den bisherigen Vorschriften als Prozeßbevollmächtigte zugelassenen Vertreter auch weiterhin zugelassen.

(5) Bei der ersten Berufung der Beisitzer der Landesarbeitsgerichte auf Grund dieses Gesetzes entfällt das Erfordernis einer dreijährigen Tätigkeit als Beisitzer einer Arbeitsgerichtsbehörde.

(6) Für die im § 48 Abs. 2 des Arbeitsgerichtsgesetzes genannten Streitigkeiten kann der Treuhänder der Arbeit in einer Tarifordnung die Zuständigkeit eines an sich örtlich unzuständigen Arbeitsgerichts bestimmen.

(7) In den Fällen der §§ 56 ff. dieses Gesetzes wird die vollstreckbare Ausfertigung eines der Klage stattgebenden Urteils dem Gekündigten nur erteilt, wenn er nachweist, daß der Unternehmer den Widerruf der Kündigung abgelehnt oder sich binnen der im § 57 Abs. 2 und 3 dieses Gesetzes festgesetzten Fristen nicht erklärt hat. Der Nachweis kann auch durch Versicherung an Eides Statt geführt werden.

(8) In den Fällen der §§ 56 ff. dieses Gesetzes findet eine Revision an das Reichsarbeitsgericht nicht statt.

(9) Der Reichsarbeitsminister und der Reichsminister der Justiz werden ermächtigt, das Arbeitsgerichtsgesetz unter Vornahme der Änderungen, die sich aus diesem Gesetz und früheren Gesetzen und Verordnungen ergeben, in neuer Fassung im Reichsgesetzblatt bekanntzumachen und dabei etwaige Unstimmigkeiten des Gesetzestextes zu beseitigen; sie können hierbei auch die Vorschriften über die Beisitzerausschüsse (§§ 29, 38) und unter Anpassung an die Vorschriften des § 32 Abs. 2 dieses Gesetzes den Ausschluß der Arbeitsgerichtsbarkeit (IV. Teil des Arbeitsgerichtsgesetzes) neu regeln.

§ 67. (1) Die Vorschriften der §§ 18 bis 48 des Hausarbeitgesetzes vom 27. Juni 1923 (Reichsgesetzbl. I S. 472 und 730) in der Fassung des Gesetzes über Lohnschutz in der Heimarbeit vom 8. Juni 1933 (Reichsgesetzbl. I S. 347) über die Errichtung und Aufgaben von Fachausschüssen und die Verordnung über Fachausschüsse für Hausarbeit vom 28. November 1924 (Reichsgesetzbl. I S. 757) treten außer Kraft.

(2) Der Reichsarbeitsminister wird ermächtigt,

1. das Hausarbeitgesetz vom 27. Juni 1923 in der Fassung des Gesetzes über Lohnschutz in der Heimarbeit vom 8. Juni 1933 unter Vornahme der Änderungen, die sich aus diesem Gesetz ergeben, in neuer Fassung im Reichsgesetzblatt bekanntzumachen und dabei etwaige Unstimmigkeiten des Gesetzestextes zu beseitigen;
2. Rechtsverordnungen und Durchführungsvorschriften zu erlassen, um die Überleitung der Tätigkeit der Fachausschüsse auf die Treuhänder der Arbeit sicherzustellen.

§ 68. (1) Die Verordnung über die Arbeitszeit in der Fassung der Bekanntmachung vom 14. April 1927 (Reichsgesetzbl. I S. 110) wird wie folgt geändert:

1. Der § 2 erhält folgende Fassung:

„Für Gewerbezweige oder Gruppen von Arbeitnehmern, bei denen regelmäßig und in erheblichem Umfang Arbeitsbereitschaft vorliegt, kann durch eine Tarifordnung oder, soweit eine solche nicht besteht oder doch Arbeitsverhältnisse dieser Art nicht berücksichtigt, durch den Reichsarbeitsminister oder den Treuhänder der Arbeit eine vom § 1 Satz 2 und 3 abweichende Regelung getroffen werden."

2. In den §§ 3 und 4 sind die Worte „nach Anhörung der gesetzlichen Betriebsvertretung" zu streichen.

3. Die §§ 5 und 6 erhalten folgende Fassung:

„§ 5

Wird durch Tarifordnung die Arbeitszeit über die im § 1 Satz 2 und 3 festgesetzten Grenzen ausgedehnt, so gelten für die Beschäftigung der Arbeitnehmer, für die die Tarifordnung verbindlich ist, deren Bestimmungen an Stelle der Vorschriften des § 1.

Die Ausnahmen der §§ 3, 4 und 10 gelten auch neben Tarifordnungen.

§ 6

Soweit die Arbeitszeit nicht in einer Tarifordnung geregelt ist, kann auf Antrag des Unternehmers für einzelne Betriebe oder Betriebsabteilungen eine vom § 1 Satz 2 und 3 abweichende Regelung der Arbeitszeit durch den zuständigen Gewerbeaufsichtsbeamten oder Bergaufsichtsbeamten widerruflich zugelassen werden, sofern sie aus betriebstechnischen Gründen, insbesondere bei Betriebsunterbrechungen durch Naturereignisse, Unglücksfälle oder andere unvermeidliche Störungen, oder aus allgemein wirtschaftlichen Gründen geboten ist. Für den Bereich mehrerer Gewerbeaufsichtsämter oder Bergaufsichtsämter sowie für ganze Gewerbezweige oder Berufe steht die gleiche Befugnis der obersten Landesbehörde, für Fälle, die sich auf mehrere Länder erstrecken, dem Reichsarbeitsminister zu. Gegen den Bescheid ist, soweit er nicht von einer obersten Reichs- oder Landesbehörde erlassen ist, jederzeit die Beschwerde an die vorgesetzte Behörde zulässig, die endgültig entscheidet. Die Beschwerde hat keine aufschiebende Wirkung.

Wird nachträglich eine Regelung in einer Tarifordnung getroffen, so tritt diese ohne weiteres an die Stelle der behördlichen."

4. Der § 6 a Abs. 2 erhält folgende Fassung:

„Als angemessene Vergütung gilt, wenn nicht die Beteiligten eine andere Regelung vereinbaren oder besondere Umstände eine solche rechtfertigen oder der Reichsarbeitsminister oder der Treuhänder der Arbeit eine abweichende Regelung treffen, ein Zuschlag von fünfundzwanzig vom Hundert."

5. Im § 6a fallen die Abs. 3 und 4 weg. In dem bisherigen Abs. 5 sind die Worte „nach Anhörung der wirtschaftlichen Vereinigungen der Arbeitgeber und der Arbeitnehmer" zu streichen.

6. Der § 8 Abs. 1 erhält folgende Fassung:

„Im Bergbau unter Tage ist für Betriebspunkte mit einer Wärme über 28 Grad Celsius durch die zuständige Bergbehörde eine Verkürzung der Arbeitszeit anzuordnen. Weitergehende bergpolizeiliche Bestimmungen bleiben unberührt."

7. In den §§ 9 Abs. 1 und 15 Abs. 1 sind die Worte „nach Anhörung der wirtschaftlichen Vereinigungen der Arbeitgeber und Arbeitnehmer" zu streichen.

(2) Die Ziffern III, VIII und IX Satz 2 der Anordnung über die Regelung der Arbeitszeit gewerblicher Arbeiter vom 25. November 1918 (Reichsgesetzbl. S. 1334) und 17. Dezember 1918 (Reichsgesetzbl. S. 1436) und die §§ 3, 15 und 16 Abs. 1 Satz 3 der Verordnung über die Regelung der Arbeitszeit der Angestellten vom 18. März 1919 (Reichsgesetzbl. S. 315) treten mit der Maßgabe außer Kraft, daß Anfang und Ende der regelmäßigen täglichen Arbeitszeit und der Pausen in allen Betrieben durch Aushang bekanntzumachen sind.

(3) Der Reichsarbeitsminister wird ermächtigt, im Einvernehmen mit dem Reichswirtschaftsminister die Verordnung über die Arbeitszeit unter Vornahme der Änderungen, die sich aus diesem Gesetz ergeben, und unter Einbeziehung der Vorschriften der Gewerbeordnung über die Arbeitszeit in neuer Fassung im Reichsgesetzblatt bekanntzumachen und dabei etwaige Unstimmigkeiten des Gesetzestextes zu beseitigen.

§ 69. (1) Die Verordnung über die Arbeitszeit in den Bäckereien und Konditoreien in der Fassung des Gesetzes vom 16. Juli 1927 (Reichsgesetzbl. I S. 183) wird wie folgt geändert:

1. Im § 1 Abs. 1 sind die Worte „nach Anhörung der gesetzlichen Betriebsvertretung" zu streichen.
2. Der § 1 Abs. 2 Satz 1 erhält folgende Fassung:

   „In den im Abs. 1 genannten Betrieben kann durch eine Tarifordnung oder, wenn eine solche nicht besteht, durch den Reichsarbeitsminister eine vom § 1 Abs. 1 abweichende Regelung getroffen werden."

(2) Die §§ 134 a bis 134 f, der § 139 k, der § 147 Abs. 1 Nr. 5, der § 148 Abs. 1 Nr. 11 und 12, der § 150 Abs. 1 Nr. 5 und der § 152 der Gewerbeordnung treten außer Kraft.

(3) Im § 133 h der Gewerbeordnung ist an Stelle von „der §§ 134 bis 134 h" zu setzen „des § 134"; im § 149 Abs. 1 Nr. 7 der Gewerbeordnung ist „§ 134 e Abs. 2", im § 154 a der Gewerbeordnung „, 152 und 153" zu streichen.

(4) Der § 13 der Verordnung, betreffend eine vorläufige Landesarbeitsordnung, tritt außer Kraft.

(5) Der § 75 f des Handelsgesetzbuchs erhält folgende Fassung:

„Im Falle einer Vereinbarung, durch die sich ein Prinzipal einem anderen Prinzipal gegenüber verpflichtet, einen Handlungsgehilfen, der bei diesem im Dienst ist oder gewesen ist, nicht oder nur unter bestimmten Voraussetzungen anzustellen, steht beiden Teilen der Rücktritt frei. Aus der Vereinbarung findet weder Klage noch Einrede statt."

(6) Soweit in einem Gesetz oder einer Verordnung der Tarifvertrag angeführt wird, tritt an seine Stelle die Tarifordnung.

(7) Der Reichsarbeitsminister wird ermächtigt, im Einvernehmen mit dem Reichswirtschaftsminister weitere Änderungen von Gesetzen und Verordnungen, die sich aus diesem Gesetz ergeben, durch Verordnung vorzunehmen und dabei etwaige Unstimmigkeiten des Gesetzestextes zu beseitigen; er kann auch die geänderten Gesetze und Verordnungen in neuer Fassung im Reichsgesetzblatt bekanntmachen.

§ 70. Das Anstellungsverhältnis der bisherigen Treuhänder der Arbeit endet vorbehaltlich der Wiederernennung nach § 18 dieses Gesetzes mit dem 31. März 1934.

§ 71. Soweit in Betrieben, in denen nach diesem Gesetz eine Betriebsordnung zu erlassen ist, eine Arbeitsordnung nicht vorhanden ist oder die vorhandene Arbeitsordnung nicht den Vorschriften dieses Gesetzes entspricht, ist eine Betriebsordnung spätestens bis zum 1. Juli 1934 vom Führer des Betriebes zu erlassen. Bis zum Inkrafttreten einer Betriebsordnung gilt die bisherige Arbeitsordnung als Betriebsordnung weiter.

§ 72. (1) Die am 1. Dezember 1933 geltenden oder nach diesem Tag in Kraft getretenen Tarifverträge bleiben bis zum 30. April 1934 in Kraft, soweit nicht der Treuhänder der Arbeit Änderungen vornimmt oder ihren früheren Ablauf anordnet.

(2) Die am 30. April 1934 noch laufenden Tarifverträge und Mindestentgeltfestsetzungen der Fachausschüsse für Hausarbeit treten mit dem Ablauf dieses Tages außer Kraft, soweit nicht der Treuhänder der Arbeit oder der Reichsarbeitsminister ihre Weiterdauer als Tarifordnung anordnet; die Vorschrift des § 33 Abs. 3 gilt entsprechend.

§ 73. (1) Im § 25 des Reichsbeamtengesetzes ist hinter dem Wort „Marine," und vor den Worten „die Vorsteher der diplomatischen Missionen" einzuschalten: „die Treuhänder der Arbeit,".

(2) Die dem Besoldungsgesetze vom 16. Dezember 1927 (Reichsgesetzbl. I S. 349) als Anlage 1 beigefügte Besoldungsordnung A, Aufsteigende Gehälter, wird wie folgt geändert:

In der Besoldungsgruppe 1 ist bei „Reichsarbeitsministerium" am Schluß hinzuzufügen: „Treuhänder der Arbeit".

IV. Gesetz über die Fristen für die Kündigung von Angestellten

Vom 9. Juli 1926 (RGBl. I S. 399)

Der Reichstag hat das folgende Gesetz beschlossen, das mit Zustimmung des Reichsrats hiermit verkündet wird:

§ 1. Die Vorschriften dieses Gesetzes finden Anwendung auf Angestellte, die nach § 1 des Versicherungsgesetzes für Angestellte versicherungspflichtig sind oder sein würden, wenn ihr Jahresarbeitsverdienst die Gehaltsgrenze nach § 3 des Versicherungsgesetzes für Angestellte nicht überstiege.

§ 2. Ein Arbeitgeber, der in der Regel mehr als zwei Angestellte, ausschließlich der Lehrlinge, beschäftigt, darf einem Angestellten, den er oder, im Falle einer Rechtsnachfolge, er und seine Rechtsvorgänger mindestens fünf Jahre beschäftigt haben, nur mit mindestens drei Monaten Frist für den Schluß eines Kalendervierteljahres kündigen. Die Kündigungsfrist erhöht sich nach einer Beschäftigungsdauer von acht Jahren auf vier Monate, nach einer Beschäftigungsdauer von zehn Jahren auf fünf Monate und nach einer Beschäftigungsdauer von zwölf Jahren auf sechs Monate. Bei der Berechnung der Beschäftigungsdauer werden Dienstjahre, die vor Vollendung des fünfundzwanzigsten Lebensjahres liegen, nicht berücksichtigt.

Die nach Abs. 1 eintretende Verlängerung der Kündigungsfrist des Arbeitgebers gegenüber dem Angestellten berührt eine vertraglich bedungene Kündigungsfrist des Angestellten gegenüber dem Arbeitgeber nicht.

Unberührt bleiben die Bestimmungen über fristlose Kündigung.

§ 3. Kündigungen, die zwischen dem 15. Mai 1926 und dem Inkrafttreten dieses Gesetzes mit kürzerer als der im § 2 Abs. 1 vorgesehenen Frist ausgesprochen sind, gelten als mit dieser Frist erfolgt.

V. Gesetz über die Umwandlung von Kapitalgesellschaften

Vom 5. Juli 1934 (RGBl. I S. 569), mit DurchfVV. vom 14. Dezember 1934 (RGBl. I S. 1262), 17. Mai 1935 (RGBl. I S. 721), 2. Dezember 1936 (RGBl. I S. 1003) und 24. Juni 1937 (RGBl. I S. 661)

Um in geeigneten Fällen die Abkehr von anonymen Kapitalformen zur Eigenverantwortung des Unternehmers zu erleichtern, hat die Reichsregierung das folgende Gesetz beschlossen, das hiermit verkündet wird:

§ 1. (1) Eine Aktiengesellschaft, eine Kommanditgesellschaft auf Aktien oder eine Gesellschaft mit beschränkter Haftung kann nach Maßgabe der folgenden Vorschriften in eine offene Handelsgesellschaft, in eine Kommanditgesellschaft oder in der Weise umgewandelt werden, daß ihr Vermögen unter Ausschluß der Liquidation auf den alleinigen Gesellschafter übertragen wird.

(2) Die Vorschriften dieses Gesetzes finden keine Anwendung auf die Umwandlung von Gesellschaften, die nach dem 1. Juli 1934 entstanden sind. Die Umwandlung kann nur bis zum 31. Dezember 1936 beschlossen werden*).

Erster Abschnitt

Umwandlung von Aktiengesellschaften

1. Umwandlung durch Übertragung des Vermögens auf eine bestehende offene Handelsgesellschaft

§ 2. Die Generalversammlung einer Aktiengesellschaft kann die Übertragung des Vermögens auf eine offene Handelsgesellschaft beschließen, wenn sich alle Aktien in der Hand der offenen Handelsgesellschaft befinden (Umwandlung); eines besonderen Veräußerungsvertrages bedarf es nicht.

§ 3. Der Vorstand der Aktiengesellschaft hat die Umwandlung zur Eintragung in das Handelsregister anzumelden. Der Anmeldung sind eine Ausfertigung des Protokolls und die der Umwandlung zugrunde gelegte Bilanz beizufügen.

§ 4. Mit der Eintragung geht das Vermögen der Aktiengesellschaft einschließlich der Schulden auf die offene Handelsgesellschaft über. Die Aktiengesellschaft ist damit aufgelöst. Einer besonderen Eintragung der Auflösung bedarf es nicht.

§ 5. (1) Mit der Auflösung der Aktiengesellschaft erlischt die Firma.

(2) Führt die offene Handelsgesellschaft das von der Aktiengesellschaft betriebene Handelsgeschäft weiter, so kann sie ihrer Firma einen das Nachfolgeverhältnis andeutenden Zusatz beifügen. Die Vorschriften des § 22 des Handelsgesetzbuchs finden keine Anwendung.

§ 6. Den Gläubigern der Aktiengesellschaft, die sich binnen sechs Monaten nach der Bekanntmachung der Eintragung des Umwandlungsbeschlusses in das Handelsregister zu diesem Zwecke melden, ist Sicherheit zu leisten, soweit sie nicht Befriedigung verlangen können. Die Gläubiger sind in der Bekanntmachung der Eintragung auf dieses Recht hinzuweisen.

---

*) Durch § 1 der 4. DurchfV. vom 24. Juni 1937 (RGBl. I S. 661) bis zum 31. März 1941 verlängert.

§ 7. (1) Die geschäftsführenden Gesellschafter der offenen Handelsgesellschaft haben das Vermögen der Aktiengesellschaft getrennt zu verwalten.

(2) Die beiden Vermögen dürfen erst vereinigt werden, wenn sechs Monate nach der Bekanntmachung der Eintragung des Umwandlungsbeschlusses verstrichen sind, und nur unter Beachtung der nach § 6 für die Befriedigung und Sicherstellung der Gläubiger geltenden Vorschriften.

(3) Der bisherige Gerichtsstand der Aktiengesellschaft bleibt bis dahin bestehen.

(4) Bis zu demselben Zeitpunkt gilt im Verhältnis der Gläubiger der Aktiengesellschaft zu der offenen Handelsgesellschaft und deren übrigen Gläubigern sowie zu den Privatgläubigern der Gesellschafter das übernommene Vermögen noch als Vermögen der Aktiengesellschaft. Zahlungen aus dem übernommenen Vermögen an die Gesellschafter oder Entnahmen, die zu Lasten des Kapitalanteils oder des Reingewinnes erfolgen oder eine Verteilung des Gesellschaftsvermögens enthalten, sind bis zu diesem Zeitpunkt unzulässig.

2. Umwandlung durch Übertragung des Vermögens auf den alleinigen Gesellschafter

§ 8. (1) Wird das Vermögen einer Aktiengesellschaft, deren Aktien sich in einer Hand befinden, auf den alleinigen Gesellschafter übertragen, so finden die Vorschriften der §§ 2 bis 7 mit der Maßgabe entsprechende Anwendung, daß an die Stelle der offenen Handelsgesellschaft und der geschäftsführenden Gesellschafter der übernehmende Gesellschafter tritt.

(2) Entnahmen aus dem übernommenen Vermögen sind unzulässig, solange die beiden Vermögen nicht vereinigt werden dürfen.

3. Umwandlung unter gleichzeitiger Errichtung einer offenen Handelsgesellschaft

§ 9. Die Generalversammlung einer Aktiengesellschaft kann die Errichtung einer offenen Handelsgesellschaft, an der alle Aktionäre als Gesellschafter beteiligt sind, und zugleich die Übertragung des Vermögens der Aktiengesellschaft auf die offene Handelsgesellschaft beschließen (Umwandlung). Die Vorschriften der §§ 2 bis 7 finden Anwendung: außerdem gelten die folgenden besonderen Vorschriften.

§ 10. (1) Dem Umwandlungsbeschluß müssen alle anwesenden Aktionäre zustimmen. Er bedarf zu seiner Wirksamkeit auch der Zustimmung der nicht erschienenen Aktionäre, die gerichtlich oder notariell beurkundet werden muß.

(2) In dem Beschluß sind die Firma und der Ort, wo die offene Handelsgesellschaft ihren Sitz hat, festzusetzen und die weiteren zur Durchführung der Umwandlung und der Errichtung der Gesellschaft erforderlichen Maßnahmen zu treffen.

(3) Die Firma muß den Vorschriften für die Firmen der offenen Handelsgesellschaft entsprechen. Die Vorschriften des § 5 Abs. 2 bleiben unberührt.

§ 11. (1) Der Anmeldung des Umwandlungsbeschlusses ist ferner eine Ausfertigung der Zustimmungserklärung der nicht erschienenen Aktionäre sowie eine von den Anmeldenden unterschriebene Liste beizufügen, aus der die Gesellschafter der offenen Handelsgesellschaft mit Namen, Vornamen, Stand und Wohnort ersichtlich sind.

(2) Die offene Handelsgesellschaft entsteht mit der Eintragung des Umwandlungsbeschlusses: sie ist von Amts wegen in das Handelsregister einzutragen.

(3) Die Gesellschafter, welche die offene Handelsgesellschaft vertreten sollen, haben die Firma nebst ihrer Unterschrift zur Aufbewahrung bei dem Gericht zu zeichnen.

4. Umwandlung in eine Kommanditgesellschaft

§ 12. Auf die Umwandlung einer Aktiengesellschaft in eine Kommanditgesellschaft finden die Vorschriften der §§ 2 bis 7 und 9 bis 11 entsprechende Anwendung. Beschließt die Generalversammlung die Errichtung einer Kommanditgesellschaft, so muß der Umwandlungsbeschluß außer den im § 10 vorgesehenen Angaben die Bezeichnung der Kommanditisten und den Betrag der Einlage eines jeden von ihnen enthalten.

Zweiter Abschnitt
Umwandlung von Kommanditgesellschaften auf Aktien

§ 13. Auf die Umwandlung einer Kommanditgesellschaft auf Aktien finden die Vorschriften des Ersten Abschnitts entsprechende Anwendung. Der Beschluß der Generalversammlung bedarf auch der Zustimmung der persönlich haftenden Gesellschafter, die gerichtlich oder notariell beurkundet werden muß.

Dritter Abschnitt
Umwandlung von Gesellschaften mit beschränkter Haftung

§ 14. Auf die Umwandlung einer Gesellschaft mit beschränkter Haftung finden die Vorschriften des Ersten Abschnitts entsprechende Anwendung. Die Umwandlung kann nur in einer Gesellschafterversammlung und nur mit Zustimmung aller Gesellschafter beschlossen werden. Der Beschluß sowie die Zustimmung der nicht erschienenen Gesellschafter muß gerichtlich oder notariell beurkundet werden.

Vierter Abschnitt
Strafvorschrift

§ 15. Wer den Vorschriften der § 7 Abs. 1, Abs. 2, Abs. 4 Satz 2, § 8 Abs. 2 zuwiderhandelt, wird mit Gefängnis und Geldstrafe oder einer dieser Strafen bestraft.

Schlußbestimmung

§ 16. Der Reichsminister der Justiz erläßt die zur Durchführung dieses Gesetzes erforderlichen Rechts- und Verwaltungsvorschriften. Soweit er es zur Erreichung des Zwecks des Gesetzes für erforderlich hält, insbesondere um in anderen als den im § 1 bezeichneten Fällen die Umwandlung zu erleichtern, kann er allgemeine Vorschriften ergänzenden und abweichenden Inhalts treffen.

VI. Gesetz über die Auflösung und Löschung von Gesellschaften und Genossenschaften

Vom 9. Oktober 1934 (RGBl. I S. 914)

Die Reichsregierung hat das folgende Gesetz beschlossen, das hiermit verkündet wird:

§ 1. (1) Eine Aktiengesellschaft, Kommanditgesellschaft auf Aktien oder Gesellschaft mit beschränkter Haftung wird außer in den bisher bestimmten Fällen mit der Rechtskraft des Beschlusses aufgelöst, durch den ein Antrag auf Eröffnung des Konkursverfahrens mangels einer den Kosten des Verfahrens entsprechenden Konkursmasse abgewiesen wird. Gegen den abweisenden Beschluß steht außer demjenigen, der den Eröffnungsantrag gestellt hat, auch dem Gemeinschuldner die sofortige Beschwerde zu.

(2) Die Geschäftsstelle des Konkursgerichts hat dem für die Führung des Handelsregisters zuständigen Gericht eine beglaubigte Abschrift des den Eröffnungsantrag abweisenden Beschlusses mit einer Bescheinigung der Rechtskraft zu übersenden. Die Auflösung ist von Amts wegen in das Handelsregister einzutragen.

§ 2. (1) Eine Aktiengesellschaft, Kommanditgesellschaft auf Aktien oder eine Gesellschaft mit beschränkter Haftung, die kein Vermögen besitzt, kann auf Antrag der amtlichen Berufsvertretung des Handelsstandes oder der Steuerbehörde oder von Amts wegen gelöscht werden; mit der Löschung gilt die Gesellschaft als aufgelöst. Eine Liquidation findet nicht statt. Vor der Löschung ist die amtliche Berufsvertretung zu hören.

(2) Das Gericht hat die Absicht der Löschung den gesetzlichen Vertretern der Gesellschaft, soweit solche vorhanden sind und ihre Person und ihr inländischer Aufenthalt bekannt ist, nach den für die Zustellung von Amts wegen geltenden Vorschriften der Zivilprozeßordnung bekanntzumachen und ihnen zugleich eine angemessene Frist zur Geltendmachung des Widerspruchs zu bestimmen. Das Gericht kann anordnen, auch wenn eine Pflicht zur Bekanntmachung und Fristbestimmung nach Satz 1 nicht besteht, daß die Bekanntmachung und die Bestimmung der Frist durch Einrückung in die Blätter, die für die Bekanntmachung der Eintragungen in das Handelsregister bestimmt sind, sowie durch Einrückung in weitere Blätter erfolgt; in diesem Falle ist jeder zur Erhebung des Widerspruchs berechtigt, der an der Unterlassung der Löschung ein berechtigtes Interesse hat. Die Vorschriften des § 141 Absätze 3, 4 des Reichsgesetzes über die Angelegenheiten der freiwilligen Gerichtsbarkeit gelten entsprechend.

(3) Stellt sich nach der Löschung das Vorhandensein von Vermögen heraus, das der Verteilung unterliegt, so findet die Liquidation statt; die Liquidatoren sind auf Antrag eines Beteiligten durch das Gericht zu ernennen.

§ 3. Die Vorschriften des § 2 finden auf eingetragene Genossenschaften mit der Maßgabe entsprechende Anwendung, daß bei Genossenschaften, die einem Revisionsverband angeschlossen sind, im Falle des § 2 Abs. 1 dieser Revisionsverband an die Stelle der amtlichen Berufsvertretung tritt.

§ 4. Der Reichsminister der Justiz erläßt die zur Durchführung und Ergänzung dieses Gesetzes erforderlichen Rechts- und Verwaltungsvorschriften.

VII. Börsengesetz

Vom 27. März 1908 (RGBl. S. 215) mit den Änderungen vom 23. Dezember 1920 (RGBl. S. 2317), 28. Dezember 1921 (RGBl. 1922 S. 25), 21. März 1925 (RGBl. I S. 31), 9. Dezember 1931 (RGBl. I S. 699/716), 26. Mai 1933 (RGBl. I S. 295) und 5. März 1934 (RGBl. I S. 169)

II. Feststellung des Börsenpreises und Maklerwesen

§ 29. Bei Waren oder Wertpapieren, deren Börsenpreis amtlich festgestellt wird, erfolgt diese Feststellung sowohl für Kassa- wie für Zeitgeschäfte durch den Börsenvorstand, soweit die Börsenordnung nicht die Mitwirkung von Vertretern anderer Berufszweige vorschreibt. An Wertpapierbörsen, an denen eine Maklerkammer besteht, erfolgt die amtliche Feststellung der Börsenpreise durch die Kursmakler unter Aufsicht der Maklerkammer.

Bei der Feststellung darf außer dem Staatskommissare, dem Börsenvorstande, den Börsensekretären, den Kursmaklern und den Vertretern der beteiligten Berufszweige, deren Mitwirkung die Börsenordnung vorschreibt, niemand zugegen sein.

Als Börsenpreis ist derjenige Preis festzusetzen, welcher der wirklichen Geschäftslage des Verkehrs an der Börse entspricht.

§ 30. An den Börsen sind Kursmakler zu bestellen, die an den Wertpapierbörsen, an denen eine Maklerkammer besteht, die Börsenpreise der Wertpapiere amtlich festzustellen, an den sonstigen Börsen bei der amtlichen Feststellung des Börsenpreises von Waren und Wertpapieren mitzuwirken haben. Sie werden von der Landesregierung bestellt und entlassen und leisten vor Antritt ihrer Stellung den Eid, daß sie die ihnen obliegenden Pflichten getreu erfüllen werden.

Eine Vertretung der Kursmakler (Maklerkammer) ist bei der Bestellung neuer Kursmakler und bei der Verteilung der Geschäfte unter die einzelnen Makler gutachtlich zu hören. Die näheren Bestimmungen über die Rechte und Pflichten der Kursmakler, ferner über ihre Bestellung und Entlassung, die Organisation ihrer Vertretung und ihr Verhältnis zu den Staatskommissaren und den Börsenorganen werden von der Landesregierung erlassen.

§ 31. Bei Geschäften in Waren oder Wertpapieren kann ein Anspruch auf Berücksichtigung bei der amtlichen Feststellung des Börsenpreises nur erhoben werden, wenn sie durch Vermittlung eines Kursmaklers abgeschlossen sind. Die Berechtigung des Börsenvorstandes, auch andere Geschäfte zu berücksichtigen, bleibt hierdurch unberührt; im Falle des § 29 Abs. 1 Satz 2 steht diese Berechtigung der Maklerkammer zu.

§ 32. Die Kursmakler müssen, solange sie die Tätigkeit als Kursmakler ausüben, die Vermittlung von Börsengeschäften in den Waren oder Wertpapieren betreiben, für die sie bei der amtlichen Feststellung der Börsenpreise mitwirken oder für die ihnen diese Feststellung selbst übertragen ist. Sie dürfen in solchen Geschäftszweigen nur insoweit Handelsgeschäfte für eigene Rechnung oder in eigenem Namen schließen oder eine Bürgschaft für die von ihnen vermittelten Geschäfte übernehmen, als dies zur Ausführung der ihnen erteilten Aufträge nötig ist; die Landesregierung bestimmt, in welcher Weise die Beobachtung dieser Vorschrift zu überwachen ist. Die Gültigkeit der abgeschlossenen Geschäfte wird hierdurch nicht berührt.

Die Kursmakler dürfen, soweit nicht die Landesregierung Ausnahmen zuläßt, kein sonstiges Handelsgewerbe betreiben, auch nicht an einem solchen als Kommanditist oder stiller Gesellschafter beteiligt sein; ebensowenig dürfen sie zu einem Kaufmann in dem Verhältnis eines Prokuristen, Handlungsbevollmächtigten oder Handlungsgehilfen stehen.

§ 33. Das von dem Kursmakler zu führende Tagebuch ist vor dem Gebrauche dem Börsenvorstande zur Beglaubigung der Zahl der Blätter oder Seiten vorzulegen.

Wenn ein Kursmakler stirbt oder aus dem Amte scheidet, ist sein Tagebuch bei dem Börsenvorstande niederzulegen.

Bei Wertpapierbörsen, bei denen eine Maklerkammer besteht, tritt an die Stelle des Börsenvorstandes die Maklerkammer.

§ 34. Die Kursmakler sind zur Vornahme von Verkäufen und Käufen befugt, die durch einen dazu öffentlich ermächtigten Handelsmakler zu bewirken sind.

§ 35. Der Bundesrat ist befugt:
1. eine von den Vorschriften im § 29 Abs. 1 und 2 und in den §§ 30 und 31 abweichende amtliche Feststellung des Börsenpreises von Waren oder Wertpapieren für einzelne Börsen zuzulassen;
2. eine amtliche Feststellung des Börsenpreises bestimmter Waren allgemein oder für einzelne Börsen vorzuschreiben;
3. Bestimmungen zu erlassen, um eine Einheitlichkeit der Grundsätze über die den Feststellungen von Warenpreisen zugrunde zu legenden Mengen und über die für die Feststellung der Preise von Wertpapieren maßgebenden Gebräuche herbeizuführen.

Die Befugnis der Landesregierung zu Anordnungen der im Abs. 1 bezeichneten Art wird hierdurch nicht berührt, soweit der Reichsrat oder die Reichsregierung keine Anordnungen getroffen hat; zu Anordnungen der im Abs. 1 Ziffer 1 bezeichneten Art bedarf jedoch die Landesregierung der Zustimmung der Reichsregierung. Die Anordnungen sind der Reichsregierung zur Kenntnisnahme mitzuteilen.

IV. Börsenterminhandel

§ 50. Die Zulassung von Waren oder Wertpapieren zum Börsenterminhandel erfolgt durch den Börsenvorstand nach näherer Bestimmung der Börsenordnung. Der Börsenvorstand ist befugt, die Zulassung zurückzunehmen.

Vor der Zulassung sind die Geschäftsbedingungen für den Börsenterminhandel in den zuzulassenden Waren oder Wertpapieren festzusetzen.

Der Börsenvorstand hat vor der Zulassung von Waren zum Börsenterminhandel in jedem einzelnen Falle Vertreter der beteiligten Erwerbskreise gutachtlich zu hören und das Ergebnis dem Reichskanzler mitzuteilen. Die Zulassung darf erst erfolgen, nachdem der Reichskanzler erklärt hat, daß er zu weiteren Ermittelungen keinen Anlaß finde.

Die Zulassung von Wertpapieren zum Börsenterminhandel darf nur erfolgen, wenn die Gesamtsumme der Stücke, in denen der Börsenterminhandel stattfinden soll, sich nach ihrem Nennwerte mindestens auf zehn Millionen Reichsmark beläuft.

Anteile einer inländischen Erwerbsgesellschaft dürfen nur mit Zustimmung der Gesellschaft zum Börsenterminhandel zugelassen werden. Eine erfolgte Zulassung ist auf Verlangen der Gesellschaft spätestens nach Ablauf eines Jahres von dem Tage an gerechnet, an welchem das Verlangen dem Börsenvorstande gegenüber erklärt worden ist, zurückzunehmen.

Der Bundesrat kann weitere Bestimmungen über die Voraussetzungen der Zulassung treffen.

§ 51. Soweit Börsentermingeschäfte in bestimmten Waren oder Wertpapieren verboten sind oder die Zulassung zum Börsenterminhandel endgültig verweigert oder zurückgenommen worden ist, ist der Börsenterminhandel von der Benutzung der Börseneinrichtungen und der Vermittelung durch die Kursmakler ausgeschlossen. Findet an einer Börse ein Börsenterminhandel nach Geschäftsbedingungen statt, die von den festgesetzten Geschäftsbedingungen (§ 50 Abs. 2) abweichen, oder findet ein Börsenterminhandel in solchen Waren oder Wertpapieren statt, die zum Börsenterminhandel nicht zugelassen sind, so ist er durch Anordnung des Börsenvorstandes von der Benutzung der Börseneinrichtungen und der Vermittelung durch die Kursmakler auszuschließen. Der Börsenvorstand kann den Erlaß der Anordnung aussetzen, wenn Verhandlungen wegen Zulassung der Waren oder Wertpapiere zum Börsenterminhandel schweben. Die Aussetzung darf höchstens auf ein Jahr erfolgen.

Soweit der Börsenterminhandel auf Grund des Abs. 1 von der Benutzung der Börseneinrichtungen und der Vermittelung durch die Kursmakler ausgeschlossen ist, dürfen für Börsentermingeschäfte, sofern sie im Inland abgeschlossen sind, Preislisten (Kurszettel) nicht veröffentlicht oder in mechanisch hergestellter Vervielfältigung verbreitet werden.

§ 52. Ein Börsentermingeschäft, das nicht gegen ein durch dieses Gesetz oder den Bundesrat erlassenes Verbot verstößt, ist nur nach Maßgabe der §§ 53 bis 56 wirksam.

§ 53. Das Geschäft ist verbindlich, wenn auf beiden Seiten als Vertragschließende Kaufleute, die in das Handelsregister eingetragen sind oder deren Eintragung nach § 36 des Handelsgesetzbuchs nicht erforderlich ist, oder eingetragene Genossenschaften beteiligt sind. Personen, deren Gewerbebetrieb über den Umfang des Kleingewerbes nicht hinausgeht, gehören, auch wenn sie in das Handelsregister eingetragen sind, nicht zu den Kaufleuten im Sinne dieser Vorschrift.

Den im Abs. 1 bezeichneten Kaufleuten stehen gleich:

1. Personen, die zur Zeit des Geschäftsabschlusses oder früher berufsmäßig Börsentermingeschäfte oder Bankiergeschäfte betrieben haben oder zum Besuch einer dem Handel mit Waren der bei dem Geschäft in Frage kommenden Art oder einer dem Handel mit Wertpapieren dienenden Börse mit der Befugnis zur Teilnahme am Börsenhandel dauernd zugelassen waren;
2. Personen, die im Inlande zur Zeit des Geschäftsabschlusses weder einen Wohnsitz noch eine gewerbliche Niederlassung haben.

§ 54. Betrifft das Geschäft Wertpapiere und gehört der eine Teil nicht zu den Personen, die nach § 53 Börsentermingeschäfte abschließen können, ist aber der andere Teil ein Kaufmann oder eine Genossenschaft der im § 53 Abs. 1 bezeichneten Art und hat sich dieser Teil für die Erfüllung des Geschäfts eine Sicherheit bestellen lassen, so ist er befugt, aus der Sicherheit Befriedigung zu suchen; auch ist das Geschäft für ihn verbindlich.

Die Sicherheitsleistung hat die im Abs. 1 bezeichneten Wirkungen nur, wenn die Sicherheit aus Geld oder aus Wertpapieren, die einen Kurswert haben, besteht und der Besteller dem anderen Teile gegenüber schriftlich und ausdrücklich erklärt, daß die Sicherheit zur Deckung von Verlusten aus Börsentermingeschäften dienen soll.

Das Schriftstück, in dem die Erklärung abgegeben wird, darf andere Erklärungen des Bestellers der Sicherheit nicht enthalten.

Besteht die Sicherheit aus Wertpapieren, so müssen sie in der Erklärung nach Gattung und nach Zahl oder Nennwert bezeichnet sein.

Eine Erklärung, die diesen Vorschriften nicht entspricht, ist nichtig.

Zur Wahrung der schriftlichen Form genügt die telegraphische Übermittelung. Wird diese Form gewählt, so kann nachträglich die Abgabe einer schriftlichen Erklärung verlangt werden.

Eine Erklärung, durch die eine Änderung der bestellten Sicherheit bewirkt wird, ist insoweit nicht stempelpflichtig, als der bisherige Gesamtnennwert der Sicherheit nicht überschritten wird.

§ 55. Das auf Grund des Geschäfts Geleistete kann nicht deshalb zurückgefordert werden, weil für den Leistenden nach den §§ 52 bis 54 eine Verbindlichkeit nicht bestanden hat.

§ 56. Gegen Forderungen aus Börsentermingeschäften ist eine Aufrechnung auf Grund anderer Börsentermingeschäfte auch dann zulässig, wenn diese Geschäfte nach den §§ 52 bis 54 für den Aufrechnenden eine Forderung nicht begründen.

§ 57. Ein nicht verbotenes Börsentermingeschäft gilt als von Anfang an verbindlich, wenn der eine Teil bei oder nach dem Eintritte der Fälligkeit sich dem anderen Teile gegenüber mit der Bewirkung der vereinbarten Leistung einverstanden erklärt und der andere Teil diese Leistung an ihn bewirkt hat.

§ 58. Gegen Ansprüche aus Börsentermingeschäften in Waren oder Wertpapieren, die zum Börsenterminhandel zugelassen sind (§ 50), kann von demjenigen, für welchen das Geschäft nach den Vorschriften der §§ 53, 54, 57 verbindlich ist, ein Einwand aus den §§ 762 und 764 des Bürgerlichen Gesetzbuchs*) nicht erhoben werden. Soweit gegen die bezeichneten Ansprüche ein solcher Einwand zulässig bleibt, finden die Vorschriften der §§ 54 und 56 über die Befriedigung aus der Sicherheit und die Zulässigkeit der Aufrechnung entsprechende Anwendung.

§ 59. Die Vorschriften der §§ 52 bis 58 gelten auch für eine Vereinbarung, durch die der eine Teil zum Zwecke der Erfüllung einer Schuld aus einem nicht verbotenen Börsentermingeschäfte dem anderen Teile gegenüber eine Verbindlichkeit eingeht, insbesondere für ein Schuldanerkenntnis.

§ 60. Die Vorschriften der §§ 52 bis 59 finden auch Anwendung auf die Erteilung und Übernahme von Aufträgen sowie auf die Vereinigung zum Zwecke des Abschlusses von nicht verbotenen Börsentermingeschäften.

§ 61. Die Vorschriften der §§ 52 bis 60 finden auch Anwendung, wenn das Geschäft im Auslande geschlossen oder zu erfüllen ist.

§ 62. Bei einem Börsentermingeschäft in Waren kommt der Verkäufer, der nach erfolgter Kündigung eine nicht vertragsmäßige Ware liefert, in Verzug, auch wenn die Lieferungsfrist noch nicht abgelaufen ist.

Eine entgegenstehende Vereinbarung ist nichtig.

§ 63. Börsentermingeschäfte in Anteilen von Bergwerks- und Fabrikunternehmungen sind nur mit Genehmigung des Bundesrats zulässig.

---

*) Die §§ 762 und 764 BGB. lauten:

762. Durch Spiel oder durch Wette wird eine Verbindlichkeit nicht begründet. Das auf Grund des Spieles oder der Wette Geleistete kann nicht deshalb zurückgefordert werden, weil eine Verbindlichkeit nicht bestanden hat.

Diese Vorschriften gelten auch für eine Vereinbarung, durch die der verlierende Teil zum Zwecke der Erfüllung einer Spiel- oder einer Wettschuld dem gewinnenden Teile gegenüber eine Verbindlichkeit eingeht, insbesondere für ein Schuldanerkenntnis.

764. Wird ein auf Lieferung von Waren oder Wertpapieren lautender Vertrag in der Absicht geschlossen, daß der Unterschied zwischen dem vereinbarten Preise und dem Börsen- oder Marktpreise der Lieferungszeit von dem verlierenden Teile an den gewinnenden gezahlt werden soll, so ist der Vertrag als Spiel anzusehen. Dies gilt auch dann, wenn nur die Absicht des einen Teiles auf die Zahlung des Unterschieds gerichtet ist, der andere Teil aber diese Absicht kennt oder kennen muß.

Der Bundesrat kann Börsentermingeschäfte in bestimmten Waren und Wertpapieren verbieten oder die Zulässigkeit von Bedingungen abhängig machen.

§ 64. Durch ein verbotenes Börsentermingeschäft in Anteilen von Bergwerks- oder Fabrikunternehmungen (§ 63 Abs. 1) sowie durch ein Börsentermingeschäft, das gegen ein von dem Bundesrat erlassenes Verbot verstößt (§ 63 Abs. 2), wird eine Verbindlichkeit nicht begründet. Die Unwirksamkeit erstreckt sich auch auf die Bestellung einer Sicherheit.

Das auf Grund des Geschäfts Geleistete kann nicht deshalb zurückgefordert werden, weil nach Abs. 1 Satz 1 eine Verbindlichkeit nicht bestanden hat.

§ 65. Börsentermingeschäfte in Getreide und Erzeugnissen der Getreidemüllerei sind verboten.

§ 66. Durch ein verbotenes Börsentermingeschäft in Getreide oder Erzeugnissen der Getreidemüllerei wird eine Verbindlichkeit nicht begründet. Die Unwirksamkeit erstreckt sich auch auf die Bestellung einer Sicherheit.

Das Recht, das auf Grund des Geschäfts Geleistete deshalb zurückzufordern, weil nach Abs. 1 Satz 1 eine Verbindlichkeit nicht bestanden hat, erlischt mit dem Ablaufe von zwei Jahren seit der Bewirkung der Leistung, es sei denn, daß der zur Rückforderung Berechtigte vor dem Ablaufe der Frist dem Verpflichteten gegenüber schriftlich erklärt hat, daß er die Herausgabe verlange.

§ 67. Die Vorschriften der §§ 50 bis 66 finden keine Anwendung auf den Kauf oder die sonstige Anschaffung von Getreide oder Erzeugnissen der Getreidemüllerei, wenn der Abschluß nach Geschäftsbedingungen erfolgt, die der Bundesrat genehmigt hat, und als Vertragschließende nur beteiligt sind

1. Erzeuger oder Verarbeiter von Waren derselben Art, wie die, welche den Gegenstand des Geschäfts bilden, oder
2. solche Kaufleute oder eingetragene Genossenschaften, zu deren Geschäftsbetriebe der Ankauf, der Verkauf oder die Beleihung von Getreide oder Erzeugnissen der Getreidemüllerei gehört.

In den Geschäftsbedingungen muß festgesetzt sein:

1. daß im Falle des Verzugs der nicht säumige Teil die Annahme der Leistung nicht ablehnen kann, ohne dem säumigen Teile eine angemessene Frist zur Bewirkung der Leistung zu bestimmen;
2. daß nur eine Ware geliefert werden darf, die vor der Erklärung der Lieferungsbereitschaft (Andienung) von beeidigten Sachverständigen untersucht und lieferbar befunden worden ist;
3. daß auch eine nicht vertragsmäßig beschaffene Ware geliefert werden darf, wenn der Minderwert nach der Feststellung der Sachverständigen eine bestimmte Höhe nicht überschreitet und dem Käufer der Minderwert vergütet wird, sowie daß ein von den Sachverständigen festgestellter Mehrwert bis zu einer bestimmten Höhe dem Verkäufer zu vergüten ist.

§ 68. Wird ein auf Lieferung von Getreide oder Erzeugnissen der Getreidemüllerei lautender Vertrag in der Absicht geschlossen, daß der Unterschied zwischen dem vereinbarten Preise und dem Börsen- oder Marktpreise der Lieferungszeit von dem verlierenden Teile an den gewinnenden gezahlt werden soll, so finden die Vorschriften des § 66 auch dann Anwendung, wenn es sich nicht um ein verbotenes Börsentermingeschäft handelt. Dies gilt auch dann, wenn nur die Absicht des einen Teiles auf die Zahlung des Unterschieds gerichtet ist, der andere Teil aber diese Absicht kennt oder kennen muß.

Die Vorschriften der §§ 762, 764*) des Bürgerlichen Gesetzbuchs bleiben bei einem auf die Lieferung von Getreide oder Erzeugnissen der Getreidemüllerei lautenden Vertrag außer Anwendung.

§ 69. Die Vorschriften der §§ 64, 66, 68 gelten auch für eine Vereinbarung, durch die der eine Teil zum Zwecke der Erfüllung einer Schuld aus einem verbotenen Börsentermingeschäft oder einem Geschäfte der im § 68 bezeichneten Art dem anderen Teile gegenüber eine Verbindlichkeit eingeht, insbesondere für ein Schuldanerkenntnis.

§ 70. Die Vorschriften der §§ 64, 66, 68, 69 finden auch Anwendung auf die Erteilung und Übernahme von Aufträgen sowie auf die Vereinigung zum Zwecke des Abschlusses von verbotenen Börsentermingeschäften oder von Geschäften der im § 68 bezeichneten Art.

VI. Straf- und Schlußbestimmungen

§ 88. Wer in betrügerischer Absicht auf Täuschung berechnete Mittel anwendet, um auf den Börsen- oder Marktpreis von Waren oder Wertpapieren einzuwirken, wird mit Gefängnis und zugleich mit Geldstrafe bis zu fünfzehntausend Mark bestraft. Auch kann auf Verlust der bürgerlichen Ehrenrechte erkannt werden.

Sind mildernde Umstände vorhanden, so kann ausschließlich auf die Geldstrafe erkannt werden.

Die gleiche Strafe trifft denjenigen, welcher in betrügerischer Absicht wissentlich unrichtige Angaben in Prospekten (§ 38) oder in öffentlichen Kundgebungen macht, durch welche die Zeichnung oder der Ankauf oder Verkauf von Wertpapieren herbeigeführt werden soll.

Die Strafverfolgung verjährt in fünf Jahren; § 22 des Gesetzes über die Presse vom 7. Mai 1874 (Reichsgesetzbl. S. 65) findet keine Anwendung.

§ 91. Mit Gefängnis und mit Geldstrafe bis zu zehntausend Mark wird bestraft, wer aus dem Abschlusse von verbotenen Börsentermingeschäften in Getreide oder Erzeugnissen der Getreidemüllerei ein Gewerbe macht, nachdem er auf Grund des § 71 rechtskräftig zur Zahlung einer Ordnungsstrafe verurteilt worden ist, darauf abermals ein verbotenes Börsentermingeschäft in Getreide oder Erzeugnissen der Getreidemüllerei abgeschlossen hat und deshalb rechtskräftig verurteilt worden ist.

§ 95. Ein Kommissionär, welcher, um sich oder einem Dritten einen Vermögensvorteil zu verschaffen,

1. das Vermögen des Kommittenten dadurch beschädigt, daß er hinsichtlich eines abzuschließenden Geschäfts wider besseres Wissen unrichtigen Rat oder unrichtige Auskunft erteilt, oder
2. bei der Ausführung eines Auftrags oder bei der Abwicklung eines Geschäfts absichtlich zum Nachteile des Kommittenten handelt,

wird mit Gefängnis bestraft. Neben der Gefängnisstrafe kann auf Geldstrafe bis zu dreitausend Mark sowie auf Verlust der bürgerlichen Ehrenrechte erkannt werden.

In besonders schweren Fällen tritt an die Stelle der Gefängnisstrafe Zuchthaus bis zu zehn Jahren; ein besonders schwerer Fall liegt insbesondere dann vor, wenn die Tat das Wohl des Volkes geschädigt oder einen anderen

*) S. die Fußnote zu § 58 (S. 409).

besonders großen Schaden zur Folge gehabt oder der Täter besonders arglistig gehandelt hat.

Der Versuch ist strafbar in den Fällen der Ziffer 1.

VIII. Gesetz über die Verwahrung und Anschaffung von Wertpapieren

Vom 4. Februar 1937 (RGBl. I S. 171)

Die Reichsregierung hat das folgende Gesetz beschlossen, das hiermit verkündet wird:

§ 1. Allgemeine Vorschriften

(1) Wertpapiere im Sinne dieses Gesetzes sind Aktien, Kuxe, Zwischenscheine, Reichsbankanteilscheine, Zins-, Gewinnanteil- und Erneuerungsscheine, auf den Inhaber lautende oder durch Indossament übertragbare Schuldverschreibungen, ferner andere Wertpapiere, wenn diese vertretbar sind, mit Ausnahme von Banknoten und Papiergeld.

(2) Verwahrer im Sinne dieses Gesetzes ist ein Kaufmann, dem im Betriebe seines Handelsgewerbes Wertpapiere unverschlossen zur Verwahrung anvertraut werden.

(3) Wertpapiersammelbanken sind Banken, die vom Reichsminister der Justiz im Einvernehmen mit dem Reichswirtschaftsminister durch Bekanntmachung im Reichsgesetzblatt als solche bezeichnet sind. Der Reichsminister der Justiz kann im Einvernehmen mit dem Reichswirtschaftsminister die Bezeichnung einer Bank als Wertpapiersammelbank von der Erfüllung von Auflagen abhängig machen, ferner den als Wertpapiersammelbank bezeichneten Banken Auflagen machen und ihnen, wenn sie die Auflagen nicht erfüllen, die Bezeichnung Wertpapiersammelbank entziehen.

1. Abschnitt
Verwahrung

§ 2. Sonderverwahrung

Der Verwahrer ist verpflichtet, die Wertpapiere unter äußerlich erkennbarer Bezeichnung jedes Hinterlegers gesondert von seinen eigenen Beständen und von denen Dritter aufzubewahren. Etwaige Rechte und Pflichten des Verwahrers, für den Hinterleger Verfügungen oder Verwaltungshandlungen vorzunehmen, werden dadurch nicht berührt.

§ 3. Drittverwahrung

(1) Der Verwahrer ist berechtigt, die Wertpapiere unter seinem Namen einem anderen Verwahrer zur Verwahrung anzuvertrauen. Zweigstellen eines Verwahrers gelten sowohl untereinander als auch in ihrem Verhältnis zur Hauptstelle als verschiedene Verwahrer im Sinne dieser Vorschrift.

(2) Der Verwahrer, der Wertpapiere von einem anderen Verwahrer verwahren läßt (Zwischenverwahrer), haftet für ein Verschulden des Drittverwahrers wie für eigenes Verschulden. Für die Beobachtung der erforderlichen Sorgfalt bei der Auswahl des Drittverwahrers bleibt er auch dann verantwortlich, wenn ihm die Haftung für ein Verschulden des Drittverwahrers durch Vertrag erlassen worden ist, es sei denn, daß die Papiere auf ausdrückliche Weisung des Hinterlegers bei einem bestimmten Drittverwahrer verwahrt werden.

§ 4. Beschränkte Geltendmachung von Pfand- und Zurückbehaltungsrechten

(1) Vertraut der Verwahrer die Wertpapiere einem Dritten an, so gilt als dem Dritten bekannt, daß die Wertpapiere dem Verwahrer nicht gehören. Der Dritte kann an den Wertpapieren ein Pfandrecht oder ein Zurückbehaltungsrecht nur wegen solcher Forderungen geltend machen, die mit Bezug auf diese Wertpapiere entstanden sind oder für die diese Wertpapiere nach dem einzelnen über sie zwischen dem Verwahrer und dem Dritten vorgenommenen Geschäft haften sollen.

(2) Abs. 1 gilt nicht, wenn der Verwahrer dem Dritten für das einzelne Geschäft ausdrücklich und schriftlich mitteilt, daß er Eigentümer der Wertpapiere sei.

(3) Vertraut ein Verwahrer, der nicht Bank- oder Sparkassengeschäfte betreibt, Wertpapiere einem Dritten an, so gilt Abs. 1 nicht. Ist er nicht Eigentümer der Wertpapiere, so hat er dies dem Dritten mitzuteilen: in diesem Falle gilt Abs. 1 Satz 2.

§ 5. Sammelverwahrung

(1) Vertretbare Wertpapiere einer und derselben Art darf der Verwahrer ungetrennt von seinen eigenen Beständen derselben Art oder von solchen Dritter aufbewahren oder einem Dritten zur Sammelverwahrung anvertrauen, wenn der Hinterleger ihn dazu ermächtigt hat. Die Ermächtigung muß ausdrücklich und schriftlich erteilt werden; sie darf weder in Geschäftsbedingungen des Verwahrers enthalten sein noch auf andere Urkunden verweisen. Die Ermächtigung muß für jedes Verwahrungsgeschäft besonders erteilt werden, es sei denn, daß die Wertpapiere zur Sammelverwahrung Wertpapiersammelbanken übergeben werden sollen.

(2) Wer zur Sammelverwahrung ermächtigt ist, kann, anstatt das eingelieferte Stück in Sammelverwahrung zu nehmen, dem Hinterleger einen entsprechenden Sammelbestandanteil übertragen.

(3) Auf die Sammelverwahrung bei einem Dritten ist § 3 anzuwenden.

(4) Der Reichsminister der Justiz kann im Einvernehmen mit dem Reichswirtschaftsminister vorschreiben, daß gewisse Arten von Wertpapieren nicht zur Sammelverwahrung genommen werden dürfen. Er kann die Zulassung von Wertpapieren zur Sammelverwahrung von bestimmten Voraussetzungen abhängig machen.

§ 6. Miteigentum am Sammelbestand.
Verwaltungsbefugnis des Verwahrers bei der Sammelverwahrung

(1) Werden Wertpapiere in Sammelverwahrung genommen, so entsteht mit dem Zeitpunkt des Eingangs beim Sammelverwahrer für die bisherigen Eigentümer Miteigentum nach Bruchteilen an den zum Sammelbestand des Verwahrers gehörenden Wertpapieren derselben Art. Für die Bestimmung des Bruchteils ist der Wertpapiernennbetrag maßgebend, bei Wertpapieren ohne Nennbetrag die Stückzahl.

(2) Der Sammelverwahrer kann aus dem Sammelbestand einem jeden der Hinterleger die diesem gebührende Menge ausliefern oder die ihm selbst gebührende Menge entnehmen, ohne daß er hierzu der Zustimmung der übrigen Beteiligten bedarf. In anderer Weise darf der Sammelverwahrer den Sammelbestand nicht verringern. Diese Vorschriften sind im Falle der Drittverwahrung auf Zwischenverwahrer sinngemäß anzuwenden.

§ 7. Auslieferungsansprüche des Hinterlegers bei der Sammelverwahrung

(1) Der Hinterleger kann im Falle der Sammelverwahrung verlangen, daß ihm aus dem Sammelbestand Wertpapiere in Höhe des Nennbetrages,

bei Wertpapieren ohne Nennbetrag in Höhe der Stückzahl der für ihn in Verwahrung genommenen Wertpapiere ausgeliefert werden; die von ihm eingelieferten Stücke kann er nicht zurückfordern.

(2) Der Sammelverwahrer kann die Auslieferung insoweit verweigern, als sich infolge eines Verlustes am Sammelbestand die dem Hinterleger nach § 6 gebührende Menge verringert hat. Er haftet dem Hinterleger für den Ausfall, es sei denn, daß der Verlust am Sammelbestand auf Umständen beruht, die er nicht zu vertreten hat.

§ 8. Ansprüche der Miteigentümer und sonstiger dinglich Berechtigter bei der Sammelverwahrung

Die für Ansprüche des Hinterlegers geltenden Vorschriften der § 6 Abs. 2 Satz 1, § 7 sind sinngemäß auf Ansprüche eines jeden Miteigentümers oder sonst dinglich Berechtigten anzuwenden.

§ 9. Beschränkte Geltendmachung von Pfand- und Zurückbehaltungsrechten bei der Sammelverwahrung

§ 4 gilt sinngemäß auch für die Geltendmachung von Pfandrechten und Zurückbehaltungsrechten an Sammelbestandanteilen.

§ 10. Tauschverwahrung

(1) Eine Erklärung, durch die der Hinterleger den Verwahrer ermächtigt, an Stelle ihm zur Verwahrung anvertrauter Wertpapiere Wertpapiere derselben Art zurückzugewähren, muß für das einzelne Verwahrungsgeschäft ausdrücklich und schriftlich abgegeben werden. Sie darf weder in Geschäftsbedingungen des Verwahrers enthalten sein noch auf andere Urkunden verweisen.

(2) Derselben Form bedarf eine Erklärung, durch die der Hinterleger den Verwahrer ermächtigt, hinterlegte Wertpapiere durch Wertpapiere derselben Art zu ersetzen.

(3) Der Reichsminister der Justiz kann im Einvernehmen mit dem Reichswirtschaftsminister vorschreiben, daß die in den Absätzen 1, 2 bezeichneten Verwahrungsarten für gewisse Arten von Wertpapieren nicht gelten, und die Vorschriften der Absätze 1, 2 für gewisse Arten von Wertpapieren abändern oder ergänzen.

§ 11. Umfang der Ermächtigung zur Tauschverwahrung

Eine Erklärung, durch die der Hinterleger den Verwahrer ermächtigt, an Stelle ihm zur Verwahrung anvertrauter Wertpapiere Wertpapiere derselben Art zurückzugewähren, umfaßt, wenn dies nicht in der Erklärung ausdrücklich ausgeschlossen ist, die Ermächtigung, die Wertpapiere schon vor der Rückgewähr durch Wertpapiere derselben Art zu ersetzen. Sie umfaßt nicht die Ermächtigung zu Maßnahmen anderer Art und bedeutet nicht, daß schon durch ihre Entgegennahme das Eigentum an den Wertpapieren auf den Verwahrer übergehen soll.

§ 12. Ermächtigungen zur Verpfändung

(1) Der Verwahrer darf die Wertpapiere oder Sammelbestandanteile nur auf Grund einer Ermächtigung und nur im Zusammenhang mit einer Krediteinräumung für den Hinterleger und nur an einen Verwahrer verpfänden. Die Ermächtigung muß für das einzelne Verwahrungsgeschäft ausdrücklich und schriftlich erteilt werden; sie darf weder in Geschäftsbedingungen des Verwahrers enthalten sein noch auf andere Urkunden verweisen.

(2) Der Verwahrer darf auf die Wertpapiere oder Sammelbestandanteile Rückkredit nur bis zur Gesamtsumme der Kredite nehmen, die er für die Hinterleger eingeräumt hat. Die Wertpapiere oder Sammelbestandanteile dürfen nur mit Pfandrechten zur Sicherung dieses Rückkredits belastet werden. Der Wert der verpfändeten Wertpapiere oder Sammelbestandanteile soll die Höhe des für den Hinterleger eingeräumten Kredits mindestens erreichen, soll diese jedoch nicht unangemessen übersteigen.

(3) Ermächtigt der Hinterleger den Verwahrer nur, die Wertpapiere oder Sammelbestandanteile bis zur Höhe des Kredits zu verpfänden, den der Verwahrer für diesen Hinterleger eingeräumt hat (beschränkte Verpfändung), so bedarf die Ermächtigung nicht der Form des Absatzes 1 Satz 2. Abs. 2 Satz 3 bleibt unberührt.

(4) Ermächtigt der Hinterleger den Verwahrer, die Wertpapiere oder Sammelbestandanteile für alle Verbindlichkeiten des Verwahrers und ohne Rücksicht auf die Höhe des für den Hinterleger eingeräumten Kredits zu verpfänden (unbeschränkte Verpfändung), so muß in der Ermächtigung zum Ausdruck kommen, daß der Verwahrer das Pfandrecht unbeschränkt, also für alle seine Verbindlichkeiten und ohne Rücksicht auf die Höhe des für den Hinterleger eingeräumten Kredits bestellen kann. Dies gilt sinngemäß, wenn der Hinterleger den Verwahrer von der Innehaltung einzelner Beschränkungen des Absatzes 2 befreit.

(5) Der Verwahrer, der zur Verpfändung von Wertpapieren oder Sammelbestandanteilen ermächtigt ist, darf die Ermächtigung so, wie sie ihm gegeben ist, weitergeben.

§ 13. Ermächtigung zur Verfügung über das Eigentum

(1) Eine Erklärung, durch die der Verwahrer ermächtigt wird, sich die anvertrauten Wertpapiere anzueignen oder das Eigentum an ihnen auf einen Dritten zu übertragen, und alsdann nur verpflichtet sein soll, Wertpapiere derselben Art zurückzugewähren, muß für das einzelne Verwahrungsgeschäft ausdrücklich und schriftlich abgegeben werden. In der Erklärung muß zum Ausdruck kommen, daß mit der Ausübung der Ermächtigung das Eigentum auf den Verwahrer oder einen Dritten übergehen soll und mithin für den Hinterleger nur ein schuldrechtlicher Anspruch auf Lieferung nach Art und Zahl bestimmter Wertpapiere entsteht. Die Erklärung darf weder auf andere Urkunden verweisen noch mit anderen Erklärungen des Hinterlegers verbunden sein.

(2) Eignet sich der Verwahrer die Wertpapiere an oder überträgt er das Eigentum an ihnen auf einen Dritten, so sind von diesem Zeitpunkt an die Vorschriften dieses Abschnitts auf ein solches Verwahrungsgeschäft nicht mehr anzuwenden.

§ 14. Verwahrungsbuch

(1) Der Verwahrer ist verpflichtet, ein Handelsbuch zu führen, in das jeder Hinterleger und Art, Nennbetrag oder Stückzahl, Nummern oder sonstige Bezeichnungsmerkmale der für ihn verwahrten Wertpapiere einzutragen sind. Wenn sich die Nummern oder sonstigen Bezeichnungsmerkmale aus Verzeichnissen ergeben, die neben dem Verwahrungsbuch geführt werden, genügt insoweit die Bezugnahme auf diese Verzeichnisse.

(2) Die Eintragung eines Wertpapiers kann unterbleiben, wenn seine Verwahrung beendet ist, bevor die Eintragung bei ordnungsmäßigem Geschäftsgang erfolgen konnte.

(3) Die Vorschriften über die Führung eines Verwahrungsbuchs gelten sinngemäß auch für die Sammelverwahrung.

(4) Vertraut der Verwahrer die Wertpapier einem Dritten an, so hat er den Ort der Niederlassung des Dritten im Verwahrungsbuch anzugeben. Ergibt sich der Name des Dritten nicht aus der sonstigen Buchführung, aus Verzeichnissen, die neben dem Verwahrungsbuch geführt werden, oder aus dem Schriftwechsel, so ist auch der Name des Dritten im Verwahrungsbuch anzugeben. Ist der Verwahrer zur Sammelverwahrung, zur Tauschverwahrung, zur Verpfändung oder zur Verfügung über das Eigentum ermächtigt, so hat er auch dies in dem Verwahrungsbuch ersichtlich zu machen.

(5) Teilt ein Verwahrer dem Drittverwahrer mit, daß er nicht Eigentümer der von ihm dem Drittverwahrer anvertrauten Wertpapiere ist (§ 4 Abs. 3), so hat der Drittverwahrer dies bei der Eintragung im Verwahrungsbuch kenntlich zu machen.

(6) Der Reichsminister der Justiz kann im Einvernehmen mit dem Reichswirtschaftsminister weitere Bestimmungen über das Verwahrungsbuch erlassen.

§ 15. Unregelmäßige Verwahrung. Wertpapierdarlehn

(1) Wird die Verwahrung von Wertpapieren in der Art vereinbart, daß das Eigentum sofort auf den Verwahrer oder einen Dritten übergeht und der Verwahrer nur verpflichtet ist, Wertpapiere derselben Art zurückzugewähren, so sind die Vorschriften dieses Abschnitts auf ein solches Verwahrungsgeschäft nicht anzuwenden.

(2) Eine Vereinbarung der im Abs. 1 bezeichneten Art ist nur gültig, wenn die Erklärung des Hinterlegers für das einzelne Geschäft ausdrücklich und schriftlich abgegeben wird. In der Erklärung muß zum Ausdruck kommen, daß das Eigentum sofort auf den Verwahrer oder einen Dritten übergehen soll und daß mithin für den Hinterleger nur ein schuldrechtlicher Anspruch auf Lieferung nach Art und Zahl bestimmter Wertpapiere entsteht. Die Erklärung darf weder auf andere Urkunden verweisen noch mit anderen Erklärungen des Hinterlegers verbunden sein.

(3) Diese Vorschriften gelten sinngemäß, wenn Wertpapiere einem Kaufmann im Betriebe seines Handelsgewerbes als Darlehn gewährt werden.

§ 16. Befreiung von Formvorschriften

Die Formvorschriften der §§ 5, 10, 12, 13, 15 Abs. 2, 3 sind nicht anzuwenden, wenn der Hinterleger gewerbsmäßig Bank- oder Sparkassengeschäfte betreibt.

§ 17. Pfandverwahrung

Werden einem Kaufmann im Betrieb seines Handelsgewerbes Wertpapiere unverschlossen als Pfand anvertraut, so hat der Pfandgläubiger die Pflichten und Befugnisse eines Verwahrers.

2. Abschnitt
Einkaufskommission

§ 18. Stückeverzeichnis

(1) Führt ein Kommissionär (§§ 383, 406 des Handelsgesetzbuchs) einen Auftrag zum Einkauf von Wertpapieren aus, so hat er dem Kommittenten unverzüglich, spätestens binnen einer Woche ein Verzeichnis der gekauften Stücke zu übersenden. In dem Stückeverzeichnis sind die Wertpapiere nach

Gattung, Nennbetrag, Nummern oder sonstigen Bezeichnungsmerkmalen zu bezeichnen.

(2) Die Frist zur Übersendung des Stückeverzeichnisses beginnt, falls der Kommissionär bei der Anzeige über die Ausführung des Auftrags einen Dritten als Verkäufer namhaft gemacht hat, mit dem Erwerb der Stücke, andernfalls beginnt sie mit dem Ablauf des Zeitraums, innerhalb dessen der Kommissionär nach der Erstattung der Ausführungsanzeige die Stücke bei ordnungsmäßigem Geschäftsgang ohne schuldhafte Verzögerung beziehen oder das Stückeverzeichnis von einer zur Verwahrung der Stücke bestimmten dritten Stelle erhalten konnte.

(3) Mit der Absendung des Stückeverzeichnisses geht das Eigentum an den darin bezeichneten Wertpapieren, soweit der Kommissionär über sie zu verfügen berechtigt ist, auf den Kommittenten über, wenn es nicht nach den Bestimmungen des bürgerlichen Rechts schon früher auf ihn übergegangen ist.

§ 19. Aussetzung der Übersendung des Stückeverzeichnisses

(1) Der Kommissionär darf die Übersendung des Stückeverzeichnisses aussetzen, wenn er wegen der Forderungen, die ihm aus der Ausführung des Auftrags zustehen, nicht befriedigt ist und auch nicht Stundung bewilligt hat. Als Stundung gilt nicht die Einstellung des Kaufpreises ins Kontokorrent.

(2) Der Kommissionär kann von der Befugnis des Absatzes 1 nur Gebrauch machen, wenn er dem Kommittenten erklärt, daß er die Übersendung des Stückeverzeichnisses und damit die Übertragung des Eigentums an den Papieren bis zur Befriedigung wegen seiner Forderungen aus der Ausführung des Auftrags aussetzen werde. Die Erklärung muß, für das einzelne Geschäft gesondert, ausdrücklich und schriftlich abgegeben und binnen einer Woche nach Erstattung der Ausführungsanzeige abgesandt werden, sie darf nicht auf andere Urkunden verweisen.

(3) Macht der Kommissionär von der Befugnis des Absatzes 1 Gebrauch, so beginnt die Frist zur Übersendung des Stückeverzeichnisses frühestens mit dem Zeitpunkt, in dem der Kommissionär wegen seiner Forderungen aus der Ausführung des Auftrags befriedigt wird.

(4) Stehen die Parteien miteinander im Kontokorrentverkehr (§ 355 des Handelsgesetzbuchs), so gilt der Kommissionär wegen der ihm aus der Ausführung des Auftrags zustehenden Forderungen als befriedigt, sobald die Summe der Habenposten die der Sollposten zum erstenmal erreicht oder übersteigt. Hierbei sind alle Posten zu berücksichtigen, die mit Wertstellung auf denselben Tag zu buchen waren. Führt der Kommissionär für den Kommittenten mehrere Konten, so ist das Konto, auf dem das Kommissionsgeschäft zu buchen war, allein maßgebend.

(5) Ist der Kommissionär teilweise befriedigt, so darf er die Übersendung des Stückeverzeichnisses nicht aussetzen, wenn die Aussetzung nach den Umständen, insbesondere wegen verhältnismäßiger Geringfügigkeit des rückständigen Teils, gegen Treu und Glauben verstoßen würde.

§ 20. Übersendung des Stückeverzeichnisses auf Verlangen

(1) Wenn der Kommissionär einem Kommittenten, mit dem er im Kontokorrentverkehr (§ 355 des Handelsgesetzbuchs) steht, für die Dauer der Geschäftsverbindung oder für begrenzte Zeit zusagt, daß er in bestimmtem Umfange oder ohne besondere Begrenzung für ihn Aufträge zur Anschaffung

von Wertpapieren auch ohne alsbaldige Berichtigung des Kaufpreises ausführen werde, so kann er sich dabei vorbehalten, Stückeverzeichnisse erst auf Verlangen des Kommittenten zu übersenden.

(2) Der Kommissionär kann von dem Vorbehalt des Absatzes 1 nur Gebrauch machen, wenn er dem Kommittenten bei der Erstattung der Ausführungsanzeige schriftlich mitteilt, daß er die Übersendung des Stückeverzeichnisses und damit die Übertragung des Eigentums an den Papieren erst auf Verlangen des Kommittenten ausführen werde.

(3) Erklärt der Kommittent, daß er die Übersendung des Stückeverzeichnisses verlange, so beginnt die Frist zur Übersendung des Stückeverzeichnisses frühestens mit dem Zeitpunkt, in dem die Erklärung dem Kommissionär zugeht. Die Aufforderung muß schriftlich erfolgen und die Wertpapiere, die in das Stückeverzeichnis aufgenommen werden sollen, genau bezeichnen.

§ 21. Befugnis zur Aussetzung und Befugnis zur Übersendung auf Verlangen

Will der Kommissionär die Übersendung des Stückeverzeichnisses sowohl deshalb aussetzen, weil er wegen seiner Forderungen nicht befriedigt ist (§ 19), als auch deshalb, weil er sich die Aussetzung mit Rücksicht auf die Besonderheit des Kontokorrentverkehrs mit dem Kommittenten vorbehalten hat (§ 20), so hat er dem Kommittenten bei Erstattung der Ausführungsanzeige schriftlich mitzuteilen, daß er die Übersendung des Stückeverzeichnisses und damit die Übertragung des Eigentums an den Papieren erst auf Verlangen des Kommittenten, frühestens jedoch nach Befriedigung wegen seiner Forderungen aus der Ausführung des Auftrags ausführen werde.

§ 22. Stückeverzeichnis beim Auslandsgeschäft

(1) Wenn die Wertpapiere vereinbarungsgemäß im Ausland angeschafft und aufbewahrt werden, braucht der Kommissionär das Stückeverzeichnis erst auf Verlangen des Kommittenten zu übersenden. Der Kommittent kann die Übersendung jederzeit verlangen, es sei denn, daß ausländisches Recht der Übertragung des Eigentums an den Wertpapieren durch Absendung des Stückeverzeichnisses entgegensteht oder daß der Kommissionär nach § 19 Abs. 1 berechtigt ist, die Übersendung auszusetzen.

(2) Erklärt der Kommittent, daß er die Übersendung des Stückeverzeichnisses verlange, so beginnt die Frist zur Übersendung des Stückeverzeichnisses frühestens mit dem Zeitpunkt, in dem die Erklärung dem Kommissionär zugeht. Die Aufforderung muß schriftlich erfolgen und die Wertpapiere, die in das Stückeverzeichnis aufgenommen werden sollen, genau bezeichnen.

§ 23. Befreiung von der Übersendung des Stückeverzeichnisses

Die Übersendung des Stückeverzeichnisses kann unterbleiben, soweit innerhalb der dafür bestimmten Frist (§§ 18 bis 22) die Wertpapiere dem Kommittenten ausgeliefert sind oder ein Auftrag des Kommittenten zur Wiederveräußerung ausgeführt ist.

§ 24. Erfüllung durch Übertragung von Miteigentum am Sammelbestand

(1) Der Kommissionär kann sich von seiner Verpflichtung, dem Kommittenten Eigentum an bestimmten Stücken zu verschaffen, dadurch befreien, daß er ihm Miteigentum an den zum Sammelbestand einer Wertpapiersammelbank gehörenden Wertpapieren verschafft; durch Verschaffung von Mit-

eigentum an den zum Sammelbestand eines anderen Verwahrers gehörenden Wertpapieren kann er sich nur befreien, wenn der Kommittent im einzelnen Falle ausdrücklich und schriftlich zustimmt.

(2) Mit der Eintragung des Übertragungsvermerks im Verwahrungsbuch des Kommissionärs geht, soweit der Kommissionär verfügungsberechtigt ist, das Miteigentum auf den Kommittenten über, wenn es nicht nach den Bestimmungen des bürgerlichen Rechts schon früher auf ihn übergegangen ist. Der Kommissionär hat dem Kommittenten die Verschaffung des Miteigentums unverzüglich mitzuteilen.

§ 25. Rechte des Kommittenten bei Nichtübersendung des Stückeverzeichnisses

(1) Unterläßt der Kommissionär, ohne hierzu nach den §§ 19 bis 24 befugt zu sein, die Übersendung des Stückeverzeichnisses und holt er das Versäumte auf eine nach Ablauf der Frist zur Übersendung des Stückeverzeichnisses an ihn ergangene Aufforderung des Kommittenten nicht binnen drei Tagen nach, so ist der Kommittent berechtigt, das Geschäft als nicht für seine Rechnung abgeschlossen zurückzuweisen und Schadensersatz wegen Nichterfüllung zu beanspruchen. Dies gilt nicht, wenn die Unterlassung auf einem Umstand beruht, den der Kommissionär nicht zu vertreten hat.

(2) Die Aufforderung des Kommittenten verliert ihre Wirkung, wenn er dem Kommissionär nicht binnen drei Tagen nach dem Ablauf der Nachholungsfrist erklärt, daß er von dem im Abs. 1 bezeichneten Recht Gebrauch machen wolle.

§ 26. Stückeverzeichnis beim Auftrag zum Umtausch und zur Geltendmachung eines Bezugsrechts

Der Kommissionär, der einen Auftrag zum Umtausch von Wertpapieren oder von Sammelbestandanteilen gegen Wertpapiere oder einen Auftrag zur Geltendmachung eines Bezugsrechts auf Wertpapiere ausführt, hat binnen zwei Wochen nach dem Empfang der neuen Stücke dem Kommittenten ein Verzeichnis der Stücke zu übersenden, soweit er ihm die Stücke nicht innerhalb dieser Frist aushändigt. In dem Stückeverzeichnis sind die Wertpapiere nach Gattung, Nennbetrag, Nummern oder sonstigen Bezeichnungsmerkmalen zu bezeichnen. Im übrigen finden die §§ 18 bis 24 Anwendung; § 25 ist insoweit anzuwenden, als der Kommittent nur Schadensersatz wegen Nichterfüllung verlangen kann.

§ 27. Verlust des Provisionsanspruchs

Der Kommissionär, der den im § 26 ihm auferlegten Pflichten nicht genügt, verliert das Recht, für die Ausführung des Auftrags Provision zu fordern (§ 396 Abs. 1 des Handelsgesetzbuchs).

§ 28. Unabdingbarkeit der Verpflichtungen des Kommissionärs

Die sich aus den §§ 18 bis 27 ergebenden Verpflichtungen des Kommissionärs können durch Rechtsgeschäft weder ausgeschlossen noch beschränkt werden, es sei denn, daß der Kommittent gewerbsmäßig Bank- oder Sparkassengeschäfte betreibt.

§ 29. Verwahrung durch den Kommissionär

Der Kommissionär hat bezüglich der in seinem Besitz befindlichen, in das Eigentum oder das Miteigentum des Kommittenten übergegangenen Wertpapiere die Pflichten und Befugnisse eines Verwahrers.

§ 30. Beschränkte Geltendmachung von Pfand- und Zurückbehaltungsrechten bei dem Kommissionsgeschäft

(1) Gibt der Kommissionär einen ihm erteilten Auftrag zur Anschaffung von Wertpapieren an einen Dritten weiter, so gilt als dem Dritten bekannt, daß die Anschaffung für fremde Rechnung geschieht.

(2) § 4 gilt sinngemäß.

§ 31. Eigenhändler. Selbsteintritt

Die §§ 18 bis 30 gelten sinngemäß, wenn ein Kaufmann im Betrieb seines Handelsgewerbes Wertpapiere als Eigenhändler verkauft oder umtauscht oder einen Auftrag zum Einkauf oder zum Umtausch von Wertpapieren im Wege des Selbsteintritts ausführt.

3. Abschnitt

Konkursvorrecht

§ 32. Bevorrechtigte Gläubiger

(1) Im Konkurs über das Vermögen eines der in den §§ 1, 17, 18 bezeichneten Verwahrer, Pfandgläubiger und Kommissionäre haben ein Vorrecht nach Abs. 3 und 4:

1. Kommittenten, die bei Eröffnung des Konkursverfahrens das Eigentum oder Miteigentum an Wertpapieren noch nicht erlangt, aber ihre Verpflichtungen aus dem Geschäft über diese Wertpapiere dem Kommissionär gegenüber vollständig erfüllt haben; dies gilt auch dann, wenn im Zeitpunkt der Eröffnung des Konkursverfahrens der Kommissionär die Wertpapiere noch nicht angeschafft hat;
2. Hinterleger, Verpfänder und Kommittenten, deren Eigentum oder Miteigentum an Wertpapieren durch eine rechtswidrige Verfügung des Verwahrers, Pfandgläubigers oder Kommissionärs oder ihrer Leute verletzt worden ist, wenn sie bei Eröffnung des Konkursverfahrens ihre Verpflichtungen aus dem Geschäft über diese Wertpapiere dem Gemeinschuldner gegenüber vollständig erfüllt haben;
3. die Gläubiger der Nr. 1 und 2, wenn der nichterfüllte Teil ihrer dort bezeichneten Verpflichtungen bei Eröffnung des Konkursverfahrens zehn vom Hundert des Wertes ihres Wertpapierlieferungsanspruchs nicht überschreitet und wenn sie binnen einer Woche nach Aufforderung des Konkursverwalters diese Verpflichtungen vollständig erfüllt haben.

(2) Entsprechendes gilt im Konkurse eines Eigenhändlers, bei dem jemand Wertpapiere gekauft oder erworben hat, und im Konkurse eines Kommissionärs, der den Auftrag zum Einkauf oder zum Umtausch von Wertpapieren im Wege des Selbsteintritts ausgeführt hat (§ 31).

(3) Die nach Abs. 1 und 2 bevorrechtigten Forderungen werden vor den Forderungen aller anderen Konkursgläubiger aus einer Sondermasse beglichen; diese wird gebildet aus den in der Masse vorhandenen Wertpapieren derselben Art und aus den Ansprüchen auf Lieferung solcher Wertpapiere. Die bevorrechtigten Forderungen werden durch Lieferung der vorhandenen Wertpapiere beglichen, soweit diese nach dem Verhältnis der Forderungsbeträge an alle bevorrechtigten Gläubiger verteilt werden können. Soweit eine solche Verteilung nicht möglich ist, wird der volle Erlös der nichtverteilten Wertpapiere unter die bevorrechtigten Gläubiger im Verhältnis ihrer Forderungsbeträge verteilt.

(4) Die Gläubiger der Absätze 1 und 2 haben das beanspruchte Vorrecht nach § 139 der Konkursordnung anzumelden. Sie können aus dem sonstigen Vermögen des Schuldners nur unter entsprechender Anwendung der für die Absonderungsberechtigten geltenden Vorschriften der §§ 64, 153, 155, 156 und des § 168 Nr. 3 der Konkursordnung Befriedigung verlangen. Im übrigen bewendet es für sie bei den Vorschriften der Konkursordnung über Konkursgläubiger.

(5) Das Konkursgericht hat, wenn es nach Lage des Falles erforderlich ist, den bevorrechtigten Gläubigern zur Wahrung der ihnen zustehenden Rechte einen Pfleger zu bestellen. Für die Pflegschaft tritt an die Stelle des Vormundschaftsgerichts das Konkursgericht. § 78 Abs. 2 bis 5 des Gesetzes über die privaten Versicherungsunternehmungen vom 6. Juni 1931 (Reichsgesetzbl. I S. 315) sind sinngemäß anzuwenden.

§ 33. Befriedigung der Verpfänder im Konkurse des Verwahrers

(1) Im Konkurs über das Vermögen eines Verwahrers, dessen Pfandgläubiger die ihm nach § 12 Abs. 2 verpfändeten Wertpapiere oder Sammelbestandanteile ganz oder zum Teil zu seiner Befriedigung verwertet hat, findet unter den Hinterlegern, die die dem Pfandgläubiger verpfändeten Wertpapiere oder Sammelbestandanteile dem Verwahrer anvertraut haben, ein Ausgleichsverfahren mit dem Ziele der gleichmäßigen Befriedigung statt.

(2) Die am Ausgleichsverfahren beteiligten Hinterleger werden aus einer Sondermasse befriedigt. In diese Sondermasse sind aufzunehmen:

1. die Wertpapiere oder Sammelbestandanteile, die dem Pfandgläubiger nach § 12 Abs. 2 verpfändet waren, von diesem aber nicht zu seiner Befriedigung verwertet worden sind;
2. der Erlös aus den Wertpapieren oder Sammelbestandanteilen, die der Pfandgläubiger verwertet hat, soweit er ihm zu seiner Befriedigung nicht gebührt;
3. die Forderungen gegen einen am Ausgleichsverfahren beteiligten Hinterleger aus dem ihm eingeräumten Kredit sowie Leistungen zur Abwendung einer drohenden Pfandverwertung.

(3) Die Sondermasse ist unter den am Ausgleichsverfahren beteiligten Hinterlegern nach dem Verhältnis des Wertes der von ihnen dem Verwahrer anvertrauten Wertpapiere oder Sammelbestandanteile zu verteilen. Maßgebend ist der Wert am Tage der Konkurseröffnung, es sei denn, daß die Wertpapiere oder Sammelbestandanteile erst später verwertet worden sind. In diesem Falle ist der erzielte Erlös maßgebend. Ein nach Befriedigung aller am Ausgleichsverfahren beteiligter Hinterleger in der Sondermasse verbleibender Betrag ist an die Konkursmasse abzuführen.

(4) Jeder am Ausgleichsverfahren Beteiligte ist berechtigt und verpflichtet, die von ihm dem Verwahrer anvertrauten und in der Sondermasse vorhandenen Wertpapiere oder Sammelbestandanteile zu dem Schätzungswert des Tages der Konkurseröffnung zu übernehmen. Übersteigt dieser Wert den ihm aus der Sondermasse gebührenden Betrag, so hat er den Unterschied zur Sondermasse einzuzahlen. Die Wertpapiere oder Sammelbestandanteile haften als Pfand für diese Forderung.

(5) Jeder Hinterleger kann seine Forderungen, soweit er mit ihnen bei der Befriedigung aus der Sondermasse ausgefallen ist, zur Konkursmasse geltend machen.

(6) § 32 Abs. 4 und 5 sind sinngemäß anzuwenden.

4. Abschnitt
Strafbestimmungen
§ 34. Depotunterschlagung

(1) Ein Kaufmann, der, abgesehen von den Fällen der §§ 246, 266 des Strafgesetzbuchs und des § 95 Abs. 1 Nr. 2 des Börsengesetzes, eigenen oder fremden Vorteils wegen

1. über ein Wertpapier der im § 1 Abs. 1 bezeichneten Art, das ihm als Verwahrer oder Pfandgläubiger anvertraut worden ist, oder das er als Kommissionär für den Kommittenten im Besitz hat, oder das er im Falle des § 31 für den Kunden im Besitz hat, rechtswidrig verfügt,
2. einen Sammelbestand solcher Wertpapiere oder den Anteil an einem solchen Bestand dem § 6 Abs. 2 zuwider verringert oder darüber rechtswidrig verfügt,

wird mit Gefängnis und mit Geldstrafe oder mit einer dieser Strafen bestraft.

(2) In besonders schweren Fällen tritt an die Stelle der Gefängnisstrafe Zuchthaus bis zu fünf Jahren. Ein besonders schwerer Fall liegt insbesondere dann vor, wenn die Tat das Wohl des Volkes geschädigt oder einen anderen besonders großen Schaden zur Folge gehabt oder der Täter besonders arglistig gehandelt hat.

§ 35. Unwahre Angaben über das Eigentum

Ein Kaufmann, der eigenen oder fremden Vorteils wegen eine Erklärung nach § 4 Abs. 2 wahrheitswidrig abgibt oder eine ihm nach § 4 Abs. 3 obliegende Mitteilung unterläßt, wird, wenn die Tat nicht nach anderen Vorschriften mit schwererer Strafe bedroht ist, mit Gefängnis bis zu einem Jahr oder mit Geldstrafe bestraft.

§ 36. Strafantrag

Ist in den Fällen der §§ 34, 35 der Täter ein Angehöriger (§ 52 Abs. 2 des Strafgesetzbuchs) des Verletzten, so tritt die Verfolgung nur auf Antrag ein. Die Zurücknahme des Antrags ist zulässig. § 247 Abs. 2 und 3 des Strafgesetzbuchs gelten sinngemäß.

§ 37. Strafbarkeit im Falle der Zahlungseinstellung oder der Konkurseröffnung

Ein Kaufmann, der einer Vorschrift der §§ 2, 14 oder einer sich aus den §§ 18 bis 24, 26, 43 ergebenden Pflicht vorsätzlich zuwiderhandelt, wird mit Gefängnis bis zu zwei Jahren und mit Geldstrafe bis zu 100 000 Reichsmark oder mit einer dieser Strafen bestraft, wenn er seine Zahlungen eingestellt hat oder über sein Vermögen das Konkursverfahren eröffnet worden ist und wenn durch die Zuwiderhandlung ein Anspruch des Berechtigten auf Aussonderung der Wertpapiere vereitelt oder die Durchführung eines solchen Anspruchs erschwert wird.

§ 38. Schwere Depotunterschlagung

(1) Ein Kaufmann, der im Bewußtsein seiner Zahlungsunfähigkeit oder Überschuldung ein fremdes Wertpapier, das er im Betrieb seines Handelsgewerbes als Verwahrer, Pfandgläubiger oder Kommissionär im Besitz hat, sich oder einem anderen rechtswidrig zueignet, wird mit Zuchthaus bestraft, wenn er seine Zahlungen eingestellt hat oder wenn über sein Vermögen das Konkursverfahren eröffnet worden ist; dem Kommissionär steht ein Kaufmann

gleich, der nach § 31 in Verbindung mit § 29 die Pflichten eines Verwahrers hat.

(2) Die Vorschriften des Absatzes 1 gelten auch für andere als die im § 1 Abs. 1 bezeichneten Wertpapiere.

(3) In minder schweren Fällen ist die Strafe Gefängnis nicht unter drei Monaten.

§ 39. Strafbarkeit von Verwaltungsträgern juristischer Personen

(1) Nach den §§ 34 bis 36 wird bestraft, wer die dort mit Strafe bedrohte Handlung als Mitglied des Vorstandes einer Aktiengesellschaft, einer eingetragenen Genossenschaft, eines Vereins, einer Körperschaft, Stiftung oder Anstalt des öffentlichen Rechts, als persönlich haftender Gesellschafter einer Kommanditgesellschaft auf Aktien, als Geschäftsführer einer Gesellschaft mit beschränkter Haftung, als Liquidator oder als Geschäftsleiter eines Unternehmens dieser Art in Ansehung von Wertpapieren begeht, die sich im Besitz des Unternehmens befinden oder von ihm einem Dritten ausgehändigt sind.

(2) Nach § 37 wird jede der im Abs. 1 bezeichneten Personen bestraft, die einer Vorschrift der §§ 2, 14 oder einer sich aus den §§ 18 bis 24, 26, 43 ergebenden Pflicht vorsätzlich zuwiderhandelt, wenn das Unternehmen seine Zahlungen eingestellt hat oder über sein Vermögen das Konkursverfahren eröffnet worden ist und wenn durch die Zuwiderhandlung ein Anspruch des Berechtigten auf Aussonderung der Wertpapiere vereitelt oder die Durchführung eines solchen Anspruchs erschwert wird.

(3) Nach § 38 wird jede der im Abs. 1 bezeichneten Personen bestraft, die im Bewußtsein der Zahlungsunfähigkeit oder Überschuldung des Unternehmens fremde Wertpapiere, die dieses als Verwahrer, Pfandgläubiger oder Kommissionär im Besitz hat, sich oder einem anderen rechtswidrig zueignet, wenn das Unternehmen seine Zahlungen eingestellt hat oder wenn über sein Vermögen das Konkursverfahren eröffnet worden ist.

§ 40. Zuwiderhandlungen gegen besondere Bestimmungen bei der Sammelverwahrung und bei der Tauschverwahrung

Wer vorsätzlich oder fahrlässig einer nach § 5 Abs. 4 oder nach § 10 Abs. 3 erlassenen Vorschrift zuwiderhandelt, wird mit Geldstrafe bestraft.

5. Abschnitt
Schlußbestimmungen

§ 41. Anwendung des Gesetzes auf öffentlich-rechtliche Banken sowie Sparkassen

Dieses Gesetz gilt für öffentlich-rechtliche Banken sowie für öffentliche oder dem öffentlichen Verkehr dienende Sparkassen auch dann, wenn sie keine Kaufmannseigenschaft haben.

§ 42. Anwendung auf Treuhänder. Erlaß weiterer Bestimmungen

(1) Der Reichsminister der Justiz kann im Einvernehmen mit dem Reichswirtschaftsminister und dem Reichsminister der Finanzen die Anwendung von Vorschriften dieses Gesetzes für Fälle vorschreiben, in denen Kaufleute als Treuhänder für Dritte Wertpapiere besitzen oder erwerben oder Beteiligungen oder Gläubigerrechte ausüben oder erwerben oder in öffentliche Schuldbücher oder sonstige Register eingetragen sind.

(2) Der Reichsminister der Justiz kann im Einvernehmen mit dem Reichswirtschaftsminister die Verwahrung und Anschaffung von Wertpapieren sowie den Erwerb und die Ausübung von Beteiligungen und Gläubigerrechten im Ausland ergänzend regeln.

(3) Bei Erlaß von Regelungen nach Abs. 1 und 2 kann von den Vorschriften dieses Gesetzes abgewichen werden.

§ 43. Übergangsregelung

Dieses Gesetz tritt am 1. Mai 1937 in Kraft. Gleichzeitig tritt das Gesetz, betreffend die Pflichten der Kaufleute bei Aufbewahrung fremder Wertpapiere, vom 5. Juli 1896 (Reichsgesetzbl. 1896 S. 183, 194; 1923 I S. 1119) außer Kraft. Ist ein Auftrag zum Einkauf von Wertpapieren vor dem Zeitpunkt des Inkrafttretens des Gesetzes ausgeführt, das Eigentum an den Wertpapiern dem Kommittenten aber noch nicht übertragen, so ist die Übersendung des Stückeverzeichnisses unbeschadet der §§ 19 bis 24 binnen drei Monaten nach diesem Zeitpunkt nachzuholen.

IX. Allgemeine Deutsche Spediteurbedingungen (ADSp.)

festgestellt von

der Arbeitsgemeinschaft der Industrie- und Handelskammern in der Reichswirtschaftskammer,
der Reichsgruppe Industrie,
der Wirtschaftsgruppe Groß-, Ein- und Ausfuhrhandel,
der Wirtschaftsgruppe Einzelhandel,
der Reichsverkehrsgruppe Spedition und Lagerei,

unter Mitwirkung

der Wirtschaftsgruppe Privates Bankgewerbe und des Deutschen Versicherungs-Schutzverbandes.

Fassung vom Januar 1937

I. Allgemeines

§ 1. Der Spediteur hat seine Verrichtungen mit der Sorgfalt eines ordentlichen Kaufmanns auszuführen und hierbei das Interesse des Auftraggebers wahrzunehmen.

§ 2. a) Die ADSp. gelten im Verkehr mit Kaufleuten und Nichtkaufleuten für alle Verrichtungen des Spediteurs, gleichgültig, ob sie Speditions-, Fracht-, Lager-, Kommissions- oder sonstige Geschäfte betreffen.

b) Weichen besondere örtliche oder bezirkliche Geschäftsbedingungen inländischer Spediteur-Vereinigungen oder einzelner inländischer Speditionsfirmen, Handelsbräuche und gesetzliche Bestimmungen von diesen ADSp. ab, so gehen die letzteren vor.

c) Außerdem gelten diejenigen Bedingungen, die Dritte an der Ausführung Beteiligte (siehe § 52a) aufgestellt haben.

§ 3. Eine Abtretung der Rechte des Auftraggebers an einen Dritten, sowie die Geltendmachung von Ansprüchen gegen den Spediteur namens oder für Rechnung eines Dritten (vgl. § 67 VVG.) kann nur insoweit erfolgen, als Rechte gegen den Spediteur auf Grund dieser Bedingungen bestehen.

§ 4. Alle Angebote des Spediteurs gelten nur bei unverzüglicher Annahme zur sofortigen Ausführung des betreffenden Auftrages, sofern sich nichts Gegenteiliges aus dem Angebot ergibt, und nur, wenn bei Erteilung des Auftrages auf das Angebot Bezug genommen wird.

II. Von der Annahme ausgeschlossene Güter

§ 5. a) Güter, welche Nachteile für andere Güter oder sonstige Gegenstände, Tiere oder Personen zur Folge haben können, oder welche schnellem Verderben oder Fäulnis ausgesetzt sind, sind mangels schriftlicher Vereinbarung von der Annahme ausgeschlossen.

b) Werden derartige Güter dem Spediteur ohne solche Vereinbarung übergeben, so haftet der Auftraggeber auch ohne Verschulden für jeden daraus entstehenden Schaden.

c) Der Spediteur kann, sofern die Sachlage es rechtfertigt, derartige Güter im Wege der Selbsthilfe nach seiner Wahl öffentlich oder freihändig, möglichst jedoch unter Benachrichtigung des Auftraggebers, verkaufen lassen oder zur Abwendung von Gefahren ohne vorherige Benachrichtigung des Auftraggebers vernichten.

III. Auftrag, Mitteilungen, Weisungen, Ermessen des Spediteurs

§ 6. Für die Befolgung mündlicher, telephonischer oder telegraphischer Aufträge oder sonstiger Mitteilungen, die von keiner Seite schriftlich bestätigt sind, ebenso für die Befolgung von Mitteilungen an Kutscher oder andere gewerbliche Angestellte übernimmt der Spediteur keine Gewähr; auch geschieht die Übergabe von Gütern und Schriftstücken irgendwelcher Art an Arbeitnehmer des Spediteurs, wenn sie nicht vorher mit dem Spediteur oder einem seiner bevollmächtigten Angestellten ausdrücklich oder stillschweigend vereinbart war, ausschließlich auf Gefahr des Auftraggebers.

§ 7. a) Der dem Spediteur erteilte Auftrag hat Zeichen, Nummern, Anzahl, Art, Inhalt der Stücke und alle sonstigen, für die ordnungsmäßige Ausführung des Auftrags erheblichen Angaben zu enthalten. Die etwaigen Folgen unrichtiger oder unvollständiger Angaben fallen dem Auftraggeber zur Last, auch wenn ihn kein Verschulden trifft. Der Spediteur ist ohne Auftrag nicht verpflichtet, die Angaben nachzuprüfen oder zu ergänzen, es sei denn, daß dies geschäftsüblich ist.

b) Zur Verwiegung des Gutes ist der Spediteur nur auf besonderen schriftlichen Auftrag verpflichtet.

c) Im Zweifel enthält eine vom Spediteur erteilte Empfangsbescheinigung keine Gewähr für Art, Inhalt, Wert, Gewicht oder Verpackung.

d) Bei Gütern, deren Menge im Speditionsgewerbe üblicherweise nicht nachgeprüft wird, namentlich bei Massengütern, Wagenladungen und dergleichen, enthält die Empfangsbescheinigung im Zweifel auch keine Bestätigung der Menge.

§ 8. Übergibt ein Hersteller oder Händler bestimmter Erzeugnisse dem Spediteur eine Sendung ohne Inhaltsangabe zum Versand, so ist im Zweifel anzunehmen, daß die Sendung die Erzeugnisse des Versenders enthält. Die Bestimmungen des § 7 werden hierdurch nicht berührt.

§ 9. Der Auftraggeber hat seine Adresse und etwaige Adressenänderung dem Spediteur unverzüglich anzuzeigen; andernfalls ist die letzte dem Spediteur bekanntgegebene Adresse maßgebend.

§ 10. a) Der Spediteur braucht ohne besonderen schriftlichen Auftrag Benachrichtigungen nicht eingeschrieben und Urkunden aller Art nicht versichert zu versenden.

b) Der Spediteur ist nicht verpflichtet, die Echtheit der Unterschriften auf irgendwelchen das Gut betreffenden Mitteilungen oder sonstigen Schriftstücken oder die Befugnis der Unterzeichner zu prüfen, es sei denn, daß mit dem Auftraggeber schriftlich etwas anderes vereinbart oder der Mangel der Echtheit oder der Befugnis offensichtlich erkennbar ist.

c) Der Spediteur ist berechtigt, aber nicht verpflichtet, eine von ihm versandte Benachrichtigung (Avis) als hinreichenden Ausweis zu betrachten; er ist berechtigt, aber nicht verpflichtet, die Berechtigung des Vorzeigers zu prüfen.

§ 11. a) Eine über das Gut erteilte Weisung bleibt für den Spediteur bis zu einem Widerruf des Auftraggebers maßgebend.

b) Ein Auftrag, das Gut zur Verfügung eines Dritten zu halten, kann nicht mehr widerrufen werden, sobald die Verfügung des Dritten beim Spediteur eingegangen ist.

§ 12. Die Mitteilung des Auftraggebers, der Auftrag sei für Rechnung eines Dritten auszuführen, berührt die Verpflichtung des Auftraggebers gegenüber dem Spediteur nicht.

§ 13. Mangels ausreichender oder ausführbarer Weisung darf der Spediteur, unter Wahrung der Interessen des Auftraggebers, nach seinem Ermessen handeln, insbesondere Art, Weg oder Mittel der Beförderung wählen.

§ 14. a) Der Spediteur darf die Versendung des Gutes zusammen mit Gütern anderer Versender in Sammelladung (bzw. auf Sammelkonnossement) bewirken, falls ihm nicht das Gegenteil ausdrücklich schriftlich vorgeschrieben ist. Die Übergabe eines Stückgutfrachtbriefes ist kein gegenteiliger Auftrag.

b) Bei Versendung in Sammelladung hat der Spediteur dem Auftraggeber einen entsprechenden Vorteil zu gewähren.

§ 15. Übernimmt der Spediteur Gut mit einem ihm vom Auftraggeber übergebenen Frachtbrief oder sonstigen Frachtpapier, so darf er das Gut mit einem neuen, seine Firmenbezeichnung tragenden Frachtpapier unter Nennung des Namens des Auftraggebers befördern, falls dieser nicht etwas anderes bestimmt hat.

IV. Untersuchung, Erhaltung und Verpackung des Gutes

§ 16. a) Der Spediteur ist zur Untersuchung, Erhaltung oder Besserung des Gutes und seiner Verpackung mangels schriftlicher Vereinbarung nur im Rahmen des Geschäftsüblichen verpflichtet. § 388 Absatz 1 HGB. wird hierdurch nicht berührt.

b) Der Spediteur ist mangels gegenteiliger Weisung ermächtigt, alle auf das Fehlen oder die Mängel der Verpackung bezüglichen, von der Eisenbahn verlangten Erklärungen abzugeben.

V. Fristen

§ 17. Mangels Vereinbarung werden Verlade- und Lieferfristen nicht gewährleistet, ebensowenig eine bestimmte Reihenfolge in der Abfertigung von Gütern gleicher Beförderungsart. Die Bezeichnung als Meß- oder Marktgut bedingt keine bevorzugte Abfertigung.

VI. Hindernisse

§ 18. Von dem Spediteur nicht verschuldete Ereignisse, die ihn an der Erfüllung seiner Pflichten ganz oder teilweise behindern, ferner Streiks und Aussperrungen befreien ihn für die Zeit ihrer Dauer von seinen Verpflichtungen aus den von diesen Ereignissen berührten Aufträgen. Auch ist der Spediteur in solchen Fällen, selbst wenn eine feste Übernahme vereinbart ist, berechtigt, aber nicht verpflichtet, vom Vertrage zurückzutreten, auch wenn der Auftrag schon teilweise ausgeführt worden ist. Dem Auftraggeber steht in diesen Fällen das gleiche Recht zu, wenn ihm die Fortsetzung des Vertrages billigerweise nicht zugemutet werden kann. Tritt der Spediteur oder der Auftraggeber gemäß vorstehender Bestimmungen zurück, so sind dem Spediteur die entstandenen Kosten zu erstatten.

§ 19. Der Spediteur ist nicht verpflichtet, zu prüfen und den Auftraggeber darauf hinzuweisen, ob gesetzliche oder behördliche Hindernisse für die Versendung (z. B. Ein- und Ausfuhrbeschränkungen) vorliegen.

VII. Leistungen, Entgelt und Auslagen des Spediteurs

§ 20. Angebote des Spediteurs und Vereinbarungen mit ihm über Preise und Leistungen beziehen sich stets nur auf die namentlich aufgeführten eigenen Leistungen und/oder Leistungen Dritter und, wenn nichts anderes schriftlich vereinbart ist, nur auf Güter normalen Umfangs, normalen Gewichts und normaler Beschaffenheit; sie setzen normale unveränderte Beförderungsverhältnisse, ungehinderte Verbindungswege, Möglichkeit unmittelbarer sofortiger Weiterversendung sowie Weitergeltung der bisherigen Frachten, Valutaverhältnisse und Tarife, welche der Vereinbarung zugrunde lagen, voraus. Die üblichen Sondergebühren und Sonderauslagen gelangen außerdem zur Erhebung, vorausgesetzt, daß der Spediteur den Auftraggeber darauf hingewiesen hat; dabei genügt ein genereller Hinweis, wie etwa „zuzüglich der üblichen Nebenspesen".

§ 21. Wird ein Auftrag wieder entzogen, so steht dem Spediteur nach seiner Wahl entweder der Anspruch auf die vereinbarte Vergütung, unter Anrechnung der ersparten Aufwendungen, oder eine angemessene Provision zu.

§ 22. Lehnt der Empfänger die Annahme einer ihm zugerollten Sendung ab, so steht dem Spediteur für die Rückbeförderung Rollgeld in gleicher Höhe wie für die Hinbeförderung zu.

§ 23. Die Provision wird auch dann erhoben, wenn ein Nachnahme- oder sonstiger Einziehungsauftrag nachträglich zurückgezogen wird oder der Betrag nicht eingeht.

§ 24. Hat der Spediteur die Versendung von Gütern nach dem Auslande bis ins Haus des außerdeutschen Empfängers zu einem festen Prozentsatze des Fakturenwertes einschließlich des Zolles übernommen, so ist der Auftraggeber verpflichtet, den vollen Fakturenwert, ohne Rücksicht auf einen etwa eingeräumten Kassenskonto, einschließlich Zoll, Fracht und Verpackung anzugeben.

§ 25. a) Der Auftrag zur Versendung nach einem Bestimmungsort im Auslande schließt den Auftrag zur Verzollung ein, wenn ohne sie die Beförderung bis zum Bestimmungsort nicht ausführbar ist.

b) Für die Verzollung kann der Spediteur neben den tatsächlich auflaufenden Kosten eine besondere Provision erheben.

c) Der Auftrag, unter Zollverschluß eingehende Sendungen zuzuführen oder frei Haus zu liefern, schließt die Ermächtigung für den Spediteur ein, nach seinem Ermessen (siehe § 13) die erforderlichen Zollförmlichkeiten zu erledigen und die zollamtlich festgesetzten Zollbeträge auszulegen.

d) Der Spediteur ist mangels anderer Weisung befugt, die Festsetzung des Zolles und die Abfertigungsart der Zollbehörde zu überlassen.

§ 26. Der Auftrag, ankommende Güter in Empfang zu nehmen, ermächtigt den Spediteur, verpflichtet ihn aber nicht, auf dem Gut ruhende Frachten, Wertnachnahmen, Zölle und Spesen auszulegen.

§ 27. Der Spediteur ist berechtigt, von ausländischen Auftraggebern oder Empfängern nach seiner Wahl Zahlung in ihrer Landeswährung oder in deutscher Währung zu verlangen.

§ 28. Wird der Spediteur fremde Währung schuldig, oder hat er fremde Währung ausgelegt, so ist er (soweit nicht öffentlich-rechtliche Bestimmungen entgegenstehen), berechtigt, nach seiner Wahl entweder Zahlung in der fremden oder in deutscher Währung zu verlangen. Verlangt er deutsche Währung, so erfolgt die Umrechnung zum Briefkurs der letzten vorliegenden Berliner Börsennotiz am Tage der Auftragserteilung, es sei denn, daß er nachweisbar einen anderen Kurs gezahlt hat.

§ 29. Rechnungen des Spediteurs sind sofort zu begleichen. Zahlungsverzug tritt, ohne daß es einer Mahnung oder sonstiger Voraussetzungen bedarf, spätestens nach Ablauf von fünf Tagen nach Fälligkeit ein, sofern er nicht nach dem Gesetz schon vorher eingetreten ist. Der Spediteur darf im Falle des Verzugs die ortsüblichen Spesen und Bankzinsen nebst einem angemessenen Aufschlag berechnen. Weitergehende gesetzliche Ansprüche bleiben unberührt.

§ 30. a) Von Forderungen oder Nachforderungen für Frachten, Havarieeinschüsse oder -beiträge, Zölle, Steuern und sonstige Abgaben, die an den Spediteur, insbesondere als Verfügungsberechtigten oder als Besitzer fremden Gutes gestellt werden, hat der Auftraggeber den Spediteur auf Aufforderung sofort zu befreien. Andernfalls ist der Spediteur berechtigt, die zu seiner Sicherung oder Befreiung ihm geeignet erscheinenden Maßnahmen zu treffen, nötigenfalls, sofern die Sachlage es rechtfertigt, auch durch Vernichtung des Gutes.

b) Der Auftraggeber hat den Spediteur in geschäftsüblicher Weise rechtzeitig auf alle öffentlich-rechtlichen, z. B. zollrechtlichen Verpflichtungen aufmerksam zu machen, die mit dem Besitz des Gutes verbunden sind. Für alle Folgen der Unterlassung haftet der Auftraggeber dem Spediteur.

§ 31. Durch eine Beschlagnahme oder andere öffentlich-rechtliche Akte werden die Rechte des Spediteurs gegenüber dem Auftraggeber nicht berührt: der Auftraggeber bleibt Vertragsgegner des Spediteurs und haftet, auch wenn ihn kein Verschulden trifft, dem Spediteur für alle aus solchen Ereignissen entstehenden Folgen.

Etwaige Ansprüche des Spediteurs gegenüber dem Staat oder einem sonstigen Dritten werden hierdurch nicht berührt.

§ 32. Gegenüber Ansprüchen des Spediteurs ist eine Aufrechnung oder Zurückhaltung nur mit fälligen Gegenansprüchen des Auftraggebers, denen ein Einwand nicht entgegensteht, zulässig.

VIII. Ablieferung

§ 33. Die Ablieferung von Rollgut darf mit befreiender Wirkung an jede zum Geschäft oder Haushalt gehörige, in den Räumen des Empfängers anwesende erwachsene Person erfolgen.

§ 34. a) Die Empfangnahme des Gutes verpflichtet den Empfänger zur sofortigen Zahlung der auf dem Gute ruhenden Kosten einschließlich von Nachnahmen. Erfolgt die Zahlung nicht, so ist der Kutscher berechtigt, das Gut wieder an sich zu nehmen.

b) Unterbleibt bei der Ablieferung aus Versehen oder aus sonstigen Gründen die Bezahlung der Kosten einschließlich von Nachnahmen, so ist der Empfänger, wenn er trotz Aufforderung den Betrag nicht zahlt, zur sofortigen bedingungslosen Rückgabe des Gutes an den Spediteur oder im Unvermögensfalle zum Schadensersatz an den Spediteur verpflichtet. Die Geltendmachung eines Gegenanspruches oder eines Zurückbehaltungsrechtes sowie Verfügungen über das Gut sind unzulässig.

IX. Versicherung des Gutes

§ 35. a) Zur Versicherung des Gutes ist der Spediteur nur verpflichtet, soweit ein ausdrücklicher schriftlicher Auftrag dazu unter Angabe des Versicherungswertes und der zu deckenden Gefahren vorliegt. Bei ungenauen oder unausführbaren Versicherungsaufträgen gilt Art und Umfang der Versicherung dem Ermessen des Spediteurs anheimgestellt. Die Versicherung tritt erst in Kraft, sobald der Spediteur bei ordnungsmäßigem Geschäftsgang in der Lage gewesen ist, die Versicherung abzuschließen.

b) Der Spediteur ist nicht berechtigt, die bloße Wertangabe als Auftrag zur Versicherung anzusehen.

c) Durch Entgegennahme eines Versicherungsscheins (Police) übernimmt der Spediteur nicht die Pflichten, die dem Versicherungsnehmer obliegen; jedoch hat der Spediteur alle üblichen Maßnahmen zur Erhaltung des Versicherungsanspruchs zu treffen.

§ 36. Mangels abweichender schriftlicher Vereinbarung versichert der Spediteur nur zu den an seinem Erfüllungsort üblichen Versicherungsbedingungen und nicht gegen Bruchgefahr. Bei Gegenständen, die überwiegend Kunst- oder Liebhaberwert haben, wird nur der gänzliche Verlust des Kunstwerkes bei dem einzelnen Stück versichert. Der Spediteur genügt seiner Versicherungspflicht stets durch Versicherung auf Grund einer etwaigen Generalpolice.

§ 37. a) Im Falle der Versicherung steht dem Auftraggeber als Ersatz nur zu, was der Spediteur von dem Versicherer nach Maßgabe der Versicherungsbedingungen erhalten hat.

b) Der Spediteur genügt seinen Verpflichtungen, indem er dem Auftraggeber auf Wunsch die Ansprüche gegen den Versicherer abtritt; zur Verfolgung der Ansprüche ist er nur auf Grund besonderer schriftlicher Abmachung und nur für Rechnung und Gefahr des Auftraggebers verpflichtet.

c) Eine weitergehende Verpflichtung oder eine Haftung besteht für den Spediteur in keinem Falle.

§ 38. Für die Versicherungsbesorgung, Einziehung des Schadensbetrages und sonstige Bemühungen bei Abwicklung von Versicherungsfällen und Havarien steht dem Spediteur eine besondere Vergütung zu.

X. Speditionsversicherungsschein (SVS.) und Rollfuhrversicherungsschein (RVS.).

§ 39. a) Der Spediteur ist, wenn der Auftraggeber es nicht ausdrücklich schriftlich untersagt hat, verpflichtet, die Schäden, die dem Auftraggeber durch den Spediteur bei der Ausführung des Auftrages erwachsen können, gemäß dem hier beigefügten „Speditionsversicherungsschein" (SVS.) auf Kosten des Auftraggebers zu versichern. Die Versicherung soll bei denjenigen Versicherern gedeckt werden, die von den Spitzenverbänden der Wirtschaft, die diese ADSp. festgestellt haben, beauftragt sind.

b) Nach Maßgabe der SVS. werden auch Schäden versichert, die denjenigen Personen erwachsen können, denen das versicherte Interesse zur Zeit des den Schaden verursachenden Ereignisses zugestanden hat.

c) Es wird nachdrücklichst darauf hingewiesen, daß lt. § 5 Ziff. 1 SVS. alle Schäden, die durch Transport- oder Lagerversicherung gedeckt sind oder üblicherweise gedeckt werden, von der Speditionsversicherung ausgeschlossen sind. Dagegen wird der Auftraggeber gegen die sog. Rollfuhrschäden gemäß dem beigefügten Rollfuhrversicherungsschein (RVS.) versichert, sofern er diese Zusatzversicherung nicht ausdrücklich schriftlich untersagt hat.

§ 40. Der Auftraggeber unterwirft sich sowie alle Personen, in deren Interesse oder für deren Rechnung er handelt, allen Bedingungen des SVS. und des RVS. Insbesondere hat er für rechtzeitige Schadensanmeldung zu sorgen (§ 10 SVS.).

§ 41. a) Hat der Spediteur infolge ausdrücklichen oder vermuteten Auftrages (§ 39) die Speditionsversicherung gedeckt, so ist er von der Haftung für jeden durch diese Versicherung gedeckten Schaden frei. Dies gilt insbesondere auch für den Fall, daß infolge fehlender oder ungenügender Wertangabe des Auftraggebers die Versicherungssumme hinter dem wirklichen Wert oder Schadensbetrage zurückbleibt.

b) Darüber, ob ein Schaden durch die Speditionsversicherung gedeckt ist, hat im Streitfalle ausschließlich das nach § 18 Ziffer 2 SVS. zuständige Schiedsgericht zu entscheiden.

c) Hat der Spediteur entgegen dem § 39 a die Speditionsversicherung nicht gemäß den Bedingungen des beigefügten SVS. oder nicht bei den im § 39 a bezeichneten Versicherern gedeckt, so darf er sich dem Auftraggeber gegenüber auf die ADSp. nicht berufen.

d) Die Absätze a) bis c) gelten entsprechend für die durch den RVS. gedeckte Versicherung.

§ 42. § 35 a Satz 2 und 3 gelten entsprechend auch für die Speditionsversicherung und die Rollfuhrversicherung.

XI. Lagerung

§ 43. a) Die Lagerung erfolgt nach Wahl des Lagerhalters in dessen eigenen oder fremden (privaten oder öffentlichen) Lagerräumen. Lagert der Lagerhalter in einem fremden Lager ein, so hat er den Lagerort und den Namen des fremden Lagerhalters dem Einlagerer schriftlich bekanntzugeben oder, falls ein Lagerschein ausgestellt ist, auf diesem zu vermerken. Diese Bestimmung gilt nicht, wenn es sich um eine Lagerung im Ausland oder um eine mit dem Transport zusammenhängende Lagerung handelt.

b) Hat der Lagerhalter das Gut in einem fremden Lager eingelagert, so sind für das Verhältnis zwischen ihm und seinem Auftraggeber gemäß § 2 c die gleichen Bedingungen maßgebend, die im Verhältnis zwischen dem Lagerhalter und dem fremden Lagerhalter gelten. Der Lagerhalter hat auf Wunsch diese Bedingungen dem Auftraggeber zu übersenden. Die Bedingungen des fremden Lagerhalters sind insoweit für das Verhältnis zwischen dem Auftraggeber und dem Lagerhalter nicht maßgebend, als sie ein Pfandrecht enthalten, das über das im § 50 dieser Bedingungen festgelegte Pfandrecht hinausgeht.

c) Eine Verpflichtung des Lagerhalters zur Sicherung oder Bewachung von Lagerräumen besteht nur insoweit, als es sich um seine eigenen Lagerräume handelt und die Sicherung und Bewachung unter Berücksichtigung aller Umstände geboten und ortsüblich ist. Der Lagerhalter genügt seiner Bewachungspflicht, wenn er bei der Anstellung oder Annahme von Bewachung die nötige Sorgfalt angewandt hat.

d) Dem Einlagerer steht es frei, die Lagerräume zu besichtigen oder besichtigen zu lassen. Einwände oder Beanstandungen gegen die Unterbringung des Gutes oder gegen die Wahl des Lagerraums muß er unverzüglich vorbringen. Macht er von dem Besichtigungsrecht keinen Gebrauch, so begibt er sich aller Einwände gegen die Art und Weise der Unterbringung, soweit die Wahl des Lagerraums und die Unterbringung unter Wahrung der Sorgfalt eines ordentlichen Lagerhalters erfolgt ist.

§ 44. a) Das Betreten des Lagers ist dem Einlagerer nur in Begleitung des Lagerhalters oder eines vom Lagerhalter beauftragten Angestellten erlaubt.

b) Das Betreten darf nur in bei dem Lagerhalter eingeführten Geschäftsstunden verlangt werden, und auch dann nur, wenn ein Arbeiten bei Tageslicht möglich ist.

§ 45. a) Nimmt der Einlagerer irgendwelche Handlungen mit dem Gut vor (z. B. Probeentnahmen), so hat er danach dem Lagerhalter das Gut aufs neue in einer den Umständen und der Verkehrssitte entsprechenden Weise zu übergeben und erforderlichenfalls Anzahl, Gewicht und Beschaffenheit des Gutes gemeinsam mit ihm festzustellen. Andernfalls ist jede Haftung des Lagerhalters für später festgestellte Schäden ausgeschlossen.

b) Der Lagerhalter behält sich das Recht vor, die Handlungen, die der Einlagerer mit dem Lagergut vorzunehmen wünscht, durch seine Angestellten ausführen zu lassen.

§ 46. a) Der Einlagerer haftet für alle Schäden, die er, seine Angestellten oder Beauftragten beim Betreten des Lagers oder beim Betreten oder Befahren des Lagergrundstücks dem Lagerhalter, anderen Einlagerern oder dem Hauswirt zufügen, es sei denn, daß den Einlagerer, seine Angestellten oder Beauftragten kein Verschulden trifft. Als Beauftragte des Einlagerers gelten auch Dritte, die auf seine Veranlassung das Lager oder das Lagergrundstück aufsuchen.

b) Der Lagerhalter darf die ihm gemäß Absatz a) zustehenden Ansprüche, soweit sie über die gesetzlichen Ansprüche hinausgehen, an Dritte nicht abtreten.

§ 47. a) Der Lagerhalter darf, wenn nicht schriftlich etwas anderes vereinbart ist, den Lagervertrag jederzeit mit einmonatiger Frist durch eingeschriebenen Brief an die letzte ihm bekanntgegebene Adresse kündigen.

b) Eine Kündigung ohne Kündigungsfrist (§ 422 Abs 2 HGB.) ist insbesondere zulässig, wenn das Gut andere Güter gefährdet oder dem Lagerhalter Zweifel entstehen, ob alle seine Ansprüche durch den Wert des Gutes sichergestellt sind.

§ 48. A. Sobald das Gut ordnungsmäßig eingelagert ist, wird auf Verlangen hierüber entweder ein „Lager-Empfangsschein" ausgehändigt oder ein „Namenslagerschein", ein „Inhaberlagerschein" oder, soweit der Lagerhalter dazu die staatliche Ermächtigung erhalten hat, ein „an Order" lautender, durch Indossament übertragbarer Lagerschein (§ 363 Abs. 2 HGB.) ausgestellt. Im Zweifel gilt die vom Lagerhalter erteilte Bescheinigung nur als „Lager-Empfangsschein".

B. a) Der „Lager-Empfangsschein" ist lediglich eine Bescheinigung des Lagerhalters über den Empfang des Gutes. Für den Fall seiner Ausstellung gilt die Vorschrift des § 808 BGB. Der Lagerhalter ist nicht verpflichtet, das Gut nur dem Vorzeiger des Scheines herauszugeben.

b) Der Lagerhalter ist berechtigt, aber nicht verpflichtet, die Legitimation des Vorzeigers des Empfangsscheines zu prüfen; er ist ohne weiteres berechtigt, gegen Aushändigung des Scheines das Gut an den Vorzeiger herauszugeben.

c) Eine Abtretung oder Verpfändung der Rechte des Einlagerers aus dem Lagervertrag ist gegenüber dem Lagerhalter erst wirksam, wenn sie ihm schriftlich vom Einlagerer mitgeteilt worden ist. In solchen Fällen ist dem Lagerhalter gegenüber nur derjenige, dem die Rechte abgetreten oder verpfändet worden sind, zur Verfügung über das Lagergut berechtigt.

C. a) Ist ein „Namenslagerschein" ausgestellt, so ist der Lagerhalter verpflichtet, das eingelagerte Gut nur gegen Aushändigung des Namenslagerscheines, insbesondere nicht lediglich gegen einen Lieferschein, Auslieferungsschein oder dgl., und im Falle der Abtretung nur an denjenigen Inhaber des Lagerscheines herauszugeben, der durch eine zusammenhängende Kette von auf dem Lagerschein stehenden Abtretungserklärungen legitimiert ist.

b) Der Lagerhalter ist zur Prüfung

1. der Echtheit der Unterschriften der Abtretungserklärungen,
2. der Echtheit der Unterschriften auf Lieferscheinen und dgl.,
3. der Befugnis der Unterzeichner zu 1 und 2

nicht verpflichtet, es sei denn, daß mit dem Auftraggeber etwas anderes vereinbart worden oder der Mangel der Echtheit oder Befugnis offensichtlich erkennbar ist.

c) Die Abtretung oder Verpfändung der Rechte des Einlagerers aus dem Lagervertrage ist dem Lagerhalter gegenüber nur dann wirksam, wenn sie auf dem Lagerschein schriftlich erklärt und im Falle der Verpfändung außerdem dem Lagerhalter mitgeteilt ist.

d) Der Lagerhalter kann dem nach vorstehenden Bestimmungen legitimierten Rechtsnachfolger des Einlagerers nur solche Einwendungen entgegensetzen, welche die Gültigkeit der Ausstellung des Scheines betreffen oder sich aus dem Schein ergeben oder dem Lagerhalter unmittelbar gegen den Rechtsnachfolger zustehen. Das gesetzliche Pfand- oder Zurückbehaltungsrecht des Lagerhalters wird durch diese Bestimmung nicht berührt.

D. a) Den „Inhaberlagerschein", in welchem der Lagerhalter dem Inhaber der Urkunde die Herausgabe des Lagergutes verspricht, hat der Lagerhalter zu unterschreiben. Im übrigen finden die gesetzlichen Vorschriften, insbesondere die §§ 793 ff. BGB., Anwendung.

b) Der Lagerhalter gibt das Gut nur gegen Aushändigung des Lagerscheines heraus. Er ist dazu ohne besondere Prüfung der Legitimation des Inhabers berechtigt.

E. Ist ein „an Order" lautender, durch Indossament übertragbarer Lagerschein von einem dazu ermächtigten Lagerhalter ausgestellt, so gelten die Vorschriften der §§ 364, 365, 424 HGB.

§ 49. Die Bestimmungen dieses Abschnittes gelten auch bei nur vorübergehender Aufbewahrung von Gütern, z. B. zwecks Versendung, soweit nicht § 43 etwas anderes bestimmt.

XII. Pfandrecht

§ 50. a) Der Spediteur hat wegen aller fälligen und nichtfälligen Ansprüche, die ihm aus laufender Rechnung oder aus sonstigen Gründen an den Auftraggeber zustehen, ein Pfandrecht und ein Zurückbehaltungsrecht an den in seiner Verfügungsgewalt befindlichen Gütern oder sonstigen Werten. Bevor der Spediteur wegen der vorstehenden Ansprüche sowie wegen sonstiger etwa auf den Gütern ruhenden Forderungen nicht voll befriedigt ist, braucht er auch Teile der Güter nicht herauszugeben. Tut er dies dennoch, so kann der Auftraggeber hieraus keine Einwendungen gegen ihn herleiten, hat vielmehr persönlich für die volle Forderung des Spediteurs aufzukommen.

b) Soweit das Pfand- oder Zurückbehaltungsrecht aus Abs. a) über das gesetzliche Pfand- oder Zurückbehaltungsrecht hinausgehen würde, ergreift es bei Aufträgen eines Spediteurs an einen anderen Spediteur nur solche Güter und sonstige Werte, die dem auftraggebenden Spediteur gehören oder die der beauftragte Spediteur für Eigentum des auftraggebenden Spediteurs hält und halten darf (z. B. Möbelwagen, Decken u. dgl.).

c) Der Spediteur darf ein Pfand- oder Zurückbehaltungsrecht wegen solcher Forderungen, die mit dem Gut nicht in Zusammenhang stehen, nur ausüben, soweit sie nicht strittig sind oder wenn die Vermögenslage des Schuldners die Forderung des Spediteurs gefährdet.

d) Der Spediteur darf bei einem Auftrag, das Gut zur Verfügung eines Dritten zu halten oder einem Dritten herauszugeben, ein Pfand- oder Zurückbehaltungsrecht wegen Forderungen gegen den Dritten, die mit dem Gut nicht in Zusammenhang stehen, nicht ausüben, soweit und solange die Ausübung der Weisung und den berechtigten Interessen des ursprünglichen Auftraggebers zuwiderlaufen würde.

e) Etwa weitergehende gesetzliche Pfand- und Zurückbehaltungsrechte des Spediteurs werden durch die vorstehenden Bestimmungen nicht berührt.

f) Das Zurückbehaltungsrecht hat auch gegenüber Nichtkaufleuten die Wirkungen des kaufmännischen Zurückbehaltungsrechts (§§ 369 ff. HGB.). § 369 Abs. 3 HGB. findet keine Anwendung.

g) An die Stelle der im § 1234 BGB. bestimmten Frist von einem Monat tritt in allen Fällen eine solche von einer Woche.

h) Für den Pfand- oder Selbsthilfeverkauf kann der Spediteur in allen Fällen eine Verkaufsprovision vom Bruttoerlös in Höhe der ortsüblichen Sätze berechnen.

XIII. Haftung des Spediteurs

§ 51. a) Der Spediteur haftet bei allen seinen Verrichtungen (s. § 2 a) grundsätzlich nur, soweit ihn ein Verschulden trifft. Die Entlastungspflicht trifft den Spediteur; ist jedoch ein Schaden am Gut äußerlich nicht erkennbar gewesen oder kann aus sonstigen Gründen dem Spediteur die Aufklärung der Schadensursache nach Lage der Umstände billigerweise nicht zugemutet werden, so hat der Auftraggeber nachzuweisen, daß der Spediteur den Schaden verschuldet hat.

b) Im übrigen ist die Haftung des Spediteurs (ohne Rücksicht auf Vorhandensein oder Umfang eines Verschuldens) nach Maßgabe der vorangegangenen und der folgenden Bestimmungen beschränkt bzw. aufgehoben.

c) Dem Auftraggeber steht — abgesehen von der Versicherungsmöglichkeit (siehe §§ 35 ff., 39 ff.) — frei, mit dem Spediteur eine über diese Bedingungen hinausgehende Haftung gegen besondere Vergütung zu vereinbaren.

§ 52. a) Ist ein Schaden bei einem Dritten, namentlich einem Frachtführer, Lagerhalter, Schiffer, Zwischen- oder Unterspediteur, Versicherer, einer Eisenbahn oder Gütersammelstelle, bei Banken oder sonstigen an der Ausführung des Auftrags beteiligten Unternehmern entstanden, so tritt der Spediteur seinen etwaigen Anspruch gegen den Dritten dem Auftraggeber auf dessen Verlangen ab, es sei denn, daß der Spediteur auf Grund besonderer Abmachungen die Verfolgung des Anspruchs für Rechnung und Gefahr des Auftraggebers übernimmt. Die vorstehend erwähnten Dritten gelten nicht als Erfüllungsgehilfen des Spediteurs.

b) Eine weitergehende Verpflichtung oder eine Haftung besteht für den Spediteur nur, wenn ihm eine schuldhafte Verletzung der Pflichten aus § 408 Abs. 1 HGB. zur Last fällt.

c) Der Spediteur haftet auch in den Fällen der §§ 412, 413 HGB. nur nach Maßgabe dieser Bedingungen.

§ 53. a) Die Haftung des Spediteurs für von ihm angerollte Güter ist beendet, sobald sie dem Empfänger vor seinem Grundstück zur Abnahme bereitgestellt und abgenommen sind.

b) Auf Verlangen des Empfängers und auf seine Gefahr sind solche Güter im Gewicht bis zu 50 kg das Stück, sofern ihr Umfang nicht die Beförderung durch einen Mann ausschließt, in Höfe, Keller und höhere Stockwerke abzutragen. Andere Güter sind dem Empfänger zu ebener Erde oder, soweit dies der Umfang, das Gewicht oder die Notwendigkeit einer besonderen Behandlung (wie bei Weinfässern, Maschinen, Ballons) verbieten, auf dem Rollwagen vor seinem Grundstück zur Verfügung zu stellen.

§ 54. a) Soweit der Spediteur überhaupt haftet, gelten die folgenden Höchstgrenzen für seine Haftung:

1. RM. 20 000.— je Schadensfall für Schäden, die auf Unterschlagung oder Veruntreuung durch einen gesetzlichen Vertreter oder einen Arbeitnehmer des Spediteurs beruhen.

   Ein Schadensfall im Sinne der Vorschrift der Ziff. 1 ist jeder Schaden, der von ein und demselben gesetzlichen Vertreter oder Arbeitnehmer des Spediteurs durch Veruntreuung oder Unterschlagung verursacht wird, gleichviel, ob außer ihm noch andere gesetzliche Vertreter oder Arbeitnehmer des Spediteurs an der schädigenden Handlung beteiligt sind und ob der Schaden einen Auftraggeber oder mehrere voneinander unabhängige Auftraggeber des Spediteurs trifft. Der Spediteur ist verpflichtet, seinem Auftraggeber auf Verlangen anzugeben, ob und bei welcher Versicherungsgesellschaft er dieses Haftungsrisiko abgedeckt hat.

2. RM. 5000.— für Schäden, aus denen Ansprüche auf Grund der Bestimmungen des Abschnitts XI (Lagerung) hergeleitet werden. Die weiter-

gehende Haftung nach Ziff. 1 sowie die in § 2 Ziff. 2 und § 13 Ziff. 3 SVS. vorgesehene Regelung bleiben hiervon unberührt.

3. RM. 1.50 je Kilogramm brutto, keinesfalls mehr als RM. 1500.— je Schadensfall für alle sonstigen Schäden, gleichviel aus welchem Grunde.

b) Ist der angegebene Wert des Gutes niedriger als die Beträge zu 1—3, so wird der angegebene Wert zugrunde gelegt.

c) Ist der nach b) in Betracht kommende Wert höher als der gemeine Handelswert bzw. in dessen Ermangelung der gemeine Wert, den Gut derselben Art und Beschaffenheit zur Zeit und am Ort der Übergabe an den Spediteur gehabt hat, so tritt dieser gemeine Handelswert bzw. gemeine Wert an die Stelle des angegebenen Wertes.

d) Bei etwaigen Unterschieden in den Wertangaben gilt stets der niedrigere Wert.

§ 55. Bei Schäden an einem Sachteil, der einen selbständigen Wert hat (z. B. Maschinenteil), oder bei Schäden an einer von mehreren zusammengehörigen Sachen (z. B. Wohnungseinrichtung), bleibt die etwaige Wertminderung des Restes der Sache oder der übrigen Sachteile oder Sachen außer Betracht.

§ 56. a) Bei allen Gütern, deren Wert mehr als RM. 20.— für das Kilogramm brutto beträgt, sowie bei Geld, Urkunden und Wertzeichen haftet der Spediteur für jeden wie auch immer gearteten Schaden nur, wenn ihm eine schriftliche Wertangabe vom Auftraggeber so rechtzeitig zugegangen ist, daß er seinerseits in der Lage war, sich über Annahme oder Ablehnung des Auftrages und über die für Empfangnahme, Verwahrung oder Versendung zu treffenden Vorsichtsmaßregeln schlüssig zu machen.

b) Die Übergabe einer Wertangabe an Kutscher oder sonstige gewerbliche Angestellte ist ohne rechtliche Wirkung, solange sie nicht in den Besitz des Spediteurs oder seiner zur Empfangnahme ermächtigten kaufmännischen Angestellten gelangt ist, es sei denn, daß eine andere Vereinbarung getroffen ist.

c) Unzulässig ist der Einwand, der Spediteur hätte von dem Wert des Gutes auf andere Weise Kenntnis gehabt oder haben müssen.

d) Beweist der Auftraggeber, daß der Schaden auf andere Umstände als auf die Unterlassung der Wertangabe zurückzuführen ist oder auch bei erfolgter Wertangabe entstanden wäre, so findet Absatz a) keine Anwendung.

e) Die Bestimmungen der übrigen Paragraphen, soweit sie über die Bestimmungen dieses Paragraphen hinaus die Haftung beschränken oder aufheben, bleiben unberührt.

§ 57. Die Haftung des Spediteurs ist ausgeschlossen:

1. a) Für Schäden, insbesondere auch Beraubungsschäden, an nicht oder mangelhaft verpackten Gütern, soweit nicht eine vorherige besondere schriftliche Vereinbarung über die Haftung erfolgt ist.

   b) Güter, die im Sinne der Eisenbahn- oder Reedereibestimmungen als unverpackt oder mangelhaft verpackt gelten, gelten auch dem Spediteur gegenüber als unverpackt oder mangelhaft verpackt.

   c) Äußerlich erkennbare Schäden der Verpackung, die sogleich oder später zutage treten, darf der Spediteur auf Kosten des Auftraggebers beseitigen lassen; dadurch übernimmt er keine über die vorhergehenden Absätze hinausgehende Haftung.

2. Für Schäden, die durch Aufbewahrung im Freien entstehen, wenn solche Aufbewahrung vereinbart oder eine andere Aufbewahrung nach dem üblichen Geschäftsbetrieb oder nach den Umständen untunlich war.
3. Für Schäden, die durch schweren Diebstahl im Sinne des § 243 oder durch Raub im Sinne der §§ 249 ff. StGB. entstehen.
4. Für die unmittelbaren oder mittelbaren Folgen jedes sonstigen Ereignisses, welches der Spediteur nicht verschuldet hat (z. B. höhere Gewalt, Witterungseinflüsse, Schadhaftwerden irgendwelcher Geräte oder Leitungen, Einwirkung anderer Güter, Beschädigungen durch Tiere, natürliche Veränderung des Gutes).

§ 58. a) Konnte ein Schaden den Umständen nach aus einer im § 57 bezeichneten Gefahr entstehen, so wird vermutet, daß er aus dieser Gefahr entstanden sei.

b) Die Bestimmungen der übrigen Paragraphen, soweit sie über die §§ 57, 58 a hinaus die Haftung des Spediteurs beschränken oder aufheben, bleiben unberührt.

§ 59. Jede Haftung des Spediteurs ist ausgeschlossen, wenn er nachweist, daß er das Gut in derselben äußeren Beschaffenheit, wie er es bekommen, abgeliefert hat. Die Verpflichtungen des Spediteurs aus § 388 HGB. werden hierdurch nicht berührt.

§ 60. a) Alle Schäden, auch soweit sie äußerlich nicht erkennbar sind, müssen dem Spediteur unverzüglich schriftlich mitgeteilt werden. Ist die Ablieferung des Gutes durch einen Spediteur erfolgt, so muß der abliefernde Spediteur spätestens am vierten Tage nach der Ablieferung im Besitze der Schadensmitteilung sein.

b) Bei Nichteinhaltung vorstehender Bestimmungen gelten die Schäden als erst nach der Ablieferung entstanden.

c) Geht dem Spediteur eine Schadensmitteilung in einem Zeitpunkt zu, in dem ihm die Wahrung der Rechte gegen Dritte nicht mehr möglich ist, so ist der Spediteur für die Folgen nicht verantwortlich.

§ 61. In allen Fällen, in denen der vom Spediteur zu zahlende oder freiwillig angebotene Schadensbetrag den vollen Wert des Gutes erreicht, ist der Spediteur zur Zahlung nur verpflichtet Zug um Zug gegen Übereignung des Gutes und gegen Abtretung der Ansprüche, die hinsichtlich des Gutes dem Auftraggeber oder dem Zahlungsempfänger gegen Dritte zustehen.

§ 62. Der in diesen Bedingungen gebrauchte Ausdruck „Schaden" oder „Schäden" ist, soweit nicht frühere Paragraphen eine Beschränkung vorsehen, im weitesten Sinne (§§ 249 ff. BGB.) zu verstehen, umfaßt also insbesondere auch gänzlichen oder teilweisen Verlust, Minderung, Wertminderung, Bruch, Diebstahlsschaden und Beschädigungen aller Art.

§ 63. a) Beruft sich der Spediteur auf eine in diesen Bedingungen vorgesehene Haftungsbeschränkung oder -ausschließung, so ist der Einwand, es liege unerlaubte Handlung vor, unzulässig.

b) Erhebt ein Dritter, der an dem Gegenstand oder der Ausführung des dem Spediteur erteilten Auftrages unmittelbar oder mittelbar interessiert ist, gegen den Spediteur Ansprüche wegen einer angeblich begangenen unerlaubten Handlung, die dem Spediteur nach Absatz a) nicht entgegengehalten werden kann, so hat der Auftraggeber den Spediteur von diesen Ansprüchen unverzüglich zu befreien.

XIV. Verjährung

§ 64. Alle Ansprüche gegen den Spediteur, gleichviel aus welchem Rechtsgrunde, verjähren in sechs Monaten. Die Verjährung beginnt mit der Kenntnis des Berechtigten von dem Anspruch, spätestens jedoch mit der Ablieferung des Gutes.

XV. Erfüllungsort, Gerichtsstand, anzuwendendes Recht

§ 65. a) Der Erfüllungsort sowie der Gerichtsstand für alle Rechtsstreitigkeiten, die aus dem Auftragsverhältnis oder im Zusammenhang damit entstehen, ist für alle Beteiligten der Ort derjenigen Handelsniederlassung des Spediteurs, an die der Auftrag gerichtet ist; für Ansprüche gegen den Spediteur ist dieser Gerichtsstand ausschließlich.

b) Für die Rechtsbeziehungen des Spediteurs zum Auftraggeber oder seinen Rechtsnachfolgern gilt deutsches Recht.

[Die hier folgenden Anlagen 1 und 2 („Speditionsversicherungsschein" und „Rollfuhrversicherungsschein") sind hier nicht mit abgedruckt.]

X. Verordnung über Orderlagerscheine

Vom 16. Dezember 1931 (RGBl. I S. 763)

Auf Grund des Fünften Teiles Kapitel VI der Dritten Verordnung des Reichspräsidenten zur Sicherung von Wirtschaft und Finanzen und zur Bekämpfung politischer Ausschreitungen vom 6. Oktober 1931 (Reichsgesetzbl. I S. 537, 561) wird folgendes verordnet:

Abschnitt I
Ermächtigung zur Ausstellung von Orderlagerscheinen

§ 1. Zuständigkeit

(1) Die Ermächtigung zur Ausstellung von Lagerscheinen, die durch Indossament übertragen werden können (§ 363 Abs. 2, §§ 364, 365, 424 des Handelsgesetzbuchs), wird einer Lagerhausanstalt auf Antrag durch die oberste Landesbehörde oder durch die von ihr bezeichneten Stellen erteilt.

(2) Jedes Land kann die Ermächtigung nur für Lagerräume erteilen, die sich in seinem Gebiete befinden.

§ 2. Förmliche Erfordernisse

(1) Der Antrag auf Erteilung der Ermächtigung hat eine genaue Angabe des Gegenstandes des Unternehmens, die Bezeichnung der zur Verfügung stehenden Lagerräume mit einer Darstellung ihrer technischen Ausgestaltung, ferner ausführliche Angaben über die bisherige Entwicklung, die wirtschaftliche Grundlage und den Geschäftsbetrieb des Unternehmens zu enthalten.

(2) Dem Antrag sind beizufügen:

1. ein Verzeichnis der verantwortlichen Geschäftsleiter (Inhaber, persönlich haftenden Gesellschafter, Vorstandsmitglieder, Geschäftsführer);
2. ein Auszug aus dem Handelsregister oder Genossenschaftsregister nach dem neuesten Stande, sofern nicht gemäß § 36 des Handelsgesetzbuchs die Eintragung des Unternehmens im Handelsregister unterblieben ist;

3. wenn das Unternehmen von einer juristischen Person betrieben wird, ein Abdruck der Satzung (Statut) oder des Gesellschaftsvertrags;
4. ein mit Maßstab versehener Übersichtsplan über die Lagerräume;
5. eine Bescheinigung oder eine sonstige Urkunde über Rechtsgrund und Dauer der Verfügungsbefugnis des Antragstellers über die Lagerräume;
6. eine Lagerordnung in Urschrift und Abschrift, in der das Rechtsverhältnis des Lagerhalters zu den Einlagerern und zu den Besitzern der von ihm ausgegebenen Orderlagerscheine gemäß Abschnitt II und III dieser Verordnung geregelt ist. Die Urschrift der Lagerordnung hat die öffentlich beglaubigte Unterschrift des Antragstellers zu tragen;
7. der Tarif, nach dem die Vergütung für die Lagerung, für die Behandlung des Lagerguts und ähnliche mit der Lagerung zusammenhängende Leistungen des Lagerhalters bemessen wird;
8. je ein den Bestimmungen der §§ 36, 38, 39 entsprechender Vordruck für die von dem Antragsteller zu verwendenden Orderlagerscheine;
9. die Rechnungsabschlüsse (Bilanz nebst Gewinn- und Verlustrechnung) für die letzten drei Jahre oder, wenn das Unternehmen noch nicht so lange besteht, für die Zeit von der Entstehung des Unternehmens an;
10. eine Übersicht über Art und Umfang des Umschlags von Lagergütern während der in Nr. 9 bezeichneten Zeit.

§ 3. Anhörung der gesetzlichen Berufsvertretungen

Die Ermächtigungsbehörde (§ 1) hat zu dem Antrag diejenigen gesetzlichen Berufsvertretungen des Handels sowie, falls landwirtschaftliche Erzeugnisse gelagert werden sollen, auch der Landwirtschaft gutachtlich zu hören, in deren Bezirk sich Lagerräume des Antragstellers befinden.

§ 4. Sachliche Erfordernisse

(1) Dem Antrag darf nur stattgegeben werden, wenn
1. die verantwortlichen Geschäftsleiter des Lagerhausunternehmens (§ 2 Abs. 2 Nr. 1) die fachliche Eignung und die erforderliche Zuverlässigkeit besitzen;
2. die wirtschaftlichen Verhältnisse des Unternehmens die Gewähr für eine ordnungsmäßige Durchführung des Lagergeschäfts bieten; insbesondere dürfen sich in dieser Beziehung aus dem Gegenstande des Unternehmens keine Bedenken ergeben;
3. der Lagerraum durchschnittlichen Anforderungen an seine technische Ausgestaltung genügt und eine angemessene Größe aufweist. Bei nicht im Eigentum des Antragstellers stehenden Lagerräumen muß die Verfügungsbefugnis des Antragstellers über die Lagerräume für eine angemessene Zeitdauer gesichert sein.

(2) Die Ermächtigungsbehörde kann die Erteilung der Ermächtigung davon abhängig machen, daß der Antragsteller sich gegen Schadensersatzansprüche der Einlagerer aus dem Lagervertrag in ausreichender Höhe bei einer geeigneten Versicherungsunternehmung versichert oder der Ermächtigungsbehörde den Nachweis führt, daß eine andere ausreichende Sicherstellung erfolgt ist; hinsichtlich der Sicherstellung sind die gesetzlichen Berufsvertretungen (§ 3) gutachtlich zu hören.

(3) Die Erteilung der Ermächtigung darf nicht von dem Bestehen eines Bedürfnisses oder davon abhängig gemacht werden, daß das Unternehmen in einer bestimmten Rechtsform betrieben wird.

(4) Die Ermächtigungsbehörde kann im Einzelfalle die Ermächtigung auf bestimmte Warengattungen beschränken. Von dieser Befugnis soll nur Gebrauch gemacht werden, wenn der Lagerhalter einverstanden ist.

§ 5. Inhalt der Ermächtigung

(1) Die Ermächtigung wird auf der Grundlage einer dieser Verordnung entsprechenden Lagerordnung erteilt. Sie erstreckt sich nur auf diejenigen Lagerhäuser oder sonstigen Lagerräume (wie freistehende Flüssigkeitsbehälter, Hallen, Freilagerplätze), die in der Ermächtigungsurkunde aufgeführt sind.

(2) Die Lagerordnung einschließlich der darin etwa bezeichneten ergänzenden allgemeinen Bedingungen sowie deren Änderungen unterliegen der Genehmigung der Ermächtigungsbehörde. Die Urschrift der Lagerordnung ist mit einem Vermerk über die Genehmigung zu versehen und zurückzugeben; eine Abschrift wird von der Ermächtigungsbehörde beglaubigt und mit den übrigen Schriftstücken aufbewahrt; bei Änderungen der Lagerordnung ist entsprechend zu verfahren.

§ 6. Aushang und Niederlegung der Ermächtigungsurkunde, der Lagerordnung und des Tarifs

Eine öffentlich beglaubigte Abschrift der Ermächtigungsurkunde und etwaiger Änderungen, die Lagerordnung, der Tarif sowie deren Änderungen sind im Geschäftsraum des Lagerhalters auszuhängen und bei den gemäß § 3 zuständigen Berufsvertretungen zur öffentlichen Einsichtnahme niederzulegen.

§ 7. Veröffentlichung der Ermächtigungsurkunde

(1) Die Ermächtigungsurkunde sowie deren Änderungen sind auf Kosten des Antragstellers im Reichsanzeiger und in den Blättern der gemäß § 3 zuständigen Berufsvertretungen zu veröffentlichen. Die Ermächtigungsbehörde kann von der Veröffentlichung in den Blättern der Berufsvertretungen Ausnahmen zulassen.

(2) In der Veröffentlichung sind die Stellen zu bezeichnen, bei denen die im § 6 Abs. 2 vorgeschriebenen Niederlegungen erfolgen.

(3) Die Lagerordnung und der Tarif brauchen nicht gemäß Abs. 1 veröffentlicht zu werden, auch wenn in der Ermächtigungsurkunde auf sie Bezug genommen wird.

§ 8. Beginn der Befugnis zur Ausstellung von Orderlagerscheinen

(1) Die Befugnis zur Ausstellung von Orderlagerscheinen soll nicht eher ausgeübt werden, als bis die in den §§ 6 und 7 vorgeschriebenen Niederlegungen und Veröffentlichungen erfolgt sind.

(2) Erweiterungen der Ermächtigung sowie Änderungen der Lagerordnung oder Erhöhungen des Tarifs (§ 2 Abs. 2 Nr. 7) sollen bei Ausübung der Befugnis zur Ausstellung von Orderlagerscheinen nicht eher zur Anwendung gebracht werden, als bis die in den §§ 6 und 7 vorgeschriebenen Niederlegungen und Veröffentlichungen erfolgt sind.

§ 9. Geschäftsprüfung

(1) Der Lagerhalter hat innerhalb von sechs Monaten nach Abschluß des Geschäftsjahrs der Ermächtigungsbehörde den Rechnungsabschluß (Bilanz nebst Gewinn- und Verlustrechnung) einzureichen. Der Rechnungsabschluß

ist von einem geeigneten Prüfer nachzuprüfen. Als geeigneter Prüfer kann insbesondere angesehen werden: ein öffentlich bestellter Wirtschaftsprüfer, eine Prüfungsgesellschaft, die in eine von der Hauptstelle für die öffentlich bestellten Wirtschaftsprüfer zu führende Liste der die Wirtschaftsprüfertätigkeit ausübenden Gesellschaften eingetragen ist, ein genossenschaftlicher Revisionsverband oder ein öffentlich bestellter Buchprüfer.

(2) Die Ermächtigungsbehörde kann jederzeit die Vornahme einer Buch- oder Betriebsprüfung durch einen von ihr bezeichneten Prüfer anordnen, wenn sie die Prüfung aus besonderen Gründen für notwendig hält.

(3) Die Kosten der Prüfung trägt der Lagerhalter.

§ 10. Statistische Nachweisungen

(1) Der Lagerhalter hat der Ermächtigungsbehörde für den Schluß eines jeden Kalendervierteljahrs eine Übersicht über die von ihm ausgestellten Orderlagerscheine unter Bezeichnung von Gattung und Menge der Güter, über die sie lauten, einzureichen. Für Sammellagerscheine (§ 36) ist die Übersicht gesondert zu fertigen.

(2) Die Ermächtigungsbehörde kann bei Vorliegen besonderer Gründe Ausnahmen zulassen.

§ 11. Anzeigepflichten

Der Lagerhalter ist verpflichtet, Änderungen in der Person der verantwortlichen Geschäftsleiter, Änderungen der Satzung oder des Gesellschaftsvertrags oder des Tarifs, ferner Änderungen in dem zur Verfügung stehenden Lagerraum oder in sonstigen Verhältnissen, deren Mitteilung durch § 2 vorgeschrieben ist, der Ermächtigungsbehörde unverzüglich anzuzeigen.

§ 12. Handels- und Beleihungsverbot, Verbot der Kursfeststellung für Orderlagerscheine

(1) Soweit sich aus den Vorschriften dieser Verordnung, insbesondere aus den §§ 22, 25, nicht ein anderes ergibt, darf der Lagerhalter Güter einer Gattung, über die er indossable Lagerscheine ausstellen darf oder Lagerscheine über solche Güter für eigene oder für fremde Rechnung weder kaufen noch verkaufen noch beleihen.

(2) Im Zeithandel darf der Lagerhalter auch andere Güter weder kaufen noch verkaufen. Ebensowenig darf er eine Bürgschaft oder eine sonstige Gewährleistung für ein solches Zeitgeschäft übernehmen.

(3) Durch einen Verstoß gegen die in den Abs. 1 und 2 ausgesprochenen Verbote wird die Wirksamkeit der dort bezeichneten Rechtsgeschäfte nicht berührt.

(4) Für Orderlagerscheine findet eine amtliche Kursfeststellung an einer Börse nicht statt. Die Reichsregierung kann Ausnahmen zulassen.

§ 13. Widerruf

(1) Die Ermächtigungsbehörde kann die Ermächtigung widerrufen, wenn sie auf Grund von Nachrichten, die zu ihrer Kenntnis gelangt sind, feststellt, daß der Lagerhalter die im § 4 geregelten Voraussetzungen nicht mehr voll erfüllt.

(2) Das gleiche gilt, wenn die Ermächtigungsbehörde auf Grund von Nachrichten, die zu ihrer Kenntnis gelangt sind, feststellt, daß der Lagerhalter den ihm auf Grund dieser Verordnung auferlegten Verpflichtungen

nicht nachkommt und dieses Verhalten ungeachtet einer Abmahnung der Ermächtigungsbehörde fortsetzt.

(3) Die Ermächtigungsbehörde kann die Ermächtigung ferner widerrufen, wenn der Lagerhalter in seinem Tarif (§ 2 Abs. 2 Nr. 7) durch nachträgliche Erhöhung oder in anderer Weise übermäßig hohe Sätze vorsieht und hieran ungeachtet einer Abmahnung der Ermächtigungsbehörde festhält.

(4) Der Widerruf ist auf Kosten des Lagerhalters in denselben Blättern zu veröffentlichen, in denen die Ermächtigung bekanntgemacht worden ist. Die gesetzlichen Berufsvertretungen (§ 3) sind von dem Widerruf sofort zu benachrichtigen. Der Widerruf wird mit dem Ablauf des Tages der Veröffentlichung im Reichsanzeiger wirksam. Im Falle des Widerrufs ist die Ermächtigungsurkunde an die Ermächtigungsbehörde zurückzugeben.

Abschnitt II
Lagergeschäft
Titel 1
Allgemeine Vorschriften

§ 14. Rechtsgrundlage des Lagergeschäfts

(1) Übernimmt der Lagerhalter die Lagerung und Aufbewahrung eines Gutes, über das ein Orderlagerschein ausgestellt werden soll, so finden die Vorschriften der Abschnitte II und III dieser Verordnung und die Bestimmungen der gemäß § 5 genehmigten Lagerordnung Anwendung.

(2) Die Vorschriften der Abschnitte II und III dieser Verordnung können durch die Lagerordnung oder durch besondere Vereinbarung ergänzt werden.

(3) Soweit sich aus dem folgenden nicht ein anderes ergibt, können jedoch durch die Lagerordnung oder durch besondere Vereinbarung keine Bestimmungen getroffen werden, die zum Nachteil des Einlagerers oder des legitimierten Besitzers des Lagerscheins von den Vorschriften der Abschnitte II und III abweichen. Die Ermächtigungsbehörde kann beim Vorliegen besonderer Gründe Ausnahmen zulassen.

(4) Es bleibt vorbehalten, zu bestimmen, daß die Ermächtigungsbehörde von der im Abs. 3 vorgesehenen Befugnis zur Zulassung von Ausnahmen nur mit Zustimmung der Reichsregierung Gebrauch machen kann.

§ 15. Haftung des Lagerhalters

(1) Der Lagerhalter hat bei Ausführung seiner Obliegenheiten für die Sorgfalt eines ordentlichen Kaufmanns einzustehen.

(2) Er hat ein Verschulden derjenigen Personen, deren er sich zur Erfüllung seiner Verbindlichkeiten bedient, im gleichen Umfang zu vertreten wie eigenes Verschulden.

§ 16. Empfang des Lagerguts

(1) Der Lagerhalter ist unbeschadet der Vorschriften der §§ 29, 40, 41 ohne besondere Vereinbarung nicht verpflichtet, beim Empfang des Gutes dessen Menge (Zahl, Maß oder Gewicht), Gattung, Art, Güte oder sonstige Beschaffenheit festzustellen.

(2) Befindet sich Lagergut, das dem Lagerhalter zugesandt ist, bei der Ablieferung in einem beschädigten oder mangelhaften Zustand, der äußerlich erkennbar ist, so hat der Lagerhalter die Rechte gegen den Frachtführer oder Schiffer zu wahren, für den Beweis des Zustandes zu sorgen und dem

Einlagerer unverzüglich Nachricht zu geben; im Falle der Unterlassung ist er zum Schadensersatze verpflichtet.

§ 17. Besichtigung, Entnahme von Proben, Pflege des Lagerguts

(1) Der Lagerhalter hat dem Einlagerer oder, wenn ein Orderlagerschein ausgestellt ist, dem legitimierten Besitzer des Scheines die Besichtigung des Lagerguts während der Geschäftsstunden zu gestatten.

(2) Dasselbe gilt, soweit durch die Lagerordnung oder durch besondere Vereinbarung nicht ein anderes bestimmt ist, für die Entnahme von Proben. Der Lagerhalter ist berechtigt, die von dem Einlagerer oder dem Besitzer des Lagerscheins gewünschte Probeentnahme selbst auszuführen.

(3) Der Lagerhalter ist unbeschadet der Vorschriften des § 29 Abs. 2 ohne besondere Vereinbarung nicht verpflichtet, Arbeiten zur Erhaltung des Lagerguts vorzunehmen. Er hat dem Einlagerer oder, wenn ein Orderlagerschein ausgestellt ist, dem legitimierten Besitzer des Lagerscheins die Vornahme dieser Arbeiten während der Geschäftsstunden zu gestatten, soweit er nicht selbst zur Vornahme der Arbeiten bereit ist.

§ 18. Anzeigepflicht des Lagerhalters

Der Lagerhalter ist verpflichtet, unverzüglich Anzeige zu erstatten, wenn er das Lagergut umlagert oder wenn er festgestellt hat, daß Veränderungen in der Beschaffenheit des Gutes entstanden oder zu befürchten sind. Die Anzeige hat er an den letzten ihm bekanntgewordenen legitimierten Besitzer des Lagerscheins zu richten. Im Falle der Unterlassung ist er zum Schadensersatze verpflichtet.

§ 19. Haftung für Verlust oder Beschädigung des Lagerguts

(1) Der Lagerhalter ist für den Verlust und die Beschädigung des in seiner Verwahrung befindlichen Gutes verantwortlich, es sei denn, daß der Verlust oder die Beschädigung auf Umständen beruht, die durch die Sorgfalt eines ordentlichen Kaufmanns nicht abgewendet werden konnten.

(2) Für den Verlust oder die Beschädigung von Gütern, deren Wert mehr als zwanzig Reichsmark für das Kilogramm beträgt, haftet der Lagerhalter nur, wenn ihm der Wert des Gutes bei der Übergabe zur Lagerung angegeben worden ist.

(3) Die Ermächtigungsbehörde kann beim Vorliegen besonderer Gründe zulassen, daß in der Lagerordnung die Haftung des Lagerhalters für bestimmte Gefahrengruppen auf grobe Fahrlässigkeit beschränkt wird.

(4) Die Ermächtigungsbehörde kann ferner beim Vorliegen besonderer Gründe zulassen, daß in der Lagerordnung die Haftung des Lagerhalters für Feuerschäden ausgeschlossen wird, und zwar auch für den Fall, daß der Schaden durch Fahrlässigkeit des Lagerhalters oder durch das Verschulden einer Person verursacht ist, deren der Lagerhalter sich zur Erfüllung seiner Verbindlichkeiten bedient. Ist der Lagerschein durch Indossament übertragen, so kann gegenüber dem legitimierten Besitzer des Lagerscheins der Ausschluß der Haftung nur geltend gemacht werden, wenn er in dem Scheine besonders vermerkt ist.

(5) Der von dem Lagerhalter für Verlust des Gutes zu leistende Schadensersatz beschränkt sich auf den gemeinen Wert des Gutes, der Ersatz für Beschädigung auf den Unterschied zwischen dem gemeinen Werte des Gutes im unbeschädigten und im beschädigten Zustand. Die infolge des

Verlustes oder der Beschädigung ersparten Unkosten kommen in Abzug. Der Schadensberechnung ist der Zeitpunkt zugrunde zu legen, in welchem der Einlagerer von dem Verlust oder der Beschädigung benachrichtigt ist oder in anderer Weise Kenntnis erlangt hat. Hat der Lagerhalter den Schaden durch Vorsatz oder grobe Fahrlässigkeit herbeigeführt, so kann Ersatz des vollen Schadens gefordert werden.

§ 20. Feuerversicherung

(1) Der Lagerhalter hat auf Verlangen des Einlagerers oder, wenn ein Orderlagerschein ausgestellt ist, des legitimierten Besitzers des Lagerscheins das Lagergut gegen Feuersgefahr zu versichern und während der Dauer der Lagerung versichert zu halten.

(2) Die Versicherung ist dergestalt zu bewirken, daß der Anspruch gegen den Versicherer entweder von dem Lagerhalter für Rechnung des Besitzers des Lagerscheins oder von diesem unmittelbar geltend gemacht werden kann.

(3) Für die Höhe der Versicherungssumme genügt der bei Ausstellung des Lagerscheins von dem Einlagerer angegebene Wertbetrag.

(4) Der Lagerhalter ist verpflichtet, gemäß § 38 Abs. 3 Nr. 5 auf dem Lagerscheine zu vermerken, daß er die Feuerversicherung bewirkt oder nicht bewirkt hat.

§ 21. Lagerkosten

(1) Die Höhe der Vergütung für die Leistungen des Lagerhalters richtet sich, soweit nicht geringere Sätze vereinbart sind, nach dem gemäß § 6 bekanntgemachten Tarif.

(2) Der Lagerhalter hat Anspruch auf Erstattung der Auslagen für Fracht und Zölle und der sonst für das Gut gemachten Aufwendungen, soweit er sie den Umständen nach für erforderlich halten durfte.

(3) Von den nach Abs. 1, 2 dem Lagerhalter zukommenden Beträgen (Lagerkosten) sind die baren Auslagen, soweit nicht ein anderes vereinbart ist, sofort zu erstatten. Die Bezahlung der sonstigen Lagerkosten wird durch die Lagerordnung oder durch besondere Vereinbarung geregelt.

(4) Die bei Ausstellung des Lagerscheins bereits entstandenen und noch auf dem Gute lastenden Lagerkosten sind auf dem Lagerscheine zu vermerken. Soweit tunlich, sollen auch die während der Laufzeit des Lagerscheins fällig werdenden Lagerkosten auf dem Scheine angegeben werden.

§ 22. Pfandrecht, Zurückbehaltungsrecht

(1) Der Lagerhalter hat wegen der Lagerkosten ein Pfandrecht an dem Gute, solange er es im Besitze hat, insbesondere mittels Konnossements, Ladescheins oder Lagerscheins darüber verfügen kann. Das Pfandrecht erstreckt sich auf die Forderung aus einer Feuerversicherung.

(2) Ist der Lagerschein durch Indossament übertragen, so besteht das Pfandrecht dem legitimierten Besitzer des Lagerscheins gegenüber nur wegen der Lagerkosten, die aus dem Lagerschein ersichtlich sind oder ihm bei Erwerb des Lagerscheins bekannt oder infolge grober Fahrlässigkeit unbekannt waren.

(3) Bei dem Verkaufe des Pfandes tritt an die Stelle der im § 1234 des Bürgerlichen Gesetzbuchs bestimmten Frist von einem Monat eine solche von einer Woche, und zwar auch dann, wenn der Lagervertrag nur auf der Seite des Lagerhalters ein Handelsgeschäft ist.

(4) Die im § 1234 Abs. 1 des Bürgerlichen Gesetzbuchs vorgesehene Androhung des Pfandverkaufs sowie die in den §§ 1237, 1241 des Bürgerlichen Gesetzbuchs vorgesehenen Benachrichtigungen hat der Lagerhalter an den letzten ihm bekanntgewordenen legitimierten Besitzer des Lagerscheins zu richten.

(5) Die Vorschriften, nach welchen dem Lagerhalter ein Zurückbehaltungsrecht an dem Gute zusteht, bleiben unberührt.

§ 23. Mischlagerung

(1) Im Falle der Lagerung vertretbarer Sachen ist der Lagerhalter zu ihrer Vermischung mit anderen Sachen von gleicher Art und Güte nur befugt, wenn ihm dies von den beteiligten Einlagerern ausdrücklich gestattet ist.

(2) An dem durch die Vermischung entstandenen Gesamtvorrat steht den Eigentümern der Teilmengen Miteigentum nach Bruchteilen zu. Der Anteil bestimmt sich, soweit nicht ein anderes vereinbart wird, nach dem Verhältnis der eingelagerten Teilmengen.

(3) Der Lagerhalter ist berechtigt und verpflichtet, aus dem Gesamtvorrat jedem Einlagerer den ihm gebührenden Anteil auszuliefern, ohne daß er hierzu der Genehmigung der übrigen Beteiligten bedarf.

(4) Inwieweit die Vorschriften des § 32 über Abzüge wegen Gewichtsverlustes entsprechend anzuwenden sind, wird durch die Lagerordnung oder durch besondere Vereinbarung bestimmt.

§ 24. Dauer der Lagerung

(1) Der Lagerhalter kann nicht verlangen, daß der Einlagerer das Lagergut vor dem Ablauf der bedungenen Lagerzeit zurücknimmt. Ist eine Lagerzeit nicht bedungen oder behält der Lagerhalter nach Ablauf der bedungenen Lagerzeit das Lagergut zwecks Fortsetzung des Lagervertrags auf dem Lager, so kann er die Rücknahme nur nach Kündigung unter Einhaltung einer Kündigungsfrist von einem Monat verlangen.

(2) Falls eine Lagerzeit nicht bedungen und in der Lagerordnung nicht ein anderes bestimmt wird, ist die Kündigung frühestens zu dem Termin zulässig, an dem seit der Einlagerung drei Monate verstrichen sind.

(3) Der Lagerhalter ist berechtigt, die Rücknahme des Lagerguts vor dem Ablauf der Lagerzeit und ohne Einhaltung einer Kündigungsfrist zu verlangen, wenn ein wichtiger Grund vorliegt.

(4) Die Kündigung und das Rücknahmeverlangen hat der Lagerhalter an den letzten ihm bekanntgewordenen legitimierten Besitzer des Lagerscheins zu richten.

§ 25. Notverkauf, Selbsthilfeverkauf

(1) Ist das Lagergut dem Verderb ausgesetzt oder treten Veränderungen an ihm ein, die seine Entwertung befürchten lassen, und ist keine Zeit vorhanden, die Verfügung des Berechtigten einzuholen, oder ist der Berechtigte in der Erteilung der Verfügung säumig, so kann der Lagerhalter den Verkauf des Gutes nach Maßgabe der Vorschriften des § 373 des Handelsgesetzbuchs bewirken.

(2) Dasselbe gilt, wenn der Berechtigte unterläßt, über das Lagergut zu verfügen, obwohl er dazu nach Lage der Sache verpflichtet ist.

(3) Die im § 373 Abs. 3 des Handelsgesetzbuchs vorgesehene Androhung des Verkaufs sowie die im Abs. 5 derselben Vorschrift vorgesehenen Benach-

richtigungen hat der Lagerhalter an den letzten ihm bekanntgewordenen legitimierten Besitzer des Lagerscheins zu richten.

§ 26. Auslieferung und Annahme des Gutes

(1) Das Lagergut darf, wenn ein Orderlagerschein ausgestellt ist, nur dem legitimierten Besitzer des Lagerscheins und nur gegen Rückgabe des Scheines ausgeliefert werden. Der Lagerhalter ist nicht verpflichtet, die Echtheit der Indossamente zu prüfen. Die Auslieferung ist auf dem Lagerscheine zu bescheinigen.

(2) Die Auslieferung eines Teiles des Gutes erfolgt gegen Abschreibung auf dem Scheine. Der Abschreibungsvermerk ist von dem Lagerhalter zu unterschreiben.

(3) In der Lagerordnung können die Folgen der vorbehaltlosen Annahme des Gutes entsprechend den Vorschriften des § 438 des Handelsgesetzbuchs geregelt werden.

§ 27. Verjährung

(1) Die Ansprüche gegen den Lagerhalter wegen Verlustes, Minderung, Beschädigung oder verspäteter Auslieferung des Gutes verjähren in einem Jahre. Die Verjährungsfrist kann durch die Lagerordnung oder durch besondere Vereinbarung verlängert werden.

(2) Die Verjährung beginnt im Falle der Beschädigung oder Minderung mit dem Ablauf des Tages, an dem die Auslieferung stattgefunden hat, im Falle der verspäteten Auslieferung mit dem Ablauf des Tages, an dem die Auslieferung hätte bewirkt sein müssen, im Falle des gänzlichen Verlustes mit dem Ablauf des Tages, an dem der Lagerhalter dem Einlagerer oder, wenn ein Orderlagerschein ausgestellt ist, dem letzten ihm bekanntgewordenen legitimierten Besitzer des Lagerscheins den Verlust anzeigt.

(3) Die Vorschriften der Abs. 3 und 4 des § 414 des Handelsgesetzbuchs finden entsprechende Anwendung.

Titel 2
Besondere Bestimmungen für die Sammellagerung

§ 28. Sammellagerung

(1) Wird Gut, für das Handelsklassen gesetzlich eingeführt oder allgemein anerkannt sind, unter einer entsprechenden Gattungsbezeichnung eingelagert, so können der Einlagerer und der Lagerhalter vereinbaren, daß für dieses Gut die folgenden besonderen Regeln über die Sammellagerung gelten sollen.

(2) Für die Sammellagerung gelten die allgemeinen Vorschriften der §§ 14 bis 27, soweit sich aus den §§ 29 bis 32 nicht ein anderes ergibt.

(3) Den Beteiligten ist es unbenommen, auch bei Gütern der im Abs. 1 bezeichneten Art Einzellagerung oder Mischlagerung (§ 23) zu vereinbaren.

§ 29. Prüfung und Pflege des Lagerguts

(1) Der Lagerhalter ist verpflichtet, bei Empfang des Lagerguts dessen Gewicht, Güte und sonstige Beschaffenheit festzustellen und das Ergebnis auf dem Lagerscheine zu vermerken. Bei der Feststellung der Güte und Beschaffenheit des Lagerguts hat er einen von der gesetzlichen Berufsvertretung des Handels und bei Lagerung landwirtschaftlicher Erzeugnisse auch einen von der gesetzlichen Berufsvertretung der Landwirtschaft bestellten Sach-

verständigen zuzuziehen. Die gesetzlichen Berufsvertretungen des Handels und der Landwirtschaft können für den Fall, daß der Lagerhalter und der Einlagerer hiermit einverstanden sind, denselben Sachverständigen bestellen. Soweit gesetzliche Handelsklassen eingeführt und Gutachterstellen eingerichtet sind, tritt an die Stelle der vorbezeichneten Sachverständigen die zuständige Gutachterstelle (Verordnung des Reichspräsidenten vom 1. Dezember 1930, Achter Teil, Kapitel V § 6 — Reichsgesetzbl. I S. 517, 602 —).

(2) Der Lagerhalter ist verpflichtet, die zur Erhaltung des Lagerguts erforderlichen Arbeiten vorzunehmen. Er kann sich hierbei der Mitwirkung der im Abs. 1 bezeichneten Sachverständigen oder Gutachterstelle bedienen. Den Lagerhalter trifft kein Verschulden, wenn er die Empfehlungen der Sachverständigen oder der Gutachterstelle mit der Sorgfalt eines ordentlichen Kaufmanns befolgt.

(3) Die im § 18 vorgesehene Anzeige des Lagerhalters über Umlagerung oder Veränderungen in der Beschaffenheit des Lagerguts kann unterbleiben, wenn sie untunlich ist.

§ 30. Vermischungsbefugnis, Miteigentum

(1) Soweit die beteiligten Einlagerer mit der Sammellagerung einverstanden sind, ist der Lagerhalter zur Vermischung des bei ihm eingelagerten Gutes mit Lagergut derselben Handelsklasse und Gütegruppe befugt.

(2) An Lagergut, das hiernach vermischt werden darf, steht vom Zeitpunkt der Einlagerung ab den Eigentümern der eingelagerten Mengen Miteigentum nach Bruchteilen zu; der Bruchteil bestimmt sich nach dem Verhältnis der von jedem Einlagerer eingelagerten Menge zu den Mengen, die sämtliche Einlagerer in demselben Lagerhaus oder in demselben sonstigen Lagerraume (§ 5 Abs. 1) des Lagerhalters eingelagert haben.

(3) Hat der Lagerhalter in demselben Orte mehrere Lagerhäuser oder mehrere sonstige Lagerräume, so kann die Lagerordnung bestimmen, daß das Miteigentum sich auf den jeweiligen Gesamtvorrat an Lagergütern derselben Handelsklasse und Gütegruppe erstreckt, der in diesem Orte in einigen oder in allen Lagerhäusern oder sonstigen Lagerräumen des Lagerhalters eingelagert ist.

§ 31. Auslieferung

Der Lagerhalter ist berechtigt und verpflichtet, aus dem im § 30 bezeichneten Gesamtvorrat jedem Einlagerer den ihm gebührenden Anteil auszuliefern, ohne daß er hierzu der Genehmigung der übrigen Beteiligten bedarf.

§ 32. Abzüge für Gewichtsverlust

(1) Der Lagerhalter ist berechtigt, falls das Lagergut durch die Lagerung einem Gewichtsverlust ausgesetzt ist, bei der Auslieferung einen angemessenen Hundertsatz des auf dem Lagerscheine vermerkten Gewichts abzuziehen. Das Nähere wird durch die Lagerordnung oder durch besondere Vereinbarung bestimmt.

(2) Der im Einzelfalle nach der Lagerordnung oder besonderer Vereinbarung anzuwendende Abzugssatz ist auf dem Lagerscheine zu vermerken. Einen über diesen Abzugssatz hinausgehenden Gewichtsverlust hat der Lagerhalter zu vertreten.

(3) Kann ein Abzugssatz im voraus nicht bestimmt werden, so ist dies im Lagerscheine zu vermerken.

Abschnitt III

Lagerschein

§ 33. Ausstellung des Lagerscheins

(1) Der Lagerhalter ist verpflichtet, dem Einlagerer auf dessen Verlangen einen zur Verfügung über das Gut, insbesondere zur Veräußerung und Verpfändung dienenden, an Order lautenden Lagerschein auszustellen.

(2) Der Lagerhalter kann die Ausstellung des Lagerscheins verweigern, wenn ein wichtiger Grund vorliegt, insbesondere solange der Einlagerer seiner fälligen Verpflichtung zur Erstattung barer Auslagen (§ 21 Abs. 3) oder zur Bezahlung sonstiger auf dem Gute lastender Lagerkosten nicht nachkommt.

(3) Der Lagerhalter darf einen Lagerschein erst ausstellen, wenn er das Gut in seinem Lager (§ 5) eingelagert hat.

(4) Dem Lagerhalter ist nicht gestattet, besondere, nur zur Verpfändung des Gutes bestimmte Scheine (Lagerpfandscheine) auszustellen.

(5) Der legitimierte Besitzer kann gegen Rückgabe des Lagerscheines die Ausstellung eines neuen Scheines verlangen. In dem neuen Scheine soll derselbe Einlagerungstag vermerkt werden wie in dem alten Scheine.

(6) Doppel von Lagerscheinen werden nicht ausgestellt.

§ 34. Ausstellung von Teilscheinen

(1) Falls eine Warenmenge eingelagert ist, kann der Einlagerer die Ausstellung von Lagerscheinen über Teile der Menge verlangen. Ist ein Orderlagerschein ausgestellt, so kann nur der legitimierte Besitzer des Scheines und nur gegen Rückgabe des Scheines die Ausstellung von Teilscheinen verlangen.

(2) Wird die Ausstellung von Teilscheinen verlangt, so hat der Lagerhalter, falls erforderlich, dem Berechtigten die Verpackung, Neubezeichnung oder sonstige Herrichtung des Gutes zu gestatten, soweit er nicht selbst zu diesen Handlungen bereit ist.

(3) Wird ein Lagerschein durch Teilscheine ersetzt, so soll in den Teilscheinen derselbe Einlagerungstag vermerkt werden wie in dem alten Lagerscheine.

(4) Bleiben bei einer Einzellagerung die Teile der Menge ungetrennt, so soll in den Teilscheinen zum Ausdruck gebracht werden, daß der Schein sich auf den ungetrennten Teil einer größeren Partie bezieht. Inwieweit die Vorschriften des § 32 über den Abzug wegen Gewichtsverlustes entsprechend anzuwenden sind, wird durch die Lagerordnung oder durch besondere Vereinbarung bestimmt.

§ 35. Befristung des Lagerscheins

Lautet ein Lagerschein über verderbliches Gut oder über Gut, das erheblichen Veränderungen ausgesetzt ist, so kann der Lagerhalter unter Berücksichtigung des Grades der Verderblichkeit oder der Veränderungsgefahr eine Frist bestimmen, binnen deren der Lagerschein zur Auslieferung des Gutes dem Lagerhalter vorzulegen ist.

§ 36. Bezeichnung des Lagerscheins

(1) Ein an Order lautender Lagerschein soll die Bezeichnung „Lagerschein an Order“ tragen. Bezieht sich der Schein auf den Anteil an einer Mischlagerpartie (§ 23) oder auf den ungetrennten Teil einer Einzellagerpartie

(§ 34 Abs. 4), so soll der Schein in der Überschrift oder in einem Zusatz zur Überschrift als „Teillagerschein" bezeichnet werden.

(2) Bei der Sammellagerung (§ 28) soll der Orderlagerschein stets die Bezeichnung „Sammellagerschein an Order" tragen.

§ 37. Lagerscheinregister

(1) Der Lagerhalter ist verpflichtet, die von ihm ausgestellten Orderlagerscheine unter fortlaufenden Nummern in ein Register einzutragen. Die Eintragung soll die im § 38 bezeichneten Angaben enthalten. Für Sammellagerscheine ist, soweit die Ermächtigungsbehörde nicht ein anderes bestimmt, ein gesondertes Register zu führen.

(2) Der legitimierte Besitzer des Lagerscheins kann unter Vorlegung des Scheines vom Lagerhalter verlangen, daß er den Namen des legitimierten Besitzers im Lagerscheinregister vermerkt.

§ 38. Inhalt des Lagerscheins

(1) Der Lagerschein soll ersichtlich machen, daß dem Aussteller die staatliche Ermächtigung zur Ausstellung von Orderlagerscheinen erteilt ist.

(2) Der Schein muß enthalten:

1. die Nummer des Lagerscheinregisters;
2. den Namen desjenigen, für den oder für dessen Order die Lagerung stattfindet;
3. die Menge (Zahl, Maß oder Gewicht) des Lagerguts; sofern das Gut in Packstücken eingelagert ist, sollen auch Zahl und Art der Packstücke, bei Einzellagerung auch deren besondere Merkzeichen angegeben werden;
4. die Bezeichnung des Lagerguts nach Gattung, bei Sammellagerung auch nach Handelsklasse und Gütegruppe;
5. die Angabe des Lagerorts; bei Einzel- oder Mischlagerung soll der Lagerort durch Angabe des Bodens oder Abteils oder in sonstiger Weise näher bezeichnet werden; bei Sammellagerung genügt die Angabe des Lagerhauses oder sonstigen Lagerraums (§ 5);
6. einen Hinweis auf die Verpflichtung des Lagerhalters, das Gut nur gegen Rückgabe des Lagerscheins und nach Maßgabe der aus dem Scheine ersichtlichen Bedingungen an den Einlagerer oder dessen Order auszuliefern;
7. Ort und Tag der Ausstellung des Lagerscheins;
8. die Unterschrift des Lagerhalters.

(3) Der Schein soll ferner enthalten:

1. die Lagerbuchnummer;
2. den Tag der Einlagerung;
3. einen Vermerk darüber, ob die Angaben über das Lagergut auf Feststellungen des Lagerhalters oder auf Mitteilungen des Einlagerers oder Dritter beruhen;
4. eine Angabe darüber, ob der Lagerhalter verpflichtet ist, die zur Erhaltung des Lagerguts erforderlichen Arbeiten vorzunehmen und, soweit tunlich, den Betrag der hierfür entstehenden Kosten;
5. eine Angabe darüber, ob und in welcher Höhe und bei welchem Versicherer der Lagerhalter das Lagergut gegen Feuersgefahr versichert hat (§ 20) und wie hoch die Kosten der Versicherung sind; wird nachträglich verlangt, daß der Lagerhalter die Versicherung bewirke oder erhöhe, so

soll der Lagerhalter die bewirkte oder erhöhte Versicherung auf dem ihm vorzulegenden Lagerscheine vermerken;
6. die im § 21 Abs. 4 bezeichneten Lagerkosten;
7. bei zollpflichtigen Gütern eine Angabe darüber, ob das Gut verzollt oder noch unverzollt ist;
8. eine Bezugnahme auf diese Verordnung und die genehmigte Lagerordnung in ihrer letzten gültigen Fassung;
9. eine Angabe darüber, ob und bis zu welchem Zeitpunkt der Lagervertrag befristet ist (§ 35);
10. bei Ausstellung eines Sammel- oder Teillagerscheins einen Vermerk über den bei der Auslieferung für Gewichtsverlust abzuziehenden Hundertsatz (§ 32, § 23 Abs. 4, § 34 Abs. 4).

(4) Der Ort und der Tag der Ausstellung des Lagerscheins gelten als Ort und Tag der Einlagerung, falls auf dem Scheine nichts anderes vermerkt ist.

§ 39. Form des Lagerscheins

(1) Die Form der Orderlagerscheine soll den als Anlage 1 und 2 beigefügten Mustern entsprechen.

(2) Für die Lagerscheine soll ein durch Wasserzeichen und Netzunterdruck geschütztes Papier verwendet werden, und zwar in gelber, für Sammellagerscheine in rosa Farbe.

§ 40. Haftung des Lagerhalters für die Angaben im Lagerscheine

(1) Ist der Lagerschein durch Indossament übertragen, so haftet der Lagerhalter dem legitimierten Besitzer des Lagerscheins für die Richtigkeit der in dem Lagerschein enthaltenen Angaben in bezug auf Menge (Zahl, Maß oder Gewicht), Gattung, Art und Beschaffenheit des Gutes, es sei denn, daß er durch einen Vermerk im Lagerschein ersichtlich gemacht hat, daß diese Angaben lediglich auf Mitteilungen des Einlagerers oder Dritter beruhen.

(2) Hat der Lagerhalter die Unrichtigkeit der Angaben gekannt, so haftet er auch dann, wenn er einen Vermerk der im Abs. 1 bezeichneten Art in den Lagerschein aufgenommen hat.

(3) Bei der Sammellagerung ist der Lagerhalter nicht berechtigt, einen Vermerk der im Abs. 1 bezeichneten Art in den Lagerschein aufzunehmen.

(4) Erklärt sich der Einlagerer bereit, die Zuzählung, Zumessung oder Zuwägung des Gutes auf seine Kosten vornehmen zu lassen, so ist der Lagerhalter auch bei der Einzel- oder Mischlagerung nicht berechtigt, bei den Angaben über die Menge (Zahl, Maß oder Gewicht) des Gutes einen Vermerk der im Abs. 1 bezeichneten Art in den Lagerschein aufzunehmen.

(5) Die Haftung des Lagerhalters für die Richtigkeit der Angaben beschränkt sich auf den Ersatz des Minderwerts, der sich aus der Nichtübereinstimmung des Lagerguts mit den im Lagerschein enthaltenen Angaben ergibt. Fällt dem Lagerhalter eine bösliche Handlungsweise zur Last, so hat er den vollen Schaden zu ersetzen.

§ 41. Angaben im Lagerschein über äußerlich erkennbare Mängel des Lagerguts

(1) Wird ein Orderlagerschein über Lagergut ausgestellt, dessen Beschädigung, schlechte Beschaffenheit oder schlechte Verpackung für den Lager-

halter äußerlich erkennbar ist, so soll der Lagerhalter diese Mängel auf dem Lagerscheine vermerken, sofern es sich nicht um Schäden handelt, die im Verkehr als unerheblich angesehen werden.

(2) Die Vorschriften des § 40 Abs. 5 finden entsprechende Anwendung.

§ 42. Kraftloserklärung eines Lagerscheins

Ist ein Lagerschein, der durch Indossament übertragen werden kann, vernichtet oder abhanden gekommen, so unterliegt er der Kraftloserklärung im Wege des Aufgebotsverfahrens gemäß §§ 1003 ff. der Zivilprozeßordnung. Ist das Aufgebotsverfahren eingeleitet, so kann der Berechtigte, wenn er bis zur Kraftloserklärung Sicherheit bestellt, Leistung nach Maßgabe des Lagerscheins von dem Lagerhalter verlangen.

Abschnitt IV
Schlußbestimmungen

§ 43. Verhältnis zu anderen gesetzlichen Bestimmungen. Durchführung der Verordnung

(1) Artikel 16 des Einführungsgesetzes zum Handelsgesetzbuch und die auf Grund dieses Artikels erlassenen landesgesetzlichen Vorschriften sind, unbeschadet der Vorschrift des § 44 Abs. 2 dieser Verordnung, nicht anzuwenden.

(2) Die Verordnung des Reichspräsidenten zur Erleichterung der Erntebewegung vom 6. August 1931 (Reichsgesetzbl. I S. 433) sowie die zu ihrer Durchführung erlassene Verordnung über Einlagerung von Getreide durch die Deutsche Getreide-Handels-Gesellschaft vom 28. August 1931 (Reichsgesetzbl. I S. 477) werden durch diese Verordnung nicht berührt.

(3) Unberührt bleibt die Befugnis der Reichsregierung, gemäß dem Fünften Teil Kapitel VI der Verordnung des Reichspräsidenten zur Sicherung von Wirtschaft und Finanzen und zur Bekämpfung politischer Ausschreitungen vom 6. Oktober 1931 (Reichsgesetzbl. I S. 537, 561) dem Lagerhalter die Ermächtigung zur Ausstellung indossabler Lagerscheine selbst zu erteilen und Bestimmungen über die Lagerordnung sowie über Inhalt und Form der Lagerscheine zu treffen.

(4) Es bleibt vorbehalten, beim Vorliegen besonderer Gründe Abweichungen von den Vorschriften dieser Verordnung zuzulassen und, soweit es sich als notwendig erweisen sollte, Anordnungen ergänzenden oder abweichenden Inhalts zu treffen.

§ 44. Inkrafttreten und Übergangsregelung

(1) Diese Verordnung tritt am 1. Januar 1932 in Kraft.

(2) Für die Lagerhalter, welche auf Grund der bisher geltenden Vorschriften die Ermächtigung zur Ausstellung von Orderlagerscheinen bereits erhalten haben, verbleibt es bis zum Ablauf des 30. Juni 1932 bei den bisher geltenden Vorschriften.

(3) Die den im Abs. 2 bezeichneten Lagerhaltern erteilte Ermächtigung braucht nicht erneuert zu werden. Diese Lagerhalter sind jedoch verpflichtet, rechtzeitig ihre Lagerordnung den Vorschriften dieser Verordnung anzupassen und der Ermächtigungsbehörde (§ 1) zur Genehmigung vorzulegen. Auf Verlangen der Ermächtigungsbehörde sind auch die übrigen im § 2 vorgesehenen Unterlagen vorzulegen. Kommt der Lagerhalter diesen Verpflichtungen nicht

nach, so kann die Ermächtigungsbehörde die Ermächtigung widerrufen. Die Vorschriften des § 13 Abs. 4 finden Anwendung.

(Es folgen hier als Anlage 1 und 2 die Formulare für „Lagerschein an Order" und „Sammellagerschein an Order", von deren Wiedergabe hier abgesehen wird.)

XI. Eisenbahn-Verkehrsordnung

Vom 8. September 1938 (RGBl. II S. 663 ff.)*)

I. Eingangsbestimmungen

§ 1. Geltungsbereich

(1) Die Eisenbahn-Verkehrsordnung (abgekürzte Bezeichnung: EVO.) gilt auf allen dem öffentlichen Verkehr dienenden Eisenbahnen Deutschlands.

(2) Für den Verkehr mit ausländischen Bahnen gilt sie nur insoweit, als er nicht durch besondere Bestimmungen geregelt ist.

§ 2. Ausführungsbestimmungen. Abweichungen. Änderungen

(1) Die Eisenbahn kann mit Genehmigung des Reichsverkehrsministers Ausführungsbestimmungen erlassen.

(2) Der Reichsverkehrsminister kann in Berücksichtigung besonderer Verhältnisse Abweichungen von den Bestimmungen dieser Ordnung für einzelne Bahnstrecken, Bahnhöfe, Fahrzeuge, Züge oder Zuggattungen sowie für gewisse Abfertigungsarten genehmigen.

(3) Die Ausführungsbestimmungen und Abweichungen bedürfen zu ihrer Gültigkeit der Aufnahme in den Tarif. Die Genehmigung des Reichsverkehrsministers muß aus dem Tarif ersichtlich sein.

(4) Vorübergehende Änderungen einzelner Vorschriften dieser Ordnung kann der Reichsverkehrsminister verfügen.

(5) Änderungen der Anlagen dieser Ordnung verfügt der Reichsverkehrsminister.

(6) Änderungen nach Abs. (4) und (5) sind im Reichsgesetzblatt zu veröffentlichen.

(7) Wenn die Tarife der Eisenbahn Kraftwagen-, Schiffs- oder Luftstrecken einbeziehen, so können die Beförderungsbedingungen für diese Strecken mit Genehmigung des Reichsverkehrsministers der Eigenart des Verkehrsmittels entsprechend festgesetzt werden. Die Haftung für gänzlichen oder teilweisen Verlust oder für Beschädigung muß jedoch, abgesehen von Luft- und Seeschiffsstrecken, den Bestimmungen dieser Ordnung entsprechen.

II. Allgemeine Bestimmungen

§ 3. Pflicht zur Beförderung. Privatwagen. Züge

(1) Die Eisenbahn ist zur Beförderung verpflichtet, wenn

a) den geltenden Beförderungsbedingungen und den sonstigen allgemeinen Anordnungen der Eisenbahn entsprochen wird,

b) die Beförderung mit den regelmäßigen Beförderungsmitteln möglich ist und

---

*) Ohne die Anlagen A—I.

c) die Beförderung nicht durch Umstände verhindert wird, welche die Eisenbahn nicht abzuwenden und denen sie auch nicht abzuhelfen vermochte.

(2) Die Eisenbahn kann die Beförderung von Gütern und Tieren mit Wagen zulassen, die auf Grund eines besonderen Vertrags (Einstellungsvertrags) von den Verkehrtreibenden in den Park der Eisenbahn eingestellt worden sind (Privatwagen). Der Einstellungsvertrag regelt die Bedingungen, unter denen die Eisenbahn Privatwagen einstellt, zur Verfügung des Einstellers hält und unter denen sie ihm während der Dauer der Einstellung für Verlust oder Beschädigung des Privatwagens haftet. Die Einstellungsbedingungen bedürfen der Genehmigung des Reichsverkehrsministers. Der Einstellungsvertrag ist auch für den Benutzer des Wagens verbindlich. Für Privatwagen, die in den Park einer außerdeutschen Bahn eingestellt sind, kann die Eisenbahn mit Genehmigung des Reichsverkehrsministers Beförderungsbedingungen festsetzen.

(3) Zur Beförderung dienen die regelmäßig nach bestimmtem Fahrplan und die nach Bedarf verkehrenden Züge. Die Ausführung von Sonderfahrten auf Bestellung unterliegt dem Ermessen der Eisenbahn.

(4) Die Eisenbahn kann die ihr nach den Bestimmungen dieser Ordnung zur Beförderung übergebenen Güter und Expreßgüter ganz oder teilweise auch mit Kraftwagen befördern oder durch von ihr bestellte Kraftwagenunternehmer befördern lassen, sofern der Absender im Frachtbrief nichts anderes bestimmt hat. Die Bedingungen für diese Beförderung bedürfen, soweit sie von den Bestimmungen dieser Ordnung abweichen, der Genehmigung des Reichsverkehrsministers; sie sind im Tarif zu veröffentlichen. Die Genehmigung muß aus der Veröffentlichung zu ersehen sein. Die Haftung für gänzlichen oder teilweisen Verlust, Beschädigung oder Überschreitung der Lieferfrist muß jedoch den Bestimmungen dieser Ordnung entsprechen.

§ 4. Haftung der Eisenbahn für ihre Bediensteten

Die Eisenbahn haftet für ihre Bediensteten und für andere Personen, deren sie sich bei Ausführung der von ihr übernommenen Beförderung bedient.

§ 5. Verlorene und zurückgelassene Gegenstände

(1) Wer eine Sache in den Geschäftsräumen oder den Beförderungsmitteln einer Eisenbahn findet und an sich nimmt, hat die Sache unverzüglich an die Eisenbahn abzuliefern; er hat keinen Anspruch auf Finderlohn. Die Eisenbahn kann die an sie abgelieferte Sache öffentlich versteigern lassen. Die Deutsche Reichsbahn kann die Versteigerung durch einen ihrer Beamten vornehmen lassen. Der Erlös tritt an die Stelle der Sache.

(2) Die Versteigerung ist erst zulässig, nachdem die Empfangsberechtigten in einer öffentlichen Bekanntmachung des Fundes zur Anmeldung ihrer Rechte unter Bestimmung einer Frist von mindestens sechs Wochen aufgefordert worden sind und die Frist verstrichen ist. Die Versteigerung ist bei rechtzeitiger Anmeldung der Rechte unzulässig. Die Bekanntmachung ist nicht erforderlich, wenn der Verderb der Sache zu besorgen oder die Aufbewahrung mit unverhältnismäßigen Kosten verbunden ist.

(3) Sind seit dem Ablauf der in der öffentlichen Bekanntmachung bestimmten Frist drei Jahre verstrichen, so fällt der Versteigerungserlös, wenn kein Empfangsberechtigter sein Recht angemeldet hat, bei den von der Deut-

schen Reichsbahn betriebenen Bahnen an die Reichsbahn, bei den nicht von der Reichsbahn betriebenen Bahnen an diese.

(4) Ist die Sache ohne öffentliche Bekanntmachung versteigert worden, so beginnt die dreijährige Frist erst, nachdem die Empfangsberechtigten in einer öffentlichen Bekanntmachung des Fundes zur Anmeldung ihrer Rechte aufgefordert worden sind. Das gleiche gilt, wenn gefundenes Geld abgeliefert worden ist.

(5) Die Kosten werden von dem herauszugebenden Betrag abgezogen.

§ 6. Tarife

(1) Die Eisenbahn hat Tarife aufzustellen, die alle für die Beförderung maßgebenden Bestimmungen und alle zur Berechnung der Beförderungspreise und der Gebühren für die Nebenleistungen der Eisenbahn (Nebengebühren) notwendigen Angaben enthalten. Die Tarife müssen jedermann gegenüber in gleicher Weise angewendet werden. Ihre Bestimmungen gelten nur insoweit, als sie dieser Ordnung nicht widersprechen; andernfalls sind sie nichtig.

(2) Jede Sonderabmachung, wodurch eine Preisermäßigung oder sonstige Begünstigung gegenüber den Tarifen gewährt wird, ist verboten und nichtig. Dagegen sind Tarifermäßigungen zulässig, die gehörig veröffentlicht sind und unter Erfüllung der gleichen Bedingungen jedermann in gleicher Weise zugute kommen.

(3) Tarifwidrige Sonderabmachungen berühren nicht die rechtliche Wirksamkeit des Beförderungsvertrags. Die Beförderungspreise und Nebengebühren sind auch in solchen Fällen nach dem Tarif zu berechnen.

(4) Für Zwecke der öffentlichen Verwaltungen, für Wohlfahrtszwecke und für den Eisenbahndienst sind Preisermäßigungen und sonstige Begünstigungen mit Genehmigung des Reichsverkehrsministers zulässig.

(5) Die Tarife bedürfen zu ihrer Gültigkeit der Veröffentlichung und treten frühestens mit dem Zeitpunkt ihrer Veröffentlichung in Kraft. Tariferhöhungen oder andere Erschwerungen der Beförderungsbedingungen treten jedoch frühestens zwei Monate, für die Beförderung von Personen, Reisegepäck und Expreßgut frühestens zwei Wochen nach der Veröffentlichung in Kraft, wenn nicht die Abkürzung der Veröffentlichungsfrist vom Reichsverkehrsminister genehmigt ist. Die Genehmigung muß aus der Veröffentlichung ersichtlich sein. War ein Tarif nur für eine bestimmte Zeit eingeführt, so bedarf seine Aufhebung keiner besonderen Veröffentlichung.

§ 7. Ordnungsvorschriften. Umrechnungskurse

(1) Für das Verhalten innerhalb des Bahngebiets gelten die Vorschriften der §§ 77 ff. der Eisenbahn-Bau und Betriebsordnung.

(2) Meinungsverschiedenheiten unter den Reisenden oder zwischen Reisenden und Bediensteten entscheidet auf den Bahnhöfen der Aufsichtsbeamte, in den Zügen der Zugführer.

(3) Beschwerden sind an die vorgesetzte Dienststelle zu richten, sie können auch mündlich vorgebracht werden.

(4) Auf Beschwerden ist sobald wie möglich ein Bescheid zu erteilen.

(5) Auf Bahnhöfen, wo dafür ein Bedürfnis besteht, hat die Eisenbahn die Kurse, zu denen sie die in ausländischer Währung ausgedrückten Beträge in inländische Währung umrechnet (Umrechnungskurse), sowie die Kurse, zu denen sie fremdes Geld in Zahlung nimmt (Annahmekurse), durch Aushang am Schalter bekanntzugeben.

III. Beförderung von Personen

§ 8. Fahrpläne

(1) Die Fahrpläne sind vor ihrem Inkrafttreten bekanntzugeben und auf den Bahnhöfen rechtzeitig auszuhängen. Änderungen sind ebenfalls bekanntzugeben und auf den aushängenden Fahrplänen ersichtlich zu machen. Aus den Fahrplänen müssen Gattung, Wagenklassen und Abfahrtzeiten, für die größeren Übergangs- und die Endbahnhöfe auch die Ankunftszeiten der Züge und die wichtigeren Zuganschlüsse zu ersehen sein. Nicht mehr gültige Fahrpläne sind sofort zu entfernen.

(2) Die Eisenbahn hat, soweit ein Bedürfnis besteht, dafür zu sorgen, daß auf Bahnhöfen und im Zuge Auskunft über Zugverbindungen erteilt werden kann.

§ 9. Von der Beförderung ausgeschlossene oder nur bedingt zugelassene Personen

(1) Personen, welche die vorgeschriebene Ordnung nicht beachten oder sich den Anordnungen der Bediensteten nicht fügen, ferner betrunkene Personen und solche, die den Anstand verletzen, können von der Beförderung ausgeschlossen werden. Sie haben keinen Anspruch auf Erstattung von Fahrpreis oder Gepäckfracht.

(2) Pestkranke oder -verdächtige dürfen nicht befördert werden.

(3) An Aussatz (Lepra), asiatischer Cholera, Fleckfieber (Flecktyphus), Gelbfieber oder Pocken (Blattern) erkrankte oder einer solchen Krankheit verdächtige Personen dürfen nur dann befördert werden, wenn der für den Zugangsbahnhof zuständige beamtete Arzt die Zulässigkeit der Beförderung bescheinigt und wenn ihnen ein besonderer Wagen — bei Aussatzkranken genügt ein abgeschlossenes Abteil mit besonderem Abort — angewiesen werden kann. An Fleckfieber erkrankte oder dieser Krankheit verdächtige Personen müssen zuverlässig entlaust sein.

(4) Personen, die an Typhus (Unterleibstyphus), Diphtherie, Ruhr, Genickstarre, Rotz, Scharlach, Masern oder Keuchhusten leiden oder wegen einer anderen Krankheit die Gesundheit der Mitreisenden gefährden würden, werden nur dann befördert, wenn ihnen ein besonderes Abteil angewiesen werden kann.

(5) Unterwegs erkrankte Personen werden jedoch wenigstens bis zum nächsten geeigneten Bahnhof befördert, wo sie Pflege finden können; Fahrpreis und Gepäckfracht werden nach Abzug des Betrags für die durchfahrene Strecke gemäß § 24 erstattet. Die Mitreisenden sind in anderen Abteilen unterzubringen.

(6) Liegen Anzeichen dafür vor, daß jemand mit einer der in den vorstehenden Absätzen genannten Krankheiten behaftet ist, so kann die Eisenbahn die Vorlegung eines ärztlichen Zeugnisses verlangen.

(7) Für den besonderen Wagen oder das besondere Abteil ist die tarifmäßige Gebühr zu entrichten.

(8) Für die Rückgabe des Gepäcks gilt § 29 (3), (5) und (6).

§ 10. Fahrausweise

(1) Der Reisende muß bei Antritt der Fahrt mit einem Fahrausweis versehen sein. Der Tarif kann Ausnahmen zulassen. Die Angaben des Fahrausweises sind für die Beförderung maßgebend.

(2) Der Fahrausweis muß Strecke, Zuggattung, Wagenklasse und Fahrpreis angeben. Wenn die Benutzung verschiedener Wege oder Beförderungsmittel gestattet ist, so ist dies ersichtlich zu machen.

(3) Der Tarif bestimmt Geltungsbeginn und Geltungsdauer der Fahrausweise. Der erste Geltungstag des Fahrausweises gilt für die Berechnung der Geltungsdauer als voller Tag. Die Reise kann, wenn der Tarif nichts anderes bestimmt, an einem beliebigen Tage innerhalb der Geltungsdauer angetreten werden; sie muß vorbehaltlich der im Tarif vorgesehenen Ausnahmen spätestens mit dem Zuge beendet sein, der am Bestimmungsbahnhof fahrplanmäßig spätestens um 24 Uhr des letzten Geltungstags eintrifft.

(4) Ein Fahrausweis ist, soweit der Tarif keine Ausnahmen zuläßt, nur übertragbar, wenn er nicht auf den Namen lautet und die Reise noch nicht angetreten ist.

(5) Die Fahrkartenschalter sind so rechtzeitig vor Abfahrt eines Zuges zu öffnen, wie es die örtlichen Verkehrsverhältnisse erfordern, mindestens aber eine Viertelstunde vor der Abfahrt.

(6) Der Anspruch auf Ausgabe eines Fahrausweises erlischt fünf Minuten vor der Abfahrt des Zuges.

(7) Die Eisenbahn kann verlangen, daß der Fahrpreis abgezählt entrichtet wird.

(8) Sind die Beförderungspreise unrichtig erhoben worden, so ist der Unterschiedsbetrag nachzuzahlen oder zu erstatten. Die Eisenbahn hat, soweit dies möglich ist, alsbald nach Feststellung des Fehlers den Verpflichteten zur Nachzahlung aufzufordern oder dem Berechtigten den zuviel erhobenen Betrag zurückzuzahlen. Der Anspruch auf Nachzahlung oder Erstattung erlischt, wenn er nicht binnen eines Jahres nach Ablauf der Geltungsdauer des Fahrausweises geltend gemacht wird.

§ 11. Fahrpreise. Fahrpreisermäßigungen

(1) Auf jedem Bahnhof ist ein Tarifauszug auszuhängen oder auszulegen, der die Preise der dort verkäuflichen Fahrausweise für die gangbarsten Verbindungen enthält.

(2) Der Tarif bestimmt, ob und welche Preiszuschläge für die Benutzung von Schnellzügen und anderen Zügen mit besonderer Geschwindigkeit und Bequemlichkeit zu entrichten sind und welche Bedingungen für die Benutzung von Schlafwagen gelten.

(3) Kinder bis zum vollendeten vierten Lebensjahr, für die kein besonderer Platz beansprucht wird, werden ohne Fahrausweis frei befördert. Kinder vom vollendeten vierten bis zum vollendeten zehnten Lebensjahr und jüngere Kinder, für die ein besonderer Platz beansprucht wird, werden zur Hälfte des gewöhnlichen Fahrpreises — vorbehaltlich der Aufrundung nach den Tarifbestimmungen — befördert. Maßgebend ist das Lebensalter am Tage des Reiseantritts.

(4) Ob und welche sonstigen Fahrpreisermäßigungen gewährt werden, bestimmt der Tarif.

§ 12. Sonderwagen und Sonderzüge

Unter welchen Bedingungen auf Antrag Sonderwagen oder Sonderzüge gestellt werden, bestimmt der Tarif.

§ 13. Bestellung von Abteilen oder einzelnen Plätzen

(1) Auf Verlangen der Reisenden werden Wagenabteile unter den im Tarif festgesetzten Bedingungen zur Verfügung gestellt, wenn keine Rücksichten des Betriebs oder Verkehrs entgegenstehen. Die Abteile müssen mindestens eine Stunde vor der Abfahrzeit bestellt werden.

(2) Für das Abteil sind höchstens so viel Fahrausweise zu bezahlen, wie es Plätze enthält. Es dürfen nur so viel Personen aufgenommen werden, als Fahrausweise gelöst sind.

(3) Bestellte Abteile sind kenntlich zu machen.

(4) Ob und unter welchen Bedingungen für einzelne Züge bestimmte Plätze bestellt werden können, bestimmt der Tarif.

(5) Der Tarif kann bestimmen, daß einzelne Züge nur gegen Lösung von Platzkarten benutzt werden können.

§ 14. Einnehmen der Plätze. Übergang in andere Wagenklassen

(1) Die Eisenbahnbediensteten sind berechtigt, den Reisenden die Plätze anzuweisen. Auf Verlangen sind die Schaffner hierzu verpflichtet.

(2) Der Reisende darf beim Einsteigen für sich und für jede mit ihm reisende Person, für die er einen Fahrausweis vorweisen kann, je einen noch verfügbaren Sitzplatz belegen. Wer seinen Platz verläßt, ohne ihn deutlich sichtbar — nicht nur mit Zeitungen oder Zeitschriften — zu belegen, verliert den Anspruch darauf.

(3) Findet ein Reisender in der seinem Fahrausweis entsprechenden Klasse keinen Sitzplatz, so ist ihm tunlichst in der nächsthöheren Klasse ein solcher anzuweisen, falls dort noch Sitzplätze frei sind. Der Reisende wird in der höheren Klasse, in der ihm ein Platz angewiesen wurde, ohne Zahlung des Preisunterschieds so lange befördert, bis ihm in der seinem Fahrausweis entsprechenden Klasse ein Platz angewiesen werden kann. Erhält er auch in der nächsthöheren Klasse keinen Sitzplatz, so kann er, ohne daß ihm eine weitere Entschädigung zusteht, entweder gegen Erstattung des Preisunterschieds in einer niedrigeren Klasse fahren oder die Fahrt gegen Erstattung von Fahrpreis und Gepäckfracht für die nicht durchfahrene Strecke aufgeben. Für den Erstattungsanspruch gilt die Frist des § 24 (7).

(4) Soweit der Tarif nichts anderes bestimmt, ist dem Reisenden der Übergang in eine höhere Klasse oder in einen Zug mit höheren Fahrpreisen gegen Zahlung des Unterschiedsbetrags gestattet. § 15 (3) gilt entsprechend.

§ 15. Prüfung der Fahrausweise. Fahrpreiszuschläge. Bahnsteigkarten

(1) Der Reisende ist verpflichtet, auf Verlangen den Fahrausweis jederzeit zur Prüfung vorzuweisen und bei Beendigung der Fahrt abzugeben.

(2) Wer ohne gültigen Fahrausweis in einem zur Abfahrt bereitstehenden Zuge verweilt oder mehr Plätze belegt, als ihm für sich und die mit ihm reisenden Personen zustehen, hat drei Reichsmark zu zahlen.

(3) Wer unaufgefordert dem Schaffner oder Zugführer meldet, daß er keinen gültigen Fahrausweis habe, hat einen Zuschlag von 50 Reichspfennig zum tarifmäßigen Preis, jedoch nicht mehr als das Doppelte dieses Preises zu zahlen. Im übrigen hat ein Reisender, der keinen gültigen Fahrausweis vorweisen kann, unbeschadet der strafrechtlichen Folgen für die von ihm zurückgelegte Strecke und, wenn der Zugangsbahnhof nicht sofort nachgewiesen werden kann, für die ganze vom Zuge zurückgelegte Strecke das Doppelte des Fahrpreises, mindestens jedoch drei Reichsmark zu zahlen.

(4) Ein Reisender, der die sofortige Zahlung verweigert, kann von der Weiterfahrt ausgeschlossen werden; er hat keinen Anspruch auf Erstattung von Fahrpreis oder Gepäckfracht. Für die Auslieferung des Reisegepäcks gilt § 29 (3).

(5) Wer auf Bahnhöfen mit Bahnsteigsperre ohne gültigen Fahrausweis die abgesperrten Teile des Bahnhofs betreten will, hat eine Bahnsteigkarte zu lösen. Diese Karte ist beim Durchschreiten der Sperre vorzuweisen und bei der Rückkehr abzugeben. Sie berechtigt nicht zum Betreten des Zuges. Wer ohne gültigen Ausweis die abgesperrten Teile eines Bahnhofs betritt, hat 30 Reichspfennig zu zahlen.

(6) Der Eisenbahn bleibt überlassen, mit Genehmigung des Reichsverkehrsministers die Fälle durch den Tarif einheitlich zu regeln, wo aus Billigkeit von der Erhebung der in den Absätzen (2), (3) und (5) bezeichneten Beträge ganz oder teilweise abgesehen wird.

(7) Über jede Nachzahlung ist eine Bescheinigung zu erteilen.

(8) Fahrausweise, die nach dem Tarif als ungültig anzusehen sind, werden von den Bediensteten eingezogen.

§ 16. Unterwegsbahnhöfe. Fahrtunterbrechung

(1) Bei Ankunft eines Zuges auf einem Bahnhof sind der Name des Bahnhofs, ein etwa stattfindender Wagenwechsel sowie die Dauer des Aufenthalts, wenn er mehr als 4 Minuten beträgt, auszurufen, soweit möglich auch die Kürzung eines fahrplanmäßigen Aufenthalts.

(2) Innerhalb der Geltungsdauer des Fahrausweises kann die Fahrt beliebig lange unterbrochen werden. Die Zahl der zulässigen Unterbrechungen sowie die sonstigen Bedingungen bestimmt der Tarif. Für Fahrausweise zu ermäßigten Fahrpreisen kann der Tarif das Recht auf Fahrtunterbrechung ausschließen.

(3) Die unterbrochene Reise kann auch von einem anderen, dem Bestimmungsbahnhof näher gelegenen Bahnhof desselben Weges oder, wenn es der Tarif zuläßt, auch eines anderen wahlweise benutzbaren Weges fortgesetzt werden.

§ 17. Warteräume

(1) Die Warteräume sind auf Bahnhöfen mit geringerem Verkehr mindestens eine halbe Stunde, auf Bahnhöfen mit größerem Verkehr mindestens eine Stunde vor der fahrplanmäßigen Abfahrzeit eines Zuges zu öffnen. Der Tarif kann Ausnahmen zulassen.

(2) Auf Übergangsbahnhöfen ist es den ankommenden Reisenden gestattet, sich in dem Warteraum der Bahn, die sie zur Weiterreise benutzen wollen, bis zur Abfahrt ihres Zuges aufzuhalten. Sie können aber nicht beanspruchen, daß der Warteraum ihretwegen in der Zeit von 23 bis 6 Uhr offengehalten wird. Beträgt jedoch die Zeit von der Ankunft des letzten bis zum Abgang des ersten Zuges weniger als fünf Stunden, so sind auf Übergangsbahnhöfen oder auf Bahnhöfen, wo Züge über Nacht stehen bleiben, die Warteräume für Durchgangsreisende offenzuhalten.

(3) Den in § 9 angegebenen Personen kann der Aufenthalt in den Warteräumen untersagt werden. Gegenstände oder lebende Tiere, deren Mitnahme in die Personenwagen verboten ist, dürfen auch in die Warteräume nicht mitgenommen werden.

(4) Das Rauchen in den Warteräumen kann verboten werden; ein solches Verbot ist durch Anschlag bekanntzugeben. Wer dem Verbot zuwiderhandelt, hat zwei Reichsmark zu zahlen.

§ 18. Nichtraucher- und Frauenabteile

(1) In jedem Zug ist für jede Wagenklasse eine angemessene Anzahl von Wagen oder Abteilen für Nichtraucher vorzubehalten. In den übrigen Wagen oder Abteilen ist das Rauchen gestattet. Sofern im Zuge von einer Wagenklasse nur ein Abteil vorhanden ist, darf in diesem nur mit Zustimmung aller Mitreisenden geraucht werden.

(2) Die Eisenbahn kann, soweit dafür ein Bedürfnis besteht, Frauenabteile einrichten. In diese dürfen Männer auch mit Einverständnis der darin fahrenden Frauen nicht zugelassen werden. Knaben bis zum vollendeten zehnten Lebensjahr können mitgenommen werden. Bei Überfüllung der andern Abteile kann der Schaffner auch Männern Plätze in Frauenabteilen anweisen.

(3) Nichtraucher- und Frauenabteile sind durch Anschrift kenntlich zu machen. In diesen Abteilen und in den Gängen, wo durch Anschlag das Rauchen verboten ist, darf auch mit Zustimmung der Mitreisenden nicht geraucht werden. Wer dem zuwiderhandelt, hat zwei Reichsmark zu zahlen.

§ 19. Abfahrt. Versäumung der Fahrt

(1) Nach dem Abfahrzeichen darf niemand mehr einsteigen.

(2) Wer die Abfahrt versäumt, hat daraus keinen Anspruch auf Entschädigung.

(3) Will der Reisende einen späteren Zug benutzen, für den sein Fahrausweis nicht ohne weiteres gilt, so hat er den Fahrausweis ohne Verzug dem Aufsichtsbeamten vorzulegen, um ihn gültig schreiben zu lassen. Die Geltungsdauer des Fahrausweises kann hierbei erforderlichenfalls um einen Tag verlängert werden. Bei Benutzung eines Zuges mit höheren Fahrpreisen hat der Reisende den Unterschiedsbetrag nachzuzahlen, bei Benutzung eines Zuges mit niedrigeren Fahrpreisen kann er den Unterschiedsbetrag binnen der in § 24 (7) vorgesehenen Frist zurückverlangen. Für Fahrausweise zu ermäßigten Preisen kann der Tarif abweichende Bestimmungen treffen.

(4) Für die Rückgabe des Gepäcks gelten die Vorschriften im § 29 (3), (5) und (6).

§ 20. Verhalten während der Fahrt. Verunreinigung und Beschädigung von Eisenbahneigentum

(1) Wenn sich die Reisenden über das Öffnen und Schließen der Fenster, der Lüftungsvorrichtungen oder der Türen, über das An- und Abstellen der Beleuchtung oder der Heizung und dergleichen nicht verständigen können, so entscheidet der Schaffner.

(2) Bei einem Betriebsaufenthalt außerhalb eines Bahnhofs dürfen die Reisenden nur mit Zustimmung des Schaffners aussteigen. Sie müssen sich sofort von den Gleisen entfernen und auf das erste Zeichen des Zugführers wieder einsteigen.

(3) Ein Reisender, der Anlagen, Fahrzeuge oder Ausrüstungsstücke der Eisenbahn verunreinigt, hat die Reinigungskosten zu erstatten. Wer diese Gegenstände beschädigt, hat die Instandsetzungskosten zu tragen, es sei denn, daß ihn kein Verschulden trifft. Die Eisenbahn kann sofortige Zahlung oder

Sicherheitsleistung verlangen. Sie kann für die Entschädigung feste Sätze bestimmen, die durch Anschlag bekanntzumachen sind.

§ 21. Mitnahme von Handgepäck

(1) Der Reisende darf leicht tragbare Gegenstände (Handgepäck) unentgeltlich in die Personenwagen mitnehmen. Dem Reisenden steht für sein Handgepäck nur der Raum über und unter seinem Sitzplatz zur Verfügung. Reisende, denen kein Sitzplatz angewiesen werden kann, haben wegen Unterbringung ihres Handgepäcks den Anordnungen der Bediensteten Folge zu leisten.

(2) In besonders gekennzeichneten Wagen dritter Klasse dürfen auch Handwerkszeug, Traglasten in Körben, Säcken oder Kiepen und ähnliche Gegenstände mitgenommen werden, die ein Fußgänger tragen kann. Die Eisenbahn kann die Mitnahme solcher Gegenstände bei bestimmten Zügen ausschließen. Ein Reisender darf nur insgesamt 75 Kilogramm solcher Gegenstände mit sich führen. Gegenstände von mehr als 75 Kilogramm Einzelgewicht werden auch dann nicht zugelassen, wenn mehrere Personen zusammen reisen. Die Eisenbahn kann im Tarif vorsehen, daß der Reisende diese Gegenstände auch im Gepäckwagen unterbringen kann, ohne daß eine Gepäckfracht erhoben wird.

(3) Gegenstände, die geeignet sind, den Mitreisenden lästig zu fallen oder die Wagen zu beschädigen, dürfen nicht in Personenwagen mitgenommen werden. Das gleiche gilt, wenn Zoll- oder sonstige Verwaltungsvorschriften es verbieten.

(4) Sind Gegenstände entgegen den vorstehenden Bestimmungen in Personenwagen mitgenommen worden, so werden sie in den Gepäckwagen gebracht und dort bis zur endgültigen Abfertigung verwahrt. Für diese Gegenstände wird von dem Bahnhof an, wo der Reisende zugestiegen ist, oder, wenn der Zugangsbahnhof nicht sofort nachgewiesen wird, vom Ausgangsbahnhof des Zuges an die Gepäckfracht mit einem Zuschlag von drei Reichsmark, jedoch nicht mehr als die doppelte Fracht erhoben. § 15 (4) und (6) gilt entsprechend.

(5) Der Reisende hat die von ihm mitgeführten Sachen selbst zu beaufsichtigen. Die Eisenbahn haftet für die in Personenwagen mitgenommenen oder nach Abs. (2) im Gepäckwagen untergebrachten Gegenstände nur bei Verschulden.

(6) Gefährliche Gegenstände, insbesondere geladene Schußwaffen, explosionsfähige, leicht entzündbare oder ätzende Stoffe dürfen, wenn der Tarif keine Erleichterungen vorsieht, nicht in Personenwagen mitgenommen werden. Wer dieser Vorschrift zuwiderhandelt, kann ohne Anspruch auf Erstattung von Fahrpreis oder Gepäckfracht von der Fahrt ausgeschlossen werden und haftet für jeden aus der Zuwiderhandlung entstehenden Schaden.

(7) Die Bediensteten sind berechtigt, sich von der Beschaffenheit der mitgenommenen Gegenstände in Gegenwart des Reisenden zu überzeugen, wenn triftige Gründe für den Verdacht einer Zuwiderhandlung gegen die Bestimmung des Abs. (6) vorliegen.

(8) Personen, die in Ausübung des öffentlichen Dienstes oder mit verwaltungsbehördlicher Genehmigung eine Schußwaffe führen, dürfen Handmunition mitnehmen. Den Begleitern von gefangenen, verhafteten oder festgenommenen Personen ist gestattet, geladene Schußwaffen mitzuführen. Die

Angehörigen der Polizei dürfen bei dienstlichen Fahrten auch sonstige, zu ihrer vorschriftsmäßigen Ausrüstung gehörige Munition mitnehmen. Die näheren Bestimmungen trifft der Tarif.

§ 22. Mitnahme von Tieren

(1) Lebende Tiere dürfen in Personenwagen nicht mitgenommen werden, jedoch sind kleine zahme Tiere in Käfigen, Kisten, Körben oder anderen geeigneten Behältern — kleine Hunde auch ohne solche — zugelassen, soweit keine Polizeivorschriften entgegenstehen, kein Mitreisender widerspricht und diese Tiere auf dem Schoße getragen oder wie Handgepäck untergebracht werden können. In Schlaf- oder Speisewagen dürfen keine Tiere mitgenommen werden; der Tarif kann Ausnahmen zulassen. Tiere, die entgegen dieser Vorschrift in die Personen-, Schlaf- oder Speisewagen mitgenommen werden, sind aus diesen Wagen zu entfernen.

(2) Hunde jeder Größe dürfen mitgeführt werden, soweit Reisenden mit Hunden besondere Abteile zur Verfügung gestellt werden können.

(3) Der Reisende hat die in Personenwagen mitgenommenen Tiere selbst zu beaufsichtigen.

(4) Im übrigen werden Hunde, die von den Reisenden mitgenommen werden sollen, in besonderen Wagenräumen (Hundeabteilen) befördert. Sind solche nicht vorhanden oder schon besetzt, so kann die Beförderung nicht verlangt werden. Für das Verladen und Ausladen sowie für das Umladen solcher Hunde auf Übergangsbahnhöfen hat der Reisende zu sorgen. Die Eisenbahn ist nicht verpflichtet, Hunde, die nicht binnen angemessener Frist nach Ankunft auf dem Bestimmungsbahnhof abgeholt werden, zu verwahren.

(5) Der Tarif bestimmt, ob und für welche Tiere ein Beförderungsausweis zu lösen ist. Der Tarif kann ferner für den Fall, daß ein gebührenpflichtiges Tier ohne Ausweis mitgeführt wird, die Zahlung eines Zuschlags vorsehen. § 15 (4) und (6) sowie § 23 gelten entsprechend.

(6) Die Eisenbahn haftet für die nach den Vorschriften dieses Paragraphen beförderten Tiere nur bei Verschulden.

§ 23. Verspätung oder Ausfall von Zügen. Betriebsstörungen

(1) Die verspätete Abfahrt oder Ankunft oder der Ausfall eines Zuges begründen keinen Anspruch auf Entschädigung. Die Eisenbahn hat jedoch bei Ausfall oder verhinderter Weiterfahrt eines Zuges, soweit möglich, für die Weiterbeförderung der Reisenden über eine Hilfsstrecke oder auf andere Weise zu sorgen.

(2) Wird infolge einer Zugverspätung der Anschluß an einen anderen Zug versäumt oder fällt ein Zug ganz oder auf Teilstrecken aus, so kann der Reisende entweder

a) auf die Weiterfahrt verzichten und von der Eisenbahn binnen der in § 24 (7) vorgesehenen Frist Fahrpreis und Gepäckfracht für die nicht durchfahrene Strecke ohne Abzug zurückverlangen; oder

b) auf die Weiterfahrt verzichten und mit dem nächsten günstigen Zuge zum Abgangsbahnhof zurückkehren; er kann dann binnen der in § 24 (7) vorgesehenen Frist Fahrpreis und Gepäckfracht ohne Abzug zurückverlangen, auch hat die Eisenbahn ihn und sein Gepäck frei zurückzubefördern; oder

c) seine Reise fortsetzen; die Eisenbahn hat ihn dann, soweit möglich, mit seinem Gepäck ohne Preiszuschlag mit einem Zuge zu befördern, der auf der gleichen oder auf einer anderen Strecke nach demselben Bestimmungsbahnhof fährt und es dem Reisenden ermöglicht, mit möglichst geringer Verspätung sein Reiseziel zu erreichen. Der Rückgriff der Bahnen untereinander bleibt unberührt.

(3) In den Fällen des Abs. (2) hat der Reisende auf dem Bahnhof, wo er den Anschluß versäumt oder wo er auf die Weiterfahrt verzichtet, den Fahrausweis unverzüglich dem Aufsichtsbeamten zur Bescheinigung des Sachverhalts vorzulegen; andernfalls verliert er seine Ansprüche. In den Fällen b) und c) ist, soweit erforderlich, die Geltungsdauer des Fahrausweises zu verlängern und ein Gültigkeitsvermerk für den neuen Weg, für eine höhere Wagenklasse oder für einen Zug mit höheren Fahrpreisen anzubringen.

(4) Der Tarif kann weitere Erleichterungen vorsehen.

(5) Die Eisenbahn kann durch den Tarif oder durch die Fahrpläne einzelne Züge oder Zuggattungen von der hilfsweisen Benutzung ausschließen.

(6) Zugverspätungen von mehr als 15 Minuten und Betriebsstörungen sind durch Anschlag bekanntzumachen.

§ 24. Fahrpreiserstattung

(1) Hat ein Reisender den Fahrausweis nicht zur Fahrt benutzt, so kann er vorbehaltlich der Abzüge nach Abs. (3) und (4) den Fahrpreis zurückverlangen. Ist der Fahrausweis zum Betreten des Bahnsteigs benutzt worden, so wird außerdem der Preis einer Bahnsteigkarte abgezogen. Hat der Reisende den Fahrausweis zur Aufgabe von Reisegepäck benutzt, so kann er den Fahrpreis nur dann zurückverlangen, wenn er das Gepäck auf dem Versandbahnhof zurückgenommen hat.

(2) Ist ein Fahrausweis infolge von Tod, Krankheit oder Unfall des Reisenden oder wegen anderer zwingender Gründe nur teilweise benutzt worden, so wird vorbehaltlich der Abzüge nach Abs. (3) und (4) der Unterschied zwischen dem gezahlten Gesamtpreis und dem gewöhnlichen Fahrpreis für die zurückgelegte Strecke erstattet.

(3) Die Gebühren für Platzkarten werden nicht erstattet.

(4) Von dem zu erstattenden Betrag werden die Herstellungskosten für Fahrausweise in Heftform, die für den Verkauf der Fahrausweise gezahlten Vermittlungsgebühren, etwaige Postgebühren für die Zusendung des Erstattungsbetrags sowie eine Gebühr von 10 vH., jedoch nicht weniger als 20 Reichspfennig und nicht mehr als zwei Reichsmark, für den Fahrausweis abgezogen. Diese Beträge dürfen nicht abgezogen werden, wenn ein unbenutzter Fahrausweis am Ausgabetag der Ausgabestelle zurückgegeben wird.

(5) Für verlorene Fahrausweise wird kein Fahrgeld erstattet.

(6) Der Tarif kann von den vorstehenden Bestimmungen Abweichungen vorsehen, die jedoch für die Reisenden nicht ungünstiger sein dürfen. Bei Fahrausweisen zu ermäßigten Preisen kann der Tarif die Rückerstattung ausschließen oder an bestimmte Bedingungen knüpfen; dies gilt jedoch nicht für die nach § 11 ausgegebenen Kinderfahrausweise.

(7) Alle Ansprüche auf Fahrpreiserstattung nach dieser Vorschrift erlöschen, wenn sie nicht binnen sechs Monaten nach Ablauf der Geltungsdauer des Fahrausweises bei der Eisenbahn geltend gemacht werden; vgl. jedoch § 10 (8).

(8) Für die Erstattung der Gepäckfracht gilt § 29 (5).

IV. Beförderung von Reisegepäck

§ 25. Begriff des Reisegepäcks. Verantwortlichkeit des Reisenden für sein Gepäck

(1) Der Reisende kann als Reisegepäck Gegenstände aufgeben, die in Reisekoffern, Reisekörben, Reisetaschen, Reisesäcken, Rucksäcken, Hutschachteln, handlichen Kisten oder dergleichen verpackt sind.

(2) Ferner kann der Reisende folgende Gegenstände, und zwar soweit nachstehend nichts anderes bestimmt ist, auch unverpackt als Reisegepäck aufgeben:

a) Trag- und Fahrstühle sowie Selbstfahrer für Kranke, Krankenkraftfahrstühle, Liegestühle;

b) Kinderwagen, Handwagen und Handkarren;

c) Warenproben- und Musterkoffer;

d) tragbare Musikinstrumente in Kasten, Futteralen oder anderen Umschließungen;

e) Geräte für Schaustellungen von wandernden Künstlern (Artisten) unter der Bedingung, daß ihre Beschaffenheit und Verpackung, ihr Umfang und ihr Gewicht ein rasches Verladen und Unterbringen im Gepäckwagen gestatten;

f) Vermessungsgeräte bis zu fünf Meter Länge und Handwerkszeug;

g) ein- und zweisitzige Hand- und Sportschlitten, Schneeschuhe, Skier, Schlittschuhsegel, Wasserfahrzeuge bis zu drei Meter Länge;

h) Fahrräder, Krafträder ohne Beiwagen.

Behälter von Kraftfahrzeugen dürfen Kraftstoff enthalten. Ist in die Leitung vor dem Vergaser ein Abschlußhahn eingeschaltet, so ist er zu schließen. Mit den Fahrzeugen festverbundene Vorratsbehälter dürfen ebenfalls Kraftstoff enthalten, wenn sie verschlossen sind.

Der Tarif kann die Menge, den Umfang und das Gewicht der zur Beförderung als Gepäck zugelassenen Gegenstände vorstehender Art beschränken.

(3) Ob und unter welchen Bedingungen sonstige Gegenstände oder in sicheren Behältern aufgelieferte Tiere als Gepäck angenommen werden, bestimmt der Tarif.

(4) Die von der Beförderung ausgeschlossenen oder die bedingt zur Beförderung zugelassenen Gegenstände dürfen nicht als Gepäck aufgegeben werden. Filme in der in der Anlage C für Eilstückgut vorgeschriebenen Verpackung sind jedoch zur Beförderung als Gepäck zugelassen. Gegebenenfalls hat der Inhaber des Gepäckscheins Frachtzuschläge entsprechend den Vorschriften des § 60 (1) a) zu bezahlen; der Tarif kann Erleichterungen vorsehen.

(5) Der Reisende ist für die Beachtung der vorstehenden Vorschriften verantwortlich und trägt alle Folgen einer Zuwiderhandlung.

(6) Vermutet die Eisenbahn eine Zuwiderhandlung, so hat sie das Recht, nachzuprüfen, ob der Inhalt der Gepäckstücke den Vorschriften entspricht. Der Reisende ist aufzufordern, bei der Nachprüfung zugegen zu sein. Stellt er sich nicht ein oder ist er nicht zu erreichen, so sind zwei Zeugen zur Nachprüfung zuzuziehen; als solche dürfen Eisenbahnbedienstete nur dann verwendet werden, wenn keine anderen Personen zur Verfügung stehen. Wird eine Zuwiderhandlung festgestellt, so hat der Reisende die Kosten der Nachprüfung zu bezahlen.

§ 26. Verpackung. Bezeichnung

(1) Gepäckstücke, deren Verpackung ungenügend oder deren Beschaffenheit mangelhaft ist oder die offensichtlich Spuren von Beschädigungen aufweisen, kann die Eisenbahn zurückweisen. Werden sie gleichwohl zur Beförderung angenommen, so kann die Eisenbahn im Gepäckschein den Zustand des Gepäcks vermerken. Nimmt der Reisende den Gepäckschein mit dem Vermerk an, so erkennt er diesen Zustand an.

(2) Auf den Gepäckstücken müssen Name und Anschrift (Wohnort, Wohnung) des Reisenden genügend haltbar angegeben sein, auch kann der Tarif die Angabe des Versand- und Bestimmungsbahnhofs vorschreiben. Gepäckstücke ohne diese Angaben können zurückgewiesen werden. Der Reisende hat alte Beklebezettel, Namens- oder andere Anschriften, die sich auf frühere Beförderungen beziehen, zu entfernen oder unleserlich zu machen.

§ 27. Aufgabe. Gepäckschein

(1) Das Gepäck ist innerhalb der für die Lösung der Fahrausweise festgesetzten Zeit bei der Gepäckabfertigung aufzugeben. Auf größeren Bahnhöfen braucht die Eisenbahn Gepäck für die einzelnen Züge nur bis zu einer Viertelstunde vor ihrer Abfahrt anzunehmen.

(2) Der Reisende kann bei der Aufgabe den Wert, den er der fristgemäßen Lieferung des unversehrten Gepäcks über den nach §§ 31 und 33 zu ersetzenden Betrag hinaus beimißt — Lieferwert (Interesse an der Lieferung) — angeben. Der Betrag des Lieferwerts ist auf dem Gepäckschein zu vermerken. Bei Angabe des Lieferwerts wird für je angefangene zehn Kilometer eine besondere Gebühr von einem Zehntel vom Tausend der angegebenen Summe erhoben. Der Tarif kann die Gebühr herabsetzen, auch einen Mindestbetrag festsetzen.

(3) Die Gepäckfracht ist bei der Aufgabe zu entrichten. § 10 (8) gilt entsprechend; die dort vorgesehene einjährige Frist beginnt mit dem Tage der Ausfertigung des Gepäckscheins.

(4) Bei der Aufgabe wird dem Reisenden ein Gepäckschein ausgehändigt, dessen Angaben für die Beförderung maßgebend sind. Der Reisende hat sich beim Empfang des Gepäckscheins zu überzeugen, ob dieser seinen Angaben entsprechend ausgefertigt ist.

(5) Der Gepäckschein muß folgende Angaben enthalten:

a) den Aufgabe- und den Bestimmungsbahnhof;
b) erforderlichenfalls den Beförderungsweg;
c) den Tag der Aufgabe und den Zug, zu dem das Gepäck aufgegeben worden ist;
d) die Anzahl und das Gesamtgewicht der Gepäckstücke;
e) die Gepäckfracht und etwaige andere Gebühren;
f) gegebenenfalls den gemäß Abs. (2) angegebenen Betrag des Lieferwerts in Buchstaben.

(6) Für die Abfertigung von Fahrrädern, Sportgeräten und Tieren in Behältern kann der Tarif besondere Vorschriften treffen.

(7) Wird auf Bahnhöfen ohne Gepäckabfertigung oder sonst Gepäck unter Vorbehalt späterer Abfertigung angenommen, so gilt es gleichwohl mit dem Zeitpunkt der Annahme als zur Beförderung übernommen. Die Eisenbahn hat dem Reisenden den Empfang zu bescheinigen.

(8) Der Tarif bestimmt, ob bei der Aufgabe des Gepäcks der Fahraus-

weis vorzuzeigen ist und ob und unter welchen Bedingungen Gepäck ohne Fahrausweis zur Beförderung angenommen wird. Wird Gepäck ohne Fahrausweis aufgegeben, so gelten die Bestimmungen dieser Ordnung über die Rechte und Pflichten eines Reisenden hinsichtlich seines Gepäcks auch für den Absender des ohne Fahrausweis aufgegebenen Gepäcks.

§ 28. Abfertigung. Beförderung. Zoll- und sonstige Verwaltungsvorschriften

(1) Das Gepäck wird über den auf dem Fahrausweis angegebenen Weg abgefertigt. Auf Antrag wird es auch über einen anderen Weg befördert, wenn durchgehende Abfertigung möglich ist.

(2) Gilt der Fahrausweis über mehrere Wege oder kommen am Bestimmungsort verschiedene Bahnhöfe in Frage, so hat der Reisende den Beförderungsweg oder den Bahnhof, nach dem das Gepäck abgefertigt werden soll, genau zu bezeichnen. Die Eisenbahn haftet nicht für die Folgen, wenn der Reisende diese Vorschrift nicht beachtet.

(3) Der Reisende kann den Zug angeben, mit dem das Gepäck befördert werden soll. Macht er von diesem Rechte keinen Gebrauch, so wird es mit dem nächsten geeigneten Zuge befördert.

(4) Muß das Gepäck unterwegs auf einen anderen Zug übergehen, so kann die Weiterbeförderung mit dem Anschlußzug nur verlangt werden, wenn dieser der Gepäckbeförderung dient und genügend Zeit zur Umladung vorhanden ist. Sonst ist es mit dem nächsten geeigneten Zuge weiterzubefördern.

(5) Die vorstehenden Bestimmungen gelten nur insoweit, als keine Zoll- oder sonstigen Verwaltungsvorschriften entgegenstehen.

(6) Die Eisenbahn ist berechtigt, die Beförderung von Gepäck bei einzelnen Zügen oder Zuggattungen auszuschließen oder zu beschränken. Anordnungen dieser Art sind durch den Tarif oder durch Aushang bekanntzumachen.

(7) Für die Behandlung des Gepäcks in besonderen Fällen gelten die §§ 9 (1) und (5), 15 (4) und 23 (2).

(8) Der Reisende hat die Zoll- und sonstigen Verwaltungsvorschriften für seine Person und hinsichtlich der Untersuchung seines Reise- und Handgepäcks zu befolgen. Er hat dieser Untersuchung beizuwohnen, wenn die einschlägigen Vorschriften keine Ausnahme zulassen. Kommt der Reisende diesen Verpflichtungen nicht nach, so ist die Eisenbahn ihm gegenüber von jeder Haftung für die daraus entstehenden Folgen befreit. Die Eisenbahn kann für ihre Tätigkeit bei der Abfertigung durch die Zoll- oder sonstigen Verwaltungsbehörden außer der Vergütung ihrer Auslagen die tarifmäßige Gebühr erheben.

§ 29. Auslieferung

(1) Das Gepäck wird gegen Rückgabe des Gepäckscheins und Entrichtung der etwa noch nicht bezahlten Kosten ausgeliefert. Die Eisenbahn ist berechtigt, aber nicht verpflichtet, die Berechtigung des Inhabers zu prüfen.

(2) Der Reisende ist berechtigt, auf dem Bestimmungsbahnhof nach Ablauf der Lieferfrist die Auslieferung des Gepäcks an der Gepäckausgabe zu verlangen. Die Lieferfrist endet, sobald nach Ankunft des Zuges, mit dem das Gepäck zu befördern war, die zur Bereitstellung und etwa zur Zoll- oder sonstigen verwaltungsbehördlichen Abfertigung erforderliche Zeit abgelaufen ist. Auf Verlangen ist das Gepäck gegen die tarifmäßige Gebühr nachzuwiegen.

(3) Das Gepäck ist auf dem Bahnhof auszuliefern, nach dem es abgefertigt war. Auf rechtzeitiges Verlangen kann es jedoch, wenn die Umstände es gestatten und keine Zoll- oder sonstigen Verwaltungsvorschriften entgegenstehen, gegen Rückgabe des Gepäckscheins auf dem Versandbahnhof zurückgegeben oder auf einem Unterwegsbahnhof ausgeliefert werden. Der Tarif kann bestimmen, daß hierbei auch der Fahrausweis vorzuzeigen ist.

(4) Unter welchen Bedingungen eine Weitersendung des Gepäcks nach einem anderen Bahnhof zulässig ist, bestimmt der Tarif.

(5) Wird das aufgegebene Gepäck zurückgenommen, ehe es den Versandbahnhof verlassen hat, so kann die bezahlte Gepäckfracht zurückverlangt werden. Wird das Gepäck auf einem Unterwegsbahnhof zurückgenommen, so kann die Erstattung der Mehrfracht verlangt werden. § 24 (7) gilt entsprechend; die sechsmonatige Frist beginnt mit dem Tage der Ausfertigung des Gepäckscheins.

(6) Wird der Gepäckschein nicht beigebracht, so braucht die Eisenbahn das Gepäck nur demjenigen auszuliefern, der seine Berechtigung glaubhaft macht; sie kann Sicherheitsleistung verlangen.

(7) Bei nicht rechtzeitiger Auslieferung des Gepäcks hat die Eisenbahn auf Verlangen Tag und Stunde der Abforderung auf dem Gepäckschein zu bescheinigen und etwaige Kosten für den Versuch der Abholung zu erstatten.

(8) Wenn einzelne der im Gepäckschein verzeichneten Stücke bei der Auslieferung fehlen, so kann der Reisende, ehe er die anderen annimmt, von der Eisenbahn eine Bescheinigung hierüber verlangen.

(9) Bei Verlust von Gepäckstücken ist der Reisende zur Erleichterung der Nachforschungen der Eisenbahn verpflichtet, eine möglichst genaue Beschreibung der verlorenen Stücke zu geben.

§ 30. Verzögerung der Abnahme

(1) Wird das Gepäck nicht binnen 24 Stunden nach seiner Ankunft auf dem Bestimmungsbahnhof abgenommen, so ist das tarifmäßige Lagergeld zu entrichten. Wird es nicht binnen vier Wochen nach dem genannten Zeitpunkt abgenommen, so hat die Eisenbahn nur noch für die Sorgfalt eines ordentlichen Kaufmanns einzustehen. Die Eisenbahn kann solches Gepäck unter Einziehung der etwa noch nicht bezahlten Kosten auch bei einem Spediteur oder in einem öffentlichen Lagerhaus auf Gefahr und Kosten des Berechtigten hinterlegen.

(2) Die Eisenbahn ist ferner berechtigt, Gepäck, das nicht abgenommen worden ist, drei Monate nach seiner Ankunft auf dem Bestimmungsbahnhof ohne Förmlichkeit bestmöglich zu verkaufen. Sie ist hierzu schon früher berechtigt, wenn der Wert des Gepäcks durch längeres Lagern unverhältnismäßig vermindert oder in keinem Verhältnis zu den Lagerkosten stehen würde. Die Eisenbahn hat dem Reisenden den Verkaufserlös nach Abzug der etwa noch nicht bezahlten Kosten zur Verfügung zu stellen. Reicht der Erlös zur Deckung dieser Beträge nicht aus, so ist der Reisende zur Nachzahlung des ungedeckten Betrags verpflichtet.

(3) Die Eisenbahn hat den Reisenden, wenn sich sein Aufenthalt ermitteln läßt, von dem bevorstehenden Verkauf des Gepäcks zu benachrichtigen.

§ 31. Haftung für Verlust oder Beschädigung

(1) Für Reisegepäck haftet die Eisenbahn wie für Güter nach den Bestimmungen der §§ 81 bis 83 und 92 bis 94 dieser Ordnung. Für die Geltendmachung der Rechte aus dem Beförderungsvertrag und der Haftung mehrerer

an der Beförderung beteiligter Eisenbahnen gelten die Bestimmungen der §§ 95 und 96 entsprechend.

(2) Hat die Eisenbahn auf Grund der Bestimmungen dieser Ordnung Entschädigung für gänzlichen oder teilweisen Verlust von Reisegepäck zu leisten, so hat sie den nachgewiesenen Schaden bis zur Höhe von 100 Reichsmark für jedes fehlende Kilogramm des Rohgewichts zu ersetzen. Außerdem sind die Gepäckfracht, die Zölle und sonstige aus Anlaß der Beförderung des verlorenen Gepäcks bezahlte Beträge zu erstatten.

(3) Bei Beschädigung hat die Eisenbahn den Betrag der Wertverminderung des Gepäcks zu zahlen. Die Entschädigung darf jedoch nicht übersteigen:

a) wenn das ganze aufgegebene Gepäck durch die Beschädigung entwertet ist, den Betrag, der im Falle seines gänzlichen Verlusts zu zahlen wäre;

b) wenn nur ein Teil des Gepäcks durch die Beschädigung entwertet ist, den Betrag, der im Falle des Verlusts des entwerteten Teiles zu zahlen wäre.

(4) Eine höhere Entschädigung kann nur bei Angabe des Lieferwerts oder bei Vorsatz oder grober Fahrlässigkeit der Eisenbahn nach § 34 beansprucht werden.

§ 32. Vermutung für den Verlust des Reisegepäcks. Wiederauffinden des Gepäcks

(1) Ein fehlendes Gepäckstück gilt nach Ablauf einer Woche nach der Abforderung als verloren.

(2) Wird das Gepäck später wiedergefunden, so ist der Reisende, wenn sich sein Aufenthalt ermitteln läßt, hiervon zu benachrichtigen. Er kann innerhalb eines Monats nach Empfang der Nachricht verlangen, daß ihm das Gepäck auf einem inländischen Bahnhof kostenfrei ausgehändigt wird. Die erhaltene Entschädigung hat er nach Abzug einer etwa wegen Überschreitung der Lieferfrist zu gewährenden Entschädigung zurückzuzahlen; wird die Rückgabe auf dem Aufgabebahnhof verlangt, so wird von dem zurückzuzahlenden Betrag die ursprünglich bezahlte Gepäckfracht abgezogen.

§ 33. Haftung für Überschreitung der Lieferfrist

(1) Bei Überschreitung der Lieferfrist hat die Eisenbahn, wenn nachgewiesen wird, daß dadurch ein Schaden entstanden ist, eine Entschädigung bis zu 60 Reichspfennig für das Kilogramm des Rohgewichts des verspätet ausgelieferten Gepäcks für je angefangene 24 Stunden von der Abforderung an gerechnet, höchstens aber für eine Woche, zu zahlen. Beträge unter einer Reichsmark werden nicht erstattet.

(2) Diese Entschädigung wird nicht neben der bei gänzlichem Verlust zu leistenden Entschädigung gewährt. Bei teilweisem Verlust wird sie für den nicht verlorengegangenen Teil entrichtet. Bei Beschädigung tritt sie neben die dafür vorgesehene Entschädigung.

(3) In keinem Falle wird beim Zusammentreffen von Lieferfristüberschreitung mit Beschädigung oder teilweisem Verlust des Gepäcks eine höhere Gesamtentschädigung gewährt als bei gänzlichem Verlust.

(4) Die Haftung der Eisenbahn ist ausgeschlossen, wenn die Überschreitung der Lieferfrist durch Umstände herbeigeführt worden ist, die sie nicht abzuwenden und denen sie auch nicht abzuhelfen vermochte.

§ 34. Haftung bei Angabe des Lieferwerts oder bei Vorsatz oder grober Fahrlässigkeit der Eisenbahn

(1) Hat der Reisende nach § 27 (2) einen Lieferwert für das Gepäck angegeben, so kann bei Überschreitung der Lieferfrist beansprucht werden:

a) wenn nicht nachgewiesen wird, daß durch die Überschreitung der Lieferfrist ein Schaden entstanden ist,

30 Reichspfennig für das Kilogramm Rohgewicht für je angefangene 24 Stunden von der Abforderung an gerechnet, höchstens aber für eine Woche und höchstens bis zum Lieferwert;

b) wenn nachgewiesen wird, daß durch die Überschreitung der Lieferfrist ein Schaden entstanden ist, Ersatz des Schadens bis zum Lieferwert.

Ist der Lieferwert geringer als die in § 33 (1) vorgesehene Entschädigung, so kann diese verlangt werden.

Beträge unter einer Reichsmark werden nicht erstattet.

(2) Bei gänzlichem oder teilweisem Verlust oder bei Beschädigung von Gepäck, für welches der Lieferwert angegeben ist, können beansprucht werden:

a) die in § 31 (2) und (3) vorgesehenen Entschädigungen, außerdem

b) der Ersatz des nachgewiesenen weiteren Schadens bis zum Lieferwert.

(3) Wird nachgewiesen, daß neben einem Schaden aus Lieferfristüberschreitung ein von der Eisenbahn zu vertretender Schaden aus teilweisem Verlust oder aus Beschädigung entstanden ist, so können beansprucht werden:

a) die in § 31 (2) und (3) vorgesehenen Entschädigungen, außerdem

b) der Ersatz des nachgewiesenen weiteren Schadens einschließlich des durch die Überschreitung der Lieferfrist entstandenen bis zum Lieferwert.

(4) In allen Fällen, in denen gänzlicher oder teilweiser Verlust, Beschädigung oder Überschreitung der Lieferfrist auf Vorsatz oder grobe Fahrlässigkeit der Eisenbahn zurückzuführen sind, hat die Eisenbahn den nachgewiesenen Schaden jeweils bis zum Doppelten der in §§ 31 (2) und (3), 33 (1) und den Abs. (1) b), (2) und (3) dieses Paragraphen vorgesehenen Höchstbeträge zu ersetzen.

(5) Hat der Reisende einen Lieferwert für das Gepäck angegeben, so hat die Eisenbahn einen durch Vorsatz herbeigeführten Schaden in voller Höhe zu ersetzen.

§ 35. Gepäckträger

(1) Auf Bahnhöfen, wo dafür ein Bedürfnis besteht, sind Gepäckträger zu bestellen, die Reise- und Handgepäck nach den von den Reisenden bezeichneten Stellen zu bringen haben. Die Beförderung außerhalb des Bahnhofsbereichs kann nur dann verlangt werden, wenn dies nach den örtlichen Vorschriften zulässig ist.

(2) Die Gepäckträger müssen durch Dienstabzeichen erkennbar sein und ihren Gebührentarif bei sich tragen. Auf Verlangen haben sie dem Reisenden den Tarif vorzuzeigen und ihm bei Übernahme des Gepäcks eine mit ihrer Nummer versehene Marke zu übergeben.

(3) Der Tarif muß an den Gepäckannahme- und -ausgabestellen und in den zur Gepäckaufbewahrung dienenden Räumen aushängen.

(4) Für das den Gepäckträgern übergebene Reise- oder Handgepäck haftet die Eisenbahn wie für das ihr zur Beförderung übergebene Gepäck.

§ 36. Aufbewahrung des Gepäcks

(1) Auf Bahnhöfen, wo dafür ein Bedürfnis besteht, sind Aufbewahrungsstellen für Reise- und Handgepäck einzurichten. Soweit im folgenden nichts

anderes bestimmt ist, regelt der Tarif die Bedingungen für die Aufbewahrung. Die Gebühren sind durch Aushang bekanntzumachen.

(2) Die Eisenbahn haftet für dieses Gepäck als Verwahrer. Der Tarif kann die Haftung auf einen Höchstbetrag beschränken.

(3) Wer das Gepäck zur Aufbewahrung übergibt, erhält einen Hinterlegungsschein.

(4) Gepäck, das nicht oder nur mangelhaft verpackt ist, kann zurückgewiesen werden. Wird es gleichwohl angenommen, so kann die Eisenbahn den Mangel auf dem Hinterlegungsschein vermerken. Nimmt der Hinterleger den Schein mit dem Vermerk an, so erkennt er den mangelhaften Zustand an.

(5) Die Eisenbahn haftet nicht für Gegenstände, die in unverpackt oder mangelhaft verpackt zur Aufbewahrung übergebenen Kleidungsstücken enthalten sind.

(6) Die hinterlegten Gegenstände können jederzeit innerhalb der für die Annahme und Auslieferung von Gepäck bestimmten Zeiten gegen Rückgabe des Hinterlegungsscheins und Entrichtung der Aufbewahrungsgebühr zurückgefordert werden. § 29 (1) und (6) gilt entsprechend.

(7) Wird das hinterlegte Gepäck nicht binnen der im Tarif festgesetzten Aufbewahrungsfrist abgeholt, so gilt § 30 (2) und (3) entsprechend.

V. Beförderung von Expreßgut

§ 37. Beförderungsvertrag

(1) Als Expreßgut werden nur Gegenstände angenommen, die sich nach dem Ermessen des Versandbahnhofs zur Beförderung im Gepäckwagen eignen, wenn die Abfertigungsbefugnisse des Versand- und Empfangsbahnhofs diese Beförderungsart zulassen.

(2) Von der Beförderung ausgeschlossen sind die in § 54 (1) dieser Ordnung aufgeführten Güter. Die in der Anlage C dieser Ordnung genannten Güter sind, soweit sie als Eilstückgut oder beschleunigtes Eilstückgut angenommen werden dürfen, unter den in der Anlage C vorgeschriebenen Bedingungen zur Beförderung als Expreßgut zugelassen. Ob noch andere Güter von der Beförderung als Expreßgut ausgeschlossen oder nur bedingt zur Beförderung zugelassen werden, bestimmt der Tarif.

(3) Jede Expreßgutsendung muß von einer Expreßgutkarte begleitet sein. Der Absender hat auf ihr anzugeben:

a) den Versand- und den Bestimmungsbahnhof,
b) Namen und Anschrift des Absenders und des Empfängers,
c) Inhalt, Stückzahl und Verpackung der Sendung.

Das Muster der Expreßgutkarte bestimmt der Tarif, er enthält auch die näheren Bestimmungen darüber, welche Angaben außerdem auf der Expreßgutkarte vorgeschrieben oder zugelassen sind.

(4) Jedes Stück muß die genaue Anschrift des Empfängers und die Angabe des Versand- und des Bestimmungsbahnhofs tragen; sonst kann es zurückgewiesen werden. Alte Beklebezettel, Namens- oder andere Anschriften, die sich auf frühere Beförderungen beziehen, hat der Absender zu entfernen oder deutlich zu durchstreichen. Soll die Sendung dem Empfänger nicht zugeführt werden, so hat der Absender der Anschrift jedes Stückes noch den Vermerk „Zur Selbstabholung“ oder „bahnlagernd“ beizufügen.

(5) Der Absender kann auf der Expreßgutkarte den Lieferwert (Interesse

an der Lieferung) angeben. § 89 (1) gilt entsprechend. Die Gebühr für die Angabe des Lieferwerts bestimmt der Tarif.

(6) Ob und unter welchen Bedingungen der Absender das Gut mit einer Nachnahme oder einem Barvorschuß belasten kann, bestimmt der Tarif.

(7) Expreßgut ist bei den von der Eisenbahn bestimmten Annahmestellen während der durch Aushang bekanntzumachenden Dienststunden aufzuliefern.

(8) Der Beförderungsvertrag ist abgeschlossen, sobald die Versandabfertigung das Gut mit der Expreßgutkarte zur Beförderung angenommen hat. Als Zeichen der Annahme ist der Expreßgutkarte nach Entrichtung der Fracht und der sonst etwa nach § 39 vorauszuzahlenden Beträge der Tagesstempel der Versandabfertigung aufzudrücken.

(9) Die Eisenbahn ist verpflichtet, bei Annahme des Gutes das Gewicht gebührenfrei festzustellen. Dem Absender oder dessen Beauftragten steht es frei, der Feststellung beizuwohnen.

(10) Auf Verlangen des Absenders ist die Annahme des Gutes in einer von der Versandbahn zu bestimmenden Form zu bescheinigen.

(11) Für die Erfüllung der Zoll- und sonstigen Verwaltungsvorschriften gilt § 65 entsprechend, soweit der Tarif nichts anderes bestimmt.

(12) Der Tarif bestimmt, ob und unter welchen Bedingungen der Absender den Beförderungsvertrag durch nachträgliche Verfügung abändern kann.

(13) Das Verfügungsrecht des Absenders erlischt, sobald das Gut dem Empfänger abgeliefert worden ist.

§ 38. Haftung des Absenders für seine Angaben. Nachprüfung des Inhalts der Sendung. Frachtzuschläge

(1) Der Absender haftet für die Richtigkeit der Angaben und Erklärungen in der Expreßgutkarte, die er entweder selbst eingetragen hat oder die nach seinen Angaben von der Eisenbahn aufgenommen worden sind. Er trägt alle Folgen, die daraus entstehen, daß diese Angaben oder Erklärungen unrichtig, ungenau oder unvollständig sind.

(2) Die Eisenbahn ist berechtigt, die Übereinstimmung der Sendung mit den Angaben in der Expreßgutkarte jederzeit nachzuprüfen. Die näheren Bestimmungen trifft der Tarif in entsprechender Anwendung von § 58 (1) und (2).

(3) Die Eisenbahn kann bei unrichtiger, ungenauer oder unvollständiger Angabe des Inhalts oder bei Außerachtlassung der Sicherheitsvorschriften der Anlage C durch den Absender Frachtzuschläge erheben; die näheren Bestimmungen trifft der Tarif in entsprechender Anwendung von § 60.

§ 39. Zahlung der Fracht

(1) Der Absender hat die Kosten (Fracht, Nebengebühren und die sonstigen während der Beförderung erwachsenden Unkosten), die vom Versandbahnhof in Rechnung gestellt werden können, bei der Aufgabe zu bezahlen, wenn der Tarif nichts anderes bestimmt. Die übrigen Kosten hat der Empfänger zu bezahlen.

(2) Sind die Kosten unrichtig oder gar nicht erhoben worden, so hat der Absender zuwenig bezahlte Beträge nachzuzahlen, wenn das Gut vom Empfänger nicht angenommen worden ist. Hat der Empfänger das Gut angenommen, so hat er die Kosten nachzuzahlen, zu deren Zahlung der Absender nach Abs. (1) nicht verpflichtet war; die Nachzahlung der übrigen Kosten obliegt dem Absender. Für die Erstattung zuviel erhobener Kosten gilt § 70 entsprechend.

§ 40. Beförderung. Beförderungshindernisse

(1) Expreßgut ist wie Reisegepäck zu befördern. Wird für einzelne Züge die Beförderung beschränkt oder ausgeschlossen, so sind diese bekanntzumachen.

(2) Expreßgut wird mit dem nächsten geeigneten Zug befördert. Hat der Absender bei der Aufgabe einen bestimmten Zug angegeben, so wird das Gut mit diesem befördert, wenn es rechtzeitig aufgegeben worden ist. Muß das Gut unterwegs auf einen anderen Zug übergehen, so gilt § 28 (4) entsprechend.

(3) Das Verfahren bei Beförderungshindernissen regelt der Tarif in entsprechender Anwendung von § 73.

§ 41. Ablieferung. Ablieferungshindernisse

(1) Der Empfänger ist berechtigt, auf dem Bestimmungsbahnhof nach Ablauf der Lieferfrist die Ablieferung des Expreßguts bei der Ausgabestelle zu verlangen. Die Lieferfrist endet, sobald nach Ankunft des Zuges, mit dem das Gut zu befördern war, die zur Bereitstellung und etwa zur Zoll- oder sonstigen verwaltungsbehördlichen Abfertigung erforderliche Zeit abgelaufen ist.

(2) Wird das Gut vom Empfänger nicht alsbald nach Ablauf der Lieferfrist abgeholt, so wird es nach näherer Bestimmung des Tarifs dem Empfänger angemeldet oder ihm im Ortsbereich des Bestimmungsbahnhofs oder nach benachbarten Orten gegen eine durch Aushang bekanntzumachende Gebühr zugeführt. Die Eisenbahn kann die Zuführung selbst besorgen oder Rollfuhrunternehmer dafür bestellen; in beiden Fällen haftet sie als Frachtführer nach den Vorschriften dieser Ordnung. Das Recht des Empfängers, Expreßgut selbst abzuholen oder durch andere als die von der Eisenbahn bestellten Fuhrunternehmer abholen zu lassen, wird hierdurch nicht berührt. § 77 (5) und (6) gil entsprechend.

(3) Die Anmeldung oder Zuführung muß innerhalb der Fristen vorgenommen werden, die in den §§ 77 und 78 für Eilgut vorgesehen sind.

(4) Die Anmeldung unterbleibt, wenn der Empfänger schriftlich darauf verzichtet hat oder wenn sie nach den Umständen nicht möglich ist; bei bahnlagernd gestellten Gütern unterbleibt die Anmeldung auch dann, wenn der Absender in der Expreßgutkarte darauf verzichtet hat.

(5) Das Verfahren bei Ablieferungshindernissen regelt der Tarif in entsprechender Anwendung von § 80.

§ 42. Haftung der Eisenbahn. Verjährung

(1) Für gänzlichen oder teilweisen Verlust oder für Beschädigung von Expreßgut haftet die Eisenbahn wie bei Gütern entsprechend den Bestimmungen der §§ 82 bis 85, 90 (1) a), (2) und (3), 91 und 92. Für Überschreitung der Lieferfrist haftet die Eisenbahn wie bei Reisegepäck entsprechend den Bestimmungen der §§ 33 und 34.

(2) Für die Feststellung des Tatbestandes bei gänzlichem oder teilweisem Verlust oder bei Beschädigung des Gutes gilt § 81 entsprechend.

(3) Mit der Annahme des Expreßguts durch den Empfänger sind alle Ansprüche aus dem Beförderungsvertrag gegen die Eisenbahn erloschen. § 93 (2) gilt entsprechend.

(4) Für die Verjährung der Ansprüche aus dem Beförderungsvertrag gilt § 94 entsprechend.

§ 43. Geltendmachung der Rechte aus dem Beförderungsvertrag. Haftung und Inanspruchnahme mehrerer an der Beförderung beteiligter Eisenbahnen

(1) Zur Geltendmachung der Rechte aus dem Beförderungsvertrag gegenüber der Eisenbahn ist nur der befugt, dem das Verfügungsrecht über das Gut zusteht. Im übrigen gilt § 95 (3) entsprechend.

(2) Für die Haftung und Inanspruchnahme mehrerer an der Beförderung beteiligter Eisenbahnen gilt § 96 entsprechend.

VI. Beförderung von Leichen

§ 44. Auflieferung

(1) Leichen werden nach dem Ermessen der Eisenbahn mit Zügen befördert, die dem Personen- oder dem Güterverkehr dienen; die Benutzung von Schnellzügen kann ausgeschlossen werden.

(2) Leichensendungen müssen auf dem Ausgangsbahnhof des Zuges mindestens 6 Stunden, auf anderen Bahnhöfen mindestens 12 Stunden vor der Abfahrzeit angemeldet werden.

(3) Jede Leiche muß in einem widerstandsfähigen Metallbehälter oder in einem im Innern mit Blech vollständig abgedichteten Sarg verschlossen und dieser in einen Holzbehälter so fest eingesetzt sein, daß er sich darin nicht verschieben kann.

(4) Bei der Aufgabe ist der Eisenbahn ein von der zuständigen Behörde ausgestellter Leichenpaß nach dem Muster der Anlage A zu übergeben, der bei Auslieferung der Leiche dem Empfänger ausgehändigt wird. Bei Leichensendungen aus ausländischen Staaten, mit denen eine Vereinbarung wegen gegenseitiger Anerkennung der Leichenpässe abgeschlossen ist, genügt ein Leichenpaß der zuständigen ausländischen Behörde. Der Leichenpaß gilt für den ganzen Beförderungsweg.

(5) Leichen sind mit Eilfrachtbrief aufzuliefern.

(6) Das Verladen hat der Absender zu besorgen.

(7) Leichensendungen dürfen nicht mit Nachnahme belastet werden.

(8) Die Eisenbahn ist berechtigt, Vorauszahlung der Fracht zu verlangen.

(9) Wer Leichen unter unrichtiger Bezeichnung aufliefert, hat den Frachtunterschied vom Aufgabe- bis zum Bestimmungsbahnhof nachzuzahlen und das Vierfache der Gesamtfracht als Frachtzuschlag zu entrichten.

§ 45. Beförderung

(1) Leichen sind in gedeckten Wagen zu befördern. Gegenstände, die nicht zur Leiche gehören, dürfen nicht beigeladen werden. Die Eisenbahn kann verlangen, daß mehrere Leichen, die gleichzeitig von demselben Versandbahnhof nach demselben Bestimmungsbahnhof aufgegeben werden, zusammen in einen Wagen verladen werden. Leichen, die in geschlossenen Leichenfuhrwerken aufgeliefert werden, dürfen in offenen Wagen befördert werden.

(2) Jeder Sendung ist ein Begleiter beizugeben, der einen Fahrausweis zu lösen und denselben Zug zu benutzen hat. Begleitung ist nicht erforderlich, wenn der Absender beim Versandbahnhof die schriftliche oder telegraphische Erklärung des Empfängers hinterlegt, daß er die Sendung sofort nach Empfang der Nachricht von ihrem Eintreffen abholen lassen werde. Bei Sendungen an Beerdigungsanstalten und Feuerbestattungsanlagen ist diese Erklärung nicht erforderlich.

(3) Leichen sind möglichst schnell und ohne Unterbrechung zu befördern. Läßt sich auf einem Bahnhof ein längerer Aufenthalt nicht vermeiden, so ist der Wagen mit der Leiche tunlichst auf ein abseits liegendes Gleis zu stellen. Wird die Beförderung einer unbegleiteten Leiche mit den in Aussicht genommenen Zügen unmöglich, so hat der Bahnhof, wo das Hindernis eintritt, dem Empfänger kostenfrei telegraphisch mitzuteilen, mit welchem Zug die Leiche befördert wird.

§ 46. Auslieferung

(1) Die Ankunft einer unbegleiteten Leiche am Bestimmungsbahnhof ist dem Empfänger auf seine Kosten ohne Verzug durch Telegramm, Fernsprecher oder besonderen Boten mitzuteilen. Bei begleiteten Leichen unterbleibt die Benachrichtigung.

(2) Der Empfänger hat die Leiche innerhalb sechs Stunden, nachdem die Benachrichtigung von der Ankunft der Leiche als bewirkt gilt, auszuladen und abzuholen, falls eine Benachrichtigung unterbleibt, spätestens sechs Stunden nach der Ankunft. Geschieht dies nicht, so kann die Leiche der Ortspolizeibehörde überwiesen werden. Kommt die Leiche nach 18 Uhr an, so gilt die Benachrichtigung nicht vor dem nächsten Morgen, 8 Uhr, als bewirkt. Bei Überschreitung der Abholungsfrist ist die Eisenbahn berechtigt, das tarifmäßige Wagenstandgeld zu erheben.

(3) Der Empfänger hat für die Erfüllung der Zoll-, gesundheitspolizeilichen und sonstigen verwaltungsbehördlichen Bestimmungen zu sorgen.

(4) Die Auslieferung von Leichen kann zu dem in § 29 (2) bestimmten Zeitpunkt verlangt werden.

(5) Der Empfänger hat den Empfang der Leiche zu bescheinigen.

§ 47. Weitere Vorschriften

(1) Im übrigen gelten für die Beförderung von Leichen die Vorschriften für die Beförderung von Gütern (Abschnitt VIII) entsprechend.

(2) Für die Beförderung von Leichen nach dem Bestattungsplatz des Aufgabeorts kann die Eisenbahn mit Genehmigung des Reichsverkehrsministers abweichende Bestimmungen erlassen.

(3) Bei Leichen, die von Polizeibehörden, Strafanstalten, Krankenhäusern oder dergleichen an öffentliche höhere Lehranstalten gesandt oder von diesen weiterversandt werden, ist keine Begleitung erforderlich. Die Leichen dürfen in dicht verschlossenen und undurchlässigen Kisten aufgeliefert und in offenen Wagen befördert werden. Güter von fester Beschaffenheit (Holz, Metall oder dergleichen) oder in fester Verpackung (Kisten, Fässer oder dergleichen) dürfen beigeladen werden; es ist aber Vorsorge zu treffen, daß die Leichenkisten nicht beschädigt werden. Von der Beiladung sind ausgeschlossen: Nahrungs- und Genußmittel sowie deren Rohstoffe, ferner die in der Anlage C aufgeführten Gegenstände. Leichenpässe sind für diese Sendungen nicht erforderlich.

VII. Beförderung von lebenden Tieren

§ 48. Auflieferung

(1) Unverpackte Tiere sind mit Tierfrachtbrief nach dem Muster der Anlage H, verpackte Tiere mit Eilfrachtbrief nach dem Muster der Anlage F (großer Frachtbrief) oder G (kleiner Frachtbrief) als Eilgut oder beschleunigtes Eilgut aufzuliefern.

Bei Aufgabe als beschleunigtes Eilgut muß der Eilfrachtbrief in der Spalte „Andere vorgeschriebene oder zulässige Erklärungen" den Vermerk „Beschleunigtes Eilgut" enthalten. Ausnahmen bestimmt der Tarif.

(2) Die Eisenbahn hat den Beteiligten die Züge, mit denen Tiere befördert werden, auf Verlangen bekanntzugeben.

(3) An Sonn- und Feiertagen werden keine Tiere angenommen. Ausnahmen sind durch Aushang bekanntzumachen.

(4) Die Beförderung kranker oder gebrechlicher Tiere kann abgelehnt werden, wenn sie nicht durch einen Tierarzt für zulässig erklärt wird.

(5) Zur Beförderung wilder Tiere ist die Eisenbahn nur verpflichtet, wenn die von ihr aus Gründen der Sicherheit gestellten Bedingungen erfüllt sind.

(6) Die Tiere müssen rechtzeitig zur Verladung bereitgestellt werden; unverpackte Tiere, die nicht in einen besonderen Wagen verladen werden, mindestens eine Stunde vor Abgang des Zuges.

(7) Der Absender hat die viehseuchenpolizeilichen Vorschriften zu erfüllen und alle dazu erforderlichen Begleitpapiere beizugeben.

(8) Der Absender muß das Einladen unverpackter Tiere und ihre sichere Unterbringung im Wagen besorgen und die erforderlichen Befestigungsmittel stellen.

(9) Die Eisenbahn ist berechtigt, Begleitung der Tiersendungen zu fordern. Stellt der Absender die Begleitung nicht, so kann die Eisenbahn sie gegen die tarifmäßigen Gebühren selbst stellen. Bei kleinen Tieren, die in tragbaren, gut verschlossenen Behältern aufgegeben werden, kann keine Begleitung verlangt werden.

(10) Der Tarif kann bestimmen, daß die Fracht vorauszubezahlen ist.

(11) Die näheren Bestimmungen über die Verladung von lebenden Tieren sind in der Anlage B unter I enthalten.

§ 49. Beförderung

(1) Der Absender kann den Beförderungsweg vorschreiben. Solche Vorschriften muß die Eisenbahn beachten; sie kann aber die Fracht für den vorgeschriebenen Weg verlangen.

(2) Die Begleiter haben während der Beförderung die Tiere zu warten und für die Erfüllung der viehseuchenpolizeilichen Bestimmungen zu sorgen. Der Absender kann im Frachtbrief erklären, daß der Begleiter befugt sein soll, unterwegs etwa notwendig werdende Anweisungen an seiner Stelle zu treffen. Ist ein Frachtbriefdoppel ausgestellt, so kann jedoch der Bestimmungsbahnhof oder die Person des Empfängers nur geändert werden, wenn das Doppel vorgelegt und auch darin die Änderung eingetragen wird [vgl. § 61 (4) und (5) sowie § 72 (7)].

(3) Der Aufsichtsbeamte hat den Begleitern auf Verlangen einen Platz im Gepäckwagen oder in einem Personenwagen anzuweisen. Ist zum Schutze der Tiere oder zur Abwendung von Betriebsgefahren die Gegenwart der Begleiter im Viehwagen notwendig, so müssen sie sich auf Verlangen des Aufsichtsbeamten oder Zugführers darin aufhalten.

(4) Werden Tiere unterwegs verletzt oder krank, so kann die Eisenbahn ein tierärztliches Gutachten darüber einholen, ob die Tiere ohne Schaden für ihre Gesundheit weiterbefördert werden können oder ob sie sofort getötet oder in Pflege gegeben werden müssen. Der Absender ist hiervon unverzüglich zu benachrichtigen und um weitere Anweisung zu ersuchen, falls nicht der Be-

gleiter gemäß Abs. (2) hierzu ermächtigt ist. Trifft der Absender binnen angemessener Frist keine Anweisung, so handelt die Eisenbahn nach seinem mutmaßlichen Willen und teilt ihm die getroffenen Maßnahmen mit. Die Kosten für das Gutachten, die Tötung oder die Verpflegung der Tiere hat der Verfügungsberechtigte zu tragen.

(5) Die näheren Bestimmungen über die Beförderung von lebenden Tieren sind in der Anlage B unter II enthalten.

§ 50. Auslieferung

(1) Tiersendungen sind nach Ankunft auf dem Bestimmungsbahnhof unverzüglich zur Abnahme bereitzustellen. Meldet sich nach Eintreffen unbegleiteter Tiersendungen auf dem Bestimmungsbahnhof kein zum Empfang Berechtigter, so ist der Empfänger unverzüglich, jedenfalls aber innerhalb der für Eilgut festgesetzten Frist [§ 78 (2)] zu benachrichtigen.

(2) Der Empfänger hat die Tiere spätestens zwei Stunden nach dem Zeitpunkt, zu dem die Benachrichtigung als bewirkt gilt [§ 78 (3)], abzunehmen, falls aber eine Benachrichtigung unterbleibt [§ 75 (10)], spätestens zwei Stunden nach der Bereitstellung. Der Tarif kann eine längere Frist vorsehen. Werden die Tiere nicht innerhalb der Abnahmefrist abgenommen, so kann die Eisenbahn sie auf Gefahr und Kosten des Verfügungsberechtigten in Pflege geben oder ihren ferneren Aufenthalt im Wagen oder auf dem Bahnhof gegen Entrichtung der tarifmäßigen Gebühren gestatten. Die Abnahmefrist ruht während einer Zoll- oder sonstigen verwaltungsbehördlichen Abfertigung, soweit diese nicht durch den Absender, Empfänger oder Begleiter verzögert wird.

§ 51. Lieferfrist

(1) Die Lieferfristen für unverpackte Tiere betragen, sofern der Tarif keine kürzeren Fristen vorsieht, bei einer Entfernung bis zu 150 Tarifkilometern

einen Tag,

bei größeren Entfernungen für je weitere angefangene 400 Tarifkilometer

einen weiteren Tag.

(2) Die Lieferfrist beginnt für Sendungen, die zu einem vormittags abgehenden Zuge aufgegeben werden, um 12 Uhr mittags, bei Sendungen, die zu einem nachmittags abgehenden Zuge aufgegeben werden, mit der auf die Annahme folgenden Mitternacht. Sie ist gewahrt, wenn vor ihrem Ablauf die Tiere auf dem Bestimmungsbahnhof zur Abholung bereitgestellt sind.

(3) Der Lauf der Lieferfristen ruht außer in den Fällen des § 74 (7) auch für die Aufenthaltsdauer auf den Tränkbahnhöfen.

(4) Die Auslieferung der mit Personenzügen beförderten Pferde und Hunde kann zu dem in § 29 (2) bestimmten Zeitpunkt verlangt werden. Bei Pferden, die unterwegs auf einen anderen Zug übergehen müssen, ist für den Ablauf der Lieferfrist noch nicht die Ankunft des Anschlußzuges, sondern erst des nächsten geeigneten Zuges maßgebend.

(5) Für verpackte Tiere gelten je nach der Art der Auflieferung die für Eilgut oder für beschleunigtes Eilgut festgesetzten Lieferfristen (§ 74).

(6) Werden die Tiere über einen vom Absender gemäß § 49 (1) vorgeschriebenen Weg befördert, so wird die Lieferfrist über diesen Weg berechnet.

§ 52. Weitere Vorschriften

Im übrigen gelten für die Beförderung von Tieren die Vorschriften für die Beförderung von Gütern (Abschnitt VIII) entsprechend.

VIII. Beförderung von Gütern

§ 53. Durchgehende Beförderung. Sonderzüge

(1) Die Eisenbahn ist verpflichtet, Güter zur durchgehenden Beförderung von und nach allen Bahnhöfen und Güternebenstellen nach Maßgabe ihrer Abfertigungsbefugnisse anzunehmen.

(2) Unter welchen Bedingungen auf Antrag Sonderzüge für Güter gestellt werden, bestimmt der Tarif, sofern nicht eine besondere Vereinbarung zwischen der Eisenbahn und dem Besteller getroffen wird.

§ 54. Von der Beförderung ausgeschlossene oder nur bedingt zur Beförderung zugelassene Gegenstände

(1) Von der Beförderung ausgeschlossen sind, soweit nicht in Abs. (2) Ausnahmen zugelassen sind:

a) die dem Postzwang unterliegenden Gegenstände;

b) Gegenstände, deren Beförderung nach gesetzlicher Vorschrift oder aus Gründen der öffentlichen Ordnung verboten ist;

c) Gegenstände, die sich wegen ihres Umfangs, ihres Gewichts oder ihrer Beschaffenheit nach der Anlage oder dem Betrieb der beteiligten Eisenbahnen zur Beförderung nicht eignen;

d) explosionsgefährliche Gegenstände, nämlich:
   1. Sprengstoffe (Spreng- und Schießmittel und ähnliche Stoffe);
   2. Munition;
   3. Zündwaren, Feuerwerkskörper u. dgl.;
   4. verdichtete, verflüssigte oder unter Druck gelöste Gase;
   5. Stoffe, die in Berührung mit Wasser entzündliche oder die Verbrennung unterstützende Gase entwickeln;

e) selbstentzündliche Stoffe.

(2) Bedingt sind zur Beförderung zugelassen:

a) explosionsgefährliche, selbstentzündliche Stoffe [Abs. (1) d) und e)] sowie die in der Anlage C unter III bis VI besonders aufgeführten entzündbaren, giftigen, ätzenden und fäulnisfähigen, übelriechenden oder ekelerregenden Stoffe bei Erfüllung der in der Anlage C vorgeschriebenen Bedingungen.

b) Gegenstände, deren Verladung oder Beförderung nach der Anlage oder dem Betrieb einer beteiligten Eisenbahn außergewöhnliche Schwierigkeit verursacht.

   Ihre Beförderung kann die Eisenbahn von besonderen Bedingungen abhängig machen.

c) Gegenstände, die nur mit besonderen Vorrichtungen verladen, umgeladen oder ausgeladen werden können. Die Eisenbahn braucht sie nur anzunehmen, wenn die Vorrichtungen auf den in Betracht kommenden Bahnhöfen vorhanden sind.

d) Eisenbahnfahrzeuge, die auf eigenen Rädern befördert werden sollen.

   Sie müssen sich in lauffähigem Zustand befinden. Lokomotiven, Tender und Triebwagen müssen von einem sachverständigen Beauftragten des Absenders begleitet sein, der sie auch zu schmieren hat.

§ 55. Form des Frachtbriefs

(1) Der Absender muß jeder Sendung einen Frachtbrief beigeben, der für Frachtgut dem Muster der Anlage D (großer Frachtbrief) oder E (kleiner

Frachtbrief), für Eilgut und beschleunigtes Eilgut dem Muster der Anlage F (großer Frachtbrief) oder G (kleiner Frachtbrief) zu entsprechen hat. Die großen Frachtbriefe nach dem Muster der Anlage D oder F sind zu verwenden bei Sendungen mit Angabe des Lieferwerts oder mit einer Nachnahme, bei Sendungen, die einer Zoll- oder sonstigen verwaltungsbehördlichen Behandlung unterliegen, sowie bei Sendungen, bei denen der Absender dem Frachtbrief eine Anlage beigibt oder bei denen im kleinen Frachtbrief der Raum für die Inhaltsangabe nicht ausreicht. Bei Aufgabe der Sendung als beschleunigtes Eilgut muß der Eilfrachtbrief in der Spalte „Andere vorgeschriebene oder zulässige Erklärungen" den Vermerk „Beschleunigtes Eilgut" enthalten. Für das Frachtbriefdoppel ist dasselbe Muster zu verwenden wie für den Frachtbrief, zu dem es gehört.

(2) Zu den Frachtbriefen ist weißes Schreibpapier in der vom Reichsverkehrsminister festgesetzten Beschaffenheit zu verwenden. Alle Güterabfertigungen sind verpflichtet, Frachtbriefe zu den im Tarif festgesetzten Preisen zu verkaufen. Für Frachtbriefdoppel kann auch mattgefärbtes Papier in den von der Eisenbahn genehmigten Farbtönen verwendet werden.

(3) Die Frachtbriefe müssen zum Nachweis, daß sie den Vorschriften entsprechen, den Prüfungsstempel einer inländischen Eisenbahn tragen. Für die Stempelung der Frachtbriefe wird eine im Tarif festzusetzende Gebühr erhoben. Die Stempelung kann abgelehnt werden, wenn nicht gleichzeitig mindestens 100 Frachtbriefe vorgelegt werden.

(4) Im Tierfrachtbrief und in den kleinen Frachtbriefen sind die stark umrahmten Teile, in den großen Frachtbriefen die Felder über und rechts neben dem starken Strich für die Eintragungen der Eisenbahn, die übrigen Teile für die Eintragungen des Absenders bestimmt.

(5) Die Eisenbahn kann mit Genehmigung des Reichsverkehrsministers kleinere Abweichungen von den Frachtbriefmustern zulassen.

(6) Für besondere Fälle, wie regelmäßig wiederkehrende Sendungen oder für Sendungen in durchgehender Beförderung mit anderen Verkehrsmitteln, kann der Reichsverkehrsminister Abweichungen von den vorstehenden Bestimmungen genehmigen.

§ 56. Inhalt des Frachtbriefs

(1) Der Frachtbrief muß folgende Angaben enthalten:

a) Ort und Tag der Ausstellung;

b) die Bezeichnung des Bahnhofs oder der Güternebenstelle, wohin das Gut befördert werden soll (Bestimmungsbahnhof); die Bezeichnung soll möglichst dem Tarif entsprechen;

c) Namen, Wohnort und soweit erforderlich auch Wohnung oder Geschäftsstelle des Empfängers; Drahtanschrift und Fernsprechnummer können beigefügt werden. Als Empfänger darf nur eine Einzelperson, Firma, juristische Person oder öffentliche Dienststelle angegeben werden. Anschriften, die den Namen des Empfängers nicht bezeichnen, wie „an Order von ......" oder „an den Inhaber des Frachtbriefdoppels" sind unzulässig;

d) die Bezeichnung der Sendung nach ihrem Inhalt, die Angabe des Gewichts oder statt dessen eine den Tarifvorschriften entsprechende Angabe [vgl. jedoch § 58 (4) und (5)], ferner:

bei Stückgut:

Anzahl, Art der Verpackung, Zeichen und Nummer oder statt

dessen die Angabe, daß die Güter die Anschrift des Empfängers tragen;

bei den vom Absender verladenen Gütern:

Nummer, Eigentumsmerkmal, Ladegewicht (bei Privatwagen auch Eigengewicht) des Wagens, ferner die Angabe, ob der Wagen offen oder gedeckt ist.

Bei den im Tarif und in der Anlage C aufgeführten Gütern ist der Inhalt nach der dort gebrauchten, bei den übrigen Gütern nach ihrer handelsüblichen Benennung anzugeben. Der Tarif kann Erleichterungen vorsehen. Will der Absender der tarifmäßigen oder handelsüblichen Benennung des Gutes noch eine andere Bezeichnung oder eine besondere Inhaltsangabe beifügen, so hat er diese Angaben in der Frachtbriefspalte „Inhalt" in Klammern oder auf der Rückseite des Frachtbriefs zu machen.

Reicht der für die Bezeichnung der Güter und die Angabe des Gewichts vorgesehene Raum auf der Vorderseite des Frachtbriefs nicht aus, so ist die Rückseite zu benutzen; nötigenfalls sind dem Frachtbrief gleich große Blätter anzuheften und dann besonders zu unterzeichnen. Im Frachtbrief ist auf sie zu verweisen. Wird das Gesamtgewicht angegeben, so ist es im Frachtbrief an der hierfür vorgesehenen Stelle einzutragen;

e) Name und Vorname der Firma des Absenders sowie seine Wohnung oder Geschäftsstelle, nach seinem Ermessen auch Drahtanschrift und Fernsprechnummer. Als Absender darf nur eine Einzelperson, Firma, juristische Person oder öffentliche Dienststelle angegeben werden.

(2) Außerdem sind zutreffendenfalls in den Frachtbrief alle sonstigen Angaben und Erklärungen aufzunehmen, für die dies in dieser Ordnung vorgesehen oder im Tarif vorgeschrieben ist, so insbesondere:

a) der Antrag auf Ausstellung eines Frachtbriefdoppels [§ 61 (4) und (5)];
b) die Angabe der durch die Zoll- oder sonstigen Verwaltungsbehörden vorgeschriebenen Begleitpapiere, die dem Frachtbrief beigefügt oder bei einer bestimmten Stelle hinterlegt sind [§ 65 (1)];
c) die Angabe der Kosten, die der Absender übernehmen will (Freivermerk, § 69);
d) die Höhe einer Nachnahme oder eines Barvorschusses (§ 71);
e) die Angabe „bahnlagernd", gegebenenfalls mit einem Verzicht auf die Benachrichtigung des Empfängers gemäß § 75 (10);
f) der Betrag des Lieferwerts (§ 89);
g) die Bezeichnung der Bahnhöfe, wo die Zoll- oder sonstige verwaltungsbehördliche Behandlung stattfinden soll, oder der amtlichen Stellen, die sie vornehmen sollen [§ 67 (3)];
h) die Angabe, daß der Absender oder sein Bevollmächtigter zur Zoll- oder sonstigen verwaltungsbehördlichen Behandlung zugezogen werden soll [§ 65 (6) und (7)];
i) Anträge wegen der Art der Zollbehandlung [§ 65 (3)];
k) bei Eilgut und beschleunigtem Eilgut die Angabe des Beförderungswegs [§ 67 (3)];
l) der Antrag auf Beförderung im offenen oder gedeckten Wagen [§ 66 (1)] oder auf Zulassung eines Begleiters [§ 66 (4)];
m) der Antrag auf Beförderung von Gütern in Personen- oder Gepäckwagen [§ 66 (6)];

n) der Antrag, daß die Eisenbahn auf dem Versandbahnhof das Gewicht oder die Stückzahl feststellen soll [§ 58 (4) und (5)];
o) der Antrag, daß die Eisenbahn auf dem Bestimmungsbahnhof das Gewicht oder die Stückzahl nachprüfen soll (§ 76);
p) eine Vorschrift über die Weiterbeförderung des Gutes mit einem anderen Verkehrsmittel (z. B. Kraftwagen) vom Bestimmungsbahnhof bis zum Bestimmungsort, wenn dort kein für den Güterverkehr eingerichteter Bahnhof oder keine Güternebenstelle vorhanden ist [§ 75 (7)];
q) eine Vorschrift über die Weiterbeförderung des Gutes mit dem Kraftwagen vom Bestimmungsbahnhof nach einem anderen Ort, wo ein für den Güterverkehr eingerichteter Bahnhof oder eine Güternebenstelle vorhanden ist, sofern der Tarif dies zuläßt [§ 75 (8)];
r) eine Vorschrift über die Zuführung von Stückgut durch die Eisenbahn oder einen mit Namen und Anschrift zu bezeichnenden Spediteur oder Fuhrunternehmer zur Wohnung oder Geschäftsstelle des Empfängers [§ 77 (2)];
s) Erklärungen gemäß § 3 (4) (Ausschluß der Beförderung mittels Kraftwagens), § 62 (2) (mangelhafte Verpackung), § 59 (1) und § 75 (9) (Vereinbarung über Verladen oder Entladen), § 64 (vorläufige Einlagerung), § 80 (2) (Benachrichtigung bei Ablieferungshindernissen), § 86 (1) (Anwendung ermäßigter Tarife mit besonderer Haftungsbeschränkung);
t) im Tierverkehr Erklärungen nach § 49 (1) und (2);
u) eine Vorschrift für den Empfänger, den Wagen sorgfältig zu reinigen [§ 75 (15)].

(3) Andere Angaben oder Erklärungen dürfen in den Frachtbrief nur aufgenommen werden, wenn diese Ordnung oder der Tarif sie für zulässig erklären; das gleiche gilt für die Beifügung von Schriftstücken zum Frachtbrief. Die Eintragungen und Schriftstücke dürfen nur das Frachtgeschäft betreffen. Nimmt die Eisenbahn einen Frachtbrief mit unzulässigen Angaben oder Erklärungen an, so sind diese für die Eisenbahn unverbindlich.

(4) Soweit das Frachtbriefmuster für die Angaben keine besonderen Spalten vorsieht, sind sie, wenn der Tarif nichts anderes bestimmt, in die Spalte „Andere vorgeschriebene oder zulässige Erklärungen" einzutragen.

(5) Auf die Rückseite des Frachtbriefs darf auch die Firma des Ausstellers gedruckt werden.

(6) In der für unverbindliche Absendervermerke vorgesehenen Spalte sowie auf der Rückseite des Frachtbriefs können kurze Vermerke für den Empfänger, welche die Sendung betreffen, nachrichtlich angebracht werden, z. B. „Von Sendung des N. N.", „Im Auftrage des N. N.", „Zur Verfügung des N. N.", „Zur Weiterbeförderung an N. N.", „Für Schiffahrtlinie N. N.", „Für Schiff N. N.", „Von der Schiffahrtlinie N. N.", „Aus Schiff N. N.", „Für Kraftfahrlinie N. N.", „Von Kraftfahrlinie N. N.", „Für Flugstrecke N. N.", „Von Flugstrecke N. N.", „Zur Ausfuhr nach N. N.", „Versichert bei N. N.". Für die Eisenbahn sind diese Vermerke unverbindlich.

(7) Jeder Wagenladung muß ein besonderer Frachtbrief beigegeben werden, es sei denn, daß das Gut nach seinen Abmessungen zur Verladung mehr als einen Wagen beansprucht oder der Tarif die Aufgabe mehrerer Wagen mit einem Frachtbrief zuläßt.

(8) Mit einem und demselben Frachtbrief dürfen nicht aufgegeben werden:
a) Güter, die nach ihrer Beschaffenheit nicht ohne Nachteil zusammengeladen werden können,
b) Güter, durch deren Zusammenladung Zoll- oder sonstige Verwaltungsvorschriften verletzt würden,
c) Güter, die von der Eisenbahn zu verladen sind, mit Gütern, die der Absender zu verladen hat.

(9) Für die in der Anlage C aufgeführten Gegenstände müssen besondere Frachtbriefe ausgestellt werden, soweit es sich um Gegenstände handelt, die miteinander oder mit anderen Gütern nicht zusammengeladen werden dürfen.

(10) Alle Eintragungen des Absenders im Frachtbrief und im Doppel müssen in deutscher Sprache deutlich in unauslöschbarer Schrift geschrieben oder gepaust sein. Sie dürfen auch durch Druck oder Stempel oder mit der Schreibmaschine bewirkt werden. Für Vermerke nach Abs. (6) sind auch fremde Sprachen zulässig.

(11) Frachtbriefe mit Abänderungen, Radierungen oder Überklebungen brauchen nicht angenommen zu werden. Durchstreichungen sind nur zulässig, wenn der Absender sie mit seiner Unterschrift anerkennt. Handelt es sich um die Zahl oder das Gewicht der Stücke, so sind außerdem die berichtigten Mengen in Buchstaben zu wiederholen.

§ 57. Haftung für die Angaben im Frachtbrief

(1) Der Absender haftet für die Richtigkeit der von ihm in den Frachtbrief aufgenommenen Angaben und Erklärungen. Er trägt alle Folgen, die daraus entstehen, daß sie unrichtig, ungenau, unvollständig oder unzulässig sind.

(2) Die Haftung des Absenders ändert sich nicht, wenn die Güterabfertigung auf seinen Antrag den Frachtbrief ausfüllt.

§ 58. Prüfung des Inhalts der Sendung. Feststellung von Anzahl und Gewicht

(1) Die Eisenbahn ist berechtigt nachzuprüfen, ob die Sendung mit den Eintragungen im Frachtbrief übereinstimmt und ob die Sicherheitsvorschriften der Anlage C eingehalten sind. Gebühren darf sie hierfür nicht erheben. Auf einem Unterwegsbahnhof darf die Eisenbahn den Inhalt jedoch nur dann nachprüfen, wenn die Erfordernisse des Betriebs oder Vorschriften der Zoll- oder sonstigen Verwaltungsbehörden es verlangen.

(2) Zur Prüfung des Inhalts ist auf dem Versandbahnhof der Absender, auf dem Bestimmungsbahnhof der Empfänger einzuladen. Erscheint der Berechtigte nicht oder wird die Prüfung auf einem Unterwegsbahnhof vorgenommen, so sind zwei Zeugen zuzuziehen; als solche dürfen Eisenbahnbedienstete nur dann verwendet werden, wenn keine anderen Personen zur Verfügung stehen. Weicht das Ergebnis der Nachprüfung von den Eintragungen im Frachtbrief ab, so ist es auf diesem zu vermerken. Geschieht die Nachprüfung auf dem Versandbahnhof, so ist der Vermerk auch auf das etwa ausgestellte Frachtbriefdoppel zu setzen, wenn es sich noch in den Händen der Eisenbahn befindet. Wenn die Sendung den Eintragungen im Frachtbrief nicht entspricht, so haften die durch die Nachprüfung verursachten Kosten auf dem Gute, falls sie nicht sofort beglichen werden.

(3) Die Eisenbahn kann auch nach der Ablieferung des Gutes den Nachweis der Richtigkeit der Frachtbriefangaben fordern, wenn der Verdacht be-

steht, daß sie unrichtig sind. Absender und Empfänger haben hierzu der Eisenbahn die Einsicht in ihre Geschäftsbücher und sonstigen Unterlagen zu gestatten.

(4) Bei Stückgütern, die von der Eisenbahn verladen werden, ist diese verpflichtet, Anzahl und Gewicht bei der Annahme gebührenfrei festzustellen. Dem Absender oder dessen Beauftragten steht es frei, der Feststellung beizuwohnen. Die Eisenbahn kann von der Verwiegung absehen oder bei gleichartigen Stücken Probeverwiegungen vornehmen, wenn der Absender das Gewicht in den Frachtbrief eingetragen und die Nachwiegung nicht im Frachtbrief verlangt hat.

(5) Bei allen anderen Sendungen ist die Eisenbahn auf Antrag des Absenders im Frachtbrief verpflichtet, das Gewicht und die Stückzahl festzustellen, es sei denn, daß die vorhandenen Wiegevorrichtungen nicht ausreichen oder die Beschaffenheit des Gutes oder die Betriebsverhältnisse die Feststellung nicht gestatten. Das Gewicht hat die Eisenbahn auch ohne Antrag festzustellen, wenn es im Frachtbrief nicht angegeben ist. Für die Feststellung des Gewichts und der Stückzahl ist die tarifmäßige Gebühr zu zahlen. Kann das Gewicht auf dem Versandbahnhof nicht festgestellt werden, so geschieht es auf einem anderen Bahnhof.

(6) Der Absender kann bei der Aufgabe verlangen, daß ihm Gelegenheit geboten wird, der Feststellung der Stückzahl und des Gewichts beizuwohnen, wenn dies auf dem Versandbahnhof geschieht. Stellt er ein solches Verlangen nicht oder versäumt er die ihm gebotene Gelegenheit, so hat er, wenn die Feststellung auf seinen Antrag wiederholt wird, die tarifmäßige Gebühr nochmals zu zahlen.

(7) Die Eisenbahn kann die Wagenladungen sowie Stückgüter, die der Absender zu verladen hat, auf der Gleiswaage verwiegen. Als Eigengewicht des Wagens kann hierbei das am Wagen angeschriebene Gewicht zugrunde gelegt werden. Jedoch ist einem Antrag des Verfügungsberechtigten auf Verwiegung des leeren Wagens zu entsprechen, wenn nicht zwingende Gründe des Betriebs entgegenstehen. Ob und welche Gebühr zu erheben ist, bestimmt der Tarif. Ergibt die ohne Antrag des Absenders vorgenommene Nachwiegung der Güter keine größere Abweichung als zwei vom Hundert des im Frachtbrief angegebenen Gewichts, so wird dieses Gewicht für die Frachtberechnung als richtig angenommen.

(8) Die Feststellung des Gewichts und der Stückzahl hat die Eisenbahn auf dem Frachtbrief zu bescheinigen. Geschieht die Feststellung auf dem Versandbahnhof, so ist die Bescheinigung auch auf das etwa ausgestellte Frachtbriefdoppel zu setzen, wenn es sich in den Händen der Eisenbahn befindet.

§ 59. Beladung der Wagen. Überlastung

(1) Ob die Güter durch die Eisenbahn oder durch den Absender zu verladen sind, bestimmt der Tarif, soweit nicht diese Ordnung Vorschriften darüber enthält oder eine besondere Vereinbarung zwischen dem Absender und der Eisenbahn im Frachtbrief getroffen ist.

(2) Für die Beladung der Wagen ist das an diesen vermerkte Ladegewicht maßgebend. Eine Belastung bis zu der an dem Wagen angeschriebenen Tragfähigkeit ist zulässig, wenn nach der natürlichen Beschaffenheit des Gutes nicht zu befürchten ist, daß die Belastung infolge von Witterungseinflüssen während der Beförderung die Tragfähigkeit überschreitet. Eine die Tragfähigkeit überschreitende Belastung — Überlastung — ist in keinem Falle gestattet. Bei

außerdeutschen Wagen, die nur eine die zulässige Belastung kennzeichnende, dem Ladegewicht der deutschen Wagen entsprechende Anschrift tragen, darf die angeschriebene Gewichtsgrenze bis zu fünf vom Hundert überschritten werden.

(3) Wird auf dem Versandbahnhof bei einer vom Absender verladenen Sendung eine Wagenüberlastung festgestellt, so kann die Eisenbahn vom Absender die Abladung des Übergewichts verlangen. Geschieht dies nicht alsbald oder wird eine Überlastung auf einem Unterwegsbahnhof festgestellt, so wird das Übergewicht von der Eisenbahn auf Gefahr des Absenders abgeladen. Der abgeladene Teil wird auf Lager genommen und dem Absender zur Verfügung gestellt. Trifft dieser binnen der im Tarif hierfür vorgesehenen Frist keine Anweisung, so gilt § 80 (8) bis (10).

(4) Für das auf dem Wagen verbleibende Gewicht wird die Fracht vom Versand- bis zum Bestimmungsbahnhof berechnet. Für den abgeladenen Teil wird die Fracht für die durchlaufene Strecke nach dem Frachtsatz berechnet, der vom Versand- bis zum Unterwegsbahnhof für die Hauptsendung gilt. Wenn auf Anweisung des Absenders der abgeladene Teil weiter- oder zurückbefördert wird, so ist er als besondere Sendung zu behandeln und für ihn die tarifmäßige Fracht zu berechnen.

(5) Für das Ausladen und Verladen, die Einlagerung und den Wagenaufenthalt sind die tarifmäßigen Gebühren zu zahlen.

§ 60. Frachtzuschläge

(1) Bei unrichtiger, ungenauer oder unvollständiger Angabe des Inhalts, bei unrichtiger Angabe des Gewichts oder der Stückzahl einer Sendung, der Gattung [vgl. § 56 (1) d)] oder des Ladegewichts des verwendeten Wagens, bei Wagenüberlastung eines vom Absender beladenen Wagens oder bei Außerachtlassung der Sicherheitsvorschriften der Anlage C durch den Absender sind außer dem etwaigen Frachtunterschied Frachtzuschläge nach den folgenden Bestimmungen zu entrichten:

a) Wenn die in § 54 (1) d) und e) und (2) a) aufgeführten Gegenstände unter unrichtiger, ungenauer oder unvollständiger Inhaltsangabe zur Beförderung aufgegeben oder wenn die Sicherheitsvorschriften der Anlage C außer acht gelassen werden, beträgt der Frachtzuschlag für jedes Kilogramm Rohgewicht des Versandstücks, worin ein solcher Gegenstand enthalten war,

   bei den gemäß § 54 (1) d) und e) von der Beförderung ausgeschlossenen sowie bei den in der Anlage C unter I a aufgeführten Sprengstoffen: 12 Reichsmark,

   bei den in der Anlage C unter I b, I c und I d aufgeführten Munitionsgegenständen, Zündwaren und Feuerwerkskörpern, verdichteten, verflüssigten oder unter Druck gelösten Gasen: 8 Reichsmark,

   bei den in der Anlage C unter I e aufgeführten Stoffen, die in Berührung mit Wasser entzündliche oder die Verbrennung unterstützende Gase entwickeln, sowie bei den unter II aufgeführten selbstentzündlichen Stoffen und den unter III aufgeführten entzündbaren Stoffen: 4 Reichsmark,

   bei den in der Anlage C unter IV, V und VI aufgeführten giftigen, ätzenden, fäulnisfähigen, übelriechenden oder ekelerregenden Stoffen: 50 Reichspfennig.

b) In anderen Fällen unrichtiger, ungenauer oder unvollständiger Inhaltsangabe oder bei unrichtiger Angabe der Stückzahl oder des Gewichts einer vom Absender verladenen Sendung oder bei unrichtiger Angabe der Gattung oder des Ladegewichts des verwendeten Wagens beträgt, wenn hierdurch eine Frachtverkürzung herbeigeführt werden kann, der Frachtzuschlag das Doppelte des Unterschieds zwischen der sich aus den unrichtigen, ungenauen oder unvollständigen Angaben ergebenden und der richtig berechneten Fracht vom Versand- bis zum Bestimmungsbahnhof. Mindestens wird eine Reichsmark erhoben. Sind Güter verschiedener Tarifklassen zu einer Sendung vereinigt und kann ihr Einzelgewicht ohne besondere Schwierigkeit festgestellt werden, so wird für die Ermittlung des Frachtzuschlags die Fracht getrennt berechnet, wenn sich dies billiger stellt.

c) Bei Wagenüberlastung eines vom Absender beladenen Wagens beträgt der Frachtzuschlag das Sechsfache der Fracht vom Versand- bis zum Bestimmungsbahnhof für das Gewicht, das die in § 59 (2) festgesetzten Belastungsgrenzen übersteigt. Diese Vorschrift gilt nach näherer Bestimmung des Tarifs entsprechend auch für solche Gegenstände, deren Fracht nicht nach dem Gewicht zu berechnen ist.

Die unter a) bis c) erwähnten Frachtzuschläge werden nebeneinander erhoben, wenn gegen mehrere dieser Vorschriften gleichzeitig verstoßen wird. Außerdem ist der entstandene Schaden zu ersetzen. Die durch andere gesetzliche oder verwaltungsbehördliche Bestimmungen vorgesehenen Strafen werden hierdurch nicht berührt.

(2) Ein Frachtzuschlag darf nicht erhoben werden:

a) in den Fällen des Abs. (1) b), wenn der Absender nachweist, daß er die Angaben mit der im Verkehr erforderlichen Sorgfalt gemacht hat;

b) bei unrichtiger Gewichtsangabe oder bei Überlastung, wenn die Eisenbahn zur Verwiegung verpflichtet war oder wenn der Absender die Verwiegung durch die Eisenbahn im Frachtbrief beantragt hat, ferner bei unrichtiger Angabe der Stückzahl, wenn der Absender deren Feststellung im Frachtbrief beantragt hat;

c) bei einer während der Beförderung eingetretenen Gewichtszunahme ohne Überlastung, wenn der Absender nachweist, daß die Gewichtszunahme auf Witterungseinflüsse zurückzuführen ist;

d) bei einer während der Beförderung durch Witterungseinflüsse verursachten Überlastung, wenn der Absender nachweist, daß er bei der Beladung des Wagens das angeschriebene Ladegewicht nicht überschritten hat.

(3) Die Grundsätze, nach denen etwa aus Billigkeit von der Erhebung der in Abs. (1) festgesetzten Frachtzuschläge abgesehen wird oder geringere Zuschläge erhoben werden, bestimmt der Tarif.

(4) Der Frachtzuschlag ist verwirkt, sobald der Frachtvertrag abgeschlossen ist. Zur Zahlung ist der Absender verpflichtet. Hat er den Zuschlag noch nicht bezahlt, so liefert die Eisenbahn das Gut dem Empfänger nur ab, wenn dieser den Zuschlag bezahlt. Wenn der Empfänger eine Anwendungsbedingung eines nach der Inhaltsangabe im Frachtbrief in Anspruch genommenen ermäßigten Tarifs nicht erfüllt, so ist er an Stelle des Absenders zur Zahlung eines hierdurch verwirkten Frachtzuschlags verpflichtet.

(5) Die Höhe des Frachtzuschlags und der Grund für seine Erhebung sind im Frachtbrief zu vermerken.

§ 61. Abschluß des Frachtvertrags

(1) Der Frachtvertrag ist abgeschlossen, sobald die Güterabfertigung das Gut mit dem Frachtbrief zur Beförderung angenommen hat. Als Zeichen der Annahme ist dem Frachtbrief nach vollständiger Auflieferung des Gutes und nach Entrichtung der vom Absender übernommenen Kosten oder nach Hinterlegung einer Sicherheit nach § 69 (5) unverzüglich der Tagesstempel der Güterabfertigung aufzudrücken; auf Verlangen des Absenders hat dies in seiner Gegenwart zu geschehen. Mit diesem Stempel ist auch jedes der nach § 56 (1) d) dem Frachtbrief etwa angefügten Blätter zu versehen.

(2) Der abgestempelte Frachtbrief dient als Beweis für den Frachtvertrag.

(3) Bei den vom Absender verladenen Gütern dienen die Angaben des Frachtbriefs über das Gewicht und die Anzahl der Stücke nur dann als Beweis gegen die Eisenbahn, wenn sie das Gewicht und die Stückzahl festgestellt und dies im Frachtbrief vermerkt hat.

(4) Die Eisenbahn ist verpflichtet, auf Verlangen des Absenders die Annahme des Gutes unter Angabe des Tages, an dem sie es zur Beförderung angenommen hat, auf einem ihr mit dem Frachtbrief vorgelegten Frachtbriefdoppel, das als solches zu bezeichnen ist, zu bescheinigen. Die Ausstellung eines Doppels ist auf dem Frachtbrief durch Stempelaufdruck zu beurkunden.

(5) Das Doppel hat nicht die Bedeutung des Frachtbriefs oder eines Ladescheins.

(6) Auf Verlangen des Absenders ist die Annahme des Gutes auch in anderer Form, z. B. durch Unterstempeln einer Eintragung in einem Quittungsbuch oder dergleichen, zu bescheinigen. Eine solche Bescheinigung hat nicht die Bedeutung eines Frachtbriefdoppels.

§ 62. Verpackung. Zustand und Bezeichnung des Gutes

(1) Der Absender hat das Gut, soweit dessen Natur eine Verpackung erfordert, zum Schutze gegen gänzlichen oder teilweisen Verlust oder gegen Beschädigung sowie zur Verhütung einer Beschädigung von Personen, Betriebsmitteln oder anderen Gütern sicher zu verpacken.

(2) Ist der Absender dieser Vorschrift nicht nachgekommen, so kann die Eisenbahn die Annahme des Gutes ablehnen oder verlangen, daß der Absender im Frachtbrief das Fehlen oder die Mängel der Verpackung anerkennt. Pflegt ein Absender gleichartige, der Verpackung bedürftige Güter unverpackt oder mit den gleichen Mängeln der Verpackung bei derselben Güterabfertigung aufzugeben, so kann er eine allgemeine Erklärung nach dem Muster der Anlage J abgeben. In diesem Falle muß der Frachtbrief einen Hinweis auf die allgemeine Erklärung enthalten.

(3) Der Absender haftet für alle Folgen des Fehlens oder des mangelhaften Zustands der Verpackung. Er hat insbesondere der Eisenbahn den Schaden zu ersetzen, der ihr aus solchen Mängeln entsteht. Sofern das Fehlen oder der mangelhafte Zustand der Verpackung im Frachtbrief nicht anerkannt ist, hat die Eisenbahn die Mängel nachzuweisen.

(4) Die Eisenbahn ist zur Annahme von Gütern, die offensichtlich Spuren von Beschädigungen aufweisen, nur verpflichtet, wenn der Absender den Zustand des Gutes im Frachtbrief besonders bescheinigt.

(5) Die Eisenbahn kann verlangen, daß kleine Stückgüter (Kleineisenzeug oder dergleichen), deren Annahme und Verladung sonst nicht ohne erheblichen

Zeitverlust möglich wäre, durch Verbindung oder **Verpackung zu größeren** Einheiten zusammengefaßt werden.

(6) Der Eisenbahn bleibt überlassen, für Güter, die nicht zu den in § 54 (2) a) aufgeführten gehören, die aber wegen ihrer Eigenschaften Unzuträglichkeiten während der Beförderung herbeiführen können, mit Genehmigung des Reichsverkehrsministers durch den Tarif einheitliche Vorschriften über die Verpackung und Verladung zu treffen.

(7) Der Absender hat die Stückgüter haltbar, deutlich und in einer Verwechslungen ausschließenden Weise zu zeichnen. Die Zeichen müssen mit den Angaben im Frachtbrief übereinstimmen. Alte Anschriften und Zettel hat der Absender zu entfernen oder deutlich zu durchstreichen.

§ 63. Annahme zur Beförderung. Verladung. Wagenstandgeld

(1) Wenn zwingende Gründe des Betriebs oder des öffentlichen Wohls es erfordern, kann die Eisenbahn anordnen, daß

a) die Annahme oder die Beförderung von Gütern ganz oder teilweise gesperrt wird;

b) gewisse Sendungen vorübergehend ausgeschlossen oder nur unter bestimmten Bedingungen zugelassen werden;

c) gewisse Sendungen vorübergehend vorzugsweise zur Beförderung angenommen werden.

Derartige Maßnahmen sind durch Aushang bekanntzumachen, auch soll in der Presse auf sie hingewiesen werden. Die Eisenbahn kann Güter, die infolge einer solchen Einschränkung nicht befördert werden können, zurückweisen.

(2) Die Güter müssen während der Dienststunden der Versandabfertigung aufgeliefert werden. Der Tarif kann Erleichterungen zulassen. Die Eisenbahn hat die Dienststunden durch Aushang bekanntzumachen. An Sonn- und Feiertagen braucht die Eisenbahn keine Güter anzunehmen. Wo dies doch geschieht, ist es durch Aushang bekanntzumachen.

(3) Der Absender hat dafür zu sorgen, daß Sendungen, die von der Eisenbahn zu verladen sind, spätestens 24 Stunden nach Beginn der Auflieferung abgefertigt werden können. Verzögert er die Abfertigung dadurch, daß er innerhalb dieser Frist nicht alle zum Frachtbrief gehörigen Güter aufliefert oder den wegen Unrichtigkeit oder Unvollständigkeit beanstandeten Frachtbrief nicht berichtigt zurückgibt oder die etwa zu zahlenden Freibeträge nicht begleicht, so kann die Eisenbahn die Güter auf Lager nehmen.

(4) Hat der Absender die Güter selbst zu verladen, so muß er die Wagen unter Angabe des Gutes, des ungefähren Gewichts und des Bestimmungsbahnhofs für einen bestimmten Tag bei der Versandabfertigung bestellen. Können die Wagen nicht gestellt werden, so ist der Besteller soweit möglich hiervon kostenfrei zu benachrichtigen. Werden schriftlich zugesagte Wagen nicht rechtzeitig gestellt, so hat die Eisenbahn die Kosten des vergeblichen Versuchs der Auflieferung, mindestens aber den Betrag des Wagenstandgelds für einen Tag zu erstatten. Wird ein Wagen vor der Bereitstellung wieder abbestellt, so hat der Besteller die tarifmäßige Gebühr zu zahlen. Wird ein Wagen nach der Bereitstellung unbeladen zurückgegeben oder nach Ablauf der Beladefrist wegen Nichtbeladung dem Besteller wieder entzogen, so ist vom Zeitpunkt der Bereitstellung an das tarifmäßige Wagenstandgeld zu zahlen. Bei Bestellung eines Wagens kann die Eisenbahn Sicherheit in Höhe des tarifmäßigen Wagenstandgeldes für einen Tag verlangen. Auf die Stellung von Wagen besonderer

Bauart, von bestimmtem Ladegewicht oder bestimmter Bodenfläche hat der Besteller vorbehaltlich der Bestimmung in § 66 keinen Anspruch.

(5) Der Absender hat die Güter in der Regel während der Dienststunden der Versandabfertigung zu verladen. Die Frist, innerhalb deren die Verladung regelmäßig beendet sein muß, bestimmt der Tarif. Verlängerungen dieser Frist sind durch Aushang bekanntzumachen. Wird die Frist überschritten oder wird der wegen Unrichtigkeit oder Unvollständigkeit beanstandete Frachtbrief nicht innerhalb der Ladefrist berichtigt übergeben oder werden die etwa vom Absender zu zahlenden Freibeträge nicht innerhalb derselben Frist beglichen, so hat der Absender das tarifmäßige Wagenstandgeld zu zahlen. Wagenstandgeld ist bei Überschreitung der Fristen auch für Sonn- und Feiertage zu zahlen; hierbei werden jedoch unmittelbar aufeinanderfolgende Sonn- und Feiertage stets nur als ein Tag gerechnet. Läuft die Frist erst nach 14 Uhr eines Werktags ab, so ist für einen oder mehrere auf den Werktag unmittelbar folgende Sonn- oder Feiertage kein Standgeld zu zahlen. Die Eisenbahn kann, wenn die Ladefrist um mehr als 24 Stunden überschritten wird, das Gut auf Gefahr und Kosten des Absenders ausladen und auf Lager nehmen. Sie kann es auch bei einem Spediteur oder in einem öffentlichen Lagerhaus auf Gefahr und Kosten des Absenders hinterlegen.

(6) Der Lauf der Fristen in Abs. (3) und (5) ruht an Sonn- und Feiertagen sowie für die Dauer einer Behandlung durch die Zoll- oder sonstigen Verwaltungsbehörden, soweit die Behandlung nicht durch den Absender verzögert wird.

(7) Wenn die ordnungsmäßige Abwicklung des Verkehrs durch Güteranhäufungen gefährdet wird, so kann die Eisenbahn die Beladefristen und die lagergeldfreie Zeit, soweit nötig, abkürzen sowie das Wagenstandgeld, das Lagergeld und die Gebühr für die Abbestellung von Wagen erhöhen. Auch können die erleichternden Bestimmungen über die Berechnung des Wagenstandgelds in Abs. (5) außer Kraft gesetzt werden. Solche Maßnahmen sind durch Aushang bekanntzumachen, auch soll in der Presse auf sie hingewiesen werden.

(8) Die Eisenbahn kann auf Antrag des Absenders Stückgüter im Ortsbereich des Versandbahnhofs oder in benachbarten Orten gegen eine durch Aushang bekanntzumachende Gebühr beim Absender selbst abholen oder Rollfuhrunternehmer dafür bestellen. In beiden Fällen hat die Eisenbahn die Rechte und Pflichten eines Frachtführers im Sinne des Handelsgesetzbuchs. Die Rollfuhrleute haben ihren Gebührentarif bei sich zu tragen und auf Verlangen vorzuzeigen.

(9) Für die Abfertigung von Gütern kann die Eisenbahn Güternebenstellen außerhalb des Bahngebiets einrichten.

(10) Die Eisenbahn kann im Tarif vorschreiben, daß Güter, die auf dem Versandbahnhof von anderen Verkehrsmitteln unmittelbar auf die Eisenbahn umgeladen werden sollen, gegen Zahlung der im Tarif oder durch Aushang bekanntzumachenden Gebühren durch ihre Bediensteten oder durch besondere von ihr bestellte Unternehmer umgeladen werden. In beiden Fällen hat die Eisenbahn die Pflichten eines Spediteurs.

§ 64. Vorläufige Einlagerung des Gutes

Auf Verlangen des Absenders hat die Eisenbahn Güter, die nicht alsbald befördert werden können, gegen Empfangsbescheinigung einstweilen auf Lager zu nehmen, soweit es die Räumlichkeiten gestatten. Der Absender hat sein Einverständnis auf dem Frachtbrief zu erklären und auf dem etwa ausgestellten Doppel zu wiederholen. In diesem Falle hat die Eisenbahn bis zum Abschluß des Frachtvertrags für die Sorgfalt eines ordentlichen Kaufmanns einzustehen. Die Eisenbahn kann für die Einlagerung das tarifmäßige Lagergeld erheben. Der Frachtvertrag wird erst abgeschlossen, wenn das Gut befördert werden kann. Die Einlagerung von Gütern, die nach dem Ermessen des Versandbahnhofs leicht verderben, und der in § 54 (2) aufgeführten Gegenstände kann abgelehnt werden.

§ 65. Zoll- und sonstige Verwaltungsvorschriften

(1) Der Absender ist verpflichtet, dem Frachtbrief alle Begleitpapiere beizugeben, die zur Erfüllung der Zoll- und sonstigen Verwaltungsvorschriften vor der Ablieferung an den Empfänger erforderlich sind; sie sind im Frachtbrief einzeln und genau zu bezeichnen. Diese Papiere dürfen nur Güter umfassen, die den Gegenstand des gleichen Frachtbriefs bilden, sofern nicht in Verwaltungsvorschriften oder im Tarif etwas anderes bestimmt ist. Wenn die Begleitpapiere dem Frachtbrief nicht beigegeben werden können, weil sie bei einem Bahnhof, einem Zollamt oder einer anderen amtlichen Stelle hinterlegt sind, so muß der Frachtbrief die Angabe enthalten, wo sie hinterlegt sind. Die Eisenbahn ist nicht verpflichtet, die beigegebenen Papiere auf ihre Richtigkeit und Vollständigkeit zu prüfen. Der Absender haftet der Eisenbahn, sofern sie kein Verschulden trifft, für alle Folgen, die aus dem Fehlen, der Unzulänglichkeit oder der Unrichtigkeit der Papiere entstehen. Auch ist für die Dauer eines durch solche Mängel verursachten Aufenthalts in der Beförderung von mehr als 48 Stunden das tarifmäßige Lager- oder Wagenstandgeld zu zahlen.

(2) Die Eisenbahn haftet für die Folgen des Verlusts oder der unrichtigen Verwendung der im Frachtbrief bezeichneten und ihm entweder beigegebenen oder bei der Eisenbahn hinterlegten Papiere wie ein Spediteur; sie hat aber in keinem Falle einen höheren Schadensersatz zu leisten als bei Verlust des Gutes.

(3) Hat der Absender für die Erfüllung der Zoll- oder sonstigen Verwaltungsvorschriften einen Bahnhof bezeichnet, wo nach den geltenden Bestimmungen die Ausführung nicht möglich ist, oder hat er sonst ein Verfahren vorgeschrieben, das nicht ausführbar ist, so handelt die Eisenbahn so, wie es ihr für den Berechtigten am vorteilhaftesten erscheint und teilt dem Absender die getroffenen Maßnahmen mit.

(4) Schreibt der Absender im Frachtbrief „frei Zoll" („franko Zoll") vor, so gilt dies als Antrag auf Besorgung der Zollbehandlung durch die Eisenbahn, wobei es ihr überlassen bleibt, die Zollbehandlung unterwegs oder auf dem Bestimmungsbahnhof zu besorgen.

(5) Der Absender ist verpflichtet, für die Verpackung und Bedeckung der Güter entsprechend den Zoll- oder sonstigen Verwaltungsvorschriften zu sorgen. Sendungen, deren amtlicher Verschluß verletzt oder mangelhaft ist, kann die Eisenbahn zurückweisen. Hat der Absender die Güter nicht vorschriftsmäßig verpackt oder nicht mit Decken versehen, so kann die Eisenbahn dies besorgen. Die Kosten haften auf dem Gute.

(6) Solange das Gut unterwegs ist, hat die Eisenbahn die Zoll- und sonstigen Verwaltungsvorschriften für den Absender zu erfüllen. Hat der Ab-

sender im Frachtbrief erklärt, daß er selbst oder ein Bevollmächtigter zu dieser Behandlung zugezogen werden soll, so ist dem hiernach Berechtigten die Ankunft des Gutes auf dem Bahnhof, wo die Behandlung stattfindet, mitzuteilen. Der Absender oder sein Bevollmächtigter ist berechtigt, alle nötigen Aufklärungen über das Gut zu geben und sachdienliche Erklärungen vorzubringen; er ist jedoch nicht befugt, das Gut in Besitz zu nehmen oder die Behandlung selbst zu betreiben: erscheint er nicht binnen der im Tarif hierfür vorgesehenen Frist, so ist die Behandlung ohne ihn zu veranlassen.

(7) Auf dem Bestimmungsbahnhof hat, wenn der Absender im Frachtbrief nichts anderes bestimmt, der Empfänger das Recht, die Zoll- oder sonstige verwaltungsbehördliche Behandlung zu betreiben, sofern er den Frachtbrief angenommen hat. Nimmt er den Frachtbrief nicht binnen der tarifmäßigen Frist an oder betreibt er nach der Annahme des Frachtbriefs die Zoll- oder sonstige verwaltungsbehördliche Behandlung nicht binnen der tarifmäßigen Frist, so kann die Eisenbahn je nach Lage des Falles entweder die Behandlung selbst veranlassen oder nach § 80 verfahren. Hat der Absender im Frachtbrief erklärt, daß er selbst oder ein von ihm bezeichneter Bevollmächtigter auf dem Bestimmungsbahnhof der Zoll- oder sonstigen verwaltungsbehördlichen Behandlung beiwohnen will, so ist dem hiernach Berechtigten die Ankunft des Gutes mitzuteilen; erscheint er nicht binnen der im Tarif hierfür vorgesehenen Frist, so kann die Behandlung ohne ihn vorgenommen werden.

(8) Die Eisenbahn hat bei der ihr nach Abs. (6) und (7) obliegenden Tätigkeit die Pflichten eines Spediteurs. Sie kann hierfür die tarifmäßigen Gebühren erheben und kann auch die Zoll- oder sonstige verwaltungsbehördliche Behandlung unter ihrer Verantwortlichkeit auf Kosten des Verfügungsberechtigten durch einen Spediteur vornehmen lassen.

(9) Bei den über die Grenze des deutschen Wirtschaftsgebiets ein- und ausgehenden Gütern hat der inländische Empfänger oder Absender die durch die Bestimmungen über die Statistik des Warenverkehrs vorgeschriebenen Anmeldescheine zu beschaffen. Werden die Anmeldepapiere nicht rechtzeitig beigebracht, so kann die Eisenbahn diese Papiere gegen Erstattung der tarifmäßigen Gebühren selbst ausstellen, soweit sie nach den genannten Bestimmungen zur Ausstellung befugt ist.

§ 66. Art der Wagen. Begleitung von Sendungen

(1) Soweit diese Ordnung nichts anderes vorsieht, bestimmt der Tarif, ob und unter welchen Bedingungen die Güter in offenen oder in gedeckten Wagen zu befördern sind. Der Absender kann jedoch, wenn nicht Bestimmungen dieser Ordnung oder Zoll- und sonstige Verwaltungsvorschriften oder zwingende Gründe des Betriebs entgegenstehen, im Frachtbrief verlangen:

a) daß Güter, für die der Tarif offene Wagen vorsieht, in gedeckten Wagen befördert werden;

b) daß Güter, für die der Tarif gedeckte Wagen vorsieht, in offenen Wagen befördert werden.

(2) Als offen gelten solche Wagen, die ohne festes Dach gebaut sind.

(3) Für die Beförderung in gedeckten Wagen kann der Tarif eine höhere Fracht vorsehen.

(4) Die Eisenbahn kann auf Antrag zulassen, daß die Sendung von einem Beauftragten des Absenders begleitet wird. Die näheren Bedingungen regelt der Tarif.

(5) Ob und unter welchen Bedingungen die Eisenbahn Decken für offene Wagen überläßt, bestimmt der Tarif.

(6) Der Absender kann nach näherer Bestimmung des Tarifs beantragen, daß Güter in Personenwagen — auch in besonderen Abteilen — oder in Gepäckwagen befördert werden; er hat auf Verlangen der Eisenbahn für solche Sendungen einen Begleiter zu stellen.

§ 67. Art und Reihenfolge der Beförderung. Beförderungsweg

(1) Das Gut ist je nach der Art der Aufgabe als Frachtgut, Eilgut oder beschleunigtes Eilgut zu befördern.

(2) Güter, die auf gleiche Art befördert werden sollen, sind in der Reihenfolge zu befördern, in der sie zur Beförderung angenommen wurden, wenn nicht zwingende Gründe des Eisenbahnbetriebs oder des öffentlichen Wohles eine Ausnahme rechtfertigen. Bei Nichtbeachtung dieser Vorschriften hat die Eisenbahn den daraus entstehenden Schaden zu ersetzen.

(3) Hat der Absender im Frachtbrief den Bahnhof, auf dem die Zoll- oder sonstige verwaltungsbehördliche Behandlung stattfinden soll, oder die dafür zuständige Amtsstelle angegeben [§ 56 (2) g)], oder bei Eilgut oder beschleunigtem Eilgut den Beförderungsweg vorgeschrieben [§ 56 (2) k)], so hat die Eisenbahn diese Wegevorschrift zu beachten, sofern nicht § 65 (3) Anwendung findet. Die Eisenbahn hat das Gut über diesen Weg zu befördern und kann Fracht und Lieferfrist hiernach berechnen.

§ 68. Berechnung der Fracht

(1) Die Eisenbahn hat die Frachtberechnung vorzunehmen, die nach dem am Tage des Abschlusses des Frachtvertrags geltenden Tarif die billigste Fracht ergibt. Sind am Frachtvertrag mehrere Eisenbahnen beteiligt, so kann der Tarif vorsehen, daß die Fracht über die kürzeste Entfernung berechnet wird. Die Eisenbahn hat die tarifmäßigen Beträge für Fracht, Nebengebühren und etwaige Frachtzuschläge in den Frachtbrief einzutragen.

(2) Nimmt die Eisenbahn nach den Vorschriften dieser Ordnung oder des Tarifs ein Gut auf Lager, so kann sie das tarifmäßige Lagergeld erheben.

(3) Außer diesen Beträgen darf die Eisenbahn nur ihre Auslagen in Rechnung stellen, z. B. für Zölle und Steuern, für notwendige Arbeiten zur Erhaltung des Gutes, statistische und Postgebühren. Auch diese Beträge sind, soweit möglich unter Beifügung der Belege, im Frachtbrief ersichtlich zu machen. Wenn die Bezahlung dieser Auslagen dem Absender obliegt, sind die Belege nicht dem Empfänger mit dem Frachtbrief, sondern dem Absender mit der Kostenrechnung zu übergeben.

(4) Hat die Eisenbahn Beträge ausgelegt, so darf sie hierfür die tarifmäßige Gebühr erheben, soweit es sich nicht um Rollgelder, Vorfrachten oder Postgebühren handelt.

§ 69. Zahlung der Fracht

(1) Der Absender hat die Wahl, ob er die Kosten (Fracht, Nebengebühren und die sonstigen während der Beförderung erwachsenden Unkosten) bei Aufgabe des Gutes bezahlen oder auf den Empfänger überweisen will. Der Tarif kann vorsehen, daß der Absender auch außerhalb der Beförderung erwachsende Kosten (z. B. die Kosten für die Zuführung des Gutes in die Wohnung oder Geschäftsstelle des Empfängers) bei der Aufgabe des Gutes bezahlen kann.

(2) Die Beträge, die der Absender übernehmen will, hat er in der dafür bestimmten Spalte des Frachtbriefs anzugeben (Freivermerk). Durch Ein-

tragung des Vermerks „frei" („franko") ohne Beifügung eines Zusatzes oder einer Beschränkung verpflichtet sich der Absender zur Bezahlung der ganzen Fracht und derjenigen Nebengebühren, die nach Maßgabe des Tarifs von der Versandabfertigung in Rechnung gestellt werden können. Auf andere Nebengebühren sowie auf sonstige Unkosten bezieht sich der Freivermerk nicht. Will der Absender auch diese Unkosten oder nur die Fracht bis zu einem bestimmten Bahnhof oder einen bestimmten Betrag oder nur einzelne Kosten übernehmen, so hat er dies mit den im Tarif hierfür festgesetzten näheren Bezeichnungen auszudrücken. Der Frachtbrief kann mehrere einander ergänzende Freivermerke enthalten. Die Angabe „frei Zoll" („franko Zoll") bedeutet, daß der Absender alle Beträge übernimmt, welche die Zollbehörden von der Eisenbahn erheben, sowie die Nebengebühren und sonstigen Unkosten, welche die Eisenbahn für die Besorgung der Verzollung zu beanspruchen hat.

(3) Kosten, die der Absender nicht laut Frachtbriefvorschrift übernommen hat, gelten als auf den Empfänger überwiesen.

(4) Die Eisenbahn kann bei Gütern, die nach dem Ermessen des Versandbahnhofs schnellem Verderben ausgesetzt sind oder wegen ihres geringen Wertes oder ihrer Natur nach die Kosten nicht sicher decken, deren Vorausbezahlung verlangen. Der Tarif kann ferner bei Gewährung von Ermäßigungen gegenüber den gewöhnlichen Frachtsätzen bestimmen, daß die Fracht bei Aufgabe des Gutes zu bezahlen oder auf den Empfänger zu überweisen ist.

(5) Wenn der Betrag der Kosten, die der Absender übernehmen will, bei der Aufgabe nicht genau festgestellt werden kann, so kann die Eisenbahn gegen Quittung die Hinterlegung eines die Kosten etwa deckenden Betrags als Sicherheit fordern. Über diese Kosten wird eine besondere Rechnung (Freibetragrechnung) ausgestellt, über die spätestens zwei Wochen nach Annahme des Frachtbriefs durch den Empfänger mit dem Absender abzurechnen ist.

(6) Der Versandbahnhof hat, abgesehen von dem in Abs. (5) erwähnten Falle, die als Freibetrag erhobenen Kosten im Frachtbrief und dem etwa ausgestellten Doppel einzeln aufzuführen. Auf Verlangen des Absenders hat die Eisenbahn, soweit es die Abfertigungsverhältnisse gestatten, auf dem Doppel auch die Höhe der auf den Empfänger überwiesenen Fracht anzugeben.

§ 70. Frachtnachzahlung und -erstattung

(1) Sind Fracht, Frachtzuschläge, Nebengebühren oder sonstige Kosten unrichtig oder gar nicht erhoben worden, so ist der Unterschiedsbetrag nachzuzahlen oder zu erstatten. Die Eisenbahn hat unverzüglich nach Feststellung des Fehlers den Verpflichteten zur Nachzahlung aufzufordern oder dem Berechtigten den zuviel erhobenen Betrag zu erstatten.

(2) Hat die Eisenbahn auf Grund der Angaben des Absenders im Frachtbrief über die Art des Gutes oder das Gewicht der Sendung eine höhere Fracht erhoben, als sich auf Grund der tatsächlichen Beschaffenheit und des wirklichen Gewichts aus dem Tarif ergibt, so kann, wenn die Unrichtigkeit der Angaben des Absenders nachgewiesen wird, die Mehrfracht zurückverlangt werden. Hat der Absender bei der Inhaltsangabe im Frachtbrief eine im Tarif als Bedingung für eine günstigere Frachtberechnung vorgeschriebene besondere Erklärung überhaupt nicht oder ungenügend abgegeben, so wird die dadurch erwachsene Mehrfracht ganz oder zum Teil erstattet, wenn Billigkeitsgründe vorliegen. Beträge unter zwei Reichsmark für den Frachtbrief werden nicht erstattet. Der Anspruch erlischt, wenn er nicht binnen sechs Monaten nach der Abnahme des Gutes bei der Eisenbahn geltend gemacht wird.

(3) Zu wenig gezahlte Beträge hat der Absender nachzuzahlen, wenn der Frachtbrief vom Empfänger nicht angenommen wird. Hat der Empfänger den Frachtbrief angenommen, so ist der Absender nur zur Nachzahlung der Kosten verpflichtet, deren Vorauszahlung er entweder nach dem Freivermerk oder nach den besonderen Bestimmungen dieser Ordnung oder des Tarifs übernommen hat; den Restbetrag hat der Empfänger nachzuzahlen.

(4) Zur Geltendmachung von Ansprüchen auf Erstattung von Fracht, Frachtzuschlägen, Nebengebühren oder sonstigen Kosten sowie zum Empfang zuviel erhobener Beträge ist berechtigt, wer die Mehrzahlung an die Eisenbahn geleistet hat.

(5) Bei Geltendmachung dieser Ansprüche ist der Frachtbrief vorzulegen. Hat der Absender die Mehrfracht bezahlt, so kann er die Erstattung des Unterschiedsbetrags auch auf Grund des etwa ausgestellten Frachtbriefdoppels beantragen; die Eisenbahn kann jedoch bei der endgültigen Erledigung des Erstattungsanspruchs die Vorlage der Urschrift des Frachtbriefs verlangen, um auf ihm die Erledigung zu beurkunden.

(6) Der Unterschiedsbetrag ist mit Ausnahme der auf Grund des Abs. (2) zu erstattenden Beträge vom Tage des Eingangs des Erstattungsanspruchs oder der Zahlungsaufforderung an mit fünf vom Hundert zu verzinsen; Beträge unter zehn Reichsmark für den Frachtbrief werden nicht verzinst.

(7) Ansprüche auf Rückzahlung von Fracht, Frachtzuschlägen, Nebengebühren oder sonstigen Unkosten können, soweit der Tarif keine Ausnahmen vorsieht, nur bei der Eisenbahn, die den Betrag erhoben hat, geltend gemacht werden. Ist die Fracht auch nur teilweise an die Empfangsbahn entrichtet worden, so können Ansprüche auf Rückzahlung nur bei dieser geltend gemacht werden. Für die gerichtliche Geltendmachung der Ansprüche gilt § 96 (3).

§ 71. Nachnahme. Barvorschuß

(1) Der Absender kann das Gut bis zur Höhe des Wertes mit Nachnahme belasten. Der Tarif kann bestimmen, daß Nachnahmen erst von einem Mindestbetrag an zulässig sind.

(2) Als Bescheinigung über die Belastung des Gutes mit einer Nachnahme dient der abgestempelte Frachtbrief, das Doppel oder die sonst zugelassene Bescheinigung über die Auflieferung des Gutes. Auf Verlangen ist außerdem gebührenfrei ein besonderer Nachnahmeschein auszuhändigen.

(3) Der Absender hat dem Frachtbrief einen Nachnahmebegleitschein nach dem von der Eisenbahn vorgeschriebenen Muster beizugeben. Absendern von Massensendungen kann die Eisenbahn auf Antrag die Beigabe von Nachnahmebegleitscheinen erlassen.

(4) Die Eisenbahn hat die Nachnahme an den Absender auszuzahlen, sobald die Versandabfertigung die Anzeige der Empfangsabfertigung erhalten hat, daß der Empfänger die Nachnahme bezahlt hat. Die Bedingungen, unter denen Nachnahmen ausgezahlt werden, für welche die Eisenbahn die Beigabe von Nachnahmebegleitscheinen erlassen hat, setzt die Eisenbahn bei Entscheidung über den Antrag auf Erlaß des Nachnahmebegleitscheins fest.

(5) Ist das Gut ohne Einziehung der Nachnahme abgeliefert worden, so hat die Eisenbahn dem Absender den Schaden bis zur Höhe der Nachnahme zu ersetzen, vorbehaltlich ihrer Ansprüche gegen den Empfänger.

(6) Alle Ansprüche, die sich auf eine Nachnahme beziehen, sind bei der Versandbahn geltend zu machen. Für die gerichtliche Geltendmachung der Ansprüche gegen die Eisenbahn gilt § 96 (3).

(7) Die Eisenbahn kann dem Absender einen Barvorschuß gewähren, wenn er nach dem Ermessen der Versandabfertigung durch den Wert des Gutes sicher gedeckt wird. Der Barvorschuß wird vom Empfänger eingezogen, wenn er den Frachtbrief annimmt.

(8) Der Betrag der Nachnahme oder des Barvorschusses ist vom Absender in den Frachtbrief an der hierfür vorgesehenen Stelle mit Buchstaben einzutragen. Diese Eintragung ist bei einer Abweichung von einer Eintragung in Ziffern maßgebend.

(9) Für die Belastung einer Sendung mit Nachnahme oder Barvorschuß kann die Eisenbahn die tarifmäßige Gebühr erheben.

§ 72. Abänderung des Frachtvertrags durch nachträgliche Verfügung des Absenders

(1) Der Absender hat das Recht, den Frachtvertrag nachträglich abzuändern, indem er verfügt:

a) daß das Gut auf dem Versandbahnhof zurückgegeben werden soll;
b) daß das Gut unterwegs angehalten werden soll;
c) daß die Ablieferung des Gutes ausgesetzt werden soll;
d) daß das Gut an einen anderen Empfänger abgeliefert werden soll;
e) daß das Gut auf einem anderen Bestimmungsbahnhof abgeliefert werden soll;
f) daß das Gut nach dem Versandbahnhof zurückgesandt werden soll;
g) daß eine Nachnahme nachträglich aufgelegt, erhöht, herabgesetzt oder aufgehoben werden soll;
h) daß überwiesene Beträge von ihm selbst anstatt vom Empfänger eingezogen werden sollen.

In den vorstehend unter e) und f) vorgesehenen Fällen kann der Absender für die Weiter- und Rückbeförderung auch eine andere Beförderungsart (Frachtgut, Eilgut, beschleunigtes Eilgut) vorschreiben, wenn die Abfertigungsbefugnisse des Anhaltebahnhofs und des neuen Bestimmungsbahnhofs dies zulassen.

(2) Verfügungen anderer Art sind, wenn sie nicht im Tarif ausdrücklich vorgesehen sind, unzulässig, ebenso sind Verfügungen über einzelne Teile der Sendung unzulässig.

(3) Die Verfügungen sind schriftlich unter Verwendung eines durch den Tarif festzusetzenden Musters an die Versandabfertigung zu richten; § 56 (10) gilt entsprechend. Der Tarif kann zulassen, daß nachträgliche Verfügungen in besonderen Fällen auch an eine andere Abfertigung gerichtet werden.

(4) Die Versandabfertigung hat die Verfügung sobald wie möglich weiterzugeben. Auf Antrag des Absenders hat dies unter den im Tarif festzusetzenden Bedingungen durch Telegramm oder Fernsprecher zu geschehen.

(5) Die Eisenbahn darf die Ausführung einer nachträglichen Verfügung nur dann ablehnen, hinausschieben oder in veränderter Weise vornehmen, wenn

a) die Verfügung in dem Zeitpunkt, in dem sie der zur Ausführung berufenen Stelle zugeht, nicht mehr durchführbar ist, oder
b) durch ihre Befolgung der regelmäßige Beförderungsdienst gestört würde, oder
c) ihrer Ausführung gesetzliche oder sonstige Bestimmungen, insbesondere Zoll- oder sonstige Verwaltungsvorschriften entgegenstehen, oder

d) bei Änderung des Bestimmungsbahnhofs der Wert des Gutes voraussichtlich die Gesamtkosten der Beförderung bis zum neuen Bestimmungsbahnhof nicht deckt, es sei denn, daß der Betrag dieser Kosten sofort entrichtet oder sichergestellt wird.

In diesen Fällen ist der Absender unverzüglich von der Sachlage zu benachrichtigen.

(6) Einem bei der Empfangsabfertigung unmittelbar gestellten Antrag des Absenders, die Sendung zurückzuhalten, kann vorläufig entsprochen werden. Der Absender hat jedoch die vorgeschriebene Verfügung innerhalb einer angemessenen Frist durch die Versandabfertigung beizubringen. Andernfalls ist nach § 75 zu verfahren.

(7) Ist ein Frachtbriefdoppel ausgestellt, so steht dem Absender das Verfügungsrecht nur zu, wenn er das Doppel vorlegt und auch darin die Verfügungen einträgt. Die Eisenbahn kann verlangen, daß sich der Absender ausweist. Befolgt die Eisenbahn die Verfügungen des Absenders, ohne die Vorlegung des Doppels zu verlangen, so haftet sie für den daraus entstehenden Schaden dem Empfänger, wenn ihm der Absender das Doppel übergeben hat.

(8) Wenn der Absender die Erhöhung oder Herabsetzung einer Nachnahme verlangt, so hat er den ihm etwa ausgestellten besonderen Nachnahmeschein der Eisenbahn zur Berichtigung vorzulegen. Verlangt er die Aufhebung der Nachnahme, so hat er den Schein der Eisenbahn zurückzugeben.

(9) Verfügt der Absender, daß die Sendung unterwegs angehalten oder auf dem Bestimmungsbahnhof zurückgehalten werden soll, so ist die Eisenbahn berechtigt, für jeden Aufenthalt über sechs Stunden das tarifmäßige Wagenstand- oder Lagergeld zu erheben. Beträgt der Aufenthalt mehr als 24 Stunden, so kann die Eisenbahn das Gut auf Gefahr und Kosten des Absenders ausladen und auf Lager nehmen. Sie ist auch berechtigt, das Gut bei einem Spediteur oder in einem öffentlichen Lagerhaus auf Gefahr und Kosten des Absenders zu hinterlegen. Von diesen Maßnahmen ist der Absender zu benachrichtigen. § 80 (8) bis (10) gilt entsprechend.

(10) Die Eisenbahn kann, wenn die nachträgliche Verfügung nicht durch ihr Verschulden veranlaßt ist, für deren Ausführung neben den etwa erwachsenden Nebengebühren und sonstigen Unkosten die tarifmäßige Gebühr erheben. Die Frachtberechnung bei Änderung des Bestimmungsbahnhofs oder bei Rücksendung regelt der Tarif.

(11) Das Verfügungsrecht des Absenders erlischt, auch wenn er das Frachtbriefdoppel besitzt, sobald der Empfänger den Frachtbrief angenommen hat oder ihm das Gut abgeliefert worden ist, oder sobald eine Empfängeranweisung nach § 75 (6) wirksam geworden ist.

(12) Hat der Empfänger den Frachtbrief angenommen, so hat die Eisenbahn seine Anweisungen zu beachten, soweit sie nach dem Frachtvertrag zulässig sind; bei Nichtbeachtung haftet die Eisenbahn dem Empfänger für den daraus entstandenen Schaden.

§ 73. Beförderungshindernisse

(1) Stellen sich der Beförderung eines Gutes Hindernisse entgegen, die durch Umleitung behoben werden können, so ist es dem Bestimmungsbahnhof auf einem Hilfsweg zuzuführen, ohne daß hierfür eine Mehrfracht erhoben wird; dagegen wird die Lieferfrist über den Hilfsweg berechnet. Den Eisenbahnen bleibt es überlassen, gegeneinander Rückgriff zu nehmen.

(2) Bei Beförderungshindernissen, die nicht durch Umleitung behoben werden können, hat die Eisenbahn den Absender um Anweisung zu ersuchen. Der Absender kann in diesem Falle auch vom Vertrag zurücktreten, hat aber dann der Eisenbahn je nach Lage des Falles entweder die Fracht für die bereits zurückgelegte Strecke oder die Kosten der Vorbereitung der Beförderung, außerdem alle sonstigen im Tarif vorgesehenen Unkosten zu bezahlen, es sei denn, daß die Eisenbahn ein Verschulden trifft. Ist ein Frachtbriefdoppel ausgestellt, so kann der Absender nur dann vom Vertrag zurücktreten oder die Anweisung treffen, daß die Person des Empfängers oder der Bestimmungsbahnhof geändert werde, wenn er das Doppel vorlegt und auf diesem die Änderung einträgt.

(3) Der Absender kann im Frachtbrief im voraus für den Fall, daß ein Beförderungshindernis eintritt, Anweisung geben. Wenn diese Anweisung nach dem Ermessen der Eisenbahn nicht ausgeführt werden kann, so hat sie eine andere Anweisung des Absenders einzuholen.

(4) Der Absender hat seine Anweisung durch Vermittlung der Versandabfertigung oder, wenn der Tarif dies zuläßt, eines Unterwegsbahnhofs zu geben. § 72 (5) gilt entsprechend.

(5) Erteilt der Absender innerhalb der im Tarif hierfür vorgesehenen Frist keine ausführbare Anweisung, so ist nach den Vorschriften für Ablieferungshindernisse zu verfahren. Nach Ablauf dieser Frist ist das tarifmäßige Lager- oder Wagenstandgeld verwirkt.

(6) Fällt das Beförderungshindernis vor dem Eintreffen einer Anweisung des Absenders weg, so ist das Gut dem Bestimmungsbahnhof zuzuleiten, ohne daß Anweisungen abgewartet werden; der Absender ist hiervon unverzüglich zu benachrichtigen.

§ 74. Lieferfrist

(1) Die Lieferfristen betragen, sofern der Tarif keine kürzeren Fristen vorsieht,

a) für Frachtgut:
   1. Abfertigungsfrist . . . . 1 Tag,
   2. Beförderungsfrist:
      bei einer Entfernung bis zu 150 Tarifkilometern . . . . 1 Tag,
      bei größeren Entfernungen für je weitere angefangene 200 Tarifkilometer . . . . 1 Tag,

b) für Eilgut:
   1. Abfertigungsfrist . . . . 1 Tag,
   2. Beförderungsfrist für je angefangene 300 Tarifkilometer . 1 Tag,

c) für beschleunigtes Eilgut:
   1. Abfertigungsfrist . . . . ½ Tag,
   2. Beförderungsfrist für je angefangene 300 Tarifkilometer . ½ Tag.
   Die Lieferfrist für beschleunigtes Eilgut gilt jedoch als gewahrt, wenn das Gut so schnell befördert wurde, wie es mit den dafür freigegebenen Zügen möglich war;

d) für Frachtstückgutsendungen von Gütern der Anlage C sowie von leeren Packmitteln, in denen solche Güter enthalten waren, wenn durch die Anlage C die Beförderung in offenen Wagen vorgeschrieben oder das Zusammenladen mit bestimmten Gütern verboten ist, ferner für Frachtstückgutsendungen von Gütern, die wegen ihrer Länge, Breite oder

Höhe nicht in gewöhnliche gedeckte Wagen verladen werden können, das Doppelte der Fristen unter a).

(2) Die Abfertigungsfrist wird ohne Rücksicht auf die Zahl der beteiligten Eisenbahnen nur einmal berechnet. Die Beförderungsfrist wird nach der Gesamtentfernung zwischen Versand- und Bestimmungsbahnhof berechnet.

(3) Die Eisenbahn kann mit Genehmigung des Reichsverkehrsministers Zuschlagsfristen für folgende Fälle festsetzen:

a) für Sendungen, die über Strecken mit verschiedener Spurweite oder über Fährstrecken befördert werden,

b) für Beförderungen von und nach unbesetzten Bahnhöfen und Güternebenstellen,

c) für außergewöhnliche Verhältnisse, die eine ungewöhnliche Verkehrszunahme oder ungewöhnliche Betriebsschwierigkeiten zur Folge haben, wobei die Zuschlagsfristen ausnahmsweise von der Eisenbahn vorbehaltlich der nachträglichen Genehmigung des Reichsverkehrsministers festgesetzt werden dürfen,

d) für Sendungen, die über Strecken mehrerer Eisenbahnen befördert werden.

(4) Die Zuschlagsfristen des Abs. (3) unter a), b) und d) werden durch den Tarif festgesetzt. Die in Abs. (3) unter c) vorgesehenen Zuschlagsfristen sind zu veröffentlichen und treten nicht vor ihrer Veröffentlichung in Kraft. Aus der Veröffentlichung muß zu ersehen sein, ob die Genehmigung erteilt oder vorbehalten ist. Wird die nachträgliche Genehmigung vom Reichsverkehrsminister versagt oder wird die Genehmigung nicht innerhalb einer Woche nach der Veröffentlichung der Zuschlagsfristen bekanntgemacht, so ist die Festsetzung wirkungslos.

(5) Die Lieferfrist beginnt für die im Laufe des Vormittags zur Beförderung angenommenen Güter um 12 Uhr mittags, für die nachmittags angenommenen Güter um Mitternacht. Sie beginnt jedoch nicht vor Entrichtung der vom Absender übernommenen Kosten [§ 69 (1)] oder vor Hinterlegung einer Sicherheit nach § 69 (5).

(6) Die Lieferfrist ist gewahrt, wenn vor ihrem Ablauf das Gut dem Empfänger zugeführt worden ist; konnte das Gut aus Gründen, die in der Person des Empfängers liegen, nicht zugeführt werden, so gilt das Gut in dem Zeitpunkt als zugeführt, in dem die Eisenbahn die Zuführung vergeblich versucht hat. Für Güter, die nicht zugeführt werden, ist die Lieferfrist gewahrt, wenn vor ihrem Ablauf der Empfänger von der Ankunft benachrichtigt und das Gut zur Abholung bereitgestellt ist. Für Güter, die von der Eisenbahn dem Empfänger nicht zugeführt werden und von deren Ankunft der Empfänger nicht benachrichtigt zu werden braucht, ist die Lieferfrist gewahrt, wenn vor ihrem Ablauf die Güter auf dem Bestimmungsbahnhof zur Abholung bereitgestellt sind. Bei Gütern, die nach § 75 (7) und (8) einem anderen Verkehrsmittel zur Weiterbeförderung übergeben werden, ist die Lieferfrist gewahrt, wenn vor ihrem Ablauf die Güter auf dem Bestimmungsbahnhof zur Weiterbeförderung bereitgestellt sind.

(7) Der Lauf der Lieferfrist ruht für die Dauer:

a) des Aufenthalts, der durch zoll- oder sonstige verwaltungsbehördliche Maßnahmen verursacht wird,

b) einer durch nachträgliche Verfügung des Absenders hervorgerufenen Verzögerung der Beförderung,

c) eines ohne Verschulden der Eisenbahn eingetretenen Beförderungshindernisses,
d) einer nach § 63 (1) angeordneten Sperrmaßnahme, durch die der Beginn oder die Fortsetzung der Beförderung zeitweilig verhindert wird,
e) der durch Abladen eines Übergewichts erforderlichen Zeit,
f) des Aufenthalts, der ohne Verschulden der Eisenbahn dadurch entstanden ist, daß am Gute oder an der Verpackung Ausbesserungsarbeiten vorgenommen oder vom Absender verladene Sendungen um- oder zurechtgeladen werden mußten,
g) der Umladung beim Übergang einer Sendung auf eine Eisenbahn mit einer anderen Spurweite unter den im Tarif vorgesehenen Voraussetzungen.

Die Eisenbahn kann sich auf die in diesem Absatz vorgesehenen Verlängerungen der Lieferfrist nur berufen, wenn sie Ursache und Dauer der Verlängerung im Frachtbrief vermerkt hat.

(8) Ist der auf die Auflieferung des Gutes folgende Tag ein Sonn- oder Feiertag, so beginnt bei nachmittags aufgeliefertem Frachtgut die Lieferfrist einen Tag später.

(9) Ist der letzte Tag der Lieferfrist ein Sonn- oder Feiertag, so läuft bei Frachtgut die Lieferfrist erst mit der entsprechenden Stunde des nächsten Werktags ab.

§ 75. Annahme des Frachtbriefs. Ablieferung

(1) Die Eisenbahn ist verpflichtet, den Frachtbrief und das Gut dem Empfänger auf dem vom Absender bezeichneten Bestimmungsbahnhof gegen Zahlung der sich aus dem Frachtbrief ergebenden Beträge und gegen Empfangsbescheinigung zu übergeben. Der Übergabe des Gutes an den Empfänger steht gleich eine nach den maßgebenden Bestimmungen erfolgte Übergabe an die Zoll- oder Steuerverwaltung in deren Abfertigungsräumen oder Niederlagen, wenn diese nicht unter Verschluß der Eisenbahn stehen, sowie die nach dieser Ordnung zulässige Einlagerung bei der Eisenbahn oder Hinterlegung bei einem Spediteur oder in einem öffentlichen Lagerhaus.

(2) Durch die Annahme des Frachtbriefs wird der Empfänger verpflichtet, der Eisenbahn die sich aus dem Frachtbrief ergebenden Beträge zu bezahlen. Der Tarif bestimmt, in welchen Fällen der Frachtbrief auch ohne Übergabe an den Empfänger als angenommen gilt.

(3) Nach Ankunft des Gutes auf dem Bestimmungsbahnhof ist der Empfänger berechtigt, von der Eisenbahn die Übergabe des Frachtbriefs und die Ablieferung des Gutes zu verlangen. Ist der Verlust des Gutes festgestellt oder ist das Gut nicht innerhalb der in § 87 vorgesehenen Frist angekommen, so kann der Empfänger seine Rechte aus dem Frachtvertrag gegen vorherige Erfüllung der sich für ihn aus dem Frachtbrief ergebenden Verpflichtungen in eigenem Namen gegen die Eisenbahn geltend machen.

(4) Das Gut wird nur gegen Vorzeigung des Frachtbriefs ausgehändigt. Der Tarif kann Ausnahmen zulassen. Die Eisenbahn darf außer der Empfangsbescheinigung weitere Erklärungen, namentlich über tadellose oder rechtzeitige Ablieferung, nicht verlangen.

(5) Die Empfangsbahn hat bei der Ablieferung alle sich aus dem Frachtbrief ergebenden Forderungen (Fracht, Frachtzuschläge, Nebengebühren, Nachnahmen, Barvorschüsse, Zollgelder und sonstige auf dem Gut haftende Beträge)

einzuziehen. Auch hat sie erforderlichenfalls das Pfandrecht an dem Gute geltend zu machen.

(6) Der Tarif bestimmt, ob und unter welchen Bedingungen der Bestimmungsbahnhof Anweisungen des Empfängers über das Gut auch schon vor dessen Ankunft entgegennehmen kann. Solche Empfängeranweisungen werden erst ausgeführt, wenn das Gut am Bestimmungsbahnhof angekommen und bis zu ihrer Ausführung keine entgegenstehende nachträgliche Verfügung des Absenders bei der Empfangsabfertigung eingegangen ist.

(7) Ist im Frachtbrief als Wohnort des Empfängers ein Ort angegeben, der nicht im Zustellungsbereich (Bestellbezirk) des im Frachtbrief bezeichneten Bestimmungsbahnhofs liegt und keine Güterabfertigung oder Güternebenstelle besitzt, oder ist ein solcher Ort entgegen § 56 (1) b) als Bestimmungsbahnhof im Frachtbrief angegeben, so kann die Eisenbahn das Gut zur Weiterbeförderung vom Bestimmungsbahnhof nach dem Bestimmungsort einem anderen Verkehrsmittel (z. B. Kraftwagen) übergeben. Hat der Empfänger dem Bestimmungsbahnhof angezeigt, daß er die für ihn ankommenden Güter dort selbst abholen oder durch einen von ihm beauftragten Fuhrunternehmer abholen lassen werde, so darf die Eisenbahn die Weiterbeförderung nur veranlassen, wenn der Absender sie im Frachtbrief nach § 56 (2) p) ausdrücklich beantragt hat. Die Eisenbahn hat bei der Weiterbeförderung vom letzten Bahnhof bis zum Bestimmungsort die Pflichten eines Spediteurs. Übernimmt sie die Weiterbeförderung durch ihre Bediensteten oder durch besondere von ihr bestellte Unternehmer, so haftet sie bis zum Bestimmungsort als Frachtführer nach den Vorschriften dieser Ordnung.

(8) Soweit der Tarif es für bestimmte Verkehrsverbindungen zuläßt, kann der Absender im Frachtbrief vorschreiben [§ 56 (2) q)], daß das Gut mit dem Kraftwagen vom Bestimmungsbahnhof nach einem Ort weiterbefördert werden soll, wo ein für den Güterverkehr eingerichteter Bahnhof oder eine Güternebenstelle vorhanden ist. Für die Übernahme und die Ausführung der Weiterbeförderung sind die für den Kraftverkehr geltenden Bestimmungen maßgebend.

(9) Ob die Güter von der Eisenbahn oder vom Empfänger auszuladen sind, bestimmt der Tarif, soweit nicht diese Ordnung Vorschriften darüber enthält oder eine besondere Vereinbarung zwischen dem Absender oder dem Empfänger und der Eisenbahn getroffen ist. Eine mit dem Absender getroffene Vereinbarung muß aus dem Frachtbrief ersichtlich sein.

(10) Von der Ankunft der Güter ist der Empfänger zu benachrichtigen. Die Benachrichtigung unterbleibt, wenn der Empfänger schriftlich darauf verzichtet hat oder wenn sie nach den Umständen nicht möglich ist. Bei bahnlagernd gestellten Gütern unterbleibt die Benachrichtigung auch dann, wenn der Absender im Frachtbrief ausdrücklich darauf verzichtet hat. Soweit die Eisenbahn nach den Vorschriften dieser Ordnung berechtigt ist, die Güter dem Empfänger in die Wohnung oder die Geschäftsstelle zuzuführen oder einem anderen Verkehrsmittel nach Abs. (7) und (8) zur Weiterbeförderung zu übergeben, kann sie dies auch ohne Benachrichtigung des Empfängers von der Ankunft der Güter tun.

(11) Die Eisenbahn kann im Tarif vorschreiben, daß Güter, die auf dem Bestimmungsbahnhof von Eisenbahnwagen unmittelbar auf andere Verkehrsmittel umgeladen werden sollen, gegen Zahlung der im Tarif oder durch Aushang bekanntzumachenden Gebühren durch ihre Bediensteten oder durch

besondere von ihr bestellte Unternehmer umgeladen werden. In beiden Fällen hat die Eisenbahn die Pflichten eines Spediteurs.

(12) Die Eisenbahn hat die Güter auf den für die Abnahme bestimmten Plätzen zur Verfügung zu stellen.

(13) Wenn von mehreren im Frachtbrief verzeichneten Gegenständen einer Sendung bei der Ablieferung einzelne fehlen, so kann sie der Empfänger in der Empfangsbescheinigung als fehlend aufführen.

(14) Der Empfänger kann die Annahme des Gutes auch nach Annahme des Frachtbriefs so lange verweigern, bis einem etwaigen Antrag auf Feststellung eines behaupteten teilweisen Verlusts oder einer Beschädigung des Gutes stattgegeben ist. Vorbehalte bei der Annahme des Gutes sind nur wirksam, wenn sie mit Zustimmung der Eisenbahn gemacht werden.

(15) Bei Wagenladungen, die vom Empfänger auszuladen sind, kann die Eisenbahn verlangen, daß die Wagen, soweit erforderlich, gereinigt zurückgegeben werden. Der Absender kann im Frachtbrief den Empfänger auf die Verpflichtung zur Reinigung hinweisen [§ 56 (2) u)]. Wird die Reinigung unterlassen, so kann die Eisenbahn sie gegen die tarifmäßige Gebühr selbst vornehmen. Wenn die Eisenbahn nach den viehseuchenpolizeilichen oder sonstigen Verwaltungsvorschriften Eisenbahnwagen zu reinigen oder zu entseuchen hat, kann sie hierfür die tarifmäßige Gebühr erheben.

§ 76. Nachprüfung des Gutes auf dem Bestimmungsbahnhof

(1) Hat der Absender im Frachtbrief Nachzählung oder Nachwiegung auf dem Bestimmungsbahnhof beantragt [§ 56 (2) o)] oder verlangt der Empfänger bei der Ablieferung, daß die Güter auf dem Bahnhof nachgezählt oder nachgewogen werden, so hat die Eisenbahn diesem Verlangen zu entsprechen, wenn die vorhandenen Wiegevorrichtungen ausreichen und die Beschaffenheit des Gutes sowie die Betriebsverhältnisse es gestatten. Auf Verlangen des Empfängers sind die Güter in seiner Gegenwart nachzuzählen oder nachzuwiegen.

(2) Lehnt die Eisenbahn eine vom Empfänger beantragte Nachwiegung ab, so kann der Empfänger verlangen, daß die Eisenbahn zu einer von ihm veranlaßten Nachwiegung auf einer im Bahnhofbereich oder in dessen Nähe befindlichen Waage einen Bevollmächtigten beistellt. Der Empfänger hat die hierdurch entstandenen Unkosten einschließlich der Entschädigung für den Bevollmächtigten zu zahlen.

(3) Für die Nachwiegung von Wagenladungen und sonstigen Gütern, die der Absender zu verladen hat, gelten die Vorschriften des § 58 (7).

(4) Für die Nachzählung oder Nachwiegung ist die tarifmäßige Gebühr zu zahlen, es sei denn, daß dabei ein von der Eisenbahn noch nicht anerkannter, von ihr zu vertretender Unterschied (Minderzahl oder Mindergewicht) festgestellt wird.

(5) Verlangt der Empfänger auf dem Bestimmungsbahnhof nach Annahme des Frachtbriefs, daß die Eisenbahn die Übereinstimmung der Sendung mit den Angaben im Frachtbrief über Inhalt und Verpackung nachprüft, so ist dem zu entsprechen, wenn die Betriebsverhältnisse und die Beschaffenheit des Gutes es ohne Schwierigkeit gestatten. Auf Verlangen des Empfängers ist das Gut in seiner Gegenwart nachzuprüfen. Für die Nachprüfung ist die tarifmäßige Gebühr zu zahlen.

§ 77. Zuführung

(1) Die Eisenbahn kann die Stückgüter dem Empfänger auch ohne Antrag im Ortsbereich des Bestimmungsbahnhofs oder nach benachbarten Orten gegen eine durch Aushang bekanntzumachende Gebühr in die Wohnung oder die Geschäftsstelle selbst zuführen oder Rollfuhrunternehmer dafür bestellen. Die Rollfuhrleute haben ihren Gebührentarif bei sich zu tragen und auf Verlangen vorzuzeigen. Auf den Bahnhöfen oder Güternebenstellen, auf denen Stückgüter dem Empfänger zugeführt werden, ist dies unter Angabe des Bestellbezirks durch Aushang bekanntzumachen.

(2) Soweit der Tarif dies zuläßt, kann der Absender die Zuführung von Stückgut durch die Eisenbahn oder durch einen mit Namen und Anschrift bezeichneten Spediteur oder Fuhrunternehmer in die Wohnung oder Geschäftsstelle des Empfängers im Frachtbrief vorschreiben [§ 56 (2) r)]. Der vom Absender bezeichnete Spediteur oder Fuhrunternehmer gilt dann als Bevollmächtigter des Empfängers im Sinne von Abs. (5).

(3) Übernimmt die Eisenbahn nach § 75 (7) und (8) die Weiterbeförderung mittels Kraftwagens, so kann sie Wagenladungen und Stückgüter auch ohne Antrag des Absenders in die Wohnung oder Geschäftsstelle des Empfängers selbst zuführen oder durch Rollfuhrunternehmer zuführen lassen.

(4) Führt die Eisenbahn die Güter selbst oder durch von ihr bestellte Rollfuhrunternehmer in die Wohnung oder Geschäftsstelle des Empfängers zu, so haftet sie hierbei als Frachtführer nach den Vorschriften dieser Ordnung.

(5) Die Empfänger sind auch an Orten, wo die Eisenbahn ohne Antrag für die Zuführung sorgt, berechtigt, ihre Güter auf dem vom Absender vorgeschriebenen Bestimmungsbahnhof selbst abzuholen oder sie durch andere als die von der Eisenbahn bestellten Fuhrunternehmer abholen zu lassen. Wollen sie von diesem Rechte Gebrauch machen, so haben sie es der Güterabfertigung des Bestimmungsbahnhofs vor der Ankunft der Güter schriftlich anzuzeigen. Dieses Recht des Empfängers entfällt, wenn der Absender gemäß Abs. (2) die Zuführung von Stückgut beantragt hat oder wenn die Eisenbahn nach Abs. (3) berechtigt ist, die Güter ohne Antrag in die Wohnung oder Geschäftsstelle des Empfängers zuzuführen oder zuführen zu lassen.

(6) Die Eisenbahn kann aus allgemeinen Verkehrsrücksichten das Recht des Empfängers, seine Güter auf dem vom Absender bezeichneten Bestimmungsbahnhof selbst abzuholen oder durch einen von ihm beauftragten Fuhrunternehmer abholen zu lassen, bei einzelnen Güterabfertigungen vorübergehend oder auch dauernd beschränken oder aufheben. Das gleiche gilt für das dem Absender zustehende Recht, die Zuführung von Stückgut durch einen von ihm bezeichneten Spediteur oder Fuhrunternehmer vorzuschreiben. Maßnahmen dieser Art bedürfen der Genehmigung des Reichsverkehrsministers. In der Bekanntmachung ist auf die Genehmigung des Reichsverkehrsministers hinzuweisen.

(7) Die Fristen, innerhalb deren die Güter dem Empfänger zugeführt werden, sind durch den Tarif oder durch Aushang bekanntzumachen.

(8) Müssen Güter nach Räumen der Zoll- oder Steuerverwaltung gebracht werden, die außerhalb des Bahnhofs liegen, so kann dies die Eisenbahn gegen Erstattung der Kosten selbst besorgen oder unter ihrer Verantwortung auf Kosten des Verfügungsberechtigten besorgen lassen, auch wenn sich der Empfänger die Selbstabholung vorbehalten hat.

§ 78. Benachrichtigung des Empfängers von der Ankunft

(1) Soweit die Eisenbahn nach § 75 (10) verpflichtet ist, den Empfänger von der Ankunft des Gutes zu benachrichtigen, kann sie die Benachrichtigung nach ihrer Wahl durch die Briefpost, durch Fernsprecher, durch Telegramm oder schriftlich durch Boten vornehmen. Sie hat hierbei — abgesehen von der telegraphischen Benachrichtigung — die Frist anzugeben, innerhalb deren das Gut abzunehmen ist. Auf schriftlichen Antrag des Empfängers kann die Güterabfertigung eine besondere Art der Benachrichtigung mit ihm vereinbaren.

(2) Die Benachrichtigung ist bei Frachtgut sofort nach der Bereitstellung, bei Eilgut und beschleunigtem Eilgut spätestens binnen zwei Stunden nach der Ankunft des Gutes vorzunehmen. Die Benachrichtigung braucht jedoch erst am folgenden Werktage binnen zwei Stunden nach Beginn der Dienststunden der Güterabfertigung vorgenommen zu werden

a) bei Frachtgut, das an Werktagen nach 18 Uhr oder an Sonn- und Feiertagen ankommt,

b) bei Eilgut und beschleunigtem Eilgut, das an Werktagen nach 18 Uhr oder an Sonn- und Feiertagen nach 12 Uhr ankommt.

(3) Die Benachrichtigung gilt als bewirkt:

a) bei Übermittlung durch die Briefpost vier Stunden, bei telegraphischer Übermittlung eine Stunde nach der Aufgabe, für besondere Fälle kann der Tarif längere Fristen vorsehen,

b) bei Übermittlung durch Fernsprecher mit dem Gespräch,

c) bei anderer Übermittlung durch die Übergabe des Benachrichtigungsschreibens.

(4) Für die Übermittlung der Benachrichtigung kann die Eisenbahn den Ersatz ihrer Auslagen verlangen.

(5) Ist ein vom Absender verladener Wagen unterwegs umgeladen worden, so ist dies dem Empfänger bei der Benachrichtigung mitzuteilen.

§ 79. Abnahme der nicht zugerollten Güter

(1) Die von der Eisenbahn auszuladenden Güter sind innerhalb der im Tarif festzusetzenden Frist während der Dienststunden der Güterabfertigung abzunehmen. Die Frist beginnt mit dem Zeitpunkt, in dem die Benachrichtigung von der Ankunft des Gutes als bewirkt gilt [§ 78 (3)], und muß mindestens 24 Stunden betragen.

(2) Die Frist, innerhalb der die vom Empfänger auszuladenden Güter in der Regel abzunehmen sind, bestimmt der Tarif. Ausnahmen sind durch Aushang bekanntzumachen. Die Frist beginnt mit dem Zeitpunkt, in dem die Benachrichtigung von der Ankunft des Gutes als bewirkt gilt. Sind die zu entladenden Wagen nicht rechtzeitig bereitgestellt, so beginnt die Entladefrist erst mit dem Zeitpunkt der Bereitstellung. Die Eisenbahn kann verlangen, daß die Güter während der Dienststunden ausgeladen und abgefahren werden.

(3) Hat der Absender bei bahnlagernd gestellten Gütern im Frachtbrief oder hat der Empfänger schriftlich auf Benachrichtigung verzichtet oder ist eine Benachrichtigung nach den Umständen nicht möglich, so beginnt die Abnahmefrist mit der Bereitstellung des Gutes.

(4) An Sonn- und Feiertagen braucht die Eisenbahn keine Güter abzuliefern. Soweit dies doch geschieht, ist es durch Aushang bekanntzumachen.

(5) Der Lauf der Abnahmefristen ruht an Sonn- und Feiertagen sowie für die Dauer einer Behandlung durch die Zoll- oder sonstigen Verwaltungs-

behörden, soweit die Behandlung nicht durch den Absender oder Empfänger verzögert wird.

(6) Wird das Gut nicht innerhalb der Abnahmefrist abgenommen, so ist das tarifmäßige Lager- oder Wagenstandgeld verwirkt. Wird die Abnahmefrist um mehr als 24 Stunden überschritten, so kann die Eisenbahn die Güter auf Gefahr und Kosten des Empfängers ausladen. Lager- und Wagenstandgeld sind bei Überschreitung der Fristen auch für Sonn- und Feiertage zu zahlen; hierbei werden jedoch unmittelbar aufeinanderfolgende Sonn- und Feiertage stets nur als ein Tag gerechnet. Läuft die Abnahmefrist erst nach 14 Uhr eines Werktages ab, so ist für einen oder mehrere auf den Werktag unmittelbar folgende Sonn- oder Feiertage kein Lager- oder Wagenstandgeld zu zahlen.

(7) Meldet sich der benachrichtigte Empfänger zur Abnahme des Gutes und kann es ihm nicht innerhalb einer Stunde nach seinem Eintreffen bereitgestellt werden, so hat die Eisenbahn ihm etwaige Kosten für den Versuch der Abholung zu ersetzen. Auf Verlangen des Empfängers hat die Eisenbahn den vergeblichen Versuch der Abholung auf dem Frachtbrief zu bescheinigen.

(8) Wird die ordnungsmäßige Abwicklung des Verkehrs durch Güteranhäufung gefährdet, so kann die Eisenbahn die Abnahmefrist soweit nötig abkürzen sowie Wagenstandgeld und Lagergeld erhöhen. Auch können die erleichternden Bestimmungen über die Berechnung des Lager- und Wagenstandgeldes in Abs. (6) außer Kraft gesetzt werden. Solche Maßnahmen sind durch Aushang bekanntzumachen, auch soll in der Presse auf sie hingewiesen werden.

§ 80. Ablieferungshindernisse. Verzögerung der Abnahme

(1) Ist der Empfänger des Gutes nicht zu ermitteln oder verweigert er ausdrücklich die Annahme oder nimmt er den Frachtbrief nicht innerhalb der von der Eisenbahn im Tarif festzusetzenden Frist an oder ergibt sich vor Annahme des Frachtbriefs durch den Empfänger ein sonstiges Ablieferungshindernis, so hat die Empfangsabfertigung unverzüglich den Absender durch die Versandabfertigung hiervon zu benachrichtigen und seine Anweisung einzuholen. Der Absender hat die Anweisung durch Vermittlung der Versandabfertigung zu erteilen.

(2) Der Absender kann im Frachtbrief vorschreiben, daß er von einem Ablieferungshindernis auf seine Kosten ohne Vermittlung der Versandabfertigung telegraphisch, fernmündlich oder durch die Briefpost benachrichtigt werden soll; er ist in diesem Falle unter den im Tarif festzusetzenden Bedingungen berechtigt, seine Anweisung unmittelbar an die Empfangsabfertigung zu richten.

(3) Der Absender kann unter den im Tarif festzusetzenden Bedingungen im Frachtbrief auch vorschreiben, daß ihm das Gut bei Eintritt eines Ablieferungshindernisses ohne vorherige Benachrichtigung zurückgeschickt werden soll. Sonst darf das Gut nur mit ausdrücklichem Einverständnis des Absenders zurückgeschickt werden.

(4) Der Absender kann im Frachtbrief einen anderen für den Fall eines Ablieferungshindernisses zur Erteilung von Anweisungen über das Gut bevollmächtigen und vorschreiben, daß die Empfangsabfertigung diesen an seiner Stelle ohne Vermittlung der Versandabfertigung benachrichtigen und dessen Anweisung einholen soll.

(5) Der Absender kann im Frachtbrief auch vorschreiben, daß das Gut

im Falle eines Ablieferungshindernisses auf dem Bestimmungsbahnhof unter gewissen im Tarif festzusetzenden Bedingungen an einen von ihm bezeichneten anderen als den in der Anschrift genannten Empfänger abgeliefert werden soll. Von der Ablieferung des Gutes hat die Empfangsabfertigung den Absender unmittelbar zu verständigen.

(6) Ist ein Frachtbriefdoppel ausgestellt, so hat der Absender oder sein Bevollmächtigter bei Erteilung von Anweisungen in den Fällen der Abs. (1), (2) und (4) das Doppel vorzulegen und auch darin die Anweisung einzutragen. Befolgt die Eisenbahn die Verfügungen des Absenders, ohne die Vorlegung des Doppels zu verlangen, so haftet sie für den daraus entstehenden Schaden dem Empfänger, wenn ihm der Absender das Doppel übergeben hat. Hat der Empfänger die Annahme ausdrücklich verweigert, so kann der Absender oder sein Bevollmächtigter auch ohne Vorlage des Doppels Anweisung erteilen.

(7) Für die Ausführung der Anweisungen gilt § 72 (4) und (5) entsprechend.

(8) Ist die Benachrichtigung des Absenders oder des im Frachtbrief bezeichneten Bevollmächtigten nach den Umständen nicht möglich oder geht binnen der im Tarif hierfür vorgesehenen Frist keine Anweisung des Absenders oder seines Bevollmächtigten ein oder ist die Anweisung nicht ausführbar, so hat die Eisenbahn das Gut auf Kosten des Absenders auf Lager zu nehmen. Sie ist jedoch auch berechtigt, das Gut unter Einziehung der etwa noch nicht bezahlten Kosten bei einem Spediteur oder in einem öffentlichen Lagerhaus auf Gefahr und Kosten des Absenders zu hinterlegen.

(9) Die Eisenbahn ist ferner berechtigt:

a) Güter, die nicht abgeliefert werden können, wenn sie nach dem Ermessen des Bestimmungsbahnhofs schnellem Verderben unterliegen oder nach den örtlichen Verhältnissen weder einem Spediteur oder Lagerhaus übergeben noch eingelagert werden können, sofort,

b) Güter, die nicht abgeliefert werden können und vom Absender nicht zurückgenommen werden, einen Monat nach Ablauf der Abnahmefrist, wenn aber ihr Wert durch längere Lagerung unverhältnismäßig vermindert werden würde oder wenn die Lagerkosten in keinem Verhältnis zum Werte des Gutes stehen würden, schon früher

ohne Förmlichkeit bestmöglich zu verkaufen. Von dem bevorstehenden Verkauf ist der Absender zu benachrichtigen, soweit dies nach den Umständen möglich ist. Für den Verkauf kann die Eisenbahn außer den baren Auslagen die tarifmäßige Gebühr erheben.

(10) Von der Hinterlegung und vom Verkauf des Gutes hat die Eisenbahn den Absender zu benachrichtigen, soweit dies nach den Umständen möglich ist. Dem Absender ist der Verkaufserlös nach Abzug der noch nicht bezahlten Kosten sowie der mit dem Verkauf verbundenen Auslagen zur Verfügung zu stellen. Reicht der Erlös zur Deckung dieser Beträge nicht aus, so ist der Absender zur Nachzahlung der ungedeckten Beträge verpflichtet. Das gleiche gilt, wenn das Gut auf Grund von Polizei- oder Verwaltungsvorschriften vernichtet werden muß oder aus sonstigen Gründen unverwertbar ist.

(11) Zoll- oder steuerpflichtige Güter dürfen erst nach der Zoll- oder Steuerbehandlung bei einem Spediteur oder in einem öffentlichen Lagerhaus hinterlegt oder verkauft werden.

(12) Fällt das Ablieferungshindernis weg, so wird dem Empfänger, wenn er zur Annahme bereit ist, das Gut abgeliefert, sofern keine entgegenstehende Anweisung des Absenders oder seines Bevollmächtigten bei der Empfangs-

abfertigung eingegangen ist. Von der nachträglichen Ablieferung ist der Absender oder sein Bevollmächtigter, soweit diesen das Hindernis schon mitgeteilt war, unmittelbar zu verständigen.

(13) Hat der Empfänger den Frachtbrief angenommen, so hat die Eisenbahn das Gut, wenn es vom Empfänger nicht innerhalb der Abnahmefrist abgenommen wird oder aus anderen Gründen nicht abgeliefert werden kann, auf Kosten des Empfängers auf Lager zu nehmen. Der Empfänger ist hiervon zu benachrichtigen. Für die Lagerung solcher Güter, für ihre Überweisung an einen Spediteur oder an ein öffentliches Lagerhaus sowie für ihren Verkauf gelten die Vorschriften der Abs. (8) bis (11), wobei jedoch an die Stelle des Absenders der Empfänger tritt.

(14) Die Eisenbahn kann für ihre sich aus den vorstehenden Bestimmungen ergebenden Leistungen außer der Fracht und den sonstigen Unkosten die im Tarif festgesetzten Nebengebühren verlangen, es sei denn, daß sie ein Verschulden trifft.

§ 81. Feststellung von gänzlichem oder teilweisem Verlust oder von Beschädigung des Gutes

(1) Wird gänzlicher oder teilweiser Verlust oder eine Beschädigung des Gutes von der Eisenbahn entdeckt oder vermutet oder vom Verfügungsberechtigten behauptet, so hat die Eisenbahn die Ursache und den Zeitpunkt des Schadens ohne Verzug durch eine Tatbestandsaufnahme festzustellen. Bei teilweisem Verlust oder bei Beschädigung ist ferner der Zustand, erforderlichenfalls das Gewicht des Gutes und soweit möglich auch der Betrag des Schadens festzustellen; hierbei sind unbeteiligte Zeugen oder Sachverständige und wenn möglich auch der Verfügungsberechtigte zuzuziehen.

(2) Dem Verfügungsberechtigten ist auf sein Verlangen unentgeltlich eine Abschrift der Tatbestandsaufnahme auszuhändigen und das Ergebnis der Feststellungen schriftlich bekanntzugeben.

(3) Ergibt die vom Verfügungsberechtigten veranlaßte Untersuchung keinen oder nur einen von der Eisenbahn schon anerkannten Schadensfall, so wird außer den etwa erwachsenen Kosten die tarifmäßige Gebühr erhoben.

(4) Der Absender oder Empfänger kann den teilweisen Verlust oder die Beschädigung des Gutes auch durch amtlich ernannte Sachverständige feststellen lassen. Zu dieser Feststellung ist die Eisenbahn einzuladen. Die Vorschriften der Zivilprozeßordnung über die Sicherung des Beweises bleiben unberührt.

§ 82. Haftung der Eisenbahn im allgemeinen

(1) Die Eisenbahn haftet für den Schaden, der durch gänzlichen oder teilweisen Verlust oder durch Beschädigung des Gutes in der Zeit von der Annahme zur Beförderung bis zur Ablieferung entsteht, es sei denn, daß der Schaden durch ein Verschulden oder eine nicht von der Eisenbahn verschuldete Anweisung des Verfügungsberechtigten, durch besondere Mängel des Gutes, namentlich durch inneren Verderb, Schwinden, gewöhnlichen Rinnverlust oder durch höhere Gewalt verursacht ist.

(2) Die Eisenbahn haftet für die Überschreitung der Lieferfrist, es sei denn, daß die Überschreitung durch Umstände herbeigeführt worden ist, die sie nicht abzuwenden und denen sie auch nicht abzuhelfen vermochte.

(3) Wird eine nach den Bestimmungen dieser Ordnung beförderte Wagenladung ohne Umladung und ohne daß sie aus dem Gewahrsam der Eisenbahn

gekommen ist, neu aufgegeben, so wird vermutet, daß ein etwaiger teilweiser Verlust oder eine Beschädigung während des letzten Frachtvertrags eingetreten ist.

(4) Die gleiche Vermutung gilt, wenn eine nach den Bestimmungen des Internationalen Übereinkommens über den Eisenbahn-Frachtverkehr beförderte Wagenladung ohne Umladung und ohne daß sie aus dem Gewahrsam der Eisenbahn gekommen ist, nach den Bestimmungen dieser Ordnung neu aufgegeben wird, sofern bei direkter Abfertigung vom ursprünglichen Versandbahnhof bis zum letzten Bestimmungsbahnhof das Internationale Übereinkommen über den Eisenbahn-Frachtverkehr anzuwenden gewesen wäre.

(5) Wenn die Eisenbahn nach den Vorschriften dieser Ordnung oder des Tarifs ein Gut auf Lager nimmt, hat sie für die Sorgfalt eines ordentlichen Kaufmanns einzustehen.

§ 83. **Beschränkung der Haftung bei besonderen Gefahren**

(1) Die Eisenbahn haftet nicht für Schäden, die aus einer oder mehreren der nachbenannten Ursachen entstehen:

a) aus der mit der Beförderung in offenen Wagen verbundenen Gefahr für Güter, die nach den Vorschriften dieser Ordnung oder des Tarifs oder nach einer in den Frachtbrief aufgenommenen Vereinbarung mit dem Absender auf diese Weise befördert werden;

b) aus der mit dem Fehlen einer Verpackung oder mit der mangelhaften Beschaffenheit der Verpackung verbundenen Gefahr für Güter, die ohne Verpackung ihrer Natur nach Verlusten oder Beschädigungen ausgesetzt sind;

c) aus der mit dem Ver- oder Ausladen oder mit mangelhafter Verladung verbundenen Gefahr für Güter, die nach den Vorschriften dieser Ordnung oder des Tarifs oder nach einer in den Frachtbrief aufgenommenen Vereinbarung mit dem Absender von diesem verladen oder nach Vereinbarung mit dem Empfänger von diesem ausgeladen werden;

d) aus der besonderen Gefahr des gänzlichen oder teilweisen Verlusts oder der Beschädigung, namentlich durch Bruch, Rosten, inneren Verderb, außergewöhnlichen Rinnverlust, Austrocknen, Verstreuen, der gewisse Güter nach ihrer eigentümlichen natürlichen Beschaffenheit ausgesetzt sind;

e) aus der Gefahr, die daraus entsteht, daß der Absender von der Beförderung ausgeschlossene Gegenstände unter unrichtiger, ungenauer oder unvollständiger Bezeichnung aufgibt oder daß er nur bedingt zur Beförderung zugelassene Gegenstände unter unrichtiger, ungenauer oder unvollständiger Bezeichnung oder unter Außerachtlassung der vorgeschriebenen Vorsichtsmaßregeln aufgibt;

f) aus der für lebende Tiere mit der Beförderung verbundenen besonderen Gefahr;

g) aus der Gefahr, deren Abwendung durch die Begleitung von lebenden Tieren oder von Gütern bezweckt wird, wenn diese Tiere oder Güter nach den Bestimmungen dieser Ordnung oder des Tarifs oder nach einer in den Frachtbrief aufgenommenen Vereinbarung mit dem Absender begleitet werden müssen.

(2) Konnte nach den Umständen des Falles ein Schaden aus einer oder mehreren dieser Ursachen entstehen, so wird bis zum Nachweis des Gegenteils

durch den Berechtigten vermutet, daß der Schaden daraus entstanden ist. Diese Vermutung gilt im Falle des Abs. (1) a) nicht bei außergewöhnlichem Abgang oder bei Verlust von ganzen Stücken.

(3) Eine Befreiung von der Haftung auf Grund dieser Vorschriften kann nicht geltend gemacht werden, wenn der Schaden durch Verschulden der Eisenbahn entstanden ist.

§ 84. Beschränkung der Haftung bei Gewichtsverlusten

(1) Bei Gütern, die nach ihrer besonderen natürlichen Beschaffenheit bei der Beförderung regelmäßig einen Gewichtsverlust erleiden, haftet die Eisenbahn ohne Rücksicht auf die Länge der durchfahrenen Strecke nur für den Teil des Gewichtsverlusts, der die nachstehend zugelassenen Verlustgrenzen überschreitet:

a) zwei vom Hundert des Gewichts für die flüssigen oder in feuchtem Zustand aufgegebenen Güter sowie für die nachstehenden Güter: geraspelte oder gemahlene Farbhölzer, Felle, Fettwaren, getrocknete Fische, frische Früchte, frische Gemüse, Häute, Hautabfälle, Hopfen, Hörner und Klauen, frische Kitte, ganze oder gemahlene Knochen, Leder, getrocknetes oder gebackenes Obst, Pferdehaare, Rinden, Salz, Schafwolle, Schweinsborsten, Seifen und harte Öle, Süßholz, geschnittener Tabak, frische Tabakblätter, Tierflechsen, Wurzeln;

b) eins vom Hundert des Gewichts bei allen übrigen trockenen Gütern der eingangs bezeichneten Art.

(2) Werden mehrere Stücke mit demselben Frachtbrief befördert, so wird der Gewichtsverlust für jedes Stück besonders berechnet, wenn das Gewicht der einzelnen Stücke im Frachtbrief angegeben ist oder auf andere Weise festgestellt werden kann.

(3) Die Beschränkung der Haftung tritt nicht ein, soweit nachgewiesen wird, daß der Verlust den Umständen nach nicht infolge der besonderen natürlichen Beschaffenheit des Gutes entstanden ist oder soweit der angenommene Satz dieser Beschaffenheit oder den sonstigen Umständen des Falles nicht entspricht.

(4) Ist das Gut verlorengegangen, so wird für Gewichtsverlust nichts abgezogen.

(5) Die weitergehende Haftungsbefreiung der Eisenbahn nach § 83 (1) d) wird hierdurch nicht berührt.

§ 85. Höhe der Entschädigung bei gänzlichem oder teilweisem Verlust oder bei Beschädigung des Gutes

(1) Muß auf Grund des Frachtvertrags von der Eisenbahn für gänzlichen oder teilweisen Verlust des Gutes Schadensersatz geleistet werden, so wird die Entschädigung berechnet:

nach dem Börsenpreis,
in Ermangelung eines solchen nach dem Marktpreis,
in Ermangelung beider nach dem gemeinen Wert,

den Güter derselben Art und Beschaffenheit am Versandort im Zeitpunkt der Annahme zur Beförderung hatten. Jedoch darf die Entschädigung vorbehaltlich der in § 86 vorgesehenen Beschränkung 100 Reichsmark für jedes fehlende Kilogramm des Rohgewichts nicht übersteigen. Außerdem sind die Fracht, die Zölle und sonstige aus Anlaß der Beförderung des verlorenen Gutes bezahlte Beträge zu erstatten.

(2) Bei Beschädigung hat die Eisenbahn den Betrag der Wertverminderung zu zahlen. Die Entschädigung darf jedoch nicht übersteigen:

a) wenn die ganze Sendung durch die Beschädigung entwertet ist, den Betrag, der im Falle ihres gänzlichen Verlusts zu zahlen wäre;

b) wenn nur ein Teil der Sendung durch die Beschädigung entwertet ist, den Betrag, der im Falle des Verlusts des entwerteten Teils zu zahlen wäre.

(3) Eine höhere Entschädigung kann nur bei Angabe des Lieferwerts oder bei Vorsatz oder grober Fahrlässigkeit der Eisenbahn nach den §§ 90 und 91 beansprucht werden.

(4) Müssen bei der Berechnung der Entschädigung Beträge aus fremden Währungen umgerechnet werden, so ist hierfür der Kurs zur Zeit und am Orte der Zahlung maßgebend.

§ 86. Beschränkung der Höhe der Entschädigung durch den Tarif

(1) Die Eisenbahn kann in Ausnahmetarifen, die eine Preisermäßigung gegenüber den gewöhnlichen Tarifen enthalten, für die bei gänzlichem oder teilweisem Verlust, bei Beschädigung oder bei Lieferfristüberschreitung zu gewährende Entschädigung geringere als die in § 85 vorgesehenen Höchstbeträge festsetzen. Hat der Absender im Frachtbrief die Anwendung eines solchen Tarifs vorgeschrieben [§ 56 (2) s)], so haftet die Eisenbahn nur bis zu dem festgesetzten Höchstbetrag.

(2) Ist das Gut nur zum Teil über eine Strecke befördert worden, für die ein solcher Höchstbetrag im Tarif vorgesehen ist, so tritt die Beschränkung der Haftung der Eisenbahn nur ein, wenn die die Entschädigung begründende Tatsache sich auf diesem Teil der Beförderungsstrecke ereignet hat.

§ 87. Vermutung für den Verlust des Gutes. Wiederauffinden des Gutes

(1) Der Verfügungsberechtigte kann das Gut ohne weiteren Nachweis als verloren betrachten, wenn es nicht innerhalb eines Monats nach Ablauf der Lieferfrist abgeliefert oder zur Abholung bereitgestellt worden ist.

(2) Der Entschädigungsberechtigte kann bei Empfang der Entschädigung für das verlorene Gut in der Empfangsbescheinigung verlangen, daß er sofort benachrichtigt wird, wenn das Gut binnen dreier Jahre nach Zahlung der Entschädigung wieder aufgefunden wird. Hierüber ist ihm eine Bescheinigung zu erteilen.

(3) Innerhalb eines Monats nach erhaltener Nachricht vom Wiederauffinden des Gutes kann der Entschädigungsberechtigte verlangen, daß ihm das Gut nach seiner Wahl auf dem im Frachtbrief angegebenen Versand- oder Bestimmungsbahnhof kostenfrei ausgeliefert wird. Die erhaltene Entschädigung hat er nach Abzug der ihm nach den §§ 88 und 90 für die Überschreitung der Lieferfrist zustehenden Entschädigung zurückzuzahlen.

(4) In allen anderen Fällen kann die Eisenbahn über das wiederaufgefundene Gut frei verfügen.

§ 88. Höhe der Entschädigung bei Überschreitung der Lieferfrist

(1) Bei Überschreitung der Lieferfrist hat die Eisenbahn den nachgewiesenen Schaden bis zur Höhe der Fracht zu ersetzen.

(2) Bei gänzlichem Verlust des Gutes kann keine besondere Entschädigung für Lieferfristüberschreitung verlangt werden.

(3) Bei teilweisem Verlust ist Entschädigung für Lieferfristüberschreitung bis zur Höhe der auf den nicht verlorengegangenen Teil der Sendung entfallenden Fracht zu leisten.

(4) Bei Beschädigung tritt die Entschädigung für Lieferfristüberschreitung gegebenenfalls zu der in § 85 vorgesehenen Entschädigung hinzu.

(5) Beim Zusammentreffen von Lieferfristüberschreitung mit Beschädigung oder teilweisem Verlust des Gutes kann als Gesamtentschädigung nach Abs. (1) zuzüglich derjenigen nach § 85 (1) und (2) keine höhere Entschädigung beansprucht werden als bei gänzlichem Verlust des Gutes.

§ 89. Angabe des Lieferwerts

(1) Der Absender kann den Wert, den er der fristgemäßen Lieferung des unversehrten Gutes über den nach § 85 zu ersetzenden Wert hinaus beimißt — Lieferwert (Interesse an der Lieferung) —, im Frachtbrief angeben.

(2) Der Betrag des Lieferwerts ist an der dafür vorgesehenen Stelle des Frachtbriefs in Buchstaben einzutragen.

(3) Für je angefangene zehn Kilometer wird eine besondere Gebühr von einem Zehntel vom Tausend des angegebenen Betrages erhoben. Der Tarif kann die Gebühr herabsetzen und einen Mindestbetrag festsetzen.

(4) Ist die Ersatzpflicht nach § 86 auf einen Höchstbetrag beschränkt, so ist eine Angabe des Lieferwerts über diesen Betrag hinaus unzulässig.

§ 90. Umfang der Haftung bei Angabe des Lieferwerts

(1) Hat der Absender im Frachtbrief den Lieferwert angegeben, so kann im Falle der Entschädigungspflicht der Eisenbahn beansprucht werden:

a) bei gänzlichem oder teilweisem Verlust oder bei Beschädigung des Gutes
   1. die Entschädigung nach § 85 oder § 86,
      außerdem
   2. der Ersatz des nachgewiesenen weiteren Schadens bis zum Lieferwert;

b) bei Überschreitung der Lieferfrist:
   1. wenn nachgewiesen wird, daß ein Schaden aus der Überschreitung entstanden ist, eine Entschädigung bis zum Lieferwert,
   2. wenn ein Schaden aus Überschreitung der Lieferfrist nicht nachgewiesen wird, für jeden Tag, um den die Lieferfrist überschritten ist, ein Fünftel der Fracht, höchstens die ganze Fracht, jedoch nicht mehr als der Lieferwert.

(2) Wird nachgewiesen, daß neben einem Schaden aus Lieferfristüberschreitung ein von der Eisenbahn zu vertretender Schaden aus teilweisem Verlust oder Beschädigung entstanden ist, so kann verlangt werden:

a) die Entschädigung nach § 85 oder § 86,
   außerdem

b) der Ersatz des gesamten weiteren Schadens einschließlich des durch Überschreitung der Lieferfrist entstandenen bis zum Lieferwert.

(3) Ist der Lieferwert geringer als die ohne Angabe des Lieferwerts zu gewährende Entschädigung, so kann diese verlangt werden.

§ 91. Haftung bei Vorsatz oder grober Fahrlässigkeit der Eisenbahn

(1) Ist der Schaden durch Vorsatz oder grobe Fahrlässigkeit der Eisenbahn herbeigeführt worden, so hat die Eisenbahn den nachgewiesenen Schaden jeweils bis zum Doppelten der in den §§ 85, 86, 88 und 90 (1) a) und b) Ziff. 1 und Abs. (2) vorgesehenen Höchstbeträge zu ersetzen.

(2) Hat der Absender einen Lieferwert angegeben, so hat die Eisenbahn einen durch Vorsatz herbeigeführten Schaden in voller Höhe zu ersetzen.

§ 92. Verzinsung der Entschädigungsbeträge

Die von der Eisenbahn zu zahlenden Entschädigungsbeträge sind auf Verlangen vom Tage des Eingangs des Entschädigungsantrags an mit fünf vom Hundert zu verzinsen; Beträge unter zehn Reichsmark für den Frachtbrief werden jedoch nicht verzinst.

§ 93. Erlöschen der Ansprüche gegen die Eisenbahn aus dem Frachtvertrag

(1) Mit der Annahme des Gutes durch den Empfänger sind alle Ansprüche aus dem Frachtvertrag gegen die Eisenbahn erloschen.

(2) Hiervon sind ausgenommen:

a) Entschädigungsansprüche für Schäden, die durch Vorsatz oder grobe Fahrlässigkeit der Eisenbahn herbeigeführt sind;

b) Entschädigungsansprüche wegen Lieferfristüberschreitung, wenn sie innerhalb eines Monats, den Tag der Annahme durch den Empfänger nicht mitgerechnet, bei einer der nach § 95 (3) zuständigen Eisenbahnen schriftlich angebracht werden;

c) Entschädigungsansprüche wegen teilweisen Verlusts oder wegen Beschädigung:
   1. wenn der teilweise Verlust oder die Beschädigung vor der Annahme des Gutes durch den Empfänger nach § 81 festgestellt worden ist;
   2. wenn die Feststellung, die nach § 81 hätte erfolgen müssen, nur durch Verschulden der Eisenbahn unterblieben ist;
   3. wenn eine Wagenladung nach § 82 (3) neu aufgegeben und der teilweise Verlust oder die Beschädigung bei der Ablieferung an den letzten Empfänger festgestellt worden ist;

d) Entschädigungsansprüche wegen solcher Schäden, die bei der Annahme des Gutes durch den Empfänger äußerlich nicht erkennbar waren, jedoch nur unter folgenden Voraussetzungen:
   1. daß der Empfänger unverzüglich nach der Entdeckung des Schadens, spätestens aber binnen einer Woche, nachdem er das Gut angenommen hat, die Feststellung des Schadens gemäß § 81 beantragt und
   2. daß er beweist, daß der Schaden in der Zeit zwischen der Annahme zur Beförderung und der Ablieferung des Gutes entstanden ist;

e) Ansprüche auf Rückerstattung geleisteter Zahlungen oder Nachnahmen.

§ 94. Verjährung der Ansprüche aus dem Frachtvertrag

(1) Ansprüche aus dem Frachtvertrag verjähren in einem Jahre. Die Verjährungsfrist beträgt indessen drei Jahre:

a) bei Ansprüchen des Absenders auf Auszahlung einer Nachnahme, welche die Eisenbahn vom Empfänger eingezogen hat;

b) bei Ansprüchen auf Auszahlung des Erlöses eines von der Eisenbahn vorgenommenen Verkaufs;

c) bei Ansprüchen wegen eines durch Vorsatz verursachten Schadens.

(2) Die Verjährungsfrist beginnt:

a) bei Entschädigungsansprüchen wegen teilweisen Verlusts, Beschädigung oder Lieferfristüberschreitung mit Ablauf des Tages der Ablieferung;

b) bei Entschädigungsansprüchen wegen gänzlichen Verlusts des Gutes mit Ablauf des 30. Tages nach Beendigung der Lieferfrist;

c) bei Ansprüchen auf Zahlung, Nachzahlung oder Erstattung von Fracht, Frachtzuschlägen, Nebengebühren und sonstigen Kosten mit Ablauf des Tages der Zahlung oder, wenn keine Zahlung stattgefunden hat, mit Ablauf des Tages, an dem das Gut zur Beförderung angenommen worden ist;
d) bei Ansprüchen auf Zahlung oder Rückerstattung von Beträgen, die Gegenstand einer Freibetragrechnung waren, mit Ablauf des Tages, an dem die Freibetragrechnung mit dem Absender abgerechnet worden ist;
e) bei Ansprüchen der Eisenbahn auf Zahlung von Beträgen, die der Empfänger statt des Absenders oder die der Absender statt des Empfängers gezahlt hatte, und welche die Eisenbahn dem Berechtigten zurückerstatten muß, mit Ablauf des Tages der Rückerstattung des Betrags;
f) bei Ansprüchen wegen Nachnahmen mit Ablauf des 14. Tages nach Beendigung der Lieferfrist;
g) bei Ansprüchen auf Auszahlung eines Verkaufserlöses mit Ablauf des Verkaufstages;
h) bei Ansprüchen auf Zahlung eines von der Zollbehörde verlangten Betrags mit Ablauf des Tages, an dem die Zollbehörde den Betrag von der Eisenbahn angefordert hat.

(3) Die Verjährung des Anspruchs gegen die Eisenbahn wird, abgesehen von den allgemeinen gesetzlichen Hemmungsgründen, auch durch seine schriftliche Anmeldung gehemmt. Ergeht auf die Anmeldung ein abschlägiger Bescheid, so läuft die Verjährungsfrist von dem Tage an weiter, an dem die Eisenbahn ihre Entscheidung dem Anmeldenden schriftlich bekanntmacht und ihm die der Anmeldung etwa beigefügten Belege zurückgibt. Weitere Anträge, die denselben Anspruch zum Gegenstand haben, hemmen die Verjährung nicht.

(4) Die Unterbrechung der Verjährung regelt sich nach den allgemeinen gesetzlichen Vorschriften.

(5) Die Ansprüche gegen die Eisenbahn wegen gänzlichen oder teilweisen Verlusts oder wegen Beschädigung des Gutes oder wegen Überschreitung der Lieferfrist können nach Vollendung der Verjährung nur aufgerechnet werden, wenn vorher der gänzliche oder teilweise Verlust, die Beschädigung oder die Überschreitung der Lieferfrist der Eisenbahn angezeigt oder die Anzeige an sie abgesandt worden ist. Der Anzeige an die Eisenbahn steht es gleich, wenn gerichtliche Beweisaufnahme zur Sicherung des Beweises beantragt oder wenn in einem zwischen dem Absender und Empfänger oder einem späteren Erwerber des Gutes wegen des gänzlichen oder teilweisen Verlusts, der Beschädigung oder der Lieferfristüberschreitung anhängigen Rechtsstreit der Eisenbahn der Streit verkündet wird.

§ 95. Geltendmachung der Rechte aus dem Frachtvertrag

(1) Zur Geltendmachung der Rechte aus dem Frachtvertrag gegenüber der Eisenbahn ist vorbehaltlich der Bestimmungen der §§ 70 (4) und 71 (4) und (5) nur der befugt, dem das Verfügungsrecht über das Gut zusteht.

(2) Ist ein Frachtbriefdoppel ausgestellt, so kann der Absender Ansprüche aus dem Frachtvertrag nur geltend machen, wenn er das Doppel in Urschrift vorlegt. Vermag er dies nicht, so hat er nachzuweisen, daß der Empfänger seine Zustimmung erteilt oder die Annahme verweigert hat. Der Empfänger hat bei Geltendmachung von Ansprüchen aus dem Frachtvertrag den Frachtbrief in Urschrift vorzulegen, wenn er ihm übergeben worden ist. Andere

Belege können auch in Abschrift vorgelegt werden, die jedoch auf Verlangen der Eisenbahn öffentlich beglaubigt sein muß. Handelt es sich um eine Entschädigung wegen gänzlichen oder teilweisen Verlusts oder Beschädigung, so ist eine Bescheinigung über den Wert des Gutes beizufügen.

(3) Außergerichtliche Ansprüche sind schriftlich bei einer der in § 96 (3) genannten Eisenbahnen geltend zu machen, abgesehen von den in den §§ 70 (7) und 71 (6) vorgesehenen Fällen. Die Eisenbahn hat die Ansprüche mit tunlichster Beschleunigung zu prüfen und den Antragsteller schriftlich zu bescheiden, wenn keine Verständigung erzielt wird.

§ 96. Haftung und Inanspruchnahme mehrerer an der Beförderung beteiligter Eisenbahnen

(1) Die Versandbahn haftet für die Ausführung der Beförderung bis zur Ablieferung des Gutes an den Empfänger ohne Rücksicht darauf, ob nur eigene oder auch fremde Strecken benutzt werden.

(2) Jede nachfolgende Bahn tritt dadurch, daß sie das Gut mit dem bei der Aufgabe ausgestellten Frachtbrief übernimmt, in den Frachtvertrag nach Maßgabe des Frachtbriefs ein und übernimmt die sich daraus ergebenden Verpflichtungen.

(3) Die Ansprüche aus dem Frachtvertrag können jedoch im Wege der Klage nur gegen die Versandbahn oder die Empfangsbahn, auch wenn diese das Gut nicht erhalten hat, oder gegen die Bahn gerichtet werden, auf deren Strecke sich die den Anspruch begründende Tatsache ereignet hat. Unter diesen Bahnen hat der Kläger die Wahl. Das Wahlrecht erlischt mit Erhebung der Klage. Durch Widerklage oder Aufrechnung können Ansprüche aus dem Frachtvertrag auch gegen eine andere Bahn geltend gemacht werden, wenn deren Klage sich auf denselben Frachtvertrag gründet.

(4) Hat auf Grund dieser Vorschriften eine der beteiligten Bahnen Schadensersatz geleistet, so steht ihr der Rückgriff gegen die Bahn zu, die den Schaden verschuldet hat. Kann diese nicht ermittelt werden, so haben die beteiligten Bahnen den Schaden nach dem Verhältnis der Streckenlängen, mit denen sie an der Beförderung beteiligt sind, gemeinsam zu tragen, soweit nicht festgestellt wird, daß der Schaden nicht auf ihren Strecken entstanden ist. Die Eisenbahnen können über den Rückgriff allgemein oder im einzelnen Falle andere Vereinbarungen treffen.

XII. Dritte Verordnung zur Einführung handelsrechtlicher Vorschriften im Lande Österreich

Vom 14. Oktober 1938 (RGBl. I S. 1428)

Auf Grund des Gesetzes über die Wiedervereinigung Österreichs mit dem Deutschen Reich vom 13. März 1938 (Reichsgesetzbl. I S. 237) wird folgendes verordnet:

§ 1. (1) Für das Land Österreich werden hierdurch in Kraft gesetzt:

1. die Vorschriften des Handelsgesetzbuchs vom 10. Mai 1897 (Reichsgesetzblatt S. 219) über das Lagergeschäft (§§ 416 bis 424);
2. die Verordnung über Orderlagerscheine vom 16. Dezember 1931 (Reichsgesetzbl. I S. 763);

3. die Verordnung des Reichspräsidenten zur Erleichterung der Erntebewegung vom 6. August 1931 (Reichsgesetzbl. I S. 433);
4. die Verordnung über Einlagerung von Getreide durch die Deutsche Getreide-Handels-Gesellschaft vom 28. August 1931 (Reichsgesetzbl. I S. 477);
5. die Verordnung über Einlagerung von Malz durch die Deutsche Getreide-Handels-Gesellschaft vom 16. Juli 1932 (Reichsgesetzbl. I S. 381);
6. die Verordnung über Einlagerung von Kartoffelflocken und Kartoffelstärkemehl durch die Deutsche Getreide-Handels-Gesellschaft vom 22. August 1932 (Reichsgesetzbl. I S. 413).

(2) Diese Vorschriften sind im Lande Österreich mit den Änderungen anzuwenden, die sich aus den folgenden Überleitungsbestimmungen (§§ 2 bis 7) ergeben. Die Überleitungsbestimmungen treten außer Kraft, soweit die fortschreitende Rechtsvereinheitlichung sie gegenstandslos macht.

§ 2. Soweit in den im § 1 Abs. 1 Nr. 1 und 2 eingeführten Vorschriften auf Vorschriften des Handelsgesetzbuchs und des Bürgerlichen Gesetzbuchs verwiesen wird, treten an ihre Stelle die entsprechenden Vorschriften des österreichischen Rechts, und zwar:

1. im Handelsgesetzbuch:
   a) im § 417 Abs. 1 an Stelle der §§ 388 bis 390 des Handelsgesetzbuchs die Artikel 365 bis 367 des österreichischen Handelsgesetzbuchs;
   b) im § 423 an Stelle des § 414 des Handelsgesetzbuchs der Artikel 386 des österreichischen Handelsgesetzbuchs;
2. in der Verordnung über Orderlagerscheine:
   a) im § 1 an Stelle des § 363 Abs. 2 und der §§ 364, 365 des Handelsgesetzbuchs die Artikel 302, 303 und 305 Abs. 1 des österreichischen Handelsgesetzbuchs;
   b) im § 25 an Stelle des § 373 des Handelsgesetzbuchs der Artikel 343 des österreichischen Handelsgesetzbuchs;
   c) im § 26 Abs. 3 an Stelle des § 438 des Handelsgesetzbuchs der Artikel 408 des österreichischen Handelsgesetzbuchs;
   d) im § 27 an Stelle des § 414 Abs. 3 und 4 des Handelsgesetzbuchs Artikel 386 Abs. 3 und 4 des österreichischen Handelsgesetzbuchs.

§ 3. (1) § 22 Abs. 3 und 4 der Verordnung über Orderlagerscheine ist im Lande Österreich nicht anzuwenden.

(2) Der Verkauf des Pfandes richtet sich nach § 7.

§ 4. Für das Aufgebotsverfahren (§ 42 der Verordnung über Orderlagerscheine) gelten die Vorschriften der österreichischen Verordnung über die Kraftloserklärung von Urkunden vom 31. August 1915 (RGBl. Nr. 257). Die Aufgebotsfrist beträgt zwei Monate; sie läuft, wenn die bedungene Lagerzeit noch nicht abgelaufen ist, vom ersten Tag nach Ablauf der Lagerzeit.

§ 5. An die Stelle der Deutschen Getreide-Handels-Gesellschaft tritt in allen Fällen (§ 1 Abs. 1 Nrn. 3 bis 6) die Geschäftsabteilung der Reichsstelle für Getreide, Futtermittel und sonstige landwirtschaftliche Erzeugnisse.

§ 6. In der Lagerordnung (Anlage zu der Verordnung vom 28. August 1931, Reichsgesetzbl. I S. 477) treten bei Einlagerungen der Reichsstelle für Getreide, Futtermittel und sonstige landwirtschaftliche Erzeugnisse (Geschäftsabteilung) im Lande Österreich an Stelle der angeführten Bestimmungen des Handelsgesetzbuchs die nach dieser Verordnung an ihrer Stelle anzuwendenden Vorschriften des österreichischen Rechts. § 9 Abs. 1 Satz 3, Abs. 2 der Lagerordnung ist nicht anzuwenden; der Verkauf des Pfandes richtet sich nach § 7. Für das Aufgebotsverfahren (§ 15 der Lagerordnung) sind die Bestimmungen des § 4 dieser Verordnung, für das Verfahren vor dem im § 17 der Lagerordnung eingesetzten Schiedsgericht die Bestimmungen der §§ 577 bis 599 der österreichischen Zivilprozeßordnung maßgebend.

§ 7. Lagerhalter können sich aus den Gütern, an denen ihnen ein gesetzliches Pfandrecht zusteht, nach Artikel 310 des österreichischen Handelsgesetzbuchs, falls sie aber zur Ausstellung von Orderlagerscheinen berechtigt sind, nach ihrer Wahl auch nach Artikel 311 des österreichischen Handelsgesetzbuchs befriedigen. Ist ein Orderlagerschein ausgestellt, so hat der Lagerhalter die in diesen Vorschriften vorgesehenen Benachrichtigungen an den letzten ihm bekanntgewordenen legitimierten Besitzer des Lagerscheins zu richten.

§ 8. Güter, über die ein Orderlagerschein ausgestellt ist, sowie die dem Eigentümer eines solchen Lagerscheins zustehenden Rechte können nicht Gegenstand selbständiger Zwangsvollstreckungs- oder Sicherungsmaßnahmen sein. Gegenstand solcher Maßnahmen ist ausschließlich der Lagerschein.

§ 9. Artikel 272 Abs. 1 Ziffer 3 des österreichischen Handelsgesetzbuchs erhält folgende Fassung:

„3. die Geschäfte des Kommissionärs, des Spediteurs, des Frachtführers und des Lagerhalters sowie die Geschäfte der für den Transport von Personen bestimmten Anstalten."

§ 10. Im Lande Österreich treten außer Kraft:

1. das Gesetz vom 28. April 1889 (RGBl. Nr. 64), betreffend die Errichtung und den Betrieb öffentlicher Lagerhäuser und die von denselben ausgestellten Lagerscheine;
2. die Verordnung vom 17. November 1914 (RGBl. Nr. 317), betreffend die Ausfolgung von Waren aus öffentlichen Lagerhäusern ohne Rückstellung des Lagerscheins.

§ 11. (1) Diese Verordnung tritt mit dem Tage der Verkündung in Kraft.

(2) Für die Lagerhalter, die auf Grund der bisher im Lande Österreich geltenden Vorschriften zur Ausstellung von Orderlagerscheinen berechtigt waren, verbleibt es bis zum 31. März 1939 bei den bisher geltenden Vorschriften.

(3) Lagerhalter, denen eine Konzession zur Errichtung eines öffentlichen Lagerhauses erteilt worden ist, gelten als zur Ausstellung von Lagerscheinen nach der Verordnung über Orderlagerscheine ermächtigt. Sie sind jedoch verpflichtet, rechtzeitig ihre Lagerordnung den neuen Vorschriften anzupassen und der Ermächtigungsbehörde (§ 1 der Verordnung über Orderlagerscheine) vorzulegen. Auf Verlangen der Ermächtigungsbehörde sind auch die übrigen im § 2 der Verordnung über Orderlagerscheine vorgesehenen Unterlagen vorzulegen. Kommt der Lagerhalter diesen Verpflichtungen nicht nach, so kann die Ermächtigungsbehörde die Ermächtigung widerrufen. § 13 Abs. 4 der Verordnung über Orderlagerscheine ist anzuwenden.

XIII. Vierte Verordnung zur Einführung handelsrechtlicher Vorschriften im Lande Österreich

Vom 24. Dezember 1938 (RGBl. I S. 1999)

Auf Grund des Gesetzes über die Wiedervereinigung Österreichs mit dem Deutschen Reich vom 13. März 1938 (Reichsgesetzbl. I S. 237) wird folgendes verordnet:

Erster Abschnitt
Allgemeine Bestimmungen

Art. 1. (1) Im Lande Österreich treten in Kraft:

1. das Handelsgesetzbuch, soweit es nicht schon im Lande Österreich gilt, jedoch mit Ausnahme des Sechsten und Siebenten Abschnitts des Ersten Buchs;
2. die Art. 6 und 7 des Einführungsgesetzes zum Handelsgesetzbuch;
3. der Siebente Abschnitt „Handelssachen" des Gesetzes über die Angelegenheiten der freiwilligen Gerichtsbarkeit mit Ausnahme des § 147 und, soweit er sich auf die Erwerbs- und Wirtschaftsgenossenschaften bezieht, des § 148 Abs. 1;
4. § 2 des Gesetzes über die Neubezeichnung von Blättern für öffentliche Bekanntmachungen vom 15. Juni 1933 (Reichsgesetzbl. I S. 371);
5. das Gesetz über die Auflösung und Löschung von Gesellschaften und Genossenschaften vom 9. Oktober 1934 (Reichsgesetzbl. I S. 914);
6. das Gesetz über die Einsicht in gerichtliche öffentliche Bücher und Register vom 30. September 1936 (Reichsgesetzbl. I S. 853);
7. die Handelsregisterverfügung (Allgemeine Verfügung des Reichsministers der Justiz vom 12. August 1937 — 3822/1 Va⁶ 1469 — Reichsministerialbl. S. 515, Deutsche Justiz S. 1251).

(2) Die im Abs. 1 bezeichneten Vorschriften sind im Lande Österreich nach Maßgabe der folgenden Bestimmungen anzuwenden, die zur Anpassung an das in Österreich geltende Recht getroffen werden. Diese Bestimmungen werden unwirksam, sobald ihr Grund durch die fortschreitende Vereinheitlichung des Rechts wegfällt. Hierüber kann in Zweifelsfällen der Reichsminister der Justiz durch Verordnung oder Allgemeine Verfügung entscheiden.

Art. 2. Wo in den im Art. 1 angeführten Vorschriften im allgemeinen auf das Bürgerliche Gesetzbuch, die Zivilprozeßordnung, die Konkursordnung oder ein anderes Gesetz verwiesen wird, sind darunter die im Lande Österreich geltenden Gesetze zu verstehen.

Art. 3. Wo in Vorschriften des österreichischen Rechts auf Bestimmungen verwiesen wird, die durch diese Verordnung aufgehoben oder abgeändert werden, erhält die Verweisung ihren Inhalt aus den entsprechenden neuen Bestimmungen.

Zweiter Abschnitt
Angleichungs- und Ergänzungsbestimmungen zum Handelsgesetzbuch (HGB.)

Art. 4. In Handelssachen sind die Vorschriften des allgemeinen bürgerlichen Rechts nur insoweit anzuwenden, als nicht die besonders für Handelssachen geltenden Gesetze etwas anderes bestimmen. Unter diesen Gesetzen ist auch das Gewohnheitsrecht zu verstehen.

Art. 5. Für den Besitz im Sinne des Handelsgesetzbuchs ist es nicht erforderlich, daß der Inhaber den Willen hat, die Sache als die seinige zu behalten.

Art. 6

Zum Ersten Buch des Handelsgesetzbuchs (Handelsstand)

1. Zu § 1 Abs. 2 Nr. 7 HGB.

Handelsagenten

Handelsagenten sind die Handelsagenten im Sinne des § 1 des Handelsagentengesetzes vom 24. Juni 1921 (BGBl. Nr. 348).

2. Zu § 4 HGB.

Großhandwerker

Unter Handwerkern sind nur solche zu verstehen, deren Gewerbebetrieb über den Umfang des Kleingewerbes nicht hinausgeht.

3. Zu § 11 Abs. 2 HGB.

Bekanntmachungsblätter

Abs. 2 ist in folgender Fassung anzuwenden:

„Wird das Handelsregister bei einem Gericht von mehreren Richtern geführt und einigen sich diese über die Bezeichnung der Blätter nicht, so wird die Bestimmung von dem Handelssenat des im Rechtszug vorgeordneten Landgerichts (Handelsgerichts) getroffen."

4. Zu § 14 HGB.

Ordnungsstrafen

Die Ordnungsstrafe beträgt mindestens eine Reichsmark und höchstens eintausend Reichsmark.

5. Zu § 25 HGB.

Erwerb eines Handelsgeschäfts unter Lebenden

(1) § 25 Abs. 1 über die Haftung des Erwerbers eines Handelsgeschäfts gilt nicht, wenn dieses im Wege des Konkursverfahrens oder der Zwangsvollstreckung übernommen wird.

(2) Durch § 25 wird eine durch andere Vorschriften begründete Haftung für die zu einem übernommenen Vermögen oder Unternehmen gehörigen Schulden nicht berührt.

6. Zu § 27 Abs. 2 HGB.

Erwerb eines Handelsgeschäfts durch Erbfolge

Abs. 2 ist in folgender Fassung anzuwenden:

„Die unbeschränkte Haftung nach § 25 Abs. 1 tritt nicht ein, wenn die Fortführung des Geschäfts vor dem Ablauf von drei Monaten eingestellt wird. Die dreimonatige Frist läuft von der Einantwortung der Verlassenschaft oder, wenn dem Erben die Besorgung und Benutzung der Verlassenschaft nach § 810 des österreichischen Bürgerlichen Gesetzbuchs überlassen worden ist, von der Erlassung dieser Anordnung. Ist der Erbe nicht eigenberechtigt und ist für ihn kein gesetzlicher Vertreter bestellt, so endet diese Frist nicht vor dem Ablauf von drei Monaten seit der Bestellung eines gesetzlichen Vertreters oder seit dem Eintritt der unbeschränkten Handlungsfähigkeit des Erben."

7. Zu § 29 HGB.

Ehepakte von Kaufleuten

(1) Die dem Ehegatten eines Kaufmanns, dessen Firma im Handelsregister eingetragen ist, durch die Ehepakte eingeräumten Vermögensrechte sind, um den Handelsgläubigern gegenüber wirksam zu sein, gleichfalls Gegenstand der Eintragung in das Handelsregister, die Ehepakte mögen schon vor oder erst nach der Eintragung der Firma geschlossen worden sein. Der Ehegatte kann verlangen, daß der Kaufmann die Ehepakte zum Handelsregister anmeldet.

(2) In das Handelsregister sind nur das Datum der eingereichten Ehepakte oder ihrer Änderungen sowie der Name, Vorname, Beruf und Wohnort des Ehegatten einzutragen.

(3) Aus den Ehepakten gegen einen Kaufmann entspringende Rechte sind einem Handelsgläubiger gegenüber unwirksam, dessen Forderung entstanden ist, bevor die Ehepakte in das Handelsregister eingetragen worden sind.

(4) Abs. 3 gilt nicht, soweit die aus den Ehepakten entspringenden Rechte dem Gläubiger vor Entstehung der Forderung bekannt waren oder, soweit es sich um Rechte aus den Ehepakten handelt, die schon vor Entstehung der Forderung in einem öffentlichen Buch eingetragen waren.

(5) Abs. 1 bis 4 gelten auch für die persönlich haftenden Gesellschafter einer Handelsgesellschaft.

8. Zu § 32 HGB.

Eintragung der Eröffnung des Ausgleichs- und Geschäftsaufsichtsverfahrens

§ 32 gilt sinngemäß für das Ausgleichs- und Geschäftsaufsichtsverfahren.

9. Zu § 36 HGB.

Eintragung von Unternehmen der Kommunalverbände

Als inländische Kommunalverbände sind die ehemaligen österreichischen Bundesländer sowie die Gemeinden und Gemeindeverbände anzusehen.

10. Zu §§ 49, 54 HGB.

Prokura und Handlungsvollmacht

Zu den Geschäften und Rechtshandlungen, zu denen die Prokura oder die Handlungsvollmacht ermächtigt, bedarf es keiner besonderen Vollmacht nach § 1008 des österreichischen Bürgerlichen Gesetzbuchs.

11. Zu § 54 HGB.

Widerruflichkeit der Handlungsvollmacht

Die Handlungsvollmacht ist unbeschadet des Anspruchs auf die vertragsmäßige Vergütung jederzeit widerruflich, sofern sich nicht aus dem der Erteilung der Vollmacht zugrunde liegenden Rechtsverhältnis das Gegenteil ergibt.

12. Zu §§ 93 bis 104 HGB.

Amtlich bestellte Handelsmäkler

(1) Die Vorschriften des Achten Abschnitts des Ersten Buchs des Handelsgesetzbuchs über die Handelsmäkler sind mit Ausnahme des § 100 Abs. 2 auf Handelsmäkler nicht anzuwenden, die auf Grund des Gesetzes vom 4. April 1875 (RGBl. Nr. 68), betreffend die Handelsmäkler und Sensale, amtlich bestellt werden. Wo in den bisherigen österreichischen Vorschriften von Han-

delsmäklern gesprochen wird, sind darunter nur die auf Grund des genannten Gesetzes amtlich bestellten Handelsmäkler (Sensale) zu verstehen.

(2) Für solche Handelsmäkler bleiben die Vorschriften des Siebenten Teils des Ersten Buchs des österreichischen Handelsgesetzbuchs in der Fassung des Gesetzes vom 4. April 1875 (RGBl. Nr. 68) mit Ausnahme des Art. 72 Abs. 4 und der Art. 77, 78 und 79 Abs. 2 in Geltung. In der amtlichen Bestellung eines solchen Handelsmäklers ist die öffentliche Ermächtigung enthalten, deren Handelsmäkler zu Käufen und Verkäufen bedürfen.

13. Zu § 99 HGB.

Mäklerlohn

(1) Der Mäklerlohn ist zu bezahlen, sobald der Vertrag infolge der Vermittlung des Handelsmäklers zustande kommt. Wird der Vertrag unter einer aufschiebenden Bedingung geschlossen, so kann der Mäklerlohn erst verlangt werden, wenn die Bedingung eintritt.

(2) Ist die Höhe des Mäklerlohns nicht bestimmt, so gilt ein angemessener Lohn als bedungen.

(3) Aufwendungen sind dem Mäkler nur zu ersetzen, wenn es vereinbart ist. Dies gilt auch dann, wenn ein Vertrag nicht zustande kommt.

(4) Der Anspruch auf den Mäklerlohn und den Ersatz von Aufwendungen ist ausgeschlossen, wenn der Mäkler dem Inhalt des Vertrages zuwider auch für den anderen Teil tätig gewesen ist.

Art. 7

Zum Zweiten Buch des Handelsgesetzbuchs (Handelsgesellschaften und stille Gesellschaft)

I. Offene Handelsgesellschaft

1. Zu § 105 HGB.

Ergänzende Anwendung des Bürgerlichen Rechts

Auf die offene Handelsgesellschaft sind die Vorschriften des 27. Hauptstücks des Zweiten Teils des österreichischen Bürgerlichen Gesetzbuchs nicht mehr anzuwenden. An Stelle der im § 105 Abs. 2 für anwendbar erklärten Vorschriften des Bürgerlichen Gesetzbuchs über die Gesellschaft finden die nachstehenden Vorschriften Nr. 2 bis 15 und 17 bis 19 ergänzend Anwendung.

2. Zu § 109 HGB.

Einlagen der Gesellschaft

(1) Die Gesellschafter haben in Ermangelung einer anderen Vereinbarung gleiche Einlagen zu leisten.

(2) Sind vertretbare oder verbrauchbare Sachen einzubringen, so ist im Zweifel anzunehmen, daß sie gemeinschaftliches Eigentum der Gesellschafter werden sollen. Gleiches gilt von nicht vertretbaren und nicht verbrauchbaren Sachen, wenn sie nach einer Schätzung einzubringen sind, die nicht bloß für die Gewinnverteilung bestimmt ist.

(3) Die Einlage eines Gesellschafters kann auch in der Leistung von Diensten bestehen.

(4) Zur Erhöhung der vereinbarten oder zur Ergänzung der durch Verlust verminderten Einlage ist ein Gesellschafter nicht verpflichtet.

3. Zu § 109 HGB.

Sorgfaltspflicht

Ein Gesellschafter hat bei Erfüllung der ihm obliegenden Verpflichtungen nur für diejenige Sorgfalt einzustehen, die er in eigenen Angelegenheiten anzuwenden pflegt. Von der Haftung wegen grober Fahrlässigkeit wird er durch diese Vorschrift nicht befreit.

4. Zu § 110 HGB.

Aufwendungen der Gesellschafter; Herausgabepflicht

(1) Ein Gesellschafter kann für die Aufwendungen, die zur Erledigung der Gesellschaftsangelegenheiten nötig sind, von der Gesellschaft einen Vorschuß verlangen.

(2) Er hat alles, was er zur Führung der Geschäfte erhält und was er aus der Geschäftsführung erlangt, an die Gesellschaft herauszugeben.

5. Zu § 114 HGB.

Übertragung der Geschäftsführungsbefugnis

Ein Gesellschafter darf im Zweifel die Führung der Geschäfte nicht einem Dritten übertragen. Ist die Übertragung gestattet, so hat er nur ein ihm bei der Übertragung zur Last fallendes Verschulden zu vertreten. Das Verschulden eines Gehilfen hat er in gleichem Umfange zu vertreten wie eigenes Verschulden.

6. Zu § 115 HGB.

Abweichung von Weisungen; Auskunftspflicht

(1) Ist ein Gesellschafter an die Weisungen der übrigen Gesellschafter gebunden, so kann er von den ihm erteilten Weisungen abweichen, wenn er den Umständen nach annehmen darf, daß die übrigen Gesellschafter bei Kenntnis der Sachlage die Abweichung billigen würden. Er hat vor der Abweichung den übrigen Gesellschaftern Anzeige zu machen und ihre Entschließung abzuwarten, wenn nicht mit dem Aufschub Gefahr verbunden ist.

(2) Ein geschäftsführender Gesellschafter ist verpflichtet, der Gesellschaft die erforderlichen Nachrichten zu geben, auf Verlangen über den Stand des Geschäfts Auskunft zu erteilen und Rechenschaft abzulegen.

7. Zu § 117 HGB.

Kündigung der Geschäftsführung

(1) Ein Gesellschafter kann die Geschäftsführung kündigen, wenn ein wichtiger Grund vorliegt. Auf dieses Recht kann nicht verzichtet werden.

(2) Die Geschäftsführung darf nur in der Art gekündigt werden, daß die Gesellschafter für die Führung der Geschäfte anderweit Vorsorge treffen können, es sei denn, daß ein wichtiger Grund für die unzeitige Kündigung vorliegt. Kündigt der Gesellschafter ohne solchen Grund zur Unzeit, so hat er der Gesellschaft den daraus entstehenden Schaden zu ersetzen.

8. Zu § 121 HGB.

Gewinn- und Verlustverteilung

Enthält der Gesellschaftsvertrag eine von Abs. 3 abweichende Bestimmung nur über den Anteil am Gewinn oder über den Anteil am Verlust, so gilt die Bestimmung im Zweifel für Gewinn und Verlust.

9. Zu § 124 HGB.

Gesellschaftsvermögen

(1) Die Einlagen der Gesellschafter und die durch die Geschäftsführung für die Gesellschaft erworbenen Gegenstände werden gemeinschaftliches Vermögen der Gesellschafter (Gesellschaftsvermögen).

(2) Zu dem Gesellschaftsvermögen gehört auch, was auf Grund eines zu dem Gesellschaftsvermögen gehörenden Rechts oder als Ersatz für die Zerstörung, Beschädigung oder Entziehung eines zu dem Gesellschaftsvermögen gehörenden Gegenstandes erworben wird.

10. Zu § 124 HGB.

Keine Verfügung des Gesellschafters über seinen Anteil am Gesellschaftsvermögen; Aufrechnungsverbot

(1) Ein Gesellschafter kann nicht über seinen Anteil an dem Gesellschaftsvermögen und an den einzelnen dazu gehörenden Gegenständen verfügen; er ist nicht berechtigt, Teilung zu verlangen.

(2) Gegen eine Forderung, die zum Gesellschaftsvermögen gehört, kann der Schuldner nicht eine ihm gegen einen einzelnen Gesellschafter zustehende Forderung aufrechnen.

(3) Die Zugehörigkeit einer nach Nr. 9 erworbenen Forderung zum Gesellschaftsvermögen hat der Schuldner erst dann gegen sich gelten zu lassen, wenn er von der Zugehörigkeit Kenntnis erlangt. Die §§ 1395, 1396 des österreichischen Bürgerlichen Gesetzbuchs gelten sinngemäß.

11. Zu § 124 HGB.

Unübertragbarkeit und Unpfändbarkeit von Ansprüchen aus dem Gesellschaftsverhältnis

Die Ansprüche, die den Gesellschaftern aus dem Gesellschaftsverhältnis gegeneinander oder gegen die Gesellschaft zustehen, sind nicht übertragbar und können nicht gepfändet werden. Ausgenommen sind die einem Gesellschafter aus der Geschäftsführung zustehenden Ansprüche, soweit deren Befriedigung vor der Auseinandersetzung verlangt werden kann, sowie die Ansprüche auf einen Gewinnanteil oder auf dasjenige, was dem Gesellschafter bei der Auseinandersetzung zukommt.

12. Zu § 128 HGB.

Ansprüche der Gesellschaftsgläubiger im Konkurs- oder Ausgleichsverfahren gegen Gesellschafter

Im Konkurs- oder Ausgleichsverfahren über das Privatvermögen eines Gesellschafters können die Gesellschaftsgläubiger, wenn auch über das Vermögen der Gesellschaft das Konkurs- oder Ausgleichsverfahren eröffnet ist, nur wegen des Ausfalls Befriedigung suchen, den sie im Konkurs- oder Ausgleichsverfahren über das Gesellschaftsvermögen erlitten haben.

13. Zu § 131 Nr. 5 HGB.

Konkurs über das Vermögen der aufgelösten Gesellschaft

Solange noch ungeteiltes Vermögen einer aufgelösten Gesellschaft vorhanden ist, kann darüber ein selbständiger Konkurs eröffnet werden.

14. Zu § 132 HGB.

Beschränkung der Kündigungsbefugnis

Eine Vereinbarung, durch die das Kündigungsrecht ausgeschlossen oder in anderer Weise als durch Verlängerung der Kündigungsfrist erschwert wird, ist nichtig.

15. Zu § 138 HGB.

Auseinandersetzung mit dem ausscheidenden Gesellschafter

(1) Der Anteil des ausscheidenden Gesellschafters am Gesellschaftsvermögen wächst den übrigen Gesellschaftern zu.

(2) Dem ausscheidenden Gesellschafter sind die Gegenstände, die er der Gesellschaft zur Benutzung überlassen hat, zurückzugeben. Für einen durch Zufall in Abgang gekommenen oder verschlechterten Gegenstand kann er nicht Ersatz verlangen.

(3) Dem ausscheidenden Gesellschafter ist in Geld auszuzahlen, was er bei der Auseinandersetzung erhalten würde, falls die Gesellschaft zur Zeit seines Ausscheidens aufgelöst worden wäre. Der Wert des Gesellschaftsvermögens ist, soweit erforderlich, durch Schätzung zu ermitteln.

(4) Der ausscheidende Gesellschafter ist von den Gesellschaftsschulden zu befreien, für die er den Gläubigern haftet. Ist eine Schuld noch nicht fällig, so kann ihm die Gesellschaft Sicherheit leisten, statt ihn zu befreien.

(5) Reicht der Wert des Gesellschaftsvermögens zur Deckung der Gesellschaftsschulden und der Kapitalanteile der Gesellschafter nicht aus, so hat der ausscheidende Gesellschafter den Teil des Fehlbetrages an die Gesellschaft zu zahlen, der nach dem Verhältnis seines Anteils am Verlust auf ihn entfällt.

16. Zu § 138 HGB.

Beteiligung des Ausscheidenden an schwebenden Geschäften

(1) Der ausgeschiedene Gesellschafter nimmt an dem Gewinn und dem Verlust teil, der sich aus den zur Zeit seines Ausscheidens schwebenden Geschäften ergibt. Die Gesellschaft ist berechtigt, diese Geschäfte so zu beendigen, wie es ihr am vorteilhaftesten erscheint.

(2) Der ausgeschiedene Gesellschafter kann am Schluß jedes Geschäftsjahres Rechenschaft über die inzwischen beendeten Geschäfte, Auszahlung des ihm gebührenden Betrags und Auskunft über den Stand der noch schwebenden Geschäfte verlangen.

17. Zu § 139 HGB.

Fortsetzung der Gesellschaft mit den Erben eines Gesellschafters

§ 139 ist mit folgender Maßgabe anzuwenden:

„(1) Ist im Gesellschaftsvertrag bestimmt, daß im Falle des Todes eines Gesellschafters die Gesellschaft mit seinen Erben fortgesetzt werden soll, so besteht sie nach dem Tode dieses Gesellschafters mit seiner Verlassenschaft und nach deren Einantwortung mit den Erben fort.

(2) Die im Abs. 1 und 2 des § 139 bezeichneten Rechte können von den Erben nur innerhalb einer Frist von einem Monat nach der Einantwortung der Verlassenschaft geltend gemacht werden. Ist der Erbe nicht eigenberechtigt und ist für ihn kein gesetzlicher Vertreter bestellt, so läuft die einmonatige Frist erst von der Bestellung eines solchen oder von dem Eintritt der Eigenberechtigung des Erben."

18. Zu § 149 HGB.

Auseinandersetzung

Den Gesellschaftern sind die Gegenstände, die sie der Gesellschaft zur Benutzung überlassen haben, zurückzugeben. Für einen durch Zufall in Abgang gekommenen oder verschlechterten Gegenstand können sie Ersatz nicht verlangen.

19. Zu § 155 HGB.

Ausgleich unter den Gesellschaftern

Reicht das Gesellschaftsvermögen zur Deckung der Gesellschaftsschulden und der Kapitalanteile der Gesellschafter nicht aus, so haben die Gesellschafter für den Fehlbetrag nach dem Verhältnis aufzukommen, nach dem sie den Verlust zu tragen haben. Kann von einem Gesellschafter der auf ihn entfallende Betrag nicht erlangt werden, so haben die übrigen Gesellschafter den Ausfall nach dem genannten Verhältnis zu tragen.

20. Zu § 159 HGB.

Verjährung der Ansprüche gegen einen Gesellschafter

Die Verjährung der Ansprüche gegen Gesellschafter aus Verbindlichkeiten der Gesellschaft läuft gegen nicht eigenberechtigte Gläubiger auch dann, wenn für sie kein gesetzlicher Vertreter bestellt ist. Doch endet die Verjährungszeit nicht vor dem Ablauf von sechs Monaten nach dem Eintritt der unbeschränkten Eigenberechtigung des Gläubigers oder der Bestellung des gesetzlichen Vertreters.

21. II. Kommanditgesellschaft

Die Vorschrift der Nr. 12 über die Beschränkung der Ansprüche der Gläubiger der Gesellschaft im Konkurs- oder Ausgleichsverfahren gegen einen Gesellschafter gilt nicht für den Kommanditisten.

III. Stille Gesellschaft

22. Allgemeine Bestimmungen

Auf die stille Gesellschaft sind die Vorschriften des 27. Hauptstücks des Zweiten Teils des österreichischen Bürgerlichen Gesetzbuchs nicht mehr anzuwenden. An ihrer Stelle finden die nachstehenden Vorschriften der Nr. 23 bis 25 Anwendung.

23. Zu § 335 HGB.

Einlage des stillen Gesellschafters; Sorgfaltspflicht

(1) Zur Erhöhung der vereinbarten oder zur Ergänzung der durch Verlust verminderten Einlage ist der stille Gesellschafter nicht verpflichtet.

(2) Die Gesellschafter haben bei Erfüllung der ihnen obliegenden Verpflichtungen nur für diejenige Sorgfalt einzustehen, die sie in eigenen Angelegenheiten anzuwenden pflegen. Von der Haftung wegen grober Fahrlässigkeit werden sie durch diese Vorschrift nicht befreit.

(3) Ist im Gesellschaftsvertrag nur der Anteil am Gewinn oder am Verlust bestimmt, so gilt die Bestimmung im Zweifel für Gewinn und Verlust.

24. Zu § 339 HGB.

Kündigung der stillen Gesellschaft

§ 339 Abs. 1 Satz 2 ist in folgender Fassung anzuwenden:

„Wenn ein wichtiger Grund vorliegt, kann jeder Gesellschafter die Gesellschaft, mag sie auch auf bestimmte Zeit eingegangen sein, ohne Einhaltung einer Frist jederzeit kündigen. Eine Vereinbarung, durch die dieses Kündigungsrecht ausgeschlossen oder beschränkt wird, ist nichtig."

25. Zu § 339 HGB.

Andere Auflösungsgründe

(1) Wird der vereinbarte Zweck erreicht oder seine Erreichung unmöglich, so endet die stille Gesellschaft, auch wenn sie auf bestimmte Zeit eingegangen und diese Zeit noch nicht abgelaufen ist.

(2) Die stille Gesellschaft wird ferner durch die Eröffnung des Konkursverfahrens über das Vermögen eines Gesellschafters und, wenn der Gesellschaftsvertrag nichts anderes bestimmt, durch den Tod des Inhabers des Handelsgeschäftes aufgelöst. § 137 des Handelsgesetzbuchs über die Fürsorgepflicht beim Tode oder Konkurs eines Gesellschafters ist sinngemäß anzuwenden.

Art. 8

Zum Dritten Buch des Handelsgesetzbuchs (Handelsgeschäfte)

I. Allgemeine Vorschriften

1. Haftung als Gesamtschuldner

Verpflichten sich mehrere durch Vertrag gemeinschaftlich zu einer teilbaren Leistung, so haften sie im Zweifel als Gesamtschuldner.

2. Umfang des Schadenersatzes

Der zu ersetzende Schaden umfaßt auch den entgangenen Gewinn.

3. Zu § 348 HGB.

Vertragsstrafe

(1) An die Stelle des § 343 des Bürgerlichen Gesetzbuchs tritt § 1336 Abs. 2 des österreichischen Bürgerlichen Gesetzbuchs.

(2) Durch die Vereinbarung einer Vertragsstrafe wird die Geltendmachung eines ihren Betrag übersteigenden Schadens nicht ausgeschlossen.

4. Zu § 349 HGB.

Haftung des Bürgen

§ 349 ist in folgender Fassung anzuwenden:

„Ein Bürge, für den die Bürgschaft ein Handelsgeschäft ist, haftet als Bürge und Zahler nach § 1357 des österreichischen Bürgerlichen Gesetzbuchs."

5. Zu § 350 HGB.

Form der Bürgschaft

§ 350 ist in folgender Fassung anzuwenden:

„Auf eine Bürgschaft, die auf der Seite des Bürgen ein Handelsgeschäft ist, sind die Formvorschriften des § 1346 Abs. 2 des österreichischen Bürgerlichen Gesetzbuchs nicht anzuwenden."

6. Verkürzung über die Hälfte

Handelsgeschäfte können auf Grund des § 934 des österreichischen Bürgerlichen Gesetzbuchs wegen Verkürzung über die Hälfte nicht angefochten werden.

7. Zinsen

§ 1335 des österreichischen Bürgerlichen Gesetzbuchs ist bei Handelsgeschäften nicht anzuwenden.

8. Geldschulden

(1) Ist eine in ausländischer Währung ausgedrückte Geldschuld im Inland zu zahlen, so kann die Zahlung in Reichswährung erfolgen, es sei denn, daß die Zahlung in ausländischer Währung ausdrücklich bedungen ist.

(2) Die Umrechnung erfolgt nach dem Kurswert, der zur Zeit der Zahlung für den Zahlungsort maßgebend ist.

9. Empfangsvollmacht des Überbringers einer Quittung

Der Überbringer einer Quittung gilt als ermächtigt, die Leistung zu empfangen, sofern nicht die dem Leistenden bekannten Umstände der Annahme einer solchen Ermächtigung entgegenstehen.

10. Einfluß des Todes auf Aufträge und Vollmachten

Aufträge oder Vollmachten, die von einem Kaufmann im Betrieb seines Handelsgewerbes erteilt werden, erlöschen im Zweifel nicht durch seinen Tod.

11. Haftung des Vertreters ohne Vertretungsmacht

(1) Wer als Vertreter ein Handelsgeschäft geschlossen hat, ist, sofern er nicht seine Vertretungsmacht nachweist, dem anderen Teil nach dessen Wahl zur Erfüllung oder zum Schadenersatz verpflichtet, wenn der Vertretene die Genehmigung des Vertrags verweigert.

(2) Hat der Vertreter den Mangel der Vertretungsmacht nicht gekannt, so ist er nur zum Ersatz des Schadens verpflichtet, den der andere Teil dadurch erleidet, daß er auf die Vertretungsmacht vertraut, jedoch nicht über den Betrag des Interesses hinaus, das der andere Teil an der Wirksamkeit des Vertrags hat.

(3) Der Vertreter haftet nicht, wenn der andere Teil den Mangel der Vertretungsmacht kannte oder kennen mußte.

12. Zu § 365 Abs. 2 HGB.
Kraftloserklärung indossabler Urkunden

Das Aufgebotsverfahren und die Aufgebotsfrist richten sich nach den für Wechsel geltenden Vorschriften, soweit nicht für einzelne Arten der im § 363 des Handelsgesetzbuchs bezeichneten Urkunden Sondervorschriften bestehen.

13. Zu § 366 HGB.
Erwerb vom Nichtberechtigten

§ 366 ist in folgender Fassung anzuwenden:

„(1) Veräußert oder verpfändet ein Kaufmann im Betriebe seines Handelsgewerbes eine bewegliche Sache, so wird das Eigentum oder Pfandrecht auch dann erworben, wenn die Sache nicht dem Veräußerer oder Verpfänder gehört, es sei denn, daß der Erwerber beim Erwerb nicht in gutem Glauben ist. Der Erwerber ist nicht in gutem Glauben, wenn ihm bekannt oder infolge grober Fahrlässigkeit unbekannt ist, daß die Sache dem Veräußerer oder Verpfänder nicht gehört oder daß der Veräußerer oder der Verpfänder nicht befugt ist, über die Sache für den Eigentümer zu verfügen.

(2) Ist die Sache mit dem Recht eines Dritten belastet, so erlischt dieses im Fall der Veräußerung mit dem Erwerb des Eigentums, es sei denn, daß der Erwerber beim Erwerb in Ansehung des Rechts des Dritten oder

in Ansehung der Befugnis des Veräußerers, ohne Vorbehalt des Rechts über die Sache zu verfügen, nicht in gutem Glauben ist; im Fall der Verpfändung geht das Pfandrecht den Rechten, mit denen die Sache belastet ist, vor, es sei denn, daß der Pfandgläubiger beim Erwerb des Pfandrechts in Ansehung des Rechts des Dritten oder in Ansehung der Befugnis des Verpfänders, ohne Vorbehalt des Rechts über die Sache zu verfügen, nicht in gutem Glauben ist.

(3) Das gesetzliche Pfandrecht des Kommissionärs, des Spediteurs, des Lagerhalters und des Frachtführers steht hinsichtlich des Schutzes des guten Glaubens einem gemäß Abs. 1 durch Vertrag erworbenen Pfandrecht gleich.

(4) An Sachen, die dem Eigentümer gestohlen worden, verlorengegangen oder sonst abhanden gekommen sind, wird auf Grund der vorstehenden Vorschriften Eigentum oder Pfandrecht nicht erworben. Dies gilt jedoch weder für Geld oder Inhaberpapiere noch für Sachen, die im Wege öffentlicher Versteigerung veräußert werden.

(5) Für den gutgläubigen Erwerber günstigere Vorschriften des österreichischen Rechts bleiben unberührt."

14. Zu § 368 HGB.

Pfandverkauf

(1) Ein Kaufmann kann sich aus einer beweglichen Sache, die ihm im Betriebe seines Handelsgewerbes verpfändet worden ist, auch durch Verkauf der Sache befriedigen. Für die Berechtigung zum Verkauf, das Wahlrecht unter mehreren Pfändern, die Pflicht zur Herausgabe des Pfandes und den Verkauf des Pfandes gelten, soweit das Gesetz nichts anderes bestimmt, die §§ 1219 bis 1221, 1228 bis 1248 des Bürgerlichen Gesetzbuchs, und zwar § 1244 mit der Maßgabe, daß an Stelle der §§ 932 bis 934, 936 des Bürgerlichen Gesetzbuchs die in Österreich geltenden Vorschriften zugunsten derer, die Rechte von einem Nichtberechtigten herleiten, anzuwenden sind.

(2) Der Ersteher einer auf Grund eines Pfandrechts in öffentlicher Versteigerung unter der Bezeichnung als Pfand verkauften Sache hat wegen eines Mangels dieser Sache keinen Anspruch auf Gewährleistung.

(3) Im Falle des § 1246 Abs. 2 des Bürgerlichen Gesetzbuchs ist das Amtsgericht des Ortes zuständig, wo das Pfand aufbewahrt wird. Vor der Entscheidung sind die Beteiligten, soweit tunlich, zu hören.

(4) Abs. 1 bis 3 sind auf das gesetzliche Pfandrecht des Kommissionärs, des Spediteurs, des Lagerhalters, des Frachtführers und des Verfrachters entsprechend anzuwenden.

15. Zu § 368 HGB.

Verwertung verpfändeter Wertpapiere und Einlagebücher

(1) Nr. 14 gilt auch, wenn ein Inhaberpapier oder ein Papier, das durch Indossament übertragen werden kann, den Gegenstand des Pfandrechts bildet. In diesen Fällen ist der Pfandgläubiger berechtigt, eine etwa erforderliche Kündigung vorzunehmen und die Forderung aus dem Wertpapier einzuziehen, auch wenn die Voraussetzungen des § 1228 Abs. 2 des Bürgerlichen Gesetzbuchs noch nicht eingetreten sind.

(2) Wertpapiere, die einen Börsen- oder Marktpreis haben, dürfen nicht im Wege öffentlicher Versteigerungen verkauft werden. Eine solche Verwertung ist auch bei Einlagebüchern von Kreditinstituten unzulässig.

16. Zu §§ 369, 371, 372 HGB.

Zurückbehaltungsrecht

(1) § 369 Abs. 2 ist in folgender Fassung anzuwenden:

„Einem dinglich berechtigten Dritten gegenüber besteht das Zurückbehaltungsrecht nicht."

(2) § 371 Abs. 1 Satz 2 ist in folgender Fassung anzuwenden:

„Der Gläubiger hat gegenüber einem an dem Gegenstand nach der Entstehung des Zurückbehaltungsrechts durch Pfändung entstandenen Pfandrecht in Ansehung der Befriedigung aus dem Gegenstand den Vorrang."

(3) § 371 Abs. 2 Satz 1 ist mit der Maßgabe anzuwenden, daß die Befriedigung nach den für das Pfandrecht geltenden Vorschriften der Nr. 14 und 15 erfolgt.

(4) § 372 Abs. 2 ist nicht anzuwenden.

II. Handelskauf

17. Kauf nach Probe

Bei einem Kauf nach Probe oder nach Muster sind die Eigenschaften der Probe oder des Musters als zugesichert anzusehen.

18. Kauf auf Probe

Ist bei einem Kauf auf Probe (§§ 1080, 1081 des österreichischen Bürgerlichen Gesetzbuchs) die Probezeit durch Verabredung nicht bestimmt worden, so kann der Verkäufer dem Käufer eine angemessene Frist als Probezeit setzen.

19. Kosten der Übergabe, Abnahme und Versendung

(1) Die Kosten der Übergabe der verkauften Ware, insbesondere die Kosten des Messens und Wägens, fallen dem Verkäufer, die Kosten der Abnahme und der Versendung der Sache nach einem anderen Ort als dem Erfüllungsort dem Käufer zur Last.

(2) Aus dem Umstand allein, daß der Verkäufer die Kosten der Versendung übernommen hat, ist nicht zu entnehmen, daß der Ort, nach welchem die Versendung zu erfolgen hat, für den Verkäufer als Erfüllungsort zu gelten hat.

20. Gefahrtragung beim Versendungskauf

(1) Versendet der Verkäufer auf Verlangen des Käufers die verkaufte Ware nach einem anderen Ort als dem Erfüllungsort, so geht die Gefahr auf den Käufer über, sobald der Verkäufer die Ware dem Spediteur, dem Frachtführer oder der sonst zur Ausführung der Versendung bestimmten Person oder Anstalt ausgeliefert hat.

(2) Hat der Käufer eine besondere Anweisung über die Art der Verwendung erteilt und weicht der Verkäufer ohne dringenden Grund von der Anweisung ab, so ist der Verkäufer dem Käufer für den daraus entstehenden Schaden verantwortlich.

21. Rücktrittsrecht des Verkäufers nach Übergabe der Ware

Hat der Verkäufer dem Käufer die Ware übergeben und den Kaufpreis gestundet, so steht ihm ein Rücktrittsrecht nach § 918 des österreichischen Bürgerlichen Gesetzbuchs nicht zu.

22. Zu § 375 HGB.
Kauf mit Vorbehalt näherer Bestimmung

§ 375 Abs. 2 ist mit der Maßgabe anzuwenden, daß an die Stelle des § 326 des Bürgerlichen Gesetzbuchs die §§ 918, 920 und 921 des österreichischen Bürgerlichen Gesetzbuchs treten.

23. Zu § 382 HGB.
Gewährleistung bei Viehmängeln

§ 382 ist in folgender Fassung anzuwenden:

„§ 377 gilt nicht für Viehmängel, für die eine Vermutungsfrist (§ 925 des österreichischen Bürgerlichen Gesetzbuchs) besteht."

III. Kommissionsgeschäft

24. Zu § 385 HGB.
Abweichung von Weisungen des Kommittenten

§ 385 Abs. 2 ist in folgender Fassung anzuwenden:

„Der Kommissionär ist berechtigt, von den Weisungen des Kommittenten abzuweichen, wenn er den Umständen nach annehmen darf, daß dieser bei Kenntnis der Sachlage die Abweichung billigen würde. Der Kommissionär hat vor der Abweichung dem Kommittenten Anzeige zu machen und seine Entschließung abzuwarten, wenn nicht mit dem Aufschub Gefahr verbunden ist."

25. Zu § 396 HGB.
Aufwendungen des Kommissionärs

§ 396 Abs. 2 ist in folgender Fassung anzuwenden:

„Der Kommittent ist zum Ersatz der Aufwendungen verpflichtet, die der Kommissionär zum Zweck der Ausführung des Auftrags gemacht hat und den Umständen nach für erforderlich halten durfte. Zu diesem Ersatz gehört auch die Vergütung für die Benutzung der Lagerräume und der Beförderungsmittel des Kommissionärs."

IV. Frachtgeschäft

26. Haftung bei Beförderung mit Kraftfahrzeugen

Durch die Vorschriften des Handelsgesetzbuchs über die Haftung des Frachtführers werden die Sondervorschriften über die Ersatzansprüche aus der Beschädigung von Sachen, die mit Kraftfahrzeugen befördert werden, nicht berührt.

Dritter Abschnitt

Angleichungs- und Ergänzungsbestimmungen zum Gesetz über die Angelegenheiten der freiwilligen Gerichtsbarkeit — FGG. —

Art. 9. (1) In Angelegenheiten, die von den Gerichten nach dem Siebenten Abschnitt des Gesetzes über die Angelegenheiten der freiwilligen Gerichtsbarkeit zu behandeln sind, sind die Vorschriften der §§ 1 bis 19 des österreichischen Gesetzes über das gerichtliche Verfahren in Rechtsangelegenheiten außer Streitsachen anzuwenden, soweit sich aus den Vorschriften des Siebenten Abschnitts des Gesetzes über die Angelegenheiten der freiwilligen Gerichtsbarkeit und den folgenden Vorschriften nichts anderes ergibt.

(2) In den Fällen der §§ 14 ff. des Gesetzes über das gerichtliche Ver-

fahren in Rechtsangelegenheiten außer Streitsachen tritt an die Stelle des Obersten Gerichtshofs das Oberlandesgericht Wien. Will das Oberlandesgericht Wien bei Auslegung einer reichsgesetzlichen Vorschrift von der auf weitere Beschwerde ergangenen Entscheidung eines anderen Oberlandesgerichts oder, falls über die Rechtsfrage bereits eine Entscheidung des Reichsgerichts ergangen ist, von dieser abweichen, so hat es die Rechtsfrage unter Begründung seiner Rechtsauffassung dem Reichsgericht vorzulegen. Dieses entscheidet die Rechtsfrage und gibt die Sache an das Oberlandesgericht Wien zurück. Das Oberlandesgericht Wien ist bei der Entscheidung über den Rekurs an die Entscheidung des Reichsgerichts gebunden.

(3) Wo die sofortige Beschwerde zugelassen ist, ist der nach Ablauf der Rechtsmittelfrist eingelegte Rekurs vom Gericht erster Instanz als verspätet zurückzuweisen.

Art. 10

1. Zu § 129 FGG.

§ 129 Satz 2 ist in folgender Fassung anzuwenden:

„Der Notar ist auch berechtigt, Rechtsmittel einzulegen."

2. Zu § 137 FGG.

An Stelle des § 22 Abs. 2 über die Wiedereinsetzung in den vorigen Stand ist § 17 des Gesetzes über das gerichtliche Verfahren in Rechtsangelegenheiten außer Streitsachen anzuwenden.

3. Zu § 143 FGG.

(1) § 143 Abs. 1 Satz 2 ist nicht anzuwenden.

(2) § 143 Abs. 2 ist in folgender Fassung anzuwenden:

„Gegen die einen Widerspruch zurückweisende Verfügung des Landgerichts (Handelsgerichts) ist der Rekurs an das Oberlandesgericht Wien zulässig mit der Maßgabe, daß Art. 9 Abs. 2 Satz 2 bis 4 entsprechend anzuwenden ist. Ein weiterer Rekurs ist ausgeschlossen."

4. Zu § 144 FGG.

§ 144 Abs. 1 Satz 2 ist in folgender Fassung anzuwenden:

„Gleiches gilt für eine in das Handelsregister eingetragene Gesellschaft mit beschränkter Haftung, wenn der Gesellschaftsvertrag der notariellen Beurkundung entbehrt oder wenn er nicht die nach § 4 des österreichischen Gesetzes über Gesellschaften mit beschränkter Haftung notwendigen Bestimmungen enthält oder wenn eine dieser Bestimmungen den Vorschriften des bezeichneten Gesetzes widerspricht."

5. Zu § 145 FGG.

Das Amtsgericht ist auch zuständig für die Angelegenheiten, die nach dem österreichischen Gesetz über Gesellschaften mit beschränkter Haftung vom Handelsgericht zu erledigen sind.

6. Zu § 148 FGG.

An die Stelle des § 66 Abs. 2 und 3 und des § 74 des Gesetzes, betreffend die Gesellschaften mit beschränkter Haftung, treten die entsprechenden Vorschriften des österreichischen Gesetzes über Gesellschaften mit beschränkter Haftung (§§ 89, 93).

7. Zu § 156 FGG.

§ 156 ist in folgender Fassung anzuwenden:

„Soweit ein Widerspruch nicht gemäß § 155 Abs. 3 erledigt wird, hat ihn der Widersprechende durch Erhebung der Klage gegen diejenigen an dem Verfahren Beteiligten zu verfolgen, deren Rechte durch den Widerspruch betroffen werden.

Der Widersprechende muß ohne vorherige Aufforderung binnen einer Frist von einem Monat, die mit dem Terminstag beginnt, dem Gericht nachweisen, daß er die Klage erhoben hat. Das Gericht kann auf Antrag eines Beteiligten, der erhebliche Gründe glaubhaft macht, die Frist zur Erhebung der Klage verlängern. Nach fruchtlosem Ablauf der Frist ist die Dispache ohne Rücksicht auf den Widerspruch zu bestätigen.

Die Klage ist bei dem Amtsgericht, das über die Dispache verhandelt hat, und, wenn der Streitgegenstand zur Zuständigkeit der Amtsgerichte nicht gehört, bei dem Landgericht (Handelsgericht) zu erheben, in dessen Bezirk das Amtsgericht seinen Sitz hat. Das Landgericht (Handelsgericht) ist für sämtliche Klagen zuständig, wenn seine Zuständigkeit auch nur für eine Klage auf Grund der erhobenen Widersprüche begründet ist, sofern nicht alle Widerspruchsbeteiligten vereinbaren, daß das Amtsgericht, das über die Dispache verhandelt hat, über alle Widersprüche entscheiden soll.

Ist der Widerspruch durch rechtskräftiges Urteil oder in anderer Weise erledigt, so wird die Dispache bestätigt, nachdem sie erforderlichenfalls von dem Amtsgericht nach Maßgabe der Erledigung der Einwendungen berichtigt ist."

8. Zu § 158 FGG.

§ 158 ist in folgender Fassung anzuwenden:

„Die Bestätigung der Dispache ist nur für das gegenseitige Verhältnis der an dem Verfahren Beteiligten wirksam.

Aus der rechtskräftig bestätigten Dispache findet die Zwangsvollstreckung nach den Vorschriften der Exekutionsordnung statt.

Für Klagen, wodurch Einwendungen gegen die in der Dispache festgestellten Ansprüche geltend gemacht werden (§ 35 der Exekutionsordnung) oder die bei der Bewilligung der Exekution angenommene Rechtsnachfolge bestritten wird (§ 36 Abs. 1 Ziffer 1 der Exekutionsordnung), ist das Amtsgericht zuständig, das die Dispache bestätigt hat. Gehört der Anspruch nicht vor die Amtsgerichte, so ist die Klage bei dem Landgericht (Handelsgericht) zu erheben, in dessen Bezirk das Amtsgericht seinen Sitz hat."

Vierter Abschnitt

Angleichungs- und Ergänzungsbestimmungen zur Handelsregisterverfügung — HRV. —; Genossenschaftswesen

Art. 11

Handelsregisterverfügung

1. Zu § 4 HRV.

§ 4 Abs. 2 ist nicht anzuwenden. § 26 der österreichischen Jurisdiktionsnorm bleibt unberührt.

2. Zu § 5 HRV.

In § 5 Abs. 1 Nr. 2 Buchstabe b und e treten an Stelle der §§ 40, 41, 52, 74 des Gesetzes, betreffend die Gesellschaften mit beschränkter Haftung, die entsprechenden Vorschriften des österreichischen Gesetzes über Gesellschaften mit beschränkter Haftung (§§ 26, 22, 30, 93).

3. Zu § 37 Abs. 3 HRV.

Die österreichischen Vorschriften über Benachrichtigung der Finanzämter bleiben unberührt.

4. Zu § 40 HRV.

In Spalte 5 sind auch die im Art. 6 Nr. 7 dieser Verordnung vorgesehenen Eintragungen vorzunehmen.

5. Zu § 43 HRV.

(1) In Spalte 6 sind bei dem persönlich haftenden Gesellschafter der Kommanditgesellschaft auf Aktien auch die im Art. 6 Nr. 7 dieser Verordnung vorgesehenen Eintragungen vorzunehmen.

(2) Bei Gesellschaften mit beschränkter Haftung sind Eintragungen, deren Vornahme das österreichische Gesetz über Gesellschaften mit beschränkter Haftung vorschreibt, die im § 43 der Handelsregisterverfügung aber nicht aufgeführt sind, nicht mehr vorzunehmen. Demgemäß sind namentlich nicht mehr einzutragen: der Betrag der bei der Errichtung der Gesellschaft auf das Stammkapital geleisteten Einzahlungen, die Einforderung weiterer Einzahlungen auf das Stammkapital und die Art, in der mehrere Geschäftsführer die Vertretungsbefugnis auszuüben haben, wenn sie von der gesetzlichen Regelung nicht abweicht (§ 11 Abs. 2 Satz 2, § 18 Abs. 5, § 64 des österreichischen Gesetzes über Gesellschaften mit beschränkter Haftung).

(3) Die Vorschriften des genannten Gesetzes über die zum Handelsregister vorzunehmenden Anmeldungen und über die vom Registergericht vorzunehmenden Veröffentlichungen werden durch Abs. 2 nicht berührt.

Art. 12

Genossenschaftswesen

(1) Das zur Führung des Handelsregisters zuständige Amtsgericht führt auch das Genossenschaftsregister; es ist ferner zuständig für die sonstigen Angelegenheiten, die nach den österreichischen Gesetzen über das Genossenschaftswesen vom Handelsgericht zu erledigen sind.

(2) Für die Einrichtung und Führung des Genossenschaftsregisters sowie für das Verfahren in Angelegenheiten des Genossenschaftsregisters bleiben die bisherigen Vorschriften in Geltung.

Fünfter Abschnitt

Aufhebung und Änderung geltender Vorschriften

Art. 13. (1) Mit dem Inkrafttreten dieser Verordnung treten alle im Lande Österreich geltenden Vorschriften außer Kraft, soweit sie Gegenstände betreffen, die in den durch diese Verordnung eingeführten oder darin getroffenen Vorschriften geregelt sind.

(2) Aufgehoben werden namentlich:

1. das Gesetz vom 17. Dezember 1862 (RGBl. Nr. 1/1863) zur Einführung eines Handelsgesetzbuchs und das mit diesem Gesetz eingeführte Allgemeine Handelsgesetzbuch, soweit nicht in Art. 6 Nr. 12 dieser Verordnung für amtlich bestellte Handelsmäkler eine Ausnahme gemacht ist;
2. die Verordnung vom 2. Februar 1852 (RGBl. Nr. 42), wodurch nach den

Direktiven vom Jahre 1844 eingerichteten Sparkassen das Recht zugestanden wird, die bei ihnen verpfändeten Staatsschuldverschreibungen und Bankaktien bei Nichtzahlung der Schuld ohne gerichtliche Dazwischenkunft zu veräußern;
3. die Verordnung vom 28. Oktober 1865 (RGBl. Nr. 110) über die den Anstalten, welche Kreditgeschäfte betreiben, zukommenden Ausnahmen von den allgemeinen Justizgesetzen;
4. der Artikel XLIV des Einführungsgesetzes zur Zivilprozeßordnung;
5. die §§ 11 und 36 Abs. 1 Nr. 2 der Exekutionsordnung, jedoch mit der Beschränkung, daß diese Vorschriften auf Exekutionstitel anwendbar bleiben, die vor dem Tag des Inkrafttretens dieser Verordnung gegen eine offene Handelsgesellschaft oder eine Kommanditgesellschaft entstanden sind;
6. die §§ 43, 59, 60 und 87 des Gesetzes über Gesellschaften mit beschränkter Haftung;
7. die Vollzugsanweisung vom 16. Juli 1920 (BGBl. Nr. 320) über den Eigentumsvorbehalt an ausländischen Rohstoffen in der Fassung der Verordnung vom 11. August 1921 (BGBl. Nr. 472) und die Verordnung vom 10. September 1931 (BGBl. Nr. 377) über den Eigentumsvorbehalt an ausländischen Rohstoffen, jedoch mit der Beschränkung, daß Verträge, die in das nach den genannten Vorschriften zu führende Verzeichnis vor dem Tag des Inkrafttretens dieser Verordnung eingetragen worden sind, auch weiterhin nach den angeführten Vorschriften zu beurteilen sind;
8. die Handelsgesetznovelle vom 16. Februar 1928 (BGBl. Nr. 63) mit Ausnahme des § 5;
9. die Verordnung vom 9. Mai 1934 (BGBl. II Nr. 18) über die Herabsetzung der gesetzlichen Zinsen;
10. das Bundesgesetz vom 5. März 1936 (BGBl. Nr. 66) über die amtswegige Löschung von Firmen im Handels- und Genossenschaftsregister.

Art. 14. § 2 des Gesetzes vom 14. Juni 1868 (RGBl. Nr. 62), wodurch die gegen den Wucher bestehenden Gesetze aufgehoben werden, hat zu lauten:

„An Zinsen, die ohne bestimmtes Maß bedungen worden sind oder aus dem Gesetze gebühren, sind vier vom Hundert auf ein Jahr zu entrichten, wenn nicht für bestimmte Fälle besondere Zinssätze festgesetzt sind."

Art. 15. Das Gesetz vom 1. April 1875 (RGBl. Nr. 67), betreffend die Organisierung der Börsen, wird wie folgt geändert:
1. § 14 wird aufgehoben.
2. § 15 hat zu lauten:

„Bei Pfand-, Prolongations- und Kostgeschäften, welche Börsegeschäfte sind, sind die Vorschriften des Art. 8 Nr. 14 und 15 der Vierten Verordnung zur Einführung handelsrechtlicher Vorschriften im Lande Österreich vom 24. Dezember 1938 (Reichsgesetzbl. I S. 1999) auch dann anzuwenden, wenn das Geschäft nicht von einem Kaufmann im Betrieb seines Handelsgewerbes geschlossen worden ist. Der Verkauf kann ohne vorherige Androhung und ohne Einhaltung der im § 1234 des Bürgerlichen Gesetzbuchs bestimmten Frist vorgenommen werden."

3. § 16 hat zu lauten:

„Die Börseleitung bestimmt, wie vorzugehen ist, wenn bei der Abwicklung von Börsegeschäften wegen Nichterfüllung oder bei festgestellter

Zahlungsunfähigkeit Selbsthilfeverkäufe, Deckungskäufe oder Verkäufe von Gegenständen, an denen ein Pfand- oder Zurückbehaltungsrecht besteht, unter Vermittlung von Börsemäklern durchzuführen sind; sie kann insbesondere anordnen, daß jeder solche Kauf oder Verkauf nur an der Börse zu geschehen hat."

Art. 16. Das Gesetz vom 23. März 1885 (RGBl. Nr. 48), mit welchem einige Bestimmungen hinsichtlich der Pfandleihergewerbe erlassen werden, wird wie folgt geändert:

1. Die Abs. 1 bis 3 des § 4 werden durch folgende Vorschriften ersetzt:
„Die Inhaber der nach den vorstehenden Bestimmungen konzessionierten Pfandleihergewerbe sind berechtigt, zur Hereinbringung der aus ihrem Geschäftsbetrieb entstandenen Forderungen die dafür bestellten Faustpfänder nach den sinngemäß anzuwendenden Vorschriften des Art. 8 Nr. 14 und 15 der Vierten Verordnung zur Einführung handelsrechtlicher Vorschriften im Lande Österreich vom 24. Dezember 1938 (Reichsgesetzbl. I S. 1999) zu verwerten. Doch ist der Gewerbsinhaber weder verpflichtet, dem Eigentümer den Verkauf vorher anzudrohen, noch ihn von Zeit und Ort der Versteigerung, von dem Verkauf des Pfandes und dem Ergebnis des Verkaufs zu benachrichtigen."
2. Dem letzten Absatz des § 4 werden die Worte angefügt:
„und der gute Glaube des Gewerbsinhabers auch nicht nach den sinngemäß anzuwendenden Vorschriften des § 367 des Handelsgesetzbuchs als ausgeschlossen gilt."

Art. 17. Im § 13 Abs. 1 der Verordnung vom 24. April 1885 (RGBl. Nr. 49), betreffend den Betrieb des Pfandleihergewerbes, werden die Worte „des im Artikel 311 des Handelsgesetzbuchs vorgezeichneten Verfahrens bedienen" durch die Worte ersetzt „des Rechts bedienen, diese Pfänder zu verkaufen".

Art. 18. Die Zivilprozeßordnung wird wie folgt geändert:

1. § 295 wird aufgehoben.
2. Im § 384 hat der Abs. 2 zu lauten:
„Diese Beweisaufnahmen können auch, ohne daß die Voraussetzungen des Abs. 1 vorliegen, angeordnet werden, wenn der gegenwärtige Zustand einer Sache festgestellt werden soll und der Antragsteller ein rechtliches Interesse an dieser Feststellung hat."
3. Im § 385 Abs. 1 hat der Satz 2 zu lauten:
„Die Gründe, die den Antrag nach § 384 Abs. 1 oder 2 rechtfertigen, sind von der antragstellenden Partei darzulegen."

Art. 19. § 56 der Konkursordnung hat zu lauten:

„Forderungen von Handelsgläubigern, denen die Rechte des Ehegatten des Gemeinschuldners aus den Ehepakten nach Artikel 6 Nr. 7 der Vierten Verordnung zur Einführung handelsrechtlicher Vorschriften im Lande Österreich vom 24. Dezember 1938 (Reichsgesetzbl. I S. 1999) nachstehen, sind mit dem Betrage zu berücksichtigen, der auf sie ohne Rücksicht auf die Ehepakten aus der Konkursmasse entfallen würde. Der Mehrbetrag, der dadurch den Handelsgläubigern zukommt, ist aus dem Anteil zuzuweisen, der dem Ehegatten des Gemeinschuldners als Konkursgläubiger für den Anspruch aus den Ehepakten gebührt."

Art. 20. § 26 der Ausgleichsordnung hat zu lauten:

„Forderungen von Handelsgläubigern, denen die Rechte des Ehegatten des Schuldners aus den Ehepakten nach Artikel 6 Nr. 7 der Vierten Verordnung zur Einführung handelsrechtlicher Vorschriften im Lande Österreich vom 24. Dezember 1938 (Reichsgesetzbl. I S. 1999) nachstehen, sind mit dem Betrage zu berücksichtigen, der auf sie ohne Rücksicht auf die Ehepakten entfallen würde. Der Mehrbetrag, der dadurch den Handelsgläubigern zukommt, ist aus dem Anteil zuzuweisen, der dem Ehegatten des Schuldners als persönlichem Gläubiger für den Anspruch aus den Ehepakten gebührt."

Art. 21. (1) Die Kaiserliche Verordnung vom 31. August 1915 (RGBl. Nr. 257) über die Kraftloserklärung von Urkunden wird wie folgt geändert:

1. Im § 6 hat der Abs. 2 zu lauten:

   „Betrifft das Edikt eine der im § 7 Ziffer 1 bezeichneten Urkunden, so ist es auch durch einmalige Einschaltung in den Deutschen Reichsanzeiger und Preußischen Staatsanzeiger kundzumachen. Das Gericht kann anordnen, daß das Edikt auch noch in andere Blätter und zu mehreren Malen eingeschaltet wird."

2. Im § 8 hat der Abs. 1 zu lauten:

   „Die Aufgebotsfrist läuft vom Tage der Kundmachung in der amtlichen Zeitung und, wenn es sich um eine der im § 7 Ziffer 1 bezeichneten Urkunden handelt, vom Tage der Kundmachung im Deutschen Reichsanzeiger und Preußischen Staatsanzeiger."

   Im § 9 Abs. 2, § 14 Abs. 1 und 3 und § 17 Abs. 1 ist der Ausdruck „Anzeiger" durch „Deutschen Reichsanzeiger und Preußischen Staatsanzeiger" zu ersetzen.

3. Im § 10 hat der Abs. 1 zu lauten:

   „Das Verfahren ist einzustellen, wenn der Antragsteller dies begehrt, wenn ein Dritter die Urkunde dem Gerichte vorlegt oder auf andere Weise deren Innehabung nachweist oder wenn sich die Angaben des Antragstellers (§ 3 Abs. 2) nachträglich als unrichtig erweisen. Von der Einstellung des Verfahrens sind die Beteiligten zu benachrichtigen. Ist das Edikt nach § 6 Abs. 2 im Deutschen Reichsanzeiger und Preußischen Staatsanzeiger kundgemacht worden, so ist auch die Einstellung des Verfahrens durch einmalige Einschaltung im Deutschen Reichsanzeiger und Preußischen Staatsanzeiger bekanntzumachen."

4. Im § 12 hat der Abs. 3 zu lauten:

   „Der Beschluß ist den Beteiligten zuzustellen und seinem wesentlichen Inhalt nach durch einmalige Einschaltung in den Deutschen Reichsanzeiger und Preußischen Staatsanzeiger kundzumachen."

5. Im § 14 Abs. 2 sind die Sätze 3 und 4 durch folgende Vorschrift zu ersetzen:
   „Die Bekanntmachung ist im Deutschen Reichsanzeiger und Preußischen Staatsanzeiger zu widerrufen, wenn der Antragsteller es begehrt oder wenn die Urkunde der Behörde vorgelegt wird, die die Bekanntmachung angeordnet hat."

6. Dem § 14 Abs. 3 ist anzufügen:
   „Diese Wirkung erlischt, wenn die Bekanntmachung nicht früher widerrufen wird, mit dem Ablauf des zweiten auf den Tag der Bekanntmachung im Deutschen Reichsanzeiger und Preußischen Staatsanzeiger folgenden Kalendermonats."

7. Im § 16 Abs. 1 sind die Worte „oder der Verlust der Haupturkunde bekanntgemacht ist, oder wenn deren Inhaber unter Vorlage der Haupturkunde beim Verpflichteten Einspruch dagegen erhoben hat" zu ersetzen durch die Worte „oder die Bekanntmachung der Verlustanzeige nach § 14 Abs. 3 noch wirksam ist, oder wenn der Inhaber der Haupturkunde diese dem Verpflichteten vorgelegt und bei ihm Einspruch dagegen erhoben hat".

(2) Die Verordnung vom 31. August 1915 (RGBl. Nr. 258) über die Verlautbarung des Verlustes und des Aufgebots von Wertpapieren und ähnlichen Urkunden sowie die diese Verordnung abändernden und ergänzenden Vorschriften der Verordnung vom 26. September 1916 (RGBl. Nr 328), vom 6. Mai 1922 (BGBl. Nr. 265), vom 29. September 1922 (BGBl. Nr. 726) und vom 24. Dezember 1930 (BGBl. Nr. 372) werden aufgehoben, die Vorschriften der Verordnung vom 6. Mai 1922 (BGBl. Nr. 265) jedoch mit Ausnahme des § 1 Abs. 1.

Art. 22. Das Handelsagentengesetz vom 24. Juni 1921 (BGBl. Nr. 348) wird wie folgt geändert:

1. Der Abs. 2 des § 1 wird aufgehoben.
2. Im § 30 hat der Abs. 1 zu lauten:

„(1) Die Vorschriften dieses Gesetzes finden keine Anwendung auf die Vermittlung und Abschließung von Versicherungsgeschäften, auf die nach dem Angestelltengesetz vom 11. Mai 1921 (BGBl. Nr. 292) zu beurteilenden Rechtsverhältnisse zwischen Dienstgebern und Dienstnehmern und auf die Rechtsverhältnisse der Handelsmäkler im Sinne des § 93 des Handelsgesetzbuchs oder des österreichischen Gesetzes vom 4. April 1875 (RGBl. Nr. 68)."

Art. 23. Das Gutsangestelltengesetz vom 26. September 1923 (BGBl. Nr. 538) wird wie folgt geändert:

§ 1 erhält folgenden Abs. 4:

„Für das Dienstverhältnis von Angestellten in Nebengewerben der Land- und Forstwirtschaft gelten die Vorschriften dieses Gesetzes auch dann, wenn das Nebengewerbe nach § 3 des Handelsgesetzbuchs eingetragen ist."

Art. 24. § 11 des Sparkassen-Verwaltungs-Gesetzes (BGBl. Nr. 296/1935) hat zu lauten:

„Sparkassen gelten als Kaufleute im Sinne des Handelsgesetzbuchs. Sie sind jedoch in das Handelsregister nicht einzutragen. Die Vorschriften des Handelsgesetzbuchs über die Handelsfirma sind auf Sparkassen nicht anzuwenden. Auch kann eine Sparkasse weder einen Prokuristen noch einen Handlungsbevollmächtigten zum gesamten Geschäftsbetrieb bestellen."

Sechster Abschnitt

Übergangs- und Schlußbestimmungen

Art. 25. Die zur Zeit des Inkrafttretens dieser Verordnung im Handelsregister eingetragenen Firmen können weitergeführt werden, soweit sie nach den bisherigen Vorschriften geführt werden durften.

Art. 26. (1) Auf offene Handelsgesellschaften und Kommanditgesellschaften, die vor dem Tage des Inkrafttretens dieser Verordnung in das Handelsregister eingetragen worden sind, sind die Vorschriften des Handelsgesetzbuchs nur mit folgender Einschränkung anzuwenden: Soweit der Gesellschaftsvertrag nichts anderes bestimmt, sind jedem persönlich haftenden Gesellschafter und jedem Kommanditisten am Schluß eines jeden Geschäftsjahres von seinem Kapitalanteil Zinsen zu vier vom Hundert gutzuschreiben und von den während des Geschäftsjahres auf den Kapitalanteil entnommenen Geldern Zinsen in demselben Maßstab zur Last zu schreiben. Die dem Gesellschafter hiernach zukommenden Zinsen vermehren seinen Kapitalanteil und sind ihm auf sein Verlangen auszuzahlen. Auf den nach Deckung dieser Zinsen verbleibenden Gewinn und auf den durch sie gebildeten oder vermehrten Verlust sind die §§ 120 bis 122 des Handelsgesetzbuchs anzuwenden.

(2) Findet ein beim Inkrafttreten dieser Verordnung anhängiger Rechtsstreit dadurch seine Erledigung, daß die Haftung der Kommanditisten nach § 171 Abs. 2 des Handelsgesetzbuchs nur noch von dem Konkursverwalter geltend gemacht werden kann, so hat das Gericht die Kosten des Rechtsstreits angemessen zu verteilen.

Art. 27. (1) Das Erscheinen des Anzeigers aufgebotener Wertpapiere und ähnlicher Urkunden wird mit dem 28. Februar 1939 eingestellt.

(2) Ist in einem Verfahren zur Kraftloserklärung einer Urkunde ein Auszug aus dem Aufgebotsedikt nach § 6 Abs. 2 der Kaiserlichen Verordnung vom 31. August 1915 (RGBl. Nr. 257) in diesem Anzeiger vor dem 1. März 1939 kundgemacht worden, so bedarf es einer weiteren Bekanntmachung des Ediktes im Deutschen Reichsanzeiger und Preußischen Staatsanzeiger nicht. Das gleiche gilt für Verlustanzeigen, die nach § 14 der genannten Verordnung vor dem 1. März 1939 im Anzeiger aufgebotener Wertpapiere und ähnlicher Urkunden bekanntgemacht worden sind.

Art. 28. Der Reichsminister der Justiz ist ermächtigt, die Vorschriften dieser Verordnung zu ergänzen, zu ändern oder abweichende Überleitungsvorschriften zu treffen.

Art. 29. Diese Verordnung tritt am 1. März 1939 in Kraft.

XIV. Dritte Verordnung zur Einführung handelsrechtlicher Vorschriften in den sudetendeutschen Gebieten

Vom 28. Februar 1939 (RGBl. I S. 391)

(Von dem nochmaligen Abdruck der mit der vorstehenden Verordnung gleichlautenden Teile ist abgesehen worden. Die betreffenden Stellen tragen den Hinweis: ... gleichlautend mit ... der 4. EinfVO. betr. Österreich.)

Auf Grund des § 7 des Erlasses des Führers und Reichskanzlers über die Verwaltung der sudetendeutschen Gebiete vom 1. Oktober 1938 (Reichsgesetzbl. I S. 1331) wird folgendes verordnet:

Erster Abschnitt
Allgemeine Bestimmungen

Art. 1—3 gleichlautend mit Art. 1—3 der 4. EinfVO. betr. Österreich.

Zweiter Abschnitt
Angleichungs- und Ergänzungsbestimmungen zum Handelsgesetzbuch (HGB.)

Art. 4 u. 5 gleichlautend mit Art. 4 u. 5 der 4. EinfVO. betr. Österreich.

Art. 6

Zum Ersten Buch des Handelsgesetzbuchs (Handelsstand)

1. Zu § 4 HGB.

Großhandwerker

Nr. 1 gleichlautend mit Art. 6 Nr. 2 der 4. EinfVO. betr. Österreich.

2. Zu § 25 HGB.

Erwerb eines Handelsgeschäfts unter Lebenden

Nr. 2 gleichlautend mit Art. 6 Nr. 5 der 4. EinfVO. betr. Österreich.

3. Zu § 27 Abs. 2 HGB.

Erwerb eines Handelsgeschäfts durch Erbfolge

Nr. 3 gleichlautend mit Art. 6 Nr. 6 der 4. EinfVO. betr. Österreich.

4. Zu § 29 HGB.

Ehepakte von Kaufleuten

Nr. 4 gleichlautend mit Art. 6 Nr. 7 der 4. EinfVO. betr. Österreich.

5. Zu § 32 HGB.

Eintragung der Eröffnung des Ausgleichsverfahrens

§ 32 gilt sinngemäß für das Ausgleichsverfahren.

6. Zu §§ 49, 54 HGB.

Prokura und Handlungsvollmacht

Nr. 6 gleichlautend mit Art. 6 Nr. 10 der 4. EinfVO. betr. Österreich.

7. Zu § 54 HGB.

Widerruflichkeit der Handlungsvollmacht

Nr. 7 gleichlautend mit Art. 6 Nr. 11 der 4. EinfVO. betr. Österreich.

8. Zu § 99 HGB.

Mäklerlohn

Nr. 8 gleichlautend mit Art. 6 Nr. 13 der 4. EinfVO. betr. Österreich.

Art. 7

Zum Zweiten Buch des Handelsgesetzbuchs (Handelsgesellschaften und stille Gesellschaft)

Art. 7 gleichlautend mit Art. 7 der 4. EinfVO. betr. Österreich.

Art. 8

Zum Dritten Buch des Handelsgesetzbuchs (Handelsgeschäfte)

Art. 8 Nr. 1—26 entsprechend gleichlautend mit Art. 8 der 4. EinfVO. betr. Österreich.

Dritter Abschnitt

Angleichungs- und Ergänzungsbestimmungen zum Gesetz über die Angelegenheiten der freiwilligen Gerichtsbarkeit — FGG. —

Art. 9. (1) In Angelegenheiten, die von den Gerichten nach dem Siebenten Abschnitt des Gesetzes über die Angelegenheiten der freiwilligen Gerichtsbarkeit zu behandeln sind, sind die Vorschriften der §§ 1 bis 52 des Gesetzes vom 19. Juni 1931 (SdGuV. Nr. 100) über die Grundbestimmungen des gerichtlichen Verfahrens außer Streitsachen anzuwenden, soweit sich aus den Vorschriften des Siebenten Abschnitts des Gesetzes über die Angelegenheiten der freiwilligen Gerichtsbarkeit und den folgenden Vorschriften nichts anderes ergibt. Ist bei einem Landgericht eine Kammer für Handelssachen gebildet, so ist diese für die bei den Landgerichten obliegenden Entscheidungen zuständig.

(2) Wo in den im Art. 1 bezeichneten Vorschriften die Beschwerde oder die sofortige Beschwerde zugelassen ist, tritt an deren Stelle der Rekurs im Sinne des Gesetzes über die Grundbestimmungen des gerichtlichen Verfahrens außer Streitsachen.

Art. 10 gleichlautend mit Art. 10 der 4. EinfVO. betr. Österreich.

Vierter Abschnitt

Angleichungs- und Ergänzungsbestimmungen zur Handelsregisterverfügung — HRV. —; Genossenschaftswesen

Art. 11

Handelsregisterverfügung

Nr. 1, 2 gleichlautend mit Nr. 1, 2 der 4. EinfVO. betr. Österreich.

Nr. 3 gleichlautend mit Nr. 4 der 4. EinfVO. betr. Österreich.

Nr. 4 entsprechend gleichlautend mit Nr. 5 der 4. EinfVO. betr. Österreich.

Art. 12

Genossenschaftswesen

Art. 12 entsprechend gleichlautend mit Art. 12 der 4. EinfVO. betr. Österreich.

Fünfter Abschnitt

Aufhebung und Änderung geltender Vorschriften

Art. 13. (1) Mit dem Inkrafttreten dieser Verordnung treten alle in den sudetendeutschen Gebieten geltenden Vorschriften außer Kraft, soweit sie Gegenstände betreffen, die in den durch diese Verordnung eingeführten oder darin getroffenen Vorschriften geregelt sind.

(2) Aufgehoben werden namentlich:

1. das Gesetz vom 17. Dezember 1862 (RGBl. Nr. 1/1863) zur Einführung eines Handelsgesetzbuchs und das mit diesem Gesetz eingeführte Allgemeine Handelsgesetzbuch;
2. die Verordnung vom 28. Oktober 1865 (RGBl. Nr. 110) über die den Anstalten, welche Kreditgeschäfte betreiben, zukommenden Ausnahmen von den allgemeinen Justizgesetzen;
3. der Artikel XLIV des Einführungsgesetzes zur Zivilprozeßordnung;
4. die §§ 11 und 36 Abs. 1 Nr. 2 der Exekutionsordnung, jedoch mit der Beschränkung, daß diese Vorschriften auf Exekutionstitel anwendbar bleiben, die vor dem Tag des Inkrafttretens dieser Verordnung gegen eine offene Handelsgesellschaft oder eine Kommanditgesellschaft entstanden sind;
5. die §§ 43, 59, 60 und 87 des Gesetzes vom 6. März 1906 über Gesellschaften mit beschränkter Haftung;
6. die Regierungsverordnung vom 27. Juli 1920 (SdGuV. Nr. 465) über die Errichtung von Gesellschaften mit beschränkter Haftung und Aktiengesellschaften (Kommanditgesellschaften auf Aktien), die Erhöhung des

Grundkapitals dieser Gesellschaften und die Gründung von Zweiganstalten.

Art. 14 gleichlautend mit Art. 14 der 4. EinfVO. betr. Österreich.

Art. 15 entsprechend gleichlautend mit Art. 16 der 4. EinfVO. betr. Österreich.

Art. 16 entsprechend gleichlautend mit Art. 17 der 4. EinfVO. betr. Österreich.

Art. 17. Das Gesetz vom 1. August 1895 (RGBl. Nr. 111) über die Ausübung der Gerichtsbarkeit und die Zuständigkeit der ordentlichen Gerichte in bürgerlichen Rechtssachen (Jurisdiktionsnorm) wird wie folgt geändert:

1. Im § 49 Abs. 1 erhält die Ziffer 7 folgende Fassung:

„7. Streitigkeiten zwischen Reisenden und Wirten, Fuhrleuten, Schiffern, Flößern oder Auswanderungsexpedienten in den Einschiffungshäfen, welche über Wirtszechen, Fuhrlohn, Überfahrtsgelder, Beförderung der Reisenden und ihrer Habe und über Verlust und Beschädigung der letzteren, sowie Streitigkeiten zwischen Reisenden und Handwerkern, welche aus Anlaß der Reise entstanden sind;".

2. Im § 49 Abs. 3 werden die Worte „und die Aufnahme der Seeverklarung" gestrichen.

3. Im § 51 Abs. 1 erhalten die Ziffern 1 und 2 folgende Fassung:

„1. Streitigkeiten, in denen durch die Klage ein Anspruch gegen einen Kaufmann im Sinne des Handelsgesetzbuchs aus Geschäften geltend gemacht wird, die für beide Teile Handelsgeschäfte sind;

2. Streitigkeiten aus einem der nachstehend bezeichneten Rechtsverhältnisse:

a) aus dem Rechtsverhältnisse zwischen den Mitgliedern einer Handelsgesellschaft oder zwischen dieser und ihren Mitgliedern oder zwischen dem stillen Gesellschafter und dem Inhaber des Handelsgeschäfts, sowohl während des Bestehens als auch nach Auflösung des Gesellschaftsverhältnisses, ingleichen aus dem Rechtsverhältnisse zwischen den Vorstehern oder den Liquidatoren einer Handelsgesellschaft und der Gesellschaft oder deren Mitgliedern;

b) aus dem Rechtsverhältnisse, welches das Recht zum Gebrauch der Handelsfirma betrifft;

c) aus dem Rechtsverhältnisse, welches durch den Erwerb eines bestehenden Handelsgeschäfts unter Lebenden zwischen dem bisherigen Inhaber und dem Erwerber entsteht;

d) aus dem Rechtsverhältnisse zwischen einem Dritten und dem, welcher wegen mangelnden Nachweises der Prokura oder Handlungsvollmacht haftet;

e) aus den Rechtsverhältnissen des Seerechts oder des Rechtes der Binnenschiffahrt, insbesondere aus denen, welche sich auf die Reederei, auf die Rechte und Pflichten des Reeders oder Schiffseigners, des Korrespondentreeders und der Schiffsbesatzung, auf die Bodmerei und die Haverei, auf den Schadenersatz im Falle des Zusammenstoßes von Schiffen, auf die Bergung und Hilfeleistung und auf die Ansprüche der Schiffsgläubiger beziehen."

4. Im § 51 wird die Ziffer 5 gestrichen.

5. Im § 52 wird der Abs. 2 gestrichen.

Art. 18 gleichlautend mit Art. 18 der 4. EinfVO. betr. Österreich.

Art. 19. § 58 Abs. 2 der Konkursordnung hat zu lauten:

„Forderungen von Handelsgläubigern, denen die Rechte des Ehegatten des Gemeinschuldners aus den Ehepakten nach Artikel 6 Nr. 4 der Dritten Verordnung zur Einführung handelsrechtlicher Vorschriften in den sudetendeutschen Gebieten vom 28. Februar 1939 (Reichsgesetzbl. I S. 391) nachstehen, sind im Konkurse mit dem Betrage zu berücksichtigen, der auf sie ohne Rücksicht auf die Ehepakten aus der Konkursmasse entfallen würde. Der Mehrbetrag, der dadurch den Handelsgläubigern zukommt, ist ihnen aus dem Anteil zuzuweisen, der dem Ehegatten des Gemeinschuldners als Konkursgläubiger für den Anspruch aus den Ehepakten gebührt."

Art. 20. § 29 der Ausgleichsordnung hat zu lauten:

„Forderungen von Handelsgläubigern, denen die Rechte des Ehegatten des Schuldners aus den Ehepakten nach Artikel 6 Nr. 4 der Dritten Verordnung zur Einführung handelsrechtlicher Vorschriften in den sudetendeutschen Gebieten vom 28. Februar 1939 (Reichsgesetzbl. I S. 391) nachstehen, sind im Ausgleichsverfahren mit dem Betrage zu berücksichtigen, der auf sie ohne Rücksicht auf die Ehepakten entfallen würde. Der Mehrbetrag, der dadurch den Handelsgläubigern zukommt, ist ihnen aus dem Anteil zuzuweisen, der dem Ehegatten des Schuldners als persönlichem Gläubiger für den Anspruch aus den Ehepakten gebührt."

Art. 21. Das Gesetz vom 11. Dezember 1934 (SdGuV. Nr. 250) über die Kraftloserklärung von Urkunden wird wie folgt geändert:

1. § 2 Abs. 2 lit. b) hat zu lauten: Lotterielose;".
2. § 10 Abs. 2 und 3 haben zu lauten:

„(2) Erscheint es nach dem Werte der Urkunde oder nach den besonderen Umständen des Falles angezeigt, so kann das Gericht anordnen, daß das Edikt auch in anderen Blättern und zu mehreren Malen zu veröffentlichen und im Orte der Ausstellung oder des Verlustes der Urkunde in dort üblicher Weise kundzumachen ist.

(3) Betrifft das Edikt eine der im § 11 Abs. 1 lit. a) angeführten Urkunden, für welche die Anmeldungsfrist eines Jahres gilt, so ist außerdem ein Auszug aus dem Edikt durch einmalige Einschaltung in den Deutschen Reichsanzeiger kundzumachen."

3. § 11 wird wie folgt geändert:
   a) Im Abs. 1 lit. a) und Abs. 3 Satz 3 sind die Worte „der ersten Veröffentlichung des Auszuges aus dem Aufgebotsedikte im Anzeiger" zu ersetzen durch die Worte „der Veröffentlichung des Auszugs aus dem Aufgebotsedikt im Deutschen Reichsanzeiger".
   b) Abs. 1 lit. b) hat zu lauten:

   „b) für Einlagebücher, Depositenscheine, Pfandscheine (Vormerkscheine) und für alle sonstigen Urkunden sechs Monate und sie läuft von dem Tage, an dem das Aufgebotsedikt in dem für gerichtliche Kundmachungen bestimmten Amtsblatt veröffentlicht wurde."
4. Im § 12 Abs. 2 und § 18 Abs. 1 ist das Wort „Anzeiger" durch die Worte „Deutschen Reichsanzeiger" zu ersetzen.
5. § 14 wird wie folgt geändert:
   a) Im Abs. 1 lit. e) sind die Worte „oder in angemessener Frist die Gebühr für die Veröffentlichung nicht erlegt" zu streichen.
   b) Abs. 2 Satz 1 hat zu lauten:

   „Der Einstellungsbeschluß ist dem Antragsteller und, sobald der

Beschluß in Rechtskraft erwächst, den übrigen Beteiligten zuzustellen und, wenn es sich um eine der im § 11 Abs. 1 lit. a) angeführten Urkunden handelt, im Deutschen Reichsanzeiger (§ 10 Abs. 3) zu veröffentlichen."

6. § 16 Abs. 2 hat zu lauten:

„(2) Der Beschluß ist den Beteiligten zuzustellen und, wenn eine der im § 11 Abs. 1 lit. a) angeführten Urkunden für kraftlos erklärt wurde, nach Eintritt der Rechtskraft seinem wesentlichen Inhalt nach durch einmalige Einschaltung im Deutschen Reichsanzeiger zu veröffentlichen."

7. § 18 wird wie folgt geändert:

a) Abs. 2 hat zu lauten:

„(2) Die Bekanntmachung hat das Gericht dem Antragsteller und dem Verpflichteten zuzustellen. Die Bekanntmachung ist im Deutschen Reichsanzeiger zu widerrufen, wenn der Antragsteller es begehrt oder wenn die Urkunde der Behörde vorgelegt wird, die die Bekanntmachung angeordnet hat."

b) Abs. 3 Satz 2 hat zu lauten:

„Diese Wirkung erlischt, wenn die Bekanntmachung nicht früher widerrufen wird, mit dem Ablauf des zweiten auf den Tag der Bekanntmachung im Deutschen Reichsanzeiger folgenden Kalendermonats."

Sechster Abschnitt

Übergangs- und Schlußbestimmungen

Art. 22 u. 23 gleichlautend mit Art. 25 u. 26 der 4. EinfVO. betr. Österreich.

Art. 24. Die Vorschriften des Art. 17 finden auf Rechtssachen keine Anwendung, die vor dem Tage des Inkrafttretens dieser Verordnung bei einem nach den bisherigen Vorschriften zuständigen Gericht anhängig gemacht wurden.

Art. 25 gleichlautend mit Art. 28 der 4. EinfVO. betr. Österreich.

Art. 26. Diese Verordnung tritt am 1. April 1939 in Kraft.

Sachregister

A.

G.

H.

J (i).

J (j).

K.

L.

M.

Q.

R.

S.

T.

W.

Z.

Gedruckt bei A. W. Hayn's Erben, Potsdam

FSC
www.fsc.org
MIX
Papier | Fördert
gute Waldnutzung
FSC® C083411

Kolibri 360 GmbH
Ferdinand-Jühlke-Straße 7
99095 Erfurt, Deutschland
produktsicherheit@kolibri360.de